Windelband-Heimsoeth

LEHRBUCH DER GESCHICHTE DER PHILOSOPHIE

哲学史教程

〔德〕文德尔班 著

中西書局

图书在版编目（CIP）数据

哲学史教程：德文/（德）文德尔班著. —— 上海：
中西书局，2017.2
ISBN 978-7-5475-1176-3

Ⅰ．①哲… Ⅱ．①文… Ⅲ．①哲学史－世界－
教材－德文 Ⅳ．①B1

中国版本图书馆CIP数据核字(2016)第239896号

哲学史教程

[德] 文德尔班 著

特约策划	黄曙辉	
责任编辑	应敏燕	
装帧设计	梁业礼	
出　　版	上海世纪出版集团 中西书局 (www.zxpress.com.cn)	
地　　址	上海市打浦路443号荣科大厦17F(200023)	
发　　行	上海世纪出版股份有限公司发行中心	
经　　销	各地 新华书店	
印　　刷	虎彩印艺股份有限公司	
开　　本	700×1000毫米 1/16	
印　　张	44.625	
版　　次	2017年2月第1版 2017年2月第1次印刷	
书　　号	ISBN 978-7-5475-1176-3/B·077	
定　　价	360.00元	

Universal Library
寰宇文献·Philosophy 系列

主　编

邓安庆　钟　锦

编　委

戴茂堂　高　峰　郭大为　何卫平　黄　勇　黄裕生　江　畅
江　怡　李秋零　刘　杰　尚　杰　孙向晨　郁振华　曾晓平

策　划

黄曙辉

文德尔班《哲学史教程》的现代意义

邓安庆

文德尔班（Wilhelm Windelband，1848-1915）对于我们是一位既熟悉又陌生的现代德国哲学家。说"熟悉"是因为只要我们对西方哲学史感兴趣，就几乎不可能不知道，他是德国新康德主义西南学派（Südwestdeutschen Schule,也即"弗赖堡学派"或"价值哲学学派"）的奠基者和代表人物，也几乎不大可能没有读过他的《哲学史教程》；说"陌生"是因为哪怕是德国哲学的专业研究者，对这位著名的哲学家一般也就只是大致知道一些皮毛，很少有人专门研究过他的哲学思想，因而几乎没有几个人对他的哲学能说出个究竟来。所以，借助他的重要名著《哲学史教程》德文第15版在中国出版之机，我们先简要介绍一下他的生平和著作，也许并非多余。

一、生平与著作

威廉·文德尔班1848年生于动荡与革命时期的德国波茨坦（Potsdam），这个毗邻德国首都柏林的历史文化名城，从柏林市中心乘坐轻轨（S-Bahn）30分钟就可直达，所以完全可以说是柏林的后花园。但它确实又不是柏林市的一个区，而是作为勃兰登堡州的首府。凡来过这里的人，无不为其风景优美、文化发达、经济繁荣而流连忘返。

文德尔班从小就生活在这里，在此接受启蒙教育直到人文中学毕业。中学毕业之后，他先是进入耶拿（Jena）大学学习医学，后转入柏林大学学习自然科学，之后再转入哥廷根（Göttingen）大学学习历史学和哲学，正是这个大学时代最终选定的专业方向——历史学与哲学——的结合奠定了其未来哲学的主题。

1870年，22岁的文德尔班就取得了哲学博士学位，这在中国几乎不可想象，在德国也属于凤毛麟角。年轻的哲学博士的首份工作，不是从事学术，而是作为志愿者参加了当时的德法战争，不过这段经历时间不长。他的志向依然是学术，毕业后心里想的，就是如何谋求一个大学的职位。这一努力在他二十五岁时就非常幸运地实现了：1873年，文德尔班成功地取得了莱比锡（Leipzig）大学的教师资格。当然，更令人惊讶的是，仅仅3年之后，28岁的他，就直接晋升为瑞士苏黎世（Zürich）大学的正教授！

这之后，文德尔班频繁地在不同大学之间穿梭。1877年就职于弗莱堡（Freiburg im Breisgau）大学；1882年就职于现属法国的斯特拉斯堡（Straßburg）。最后于1903年作为其老师库诺·费舍尔(Kuno Fischer，1824—1907)的继位者，就职于德国最古老、最著名的海德堡（Heidelberg）大学，随后又成为柏林-勃兰登堡皇家科学院的通讯院士，学术生涯达到顶峰。

文德尔班的哲学在两个方向上具有开创性。一个方向是哲学史，一个方向是价值哲学。作为黑格尔之后最著名的哲学史家，他继承了其老师库诺·费舍尔的衣钵。库诺·费舍尔自1852到1893年的41年时间内出版了8卷本的《近代哲学史》（Geschichte der neuerenPhilosophie. 8 Bände. Heidelberg），其40周年纪念版达到了11卷（Jubiläumsausgabe 10 in 11 Bänden），其中的第3、4卷是康德专论。

文德尔班的另一个哲学创造是发展了一门价值哲学，这是对他另一位老师洛采（Hermann Lotze）哲学的继承和发展。洛采在哲学史上的突出贡献就是将德国古典唯心论的形而上学转化为一种价值哲学。而文德尔班的价值哲学首先是基于自然科学和文化科学（精神科学）的区分，这种区分令人想起英国的休谟关于"是"与"应该"的区分。"是"的领域即事实领域，属于"自然科学"领域，而"应该"的领域即"人为的"领域，也即"文化领域"或"价值领域"。

与德国其他著名哲学家不同，文德尔班留下的哲学著作不是太多，尤其是堪称经典的著作，除了《哲学史教程》似乎就没有别的了。为了便于大家了解，现把他的主要著作列表如下：

（1）《偶然学说》Die Lehren vom Zufall. Berlin 1870. Diss. Univ. Göttingen 1870.（这是文德尔班的博士论文）

（2）《论认识的确实性——一种心理学—认识论的研究》（Über die Gewissheit der Erkenntniss. Eine psychologisch-erkenntnisstheoretische Studie. Berlin 1873）该书是他1873年于莱比锡大学取得大学教师资格的论文。

（3）《近代哲学史——在其与一般文化和特殊科学的联系中考察》（两卷）（Die Geschichte der neueren Philosophie in ihrem Zusammenhangemit der allgemeinen Cultur und den besonderenWissenschaftendargestellt. 2 Bde. Leipzig 1878–1880）卷一：《从文艺复兴到康德》（ Bd. 1: Von der Renaissance bis Kant. 1878）；卷二：《德国哲学的繁荣时代——从康德到黑格尔和赫尔巴特》Bd. 2: Die Blüthezeit der deutschenPhilosophie. Von Kant bis Hegel und Herbart，1880）

（4）《序曲——哲学导论·文集和演讲集（Präludien. Aufsätze und Reden zur Einleitung in die Philosophie. Freiburg Breisgau 1884）

（5）《古代哲学史》（Geschichte der alten Philosophie）。该书起初是作为伊万·米勒主编的《古典学手册》（Handbuch der classischen Alterthums-Wissenschaft in systematischer Darstellung）中的一本。该套丛书既以系统性阐释为特色，又特别顾及具体学科的历史和方法。

（6）《哲学史》（Geschichte der Philosophie. Freiburg Breisgau 1892）

（7）《柏拉图——哲学经典作家》（Platon. Frommanns Klassiker der Philosophie. Bd. 9. Straßburg 1900）

（8）《哲学史教程》（Lehrbuch der Geschichte der Philosophie. 3. Aufl. d. Geschichte der Philosophie. Tübingen 1903）

（9）《论意志自由十二讲》（Über Willensfreiheit. Zwölf Vorlesungen. Tübingen

1904）

（10）《德国十九世纪精神生活哲学五讲》（Die Philosophieimdeutschen Geistesleben des XIX. Jahrhunderts. FünfVorlesungen. Tübingen 1909）

（11）《逻辑学原理——哲学科学全书》（Die Prinzipien der Logik. Encyclopädie der philosophischen Wissenschaften.Tübingen 1913）

（12）《哲学导论——哲学科学纲要》（Einleitung in die Philosophie. Grundriß der philosophischen Wissenschaften，Tübingen 1914）

从这些著作中我们完全可以发现，文德尔班主要的哲学贡献是在哲学史的创造性阐释上，当然，这种创造性的阐释是由一些新的思想内容构成的。[①]2015年在文德尔班逝世100周年之际，海德堡大学举行了隆重的国际会议，探讨他对于现代哲学的意义，高度评价他对于表意方法和规范方法的区分以及众所周知的对于自然科学和精神科学的区分，认为在19世纪到20世纪转向进程中，文德尔班无疑是德国最为重要的哲学家之一，海德堡最为卓越的哲学形象之一。他巨大的国际声望，不仅仅表现在他与当时欧洲最为博学的学者如柏格森和克罗齐，美国的鲁易士保持紧密的联系，而且主要是作为新康德主义西南学派的价值哲学转向对于20世纪人类精神具有重大的引领性。他所开创的学派和他本人在许多方面具有原创性的思想，通过他的一些著名学生，深入影响了20世纪人类文化的方方面面，这些学生包括：李凯尔特（Heinrich Rickert），耶利内克（Georg Jellinek），齐美尔（Georg Simmel），韦伯（Max Weber），特洛尔奇（Ernst Troeltsch），拉斯克（Emil Lask）和史怀泽（Albert Schweitzer）。

二、19 世纪哲学史研究的辉煌成就

哲学史作为一门学科无疑是在19世纪最为兴盛，这主要是因为黑格尔在19世纪20年代前（1816）就开始了的系列《哲学史讲演录》，把哲学史提升到了哲学的高度，哲学是在哲学史中展开的。在黑格尔看来，不是谁都有资格写哲学史的，除非你是一位哲学家，否则所写的哲学史无非只是外在材料的罗列，而不会有思想和灵魂。哲学史是思想史，以思想为其内容，如果失去了思想，当然就不成其为哲学史了。而"思想"既是"哲学"的"身体"，也是哲学的"灵魂"。作为"身体"，"思想"在其自身中展开哲学所要把握的人之所是的"理性东西"：ratio;作为"灵魂"，它赋予哲学的思想之体以内在的生命和灵性的升华。正如荷尔德林的诗所言："思之最深，爱之至生"（wer das Tiefste gedacht,liebbt das Lebendigste）。非哲学的哲学史，最为致命的，就是它把握不了思想最深层的那个最为生生不息的生命。黑格尔所批评的两种关于哲学史的意见，就是这样一种无生命的东西，可悲可叹的是，直到今天，也依然盛行于世：

---

① 上述生平材料的编写主要参考的是Heinrich Rickert：*Wilhelm Windelband*，Tübingen，Mohr Verlag，1915。

其一，把哲学史当作分歧意见的堆积。在无思想的人看来，"哲学史"无非就是把历史上不同时期的哲学家的胡思乱想，按照时代的顺序介绍出来。黑格尔说，我们客气一点说，这是把在时间中产生出来的一大堆哲学意见罗列和陈述出来，"而那些自信可以下比较彻底的判断的人，也许会干脆叫这种哲学史为毫无意义的展览，或者至少是单纯沉溺在思想和概念中的人们所犯的许多错误的展览。"①黑格尔坚持，哲学，只要配得上哲学之名，就绝非是意见，也不是意见的产物。因而，哲学史也绝非意见的堆积和展览。

其二，即使不把哲学史视为错误或意见的展览，那也只不过是分歧的思想、多样的哲学互相反对、互相矛盾、互相推翻的过程，因而全部哲学史就成了一个堆满了死人的骨骼的战场，每一个后来者杀死了另一个，埋葬了另一个，而在你尚未把死人抬出去的时候，"将要抬你出去的人的脚，已经站到了门口"。②对于这种哲学史观，黑格尔认为，其主要的错误就在于执着于特殊性，而不知道，无论多么特殊的哲学思想，只要它配得上哲学之名，它就具有普遍性，即它们都是哲学。哲学思想的分歧和多样，不仅对哲学本身没有妨碍，而且对哲学本身的存在是绝对必要的，也是本质的。关键在于，从事哲学史研究的人，是否真的能达到哲学所要求的基本素养，从特殊的、分歧的、多样的思想中，能洞察其理性的合乎逻辑的必然进展。哲学史的事业绝非骑士们任性浪漫的漫游事迹的主观罗列，而是思维着的精神的运动，在表面的分歧和斗争中，有着内在的思想上的联系。

何为内在思想上的联系呢？理解黑格尔哲学史概念的关键，就是不把"思想"单单视为主观的思维，而是具体对象内在生命的展开。就像逻辑，绝非主观思维的工具，而是事物内在本性的展现一样。思想，按其本质就是思想与其对象的互参，即相互进入。"思者入思"即思入对象，从而守护着"对象"进入"我思"之中。通过这种"相互进入"，"思想"就不再是某一主体的主观的任意构造，它已由某个"客观的东西""进入"其中，构成其基本内容。甚至，思想与对象的这种相互进入，也使得认识关系，不再仅仅是一种"主—客关系"，实质上，是两个独立"客体"的关系，通过其"相互进入"，而构成了一种新的你中有我，我中有你，最终你我不分的这种"统一"。只有达到了这种"统一"，我们才能说，某种东西有了其"内在"。而这种"内在"的"相互联系"，就是"对象的生命"。哲学就是"参与到"或"进入到"所思对象生命中的活动。只有洞见和把握到事物本身的内在生命，从理性和概念理解和把握这一生命的发生发展的进程，才是哲学思维的根本。抓不住事物内在的生命脉搏，就还未进入哲学思维的堂奥。哲学之所以能够是思想的事业，这一思想的事业之所以能引领时代的精神发展，全赖哲学对于事物内在生命脉搏的把握和理解。只有从这一思想观念出发，我们才能理解黑格尔关于运动和发展乃是事物自身的自我运动，这一运动才是由抽象到具体的展开；也只有从这一观念出发，我们才能理解，黑格尔坚持"哲学史就是哲学"的道理。

---

① ［德］黑格尔：《哲学史讲演录》第一卷，贺麟、王太庆译，商务印书馆1983年版，第16页。
② 同上，第22页。

确实，再也没有人能像黑格尔把哲学史的地位提到哲学本身的地位这样高，这当然也就同时决定了哲学史工作的一个基本门槛：不是哲学家的人基本上写不出严格意义上的作为哲学的哲学史！

于是，我们就完全可以理解，为什么只有在19世纪，哲学史研究尤其兴旺发达。因为唯有这个世纪，哲学史研究是作为哲学本身在研究的！哲学史是哲学本身问题的发生史，哲学也只有在其自身的历史中才能具有内容和生命。

黑格尔之后的19世纪确实是哲学史最为兴盛和成就最为壮观的世纪，这个世纪，最能让人记起的哲学史家，要首推文德尔班的老师库诺·费舍尔。因为他最为著名的哲学史著作《近代哲学史》(Geschichte der neuerenPhilosophie)鸿篇巨制，煌煌八卷，至1893年的纪念版更是达到了空前的十一卷的规模。他对近代哲学论述之详细，问题讨论之精密，完全可以说是前无古人，后无来者，至今未被超越。他关于德国古典哲学的发展的论述，也依然具有很大的影响力。

另一个人们只要提起哲学史，就必定会想起的人，是几乎与费舍尔同时代的哲学史家策勒(E.Zeller, 1814-1908)。他与费舍尔的不同仅仅在于，他把主要精力不是放在近代，而是放在古代，他的《古希腊哲学史》(Die Philosophie der Griechen，1879-1893年，莱比锡德文版共五卷六册；伦敦、纽约朗曼公司的英文版共六册：《前苏格拉底哲学》(两卷)，《苏格拉底和苏格拉底学派》(两卷)，《柏拉图及其早期学园》(一卷)，《亚里士多德及早期逍遥学派》(两卷)，《斯多葛派、伊壁鸠鲁派与怀疑派》(一卷)，《折衷主义史》(一卷)也如库诺·费舍尔的《近代哲学史》一样，至今是我们研究哲学史的人渴望阅读但不可超越的经典。

作为19世纪哲学史辉煌成就之延伸，我们还得提到19世纪晚期才出生的另一个德国哲学史家海因茨·海姆塞特(Heinz Heimsoeth, 1886-1975)，他以《西方形而上学的六大主题与中世纪的出路》(Die sechsgrossen Themen der abendländischen Metaphysik und der Ausgang des Mittelalters, Stilke, Berlin 1922, Nachdruck der unveränderten 3. Auflage, Wissenschaftliche Buchgesellschaft, Darmstadt 1987)为我们创造出了一部主题化的即形而上学的问题史。我们之所以必须提起他，一是因为他的哲学史研究的确是19世纪哲学史伟大成就的一部分，二是因为他是文德尔班的《哲学史教程》第十五版的修订者。1957年由他主编的文德尔班《哲学史教程》第15版，增加了结尾一章："20世纪的哲学和对哲学史研究地位的概观"，使得文德尔班的《哲学史教程》成为了一部真正的"通史"(Heinz Heimsoeth,Hrsg.: Windelband, Wilhelm: Lehrbuch der Geschichte der Philosophie. MiteinemSchlußkapitel, Die Philosophieim 20. Jahrhundert "und einer Übersicht über den Stand der philosophiegeschichtlichen Forschung. Mohr. 15. Auflage: Tübingen 1957, ISBN 3-16-838032-6)

只有在这个19世纪哲学史研究的脉络中，我们才能准确把握到文德尔班哲学史研究的意义之所在。

三、文德尔班哲学史研究的意义

要论述文德尔班哲学史的意义，我们得首先比较他与黑格尔哲学史观的差异，知道他在何种意义上继承了黑格尔，又在何种意义上超越了黑格尔。

对于黑格尔在哲学史上的贡献，文德尔班在这段话中最清楚地表达出来了：

> "然而，只有通过黑格尔，哲学史才第一次成为独立的科学，因为他发现了这个本质问题：哲学史既不能阐释各位博学君子的庞杂的见解，也不能阐述同一个对象的不断扩大、不断完善的精心杰作，它只能阐述理性'范畴'连续不断地获得明确的意识并进而达到概念形式的那种有限的发展过程。"[1]

在这段话中，文德尔班关注的核心问题，是哲学史之能成为独立的科学的基石究竟是什么，它最终取决于哲学史是作为人类思想之共同的逻辑发展的历史。所以，他认为他的老师库诺·费舍尔对黑格尔的哲学史观"阐述得最好不过"："他认为在历史中的哲学是人类精神逐步的自我认识，而且他认为哲学的发展不断受制于达到自我认识的对象的发展。"[2]

基于对哲学史的这种认识，他当然会认同黑格尔的哲学史就是哲学的观念。也就是说，从事哲学史的工作，就是参与人类精神的自我认识，要把人类精神这种自我认识的内在必然的逻辑发展揭示出来，这样的哲学史才是哲学的，才是够格的哲学史，即作为"科学的"哲学史。

但黑格尔哲学史观最受人诟病的，就是太强调这种精神之自我认识的逻辑发展进程，这种进程难以处理的，不是黑格尔强调的从抽象到具体的发展，即从普遍性、特殊性再到单一性这种否定之否定的思辨，而在于如何正确地估量来自不同文化史的发展阶段对哲学史内在逻辑发展的限制所带来的问题解决的复杂性和非逻辑的因素，同时如何正确估量单个哲学家的天才的个性之于哲学总体问题的意义。因为在特定的文化处境中，哲学虽然有其永恒的问题所要求的内在必然性，但哲学问题的提出和解决，只能立足于特殊文化和特殊个人，他们的观点往往并非取决于他对哲学史内在逻辑的理性把握，而取决于他在特定文化中的愿望、希望、恐惧和爱好这些情感性因素。因此，文德尔班对黑格尔的哲学史处理方式进行了一针见血的批判：

> "可是，这些有价值的真知灼见被黑格尔外加的一种假说弄得模糊、破损了；因为他相信，上述'范畴'出现在历史上的哲学体系的年代次序，必然地要与这些同一范畴作为'真理因素'出现在最后的哲学体系（即按照黑格尔的意见，是他自己的体系）的逻辑结构中的逻辑次序相适应。这样，本来是正确

① ［德］文德尔班：《哲学史教程》上卷，罗达仁译，商务印书馆1987年版，第20页。
② 同上，第23页。

的基本思想，在某种哲学体系的控制之下，导致了哲学史的结构错误，从而经常违背历史事实。这种错误起源于这样一种错误观念(这种观念与黑格尔的哲学原则有逻辑的一致性)——哲学思想的历史发展只是由于，至少基本上是由于，一种想象的必然性，由于这种必然性，一种'范畴'辨证地推动另一种'范畴'；这种错误在十九世纪，为了有利于历史的精确性和准确性，科学的哲学史的发展将它排除了。事实上，哲学的历史发展是一幅与此完全不同的图案。它不是单独地依赖'人类'或者'宇宙精神'(Weltgeist)的思维，而同样地也依赖于从事哲学思维的个人的思考、理智和感情的需要、未来先知的灵感，以及倏忽的机智的闪光。"①

通过抛弃黑格尔哲学史处理中的想象的必然性及其把个人的哲学地位机械地按照其想象的逻辑加以对应排列的错误做法，文德尔班确立了19世纪"科学的"哲学史观念：哲学史的内在逻辑必然性不再以"人类精神"或"世界精神"的抽象的自我认识来展开，而是以永恒的"哲学问题"来梳理，因而，哲学史在文德尔班这里就变成了"问题史"。这是他对黑格尔哲学史所做的一个最伟大的改造。

"问题史"的做法一直对后世产生重大影响，现代诠释学大师伽达默尔特别强调哲学及哲学史的研究遵循的是"问答逻辑"，实际上就是文德尔班"问题史"方法的具体应用。我们研究哲学，是以那些令我们"惊讶"的"问题"所引导的，我们去阅读古代的经典，实际上就是去追问某一个问题的答案；"经典"以其独特的"问题"把我们吸引过来，它也是以其"问题"向我们"敞开"，我们带着自己的"问题"进入经典之中，实际上就是以"问—答"方式，同经典中沉默的哲人进行"对话"。"对话"让"经典"活起来了，实际上是我们的阅读对话让哲学的意义在我们当下的生存处境中产生出来的过程。哲学的问题史以对话的逻辑既保持其经典的深度，同时每时每刻对我们的当下产生影响。

这样的哲学史就不再是黑格尔所批评的那种死人的战场，而是活的思想和精神的释放和诞生。于是，哲学史才真正产生出哲学本身的意义和魅力。

当然，文德尔班对哲学史之作为问题史的重新定向，并非如伽达默尔那样以"问答逻辑"作为哲学诠释学的方法论原则，他一如既往地如同其超越黑格尔的抽象思辨那样，核心是制定出我们研究和评价哲学史的具体"标准"，使得哲学史的"哲学"，即人类文化与精神的思想价值能如其所是地得到整理和表达。在《古代哲学史》中，他这样表达"科学地对待哲学史"的双重任务：

> "一方面，它必须对特定数量的被称为'哲学性'的那些概念举行界定，并且在一个衍生谱系中，尤其是在它们之间的相互关系中把握它们；另一方面，它还必须对各个哲学学说在科学意识发展中所起的作用有所评价。"②

---

① ［德］文德尔班：《哲学史教程》上卷，罗达仁译，商务印书馆1987年版，第20页。
② ［德］文德尔班：《古代哲学史》，詹文杰译，上海三联书店2014年版，第5页。

第一个任务就是后来伽达默尔津津乐道的"概念史"的谱系学，德语学界在此方面取得了全世界最为杰出的成就，一个最重要的标志，就是由Ritter教授主编，花了50年时间，集中了德语世界最一流哲学家共同参与完成的《哲学历史词典》(13卷)，这是目前世界上最权威的概念史谱系学词典。其中许多词条，实际上就是一本小专著，如由伽达默尔撰写的"诠释学"词条，上海译文出版社已出版了《哲学解释学》一书。而这一"概念史"谱系研究的开创者，无疑就是文德尔班。他在提出哲学史就是问题史或概念史研究的任务时，就明确指出，哲学史的研究必须避免任何的先入之见，要借助于古代语言学的功夫，尽量占有丰富的文献资料，通过学者细致而深入的梳理，建立起具有精确性和准确性的哲学史。为此，他尤其考察了三种哲学史的立场：

第一是单纯描述的立场。通过考察原始材料，按照历史的真实面目记载不同哲学家的学说。

第二是"发生学"的"解释"立场。具体又分为三种：(1)心理学上的解释，考察哲学家的人格特征以及与其他哲学史之间的私人关系，考察其哲学产生的特殊机缘；(2)影响史的解释，即在哲学家个人思想的传承关系中把握其哲学问题的产生、特点和解答；(3)文化—历史的解释，把个人的哲学体系放在人类理智领域的整体演进过程中阐释。

第三是"批判主义"的思辨态度。这种立场在黑格尔那里达到顶峰，他通过这种方法一方面把哲学史从一种纯粹好奇式的汇编变成了一门科学，但另一方面也使得关于绝对哲学的信念消失殆尽。所以，文德尔班的态度是，这种历史批判主义的立场对于哲学而言是必不可少，必须继续发扬的，但是同时，必须像黑格尔之后的哲学史家那样，通过从古典语文学方法取得的不带先入之见的文献资料的理解和梳理，为哲学史研究提供坚实的基础。因此，在这方面，文德尔班高度评价施莱尔马赫对于哲学史的贡献，[1]认为他开创了比黑格尔更加"富有成效的批判主义"。[2]

上述第二个任务，必须对各个哲学学说在科学意识发展中所起的作用有所评价，看似平淡无奇，每一个从事哲学史研究的人都会给自己提出这样的任务。但是，文德尔班恰恰在完成这一平淡无奇的任务中，真正做到了对黑格尔哲学史的超越。因为对一个哲学史上的人物的思想评价，像黑格尔那样以想象的逻辑来定位的做法，只能造成对个人风格和创造的忽视和贬低，从而使得哲学史完全变成了黑格尔个人的主观的评价。而文德尔班对个人的评价，则完全采取了相反的方式，这就是对个人的特殊个性和生活特殊行为方面的强调。他坚持主张，历史是有个人特征的人物的王国，而非抽象概念和逻辑的王国。尽管哲学史是概念史，但也不能把哲

---

① 施莱尔马赫所提出的解释学方法实际上都被文德尔班接受而纳入到哲学史方法论中来了，同时，施莱尔马赫本人还写了一些重要的哲学史著作，譬如：《对迄今为止的伦理学的一种批评纲要》《GrundlinieneinerKritik der bisherigen Sittenlehre,1803，被收入到：*Schleiermacher Werke*，Auswahl in vier Bänden,erster Band，1981，Scientia Verlag Aalen；另外，他还有一部《哲学史》(Geschichte der Philosophie)被收集在他的《全集》遗著部分，即《施莱尔马赫全集》第四卷第一篇第一部分，柏林1839年版。
② 〔德〕文德尔班：《古代哲学史》，詹文杰译，上海三联书店2014年版，第8页。

学史写成抽象概念的发展史，而是要把概念史的演变放在特殊的哲学史人物的生活和思想的发生学中来考察，因为后者是本身有价值(an sich Wert)而又不可能重演的单一事件(Einzelheiten)。所以，他认为哲学史要完成的三个任务，全都与对个人价值的评价有关：

> "因此哲学史要完成下列任务：(1)准确证实从各个哲学家的生活环境，智力发展和学说的可靠资料中可以推导出来的东西；(2)从这些事实，重建出创始的发展过程，以便就每个哲学家来说，我们可以了解他的学说哪些来自前人的学说，哪些来自时代的一般观念，哪些来自自己的性格和所受的教育；(3)从考虑全局出发来估计，这样创立的根据来源来阐述的这些理论对于哲学史的总的成果来说，具有多大的价值。"①

对个人在哲学史上价值的评估，本身就是一项价值哲学的议题。他之所以能完成这一任务，实现19世纪所谓的科学的哲学史的理想，确实与他自己是作为一个价值哲学家相关。作为新康德主义西南学派的首领，他自己在哲学史上的价值就是实现了对康德哲学的价值哲学之改造。这种改造的实质就是把康德的先验哲学阐释为"规范的"(normative)，而实现实践哲学的转向。他也正是运用这样的哲学概念②来对个人的历史地位做出评价，即把个人放在历史、文化的环境之中，同时又引入心理学的解释方式。这样他就既克服了黑格尔哲学史所强化的逻辑中心论，又克服了不要逻辑而单纯以哲学家的文本材料堆砌起来的无哲学立场的哲学史。所以，他的哲学史工作，不论对于黑格尔之后哲学史的研究还是发展都具有不可取代的意义。我们今天在中国出版他的这本《哲学史教程》，不仅仅是出于我们对于其优美的德语的兴趣，而且也是对他的哲学史本身的敬重，他确实为我们确立了一个难以超越的现代哲学史的丰碑。笔者完全赞同Manfred Paschar对他的这一评价：

> "文德尔班的功绩还在另一意境中所乐道，即把他作为哲学史家。他于1892年首次出版的《哲学史教程》直到今天依然不断地被再版(至1993年已经在图宾根出到第18版——引者注)并被翻译为不同的语言。这部著作把他推到了以问题定向的哲学史描述的经典作家的位置。这样一种以概念发展为定向的哲学史描述，越来越明确地贯穿于20世纪之中，同以个人为中心的描述相对抗。"③

---

① [德]文德尔班：《哲学史教程》上卷，罗达仁译，商务印书馆1987年版，第25页。
② 文德尔班，《什么是哲学》，载于：Präludiien.Aufsätze und Reden zur Philosophie und ihrer Geschichtte,2 Bande,Tübingen1924,Bd,I.S.43ff.
③ Manfred Pascher,Einführung in den Neukantianismus W.Fink Verlag,München,1997,s.66f。

Lehrbuch der Geschichte der Philosophie

WILHELM WINDELBAND

Lehrbuch der
Geschichte der Philosophie

Mit einem Schlußkapitel

Die Philosophie im 20. Jahrhundert

und einer

Übersicht über den Stand
der philosophiegeschichtlichen Forschung

herausgegeben von

HEINZ HEIMSOETH
Professor an der Universität Köln

Fünfzehnte, durchgesehene und ergänzte Auflage

1957

J. C. B. MOHR (PAUL SIEBECK) TÜBINGEN

Vorbericht zur 13. Auflage des Lehrbuches

W. Windelbands Lehrbuch der Philosophiegeschichte, das nun schon wieder seit geraumer Zeit im Buchhandel vergriffen war, ist heute nicht weniger als in der Zeit, wo es seine erste große Wirkung übte, ein unentbehrliches Grundwerk des philosophischen Studiums, — von keiner anderen Gesamtdarstellung des abendländischen Denkens seitdem erreicht, in seiner problemgeschichtlichen Anordnung und nach den pädagogischen Qualitäten einzigartig. — Für eine neue Auflage konnte es jetzt nicht mehr genügen, einen Teil der inzwischen erschienenen Literatur den betr. Abschnitten und Anmerkungen des Lehrbuchs einzufügen, die nach dem Tode des Verfassers, von der 9. Auflage ab, durch Erich Rothacker sehr wesentlich bereichert worden waren. Es galt, dies Werk, das mit dem Rückblick Windelbands auf die Philosophie des 19. Jahrhunderts schloß, neu auf die unmittelbare Gegenwart der philosophischen und philosophiegeschichtlichen Forschung zu beziehen, — doch ohne den (schon von Wolfgang Windelband in der 7. Auflage und von Rothacker in der 9. bis 12. Auflage streng gewahrten) klassischen Textbestand anzugreifen.

So hat der Herausgeber der Billigen Ausgabe, der 13. Auflage des Buches, aufgefordert von der Verlagsbuchhandlung, auf deren Anregung das ganze Werk zu seiner Zeit entstand, das Wagnis unternommen, einen A b s c h n i t t ü b e r „D i e P h i l o s o p h i e i m 2 0. J a h r h u n d e r t" aus der eigenen Feder einzufügen. Dieser neue VIII. Teil (S. 582—623), in problemgeschichtlicher Anordnung und insofern als wirkliche Fortführung der von Windelband gegebenen „Geschichte der Prinzipien" entworfen, ist nicht als rückblickende Schilderung und irgendwie abschließender Bericht gemeint, sondern er will (in dem knappen Rahmen, den die Anlage des Gesamtwerkes erlaubte) ein Bild von denjenigen Strömungen, Leistungen und Problemstellungen geben, die in der Gegenwart nach vorwärts führen. Daß in dieser neuen Darstellung der Philosophie der Gegenwart also keine Vollständigkeit in der Übersicht beansprucht wird, versteht sich am Rande, ebenso, daß die Auszeichnung des „Gegenwärtigen", die Abgrenzung gegen das 19. Jahrhundert und die Auswahl des Wesentlichen, von systematischen Gesichtspunkten geleitet ist. Wo dabei Unterschiede, ja Gegensätze zu Haltung und Wertungsweise des Lehrbuch-Textes (insbesondere in der Auffassung des 19. Jahrhunderts) sich ergaben, sind diese nicht verschwiegen noch verschliffen worden. Gerade das Wagnis dieser Anfügung verlangte klare Stellungnahme.

Für die Ergänzung des Werkes durch Angaben über neueste philosophiegeschichtliche Forschungen wurde eine Form gewählt, die einerseits den bisherigen Text nicht unübersichtlich werden läßt, andererseits dem Leser, insbesondere dem Studierenden, neue Möglichkeit gibt, die erste Orientierung am jüngsten Stand der Forschung zu nehmen. So ist denn die „Ü b e r s i c h t ü b e r d e n S t a n d d e r p h i l o s o p h i e g e s c h i c h t l i c h e n F o r s c h u n g" (S. XI ff.) als neuer Text dem Werke Windelbands hinzugefügt worden. Sie enthält in Abschnitten, die der Einteilung des Lehrbuches genau entsprechen, und durchgeführt nun auch bis zur Philosophie der jüngsten Gegenwart, in ihren Grundwerken wie den zusammenfassenden Darstellungen, die neueste Literatur bis in das Erscheinungsjahr dieser Neuauflage hinein, zugleich aber auch Rückverweise auf ältere Werke, sofern sie noch heute grundlegend und etwa durch Neuausgabe neu zugänglich gemacht worden sind. So will dieser Abschnitt, der keine Vollständigkeit (Aufgabe andrer Nachschlagewerke) beansprucht, als eine Art S t u d i e n b e r a t u n g den pädagogischen und wissenschaftlichen Zwecken des Lehrbuchs dienen; die philosophische Literatur ließ bisher gerade eine solche zusammenfassende und auswählende Darstellung vermissen.

Endlich ist noch das S a c h r e g i s t e r , dem Windelband mit Recht den Wert eines philosophiegeschichtlichen Lexikons zuspricht, neu durchgearbeitet und von der Gegenwartslage der Wissenschaft aus erweitert worden, — insbesondere natürlich auch durch Aufnahme der Inhalte des neuen (VIII.) Teiles über die Philosophie im 20. Jahrhundert. — Der Text des Werkes (mitsamt den Zufügungen der 9. bis 12. Auflage, — die Stellen, wo ihr Herausgeber ausführlicher auf neuere wissenschaftliche Ergebnisse einging, sind durch [ ] kenntlich gemacht) wurde in photomechanischem Verfahren abgedruckt; nur stehengebliebene Druckfehler und offensichtliche Verschreibungen der letzten Auflage wurden verbessert. So war es möglich, eine neue, den veränderten Verhältnissen entsprechende wohlfeile Ausgabe des Lehrbuchs herauszubringen, ohne doch die Notwendigkeiten der Ergänzung zur Gegenwart — der eben jene neuen Teile dienen — außer acht zu lassen.

Die „Übersicht über den Stand der philosophiegeschichtlichen Forschung" ist in gemeinsamer Arbeit des Herausgebers mit Herrn Dr. Joachim Ritter entstanden; ihm fiel an dieser mühevollen Arbeit durchaus der größere Anteil zu. Die Durcharbeitung und Ergänzung des Sachregisters lag allein in seiner Hand. Der warm empfundene persönliche Dank des Herausgebers soll auch an dieser Stelle ausgesprochen werden. — Für wertvolle Einzelhinweise habe ich noch den Herren Dr. R. Heiß und Dr. E. Metzke zu danken.

K ö l n , September 1935.

H e i n z H e i m s o e t h

Vorwort zur 15. Auflage

Die Form der 13. Auflage wurde auch jetzt beibehalten. Das Schlußkapitel über die Philosophie des zwanzigsten Jahrhunderts ist, unter Bewahrung der Grundlinien und der Einordnung ins Ganze, neu durchgearbeitet und ergänzt worden. Ebenso wurde die bibliographische Übersicht über den Stand der Forschung bis zum jetzt Gegenwärtigen geführt.

K ö l n , November 1956.

H e i n z H e i m s o e t h

Aus dem Vorwort zur ersten Auflage

Man wird diese Arbeit nicht mit den Kompendien verwechseln, wozu wohl sonst Kollegienhefte über die allgemeine Geschichte der Philosophie ausstaffiert worden sind: was ich biete, ist ein ernsthaftes L e h r b u c h, welches die Entwicklung der Ideen der europäischen Philosophie in übersichtlicher und gedrängter Darstellung schildern soll, um zu zeigen, durch welche Denkantriebe im Laufe der geschichtlichen Bewegung die Prinzipien zum Bewußtsein gebracht und herangebildet worden sind, nach denen wir heute Welt und Menschenleben wissenschaftlich begreifen und beurteilen.

Dieser Zweck hat die gesamte Gestaltung meines Buches bestimmt. Die literarhistorische Grundlage der Forschung mußte deshalb auf eine Auswahl beschränkt werden, welche dem weiterarbeitenden Leser die Wege zu den besten Quellen eröffnet. Auch auf die eigenen Darlegungen der Philosophen wurde wesentlich nur da verwiesen, wo sie dauernd wertvolle Formulierungen und Begründungen der Gedanken darbieten, und daneben nur hie und da dasjenige angeführt, worauf sich eine von der üblichen abweichende Auffassung des Verfassers stützt.

Den Schwerpunkt legte ich, wie schon in der äußeren Form zutage tritt, auf die Entwicklung desjenigen, was im philosophischen Betracht das Wichtigste ist: d i e G e s c h i c h t e d e r P r o b l e m e u n d d e r B e g r i f f e. Diese als ein zusammenhängendes und überall ineinandergreifendes Ganzes zu verstehen, ist meine hauptsächliche Absicht gewesen. Die historische Verflechtung der verschiedenen Gedankengänge, aus denen unsere Welt- und Lebensansicht erwachsen ist, bildet den eigentlichen Gegenstand meiner Arbeit; und ich bin überzeugt, daß diese Aufgabe nicht durch eine begriffliche Konstruktion, sondern nur durch eine allseitige, vorurteilslose Durchforschung der Tatsachen zu lösen ist. Wenn aber dabei — schon der räumlichen Ökonomie nach — dem Altertum ein verhältnismäßig großer Teil des Ganzen gewidmet erscheint, so beruht das auf der Überzeugung, daß für ein historisches Verständnis unseres intellektuellen Daseins die Ausschmiedung der Begriffe, welche der griechische Geist dem Wirklichen in Natur und Menschenleben abgerungen hat, wichtiger ist als alles, was seitdem — die kantische Philosophie ausgenommen — gedacht worden ist.

Die so gestellte Aufgabe verlangte jedoch einen Verzicht, den niemand mehr bedauern kann, als ich selbst: die rein sachliche Behandlung der historischen Bewegung der Philosophie erlaubte nicht, die Persönlichkeit der Philosophen zu eindrucksvoller Geltung zu bringen. Diese konnte nur da berührt werden, wo sie als kausales Moment in der Verknüpfung und Umgestaltung der Ideen wirksam wird. Der ästhetische Zauber, welcher dem individuellen Eigenwesen der großen Träger jener Bewegung innewohnt, und welcher dem akademischen Vortrage wie der breiteren Darstellung der Geschichte der Philosophie einen besonderen Reiz verleiht, mußte hier zugunsten des Einblicks in die pragmatische Notwendigkeit des geistigen Geschehens preisgegeben werden.

S t r a ß b u r g, November 1891.

Vorwort zur zweiten Auflage

Der Umstand, daß bereits vor zwei Jahren eine starke Auflage dieses Werkes vergriffen war, während es außerdem in englischer und russischer Übersetzung verbreitet ist, gestattet mir anzunehmen, daß die neue Behandlung, der ich den Gegenstand unterzog, eine bestehende Lücke ausgefüllt und die synoptisch-kritische Methode, die ich einführte, ihre Probe im Prinzip bestanden hat. Durfte ich danach das Buch für die neue Auflage in seinen Grundzügen unverändert lassen, so konnte ich um so mehr Sorgfalt auf die selbstverständlichen Verbesserungen und auf die Erfüllung besonderer Wünsche verwenden.

In erster Linie sind also unter Benutzung der inzwischen erschienenen Literatur an einzelnen Punkten Berichtigungen, Kürzungen und Erweiterungen vorgenommen worden, wie sie für ein Lehrbuch, das auf der Höhe der Forschung bleiben will, erforderlich sind. Dabei habe ich aber auch formell dafür zu sorgen gesucht, der Darstellung, welche infolge der starken Zusammendrängung des Stoffs zum Teil schwierig geworden war, eine leichtere und flüssigere Gestalt zu geben, indem ich sie deutlicher gliederte, längere Sätze auflöste, und gelegentlich Nebensächliches über Bord warf.

Sodann war aus dem Leserkreise eine breitere Berücksichtigung der P e r - s ö n l i c h k e i t e n und persönlichen Verhältnisse der Philosophen in Anregung gebracht worden. Wie berechtigt dieses Bedürfnis an sich auch mir erscheint, hatte ich im Vorwort der ersten Auflage selbst ausgesprochen, auf seine Befriedigung aber im Hinblick auf den besonderen Plan und die notwendig beschränkte Ausdehnung meines Lehrbuchs verzichtet. Jetzt habe ich wenigstens durch knappe und präzise Charakteristiken der bedeutendsten Denker auch diesen Wunsch so weit zu erfüllen gesucht, als es im Rahmen des Werkes möglich erschien.

In ähnlicher Weise ist dem mir nahegelegten Verlangen nach einer ausführlichen Behandlung der P h i l o s o p h i e d e s 19. J a h r h u n d e r t s Rechnung getragen: aus wenigen Seiten sind zwei volle Bogen geworden, und ich hoffe, daß man darin, wenn auch der eine dies, der andere jenes Besondere vermissen wird, doch ein geschlossenes Gesamtbild von den Bewegungen der Philosophie bis zur unmittelbaren Gegenwart in dem Sinne gewinnen kann, wie es von einer Geschichte der Prinzipien zu erwarten ist.

Endlich habe ich das S a c h r e g i s t e r vollständig neu bearbeitet und ihm eine Ausdehnung gegeben, vermöge deren es in Verbindung mit dem Texte, wie ich hoffe, den Wert eines p h i l o s o p h i e g e s c h i c h t l i c h e n L e x i k o n s gewonnen hat. Damit ist meinem Werke neben seiner doxographischen Eigenart ein zweites Unterscheidungsmerkmal aufgeprägt, dasjenige eines systematisch-kritischen Nachschlagebuches.

Durch alle diese Erweiterungen ist der Umfang des Buches beträchtlich angewachsen, und ich spreche auch an dieser Stelle meinem verehrten Verleger, Herrn Dr. Siebeck, meinen verbindlichsten Dank für das bereitwillige Entgegenkommen aus, mit dem er diese wesentlichen Verbesserungen ermöglicht hat.

S t r a ß b u r g, September 1900.

Inhalt

Übersicht
über den Stand der philosophiegeschichtlichen Forschung

Zur Einleitung (S. 1—20):

Über das W e s e n d e r P h i l o s o p h i e vgl. noch den Artikel in den großen philos. Lexica (R. Eisler, Lalande, Baldwin — s. S. 14/15 —); sowie die Eingangskapitel i. d. versch. „Einleitungen i. d. Philos.", so neuerdings E. Becher (1926), Aloys Müller (2. A. 1931), Th. Litt (Schlußkap.) 1933); s. a. A. v. Pauler, Grundl. d. Ph., 1925; L. de Raeymacker, Introduction à la philos., 1938; H. Guthrie, Introduction au problème de la philos., Paris 1937; P. Häberlin, D. Wesen d. Ph., 1934; H. Nohl, Einf. i. d. Ph., 1935; M. Dessoir, Einl. i. d. Ph., 1946; H. Leisegang, Einf. i. d. Ph., 1951. — Neben Windelbands Prael.-Aufsatz (s. S. 1) sind zu stellen d. großen Abhandlgn. v. D i l t h e y (Ges. Schr., Bd. V, 339—416; auch in Kult. d. Gegenw. I, VI) und M. S c h e l e r (Vom Ewigen i. Mensch., 1921; N. A. 1935, S. 59—123); vgl. ferner H. Pleßner, D. Frage n. d. Wesen d. Ph., in: Zw. Ph. u. Gesellschaft, Abhdlgen., 1953; H. Scholz, Was ist Ph., 1940. — Über Ph. u. Wissensch. vgl. Noack (Gesch. Übersicht v. d. Antike b. z. Wissenschaftslehre d. Gegenw.) in: Einf. i. d. Ph., hrsg. F. Schnass, 1928; über Ph. u. Religion die Artikel von Tillich, van der Leeuw, Heimsoeth u. Lipsius i. d. Handwörterbuch Die Relig. i. Gesch. u. Gegenw. (RGG.), 2. A. S. 1204 (bzw. 1198)—1233; ferner A. Wenzl, Ph. als Weg von d. Grenzen d. Wissensch. a. d. Grenzen d. Religion, 1939.

Zum Problem d. G e s c h i c h t e d. P h i l o s. u. i. Bedeutung f. d. Ph. selbst vgl. noch N. Hartmann, Z. Methode d. Ph.-G. (Kant-St. XV, 1910), sowie: Der philos. Gedanke u. s. Geschichte, 1936 (Abhdlg. d. Pr. Ak. d. Wiss.); ferner die Aufsätze von J. Stenzel (Kant-St. XXVI, 1921), Kroner (Logos XII, 1923), Kraft (Ztschr. f. Ph. u. ph. Kritik, Bd. 157), Heinemann (Kant-St. XXXI, 1926), F. Medicus in: Ph. and History (E. Cassirer gew.) ed. Klibansky und Paton 1936, u. R. Reiniger, Gesch. d. Ph. als ph. Wissenschaft (Akad.-Vortr.), Wien 1928. S. a. E. Rothacker, Ph.-Geschichte u. Geistesgeschichte, Deutsche Vierteljschr. 18, H. 1, 1940; W. Cramer, D. Ph. u. ihre Geschichte, Bl. f. dt. Ph. 14 (1941); F. Olgiati, Filosofia, storia della filos., storia, in Riv. di Filosofia Neoscol. 26, 5/6; E. Bréhier in: Les études philosophiques 1947.

Zur E i n t e i l u n g d e r P h i l o s o p h i e vgl. heute bes. auch die neuen Sammelwerke (meist systematisch u. historisch angelegt), so das „Handbuch d. Ph.", hrsg. v. Baeumler u. Schröter (s. S. 14, beh. Logik, Erkenntnistheorie, Ästhetik, Metaphysik; Ph. d. Naturwiss. u. Metaphysik d. Natur; Ph. d. Geisteswissen. u. d. Geistes, Religionsph.; Ph. Anthropologie, Ethik, Psychol. u. Metaph. d. Seele, Charakterologie, Erziehungsphilos.; Ph. d. Sprache, Gesellsch.- u. Wirtschaftsph., Rechtsph., Staatsph., Kulturph., Geschichtsph., Ph. d. Technik; auch Separatausgaben), u. das „Lehrbuch d. Ph.", hrsg. Dessoir (I. D. Gesch. d. Ph., II. D. Ph. in ihren Einzelgebieten). Ferner: Die Ph., ihre Gesch. u. ihre Systematik, hrsg. v. Steinbüchel, 1934 ff. S. auch: Gesch. d. Ph. in Längsschnitten, hrsg. Moog (Metaph., Logik, Wirtschaftsph., Ethik, Rechtsph. usw. i. Einzelheften) 1931 ff. — Die M e t a p h y s i k (s. S. 17 f.) ist heute wieder ph. Kernziel geworden (vgl. i. folg. d. neue Kap. über d. Ph. i. 20. Jahrh., bes. § 47, 5; s. auch Heimsoeth, Metaph. d. Neuzeit, 1929 (Kap. VIII, D. method. Krisis d. Metaph.), u. „D. Streit um d. Daseinsrecht d. Met. u. d. Geschichte ihres Begriffs", 7. intern. Kongr. f. Ph., Oxford 1931. Wesen, Möglichkeit, Methode d. Metaph. machen ein wesentl. Stück i. d. gegenw. Unters. z. Wesen u. Eint. d. Ph. aus (Heidegger, Was ist Metaph.?, 1929; Einf. i d. M., 1953; Arbeiten v. Hessen, Kynast, Oberhuber, K. Groos, E. Becher, Dingler u. v. a.). Zur Geschichte d. Metaph., außer dem klassisch gewordenen Werk E. v. Hartmanns (s. S. 18) die betr. Teile d. „Handbuchs d. Ph." (s. o.); M. Wundt, Gesch. d. M., 1931 (Gesch. d. Ph. in Längsschnitten, s. o.).

Zur E i n t e i l u n g d. G e s c h i c h t e d. P h i l o s.: Vermehrte Erforschung u. Darstellung der Philos. auch in den außereuropäischen (orientalischen) Bereichen. Vgl. Allg. Gesch. d. Ph. i. „Kultur d. Gegenw." I, V, indische Ph. (Oldenberg), chinesische Ph. (Grube) u. japanische Ph.; auch islam. u. jüdische Ph. des MA. G. Misch, D. Weg i. d. Ph., 1926

(mit Texten a. d. ind. u. chines. Ph.), Masson-Oursel, La ph. en Orient, 1938 (Erg.-Bd. zu
E. Bréhiers Ph.-Gesch.). Monographien: nach Deussens grundl. (noch von Schopenhauer
bestimmtem) Werk u. Oldenbergs relig.- u. weltanschauungsgesch. orientierten Büchern jetzt
O. Strauß, Ind. Ph., 1925 (Kafka-Reihe Bd. 2); H. Zimmer, Indische Sphären, 1935; S. N.
Dasgupta, History of I. Ph. 3 vol. 1940; S. Rhadakrishnan, Ind. Ph. 2 Bde, 1955—56; H. Jacobi,
D. Entwickl. d. Gottesidee b. d. Indern usw., Orig. u. Übers., 1923; I. Anboyer, Les grandes
lignes de la pensée indienne, Rev. de Ph. 1937; H. v. Glasenapp, Entwicklungsstufen d. ind.
Denkens, 1940 (Schr. d. Königsb. gel. Ges., Jahrg. 15/6, H. 5); A. Schweitzer, D. Weltanschauung d. ind. Denker, 1935; u. viele Monographien u. Übersetzungen (s. bibl. Wegweiser
b. O. Strauß), jetzt bes. noch W. Ruben, Ph. d. Upanishaden, 1947; Ders.: Beginn der Ph. in
Indien, Texte, 1956. Chines. Ph.: Hackmann (Kafka-Reihe Bd. 5), 1927; R. Wilhelm 1929,
u. d. großangelegte Gesch. d. alten, mittelalt. u. neueren chin. Ph. von A. Forke (Hamb. 1927,
1934, 1938); vgl. desselben: „D. Gedankenwelt d. chin. Kulturkreises" in „Handb. d. Ph."
(s. o.), 1927; Fung Yu-Lan, The spirit of Ch. Ph., transl. E. R. Hughes, London 1947. —
Ph. d. Judentums: Guttmann, 1933 (Kafka-Reihe Bd. 3). Ph. d. Islam: Goldziher (in: Kultur
d. Gegenw. I, V; s. a. „Vorlesungen üb. d. Islam", 2. A. 1925), M. Horten, 1924 (Kafka-Reihe
Bd. 4). — Vgl. hierzu ferner: Masson-Oursel, Philos. comparée, Paris 1933 (Versuch, die vgl.
Methode a. d. Ph. d. versch. Kulturkreise — Europa, Indien, China — anzuwenden, bis zu
vergl. Chronologie). — Ein neues Forschungsfeld ist auch gegeben durch die philos., psychol.
u. soziolog. Fragestellungen nach d. Weltanschauung d. „Primitiven" (Levy-Bruhl, Durkheim usw.) u. den Anfangsstufen des Weltbegreifens (s. auch das neu erwachte philos. Interesse
f. d. Mythos); vgl. F. Gräbner, Das Weltbild d. Primitiven (Kafka-Reihe Bd. 1), 1925.
Die Einteilung d. europ. Ph.-Geschichte ist in wesentlichen Punkten revisionsbedürftig.
Hauptfragen sind: Die Auffassung der Philos. i. d. ersten christl. Jahrhunderten (Ausgang d.
Antike, „Christl. Antike", „Patristische" Ph.; vgl. den Vorstoß von E. Troeltsch, Augustin,
d. christl. Antike u. d. Mittelalter, 1915, u. s. Gegenwirkungen), ferner die Zusammenordnung
von spätantiker u. frühchristl. Ph. („Zeitalter des jenseitigen Gottes") in K. Schillings Ph.-
Gesch., und dann der Übergang vom „Mittelalter" zur „Neuzeit" in d. Ph. — Spätscholastik,
Renaissance u. Reformationszeit; Anteil der europ. Nationen a. d. Umgestaltung — (hierzu
H. Heimsoeth, Die sechs großen Themen d. abendländ. Metaph. u. d. Ausgang d. Mittelalters,
3. A. o. J.).
Neuere Darstellungen der Philosophiegeschichte: E. Bréhier, Histoire de la Philosophie,
5. A. 1938; Kurt Schilling, Gesch. d. Ph., 2 Bde, 2. A. 1951, 1953; Ders.: Gesch. d. Ph. (Studien-
führer, kurz, m. Bibliogr.), 1949; Neuauflage (ganz umgestaltet) von Vorländers Gesch. d. Ph.,
Bd. I (Antike u. MA) bes. v. E. Metzke 1949, Bd. II und III (Neuzeit) bes. v. H. Knittermeyer (m. Bibliogr.), 1955; E. v. Aster, Gesch. d. Ph., 1935 (Kröners T.-A. Bd. 108); Hans Meyer,
Gesch. d. abendl. Weltanschauung, 5 Bde., 1947 ff.; J. Hirschberger, Gesch. d. Ph., 2 Bde.,
2. A. 1955 f; G. Guzzo, Breve storia della filosofia, 2. A. 1938; E. Codignola, Sommario di storia
della filosofia, Florenz 1937; B. A. G. Fuller, A History of Philos., 2 Bde., 3. A., N.-Y. 1955;
B. Russell, A history of Western ph., zuerst 1947, dt. 1948; N. Abbagnano, Storia della filos.,
3 Bde., 1955. — Durchgehende Monographien: A. Faust, D. Möglichkeitsgedanke, 2 Teile, 1931/2;
F. J. v. Rintelen, D. Wertgedanke i. d. europ. Geistesentwicklung, Teil I, 1932; W. Gent,
D. Ph. d. Raumes u. d. Zeit, 1926; und: Die Raum-Zeit-Ph. d. 19. Jh.s (vom krit. Kant b. z.
Gegenw.), 1930; F. Billicsich, D. Problem d. Theodizee i. ph. Denken d. Abendlandes, 1936;
W. Ellis, The idea of soul in Western ph. and science, London 1940; Balduin Schwarz,
D. Irrtum i. d. Ph., 1935. — Neuere philos. Handwörterbücher: E. Metzke, Handlexikon d. Ph.
(auch Philosophen-Verzeichnis), 1948; J. Hoffmeister, Wörterbuch d. ph. Begriffe, 2. A. 1955;
Ph. Wörterbuch hrsg. W. Brugger, 1947. — Philosophen-Lexikon (Handwörterbuch d. Ph.
nach Personen) hrsg. W. Ziegenfuß. 2 Bde., 1949, 1950. — Die Neuerscheinungen verzeichnet
laufend: Répertoire Bibliographique de la Philosophie (bisher 8 Bde.) im 1. Abschnitt: Histoire
de la ph., Louvain. — Monographisch vorgehend: Bochenski u. Monteleone, Allg. phil. Bibliographie, 1948 ff.

Zu Teil I (S. 21—24). Philosophie der Griechen, und I, Kap. 1 (S. 24—55):

1. Grundlegend auch heute noch Ed. Zeller (S. 21), vgl. auch Zellers „Grundriß d. Gesch.
d. griech. Ph.", 13. A. bes. v. Nestle 1928; aber auch Hegels Gesch. d. Ph., sowie H. Ritter
u. Preller (S. 21; 10. A. 1934), u. A. Gercke, Gesch. d. Ph., 4. A., bearb. v. E. Hoffmann, 1933;
J. Stenzel (Metaph. d. Altertums) im Handbuch d. Ph.
Neuere Darstellungen: E. Bréhier, Histoire de la philosophie I (s. o.); H. Meyer, Gesch.
d. alten Ph. (Philos. Handbibl. 10), 1925; W. Capelle (Göschen-Bändchen 2. A. 1953 f.);
W. Kranz, D. griech. Ph. (Samml. Dieterich), 1941. Vom Thema Paideia (Die Formung des
griechischen Menschen) her W. Jaegers 3bändiges Werk (s. u.); G. de Ruggiero, La filos. greca,

2 Bde., 3. A. 1934; Ch. Werner, La philosophie grecque, Paris 1938; L. Robin, La pensée hellénique des origines à Epicure, 1942.

2. Stark im Vordergrund der Forschung stehen die g e i s t e s g e s c h i c h t l i c h e n Zu-sammenhänge der antiken und spätantiken Ph. (Religion, Mythos, Orphik, Astrologie, Wissen-schaften, Polis, allgemeine Kultur, Orient, vgl. auch unter II, 2). Bleibend wichtig als Aus-gangspunkt E. Rohde, Psyche (Unsterblichkeitsglaube, Orphik) und dann die Bachofen-Renaissance (Ausg.: Der Mythus von Orient u. Occident, hrsg. v. M. Schröter, Einl. v. Bäumler, 1926; Urreligion u. antike Symbole, Ausw. i. 3 Bd. v. Bernoulli [Reclam], 1926; Mutterrecht u. Urreligion, Ausw. v. R. Marx, Kröner 52). — Allgemein-geistesgeschichtlich nach Burckhardts grundlegender Griech. Kulturgesch. bes. W. Nestle, Griech. Geistesgesch., 1944; Vom Mythos z. Logos, 1940. B. Snell, Leben und Meinungen d. Sieben Weisen, 1938. — Zur griech. Religions-gesch. vgl. neben Gruppe u. Usener jetzt auch O. Kern, D. Religion d. Griechen I—III, 1936—39; Pettazzoni, La religione nella Grecia antica, 1921; Zielinski, La religion de la Grèce antique, 1926; M. P. Nilsson, A History of greek religion, 1925, Ders., Gesch. d. griech. Religion, 1941 (Handb. d. Altertums, wiss. Abt. 5, T. 2, Bd. 1); E. Bewan, Later greek religion, 1927; S. Angus, The religious quests of the Graeco-Roman World, 1929; W. Nestle, Griech. Religiosität v. Zeitalter d. Perikles bis Aristoteles (Göschen 1066), 1933; K. H. Kerényi, D. antike Religion, Amsterdam 1940; P. Eckart, D. Theologie d. Hellenen, 1938. Bahnbrechend v. a.: W. F. Otto, Die Götter Griechenlands, zuerst 1929, und Dionysos, Mythus u. Kultus, 1933.

Zur A s t r o n o m i e u. A s t r o l o g i e vgl. neben d. klassischen Arbeiten von Boll (v. a.: Die Entwicklung d. astronom. Weltbildes i. Zusammenhang m. Religion u. Ph., in „Kultur d. Gegenwart" III, 3, 1—56), Bouché, Leclerq (1899), Cumont (1912), Duhem, Le système du monde, 1913 ff.; Boll-Betzold, Sternglaube u. Sterndeutung (S. 20); W. Gundel, Sternglaube, Sternreligion u. Sternorakel, 1933; E. Pfeiffer, Studien zum antiken Sternglauben (Boll. stoicheia II, 1916); P. Metmann, Mythus u. Schicksal, Lebenslehre d. antiken Stern-symbolik, 1936.

Zur W e l t - u n d L e b e n s a n s c h a u u n g : M. Wundt, Griechische Weltanschauung (Aus Nat. u. Geistwelt 329), 1929; Philosophie als Lebensform (bios theoretikos): neben der klassischen Darstellung von Boll (Vita contemplativa, 2. A. 1922), W. Jaeger, Über Ursprung u. Kreislauf des philos. Lebensideals (Sitz.-Ber. d. Pr. Ak. d. Wiss., Ph.-H. Kl., 1928); vgl. auch Wehrli, Lathe biosas, 1931; E. Bignone, Studi sul pensiero antico, 1938; E. Bréhier, Etudes de ph. antique, 1955. — Zur W i s s e n s c h a f t sgeschichte: Neben Robin (vgl. S. 21) G. Milhaud, P. Tannery: W. A. Heidel, The heroic Age of science, Baltimore 1933; A. Rey, La science orientale avant les Grecs, 1930; La Jeunesse de la science grecque, 1933; Ders., La maturité de la pensée scientifique en Grèce, Paris 1939; R. Schaerer, Episteme et techne (Etudes sur les notions de connaissance et d'art d'Homère à Platon), 1930; A. Reymont, Histoire des sciences dans l'Antiquité, 2. A. 1955.

Darstellungen einzelner Fragen und Disziplinen: W. Theiler, Zur Gesch. d. teleologischen Naturbetrachtung bis auf Aristoteles, 1925; H. Dingler, Gesch. d. Naturphilosophie, 1932; R. Mondolfo, L'infinito nel pensiero dei Greci 1934. E. Cassirer, Logos, Dike, Kosmos i. d. Entw. d. griech. Ph., Göteborg 1941. Zur griech. M a t h e m a t i k vgl. H. G. Zeuthen, D. Math. i. Altert. u. Mittelalter, Kultur d. G. III, 1; Hasse u. Scholz in Kantstudien, 1933; ferner J. Stenzel, Anschauung u. Denken i. d. klassischen Theorie d. griech. Math., Antike IX, 2. Euklid, Die Elemente übers., hrsg. v. C. Thaer, 2 Teile, 1933; Thomas Heath, A History of Greek mathematics, 2 Bde., 1921; O. Neugebauer, Vorl. über Gesch. d. antiken math. Wissenschaften 1934. — Zur antiken M e d i z i n u. ihrer Bedeutung für d. Ph.: J. Schumacher, Antike Medizin 1940. — B. Groethuysen, Philos. Anthropologie, Teil I (i. Handb. d. Ph.), 1928; F. Seifert, Metaphysik der Seele (Hand. d. Ph.), 1928; vgl. daneben auch die große Darstellung von Chaignet, Histoire de la psychologie des Grecs, 1892 f. — Zur E t h i k neben M. Wundt, Geschichte d. griech. Ethik I u. II, 1908/11 (kulturgeschichtlich), jetzt Ottmar Dittrich, Gesch. d. Ethik I, 1926; vgl. auch: Fr. Wagner, Der Sittlichkeitsbegriff i. d. antiken Ethik (Münst. Beitr. z. Theol., H. 14), 1928; L. Robin, La morale antique, 1938; W. C. Greene, Moira, fate, good and.evil in Greek thought, 1944. — Zum G e i s t begriff vgl. Stenzel, Zur Entwicklung des Geistbegriffs i. d. griech. Philos., Antike I, 3; Bruno Snell, Die Entdeckung des Geistes, 1946; Rüsche, Das Seelenpneuma. S. Entw. v. d. Hauchseele z. Geistseele, 1933 (vgl. aber auch Siebeck i. Ztschr. f. Völkerps. u. Sprachwiss. XII, 4, 1885). — Zur L o g i k : Ernst Kapp, Greek foundations of traditional logic, New York 1942.

3. Zur G e g e n w a r t s b e d e u t u n g der antiken Philosophie jetzt v. a.: W. Jaeger, Paideia. Die Formung des griechischen Menschen, Bd. I—III, 1934—1945; zum gegenw. „Humanismus" vgl. ferner: Das Problem des Klassischen u. d. Antike (8 Vortr. a. d. Tagung d. Klass. Altertumswiss. i. Naumburg, 1930), hrsg. v. Jaeger, 1931; Weinstock in N. Jb. IX, 1933; Zucker, Klass. Altertum u. deutsche Bildung (Vortrag), 1934; R. W. Livingstone, Greek ideals and modern life, 1935 (deutsch hrsg. v. Ax, 1947); E. Grassi, Vom Vorrang d. Logos. Das

Problem d. Antike i. d. Auseinanders. zw. italien. u. dt. Ph., 1939; W. Rehm, Griechentum u.
Goethezeit. Geschichte eines Glaubens, 2. A. 1938. — Zur Einführung und als Hilfsmittel:
Griechisches philos. Lesebuch, hrsg. v. Humborg, 1926; Wörterbuch d. Antike, hrsg. v. Lamer
(Kröner 96); vor allem Pauli-Wissowa, Real-Enzyclopädie des klass. Altertums (fortges.
d. Kroll, Witte) = RE.

Zu Teil I, Kap. 1. Kosmologische Periode:

Geistesgesch. Voraussetzungen s. Anhang zu Teil I, insbes. W. Jaeger, Paideia
(Herauswachsen d. Vorsokratiker a. d. homerischen Welt); neu betont v. a. der Zusammen-
hang mit dem mythischen und mystischen Denken (vgl. auch die jüngere ethnologische
Mythen- u. Religionsforschung). Als erster Versuch zu nennen: K. Joël, Der Ursprung d.
Naturphilos. a. d. Geist d. Mystik, 1926. Vgl. Wenzel Pohl, Zur Frage d. Ursprungs d. griech.
Ph., in Scholastik III, 4, 1928 (betont mit Wilman orphischen Ursprung); ferner: J. Boehme,
Die Seele u. d. Ich im homerischen Epos, 1929; Bickel, Homerischer Seelenglaube (Königsb.
Gel. Ges. Geisteswiss. Kl., Jg. I, 7); A. d'Alés, L'Orphisme, Recherches de science religieuse
(XXVIII), Paris 1938.
Philosophiegeschichtlich immer noch grundlegend Burnet (S. 24, viele Textproben);
wichtig auch jetzt noch Nietzsche, Die Philos. im tragischen Zeitalter d. Griechen; ferner
J. Stenzel, Gesch. d. Metaphysik (mit Bezugnahme auf den Menschen in seiner Welt bei
Homer und Hesiod); vgl. auch noch Rob. Scoon, Greek philosophy before Plato, Princeton
1928; W. Capelle (s. o.) I; de Ruggiero (s. o.) I; W. Jaeger, The theology of the early Greek
philosophers, 1947; O. Gigon, D. Ursprung d. griech. Ph., 1945; ferner W. Nestle, Vom Mythos
zum Logos. D. Selbstentfaltung d. griech. Denkens von Homer b. a. d. Sophistik u. Sokrates,
2. A. 1942; W. Kranz, Kosmos u. Mensch i. d. Vorstellungen frühen Griechentums, 1938 (Nachr.
d. Ges. d. Wiss. Göttingen, N. F. Bd. 2); M. Gentile, La metafisica presofistica, Padua 1939;
H. Fränkel, Wege u. Form frühgriech. Denkens, hrsg. Tietze, 1955. — Als Textsammlung
jetzt in neuer (6.) Auflage (bes. v. Kranz) H. Diels, Die Fragmente d. Vorsokratiker, 3 Bde.
1952 ff. (3. Bd. Index); W. Capelle, D. Vorsokratiker, 4. A. 1953; W. Kranz, Vorsokratische
Denker, 2. A. 1949. Zur Erkenntnislehre vgl. auch E. Hoffmann, D. Sprache u. d.
archaische Logik, 1925; Br. Snell, D. Entdeckung d. Geistes, 3. A. 1955.
Zu Pythagoras: V. Capparelli, La sapienza di Pitagora, Padua 1941, Ders.: Il
contributo pitagorico alla scienza, 1955; K. Kerényi, Pythagoras u. Orpheus, Amsterd. 1939
(Albae vigiliae, H. 2). Xenophanes: K. Deichgräber, Xenophanes Periphyseos (Rhein.
Museum f. Philologie, Bd. 87), 1936. Zu Parmenides: K. Reinhardt, P. u. d. Gesch. d.
griech. Philosophie, 1916, und Riezler, Parmenides, 1934; G. Calogero, Studi sull' Eleatismo,
Rom 1932; R. Mondolfo, Il contributo di Zenone d'Elea alla scoperta dell' infinitesimale, in
Arch. di stor. filos. XXIV, 2. Zu Heraklit: Heraklit, Fragmente griech. u. deutsch übertr.
v. Snell, 1926; G. Burckhardt, Heraklit (Einf. Übertr.), Zürich 1925; H. Fränkel, A Thought
Pattern in Heraclitus, in: The American Journal of Philology, Baltimore 1938; E. Weerts,
Heraklit u. die Herakliter (unter bes. Bezugnahme auf Platon), 1926; E. Loew, Das Verhältnis
von Leben u. Logik b. Heraklit (Wiener Stud. 51), 1933; O. Gigon, Studien z. Heraklit, 1935;
Binswanger, H.'s Auffassung d. Menschen, Antike XI, 1935; F. J. Brecht, Heraklit, 1936. Zu
Empedokles: E. Loew, Empedokles, Anaxagoras u. Demokrit (I. Empedokles, Wiener
Stud. 55), 1937; W. Kranz, Empedokles. Zürich 1949. Zu Anaxagoras: F. M. Cleve,
The philosophy of A., New York 1949.

Zu Teil I, Kap. 2 (S. 56—83). Anthropologische Periode:

Der Rehabilitierung der Sophisten durch Hegel (vgl. S. 60) folgte im späteren 19. Jh.
die durch Nietzsche, unter Abwertung des Sokrates (hierzu vgl. Hildebrandt, Nietzsches
Kampf mit Sokrates u. Platon, 1922). Die Wertschätzung des sokratischen Denkvollzuges
wiederum hat nach Schleiermacher (Über. d. Wert des S. als Philosophen) und Hegel
(Vorles. üb. Gesch. d. Ph.) neue Belebung erfahren durch Kierkegaard. Zur Wirkungsgeschichte
des S. vgl. außer B. Böhm, S. im 18. Jh., 1929, jetzt O. Gigon, S., s. Bild in Dichtung u.
Geschichte, 1947. S. auch Sprangers Abhandlungen: Hegel über S. (Berl. Akademie 1938) und
Nietzsche über S. (1939).
Zur Sophistik: Nach Grote, Th. Gomperz u. H. Gomperz beste Darstellung d. sophist.
Lehre bei W. Nestle (V. Mythos z. Logos) und in W. Jaegers Paideia. — Zu Gorgias:
W. Nestle, Die Schrift des G., Hermes 57, 1922; O. Gigon, G. über d. Nichtsein, Hermes 71, 1936;
E. Bux, G. und Parmenides, Hermes 1940. Zu Kallikles: A. Menzel, K., 1922. Zu Anti-
phon: F. Altheim, Staat u. Individuum bei A. d. Sophisten, Klio Bd. 20, 3.
Zu Sokrates: Nach H. Maiers gr. Werk (1913) A. E. Taylor, S., 1933; J. Stenzel (S.-

Artikel im Pauly-Wissowa); C. Ritter, S., 1931; H. Kuhn, S. 1934; K. E. Gisberger, S., 1935; A. Boisseré, S. de Platon, 1938; Th. Deman, Le témoignage d'Aristote sur S., 1942; M. Landmann, D. Sokratismus als Wertethik, 1943. Ferner Chr. Schrempf, S., Persönl. u. Glaube, 1927; R. Guardini, D. Tod des S., 1944; Librizzi, La morale di Socrate, 1954.

Zu Teil I, Kap. 3 (S. 83—131). Systematische Periode:

Platon. Gegenüber der Platon-Philologie des 19. Jahrhunderts bedeutende Erneuerung und Vertiefung der Platonforschung, allgemein und ganz besonders in problemgeschichtlicher Hinsicht. Erste Übersichten: E. Hoffmann, im Anhang zu Zellers Ph. d. Griechen (1922), H. Leisegang, D. Platodeutung d. 20. Jhs., 1929. Entscheidender Anstoß ging aus von P. Natorp (Platos Ideenlehre, zuerst 1903; 2. A. 1922 mit neuer Sicht im Anhang; das Werk bleibt wichtige Anleitung z. philos. Plato-Studium, trotz der Verhaftung in neukantische Begrifflichkeit). Wichtigste philos. Gesamtdarstellungen seitdem: C. Ritter, Pl. (2 Bde.), 1910 u. 1923; Kerngedanken der pl. Ph., 1931; A. Taylor, Pl., 3. A. 1929; J. Stenzel, Plato d. Erzieher, 1928; A. Dièz; Autour de Pl., 1927; L. Robin, Pl., 1935; R. Demos, The ph. of Pl., 1939; K. Schilling, Pl., Einf. i. s. Ph., 1948; P.-M. Schuhl, L'œuvre de Platon, Paris 1954. S. a.: Etudes platoniciennes, Rev. intern. de Philos., 1955 (Heft 2). Allgemein-geistesgeschichtliche Darstellungen, außer Wilamowitz (2 Bde.), 4. A. 1948 und W. Jaegers großer Schilderung in dem Paideia-Werk die Darstellungen aus d. Kreise um Stefan George (Hildebrandt, Singer, Salin, Andreae), bes. P. Friedländer, Pl., 1928/30, 1. Bd. 2. A. 1954. — Pl. u. Orient, unter dem Gesichtspunkt des späteren Platonismus: Reitzenstein, Gronau, Taylor u. a.; gegen diese Identifizierung mit scharfer Unterscheidung von Pl. und Platonismus E. Hoffmann, Platon u. d. Mittelalter (Vorträge a. Bibl. Warburg III, 1923/24). Ferner: J. Kerschensteiner, Pl. u. d. Orient, 1946; J. Bidez, Eos ou Pl. et l'Orient.

Zur Frage der Echtheit der plat. Schriften (S. 86): Parmenides, Sophistes, Politikos werden heute im Gegensatz zu den Zweifeln Windelbands als echt betrachtet und, als Hauptdokument für Pl.s Spätzeit u. d. Dialektik, besonders eindringlich studiert. Von den Briefen Pl.s werden jetzt fast alle als echt angesehen, insbes. der 7. Brief als d. große Selbstzeugnis neu ausgewertet (grundlegend dabei H. Gomperz, Pl.s Selbstbiographie, 1928).

Von den krit. Ausgaben bes. die Oxforder (Burnet) in 5 Bden.; von Übersetzungen immer noch wertvoll die von Schleiermacher; philologisch genauer die der Philos. Bibliothek (Apelt, mit Erläuterungen; auch Gesamtregister das.); neue Auflagen. Neue Ausw.-Ausg. bes. v. Br. Snell, 1955.

Zur Wirkungsgeschichte Platons vor allem E. A. Taylor, Platonisme and its influence, 1924; Burnet, Platonism, 1928; P. Shorey, Platonism ancient and modern, 1938. Über die Platon. Mythen: K. Reinhardt (1927); P. Friedländer (s. o.); P. Fruitiger, Les mythes de Pl., 1930; P. Stoecklein, D. ph. Bedeutung v. Pl.s Mythen, Philologus Suppl., 1937.

Spez. z. Frühzeit: W. Freymann, Pl.s Suchen nach e. Grundlage d. Ph., 1930; Max Hiestand, D. sokr. Nichtwissen in Pl.s ersten Dialogen, 1923. Zur mittleren Zeit bes. G. Krüger, Erkenntnis u. Leidenschaft (Sympos.), 1939. Zur Spätzeit: J. Stenzel, Zahl u. Gestalt b. Pl. u. Aristoteles, 1924; A. E. Taylor, Forms and Numbers, Mind 1926/7 und d. Timäus-Kommentar dess. Autors (1928). Zum Parmenides: M. Wundt (1936), A. Speiser (1937), G. Ryle (1939); J. Wahl (1926). Zur Dialektik: J. Stenzel, Studien z. Entwicklung d. pl. Dial. von Sokrates zu Aristoteles, 2. A. 1931; B. Liebrucks, Platons Entw. zur Dial., 1949. Zum Philebos: H. G. Gadamer, Pl.s dial. Ethik, 1931. Zur letzten Zeit: O. Becker, Die diairetische Erzeugung der pl. Idealzahlen, 1931; P. Wilpert, Zwei aristotelische Frühschriften über d. Ideenlehre, 1949; Pl.s Altersvorlesung ü. d. Gute, Ph. Jahrb. 1949. — Zur Kosmologie: M. F. Sciacca, La metafisica di Pl., Bd. I, 1938; F. M. Cornford, Pl.s Cosmology, 1932; H. Perls, Platon, sa conception du kosmos, New York 1945. — Zur Seelenlehre: H. Barth, Die Seele i. d. Ph. Pl.s, 1921; Ders.: Eidos u. Psyche d. Lebensph. Pl.s, 1932. — Religion und Theologie: E. Hoffmann, Platonismus u. Mystik im Altertum, 1935; P. E. More, The religion of Pl., 1922; F. Solmsen, Pl.s Theology, 1942; J. Stenzel, D. Begriff d. Erleuchtung bei Pl., Antike, 1926. — Zum Höhengleichnis s. noch die bes. Ausdeutung M. Heideggers, Pl.s Lehre v. d. Wahrheit, 2. A. 1954.

Ethik, Polis: H. Scholz, Eros u. Caritas. Die platon. Liebe u. d. Liebe im Sinn d. Christentums, 1929; R. Lagerborg, Die platon. Liebe, 1925; G. Rohr, Pl.s Stellung zur Geschichte, 1932; Hirschberger, Die Phronesis i. d. Philosophie Pl.s v. d. Staat (Philologus Suppl. XXV, 1), 1932; H. Höffding, Pl.s Böger om Staten. Analyse Karakteristik, Kopenhagen 1924, C. Vering, Pl.s Staat, 1926; Pl.s Gesetze, 1926; E. Barker, The Greek political Theory. Plato and his Predecessors, 1918; W. Boyd, An introduction to the Republic of Pl., London 1937; T. M. Knox, Pl.s Republic, London 1938; P. Lachièze-Rey, Les idées morales, sociales et politiques de Pl., Paris 1938; M. Gentile, La politica di Pl., 1940; M. Croiset, La République de Pl., 1947;

J. Gould, The development of Pl., ethics, 1955; J. Derbolav, Erkenntnis u. Entscheidung, 1954. — Einzelfragen: K. v. Fritz, Philosophie u. sprachl. Ausdruck b. Demokrit, Plato u. Aristoteles, 1938; H. Gauß, Pl.s conception of philosophy, London 1937; R. Guardini, Der Tod d. Socrates. Eine Interpret. d. plat. Schriften Euthyphron, Apologie, Kriton u. Phaidon, 1944; N. Hartmann, D. Problem d. Apriorismus i. d. Plat. Philos., 1935; Ders., Zur Lehre vom Eidos b. Pl. u. Aristoteles, (Abh. d. Pr. Akad. d. Wiss.), 1941; H. Perls, L'Art et la beauté vues par Platon, Paris 1938; A. Preiswerk, Das Einzelne b. Pl. u. Aristoteles (Philologus Suppl. XXXII, 1), 1939.

A r i s t o t e l e s : Grundlegend für die heutige A.-Forschung (Das arist. System genetisch gesehen): W. Jaeger, Aristoteles. Grundlegung einer Geschichte seiner Entwicklung, 1923. Neues Interesse f. d. Arist. Metaph. aber auch von Bolzano u. Brentano her: vgl. Brentano, A. u. seine Weltauffassung, 1911; K. Schilling, A.s Gedanke d. Philosophie, 1928; A. v. Pauler, A., 1933; W. Bröcker, A., 1935; B. A. G. Fuller, Aristotle, New York 1935; O. Hamelin, Le système d'Aristote, 2. A. 1931; A. E. Taylor, Aristotle, 1943; L. Robin, Aristote, 1944; W. D. Ross, Aristotle's Metaphysics, 2 Bde., 5. A. 1953 (zuerst 1924); Van der Meulen, A., Die Mitte in s. Denken, 1951; D. J. Allan, The ph. of A., 1952, deutsch. übs. P. Wilpert, 1955 (mit Lit.-Angaben); P. Gohlke, A. u. s. Werk, 2. A. 1952. Bericht über: Die Lage der A.forschung v. Paul Wilpert, 1946 (Ztschr. f. philos. Forschung I, 123—140).

Zur O n t o l o g i e : A. Sbarra, La filosofia prima di A., Neapel 1937; E. Oggioni, La „Filosofia Prima" di A., Mailand 1939; N. Hartmann, Der megarische u. d. aristot. Möglichkeitsbegriff (Sitz.-Ber. d. Pr. Akad. d. Wiss. 10), 1937; A. Preiswerk (s. o.); Chung-Hwan Chen, Das Chorismos-Problem b. A. (Philos. Unters. 9), 1940; N. Hartmann, Zur Lehre v. Eidos b. P. u. A. (s. o.); M. Wundt, Unters. z. Metaph. d. A., 1953. — Zur L o g i k : H. Maiers Werk über die Syllogistik, 2 Bde., als Neudruck 1936, Le Blond, Logique et méthode chez A., 1939; F. Solmsen, D. Entwicklung d. aristot. Logik u. Rhetorik, 1936; J. Stenzel, Zur Theorie d. Logos b. A., Quellen u. Stud. z. Gesch. d. Mathematik I, 1, 1929; Prantl, Gesch. d. Logik I, 87 ff.; A. Kopp, „Syllogistik", in RE. (die entscheidende Darstellung); A. Antweiler, D. Begriff d. Wissenschaft b. A., 1936; J. W. Miller, The structure of A.logic, London 1938; J. Drechsler, D. erkenntnistheoret. Grundlagen u. Prinzipien d. Arist. Didaktik, 1935; P. Gohlke, D. Entstehung d. arist. Logik, 1936; N. Hartmann, A. u. d. Problem d. Begriffs, Abh. d. Pr. Akad. d. Wiss., 1939; S. Moser, Z. Lehre v. d. Definition b. A., 1935. — Zur P s y c h o l o g i e und Biologie: H. Cassirer, Arist. Schrift v. d. Seele (Heidelb. Abh. 24), 1932; P. v. Schilfgaarde, De zielkunde van A., Leiden 1938; F. Nuyens, L'évolution de la psychol. d'A., 1948; M. Manquat, A. Naturaliste, 1932. — Zur P h y s i k : A. Mansion, Introduction à la physique arist., 2. A. 1946. Zur E t h i k : M. Wittmann, D. Ethik d. A., 1920; W. Schöllgen, Die Grundgedanken d. arist. Ethik, 1934; P. Gohlke, D. Entstehung d. arist. Ethik, Politik, Rhetorik, 1944; H. H. Joachim, The Nicom. Ethics, 1951; N. Hartmann, D. Wertdimensionen d. arist. Ethik (Abh. d. Pr. Akad. d. Wiss.) 1944. Zur Politik: W. Siegfried, Unters. z. Staatslehre d. A., 1942. Zur Ä s t h e t i k : K. Svoboda, L'Esthétique d'A., Brünn 1927; H. Otte, Neue Beitr. z. Aristot. Begriffsbestimmung d. Tragödie, 1928. — Else Gerald Frank, A. on the Beauty of Tragedy, Cambridge (Mass.), 1938. — Ferner noch: M. de Corte, La doctrine de l'intelligence chez A. (Préface E. Gilson), 1934; Ders.: A. et Plotin, 1947; K. Ulmer, Wahrheit, Kunst u. Natur bei A., 1953; J. Ritter, D. Lehre v. Ursprung u. Sinn d. Theorie bei A., 1953; O. Gigon, Die Geschichtlichkeit d. Ph. b. A. (in: Filos. della Storia della Filos.), 1954.

A u s g a b e n : Außer der klassischen von Bonitz (5 Bde., m. Indexband) die Einzelausgaben bei Teubner. Metaphysik u. Physik neu ed. von W. D. Roß (mit Kommentar), Oxford, 1924, 1936.

Ü b e r s e t z u n g e n : in der Ph. Bibl. (Meiner), von Rolfes, ferner P. Gohlke, A. Die Lehrschriften hrsg., übertr., erläutert, 1952 ff. — Für das Studium der Metaphysik sei verwiesen auf den klassischen Kommentar, den Bonitz seiner Ausg. als 2. Bd. beigefügt hat. Bonitz, Aristotelis Metaph., 1848 f.; ferner auch d. Kommentar von Roß (s. o.). —

Z u T e i l I I , H e l l e n i s t i s c h - r ö m i s c h e P h i l o s o p h i e , K a p. 1 (135—178).
E t h i s c h e P e r i o d e :

Problemgeschichtliche Gesamtdarstellung des stoischen, epikureischen, akademischen Gedankenguts und des späteren Peripatos fehlt immer noch. Wichtig aber A. Schmekel, Forschungen z. Ph. d. Hellenismus, 1938. — Stoa-Forschung heute vor allem auf Poseidonios gerichtet, als die Durchbruchsstelle für die hellenistische religiöse Metaphysik. — Zur S t o a s. P. Barth, Die Stoa, 5., völlig neu bearb. Aufl. v. Goedeckemeyer, 1941; M. Pohlenz, Die Stoa, Geschichte e. geistigen Bewegung, 2 Bde., 2. A. 1955; G. Manzini, L'etica stoica da Zenone a Crisippo, 1940; E. Grumach, Physis u. Agathon i. d. alten Stoa, 1932; G. Nebel, D. Freiheit d. Stoa in: Griech. Ursprung, 1947. Zur Wirkung d. Stoa: R. M. Wenley, Stoicism and its influence, 1925. — Zur Stoa u. Skepsis: Bevan, Stoics and Sceptics, Oxford 1913; Helfr. Hartmann, Gewißheit u. Wahrheit, 1927. Zu T h e o p h r a s t o s : O. Regenbogen, Theophrastos von Eresos, 1940; E. Barbotin, La théorie aristotélicienne de l'intellect d'après Théophraste, 1954. — Zu E p i k u r neben der Sammlung von Usener (S. 138) und neuen von W. Schmid edierten Texten (Ethica Epicurea, 1939) auch die Übersetzung von Diogenes Laertius L. X mit krit. Bem. vers. u. d. Titel: Das Leben u. d. Lehre Epikurs, von Kochalsky (1914). — Joh. Mewaldt, Die geistige Einheit E.s, 1927; G. Nebel, Epikur, in: Griech. Ursprung, 1947; C. Diano, Epicuri Ethica, 1946; E. Cresson, Epicure, 1940. In der Auseinandersetzung mit seiner philos. Umwelt wird Epikur vorgeführt in dem Neuland gewinnenden Werk von Bignone, L'Aristotele perduto e la formazione filosofica di Epicuro, 1936. Vgl. auch W. Schmid, Epicurs Kritik der platon. Elementenlehre, 1936; C. J, Keyser, The Role of Infinity in the Cosmology of Epicurus, New York 1937. L u c r e t i u s : Lucretius Car., D. Natur d. Dinge, lat. u. deutsch v. H. Diels, 2 Bde., 1923 f.; O. Regenbogen, Lukrez, 1932; A. Ernoult, Lucrèce, 1947; W. Kranz, Lukrez u. Empedokles, Philologus, 1944.

P o s e i d o n i o s : Neben Schmekels grundl. Werk üb. d. mittlere Stoa (1892) jetzt vor allem die Arbeiten von Reinhardt, Poseidonios, 1921; Kosmos u. Sympathie, 1926; P. üb. Ursprung u. Entartung, 1928; J. Heinemann. P.s metaph. Schriften, 2 Bde. 1921 u. 1928; P. Schubert, D. Eschatologie des P., 1928. — S. ferner noch zur Stoa: O. Rieth, Grundbegriffe der stoischen Ethik, 1933; M. Schäfer, Ein frühmittelstoisches System der Ethik bei Cicero, 1934; H. v. Arnim, D. Ethik d. naturgemäßen Lebens, in Logos XX, 1931; E. Benz, Das Todesproblem in der stoischen Philosophie, 1929; E. Bréhier, La théorie des incorporels dans l'ancien stoicisme, 1928; E. Elordny, D. Sozialphilos. d. Stoa (Philologus, Suppl. 28, 3), 1936; G. Kilb, Eth. Grundbegriffe d. alten St. u. ihre Übertragung d. Cicero, 1938; M. Pohlenz, D. Begründung d. abendländ. Sprachlehre durch d. St., 1939; Ders., Grundfragen d. stoischen Philosophie (Abh. d. Ges. d. Wiss. Göttingen III, 26), 1940. J. Sauter, Die philos. Grundl. d. Naturrechts, 1932.

Zur A k a d e m i e und S k e p s i s außer Brochard, R. Richter, Goedeckemeyer (vgl. S. 129) neuerdings: M. M. Patrick, The Greek Sceptics, New York 1929; W. Heintz, Studien zu Sextus Empiricus, 1932; M. Deichgräber, D. griech. Empirikerschule (Fragm. u. Deutung), 1930; L. Robin, Pyrrhon et le scepticisme grec, 1944. — O. Gigon, Z. Geschichte d. sog. neueren Akademie, Mus. Helveticum, 1945; P. Couissin, Le stoicisme de la nouvelle Académie, in Rev. hist. phil. III, 1929. —

Zu Teil II, Kap. 2 (S. 178—224). Religiöse Periode:

Die „religiöse Periode" der hellenistischen Philosophie heute vielfach vor allem von der religionsgeschichtlichen Seite gesehen. Dabei starkes (zweifellos zu starkes) Zurücktreten der hellenistischen Tradition (die für Zeller noch im Vordergrund stand). A l l g e m e i n e s : Neben Wendland (S. 178), Cumont-Gehrich (S. 179), Geffcken (S. 179), J. Kaerst, Gesch. d. Hellenismus (2 Bde., 2. bzw. 3. A. 1926, 1927); V. Tarn, Hellenistic Civilisation, 1927; H. Jonas, Gnosis u. spätantiker Geist, Bd. I, 1934; s. a. Kröner-Ausg. (Nr. 54) von J. Burckhardt, Die Zeit Konstantins d. Großen. — Mysterienreligion, Synkretismus: Reitzenstein (S. 179) in erw. 3. A. 1927; Latte, Religiöse Strömungen in der Frühzeit des Hellenismus, 1925; E. Brögelmann, Hellenistische Mysterien-Religionen. Ihre Hauptbegriffe, 1927 (vgl. a. Reitzenstein u. H. H. Schaeder, Studien zum antiken Synkretismus aus Iran u. Griechenland, 1927); Gillis Wetter, Phos. E. Unters. üb. hellenist. Frömmigkeit, Upsala 1915; Kafka u. Eibl, Der Ausklang der antiken Philosophie u. d. Erwachen einer neuen Zeit (Kafka-Reihe Bd. 9), 1928; sowie Eibl, Die Grundlegung d. abendländ. Philosophie; Griechische u. christliche Ph. (Abt. I von: Die Philosophie, ihre Gesch. u. Systematik, hrsg. v. Steinbüchel), 1934; Th. v. Scheffer, Hellenist. Mysterien u. Orakel, 1940. — Zu S e n e c a : Mächtiger als d. Schicksal (Werke, Ausz.), übertr. u. hrsg. v. W. Schumacher (Samml. Dieterich 53), 1942; s. a.: Vom glückseligen Leben, Kröners T. A. Bd. 8. — U. Knoche, D. Philos. Seneca, 1933; M. Gentile, I fondamenti metafisici della morale di S., 1932; A. Bourgery, Sénèque le philosophe, Paris 1939; Qu. Ficari, La morale di S., Pesaro 1938; M. Montinari, La metafisica nel pensiero di S., Neapel 1937. — Zu P l u t a r c h : Plutarchi Moralia, 4 Bde., hrsg. C. Hubert, 1925—38; Auswahl i. Übers. (Apelt) in d. Philos. Bibl.; ferner von Br. Snell, 1948. M. Pohlenz, Pl.s Schriften gegen die Stoiker, in Hermes, 1939; P. Thévenaz, L'âme du monde, le devenir et la matière chez Pl., Paris 1939. — Zum alexandrinischen Judentum: W. Bousset, D. Religion d. Judentums im späthellenischen Zeitalter, 3. A., 1926.

Zur Entstehung des C h r i s t e n t u m s in der hellenischen Welt vor allem neben Hatch, Wendland, Picavet (S. 178) E. Havet, Le Christianisme et ses origines, 4 Bde., 1873 bis 1884; Harnack, Lehrb. d. Dogmengesch. („Hellenisierung" d. Christentums); Burckhardt, D. Zeit

Konstantins d. Großen, Abschn. 9; Ed. Meyer, Ursprung u. Anfänge d. Christentums, 1921;
R. Bultmann, D. Urchristentum im Rahmen d. antiken Religionen, 1949; Otto, Der Geist d.
Antike u. d. christl. Welt, 1933; C. Ritter, Platonismus u. Christentum, 1934; W. Nestle,
D. Haupteinwände d. antiken Denkens gegen d. Christentum, in Arch. f. Rel.wiss. 37, 1, 1941;
H. W. Rüssel, Antike Welt und Christentum, 1941; Pohlenz, D. Antike und das frühe
Christentum, in Antike und Abendland, hrsg. v. Snell, Bd. I, 1945, S.42 ff.; G. Chappuis,
La destinée de l'homme (Stoischer Einfluß), Paris 1926. — Leisegang, Der Apostel P a u l u s
als Denker, 1923; vgl. ferner Reitzenstein (s. o.), K. Deißner, P. u. d. Mystik seiner Zeit,
2. A., 1921; C. Toussaint, L'Hellénisme et l'apôtre Paul, Paris 1921. — Leisegang, Der heilige
Geist, 1919; Ders., Pneuma Hagion. Der Ursprung d. Geistbegriffs d. synopt. Evangelien a. d.
griech. Mystik, 1922; vgl. auch Alfaric, Couchrud, A. Bayet, Le problème de Jésus et les
origines du christianisme, Paris 1932; C. H. Kraeling, Anthropos and son of man. A study
in the religious syncretism of the hellenic Orient, New York 1927; H. Hanse, „Gott haben"
i. d. Antike u. im frühen Christentum, 1939; K. Gronau, D. Theodizeeproblem i. d. altchristl.
Auffassung, 1922; Fr. Erdin, Das Wort „Hypostasis" (i. d. altchristl. Literatur), 1939.

Z u r   s p ä t e n   S t o a : Mark Aurel, Selbstbetrachtungen, übers. v. Capelle (Kröner 4),
2. A. 1938; Epiktet, Was von ihm erhalten ist. Neubearb. d. Übers. v. Schulthess u. Mücke,
1926; Unterredungen (m. e. Einl. i. d. stoische Ph. v. H. Schmidt), Kröners T. A. Bd. 2 Epiktet,
Handbüchlein d. stoischen Ph. (griech. u. dt.), 1938; Greeven, D. Hauptproblem d. Sozialethik
i. d. neuen Stoa u. im Urchristentum (Neutestamentl. Forschungen, Reihe 3, H. 4), 1935.

Zum N e u p l a t o n i s m u s allgemein: Whittaker, The Neoplatonists, 2. A. 1928; Theiler,
D. Vorbereitung d. Neupl., 1930. Das Corpus Hermeticum ediert W. Scott, Hermetica, 3 vol.,
Oxford 1925 f. (mit Übers.). Vgl. Kroll, Die Lehren des Hermes Trismegistos (Bäumker,
Beitr. 12, H. 2/4), 2. A. 1928; F. Römer, D. latein. Neupl. u. Neupythagoreismus u. Claudianus
Mamertus in Sprache u. Ph., 1936. — Zur Auseinandersetzung m. d. Christentum vgl. A. Miura-
Stange, Celsus u. Origines (Beih. z. Ztschr. f. d. neutest. Wiss., Beih. 4), 1926; P. de Labriolle,
Porphyre et le Christianisme (in Rev. d. hist. philos. III), 1929.

Zu P h i l o n : Ph. v. Alexandria, Werke, in dt. Übers., 6 Bde., 1909—1938. — Über
Ph. vgl. vor allem E. Bréhier, Les idées philos. et religieuses de Ph. d'Alexandrie, 2. A. 1925;
J. Heinemann, Philons griech. u. jüd. Bildung, 1932; W. Völker, Fortschritt u. Vollendung
b. Philo, 1938; M. Pohlenz, Ph., 1942; K. Stähle, Die Zahlenmystik b. Ph. v. A., 1931;
H. Schmidt, D. Anthropologie Ph.s v. Alexandreia, 1938; N. J. Hommes, Philo en Paulus.
Philosophia Reformata (Kampen), 1937; H. Leisegang, Ph.s Schrift üb. d. Ewigkeit d. Welt,
in Philologus XCII, 1937; s. a. den Index zur krit. Philon-Ausg. (Cohn-Wendland, 1896 ff.). —
Zu Philons Übernahme der Logos-(Logoi-)Theorie s. noch Réville, La doctrine du Logos dans
le quatrième évangile et dans l'œuvre de Philon, 1881; ferner (neben Aall, Heinze) Leisegang,
Logos (Art. in RE. d. kl. Alt. XIII); P. E. More, Christ the Word. Princeton Un. Press 1927;
vgl. auch Bultmann, Der religionsgesch. Hintergrund d. Prologs z. Joh.Evang. (Euchar. Forsch.
z. Lit. u. Rel. d. A. u. N. Test., 19. H., 2. T.); H. A. Wolfson, Foundations of religious
philosophy in Judaism, Christianity and Islam, 2 Bde., 1947.

P a t r i s t i k , c h r i s t l. P l a t o n i k e r usw.: Zur Patristik allgemein-bibliographisch:
B. Altaner, Patrologie, 4. A. 1955. Zur Einführung: B. Steidle, Die Kirchenväter, 1939; H. Eibl,
Augustin u. d. patrist. Zeit (Kafka 10/11), 1923; Gilson und Böhner, Gesch. d. christl. Ph.
v. ihren Anfängen bis N. v. Cues. 2. A. 1954 f.; H. v. Campenhausen, D. griech. Kirchenväter,
1955; M. Viller, Aszese u. Mystik i. d. Väterzeit, 1939; ferner A. C. MacGeffert, A History of
Christian thought I, New York 1932/33; Ch. Bigg, The Christian Platonists of Alexandria, 1913;
G. Bardy, St. Justin et l. philos. stoicienne (Rech. Sc. Relig. 13, 491 ff., 1923). J u s t i n u s
M a r t y r : B. Seeberg, D. Geschichtstheologie Justinus d. Märtyrers (Ztsch. f. Kircheng.) 1939;
M. M i n u c i u s F e l i x, Octavius rec. Martin (Florileg. Patr.), 1930; I. Meifort, Der
Platonismus bei C l e m e n s v. A l e x a n d r i e n (Heidelb. Abh.), 1928; s. a. die Übersetzung
v. Clemens Al. durch Stählin in Bibl. d. Kirchenväter (2, 7 Mahnrede an die Heiden, 1934;
2, 8 Peidagog. II u. III, 1934); Cl. v. Alexandrien: Teppiche wissenschaftl. Darlegungen ent-
sprechend d. wahren Philos. (Stromaties), Buch VII, übers. v. O. Stählin, 1938; Des Cl. v.
A. Mahnrede a. d. Heiden (Protrepticus). Der Erzieher (Paedagogus), Buch 1. Übers. v.
O. Stählin. (Bibl. d. Kirchenväter, Reihe 2. Bd. 7), 1934; F. Buri, Cl. Alexandrinus u. d.
Paulinische Freiheitsbegriff, Zürich 1939; E. Molland, Clement of Alexandria and the Origin
of Greek Philosophy (Symbolae Osloenses, Fasc. 15—16), 1937; M. Pohlenz, Cl. v. A., 1943;
J. Frangoulis, D. Begriff d. Geistes bei Cl. v. A., 1936. O r i g e n e s : Werke, hrsg. i. Auftr. d.
Kirchenväter-Commission d. Pr. Ak. d. Wiss., Leipzig 1899—1933 (1—11), 1941 (12); H. U. v.
Balthasar, Origenes Geist u. Feuer, e. Aufbau aus s. Schriften, 1938; A. Lieske, D. Theologie
d. Logosmystik bei O., 1938; E. de Faye, Origène, 3 Bde., 1923—28; R. Cadiou, Introd. au
système d'Origène, 1932; A. Lieske, D. Theol. d. Logosmystik bei O., 1938. Zu der für die
Auseinandersetzung Hellenismus—Christentum grundlegenden Widerlegung des christen-

feindlichen „Wahren Worts" von K e l s o s durch Origenes vgl. außer Miura-Stange (s. o.)
L. Rougier, Celse ou le conflit de la civilisation antique et du christianisme primitif, Paris
1926. — Zum Text: vgl. Kl. Texte 151: O. Glöckner, Celsi Alethes Logos, 1924; Pinault, Le
Platonisme de St. G r é g o i r e de Nazianze, 1925. Zu G r e g o r v o n N y s s a, J. B. Schoe-
mann, Gregors v. N. theologische Anthropologie als Bildtheologie (Scholastik 18, 2), 1943.
    Zur G n o s i s neben Bousset: Hauptprobleme der Gnosis, 1907, E. de Faye, Gnostiques
et Gnosticisme (Bibl. d. l'Ec. des H. Et. Sc. Rel., vol. 27), 1913; Steffes, 1922 (vgl. S. 185);
H. Leisegang, Die Gnosis (Kröner Bd. 32), 1924; Ders., Art. Gnosis in RGG 2. A. II. 1272 ff.;
Krüger, Art. Gnosis in RE VI, 3. A., 728 ff.; Alfaric, Christianisme et Gnosticisme (in Rev.
hist. 145), 1924; H. Jonas, Gnosis u. spätantiker Geist (mit method. Einl. u. e. Vorw. v.
Bultmann), 1934; G. Koepgen, D. Gnosis d. Christentums, 2. A., 1940. Irenaei Adv. Haeres.
1. III, 3—4 ed. Martin, 1930 (Florileg. patr.); H. Liboron, Die karpokratinische Gnosis. Unters.
z., Gesch. u. Anschauungswelt e. spätgnost. Systems, 1938; M. Pulver, Gnostische Erfahrung
u. gnost. Leben im frühen Christentum (Eranos-Jahrb. 231/55), 1940/41. T e r t u l l i a n :
1. de praescriptione haereticorum rec. Martin (Florileg. patr.), 1930; Apologeticum rec.
Martin (Florileg. patr.), 1933; Tertullians zweites Buch: Ad nationes (dt.) u. De testimonio
animae (dt.), Übers. u. Kommentar v. M. Haidenthaller, 1942 (Stud. z. Gesch. u. Kultur d.
Altert., Bd. 23); J. Klein, T. Christl. Bewußtsein u. sittl. Ford. E. Beitr. z. Gesch. d. Moral
u. ihrer Systembildung (Abh. aus Ethik u. Moral, Bd. 15), 194; L. Castiglione, Tertulliano,
Mailand 1937; J. Lortz, Tertullian als Apologet (Münst. Beitr. z. Theol. 9 u. 10), 1927; Th.
Brandt, T.s Ethik, 1929; Joh. Klein, T., 1940; C. Becker, T.s Apologeticum, 1954.
    P l o t i n : Neue Übers. der Enneaden in chronologischer Ordnung von R. Harder, 5 Bde.,
in d. Philos. Bibl. (Meiner), auch kl. Studienausgabe (I, 9 u. 11) griech.-deutsch, 1955. —
M. Wundt, Pl., 1919; E. Bréhier, La philosophie de Plotin, 1928; W. R. Inge, The Philosophy
of Pl., 2 Bde., 3. A. 1929. — Ferner J. Theodorakopulos, Pl.s Metaphysik des Seins, 1928;
G. Nebel. Pl.s Kategorien der intelligiblen Welt, 1929; Ders., Terminologische Untersuchungen
zu usia und on bei Pl., Hermes LXV, 1930; O. Becker, Pl. u. d. Probl. d. geistigen Aneignung,
1940; Cl. Carbonara, La filos. di Pl., Vol. I: Il problema della materia e del mondo sensibile,
Rom 1938; H. R. Schwyzer, Die zweifache Sicht i. d. Ph. Plotins, Mus. Helveticum, 1944;
W. Theiler; Pl. u. d. antike Ph., ebenda 1944; K. H. Volkmann-Schluck, Pl. als Interpret d.
Ontologie Platons, 1941 (Philos. Abh., Bd. 10). Zur religiös. Stellung Pl.s neben Picavet:
Pl. et les Mystères d'Eleusis (1903), Söhngen u. Arnou (S. 191); M. de Corte, La purification
Plotinienne, in Rev. hist. Philos. V, 1931; E. Krakowski, Pl. et le paganisme religieux, 1933.
Zum Problem des kakon (vgl. S. 216): B. A. G. Fuller, The problem of evil in Pl., Cambridge
1912; E. Schröder, Pl.s Abhandlung: pothen ta kaka, Rostocker Diss. 1916; E. Krakowski, Une
philosophie de l'amour et de la beauté. L'Esthétique de Pl. et son influence, 1929; P. Kristeller,
Der Begriff der Seele in der Ethik des Pl. (Heidelb. Abh. 19), 1929; A. Speiser, Der Erlösungs-
begriff bei Pl. (Eranos-Jahrb. Bd. 5), Zürich 1937. — E. Benz, Die Entwicklg. d. abendländ.
Willensbegriffs von Plotin bis Augustin, 1931; J. Barion, Plotin u. Augustinus, Unters. z.
Gottesproblem, 1935; J. Guitton, Le temps et l'éternité chez Pl. et Augustin, 1933.

    Z u T e i l III (S. 225—297). M i t t e l a l t e r l i c h e P h i l o s o p h i e :

    Die philosophiegeschichtliche Erforschung des MA. ist im ganzen noch recht jung, als
Problemgeschichte (vom gegenw. Problembewußtsein aus) noch in den Anfängen. Weithin
bestimmend bis heute die systematische Erneuerung des thomistischen Philos. (Neuthomismus). — Die große Aufgabe der Ausgabe der (zu erheblichem Teil noch ungedruckten) Quellen
hat in Deutschland v. a. d. Schule von Clemens Bäumker, bes. Grabmann (s. u.), dann B. Geyer,
Pelster u. a. übernommen, ebenso die Aufnahme des Lehrguts. Dabei überwiegt vielfach die
philologisch-kritische Arbeit; starke Differenz insofern zwischen der mittelalterlichen
Forschung und der Gesch. d. neueren Philosophie.
    Quellen der früheren Zeit (Väterzeit od. Patristik, auch christl. Antike): Migne, Patrologia;
kritische Editionen weit vorgeschritten in den Väter-Ausgaben der Berliner und Wiener
Akademie. Vieles aber auch, neben Darstellungen, in „Beiträge zur Geschichte der Philosophie
und Theologie des Mittelalters" (Texte u. Untersuchungen), begr. v. Clemens Bäumker, hrsg.
v. M. Grabmann (erschienen sind über 30 Bde.). — Deutsche Texte in Bibliothek der Kirchenväter, Kempten, ca. 40 Bde. mit Einleitungen. — Kleinere Einzelausgaben: Florilegium
Patristicum (zuerst hrsg. v. Rauschen, jetzt v. Geyer und Zellinger), bes. für Studienzwecke
geeignete Text-Ausg. — Dann: Opuscula et Textus historiam eiusque vitam atque doctrinam
illustrantia Series Scholastica ed. cur. M. Grabmann et Pelster. — Zeitschriften siehe Überwegs
Grundriß d. Gesch. d. Ph., Bd. II, 11. A., hrsg. Geyer, 1928; in Deutschland v. a. Scholastik
1926 ff.; Divus Thomas, Philos. Jahrb. d. Görres-Ges.; ferner bes. Revue Thomiste, 1892 ff.;

Revue Néoscolastique 1894 ff.; Archive d'histoire doctrinale et littéraire du moyen-âge (Gilson-Théry), 1906 ff.; The New-Scholasticism; Rivista di filosofia neoscolastica, 1908 ff. Gesamtdarstellungen u. Einführungen: An älteren Darstellungen (s. o. S. 225) bes. hervorzuheben noch H. Ritter, Die christliche Philosophie nach ihrem Begriff, ihren äußeren Verhältnissen u. in ihrer Geschichte bis auf die neuesten Zeiten, 1858, Bd. I (im einzelnen überholt, wichtig aber noch als Versuch einer einheitlichen Deutung der abendländischen Entwicklung seit d. Ausg. d. Antike). — Prantls klassisch gewordene Gesch. d. Logik als Neudruck, 1927. — Ferner jetzt: E. Gilson, La ph. au moyen-âge, 2 Bde., 2. A. 1944; Ders., Études de ph. médiévale, 1921; Ders., L'esprit de la ph. médiévale, 2. A. 1944. M. de Wulf, Histoire de la ph. médiévale, 6. A., 3 Bde., 1934—47. — Kurze Gesamtdarstellungen: Joh. Hessen, Patrist. u. schol. Ph., 1922; Gilson, La ph. au moyen-âge, 1925 (Coll. Payot); Grabmann, D. Ph. d. MA.s (Göschen 826), 1921; Ders., Mittelalterl. Geistesleben. Abh. z. Gesch. d. Scholastik u. Mystik, 2 Bde., 1926—36; Endres (vgl. S. 225), in neuer Aufl., 1922. — M. Grabmann, Die Gesch. d. kathol. Theologie seit d. Ausgang d. Väterzeit, 1933; Gesch. d. schol. Methode (s. S. 231); Bréhier, La ph. du moyen-âge, Paris 1937; H. W. Taylor, Mediaeval Mind (2 Bde.), 4. A., New York 1925; Ch. H. Haskins, Studies in the history of Mediaeval Science, Cambridge 1927 (1928); A. C. McGeffert, A History of Christian Thought II (bis Erasmus), New York 1932/33. — Zur Gesamtcharakteristik der Scholastik noch: A. Dempf, Die Hauptform ma.licher Weltanschauung (Geisteswiss. Studie üb. d. Summa), 1925; Z. Begriff d. Schol. s. a. de Wulf i. Rev. Néoscolast. 18, 1911; Th. Steinbüchel, Christl. MA., 1935; G. Cohen, La grande clarté du moyen-âge, 1947. — Zur Einheit der ma.lichen u. neuzeitlichen Metaphysik H. Heimsoeth, Die sechs großen Themen usw. (s. o. z. Einl.). Zu einzelnen Gebieten u. Problemen: A. Dempf, Die Ethik d. MA.s, u. Metaph. d. MA.s (in Handb. d. Ph., s. o.). Zu den Soziallehren neben der grundlegenden Darstellung von Troeltsch (S. 225) noch B. Jarret, Social Theories of the Middle-Age, L., 1926; R. W. Carlyle, A history of mediaeval political theory in the West I, 2, ed. 1926; E. Winter, Die Sozialmetaphysik d. Scholastik (Wiener Staats- u. rechtswiss. Stud., hrsg. v. Mayer u. Spann, Bd. XVI), 1929; A. Dempf, Sacrum Imperium, Geschichts- u. Staatsph. d. MA.s, 1929. — Platonismus u. Mystik im MA.: Cl. Bäumker, D. Platonismus i. MA., 1916; s. a. Ders., Witelo (Bäumkers Beiträge usw. III, 2), 1908 (wichtiger Abschnitt üb. d. neuplaton. Licht-Metaph. i. d. Patrist. u. Scholast.); P. Duhem, La physique néoplatonicienne au moyen-âge, Löwen 1910; J. Bernhart, D. philos. Mystik d. MA.s von ihrem antiken Ursprung b. z. Renaissance (Kafka-Reihe 14), 1922; Aus der Geisteswelt des MA.s Studien u. Texte, Martin Grabmann z. Vollend. d. 60. Lebensj. gew., hrsg. v. A. Lang (Beitr. z. Gesch. d. Ph. u. Theol. d. MA.s, Texte u. Unters., Suppl.-Bd. 3, 2 Halbbde.), 1935.

Zu Teil III, Kap. 1 (S. 231—264). Erste Periode (bis etwa 1200):

Das Schrifttum zu Augustinus hat in den letzten Jahrzehnten außerordentlich zugenommen. Schwerpunkte: Die Frage der „Bekehrung" A.s (Confessiones); Verhältnis zum Neuplatonismus, Erkenntnisbegriff A.s (Begriff der illuminatio, Gotteserkenntnis u. a.), sodann die Geschichtsphilos. der Civitas Dei. — Zahlreiche Festschriften zum 1500. Todes- u. wieder z. 1600. Geb.-Tag in allen Ländern; z. B. Aurelius Augustinus. Festschr. d. Görres-Ges., hrsg. v. Grabmann und Mausbach, 1930; A Monument to St. A., hrsg. v. D'Arcy (mit Beitr. v. Dawson, Gilson, Przywara, Roland-Gosselin u. a.), London 1930; Intern. Festschr. s. dir. P. Casamassa, Rom 31 (Festnummer des Gregorianum 11, 1930), und: Congrès intern. augustinien, 2 Bde., Paris 1954. Grundlegend ist heute für das Studium A.s: Et. Gilson, Introduction à l'étude de St. Augustin, Paris 1929 (deutsch 1930), dort auch Bibliographie bis 1927. Von den älteren Darstellungen ist vor allem die von Portalié, Augustin i. Dict. de Théol. Cathol., tom. 1 (1902), hervorzuheben (dort auch die ältere Literatur); ferner Martin, St. A., 2 éd. 1923; Poujoulat, Histoire de St. A., 3. A., 1852 (deutsch in 2 Bdn., 1896), Die Vita A.s des Possidius übers. Romeis, 1930; L. Bertrand, Der heilige Augustinus (deutsch), 1927. — Weiter: P. Batiffol, Le catholicisme de St. A., 1920; J. Hessen, A. u. s. Bedeutung f. d. Gegenw., 1924; E. Przywara, Augustinus. Die Gestalt als Gefüge, 1934; s. die Aufs. des Aug.-Forschers Ch. Boyer, Essais sur la doctrine de St. A., 1933, u. Eibl, A. u. d. Patristik (Kafka-Reihe 10/11), 1923; D. Bassi, St. Agostino, Florenz 1937; H. Pope, Saint Augustine of Hippo, London 1937; G. Bardy, A., L'homme et l'œuvre, 1940; F. Cayré, Initiation à la ph. de St. A., 1947; H. Zimmermann, Auf d. Wege zu A., 1948. Zahlreiche Arbeiten z. geistigen Entwicklung A.s (Bekehrung, Verhältnis zum Manichäismus, Neuplatonismus usw.) u. s. Stellung i. d. Zeit; s. dazu E. Troeltsch, A., die christliche Antike u. das Mittelalter (Hist. Bibl. 36), 1915; Reitzenstein, A. als antiker u. mittelalterlicher Mensch (Vortr. d. Bibl. Warburg II); Thimme, A.s geistige Entwicklung i. d. Jahren nach s. Bekehrung (1908); grundlegend v. a. für das Verhältnis zum Manichäismus u. Neuplatonismus sowie zur Akademie: P. Alfaric, L'évolution intellectuelle de St. A. du Manichéisme au Platonisme, 1918; J. Gerken, Inhalt u. Aufg. d. Philos. in d. Jugendschriften A.s, 1939. Wichtig auch Holl: A.s innere Entwicklung in: Aufs. z. Kirchengesch., 1928; Boyer, Christianisme et Néoplatonisme dans la Philosophie de St. A., 1920 (rückt A. im Gegensatz zu Thimme u. Alfaric vom Neuplatonismus ab). Zu Neuplatonismus vgl. a. Theiler, Porphyrios u. A. (Schr. d. Königsb. Gel. Ges. 10, 1), 1933; R. Jolivet, Essai sur les rapports entre la Pensée Grecque et la Pensée Chrétienne, 1931 (Plotin u. A.); J. Guitton, Le temps et l'éternité chez Plotin et St. A., 1933; J. Barion, Plotin u. A., 1935; P. Henry, Augustine and Plotinus (Journ. theol. Stud. 38), 1937; J. Ritter, Mundus Intelligibilis. Unters. z. Aufnahme u. Umwandlung d. neuplat. Ontologie bei Augustinus, 1936; R. Schneider, das wunderbare Sein. Die Hauptthemen der Ontologie A.s (Philos. Abh., Bd. 8), 1938. Die Confessiones sind Mittelpunkt sehr zahlreicher Untersuchungen. S. neben den o. S. 234 genannten Arbeiten noch W. Thimme. A.s Selbstbildnis in den Konfessionen (Beih. z. Zs. f. Rel.-Psych., H. 2), 1929; Fr. Billicsich, Stud. z. d. Bekenntnissen des hl. A. (Theol. Stud. d. Leo-Ges. 30), Wien 1929; Wunderle, Einführung in A.s Confessionen, 1930; W. J. Sparrow Simpson, St. A.s Conversion, New York 1930; P. Schäfer, Das Schuldbewußtsein in den Conf. d. hl. A., 1930; s. a. R. Guardini, Anfang. E. Interpr. d. 5 ersten Kap. von A.s Bekenntnissen, 1944. — Zum M a n i c h ä i s m u s : P. Alfaric, Les écritures manichéennes, 2 Bde., 1918; G. v. Wesendonk, Die Lehre des Mani, 1922; R. Reitzenstein, Mani u. Zarathustra (Nachr. d. Gött. Ges. d. Wiss., 1922); F. C. Burkitt, The religion of the Manichees, Cambridge 1925; v. Wesendonk, Das Weltbild der Iranier (Kafka-Reihe 1 a), 1933. Zu M a r i u s V i c t o r i n u s als Quelle A.s: E. Benz, M. V. u. d. Entwicklung d. abendländ. Willensmetaphysik, 1932; W. Theiler, Porphyrios u. A., 1933.

Im Mittelpunkt der Forschung zu A.s E r k e n n t n i s l e h r e steht die Rolle der illuminatio (Verhältnis zu Gott im Erkennen. Beziehung zu Thomas u. z. antiken Erkenntnisbegriff). Joh. Hessen (Unter Korrektur seiner früheren Arbeit: Der Begr. der Erk. nach d. hl. A. [Bäumker-Beitr. XIX, 2], 1916, s. a. Die unmittelbare Gotteserk. n. d. hl. A., 1919); A.s Metaphysik der Erkenntnis, 1931 (vgl. den Sammelbericht d. gl. Verf.s im Philos. Jahrb. d. Görres-Ges. 1924, und zur Polemik über die Illuminationstheorie i. Scuola Cattolica, 1924, S. 22 ff., Gregorianum VIII, 1925; Divus Thomas, 1928, S. 50 ff.). Ferner: F. Cayré, La contemplation Augustinienne, Paris 1927 (betr. die myst. Komponente der Erkenntnislehre A.s), und J. Maréchal, La vision de Dieu au sommet de la contemplation d'après St. A., Nouv. Rev. Théol. 57, 1930 (89 ff., 151 ff.); Ch. Boyer, L'idée de vérité dans la philosophie de St. A., 1921; R. Jolivet, Dieu soleil des esprits ou la doctrine augustinienne de l'illumination, 1934; J. Geyser, Die Theorie A.s von d. Selbsterkenntnis d. menschl. Seele (in: Geistesw. d. MA., 1935); M. Simon, Gewißheit u. Wahrheit bei A., 1938; B. Jansen S. J., Zur Lehre des hl. A. v. d. Erkennen der rationes aeternae, in Festschr. d. Görres-Ges. S. 111 ff.; hierzu auch M. Grabmann, Des hl. A. quaestio de ideis i. Philos. Jahrb. d. Görres-Ges. 43, 1930. — Weiteres: K. Kuypers, Der Zeichen- u. Wortbegriff im Denken A.s, 1934 (Amsterdam); G. Söhngen, Der Aufbau d. A.schen Gedächtnislehre, in Festschr. d. Görres-Ges., 1930; M. Grabmann, Die Grundgedanken des hl. A. über Seele und Gott (Rüstzeug der Gegenwart, N. F. 8), 1929; K. Delahaye, Die memoria-interior-Lehre des hl. A. u. d. Begr. d. -transz. Apperzeption Kants, 1936.

Für das Verhältnis der A.schen P s y c h o l o g i e (memoria, amor etc.) wichtig: Schmauß, Die psychol. Trinitätslehre des hl. A., 1927 (Bibliographie); J. Morgan, The psychological Teaching of St. Augustine, London 1932; vgl. a. H. Arendt, Der Liebesbegriff bei A., 1929; Garrigou-Lagrange, La volonté chez St. A. (in Rev. Thomiste 35 N., S. 13, 1930); G. Mancini, La psicologia di S. Agostino ed i suoi elementi neoplatonici, Neapel 1938; H. Barth, D. Freiheit d. Entscheidung i. Denken A.s, 1935; E. Dinkler, Die Anthropologie A.s, 1934 (Forsch. z. Kirchen- u. Geistesgesch. IV); J. Goldbrunner, D. Leib-Seele-Problem b. A., 1934; H. Rondet, L'Anthropologie religieuse de St. A. (Recherches de Sc. Rel. 29, S. 163—196), Paris 1939. — Mausbach, Die E t h i k des h. A., 2. verm. A., 1929; W. Rolland-Gosselin, La morale de St. A., Paris 1926. Zur Ä s t h e t i k A.s: K. Svoboda, L'Esthétique de St. A., 1933; E. Chapman, St. A.s Philosophy of Beauty, New York 1939. Zur S o z i a l l e h r e A.s grundlegend Troeltsch, Die Sozial-Lehren usw., u. A. Dempf, Sacrum Imperium (s. o.); ferner Stegemann, A.s Gottesstaat (Heidelb. Abh. 15), 1928; G. Gombès, La doctrine politique de St. A., 1927 (Bibliographie). — H. Eger, Die Eschatologie Augustins, 1933. — Zur K o s m o l o g i e (wichtig für die Beurteilung des neuplatonisch-alexandrinischen Guts bei A.): Pera, La creazione simultanea e virtuale secondo S. Agostino, 2 vol., Florenz 1929; cf. Robbers, S. A. als autoriteit voor de Materia spiritualis in Stud. Cathol. VI., 1929/30; Woods, A. and evolution, 1924; Verwiebe, Welt und Zeit bei A. (Forsch. z. Gesch. d. Philos. u. Päd. V, 3), 1933; M. S. Muldowney, World-Order in the Works of St. Augustine, Washington 1937; zum Z e i t problem (philosophisch wichtig wegen des Ausgangs von der Erlebniszeit) vgl. J. Weinand, A.s erkenntniskritische Theorie der Zeit und der Gegenwart (Universitäts-Archiv 33), 1929. Zur G e s c h i c h t s -p h i l o s o p h i e : E. Salis, Civitas Dei, 1926; V. Stegemann, A.s Gottesstaat, 1928; G. Ruotolo,

La filos. della storia e la Città de Dio, 1932; F. W. Loetscher, A. City of God, Theology Today, Bd. I, 1944; W. Ziegenfuß, A., Christl. Transzendenz in Gesellschaft u. Geschichte, 1948. S. auch W. Kamlah, Christentum u. Selbstbehauptung, 1940 und: Christentum u. Geschichtlichkeit, 1951.

Zu den zahlreichen Ausg. vgl. Gilson und Überweg-Geyer. Neuerdings: A. Werke. In dt. Sprache (Übertr. v. C. J. Perl, Abt. 1: Die frühen Werke), Paderborn 1940. Vor allem die Confessiones liegen in vielen Übersetzungen vor. Wichtige Einzelausg. im Florileg. Patrist. (Liber de videndo Deo, Epistulae SS. Eusebii Hieronymi et A. Augustini mutuae, De beata vita etc.). Die maßgebende Ausgabe der Civitas Dei (Dombart-Kalb) in Bibl. Teubn. 1928. Selbstgespräche, die echten Soliloquien (dt.), München 1938. Zu den von den Maurinern nicht gefundenen Predigten A.s vgl. H. Morin, St. A. i. Sermones post Maurinos reperti, in Miscellanea Agostinea I, Rom 1930. Eine deutsche Auswahl besorgte Jos. Bernhart u. d. T.: A., Bekenntnisse und Gottesstaat, Bd. 80 der Kröner T.-Ausg.; Confessiones, lat. u. deutsch, 1955. Auswahl aus De civit. Dei, hrsg. Zepf, 1954.

B o ë t h i u s, Trost der Philosophie (lat. u. deutsch), bes. v. Gothein, 1932; B., Trost der Ph. (Consolatio philosophiae), Dt. v. Karl Büchner, 1940; K. Bruder, Die philosophischen Elemente in den opuscula sacr. d. B., 1928; H. R. Patch, The Tradition of B., 1935. — Zur Eisagoge des Porphyrios vgl. Bäumker u. Waltershausen, Frühmittelalt. Glossen des angeblichen Jepa zur isagoge des P. (Bäumker, Beitr. XXIII, 1 u. 2); hierher gehörig ferner: Schedler, Die Philos. des Macrobius und ihr Einfluß auf die Wissenschaft des christl. MA.s (Bäumker, Beitr. XIII, 1). — Zum P s e u d o - D i o n y s i u s vgl. jetzt Théry, Études Dionysiennes I, 1932; J. Stiglmayr, Aszese und Mystik des sog. Dionys. Ar., in Scholastik II, 1927; G. della Volpa, La dottrina dell'Arep., 1941; S. Scimé, Studi sul neoplatonisme, 1953. Zur F r ü h - s c h o l a s t i k : Kosmolog. Motive in d. Bildungswelt d. Frühschol. (Vortr. Bibl. Warburg), 1923/4; K. Weinzierl, Die Restitutionslehre der Frühschol., 1936; A. M. Landgraf, Einf. i. d. Gesch. der theolog. Liter. d. Frühschol., 1948.

Von A n s e l m v. C. sind im Florileg. Patrist. hrsg.: Epistola de incarnatione Verbi (Schmidt Fasc. XXVIII), 1931; Liber Proslogion in Fasc. XXIX, 1931. u. Liber Monologion v. Sales, Schmidt, 1929; Cur deus homo (Fasc. XVIII, 1929); Übersetzung: J. Brinktine, A.s Proslogion, 1925; Texte in Ausw. enthält: H. Ostlender, A. v. C. (Rel. Quellenschriften 45), 1927; A. Stolz, A. v. C. (Sein Leben, s. Bedeutg., s. Hauptwerke, Teils. Dt.), 1937 (Gestalten d. christl. Abendlandes 1). — Zum ontologischen Gottesbeweis s. Dyroff in Probleme der Gotteserkenntnis, hrsg. v. Dyroff u. a., 1928; A. Kolping, A.s Proslogion-Beweis der Existenz Gottes (Grenzfragen zw. Theol. u. Philos. 8), 1939. (Vgl. z. scholast. Gottesbeweisen überhaupt: Grünwald, Bäumker-Beitr. VI, 3, u. Daniels, Bäumker-Beitr. VIII, 1, 2). — Neue Darstellungen: R. Allers, A. v. C., Leben Lehre Werke, 1936; A. Stolz, A. v. C., 1937; A. Koyré, L'idée de Dieu dans la philos. de St. A., Paris 1923; G. Söhngen, Die Einheit i. d. Theologie in A.s Proslogion, 1938; J. Rivière, Saint-Anselme logicien (Rev. Sci. relig. 17, S. 306—315), 1937. — Zur Theorie der Willensfreiheit: Fr. Bäumker, Die Lehre des A. v. C. über den Willen und seine Wahlfreiheit (Bäumker-Beitr. X, 6); O. Lottin, La théorie du libre arbitre depuis St. A. jusqu'à S. Thomas d'Aquin, 1929.

Zum P l a t o n i s m u s vgl. o. zu Teil III. A d é l a r d v. B a t h, Quaestiones naturales ed. M. Müller (Bäumker-Beitr. 31, 2), 1934; Willner, Des A. v. B. Traktat De eodem et diverso (Bäumker-Beitr. IV, 1); W i l h. v. C o n c h e s, H. Flatten, Die Philosophie des W. v. C., 1929. — P e t e r A b a e l a r d : Philos. Schriften, hrsg. B. Geyer, 1919/1933; Neuausg. d. Theolog. Summi Boni v. Ostlender, 1939. — Neue Darstellung: J. G. Sikes, P. A., Cambridge 1932. Vgl. ferner E. Gilson, Héloise et Abélard. Etudes sur le moyen âge et l'humanisme, Paris 1938; J. Weingartner, Abälard und Bernhard, Zwei Gestalten des MA., 1937; Engelhardt, Die Entwickelung der dogmatischen Glaubenspsychologie in der mittelalt. Scholastik vom Abälard-Streit bis zu Philipp dem Kanzler (Bäumker-Beitr. XXX, 4—6); R. Lloyd, P. Ab., the orthodox rebel, 1947. — B e r n h a r d v. C l a i r v a u x : W. W. Williams, Studies in St. B. of Cl., London NY. 1927; E. Gilson, La théologie mystique de St. Bernhard, 1934, deutsch 1936; O. Castrén, B. v. Cl., Zur Typol. des mittelalt. Menschen, 1938; vgl. überhaupt zur Mystik des frühen und mittleren MA.s (außer J. Bernhard s. o.); Butler, Western mysticism, the teaching of SS. Augustine, Gregory and Bernhard on contemplation and the contemplative life, London 1922. — Zu den V i c t o r i n e r n : W. A. Schneider, Geschichte u. Geschichtsphilosophie bei Hugo v. St. Victor, 1933; Ebner, Die Erkenntnislehre Richards v. St. Victor (Bäumker-Beitr. XIX, 4); s. a. Grabmann, D. schol. Methode II, 359 ff.; H. Ostler, Die Psychologie d. Hugo v. St. Victor (Bäumker-Beitr. VI, 1). — A l a n u s d e I n s u l i s : Baumgartner, Die Philosophie des A., d. I. (Bäumker-Beitr. II, 4); P e t r u s L o m b a r d u s : Espenberger, Die Philos. d. P. L. u. ihre Stellung im 12. Jahrh. (Bäumker-Beitr. III, 5); D o m i n i c u s G u n d i s s a l i n u s' Schrift von dem Hervorgange der Welt, G. Bülow (Bäumker-Beitr. XXIV, 3). Zur Sentenzen-Literatur vgl. a. Geyer, Die Sententiae divinitatis, ein Sentenzen-Buch der Gilbertschen Schule (Bäumker-Beitr. VII, 2, 3). Allgemeines noch: B. Landry, Les idées morales du XIIᵉ siècle (Rev. de Cours et de Conférences 40), Paris 1939; M. Grabmann, Die Sophismaliteratur des 12. u. 13. Jh. (Beitr. z. Gesch. d. Philos. u. Theol. d. MA.s 36, 1), 1940.

Z u T e i l III, K a p. 2 (S. 264—297). Z w e i t e P e r i o d e (s e i t e t w a 1200):

Schwerpunkt dieses Abschnittes allgemein bei Thomas v. Aquino (klassische Form der Scholastik, von da der Neuthomismus); für die Fortbildung in der Richtung auf die neuzeitliche Philosophie bei Duns Scotus, Wilhelm v. Occam u. a., und für das Werden der deutschen Philosophie (v. a. religiös-weltanschaulich) bei Eckehart vgl. III, 1 und IV, 1. — Zur allg. Lit. s. o.; besonders wichtig für diesen Abschnitt: Grabmann, D. scholast. Methode, und Prantl, Gesch. d. Logik. — Vgl. noch B. Geyer, Der Begriff der scholastischen Theologie (in Festgabe Dyroff), 1926. — Als kurze Einführung i. d. scholast. Lehrform: E. Hoffmann, Der philosophische u. pädagogische Charakter d. Hochscholastik (Sonderdruck a. Bad. Schulzeitg., 10. Jg., 1928); J. Schultz, Wandlungen der Seele im Hochmittelalter, 2. A., 3 Bde., 1940; M. Müller, Sein u. Geist. Unters. über Grundproblem u. Aufgabe mittelalterl. Ontologie, 1941; J. Pieper, Wahrheit d. Dinge, Unters. z. Anthropologie der Hochscholastik, 1946. Ferner: W. Goetz, Die Entwicklung des Wirklichkeitssinnes vom 12. zum 14. Jh. (Arch. f. Kulturgesch. 27, S. 33—73), 1937; J. B. Lotz, Sein und Wert. Eine metaphys. Auslegg. d. Axioms: Ens et bonum convertuntur im Raume der scholast. Transzendentalienlehre (Forschg. z. neueren Philos. u. ihrer Gesch. 9), 1938; H. Rüßmann, Zur Ideenlehre d. Hochscholastik, unt. bes. Berücksicht. d. Heinrich v. Gent, Gottfried v. Fontaines u. Jakob v. Viterbo, 1938; M. Grabmann, Methoden u. Hilfsmittel des Aristoteles-Studiums im MA., 1935; F. van Steenberghen, Aristote en Occident, 1946.

Zur a r a b i s c h e n u n d j ü d i s c h e n Philosophie (s. o. z. Einl.), die außerordentlich wesentlich sind f. d. Vermittlung des Aristotelismus und Neuplatonismus, neben Horten, Goldziher, Guttmann usw. die Neuausgabe der klass. Arbeit von S. Munck, Mélanges de philosophie juive et arabe, 1857/59, réprod. Paris 1927. Vgl. zu den z. T. sehr zerstreuten Darstellungen u. Ausg. der einzelnen arabischen u. jüdischen Philosophen Überweg-Geyer (11. A. 1928), S. 291 ff., 328 ff., 716 ff., 723 ff.; M. Horten, D. Ph. des Islam, 1924; G. Quadri, La ph. arabe dans l'Europe médiévale, 1947; G. Vajda, Introd. à la pensée juive du Moyenâge, 1947. — In Bäumkers Beiträgen sind folg. Ausg. u. Darstellungen erschienen: Bäumker, Avencebrolis (Ibn Gebirol) Fons vitae. Ex arabico in latinum translatus ab Jo. Hispano et Dominico Gundissalino (I, 2—); M. Worms, Die Lehre von der Anfangslosigkeit der Welt bei den mittelalt. arab. Philosophen des Orients und ihre Bekämpfung durch die arab. Theologen (Mutakallimûn) (III, 4); A. Nagy, Die philos. Abhandlungen de Ja'qub ben Isaq al-Kindi (II, 5); M. Wittmann, Zur Stellung Avencebrols im Entwicklungsgange der arabischen Philosophie (V, 1); M. Horten, Das Buch der Ringsteine Fârâbis (V, 3); Grünfeld, Die Lehre vom göttlichen Willen bei den jüdischen Religionsphilosophen des MA.s von Saadja bis Maimûni (VII, 6); Bauer, Die Psychologie Alhazens (X, 6); G. Graf, Des Theodor Abû Kurra Traktat über den Schöpfer und die wahre Religion (XIV, 1); Bäumer, Alfarabi, Über den Ursprung der Wissenschaften, 2. A. (XIX, 3). — Zu A v i c e n n a noch: W. Klein, Die Substanzlehre A.s bei Thomas v. A., 1933. Zur Averroistischen Opposition (latein. Averroismus) n. S i g e r v. B r a b a n t (vgl. 291, Anm. 82: nach Mandonnet gehören die Impossibilia auch dem Siger v. B.; Ph. Delhays, S. v. B. Questions sur la physique d'Aristote [Quaestiones super libros physicorum], Louvain 1941 [Les Philosophes belges 15]; vgl. Überweg-Geyer, 449 f.). S. ferner: F. van Steenberghen, Les verbes und la doctrine de Siger de Brabant, Brüssel 1938; J. P. Müller, Philosophie et foi chez S. de B. La théorie de la double vérité (Miscellanea Philosophica R. P. Josepho Gredt, Romae, 35—50). Zur Rezeption des A r i s t o t e l i s m u s vgl. v. a. die Arbeiten Grabmanns in Sitz.Ber. d. Bayr. Ak. d. W., Phil.-hist. Kl., 1931, H. 2, u. ebenda Jg. 1934, H. 2 (Studien über den Einfluß der Aristotelischen Philosophie auf die ma.lichen Theorien über Verhältnis von Kirche und Staat); ebenda Jg. 1933, H. 3 (Die Aristoteles-Kommentare des Simon v. Faversham). Zum Aristotelismus weiter: N. Signoriello, Lexicon Peripateticum, Rom 1931 (mit 1800 Stichworten).

Wert und Echtheit der Summa theol. des A l e x a n d e r v. H a l e s stellt M. Gorce (in The New-Scholasticism V, 1931) in Frage. In diesem Umkreis ist nachzutragen die von Windelband nicht erwähnte außerordentlich bedeutsame Philosophie des R o b e r t G r o s s e t e s t e (Greathead; geb. 1175 zu Stradbock, 1235 Bischof von Lincoln, 1253 gest.). Krit. Ausg. seiner Werke: L. Baur, Die philosoph. Werke des R. Gr. (Beitr. IX), vgl. Baur, Die Philosophie des R. Grosseteste, Bischof von Lincoln (Beitr. XVIII, 4—6). (Die von Baur mit den Werken des Gr. veröffentlichte, ihm zugesprochene, bedeutsame Summa philosophiae nach Baur nicht ihm zugehörig, u. erst nach 1264 [1270] verfaßt). Weitere Ausg. siehe Überweg-Geyer 358 f.; S. H. Thomson, The writings of Rob. Grosseteste, 1940. — Zu

Vincenz von Beauvais : Lieser, V. v. B. als Kompilator und Philosoph (Forschg. z. Gesch. Phil. u. Pädagogik III, 1), 1928.
Bonaventura : Gesamtausg. in 10 Bdn., 1882—1902. Auswahlausg.: Philosophia S. Bonaventurae (ed. Rosenmöller) in Opuscula et textus Series schol. Fasc. I, 1932; Prolegomena ad sacram Theologiam coll. Th. Soiron (Florileg. patr. XXX, 1932). Das Breviloquium Bonaventurae übers. v. Imle u. Kaup, 1931; Selbstgespräche der Seele (Soliloquium de quatuor mentalibus exercitiis), dt. Übers. v. Jos. Hosse, Leipzig 1939. — Darstellungen: grundlegend E. Gilson (s. S. 270), deutsch 1929; s. ferner P. Robert, Hylémorphisme et devenir chez saint Bonaventure, Paris 1937; B. Luycks, Die Erkenntnislehre B.s (Beitr. XXIII, 3—4), 1909; A. Stohr, Die Trinitätslehre B.s (Münster. Beitr. z. Theol., H. 5); Bonnefoy, Le St. Esprit et ses dons selon St. B., Paris 1929; zur Erkenntnislehre (Begriff der illuminatio): P. I. Mac Andrew in The Newschol. VI, 1932; J. M. Bissen, L'exemplarisme Divin selon St. B., Paris 1929; s. a. F. Imle, Gott und Geist, 1934; Cl. M. O'Donnell, The psychology of St. Bonaventure and St. Thomas Aquinas, Washington 1937; B. Rosenmöller, Die relig. Erk. nach B. (Beitr. XXV, 3/4). Ferner: F. Hohmann, B. und d. existentielle Sein des Menschen, 1935; M. de Benedictis, The social thought of S. B., 1946. – Zur Mystik B.s vgl. Longpré in Arch. Francisc. Hist. 14, 1921; A. Dobbins, Franciscan Mysticism (Franciscan Stud. 6), New York 1927; zur Geistesgeschichte der Franziskaner vgl. überhaupt die „Franziskanischen Studien".
Albertus Magnus, neuerdings in den Vordergrund gerückt, auch in s. Bedeutung für die Entstehung der modernen Naturwissenschaften (vgl. P. Duhem, Etudes sur Léonard de Vinci, 2e série P. 1909; Ders., La théorie physique, 385 ff., 1906). — Gesamtausg. d. Werke nach der Ausg. v. Jammy (1651) d. A. Borgnet (38 Quartbde.), 1890—1899; neue Gesamtausg.: Alb. Magni opera omnia, cur. Instit A. M. Coloniense, bisher 5 Bde. — An neueren Einzelausg. ist nachzutragen: A. M., De Animalibus l. i. XXVI d. Stadler (Beitr. XV u. XVI); A. M., De quidditate et ente, hrsg. v. M. Grabmann (in Divus Thomas 20, 2, 116—156), 1942; B. Geyer, Die Alb. d. Gr. zugeschriebene Summa Naturalium (Philosophia pauperum), Texte u. Unters. (Beitr. z. Gesch. d. Philos. u. Theol. d. MA.s, Bd. 35, 1), 1938. — Umfassende Bibliographie in Dähnert, Die Erkenntnislehre des A. M. (Stud. u. Bibl. z. Gegenwartsphilos., H. 4), 1934; O. Siedler, Intellektualismus u. Voluntarismus bei A. M. (Beitr. z. Gesch. u. Theol. d. MA.s 36, 2), 1941; A. Hufnagel, Die Wahrheit als philos.-theol. Problem bei Alb. d. Deutschen (Grenzfragen zw. Theol. u. Philos., H. 17), 1940; G. C. Reilly, The psychol. of Alb. the Great, 1934; H. Balss, Alb. M. als Biologe, 1947. Zu nennen noch: M. Grabmann, Der Einfluß A. d. Gr. auf das ma.liche Geistesleben, Ztschr. f. kath. Theol. 52, 1928 (auch in Buchform); Wilms, A. d. Gr., 1930; F. J. v. Rintelen, Alb. d. Deutsche, 1935. — Nachzutragen ist der Albertschüler Ulrich v. Straßburg (Hauptwerk die vollendete Summa: De summo bono, zwischen 1262 u. 1272; stark vom Neuplatonismus beeinflußt); vgl. dazu B. Lindner, Die Erkenntnislehre des U. v. St. (Beitr. XXVII, 4/5; G. Meersseman, Geschichte des Albertismus, H. 2 (Instit. hist. F. F. praedicatorum, Romae, ad S. Sabinae, Dissert. historicae, Fasc. 5), Rom 1935.
Das Schrifttum zu Thomas von Aquino ist schier unübersehbar. Vgl. die Bibliographie thomiste (P. Mandonnet et J. Destrez als Bibliothèque thomiste I), Kain 1921, und das Bulletin Thomiste (ed. J. Destrez), 1924 ff. (unentbehrlich für Thomas-Stud.). Wichtig auch die Bibliogr. d. Zeitschriften Scholastik u. Divus Thomas. — Die Thomas-Festschrift (z. Thomas-Jubiläum 1923/24 bei Überweg-Geyer S. 743 f.). — Wichtigste neue Ausg. — lat.-deutsch! —: Die Ausg. des kathol. Akademiker-Verbandes, lat.-deutsch, bes. v. Christmann u. Siemer, 1933 ff. (vorgesehen 36 Bde. u. 2 Erg.-Bde.). Für das Studium wichtige Einzelausg., Übersetzungen u. Auswahlausg.: S. Thomae Aquinatis in decem Libros Ethic. Aristotelis ad Nicomach. expositio ed. Pirotta, 1934; S. Thomae Aquinatis in Aristotelis librum de Anima commentarium ed. rec. A. Pirotta Taurini, 1925; S. Thomae Aq. sermo seu tractatus de ente et essentia ed. L. Baur (Opusc. et text. Ber. Schol. Fasc. I Ed. altera), 1932; deutsch-latein. Ausgabe desselben Traktats, bes. v. Allers, 2. A. 1953; De cognitio Veritatis textus selecti S. Thom. Aq. coll. J. de Vries (Opusc. et text. Ser. schol. Fasc. XIV), 1932; Th. v. A., Fünf Fragen üb. d. intell. Erk. (Quaestio 84—88 d. Summa I), hrsg. Rolfes, 1924; S. Th., Expos. super Libr. Boethii de Trinitate, rec. Br. Decker, 1955; Des hl. Thomas v. Aq. Untersuchungen über die Wahrheit (Quaest. disput. de veritate), übers. v. Ed. Stein, I. Bd., 1931; Des hl. Th. v. A., Summa contra gentiles oder die Verteidigung d. höchsten Wahrheiten, übers. mit Übersichten, Einl. u. Aristoteles-Texten vers. v. H. Fahsel, 6 Bde., Zürich 1942; Th. v. A.: Summe der Theologie (Deutsch i. Ausw.) v. J. Bernhart (Kröner 105 ff.), 1935—38; Th. v. A.: Kommentar z. Römerbrief. Übers. u. eingel. v. H. Fahsel, 1927; Th. v. A.: Ausgew. Schriften z. Staats- u. Gesellschaftslehre. Übers., Anm., Einführung v. Schreyvogel (Herdflamme 3), 1923; Th. v. Aq., Das Wahrheits- u. Erkenntnisproblem ausgew., übers. u. eingel. v. Schulte, 1929; Th. v. A., D. menschl. Willensfreiheit, Texte in Übers., Einführung v. G. Siewerth, 1954. Eine Ausg. der Opuscula omnia in 5 Bdn. besorgte P. Mandonnet, Paris 1927 u. a. m. — Aus der Literatur kann hier nur die allgemein einführende aufgeführt werden: neben Grabmann (S. 271),

7. A. 1946, vgl. a. Ders., Die Kulturphilos. d. Th. v. A., 1925; Die Werke d. Th. v. A., 1931; Gilson (S. 271 u. 264), Le Thomisme erschien in 4. Aufl. 1942; und Dempf (S. 259), sowie das Thomas-Lexikon v. Schütz (S. 271). Sertillanges' Werk über Thomas, 2 Bde., Neudruck Paris 1955, wurde ins Deutsche übertr. v. R. Grosche, 2 A. 1954. — Ferner: Joh. Hessen, Die Weltanschauung d. Th. v. A., 1926; M. de Wulf, Initiation à la philosophie thomiste, Louvain 1932; G. M. Manser u. P. Wyser, D. Wesen d. Thomismus, 3. A. 1949; J. St. Maritain, Thomas Aquinas, London 1938; H. Meyer, Th. v. A., 1938; Max Müller, Sein u. Geist, 1940; A. C. Pegis, Saint Thomas and the Greeks, Milwaukee 1939; K. Rahner, Geist in Welt. Zur Metaphysik d. endl. Erk. b. Th. v. A., Innsbruck 1939; G. Siewerth, D. Thomismus als Identitätssystem, 1939; E. de Bruyne, St. Th. d. A., Le milieu, l'homme, la vision du monde, 1928; A. M. Horvath, Studien z. (thomist.) Gottesbegr., 2. A. 1954. — O. Schilling, Die Staats- u. Soziallehre d. hl. Th. v. A., 2. A. 1930; M. Wittmann, Die Ethik des hl. Th. v. A., 1933; Garrigou-Lagrange, Perfection chrétienne et contemplation selon Th. d'A. et St. Jean de la Croix, deutsch u. d. Titel: Mystik u. christl. Vollendung, 1924; J. M. Hollenbach, Sein u. Gewissen, 1954; A. Verpaalen, D. Begr. d. Gemeinwohls b. Th. v. A., 1954. — Zu D a n t e : H. Gmelin, Dantes Weltbild, 1940; H. Leisegang, Dante u. d. christl. Weltbild (Schr. d. dt. Danteges., H. 6), 1941; E. Gilson, Dante et la philosophie, 1946.

Von D i e t r i c h v o n F r e i b e r g ist ediert Tractatus de intellectu et intelligibili und Tract. de habitibus v. E. Krebs (Meister Dietrich, sein Leben, seine Werke, seine Wissenschaft, Beitr. V, 5—6), ferner De iride et radialibus impressionibus, von Würschmidt (Beitr. XII, 5. u. 6). — Gegen die Echtheit des Liber de intelligentiis des W i t e l o (vgl. S. 271) spricht sich Cl. Bäumker selbst aus in Miscellanea Ehrle I, 1924, S. 87 ff. — Die Erforschung der M y s t i k, vor allem auch der deutschen Mystik des MA.s ist in starker Ausbreitung begriffen. Allgemeine Darstellungen aus der älteren Lit.: J. Görres, Die christliche Mystik, 1836—42 (jetzt in Ausw. u. d. Titel: Mystik, Magie u. Dämonie v. J. Bernhart, 1927); Preger, Geschichte der deutschen Mystik im MA., 3 Bde., 1874—92; F. W. Wentzlaff-Eggebert, Deutsche Mystik zwischen MA. u. Neuzeit, 2. A. 1947. Vgl. weiter (außer J. Bernhart s. o.): Delacroix, Essai sur le mysticisme spéculative en Allemagne au XIV. siècle, Paris 1900. Zum Wesen der Mystik vgl. Clemen, Die Mystik nach Wesen, Entwicklung u. Bedeutung, 1923, s. a. R. Otto, West-östliche Mystik, 1926; M. Jones, Studies in mystical religion (217 ff.: Eckehart); M. Grabmann, Die Kulturwerte der deutschen Mystik des MA.s, 1923. Vgl. a. das Mystik-Lexikon: Dictionnaire de spiritualité ascétique et mystique (Doctrine et histoire), éd. M. Viller, Fasc. I, 1933; H. Krüger, Verständnis u. Wertung d. Mystik im neueren Protestantismus, 1938. — Deutsche Mystik-Texte des MA.s gab Jos. Quint heraus (Proben aus Mechthild v. Magdeburg, Eckhart, Tauler, Seuse, Ruysbroeck u. a.), 1929; ebenfalls Waehler u. d. T.: Deutsche Mystik (in Religionskundl. Quellenbücher), 1926; Mystische Dichtung aus sieben Jahrhunderten, Schulze-Maizier, 1925; in „Das heilige Reich", Texte zur ma.lichen Geistesgeschichte, hrsg. v. Dempf, M.-L. Lascar, Hildegard v. Bingen, Der Weg der Welt (Ausw. u. Übers.), 1929. Zu Hildegard v. Bingen vgl. noch Liebeschütz: Das allegorische Weltbild der heiligen H. v. B. (Stud. d. Bibl. Warburg, H. 16); zu Mechthild v. Magdeburg s. J. Ancelet-Hustache, M. de Magdebourg, Paris 1926; G. Lüers, D. Sprache der dt. Mystik im Werke der M. v. M., 1926.

Die frühere E c k e h a r t -Ausgabe von Pfeiffer (1857, Neudruck 1924), enth. die deutschen Predigten, sowie Denifle: M. E.s lateinische Schriften in Arch. f. Lit.- u. Kirch.-Gesch. d. MA., II, umstritten. Seit 1934 erschien: Eckardus. Opera Latina. Auspiciis Inst. Sanctae Sabinae in Urbe ad codicum fidem, ed. Lipsiae, 1934—36; seit 1936 erscheint: M. Eckh., Die deutschen u. latein. Werke, hrsg. i. Auftr. d. Dt. Forschungsgemeinschaft. — Nachzutragen ist noch: Karrer-Piesch, M. E.s Rechtfertigungsschrift, 1927; B. Geyer, Mag. E. in Quaestiones et Sermo, Bonn 1931 (Florileg. patrist. XXV); Théry, Le Commentaire de Maître E. sur „le livre de la Sagesse"; in Arch. d'hist. doctr. au MA., III, 1938, 321 ff.; Schriften zur Gesellschaftsphilosophie, hrsg. v. Roloff u. Weiß (Die Herdflamme 20), 1934; Théry, Contribution à l'histoire du procès d'Eckhart in Vie spirituelle, 1925/26; Grabmann, Neuaufgefundene Pariser Quaestionen M. E.s u. ihre Stellung i. s. geistigen Entwicklungsgange, Unters. u. Texte (Bayr. Ak. d. Wiss.), 1927. — E. Seeberg, Meister Eckhart, 1934; A. Dempf, M. E., 1935; K. Oltmanns, M. E., 1935; O. Bolza, M. Eckhart als Mystiker, 1938; Karrer, M. E., 1926; W. Bange, M. E.s Lehre vom göttlichen u. geschöpflichen Sein, 1937; H. Ebeling, M. E.s Mystik. Stud. z. d. Geisteskämpfen u. d. Wende d. 13. Jhrs. (Forsch. z. Kirch.- u. Geistesgesch., Bd. 21), 1941; H. Piesch, M. E.s Ethik, Luzern 1935; J. Kopper, D. Metaph. M. E.s, 1955 (m. bibliogr. Ang.); vgl. noch E. Benz, Neuere Forschungen über M. E. (Bl. f. dt. Philos. 13, 4), 1939/40. — Zu T a u l e r ist hinzuweisen auf die Predigt-Auswahl, die L. Naumann in der Reihe „Der Dom", 1923, herausgab; ferner Predigten Taulers, hrsg. v. F. Vetter (Deutsche Texte d. MA.), 1910; F. Wentzlaff-Eggebert, Studien z. Lebenslehre Taulers, 1940. — Nachzutragen ist Johannes R u v s b r o e c k (Vlame. 1293—1381). Ausg. u. a.: Die Zierde der geistlichen Hochzeit,

durch Hübner, „Der Dom", 1924. — Über J o h a n n v. K a s t l handelt Grabmann in Theol.
Qu. Schr. 101, 1926, u. Mittelalt. Geistesleben, 489 ff.
    Zu R i c h a r d v o n M i d d l e t o w n : E. Hocedez, R. de M., sa vie, ses œuvres, sa
doctrine, Löwen 1925; P. Rucker, Der Ursprung unserer Begriffe nach R. v. M. (Beitr.
XXXI, 1). — Nach Dyroff (Philos. Jb. 38, 1925) ist es äußerst unwahrscheinlich, daß Aegidius
Romanus zur Familie der Colonna gehört. Des Romanus Theoremata de esse et essentia gab
(m. hist. Einl.) Hocedez heraus, Löwen 1930; De ecclesiastica potestate R. Scholz, 1926;
R o g e r B a c o n, Opus Majus übers. ins Englische B. R. B. Burke (nach der Ausg. v. Bridge),
Philadelphia 1928; vgl. die Sammlung, die Little u. d. Titel: Roger Bacon Essais, Oxford
1914, herausgab. Über R. B. bes. R. Cartons Darstellungen in Etudes de philos. médiévale éd.
Gilson II, III, V, 1924, dazu J. Hoffmanns Rev. Néoscol. de Philos. 27, 170 ff., 1925;
F. W. Woodruff, R. B., A Biography, London 1938.
    D u n s S c o t u s. Neuausgabe der sog. Wadding-Ausg. (1639), Paris 1891—95; Johannes
Duns Scotus, Tractatus de primo principio. Ed. crit. curavit M. Müller, Freiburg i. Br. 1941
(Bücher augustin. u. franziskan. Geistigkeit R. 1, Abt. A, Bd. 1). Grundlegende Darstellung
die von Harris (S. 272): Duns Scotus, 2 Bde). (1. The Place of D. S. i. Med. Thought, 2. Philos.
doctrines), Oxford 1927. Ferner E. Longpré, La philos. de D. Sc., 1924. Neuere Arbeiten noch:
F. Luger, Die Unsterblichkeitsfrage bei Joh. Duns Scotus, Wien 1933; H. Schwamm, Das
göttliche Vorherwissen bei D. S. (Philos. u. Grenzw., Bd. 5, H. 1—4, 1934; Der göttliche
Wille als Grund der Wahrheit); J. Binkowski, Die Wertlehre des D. S. (Philos. in Gesch.
u. Gegenwart, H. 1), 1936; F. Gilson, Les seize premiers theoremata et la pensée du Duns Scot
(Archives d'Hist. Doctrinale et Littéraire du moyen-âge 11), Paris 1937/38; R. Messner,
Schauendes u. begriffliches Erkennen nach D. S. mit krit. Gegenüberstellung zur Erk.lehre
v. Kant u. Aristoteles (Bücher augustin. u. franzisk. Geistigkeit, R. 2, Bd. 3), 1942; A. B. Wolter,
The transzendentals and their function in the metaphysics of D. Sc., 1946; H. Mühlen, Sein
u. Person n. Duns Sc., 1954; W. Pannenberg, D. Prädestinationslehre des D. Sc., 1954. S. auch
E. Bettoni, Venti anni di studi scotistici, 1943. — D u r a n d i d e P o r c i a n o tractatus de
habitibus Qu. IV. ed. J. Koch (Opusc. et Textus Ser. schol. Fasc. VIII), 1929. — Zu P e t r u s
A u r e o l i, R. Schmücker, Propositio per se nota, Gottesbeweis u. ihr Verhältnis nach P. A.
(Franziskan. Forsch., H. 8), 1941. — Zu W i l h e l m v o n O c c a m : Quaestio de universali
sec. viam et doctrinam Guilelmi de Ockham (ex Cod. Vatic. Palat. 998) ed. Grabmann, Opusc.
et textus Ser. Schol. X, 1930 (Arb. e. unbek. O.-Schülers); Guilelmus de Ockham, Textum G. O.
fasciculus, Zürich u. Paderborn 1939; Summa logicae, ed. Böhner, 1954; Federhofer, Die
Philosophie des W. v. O. im Rahmen seiner Zeit in Franzisk. Stud. 12, 1925; E. Hochstetter,
Studien z. Metaph. u. Erkenntnislehre W.s v. O., 1927; N. Abbagnano, G. d'Occam, 1931; vgl.
E. Hochstetter, O.-Forschung in Italien (Ztschft. f. ph. Forschung, 1947); G. Martin, W. v. O.,
Unters. z. Ontologie d. Ordnungen, 1949; G. Giacon, Guglielmo di Occam, 2 Tle., Mailand 1941;
S. Moser, Grundbegriffe der Naturphilos. bei W. v. O., Innsbruck 1932; H. Becker, Gottesbegriff und Gotteserkenntnis bei W. v. O. in Scholastik III, 369 ff., 1928; R. Scholz, W. v. O.
als politischer Denker u. sein Breviloquium de principatu tyrannico, 1944 (Monum. Germ.
hist. 8); S. U. Zuidema, De philosophie van Occam un zijn commentar op de Sententiën,
2 Tle., Hilversum 1939. — G. de Lagarde, Marsile de Padoue et Guill. d'O. (Rev. de Sc.
relig. 17), Straßburg 1937. Zu Pierre d'Ailly: B. Meller, Studien z. Erkenntnislehre d. Peter
v. A., 1954.
    Zur S p ä t s c h o l a s t i k, 14., 15. Jh. allgemein: G. Ritter, Studien zur Spätscholastik
(I. Marsilius v. Inghen und die okkamistische Schule in Deutschland, 1921; II. Via antiqua
und via moderna auf den deutschen Universitäten des 15. Jh., 1922; III. Neue Quellenstücke
zur Theologie des Johann von Wesel, 1927) in Sitzungsber. d. Heidelberger Ak. d. Wiss.,
Ph.-H. Kl. — Zu Joh. v. Wesel vgl. a. Ders. in: Deutsche Vierteljahrsschr. f Lit.-Wiss. u.
Geistesg. V, 1927; Thorndike, Science and thought in the fifteenth Century (Wissenschafts-
gesch.), NY. 1929; Stadelmann, Vom Geist des ausgehenden Mittelalters, 1929; Joh. Huizinga,
Herbst des Mittelalters, 3., durchges. A., 1938; A. Maier, An der Grenze von Scholastik u.
Naturwissenschaft, 1943, D. Impetustheorie der Scholastik, Wien 1940 (Veröff. d. Kaiser-
Wilh.-Inst. f. Kulturwiss., Rom), D. Probl. der intensiven Größe i. d. Scholastik, 1935, Metaphys. Hintergründe der spätscholast. Naturphilosophie, 1955; E. J. Dijksterhuis, D. Mechanisierung d. Weltbildes, 1956 (holl. 1950). — Zu C u s a : Joh. Stelzenberger, Die Mystik
des Joh. G. (Breslauer Stud. X), 1928. — Zu N i c o l a u s C u s a n u s: Nikol. v. Kues
wird heute fast überall zur „Neuzeit" gerechnet. Entscheidend seine Bedeutung als Brenn-
punkt in der philos. Entwicklung von der deutschen Mystik her (vgl. die Auseinandersetzung
um das Problem der mystischen Erhebung in docta ignor. u. coincidentia oppositorum ÷
Waging, Sprenger, Vincent v. Aggsbach, s. d. Ausg. der Quellenstücke durch Vansteenberghe,
Autour de la docte ignorance [Beitr. XIV, 2—4] u. J. Ritter, Docta Ignorantia, 1927, S. 17 ff. —)
und dann als Ausgangspunkt der neuen Kosmologie, Mathematik u. Erkenntnislehre. Die

Heidelberger Akad. d. Wiss. hat, seit 1931, die so lange fehlende Ausg. der Werke in die Hand genommen; Übersetzungen in d. Philos. Bibl. (Meiner), i. A. d. Akad. Leitung. Vgl. a. die in den Sitzungsber. d. Heidelb. Ak. d. Wiss., Ph.-Hist. Kl. vorgelegten Cusanustexte, 1929 ff. (darunter d. Briefe-Auswertungen v. J. Koch). — Grundlegende Darstellung Vansteenberghe (S. 273); ferner M. de Gandillac, La Philosophie de N. d. C., 1942, deutsch 1953 (m. Bibliogr.). In Ergänzung der S. 267 angeführten Literatur: die ansprechende Darstellung v. Mennicken, 1951; P. Rotta, Il Cardinale Niccolò di Cuse, Mailand 1929; ferner J. Lenz, Die docta ignorantia oder die mystische Gotteserkenntnis des N. C., 1923; J. Hommes, Die philosophischen Grundlehren d. N. v. C. über Gott u. d. Verhältnis von Gott u. Welt, 1926; E. Hoffmann, Cusanus-Studien I: Das Universum des N. v. C. (Sitzungsber. d. Heidelb. Akad. d. Wiss., 1929—30); Ders.: N. v. C. und die deutsche Philosophie, 1940; N. v. C., Zwei Vortr., 1947; E. Odebrecht, N. v. C. und der deutsche Geist, 1934; H. Rogner, Die Bewegung des Erkennens u. d. Sein, 1937; J. Peters, Grenze u. Überstieg i. d. Ph. des N. v. C. (in: Symposion IV), 1955; J. Koch, D. ars conjecturalis des N. v. C., 1956; O. Apel, Die Idee d. Sprache bei N. v. C. (in: Archiv f. Begr.-Gesch., hrsg. Rothacker, I), 1955; A. Posch, Die „Concordantia catholica" d. N. v. C. (Görres-Ges., Veröff. S. f. Rechts- u. Staatswiss. 54), 1930; G. Kallen, N. v. C. als polit. Erzieher, 1937. Vgl. auch die im Text angeführte Lit. sowie den Forschungsbericht von J. Ritter in Blätter f. Dt. Ph. XIII, 1939; R. Haubst, Studien z. N. v. C. und J. Wenck, 1955; W. H. Hay, N. C., the structure of his ph., Philos. rev., 1932.

Zu Teil IV (S. 298—374). Die Philosophie der Renaissance und Kap. 1. Die humanistische Periode (S. 301—322):

Allgemein zur Gesch. d. neueren Ph.: nachzutragen Bréhier, Histoire de la ph., T. II, III; H. Heimsoeth, Metaphysik d. Neuzeit, 1929. — Das klass. Werk v. J. E. Erdmann (vgl. S. 298) ist in Neudruck erschienen (1932/33), wie auch Erdmanns die ganze Gesch. d. Ph. umspannender „Grundriß d. Gesch. d. Ph." (neu bearb. v. Clemens, 1930). Vorländers Gesch. d. Ph., Bd. II (Neuzeit bis Kant) wurde neu bearbeitet u. mit Liter.-Übersichten versehen v. H. Knittermeyer, 1955. — R. Heiß, Der Gang d. Geistes, 1948 (bis ins 19. Jh.); K. Schilling, Gesch. d. Ph. II, 1953 und als Göschen-Bändchen (Von der Renaissance bis Kant), 1954. — Zu Renaissance, Reformation, Humanismus s. allgemein v. a. Burdach, Vorspiel I, 1 u. 2, 1925; Duhem, Études sur Léonard de Vinci, Neudruck 1955; ferner — außer der im Text angeführten Lit. — W. Flemming, Der Wandel des deutschen Naturgefühls vom 15. zum 18. Jh., 1931; B. Jansen, D. geschichtl. Ablauf d. neuzeitl. Naturauffassung von 1500—1800, 1941; E. Walser, Studien z. Geistesgesch. d. Renaiss., 1932. — Zum Renaissance-Problem Huizinga, Wege der Kulturgeschichte, S. 89 ff., 1930; v. Martin, Soziologie der Ren., 1932. — Grundlegend bleibt neben J. Burckhardts Kultur der Renaissance (jetzt in billigen Ausgaben zugänglich, z. B. Phaidon-Verlag), vor allem Dilthey (s. S. 301). — Die deutsche Ph. des 15. u. 16. Jh.s harrt noch der tieferen philos. Erforschung u. einheitl. Darstellung. — Zur allg. Geistesgeschichte vgl. Stadelmann, Vom Geist des ausgehenden Mittelalters, 1929; J. Huizinga, Herbst d. MA.s, 1923; Wege d. Kulturgeschichte, 1930; E. Garin, Der italien. Humanismus, 1947; G. Gentile, Studi sul Rinascimento, 2. A. 1936; W. Ruegg, Cicero u. d. Humanismus, 1946. Zur humanistischen Philosophie in Deutschland (in Beziehung zur Scholastik) vgl. G. Ritter s. o. Anhang zu III, 2; G. Toffanin, Gesch. d. Humanismus (Storia dell' umanesimo, übertr. v. L. Sartorius), 1941; J. L. Saunders, Justus Lipsius, The ph. of Renaissance stoicism, NY. 1955. — Zu Luther s. E. Metzke, Lutherforschung u. deutsche Philosophiegeschichte (Bl. f. deutsche Philos. VIII, 4/5, 1934), vgl. a. E. Wolf, Über neuere Luther-Literatur u. d. Gang d. L.-Forschung (Christentum u. Wiss. X, 12), 1934, u. Elert, Morphologie des Luthertums, Bd. 1 1931, Bd. 2 1932 (mehr systematisch); vgl. noch M. A. H. Stomps, Die Anthropologie M. Luthers. Eine philos. Unters. (Philos. Abhandlgn., Bd. IV) 1935; W. Peuckert, D. große Wende, das apokalypt. Saeculum u. Luther, 1948. — Zum protestantischen Aristotelismus s. Petersen (S. 304). Zur Renaissancephilosophie E. Cassirer, Individuum und Kosmos in der Phil. d. Ren., 1937 (auch Nicol. Cusanus einbegreifend, enth. auch Texte: Cusanus, Liber de Mente, Carolus Bovillus, Lib. de Sapiente); J. Huizinga, Le problème de la Renaissance (Rev. de Cours et de Conférences XL, 1. série), 1939. — Zur Anthropologie d. Renaiss.-Philosophen: B. Groethuysen, Ph. Anthropologie, 1931 (S. 99—203); s. a. die v. Götz hrsg. Quellen z. Geistesgesch., d. MA.s u. d. Renaissance, 1928 ff. — Im neuen Texte: Bessarionis, In Calumniatorem Platonis lib. IV, ed. Mohler, 1927. Über B.: Schöningh, Kardinal Bessarion als Theologe, Humanist u. Staatsmann, 1927; L. Aretino Bruni, Humanistische Philos., Schriften mit Chronologie d. Werke u. Briefe, hrsg. Baron, 1928. Zur Akademie v. Florenz: Torre, Storica dell' academia platonica di Firenze, Florenz 1902. Zu Ficino: G. Saitta, La filosofia di Marsilio Ficino, Messina 1923; P. O. Kristeller, Philosophy of M. F., Columbia 1945. Pico della Mirandola : E. Garin, Giovanni P. d. M., Florenz 1937; G. Barone, Pico d. M., 1949; allgemein: N. A. Robb, Neoplatonism of the ital. renaissance, 1935. P o m p o n a z z i : E. Weil, Des Pietro Pomponazzi Lehre v. d. Menschen u. v. d. Welt, 1933. — Zur spanischen Scholastik, v. a. S u a r e z, neben der älteren ausf. Darstellung v. K. Werner (s. o. S. 304 u. Abdr. 1889), vgl. noch E. Conze, Der Begriff der Metaphysik bei Fr. Suarez, 1928; H. Rommen, Die Staatstheorie des F. S., 1927; N. Junk, Die Bewegungslehre des F. S., 1938; J. Leiwesmeier, Die Gotteslehre bei F. S., 1938; B. Jansen, Die Wesensart der Metaphysik des Suarez, 1940; W. Klausmeier, Die Transzendentalienlehre des F. S., 1939; W. Kolter, D. Universalienlehre des F. S., 1942. — Zu M o n t a i g n e : F. Strowsky, M., sa vie publique et privée, Paris 1938; B. Rech, Grundbegriffe u. Wertbegr. bei M., 1934; G. Truc, M., 1947; E. Gilliard, M., 1947; P. Barrière, M., 1949; H. Friedrich, M., 1950. Vgl. noch Rev. intern. de ph., 1955 (auch Bibliogr.). — Giord. B r u n o : Giov. Gentile, G. Br. e il pensiero del Rinascimento, Florenz 1920 (dort auch über Campanella, Galilei, Leonardo), G. Fraccari, G. Br., 1951; D. W. Singer, G. Br., New York 1948; N. Badaloni, La filos. di G. Br., 1955; H. Heimsoeth, G. Br. u. d. deutsche Philos., Bl. f. D. Ph. XIII, 1942; Ders., Das Ethos der Eroici Furori (in: „Concordia decennalis", Festschr. d. Univ. Köln, 1941); E. Grassi, G. B., Heroische Leidenschaften, Ausw. u. Interpretation, 1948. — Das Amphitheatrum Aeternae Providentiae des G i u l i o C e s a r e V a n i n i , hrsg. Mailand 1933 (m. Einltg.) d. Luigi Corvaglia (als Vol. 1 der Werke); E. Lenoir, Au seuil du grand siècle. Trois orateurs, trois martyrs: Vanini, Campanella, G. Bruno, Paris 1939. — T. C a m p a n e l l a, Syntagma de libris propriis, bes. V. Spamponato, Florenz 1927; W. Ducloux, D. metaph. Grundl. d. Staatsph. des T. C. (Diss.), 1936; A. Nicotra, C., 1948. — Den Liber de Sapiente des B o v i l l u s (Bouillé) gab R. Klibansky heraus (s. o. Cassirer, Ind. u. Kosm. i. d. Ph. d. Ren.).

Zu A g r i p p a v o n N e t t e s h e i m vgl. Sigwart, Kl. Schriften, 1883, I, 1—24; Gerh. Ritter, Ein histor. Urbild z. Goethes Faust, Preuß. Jahrb. 141, 1910; E. Metzke, Die „Skepsis" des A. v. N. (Dt. Viertelj. f. Lit. u. Geistesgesch. XIII, H. 3), 1935. Vgl. auch d. weit ausgr. geschichtl. Darstellung von W.-E. Peuckert, Pansophie, 1936. — Zu P a r a c e l s u s , Sigwart, Kl. Schriften I, 25—48; Einl. u. Kommentar v. Achelis i. d. Opus-Paramirum-Ausgabe, 1928; vgl. auch Acta Paracelsica, 1930 ff.; B. S. v. Waltershausen, P. a. Eing. d. deutsch. Bildungsgesch., 2. A. 1942; P. I. Betschart, Th. Paracelsus, 1941; W. Peuckert, Th. P., 1941; F. Spunda, Das Weltbild des P., Wien 1941; C. G. Jung, Paracelsica, 1942; E. Metzke, Mensch, Gestirn und Geschichte bei Paracelsus (Bl. f. dt. Philos. 15), 1941; Ders.: Erfahrung und Natur in der Gedankenwelt d. P. (Bl. f. dt. Philos. 13), 1939; Ders., P. Anschauung v. d. Welt u. v. menschlichen Leben, 1943. — Seit Diltheys Arbeiten zu S e b a s t i a n F r a n c k u. A. Heglers bahnbrechenden Forschungen ist die Lit. über Franck kräftig gewachsen. Verwiesen sei hier auf Bl. f. dt. Philos. II, 1, 1928 (Seb. Franck-Heft, bes. Joachimsen; v. Grolmann; daselbst: Neueres Schrifttum über S. F.); W.-E. Peuckert, S. Fr., 1943; K. Klemm, D. Paradoxon als Ausdrucksform d. spekul. Mystik (Diss.), 1937; über Schwenckfeld, Seb. Franck, V. Weigel: A. Koyré, Mystiques, spirituels, alchimistes du XVIe siècle allemand, 1935. — Zu W e i g e l, W. Zeller, D. Schriften Valentin Weigels. Eine literarkrit. Unters., 1940; Hans Maier, Der mystische Spiritualismus von Valentin W., 1926; H. Längin, Erkenntnislehre V. W., 1933 (s. a. Arch. f. Gesch. Philos. 41, 3). — Ausw. aus J a k o b B ö h m e (Morgenröthe) gab 1925 Wiesenhütter heraus. Ein Faks.-Neudruck der Ausg. v. 1730 ist nur bis z. 2. Bd. gediehen; die Ausg. v. Schiebler (7 Bde) i. Neudruck (1922). Zu Böhme vgl. jetzt E. Nobile, I limitti del misticismo di Jacob B., Neapel 1937; E. Boutroux, Etudes d'hist. de la philos. 1908—288; A. Koyré, La philos. de J. B., 1929; K. Leese, Von J. B. zu Schelling, 1927 (über F. Chr. Oetinger); E. Benz, Der vollkommene Mensch nach J. B., 1937; H. Martensen, J. B., 1949; H.-G. Jungreich, D. Seinsproblem bei J. B., 1940; K. R. Popp, J. B. und I. Newton, 1935.

Zu Teil IV, Kap. 2 (S. 323—374). Die naturwissenschaftliche Periode:

Für die historische Stellung der neuen Naturwissenschaften in ihrer Beziehung zur mittelalterlichen Entwicklung grundlegend: Duhem, Etudes sur Léonard de Vinci, 3 Bde., Neudruck 1955; A. Maier, Die Mechanisierung des Weltbildes im 17. Jh., 1938; R. Dugas, La mécanique au XVIIe siècle (Des antécédents scolastiques à la pensée classique), 1954; E. J. Dijksterhuis, D. Mechanisierung d. Weltbildes, deutsch 1956. — Zu K e p l e r , Joh. Kepler, Gesammelte Werke (hrsg. von Caspar, München 1937 ff.; M. Caspar, J. K., 1948; Bibliographia Kepl. 1936. S. a. noch d. ältere Werk noch E. F. Apelt, Die Reform. d. Sternkunde, 1852. — G a l i l e i , Prozesse bei Pastor, Geschichte der Päpste seit dem Ausgang des MA.s, Bd. XII, 203 ff., XIII, 616 ff., vgl. Olschki, Bd. III (G. und seine Zeit), 1927, u. bes. Duhem, L. d. V., 3e Sér. (Les précurseurs de G.), 1913; L. Mullner, Die Bedeutung G.s f. d. Philos., 1894; E. Cassirer, Wahrheitsbegriff u. Wahrheitsproblem b. G. (Scientia 31, 121 ff., 185 ff.), 1937; G. Loria, Galileo G., Mailand 1938; S. Milano, I grandi promotori del metodo sperimentale, Lionardo e G., 1942;

S. Vanni-Rovighi, Galilei, 1948. — Zu N e w t o n : Grundlegend immer noch Rosenberger (S. 324); s. ferner die Gedächtnisschrift der Mathematical Association, London 1927 (W. J. Greenstreet); Steinmann, Über d. Einfluß N.s auf d. Erkenntnisth. s. Zeit, 1913; Lenard, Große Naturf., 2. A. 1931; J. W. N. Sullivan, Isaak N., London 1938; M. v. Laue, I. N. (in: G. W. Leibniz, Vorträge, 1947). Zur Nachwirkung N.s: Brunet, L'introduction de la théorie de N. en France au XVIIIᵉ siècle avant 1738, Paris 1931. — Zu B a c o v. V e r u l a m : W. Frost, Bacon u. d. Naturphilosophie, 1927; E. Lewalter, F. B. 1939; F. H. Andersen, The philos. of F. B., 1948; H. Brock, Staat u. Gesellschaft bei F. B., 1937. — R. W. Gibson, F. B., a bibliography, 1950. — Zu G a s s e n d i : G. Hess, P. G., 1939; La Mothe-Vayer, G., 1943; P. Gassendi, sa vie et son œuvre (Rochot, Koyré, Mongrédien, Adam), 1955.

D e s c a r t e s : Tiefgreifende Revision des traditionellen Bildes i. d. gegenw. Forschung durch die neue Zuwendung zur Metaphysik des D. und ihren mittelalt. Voraussetzungen. Bahnbrechend dafür E. Gilson, Index scolastico-cartésien, 1913; Ch. Adam, D., sa vie, son œuvre, 1937; J. Boorsch, Etat présent des études sur D., Paris 1937; L. Brunschvicq, D., Paris 1937; P. Laberthonnière, Etudes sur D., 2 Bde, 1935; A. Espinas, D. et la morale, 2 Bde., Paris 1937; H. Gouhier, Essais sur D., Paris 1937; K. Jaspers, D. u. d. Philosophie, 1937; A. Koyré, Trois lecons sur D., 1938; F. Olgiati, La Filosolia di D., 1937; vgl. im übrigen die Bände des Kongresses 1937 (Travaux IXᵉ Congr. Philos.); vgl. Guéroult, D. au Congrès Descartes (Rev. de Métaphysique et de Morale 45, 105 ff.), 1938. — Zur Scholastik-Diskussion noch: A. Koyré, D. und die Scholastik, Bonn 1923; Gilson, Etudes sur le rôle de la pensée médiévale dans la formation du Système Cartésien (Etudes de philos. méd. II), 1930; ferner Gilson, Discours de la méthode, 1925; Ders., La liberté chez D. et la théologie, 1914; Ders., Recherches sur la formation du système cartésien (I. La critique des formes substantielles) in Rev. Hist. Philos. III, 1929; R. Dalbiez, Les sources scolastiques de la théorie cartésienne de l'être objectif (ebenda); Serrus, La méthode de Descartes et son application à la Métaphysique, Paris 1933. (Im Text s. S. 336 ff.) — Gesamtdarstellung: außer dem wichtigen Werk von O. Hamelin (s. S. 325): G. de Giuli, Cartesio, Florenz 1933; M. Guéroult, D. selon l'ordre des raisons, 2 Bde.; Ders., Nouv. réflex. sur la preuve ontologique de D., 1955; E. Serrurier, D., 1951. Ferner F. Alquié, La découverte métaphysique de l'homme chez D., 1950; M. Hagmann, D. in d. Auffassung durch die Historiker d. Ph., 1955.

H o b b e s' Elements of law, nature and politic gab heraus F. Tönnies, Cambridge 1928. Die Urform der Computatio sive Logica d. Hobbes hrsg. v. Cay v. Brockdorff (Veröff. d. Hobbes-Ges. H. 2), 1934. Grundlegend für die gesch. Stellung der H.schen Mechanik F. Brand, Th. H., mechanical conception of nature, Kopenhagen-London 1928. — Lubienski, Die Grundfragen des ethisch-politischen Systems von H., 1932; Landry, H. (in Les grands philosophes), 1930; R. Hönigswald, Th. H. (Kafka-Reihe Bd. 21); A. Levi, La ph. di T. H., Milano 1929; Th. Laird, H., 1934; G. P. Gooch, H., London 1940; J. Bowle, H. and his critics, 1951. — Vgl. a. die Darstellung in Aster, Gesch. d. engl. Philos., 1927.

Zur Fortentwicklung des Cartesianismus vgl. Sortasio, Le cartésianisme chez les jésuites français au XVIIᵉ et XVIIIᵉ siècle, Arch. d. philos. VI, 3, 1929. — Zum J a n s e n i s m u s außer Brémond (s. o.) auch Pastor, Geschichte der Päpste, XIII, 630 ff., 1929. Zur deutschen Fortwirkung D.s (Clauberg) s. P. Brosch, D. Ontologie d. Joh. Clauberg, Greifsw. Diss., o. J. — Zu P a s c a l : P.s Werke, neu hrsg. Strowski, 3 Bde., 1923—31; Opuscules et lettres, Notes de Lafuma, 1955. Neben d. älteren Arbeiten v. a. Cousin, 1857 (5. A.), Boutroux, 1900, jetzt E. Jovy, Etudes Pascaliennes (2 Bde.), 1927; L. Brunschvicq, P., 1932; R. Guardini, Christl. Bewußtsein. Versuche über P., 1935; E. Buchholz, B. P. Die Lebensgeschichte e. Wahrheitssuchers, 2. A. 1942; A. Stöcker, Das Bild vom Menschen b. P., 1939; M. Bishop, P., London 1937 (übers. Berlin 1938); L. Fafuma, Recherches pascal., 1949; H. Lefebvre, P., 1949; J. Laporte, Le cœur et la raison selon P., 1930. Vgl. noch J. Busson, La pensée religieuse française de Charron à Pascal, Paris 1933; J. Guitton, P. et Leibniz, 1951; H. Ehrenberg, In d. Schule P.s, 1954. M a l e b r a n c h e : Œuvres complètes, Tome I: De la recherche de la vérité, 2 Bde., Paris 1938. Traité de l'amour de dieu (Introd. et notes) ed. D. Roustan, 1923; Meditations chrétiennes (introd. et not.) ed. H. Gouhier, 1928; Traité de morale, hrsg. v. H. Joly, Paris 1939. — Über M.: P. Mennicken, Die Philos. d. N. M., 1927; P. Ducassé, M., 1942; Gouhier, La ph. de M. et son expérience religieuse, 2. A. 1948; L. Bridet, La théorie de la connaissance dans la philos. de M., 1929; G. Stieler, Leibniz u. M. u. d. Theodizeeproblem, 1930; Malebranche nel terzio centenario della nascita. Publicatione a cura della Facoltà di Filosofia dell' Univ. Cath. del Sacro Cuore (mit Bibliogr.), Mailand 1938; vgl. das M.-Heft der Revue Intern. d. Philos., Brüssel 1938 (mit Bibliogr.); M. Guéroult, Etendue et Psychologie chez M., 1939.

S p i n o z a : Handl. Ausg. d. Ethik, hrsg. u. eingel. F. Bülow (in Kröners TA.), 5. A. 1955. — Zahlreiche Festschriften zum Sp.-Jubiläum (Holland, Amerika, Japan, China), z. B. Festschrift, hrsg. v. Hessing, Heidelberg 1933; Septimana Spinozana (Verh. z. 300jähr. Geb. i. Haag), 1933; Sp.-Festschr. d. kathol. Universität del Sacro Cuore als Riv. di filos. neoscol. Suppl. spec., Vol. XXV, 1934; Dunin-Borkowski, Sp. nach 300 Jahren, 1932. — Dokumente zu Sp.s Jugend veröffentlicht Vaz Dias (Sp. Mercator et Autodidactus), Haag 1932. Die grundlegende Biographie Dunin-Borkowski; vgl. B. Jansen, Dunin-B.s Spinozaforschung (Philos. Jahrb. d. Görresges. 50), 1937; Brunschvicq, Sp. et ses contemporains in 3. verm. A., 1923; Couchoud (s. S. 326), 2. durchges. A., 1924. Ferner F. Ehrhardt, Die Weltanschauung Sp.s, 1928; L. Roth, Sp., Boston 1929; L. Robinson, Kommentar zu Sp.s Ethik, Bd. I, 1928; A. Shanks, An Introduction of Sp.s Ethics, London 1938; Le Spinozisme (2. A.), Paris 1926; H. Serouya, Sp., sa vie, sa philosophie, 1933; G. Ceriani, Sp., 1945; A. Cresson, Sp. 1940; H. Serouya, Sp., 1947. S. Scheur, Sp. und d. jüd. Ph. des MA.s, 1925. — P u f e n d o r f : S. Sieber, Samuel v. P., Staatsdenker, Bahnbrecher u. Kämpfer, 1908. — L e i b n i z, Große Gesamtausg. (sämtl. Schriften u. Briefe, hrsg. v. d. Preuß. Akad. d. Wiss., etwa 40 Bde.) in Vorbereitung (unterbrochen). — Zu den S. 327 erwähnten Ausg. noch L. Couturat, Opuscules et fragments inédits de L., Paris 1903; s. a. Leibniz's Deutsche Schriften, hrsg. Guhrauer, 1838, 2 Bde., u. Neuausgabe v. L.s Deutschen Schriften (hrsg. Schmied-Kowarzik), Leipzig 1916 (Ph.-Bibl.). Auswahl-Ausg. jetzt auch in Kröners TA., hrsg. G. Krüger, 2. A. — Zur L.-Literatur: auch hier wie bei Descartes Überwindung der vorwiegend erkenntnistheoret. u. logistischen Betrachtungsweise (Cassirer, Couturat, Russel) und neue Betonung der Metaphysik L.s (v. a. Schmalenbach und D. Mahnke, Universalmathematik u. Individualmetaphysik, 1925). Vgl. geistesgeschichtlich v. a. die Untersuchungen von Dilthey u. Troeltsch (s. S. 382), auch Schmalenbach (s. S. 327). Kurze Darstellung gibt G. Stammler, L. (Kafka-Reihe, Bd. 19), 1930; vgl. a. H. Pichler, L., Ein Gespräch, 1919; Ders., L.s Metaph. d. Gemeinschaft, 1929. Vgl. auch noch D. Mahnke, Leibniz u. Goethe, 1924. Neuere Untersuchungen: L. Le Chevalier; La morale de L., Paris 1933 (Schwergewicht L.s im Ethischen); E. Rovier, Le Système de L., 1927; K. Huber, L., 1951 (nachgel.); G. Stieler, L., 1949; J. Th. Merz, L., New York 1948; G. Belaval, La pensée de L., 1952. S. n. d. L.-Heft der Revue néoscol. 1947 und die von E. Hochstetter hrsg. L.-Arbeiten (1948). R. M. Yost, L. and philos. analysis, Berkeley 1954; zum Mathematiker L.: Mahnke, L. als Begründer der symbolischen Mathematik, Isis IX, 1927; s. a. S. 327. Zur Entwicklung von L.s Kosmologie vgl. A. Hannequin, Etudes d'hist. des sciences et de la ph., Bd. II, S. 16—250: La première ph. de L., Paris 1908; grundlegend für die Kosmologie von L. jetzt: M. Guéroult, Dynamique et métaphysique leibniziennes, 1934; G. Funke, D. Möglichkeitsbegriff in L.s System, 1938; G. Katkov, Werttheorie u. Theodizee (Veröff. d. Brentano-Ges. III), 1937; H. Matzat, Untersuchungen über die metaph. Grundlagen der G.schen Zeichenkunst, 1938; I. Pape, L. (Wahrheitsproblem), 1949; Kanthack-Heufelder, D. psych. Kausalität in L.' System 1939; R. W. Meyer, L. u. die europ. Ordnungslehre, 1948; G. Grua, Jurisprudence universelle et Théodicée, selon L., 1953; J. Politella, Platonism, Aristotelianism and Cabbalism in the Philosophy of L., Philadelphia 1938. — Iwanicki, L. et les démonstrations mathématiques de l'existence de dieu, Paris 1933; Fr. Olgiati, Il significato storico di L. (Publ. d. Università di Sacro Cuore XIV.); Carr, The Monadology of L., 1930. — Zur Biogr. außer G. E. Guhraner (1842, 2. A. 1846, 2 Bde.) u. K. Fischer (5. A., 1920, Anhang v. W. Kabitz) noch Brunschvicq, L., 1925; P. Schrecker, Une bibliographie de L. (Rev. Philos. de la France et le l'Etranger 126), Paris 1938; W. H. Barber, L. in France from Arnauld to Voltaire, 1955; J. Guitton, Pascal et L., 1951. Die historischen Beziehungen von L.s Philosophie (Mittelalter, Nicolaus v. Cues, Renaissance, Bruno, Wolff, Kant) haben noch keine ausreichende Darstellung gefunden.

M a c h i a v e l l i : Opera, Mailand 1938 ff.; deutsche Ausgabe der Gesammelten Schriften (Übers. J. Ziegler u. F. N. Baur), hrsg. v. H. Floerke (5 Bde., 1925 ff.); E. Detroz, Machiavel, Louvain 1938; H. Freyer, M., 1938; E. H. Kinck, M. Seine Geschichte u. s. Zeit (Übers. a. d. Norweg.), Basel 1938; René König, Niccolo M., Zürich 1941; D. E. Muir, M. Ein Mann u. s. Zeit (Übers. a. d. Engl.), 1938; J. Pulver, M.: the Man, his Work, and his Times, London 1937; A. Sorrentino, Storia dell' antimacchiavellismo europeo, Neapel 1938. L. Russo, M., 1945; L. Huovinen, Das Bild d. Menschen im polit. Denken M.'s, Helsinki 1951. — Zu M o r u s vgl. die grundsätzliche Untersuchung von Doren über Utopien (Vortr. d. Bibl. Warburg IV); H. Freyer, Die politische Insel, 1936; Brémond, Th. More, 1935; Roper, The life of Th. M., 1934; vgl. a. K. Vorländer, Von Machiavelli bis Lenin, 1926; G. Ritter, Machtstaat und Utopie. Vom Streit um die Dämonie der Macht seit Machiavelli u. Morus, 1940; D. Sargent, Thomas More, NY. 1938; R. Ames, Citizen Th. M. and his Utopia, Princeton 1948; F. Battaglia, Saggi sul Utopia di Th. M., 1949. Zu G r o t i u s, jetzt M. van Eysinga, H. Gr., 1952; Ter Meulen et Diermanse, Bibliogr., 1950. — Die S c h u l e v o n C a m b r i d g e hat jetzt ihre monographische Darstellung gefunden: Cassirer, Die platonische Renaissance in England und die Schule von Cambridge, 1932; F. Powicke, The Cambridge Platonists, 1926; Muirhead, The Platon. Tradition in Anglo-Saxon Philosophy, L., NY. 1931; W. R. Inge, The Platonic Tradition in English Religious Thought, 1926. — Philos. Schriften v. Henry More ed. Fl. I. Mackinnon, Oxford 1925; H. Reimann. H. Mores Bedeutung f. d. Gegenw. 1941.

Zu Teil V (S. 375—453). Die Philosophie der Aufklärung:

Starke Belebung der Forschung zur Aufklärung in Frankreich, England, auch in Deutschland. Neuorientierung: vgl. Lanson, Le XVIIIe siècle et ses principaux aspects, in Revue d. cours et conférences 30. 12. 22; v. a. den umfassenden bibliographischen Bericht von F. Schalk, Zur Erforschung d. französ. Aufklärung in „Volkstum u. Kultur d. Romanen". IV, 4 u. V, 4, 1931, 1932. S. a. die Auseinandersetzung mit Hettner (S. 375) bei Boucke, Aufklärung und Klassik, 1925; mit Taines „esprit classique" bei Gilson (La scolastique et l'esprit classique) in Les idées et les lettres, 1932. In Deutschland die geistesgeschichtliche Erforschung der Aufklärung v. a. von Dilthey (s. S. 375) entwickelt. D. hat auch zuerst die These vom ungeschichtlichen Denken der A. durchbrochen. S. das 18. Jh. u. d. geschichtliche Welt, in Ges. Schr. III; vgl. a. E. Troeltsch (s. S. 375); J. Burckhardt, Ges. Werke (Dürr), Bd. 7, 1929. — Ferner K. Voßler, Das Zeitalter d. A. in Frankreichs Kultur u. Sprache, 2. A., 1929; P. Hazard, Die Krise des europ. Geistes, 1680—1715 (Übers. a. d. Franz.), 1939; Ders., Die Herrschaft d. Vernunft, 1949; ideen- u. sozialgeschichtlich grundlegend (v. a. durch Verarbeitung des abseitigen Materials, Predigten usw. u. d. allgemeinen, auch außerliterarischen Strömungen): B. Groethuysen, Die Entstehung d. bürg. Welt- u. Lebensansch. i. Frankreich (s. S. 375, Bd. 1), Bd. 2: Die Soziallehren der katholischen Kirche und das Bürgertum, 1930. — Philosophiegeschichtlich E. Cassirer, Die Philosophie der Aufklärung (Grundr. d. Philos. Wissenschaften), 1932; vgl. a. E. Cassirer, D. Philosophie im 17. u. 18. Jh., Paris 1939; M. Wundt, D. deutsche Schulmetaphysik d. 17. Jh., 1939; B. Jansen, D. scholast. Philosophie d. 17. Jh. (Philos. Jahrb. Görres-Ges. 50), 1937; Max Wundt, Die deutsche Schulphilos. im Zeitalter d. Aufklärung, 1945; s. a. Ders., Die Philos. a. d. Universität Jena, 1932. Ferner E. Bréhier, Hist. d. la Philos., T. II, f. 2, 1930; Cay v. Brockdorff, D. engl. Aufklärungsphilos. (Kafka-Reihe), 1924; O. Ewald, D. fr. Aufkl.-Ph. (Kafka-Reihe), 1924. — Während Dilthey, Troeltsch, Cassirer u. a. am Begriff der allgemein-europäischen Aufklärung festhalten, wird vielfach auch Betrachtung der Sonderung in den nationalen Kulturen angestrebt (Betonung z. B. d. religiösen Elements in der deutschen Aufklärung). S. etwa Karl Aner, Die Theologie der Lessingzeit, 1929; vgl. a. R. Unger, Hamann u. d. Aufklärung, 2. A., 1925 (Einleitung). Ideengesch. Einzeluntersuchungen allgemeiner Art: Giraud, Les étapes du XVIIIe siècle (Le christianisme de Chateaubriand t. I), Paris 1925; Ascoli, La Grande-Bretagne au XVIIe siècle et l'opinion francaise. 2 Bde., Paris 1931. — S. noch E. v. Aster, Geschichte d. engl. Philosophie, 1927; G. Lanson, Le rôle de l'expérience dans la formation de la philosophie du XVIIe siècle, Paris 1930; E. Klimowsky, Die englische Gewaltenteilungslehre bis zu Montesquieu (Beih. 22 z. Arch. f. Rechts- u. Wirtsch.Gesch.), 1927; H. Sée, Les idées politiques en France au XVIIIe siècle, Paris 1923; Ders., L'évolution de la pensée politique en France au XVIIIe siècle, 1929; O. Hansen, Liberalism and American education in the 18th century, NY. 1926. — Zu „Aufklärung" vgl. aber auch den Aufsatz von Kant: Was ist A.? und die Auseinandersetzung mit der A. bei Fichte und Hegel. A. als „Gegenphänomen" entscheidend für die Geistgesch. d. Romantik u. d. Deutschen Idealismus. — Zur Bibliogr. s. n. Du Peloux, Répertoire gén. des ouvrages mod. relatifs au XVIIIe siècle francais (1715—89), Paris 1926/27.

Die Korrespondenz von Locke u. Edw. Clarke ed. B. Rand, Oxford 1927 (mit Biogr.); frühe Entwürfe (1671) z. L.s Hauptwerk gaben Rand (1931) und Aaron u. Gibb (1936) heraus. — Neue Situation der L.-Forschung. — K. I. Aaron, J. L., 1937; G. Fr. Bianchi, L. 1943; jetzt bes. A. Klemmt, J. Locke, Theor. Ph., 1952 (prakt. Ph. soll als 2. Bd. folgen). — Zu Berkeley außer den beiden wichtigen Monographien von R. Metz (S. 378) u. Johnston (S. 378) noch G. Stammler, B.s Philosophie der Mathematik (Kant-St., Erg.-H. 55), 1922; Fr. Oligiati, L'idealismo di G. B., 1926; J. Wild, G. B., 1936; A. Testa, La filos. di G. B., 1943; A. A. Luce, B.s immaterialism, 1945. S. jetzt noch die Einl. v. A. Klemmt in den Übersetzungsausg. der Philos. Bibl. (Meiner). Bibliographie v. Metz in Hoffmanns Ber., H. 9/10, 1926; Engl. Bibliogr. v. T. E. Jessop, 1934. — In den Übersetzungen der Ph. Bibl. ist auch B.s Philos. Tagebuch (entwicklungsgeschichtlich wichtig) erschienen. — Zu Burke: J. Morley of Blackburn, E. B., London 1925; B. Newman, E. B., London 1927. — Zu Shaftesbury jetzt Ernst Cassirer, Der Platonismus in England (s. o.), z. Einfluß Sh.s auf Deutschland: neben Weiser (S. 378) siehe noch Diltheys Nachweis eines unmittelbaren Zusammenhangs zwischen Goethes „Die Natur" und Sh.s „Moralistes" („Aus der Zeit der Spinoza-Studien Goethes" in Ges. Schr. II). Vgl. ferner Fr. Meinecke, Sh. und die Wurzeln des Historismus (S.-Ber. d. Pr. Ak. d. Wiss., 1934); L. Zani, L'Etica di Sh., 1954. Grundlegend für Hume: Ch. W. Hendel; Studies in the philosophy of D. H., Princeton 1925; ferner R. Metz, D. H. (Leben und Philosophie), 1929; J. Laird. H.s philosophy on Human Nature, London 1932; Laing, D. H., London 1932; C. Maund, H.s Theory of Knowledge, London 1937; H. H. Price, H.s theory of the external world, 1940; M. dal Pra, H., 1949; A. Cresson et G. Deleuze, H., 1952; R. Metz, Eine neuentdeckte Schrift H.s (Bl. f. D. Ph. XII). 1939; T. E. Jessop, A Bibliography of

D. H. and of Scottish Philos. from Francis Hutcheson to Lord Balfour, London 1938. S. a. die Bibliographien v. Metz m. Hoffmanns Lit.-Ber. 11/12, 1926 u. 15/6, 1928. — R e i d : O. McKendree Jones, Empirism and intuitionism in R.s commonsense-philosophy, Oxford 1927; Philosophical Orations, hrsg. v. W. R. Humphries, Aberdeen 1937. — Wichtige neue Darstellung von B a y l e : Lacoste, B., Paris 1929; Feuerbachs P. B. (1838), jetzt neu hrsg. bei Kröner, T.A., Bd. 31; E. Sugg, P. B., ein Kritiker der Philosophie seiner Zeit (Forschungen z. Gesch. d. Philos. u. Päd. IV), 1929. Zu den frz. Moral.: Fr. Schalk: D. franz. Moralisten: La Rochefoucauld, Vauvenargues, Montesquieu, Chamfort, Rivarol, 1938; Vauvenargues, Betrachtungen u. Maximen (Übers. v. E. Hardt), München 1938; J. de La Bruyère, Die Charaktere oder die Sitten des Jahrh., neu übertr. u. hrsg. v. Gerh. Heß (Samml. Dieterich, Bd. 43), 1940. — Zu V o l t a i r e : s. die Bibliogr. v. M. M. Barr (A Century of V.-Study [1825—1925]), NY. 1929. Ausw.-Ausgabe bei Kröner, bes. v. P. Sakmann, 1941. Neuere Arbeiten: R. Aldington, V., London 1925(6); J. Charpentier, V., Paris 1938; A. Noyes, V., London 1938; v. Martin, Motive u. Tendenzen in V. Geschichtsschreibung (Hist. Zs. 118), 1931; A. Cresson, V., 1948. — P. Brunet: M a u p e r t u i s , Paris 1929 (2 Bde.): L'homme machine u. L'art de jouir, ed. Solovine (mit Einl. u. Anm.), Paris 1921. Neuere D i d e r o t -Literatur: Ausg. d. unveröff. Korrespondenz v. Babelon, Paris 1931; M. Löpelmann, D. junge Diderot, 1934; L. Legras, D. et l'encyclopédie, 1928; vgl. noch H. Dieckmann, Stand u. Probleme d. D.-Forschung, 1931; K. G. Gerold, Herder u. Diderot, 1941; A. Cresson, D., 1949. — D'A l e m b e r t s Einl. z. Encyplopädie v. 1751 jetzt in frz.-deutscher Studienausgabe, hrsg. E. Köhler (Ph. Bibl.), 1955. — Zum franz. Materialismus vgl. noch R. Hubert, D'Holbach et ses amis, Paris 1928 (Auswahl); H. Sée (s. o.); Großmann, Philosophy of Helvetius, NY. 1926. Über M o n t e s q u i e u vgl. Meinecke in Hist. Zs. 145, 1931; W. Struck, M. als Politiker, 1933; M. Raymond, M., 1946; Ch. L. de Secondat, M., 1950. R o u s s e a u : Zahlreiche neue kritische Ausgaben, u. a. Correspondance générale (Dufour), 1924 ff.; Le contrat social (Beaulavon), 1922; La nouvelle Héloïse (Mornet), 1925 ff.; Les Confessions (A. v. Bever), Paris 1927. Auswahl hrsg. v. P. Sakmann b. Kröner, T.A., Bd. 85 u. d. Titel: Die Krisis d. Kultur. Die beiden Frühschriften (Discours) jetzt in zweispr. Ausg., bes. von K. Weigand, in der Philos. Bibl. (Meiner), 1955. Vgl. Masson, La religion de J. J. R., Paris 1916 f. (3 Bde.); gegen ihn v. a. Schinz, La pensée religieuse de J. J. R. et ses récents interprètes (in Smith College Studies in Mod. Languages X, 1), 1928; vgl. a. Ders., La pensée de J. J. R., 1929; R. Hubert, R. et l'Encyclopédie, Paris 1928 (v. a. u. polit. Aspekt); R. B. Mowat, J. J. R., London 1938; F. Pahlmann, Mensch u. Staat bei R., 1939; G. Richard, La critique de l'hypothèse du contrat social avant J. J. R., NY. 1937; H. D. Erdmann, Staat u. Religion b. R., 1935; F. Pahlmann, Mensch u. Staat b. R., 1939; P. Chaponnière, R., 1942; P. Burgdin, La ph. de l'existence de R., 1952. S. noch P. Sakmann, J. J. R., 2. A., 1923; Gérin, J. J. R., 1930; E. H. Wrighter, The Meaning of R., Oxford 1929; Ch. W. Hendel, J. J. R., moraliste, 1934 (2 Bde.). — J. Sénélier, Bibliographie, 1950.

Zur deutschen Aufklärung noch, außer C. v. Brockdorf (1926) und M. Wundt, D. deutsche Schulphilos., 1945, H. M. Wolff, D. Weltanschauung d. dt. Aufklärung, 1949. — Zu T h o m a s i u s : M. Fleischmann, Chr. T., 1929; W. Bienert, Die Philosophie d. Chr. T., 1934. Zu C h r . W o l f f : v. a. Pichler (S. 382); Cl. Joesten, Chr. W.s Grundleg. d. prakt. Philos., 1931; M. Campo, Christiano Wolff e il razionalismo precritico (2 Bde.), Mailand 1939; G. Kahl-Furthmann, W.s Ontologie eine Transzendentalph.? Stud. philos. 1949. Zur Beziehung G o t t s c h e d — Bayle: Liechtenstein, G.s Ausg. v. Bayles Dictionnaire, 1925; Ph. A. Becker, G., Bayle u. d. Enzyklopädie (in Festschr. z. 200-Jahr-Feier d. deutschen Ges. i. Leipzig), 1927. — Zur Ästhetik u. Logik d. (deutschen) 18. Jh.s A. Bäumler, Kants Kritik d. Urteilskraft, Bd. I: Das Irrationalitätsproblem i. d. Ae. u. Logik, 18. Jh. bis z. Kr. d. U., 1923. — Eine Übers. der Meditationes philos. de nonnullis ad poema pertinentibus des B a u m g a r t e n d. A. Riemann, in: Die Ästhetik A. G. Baumgartens, 1928; s. a. Peters, Die Ästhetik A. G. B.s und ihre Beziehungen zum Ethischen, 1934; A. Nivelle, Les théories esthétiques en Allemagne de Baumgarten à Kant, 1955. Zu G. F. M e i e r , J. Schaffrath, D. Philosophie d. G. F. M. Ein Beitr. z. Gesch. d. Aufklärungsphilos., 1940. — Über E u l e r ein Vortrag v. A. Speiser, L. E. u. d. deutsche Philosophie, Zürich 1934. Zu L a m b e r t : M. E. Eisenring, Joh. H. L. u. d. wissenschaftl. Philosophie d. Gegenw., Zürich 1942; Max Steck, L.s Schriften z. Perspektive, mit e. Bibliographia Lambertiana, 1943; Joh. H. Lamberts Leistung u. Leben, hrsg. F. Löwenhaupt, 1943. Zu C r u s i u s : Heimsoeth, Met. u. Krit. b. Crusius (in: Studien z. Ph. J. Kants), 1956. — W. Strau, Friedr. N i c o l a i u. d. kritische Philosophie, 1927. — Über Friedrich d. Großen außer Zeller u. Dilthey (o. S. 383) jetzt W. Gent, D. geistige Kultur um Friedrich d. Gr., 1936; Ed. Spranger, Der Philosoph von Sanssouci, 1942; W. Muff, D. Philos. Fr. d. Gr., 1944; s. a. K. S. Galéra, Voltaire und der Antimachiavell Fr. d. Gr., 1926. — Zu L e s s i n g : G. E. Lessing, Heldentum der Vernunft. Das Welt- u. Kunstbild d. Dichters. Aus s. Schr. ausgew. v. R. K. Goldschmit-Jentner (Kröner T.A., Bd. 172), 1941; H. Leisegang, L.s Weltanschauung, 1931; F. Leander, L. als ästhetischer Denker, Göteborg 1942; A. Arx, Lessing u.

d. geschichtl. Welt, 1944; n. allgemein: Aner, Die Theologie der Lessingzeit, 1929. H a m a n n : R. Unger, H. u. d. Aufklärung, 2 Bde., 2. A., 1925; E. Metzke, J. G. H.s Stellung i. d. Philos. d. 18. Jh.s 1934 (Schrift d. Königsb. Gel. Ges. 10, H. 3); Joh. Herzog, Claudius u. H., 1940; W. Metzger, J. G. H., 1944. Eine Hamann-Ausw. gibt J. Herzog, 1927; Hamann, Magus des Nordens, Hauptschriften hrsg. v. O. Mann, Leipzig, 1938; neue histor.-krit. Hamann-Ausg. hrsg. J. Nadler, 1949—55; Briefe hrsg. Ziesemer u. Henkel, 1955 ff.; Käte Nadler, D. deutsche H.-Forschung im ersten Drittel des 20. Jh.s (mit bibliogr. Anhang, Dt. Vjs. 15), 1937. — Zu H e r d e r noch: Joh. Gottfr. H., Gesammelte Werke, hrsg. v. F. Schultz (7 Bde.), 1939; J. G. H., Spiegel der Humanität (Werke, Ausw. u. Nachw. v. R. Rast), Basel, 1943; J. G. H., Mensch u. Welt; Eine Zusammenfassg. d. Gesamtwerkes v. E. Ruprecht, 1942; H. Reisinger, J. G. H., Sein Leben in Selbstzeugnissen, Briefen u. Berichten, 1942; Th. Litt, Kant und H., 2. A. 1949; Ders., D. Wiedererweckung d. geschichtl. Bewußtseins, 1956; R. T. Clark, Herder, his life and thought, 1955; R. Stadelmann, Der historische Sinn bei H., 1928; Fr. Berger, Menschenbild u. Menschenbildung bei H., 1933; H. Franz, Von H. bis Hegel. Eine bildungs-geschichtl. Ideenvergleichg., 1938; M. Redecker, Humanität, Volkstum, Christentum in der Erziehung, 1934; H. Weber, H.s Sprachphilos., 1939; H. A. Salmony, D. Ph. d. jungen H., 1949; W. Dobbeck, H.s Humanitätsidee, 1949. — Zu Giov. Battista V i c o (vgl. S. 450 Anm.): außer B. Croce noch R. Peters, Der Aufbau d. Weltgesch. bei G. V., 1929; A. Lantrua, G. V., Turin 1938; V. Rüfner, Die Geschichtsphilos. G. V.s, 1943; Th. Berry, The historical theory of G. Vico, 1949; Th. G. Bergin and M. H. Fish, The new science of G. V., 1948.

Z u T e i l VI (S. 456—487). D i e d e u t s c h e P h i l o s o p h i e, 1. K a p. K a n t s
K r i t i k d e r V e r n u n f t :

In der Akad. Ausgabe von Kants Werken (I—XXII) ist nun auch das Op. postumum (1936, 1938) und d. letzte Bd. (XXIII, Bd. X des handschriftl. Nachlasses) erschienen (1955). Das zur Ausgabe geplante Gesamtregister steht noch aus; gute Dienste kann das Kant-Lexikon von R. Eisler (1930) leisten. — Erneuerung der Kant-Forschung in den letzten Jahrzehnten in Abwendung von der rein logisch-erkenntnistheoretischen Auffassung der Neukantianer (ins-bes. d. Marb. Schule). Zwischenstellung der badischen Schule (Wert u. Kulturproblem, vgl. Rickert, K. als Philosoph der modernen Kultur, 1924). Für die weltanschauliche Gesamt-haltung Kants wichtig: R. Kroner, Kants Weltanschauung, 1913; A. Goedeckemeyer, K.s Le-bensanschauung, 1921; E. Kühnemann, Kant, 2 Bde., 1923/24; H. Schmalenbach, K.s Religion, 1929; Th. Litt, K. u. Herder, 2. A., 1949; s. ferner d. 2bändige Biographie von Vorländer (1924), T. Valentiner, K. u. s. Lehre; H. Knittermeyer, I. K., 1939, u. dessen Darstellung in Vor-länders Gesch. d. Ph., 9. A., 1955. — Ferner E. Lombardi, La filos. critica, 1946; L. Goldmann, Mensch, Gemeinschaft u. Welt in d. Ph. K.s, 1945. — Durchbruch durch die erkenntnistheo-retisch-idealistische Kantdeutung, z. B. bei N. Hartmann, Diesseits von Idealismus u. Realis-mus. K.-St., 1924; s. a. (systematisch) Metaphysik d. Erk., 2. A., 1925; vgl. A. Selbach, N. Hart-manns Kant-Kritik 1933. — Stellung K.s i. d. Abendländischen Metaphysik, Kant als Meta-physiker; Heimsoeth, Metaphysische Motive i. d. Ausbildung d. krit. Idealismus, K.-St., 1924 u. andere Abhandlungen seitdem; jetzt vereinigt in: Studien z. Philos. I. Kants, Metaph. Ur-sprünge u. ontolog. Grundlagen, 1956; M. Wundt, K. als Metaphysiker, 1924; M. Heidegger, K. u. d. Problem d. Metaphysik, 1929. Wichtig für die kritische Deutung der K.schen Ethik: Scheler, Der Formalismus i. d. Ethik u. d. materiale Wertethik. Untersuchung d. anthro-pologisch-metaphysischen Wurzel der K.schen Ethik: Krüger, Philos. u. Moral i. d. Kantischen Kritik, 1931. — J. Vuillemin, Physique et métaph. kantiennes, 1955; R. Daval, La métaph. de K., 1951.

Vorwiegend erkenntnistheoretisch orientiert Cohen (S. 460), Cassirer (S. 456), Bauch (S. 456, 4. A., verb. 1933); A. Riehl, der philos. Kritizismus, Bd. I, 3. A., 1926; R. Reininger, K. (Kafka-Reihe 27/28), 1923; De Coninck, L'analytique transc. de K., I, 1955; kurzer Kommentar zur Kr. d. r. V. (Ae. u. Analytik): F. Grayeff, in d. Ph. Bibl., 1951. — Die große biographische und inhaltliche Darstellung K. Fischers in 6. A., 1933. Im Zusammenhang mit dem deutschen Idealismus stellt R. Kroner K. (Von K. bis Hegel, 191 ff.) dar (K. v. Hegel gesehen). Grund-sätzliches zur Kant-Interpretation u. Kant-Kritik Ebbinghaus in. D. Vjs. f. Lit.wiss. u. Geistes-gesch. II, 2, 1924; E. Lombardi, La filos. crit., Formazione dell'probl. kantiano, 1951. A u s -g a b e n (s. S. 460). — Zur Einführung u. z. K.-Lektüre gut geeignete Auswahl-Ausg. a.d 3 Kri-tiken: R. Schmidt als Kröner TA., Bd. 104. Zur Einführung in das Studium d. Kritik d. r. V. sei auch auf das Handlexikon zu K.s Kr. d. r. V. v. H. Ratke (Philos. Bibl., Bd. 37 b, 1929) verwiesen.

Das für die K.-Auffassung entscheidende Problem des Ding an sich (s. a. § 41) hat Adickes (K. u. d. Ding an sich, 1924) untersucht; vgl. von Dems., K.s Lehre v. d. doppelten Affektion unseres Ich als Schlüssel z. s. Erk.theorie, 1929. — In Ergänzung der im Text gegebenen Lit.-

Nachweise sei noch verwiesen auf P. Lachièze Rey, L'idéalisme Kantien, 1931 (kritisch die franz. u. engl. Kant-Forschung, von der „Wissenschaftskritik" bedingt); De Vleeschauwer, La déduction transcendentale dans l'Oeuvre de K. (3 Bde.); 1934—37; Ders., L'évolution de la pensée Kantienne, 1939; G. Martin, K. Ontol. u. Wissenschaftstheorie, 1951; H. J. Paton, Kants Metaphysic of Experience. A. Commentary of the first half of the Kr. d. r. V., New York 1932 (2 Bde.); Garbeis, Das Problem des Bewußtseins in der Philos. K.s., 1927; A. C. Ewing, Kants treatment of Causality, London 1924. — Zur Ethik s. o. Boutroux, Delbos, G. Krüger, ferner (zur Theorie des Gewissens): Th. Siegfried, Luther u. K., 1930; K. Buchenau, K.s Lehre vom kategor. Imperativ, 2. A., 1923; H. Barth, Ph. d. prakt. Vernunft, 1927; H. J. Paton, The categ. imperative, Chicago 1948; A. E. Teale, Kantian Ethics, 1951; M. Moritz, Studien z. Pflichtbegriff in K.s krit. Ethik. Lund 1951; V. de Rouva, L'ética kantiana, 1955; S. v. Klauser, Die Freiheitsidee in ihrem Verh. zu Naturrecht u. pos. Recht b. K., Oslo 1950. — Zur Religionsphilosophie (S. 477 ff.); vgl. noch Troeltsch, Das Historische in K.s Religionsphilos., 1904; Chr. J. Webb, K.s Philosophy of religion, Oxford NY. 1926; J. Bohatec, Die Religionsphilosophie K.s (m. bes. Berücks. d. theol-dogm. Quellen), 1938; B. Jansen, D. Religionsph. K.s, 1929; H. Noack's Einl. in d. Neuausg. von Kants Relig.-schrift in d. Ph. Bibl., 1956; Borries, K. als Politiker, 1928. Zur Kritik d. Urteilskraft (S. 480 ff.): Odebrecht, Form u. Geist, 1930; E. Cassirer, A commentary on K.s crit. of judgment, London 1938; K. Marc-Wogau, Vier Studien z. Kr. d. U., Upsala 1938; S. Klausen, Grundl. d. K.ischen Ästhetik, 1937; G. Tonelli, K., Dall'estetica Metaphysica all'est. psicempirica, 1955; G. Denckmann, K.s Ph. des Ästhetischen, 1947.

Einzeluntersuchungen: Th. Ballauf, Über d. Vorstellungsbegriff b. K., 1938; G. Schneeberger, K.s Konzeption d. Modalbegriffe, 1952; A. Pastore, L'acrisia di Kant, Padua 1940; D. Mahnke, Die Rationalisierung d. Mystik b. Leibniz u. Kant (Bl. f. dt. Philos. 13, 1/2), 1939/40; Chr. B. Garnett, The Kantian Philosophy of space, NY. Columbia-Univ. 1939; K. Reich, K.s einzig möglicher Beweisgrund, 1937; K. und d. Scholastik heute, hrsg. B. Lotz, 1955. — G. Lehmann, K.s Nachlaßwerk u. d. Kr. d. Urteilskraft (N. dt. Forschg., Band 247, Abt. Philos., Band 34), 1939; H. Heimsoeth: K.s Philosophie des Organischen in d. letzten Systementwürfen (Bl. f. dt. Philos. 14), 1940.

Zu Teil VI, 2. Kap. (S. 487—535). Die Entwicklung des Idealismus:

1. Allgemeines: Die Philosophie des deutschen Idealismus, insbes. Hegel, steht vielfach in der Mitte der philosophischen (nicht nur der philosophiegeschichtlichen) Auseinandersetzung, in Deutschland und auch im Ausland (Italien, England, Frankreich, Holland). Auch hier, wie bei Kant, sind Aufnahme und Forschung bestimmt durch Wiedererstarken der metaphysischen und ontologischen Fragestellung, neues Vorwiegen der lebensphilos. Thematik, positive Zuwendung zur weltanschaulichen Mission der Philosophie und zu ihrer geistesgeschichtlichen Entwicklung im Zusammenhang der Geisteswissenschaften; Zerfall des Primats der bloßen Erkenntnistheorie. — Für die philosophiegeschichtliche Erforschung jener Entwicklung ist v. a. von Diltheys Arbeiten (inbes. Jugendgesch. Hegels u. Schleiermacher-Biogr., s. S. 444) ein wichtiger Anstoß ausgegangen; zugleich haben die systematischen Tendenzen des Neuhegelianismus und andere idealistisch-metaphysische Bewegungen die historische Erforschung neu befruchtet. Bezeichnend für das weltanschauliche Gewicht des d. I. in der Gegenwart war zuerst die Auseinandersetzung über das Verhältnis von Christentum und Idealismus; vgl. Lütgert, Die Religion des d. I. u. ihr Ende, 1925; H. Groos, Der d. I. u. d. Christentum, 1927; E. Hirsch, d. ideal. Ph. u. d. Christentum, 1926; Ders., Fichtes, Schleiermachers u. Hegels Verhältnis zur Reformation, 1930; zur ganzen Auseinandersetzung s. v. a. E. Spranger, D. Kampf geg. d. Idealismus (Sitz.-Ber. d. preuß. Ak, d. Wiss.), 1931. — Zur Anknüpfung an die Bildungstheorie der Zeit (Humboldt, Fichte, Schleiermacher) vgl. etwa Max Wundt, Der Sinn der Universität im deutschen Idealismus, 1933, u. unter 2. — Zur Ausdehnung der philosophiegeschichtl. Forschung auch auf ehedem weniger beachtete Zusammenhänge (Jacobi, Romantik, Schlegel, Novalis, Baader, Carus u. weiter Weiße, J. H. Fichte) vgl. ebenfalls unter 2. Das von Windelband noch kräftig herausgehobene System Herbarts (S. 502 ff.) ist in seiner Bedeutung stark zurückgetreten. — Zur allgemeinen Lit. (S. 454) noch nachzutragen: E. Cassirer, D. Erkenntnisproblem i. d. Ph. u. Wiss. d. neueren Zeit, Bd. III: D. nachkant. Systeme, 1920; G. Lehmann, Gesch. d. nachkant. Ph., 1931; N. Hartmann (vgl. S. 454), D. Ph. d. deutsch. Id., Bd. I u. II, 1923, 1929; Heimsoeth, Metaph. d. Neuzeit, 1929, Kap. VI; V. Delbos, De Kant aux Postkantiens, Paris 1940; K. Larenz, D. Rechts- u. Staatsph. d. D. Id. (Handb. d. Ph. IV D), 1933. Grundlegend immer noch die Werke von J. E. Erdmann (o. S. 298), Bd. III, 1 u. III, 2, jetzt in Neudruck (1923—33) und von E. v. Hartmann (Gesch. d. Metaph., Bd. II).

2. Einzelne Denker (in Ergänzung zu S. 488—493): Jacobis Schriften i. Ausw., hrsg. v. L. Matthias, 1926. Neben der älteren Darstellung von Schmid (s. S. 488) u. der von Lévy-Bruhl, La ph. de Jacobi, 1894, s. jetzt O. F. Bollnow, Die Lebensphilosophie F. H. Jacobis, 1933. — Zu Reinhold : Magnus Selling, Stud. z. Gesch. d. Transzendentalphilos. K. L. Reinholds Elementarphilos., Upsala 1938. — Zu Salomon Maimon : M. Guéroult, La philosophie transcendentale de S. M., 1931; A. Zubersky, S. M. u. d. krit. Idealismus, 1925. — Zu Schiller als Philosoph (S. 489) vgl. auch noch W. Windelband, Präludien, Bd. II; E. Cassirer in Idee u. Gestalt, 2. A., 1924; Ed. Spranger, Schillers Geistesart, (Abh. d. Pr. Ak. d. Wiss.), 1941; C. v. Brockdorff, Sch. als Philosoph, Ztschrft. f. philos. Forschung 1949/50. — Zur Goethe-Literatur sei ergänzend auf folgendes verwiesen: Goethes Schriften üb. d. Natur, hrsg. G. Ipsen, Kröner T. A. 62. Das Weltbild Goethes i. philos. Beleuchtung; B. Bauch, G. u. d. Philosophie, 1928; H. Leisegang, Goethes Denken, 1932; F. Weinhandl, Die Metaphysik G.s, 1932; K. Hildebrandt, Goethe, 1941; Bertholet, Science en chez G., 1932; F. J. v. Rintelen, Der Rang d. Geistes. G.s Weltverständnis, 1955. Bericht üb. d. philos. wichtige G.-Lit. d. Jubil.-Js. 1932 von F. Weinhandl in Bl. f. deutsche Ph. VIII, 6, 1935. Von Korffs Geist der Goethe-Zeit (s. S. 489) erschien 1927 der 2. Band. Vgl. ferner Joh. Schubert, G. u. Hegel, 1933, und ebenfalls zu dieser Frage Hoffmeister, G. u. d. deutsche Idealismus, 1932. S. noch den Lit.-Ber. Ungers in K.-St. XXXIX, 1934: Zu G.s Weltanschauung. — Zu Hölderlin : W. Böhm, H., 2 Bde. 1928—30; Hoffmeister, H. u. Hegel, 1931; Ders., H. u. d. Philosophie. 1944; K. Hildebrandt, H., Philos. u. Dichtung, 1940. Einzelinterpr. von M. Heidegger (1936, 1941, 1943, 1944).

Zu Fichte : Krit. Ausg. d. Briefwechsels bes. v. H. Schulz, 2 Bde., 1925; neue Einzelausg. i. d. Philos. Bibl. Aus dem handschriftl. Nachlaß erschien: Fichte, Nachgel. Schriften, hrsg. H. Jacob, Bd. II (1790—1809), 1937; weiteres jetzt wieder zu erwarten. — An neuerem Fichte-Schrifttum (neben Medicus, Heimsoeth, Hirsch, o. S. 490) hervorzuheben M. Wundt, J. G. Fichte, s. Leben u. s. Lehre, 1927, dazu die wichtigen Fichte-Forschungen Wundts (1929); M. Guéroult, L'Evolution et la structure de la Doctrine de la science chez F., 2 vol., Paris 1930; G. Gurwitsch, F.s System d. konkreten Ethik, 1924; Boris Jakowenko, D. Grundidee d. theor. Philos. F.s, m. bibliogr. Anhang, Prag 1944 (Intern. Bibliogr. f. Ph., Bd. 6); J. Drechsler, F.s Lehre vom Bild, 1955. Untersuchungen üb. d. geistesgeschichtl. Zusammenhang d. Philos. Fichtes: E. Gelpcke, F. u. d. Gedankenwelt d. Sturm u. Drang, 1928; von Bracken, Meister Eckhart u. Fichte, 1943. Zur kulturphilos. u. pädagog. Stellung F.s vgl. C. H. Turnbull, The educational Theory of J. G. Fichte, London 1926. Die staatsphilosophischen Gedanken F.s behandeln N. Wallner (s. S. 490); Waltz, Die Staatsidee d. Rationalismus u. d. Romantik u. d. Staatsphilos. F.s, 1928; E. Schenkel, Individualität u. Gemeinschaft, 1933; W. Weischedel, D. Aufbruch d. Freiheit z. Gemeinschaft. Stud. z. Ph. d. jg. F., 1939; W. Ziegenbein, Zur Staatslehre F.s i. s. frühesten Schriften, 1937; W. Windelband, F.s Idee d. deutschen Staates erschien 1921 als Neudruck. Vgl. die Bibliogr. zu F.s Gesellschaftsphilos. von Böhm in Bl. f. dt. Ph. II, 1928/29. — Auswahl aus Schellings Schriften u. d. Titel: Schelling. Sein Weltbild aus s. Schriften, Kröners T. A. 44. Zwei Urfassungen der „Weltalter" (vergleichend) gab. M. Schröter heraus (1946). — Gesamtdarstellungen: H. Knittermeyer, Sch. u. d. romantische Schule, 1929; H. Zeltner, Sch., 1954. Das Jahr (100. Todestag) brachte eine ganze Reihe wichtiger Werke, bes. auch zum späteren Schelling: H. Fuhrmans, Sch.s Ph. d. Weltalter (1806—21); W. Schulz, D. Vollendung d. dt. Idealismus i. d. Spätph. Sch.s (1955); K. Jaspers, Sch., Größe u. Verhängnis, 1955; J. Habermas, D. Absolute u. d. Geschichte (Diss.). — Ferner Fr. Horn, Sch. u. Swedenborg; R. Schneider, Sch.s u. Hegels schwäbische Geistesahnen, 1939; E. Benz, Sch.s Theolog. Geistesahnen, 1955. Die Verhandlungen der Sch.-Tagung in Ragaz (Vortr. u. Diskuss.) erschienen als Bd. XIV der Schweizer Studia philos. — G. Schneeberger, Sch.-Bibliographie, 1954. — Über die Frühentwicklung K. Schilling, Natur und Wahrheit (bis 1800), 1933; O. Kein, Sch.s Kategorienlehre, 1939. Zum späten Sch.: G. Dekker, Die Rückwendung zum Mythos, 1930; Horst Fuhrmans, Sch.s letzte Philos., 1940. Vgl. ferner die Bibliographie von Jost (Schriften von ihm und über ihn), Bonn 1927; M. Schröter, Historische Übersicht üb. d. Sch.-Lit., in „Idealismus" I, 1934. — Zur romantischen Philosophie (außer Schelling) s. noch H. Knittermeyer (Sch. u. d. romant. Schule, s. o.) u. N. Hartmann (I. Fichte, Schelling u. d. Romantik s. o.), ferner E. Fiesel, Die Sprachphilosophie d. Romantik, 1927; F. Kainz, D. Sprachästhetik d. dt. Frühromantiker, Aurora, Jahrb. d. Eichendorffges., 1937. — Friedr. Schlegel, Neue philos. Schriften, erstmals in Druck gelegt, erl. u. m. e. Einl. v. J. Körner, 1935; Von der Seele, 1927, neu hrsg. v. G. Müller (Schr z. dt. Lit. 2); B. v. Wiese, Fr. Schl. (Philos. Forsch. 6, 1927); Jean-Jacques Anstett, La pensée religieuse de Fr. Schl., Paris 1941; L. Wirz, Fr. Schl.s philos. Entwicklung, 1939; Imle, F. v. Schl.s Entwicklung von Kant zum Katholizismus, 1927; O. Mann, D. junge Fr. Schl., 1932, und Zur Ph. d. jungen Fr. Schl. in Bl. f. dt. Ph. IX, 4, 1936. — Zu Novalis s. noch H. Pixberg, N. als Naturphilosoph, 1928; Anni Carlsson, D. Fragmente d. N., Basel, Diss. 1939; Th. Haering,

N. als Philosoph, 1954. — Zu S o l g e r, J. Heller, S.s Philosophie d. ironischen Dialektik, 1928 (m. Bibliogr.). — Um die Erforschung der lange kaum beachtet gebliebenen Philos. B a a d e r s (Ausw. d. Schriften, hrsg. Pulver, 1921; Schriften z. Gesellschaftsphilos., hrsg. Sauter, 1925) hat sich vor allem Joh. Sauter Verdienste erworben: vgl. Die Ästhetik F. v. B.s in Arch. f. Gesch. d. Phil. 31, 1 u. 2, 1927; Der Symbolismus bei B., Bl. f. dt. Phil. I, 4, 1928; Baader u. Kant, 1928. Eine Bibliogr. d. Schriften F. v. B.s gibt Jost (1926). S t e f f e n s bildungsgeschichtlich außerordentlich bedeutsame Rede über die Idee der Universität gab Ed. Spranger 1910 u. 1919 (Phil. Bibl.) heraus; vgl. hierzu M. Wundt, Der Sinn der Universität im deutschen Idealismus, 1933. — Von G ö r r e s liegt „Die deutsche Mystik" jetzt in Auswahl vor: J. v. Görres, Mystik, Magie u. Dämonie, hrsg. v. J. Bernhart, 1927; Die naturwiss. u. naturphilos. Schriften (1793—1810), hrsg. E. Stein, 1934. Vgl. zu G. noch R. Reisse, Die weltanschauliche Entwicklung des jungen G. 1776—1806, 1926, u. d. G.-Festschrift z. 150. Geburtstag, hrsg. i. Auftr. d. Görresges. v. Hoebner, 1926; A. Dempf, G. spricht zu unserer Zeit, 1933; R. Stein, Görres-Schriften d. letzten 25 Jahre (O. Glauning z. 60. Geburtstag), 1938. — Sehr wichtig für diese ganze Periode ist der in der Reihe Philos. u. Geisteswiss. als Neudruck 3 wieder herausgeg. Wörterbuch-Artikel v. Rud. Hildebrandt „Geist" (1926).

Die Erneuerung der Philosophie von Fr. W. H e g e l in Deutschland, England, Italien, Frankreich, Holland u. a. Ländern hat zu einem gewaltigen Anschwellen der internationalen Hegel-Literatur geführt; es können hier nicht einmal alle wichtigen Erscheinungen vollständig angeführt werden. Neben der Jubil.-Ausgabe v. Glockner (s. S. 491), die mit 4 Bänden Hegel-Lexikon abgeschlossen ist (2. A. ab 1941), ist nun die große histor.-krit. Ausgabe von H.s sämtl. Werken (auch allen Briefen), die Lasson begründete u. Hoffmeister fortführte und revidierte, im Ausbau (1955 erschien d. Rechtsphilos. u. der letzte der 4 Brief-Bände) 1957; 1957 sind die Heidelberger sowie die Berliner Schriften u. die früher allein durch Nohls Publikation („Theolog. Jugendschriften" genannt) zugänglichen, für die Hegel-Forschung grundlegend gewordenen Schriften der Frühzeit zu erwarten. Auswahl d. sozial- u. staatsphilos. Schriften H.s in Kröners TA. Bd. 39, hrsg. Bülow. Hegels gr. Vorreden gab gesondert, mit Kommentaren, E. Metzke heraus (1949). — Sammelbände usw.; Verhandl. des III. Hegel-Kongresses 1933 in Rom, hrsg. v. Wigersma, 1934; vgl. überhaupt die Veröffentlichungen u. Kongreß-Ber. d. Internat. Hegelbundes (Hegel-Festschr. d. Kant-St., Bd. XXXVI, H. 3/4); Nel centenario della sua morte (Festschr. d. kath. Univ. del sacro cuore ed. Genelli, Milano 1932); Etudes sur Hegel, Paris 1931 (mit Beitr. von Croce, Hartmann, Andler, Basch, Berthelot, Guéroult, E. Vermeil). — Gesamtdarstellungen: Neben dem bekannten, von Rosenberg (1927) neu edierten und um unbekannte Dokumente vermehrten Werke R. Hayms (s. S. 491) und K. Fischers zweibändigem Werk erschien im Rahmen der Jubil.-Ausg. ein zweibändiges Hegelwerk von Glockner (3., verb. Aufl. 1954); Th. Litt, H., Versuch e. krit. Erneuerung, 1953. Ferner: Philosophisch wichtig jetzt v. a. N. Hartmann, Hegel (Die Philosophie d. deutschen Idealismus, Bd. 2), 1929; vgl. ferner R. Kroner, Von Kant bis Hegel, Bd. 2, 1924; Th. Haering, H., Bd. I, 1929; Bd. II, 1938; Th. Steinbüchel, Das Grundproblem d. H.schen Philosophie I, 1933; Enrico de Negri, Interpretazione di Hegel, 1942; Ders., J. principi d. H., 1949; A. Cresson, Hegel, sa vie, son œuvre, 1949; G. R. G. Mure, An Introduction to H., 1940; J. Iljin, D. Ph. H.s als kontempl. Gotteslehre, 1946; J. Flügge, D. sittl. Grundl. d. Denkens u. H.s existenz. Erkenntnisgesinnung, 1953. Zur g e i s t i g e n E n t w i c k l u n g H.s außerdem A. Aspelin, Hegels Tübinger Fragment, Lund 1933; G. della Volpe, H. Romantico e Mistico (1793—1800), Florenz 1929; J. Schwarz, H.s philos. Entwicklung, 1938; J. Hoffmeister, Dokumente zu H.s Entwicklung, 1937 (Ausg.); G. von Lukacs, D. junge H., 1948. — D i a l e k t i k, T h e o r i e d. o b j e k t i v e n G e i s t e s, L o g i k usw.: Hugo Fischer, Hegels Methode in ihrer ideengeschichtlichen Notwendigkeit, München 1928; N. Hartmann, H. u. d. Problem d. Realdialektik in Bl. f. dt. Ph. IX, 1; Agn. Dürr, Z. Probl. d. H.schen Dialektik u. ihrer Formen, 1938; W. Sesemann, Z. Probl. d. Dial., in Bl. f. dt. Ph. IX, 1; kritisch weiterbildend im Sinn des Aktualismus G. Gentile, La riforma della dialettica Hegeliana, 2. ed., Messina 1923; Calixt Hötschl, Das Absolute in H.s Dialektik, 1941; Marcuse, H.s Ontologie u. d. Grundlag. e. Theorie d. Geschichtlichkeit, 1932; L. Pelloux, La Logica di H., 1938. — H. Wenke, H.s Theorie des objektiven Geistes, 1927; J. Plenge, H. u. die Weltgeschichte, 1931; Schilling-Wollny, H.s Wissenschaft v. d. Wirklichkeit u. ihre Quellen, I, 1929; W. Cunningham, Thought and reality in H.s system, NY. 1928; G. della Volpe, Il problema della „Fenomenologia" hegeliani, 1927; Siro Contri, La genesi fenomenologica della „Logica" hegeliana, 1938; E. Jung, Entzweiung u. Versöhnung in H.s Phänom., 1940; L. Horkay, H.s Phänom., Szeged 1943; C. Ninck, Kommentar zu d. grundl. Abschn. von H.s Phänom., 2. A. 1948; J. Wahl, La conscience malheureuse, 1927; G. Günther, Grundzüge einer neuen Theorie des Denkens in Hegels Logik, 1933. Zur Theorie des Begriffs neben Glockner (S. 491) J. Wahl, Sur la Formation de la Théorie hégélienne du Begriff (Rev. d'hist. Philos. I, 4 und II, 1), 1927/28. — Z u r G e s c h i c h t s p h i l o s o p h i e : G. Gentile, Storicismo e conservativismo nella filosofia

del diritto di Hegel, Rom 1927; E. Simon, Ranke u. Hegel (Beih. d. hist. Zs. 15), 1928;
S. Vanni-Rovighi, La concesione hegeliana della storia, Mailand 1942. — S t a a t, G e s e l l -
s c h a f t, R e c h t, P o l i t i k : E. Vermeil, La pensée politique de Hegel (in: Etudes s. Hegel,
1931); vgl. auch Basch, Les doctrines politiques des Philosophes classiques de l'Allemagne,
Paris 1927; G. Dulckeit, Rechtsbegriff u. Rechtsgestalt, 1936; H. Flechtheim, H.s Strafrechts-
theorie, 1936. Daß bei H. die Persönlichkeit nicht aufgehoben wird, betonen Edg. Sh.
Brightman, Immortality in Post-Kantian Idealism, Cambridge 1925, und H. Heimsoeth,
Politik u. Moral in Hegels Geschichtsphilos. (Bl. f. dt. Ph. VIII, 2), 1934. — S. noch E. Fahren-
horst, Geist u. Freiheit i. Syst. H.s, 1934; G. E. Müller, H. über Sittlichkeit u. Geschichte, 1940.
Zur politischen Theorie Hegels vgl. auch Friedr. Meinecke, D. Idee d. Staatsraison, S. 434 ff.;
ferner: Binder; Larenz, Einf. i. d. H.sche Rechtsph., 1931; Busse, Hegels Phänomenologie d.
Geistes u. d. Staat, 1932; E. Weil, H. et l'Etat, 1950. — Zur Wirkung Hegels: Bäumler, H. u.
Kierkegaard (in Dt. Vjschr. f. Lit.wiss. u. Geistesgesch., Bd. II, 1924); Buggenhagen, D. Stellung
z. Wirklichkeit b. H. u. Marx, 1933; J. Hypolite, Études sur Marx et H., 1955; K. Bekker,
Marx' philos. Entwicklung, s. Verh. z. Hegel, 1940; A. Cornu, K. Marx, De l'Hégélianisme au
matérialisme historique, 1943; H. Popitz, Der entfremdete Mensch, Zeitkritik u. Geschichts-
philos. d. jungen Marx, 1953. — K. Löwith, Von Hegel zu Nietzsche, 3. A. 1953. — Jakowenko,
Geschichte d. Hegelianismus i. Rußland, Prag 1935, 1940.
S c h l e i e r m a c h e r : Auswahlausg. von Mulert, 1924, „Über die Religion" neu hrsg.
in Kröner T. A., Bd. 34, hrsg. Leisegang. — E. Brunner, Die Mystik und das Wort, dargest.
an der Theologie Sch.s, 2. verm. A., 1928; A. Reble, Schl.s, Kulturphilos. 1935; W. Schultz,
D. Grundprinzipien d. Relig.-Ph. Hegels u. d. Theol. Schl.s, 1937; R. B. Brandt, The philos.
of. Schl., NY. 1941; F. Flückiger, Philos. u. Theol. b. Schl., 1947; R. Odebrecht, Sch.s Ästhetik,
1932; Ders., Sch.s Dialektik, 1942; P. Jonges, Sch.s Anthropologie, 1942; G. v. Bredow, Wert-
analysen zu Sch.s Güterethik, 1941; Strobel, D. Pädagogik Sch.s u. Rousseaus, 1928. — Zu
H e r b a r t : Th. Fritzsch, H.s Leb. u. Lehre, 1921; G. Weiß, H. u. seine Schule (Kafka-Reihe,
Bd. 35), 1928. — Von S c h o p e n h a u e r liegen Neuausgaben vor, so die Frauenstädt-
Ausgabe in neuer Bearbeitung, hrsg. von A. Hübscher, 1937 ff., ferner die erstmalig hrsg.
Randbemerkungen zu den Hauptwerken Kants (als Bd. 13 der Werke Ausg. Deussen), sowie
die ges. Briefe (3 Bde., hrsg. Hübscher), 1929, 1933, 1942 als Bd. 14—16. — Im Jahrb. der
Sch.-Ges. 20 gab A. Hübscher die Gespräche Sch.s 1933 heraus. — In den Jahrbüchern der
Sch.-Ges. ist fortlaufend auch die Sch.-Lit. verzeichnet. Außer der zusammenfassenden Sch.-
Darstellung von H. Hasse (Kafka-Reihe 34) jetzt noch Padovani, A. Sch. L'ambiente, la vita,
le opere, Mailand 1934; R. Borch, Schopenhauer, 1941; A. Hübscher, A. Sch. Ein Lebensbild,
1938; W. Schneider, Sch. Eine Biogr., 3. A., Wien 1937; T. Moretti-Constanzi, Sch., 1942;
K. O. Kurth, Sch., 1952. — Sch.-Gedächtnisschrift d. Arch. f. Rechts- u. Sozialph., 1938; darin
u. a. A. Gehlen, D. Resultate Sch.s. — F r i e s wirkte nach in der sog. Friesschen Schule
(Nelson u. a. Neue Folge d. Abhandlungen d. Friesschen Schule seit 1904); vgl. noch Hassel-
blatt, J. F. F., s Philos. u. s. Persönlichkeit, 1922; Dubislav, Die Friessche Lehre von der
Begründung, Dömitz 1928; J. Hasenfuß, Die Religionsphilos. bei J. F. F., 1935. C a r u s ist
durch die moderne Physiognomik und Ausdruckswissenschaft (Klages) wieder in den Vorder-
grund getreten. Neuausgaben: C. G. Carus, Ges. Schriften, hrsg. v. R. Zaunick u. W. Keiper,
1938 ff.; Psyche, z. Entwicklungsgesch. d. Seele, i. Ausw. m. Anmerkungen hrsg. L. Klages,
Jena 1926; vollständig in Kröners T. A., Bd. 98, hrsg. v. R. Marx, 1932; Zwölf Briefe über das
Erdenleben, nach der Erstausg. v. 1841, 1926; Goethe, hrsg. v. Eberlein, 1927 (Kröners T. A.,
Bd. 97); Symbolik d. menschl. Gestalt, 1939. — H. Kern, D. Ph. d. C. G. C., 1926; Ch. Bernoulli,
Die Psychologie von C., 1925; G. F. v. Müller, Die Anthropologie des G. C., 1937; H. Kern, C.,
1942; P. Stöcklein, C., 1943. — Zu T r o x l e r : I. P. V. Troxler, Fragmente. Erstveröff. aus
s. Nachlasse, hrsg. v. W. Heppli, St. Gallen 1936; Über Prinzip, Natur u. Studium der Ph.,
Zürich 1944; Vorlesungen üb. Ph., Bern 1942; J. Belke, J. P. T.s Leben u. s. Denken, 1935;
E. Fueter, T., 1938. — Zum „Spätidealismus" (Schellings Spätzeit, Weiße, J. H. Fichte)
grundlegend: K. Leese, Philos. u. Theologie im Spätidealismus, 1929; s. ferner: Alb. Hartmann,
Der Spätidealismus u. d. Hegelsche Dialektik, 1937. —
Zur Frage der humanistischen Bildungs-Idee H u m b o l d t s sei neben Spranger (s. S. 518,
2. A., 1930) verwiesen auf die kritische Analyse von S. Kähler, Wilh. v. Humboldt und der
Staat, 1927. — Eine Auswahl Humboldts unter aktuellem Gesichtspunkt gibt Heinemann:
Philosophische Anthropologie und Theorie der Menschenkenntnis, 1929 (m. Einl.). Vgl.
noch P. Binswanger, W. v. Humboldt, 1937.

Z u   T e i l   VII (S. 536—581). D i e   P h i l o s o p h i e   d e s   19.   J a h r h u n d e r t s :

Die philosophiegeschichtliche (auch die allgemein geistesgeschichtliche) Erforschung der
nachhegelischen Zeit des 19. Jahrh. steckt noch durchaus in den Anfängen. Das Bild hat
sich seit dem Jahrhundertende in Perspektive und Akzenten stark verschoben. Zu ihrer Zeit

und nachher von der zünftigen Philosophie gar nicht oder nur wenig beachtete Denker sind ganz in den Vordergrund gerückt (Kierkegaard, Marx, Bolzano, Bachofen, Nietzsche, Dilthey) oder jedenfalls in ihrer Eigenbedeutung erst hervorgetreten (Maine de Biran, „Spätidealismus", S. Butler, Fr. Brentano); andere werden jetzt anders und neu gesehen (Feuerbach z. B.), — ohne daß doch bisher eine grundlegende Gesamtdarstellung vorläge. Eine große Reihe von anderen Namen (z. B. auch von den oben in Kap. VIII aufgeführten) sind unwichtig geworden. Überzeugende Gliederung des Stoffes kann nur von der historischen Arbeit der nächsten Zukunft erhofft werden; wegweisende Monographien: K. Löwith, Von Hegel bis Nietzsche, 3. A. 1953; Hans Barth: Wahrheit und Ideologie, 1941. —
    A l l g. D a r s t e l l u n g e n : außer Überwegs Grundriß IV u. V (12. A. 1923, 1928), E. v. Hartmanns Gesch. d. Metaph., Bd. II, A. Drews, D. deutsche Spekulation seit Kant, 1892, Bd. II und den S. 536 gen. Werken noch: G. Lehmann, D. Ph. d. 19. Jhs., Sammlung Göschen, bes. II. (1953); Ders., Gesch. d. nachkant. Ph., 1931 (Kap. V—VIII); C. Güttler, Einf. in d. Gesch. d. Ph. seit Hegel, 1921. Der 3. Bd. Vorländer (s. o.) in der Neugestaltung H. Knittermeyers steht noch aus (19. u. 20. Jh.). S. auch H. Knittermeyer, D. Ph. d. Existenz (von d. Renaiss. bis z. Ggw.), 1952. Im übrigen vgl. a. die zu Teil VIII gen. Werke zur Ph. i. 20. Jh., die größtenteils auch Strömungen u. Denker d. späteren 19. Jh. behandeln (z. B. R. Metz, D. ph. Strömungen d. Gegenw. i. Großbritannien, 1935, Bd. I). — Speziellere Werke: E. Rothacker, Einl. i. d. Geisteswiss., 2. A. 1930; J. Wach, D. Verstehen, Grundzüge e. Gesch. d. hermeneut. Theorie i. 19. Jh., 3 Teile, 1926—33; K. Leese, D. Krisis u. Wende d. christl. Geistes, 1932 (Kap. III u. IV); z. Materialismus d. 19. Jh. Fr. A. Langes Gesch. d. Mat., zuletzt hrsg. Schmidt, 1926 (in Bd. II); W. Gent, D. Raum-Zeit-Ph. d. 19. Jh., 1930. — J. M. Guyau, La morale anglaise contemporaine, 1879, deutsch 1914; Baillot, Influence de la ph. de Schopenhauer en France (1860 bis 1900); J. Wahl: La ph. pluraliste d'Angleterre et de l'Amérique, 1920. — R. H. Murray, Science and scientists in the nineteenth century, NY. 1925; G. Myers, History of American Idealism, NY. 1925.
    Zu M a i n e d e B i r a n : P. Tisserand, Essai sur l'anthropologie de M. d. B., 1909; V. Delbos, M. d. B., 1918; Abhdlgen z. 100jähr. Gedächtnistag im Bulletin de la Soc. fr. de Philos., 1924 (Tisserand, Delacroix, Mayjonade, Delbos); M. Couailhac, M. d. B. (in Les grands philosophes); G. Fessard, Du „Moi" à Dieu d'après l'anthropologie de M. d. B. (in Recherches de Science Relig. 28), Paris 1938; Ders., La méthode de réflexion chez M. d. B. (in Cah. de Nouvelle Journée 39), P. 1938; G. Funke, M. d. B. 1947 (m. Bibliographie). — Zu C o m t e (ob. S. 541): Ausw.-Ausg. d. positiven Philos. in deutsch u. d. Titel „D. Soziologie", hrsg. Blaschke, Kröner TA. 107; Abh. üb. d. Geist d. Positivismus: Ph. Bibl. (Meiner), 1915. — M. Schinz, C. u. d. Positivism. (Kafka-Reihe 39), 1927; H. Gouhier, La jeunesse de C., 2 Bde., 1933/36; K. Reicke, A. C.s Geschichtsph., 1927; Marcuse, D. Geschichtsph. A. C.s, 1932; P. Ducassé, Méthode et intuition chez A. C., Paris 1939. — Zur Fortbildung d. positivist. Soziol. in der D u r k h e i m - Schule: R. Lacombe, La méthode sociol. de Durkheim, 1926. Für d. Verständnis D.s u. s. Schule wichtig d. Einl. zu L'Origine de la pensée religieuse (auch deutsch), ferner Soziologie und philos., 1924. — F. R a v a i s s o n s Schrift über d. Gewohnheit, hrsg. G. Funke, 1954. — Zu R e n o u v i e r : Foucher, La jeunesse de R. et sa première ph. (1815—1854); O. Hamelin, Le syst. d. Renouvier, 1927; Mony: L'idée de Progrès ds. la ph. d. R., 1927; R. Verneaux, L'idéalisme de R., 1945. — Zu B e r g s o n (s. a. in Teil VIII): Gillouin, La ph. de B., 1912; Maritain, La ph. Bergsonienne, 1914; Thibaudet, Le Bergsonisme, 2 Bde., 4. A., 1923; A. Metz, Bergson et le Bergsonisme, 1933; A. Cresson, B., 1941 (m. Bibliogr.); P. Giussio, B., 1949; P. Jurevics, B., 1949; L. Adolphe, La dialectique des images chez B., 1951; J. Delhomme, Vie et conscience de la vie, Essais s. B., 1954.
    Zu J. St. M i l l (s. S. 542): B. Alexander, J. St. M. u. d. Empirismus (Kafka-Reihe 40), 1927; E. Wentscher, D. Probl. d. Empir. dargest. an J. St. M., Bonn 1922; M. A. Hamilton, J. St. Mill, 1933; S. Casellato, Mill e l'utilitarismo inglese, 1951. H. S p e n c e r (S. 543): System d. synth. Ph., deutsch 1875 ff., D. Erziehung in Kröners TA., Bd. 9. — Lit.: K. Schwarze, H. Sp., 1909; A. Stadler, H. Sp., 1913; C. L. Morgan, Sp.s Philos. of science, 1913; vgl. n. Art. Spencer i. d. Encycl. Brit. Bd. XV, 11. A., 1911, von F. C. S. Schiller. — Zu J a m e s u. P r a g m a t i s m u s : E. Boutroux, W. J., 1911 (dtsch. 1912); Th. Flournoy, D. Ph. v. W. J., dtsch., 1930; E. Leroux, Le pragm. américain et anglais, 1923; H. W. Schneider, A History of American Philos., 1946 (mit Bibl., auch im James-Abschnitt); E. Baumgarten, Geistige Grundl. d. amerik. Gemeinwesens, 1936, Bd. II, D. Pragmatismus. — Über d. Urheber d. Pragmatismus, s. J. v. Kempski, Ch. S. Peirce, 1952; s. im übr. Lit. zu Teil VIII. —
    F. Th. V i s c h e r (ob. S. 544) s. H. Glockner, F. Th. V. u. d. 19. Jh., 1932; E. Volhard, Zwischen Hegel u. Nietzsche. D. Ästhetiker F. Th. V., 1932; O. Hesnard, F. Th. V., Paris · 1922. — Der Briefwechsel zw. D. Fr. Strauß u. Vischer (2 Bde.), hrsg. Rapp, erschien 1953. — Über W e i ß e u. I. H. F i c h t e grundlegend: K. Leese, Spätidealismus (s. o.), 1929, und Alb. Hartmann: D. Spätidealismus u. d. Hegelsche Dialektik (s. o.), 1937; s. a. H. Hermann,

D. Ph. I. H. Fichtes, 1928; Joh. Ebert: Sein u. Sollen des Menschen bei I. H. F., 1938; R. Mehlich, I. H. F.s Seelenlehre u. ihre Bez. zur Gegenw., 1935; D. Najdanovic, D. Geschichtsph. I. H. F.s, 1940. — Zu F e u e r b a c h : Ausg. von „Unsterblichkeitsfrage", „D. Wesen d. Religion", u. „Pierre Bayle" in Kröners TA., Bd. 26, 27, 31. — Lit.: Rawidovicz (s. u.); G. Nüdling, F.s Religionsph., 1936; F. Lombardi, F., 1935. — Zu Feuerbach-Marx, Stirner u. a. vgl. S. Rawidovicz, L. F. u. d. deutsche Philos., 1930; jetzt das Werk v. K. Löwith (s. o.). Zur Umbildung d. J u n g hegelianismus b. M a r x vgl. jetzt die Ausg. d. Jugendschriften unter d. Titel: Der histor. Materialismus, hrsg. Landshut u. Mayer, 2 Bde., 1932; Marx u. Engels, Ausgew. Schriften in 2 Bden., 5. A., 1945. Große M.-Literatur; d. grundlegende philosophiegeschichtliche Darstellung steht noch aus. — Zu K i e r k e g a a r d : Neue Gesamtausgabe, hrsg. u. übers. von Em. Hirsch im Erscheinen (bisher 12 Bde.,). Ausw.-Ausg. u. d. Titel: „Religion d. Tat", hrsg. Geismar, Kröners TA., Bd. 63; Die Tagebücher, ausgew. u. übers. v. Th. Häcker, 2 Bde., 1923. — Bibliographie: Jolivet 1949 (hrsg. Bochenski). Literatur: Chr. Schrempf, S. K. Bd. I/II, 1927 (Biographie); H. Höffding, S. K. als Philosoph, 3. A., 1922; A. Gilg, S. K., 1926; 1927; E. Geismar, S. K., 1929; F. Lowtzki, K., 1935; J. Hohlenberg, S. K., 1949. — A. Vetter: Frömmigkeit als Leidenschaft, 1928; H. Diem: Ph. u. Christentum b. S. K., 1929; F. C. Fischer, D. Nullpunktexistenz, 1933; K. Löwith, K. u. Nietzsche, 1933; Meerpohl, D. Verzweiflung als metaph. Phänomen i. d. Ph. S. K.s, 1934; L. Chestow, K. et la philos. existentielle, Paris 1937, dt. 1949; F. Lombardi, K., Florenz 1937; W. Lowrie, K., London 1938; W. Perpeet, K. u. d. Frage nach e. Ästhetik d. Ggw., 1940; J. Wahl, Etudes kierkegaardiennes, 2. A., 1951; M. Bense, S. K. Leben im Geist, 1942; H. Diem, D. Existenzdialektik v. S. K., 1950. — Zu L o t z e (S. 545): L. Ambrosi, L. e la sua filosofia, 1912; M. Wentscher, Fechner u. Lotze (Kafka-Reihe 36), 1925; H. Johannsen, H. L., 1927; E. Jaeger, Krit. Studie zu L.s Weltbegriff, 1937. — F e c h n e r : J. Hermann, F., 1926; M. Wentscher, Fechner u. Lotze, s. o. — Rob. M a y e r : A. Mittasch, J. R. Mayers Kausalbegriff, 1940. — B o l z a n o : Fels, B. B., s. Leben u. s. Werk, 1929; E. Winter, B. B. u. s. Kreis, 1933. L. Waldschmitt, B.s Begründung d. Objektivismus, 1937; J. Fellermeier, B., Philos. Jahrb. 1949; H. Scholz, D. Wissensch.-lehre B.s, eine Jahrh.-Betrachtg. (Abh. Friessche Schule VI), 1937. — W. W u n d t : W. Nef, D. Ph. W. W.s, 1923; W. Wundt, e. Würdigung, hrsg. A. Hoffmann, Erfurt 1924.

W. D i l t h e y : Von den Ges.Schr. noch erschienen Bd. XI u. XII; ferner: Der junge D., Briefe u. Tagebücher (1852—1870), hrsg. Cl. Misch, 1933; Briefwechsel zw. W. D. u. d. Grafen Paul York von Wartenburg, hrsg. S. von der Schulenburg, 1928. — Außer Mischs Arbeit über D. (s. S. 546) noch: G. Misch: Lebensph. u. Phänomenologie (e. Auseinandersetzung d. Diltheyschen Richtung m. Heidegger u. Husserl), 1930; s. a. E. Rothackers Einl. i. d. Geisteswiss., v. a. 6. Kap. Ferner: P. Landgrebe, W. D.s Theorie d. Geisteswiss., 1928 (Jahrb. f. Ph. u. phänom. F. IX); Cüppers, D. erkenntnistheor. Grundgedanken W. D.s, 1933; A. Degener, D. u. d. Probl. de. Metaphysik, 1933; J. Stenzel, D. u. d. deutsche Ph. d. Gegenw. (Vortr. d. Kant-Ges.), 1934; D. Bischoff, D.s geschichtliche Lebensph., 1935; F. O. Bollnow, D., Einf. in s. Philos., 2. A., 1955; C. Th. Glock, W. D.s Grundlegung einer wiss. Lebensphilos., 1939; A. Hodges, D., N.-Y. 1944; L. Giusso, D., 1940; R. Dietrich, D. Ethik W. D.s, 1937; B. S. v. Waltershausen, D. Publizistik W. D.s (in Bl. f. dt. Ph., Bd. XII), 1938; H. Däßler, D. Geschichtlichkeit b. D., 1949. — Zu R. E u c k e n : A. Heußner, Einf. in R. E.s Lebens- u. Weltansch., 1921; E. Boutroux: R. E.s Kampf u. d. neuen Idealismus, 1911; O. Siebert, R. E.s Welt- u. Lebensansch., 1926. — Zu B r e n t a n o noch (außer d. jetzt [1955] wiederum neu erscheinenden Bänden s. Werke in d. Ph. Bibl., Meiner): O. Kraus, B.s Stellung z. Phänomenologie u. Gegenstandstheorie, 1924; E. Rogge, D. Kausalprobl. bei F. B., 1935; Festschrift: Naturwiss. u. Metaph., Abhdlg. von R. Fürth u. a., Brünn 1938. Zur Fortwirkung Br.s Teil VIII. — E. v. H a r t m a n n : Joh. Hessen, D. Kategorienlehre E. v. H.s, 1924; Schnehen, E. v. H., 1929; J. P. Steffes, Rel.ph. d. Unbewußten, 1921; W. Rauschenberger, E. v. H., 1942. — J. B a h n s e n (s. S. 474): Beitr. z. Charakterologie in Neuausgabe, 1930; H. J. Heydorn, J. B., z. Vorgesch. d. modernen Existenz, 1952. — M. S t i r n e r (s. S. 575/76): Neudruck d. Hauptwerkes b. Reclam, 2. A., 1928; Kleinere Schriften hrsg. J. H. Mackay, 1898; 2. verm. A., 1914; Liter.: J. H. Mackay, M. St., s. Leben u. s. Werk, 2. A., 1910; H. Schultheiß, M. St., 1922; W. Cuypers, M. St. als Philos., 1936; K. A. Mautz, Die Ph. M. St.s im Gegensatz z. Hegelschen Idealismus, 1936.

F r. N i e t z s c h e : Ausgaben: Von d. Gesamtausgabe (s. S. 546) sind noch die wichtigen Nachlaß-Bände (Bd. IX—XVI. auch XVII—XIX, Philol. Schriften) sowie der Register-Band v. Oehler (XX) zu nennen. Ferner: kurze Nachlaß-Ausg. u. d. Titel „Die Unschuld d. Werdens", hrsg. A. Bäumler, 2 Bde., Kröner TA. 82/83. Andere Ausg.: Musarion-Ausgabe, 23 Bde., 1920 ff.; Kröners Taschenausgabe, 11 Bände. (Einl. v. Bäumler), dazu Register von R. Oehler (TA. 170, 1943); v. d. großen Histor.-krit. Ges.-Ausg. des N.-Archivs (1933 ff.) erschienen bisher 5 Bde. der Werke und 4 Bde. der Briefe; jetzt noch: N., WW. in 3 Bden., hrsg. Schlechta, 1955. — Ausw.: N.s Ph. in Selbstzeugnissen, hrsg. Bäumler, 2 Bde. (Reclam). —

Die Literatur zu N. ist schier unübersehbar geworden; Darstellungen aus dem letzten
19. Jahrhundert vollkommen veraltet (auch W. Windelband geht noch völlig an N.s Bedeutung vorbei); eine grundlegende Gesamtdarstellung vom gegenw. Problembewußtsein
aus fehlt noch. — Biographie: vor allem Ch. Andler, N., sa vie et son œuvre, 6 Bde., 1920—31;
jetzt R. Blunck, F. N., I. Kindheit u. Jugend, 1953 (II. u. III. stehen noch aus). — Über N.:
E. Bertram, N., 1918; L. Klages, D. psychol. Errungenschaften N.s, 1926; A. Bäumler. N.,
der Philosoph u. Politiker, 1931; A. Vetter: N. (Kafka-Reihe), 1926; K. Jaspers, N., 1936;
Ders., N. u. d. Christentum, 1947; D. Halevy, N., Paris 1945. S. ferner W. Brock, N.s Idee d.
Kultur, 1930 (nur d. junge N.); K. Löwith, N.s Ph. d. ewigen Wiederkunft d. Gleichen, 2. A.,
1956; Reyburn, H. A. und E. Hindecke, Fr. N. (Übs.), 1946; A. Hudal, N. u. d. moderne Welt,
1935; Henry Lefebre, N. (Socialisme et culture), Paris 1939; K. Schilling, N.s Schicksal u. Werk
(Archiv f. Relig.-Wiss., 1940); E. Heintel, N.s „System" in s. Grundbegriffen, 1939; s. a.
Kierkegaard u. N. (s. o.); O. Becker, N.s Beweise f. s. Lehre v. d. ewigen Wiederkunft
(Bl. f. dt. Ph. IX), 1936; H. Heimsoeth, N.s Idee d. Gesch., 1938; Ders., Zur Anthropologie Fr. N.s
(Bl. f. dt. Ph. XVII), 1943; Metaph. Voraussetzungen u. Antriebe in N.s „Immoralismus",
1955; M. Landmann, Geist u. Leben, Varia Nietzscheana, 1951; A. Mittasch, F. N. als Natur-
philosoph. — A. Ehrentreich, Wandlungen des N.-Bildes i. d. letzten Jahrzehnten (in: Sammlung, 1951). — Aus den zahl-
reichen Schriften üb. N. in Frankreich: Andler, La morale de N. dans le Zarathoustra, 1930;
N. et Burckhardt (deutsch 1926); G. Bianquis, N. en France, 1929; ferner Vialle (1933) u.
Challaye (1933). — Im übrigen vgl. a. Teil VIII. — Hinzuweisen ist noch auf das heute
philosophisch bedeutsam gewordene Werk J. J. B a c h o f e n s (1815—1887); hierzu v. a. die
Einleitung von A. Bäumler zu der Ausg. v. M. Schröter u. d. Titel: Der Mythos von Orient
u. Okzident, eine Metaph. d. alten Welt aus d. Werken v. B., 1926; s. a. die Ausw.-Ausg. v.
R. Marx, Mutterrecht u. Urreligion (Kröners TA., Bd. 55) u. Bernouillis Ausw.-Ausg. von
Urreligion u. antike Symbole (Reclam), 1926. Vgl. noch G. Schmidt, B.s Geschichtsph., 1929;
K. Kerényi, B., 1945.

Z u   T e i l   V I I I   (S. 582—623). D i e P h i l o s o p h i e i m 2 0. J a h r h u n d e r t :

A l l g e m e i n e   D a r s t e l l u n g e n : A. Messer, D. Philos. d. Gegenw., 1916 (8. A.,
1934); W. Moog, D. deutsche Ph. d. 20. Jhs., 1922; Max Scheler, D. deutsche Ph. d. Gegenw.,
1922 (in: Witkop, Deutsches Leben d. Ggw., 1922); R. Müller-Freienfels, D. Ph. d. 20. Jhs., 1923;
H. Leisegang, Deutsche Ph. im XX. Jh., 1928; F. Heinemann, Neue Wege d. Philos., Geist,
Leben, Existenz, 1929; E. v. Aster, Ph. d. Ggw., 1935; G. Gurvitch, Les tendances actuelles
de la ph. allemande, Paris 1930; Joh. Hessen, D. ph. Strömungen d. Ggw., 1939; M. Bense,
Aus d. Ph. d. Ggw., 1941; G. Lehmann, D. deutsche Ph. d. Ggw., 1943; W. Brock, Contemporary
German Philosophy, Cambridge 1939; I. M. Bochenski, Europ. Ph. d. Ggw., Bern 1947 (m.
Bibliogr.); L. Landgrebe, Ph. d. Ggw., 1952. A. Hübscher, Philosophen d. Ggw., 1949. —
M. Müller: D. französ. Ph. d. Ggw., 1926, J. Benrubi, Philos. Strömungen i. Frankreich, 1921;
G. Heß, Französ. Ph. d. Ggw., 1933; D. Parodi, La ph. contemporaine en France, 3. A., 1925;
L. Lavelle, La ph. francaise entre les deux guerres, Paris 1945; L. Ventley, La pensée con-
temporaine, Paris 1938. — R. Metz, D. ph. Strömungen d. Ggw. in Großbritannien, 2 Bde.,
1935; R. B. Perrl, Present philos. Tendencies, 1919; A. G. Widgery, Contemporary Thought
of Great Britain, 1927. — G. Mehlis, Italienische Ph. d. Ggw., 1932; De Ruggiero, La filos.
contemporanea, 2. A., 1920 (deutsch 1925); Ders., La filos. moderna IV, Bari 1938; M. F.
Sciacca, Il secolo XX, 2. A., 1947; Ital. Ph. d. Ggw. (bibliogr. Einf.), Bern 1948. — L. Brulez:
Holländische Ph., 1926; H. J. de Vleeschauwer, Stroomingen in de hedendaagsche Wijsbe-
geerde, 1934. Amerikanische Ph.: H. W. Schneider, A History of American Ph., 1946 (m.
Bibliogr.); H. G. Townsend, Ph. Ideas in the U.S., N.-Y. 1934; O. Müller, Amer. Ph., 1935. —
Vgl. auch noch Überwegs Grundriß der Gesch. d. Ph. IV u. V (Österreich), 1923, 1928 (19. Jahrh.
u. Gegenw., D. Ph. d. Auslandes); H. Heimsoeth: Metaph. d. Neuzeit, 1929 (Handb. d. Ph.),
Kap. VIII; Th. Litt, Die Ph. d. Ggw. u. ihr Einfluß auf d. Bildungsideal, 1930.

E i n z e l d a r s t e l l u n g e n : Die Reihe: Philos. Forschungsberichte, 1930 ff.; Naturph.
der Gegenwart von Burkamp, Religionsph. von H. Leisegang, Wertph. von A. Messer; Sprachph.
von G. Ipsen; Rechts- u. Staatsph. von K. Larenz; Geschichtsph. von F. Kaufmann; Ästhetik
von R. Odebrecht; Lebensphilos. von Ph. Lersch; ferner: Deutsche system. Ph. nach ihren
Gestaltern, hsg. H. Schwarz, 2 Bde., 1931, 1933 (Selbstdarstellungen ggw. Denker); Philos.
d. Ggw. in Selbstdarstellungen, hrsg. R. Schmidt, 7 Bde., 1921—1930; Systematische Philos.,
hrsg. N. Hartmann, 1942. — D. D. Runes (Hg.), Twentieth Century Ph., 1943; N. O. Losski,
Histoire de la philos. russe des origines à 1950, Paris 1954.

Zu Teil VIII § 47 (S. 584—594). Probleme des Erkennens:

Wiener Kreis : M. Schlick: Allg. Erkenntnislehre, 2. A., 1925; Fragen d. Ethik, 1931, Ges. Aufsätze, 1938; R. Carnap: D. log. Aufbau der Welt, 1928; Ders., D. Aufgabe d. Wissenschaftslogik, 1934; Meaning and Necessity, 1947; L. Wittgenstein, Tractatus logicophilosophicus, 1938; Ders., Philos. Untersuchungen, 1953; H. Reichenbach, Ziele u. Wege d. heutigen Naturph., 1931; Experience and Prediction 1938; Ph. Foundations of Quantum Mechanics, 1944. Wissensch. Weltauffassung. D. Wien. Kreis, hrsg. v. Verein Ernst Mach, 1929; C. W. Morris, Logical Positivism., Pragmatism. and Scientific Empiricism., 1937. — Zur Logistik : B. Russell u. A. N. Whitehead, Principia Mathematica, 1910—13, 2. A., 1925—27 (Einleitung i. dt. Übers. als „Einf. i. d. math. Logik", H. Mockre, 1932). (Zu Russels Philos. überhaupt bes. The Analysis of Mind, 1921, dtsch. 1927; The Analysis of Matter, 1927, dtsch. 1929; D. menschliche Wissen, übs. Bloch, o. J. (1950); Bibliogr. in P. A. Schilpp, The Ph. of B. R. 1944; zu Whitehead noch Science and the Modern World, 1926; Process and Reality 1929; Essays in Science and Ph., 1947; P. A. Schilpp, The Ph. of W., 1941. Nature and life, 1934); L. Couturat: Les principes des mathématiques, 1905, dtsch. 1908; R. Carnap, Abriß d. Logistik, 1929; H. Scholz, Metaphysik als strenge Wissensch., 1941. S. ferner in H. Scholz, Gesch. d. Logik (Gesch. d. Ph. i. Längsschnitten), 1931.

Neukantianismus : s. S. 545: Allgemein noch: G. Lehmann, Gesch. d. nachkant. Philos., 1931, S. 171—233. — Marburger Schule (im einzelnen S. 545): Erkenntnistheoretisch grundlegend H. Cohen, Kants Theorie d. Erfahrung, 4. A., 1924, Logik d. reinen Erkenntnis, zuerst 1902 u. P. Natorps Log. Grundl. d. ex. Wiss., 2. A., 1921. Vgl. noch P. Natorp, Kant u. d. Marb. Schule (Kantst. XVII), 1912, H. Cohen, 1918. Natorp: Selbstdarstellung (Ph. d. Gegenwart i. Selbstdarstlg. Bd. 1); Natorps Spätwerk (Übergang zu einer idealist. Seins- und Kategorienlehre): Vorles. über prakt. Philos., 1925. — Zur Badischen Schule von H. Rickert jetzt noch: Grundprobleme d. Philos., 1934; Unmittelbarkeit u. Sinndeutung (Aufsätze), 1939; Die Heidelberger Tradition in d. dtsch. Philos. 1931, s. auch: Dtsche syst. Ph. nach ihren Gestaltern, hrsg. H. Schwarz, 1934. B. Bauch: Wahrheit, Wert u. Wirklichkeit, 1923; D. Naturgesetz, 1924; D. Idee, 1926; Grundzüge d. Ethik, 1935. — Zur Immanenzphilosophie: W. Schuppe (s. S. 546); Grundriß d. Erkenntnisth. u. Logik, 2. A., 1910. Vgl. noch W. Moog (s. o.) 198 ff.; Joh. Rehmke (s. o. S. 546); Ges. ph. Aufsätze, hrsg. K. Hassen, 1928. Selbstdarstellung (Ph. d. Gegenw. i. Selbstd., Bd. 1), 1921. Zeitschrift: Grundwissenschaft, hrsg. Heyde, 1920 ff.; E. Reichmann, D. Immanenzphilos., 1916; J. E. Heyde, Grundwiss. Philos., 1924; Ders., J. Rehmke u. unsere Zeit, 1935. — Zu Husserls erkenntnisth. Idealismus s. bes.: Ideen z. e. reinen Phänomenologie I, 1913; neu im 3. Bd. der „Husserliana" [Ges. Werke] 1950; neu dort, aus d. Nachlaß, Ideen II u. III (1950, 1952); Formale u. transzendentale Logik (Jahrb. f. Ph. u. phän. Forschg.), 1929; Méditations Cartésiennes, 1931; dt. in Husserliana I, 1950; D. Krisis d. europ. Wissenschaft u. d. tr. Phänomenologie, 1954. Erfahrung u. Urteil, hsg. L. Landgrebe, 2. A., 1954; vgl. n. L. Landgrebe, Phänomenologie u. Metaph., 1949. Laufende Publik. a. d. Nachlaß bes. das H.-Institut (Louvain u. Köln). — Zur allg. Erkenntnistheorie vgl. d. Werke von J. Volkelt, A. Riehl, O. Külpe, K. Stumpf (Erkenntnislehre, 2 Bde., 1939—40); Fr. Schneider, Kennen u. Erkennen, 1949; A. Brunner, Erkenntnistheorie, 1948; Th. Litt, Denken u. Sein, 1948.

Wissenschaftskritik : H. Poincaré: La science et l'hypothèse, 1902, dtsch., 3. A., 1928; La valeur de la science 1905, dtsch. 1906; P. Duhem: La théorie physique, 1906; E. Meyerson, Identité et réalité, 1907, dtsch. 1912; Du cheminement de la pensée, 3 Bde., 1932; Rougier, Les paralogismes du rationalisme, 1920; M. A. Denti, Il problema della scienza nella filosofia francese contemporanea, Studi Filos. I, 1; H. Dingler, Grundlinien e. Kritik u. ex. Theorie d. Wiss., 1907; D. Zusammenbruch d. Wiss. u. d. Primat d. Philos., 1926; D. Experiment, sein Wesen u. s. Gesch., 1928; Grundriß d. methodischen Ph., o. J. (1949). — S. n. E. May, Am Abgrund d. Relativismus, 1941.

Phänomenologie : Husserl, Log. Unters. 2 Bde., 3. A., 1922; D. anderen Hauptwerke H.s s. o. — Fortlaufende Veröffentlg. d. phänomenol. Arbeiten in: Jahrb. f. Ph. u. phän. Forschg., 1913 ff. Wichtigste Mitarbeiter: A. Pfänder, M. Geiger, M. Scheler, A. Reinach, D. v. Hildebrand, H. Conrad-Martius, M. Heidegger. — Intuition : N. Losskij, D. Grundleg. d. Intuitivismus, 1908; Bergson, Introd. ds. la métaphysique, dtsch. 1909; vgl. J. König, Begriff d. Intuition, 1926. — Zur deskriptiven Psychologie Brentanos: F. Brentano, Psychol. v. empir. Standpunkt, 3 Bde., 1924—28.

Erkenntnistheorie der Geschichte und Logik der Geisteswissenschaften: W. Windelband, Geschichte u. Naturwiss., 1894, jetzt in Präludien, 9. A., 1924. Vgl. H. Rickert, W. Windelband, 2. A., 1929. — H. Rickert, D. Grenzen d. naturwiss. Begriffsbildung, 5. A., 1929; Geschichtsphilosophie, 1. Aufl., in: D. Philos. i. Beginn d. 20. Jh., 1904, 3. A., 1924; Kulturwissenschaft u. Naturw., 7. A., 1926. Zur Fortwirkung vgl. u. a. M. Weber, Ges. Aufs.

z. Wissenschaftslehre, 2. A. 1951. — W. Dilthey, Einl. i. d. Geisteswissensch., Ges. Schr. I, 1922; Der Aufbau d. gesch. Welt i. d. Geistesw., Ges. Schr. VII. Im übr. S. 546. — E. Spranger, D. Grundl. d. Geschichtswiss., 1905; Über d. Begriff d. Verstehens b. Dilthey (in: Volkelt-Festschr.), 1918; Der Sinn d. Voraussetzungslosigkeit i. d. Geisteswiss., Sitz.-Ber. d. preuß. Ak. d. Wiss., 1929; Th. Litt, Geschichte u. Leben, 3. A., 1930; Ders., D. Allgemeine im Aufbau d. geisteswiss. Erkenntnis (Sächs. Ak. d. Wiss.), 1941; Ders., Wege und Irrwege geschichtlichen Denkens, 1948; E. Rothacker, Einl. i. d. Geisteswiss., 2. A., 1930 (historisch); Ders., Logik und Systematik d. Geisteswiss., Handb. d. Ph., 1927. — G. Simmel (s. S. 546), Probleme der Geschichtsphilos., 5. A., 1923; s. a. D. histor. Formung, in: Fragmente und Aufs. aus dem Nachlaß, 1923; E. Troeltsch (auch eingehende Darstellung d. bisher Genannten): D. Historismus u. s. Probleme, Ges. Schr. III, 1922; R. Aron, Essai sur la théorie d'hist. ds. l'Allemagne contemporaine, Paris 1938. — Zum erkenntnistheoret. Realismus: E. v. Hartmann, Krit. Grundl. d. transz. Realismus, 4. A., 1914; A. Riehl, D. ph. Kritizismus (s. S. 546); O. Külpe, Die Realisierung, 3 Bde., 1913—1922; M. Frischeisen-Köhler, Wissenschaft u. Wirklichkeit, 1912; N. Hartmann: Metaph. d. Erkenntnis, 4. A., 1949; M. Scheler, Ideal-Realismus in: Philos. Anzeiger II, 1927. — Zur Wertphilosophie: Windelband, Rickert, s. § 46; M. Scheler, Der Formalism. i. d. Ethik u. d. materiale Wertethik, 1913, 2. A., 1921; N. Hartmann, Ethik, 3. A., 1949; J. Hessen, Wertphilosophie, 1937; O. Kraus, D. Werttheorien. Gesch. u. Kritik, 1937. Darstellung: A. Messer, Deutsche Wertph. d. Gegenwart, 1930; Bibliogr.: J. E. Heyde, Gesamtbibl. d. Wertbegriffs (Liter. Berichte, H. 15—19, 1928); J. S. Mackenzie: A Manual of Ethics, 1893, 6. A. 1929; J. Laird, The Idea of Value, 1929; G. E. Moore, Principia Ethica, 1903, 3. A. 1929. — R. B. Perry, General Theory of Value, 1926; W. M. Urban, Valuation, 1909; Ders., The intelligible World, Metaphysics and Value, 1929; S. Alexander, beauty and other Forms of value, 1933; M. E. Dupréel, Esquisse d'une ph. des valeurs, 1939.

Zum Problem des fremden Ich zuerst: M. Scheler, Wesen u. Formen d. Sympathie, 3. A., 1926 (letzter Abschnitt). — Realität der Außenwelt: W. Dilthey, Beiträge z. Lösung d. Frage vom Urspr. uns. Glaubens a. d. Real. d. Außenwelt, 1890 in Ges. Schr. V; M. Scheler, Idealism.-Realism. (s. o.) Teil III; s. a.: Die Wissensformen u. d. Gesellschaft, 1926 (Erkenntnis u. Arbeit); N. Hartmann, Z. Problem d. Realitätsgegebenheit (Vortr. m. Diskussion), 1931; Zur Grundlegung d. Ontologie, 3. A. 1948 (3. Teil). — Zur Mentalität der Primitiven: Lévy-Bruhl, Les fonctions mentales. les sociétés inférieures, 1910, dtsch. 1926; La mentalité primitive, 1922, dtsch. 1927; Le surnaturel et la nature ds. la ment. prim., 1932; E. Durkheim, Les formes élémentaires de la vie religieuse, 1913 (Einl.); Cassirer, Ph. d. symbol. Formen, Bd. II, D. myth. Denken, 1925; A. Gehlen, Urmensch u. Spätkultur, 1956. Zur Weltanschauungslehre: W. Dilthey, D. Typen d. Weltansch., Ges. Schr. VIII, 1931; K. Jaspers, Psychologie d. Weltansch., 3. A., 1925; H. Leisegang, Denkformen, 1928. — Zum Pragmatismus (s. S. 543) noch: W. James, Essays in radical Empiricism, 1922; E. Boutroux, W. J., 1911, dtsch. 1912; Flournoy. D. Ph. von W. J., 1911, dtsch. 1930; R. B. Perry: In the Spirit of W. J., 1938; F. C. S. Schiller, Humanismus (siehe oben), Formal logic, 1912, 2. A. 1931, Logic for use, an introduction to the voluntarist theory of knowledge, 1929; R. R. Marett, F. C. S. Schiller, London 1938; John Dewey, D. Menschl. Natur, dtsch. 1931; Nature and Experience, 1925; Logic, the Theory of Inquiry, 1938; Schilpp, The Philos. of J. Dewey, 1940; F. Leander, The Ph. of J. D., Göteborg 1939; J. Ratner, Intelligence of modern World. J. D.s Philosophy, New York 1939. — Allgemein: G. Jacoby, D. Pragmatismus, 1909; Ed. Baumgarten, D. Pragmatismus, 1938. S. a. noch Bertley: Behaviour, Knowledge, Fact, 1936; E. Metz (s. o.) Bd. II, 2. — Zur Metaphysik der Erkenntnis außer N. Hartmanns Werk (s. u.) die Wirklichkeitslehre von W. Burkamp, Wirklichk. u. Sinn, 1938. — Zur Philosophie des Lebens: Th. Litt: Erk. u. Leben, 2. A., 1925; Ph. Lersch, Lebensph. d. Gegenw., 1932. Auseinandersetzung d. Neukantianismus mit der Lebensphilosophie: H. Rickert, D. Ph. d. L., 2. A., 1922. Andererseits Auseinandersetzung d. Lebensphilos. v. Dilthey her mit d. phänomenolog. Existenzphilos. (Heidegger): G. Misch, Lebensphilos. u. Phänomenologie, 2. A., 1931.

Zum Thema d. Metaphysik (s. oben zur Einleitung § 3) s. noch J. Volkelt: Üb. d. Möglichkeit d. Metaph., 1884; Phänom. u. Metaph. d. Zeit, 1925; P. Wust, D. Auferstehung d. Metaph., 1920; D. H. Kerler, D. auferstandene Metaph., 1922 (krit.). Zur metaphys. Kant-Deutung s. Lit. z. VI. Aloys Wenzl, Wissensch. u. Weltanschauung. Natur u. Geist als Probleme d. Metaph., 1936. — Zum Neuhegelianismus: bes. G. Gentile, La riforma della dialettica Hegeliana, 2. A., 1932; H. Levy, D. Hegel-Renaiss., 1927; zum engl. Neuidealismus: R. Metz, D. ph. Strömungen usw. (s. o.), Bd. 1, 2. Hauptteil. — Zu Lachelier, Boutroux, Bergson s. S. 541; R. Metz, Bergson et le Bergsonisme, 1933; J. Vialatoux,· De Durkheim à Bergson, Paris 1939; G. Madinier, Conscience et mouvement. Etude s. la ph. franc. de Condillac à Bergson, Paris 1938. — N. Hartmann, Grundzüge einer Metaph. d. Erk., 1920, 4. A. 1949. Vgl. dazu noch A. Guggenberger, Zwei Wege z. Realism. E. Vgl. zw.

N. Hartmanns „Erkenntnisponderanz" u. J. Maréchals „Erkenntnisdynamismus", Rev. Néoscol. de Ph., 1938; E. S. J. Wingendorf, D. Dynamische i. d. menschl. Erkenntnis: Maréchal, Bd. 2 (Schluß), 1940; A. Guggenberger, D. Menschengeist u. d. Sein. E. Begegnung m. N. Hartmann, 1942.

Zu Teil VIII, § 48 (S. 594—605). Die Regionen der Realität:

Lebensproblem: H. Driesch, Ph. d. Organischen, 1909, 4. A. 1928; Ders., Biolog. Probleme höherer Ordnung, 1941. Das Lebensproblem, hrsg. v. Driesch u. Woltereck, 1931; E. Heuß, Rationale Biologie u. Kritik. E. Auseinandersetzung m. d. Vitalism. H. Drieschs, 1938; J. Schultz: D. Maschinentheorie d. Lebens, 1909, 2. A. 1929; E. Dacqué, Leben als Symbol, 1928; Natur u. Seele, 2. A., 1927; Friedmann, Die Welt d. Formen, System eines morphol. Idealismus, 1925. Über Vitalismus, Holismus u. a. vgl.: Ad. Meyer, Ideen u. Ideale d. biolog. Erk., 1934; R. Francé, Bios. Die Gesetze d. Welt, 2 Bde., 1921; J. Reinke, Einl. i. d. theor. Biologie, 1912; G. Wolff, Mechanism. u. Vitalismus, 2. A., 1905. S. a. E. v. Hartmann, D. Probl. d. Lebens, 1906; J. v. Üxküll, Theor. Biologie, 2. A., 1928; Ders., Umwelt u. Innenwelt d. Tiere, 1909, 2. A. 1921; Ders., Die Lebenslehre, 1930; Bedeutungslehre, 1940; Bergson, L'évolution créatrice, 1907, dtsch. 1912; Ders., La pensée et le mouvant, 1934; M. Scheler, s. bes. in: Wesen u. Formen d. Sympathie, 3. A., 1926; C. E. M. Joad, A Realist Philos. of Life, 1925 (in: Muirhead, Contemp. Brit. Philos., Bd. II); A Theory of Vitalism, 1928. — Vgl. n. R. Semon, Die Mneme, 1904; L. v. Bertalanffy, Tatsachen u. Theorien d. Formbildung als Weg z. Lebensproblem, in Erkenntnis, Bd. I, 1930/31; Theoret. Biologie I 1932, II 1942; P. Woltereck, Philos. d. lebendigen Wirklichkeit., 2 Bde., 1940; J. S. Haldane, The philos. Basis of Biology, 1931, dtsch. 1932; Ders., The Philos. of a Biologist, 1935; J. C. Smuts, Holism and Evolution, 1926, 2. A. 1927; Ad. Meyer, Krisenepochen u. Wendepunkt d. biolog. Denkens, 1955; E. Radl, Geschichte d. biolog. Theorien, 1903. — Zur Naturphilos. d. Gegenw. vgl. noch: A. Bavink, Ergebnisse u. Probl. d. Naturwissenschaften, 6. A., 1940; W. Burkamp, Naturph. d. Ggw., 1930; F. Lipsius, Naturph. (d. Anorgan.), 1923; K. Sapper, Naturphil. (d. Organischen), 1928; A. Wenzl, Metaph. d. Biologie v. heute, 1938; Materie u. Leben, 1949; Th. Ballauff, D. Problem d. Lebendigen, 1949 (Forschungsber. m. Bibliographie); N. Hartmann, Ph. d. Natur, 1950.
Die psychisch-geistige Wirklichkeit: W. Dilthey: Ideen über e. beschreibende u. zergliedernde Psychologie, 1894 (Ges. Schr. Bd. V); s. a. den Vorbericht von G. Misch zu Bd. V und M. von der Groeben, Konstr. Psychologie u. Erlebnis, zu D.s Kritik an d. erklärenden Psychologie, 1934; H. Bergson, Les données immédiates de la conscience, 1889, dtsch., als „Zeit u. Freiheit", 1910; vgl. n. R. Lacombe, La psychologie bergsonienne, 1933. Allgemein: K. Bühler, D. Krise d. Psychol., 2. A., 1929; K. Koffka, Psychologie (in: Lehrbuch d. Philos., hrsg. Dessoir, II), 1925; B. Petermann, Wesensfragen seel. Seins. E. Einf. i. d. mod. psychol. Denken, 1938. — Im einzelnen noch: E. Spranger, Psychol. d. Jugendalters, 11. A., 1928; Lebensformen, 7. A., 1930; Klages, Vom Wesen d. Bewußtseins, 2. A., 1926; Ders., Die psychol. Errungenschaften Nietzsches, 2. A., 1930; W. Mc. Dougall, An Introduction to Social-Psychology, 1908, 22. A. 1932, dtsch. 1928; Aufbaukräfte d. Seele (The Energies of men), 1937; J. Dewey, Human Nature and Conduct, an Introduction to Social-Psychology, 1922; C. G. Jung: Seelenprobleme d. Gegenw., 1931. — Aktphänomenologie: s. Jahrb. f. Ph. u. phänom. Forschung (s. o.), bes. A. Pfänder, Zur Psychol. d. Gesinnungen (in Bd. I). — Gestaltpsychologie: Chr. v. Ehrenfels, Über Gestaltqualitäten, 1890; M. Wertheimer, Drei Abh. z. Gestalttheorie, 1924; W. Köhler, Psycholog. Probleme, 1933. Über Gestaltpsychol.: M. Scherer, D. Lehre v. d. Gestalt, 1931; Petermann, D. Gestalttheorie, 1929; F. Krüger, Üb. psych. Ganzheit, 1926; Ders., Der Strukturbegriff i. d. Psychologie, 1931; A. Wellek, D. Problem d. seel. Seins, 1941; Ders., Ganzheitspsychol. u. Strukturtheorie, 1955; C. G. Jung, Seelenprobleme d. Gegenw., 1931; Ders., Seel. Wirklichk. d. Seele, 1934; Behaviorismus: J. B. Watson, Psychol. from the Standpoint of a Behaviorist, 1919; Ders., Beh., 1930. —
Zum Problem des geistigen Seins: Über Psychologismus u. s. Bekämpfung vgl. W. Moog, Logik, Psychologie u. Psychologismus, 1920; Geistiges Sein als Ideell-Geistiges: N. Hartmann, Z. Grundl. d. Ontologie, 1935 (4. Teil); A. v. Pauler, Grundl. d. Philos., 1925. — Zum obj. Geist: H. Freyer, Theorie d. obj. Geistes, 1923; N. Hartmann, Das Problem d. geistigen Seins, 2. A., 1949. — Zur Leben-Geist-Frage: Dilthey; G. Simmel, Lebensanschauung, 4 metaph. Kapitel, 2. A., 1922; Fragmente u. Aufs. a. d. Nachlaß, 1923; E. Troeltsch, D. Historismus usw., 1922; L. Klages, Der Geist als Widersacher d. Seele, 3 Bde. 1929 ff.; M. Scheler, Die Stellung d. Menschen im Kosmos, 1928.
Zur Ontologie: A. Meinong, Unters. z. Gegenstandstheorie, 1904; Üb. d. Stellung d. Gegenst. i. System der Wissenschaften, 1907. Selbstdarstellung (Ph. d. Ggw. in Selbstdarst., Bd. I). H. Pichler, Üb. d. Erkennbarkeit d. Gegenstände, 1909; Einf. in d. Kateg.-Lehre, 1937;

O. Hamelin, Essai s. les éléments principaux de la représentation, 1907. — F. H. Bradley, Appearance and Reality, 1893, 9. A. 1930, dtsch. 1928. Vgl. T. Segerstedt, Value and Reality in Bradley's Philosophy, 1934 (Lund). S. n. S. Alexander, Space, Time and Deity, 2. A., 1927. — E. Husserl, Ideen z. e. reinen Phänom., 1913; vgl. n. H. Conrad-Martius, Zur O. u. Erscheinungslehre d. real. Außenwelt (Jahrb. f. Ph. u. phänom. F. III), 1916, und: Realontologie (Jahrb. usw. VI), 1923. — H. Driesch: Wirklichkeitslehre, 2. A., 1922. — Heinr. Maier, D. Ph. d. Wirklichkeit, 3 Tle., 1926—1935; dazu: N. Hartmann, H. Maiers Beitrag z. Probl. d. Kategorien, 1938 (Sitz.-Ber. d. preuß. Ak. d. Wiss.). — W. Burkamp: Wirklichkeit u. Sinn, 1938. — G. Jacoby, Allgem. Ontol. d. Wirklichkeit, 2 Bde., 1925 u. 1928 ff. — M. Heidegger, Sein u. Zeit, I, 7. A., 1953. — N. Hartmann, Log. u. ontol. Wirklichkeit, Kant-St. XX, 1915; Wie ist krit. Ontol. überhaupt möglich? (in: Festschrift f. P. Natorp), 1924; Zur Grundl. d. Ontol., 1935, 3. A. 1948; Möglichkeit u. Wirklichkeit, 2. A., 1949; Der Aufbau d. realen Welt. Grundriß d. allg. Kategorienlehre, 2. A., 1949; Philosophie d. Natur, 1950; s. a. Neue Wege der Ontologie, 3. A., 1949; H. Heimsoeth, Z. Ontol. d. Realitätsschichten i. d. französ. Ph. (Bl. f. dt. Ph., Bd. XIII), 1939. Zum Seinsthema noch: O. Spann, Kategorienlehre, 2. A., 1939; R. Zocher, D. philos. Grundlehre, 1939; E. Gilson, L'être et l'essence, 1954; M. Blondel, L'être et les êtres, 1935; L. Lavelle, Introd. à l'Ontologie, 1947; Ders., Die Gegenwart u. d. Ganze, übs. Bürg, 1954; J. Cohn, Wirklichkeit als Aufgabe, hrsg. v. Kempski, 1955; C. Ninck, Ontologie, 1952; F. v. Steenberghen, Ontologie, übs. Guggenberger, 1953; H. Krings, Fragen u. Aufgaben d. Ontologie, 1954. — Zum Emergenzbegriff: C. L. Morgan, Emergent Evolution, 1923; Life, Mind and Spirit, 1926.

Zu Teil VIII § 49 (S. 605—623). Mensch und Geschichte:

Philosophische Anthropologie: M. Scheler, Die Stellung d. Menschen i Kosmos, 1928; H. Pleßner, D. Stufen des Organischen u. d. Mensch, 1928; A. Gehlen, D. Mensc! 4. A., 1950; Th. Litt, Mensch u. Welt, 1948; L. Binswanger, Grundformen u. Erkenntnis mensch Daseins, 1942; E. Rothacker, Probleme d. Kulturanthropologie, 1948; R H. Lowie, An Introduction to Cultural Anthropology, NY. 1947; E. Cassirer, An essay on Man, New Haven 1944; K. Riezler, Man. Mutable and Immutable, Chicago 1950; A. L. Kroeber, Anthropology to day, Chicago 1953; M. Landmann, Philos. Anthropologie (Samml. Göschen 156/156 a), 1955. Vgl. n. L. Klages, Mensch u. Erde, 2. A., 1927; J. Ritter, Üb. d. Sinn u. d. Grenze d. Lehre v. Menschen, 1933; W. Sombart, Vom Menschen, 1938; P. Häberlin, Der Mensch, 1941; A. Vetter, D. philos. Grundlagen d. Menschenbildes, 1942.

M. Scheler, Die Wissensf. u. d. Gesellschaft, 1926 (Erkenntnis u. Arbeit, v. a. V u. VI); H. Bergson, Matière et mémoire, 1896, dtsch. 1908; M. Palágyi, Naturphilos. Vorlesungen üb. d. Grundprobl. d. Bewußtseins u. d. Lebens, 1908, 2. A. 1924; Wahrnehmungslehre, 1925. — Zur medizin. Psychologie: E. Kretzschmer, Mediz. Ps., 1922; C. G. Jung, D. Psychol. d. unbewußten Prozesse, 1918; Psycholog. Typen, 1921, verm. A. 1942; D. Beziehungen zw. d. Ich u. d. Unbewußten, 3. A., 1938; Binswanger, Einf. i. d. Probleme d. allg. Psychol., 1922; P. Schilder, Med. Psychologie, 1924. Vgl. n. Handwörterbuch d. medizin. Psychol., hrsg. Birnbaum, 1930; P. Häberlin, Leib u. Seele, 1923; A. Wenzl, D. Leib-Seele-Problem, 1933; W. McDougall, Body and Mind, 8. A., 1938. —

Zur Konstitutionslehre: Fr. Kraus, D. allg. u. spez. Pathol. d. Person, 1919; E. Kretzschmer, Körperbau u. Charakter, 1921, 10. A. 1932; E. Jaensch (u. a.), Studien z. Psych. menschl. Typen, 1930; W. Stern, Allg. Psychologie auf personalistischer Grundlage, Haag 1935; A. Chaillon und Mac-Anliffe, Morphologie médicale, Etude des quatres types humains, 1912; K. Jaspers, Psychol. d. Weltanschauungen, 3. A., 1925. — Zum Problem des Ausdrucks: L. Klages (geb. 1872), Ausdrucksbewegung u. Gestaltungskraft, 4. A., 1923; Grundl. d. Wissensch. v. Ausdruck, 6. A., 1942; Handschrift u. Charakter, 1916, 22. A. 1943; Zur Ausdruckslehre u. Charakterkunde, 1927; K. Bühler, Ausdruckstheorie, d. System an der Geschichte aufgezeigt, 1933; W. Hellpach, Deutsche Physiognomik, 1942. — Vgl. auch H. Krukenberg, D. Gesichtsausdruck d. Menschen, 4. A., 1923; Bogen u. Lipmann, Gang u. Charakter, 1931; vgl. etwa noch W. Böhle, D. Körperform als Spiegel der Seele, 1929.

Zum Freiheitsproblem: H. Bergson (1859—1941): Les données immédiates etc. (s. o.), deutsch: Zeit u. Freiheit, 1910; N. Hartmann, Ethik, 3. A., 1949 (T. III); R. Keußen, D. Willensfreiheit als relig. u. philos. Grundproblem, 1935; M. Wittmann, Zu N. Hartmanns Lehre v. d. Willensfreiheit, Jahrb. d. Görres-Ges. 1942. — Zur Person: J. M. E. McTaggart, The Nature of Existence, Bd. I, 1921, Bd. II, 1927; W. Carr, The Unique Status of Man, 1928; J. E. Turner, Personality and Reality, 1926; O. Hamelin: La représentation etc. Chap. V, 2; M. Scheler, D. Form. i. d. Ethik (s. o.); s. a. Wesen u. Formen d. Sympathie (s. o.); W. Stern, D. menschl. Persönlichkeit (Person u. Sache, Bd. II), 3. A., 1923; G. Gentile (1875—1945), L'atto del pensare come atto puro. 1912 dtsch. 1931; Teoria generale dello Spirito come atto puro, 1916,

4. A. 1924; K. Jaspers, Allg. Psychopathologie, 1913, 4. A. 1946; J. Dewey, D. menschl. Natur, 1931; E. Rothacker, D. Schichten d. Persönlichkeit, 5. A., 1952. — Zur Charakterologie: L. Klages, Grundlagen d. Charakterkunde, 8. A., 1936; F. Seifert, Charakterologie, 1929 (Handb. f. Philos.); A. Kronfeld, Lehrb. d. Charakterkunde, 1932; P. Häberlin, Der Charakter, 1925; R. Heiß, Die Lehre vom Charakter, 1936; Th. Lersch, D. Aufbau d. Charakters, 1938, 2. A. 1942; Le Senne, Traité de charactérologie, 1945.

   Zur Existenzphilosophie: M. Heidegger, Sein u. Zeit I, 7. A., 1953. Über d. Humanismus, 1949; Holzwege, 1950; s. die Darstellung in H. Knittermeyer, Ph. d. Existenz, 1952, S. 207 bis 322; K. Jaspers (geb. 1883): Philosophie, 3 Bde. (Weltorientierung, Existenzerhellung, Metaphysik), zuerst 1932; Vernunft u. Existenz, 1935; Existenzphilos., 2. A., 1956; von d. Wahrheit 1948; Karl Jaspers (Beiträge versch. Autoren u. Selbstbiogr.) 1956/7. — G. Marcel, Journal métaph., zuerst 1928, dt. 1955, D. Geheimnis d. Seins, übs. Winter, 1952; Homo Viator, 1944; P. Sartre, L'être et le néant, zuerst 1943, dtsch. 1952. Zum Thema s. a. noch O. F. Bollnow, Existenzphilosophie, 4. A., 1952; Ders., D. Wesen der Stimmungen, 1943; E. Mounier, Einf. i. d. Existenzph., 1949; J. Wahl, Existence humaine et transcendance, 1944; Ders., Petite histoire de l'existentialisme, 1947; M. Reding, D. Existenzphil., 1949; L. Gabriel, Existenzph. von Kierkegaard bis Sartre, 1951; R. Jolivet, Les doctrines exist. de Kierkegaard à Sartre, 1948. — Zum Todesproblem: G. Simmel, Lebensanschauung (Kap. III, Tod u. Unsterblichkeit), 1918; M. Scheler, Schriften a. d. Nachlaß, 1933, Abschn.: Tod u. Fortleben; M. Heidegger, Sein u. Zeit (s. o.); vgl. noch J. Wach, Die Probl. d. Todes i. d. Ph. unserer Zeit, 1934. — Zur Ethik; M. Scheler (s. o., D. Hauptwerk jetzt in Neuausg., als Bd. II der Ges. Werke, m. Sachregister), N. Hartmann (s. o.); vgl. auch noch Br. Bauch, Grundzüge d. Ethik, 1935; M. Scheler, Üb. Ressentiment u. moral. Werturteil (V. Umsturz d. Werte, Bd. I); H. Nohl, D. sittl. Grunderfahrungen. E. Einf. i. d. Ethik, 2. A. 1947; W. Wittmann, D. moderne Wertethik, 1940; R. Le Senne, Traité de morale générale, 1941. — Zur religiösen Metaphysik: R. Eucken, Mensch u. Welt. Eine Ph. d. Lebens, 1918; H. Schwarz: Das Ungegebene, eine Relig.- u. Wertphilosophie, 1924; M. Wundt, Ewigkeit u. Endlichkeit, 1937; O. Spann, Der Schöpfungsgang d. Geistes, 1928; J. Lagneau, De l'existence de Dieu, 1925; M. Blondel, Le problème de la ph. catholique, 1932; La Pensée, 2 Bde., 1932; J. Maréchal, Le point de départ de la métaphysique, 1923—1926; De Vries, Denken u. Sein, 1937.

   Zur Gesellschaftsphilosophie (phil. Soziologie): F. Tönnies (1855—1936), Gemeinschaft u. Gesellschaft, 1889, 7. A. 1926; E. Durkheim, Les règles de la méthode sociologique, 1895 u. ö.; Sociologie et Philosophie, 1924; H. Freyer, Soziologie als Wirklichkeitswissenschaft, 1930; Einl. i. d. Soziologie, 1931; Max Weber, Ges. Aufs. z. Wissenschaftslehre, 1922; Grundriß d. Sozialökonomik III, 2. A., 1925 (Wirtschaft u. Gesellschaft) vgl. n. K. Jaspers, M. Weber, 1932; A. Mettler, M. Weber u. d. philos. Problematik uns. Zeit. Mit Bibliogr., 1934. W. Sombart, Anfänge d. Soziologie in: Hauptprobl. d. Soziol., Erinnerungsgabe f. M. Weber, 1922; Alfr. Weber, Kulturgeschichte als Kultursoziologie, 1935; Ders., Das Tragische u. d. Geschichte, 1943. Vgl. n. O. Spann, Gesellschaftsphilosophie, 1928 (Handb. d. Ph. IV B). — Zur „formalen" Soziol.: bes. G. Simmel, Grundfragen d. Soziol., 1908, 3. A. 1923. — M. Scheler, D. Wissensf. u. d. Gesellschaft, 1926 (v. a. S. 1 ff. Probleme e. Soz. d. Wissens); M. Weber, Ges. Aufs. z. Religionssoziol., 3 Bde., 1920 ff.; E. Troeltsch, Ges. Aufs. z. Geistesgesch. u. Religionssoziol. (Ges. Schr. IV), 1924; Die Soziallehren d. christl. Kirchen (Ges. Schr. I), 1919; K. Mannheim, Ideologie u. Utopie, 2. A., 1929; Wissenssoziologie (im Handwörterbuch d. Soziol. hrsg. A. Vierkandt) 1931. — V. Pareto (1848—1923), Trattato di sociologia generale, 1916, 2. A., 1926; Transformazione della democrazia, 1921; R. Aron, La sociologie de Pareto (Ztschr. f. Sozialforschung) 1937; A. Gehlen, Vilfredo Pareto u. s. „neue Wissenschaft" (Blätter f. D. Philos. 13), 1941. — S. im übrigen noch z. Thema Mensch u. Gemeinschaft: Th. Litt, Individuum u. Gemeinschaft, 3. A., 1926; P. Natorp, Sozialidealismus, 2. A., 1922. Ph. d. Gemeinschaft, hrsg. F. Krüger, 1929. — Vgl. ferner Freyer, Gegenwartsaufg. d. deutschen Soziologie, in Ztschr. f. d. ges. Staatswiss. 95, S. 116 ff., 1935.

   Philosophie der Geschichte: Außer Diltheys Arbeiten z. Thema d. Geisteswissenschaften, insonderheit der Abh. vom Aufbau der geschichtl. Welt i. d. Geisteswiss., noch Briefwechsel zw. W. Dilthey u. d. Grafen P. York v. Wartenburg, 1923; dazu F. Kaufmann, D. Philos. d. York v. W., 1928 (in: Jahrb. f. Ph. u. phänom. F., Bd. IX). — Erkenntnistheorie der Geschichte: s. § 47, 4, und Lit. dazu; ferner: Ad. Xénopol, La théorie de l'histoire, 1908. E. Troeltsch (1865—1923), Der Historismus u. s. Probleme, 1922. B. Croce, Theorie u. Geschichte der Historiographie, 1913, dann in Ges. Schr., deutsche Ausg. 1930. Zum Thema des „Historismus": Fr. Nietzsche, Vom Nutzen u. Nachteil d. Historie i. d. Leben, auch als Sonderausg. in Kröners TA. 37; E. Troeltsch, D. Historismus u. seine Überwindung (5 Vorträge), 1924; K. Heussi, Die Krisis d. Historismus, 1932. — Zur „materialen" Geschichtsphilosophie: O. Spann, Geschichtsphilos., 1932; E. Rothacker, Geschichtsph., 1934 (Handb. d.

Philos. IV F.); auch: Ders., Probleme d. Kulturanthropologie, 1948; K. Breysig, D. Stufen-
bau u. d. Gesetze d. Weltgeschichte, 1905, 2. verm. A., 1927; Naturgeschichte u. Menschheits-
geschichte, 1933; Th. Haering, D. Struktur d. Weltgesch., 1921; K. Jaspers, Vom Ursprung
u. Ziel d. Geschichte, 1949; Ortega y Gasset, Geschichte als System, 1943; A. Scheltema, D.
geistige Wiederholung, 2. A., 1954; F. Altheim, Sein u. Werden i. d. Geschichte, 1950; M. Landmann, Das Zeitalter als Schicksal, 1956; K. Löwith, Weltgesch. u. Heilsgeschehen, 1953;
A. Weber, D. Tragische u. d. Geschichte, 1943; R. G. Collingwood, Ph. d. Geschichte, übs.
Herding, 1955. Im Zusammenhang der Fragen nach den Seinsstrukturen der Geschichte ist
J. Burckhardts klassische Leistung zu neuer Wirkung gelangt. Die „Weltgesch. Betrachtungen"
jetzt auch in Kröners TA., Bd. 55.

O. Spengler, D. Untergang d. Abendlandes, 2 Bde., 1918, 1922 u. ö.; D. Mensch u. d. Technik, 1931; Reden u. Aufs., 1937; Gedanken, 1941. — E. Spranger, Die Kulturzyklentheorie
u. d. Problem d. Kulturverfalls (Sitz.-Ber. d. preuß. Ak. d. Wiss.), 1926; A. J. Toynbee, A Study
of History, 10 Bde., 1934—1954; Abriß in dt.: Der Gang d. Weltgeschichte, übs. v. Kempski,
3. A., 1952. — Zum Problem der Generationen: O. Lorenz, Die Geschichtswissenschaften usw.,
2. Teil, 1891; W. Pinder, D. Problem d. Generation i. d. Kunstgesch. Europas, 2. A., 1928;
Ortega y Gasset, Die Aufgabe unserer Zeit, deutsch 1928. — Darstellungen z. Geschichtsphilosophie: R. Eucken: Ph. d. Geschichte (in: Kultur d. Gegenw. I, VI) 1907, 3. A., 1921; F. Kaufmann,
Geschichtsphilos. d. Gegenwart (auch Bibliographie), 1931; Th. Haering, Hauptprobleme d.
Geschichtsphilos., 1925; H. Heimsoeth, Geschichtsphilos. in: System. Philos., hrsg. v. N. Hartmann, 1942 (sep. 1948).

Zum Thema der Zeitkritik: L. Klages, Der Geist als Widers. d. Seele (s. o.); O. Spengler
(s. o.); M. Scheler, Schriften zur Soziol. u. Weltanschauungslehre, 1923; Ders., Philos. Weltanschauung, 1929; K. Jaspers, Die geistige Situation der Zeit, zuerst 1931; Vernunft u. Wider-
vernunft in unserer Zeit, 1955; Th. Litt, Wege u. Irrwege geschichtl. Denkens, 1948; Pitirim
A. Sorokin, Kulturkrise u. Gesellschaftsphilosophie, 1951; K. Mannheim, Diagnosis of our
Time, N.-Y. 1944; E. Grisebach, Die Schicksalsfrage des Abendlandes, 1942; G. Sorel, Les
illusions du progrès, 1908, 4. A., 1927; Evola, Erhebung wider d. moderne Welt, 1935; Ortega
y Gasset, Der Aufstand d. Massen; Betrachtungen über d. Technik; D. Wesen, geschichtl. Krisen
(dt. Gesamtausgabe d. Werke neu 1948 ff.); H. Freyer, Theorie des ggw. Zeitalters, 1955.

Einleitung.

§ 1. Name und Begriff der Philosophie.

R. HAYM, Art. Philosophie in Ersch und Grubers Encyklopädie. III. Abt. Bd. 24.
W. WINDELBAND, Praeludien (7. und 8. Aufl. Tübingen 1921) I, 1 ff.

Unter Philosophie versteht der heutige Sprachgebrauch die wissenschaftliche Behandlung der allgemeinen Fragen von Welterkenntnis und Lebensansicht. Diese unbestimmte Gesamtvorstellung haben die einzelnen Philosophen je nach den Voraussetzungen, mit denen sie in die Denkarbeit eintraten, und den Ergebnissen, die sie dabei gewannen, in bestimmtere Definitionen[1]) zu verwandeln gesucht; diese gehen jedoch zum Teil so weit auseinander, daß sie sich nicht vereinbaren lassen, und daß die Gemeinsamkeit des Begriffs zwischen ihnen verloren erscheinen kann. Aber auch jener allgemeinere Sinn ist schon eine Einschränkung und Umgestaltung der ursprünglichen Bedeutung, welche die Griechen mit dem Namen Philosophie verbanden, und diese Wandlung ist durch den ganzen Verlauf des abendländischen Geisteslebens herbeigeführt worden.

1. Während das erste literarische Auftreten[2]) der Wörter φιλοσοφεῖν und φιλοσοφία noch die einfache und zugleich unbestimmte Bedeutung des „Strebens nach Weisheit" erkennen läßt, hat das Wort „Philosophie" in der auf Sokrates folgenden Literatur und insbesondere in der platonisch-aristotelischen Schule den fest ausgeprägten Sinn erhalten, wonach es genau dasselbe bezeichnet wie im Deutschen „Wissenschaft"[3]). Danach ist Philosophie im allgemeinen[4]) die methodische Arbeit des Denkens, durch welche das „Seiende" erkannt werden soll; danach sind die einzelnen „Philosophien" die besonderen Wissenschaften, in denen einzelne Gebiete des Seienden untersucht und erkannt werden[5]).

Mit dieser ersten, theoretischen Bedeutung des Wortes Philosophie verband sich jedoch sehr früh eine zweite. Die Entwicklung der griechischen Wissenschaft fiel in die Zeit der Auflösung des ursprünglichen religiösen und sitt-

---

[1]) Im einzelnen ausgeführt auch bei ÜBERWEG-HEINZE, Grundriß der Geschichte der Philosophie I, § 1.

[2]) Herodot I, 30 und 50. Thukydides II. 40; und vielfach auch noch bei Platon, z. B. Apol. 29. Lysis 218 a. Symp. 202 e ff.

[3]) Ein Begriff bekanntlich von viel größerem Umfange als das englische und französische „science".

[4]) Platon, Rep. 480 b. Aristoteles, Met. VI 1, 1026 a 18.

[5]) Platon, Theaet. 143 d. Aristoteles stellt die Lehre „vom Sein als solchem" (die später sog. Metaphysik) als „erste Philosophie" den übrigen „Philosophien" gegenüber, unterscheidet ferner theoretische und praktische „Philosophie". Gelegentlich (Met., I, 6, 987 a, 29) wendet er auch den Plural φιλοσοφίαι für die verschiedenen historisch aufeinanderfolgenden Systeme der Wissenschaft an, wie etwa wir von den Philosophien KANTS, FICHTES, HEGELS etc. reden würden.

lichen Bewußtseins und ließ nicht nur die Fragen nach der Bestimmung und den
Aufgaben des Menschen mit der Zeit immer wichtiger für die wissenschaftliche
Untersuchung werden, sondern auch die Belehrung für die rechte Lebensführung
als einen wesentlichen Zweck, schließlich als den Hauptinhalt der Wissenschaft
erscheinen. So erhielt die Philosophie in der hellenistischen Zeit die schon früher
(bei den Sophisten und Sokrates) angebahnte p r a k t i s c h e B e d e u t u n g einer
L e b e n s k u n s t a u f w i s s e n s c h a f t l i c h e r G r u n d l a g e[6]).

Infolge dieser Wandlung ging das rein theoretische Interesse auf die besonderen
„Philosophien" über, die nun zum Teil die Namen ihrer besonderen, sei es historischen, sei es naturwissenschaftlichen Gegenstände annahmen, während Mathematik und Medizin weiterhin die Selbständigkeit, welche sie von Anfang an der
Gesamtwissenschaft gegenüber besessen hatten, um so energischer bewahrten. Der
Name der Philosophie aber blieb an denjenigen wissenschaftlichen Bestrebungen
haften, welche aus den allgemeinsten Ergebnissen menschlicher Erkenntnis eine
das Leben bestimmende Überzeugung zu gewinnen hofften, und welche schließlich
in dem Versuche (des Neuplatonismus) gipfelten, aus solcher Philosophie heraus
eine neue Religion an Stelle der alten verloren gehenden zu erzeugen[7]).

An diesen Verhältnissen ändert sich zunächst wenig, als die Reste der antiken
Wissenschaft in die Bildung der heutigen Völker Europas als die intellektuell
bestimmenden Mächte übergingen. Inhalt und Aufgabe desjenigen, was das Mittelalter Philosophie nannte, deckte sich durchaus mit dem, was das spätere Altertum
darunter verstanden hatte[8]). Jedoch erfuhr die Bedeutung der Philosophie eine
wesentliche Veränderung durch den Umstand, daß sie ihre Aufgabe durch die
positive Religion in gewissem Sinne bereits gelöst fand. Denn auch diese gewährte
nicht nur eine sichere Überzeugung als Regel der persönlichen Lebensführung,
sondern auch im Zusammenhange damit eine allgemeine theoretische Ansicht über
das Seiende, welche um so mehr philosophischen Charakters war, als die Dogmen
des Christentums ihre Formulierung durchgängig unter dem Einfluß der antiken
Wissenschaft erhalten hatten. Unter diesen Umständen blieb während der ungebrochenen Herrschaft der kirchlichen Lehre für die Philosophie in der Hauptsache
nur die dienende Stellung einer w i s s e n s c h a f t l i c h e n B e g r ü n d u n g,
A u s b i l d u n g u n d V e r t e i d i g u n g d e s D o g m a s übrig. Aber eben dadurch trat sie mit immer deutlicher werdendem Bewußtsein in einen methodischen
Gegensatz zur Theologie, indem sie dasselbe, was diese auf Grund göttlicher Offenbarung lehrte, ihrerseits aus den Mitteln menschlicher Erkenntnis gewinnen und
darstellen wollte[9]).

Die unausbleibliche Folge dieses Verhältnisses aber war, daß die Philosophie,
je freier das individuelle Denken der Kirche gegenüber wurde, um so selbständiger

[6]) Vgl. die Definition Epikurs bei Sext. Emp. adv. math. XI, 169, und anderseits diejenige Senecas, Epist. 89.

[7]) Daher denn z. B. Proklos die Philosophie lieber Theologie genannt wissen wollte.

[8]) Vgl. z. B. Augustinus, Soliloqu. I, 7, Conf. V, 7, Scotus Eriugena, De div. praedest.
I, 1 (MIGNE 385). Anselmus, Proslog. cap. 1 (MIGNE I, 227). Abaelard, Introd. in theol.
II, 3. Raymundus Lullus, De quinque sap. 8.

[9]) Thomas Aquin. Summa theol. I, 32, 1, Contr. gent. I, 8 f., II, 1 ff. Duns Scotus, Op. Ox.
I. 3, qu. 4. Durand de Pourçain, In sent. prol. qu. 8. Raymundus von Sabunde, Theol.
natur. prooem.

auch die ihr mit der Religion gemeinsame Aufgabe zu lösen begann, — daß sie
von der Darstellung und Verteidigung zur Kritik des Dogmas überging und schließlich ihre Lehre völlig unabhängig von den religiösen Interessen lediglich aus den
Quellen herzuleiten suchte, die sie dafür in dem „natürlichen Licht" der menschlichen Vernunft und Erfahrung[10]) zu besitzen meinte. Der methodische Gegensatz
zur Theologie wuchs auf diese Weise zu einem sachlichen aus, und die moderne
Philosophie stellte sich als „W e l t w e i s h e i t" dem Dogma gegenüber[11]). Dies
Verhältnis nahm die mannigfachsten Abstufungen an, es wechselte von anschmie-
gender Zustimmung bis zu scharfer Bekämpfung; aber stets blieb dabei die Aufgabe der „Philosophie" diejenige, welche ihr das Altertum gegeben hatte: aus
wissenschaftlicher Einsicht eine Welterkenntnis und eine Lebensansicht da zu
begründen, wo die Religion dies Bedürfnis nicht mehr oder wenigstens nicht mehr
allein zu erfüllen vermochte. In der Überzeugung, dieser Aufgabe gewachsen zu
sein, sah es die Philosophie des 18. Jahrhunderts, wie einst die der Griechen, für
Recht und Pflicht an, die Menschen über den Zusammenhang der Dinge aufzuklären und von dieser Einsicht aus das Leben des Individuums wie der Gesellschaft zu regeln.

In dieser selbstgewissen Stellung wurde die Philosophie durch KANT erschüttert,
welcher die Unmöglichkeit einer „philosophischen" (metaphysischen) Welterkenntnis neben oder über den einzelnen Wissenschaften nachwies und dadurch
Begriff und Aufgabe der Philosophie abermals einschränkte und veränderte. Denn
nach diesem Verzicht engte sich das Gebiet der P h i l o s o p h i e   a l s   b e s o n -
d e r e r   W i s s e n s c h a f t auf eben jene k r i t i s c h e   S e l b s t b e s i n n u n g
d e r   V e r n u n f t ein, aus welcher KANT die entscheidende Einsicht gewonnen
hatte, und welche nur noch systematisch auf die übrigen Tätigkeiten neben dem
Wissen ausgedehnt werden sollte. Vereinbar blieb damit das, was KANT[12]) den
Weltbegriff der Philosophie nannte, ihr Beruf zur praktischen Lebensbestimmung.

Freilich fehlt viel, daß dieser neue und wie es scheint abschließende Begriff der
Philosophie sogleich zu allgemeiner Geltung gekommen wäre; vielmehr hat die
große Mannigfaltigkeit der philosophischen Bewegungen des 19. Jahrhunderts keine
der früheren Formen der Philosophie unwiederholt gelassen, und eine üppige Entfaltung des „metaphysischen Bedürfnisses"[13]) hat sogar zeitweilig zu der Neigung
zurückgeführt, alles menschliche Wissen in die Philosophie zurückzuschlingen und
diese wieder als Gesamtwissenschaft auszubilden.

2. Angesichts dieses Wechsels, welchen die Bedeutung des Wortes Philosophie
im Laufe der Zeiten durchgemacht hat, e r s c h e i n t   e s   u n t u n l i c h ,   a u s
h i s t o r i s c h e r   V e r g l e i c h u n g   e i n e n   a l l g e m e i n e n   B e g r i f f   d e r
P h i l o s o p h i e   g e w i n n e n   z u   w o l l e n : keiner von denen, die man zu

---

[10]) Laur. Valla, Dialect. disp. III, 9; B. Telesio, De nat. rer. prooem.; Fr. Bacon, De
augm. III, 1 (Op. Spedding I, 539 = III, 336); Taurellus, Philos. triumph. I, 1; Paracelsus,
Paragr. (ed. HUSER) II, 23 f.; G. BRUNO, Della causa etc. IV, 107 (Lagarde I, 272); HOBBES,
De corp. I (Ws. Molesworth I, 2 und 6 f.).

[11]) Charakteristische Definitionen einerseits bei GOTTSCHED, Erste Gründe der gesamten
Weltweisheit (Leipzig 1756), p. 97 ff., anderseits in dem Artikel „Philosophie" der Encyclopédie (Bd. XXV, p. 632 ff.).

[12]) Kr. der reinen Vernunft. Ak. III, 542 f.

[13]) A. SCHOPENHAUER, Welt als Wille und Vorstellung, Bd. II, cap. 17.

1*

diesem Zwecke aufgestellt hat[14]), trifft auf alle diejenigen Gebilde der Geistestätigkeit zu, welche auf den Namen Anspruch erheben. Schon die Unterordnung der Philosophie unter den allgemeinen Begriff der Wissenschaft wird bei solchen Lehren, welche einseitig die praktische Bedeutung im Auge haben, bedenklich[15]): noch weniger aber läßt sich allgemeingültig bestimmen, was Gegenstand und Form der Philosophie als besonderer Wissenschaft heißen soll. Denn selbst wenn man den Standpunkt nicht in Rechnung ziehen wollte, für welchen die Philosophie noch oder wieder die Gesamtwissenschaft ist[16]), so sieht man sich einer Menge von verschiedenen Versuchen zur Abgrenzung des Forschungsgebietes der Philosophie gegenüber. Die Aufgaben der Naturforschung füllen anfangs das Interesse der Philosophie fast allein aus, bleiben dann lange Zeit in ihrem Umfang und scheiden erst in neuerer Zeit aus. Die Geschichte umgekehrt ist dem größten Teile der philosophischen Systeme gleichgültig geblieben, um erst verhältnismäßig spät und vereinzelt als Objekt philosophischer Untersuchung aufzutreten. Die metaphysischen Lehren wiederum, in denen meist der Schwerpunkt der Philosophie gesucht wird, sehen wir gerade an ihren bedeutsamen Wendepunkten entweder beiseite geschoben oder gar für unmöglich erklärt[17]); und wenn zeitweilig die praktische Bedeutung der Philosophie für Individuum und Gesellschaft als ihr wahres Wesen betont wird, so verzichtet anderseits ein stolzer Standpunkt der reinen Theorie auf solche gemeinnützige Geschäftigkeit[18]).

Anderseits ist behauptet worden, die Philosophie behandle zwar dieselben Gegenstände wie die übrigen Wissenschaften, aber in anderem Sinne und nach anderer Methode: allein auch dies spezifische Merkmal der Form hat keine historische Allgemeingültigkeit. Daß es eine solche anerkannte philosophische Methode nicht gibt, würde freilich kein Einwurf sein, wenn nur das Streben nach einer solchen ein konstantes Merkmal aller Philosophien wäre. Dies ist jedoch so wenig der Fall, daß manche Philosophien ihrer Wissenschaft den methodischen Charakter anderer Disziplinen, z. B. der Mathematik oder der Naturforschung[19]), aufdrücken, andere aber von methodischer Behandlung ihrer Probleme überhaupt nichts wissen wollen und die Tätigkeit der Philosophie in Analogie zu den genialen Konzeptionen der Kunst setzen[20]).

3. Aus diesen Umständen erklärt es sich auch, daß es kein festes, allgemein historisch bestimmbares V e r h ä l t n i s   d e r   P h i l o s o p h i e   z u   d e n   ü b r i g e n   W i s s e n s c h a f t e n gibt. Wo die Philosophie als Gesamtwissenschaft auf-

[14]) Statt der Kritik der einzelnen genüge hier der Hinweis auf die so weit auseinandergehenden Formeln, in denen man trotzdem dies Unmögliche zu leisten versucht hat: man vergleiche z. B. nur die Einleitungen zu Werken wie ERDMANN, ÜBERWEG, KUNO FISCHER, ZELLER etc. Alle diese Begriffsbestimmungen treffen nur insofern zu, als die Geschichte der Philosophie den darin ausgedrückten E r f o l g hat, aber nicht hinsichtlich der von den Philosophen selbst geäußerten A b s i c h t e n.
[15]) So bei der Mehrzahl der Philosophen des späteren Altertums.
[16]) Wie für CHR. WOLFF; vgl. dessen Logica § 29 ff.
[17]) Das ist namentlich der Fall, wo die Philosophie lediglich als „Wissenschaft der Erkenntnis" gilt. Vgl. z. B. W. HAMILTON in den Anmerkungen zu Reids Werken II, 808. Bei den Franzosen ist Ende des 18. und Anfang des 19. Jahrhunderts Philosophie = Analyse de l'entendement humain.
[18]) Z. B. bei PLOTIN.
[19]) So DESCARTES und BACON.
[20]) Wie etwa die Romantiker und SCHOPENHAUER.

tritt, da erscheinen die letzteren nur als ihre mehr oder minder deutlich gesonderten Teile[21]): wo dagegen der Philosophie die Aufgabe zugewiesen wird, die Ergebnisse der besonderen Wissenschaften in ihrer allgemeinen Bedeutung zusammenzufassen und zu einer abschließenden Welterkenntnis zu harmonisieren, da ergeben sich eigentümlich zusammengesetzte und verschränkte Verhältnisse. Zunächst zeigt sich eine Abhängigkeit der Philosophie von dem jeweiligen Stande der Einsicht, die in den besonderen Disziplinen erreicht ist: wesentliche Förderungen der Philosophie erwachsen aus den entscheidenden Fortschritten der Einzelwissenschaften[22]), und zugleich ist dadurch die Richtung und die Grenze bestimmt, worin die allgemeine Wissenschaft jeweilig ihre Aufgabe zu lösen vermag. Umgekehrt aber erklärt sich daraus der Eingriff der Philosophie in die Arbeit der besonderen Wissenschaften, der von diesen bald als Befruchtung, bald als Hemmung empfunden wird: denn die philosophische Behandlung der speziellen Fragen bringt zwar häufig vermöge des weiteren Gesichtspunktes und der kombinativen Richtung wertvolle Momente zur Lösung der Probleme bei[23]), in andern Fällen jedoch stellt sie sich nur als eine Verdopplung dar, welche, wenn sie zu gleichen Resultaten führt, unnütz, wenn sie aber andere Ergebnisse gewähren will, gefährlich erscheint[24]).

Aus dem Gesagten erklärt sich ferner, daß die B e z i e h u n g e n d e r P h i l os o p h i e z u d e n s o n s t i g e n K u l t u r t ä t i g k e i t e n nicht minder nahe sind als zu den Einzelwissenschaften. Denn in das Weltbild, auf dessen Entwurf die metaphysisch gerichtete Philosophie hinzielt, drängen sich neben den Errungenschaften wissenschaftlicher Untersuchung überall auch die Auffassungen hinein, welche dem religiösen und sittlichen, dem staatlichen und gesellschaftlichen, dem künstlerischen Leben entstammen; und gerade die Wertbestimmungen und Urteilsnormen der Vernunft verlangen in jenem Weltbilde ihren Platz um so lebhafter, je mehr dies die Grundlage für die praktische Bedeutung der Philosophie werden soll. Auf solche Weise finden in der Philosophie neben den Einsichten auch die Überzeugungen und die Ideale der Menschheit ihren Ausdruck: und wenn die letzteren dabei, ob auch oft irrigerweise, die Form wissenschaftlicher Einsichten gewinnen sollen, so kann ihnen daraus unter Umständen wertvolle Klärung und Umgestaltung erwachsen. So ist auch dies Verhältnis der Philosophie zur allgemeinen Kultur nicht nur dasjenige des Empfangens, sondern auch das des Gebens.

Es ist nicht ohne Interesse, auch den Wechsel der ä u ß e r e n S t e l l u n g und der s o z i a l e n V e r h ä l t n i s s e zu betrachten, den die Philosophie erlebt hat. Man darf annehmen, daß der Betrieb der Wissenschaft in G r i e c h e n l a n d sich mit vielleicht wenigen Ausnahmen (Sokrates) schon von Anfang an in geschlossenen Schulen gestaltet hat[25]). Daß diese auch in der späteren Zeit die Form sakralrechtlicher Genossenschaften hatten[26]), würde an sich allein, bei dem religiösen Charakter aller griechischen Rechts-

---

[21]) So z. B. im HEGELschen System.

[22]) Dahin gehört z. B. der Einfluß der Astronomie auf die Anfänge der griechischen oder der der Mechanik auf diejenigen der neueren Philosophie.

[23]) So wurde die protestantische Theologie des 19. Jahrhunderts von der deutschen Philosophie befruchtet.

[24]) Vgl. z. B. die Opposition der Naturwissenschaft gegen die SCHELLINGsche Naturphilosophie.

[25]) H. DIEHLS, „Über die ältesten Philosophenschulen der Griechen" in Philos. Aufsätze zum Jubiläum E. Zellers. Leipzig 1887. p. 241 ff.

[26]) v. WILAMOWITZ-MÖLLENDORF, Antigonos von Karystos (Philol. Stud. IV. Berlin 1881, p. 263 ff.).

institute, noch nicht einen religiösen Ursprung dieser Schulen beweisen, aber der Umstand, daß die griechische Wissenschaft sich inhaltlich direkt aus religiösen Vorstellungskreisen herausgearbeitet hat und daß in einer Anzahl ihrer Richtungen gewisse Beziehungen zu religiösen Kulten unverkennbar hervortreten[27]), macht es nicht unwahrscheinlich, daß die wissenschaftlichen Genossenschaften ursprünglich aus religiösen Verbänden (Mysterien) hervorgegangen und mit ihnen im Zusammenhange geblieben sind. Aber als sodann das wissenschaftliche Leben sich zu voller Selbständigkeit entwickelt hatte, fielen einerseits diese Beziehungen ab und vollzog sich anderseits die Gründung rein wissenschaftlicher Schulen: es waren freie Vereinigungen von Männern, die unter Leitung bedeutender Persönlichkeiten die Arbeit der Forschung, Darstellung, Verteidigung und Polemik unter sich teilten[28]) und zugleich in einem gemeinsamen Ideal der Lebensführung einen sittlichen Verband untereinander besaßen.

Mit den größeren Verhältnissen des Lebens in der h e l l e n i s t i s c h e n und r ö m i - s c h e n Zeit lockerten sich naturgemäß diese Verbände, und wir begegnen, namentlich unter den Römern, häufiger Schriftstellern, welche ohne jeden Schulzusammenhang oder Lehrberuf in rein individueller Weise auf dem Gebiete der Philosophie tätig sind (Cicero, Seneca, Marc Aurel und besonders die Mehrzahl der sog. Skeptiker). Erst die späteste Zeit des Altertums zeigt unter dem Einflusse religiöser Interessen wieder eine straffere Verknüpfung genossenschaftlicher Schulverbände, wie im Neupythagoreismus und Neuplatonismus.

Bei den r o m a n i s c h e n und g e r m a n i s c h e n Völkern ist der Verlauf der Sache nicht so unähnlich gewesen. Im Gefolge der kirchlichen Zivilisation erscheint auch die Wissenschaft des Mittelalters: sie hat ihre Stätten in den Klosterschulen und empfängt ihre Anregungen zu selbständiger Gestaltung zunächst aus Fragen des religiösen Interesses. Auch in ihr machen sich Gegensätze verschiedener religiöser Genossenschaften (Dominikaner und Franziskaner) zeitweilig geltend, und selbst die freieren wissenschaftlichen Vereinigungen, aus welchen sich allmählich die Universitäten entwickelten, hatten ursprünglich religiösen Hintergrund und kirchliches Gepräge[29]). Deshalb blieb auch in dieser zünftigen Philosophie der Universitäten der Grad der Selbständigkeit gegenüber der Kirchenlehre immer gering, und es gilt dies bis in das 18. Jahrhundert hinein auch für die protestantischen Universitäten, bei deren Errichtung und Ausbildung ebenfalls kirchliche und religiöse Interessen im Vordergrunde standen.

Dagegen ist es für die mit dem Beginn der neueren Zeit sich verselbständigende „Weltweisheit" charakteristisch, daß ihre Träger durchweg nicht Männer der Schule, sondern Männer der Welt und des Lebens sind. Ein entlaufener Mönch, ein Staatskanzler, ein Schuster, ein Edelmann, ein gebannter Jude, ein gelehrter Diplomat, unabhängige Literaten und Journalisten — das sind die Begründer und Vertreter der modernen Philosophie, und dementsprechend ist deren äußere Gestalt nicht das Lehrbuch oder der Niederschlag akademischer Disputationen, sondern die freie schriftstellerische Tat, der Essay.

Erst in der zweiten Hälfte des 18. Jahrhunderts ist die Philosophie wieder zünftig und an den Universitäten heimisch geworden. Es geschah dies zuerst in Deutschland, wo mit der steigenden Selbständigkeit der Universitäten die Bedingungen dafür in glücklichster Weise gegeben waren und wo ein fruchtbares Wechselverhältnis zwischen Lehrern und Schülern der Universität auch in der Philosophie zugute kam[30]). Aus Deutschland hat sich dies nach Schottland, England, Frankreich und Italien übertragen, und im allgemeinen darf man sagen, daß im 19. Jahrhundert der Sitz der Philosophie wesentlich auf den Universitäten zu suchen war[31]). Dagegen ist dies Verhältnis gegenwärtig wieder angesichts

---

[27]) Ein hervorragendes Beispiel bieten bekanntlich die Pythagoreer; aber auch in der platonischen Akademie sind Anklänge an die Dionysosreligion und den Apollokult deutlich genug. E. PFLEIDERERS Versuch „Heraklit von Ephesus" (Berlin 1886) in einem Mysterienzusammenhang zu bringen, ist stark angefochten. Vgl. im ganzen E. ROHDE, Psyche, 7. u. 8. Aufl., 1821.

[28]) Vgl. H. USENER, Über die Organisation der wissenschaftlichen Arbeit im Altertum (Preuß. Jahrb., Jahrg. LIII. 1884, p. 1 ff., auch Vorträge und Aufsätze 1907) und E. HEITZ, Die Philosophenschulen Athens (Deutsche Revue 1884, p. 326 ff.).

[29]) Vgl. G. KAUFMANN, Geschichte der deutschen Universitäten I, p. 58 ff. (Stuttg. 1888).

[30]) Der idealen Auffassung der Wissenschaft in der Tätigkeit der deutschen Universitäten hat wohl das schönste Denkmal SCHELLING gesetzt in seinen „Vorlesungen über die Methode des akademischen Studiums" (2. und 3. Vorlesung. Ges. Werke. I. Abt., 5. Bd., p. 223 ff.). Vgl. ferner FICHTES, SCHLEIERMACHERS und STEFFENS Abhandlungen über das Wesen der Universität (herausgegeben v. E. Spranger, Philos. Bbl. 120).

[31]) Den besten Beweis dafür liefern gerade die leidenschaftlichen Angriffe, welche SCHOPENHAUER gegen dies Verhältnis gerichtet hat.

unserer geistigen Gesamtlage in einer Veränderung begriffen, so daß die Vertretung der Philosophie an den Universitäten, namentlich in Deutschland, z. T. den Eindruck der Rückständigkeit zu machen anfängt.

Eine kurze Erwähnung verdient endlich noch die B e t e i l i g u n g d e r v e r s c h i e - d e n e n V ö l k e r an der Ausbildung der Philosophie. Wie alle Entfaltungen der europäischen Kultur, so haben auch die Wissenschaft die G r i e c h e n geschaffen, und ihre schöpferische Erstgestaltung der Philosophie ist noch heute deren wesentliche Grundlage. Was im Altertum von den hellenistischen Mischvölkern und von den Römern hinzugefügt worden ist, erhebt sich im allgemeinen nicht über eine Sondergestaltung und praktische Anpassung der griechischen Philosophie: nur in der religiösen Wendung, welche diese Ausführung genommen hat, ist ein wesentlich Neues zu sehen, was der Ausgleichung der nationalen Unterschiede im römischen Weltreich entsprungen ist. International ist, wie sich schon in der durchgängigen Anwendung der lateinischen Sprachform bekundet, auch die wissenschaftliche Bildung des Mittelalters. Erst mit der neueren Philosophie treten die besonderen Charaktere der einzelnen Nationen maßgebend hervor; während sich die Traditionen der mittelalterlichen Scholastik am kräftigsten und selbständigsten in Spanien und Portugal erhalten, liefern Italiener, Deutsche, Engländer und Franzosen die Anfangsbewegungen der neueren Wissenschaft, welche ihren Höhepunkt in der klassischen Periode der deutschen Philosophie gefunden hat. Diesen vier Nationen gegenüber verhalten sich die übrigen in der Hauptsache nur empfangend.

§ 2. Die Geschichte der Philosophie.

R. Eucken, Beiträge zur Einführung in die Geschichte der Philosophie (Leipzig 1906) p. 157 ff.

W. Windelband, Die Philosophie im Beginn des 20. Jahrhunderts (Heidelberg 1905) II 175 ff., 2. Aufl. 529 ff.

Wilhelm Dilthey, Archive der Literatur in ihrer Bedeutung für das Studium der Geschichte der Philosophie (Gesammelte Schriften IV, 555 ff.).

J. Stenzel, Zum Problem der Philosophiegeschichte (Kantstudien XXVI, 1921).

Je verschiedener im Laufe der Zeiten Aufgabe und Inhalt der Philosophie bestimmt worden sind, um so mehr erhebt sich die Frage, welchen Sinn es haben kann, so nicht nur mannigfache, sondern auch verschiedenartige Vorstellungsgebilde, zwischen denen es schließlich keine andere Gemeinschaft als diejenige des Namens zu geben scheint, in historischer Forschung und Darstellung zu vereinigen.

Denn das anekdotenhafte Interesse an dieser buntscheckigen Mannigfaltigkeit verschiedener Meinungen über verschiedene Dinge, welches wohl früher, gereizt auch durch die Merkwürdigkeit und Wunderlichkeit mancher dieser Ansichten, das Hauptmotiv einer „Geschichte der Philosophie" gewesen ist, kann doch unmöglich auf die Dauer als Keimpunkt einer eigenen wissenschaftlichen Disziplin gelten.

1. Jedenfalls ist klar, daß es mit der Geschichte der Philosophie eine andere Bewandtnis hat, als mit der Geschichte irgendeiner anderen Wissenschaft. Denn bei jeder solchen steht doch das Forschungsgebiet wenigstens im allgemeinen fest, wenn auch seine Ausdehnung, seine Herauslösung aus einem allgemeineren Gebiete und seine Abgrenzung gegen die benachbarten noch so vielen Schwankungen in der Geschichte unterlegen sein mögen. Für eine solche Einzelwissenschaft macht es also keine Schwierigkeit, die Entwicklung der Erkenntnisse auf einem derartig bestimmbaren Gebiete zu verfolgen und dabei eventuell eben jene Schwankungen als die natürlichen Folgen der Entwicklung der Einsichten begreiflich zu machen.

Ganz anders aber steht es bei der Philosophie, der es an solch einem allen Zeiten gemeinsamen Gegenstande gebricht, und deren „Geschichte" daher auch nicht einen stetigen Fortschritt oder eine allmähliche Annäherung zu dessen Erkenntnis darstellt. Vielmehr ist von je hervorgehoben worden, daß, während in andern

Wissenschaften, sobald sie nach den rhapsodischen Anfängen erst eine methodische Sicherheit gewonnen haben, die Regel ein ruhiger Aufbau der Erkenntnisse ist, der nur von Zeit zu Zeit durch ruckweisen Neuanfang unterbrochen wird, umgekehrt in der Philosophie ein dankbares Fortentwickeln des Errungenen durch die Nachfolger die Ausnahme ist, und jedes der großen Systeme der Philosophie die neu formulierte Aufgabe *ab ovo* zu lösen beginnt, als ob die andern kaum dagewesen wären.

2. Wenn trotz alledem von einer „Geschichte der Philosophie" soll die Rede sein können, so kann der einheitliche Zusammenhang, den wir weder in den Gegenständen finden, mit denen sich die Philosophen beschäftigen, noch in den Aufgaben, die sie sich setzen, schließlich nur in der g e m e i n s a m e n L e i s t u n g gefunden werden, welche sie trotz aller Verschiedenheit des Inhalts und der Absicht ihrer Beschäftigung sachgemäß herbeigeführt haben.

Dieser gemeinsame Ertrag aber, der den Sinn der Geschichte der Philosophie ausmacht, beruht gerade auf den wechselnden Beziehungen, in denen sich die Arbeit der Philosophen nicht nur zu den reifsten Erzeugnissen der Wissenschaften, sondern auch zu den übrigen Kulturtätigkeiten der europäischen Menschheit im Laufe der Geschichte befunden hat. Denn mochte nun die Philosophie auf den Entwurf einer allgemeinen Welterkenntnis ausgehen, die sie, sei es als Gesamtwissenschaft, sei es als verallgemeinernde Zusammenfassung der Resultate der Sonderwissenschaften gewinnen wollte, oder mochte sie eine Lebensansicht suchen, welche den höchsten Werten des Wollens und Fühlens einen geschlossenen Ausdruck geben sollte, oder mochte sie endlich mit klarer Beschränkung die Selbsterkenntnis der Vernunft zu ihrem Ziele machen, — immer war der Erfolg der, daß sie daran arbeitete, die notwendigen Formen und Inhaltsbestimmungen menschlicher Vernunftbetätigung zum bewußten Ausdruck zu bringen, und sie aus der ursprünglichen Gestaltung von Anschauungen, Gefühlen und Trieben in diejenige der B e g r i f f e umzusetzen. In irgendeiner Richtung und in irgendeiner Weise hat jede Philosophie sich darum bemüht, auf mehr oder minder umfangreichem Gebiete zu begrifflichen Formulierungen des in Welt und Leben unmittelbar Gegebenen zu gelangen, und so ist in dem historischen Verlaufe dieser Bemühungen Schritt für Schritt der Grundriß des geistigen Lebens bloßgelegt worden. D i e G e s c h i c h t e d e r P h i l o s o p h i e i s t d e r P r o z e ß, d u r c h w e l c h e n d i e e u r o p ä i s c h e M e n s c h h e i t i h r e W e l t a u f f a s s u n g u n d L e b e n s b e u r t e i l u n g i n w i s s e n s c h a f t l i c h e n B e g r i f f e n n i e d e r g e l e g t h a t.

Dieser Gesamtertrag aller der geistigen Gebilde, die sich als „Philosophie" darstellen, ist es allein, welcher der Geschichte der Philosophie als einer eigenen Wissenschaft ihren Inhalt, ihre Aufgabe und ihre Berechtigung gibt: er ist es aber auch, um dessentwillen die Kenntnis der Geschichte der Philosophie ein notwendiges Erfordernis nicht nur für jede gelehrte Erziehung, sondern für jede Bildung überhaupt ist; denn sie lehrt, wie die begrifflichen Formen ausgeprägt worden sind, in denen wir alle, im alltäglichen Leben wie in den besonderen Wissenschaften, die Welt unserer Erfahrung denken und beurteilen.

Die Anfänge der Geschichte der Philosophie sind in den (zum weitaus größten Teil verlorengegangenen) historischen Arbeiten der großen Schulen des Altertums, insbesondere der peripatetischen zu suchen, welche wohl meist in der Art, wie Aristoteles[32]) selbst schon Beispiele gibt, den kritischen Zweck hatten, durch dialektische Prüfung der früher aufgestellten Ansichten die Entwicklung der e genen vorzubereiten. Solche historische Materialiensammlungen wurden für die verschiedenen Gebiete der Wissenschaft angelegt und es entstanden auf diese Weise neben Geschichten der einzelnen Disziplinen, wie der Mathematik, der Astronomie, der Physik usw. auch die philosophischen Doxographien[33]). Je mehr indessen später Neigung und Kraft zum selbständigen Philosophieren abnahmen, um so mehr artete diese Literatur in einen gelehrten Notizenkram aus, worin sich Anekdoten aus den Lebensumständen und einzelne epigrammatisch zugespitzte Aussprüche der Philosophen mit abgerissenen Berichten über ihre Lehren mischten.

Den gleichen Charakter von Kuriositätensammlungen trugen zunächst die auf den Resten der antiken Überlieferung beruhenden Darstellungen der neueren Zeit, wie STANLEYs[34]) Reproduktion des Diogenes von Laerte oder BRUCKERs Werke[35]). Erst mit der Zeit traten kritische Besonnenheit in der Verwertung der Quellen (BUHLE[36], FÜLLEBORN[37]), vorurteilsfreiere Auffassung der historischen Bedeutung der einzelnen Lehren (TIEDEMANN[38], DE GÉRANDO[39]]) und systematische Kritik derselben auf Grund der neuen Standpunkte (TENNEMANN[40], FRIES[41], SCHLEIERMACHER[42]]) in Kraft[43]).

Zu einer selbständigen Wissenschaft aber ist die Geschichte der Philosophie erst durch HEGEL[44]) gemacht worden, welcher den wesentlichen Punkt aufdeckte, daß die Geschichte der Philosophie weder eine bunte Sammlung von Meinungen verschiedener gelehrter Herren *„de omnibus rebus et de quibusdam aliis"*, noch eine stetig sich erweiternde und vervollkommnende Bearbeitung desselben Gegenstandes, sondern vielmehr nur den vielverschränkten Prozeß darstellen kann, in welchem sukzessive die „Kategorien" der Vernunft zum gesonderten Bewußtsein und zur begrifflichen Ausgestaltung gelangt sind.

Diese wertvolle Einsicht wurde jedoch bei HEGEL durch eine Nebenannahme verdunkelt und in ihrer Wirkung beeinträchtigt, indem er überzeugt war, daß die zeitliche Reihenfolge, nach der jene „Kategorien" in den historischen Systemen der Philosophie aufgetreten sind, sich mit der sachlichen und systematischen Reihenfolge decken müßte, worin dieselben Kategorien als „Elemente der Wahrheit" bei dem begrifflichen Aufbau des abschließenden Systems der Philosophie (wofür HEGEL das seinige ansah) erscheinen sollten. So führte der an sich richtige Grundgedanke zu dem Irrtum einer philosophisch systematisierenden Konstruktion der Philosophiegeschichte und damit vielfach zu einer Vergewaltigung des historischen Tatbestandes. Dieser Irrtum, den die Entwicklung der wissen-

---

32) Z. B. im Anfang seiner Metaphysik.
33) Näheres darüber unten p. 14 f.
34) TH. STANLEY, The history of philosophy. London 1685.
35) J. J. BRUCKER, Historia critica philosophiae. 5 Bde. Leipzig 1742 ff. Institutiones histor'ae philosophiae. Leipzig 1747.
36) J. G. BUHLE, Lehrbuch der Geschichte der Philosophie. 8 Bde. Göttingen 1796 ff.
37) G. G. FÜLLEBORN, Beiträge zur Geschichte der Philosophie 12 Studien. Züllichau 1791 ff.
38) D. TIEDEMANN, Geist der spekulativen Philosophie. 7 Bde. Marburg 1791 ff.
39) DE GÉRANDO, Histoire comparée des systèmes de philosophie: zweite vierbändige Ausgabe. Paris 1822 ff.
40) W. G. TENNEMANN, Geschichte der Philosophie, 11 Bde. Leipzig 1798 ff.; Grundriß der Geschichte der Philosophie für den akademischen Unterricht. Leipzig 1812.
41) J. FR. FRIES, Geschichte der Philosophie. 2 Bde. Halle 1837 ff.
42) FR. SCHLEIERMACHER, Geschichte der Philosophie, aus dem Nachlaß herausgegeben in Ges. Werke. III. Abt. 4. Bd. I. Tl. Berlin 1839.
43) Vgl. J. FREYER, Geschichte der Philosophie im 18. Jahrhundert. 1912.
44) Zu vergleichen sind die Einleitungen in die Phänomenologie des Geistes, in die Vorlesungen über Philosophie der Geschichte und in diejenigen über Geschichte der Philosophie. Ges. Werke. Bd. II, p. 62 ff. IX, p. 11 ff. XIII, p. 11—134. In HEGELs Werken nimmt die Geschichte der Philosophie, nach seinen Vorlesungen herausgegeben von MICHELET, Bd. 13—15, Berlin 1833—36, ein. Auf seinem Standpunkte stehen G. O. MARBACH, Lehrbuch der Geschichte der Philosophie. 2. Abt. Leipzig 1838 ff. C. HERMANN, Geschichte der Philosophie in pragmatischer Behandlung, Leipzig 1867, und zum Teil auch die Übersicht über die gesamte Geschichte der Philosophie, welche J. BRANISS als ersten (einzigen) Band einer Geschichte der Philosophie seit KANT, Breslau 1842, herausgegeben hat. In Frankreich ist diese Richtung vertreten durch V. COUSIN, Introduction à l'histoire de la philosophie. Paris 1828 (7. Aufl. 1872); Histoire générale de la philosophie. 12. Aufl. Paris 1884.

schaftlichen Geschichte der Philosophie des 19. Jahrhunderts zugunsten der historischen
Richtigkeit und Genauigkeit beseitigt hat, entsprang aber der unrichtigen (wenn auch mit
den Prinzipien der HEGELschen Philosophie selbst folgerichtig zusammenhängenden) Vorstellung, als ob der geschichtliche Fortschritt der philosophischen Gedanken lediglich oder
wenigstens wesentlich einer ideellen Notwendigkeit entspränge, mit der eine „Kategorie"
die andere im dialektischen Fortgange hervortriebe. In Wahrheit ist das Bild der historischen Bewegung der Philosophie ein ganz anderes: es handelt sich dabei nicht lediglich
um das Denken „der Menschheit" oder gar „des Weltgeistes", sondern ebenso auch um
die Überlegungen, die Gemütsbedürfnisse, die Ahnungen und Einfälle der philosophierenden Individuen.

3. Jenes Gesamtergebnis der Geschichte der Philosophie, wonach in ihr die
Grundbegriffe menschlicher Weltauffassung und Lebensbeurteilung niedergelegt
worden sind, entspringt aus einer großen Mannigfaltigkeit von Einzelbewegungen
des Denkens, als deren tatsächliche Motive sowohl bei der Aufstellung der Probleme, als auch bei den Versuchen ihrer begrifflichen Lösung verschiedene Faktoren zu unterscheiden sind.

Bedeutsam genug ist allerdings der sachliche, „p r a g m a t i s c h e" F a k t o r.
Denn die Probleme der Philosophie sind der Hauptsache nach gegeben, und es
erweist sich dies darin, daß sie im historischen Verlaufe des Denkens als die
„uralten Rätsel des Daseins" immer wieder kommen und gebieterisch immer von
neuem die nie vollständig gelingende Lösung verlangen. Gegeben aber sind sie
durch die Unzulänglichkeit und widerspruchsvolle Unausgeglichenheit des der
philosophischen Besinnung zugrunde liegenden Vorstellungsmaterials[45]). Aber eben
deshalb enthält auch das letztere die sachlichen Voraussetzungen und die logischen
Nötigungen für jedes vernünftige Nachdenken darüber, und weil sich diese der
Natur und Sache nach immer wieder in derselben Weise geltend machen, so wiederholen sich in der Geschichte der Philosophie nicht nur die Hauptprobleme, sondern
auch die Hauptrichtungen ihrer Lösung. Eben diese Konstanz in allem Wechsel,
welche, von außen betrachtet, den Eindruck macht, als sei die Philosophie erfolglos
in stets wiederholten Kreisen um ein nie erreichtes Ziel bemüht, beweist doch nur,
daß ihre Probleme unentfliehbare Aufgaben für den menschlichen Geist sind[46]).
Und ebenso begreift es sich, daß dieselbe sachliche Notwendigkeit eventuell zu
wiederholten Malen aus einer Lehre eine andere hervortreibt. Deshalb ist der
Fortschritt in der Geschichte der Philosophie in der Tat streckenweise durchaus
pragmatisch, d. h. durch die innere Notwendigkeit der Gedanken und durch die
„Logik der Dinge" zu verstehen.

---

[45]) Des näheren besteht diese Unzulänglichkeit, wie hier nicht genauer entwickelt und
nur in einem System der Erkenntnistheorie ausgeführt werden kann, in dem Umstande,
daß das erfahrungsgemäß Gegebene niemals den begrifflichen Anforderungen genügt, welche
wir bei seiner gedanklichen Verarbeitung, dem inneren Wesen der Vernunft gemäß, zuerst
naiv und unmittelbar, später aber mit reflektiertem Bewußtsein stellen. Diesen A n t i -
n o m i s m u s kann nicht nur das gewöhnliche Leben, sondern auch die Erfahrungswissenschaft dadurch umgehen, daß sie mit Hilfsbegriffen arbeiten, die zwar in sich problematisch bleiben, aber innerhalb gewisser Grenzen zu einer dem praktischen Bedürfnis genügenden Verarbeitung des Erfahrungsmaterials ausreichen. Aber gerade in diesen Hilfsbegriffen stecken dann die Probleme der Philosophie: sie erwächst überall aus der Erschütterung der vor ihr in Leben und Wissenschaft geltenden Vorstellungen und Wertungen.

[46]) In dieser Weise dürfte das Ergebnis von KANTs Untersuchungen über „die Antinomie
der reinen Vernunft" (Kritik der reinen Vernunft, transzendentale Dialektik, zweites Hauptstück) historisch und systematisch zu erweitern sein; vgl. W. WINDELBAND, Geschichte
der neueren Philosophie II⁶, 100 ff.

Vgl. C. HERMANN, Der pragmatische Zusammenhang in der Geschichte der Philosophie
(Dresden 1836). Der oben erwähnte Fehler HEGELs besteht also nur darin, daß er ein in
gewissen Grenzen wirksames Moment zu dem einzigen oder wenigstens zu dem hauptsächlichsten machen wollte. Der umgekehrte Fehler wäre es, wollte man diese „Vernunft in
der Geschichte" überhaupt leugnen und in den aufeinanderfolgenden Lehren der Philosophen nur wirre Ideen der Individuen sehen. Vielmehr erklärt sich der Gesamtinhalt der
Geschichte der Philosophie eben nur dadurch, daß sich im Denken der einzelnen, so zufällig es bedingt sein mag, doch immer wieder jene sachlichen Notwendigkeiten geltend
machen. — Auf diesen Verhältnissen beruhen die Versuche, die man gemacht hat, alle
philosophischen Lehren unter gewisse Typen zu rubrizieren und zwischen diesen in der
geschichtlichen Entwicklung eine Art von rhythmischer Wiederholung zu konstatieren. So
hat V. COUSIN[47]) seine Lehre von den vier Systemen (Sensualismus, Idealismus, Skeptizismus, Mystizismus), so AUG. COMTE[48]) die seinige von den drei Stadien (dem theologischen,
metaphysischen und positiven) aufgestellt[49]). Eine interessante und vielfach instruktive
Gruppierung der philosophischen Lehren um die einzelnen Hauptprobleme bieten CH. RE-
NOUVIER, Esquisse d'une classification systématique des doctrines philosophiques. 2 Bde.
(Paris 1885/86) und WILH. DILTHEY, Die Typen der Weltanschauung und ihre Ausbildung
in den metaphysischen Systemen (Weltanschauung, Philosophie und Religion, herausgegeben von M. FRISCHEISEN-KÖHLER 1911)[50]).

4. Allein der pragmatische Faden reißt in der Geschichte der Philosophie sehr
häufig ab. Insbesondere fehlt es der historischen Reihenfolge, in der die Probleme
aufgetreten sind, fast durchgängig an einer solchen immanenten sachlichen Notwendigkeit; dagegen macht sich darin ein anderer Faktor geltend, den man am
besten als den k u l t u r g e s c h i c h t l i c h e n bezeichnet. Denn aus den Vorstellungen des allgemeinen Zeitbewußtseins und aus den Bedürfnissen der Gesellschaft empfängt die Philosophie ihre Probleme, wie die Materialien zu deren
Lösung. Die großen Errungenschaften und die neu auftauchenden Fragen der
besonderen Wissenschaften, die Bewegungen des religiösen Bewußtseins, die
Anschauungen der Kunst, die Umwälzungen des gesellschaftlichen und des staatlichen Lebens geben der Philosophie ruckweis neue Impulse und bedingen die
Richtungen des Interesses, das bald diese bald jene Probleme in den Vordergrund
drängt und andere zeitweilig beiseite schiebt, nicht minder aber auch die Wandlungen, welche Fragestellung und Antwort im Laufe der Zeit erfahren. Wo diese
Abhängigkeit sich besonders deutlich erweist, da erscheint unter Umständen ein
philosophisches System geradezu als die Selbsterkenntnis eines bestimmten Zeitalters, oder es prägen sich die Kulturgegensätze, in denen das letztere ringt, in
dem Streit der philosophischen Systeme aus. So waltet in der Geschichte der
Philosophie neben der pragmatischen und bleibenden Sachgemäßheit auch eine

---

[47]) Vgl. oben p. 9, Anm. 44.

[48]) A. COMTE, Cours de philosophie positive I, 9, wozu als Ausführung der 5. und
6. Band zu vergleichen. Übrigens finden sich ähnliche Gedanken schon in D'ALEMBERTS
Discours préliminaire zur Encyclopédie.

[49]) Einen ähnlichen, aber ganz mißlungenen Versuch hat in dieser Richtung auch FR.
BRENTANO gemacht (Die vier Phasen der Philosophie und ihr gegenwärtiger Stand, Wien
1895). Ebenso gehören in diesen Zusammenhang die stets mehr oder minder künstlichen
Analogien, welche man zwischen dem Entwicklungsgang der antiken und dem der modernen Philosophie herzustellen versucht hat: vgl. z. B. V. REICHLIN-MELDEGG, Der Parallelismus der alten und neueren Philosophie, Leipzig und Heidelberg 1865.

[50]) Vgl. G. MISCH, Vorbericht zu Diltheys ges. Schriften V (1924) und J. WACH, Trendelenburg und Dilthey (1926). Zum Problem der Typologie der Weltanschauungen selbst:
H. NOHL, Stil und Weltanschauung (1920); FRISCHEISEN-KÖHLER, Bildung und Weltanschauung (1920); K. GROOS, Der Aufbau der Systeme (1923); G. LITT, Die Philos. der Gegenwart (1925); E. ROTHACKER, Logik und Systematik der Geisteswissenschaften (Handbuch
der Philosophie II, 1926) und Probleme der Weltanschauungslehre, herausgegeben von
E. ROTHACKER (Reichls Philos. Almanach IV 1927).

kulturgeschichtliche Notwendigkeit, welche selbst den in sich nicht haltbaren Begriffsgebilden ein historisches Daseinsrecht gewährleistet.

Auch auf dies Verhältnis hat zuerst in größerem Maße HEGEL aufmerksam gemacht, obwohl die „relative Wahrheit", welche er mit Hinweis darauf den einzelnen Systemen zuschreibt, bei ihm zugleich (vermöge seines dialektischen Grundgedankens) einen systematischen Sinn hat. Dagegen ist das kulturgeschichtliche Moment unter se nen Nachfolgern von KUNO FISCHER am besten formuliert[51]) und in der Darstellung selbst zur glänzendsten Geltung gebracht worden. Er betrachtet die Philosophie in ihrer historischen Entfaltung als die fortschreitende Selbsterkenntnis des menschlichen Geistes und läßt ihre Entwicklung als stetig bedingt durch die Entwicklung des in ihr zur Selbsterkentnis gelangenden Objekts erscheinen. So sehr aber dies gerade für eine Reihe der bedeutendsten Systeme zutrifft, so ist es doch auch wiederum nur einer der Faktoren.

Aus den kulturhistorischen Anlässen, welche die philosophische Problemstellung und Problemlösung bedingen, erklärt sich in der Mehrzahl der Fälle eine höchst interessante und für das Verständnis der historischen Entwicklung bedeutsame Erscheinung: die P r o b l e m v e r s c h l i n g u n g. Denn es ist unausbleiblich, daß zwischen verschiedenen Gedankenmassen durch die Gleichzeitigkeit eines vorwiegend auf beide gerichteten Interesses nach psychologischer Gesetzmäßigkeit Assoziationen erzeugt werden, welche sachlich nicht begründet sind, — daß infolgedessen Fragen, die an sich n'chts miteinander zu tun haben, vermischt und in ihrer Lösung voneinander abhängig gemacht werden. Ein äußerst wichtiges und häufig wiederkehrendes Hauptbeisp el davon ist die Einmischung ethischer und ästhetischer Interessen in die Behandlung theoretischer Probleme: die schon aus dem täglichen Leben bekannte Erscheinung, daß die Ansichten der Menschen durch ihre Wünsche, Hoffnungen, Befürchtungen und Neigungen bestimmt, daß ihre Urteile durch ihre Beurteilungen bedingt sind, wiederholt sich in größerem Maßstabe auch in den Weltanschauungen, und sie hat sich in der Philosophie sogar dazu steigern können, daß das sonst unwillkürlich Geübte zu einem erkenntnistheoretischen Postulat proklamiert wurde (KANT).

5. Indessen verdankt nun der philosophiegeschichtliche Prozeß seine ganze Mannigfaltigkeit und Vielgestaltigkeit erst dem Umstande, daß die Entwicklung der Ideen und die begriffliche Ausprägung allgemeiner Überzeugungen sich nur durch das Denken der einzelnen P e r s ö n l i c h k e i t e n vollzieht, die, wenn auch ihre Auffassungen noch so sehr in dem sachlichen Zusammenhange und in dem Vorstellungskreise einer historischen Gesamtheit wurzeln, doch durch Individualität und Lebensführung stets noch ein Besonderes hinzufügen. Dieser i n d i v i d u e l l e   F a k t o r der philosophiegeschichtlichen Entwicklung ist um so mehr zu beachten, weil ihre Hauptträger sich als ausgeprägte, selbständige Persönlichkeiten erweisen, deren eigenartige Natur nicht bloß für die Auswahl und Verknüpfung der Probleme, sondern auch für die Ausschleifung der Lösungsbegriffe in den eigenen Lehren, wie in denjenigen der Nachfolger maßgebend gewesen ist. Daß die Geschichte das Reich der Individualitäten, der unwiederholbaren und in sich wertbestimmten Einzelheiten ist, zeigt sich auch in der Geschichte der Philosophie: auch hier haben große Persönlichkeiten lang hinreichende und auch hier nicht ausschließlich fördernde Wirkungen ausgeübt. Aristoteles darf in dieser Hinsicht als charakteristisches Beispiel gelten.

Es leuchtet ein, daß die oben besprochene P r o b l e m v e r s c h l i n g u n g durch die subjektiven Verhältnisse, unter denen die einzelnen philosophierenden Persönlichkeiten stehen, noch in viel höherem Maße herbeigeführt wird, als durch die in dem allgemeinen Bewußtsein einer Zeit, eines Volkes usw. gegebenen Anlässe. Es gibt kein philosophisches System, welches von diesem Einflusse der Persönlichkeit seines Urhebers frei wäre. Deshalb sind alle philosophischen Systeme Schöpfungen der Individualität, die in dieser Hinsicht eine gewisse Ähnlichkeit mit Kunstwerken haben und als solche aus der Persönlichkeit ihres Urhebers begriffen sein wollen. Jedem Philosophen wachsen die Elemente seiner Weltanschauung aus den ewig gleichen Problemen der Wirklichkeit und der auf ihre

---

[51]) KUNO FISCHER, Geschichte der neueren Philosophie, I, 1. Einleitug, I—V.

Lösung gerichteten Vernunft, außerdem aber aus den Anschauungen und den Idealen seines Volkes wie seiner Zeit zu: die Gestalt aber und die Ordnung, der Zusammenhang und die Wertung, welche sie in seinem System finden, sind durch seine Geburt und Erziehung seine Tat und sein Schicksal, seinen Charakter und seine Lebenserfahrung bedingt. Hier fehlt somit oft die Allgemeingültigkeit, welche in abgestufter Bedeutung den beiden andern Faktoren beiwohnt. Bei diesen rein individuellen Bildungen muß der ästhetische Reiz an Stelle des Wertes bleibender Erkenntnis treten, und das Eindrucksvolle vieler Erscheinungen der Philosophiegeschichte beruht in der Tat nur auf diesem Zauber der „Begriffsdichtung".

Zu den Problemverschlingungen und den durch Phantasie und Gefühl bestimmten Vorstellungen, welche schon das allgemeine Bewußtsein in die Irre zu führen vermögen, treten somit bei den Individuen noch ähnliche, aber rein persönliche Vorgänge hinzu, um den Problembildung und -lösung noch mehr den Charakter der K ü n s t l i c h k e i t zu verleihen. Es ist nicht zu verkennen, daß vielfach sich die Philosophen auch mit Fragen herumgeschlagen haben, denen es an der natürlichen Begründung fehlte, so daß alle darauf verwendete Denkmühe vergebens war, und daß anderseits auch bei der Lösung realer Probleme unglückliche Versuche von Begriffskonstruktionen mit untergelaufen sind, welche mehr Hindernisse als Förderungen für den Austrag der Sache gebildet haben.

Das Bewunderungswürdige in der Geschichte der Philosophie bleibt eben dies, daß aus solcher Fülle individueller und allgemeiner Verwirrungen sich doch im ganzen der Grundriß allgemeingültiger Begriffe der Weltauffassung und Lebensbeurteilung niedergeschlagen hat, der den wissenschaftlichen Sinn dieser Entwicklung darstellt. Deshalb aber ist die Geschichte der Philosophie auch das vornehmste Organon der Philosophie selber und gehört nicht nur in weit größerem Maße, sondern auch in ganz anderem Sinne als es bei andern Wissenschaften der Fall ist, als integrierender Bestandteil zu ihrem System. Denn sie bildet in ihrer Gesamtheit die umfassendste und geschlossenste Entwicklung der Probleme der Philosophie selbst. Vgl, W. WINDELBAND, Festschrift f. Kuno Fischer, „Die Philosophie der Gegenwart" (Heidelberg, 2. Aufl., 1907) p. 529 ff.

6. Hiernach hat die p h i l o s o p h i e g e s c h i c h t l i c h e Forschung f o l g e n d e A u f g a b e n zu erfüllen: 1. genau f e s t z u s t e l l e n, was sich über die Lebensumstände, die geistige Entwicklung und die Lehren der einzelnen Philosophen aus den vorliegenden Quellen ermitteln läßt; 2. aus diesen Tatbeständen den g e n e t i s c h e n Prozeß in der Weise zu rekonstruieren, daß bei jedem Philosophen die Abhängigkeit seiner Lehren teils von denjenigen der Vorgänger, teils von den allgemeinen Zeitideen, teils von seiner eigenen Natur und seinem Bildungsgange begreiflich wird; 3. aus der Betrachtung des Ganzen heraus zu b e u r t e i l e n, welchen Wert die so festgestellten und ihrem Ursprunge nach erklärten Lehren in Rücksicht auf den Gesamtertrag der Geschichte der Philosophie besitzen.

Hinsichtlich der beiden ersten Punkte ist die Geschichte der Philosophie eine p h i l o l o g i s c h - h i s t o r i s c h e, hinsichtlich des dritten Moments ist sie eine k r i t i s c h - p h i l o s o p h i s c h e W i s s e n s c h a f t.

a) In bezug auf die F e s t s t e l l u n g d e s T a t s ä c h l i c h e n ist die Geschichte der Philosophie auf eine sorgfältige und umfassende Durchforschung der Q u e l l e n angewiesen. Diese fließen aber für die verschiedenen Zeiten mit sehr verschiedener Durchsichtigkeit und Vollständigkeit.

Die Hauptquellen für die philosophiegeschichtliche Forschung sind selbstverständlich die W e r k e d e r P h i l o s o p h e n selbst. Hinsichtlich der n e u e r e n Zeit stehen wir in dieser Hinsicht auf verhältnismäßig sicherem Boden. Seit Erfindung der Buchdruckerkunst ist die literarische Tradition so fest und deutlich geworden, daß sie im allgemeinen keinerlei Schwierigkeiten macht. Die Schriften, welche die Philosophen seit der Renaissance herausgegeben haben, sind für die heutige Forschung durchgängig zugänglich: die Fälle, in denen Fragen der Echtheit, der Entstehungszeit usw. zu Kontroversen Anlaß gäben, sind verhältnismäßig äußerst selten; eine philologische Kritik hat hier nur geringen Spielraum, und wo sie (wie z. B. teilweise bei den verschiedenen Auflagen der Kantischen Werke) eintreten kann, betrifft sie lediglich untergeordnete und in letzter Instanz gleichgültige Punkte. Auch sind wir hier der Vollständigkeit des Materials leidlich sicher: daß Wichtiges verloren oder noch von späterer Publikation zu erwarten wäre, ist kaum anzunehmen; wenn die geschärfte philologische Aufmerksamkeit der letzten Jahrzehnte uns

über SPINOZA, LEIBNIZ, KANT, FICHTE, SCHELLING, HEGEL, SCHLEIERMACHER, SCHOPEN-
HAUER, MAINE DE BIRAN Neues gebracht hat, so hält der philosophische Ertrag davon
dem Werte des schon Bekannten kaum das Gewicht. Höchstens handelt es sich dabei um
Ergänzungen; insbesondere tritt wohl die Wichtigkeit gelegentlicher brieflicher Äußerungen
in Kraft, welche über den individuellen Faktor der philosophiegeschichtlichen Entwicklung
mehr Licht zu verbreiten geeignet sind[52]).
    Weniger günstig schon steht es um die Quellen der mittelalterlichen Philo-
sophie, welche zu einem (freilich geringen) Teile noch eine nur handschriftliche Existenz
führen. V. COUSIN und seine Schule haben sich zuerst um die Publikation der Texte sehr
verdient gemacht, und im ganzen dürfen wir überzeugt sein, auch für diese Zeit ein zwar
lückenhaftes, aber doch zutreffendes Material zu besitzen. Dagegen ist unsere Kenntnis
der arabischen und jüdischen Philosophie des Mittelalters und damit auch ihres Einflusses
auf den Gang des abendländischen Denkens im einzelnen noch sehr problematisch; und es
dürfte dies die empfindlichste Lücke in der Quellenforschung der Geschichte der Philosophie sein.
    Viel schlimmer noch ist es um den direkten Quellenbefund der antiken Philo-
sophie bestellt. Erhalten ist von Originalwerken uns allerdings die Hauptsache: der
Grundstock der Werke von Platon und Aristoteles, auch dieser freilich nur in vielfach
zweifelhafter Form, und daneben nur die Schriften späterer Zeit, wie diejenigen Ciceros,
Senecas, Plutarchs, der Kirchenväter und der Neuplatoniker. Der weitaus größte Teil der
philosophischen Schriften des Altertums ist verloren. Statt ihrer müssen wir uns mit den
Fragmenten begnügen, welche der Zufall gelegentlicher Erwähnung bei den erhaltenen
Schriftstellern, auch hier vielfach in fragwürdiger Form übrig gelassen hat[53]).
    Wenn es trotzdem gelungen ist, ein bis in das einzelne hinein durchgeführtes und wissen-
schaftlich gesichertes Bild von der Entwicklung der alten Philosophie (deutlicher als von
dem der mittelalterlichen) zu gewinnen, so ist dies nicht nur den unausgesetzten Mühen
philologischer und philosophischer Durcharbeitung dieses Materials zu danken, sondern
auch dem Umstande, daß uns neben den Resten der Originalwerke der Philosophen auch
diejenigen der historischen Berichte des Altertums als sekundäre Quellen erhalten
sind. Das Beste freilich auch daraus ist verloren, die historischen Werke nämlich, welche
der gelehrten Sammlung der peripatetischen und der stoischen Schule zu Ende des vierten
und im dritten Jahrhundert v. Chr. entsprangen. Diese Arbeiten sind dann später durch
mehrfache Hände gegangen, ehe sie sich in den uns noch aus der Römerzeit vorliegenden
Kompilationen erhalten haben, wie in den unter dem Namen Plutarchs gehenden Placita
philosophorum[54]) in den Schriften des Sextus Empiricus[55]), in den Deipnosophistae des
Athenaios[56]) in der Schrift des Diogenes Laertius περὶ βίων δογμάτων καὶ ἀποφθεγμάτων τῶν
ἐν φιλοσοφίᾳ εὐδοκιμησάντων)[57]), in den Zusammenstellungen der Kirchenväter und in den
Notizen der Kommentatoren der spätesten Zeit, wie Alexander von Aphrodisias, Themistios
und Simplikios. Eine vorzügliche Durcharbeitung dieser sekundären Quellen der antiken
Philosophie hat H. DIELS, Doxographi Graeci (Berlin 1879), gegeben.
    Wo, wie auf dem ganzen Gebiet der alten Philosophie, der Quellenbefund ein so zweifel-
hafter ist, da muß die kritische Feststellung des Tatsächlichen mit der Erforschung des
pragmatischen und genetischen Zusammenhanges Hand in Hand gehen. Denn wo die
Überlieferung selbst zweifelhaft ist, da kann die Entscheidung nur durch die Auffassung
eines vernünftigen, der psychologischen Erfahrung entsprechenden Zusammenhanges gewonnen werden; in diesen Fällen ist also die Geschichte der Philosophie, wie alle Ge-

---

[52]) Über das „Handschriftenmaterial zur Geschichte der nachkantischen Philosophie in
den deutschen und österreichischen Bibliotheken" vgl. G. MISCH und H. NOHL, Kantstudien XII (1912).

[53]) Die besonderen Fragmentsammlungen sind unten bei den einzelnen Philosophen erwähnt. Es wäre wünschenswert, daß sie überall so vortrefflich wären wie USENERS „Epicurea". — Von den Fragmenten der Vorsokratiker hatte F. W. A. MULLACH (Fragmenta
philosophorum graecorum. 3 Bde., Paris 1860—81) eine sorgfältige, aber dem heutigen
Stande der Forschung nicht mehr genügende Sammlung herausgegeben; sie ist jetzt in
umfassender Weise ersetzt durch H. DIELS, Poetarum philosophorum fragmenta (Berlin
1901) und Die Fragmente der Vorsokratiker, griechisch und deutsch (Berlin 1903), 4. Aufl.,
1922. Eine neue Übersetzung der philosophisch wichtigsten Fragmente gibt MISCHs Weg
in die Philosophie, I (1926), vgl. unten S. 17.

[54]) Plut. Moralia, ed DÜBNER, Paris 1841. DIELS, Dox. p. 272 ff.

[55]) ED. BEKKER, Berlin 1847.

[56]) ED. G. KAIBEL, Leipzig 1888/90.

[57]) ED. COBET, Paris 1850. Übersetzung von Apelt in der Philos. Bibl. 1921.

schichte, darauf angewiesen, mit Zugrundelegung des quellenmäßig Gesicherten sich auch in denjenigen Regionen zu orientieren, mit denen die Überlieferung eine direkte und gesicherte Fühlung verloren hat. Die philosophiegeschichtliche Forschung des 19. Jahrhunderts darf sich rühmen, diese Aufgabe nach den Anregungen SCHLEIERMACHERs durch die Arbeiten von H. RITTER, dessen Geschichte der Philosophie (12 Bde., Hamburg 1829—53) jetzt freilich veraltet ist, von BRANDIS und ZELLER über die antike, von J. E. ERDMANN und KUNO FISCHER über die neuere Philosophie gelöst zu haben. Unter den zahlreichen Gesamtdarstellungen der Geschichte der Philosophie ist in diesen Hinsichten die bei weitem zuverlässigste J. E. ERDMANNs Grundriß der Geschichte der Philosophie, 2 Bde., 3. Aufl., Berlin 1878, 4. Aufl. bearb. von BENNO ERDMANN 1896. Allen größeren oder kleineren Darstellungen der Geschichte der Philosophie ist bisher der Gesamtplan der Anordnung gemeinsam, daß chronologisch nach der Reihenfolge der bedeutenderen Philosophen und der Schulen verfahren wird: die Unterschiede betreffen nur einzelne, nicht immer bedeutsame Verschiebungen. Unter den neuesten wären etwa wegen der geschmackvollen und einsichtigen Behandlung noch die von J. BERGMANN (2 Bde., Berlin 1892) und K. VORLÄNDER (2 Bde., Leipzig 1908) zu nennen. Eine eigenartige und feinsinnige Auffassung, in der das übliche Schema durch die Betonung großer weltgeschichtlicher Zusammenhänge glücklich durchbrochen ist, bietet R. EUCKEN, Die Lebensanschauungen der großen Denker (13. u. 14. Aufl., Leipzig 1919). Eine Folge von Monographien verschiedener Autoren vereinigt E. v. ASTER, Große Denker, 2 Bde. (2. Aufl. 1923) zu einer Gesamtdarstellung. Im Lehrbuch der Philosophie, herausg. von M. DESSOIR (1925) bearbeiten E. CASSIRER und E. HOFFMANN die Antike, J. GEYSER das Mittelalter, E. v. ASTER die Neuzeit, FRISCHEISEN-Köhler die Gegenwart. Nach problemgeschichtlichen Gesichtspunkten versuchen die 6 Bde. des Handbuchs der Philosophie, herausg. von A. BAEUMLER u. M. SCHRÖTER (1926 f.) den historischen Ertrag der Erkenntnistheorie, Logik, Ethik usw. systematisch fruchtbar zu machen.

Eine vortreffliche, die Literatur in erschöpfender Vollständigkeit und guter Ordnung sammelnde Bibliographie der gesamten Geschichte der Philosophie findet man in ÜBERWEG-HEINZES Grundriß der Geschichte der Philosophie, 5 Bde., in den neueren Aufl., herausgegeben von K. PRAECHTER, M. BAUMGARTNER, M. FRISCHEISEN-KÖHLER, K. OESTERREICH und W. MOOG. Die philosophische Literatur der Jahre 1903—1908 verzeichnen die 5 Bände der Philosophie der Gegenwart, herausg. von A. RUGE 1910 ff., die wissenschaftlichen Forschungsberichte, Philosophie bearbeitet von W. MOOG 1921 f. und neuerdings mit großer Genauigkeit die Literarischen Berichte aus dem Gebiete der Philosophie, herausg. von A. HOFFMANN (Erfurt 1923 ff.). Weitere allgemeine Hilfsmittel sind die philosophischen Lexika, wie das von AD. FRANCK herausgegebene Dictionnaire des sciences philosophiques (3. Aufl., Paris 1885) oder das von J. M. BALDWIN herausgegebene Dictionary of Philosophy and Psychology (London und New York 1901—1905, drei Bände), ferner EISLER, Wörterbuch der philosophischen Begriffe und Ausdrücke (4. Aufl., 3 Bde. Berlin 1926). Ders., Philosophenlexikon 1912 und Handwörterbuch der Philosophie, 2. Aufl., neubearbeitet von MÜLLER-FREIENFELS 1922; CLAUBERG und DUBISLAV, Systematisches Wörterbuch der Philosophie 1923. A. LALANDE, Vocabulaire technique et critique de la Philosophie, 2 Bde. (Paris 1926). Zur Geschichte der philosophischen Terminologie hat RUD. EUCKEN (Leipzig 1878 und Geistige Strömungen der Gegenwart, 5. Aufl. 1916) wertvolle Vorarbeit geleistet. Ausgaben und Übersetzungen der philosophischen Klassiker in der Philosophischen Bibliothek.

b) Die Erklärung des Tatsächlichen in der Geschichte der Philosophie ist entweder pragmatisch oder kulturhistorisch oder „psychologisch" biographisch, den drei Faktoren entsprechend, welche als die den Gang des Denkens bestimmenden oben auseinandergelegt wurden. Welche dieser drei Erklärungsarten im einzelnen Falle anzuwenden ist, hängt lediglich von dem Tatbestand der Überlieferung ab: daher ist es unrichtig, die eine oder die andere zum alleinigen Prinzip der Behandlung zu machen. Die pragmatische Erklärungsart wiegt bei denjenigen vor, welche in der ganzen Geschichte der Philosophie die Vorbereitung für ein bestimmtes System der Philosophie sehen, so bei HEGEL und seinen Schülern (s. o. S. 9), so vom HERBARTschen Standpunkte bei CHR. A. THILO, Kurze pragmatische Geschichte der Philosophie, 2 Tle. (Coethen 1876—80). Die kulturgeschichtliche Betrachtung und die Bezugnahme auf die Probleme der Einzelwissenschaften haben in der Auffassung der neueren Philosophie besonders KUNO FISCHER, W. DILTHEY und W. WINDELBAND betont.

Ganz unzulänglich als wissenschaftliche Darstellung der Geschichte der Philosophie ist die rein biographische, welche nur eine der Persönlichkeiten nach der andern behandelt. In neuerer Zeit ist sie durch die Schrift von G. H. LEWES, The history of philosophy from Thales to the present day (2 vs., London 1871) vertreten, ein Buch ohne alle historische Auffassung und zugleich eine Parteischrift im Sinne des COMTEschen Positivismus. Auch die Arbeiten der französischen Historiker (DAMIRON, FERRAZ) haben gern diese Form der getrennten, essayartigen Behandlung einzelner Philosophen, verlieren aber darüber nicht den Entwicklungsgang des Ganzen aus den Augen[58]).

c) Am schwierigsten ist es, die Prinzipien festzustellen, nach denen die philosophisch-kritische B e u r t e i l u n g der einzelnen Lehren stattzufinden hat. Wie jede Geschichte, so ist auch die der Philosophie eine kritische Wissenschaft: sie hat nicht nur zu berichten und zu erklären, sondern auch zu beurteilen, was in der historischen Bewegung, wenn sie erkannt und begriffen ist, als Fortschritt, als Ertrag zu gelten hat. Es gibt keine Geschichte ohne diesen Gesichtspunkt der Beurteilung, und das Zeugnis der Reife für den Historiker ist, daß er sich dieses seines Gesichtspunktes der Kritik klar bewußt ist; denn wo dies nicht der Fall ist, da verfährt er in der Auswahl seines Berichtes und in der Charakterisierung des einzelnen nur instinktiv und ohne klare Norm[59]).

Dabei versteht es sich von selbst, daß dieser Maßstab der Beurteilung nicht eine Privatansicht des Historikers, auch nicht seine philosophische Überzeugung sein darf; wenigstens raubt die Anwendung einer solchen der danach geübten Kritik den Wert wissenschaftlicher Allgemeingültigkeit. Wer sich dem Glauben hingibt, die alleinige philosophische Wahrheit zu besitzen, oder wer von den Gewohnheiten der Spezialwissenschaften herkommt, in welchen allerdings ein sicheres Ergebnis die Beurteilung der Versuche, die dazu geführt haben, sehr einfach macht[60]), der mag wohl in Versuchung sein, alle die vorüberwandelnden Gestalten auf das Prokrustesbett seines Systems zu spannen: wer aber mit offenem historischen Blick die Arbeit des Denkens in der Geschichte betrachtet, den wird respektvolle Scheu zurückhalten, die Heroen der Philosophie wegen ihrer Unkenntnis der Weisheit eines Epigonen abzukanzeln[61]).

Dem äußerlichen Absprechen gegenüber hat die wissenschaftliche Geschichte der Philosophie sich auf den Standpunkt der i m m a n e n t e n K r i t i k zu stellen, und deren Prinzipien sind zwei: d i e f o r m a l l o g i s c h e K o n s e q u e n z und die i n t e l l e k - t u e l l e F r u c h t b a r k e i t.

Das Denken eines jeden Philosophen ist an den Vorstellungszustand gebunden, in den er hineinwächst, und unterliegt in seiner Entwicklung der psychologischen Notwendigkeit: die kritische Untersuchung hat festzustellen, wie weit es ihm möglich geworden ist, die verschiedenen Elemente seines Denkens in Übereinstimmung miteinander zu bringen. Der Widerspruch tritt in der intellektuellen Wirklichkeit fast nie direkt so auf, daß ausdrücklich dasselbe behauptet und auch verneint würde, sondern stets so, daß verschiedene Behauptungen aufgestellt werden, die erst vermöge ihrer logischen Konsequenzen auf direkten Widerspruch und sachliche Unvereinbarkeit führen. Die Aufdeckung dieser Unzulänglichkeiten ist die formale Kritik; sie fällt häufig mit der pragmatischen Erklärung zusammen, weil diese Kritik schon in der Geschichte selbst von den Nachfolgern vollzogen worden ist und deren Probleme bestimmt hat.

Doch genügt dieser Gesichtspunkt allein nicht: er trifft als rein formal alle Ansichten, die hinsichtlich eines Philosophen bezeugt sind, ausnahmslos, aber er gibt kein Kriterium der Entscheidung darüber, worin die philosophische Bedeutung einer Lehre sachlich besteht: denn es zeigt sich vielfach, daß die Wirkung der Philosophie historisch gerade in Begriffen sich vollzogen hat, die durchaus nicht als in sich fertig und widerspruchslos gelten dürfen, während eine Menge einzelner Behauptungen, die zu beanstanden kein An-

---

[59]) Dies gilt für jedes Gebiet der Geschichte, für die der Politik und der Literatur gerade so wie für die der Philosophie.

[58]) Ein gutes Lehrbuch ist A. WEBER, Histoire de la philosophie européenne, 6. Aufl. Paris 1897.

[60]) Als Beispiel möge darauf hingewiesen werden, daß der verdiente Verfasser einer ausgezeichneten Geschichte der Prinzipien der Mechanik, EUG. DÜHRING, in seiner „Kritischen Geschichte der Philosophie" (4. Aufl., Berlin 1894) die ganze Willkür einer einseitigen Beurteilung entfaltet hat. Ähnliches gilt von der konfessionellen Kritik, welche A. STÖCKL, Lehrbuch der Geschichte der Philosophie (2 Bde., 3. Aufl., Mainz 1889) in typischer Weise ausübt.

[61]) Es kann nicht genug gegen die knabenhafte Überhebung protestiert werden, mit der es eine Zeitlang in Deutschland Mode war, von den „Errungenschaften der Jetztzeit" her auf die großen Männer der griechischen und der deutschen Philosophie herabzulächeln oder zu schimpfen; es war meist der Hochmut der Unwissenheit, welche keine Ahnung davon hatte, daß sie zuletzt doch nur von den Gedanken derjenigen lebte, die sie schalt und höhnte. Aber die Zeit dieses Unfugs ist glücklicherweise vorüber.

laß ist, für die geschichtliche Betrachtung unbeachtet in der Ecke bleiben müssen. Große Irrtümer sind in der Geschichte der Philosophie wichtiger als kleine Wahrheiten.

Denn darauf kommt es vor allem an, was einen Beitrag geliefert hat zur Ausbildung der menschlichen Weltanschauung und Lebensbeurteilung; diejenigen Begriffsbildungen sind der Gegenstand der Geschichte der Philosophie, welche als Auffassungsformen und Urteilsformen sich dauernd lebendig erhalten haben und in denen damit die bleibende innere Struktur der Vernunft zu klarer Erkenntnis gekommen ist.

Dies ist denn auch der Maßstab, nach dem allein entschieden werden kann, welche unter den oft sehr verschiedenartige Dinge betreffenden Lehren der Philosophen als die eigentlich philosophischen anzusehen und welche anderseits aus der Geschichte der Philosophie auszuscheiden sind. Die Quellenforschung freilich hat die Pflicht, alle Lehren der Philosophen sorgfältig und vollständig zu sammeln, und damit das ganze Material für die pragmatische, kulturhistorische und psychologische Erklärung zu geben: aber der Zweck dieser mühsamen Arbeit ist doch nur der, daß schließlich das philosophisch Gleichgültige als solches erkannt und dieser Ballast über Bord geworfen werde.

Insbesondere ist dieser Gesichtspunkt der wesentlich bestimmende für Auswahl und Darstellung in einem L e h r b u c h, das nicht die Forschung selbst geben, sondern ihre Ergebnisse zusammenfassen soll.

§ 3. Einteilung der Philosophie und ihrer Geschichte.

Es kann hier nicht die Absicht sein, eine systematische Einteilung der Philosophie vorzutragen, denn eine solche würde doch in keinem Falle historische Gemeingültigkeit besitzen können. Die Verschiedenheiten, welche in der Bestimmung des Begriffs, der Aufgabe und der Gegenstände der Philosophie im Laufe der geschichtlichen Entwicklung obwalten, ziehen einen Wechsel auch der Einteilung so notwendig und selbstverständlich nach sich, daß dies keiner besonderen Erläuterungen bedarf. Die älteste Philosophie kannte überhaupt noch keine Gliederung. Dem späteren Altertum war eine Einteilung der Philosophie in Logik, Physik und Ethik geläufig. Im Mittelalter und noch mehr in der neueren Zeit werden vielfach die beiden ersten als theoretische Philosophie zusammengefaßt und der praktischen gegenübergesstellt. Seit KANT beginnt sich eine neue Dreiteilung in logische, ethische und ästhetische Philosophie durchzusetzen. Doch hangen diese verschiedenen Einteilungen viel zu sehr von dem sachlichen Gange der Philosophie selbst ab, als daß es sich verlohnte, sie hier im einzelnen aufzuzählen.

Dagegen empfiehlt es sich, der historischen Darstellung wenigstens eine Ü b e r s i c h t über den ganzen Umfang derjenigen Probleme voranzuschicken, welche überhaupt, wenn auch in noch so verschiedenem Maße und verschiedener Wertung, Gegenstand der Philosophie gewesen sind, — eine Übersicht also, für die keine systematische Geltung in Anspruch genommen wird, sondern nur der Zweck vorläufiger Orientierung maßgebend ist.

W. WINDELBAND, Einleitung in die Philosophie, 2. Aufl. 1920.

Einen eigenartigen Versuch durch eine systematisch verknüpfte Auswahl des klassischen philosophischen Schrifttums den Problemkreis der Philosophie selbst zu erschließen, unternimmt G. MISCHs Weg in die Philosophie, eine philosophische Fibel, I (Leipzig 1926).

1. T h e o r e t i s c h e P r o b l e m e nennen wir alle diejenigen, welche sich teils auf die Erkenntnis der Wirklichkeit, teils auf die Untersuchung des Erkennens selbst beziehen. In der Erkenntnis der Wirklichkeit aber werden die allgemeinen Fragen, welche die Gesamtheit des Wirklichen betreffen, von denjenigen unterschieden, die nur einzelne Gebiete der Wirklichkeit angehen. Mit den ersteren, den höchsten Prinzipien der Welterklärung und der auf ihnen beruhenden allgemeinen Weltansicht beschäftigt sich die M e t a p h y s i k, von Aristoteles erste,

d. h. grundlegende Wissenschaft genannt und mit dem jetzt üblichen Namen nur wegen der Stellung bezeichnet, welche sie in der antiken Sammlung der aristotelischen Werke „nach der Physik" einnahm. Vermöge seiner monotheistischen Weltanschauung nannte Aristoteles diesen Wissenszweig auch Theologie. Spätere haben die r a t i o n a l e o d e r n a t ü r l i c h e T h e o l o g i e auch als Zweig der Metaphysik behandelt.

ED. V. HARTMANN, Geschichte der Metaphysik, 2 Bde. Leipzig 1899 f. CH. RENOUVIER, Histoire et solution des problèmes métaphysiques. Paris 1901.

Die besonderen Gebiete der Wirklichkeit sind die Natur und die Geschichte. In der ersteren sind äußere und innere Natur zu unterscheiden: die Probleme, welche die äußere Natur der Erkenntnis darbietet, bezeichnet man als k o s m o l o g i s c h e oder speziell n a t u r p h i l o s o p h i s c h e, auch wohl als p h y s i s c h e. Die Erforschung der inneren Natur, d. h. des Bewußtseins und seiner Zustände und Tätigkeiten ist Sache der P s y c h o l o g i e. Die philosophische Betrachtung der G e s c h i c h t e gehört in den Rahmen der theoretischen Philosophie formell, sofern das Wesen historischer Forschung methodologisch und erkenntnistheoretisch untersucht wird, materiell dagegen nur insoweit, als sie auf Erforschung der im historischen Leben der Völker obwaltenden Gesetze gerichtet sein soll: da aber die Geschichte das Reich zweckmäßiger Handlungen der Menschen ist, so fallen die Fragen der G e s c h i c h t s p h i l o s o p h i e, sofern sie den Gesamtzweck der historischen Bewegung und seine Erfüllung zu ihrem Gegenstand machen will, unter die praktischen Probleme[62]).

H. SIEBECK, Geschichte der Psychologie, 1. Bd. in zwei Abteilungen (Gotha 1880/84), unvollendet, bis in die Scholastik hineinreichend. M. DESSOIR, Geschichte der neueren Psychologie, 1. Bd. (2. Aufl. 1902) und Abriß einer Geschichte der Psychologie, 1911.
ROBERT FLINT, History of the philosophy of history. I. (Edinburgh u. London 1893).

Die auf die Erkenntnis selbst gerichtete Untersuchung wird (im allgemeinen Sinne des Wortes) L o g i k, auch wohl N o ë t i k genannt. Beschäftigt sie sich mit der Art, wie das Wissen tatsächlich zustande kommt, so fällt diese p s y c h o g e n e t i s c h e Betrachtung in den Bereich der Psychologie. Stellt man dagegen die Normen auf, nach denen der Wahrheitswert der Vorstellungen beurteilt werden soll, so nennt man diese die l o g i s c h e n Gesetze und bezeichnet die darauf gerichtete Untersuchung als L o g i k im engeren Sinne. Als angewandte Logik erscheint die M e t h o d o l o g i e, welche die Vorschriften für die planmäßige Einrichtung der wissenschaftlichen Tätigkeit mit Rücksicht auf die verschiedenen Erkenntniszwecke der einzelnen Disziplinen entwickelt. Die Probleme endlich, welche sich aus den Fragen über die Tragweite und die Grenze der menschlichen Erkenntnis und ihr Verhältnis zu der ihren Gegenstand bildenden Wirklichkeit erheben, machen die Aufgaben der E r k e n n t n i s t h e o r i e aus.

K. PRANTL, Geschichte der Logik im Abendlande, 4 Bde. (Leipzig 1855—1870), nur bis zur Renaissance fortgeführt.
FR. HARMS, Die Philosophie in ihrer Geschichte, I. Psychologie, II. Logik (Berlin 1877 und 1881).
A. TRENDELENBURG, Geschichte der Kategorienlehre (Hist. Beiträge zur Philos. I. 1846).

---

[62]) Vgl. H. RICKERT, Geschichtsphilosophie in der von W. WINDELBAND herausgegebenen Festschrift „Die Philosophie im Beginn des 20. Jahrh." (Heidelberg 1905, II., 51 ff., 2. Aufl., 1907, S. 321 ff.) und W. WINDELBAND, Geschichtsphilosophie. Eine Kriegsvorlesung, Berlin 1916.

M. LOSACCO, Storia della Dialettica (Florenz 1922).

O. DITTRICH, Geschichte der Ethik, Die Systeme der Moral vom Altertum bis zur Gegenwart. Bis jetzt 3 Bde. (1926 ff.).

2. P r a k t i s c h e Probleme heißen im allgemeinen diejenigen, welche aus der Untersuchung der zweckbestimmten Tätigkeit des Menschen erwachsen. Auch hier ist eine psychogenetische Behandlung möglich, welche Sache der Psychologie, bzw. der Ethnographie ist. Dagegen ist diejenige Disziplin, welche das Handeln des Menschen unter dem Gesichtspunkte der sittlichen Normbestimmung betrachtet, die E t h i k oder M o r a l p h i l o s o p h i e. Dabei pflegt man unter M o r a l im engeren Sinne die Aufstellung und Begründung der sittlichen Vorschriften zu verstehen. Da sich aber alles sittliche Handeln auf die Gemeinschaft bezieht, so schließt sich an die Moral die P h i l o s o p h i e d e r G e s e l l s c h a f t (für welche sich der unglückliche Name S o z i o l o g i e auf die Dauer doch durchzusetzen scheint) und die R e c h t s p h i l o s o p h i e. Insofern weiterhin das Ideal menschlicher Gemeinschaft den letzten Sinn der Geschichte ausmacht, erscheint, wie oben erwähnt, auch die G e s c h i c h t s p h i l o s o p h i e in diesem Zusammenhange.

Zu den praktischen Problemen im weitesten Sinne des Wortes gehören endlich auch diejenigen, welche sich auf die Kunst und Religion beziehen. Für die philosophische Untersuchung über das Wesen des Schönen und der Kunst ist seit dem Ende des 18. Jahrhunderts der Name Ä s t h e t i k eingeführt. Wenn die Philosophie sich das religiöse Leben nicht in dem Sinne zum Vorwurf nimmt, daß sie selbst eine Lehre vom Wesen der Gottheit geben will, sondern in dem Sinne einer kritischen Untersuchung über das religiöse Verhalten des Menschen, so bezeichnet man diese Disziplin als R e l i g i o n s p h i l o s o p h i e.

FR. SCHLEIERMACHER, Grundlinien einer Kritik der bisherigen Sittenlehre (Ges. W. III. Bd. I, Berlin 1834). L. V. HENNING, Die Principien der Ethik in historischer Entwicklung (Berlin 1825). FR. V. RAUMER, Die geschichtliche Entwicklung der Begriffe von Staat, Recht und Politik (Leipz., 3. Aufl. 1861). E. FEUERLEIN, Die philos. Sittenlehre in ihren geschichtlichen Hauptformen. 2 Bde. (Tübingen 1857—59). P. JANET, Histoire de la philosophie morale et politique (Paris 1858). W. WHEWELL, History of moral science (Edinburgh 1863). H. SIDGWICK, The methods of ethics (London 1879). TH. ZIEGLER, Geschichte der Ethik (2 Bde., Straßburg 1881—86). K. KÖSTLIN, Geschichte der Ethik (I. Bd., 1. Abt.; unvollendet. Tübingen 1887). G. JELLINEK, Allgemeine Staatslehre, Bd. I (3. Aufl., Berlin 1914).

R. ZIMMERMANN, Geschichte der Ästhetik (Wien 1858). — M. SCHASLER, Kritische Geschichte der Ästhetik (Berlin 1871). H. LOTZE, Geschichte der Ästhetik in Deutschland (1868, Neudruck 1913), Literatur bei. E. BERGMANN, Geschichte der Ästhetik u. Kunstphilosophie. Ein Forschungsbericht (1904).

J. BERGER, Geschichte der Religionsphilosophie (Berlin 1800). — B. PÜNJER, Geschichte der christlichen Religionsphilosophie seit der Reformation. 2 Bde. (Braunschweig 1880 bis 1883). — O. PFLEIDERER, Religionsphilosophie auf geschichtlicher Grundlage. Bd. I. (3. Aufl. 1894). — H. SCHWARZ, Der Gottesgedanke in der Geschichte der Philosophie I (1913).

Wertvolle Gesichtspunkte für die Geschichte der Philosophie bietet auch G. MISCH, Geschichte der Autobiographie (bisher Bd. I, Altertum, Leipzig 1907).

Die E i n t e i l u n g d e r G e s c h i c h t e d e r P h i l o s o p h i e pflegt sich an die für die politische Geschichte übliche derart anzuschließen, daß drei große Perioden, antike, mittelalterliche und neuere Philosophie unterschieden werden. Doch liegen die Einschnitte, welche auf diese Weise gemacht werden, für die Geschichte der Philosophie nicht so günstig, wie vielleicht für die politische.

2*

Einerseits müssen noch andere, dem Wesen der Entwicklung nach ebenso wichtige Gliederungen gemacht werden, anderseits beansprucht die Übergangszeit zwischen Mittelalter und Neuzeit eine Verschiebung der Einteilung nach beiden Seiten.

Infolgedessen wird hier die gesamte Geschichte der Philosophie in einer durch die Darstellung selbst im einzelnen näher zu erläuternden und zu begründenden Weise nach folgender Einteilung behandelt werden:

1. Die Philosophie der Griechen: von den Anfängen des wissenschaftlichen Denkens bis zum Tode des ARISTOTELES, etwa 600 bis 322 v. Chr.

2. Die hellenistisch-römische Philosophie: vom Tode des ARISTOTELES bis zu den Ausgängen des Neuplatonismus, 322 v. Chr. bis etwa 500 n. Chr.

3. Die mittelalterliche Philosophie: von AUGUSTINUS bis NICOLAUS CUSANUS: vom 5. bis zum 15. Jahrhundert.

4. Die Philosophie der Renaissance: vom 15. bis 17. Jahrhundert.

5. Die Philosophie der Aufklärung: von LOCKE bis zum Tode LESSINGS, 1689—1781.

6. Die deutsche Philosophie: von KANT bis HEGEL und HERBART, 1781—1830.

7. Die Philosophie des 19. Jahrhunderts.

[8. Die Philosophie im 20. Jahrhundert.]

I. Teil.

Die Philosophie der Griechen.

CHR. A. BRANDIS, Handbuch der Geschichte der griechisch-römischen Philosophie, 3 Tle. in 6 Bänden, Berlin 1835—66.

Ders., Geschichte der Entwicklungen der griechischen Philosophie und ihrer Nachwirkungen im römischen Reiche. 2. Abt., Berlin 1862—66.

ED. ZELLER, Die Philosophie der Griechen, 3 Tle. in 6 Bänden. Neueste Auflagen, besorgt von W. NESTLE, E. HOFFMANN und E. WELLMANN.

J. BRANISS, Geschichte der Philosophie, seit Kant, Bd. I (Breslau 1842).

A. SCHWEGLER, Geschichte der griechischen Philosophie, herausg. von K. KÖSTLIN, 3. Aufl., Freiburg i. Br. 1882.

L. STRÜMPELL, Die Geschichte der griechischen Philosophie, 2. Abt., Leipzig 1854—61.

A. W. BENN, The greek philosophers, 2 vols, London 1882/83.

W. DILTHEY, Einleitung in die Geisteswissenschaften (1883. Jetzt Ges. Schr. I).

W. WINDELBAND, Geschichte der alten Philosophie, 2. Aufl., München 1894. (3. Aufl., bearb. von A. BONHÖFER, 1912, 4. Aufl., bearb. von ALB. GOEDECKEMEYER, 1923.)

TH. GOMPERTZ, Griechische Denker (3 Bde., Wien u. Leipzig 1903—1909).

E. KÜHNEMANN, Grundlehren der Philosophie, Stuttgart 1899.

A. DÖRING, Geschichte der griech. Philosophie, Berlin 1903.

E. KINKEL, Geschichte der Philosophie, I (Gießen 1906), II (1908).

H. v. ARNIM, Kultur der Gegenwart I, 5 (1909), p. 115—287.

P. DEUSSEN, Die Philosophie der Griechen (Leipzig 1911, auch als Bd. II, 1 d. Allg. Geschichte der Philosophie).

J. BURNET, Greek philosophy, I (London 1914).

K. JOEL, Geschichte der antiken Philosophie I, 1921.

L. ROBIN, La pensée grecque (Paris 1923).

R. HÖNIGSWALD, Die Philos. des Altertums (2. Aufl., 1924).

W. F. STACE, Critical history of greek philosophy (London 1924).

E. CASSIRER u. E. HOFFMANN, Geschichte der antiken Philos. (Lehrbuch der Philosophie, herausg. von M. DESSOIR, 1925).

RITTER et PRELLER, Historia philosophiae graeco-romanae (graecae), in 7. Aufl. herausgegeben von SCHULTESS und WELLMANN (Gotha 1886—88), eine vorzüglich instruktive Zusammenstellung der wichtigsten Quellen; 8. Aufl., 1898. Eine Auswahl derselben bietet in deutscher Übersetzung und vortrefflicher Erläuterung W. NESTLE, Die Vorsokratiker, 1922; Die Sokratiker, 1922; Die Nachsokratiker, 2 Bde. 1923.

G. TEICHMÜLLER, Studien zur Geschichte der Begriffe, Berlin 1874.

L. SCHMIDT, Die Ethik der alten Griechen, 2 Bde., Berlin 1881.

M. WUNDT, Geschichte der griechischen Ethik. 2 Bde. 1908 ff.

J. WALTER, Geschichte der Aesthetik im Altertum, Leipzig 1893.

E. CAIRD, Der Entwicklungsgang in der Theologie i. d. gr. Philosophie (übers. v. WILMANNS), 1909.

O. GILBERT, Griechische Religionsphilosophie, Leipzig 1911.

H. STEINTHAL, Geschichte der Sprachwissenschaft bei den Griechen und Römern (2 Bde., 1890).

P. TANNERY, Mémoires scientifiques, publiés par J. L. HEIBERG et H. G. ZEUTHEN I Sciences exactes 1876—1884 (Paris 1912). VII Philosophie ancienne 1880—1904 (Paris 1926).

J. L. HEIBERG, Exacte Wiss. und Medizin (in Gercke-Nordens Einl. i. d. Altertumswiss. II, 1912).

A. REYMOND, Histoire des sciences exactes et naturelles dans l'antiquité grécoromaine (Paris 1924).

O. GILBERT, Die meteorologischen Theorien des griechischen Altertums, Leipz. 1807.

PIERRE DUHEM, Le système du monde. Histoire des doctrines cosmologiques de Plato à Copernic, I u. II, Paris 1913 f.

FR. BOLL, Die Entwicklung des astronomischen Weltbildes im Zusammenhang mit Religion und Philosophie (Kultur der Gegenwart III, 3, 1913 und 1920). DERS., Sternglaube und Sterndeutung, 3. Aufl., herausg. von W. GUNDEL. (1926).
W. CHRIST, Geschichte der griechischen Literatur (J. v. Müllers Handb., 3. Aufl., 1912). Grundrisse von E. ZELLER (12. Aufl. v. W. NESTLE 1920), E. v. ASTER (1920), E. HOFFMANN (1921), A. GERCKE (1922). W. CAPELLE (1922), H. LEISEGANG (1922), M. E. J. TAYLER (London 1924), HANS MEYER (1925), E. BRÉHIER (Paris 1926).
Über K. PRAECHTERs Neubearbeitung von ÜBERWEG-HEINZES Grundriß (12. Aufl., 1926) s. o. S. 15.

Wenn man unter Wissenschaft die selbständige und selbstbewußte Erkenntnisarbeit versteht, welche das Wissen um seiner selbst willen methodisch sucht, so kann von einer solchen — abgesehen von einigen erst der neueren Kenntnis sich erschließenden Ansätzen bei den Völkern des Orients, insbesondere den Chinesen und Indern[1]) — erst bei den Griechen und bei diesen etwa seit dem Anfange des 6. Jahrhunderts v. Chr. G. gesprochen werden. Zwar fehlte es den großen Kulturvölkern des früheren Altertums weder an einer Fülle einzelner Kenntnisse, noch an allgemeinen Anschauungen des Universums; aber wie jene an der Hand der praktischen Bedürfnisse gewonnen und diese aus der mythischen Phantasie erwachsen waren, so blieben sie unter der Herrschaft teils der täglichen Not, teils der religiösen Dichtung, und bei der eigentümlichen Gebundenheit des orientalischen Geistes fehlte ihnen zu fruchtbarer und selbständiger Entwicklung die Initiative der Individuen.

Auch bei den Griechen lagen die Verhältnisse ähnlich, bis um die erwähnte Zeit der mächtige Aufschwung des nationalen Lebens die geistigen Kräfte dieses begabtesten aller Völker entfesselte. Mehr noch als die Verfeinerung und Vergeistigung des Lebens, welche der aus dem Handel erwachsende Reichtum mit sich führte, erwies sich dabei die demokratische Entwicklung der Verfassungen günstig, wodurch in leidenschaftlichen Parteikämpfen die Selbständigkeit individueller Meinungen und Urteile herangezogen und die Bedeutung der Persönlichkeit entwickelt wurde. Je mehr die üppige Entfaltung des Individualismus die alten Bande des Gesamtbewußtseins, des Glaubens und der Sitte lockerte und die junge Kultur Griechenlands mit der Gefahr der Anarchie bedrohte, um so mehr trat an die einzelnen, durch Lebensstellung, Einsicht und Charakter hervorragenden Männer die Pflicht heran, in eigener Besinnung das verloren gehende Maß wieder zu gewinnen: diese ethische Reflexion fand in den lyrischen und gnomischen Dichtern, besonders aber in den sog. s i e b e n W e i s e n[2]) ihre Vertreter. Auch

---

[1]) Selbst wenn man zugibt, daß die Anfänge der Moralphilosophie bei den Chinesen sich über das Moralisieren und besonders diejenigen der Logik bei den Indern sich über gelegentliche Reflexionen zu wissenschaftlicher Begriffsbildung erheben — worüber hier nicht abgesprochen werden soll —, so bleiben diese doch dem in sich einheitlichen und geschlossenen Verlaufe der europäischen Philosophie so fern, daß ein Lehrbuch keine Veranlassung hat, darauf einzugehen. Die Literatur ist bei ÜBERWEG I, § 6, zusammengestellt. Wie früher WINDISCHMANN (Die Philosophie im Fortgang der Weltgeschichte, Bonn 1827—34) es versuchte, so hat neuerdings P. DEUSSEN (Allgemeine Geschichte der Philosophie I, 1, Leipzig 1894, 2, 1899, 3, 1908) in die Gesamtgeschichte der Philosophie diese ihre orientalische Vorzeit einbezogen. — Vgl. dazu über die chinesische Philosophie W. GRUBE, über die indische H. OLDENBERG, beide: Kultur der Gegenwart I, 5 (1909).

[2]) Die „sieben Weisen", unter denen am meisten Thales, Bias, Pittakos und Solon genannt werden, während über die andern die Tradition nicht einig ist, dürfen, Thales ausgenommen, noch nicht als Vertreter der Wissenschaft angesehen werden: Diog. Laert. I, 40: Platon, Protag. 343.

konnte es nicht ausbleiben, daß eine ähnliche Bewegung sich verselbständigender Individualmeinungen auf das schon vorher so vielgestaltige religiöse Leben übergriff, in welchem der Gegensatz der alten Mysterienkulte und der ästhetischen Nationalmythologie so vielfache Anregungen zu besonderen Gestaltungen gab[3]). Schon in der kosmogonischen Dichtung[4]) wagte sich die individuelle Phantasie des Dichters an eine eigene Ausmalung des Mythenhimmels, das Zeitalter der sieben Weisen begann seine ethischen Ideale in die Götterbilder der homerischen Dichtung hineinzudeuten, und mit der sittlich-religiösen Reformation, welche P y t h a g o r a s versuchte, trat in der äußeren Form einer Rückkehr zu der alten Strenge des Lebens doch der neue Inhalt, den es gewonnen hatte, um so deutlicher hervor.

Aus so gärenden Zuständen ist die Wissenschaft der Griechen geboren worden, der sie den Namen der P h i l o s o p h i e gaben. Das selbständige Nachdenken der Individuen dehnte sich von den Fragen des praktischen Lebens, unterstützt durch die Wogungen der religiösen Phantasie, auf die Erkenntnis der Natur aus und gewann erst in ihr jene Freiheit von äußeren Zwecken, jene Beschränkung des Wissens in sich selbst, welche das Wesen der Wissenschaft ausmacht.

Alle diese Vorgänge aber spielten sich hauptsächlich in den peripherischen Teilen des griechischen Kulturlebens, den Kolonien, ab, welche dem sog. Mutterlande in der geistigen, wie in der materiellen Entwicklung voraus waren. In Jonien, in Großgriechenland, in Thrakien standen die Wiegen der Wissenschaft. Erst nachdem in den Perserkriegen Athen mit der politischen auch die geistige Hegemonie übernommen hatte, die es so viel länger bewahren sollte als jene, da zog (zur Zeit der Sophisten) der allen Musen geweihte Boden Attikas auch die Wissenschaft an sich, die sich hier in der Lehre und Schule des Aristoteles vollendete.

Die Art und Weise, wie sich das Nachdenken zuerst an zweckfreier Betrachtung der Natur zu wissenschaftlicher Begriffsbildung erhob, brachte es mit sich, daß die griechische Wissenschaft die ganze Frische jugendlicher Erkenntnisfreudigkeit zunächst den Problemen der Naturforschung zuwandte und dabei begriffliche Grundformen für die Auffassung der äußeren Welt ausprägte. Es bedurfte erst teils der nachkommenden Reflexion auf das damit Geleistete und nicht Geleistete, teils der gebieterischen Anforderungen, welche das öffentliche Leben an die zum sozialen Faktor herangereifte Wissenschaft stellte, um den Blick der Philosophie nach innen zu wenden und das menschliche Tun zu ihrem Gegenstand zu machen. Konnte damit zeitweilig der reine Forschungstrieb der Anfänge gehemmt erscheinen, so entfaltete er sich, nachdem es erst zu positiven Erkenntnissen auch auf dem Gebiete menschlicher Innerlichkeit gekommen war, um so lebhafter und führte nun zu den großen Systembildungen, mit denen die rein griechische Philosophie abschloß.

Deshalb teilt sich die Philosophie der Griechen in d r e i P e r i o d e n : eine

---

[3]) Die reichen Anregungen, welche in der Folgezeit aus den Umgestaltungen des religiösen Vorstellungslebens für die Philosophie erwuchsen, hat ERWIN ROHDE (Psyche, 7. u. 8. Aufl., 1921) in feinsinnigster Weise dargestellt.

[4]) Als der bedeutendste dieser kosmogonischen Dichter ist P h e r e k y d e s von Syros anzusehen, der bereits zur Zeit der ersten Philosophen in Prosa schrieb: doch ist auch seine Vorstellungsweise noch durchweg mythisch, nicht wissenschaftlich. Seine Fragmente hat STURZ (Leipzig 1834) gesammelt. Vgl. H. DIELS, Arch. f. Gesch. d. Pilos. I, 11 ff., und Ber. d. Berl. Ak. 1897.

k o s m o l o g i s c h e, welche von etwa 600 bis etwa 450 reicht, — eine a n t h r o -
p o l o g i s c h - (p r a k t i s c h e), welche etwa die zweite Hälfte des 5. Jahrhunderts
(450—400) ausfüllt, — und eine s y s t e m a t i s c h e, welche die Entwicklung
der drei großen Systeme der griechischen Wissenschaft, derjenigen von Demokrit,
Platon und Aristoteles, enthält (400—322).

Die Philosophie der Griechen bildet den theoretisch instruktivsten Teil der gesamten
Geschichte der Philosophie, nicht nur deshalb, weil die in ihr erzeugten Grundbegriffe
bleibende Grundlagen aller ferneren Entwicklung des Denkens geworden sind und zu bleiben
versprechen, sondern auch deshalb, weil in ihr gegenüber der noch verhältnismäßig sehr
geringen Menge des Kenntnismaterials die formalen Voraussetzungen, die in den Postulaten der denkenden Vernuft selbst enthalten sind, zur scharfen Formulierung gelangen.
Darin besitzt die griechische Philosophie ihren typischen Wert und ihre didaktische Bedeutung. Diese Vorzüge treten schon in der Durchsichtigkeit und Einfachheit der Gesamtentwicklung hervor, welche den forschenden Geist zuerst nach außen gezogen, dann auf sich
selbst zurückgeworfen und erst von hier aus zu tieferer Erfassung der gesamten Wirklichkeit zurückkehrend erscheinen läßt.

Über diesen Gang der allgemeinen Entwicklung der griechischen Philosophie besteht
daher kaum irgendeine Kontroverse, wenn auch von den verschiedenen Darstellungen die
Periodeneinschnitte an verschiedene Stellen verlegt werden. Ob man mit Sokrates eine
neue Periode beginnen lassen will oder ihn mit den Sophisten zusammen in diejenige der
griechischen Aufklärung einstellt, hängt schließlich nur daran, ob man für die Einteilung
das (negative oder positive) Resultat oder die Gegenstände des Philosophierens für maßgebend ansehen will. Daß aber Demokrit unter allen Umständen aus den „Vorsokratikern"
ausgeschieden und der großen systematischen Zeit der griechischen Philosophie zugerechnet
werden muß, hat Verf. in seiner Übersicht über die „Geschichte der alten Philosophie",
Kap. 5, begründet, und die Einwürfe, welche diese Neuerung erfahren hat, waren nicht
geeignet, ihn daran irre zu machen.

1. Kapitel. Die kosmologische Periode.

S. A. BYK, Die vorsokratische Philosophie der Griechen in ihrer organischen Gliederung,
2 Tle. (Leipzig 1875—77). — P. TANNERY, Pour l'histoire de la science hellène (Paris 1887).
— J. BURNET, Early greek philosophy (3. Aufl., London 1914); deutsch als Die Anfänge
der griechischen Philosophie von E. SCHENKL (1913); ferner die Artikel über die einzelnen Denker bei PAULY-WISSOWA. Über DIELS vgl. S. 14.

Den nächsten Hintergrund für die Anfänge der griechischen Philosophie haben
die kosmogonischen Dichtungen gebildet, welche die Vorgeschichte des gegebenen
Weltzustandes in mythischer Einkleidung vortragen wollten und dabei die herrschenden Vorstellungen über die stetigen Wandlungen der Dinge in der Form von
Erzählungen der Weltentstehung zur Geltung brachten. Je freier sich dabei die
individuellen Ansichten entwickelten, um so mehr trat zugunsten der Betonung
dieser bleibenden Verhältnisse das zeitliche Moment des Mythos zurück, und es
schälte sich schließlich die Frage heraus, was denn nun der allen zeitlichen
Wechsel überdauernde Urgrund der Dinge sei, und wie er sich in diese einzelnen
Dinge verwandle oder sie in sich zurückverwandle.

An der Lösung dieser Frage hat zunächst die m i l e s i s c h e   S c h u l e   d e r
N a t u r f o r s c h u n g   im 6. Jahrhundert gearbeitet, aus der uns als die drei
Hauptvertreter   T h a l e s ,   A n a x i m a n d r o s   und   A n a x i m e n e s   bekannt
sind. Mancherlei offenbar seit langem in der Praxis der seefahrenden Jonier ange-
sammelte Kenntnisse und viele eigene, oft feinsinnige Beobachtungen standen
ihnen dabei zu Gebote; auch haben sie sich gewiß an die Erfahrung der orientalischen Völker, insbesondere der Ägypter, gehalten, mit denen sie in so nahen

Beziehungen standen[5]). Mit jugendlichem Eifer wurden diese Kenntnisse zusammengetragen. Das Hauptinteresse fiel dabei auf die physikalischen Fragen, insbesondere auf die großen Elementarerscheinungen, für deren Erklärung viele Hypothesen ersonnen wurden, daneben aber hauptsächlich auf geographische und astronomische Probleme, wie die Gestalt der Erde, ihr Verhältnis zum Gestirnhimmel, das Wesen von Sonne, Mond und Planeten und Art wie Ursache ihrer Bewegung. Dagegen finden sich nur schwache Zeichen eines der organischen Welt und dem Menschen zugewendeten Erkenntnistriebes.

Solcher Art waren die Erfahrungsgegenstände der ersten „Philosophie". Ganz fern stand sie dem ärztlichen Wissen, das sich allerdings nur auf technische Kenntnisse und Kunstfertigkeiten beschränkte und als priesterlich gehütete Geheimlehre in Orden und Schulen, wie denjenigen von Rhodos, Kyrene, Kroton, Kos und Knidos, überliefert wurde. Die antike M e d i z i n, die ausdrücklich eine Kunst, aber keine Wissenschaft sein wollte (Hippokrates), ist erst spät und nur ganz vorübergehend mit der philosophischen Gesamtwissenschaft in Berührung gekommen. (S. unten Kap. 2 und § 17, 6.) Vgl. HÄSER, Lehrbuch der Geschichte der Medizin I, (2. Aufl., Jena 1875).

Ebenso selbständig gehen neben den Anfängen der antiken Philosophie diejenigen der M a t h e m a t i k einher. Die Sätze, welche den Milesiern zugeschrieben werden, machen mehr den Eindruck einzeln aufgeraffter Kenntnisse als eigener Forschungsergebnisse und sind ganz außer Beziehung zu ihren sonstigen Lehren. Auch in den Kreisen der Pythagoreer sind offenbar die mathematischen Studien zunächst für sich selbst betrieben worden, um dann freilich um so energischer in die Behandlung der allgemeinen Probleme hineingezogen zu werden. Vgl. G. CANTOR, Geschichte der Mathematik 1 (Leipzig 1880), M. SIMON, Gesch. d. Mathem. im Altertum (Berlin 1909).

Die Bemühungen der Milesier, den einheitlichen Weltgrund zu bestimmen, führten aber schon bei A n a x i m a n d e r über die Erfahrungen hinaus zur Konstruktion eines metaphysischen Erklärungsbegriffs, des „Unendlichen", und lenkten damit die Wissenschaft von der Untersuchung der Tatsachen auf begriffliche Überlegungen ab. Während X e n o p h a n e s, d e r B e g r ü n d e r d e r e l e a t i s c h e n S c h u l e, die Folgerungen zog, welche sich aus dem philosophischen Begriffe der Welteinheit für das religiöse Bewußtsein ergaben, zersetzte H e r a k l i t im schweren Ringen mit dunklen, religiös gefärbten Anschauungen die Voraussetzung einer bleibenden Substanz und ließ nur ein Gesetz des Wechsels als letzten Inhalt der Erkenntnis bestehen. Um so schärfer aber bildete auf der andern Seite die eleatische Schule in ihrem großen Vertreter P a r m e n i d e s den Begriff des Seins zu der rücksichtslosen Schroffheit aus, die in der folgenden Generation der Schule durch Zenon verteidigt und nur durch Melissos einigermaßen abgeschwächt wurde.

Sehr bald aber traten nun eine Reihe von Forschern hervor, welche das durch diese Entfaltung der ersten metaphysischen Gegensätze beiseite geschobene Interesse der erklärenden Naturwissenschaft von neuem in den Vordergrund rückten. Sie gingen zu diesem Behufe wieder in umfassenderer Weise auf eine Bereicherung der Kenntnisse aus, wobei sie mehr als vorher Beobachtungen, Fragen und Hypothesen aus dem Bereiche des Organischen und Physiologischen ins Auge faßten, und sie suchten mit ihren erklärenden Theorien zwischen den begrifflichen Gegensätzen von Heraklit und Parmenides zu vermitteln.

---

[5]) Den Einfluß des Orients auf die Anfänge der griechischen Philosophie haben GLADISCH (Die Religion und die Philosophie in ihrer weltgeschichtlichen Entwicklung, Breslau 1852) und RÖTH (Geschichte unserer abendländischen Philosophie, 2 Bde., Mannheim 1858 ff.) überschätzt: in den einzelnen Kenntnissen ist er gewiß nicht zu verkennen; dagegen sind die wissenschaftlichen Begriffe durchaus selbständige Taten des griechischen Denkens.

Aus diesen Bedürfnissen entstanden gegen die Mitte des 5. Jahrhunderts nebeneinander und mit mancherlei positiven und polemischen Beziehungen zueinander die Lehren von E m p e d o k l e s, A n a x a g o r a s ..nd L e u k i p p o s, dem Begründer der a t o m i s t i s c h e n Schule von Abdera. Die Mannigfaltigkeit dieser Theorien und ihre offenkundige Abhängigkeit voneinander beweist bei der räumlichen Entfernung, in der die einzelnen Männer und Schulen sich befanden, bereits eine große Lebhaftigkeit des Austausches und des literarischen Betriebes, dessen Bild sich um so reicher gestaltet, je mehr man bedenkt, daß die sichtende Überlieferung offenbar nur die Erinnerung an das Bedeutendste aufbewahrt hat und daß jeder der uns bekannt gebliebenen Namen in Wahrheit einen ganzen Kreis wissenschaftlicher Arbeit bedeutet.

Eine eigentümliche Nebenstellung hatten während der gleichen Zeit die P y t h a g o r e e r, welche das durch den Gegensatz von Heraklit und den Eleaten gegebene metaphysische Problem gleichfalls aufnahmen, seine Lösung aber mit Hilfe der Mathematik zu finden hofften und durch die Z a h l e n l e h r e, als deren erster literarischer Vertreter P h i l o l a o s bekannt ist, der weiteren Bewegung des Denkens eine Reihe der wichtigsten Motive hinzufügten. Auch machte sich die ursprünglich praktisch-religiöse Tendenz des Bundes in ihren Lehren dadurch fühlbar, daß sie den Wertbestimmungen schon einen größeren Einfluß auf das theoretische Denken einräumten. Zwar haben sie so wenig, wie die ganze Philosophie dieser Periode, eine wissenschaftliche Behandlung ethischer Fragen versucht, aber die Kosmologie, welche sie auf ihre mit Hilfe der Mathematik bereits sehr weit entwickelten astronomischen Vorstellungen gründeten, ist doch zugleich von ästhetischen und ethischen Motiven durchdrungen.

Aus der m i l e s i s c h e n S c h u l e sind uns nur die drei Namen Thales, Anaximandros, Anaximenes überliefert. Danach scheint diese Schule in der damaligen Hauptstadt Joniens während des ganzen 6. Jahrhunderts geblüht zu haben und mit der Stadt selbst, welche 494 nach der Schlacht von Lade durch die Perser verwüstet wurde, zugrunde gegangen zu sein.

T h a l e s, aus altem Handelsgeschlechte, soll die Sonnenfinsternis 585 vorausgesagt haben und hat die Invasion der Perser in der Mitte des 6. Jahrhunderts überlebt. Vielleicht hatte er Ägypten gesehen; an mathematischen und physikalischen Kenntnissen fehlte es ihm nicht. Schriften von ihm hat schon Aristoteles nicht gekannt.

A n a x i m a n d r o s scheint wenig jünger gewesen zu sein; von seiner Schrift περὶ φύσεως ist nur ein seltsames Bruchstück erhalten. Vgl. NEUHÄUSER (Bonn 1883). — BÜSGEN, Über das ἄπειρον des A. (Wiesbaden 1867), L. OTTEN (1912).

Die Lebenszeit des A n a x i m e n e s ist schwierig zu bestimmen, sie fällt wahrscheinlich etwa 560—500. Auch aus seiner Schrift περὶ φύσεως ist fast nichts erhalten.

Die spärlichen Nachrichten über die Theorien der Milesier verdanken wir außer Aristoteles (im Anfang der Metaphysik) hauptsächlich dem Kommentar des Simplikios. Vgl. H. RITTER, Geschichte der jonischen Philosophie, Berlin 1821. — R. SEYDEL, Der Fortschritt der Metaphysik unter den ältesten jonischen Philosophen, Leipzig 1861. — Neuerdings hat W. H. ROSCHER die pseudo-hippokratische Schrift περὶ ἑβδομάδων mit überzeugenden Gründen in die Literatur der ältesten milesischen Wissenschaft gewiesen (Hebdomadenlehren, Leipzig 1906, und Abhandl. der philol.-hist. Klasse der Sächs. Ges. der Wiss., 1911).

An die Spitze der e l e a t i s c h e n S c h u l e pflegt X e n o p h a n e s gesetzt zu werden, der jedenfalls an ihrer Begründung beteiligt war. Geboren um 570 in Kolophon, floh er 546 bei der persischen Eroberung Joniens und fand als wandernder Rhapsode seinen Unterhalt und zuletzt in dem von flüchtigen Joniern gegründeten Elea eine bleibende Stätte. Er ist nach 480 gestorben. Die Fragmente seiner teils gnomischen, teils philosophischen Dichtungen hat KARSTEN (Amsterdam 1835) gesammelt. Über ihn FR. KERN (Naumburg 1864, Oldenburg 1867, Danzig 1871, Stettin 1874 und 1877). — J. FREUDENTHAL (Breslau 1866). ARVIETO (1899). D. EINHORN (1917), H. BERGER (1894).

P a r m e n i d e s (etwa 515 geb.), ein Eleat aus vornehmer Familie, bedeutende, auch politisch wirksame Persönlichkeit, dem Pythagoreerbunde nicht fernstehend, schrieb um 470. Die Fragmente seines Lehrgedichts haben PEYRON (Leipzig 1810) und H. STEIN (Leipzig 1864) gesammelt. Vgl. H. DIELS, P.' Lehrgedicht, griechisch und deutsch (Berlin 1897). K. REINHARD (1916). W. KRANZ (1916).

Z e n o n s (etwa 490—430) verlorene Schrift war, vermutlich die erste, in Kapitel eingeteilt und dialektisch geordnet. Auch er stammte aus Elea.

M e l i s s o s war der samische Feldherr, der 442 über die Athener siegte. Über seinen persönlichen Zusammenhang mit der eleatischen Schule ist nichts bekannt. A. PABST, De M. fragmentis (Bonn 1889).

Die geringen Schriftfragmente der Eleaten werden durch Berichte des Aristoteles, Simplikios u. a. einigermaßen ergänzt. Die sehr vorsichtig zu benutzende pseudoaristotelische Schrift De Xenophane, Zenone, Gorgia (Arist., Berl. Ausg., 974 ff.; vgl. darüber neuerdings H. DIELS, Abh. d. Berl. Akad., 1900) berichtet im ersten Kapitel vermutlich über Melissos, im zweiten aus sehr durcheinandergewürfelten Quellen über Zenon, im dritten über Gorgias.

H e r a k l e i t o s von Ephesos, „Der Dunkle", etwa 536—470, gab die hohe Stellung, welche er seiner Geburt verdankte, aus Widerwillen gegen die immer mehr zur Herrschaft gelangende Demokratie auf und schrieb in vornehmer Zurückgezogenheit und grollender Muße während des letzten Jahrzehnts seines Lebens eine Schrift, deren Verständnis schon die Alten für schwierig erklärten und von der uns nur Bruchstücke von oft sehr großer Vieldeutigkeit erhalten sind. Gesammelt und gesichtet von P. SCHUSTER (Leipzig 1873) und J. BYWATER (Oxford 1877). H. griech. u. deutsch von HERM. DIELS (2. Aufl., 1909). Er ist, wie es scheint, der erste, der von der wissenschaftlichen Einsicht aus das öffentliche Leben zu reformieren und die Gefahren der Anarchie zu bekämpfen unternahm: selbst eine herbe, strenge Persönlichkeit, predigte er das Gesetz der Ordnung, das wie in der Natur so auch im Menschenleben herrschen solle. — Vgl. FR. SCHLEIERMACHER (Ges. W., III. Abt., Bd. 2, S. 1—146. — F. LASSALLE (2 Bde., Berlin 1858). — J. BERNAYS (Ges. Abhandlungen, Bd. I, 1885). — G. SCHÄFER, Die Philosophie H.s und die moderne H.-Forschung (Leipzig und Wien 1902).

Der erste Dorier in der Geschichte der Philosophie ist E m p e d o k l e s von Agrigent, etwa 490—430, als Staatsmann, Arzt und Wundertäter eine priesterlich und seherhaft angesehene Persönlichkeit, auch wohl nicht ohne Beziehungen zu der sizilischen Rednerschule, aus der die Namen Korax und Tisias bekannt sind; er hat außer seinen Katharmen ein Lehrgedicht hinterlassen, dessen Fragmente von STURZ (Leipzig 1805), KARSTEN (Amsterdam 1838) und STEIN (Bonn 1852) herausgegeben wurden. Jetzt E. BIGNONE, Empedocle, ital. Übersetzung u. Kommentar (Turin 1916), vgl. DIELS, Deutsche Literaturzeitung, 1920, Nr. 43. H. v. ARNIM, Die Weltperioden bei Empedokles (Festschr. f. Gomperz, 1902).

A n a x a g o r a s aus Klazomenae (500 bis nach 430) ist gegen die Mitte des 5. Jahrhunderts in Athen ansässig geworden, wo er mit Perikles befreundet wurde. Im Jahre 434 mußte er, der Asebie angeklagt, die Stadt verlassen und gründete eine Schule in Lampsakos. Seine wissenschaftlichen Beschäftigungen waren wesentlich der Astronomie zugewandt; mit Vernachlässigung irdischer Interessen soll er den Himmel für sein Vaterland und die Betrachtung der Gestirne für seine Lebensaufgabe erklärt haben. Von seinen Schülern werden M e t r o d o r o s und A r c h e l a o s genannt. Die Fragmente seiner Schrift περί φύσεως haben SCHAUBACH (Leipzig 1827) und SCHORN (Bonn 1829) gesammelt. Vgl. BREIER (Berlin 1840), ZÉVORT (Paris 1843). E. NEUSTADT (Charlottenburg 1924).

Von der Persönlichkeit des L e u k i p p o s ist so wenig bekannt, daß schon im Altertum selbst seine Existenz bezweifelt wurde. Die große Ausführung der atomistischen Lehre durch Demokrit (s. cap. III) hatte ihren Urheber völlig verdunkelt. Doch sind die Spuren des Atomismus in der gesamten Gedankenbildung nach Parmenides sicher zu erkennen. Leukippos, in Abdera, wenn nicht geboren, so doch als Haupt der Schule tätig, aus der später Protagoras und Demokrit hervorgingen, muß ein vielleicht sogar etwas älterer Zeitgenosse von Empedokles und Anaxagoras gewesen sein. Ob er etwas geschrieben hat, insbesondere den μέγας διάκοσμος und περί νοῦ, die das Altertum dem corpus democriteum einverleibte, bleibt trotz großer Wahrscheinlichkeit unsicher. Vgl. DIELS, Verh. der Stett. Philol.-Vers. 1886. — A. BRIEGER, Die Urbewegung der Atome (Halle 1884). — H. LIEPMANN, Die Mechanik der leukipp-demokritischen Atome (Leipzig 1885).

Der p y t h a g o r e i s c h e B u n d ist gegen Ende des 6. Jahrhunderts zuerst in den Städten Großgriechenlands als eine religiös-politische Genossenschaft hervorgetreten. Sein Gründer war P y t h a g o r a s aus Samos, der, etwa 580 geboren, nach langen Reisen, die ihn vermutlich auch nach Ägypten führten, die aristokratische Stadt Kroton zum Ausgangspunkte eines Reformationsversuchs machte, dessen Ziel eine Läuterung des sittlichen und religiösen Lebens sein sollte. Von den inneren Verhältnissen des Bundes sind wir erst durch späte Erzählungen (Jamblichus, De vita Pythagorica und Porphyrius, De vita Pythagorae, herausgegeben von KIESLING, Leipzig 1815—1819) unterrichtet, deren Glaubwürdigkeit bedenklich ist: sicher aber scheint zu sein, daß schon der alte Bund seinen Mitgliedern bestimmte Verpflichtungen auch für das Privatleben auferlegte und eine gemeinsame Beschäftigung mit geistigen Dingen, insbesondere mit Musik und Mathematik, einführte. Die äußeren Verhältnisse des Bundes gestalteten sich infolge seiner politischen Stellung (worüber B. KRISCHE, Göttingen 1830) zwar anfangs sehr günstig, indem nach Eroberung des demokratischen Sybaris, 509, Kroton eine Art hegemonischer Bedeutung in Großgriechenland gewann; mit der Zeit aber zogen die Pythagoreer in den leidenschaftlichen Parteikämpfen dieser Städte den kürzeren und erlitten mehrfach heftige Verfolgungen, die den Bund während des 4. Jahrhunderts schließlich zersprengten.

Auf Pythagoras selbst, der etwa 500 starb, sind philosophische Lehren nicht zurückzuführen, so sehr auch spätere Mythenbildung ihn zum Ideal aller hellenischen Weisheit zu machen suchte (E. ZELLER in Vortr. u. Abhandl. I, Leipzig 1865). Platon und Aristoteles wissen nur von einer Philosophie der P y t h a g o r e e r. Als ihr Hauptvertreter erscheint P h i l o l a o s, der etwas jünger als Empedokles und Anaxagoras gewesen zu sein scheint: über seine Lebensumstände ist fast nichts bekannt; auch die Fragmente seiner Schrift (ges. von BOECKH, Berlin 1819, vgl. C. SCHAARSCHMIDT, Bonn 1864) unterliegen vielfachen Zweifeln.

Von sonstigen Anhängern des Bundes sind nur die Namen bekannt: die spätesten Vertreter gerieten in ein so nahes Verhältnis zur platonischen Akademie, daß sie in philosophischer Hinsicht fast ganz darin aufgingen. Unter ihnen ist A r c h y t a s von Tarent, der bekannte Gelehrte und Staatsmann, zu nennen. Über dessen ebenfalls sehr zweifelhafte Fragmente vgl. G. HARTENSTEIN (Leipzig 1833), FR. PETERSEN (Zeitschr. f. Altertumsk., 1836), O. GRUPPE (Berlin 1840), FR. BECKMANN (Berlin 1844).

Die Nachrichten über die Lehre der Pythagoreer sind, zumal in den späteren Berichten, durch so viel fremde Zusätze getrübt, daß vielleicht an keinem Punkte der antiken Philosophie die Feststellung des Tatsächlichen so vielen Schwierigkeiten begegnet wie hier. Selbst wenn man jedoch das Zuverlässigste (Aristoteles und seine bestunterrichteten Erklärer, besonders Simplikios) herausschält, so bleiben, namentlich im einzelnen, viele dunkle Punkte und widerspruchsvolle Angaben übrig (vgl. ROTHENBÜCHER, Das System der Pythagoreer nach den Angaben des Aristoteles, Berlin 1867). Der Grund davon liegt vermutlich darin, daß in der zeitweilig sehr ausgebreiteten Schule verschiedene Richtungen nebeneinander herliefen, und daß in diesen der allgemeine Grundgedanke, dessen Urheberschaft bei Philolaos zu suchen sein dürfte, verschiedene Ausführung fand. Es wäre verdienstvoll, eine solche Sonderung zu versuchen.

H. RITTER, Geschichte der pythagoreischen Philosophie, Hamburg 1826. — E. CHAIGNET, Pythagore et la philosophie pythagoricienne, 2 Bde., Paris 1873. E. FRANK, Plato und die sogenannten Pythagoreer, 1923. ARMAND DELATTE (Paris 1915 ff.), vgl. W. THEILER in Gnomon, II (1926).

Gegen Ende dieser Periode und im Verlaufe des ganzen 5. Jahrhunderts sind die verschiedenen metaphysischen und physischen Theorien von den sog. j ü n g e r e n P h y s i o l o g e n zu naturwissenschaftlichen Lehren kombiniert worden, die zugleich eine scientifische Grundlage der Medizin sein sollten. Die erste Anregung dazu scheint von einem den Pythagoreern nahe stehenden Arzte, A l k m a i o n von Kroton, ausgegangen zu sein. Als Typus dieser Verschmelzung gilt die pseudo-hippokratische Schrift περὶ διαίτης Der bedeutendste Naturforscher unter diesen philosophischen E k l e k t i k e r n war D i o g e n e s v o n A p o l l o n i a. Über sein Leben ist so wenig bekannt, daß es sogar zweifelhaft ist, welches Apollonia seine Heimat war. Von seinen Schriften lag schon dem Simplikios (Phys. 32 v. 151, 25 D.) nur die περὶ φύσεως vor. Die Fragmente haben SCHORN (Bonn 1829) und PANZERBIETER (Leipzig 1830) gesammelt.

§ 4. Die Begriffe des Seins.

BR. BAUCH, Das Substanzproblem in der griech. Philos. (Heidelberg 1910).

Die Tatsache der Verwandlung der Erfahrungsdinge ineinander ist der Stachel für die ersten philosophischen Überlegungen gewesen, und die Verwunderung[6]) darüber mußte in der Tat einem Volke von der Beweglichkeit und der vielseitigen

---

[6]) Vgl. über den philosophischen Wert des θαυμάζειν Arist. Met., I, 2, 982 b. 12.

Naturerfahrung der Jonier früh aufsteigen. Die jonische Philosophie hat dieser Tatsache, der das Grundmotiv ihres Nachdenkens entsprang, den lebhaftesten Ausdruck gegeben in Heraklit, der nicht müde geworden zu sein scheint[7]), für diese Unbeständigkeit ausnahmslos aller Dinge und namentlich für das Umschlagen der Gegensätze ineinander die zugespitztesten Formulierungen zu suchen. Wo aber der Mythos dieser Anschauung das Gewand eines fabulierenden Berichtes über die Weltbildung gab, da fragte die Wissenschaft nach dem bleibenden Grunde aller dieser Veränderungen und fixierte die Frage in dem Begriffe des W e l t s t o f f s , der diese Verwandlungen erleide, dem alle einzelnen Dinge entsprängen und in den sie sich wieder zurückverwandelten (ἀρχή). Stillschweigend war in diesem Begriffe[8]) die V o r a u s s e t z u n g d e r E i n h e i t l i c h k e i t d e r W e l t enthalten: ob die Milesier[9]) diese schon zu rechtfertigen suchten, wissen wir nicht. Erst ein späterer eklektischer Nachzügler[10]), Diogenes von Apollonia, hat den M o n i s m u s durch die Umsetzung aller Dinge ineinander, durch den ausnahmslosen Zusammenhang aller Dinge miteinander zu begründen gesucht[11]).

1. Daß also dem ganzen Naturprozeß ein einheitlicher Weltstoff zugrunde liege, erscheint in der alten Überlieferung als eine selbstverständliche Voraussetzung der jonischen Philosophie: es handelte sich für diese nur darum, zu bestimmen, was dieser Grundstoff sei. Da lag es denn am nächsten, ihn unter den erfahrungsmäßig gegebenen zu suchen, und so e r k l ä r t e T h a l e s dafür das W a s s e r , A n a x i m e n e s die L u f t . Maßgebend war bei dieser Wahl vermutlich nur die Beweglichkeit, Verwandelbarkeit und scheinbar innere Lebendigkeit[12]) von Wasser und Luft; auch dachten die Milesier dabei offenbar nicht an die chemischen Eigentümlichkeiten des Wassers und der Luft, sondern nur an die betreffenden Aggregatzustände[13]). Während das Feste als das an sich Tote, nur von außen Bewegte erscheint, macht das Flüssige und das Flüchtige den Eindruck selbständiger Beweglichkeit und Lebendigkeit: und die monistische Voreingenommenheit dieses ersten Philosophierens war so groß, daß die Milesier gar nicht daran dachten, nach einem Grunde der unaufhörlichen Verwandlung des Weltstoffs zu fragen, sondern diese, wie das Geschehen überhaupt, als eine selbstverständliche Tatsache hinnahmen, deren einzelne Formen sie höchstens beschrieben. Der Weltstoff galt ihnen als ein in sich Lebendiges, sie dachten ihn sich so selbstbelebt, wie im einzelnen die Organismen sich darstellen[14]), und deshalb pflegt ihre Lehre vom Standpunkt der späteren Begriffsscheidung aus als H y l o z o i s m u s charakterisiert zu werden.

2. Fragen wir aber, weshalb Anaximenes, dessen Lehre sich, wie die des Thales, in den Grenzen der Erfahrung gehalten zu haben scheint, an die Stelle des Wassers

---

[7]) Fragm. (DIELS) 12 B, 49 a, 88, 90, 91 etc.
[8]) Den Aristoteles Met., I, 3, 983 b, 8, nicht ohne Beimischung eigener Kategorien definiert hat.
[9]) Den Ausdruck ἀρχή, der übrigens die Erinnerung an die zeitlichen Phantasien der Kosmologen an sich trägt, soll nach Simplikios zuerst Anaximander gebraucht haben.
[10]) Vgl. Simpl. phys. (D.), 32 r, 151, 30, und Arist. Gen. et Corr., I, 6, 322 b, 13.
[11]) Simpl. phys., 151, 28, DIELS, 51 B, 2—5.
[12]) Schol. in Arist., 514 a, 33.
[13]) Für ὕδωρ wird häufig ὑγρόν substituiert. Über den ἀήρ des Anaximenes lauten die Berichte so, daß man versucht hat, seine metaphysische „Luft" von der empirischen zu unterscheiden: RITTER, I, 217; BRANDIS, I, 144.
[14]) Plut. plac., I, 3 (Doxogr. D., 278). Vielleicht ist auch dies bei der Vermutung des Aristoteles, Met., I, 3, 983 b, 22, gemeint.

die Luft setzte, so hören wir[15]), daß er in ihr ein Merkmal zu finden glaubte, das
dem Wasser abging, das aber sein Vorgänger Anaximandros für den Begriff des
Urstoffs als unerläßlich postuliert hatte: dasjenige der U n e n d l i c h k e i t. Als
Motiv dieses Postulats des A n a x i m a n d r o s wird das Argument berichtet,
daß ein endlicher Weltstoff sich in der unablässigen Reihenfolge von Erzeugungen
erschöpfen würde[16]). Anaximandros aber hatte auch eingesehen, daß diese Anforderungen des Begriffs der ἀρχή von keinem der wahrnehmbaren Stoffe erfüllt
werden könne, und er hatte deshalb den Weltstoff über alle Erfahrung hinausgesetzt. Er behauptete kühnlich die Realität eines Urgrundes der Dinge, welcher
alle Eigenschaften besäße, die notwendig seien, wenn man den Wechsel der Erfahrungswelt aus einem Bleibenden, selbst allem Wechsel Überhobenen ableiten
wollte, auch wenn man einen solchen unter den erfahrenen nicht fände. Er zog
aus dem Begriffe der ἀρχή die Konsequenz, daß, wenn ihm kein Gegenstand der
Erfahrung entsprach, er trotzdem zur Erklärung der Erfahrung als hinter ihr
wirklich und sie bedingend angenommen werden müßte. Er nannte darum den
Weltstoff „d a s U n e n d l i c h e" (τὸ ἄπειρον) und schrieb ihm alle die begrifflich
postulierten Merkmale der ἀρχή zu: Unentstandenheit und Unvergänglichkeit,
Unerschöpflichkeit und Unzerstörbarkeit.

Der in dieser Weise von Anaximandros konstruierte Begriff der M a t e r i e
ist jedoch nur in der Hinsicht klar, daß er die räumliche Unendlichkeit und die
zeitliche Anfangs- und Endlosigkeit in sich enthalten und damit das Merkmal des
Allumfassens und Allbestimmens[17]) vereinigen soll: dagegen ist er unaufhellbar
hinsichtlich der qualitativen Bestimmung, welche der Philosoph etwa darunter hatte
verstanden wissen wollen. Spätere Nachrichten legen die Deutung nahe, er habe
ausdrücklich   eine   qualitative   U n b e s t i m m t h e i t   des   Urstoffs   behauptet
(ἀόριστος) [18]), während die Angaben des Aristoteles[19]) mehr für die Annahme einer
durchweg ausgeglichenen und deshalb im ganzen indifferenten Mischung aller
empirischen Stoffe sprechen. Das Wahrscheinliche ist hiernach, daß Anaximandros
die unklare Vorstellung des mythischen Chaos, welches Eins und doch auch Alles
ist, begrifflich reproduziert hat, indem er als den Weltstoff eine unendliche Körper-
masse annahm, in der die verschiedenen empirischen Stoffe so gemischt seien,
daß ihr im ganzen keine bestimmte Qualität mehr zugeschrieben werden dürfe,
daß aber deshalb auch die Ausscheidung der Einzelqualitäten aus dieser selbst-
bewegten Materie nicht mehr als deren eigentlich qualitative Veränderung angesehen
werden könne. Damit wäre allerdings der Begriff der Welteinheit in qualitativer
Hinsicht aufgegeben und der späteren Entwicklung wesentlich vorgearbeitet gewesen.

3. Noch ein weiteres Prädikat gab Anaximandros dem Unendlichen: τὸ θεῖον.
Als eine letzte Erinnerung an den religiösen Vorstellungsherd, dem das wissenschaftliche Nachdenken entsprang, zeigt es zum erstenmal die in der Geschichte

---

[15]) Simpl. phys., 24, 26, DIELS, 3 A, 5.
[16]) Plut. plac., I, 3 (Doxogr. D., 277). Arist. Phys., III, 8, 308 a, 8.
[17]) Arist. phys., III, 4, 203 b, 7.
[18]) Schol. in Arist., 514 a, 33. HERBART, Einleitung in die Philosophie. Ges. W., I, 196.
[19]) Met., XII, 2, 1069 b, 18, und besonders Phys., I, 4, 187 a, 20. Vgl. auch Simpl. phys.,
154, 14. DIELS, 2 A, 9 a (nach Theophrast). Näheres über diese viel verhandelte Kontroverse wird noch unten (§ 6, 1) zur Sprache kommen.

stetig wiederkehrende Neigung der Philosophen, den höchsten Welterklärungsbegriff, zu dem sie die Theorie geführt hat, als „Gottheit" anzusprechen und ihm damit zugleich eine Weihe für das religiöse Bewußtsein zu geben. Anaximandros' Materie ist der erste philosophische Gottesbegriff, der erste, noch ganz im Physischen steckenbleibende Versuch, die Gottesvorstellung aller mythischen Form zu entkleiden.

Indem sich aber so das r e l i g i ö s e B e d ü r f n i s in der metaphysischen Begriffsbestimmung aufrecht erhielt, wurde die Möglichkeit einer Einwirkung der Wissenschaft auf das religiöse Vorstellen um so näher gelegt, je mehr ein darin bisher nur dunkel und unsicher waltender Trieb in diesem Resultat philosophischen Nachdenkens seine Bestätigung fand. Die Umwandlung, welche die griechischen Mythen sowohl im Sinne der kosmogonischen Phantasie als auch in demjenigen der ethischen Deutung erfahren hatten, drängte überall auf eine monotheistische Zuspitzung hin (Pherekydes, Solon): und dieser Bewegung wurde nur ihr Schlußergebnis, der klar ausgesprochene Monismus, von der Wissenschaft dargeboten.

Dies Verhältnis hat X e n o p h a n e s zum Ausdruck gebracht, kein Denker und Forscher, aber ein phantasievoller und überzeugungsstarker Jünger der Wissenschaft, der die neue Lehre von Ost nach West trug und ihr eine durchweg religiöse Färbung gab. Seine Behauptung des M o n o t h e i s m u s, die er als begeisterte Anschauung dahin aussprach[20]), daß, wohin er auch blicke, alles ihm immer in das eine Wesen (μίαν εἰς φύσιν) zusammenfließe, trägt somit durchaus p a n t h e i s t i s c h e n Charakter: sie nahm jedoch gleich die scharf polemische Wendung gegen den Volksglauben, und dies macht hauptsächlich seine literarische Stellung und Bedeutung aus. Der Spott, den er geistvoll über den Anthropomorphismus der Mythologie ausgoß[21]), der Zorn, womit er die Dichter als Bildner dieser mit allen Schwächen und Lastern der Menschennatur ausgestatteten Göttergestalten verfolgte[22]), — sie beruhen auf einer Gottesvorstellung, welche das höchste Wesen in leiblicher wie in geistiger Hinsicht als unvergleichlich mit dem Menschen betrachtet haben will. Dunkler wird Xenophanes, wenn er zu positiven Bestimmungen übergeht. Einerseits wird die Gottheit als ἓν καὶ πᾶν mit dem Weltall identifiziert und diesem W e l t g o t t dann die Gesamtheit der Prädikate der milesischen ἀρχή (Ewigkeit, Ungewordenheit, Unvergänglichkeit) zugeschrieben; anderseits werden der Gottheit teils räumliche Eigenschaften wie die Kugelgestalt, teils aber psychische Funktionen zugeschrieben, in denen die Allgegenwart des Wissens und vernünftigen Leitens der Dinge ausgedrückt wird. In dieser Hinsicht erscheint der Weltgott des Xenophanes nur als der höchste unter den übrigen „Göttern und Menschen".

Offenbart sich schon darin eine vorwaltend theologische Wendung der Philosophie, so zeigt sich der Austausch des metaphysisch-naturwissenschaftlichen gegen den religiösen Gesichtspunkt von Anaximandros zu Xenophanes in zwei wesentlichen Abweichungen. Der Begriff des Weltgottes ist für den letzteren Gegenstand religiöser Verehrung und kaum noch ein Mittel des Naturverständnisses. Der Sinn für die Naturerkenntnis ist bei dem Kolophonier gering, seine Vorstellungen sind zum Teil sehr kindlich und den Milesiern gegenüber zurückgeblieben. Und so war

---

[20]) Timon bei Sext. Emp. Pyrrh. hyp., I, 224.
[21]) Clem. Alex. Strom., V, 601.
[22]) Sext. adv. math., IX, 193.

ihm das Merkmal der Unendlichkeit, dessen die milesische Wissenschaft in dem Weltstoff zu bedürfen meinte, entbehrlich; dagegen durfte er den ethisch-ästhetischen Motiven folgen, die den Griechen das maßvoll in sich Bestimmte als das Vollkommene und wertvoll Wirkliche betrachten ließen, und so schien es ihm der Würde des göttlichen Wesens angemessener[23]), es in sich begrenzt, ganz in sich geschlossen, folglich in räumlicher Hinsicht kugelgestaltig zu denken. Und während die Milesier den Urgrund der Dinge als von sich aus ewig bewegt und in sich zu lebendiger Mannigfaltigkeit gestaltet dachten, strich Xenophanes dies Postulat der Naturerklärung und nannte den Weltgott unbeweglich und in allen seinen Teilen vollkommen gleichartig. Wie er sich freilich damit vereinbar die Mannigfaltigkeit der Einzeldinge gedacht hat, an deren Realität er nicht zweifelte, das muß dahingestellt bleiben.

4. Die milesische Vorstellung von der Weltsubstanz hatte, wie es der Begriff der Veränderung verlangt, die Momente des Sich-selbst-gleichbleibens und der selbständigen Abwandelbarkeit ohne klare Abgrenzung miteinander vereinigt: bei Xenophanes wurde das erste Moment isoliert; hinsichtlich des zweiten geschah dasselbe durch H e r a k l i t. Seine Lehre setzt die Arbeit der Milesier, von deren Abschluß sie jedoch durch eine Generation getrennt ist, in der Weise voraus, daß schließlich das Bestreben, zur Begriffsbestimmung eines bleibenden Weltgrundes zu gelangen, als aussichtslos erkannt worden ist. Es gibt nichts Bleibendes, weder in den einzelnen Dingen der Welt noch in ihrem Gesamtbestande. Nicht nur die besonderen Erscheinungen, sondern auch das Weltall als Ganzes ist in ewiger, unablässiger Umwälzung begriffen: A l l e s   f l i e ß t und Nichts bleibt. Man kann von den Dingen nicht sagen, daß sie sind; sie werden nur und vergehen in dem ewig wechselnden Spiele der Weltbewegung. Was also bleibt und den Namen der Gottheit verdient, das ist kein Ding und kein Stoff, sondern die Bewegung, das Geschehen, das W e r d e n selbst.

Der starken Zumutung, welche mit dieser Wendung an die Abstraktion gemacht zu sein scheint, kam aber bei Heraklit die sinnliche Anschauung entgegen, worin sich ihm diese Bewegung darstellte: diejenige des F e u e r s. Dessen Mitwirkung bei der Umsetzung der Naturdinge ineinander war schon den Milesiern nicht entgangen; dazu mochten altorientalische mythische Vorstellungen hinzutreten, welche der Kontakt mit den Persern den Joniern jener Tage besonders nahe brachte. Wenn aber Heraklit die Welt für ein ewig lebendiges Feuer, das Feuer also für das Wesen aller Dinge erklärte, so versteht er unter dieser ἀρχή nicht einen alle seine Verwandlungen überdauernden Stoff, sondern eben die züngelnde Verwandlung selbst, das Auf- und Abschweben des Werdens und Vergehens[24]).

---

[23]) Hippol. Ref., I, 14, DIELS, 11 A, 33. An anderen Stellen heißt es wieder, er habe die Gottheit weder begrenzt noch unbegrenzt gedacht haben wollen (?).
[24]) Die Schwierigkeit, einer solchen substratlosen Bewegung, einem bloßen Werden die höchste Realität und die Erzeugungsfähigkeit für die Dinge zuzuschreiben, ist für das unentfaltete, seiner eigenen Kategorien noch nicht bewußte Denken offenbar sehr viel geringer gewesen als für die spätere Auffassung. Die zwischen symbolischer und realer Bedeutung schwankende Anschauung des Werdens als Feuer wird durch den sprachlichen Ausdruck unterstützt, der auch Funktionen und Verhältnisse als Substantiva behandelt. Ebenso aber verschmäht es Heraklit auch nicht, im bildlichen Ausdruck (vom immer neu gekneteten Ton, vom immer neu umgerührten Mischtrank) die dunkle Vorstellung einer Weltsubstanz im Hintergrunde bestehen zu lassen.

Dabei aber nimmt diese Vorstellung doch zugleich noch festere Gestalt an, indem Heraklit viel energischer als die Milesier hervorhob, daß dieser Wechsel nach bestimmten Verhältnissen und in einer immer sich gleich bleibenden Reihenfolge sich vollzieht[25]). Dieser Rhythmus des Geschehens (das, was spätere Zeiten die Gesetzmäßigkeit der Natur genannt haben) ist also das einzig Dauernde; er wird von Heraklit als das Geschick (εἱμαρμένη), als die Ordnung (δίκη), als die Vernunft (λόγος) der Welt bezeichnet. Diese Bestimmungen, wonach physische, ethische und logische Weltordnung noch als identisch erscheinen, beweisen nur den unentwickelten Zustand des Denkens, welches die verschiedenen Motive noch nicht zu sondern weiß: der Begriff aber, den Heraklit mit voller Klarheit erfaßt und mit der ganzen Strenge seiner herben Persönlichkeit durchgeführt hat, ist derjenige der O r d n u n g, ein Begriff jedoch, dessen Geltung für ihn ebenso Sache der Überzeugung wie der Erkenntnis war.

5. In sichtlichem Gegensatz zu dieser Lehre des Ephesiers ist nun von P a r - m e n i d e s, dem Haupt der eleatischen Schule und dem bedeutendsten Denker dieser Periode, der Begriff des S e i n s herausgearbeitet worden. Doch ist es nicht leicht, seine Formulierung aus den wenigen Fragmenten des Lehrgedichts zu rekonstruieren, dessen ganz einziger Charakter in der Verbindung trockenster Abstraktion mit großartiger bilderreicher Phantasie besteht. Daß es ein Sein gibt (ἔστι γὰρ εἶναι), ist für den Eleaten ein begriffliches Postulat von so zwingender Evidenz, daß er diese Behauptung nur hinstellt, ohne sie zu beweisen, und daß er sie nur durch eine negative Wendung erläutert, welche uns erst über den Sinn seines Hauptgedankens völligen Aufschluß gibt. Das „Nichtsein" (μὴ εἶναι), fügt er nämlich hinzu, oder das Nichtseiende (τὸ μὴ ἐόν) könne nicht sein und könne nicht gedacht werden. Denn alles Denken bezieht sich auf Seiendes, das seinen Inhalt bildet[26]). Diese Auffassung der Korrelativität von Sein und Bewußtsein führt bei Parmenides so weit, daß beides, Denken und Sein, für völlig identisch erklärt wird. Kein Denken, dessen Inhalte nicht das Sein zukäme — kein Sein, das nicht gedacht würde: Denken und Sein sind dasselbe.

Diese Sätze, welche, wörtlich betrachtet, so abstrakt ontologisch aussehen, nehmen nun aber eine ganz andere Bedeutung an, wenn man betrachtet, daß die Fragmente des großen Eleaten keinen Zweifel darüber lassen, was er als das „Sein" oder das „Seiende" hat angesehen wissen wollen: nämlich die K ö r p e r l i c h k e i t, die Materialität (τὸ πλέον). Für ihn sind „Sein" und „Raumerfüllen" dasselbe. Dies „Sein", diese Funktion der Raumerfüllung ist aber bei allem „Seienden" genau die gleiche; daher gibt es nur das Eine, einheitliche, unterschiedslose Sein. Anderseits bedeutet somit das „Nichtsein" oder das „Nichtseiende" die Körperlosigkeit, den l e e r e n R a u m (τὸ κένον). Dieser von Parmenides durchgeführte Doppelsinn des εἶναι, wonach dasselbe einmal „das Volle" und das andere Mal „Realität" bedeutet, führt also zu dem Satze, d a ß d e r l e e r e R a u m n i c h t s e i n. k a n n.

Nun besteht aber für die naiv-sinnliche Auffassung, die ja auch in diesen prinzipiellen Bestimmungen des Parmenides steckt, die Gesondertheit der Dinge, vermöge deren sie sich als eine Vielheit und Mannigfaltigkeit darstellen, in ihrer Trennung

---

[25]) Das Nähere darüber im folgenden Paragraphen.
[26]) Fr. ed. KARSTEN v. 94 ff., DIELS, 18 B, 4, 6, 7, 8.

durch den leeren Raum, und anderseits besteht alles körperliche Geschehen, d. h. alle Bewegung in der Ortsveränderung, welche das „Volle" im „Leeren" erleidet. Ist daher das Leere nicht wirklich, so können auch d i e V i e l h e i t u n d d i e B e w e g u n g   d e r   E i n z e l d i n g e   n i c h t   w i r k l i c h sein.

Die Mannigfaltigkeit der Dinge, welche die Erfahrung in Koexistenz und Succession darbietet, war den Milesiern Anlaß gewesen, nach dem gemeinsamen bleibenden Grunde zu fragen, dessen Verwandlungen sie alle seien. Mit dem Begriffe des Seins, zu welchem Parmenides den des Weltstoffs zuspitzt, erscheinen diese Einzeldinge so wenig vereinbar, daß ihnen die Realität abgesprochen wird, und jenes eine, einheitliche Sein auch als das e i n z i g e übrig bleibt[27]). Der Erklärungsbegriff hat sich so in sich selber ausgebildet, daß seine Behauptung die Leugnung des durch ihn zu Erklärenden einschließt. In diesem Sinne ist der Eleatismus A k o s-m i s m u s : in dem All-Einen ist die Mannigfaltigkeit der Dinge untergegangen; jenes allein „ist", diese sind Trug und Schein.

Dem Einen oder dem Sein kommen nach Parmenides Ewigkeit, Ungewordenheit, Unvergänglichkeit, besonders aber auch (wie schon Xenophanes behauptet hatte) völlige Einerleiheit, unterschiedslose Sich-selbst-Gleichheit, d. h. durchgängige Homogeneität und absolute Unveränderlichkeit zu: und auch darin folgt er dem Xenophanes, daß er es als in sich begrenzt, fertig und abgeschlossen betrachtet haben will. Das Sein ist also eine wohlgerundete, in sich vollkommen gleichartige Kugel, und dieser einzige und einheitliche W e l t k ö r p e r ist zugleich der einfache, alle Besonderheiten von sich ausschließende W e l t g e d a n k e : τὸ γὰρ πλέον ἐστὶ νόημα[28]).

6. Aller dieser zum Teil phantastischen, zum Teil rücksichtslos abstrakten Versuche hat es bedurft, um die Voraussetzungen für die Entwicklung der ersten brauchbaren Begriffe der Naturauffassung zu gewähren. Denn, so wichtige Denkmotive darin zur Geltung gekommen waren, — verwendbar für die Naturerklärung waren weder der Weltstoff der Milesier, noch das Feuer-Werden Heraklits, noch das Sein des Parmenides. Nun war die Unfertigkeit des ersteren durch den klaffenden Gegensatz der beiden letzteren klar geworden und damit der Anlaß dafür gegeben, daß die selbständigeren Forscher der nächsten Generation beide Motive begrifflich voneinander sondern und aus ihrer Gegenüberstellung neue Beziehungsformen erdenken konnten, aus denen dauernd wertvolle Kategorien der Naturerkenntnis sich ergaben.

Gemeinsam ist diesen V e r m i t t l u n g s v e r s u c h e n einerseits die Anerkennung des eleatischen Postulats, daß das „Seiende" durchaus nicht nur als ewig, ungeworden und unvergänglich, sondern auch als in sich gleichartig und seinen Eigenschaften nach unveränderlich gedacht werden müsse, anderseits aber auch die Zustimmung zu dem heraklitischen Gedanken, daß dem Werden und Geschehen, damit aber auch der Mannigfaltigkeit der Dinge eine unleugbare Realität zukomme; und gemeinsam ist ihnen in der Vermittlung dieser beiden Denkbedürfnisse der

---

[27]) Die sprachlichen Zweideutigkeiten, wonach einesteils das ἕν sowohl das numerisch **Einzige** als auch das prädikativ Einheitliche (Einfache) bedeutet, andernteils das Verbum εἶναι nicht nur die Funktion der Copula, sondern auch den Sinn der „Realität" hat, spielen in diesen Überlegungen des Eleaten offenbar eine große Rolle.

[28]) Bezeichnungen wie Materialismus und Idealismus treffen daher für diese naive Identifikation des Bewußtseins und seines Objekts, der Körperwelt, nicht zu.

Versuch, eine M e h r h e i t v o n S e i e n d e n anzunehmen, von denen zwar jedes
einzelne für sich dem Postulat des Parmenides genüge, die aber anderseits durch
den Wechsel ihrer räumlichen Beziehungen die veränderliche Mannigfaltigkeit der
Einzeldinge, welche die Erfahrung aufweist, herbeiführen sollen. Hatten die
Milesier von den eigenschaftlichen (qualitativen) Veränderungen des Weltstoffs
gesprochen, so schloß das eleatische Prinzip deren Möglichkeit aus; sollte trotzdem
mit Heraklit das Geschehen anerkannt und dem Sein selbst zuerkannt werden,
so mußte es auf eine Art der Veränderung reduziert werden, welche die Eigenschaften des Seienden unberührt ließ: eine solche aber war nur als Ortsveränderung,
d. h. als B e w e g u n g denkbar. Die Naturforscher des 5. Jahrhunderts haben daher
mit den Eleaten die (qualitative) Unveränderlichkeit des Seins, aber gegen die
Eleaten dessen Pluralität und Beweglichkeit[29]), sie haben mit Heraklit die Realität
des Geschehens und gegen Heraklit das Sein dauernder und unveränderlicher Träger
der Bewegung behauptet. Ihre gemeinsame Ansicht ist die: es gibt eine Mehrheit
von Seienden, welche, an sich unveränderlich, durch ihre Bewegung den Wechsel
und die Vielheit der Einzeldinge begreiflich machen.

7. Zuerst und in der unvollkommensten, wenn auch historisch sehr lange nachwirkenden Form scheint dies Prinzip von E m p e d o k l e s geltend gemacht worden
zu sein. Als die „E l e m e n t e"[30]) stellte er die der populären Vorstellungsweise
noch heute geläufigen vier auf: Erde, Wasser, Luft und Feuer[31]). Jedes dieser
„Vier" sei ungeworden und unzerstörbar, in sich gleichartig und unveränderlich,
dabei aber teilbar und in diesen Teilen unverschiebbar[32]). Aus der Mischung der
Elemente entstehen die einzelnen Dinge, mit der Entmischung hören sie wieder
auf, und aus der Art und Weise der Mischung sollen die mannigfachen, von den
Eigenschaften der Elemente selbst noch wieder verschiedenen Qualitäten der
Einzeldinge herrühren.

Dabei macht sich nun das Merkmal der Unveränderlichkeit und die Abwendung
von dem milesischen Hylozoismus bei Empedokles in dem Maße geltend, daß er
diesen nur wechselnde Bewegungszustände und mechanische Mischungen erleiden-
den Stoffen die selbständige Bewegungsfähigkeit nicht zusprechen konnte und
deshalb nach einer von den Elementen selbst unabhängigen U r s a c h e d e r
B e w e g u n g suchen mußte. Als solche bezeichnete er L i e b e u n d H a ß. Doch
ist dieser erste Versuch, einer toten, jeglicher Eigenbewegung durch die Abstraktion
entkleideten Materie die sie bewegende Kraft als etwas metaphysisch Selbständiges
gegenüberzustellen, noch sehr dunkel ausgefallen; Liebe und Haß sind bei Empedokles nicht bloß Eigenschaften, Funktionen oder Beziehungen der Elemente,

---

[29]) In der späteren Literatur (Platon, Theait, 181 d; Arist. var. loc.) werden ἀλλοίωσις
(qualitative Veränderung) und περιφορά (Ortsveränderung) einander als verschiedene Arten
der κίνησις oder μεταβολή gegenübergestellt: sachlich geschieht das schon hier, wenn auch
die Termini noch fehlen.

[30]) Statt des späteren Ausdrucks στοιχεῖα findet sich bei Empedokles die mehr poetische
Bezeichnung „Stammwurzeln aller Dinge" (ῥιζώματα).

[31]) Die Auswahl entsprang neben der Anlehnung an die Vorgänger offenbar wieder der
Neigung, die verschiedenen Aggregatzustände als das ursprüngliche Wesen der Dinge zu
betrachten. Der Vierzahl selbst scheint dabei keine Bedeutung zuzukommen: die dialektische Konstruktion, welche Platon und Aristoteles dafür gegeben haben, liegt dem Agri-
gentiner fern.

[32]) Über das Wort „Elementum" vgl. H. DIELS (Leipzig 1899) und O. LAGERCRANTZ,
Elementum (Upsala u. Leipzig 1911).

3*

sondern diesen gegenüber selbständige Mächte: wie aber die Realität dieser B e w e g u n g s k r ä f t e zu denken sei, darüber geben die Fragmente keinen irgendwie genügenden Aufschluß[33]). Nur das ist nicht unwahrscheinlich, daß bei der Dualität des Bewegungsprinzips auch der Gedanke mitgewirkt hat, es seien für das Gute und das Schlechte in dem Wechsel der Erfahrungsdinge Liebe und Haß als zwei gesonderte Ursachen erforderlich[34]), — ein erstes Zeichen beginnender Einmischung von Wertbestimmungen in die Naturtheorie.

8. Wenn Empedokles es für möglich erachtet hat, aus der Mischung der vier Elemente die Sonderqualitäten der Einzeldinge herzuleiten (ob und wie er das versuchte, wissen wir freilich nicht), so war dieser Schwierigkeit A n a x a g o r a s überhoben, welcher aus dem eleatischen Prinzip, daß nichts Seiendes entstehen oder vergehen könne, den Schluß zog, daß so viele Elemente[35]) angenommen werden müssen, als sich in den Erfahrungsdingen einfache Stoffe vorfinden, die bei der Teilung immer wieder in lauter ihnen selbst und untereinander qualitativ gleiche Teile zerfallen. Solche Stoffe sind seiner Bestimmung gemäß H o m ö - o m e r i e n genannt worden. Dieser (im Prinzip demjenigen der heutigen Chemie durchaus entsprechende) Begriff des Elements traf aber bei dem damaligen Stande der Forschung, die nur mechanische Spaltung oder Temperaturveränderung als Untersuchungsmittel kannte, auf die größte Anzahl der erfahrungsmäßig gegebenen Stoffe[36]) zu, und deshalb behauptete Anaxagoras, es gäbe u n z ä h l i g e E l e - m e n t e, verschieden an Gestalt, Farbe und Geschmack. Sie seien in unendlich feiner Verteilung durch das ganze Weltall hindurch vorhanden; ihr Zusammentreten (σύγκρισις) mache das Entstehen, ihr Auseinandertreten (διάκρισις) das Vergehen der Einzeldinge aus: und dabei sei in jedem Dinge von jedem Stoff etwas vorhanden, nur für unsere sinnliche Auffassung nehme das einzelne Ding die Eigenschaften desjenigen Stoffes oder derjenigen Stoffe an, welche darin mit überwiegender Masse enthalten seien.

Die Elemente, als das Seiende, gelten nun auch für Anaxagoras als ewig, anfangs- und endlos, unveränderlich und wenn auch beweglich, so doch für sich selbst unbewegt. Es muß daher auch hier nach einer Kraft gefragt werden, welche Ursache der Bewegung ist: da aber doch auch diese Kraft als ein Seiendes angesehen werden muß, so verfiel Anaxagoras auf den Ausweg, sie einem besonderen einzelnen Stoffe zuzuweisen. Dies K r a f t e l e m e n t oder dieser B e w e g u n g s - s t o f f soll das leichteste, feinste, beweglichste aller Elemente sein: es ist im Unterschiede von allen andern diejenige Homöomerie, welche allein von selbst in Bewegung ist und diese ihre Eigenbewegung den andern mitteilt: sie bewegt von sich aus die übrigen. Das innere Wesen aber dieses Kraftstoffs zu bestimmen, vereinigen sich zwei Gedankenreihen: Ursprünglichkeit der Bewegung ist für die naive Weltauffassung das sicherste Kennzeichen des B e s e e l t e n ; dieser exzeptio-

---

[33]) Wenn φιλία und νεῖκος gelegentlich von den späteren Berichterstattern als fünfte und sechste ἀρχή des Empedokles gezählt werden, so darf man daraus wohl nicht schließen, daß er sie auch für Stoffe gehalten hätte. Seine dunkle, fast mystische Bezeichnungsweise beruht zum größten Teil auf der sprachlichen Substantivierung der Funktionsbegriffe.
[34]) Arist. Met., I, 4, 985 a, 21 seq.
[35]) Er nannte sie σπέρματα (Samen der Dinge) oder auch einfach χρήματα (Dinge, Substanzen).
[36]) Nach den Fragmenten des Anaxagoras z. B. auch Knochen, Fleisch, Mark; anderseits die Metalle.

nelle Stoff also, der von sich aus bewegt ist, muß der Seelenstoff, seine Qualität muß das Seelische sein. Und zweitens: eine Kraft wird durch ihre Wirkung erkannt; wenn dieser Bewegungsstoff die Ursache der Weltgestaltung ist, zu der er die übrigen trägen Elemente entmischt hat, so wird man aus dieser Leistung sein Wesen erkennen müssen. Nun macht aber das Weltall, insbesondere der gleichmäßige Umschwung der Gestirne, den Eindruck s c h ö n e r und z w e c k - m ä ß i g e r O r d n u n g (κόσμος). Eine solche harmonische Bewältigung riesiger Massen, dieser ungestörte Kreislauf zahlloser Weltkörper, denen Anaxagoras seine bewundernde Betrachtung zuwandte, schien ihm nur das Ergebnis eines zweckmäßig anordnenden und die Bewegungen beherrschenden G e i s t e s sein zu können. Deshalb charakterisierte er den K r a f t s t o f f als V e r n u n f t (νοῦς) oder als D e n k s t o f f.

Der νοῦς des Anaxagoras ist also ein Stoff, ein körperliches Element, in sich gleichartig, unerzeugt und unvergänglich, in feiner Verteilung durch die ganze Welt ergossen, aber von allen andern Stoffen nicht nur graduell als der feinste, leichteste, beweglichste, sondern auch wesentlich darin verschieden, daß er allein von sich selbst aus bewegt ist und vermöge dieser Eigenbewegung auch die andern Elemente in der zweckmäßigen Weise bewegt, welche sich in der Ordnung der Welt zu erkennen gibt. Diese Betonung der Ordnung im Weltall ist ein heraklitisches Moment in der Lehre des Anaxagoras, und der Schluß von den geordneten Bewegungen auf ihre vernünftige, zweckmäßige Ursache ist das erste Beispiel der t e l e o l o g i s c h e n N a t u r e r k l ä r u n g[37]). Mit ihm wird ausdrücklich der Wertbegriff der Schönheit und Vollkommenheit auch theoretisch zum Erklärungsprinzip gemacht.

9. In entgegengesetzter Richtung hat sich aus dem eleatischen Seinsbegriffe der A t o m i s m u s L e u k i p p s entwickelt. Während Empedokles die metaphysische Ursprünglichkeit einiger und Anaxagoras diejenige aller Qualitäten behauptet, blieb der Gründer der abderitischen Schule bei der Ansicht des Parmenides stehen, daß der ganzen Mannigfaltigkeit qualitativer Bestimmungen, welche die Erfahrung aufweist, kein „Sein" zukomme, daß vielmehr die einzige Eigenschaft des Seienden die Raumerfüllung, die K ö r p e r l i c h k e i t, τὸ πλέον, sei. Sollte nun aber trotzdem die Vielheit der Dinge und der Wechsel des zwischen ihnen stattfindenden Geschehens begreiflich gemacht werden, so mußte an die Stelle des einzigen und in sich unterschiedslosen Weltkörpers, den Parmenides gelehrt hatte, eine Vielheit solcher Seienden treten, die voneinander nicht wieder durch Seiendes, sondern nur durch Nichtseiendes, d. h. durch Unkörperliches, durch den l e e r e n R a u m getrennt waren. Diesem Nichtseienden mußte daher doch wieder eine Art von Sein, von metaphysischer Realität zugeschrieben werden[38]), und Leukippos betrachtete den leeren Raum im Gegensatz zu der Begrenztheit, welche das eigentliche Sein nach Parmenides besitzt, als das Unbegrenzte: das ἄπειρον. Leukipp zertrümmert

---

[37]) Als solches ist er von Platon (Phaed., 97 b) gefeiert und schon von Aristoteles (Met., I, 3, 984 b) überschätzt worden: vgl. jedoch § 5, 5. Die Neueren (HEGEL) haben die weitere Überschätzung hinzugefügt, den νοῦς als immaterielles Prinzip auffassen zu wollen. Doch lassen die Fragmente (Simpl. phys. [D.], 33 v, 156, 13) keinen Zweifel, daß auch dieses leichteste, reinste, mit den übrigen sich nicht mischende, sondern sie nur als lebendige Kraft umspielende und bewegende Element noch immer ein raumerfüllender Stoff blieb. Vgl. jedoch M. HEINZE in den Ber. der Sächs. Ges. der Wiss., 1890.

[38]) Plut. adv. Col., 4, 2, 1109.

daher den Weltkörper des Parmenides und zerstreut seine Teile durch den unendlichen Raum: jeder dieser Teile aber ist, wie das absolute Sein des Parmenides,
ewig und unveränderlich, ungeworden und unzerstörbar, in sich durchaus gleichartig, begrenzt und unteilbar. Daher heißen diese Stücke des Seins A t o m e, ἄτομοι:
und aus den Gründen, welche Anaximandros zu seinem Begriffe des ἄπειρον geführt
hatten, behauptete Leukippos, daß solcher Atome unzählige, von unendlich mannig-
facher Gestalt seien. **Ihre Größe** mußte er, da alle empirischen Dinge teilbar sind,
als unwahrnehmbar klein bezeichnen. Die Unterschiede aber zwischen ihnen
konnten, da sie alle nur die eine gleiche Qualität der Raumerfüllung besitzen,
nur quantitativ sein: Unterschiede der Gestalt, Größe und Lage.

Aus solchen metaphysischen Überlegungen ist der Begriff des Atoms erwachsen,
der sich für die theoretische Naturwissenschaft deshalb so fruchtbar erwiesen hat,
weil er, wie es schon bei Leukipp zutage tritt, das Postulat enthält, alle qualitativen Unterschiede, welche die Wahrnehmung aufweist, auf quantitative zu reduzieren. Die Dinge unserer Erfahrung, lehrte Leukipp, sind Verbindungen von
Atomen; sie entstehen durch deren Vereinigung, sie vergehen durch deren Trennung.
Die Eigenschaften, welche wir an diesen Komplexen wahrnehmen, sind nur Schein:
in Wahrheit bestehen nur die Bestimmungen der Gestalt, Größe, Anordnung und
Lagerung der einzelnen Atome, welche das Sein ausmachen.

Der leere Raum ist somit die Voraussetzung, wie für die Sonderung und Gestaltung so auch für die Verbindung und Trennung der Atome. Alles Geschehen
ist seinem Wesen nach B e w e g u n g   d e r   A t o m e   i m   R a u m. Fragt man
aber nach dem Grunde dieser Bewegung der Atome[39]), so kann er, da der eigentlich
nicht-seiende Raum nicht Ursache sein darf und der Atomismus außer dem Raum
und den Atomen nichts Wirkliches anerkennt, nur in den Atomen selbst gesucht
werden, d. h. die Atome sind von sich aus in Bewegung, und diese ihre selbständige
Bewegung ist ebenso anfangs- und endlos wie ihr Sein. Und so mannigfaltig und
voneinander unabhängig die Atome an Gestalt und Größe sind, so verschieden ist
auch ihre ursprüngliche Bewegung. Sie fliegen in dem unendlichen Raume, der
kein Oben und Unten, kein Innen und Außen kennt, jedes für sich, wirr durcheinander, bis ihr Zusammentreffen zur Bildung von Dingen und Welten führt.
Die begriffliche Trennung also, welche Empedokles und Anaxagoras zwischen
Stoff und bewegender Kraft versucht hatten, hoben die Atomisten wieder auf;
sie schrieben den Stoffteilchen die Fähigkeit zwar nicht der qualitativen Veränderung (ἀλλοίωσις), aber der s e l b s t ä n d i g e n   B e w e g u n g (κίνησις im
engeren Sinne = περιφορά) zu, und sie nahmen in diesem allerdings stark eingeschränkten und damit auch sachlich veränderten Sinne das Prinzip des milesischen Hylozoismus wieder auf.

10. Gegen diese pluralistischen Systeme hat Z e n o n, der Freund und Schüler
des Parmenides, die eleatische Lehre zu verteidigen gesucht, indem er die Widersprüche darlegte, in welche sich die Annahme einer Vielheit von Seienden ver-
wickle. Der Größe nach, zeigte er, ergibt sich daraus, daß die Gesamtheit des Seins
einerseits unendlich klein, anderseits unendlich groß sein muß: unendlich klein,

---

[39]) Arist. Phys., VIII, 1, 252 a, 32 (vgl. Met., I, 4), sagt von den Atomisten, sie hätten
nach dem Ursprung der Bewegung nicht gefragt — selbstverständlich, denn sie erklärten
die Bewegung für ursachlos.

weil die Zusammensetzung noch so vieler Teile, deren jedes unendlich klein sein soll, doch niemals mehr als unendlich Kleines ergibt[40]), — unendlich groß hinwiederum, weil die Grenze, die zwei Teile trennen soll, selbst ein Seiendes, d. h. räumliche Größe sein muß, die ihrerseits wieder von beiden Teilen durch eine Grenze geschieden ist, von der dann dasselbe gilt usf. *in infinitum.* Aus dem letzteren Argument, welches das ἐχ διχοτομίας genannt wurde, folgerte Zenon auch, daß der Zahl nach das Seiende unbegrenzt sein müsse, während anderseits doch dies fertige, nicht im Werden begriffene Sein auch hinsichtlich seiner numerischen Bestimmtheit als begrenzt anzusehen sei. Und ebenso wie die Annahme des Vielen soll sich auch die Behauptung der Realität des leeren Raumes durch einen *regressus in infinitum* selbst widerlegen: ist alles Seiende im Raum und dieser selber ein Seiendes, so muß er selbst wieder in einem Raum sein, dieser ebenfalls usw. Mit dem Begriffe des Unendlichen, dem der Atomismus eine neue Wendung gegeben hatte, waren alle die darin für den Gegensatz von Verstand und Anschauung enthaltenen Rätsel lebendig geworden, und Zenon benutzte sie, um damit die Gegner der Lehre von dem einen in sich begrenzten Sein *ad absurdum* zu führen.

Doch zeigt sich die Zweischneidigkeit dieser Dialektik an der eleatischen Schule selbst, indem ein Zeit- und Gesinnungsgenosse des Zenon, M e l i s s o s, sich genötigt sah, das parmenideische Sein auch räumlich für ebenso unbegrenzt zu erklären wie zeitlich. Wie das Sein nämlich weder aus anderem Seiendem noch aus Nichtseiendem entstehen und wie es weder in das eine noch in das andere vergehen kann, so kann es auch weder durch Seiendes (denn das müßte ein zweites Sein sein) noch durch Nichtseiendes (denn dann müßte dies sein) begrenzt werden: eine Argumentation, die rein theoretisch konsequenter war, als die durch Wertbestimmungen beeinflußte Behauptung des Meisters.

11. Eine vermittelnde Stellung haben in diesen Fragen die P y t h a g o r e e r eingenommen: sie waren dazu, wie zu ihren übrigen Lehren, durch ihre Beschäftigung mit der Mathematik und durch die Art, wie sie diese betrieben, in glücklicher Weise befähigt. Die Hauptrichtung ihrer Untersuchungen scheint arithmetisch gewesen zu sein; auch die geometrischen Einsichten, die ihnen zugeschrieben werden (wie der bekannte nach Pythagoras benannte Satz), laufen auf die lineare Darstellung einfacher Zahlenverhältnisse ($3^2 + 4^2 = 5^2$ usw.) hinaus. Aber nicht nur in den allgemeinen Verhältnissen der räumlichen Gebilde fanden die Pythagoreer die Zahlen als maßgebend, sondern auch in solchen Erscheinungen der körperlichen Welt, mit denen sie vorwiegend beschäftigt waren. Ihre theoretischen Untersuchungen über Musik lehrten sie, daß der Wohlklang auf einfachen Zahlenverhältnissen der Saitenlänge (Oktave, Terz, Quart) beruht, und ihre weit geförderte Kenntnis der Astronomie führte sie auf die Ansicht, daß die in den Bewegungen der Himmelskörper waltende Harmonie (ähnlich der musikalischen)[41]) in einer Ordnung begründet sei, wonach die verschiedenen Sphären des Weltalls sich in zahlenmäßig fest bestimmten Abständen um einen gemeinsamen Mittelpunkt bewegen. So mannigfache Anlässe scheinen sich vereint zu haben, um in einem Manne wie P h i l o l a o s den Gedanken hervorzurufen, daß das dauernde Sein,

---

[40]) Das Argument kann nur gegen den Atomismus gerichtet sein und trifft auch diesen nur schwach.

[41]) Aus dieser Analogie erwuchs die phantastische Vorstellung der Sphärenharmonie.

welches die philosophische Theorie suchte, in den Z a h l e n zu finden sei. Den
wechselnden Dingen der Erfahrung gegenüber besitzen die mathematischen Begriffsinhalte die Merkmale zeitloser Geltung; sie sind ewig, ungeworden, unvergänglich,
unveränderlich und selbst unbeweglich: und wenn sie damit dem eleatischen Seins-
postulat genügen, so stellen sie anderseits die festen Verhältnisse und jene rhyth-
mische Ordnung dar, die Heraklit verlangt hatte. So fanden denn die Pythagoreer
das bleibende Wesen der Welt in den mathematischen Verhältnissen und insbesondere in den Zahlen — eine Lösung des Problems, abstrakter als die milesische,
anschaulicher als die eleatische, klarer als die heraklitische, schwieriger als diejenige der zeitgenössischen Vermittlungsversuche.

Die Z a h l e n l e h r e der Pythagoreer schloß sich in ihrer Ausführung teils an
die vielfachen Beobachtungen, welche sie über arithmetische Verhältnisse gemacht
hatten, teils an Analogien, welche sie zwischen diesen und den philosophischen
Begriffen entdeckten und zum Teil recht künstlich herstellten. Die Bestimmtheit
jeder einzelnen unter den Zahlen und die Endlosigkeit ihrer Reihe mußten wohl
zunächst den Gedanken nahe legen, daß sowohl dem Begrenzten als auch dem
Unbegrenzten Realität zukomme, und indem dies Motiv ins Geometrische übersetzt wurde, erkannten die Pythagoreer neben den Elementen als dem Begrenzten
auch dem Raum als dem unbegrenzten Leeren Realität zu; die Elemente aber
dachten sie sich durch die einfachen stereometrischen Formen bestimmt: das Feuer
durch das Tetraeder, die Erde durch den Kubus, die Luft durch das Oktaeder,
das Wasser durch das Ikosaeder und einen fünften Stoff, den Äther, welchen sie
den vier terrestrischen, von Empedokles übernommenen, als den himmlischen
hinzufügten, durch das Dodekaeder[42]). Dabei waltete die Vorstellung ob, K ö r p e r -
l i c h k e i t bestehe in der mathematischen Begrenzung des Unbegrenzten, in der
G e s t a l t u n g d e s R a u m e s. Die mathematischen Formen werden zum Wesen
der physischen Realität gemacht.

Weiterhin glaubten die Pythagoreer in dem Gegensatze des Begrenzten und des
Unbegrenzten den Zahlengegensatz des Ungeraden und des Geraden wiederzu-
erkennen[43]); und dieser Gegensatz identifizierte sich ihnen wieder (nicht ohne Mit-
wirkung alter Vorstellungen des Orakelglaubens) mit demjenigen des Vollkommenen
und des Unvollkommenen, des Guten und des Schlechten[44]). So wird ihre Welt-
anschauung d u a l i s t i s c h : dem Begrenzten, Ungeraden, Vollkommenen und
Guten steht das Grenzenlose, Gerade, Unvollkommene und Schlechte gegenüber.
Wie aber in der Eins, die sowohl als gerade wie als ungerade Zahl gilt[45]), beide
Prinzipien vereinigt sind, so sind auch in der ganzen Welt diese Gegensätze zur
H a r m o n i e ausgeglichen. Die Welt ist Zahlenharmonie.

Jenen Grundgegensatz aber, in dessen Annahme alle Pythagoreer einig waren,

[42]) Während die Hauptrichtung der Pythogoreer so dem Empedokles folgte, hat ein
späterer, E k p h a n t o s, diese Raumbegrenzung im Sinne des Atomismus aufgefaßt.
[43]) Die Begründung davon, daß nämlich die geraden Zahlen eine Zweiteilung ins Unendliche (?) erlauben (Simpl. phys. [D], 105 r, 455, 20), ist freilich sehr bedenklich und künstlich.
[44]) Auch darf dabei das Moment nicht übersehen werden, welches sich schon bei Xenophanes und Parmenides geltend machte, daß nämlich dem Griechen das Maß ein hoher
ethischer Wert war, daß somit das allen Maßes spottende Unendliche ihm als unvollkommen, das in sich Bestimmte(πεπερασμένον)dagegen als wertvoller gelten mußte.
[45]) Arist. Met., I, 5, 986 a, 19.

haben einige von ihnen[46]) durch die verschiedenen Gebiete der Erfahrung zu verfolgen gesucht, und so ist eine Tafel von 10 G e g e n s a t z p a a r e n zustande gekommen: begrenzt und unbegrenzt — ungerade und gerade — eins und viel — rechts und links — männlich und weiblich — ruhend und bewegt — gerade und krumm[47]) — hell und dunkel — gut und schlecht — quadratisch und ungleichseitig: offenbar eine systemlose Zusammenstellung, mit der nur die heilige Zehnzahl vollgemacht werden sollte, die aber doch wenigstens den Versuch einer Gliederung erkennen läßt.

Mit diesem oder einem ähnlichen Schema haben dann die Pythagoreer sich abgemüht, eine Ordnung der Dinge nach dem Zahlensystem herzustellen, indem sie in jedem Erkenntnisgebiet die Grundbegriffe verschiedenen Zahlen zuwiesen und so anderseits jeder einzelnen Zahl (und zwar hauptsächlich denjenigen von 1 bis 10) eine maßgebende Bedeutung in den verschiedenen Sphären der Wirklichkeit zuerkannten. Die Wunderlichkeiten symbolischer Deuterei, der sie dabei verfielen, dürfen doch nicht übersehen lassen, daß damit der Versuch gemacht wurde, eine b l e i b e n d e, b e g r i f f l i c h e O r d n u n g d e r D i n g e zu erkennen und deren letzten Grund in m a t h e m a t i s c h e n V e r h ä l t n i s s e n zu finden.

Auch ist es den Pythagoreern, und namentlich den späteren, selbst nicht entgangen, daß die Zahlen nicht in derselben Weise Prinzipien (ἀρχαί) der Dinge genannt werden konnten, wie etwa die Stoffe, die Elemente usw., daß die Dinge nicht a u s ihnen entstanden, sondern n a c h i h n e n g e b i l d e t sind, und sie drückten ihren Gedanken vielleicht am besten und wirksamsten damit aus, daß sie sagten, alle Dinge seien A b b i l d e r o d e r N a c h a h m u n g e n d e r Z a h l e n. Damit war die Welt der mathematischen Formen als eine höhere, ursprüngliche Wirklichkeit gedacht, von der die empirische Wirklichkeit nur ein Nachbild sein sollte: jener gebührte das bleibende Sein, diese war die gegensätzliche Welt des Geschehens.

§ 5. Die Begriffe des Geschehens.

Wie die Tatsache der Veränderung, d. h. das Geschehen, den nächsten Anlaß zur Besinnung auf das bleibende Sein gegeben hat, so haben die verschiedenen Begriffe vom Sein doch in letzter Instanz nur den Zweck, das Geschehen verständlich zu machen. Zwar wurde diese Aufgabe in der Entwicklung der Seinsbegriffe gelegentlich vergessen oder beiseite gesetzt (Eleaten); aber um so mehr zeigte sich gerade in der Folge der weitere Fortschritt des Denkens durch die erneute Rücksicht auf das Geschehen und durch das Bedürfnis bestimmt, das Sein so zu denken, daß das Geschehen nicht nur damit vereinbar wäre, sondern auch dadurch begreiflich würde. Hand in Hand also mit den Vorstellungen vom Sein gehen diejenigen vom Geschehen, beide in steter Beziehung aufeinander.

1. Den Joniern war die Lebendigkeit der Welt etwas so Selbstverständliches,

---

[46]) Oder dem Pythagoreismus nahestehende Männer wie der Arzt A l k m a i o n, ein vielleicht etwas älterer Zeitgenosse des Philolaos. Vgl. Arist. Met., I, 5, 896 a, 22 seq.

[47]) Die Überlieferung (Arist. loc. cit.) zeigt diese Stellung, während nach pythagoreischer (und ebenso platonisch-aristotelischer) Kosmologie die umgekehrte zu erwarten wäre, sofern das „Krumme" das Kreisförmige bedeuten sollte.

daß sie nicht daran dachten, nach einer Ursache davon zu fragen. Der n a i v e
H y l o z o i s m u s konnte vielmehr nur darauf ausgehen, das e i n z e l n e Geschehen zu erklären. E r k l ä r u n g aber besteht in dem Zurückführen des Auf-
fallenden, nicht Selbstverständlichen auf solche einfachere Arten des Geschehens,
welche als die der Anschauung gewohntesten einer Erklärung selbst nicht zu bedürfen
scheinen. Daß die Dinge ihre Gestalt, ihre Eigenschaften, ihre Wirkung aufeinander
ändern, erschien den M i l e s i e r n erklärungsbedürftig: sie beruhigten sich jedoch
dabei, diese Veränderungen als Verdichtung oder Verdünnung des Weltstoffs aufzufassen. Für diese aber scheinen sie eine weitere Erklärung nicht nötig befunden
zu haben; nur so viel setzte wenigstens Anaximenes hinzu, daß diese Veränderungen
des Aggregatzustandes mit Temperaturveränderungen, Verdichtung mit Abkühlung,
Verdünnung mit Erwärmung verbunden seien. Dieser Gegensatz ergab die Reihenfolge der Aggregatzustände, welche sich als Feuer, Luft, Wasser, Erde (oder
Gestein), je nach der Verdünnung oder Verdichtung des Urstoffs[48]), abstuften.

Diese Vorstellungen benutzten nun aber die Milesier nicht nur, um einzelne
Naturerscheinungen (insbesondere die für ein schiffahrttreibendes Volk so wichtigen meteorologischen Vorgänge), sondern auch um die Entwicklung des gegenwärtigen Weltzustandes aus dem Urstoff zu erklären. So ließ Thales sich das
Wasser teils zu Luft und Feuer verdünnen, teils zu Erde und Gestein verdichten;
Anaximenes lehrte, von der Luft ausgehend, einen analogen Prozeß der Weltbildung. Als deren Ergebnis wurde angenommen, daß die Erde, auf Wasser oder
Luft ruhend, die Mitte der um sie schwingenden Luftkugel einnehme, die ihrerseits noch wieder von einem, in den Sternen sei es durchbrechenden sei es durch-
scheinenden Feuerkreis umgeben sei.

Mit der Darstellung dieser W e l t e n t s t e h u n g, welche vielleicht noch bei
Thales als einmaliger Prozeß galt, schließen sich die Milesier unmittelbar an die
kosmogonischen Dichtungen an[49]): erst später scheint sich die Überlegung durchgesetzt zu haben, daß, wenn der Verwandlung eine Rückverwandlung entsprechen,
dabei aber der Stoff nicht nur als ewig, sondern auch als ewig lebendig gelten sollte,
ein unablässiger Prozeß von Weltbildung und Weltzerstörung, eine z a h l l o s e
V i e l h e i t s u k z e s s i v e r W e l t e n angenommen werden müsse[50]).

2. Obwohl diese Bestimmungen für die physikalischen Theorien auch bei A n a -
x i m a n d r o s zutreffen, so führte doch diesen der metaphysische Begriff des
ἄπειρον darüber hinaus. Die unendliche, selbstbewegte Materie sollte zwar als
Ganzes keine bestimmten Eigenschaften haben, aber doch die qualitativen G e g e n -
s ä t z e i n s i c h e n t h a l t e n und in ihrem Entwicklungsprozesse aus sich zur
Sonderung a u s s c h e i d e n[51]). Anaximandros blieb also Hylozoist, insofern er die
Materie von sich selbst aus als bewegt betrachtete, aber er hatte eingesehen,

---

[48]) Begreiflich daher, daß es auch (uns nicht dem Namen nach bekannte) Physiker gegeben hat, welche als Weltstoff eine Zwischenstufe zwischen Luft und Wasser oder
zwischen Luft und Feuer ansehen wollten.

[49]) Daher auch die Bezeichnung des Weltstoffs als ἀρχή dessen Doppelbedeutung als
A n f a n g und als H e r r s c h a f t in diesen Gedankenbewegungen vielfach mitgespielt hat.

[50]) Diese Lehre ist von Anaximandros wahrscheinlich, von Anaximenes sicher vertreten
worden; sie wiederholt sich bei Heraklit und Empedokles.

[51]) Entscheidend sind in dieser sehr kontroversen Frage (RITTER, SEYDEL, ZELLER) die
Stellen: Arist. Phys., I, 4, 187 a, 20, und Simpl. phys. (D.), 33 r, 154, 14 (nach Theophrast);
ebenso die Fortsetzung der Stelle in der folgenden Anmerkung.

daß die Verschiedenheiten in sie hinein verlegt werden müßten (ἐνούσας τὰς ἐναντιότητας), wenn sie bei der Selbstbewegung aus ihr hervorgehen sollten. Wenn er also hinsichtlich des Seins schon dem späteren Pluralismus sich näherte und die qualitative Veränderlichkeit des Urstoffs aufgab, so war er hinsichtlich der Ursachlosigkeit des Geschehens durchaus mit den andern Milesiern einig, und aus der Verbindung der Gegensätze des Warmen und Kalten, die er zunächst aus dem ἄπειρον heraustreten ließ, meinte er das Wasser erklären zu können, um dann mit seiner Kosmogenie ganz in die ozeanische Fahrstraße von Thales einzulenken.

Neben diesen physischen und metaphysischen Bestimmungen aber bietet das einzige von ihm wörtlich erhaltene Fragment[52]), welches den Untergang der Dinge als Sühne des Unrechts darstellt, den ersten dunklen Versuch, das Weltgeschehen als **sittliche Notwendigkeit** zu begreifen und die Schatten der Vergänglichkeit, welche auf dem heitern Bilde auch des hellenischen Lebens ruhen, als Vergeltung der Sünde aufzufassen. So wenig sicher die besondere Deutung dieses Ausspruches ist, so zweifellos spricht darin das Bedürfnis, der physischen Notwendigkeit den Wert einer ethischen Ordnung zu geben. Hier erscheint Anaximandros als Vorgänger **Heraklits**.

3. Die Ordnung des Geschehens, welche der letztere als das allein Bleibende in dem Wandel der Dinge feststellen zu können glaubte, hat zwei wesentliche Bestimmungen: die **Harmonie der Gegensätze** und den **Kreislauf des Stoffwechsels im Universum**. Die Beobachtung, daß alles in der Welt in stetiger Veränderung begriffen ist, übertrieb Heraklit zu der Behauptung, daß alles fortwährend in sein Gegenteil umschlage. Das „Andere" war ihm *eo ipso* das Entgegengesetzte. Der „Fluß der Dinge" verwandelte sich für seine poetische Rhetorik in einen unaufhörlichen Streit der Gegensätze, und diesen Streit (πόλεμος) erklärte er für den Vater der Dinge. Alles, was für eine kürzere oder längere Zeit zu **sein** scheint, ist das Produkt entgegengesetzter Bewegungen und Kräfte, die sich in ihrer Wirkung das Gleichgewicht halten (ἐναντιοτροπία). So ist jeden Augenblick das Universum eine in sich gespaltene und wieder in sich zurückgehende Einheit (ἓν διαφερόμενον ἑαυτῷ), — ein Streit, der seine Versöhnung, ein Mangel, der seine Sättigung findet: das Wesen der Welt ist die unsichtbare Harmonie, in der alle Verschiedenheiten und Gegensätze aufgelöst sind. Die Welt ist Werden, und Werden ist Einheit der Gegensätze.

Insbesondere aber stellen sich nach der Anschauung Heraklits diese Gegensätze in den einander zuwiderlaufenden Prozessen dar, durch welche sich einerseits das Feuer in alle Dinge verwandelt und anderseits alle Dinge sich in das Feuer zurückverwandeln. In beiden Prozessen werden dieselben Stadien durchlaufen: auf dem „**Wege abwärts**" geht das Feuer (durch Verdichtung) in Wasser und Erde, auf dem „**Wege aufwärts**" gehen Erde und Wasser (durch Verdünnung) in Feuer über; und diese beiden Wege sind gleich. Verwandlung und Rückverwandlung laufen nebeneinander her, und der Schein eines dauernden Dinges tritt da ein, wo an einem und demselben Punkte zeitweilig auf dem einen Wege ebensoviel Rückverwandlung wie auf dem andern Verwandlung stattfindet. Die phantastischen Formen, in denen Heraklit diese Ansichten niederlegte, umhüllen den prinzipiellen Gedanken einer gesetzmäßigen Abfolge der Verwandlungen und einer fortwährenden

---

[52]) Simpl. phys. (D.), 6 r, 24, 18; DIELS, 2, 9.

Ausgleichung zwischen ihnen. In immer wiederholtem Rhythmus und nach festen
Zeitmaßen erzeugt sich die Welt aus dem Feuer und lodert darin wieder auf, um,
ein Phönix, neu daraus zu entstehen[53]).

In dieser unablässigen Umsetzung aller Dinge besteht nichts Einzelnes, sondern
nur die Ordnung, nach der sich der Austausch der entgegenlaufenden Bewegungen
vollzieht, das G e s e t z   d e s   W e c h s e l s, welches den Sinn und den Wert des
Ganzen ausmacht. Wenn im Kampf der Gegensätze immer Neues zu entstehen
scheint, so ist doch dies Neue zugleich immer schon ein Untergehendes. Das Werden
Heraklits erzeugt kein Sein — so wenig wie das Sein des Parmenides ein Werden.

4. In der Tat schloß die S e i n s l e h r e   d e r   E l e a t e n mit der Vielheit und
der Veränderung auch das Geschehen aus. Nach ihrer Metaphysik ist das Geschehen
unbegreiflich, es ist unmöglich. Diese Metaphysik duldet keine Physik. Wie dem
Raum, so spricht Parmenides auch der Zeit die selbständige Realität (ἄλλο πάρεξ
τοῦ ἐόντος) ab: es gibt für ihn nur das unterschiedslose und zeitlose Sein. Gleichwohl hat Parmenides dem ersten Teile seines Lehrgedichts, welcher die Lehre vom
Sein vorträgt, einen zweiten hinzugefügt, der die physikalischen Probleme behandelt;
doch geschieht dies von vornherein mit der Verwahrung, daß es sich hier nicht
mehr um Wahrheit, sondern um die „Meinungen der Sterblichen" handle[54]). Allen
diesen aber liege die falsche Voraussetzung zugrunde, daß neben dem Sein noch
ein anderes, also das Nichtsein, sei. Alles Geschehen, alle Vielheit und Bewegung
beruht auf der Wechselwirkung dieser Gegensätze, die dann im weiteren als Licht
und Finsternis, als das Warme und Kalte bezeichnet werden. In poetischen Bildern
wird damit eine Weltanschauung geschildert, nach der das Feuer den dunklen,
leeren Raum zu körperlichen Gebilden gestaltet, eine Vorstellungsweise, die zum
Teil an Heraklit erinnert, zum Teil an die astronomische Lehre der Pythagoreer
anklingt. Eine allbeherrschende Feuermacht (δαίμων) zwingt als unerbittliche Notwendigkeit (δίκη) vom Mittelpunkte der Welt aus mit Hilfe der Liebe (ἔρως) das
Verwandte zueinander. Aneignung und Bekämpfung der fremden Lehren treten
bei diesen Schilderungen, dem Zweck des Ganzen gemäß, in buntem Gemisch auf;
über ihrer Verwebung liegt ein poetischer Hauch großartig plastischer Gestaltungskraft, aber es fehlt wie an eigener Forschung so auch an dem Ertrage klarer Begriffe.

5. Bestimmtere und zur Erklärung des Einzelnen brauchbarere Vorstellungen
über das Geschehen finden sich bei den Nachfolgern, welche den Seinsbegriff
der Eleaten eigens zu diesem Zwecke in denjenigen des Elements, der Homöomerie
und des Atoms umbildeten. Sie alle erklären, daß unter Geschehen nichts anderes
zu verstehen sei, als Bewegung unveränderlicher Körperteile. E m p e d o k l e s und
A n a x a g o r a s scheinen noch versucht zu haben, damit die Leugnung des leeren
Raumes zu verbinden, die sie von Parmenides übernahmen: sie schrieben ihren
Stoffen durchgängige Teilbarkeit und Verschiebbarkeit der Teilchen in der Weise
zu, daß bei der Mischung und gegenseitigen Durchdringung der Elemente stets

---

[53]) Im einzelnen sind die physikalischen, zumal die astronomischen Vorstellungen
Heraklits schwach; das metaphysische Grübeln ist bei ihm bedeutsamer als die erklärende
Forschung. Er teilt dies mit seinem Gegner Parmenides.
[54]) Die hypothetische Darstellung, wie man sich nämlich die Welt denken müßte, wenn
man neben dem Sein auch Nichtsein, Vielheit und Werden für real ansähe, hatte einerseits polemischen Zweck, anderseits kam sie dem Bedürfnis der Schüler entgegen, die vermutlich von dem Meister doch auch einigen Aufschluß über die empirische Welt verlangten.

aller Raum ausgefüllt sein sollte. Die Weltbewegung besteht also in dieser Verschiebung der Stoffteile, von denen jedes immer das andere drängt und verdrängt.
Voneinander entfernte Dinge vermögen nicht anders aufeinander zu wirken, als
indem Teile des einen ausfließen und in das andere eindringen; diese Wirkung ist
um so eher möglich, je ähnlicher ihrer räumlichen Gestalt nach die Ausflüsse des
einen Körpers den Spaltungen (Poren) des anderen sind. So lehrte wenigstens
Empedokles, und auch bei Anaxagoras ist die Annahme einer u n e n d l i c h e n
T e i l b a r k e i t der Stoffe bezeugt. Anders und der heutigen Vorstellungsweise
verwandter ist das Bild des Geschehens bei L e u k i p p o s. Die Atome, welche
sich im leeren Raum treffen, wirken aufeinander durch Druck und Stoß, lagern
sich aneinander und bilden so die größeren oder kleineren Dinge und Dingmassen,
die erst durch einen von außen kommenden Stoß oder Druck anderer Massen
wieder getrennt und zerstreut werden. In diesem Wechsel von Bildung und Zerstörung der Atomkomplexe besteht alles Geschehen.

Die Grundform der Weltbewegung ist aber in allen drei Systemen der Wirbel,
der kreisförmige Umschwung (δίνη). Nach Empedokles wird er durch die zwischen
den Elementen tätigen Kräfte der Liebe und des Hasses herbeigeführt; nach Anaxagoras wird er durch den zwecktätigen Vernunftstoff begonnen, um sich dann
mit mechanischer Konsequenz fortzusetzen; nach Leukipp ist er das jedesmalige
Resultat des Zusammentreffens mehrerer Atome. Das Prinzip des M e c h a n i s m u s
ist bei Empedokles noch mythisch verhüllt, bei Anaxagoras erst halb zum Durchbruch gelangt und nur von Leukipp vollständig durchgeführt worden. Was die
beiden ersteren daran hinderte, war die Einmischung von Wertbestimmungen in
die erklärende Theorie: der eine wollte das Gute und das Schlechte auf entsprechende Gemütskräfte zurückführen, die freilich keinem Wesen zugeschrieben,
sondern mythisch verselbständigt wurden; der andere glaubte die Ordnung des
Ganzen nur aus einem zweckmäßigen, vernünftig überlegten Anstoß der Bewegungen
erklären zu können. Doch ging bei beiden die Annäherung an Leukipp so weit,
daß sie die t e l e o l o g i s c h e E r k l ä r u n g nur für den A n f a n g des Wirbels
in Anspruch nahmen, den weiteren Ablauf der Bewegungen aber und damit j e d e s
e i n z e l n e G e s c h e h e n r e i n m e c h a n i s c h, wie Leukipp, durch das
Schieben und Drängen der einmal nach bestimmter Weise in Bewegung befindlichen
Stoffteile erklärten. Sie verfuhren dabei so konsequent, daß sie auch die Entstehung
und die Funktionen der Organismen von dieser rein mechanischen Erklärung nicht
ausschlossen. Dem Anaxagoras wird dies von Platon und Aristoteles zum Vorwurf
gemacht, und von Empedokles ist eine Äußerung überliefert[55]), wonach er lehrte,
die Tiere seien hie und da regellos, in wunderlichen und grotesken Bildungen entstanden, und es hätten sich im Laufe der Zeit nur die lebensfähigen erhalten.
Das Prinzip des Überlebens des Zweckmäßigen, das in der heutigen Biologie
(Darwinismus) eine so große Rolle spielt, ist hier bereits klar formuliert.

Ein interessanter Gegensatz zeigt sich aber auf Grund dieser Vorstellungen bei
den drei Forschern hinsichtlich ihrer Stellung zu den kosmogonischen Lehren.

---

[55]) Arist. Phys., II, 8, 198 b, 29. Übrigens wird schon dem Anaximandros eine Äußerung
zugeschrieben, welche eine Umwandlung der Organismen durch Anpassung an veränderte
Lebensbedingungen lehrt: Plut. plac., V, 19, 1 (Dox. D., 430, 15). Auch für den Menschen
nahmen die ältesten Denker keinen andern Ursprung als den des Herauswachsens aus der
Tierwelt in Anspruch: so Anaximander bei Plut. strom. fr., 2; DIELS, 2, 10.

Für Empedokles nämlich und Leukippos ist der Prozeß der Weltbildung und Weltauflösung ein immerwährender, für Anaxagoras dagegen ist er ein einmaliger: und zwischen den beiden ersten ist wieder der Unterschied, daß Empedokles eine periodische Abwechslung von Weltentstehung und Weltuntergang nach Art des Heraklit lehrt, der Atomismus dagegen eine zahllose Vielheit von Welten regellos werden und vergehen läßt. Nach den Bestimmungen des Empedokles nämlich gibt es vier verschiedene Zustände der Elemente: ihre vollkommene Mischung, in der nur die Liebe herrscht und der Haß ausgeschlossen ist, nannte er σφαῖρος[56]); durch Eindringen des Hasses sondert sich diese homogene Weltkugel in die einzelnen Dinge, bis die Elemente vollkommen getrennt sind; und aus dieser Scheidung führt sie die Liebe wieder zusammen, bis die volle Vereinigung abermals erreicht ist. Weder bei völliger Mischung noch bei völliger Trennung gibt es einzelne Dinge; in beiden Fällen tritt der eleatische Akosmismus ein. Eine Welt bewegter Einzeldinge besteht nur, wo Liebe und Haß in Mischung und Entmischung miteinander ringen.

Anders bei Leukipp. Von den Atomen, die im Weltall regellos fliegen, treffen hie und da einige zusammen. Wo solche Anhäufungen stattfinden, da resultiert nach der m e c h a n i s c h e n N o t w e n d i g k e i t (ἀνάγκη) aus den verschiedenen Bewegungsantrieben, welche die einzelnen Teilchen mitbringen, eine drehende Gesamtbewegung, welche benachbarte Atome und Atomkomplexe oder andere zufliegende Teilchen, manchmal auch schon ganze „Welten", in sich hineinzieht und so sich mit der Zeit ausbreitet. Dabei gliedert sich ein solches im Umschwung begriffenes System in sich selbst, indem bei der Drehung die feineren beweglicheren Atome in die Peripherie getrieben, die trägeren massigeren in der Mitte versammelt werden und so das Gleiche sich zum Gleichen findet, nicht durch Neigung oder Liebe, sondern durch die gleiche Gesetzmäßigkeit des Drucks und Stoßes. So entstehen zu verschiedenen Zeiten an verschiedenen Orten im unendlichen Weltall verschiedene Welten, von denen jede nach mechanischem Gesetz sich in sich weiter bewegt, bis sie vielleicht durch einen Zusammenstoß mit einer andern Welt zertrümmert oder auch in den Umschwung einer größeren hineingerissen wird[57]). Wie nahe diese ganze Vorstellung prinzipiell an diejenige der heutigen Naturwissenschaft reicht, liegt klar auf der Hand.

Die t e l e o l o g i s c h e B e t r a c h t u n g s w e i s e des Anaxagoras dagegen schließt ebenso die zeitliche wie die räumliche Vielheit von Welten aus. Der ordnende Geist, der die zweckmäßigste Bewegung der Elemente einleitet, gestaltet eben nur diese e i n e W e l t, welche die vollkommenste ist[58]). Daher schildert Anaxagoras ganz nach Art der kosmogonischen Dichtungen, wie dem Weltanfang ein chaotischer Urzustand voranging, worin die Elemente ohne Ordnung, unbewegt, durcheinander gemischt waren: da kam der νοῦς, der Vernunftstoff hinzu und setzte sie in geordnete Bewegung. Dieser Wirbel begann an Einem Punkte, dem

---

[56]) Offenbar nicht ohne Anlehnung an die eleatische Weltkugel, der diese absolute, völlig ausgeglichene Mischung aller Elemente des Empedokles sehr ähnlich sieht.
[57]) So seien, haben die Atomisten behauptet, dereinst Sonne und Mond eigene Welten gewesen, die dann in den größeren Wirbel, dessen Mitte unsere Erde bilde, hineingeraten seien.
[58]) Ausgeführt findet sich dieses Motiv bei Platon, Tim. 31, mit unverkennbarer Beziehung auf den Gegensatz zwischen Anaxagoras und den Atomisten.

Pol des Himmelsgewölbes, und breitete sich allmählich über die ganze Stoffmasse aus, die Elemente scheidend und verteilend, so daß sie nun in gleichmäßig harmonischer Weise ihren gewaltigen Umschwung vollenden. Das teleologische Motiv der Lehre des Anaxagoras erwächst wesentlich aus seiner Bewunderung für die Ordnung der G e s t i r n w e l t, die sich in immer gleichen Geleisen ohne Störung bewegt. Nichts läßt annehmen, daß diese erste teleologische Kosmologie auf die Zweckmäßigkeit der Lebewesen oder gar auf die für den Menschen ersprießlichen Zusammenhänge der Natur hingewiesen hätte: ihr Auge hing an der Schönheit des Sternenhimmels, und was von Ansichten des Anaxagoras über terrestrische Dinge, über Organismen, über den Menschen berichtet wird, hält sich ganz im Rahmen der mechanistischen Erklärungsweise seiner Zeitgenossen. Auch was er über die Belebtheit anderer Weltkörper als der Erde gesagt hat, klingt so, daß es ebenso gut von den Atomisten herrühren könnte.

6. Obwohl somit Anaxagoras den νοῦς auch als Prinzip der Beseelung auffaßte und die Teilchen dieses Stoffes in größerer oder geringerer Menge den organischen Körpern beigemischt dachte, so fällt doch der Schwerpunkt dieses Begriffs bei ihm auf die Urheberschaft der astronomischen Weltordnung: die andere Seite, das Moment der Beseelung, dagegen findet sich viel energischer betont in der Umbildung, welche D i o g e n e s v o n A p o l l o n i a mit dem Begriff des Anaxagoras vornahm, indem er ihn mit dem hylozoistischen Prinzip des Anaximenes verband. Er bezeichnete nämlich die Luft als ἀρχή, stattete sie aber mit den Merkmalen des νοῦς der Allwissenheit und der zwecktätigen Kraft aus, nannte diese „vernünftige Luft" auch das πνεῦμα und fand, daß sie wie im Weltall, so auch im Menschen und andern Organismen das zweckmäßig gestaltende Prinzip sei. Eine reiche physiologische Kenntnis erlaubte ihm, diesen Gedanken an dem Bau und den Funktionen des menschlichen Leibes im einzelnen durchzuführen. Bei ihm ist die Teleologie zur beherrschenden Auffassung für die o r g a n i s c h e W e l t geworden. Erst in der Verbindung der astronomischen mit der organologischen Teleologie hat später die klassische Philosophie der Griechen die ursprüngliche Vorherrschaft des Mechanismus völlig zu überwinden vermocht.

7. Alle diese Lehren aber setzten den Begriff der B e w e g u n g als einen selbstverständlichen voraus; sie glaubten die qualitative Veränderung erklärt zu haben, wenn sie als deren wahres Wesen Bewegungen, sei es zwischen den kontinuierlich zusammenhängenden Stoffteilen, sei es im leeren Raum nachwiesen. Daher richtete sich denn auch die Gegnerschaft, welche die eleatische Schulen allen diesen Lehren entgegenbrachte, in erster Linie gegen den Begriff der Bewegung, und Z e n o n zeigte, daß dieser durchaus nicht so einfach hinzunehmen, sondern voller Widersprüche sei, die ihn untauglich zum Erklärungsprinzip machen.

Unter Z e n o n s berühmten Beweisen von der Unmöglichkeit der Bewegung[59]) ist der schwächste derjenige, welcher von der R e l a t i v i t ä t d e r B e w e g u n g s - g r ö ß e ausgeht, indem er zeigt, daß die Bewegung eines Wagens verschieden geschätzt wird, wenn sie von verschiedenen, gleichfalls in Bewegung befindlichen, aber in verschiedener Richtung und Schnelligkeit fahrenden oder von einem fahrenden und einem stehenden Wagen aus beurteilt wird. Stärker dagegen und

---

[59]) Arist. Phys., VI, 9, 239 b, 9. Vgl. R. SALINGER, Archiv f. Gesch. d. Philos., XIX (1906), p. 99 ff.

lange Zeit unüberwunden waren die drei andern Beweise, welche mit der Zerlegung des Bewegungsraumes und der Bewegungszeit in unendlich viele und unendlich kleine diskrete Teile operierten. Der erste bezog sich auf die U n m ö g - l i c h k e i t , e i n e n f e s t e n R a u m z u d u r c h l a u f e n : sie sollte durch die unendliche Teilbarkeit der Linie begründet werden, indem die unendliche Anzahl der Punkte, die vor dem Ziel erreicht werden müssen, keinen Anfang der Bewegung gestatte. Etwas variiert erscheint derselbe Gedanke in dem zweiten Beweise, der die U n m ö g l i c h k e i t , e i n e n R a u m m i t b e w e g l i c h e r G r e n z e z u d u r c h l a u f e n , erhärten will: da nämlich der Verfolger von Moment zu Moment immer erst den Punkt erreichen muß, von dem zugleich der Verfolgte aufbricht, so müsse dem letzteren stets ein, wenn auch immer kleiner werdender, minimaler Vorsprung bleiben (A c h i l l e u s u n d d i e S c h i l d k r ö t e). Der dritte Beweis richtet sich auf die u n e n d l i c h e K l e i n h e i t d e r m o m e n t a n e n B e - w e g u n g s g r ö ß e : der bewegte Körper „ist" in jedem Momente in irgendeinem Punkte seiner Bahn, seine Bewegung in diesem Momente ist gleich Null; aber aus noch so vielen Null entsteht keine reale Größe (d e r r u h e n d e P f e i l). In allen Fällen handelt es sich um die Unmöglichkeit, kontinuierliche Raum- oder Zeitgrößen aus diskreten Teilen zusammengesetzt zu denken.

Zusammen mit den (oben erwähnten) Aporien über den Raum und die Vielheit stellen diese Argumentationen Zenons ein äußerst geschickt entworfenes System einer Widerlegung der mechanistischen Lehren, insbesondere des Atomismus dar: und diese Widerlegung sollte zugleich als indirekter Beweis für die Richtigkeit des eleatischen Seinsbegriffs gelten.

8. Auch die Zahlenlehre der P y t h a g o r e e r war insofern eleatisch bestimmt, als sie der Hauptsache nach darauf ausging, mathematische Formeln als die Grundverhältnisse der empirischen Wirklichkeit nachzuweisen: aber wenn sie die letztere als Nachahmung der ersteren bezeichnete, so schrieb sie doch damit den Einzeldingen und dem zwischen ihnen stattfindenden Geschehen eine, wenn auch abgeleitete und sekundäre Wirklichkeit zu, und die Pythagoreer entzogen sich der Beantwortung der kosmologischen und physikalischen Fragen um so weniger, als sie der Philosophie die glänzenden Ergebnisse ihrer astronomischen Forschungen zuführen konnten. Sie hatten die Kugelgestalt der Erde und der übrigen Weltkörper erkannt, sie wußten auch, daß der Wechsel von Tag und Nacht auf einer Bewegung der Erde selbst beruht. Zunächst freilich dachten sie diese Bewegung als Umkreisung eines Zentralfeuers, dem die Erdkugel immer dieselbe uns unbekannte Seite zukehren sollte[60]): dagegen nahmen sie an, daß um dasselbe Zentralfeuer sich außerhalb der Erdbahn in konzentrischen Kreisen der Reihe nach Mond, Sonne, die Planeten und zuletzt der Fixsternhimmel bewegten. In dieses System aber trugen sie nun den metaphysischen Dualismus, den sie zwischen dem Vollkommenen und dem Unvollkommenen statuiert hatten, derart hinein, daß sie den Sternenhimmel wegen des erhabenen Gleichmaßes seiner Bewegungen als das Reich der Vollkommenheit, die Welt „unter dem Monde" dagegen wegen der

---

[60]) Schon zur Zeit Platons wurde von jüngeren Pythogoreern (Ekphantos, Hiketas von Syrakus) die Hypothese des Zentralfeuers (und damit die der „Gegenerde") aufgegeben, dafür aber die Erdkugel in die Mitte der Welt versetzt und mit einer Achsendrehung ausgestattet, mit welcher Annahme dann diejenigen eines Stillstandes des Fixsternhimmels verbunden war.

Unruhe ihrer wechselnden Gestaltungen und Bewegungen als das der Unvollkommenheit betrachteten.

Diese Betrachtung läuft der des Anaxagoras parallel und führt, wenn auch in anderer Weise, zur Verschlingung der Theorie mit Wertbestimmungen. A n d e r H a n d s e i n e r a s t r o n o m i s c h e n E i n s i c h t e n i s t d e m g r i e c h i s c h e n G e i s t e d e r G e d a n k e e i n e r g e s e t z m ä ß i g e n N a t u r o r d n u n g i n k l a r e r E r k e n n t n i s a u f g e g a n g e n. Anaxagoras schließt darauf auf ein ordnendes Prinzip, der Pythagoreismus findet am Himmel die göttliche Ruhe des Sichgleichbleibens, die er auf der Erde vermißt. Uralt religiöse Vorstellungen begegnen sich mit dem sehr verschiedenen Erfolg, den die wissenschaftliche Arbeit der Griechen bis hierher gebracht hat: wenn sie ein Bleibendes im Wechsel des Geschehens suchte, so hat sie dies nur in den großen, einfachen Verhältnissen, in dem ewiggleichen Umschwunge der Gestirne gefunden. In der irdischen Welt mit dem ganzen Wechsel mannigfaltiger, sich stetig durchkreuzender Bewegungen ist ihr diese Gesetzmäßigkeit noch verborgen: das Erdenleben gilt ihr als ein Gebiet des Unvollkommenen, Niederen, das jener sicheren Ordnung entbehrt. In gewissem Sinne kann dies als das für die Folgezeit maßgebende Schlußresultat der ersten Periode angesehen werden.

Wie sich die Pythagoreer zu der Frage nach einem periodischen Wechsel von Weltentstehung und Weltvernichtung verhalten haben, ist nicht sicher. Eine Vielheit koexistierender Welten ist bei ihnen ausgeschlossen. In ihrer Weltbildungstheorie und in ihren einzelnen physikalischen Lehren räumen sie dem Feuer eine so hervorragende Bedeutung bei, daß sie dem Heraklit sehr nahe kommen. Schon einen der Zeitgenossen des Philolaos, H i p p a s o s von Metapont, stellt Aristoteles (Met., I, 3) unmittelbar mit Heraklit zusammen.

Daß sie neben die vier Elemente des Empedokles als fünftes noch den Äther als das Element setzten, aus dem die Kugelschalen des Himmels gebildet seien, hängt zweifellos mit der Scheidung zusammen, die sie zwischen Himmel und Erde machten. Ob und wie sie die Elemente aus einem gemeinsamen Grunde herleiten, ist schwer zu entscheiden: es scheinen in diesen Fragen verschiedene Ansichten innerhalb der Schule nebeneinander hergegangen zu sein, und schon Aristoteles hat sie nicht mehr auseinander gehalten.

§ 6. Die Begriffe des Erkennens.

M. SCHNEIDEWIN, Über die Keime erkenntnistheoretischer und ethischer Philosopheme bei den vorsokratischen Denkern, Philos. Monatshefte, II (1869), p. 257, 345, 429.

B. MÜNZ, Die Keime der Erkenntnistheorie in der vorsophistischen Periode der griechischen Philosophie, Wien 1880.

A. BAUMANN, Formen der Argumentation bei den vorsokratischen Philosophen, Würzburg 1906.

Die Frage, was die Dinge e i g e n t l i c h seien, welche schon in dem milesischen Begriff der ἀρχή enthalten ist, setzt, ohne daß dies ausdrücklich gleich zum Bewußtsein kommt, eine Erschütterung der landläufigen, ursprünglichen und naiven Vorstellungsweise von der Welt voraus; sie beweist, daß dem Nachdenken die vorgefundenen Vorstellungen nicht mehr genügen, daß es die Wahrheit hinter oder über ihnen sucht. Gegeben aber sind jene Vorstellungen durch die sinnliche Wahrnehmung und deren unwillkürliche assoziative Verarbeitung, wie sie von Generation zu Generation fortgepflanzt, verdichtet und festgesetzt, in der Sprache niedergelegt sind. Wenn der einzelne mit seinem Denken darüber hinausgeht — und darin besteht schließlich die wissenschaftliche Tat — so tut er es auf Grund logischer

Bedürfnisse, die sich in ihm bei der Überlegung über das Gegebene geltend machen. Sein Philosophieren erwächst also, auch wenn er sich darüber nicht Rechenschaft gibt, aus Unzuträglichkeiten zwischen seiner Erfahrung und seinem Denken darüber: das seiner Vorstellung unmittelbar Gebotene erweist sich den Anforderungen seines Verstandes gegenüber als unzulänglich. So wenig anfänglich das naive Philosophieren dieses seines inneren Grundes sich bewußt sein mag, so kann es doch nicht ausbleiben, daß es mit der Zeit auf diesen verschiedenen Ursprung der in ihm miteinander ringenden Vorstellungsmassen aufmerksam wird.

1. Die ersten Beobachtungen, welche daher die griechischen Philosophen über die menschliche Kenntnis gemacht haben, betreffen diesen G e g e n s a t z z w i - s c h e n E r f a h r u n g u n d N a c h d e n k e n. Je weiter sich die erklärenden Theorien der Wissenschaften von der Vorstellungsweise des täglichen Lebens entfernten, um so mehr wurden ihre Urheber darüber klar, daß dies Neue einem andern Grund entstammte als die gewohnte Ansicht. Viel freilich haben sie darüber noch nicht auszusagen. Sie stellen die „Wahrheit" der Meinung (δόξα) gegenüber, und oft besagt das eben nur dies, daß ihre eigene Lehre wahr, die Meinungen der andern dagegen falsch seien. Nur soviel ist ihnen gewiß, daß sie ihre eigene Ansicht ihrem Nachdenken verdanken, während die Masse der Menschen, über deren intellektuelle Tätigkeit sich gerade die älteren Philosophen höchst abschätzig äußern, bei ihrem Sinnesschein verharrt. Nur durch das Denken also (φρονεῖν, νοεῖν, λόγος) wird die Wahrheit gefunden, die Sinne für sich allein geben Lug und Trug. Soweit ist das Nachdenken in sich erstarkt, daß es nicht nur zu Folgerungen schreitet, welche dem gewöhnlichen Vorstellen durchaus paradox sind, sondern auch ausdrücklich den Meinungen gegenüber sich selbst als die einzige Quelle der Wahrheit behauptet.

Wunderlich wirkt es dabei freilich, wenn man bemerkt, daß dieselbe Behauptung dicht hintereinander von H e r a k l i t und P a r m e n i d e s in völlig entgegen- gesetzter Art erläutert wird. Jener nämlich findet den Trug der Sinne und den Irrtum der Menge darin, daß die Wahrnehmung dem Menschen das Sein beharren- der Dinge vorspiegelt; der Eleat dagegen eifert gegen die Sinne deshalb, weil sie uns überreden wollen, es gäbe in Wahrheit Bewegung und Veränderung, Werden und Vergehen, Vielheit und Mannigfaltigkeit. Gerade diese Doppelform, worin dieselbe Behauptung auftritt, erweist, daß die letztere nicht das Ergebnis einer Untersuchung, sondern der Ausdruck einer Anforderung ist.

Übrigens fügt sich dieser Satz den Weltanschauungen der beiden großen Meta- physiker in sehr verschiedenem Maße ein. Heraklits Fluß aller Dinge mit dem rastlosen Wechsel einzelner Erscheinungen ließ auch die Möglichkeit des Auf- tauchens falscher Vorstellungen leicht begreiflich erscheinen, und für den Schein des Beharrens und Seins war noch eine besondere Erklärung in dem „Gegenlauf" (ἐναντιοτροπία) der beiden „Wege" gegeben, welcher diesen Schein da entstehen läßt, wo zugleich ebensoviel verwandelt wie rückverwandelt wird. Dagegen ist durchaus nicht abzusehen, wo in der einen, überall gleichen Weltkugel des Parmenides, die daneben zugleich als der eine wahre Weltgedanke galt, der Sitz des Scheins und des Irrtums gesucht werden sollte: das konnte doch nur bei den Einzeldingen und deren wechselnden Tätigkeiten geschehen, die selbst für Schein, für nicht-seiend erklärt wurden. Doch ist in der erhaltenen Literatur auch nicht der geringste Anhalt dafür zu finden, daß dieser so einfache Gedanke[61]), der den ganzen Eleatismus über den Haufen geworfen hätte, den Forschern jener Zeit gekommen wäre. Jedenfalls beruhigten sich die Eleaten selbst bei der Behauptung, alle Besonderung und Veränderung sei Trug und Schein der Sinne.

Dieselbe n a i v e L e u g n u n g d e s s e n , w a s m a n n i c h t e r k l ä r e n k o n n t e , scheinen auch die Nachfolger der Eleaten in betreff der qualitativen Bestimmungen der Einzeldinge angewendet zu haben. E m p e d o k l e s wenigstens behauptete zwar, alle Dinge seien Mischungen der Elemente: aber die Aufgabe, die ihm daraus hätte erwachsen müssen, nämlich zu zeigen, wie die andern Qualitäten, auch nur als Erscheinung, aus der Mischung der Eigenschaften der Elemente entstehen, hat er nicht gelöst, er hat sie sich, soweit unsere Kenntnis reicht, gar nicht gestellt; er hat vermutlich diese Sonderqualitäten ebenso für nicht-seiend und für Sinnentrug angesehen, wie Parmenides alle Qualitäten überhaupt. Und ebenso dürfte die durch L e u k i p p vertretene älteste Ansicht des Atomismus eben dahin gegangen sein, daß in den Einzeldingen nur Gestalt, Ordnung und Bewegung der sie zusammensetzenden Atome real wären, die andern Eigenschaften aber nur einen auch hier nicht weiter erklärten Sinnentrug bildeten[62]).

Vielleicht waren diese Schwierigkeiten mitbestimmend für A n a x a g o r a s , wenn er alle Qualitäten für ungeworden ansah und danach zahllose Elemente statuierte. Ihm erwuchs nun aber die entgegengesetzte Schwierigkeit, wie, wenn alles in allem enthalten sein sollte, es kommen könne, daß dem einzelnen Dinge nur einige von diesen Qualitäten beizuwohnen scheinen. Zum Teil erklärte er dies daraus, daß viele Bestandteile wegen ihrer Kleinheit nicht wahrnehmbar seien und daß daher erst das Denken uns über die wahren Qualitäten der Dinge belehre[63]); daneben aber scheint er auch den Gedanken verfolgt zu haben, der schon in Anaximanders Vorstellung vom ἄπειρον sich findet: daß nämlich eine vollkommene Mischung bestimmter Qualitäten etwas Unbestimmtes ergebe. So beschrieb er wenigstens die der Weltbildung vorangehende Urmischung aller Stoffe als völlig qualitätslos[64]), und ein ähnlicher Gedanke scheint ihm erlaubt zu haben, die vier empedokleischen Elemente nicht als Urstoffe anzuerkennen, sondern bereits für Mischungen zu halten[65]).

Der gemeinsame R a t i o n a l i s m u s der vorsophistischen Denker nimmt nun bei den P y t h a g o r e e r n die besondere Form an, daß für sie die Erkenntnis im m a t h e m a t i s c h e n Denken besteht, und das ist, wenn auch an sich eine Verengerung, so doch anderseits ein großer Fortschritt: denn damit war zum erstenmal eine positive Bestimmung des Denkens im Gegensatze zur Wahrnehmung gegeben. Nur durch die Zahl, lehrte Philolaos[66]), ist das Wesen der Dinge zu

---

[61]) Zuerst ausgeführt Platon, Sophist., 237 a.

[62]) Es ist äußerst unwahrscheinlich, daß die Lösung des Problems durch die Subjektivität der Sinnesqualitäten, welche sich bei Demokrit findet (vgl. unten § 10, 3), schon von Leukipp, also vor Protagoras, der allgemein als Begründer dieser Theorie gilt, vorgetragen sein sollte.

[63]) Sext. Emp. adv. math., VII, 90 f.

[64]) Simplic. Phys., 157, 9; DIELS, 46 B, 4. Von dieser Stelle dürfte auch das rechte Licht auf den Sinn fallen, in welchem schon Anaximandros das ἄπειρον als ἀόριστον bezeichnet haben soll. Vgl. oben § 4, 2.

[65]) Arist. de gen. et corr., I, 1, 314 a, 24.

[66]) Stob. Ecl., I, 21; DIELS, 32 B, 4.

erkennen, d. h. sie sind erst begriffen, wenn die ihnen zu Grunde liegende mathematische Bestimmtheit erkannt ist. So hatten die Pythagoreer es in der Musik und
in der Astronomie erfahren, und so verlangten und versuchten sie es für alle
andern Gebiete. Wenn sie dann aber schließlich zu dem Resultate kamen, daß diese
Anforderung vollständig nur in der Erkenntnis der vollkommenen Welt der Gestirne erfüllt werden kann, so folgerten sie daraus, daß die Wissenschaft (σοφία)
sich nur auf das Reich der Ordnung und der Vollkommenheit, d. h. auf den Himmel
zu beziehen habe, und daß in dem Reiche des Unvollkommenen, des ungeordneten
Wechsels, d. h. auf Erden nur die praktische Tüchtigkeit (ἀρετή) gelte[67].

Eine andere positive Bestimmung des Denkens, das die früheren ohne nähere
Angabe dem Warnehmen gegenübergestellt hatten, dämmert in den Argumentationen Z e n o n s herauf: die l o g i s c h e Gesetzmäßigkeit. Allen seinen Angriffen
gegen die Vielheit und die Bewegung liegt, wenn auch nicht abstrakt ausgesprochen,
so doch sehr klar und sicher angewendet der S a t z d e s W i d e r s p r u c h s und
die Voraussetzung zugrunde, daß das nicht wirklich sein könne, wovon dasselbe
bejaht und auch verneint werden müsse. Die hochgradige Paradoxie der eleatischen
Weltansicht zwang ihre Vertreter mehr als andere zur Polemik, und von der
ausgebildeten Technik des Widerlegens, zu der es die Schule infolgedessen brachte,
bieten die Berichte über Zenons, wie es scheint, auch logisch wohlgeordnete und
eingeteilte Schrift ein rühmliches Zeugnis. Allerdings hat diese formale Schulung,
welche in den eleatischen Kreisen herrschte, zu abstrakter Aufstellung logischer
Gesetze damals, soweit wir wissen, noch nicht geführt[68].

2. Die Gegenüberstellung von Denken und Wahrnehmen entsprang also dem
Postulat einer e r k e n n t n i s t h e o r e t i s c h e n W e r t b e s t i m m u n g : im
entschiedenen Widerspruche damit stehen nun aber durchgängig die p s y c h o -
l o g i s c h e n Bestimmungen, mit denen dieselben Forscher den Ursprung und den
Prozeß des Erkennens aufzufassen suchten: in dieser Hinsicht vermochten sie
nach ihren allgemeinen Voraussetzungen jene Gegenüberstellung nicht aufrecht
zu erhalten. Obwohl nämlich ihr Denken zunächst und hauptsächlich auf die
Außenwelt gerichtet war, so fiel doch auch die seelische Tätigkeit des Menschen
insofern unter ihre Aufmerksamkeit, als sie auch darin eine der Gestaltungen und
Verwandlungen oder eines der Bewegungserzeugnisse des Universums sehen mußten.
Die Seele und ihr Tun wird also in dieser Zeit nur im Z u s a m m e n h a n g e
d e s g a n z e n W e l t l a u f s , dessen Produkt sie so gut ist wie alle andern Dinge,
wissenschaftlich betrachtet, und da die allgemeinen Erklärungsprinzipien überall
bei diesen Männern noch körperlich gedacht werden, so begegnen wir auch einer
durchgängig m a t e r i a l i s t i s c h e n P s y c h o l o g i e[69].

---

[67] Stob. Ecl., I, 488.
[68] Vgl. E. HOFFMANN, Der historische Ursprung des Satzes vom Widerspruch (Jahres-
berichte XXXXIX, 1923) und S. RANULF, Der eleatische Satz vom Widerspruch (Kopenhagen 1924).
[69] Neben solchen Bestimmungen über die Seele, welche aus der allgemeinen wissenschaftlichen Ansicht sich ergaben, finden sich in der Überlieferung bei mehreren dieser
Männer (Heraklit, Parmenides, Empedokles und den Pythagoreern) noch andere Lehren,
die mit jenen nicht nur ohne Zusammenhang, sondern z. T. im direkten Widerspruche
sind. Auffassung des Leibes als Kerkers der Seele (σῶμα = σῆμα), persönliche Unsterblichkeit, Vergeltung nach dem Tode, Seelenwanderng: das alles sind Vorstellungen, welche
die Philosophen ihren Beziehungen zu den Mysterien entnahmen und in ihrer priester-

Seele ist nun zunächst B e w e g u n g s k r a f t : Thales schrieb eine solche auch dem Magneten zu und erklärte, die ganze Welt sei voller Seelen, bzw. voller „Götter". Das Wesen der Einzelseele wurde daher zunächst in demjenigen gesucht, was als das bewegende Prinzip im ganzen erkannt worden war: Anaximenes fand es in der Luft, Heraklit und gleichfalls Parmenides im Feuer, ebenso Leukipp in den Feueratomen[70]), Anaxagoras in dem weltbewegenden Vernunftstoff, dem νοῦς. Wo ein körperliches Bewegungsprinzip fehlte, wie bei Empedokles, da wurde der Mischstoff, der den lebendigen Leib durchströmt, das Blut, als Seele angesehen: Diogenes von Apollonia fand das Wesen der Seele in der dem Blute beigemischten Luft[71]). Auch bei den Pythagoreern konnte die Einzelseele nicht mit dem ἕν, welches sie als weltbewegendes Prinzip dachten, gleichgesetzt oder als Teil davon angesehen werden: statt dessen lehrten sie, die Seele sei eine Zahl. Bei den jüngeren Physiologen endlich, denen möglicherweise auch eine Anzahl von Pythagoreern beitraten, wird die Seele zur Mischung (κρᾶσις) der den Leib konstituierenden Stoffe, und wenn in diesem Sinne gelehrt wurde, sie sei eine Harmonie, so ist das[72]) nur so aufzufassen, daß man darunter das lebendige Zusammenspiel aller Teile des Leibes verstand.

Wurden nun dieser Bewegungskraft, die im Tode den Leib verläßt, zugleich diejenigen Eigenschaften beigelegt, welche wir jetzt als „seelische" bezeichnen, so charakterisiert sich das spezifisch theoretische Interesse, von dem die älteste Wissenschaft erfüllt war, sehr deutlich dadurch, daß unter jenen Eigenschaften fast ausschließlich das Vorstellen, das „Wissen" beachtet wird[73]). Von Gefühlen und Willenstätigkeiten ist kaum gelegentlich die Rede[74]). Wie aber die Einzelseele, sofern sie Bewegungskraft ist, ein Teil der das ganze Weltall bewegenden Kraft sein sollte, so konnte auch das W i s s e n des einzelnen nur als ein Teil des Weltwissens[75]) aufgefaßt werden. Am deutlichsten ist dies bei Heraklit und Anaxagoras: jeder einzelne hat so viel Wissen, wie in ihm von der allgemeinen Weltvernunft,

---

lichen Lehre beibehielten, so wenig sie mit den wissenschaftlichen zusammenstimmten. Von solchen Äußerungen ist oben Abstand genommen, weil sie in dieser Phase des griechischen Denkens noch fremd und unvermittelt neben der naturwissenschaftlichen Theorie herlaufen: nur die Pythagoreer (und vielleicht auch Empedokles) scheinen schon einigermaßen die Verbindung von Theologie und Philosophie angebahnt zu haben, die später durch Platon maßgebend wurde.

[70]) Ähnlich erklärten einige der Pythagoreer die Sonnenstäubchen in der Luft für Seelen.

[71]) Da er mit Hinblick darauf den Unterschied venösen und arteriellen Blutes erkannte, so meinte er mit seinem πνεῦμα das, was die heutige Chemie Sauerstoff nennt.

[72]) Nach Platon Phaed., 85 E f., wo diese Ansicht als materialistisch zurückgewiesen wird. Vgl. W. WINDELBAND in der Straßburger Festschr. z. 46. Phil. Vers. (1901), p. 293 f.

[73]) Der νοῦς des Anaxagoras ist nur Wissen, die Luft bei Diogenes von Apollonia ein großer, kräftiger, ewiger, „vieles wissender" Körper, das Sein bei Parmenides zugleich νοεῖν usw. Nur φιλότης und νεῖκος bei Empedokles sind mythisch hypostasierte Triebe; sie haben aber auch mit seinen psychologischen Ansichten nichts zu tun.

[74]) Es hängt damit zusammen, daß im allgemeinen nicht einmal von Ansätzen ethischer Untersuchung in dieser Periode gesprochen werden kann. Denn einzelne moralisierende Reflexionen oder Ermahnungen können nicht als Anfänge der Ethik gelten. Über die einzige Ausnahme vgl. S. 54, Anm. 79.

[75]) Den Ausdruck „Weltseele" hat zuerst Platon oder frühestens (in dem allerdings gerade auch deshalb angezweifelten Fragment DIELS, 32 B, 21 [247]) Philolaos gebraucht. Die Vorstellung ist bei Anaximenes, Heraklit, Anaxagoras und wohl auch bei den Pythagoreern sicher vorhanden.

dem Feuer bei Heraklit[76]), dem νοῦς bei Anaxagoras, enthalten ist. Auch bei Leukipp und Diogenes von Apollonia sind die Vorstellungen ähnlich.

Dieser physikalischen, bei Anaxagoras besonders rein quantitativen Auffassung hat jedoch Heraklit eine Wendung gegeben, bei der wieder das erkenntnistheoretische Postulat durchdringt und sich als verinnerlichende und vertiefende Kraft geltend macht. Die Weltvernunft, woran der einzelne in seiner Erkenntnis partizipiert, ist überall dieselbe; der λόγος des Heraklit[77]) und der νοῦς des Anaxagoras sind durch das ganze Weltall als überall gleichartig bewegende Kraft verteilt. Das Wissen also ist das G e m e i n s a m e. Es ist deshalb das Gesetz und die Ordnung, der sich jeder zu fügen hat. Im Traum, in der persönlichen Meinung hat jeder seine eigene Welt: das Wissen ist allen gemein (ξυνόν). Vermöge dieses Merkmals des allgemein gelten- den Gesetzes erhält der Begriff des Wissens einen n o r m a t i v e n Sinn[78]), und die Unterordnung unter das Gemeinsame, das Gesetz, erscheint als Pflicht auf dem intellektuellen Gebiet ebenso wie auf dem politischen, sittlichen und religiösen[79]).

3. Fragen wir nun aber, wie man unter diesen Voraussetzungen sich erklärte, daß das „Wissen" in den einzelnen Menschen, d. h. in seinen Leib hineinkommt, so hat auch Heraklit und die ganze Schar seiner Nachfolger keine andere Antwort als die: durch das Tor der S i n n e. Beim wachen Menschen strömt durch die geöffneten Sinne (Gesicht und Gehör werden natürlich hauptsächlich berücksichtigt)[80]) die Weltvernunft in den Leib ein, und darum weiß er. Freilich nur, wenn in ihm selbst noch so viel Vernunft oder Seele ist, daß der von außen kommenden Bewegung eine innere entgegenkommt[81]): aber auf dieser durch die Sinne bewirkten Wechselwirkung zwischen der äußeren und der inneren Vernunft beruht das Erkennen.

Einen p s y c h o l o g i s c h e n Unterschied also zwischen Wahrnehmen und Denken, die in ihren erkenntnistheoretischen Werten so schroff einander gegenüber- gestellt werden, weiß Heraklit nicht anzugeben: ebensowenig aber ist dazu

---

[76]) Daher der paradoxe Ausspruch, die trockenste Seele sei die weiseste, und die Mah- nung, die Seele vor Nässe (Rausch) zu schützen.

[77]) Vgl. hierzu und weiter M. HEINZE, Die Lehre vom Logos in der griechischen Philo- sophie (Oldenburg 1872) und bes. ERNST HOFFMANN, Die Sprache und die archaische Logik (Tübingen 1925). AN. AALL, Geschichte der Logosidee in der griechischen Philo- sophie (Leipzig 1894).

[78]) DIELS, 12 B, 2.

[79]) Dies ist der einzige Begriff in der Entwicklung des vorsophistischen Denkens, bei welchem man von dem Versuch der Aufstellung eines wissenschaftlichen Prinzips der E t h i k sprechen kann. Wenn Heraklit bei dieser Unterordnung unter das Gesetz einen allgemeinen Ausdruck für alle moralischen Pflichten im Auge hatte oder wenigstens traf, so knüpfte er ihn zugleich an den Grundgedanken seiner Metaphysik, welche dies Gesetz für das bleibende Wesen der Welt erklärte, und in diesem Sinne fand er das schöne Wort, daß alle menschlichen Gesetze von dem einen, göttlichen genährt werden (Fragm. D., 114). Doch ist oben (§ 4, 4) darauf hingewiesen worden, daß er in dem Begriff der Weltordnung, der ihm vorschwebte, die verschiedenen Motive (namentlich eben das physi- sche vom ethischen) noch nicht bewußt sonderte, und so arbeitet sich auch die ethische Untersuchung noch nicht klar aus der physischen zur Selbständigkeit heraus. Dasselbe gilt von den Pythagoreern, welche den Begriff der Ordnung durch den (übrigens auch von Heraklit zu übernehmenden) Terminus Harmonie ausdrückten, und deshalb auch ihrerseits die Tugend als „Harmonie" bezeichneten. Freilich nannten sie eine Harmonie auch die Seele, die Gesundheit und vieles andere.

[80]) Daneben noch Geruch (Empedokles) und Geschmack (Anaxagoras). Auf den Tastsinn scheinen nur die Atomisten, insbesondere aber erst Demokrit Wert gelegt zu haben.

[81]) Arist. de an., I, 2, 405 a, 27.

Parmenides[82]) imstande gewesen[83]). Vielmehr hat dieser die Abhängigkeit, in welcher sich das Denken des einzelnen Menschen von seinen leiblichen Verhältnissen befinde, noch viel schärfer ausgesprochen, wenn er sagte, daß jeder so denke, wie es durch die Mischung der Stoffe in seinen Leibesgliedern bedingt würde, und wenn er darin eine Bestätigung seines allgemeinen Gedankens von der Identität der Körperlichkeit und des Denkens überhaupt fand[84]). Noch ausdrücklicher wird von Empedokles bezeugt[85]), daß er Denken und Wahrnehmen für dasselbe erklärt, von der Veränderung des Leibes diejenige des Denkens abhängig gedacht und für die intellektuelle Befähigung des Menschen die Mischung seines Blutes als maßgebend angesehen habe.

Auch zögerten beide nicht, diese Auffassung durch physiologische Hypothesen anschaulicher zu machen. Parmenides lehrte in seiner hypothetischen Physik, das Gleiche werde überall durch das Gleiche, das Warme außen durch das Warme im Menschen, das Kalte außen sogar noch durch das Kalte im Leichnam wahrgenommen, und Empedokles führte den Gedanken, daß jedes Element in unserem Leibe das gleiche Element in der Außenwelt wahrnehme, unter Benutzung seiner Theorie der Ausflüsse und Poren in dem Sinne aus, daß danach jedes Organ nur dem Eindruck derjenigen Stoffe zugänglich sei, deren Ausflüsse in seine Poren hineinpassen: d. h. er leitete die spezifische Energie der Sinnesorgane aus Ähnlichkeitsverhältnissen zwischen ihrer peripherischen Gestaltung und ihren Gegenständen her, und er hat dies für das Sehen, Hören und Riechen mit teilweise recht feinen Beobachtungen ausgeführt[86]).

Dieser Ansicht, daß Gleiches durch Gleiches aufgefaßt werde, ist Anaxagoras — man sieht nicht sicher, aus welchem Grunde[87]) — entgegengetreten, indem er lehrte, es werde nur Entgegengesetztes durch Entgegengesetztes, das Warme außerhalb durch das Kalte im Menschen usw. wahrgenommen[88]): jedenfalls ist auch seine Lehre ein Beweis davon, daß diese m e t a p h y s i s c h e n R a t i o n a l i s t e n i n i h r e r P s y c h o l o g i e sämtlich einen g r o b e n S e n s u a l i s m u s vertraten.

---

[82]) Theophr. de sens., 3 f.

[83]) Ebenso wird zwar von Alkmaion, dem pythagoreisierenden Arzte, berichtet (Theophr. de sens., 25), er habe das Denken oder das Bewußtsein (ὅτι μόνος ξυνίησι) für das unterscheidende Merkmal des Menschen erklärt. Aber eine genauere Bestimmung fehlt auch hier, wenn man nicht dem Ausdruck nach an etwas Ähnliches wie das aristotelische κοινὸν αἰσθητήριον denken will. Damit würde übereinstimmen, daß in den Kreisen der Pythagoreer und der ihnen nahestehenden Ärzte die ersten Versuche gemacht worden zu sein scheinen, die einzelnen seelischen Tätigkeiten an einzelne Teile des Leibes zu lokalisieren: das Denken in das Gehirn, die Wahrnehmung an die einzelnen Organe und das Herz, in das letztere auch die Gemütsbewegungen usw. Von hier scheint Diogenes von Apollonia und nach ihm Demokrit diese Anfänge einer physiologischen Psychologie übernommen zu haben.

[84]) DIELS, 18 B, 16 [214].

[85]) Arist. de an., I, 2, 404 b, 13; III, 3, 427 a, 21; Met., III, 5, 1009 b, 17; Theophr. de sens., 10 f.

[86]) Theophr. de sens., 7.

[87]) Vielleicht liegt eine Erinnerung an Heraklit vor, der auch die Wahrnehmung aus der ἐναντιοτροπία. — Bewegung gegen Bewegung — erklärte und bei dem der Gegensatz das Prinzip aller Bewegung war.

[88]) Theophr. de sens., 27 ff. Interessant ist, daß Anaxagoras daraus den Schluß zog (ibid. 29), jede Wahrnehmung sei mit Unlust (λύπη) verbunden.

2. Kapitel. Die anthropologische Periode.

G. GROTE, History of Greece, VIII (London 1850), 474—544.

C. F. HERMANN, Geschichte und System der platonischen Philosophie, I (Heidelberg 1839), p. 179—231.

BLASS, Die attische Beredsamkeit von Gorgias bis zu Lysias (Leipzig 1868).

H. KÖCHLY, Sokrates und sein Volk, 1855, in „Akad. Vorträge und Reden", I (Zürich 1859), p. 219 ff.

H. SIEBECK, Über Sokrates' Verhältnis zur Sophistik, in „Untersuchungen zur Philosophie der Griechen", 1873, 2. Aufl. (Freiburg i. B. 1888).

W. WINDELBAND, „Sokrates" in „Präludien" (6. Aufl., Tübingen 1919).

HEINRICH MAIER, Sokrates, sein Werk und seine geschichtliche Stellung (1913).

Die Weiterentwicklung der griechischen Wissenschaft ist durch den Umstand bestimmt worden, daß sie in dem gewaltigen allgemeinen Aufschwung des geistigen Lebens, den die Nation nach dem siegreichen Erfolge der Perserkriege gewann, aus dem stillen Betriebe eng in sich geschlossener Schulverbände auf den leidenschaftlich bewegten Boden der Ö f f e n t l i c h k e i t hinausgerissen wurde.

Die Kreise, in denen die wissenschaftliche Forschung gepflegt wurde, hatten sich von Generation zu Generation erweitert, und die Lehren, welche zunächst im kleineren Verbande vorgetragen und in schwer verständlichen Schriften verbreitet worden waren, hatten angefangen in das allgemeine Bewußtsein durchzusickern. Schon begannen die D i c h t e r (Euripides, Epicharm) wissenschaftliche Begriffe und Ansichten in ihre Sprache zu übersetzen, schon wurden die Kenntnisse, welche die Naturforschung erworben hatte, zur p r a k t i s c h e n V e r w e r t u n g (Hippodamos und seine Bauten) herangezogen. Selbst die M e d i z i n, die früher nur eine traditionell geübte Kunst gewesen war, wurde mit den allgemeinen Begriffen der Naturphilosophie und mit den besonderen Lehren, den Erkenntnissen und den Hypothesen der physiologischen Forschung, die im Laufe der Zeit einen immer breiteren Raum in den Systemen der Wissenschaft eingenommen hatte, derartig durchsetzt, daß sie von ätiologischen Theorien überwuchert wurde[89]): erst in Hippokrates fand sie den Reformator, der diese Tendenz auf das rechte Maß zurückführte und der ärztlichen Kunst ihren alten Charakter im Gegensatz zur wissenschaftlichen Doktrin zurückgab[90]).

Dazu kam, daß die griechische Nation, durch schwere innere und äußere Schicksale gereift, in das Alter der Männlichkeit getreten war. Sie hatte den naiven Glauben an das Althergebrachte verloren, und sie hatte den Wert des Könnens und Wissens für das praktische Leben erfahren. Sie verlangte jetzt von der Wissenschaft, die bisher in der Stille nur dem reinen Triebe des Forschens, der edlen Neugier des Wissens um seiner selbst willen nachgegangen war, Aufschluß über die Fragen, die sie bewegten, Rat und Hilfe für die Zweifel, worin sie die Überlebendigkeit ihrer eigenen Kulturentwicklung stürzte. Und während in der fieberhaften Wetterregung der geistigen Kräfte, welche die größte Zeit der Weltgeschichte mit sich führte, überall die Ansicht zum Durchbruch kam, daß auf jedem Gebiet des Lebens der Wissende

---

[89]) Diese Neuerung in der Medizin begann, wie oben erwähnt, schon bei den dem Pythagoreismus nahestehenden Ärzten, besonders bei A l k m a i o n. Über die fälschlich unter dem Namen des Hippokrates gehende Schrift περὶ διαίτης vgl. H. SIEBECK, Gesch. der Psychol., I, 1, 94 ff.

[90]) Vgl. hauptsächlich seine Schriften περὶ ἀρχαίης ἰητρικῆς und περὶ διαίτης ὀξέων. Über die Beziehungen des Sokrates zu dieser empirischen Medizin, vgl. H. NOHL, Sokrates und die Ethik, 1904.

der Tüchtigste, Brauchbarste und Erfolgreichste sei, während in allen Sphären praktischer Tätigkeit an die Stelle alter Gewöhnung die fruchtbare Neuerung selbständiger
Überlegung und eigenen Urteils trat, w u r d e d i e M a s s e d e s V o l k e s v o n
d e m D r a n g e e r g r i f f e n, s i c h d i e E r g e b n i s s e d e r W i s s e n s c h a f t
z u e i g e n z u m a c h e n. Besonders aber genügten jetzt für denjenigen, der eine
politische Rolle spielen wollte, nicht mehr wie früher Familientradition, Gewöhnung
und persönliche Vorzüge des Charakters und der Geschicklichkeit, sondern die Mannigfaltigkeit und Schwierigkeit der Dinge sowohl wie der intellektuelle Zustand derjenigen, mit denen und auf die er wirken sollte, machte ihm auch eine t h e o -
r e t i s c h e V o r b i l d u n g f ü r d i e p o l i t i s c h e L a u f b a h n unerläßlich.
Nirgends war diese Bewegung so mächtig wie in A t h e n, der damaligen Hauptstadt
Griechenlands, und hier fand denn auch das Drängen seine beste Befriedigung.

Denn der Nachfrage folgte das Angebot. Aus den Schulen heraus traten die Männer
der Wissenschaft, die S o p h i s t e n (σοφισταί), in die Öffentlichkeit und lehrten
das Volk, was sie selbst gelernt oder in eigner Arbeit erforscht hatten. Sie taten es
zum Teil gewiß aus dem edlen Triebe, die Mitbürger zu belehren[91]); aber es blieb
nicht aus, daß ihnen diese Belehrung zum G e s c h ä f t wurde. Aus allen Teilen
Griechenlands strömten die Männer der verschiedenen Schulen nach Athen herbei,
um ihre Lehren vorzutragen und aus diesem Vortrage in dem Zentrum, wie in den
geringeren Städten, Ruhm und Reichtum zu erwerben.

Hierdurch ändert sich in kurzer Zeit nicht nur die s o z i a l e S t e l l u n g d e r
W i s s e n s c h a f t, sondern auch ihr eigenes inneres Wesen, ihre Tendenz und ihre
Aufgabe von Grund aus. Sie wurde eine soziale Macht, ein bestimmendes Moment
im politischen Leben (Perikles); aber sie kam eben dadurch in A b h ä n g i g k e i t
v o n d e n A n f o r d e r u n g e n d e s p r a k t i s c h e n u n d i n s b e s o n d e r e
d e s p o l i t i s c h e n L e b e n s.

Die letzteren zeigten sich vornehmlich darin, daß die demokratische Staatsform
von dem Politiker in erster Linie die Fähigkeit der Rede verlangte, und daß daher
der Unterricht der Sophisten vornehmlich als Vorbildung dazu gesucht wurde und
sich mehr und mehr auf diesen Zweck zuspitzte. Die Männer der Wissenschaft
wurden L e h r e r d e r B e r e d s a m k e i t.

Als solche aber verloren sie das Ziel der Naturerkenntnis, das der Wissenschaft
ursprünglich vorgeschwebt hatte, aus den Augen: sie trugen höchstens noch die überlieferten Lehren in möglichst anziehender und geschmackvoller Form vor. Ihre eigenen
Untersuchungen aber, wenn sie sich nicht auf formale Routine beschränkten, richteten sich notwendig auf das D e n k e n u n d W o l l e n d e s M e n s c h e n, das ja
durch die Rede bestimmt und beherrscht werden sollte, auf die Art, wie Vorstellungen
und Willensbestimmungen entstehen, wie sie mit einander ringen und gegeneinander
ihr Recht geltend machen. So nahm die griechische Wissenschaft eine wesentlich
a n t h r o p o l o g i s c h e oder s u b j e k t i v e, auf die inneren Tätigkeiten des
Menschen, sein Vorstellen und Wollen bezügliche Richtung, und zugleich verlor sie
ihren rein theoretischen Charakter und bekam eine vorwiegend p r a k t i s c h e
B e d e u t u n g[92]).

---

[91]) Vgl. Protagoras bei Platon, Prot., 316 d.
[92]) Ciceros (Tusc., V, 4, 10) bekannter Ausspruch über Sokrates gilt für die ganze Philosophie dieser Periode.

Vorbereitet war diese Wendung dadurch, daß in der Naturforschung selbst nach der ersten schöpferischen Entwicklung eine Abschwächung des prinzipiellen Interesses eingetreten war und die Zerstreuung der wissenschaftlichen Arbeit in die besonderen Fragen begonnen hatte. Indem nun jetzt die Tätigkeit der Sophisten sich vor die Mannigfaltigkeit menschlichen Wollens und Vorstellens gestellt sah, indem die Lehrer der Beredsamkeit die Kunst des Überredens vortragen und den Wegen nachgehen sollten, auf denen man jeder Ansicht zum Siege, jeder Absicht zum Erfolge helfen könnte, tauchte vor ihnen die Frage auf, ob es denn überhaupt über diesen individuellen Ansichten und Absichten, die jeder in sich als ein Notwendiges fühlt und den andern gegenüber verteidigen kann, etwas an sich Rechtes und Wahres gibt. Diese Frage, o b e s e t w a s A l l g e m e i n g ü l t i g e s g i b t, ist das Problem der anthropologischen Periode der griechischen Philosophie oder der g r i e c h i s c h e n A u f k l ä r u n g.

Denn es ist zugleich das Problem der Zeit, — einer Zeit, in welcher der religiöse Glaube und die alte Sitte ins Schwanken geraten waren, das Ansehen der Autorität mehr und mehr sank und alles einer Anarchie der selbstherrlich gewordenen Individuen zutrieb. Sehr bald kam diese innere Zerstreuung des griechischen Geistes in den Wirren des peloponnesischen Krieges zum offenen Ausbruch, und mit dem Sturz der athenischen Vormacht war die Blüte der griechischen Kultur geknickt.

Die Gefahren dieser Zustände sind durch die Philosophie zunächst entschieden gesteigert worden. Zwar führte die wissenschaftliche Ausbildung, welche die Sophisten ihrer Rhetorik als einer Kunst des Darstellens, Beweisens und Widerlegens zu geben suchten, einerseits zur Begründung einer selbständigen P s y c h o l o g i e und anderseits zur Besinnung auf l o g i s c h e u n d e t h i s c h e N o r m e n: allein angesichts der Geschicklichkeit, welche diese Männer übten und lehrten, um jede beliebige Ansicht durchzusetzen[93]), kam ihnen die R e l a t i v i t ä t menschlicher Vorstellungen und Absichten mit solcher Deutlichkeit und mit so überwältigendem Eindruck zum Bewußtsein, daß sie die Frage nach dem Bestehen einer allgemeingültigen Wahrheit in theoretischer wie in praktischer Hinsicht verneinten: damit aber gerieten sie in einen S k e p t i z i s m u s, der anfangs eine ernste wissenschaftliche Theorie war, jedoch bald in ein frivoles Spiel überging. Mit der selbstgefälligen Rabulistik ihres Advokatentums machten sich die späteren Sophisten zu Sprechern aller der zügellosen Tendenzen, welche die Ordnung des öffentlichen Lebens untergruben.

Das geistige Haupt der Sophistik ist P r o t a g o r a s, derjenige wenigstens, von dem allein philosophisch bedeutsame und fruchtbare Begriffsbildungen ausgegangen sind. Ihm gegenüber erscheint G o r g i a s, den man ihm zur Seite zu stellen pflegt, nur als ein Rhetor, der sich gelegentlich auch einmal auf dem Gebiete der Philosophie versuchte und die Kunststücke der eleatischen Dialektik überbot. H i p p i a s vollends und P r o d i k o s sind nur der eine als Typus popularisierender Polyhistorie, der andere als Beispiel seichten Moralisierens zu erwähnen.

Dem wüsten Treiben und der Überzeugungslosigkeit der jüngeren Sophisten hat Sokrates den Glauben an die Vernunft und die Überzeugung von einer allgemeingültigen Wahrheit gegenübergehalten. Diese Überzeugung war bei ihm wesentlich

---

[93]) Vgl. das bekannte τὸν ἥττω λόγον κρείττω ποιεῖν Aristoph. Nub., 112 ff., 893 ff., Aristot. Rhet., II, 24, 1402 a, 23.

praktischer Art, sie war eine s i t t l i c h e G e s i n n u n g : aber sie führte ihn
auf eine Untersuchung vom W i s s e n, das er von neuem den Meinungen gegenüberstellte und dessen Wesen er im b e g r i f f l i c h e n D e n k e n fand[94]).

Sokrates und die Sophisten stehen somit auf dem Boden desselben Zeitbewußtseins
und behandeln dieselben Probleme: aber wo die Sophisten mit ihrer Kunst und
Gelehrsamkeit im Gewirr der Tagesmeinungen stecken bleiben und bei einem
negativen Ergebnis endigen, da findet der einfache gesunde Sinn und die edle,
reine Persönlichkeit des Sokrates die Ideale der Sittlichkeit und der Wissenschaft
wieder.

Der große Eindruck, den die Lehre des S o k r a t e s machte, zwang die Sophistik
in neue Bahnen: sie folgte ihm mit dem Versuch, durch wissenschaftliche Einsicht
sichere Prinzipien sittlicher Lebensführung zu gewinnen, und während die alten
Schulen sich zum größten Teil in die rhetorische Lehrtätigkeit verzettelt hatten,
wurden jetzt von Männern, welche den Umgang des athenischen Weisen genossen
hatten, neue Verbände gestiftet, in deren wissenschaftlicher Arbeit sich Sokratisches
und Sophistisches oft wunderlich genug durcheinander mischte, während die lediglich anthropologische Richtung der Untersuchung dieselbe blieb.

Unter diesen, nicht ganz richtig meist mit dem Namen „S o k r a t i k e r" bezeichneten Schulen ist die m e g a r i s c h e, von E u k l e i d e s gegründet, noch am
meisten den unfruchtbaren Spitzfindigkeiten der späteren Sophistik verfallen: ihr
schließt sich als die unbedeutendste die e l i s c h - e r e t r i s c h e Schule an. Der
Grundgegensatz aber der Lebensauffassung, welcher im griechischen Leben jener
Tage obwaltete, hat seinen wissenschaftlichen Ausdruck in den Lehren der beiden
Schulen gefunden, deren Gegensatz sich von da durch die ganze antike Literatur
hindurchzieht: der k y n i s c h e n und der k y r e n a i s c h e n. Erstere zählt neben
ihrem Gründer A n t i s t h e n e s die populäre Gestalt des D i o g e n e s zu ihren
Vertretern; in letzterer, die auch die h e d o n i s c h e S c h u l e heißt, sind auf
den Stifter A r i s t i p p o s sein gleichnamiger Enkel, später T h e o d o r o s,
A n n i k e r i s, H e g e s i a s gefolgt.

Die sophistischen Wanderlehrer sind zum Teil aus den früheren Schulgenossenschaften
hervorgegangen: diese haben sich dann in der zweiten Hälfte des 5. Jahrhunderts meist
verloren und einem freieren Vertrieb der gewonnenen Ansichten Platz gemacht, welcher der
Detailforschung, namentlich der physiologischen (H i p p o n, K l e i d e m o s, D i o g e n e s
v o n A p o l l o n i a) nicht ungünstig, aber meist mit einer Erlahmung der allgemeinen
Spekulation verbunden war. Nur die abderitische und die pythagoreische Schule haben
diese Zeit der Auflösung überdauert; eine Gesellschaft von Herakliteern, die in Ephesos
sich erhielt, scheint bald in sophistisches Treiben ausgeartet zu sein (K r a t y l o s)[95]).

Aus der atomistischen Schule erwuchs P r o t a g o r a s von Abdera (etwa 480—410),
einer der ersten und der mit Recht berühmteste dieser Wanderlehrer. Zu verschiedenen
Zeiten in Athen tätig, soll er, nachdem er daselbst wegen Asebie verurteilt war, auf der
Flucht umgekommen sein. Von den zahlreichen Schriften grammatischen, logischen, ethi-
schen, politischen und religiösen Inhalts ist sehr wenig erhalten. Über ihn HERM. MEYER
(Drerups rhetor. Stud., I, 1913).

G o r g i a s von Leontinoi (483—375) war 427 als Gesandter seiner Vaterstadt in Athen,
wo er großen literarischen Einfluß gewann; im Alter hat er zu Larissa in Thessalien gelebt.
Er war aus der sicilischen Rednerschule, der auch Empedokles nahe gestanden hatte, hervorgegangen. Vgl. H. DIELS, Ber. d. Berl. Akad. 1884, p. 343 ff.

Von H i p p i a s v o n E l i s ist außer einigen Ansichten (worunter wohl auch die in
dem platonischen Dialog Hippias major kritisierten) nur bekannt, daß er mit seiner Viel-

---

[94]) [Vgl. die Anmerkung 96.]
[95]) Bei Platon (Theaet., 181 a) heißen sie οἱ ῥέοντες vgl. Aristot. Met., IV, 5, 1010 a, 13.

wisserei prunkte. Von P r o d i k o s aus (Julis auf) K e o s ist die bekannte Allegorie „Herakles am Scheidewege" bei Xenophon, Memor., II, 1, 21, erhalten. Die übrigen Sophisten, meist nur aus Platon bekannt, sind ohne eigene Bedeutung; es wird nur dem einen oder dem andern diese oder jene charakteristische Behauptung in den Mund gelegt.

Die Auffassung der Sophistik hat mit der Schwierigkeit zu kämpfen, daß man über sie fast ausschließlich durch ihre siegreichen Gegner, Platon und Aristoteles, unterrichtet ist, [welche zudem eine Richtung als „sophistisch" bekämpfen, die bereits starke Nachwirkungen der sokratischen Dialektik selbst in sich aufgenommen und in eristischer Richtung fortgebildet hatte]. Plato hat im Protagoras noch eine anmutig lebendige, von feiner Ironie durchhauchte Schilderung eines Sophistenkongresses, im Gorgias schon eine ernstere, im Theaetet eine schärfere Kritik, im Kratylos und Euthydem eine übermütige Verhöhnung der Lehrweise der Sophisten gegeben. In dem Dialog Sophistes ist sodann eine überaus hämische Begriffsbestimmung des Sophisten versucht worden, und zu dem gleichen Resultat kommt auch Aristoteles in dem Buch über die sophistischen Trugschlüsse (cap. 1, 165 a, 21).

Die Geschichte der Philosophie hat die abschätzigen Beurteilungen der Gegner lange nachgesprochen und dem Wort σοφιστής (das eigentlich nur einen „Gelehrten", wenn man will, einen „Professor" bedeutet) den tadelnden Sinn gelassen, den ihm jene gegeben hatten. HEGEL hat die Sophisten rehabilitiert; und darauf ist, wie es zu gehen pflegt, zeitweilig eine Überschätzung gefolgt (GROTE).

M. SCHANZ, Die Sophisten (Göttingen 1867). H. GOMPERZ, Sophistik und Rhetorik (1912), vgl. dazu P. WENDLAND, Gött. Gel.-Anz. (1913).

S o k r a t e s von Athen (469—399) macht in der Geschichte der Philosophie schon äußerlich durch seine originelle Persönlichkeit und durch seine neue Art des Philosophierens Epoche. Er war weder Gelehrter noch Wanderlehrer, gehörte keiner Schule an und hielt sich zu keiner. Er war ein einfacher Mann aus dem Volke, der Sohn eines Bildhauers und anfangs selbst mit dem Meißel beschäftigt. Mit tiefem Wissensdrang hatte er die neuen Lehren, von denen die Straßen seiner Vaterstadt widerhallten, in sich aufgenommen, aber sich durch diese glänzende Redeweisheit nicht blenden lassen und sich durch sie nicht gefördert gefunden. Seinem scharfen Denken entgingen die Widersprüche nicht, und sein sittlicher Ernst nahm an der Oberflächlichkeit und Frivolität dieses Bildungsgetriebes Anstoß. Er erachtete es für seine Pflicht und für seine göttliche Bestimmung (vgl. Platons Apologie), sogar mit Hintansetzung der Sorge um die Seinigen (Xanthippe), sich selbst und seine Mitbürger über die Nichtigkeit des vermeintlichen Wissens aufzuklären und durch ernste Prüfung der Wahrheit nachzugehen. So hat er, ein Philosoph der Gelegenheit und des täglichen Lebens, unablässig unter seinen Mitbürgern gewirkt und die Besten aus Athens Jugend (Alkibiades) um sich versammelt, die in ihm das Ideal und den Lehrer der Tugend verehrten. Er erscheint damit als Führer einer geistigen Aristokratie, und eben dadurch geriet er in Gegensatz zu der herrschenden Demokratie. Das waren die Voraussetzungen, unter denen Mißverstand und persönliche Intrigue ihn vor das Gericht führten aber der Tod, zu dem er wider alles Erwarten verurteilt wurde, sollte sein größter Ruhm werden.

Die Berichte über ihn liefern ein deutliches und zweifelloses Bild seiner Persönlichkeit: hierin ergänzen sich Platons feinere und Xenophons gröbere Zeichnung sehr glücklich. Der erstere führt den verehrten Lehrer fast in allen seinen Schriften mit dramatischer Lebendigkeit vor; bei dem letzteren kommen die Memorabilien (Ἀπομνημονεύματα Σωκράτους) und das Symposion in Betracht. Schwieriger steht es hinsichtlich der Lehre: hierin sind Xenophons wie Platons Darstellungen Parteischriften, von denen jede den berühmten Namen für die eigene Lehre (bei Xenophon ein gemilderter Kynismus) in Anspruch nimmt. Maßgebend sind wegen der größeren historischen Entfernung und des freieren Gesichtspunktes in allen wesentlichen Punkten die Angaben des Aristoteles[96]). Vgl. E. ALBERTI, Sokrates

---

[96]) [Dieser traditionellerweise so hoch bewertete aristotelische Bericht ist der Pfeiler, mit dem die hier gegebene Darstellung der sokratischen Lehren steht und fällt. Fällt er — und die tief grabenden Forschungen HEINRICH MAIERs haben ihn zum mindesten wankend gemacht —, so müßten die Ausführungen dieses Kapitels in wesentlichen Punkten berichtigt werden. In welcher Richtung sei wenigstens anmerkungsweise angedeutet. 1. Zur Quellenfrage. a) Maßgebend bleiben die frühen, sogenannten sokratischen Dialoge Platons (MAIER, 102 ff.): Apologie, Kriton, Laches, der kleine Hippias, Charmides, Ion, endlich Lysis, Euthyphron, der große Hippias und der Protagoras. Seit dem Gorgias ist die „Sophistik" für Platon eine philosophische Richtung. Im Symposion klingt zum erstenmal die I d e e n l e h r e voll an, eben deshalb blickt die Alkibiadesrede noch einmal auf den echten und geschichtlichen Sokrates zurück (140 f.). b) In Xenophons Memorabilien ist zwischen der Schutzschrift und der ihr folgenden umfangreichen Sammlung sokratischer Gespräche zu

(Göttingen 1869). — A. LABRIOLA, La dottrina di Socrate (2. Aufl., Bari 1909). — A. FOUIL-LÉE, La philosophie de Socrate (Paris 1873). — K. JOEL, Der echte und der xenophontische Sokrates (Berlin 1893 u. 1901). — ED. SCHWARTZ, Charakterköpfe aus der antiken Literatur (5. Aufl., 1920), p. 47 ff.; auch I. BRUNS, Das literarische Portrait der Griechen im 5. und 4. Jahrh. (Berlin 1896), p. 201 ff. — GIUS. ZUCCANTE, Socrate (Turin 1909). — A. E. TAYLOR, Varia Socratica, I (Oxford 1911). — C. PIAT, S., 2. Aufl. (Paris 1912). — H. MAIER, Sokrates (1913). – A. BUSSE, S. (1914).

FERD. DÜMMLER, Academia, Beiträge zur Literaturgeschichte der sokratischen Schulen (Gießen 1889).

Eukleides aus Megara gründete seine Schule bald nach dem Tode des Sokrates. Aus ihr sind die beiden Eristiker (s. unten) Eubulides von Milet und Alexinos aus Elis, ferner Diodoros Kronos aus Karien (gest. 307) sowie Stilpon (380—300) zu nennen. Die Schule hatte nur kurzen Bestand und lief später in die kynische und stoische aus. Dasselbe gilt von der Genossenschaft, welche Phaidon, der Lieblingsschüler des Sokrates, in seiner Heimat Elis gründete und bald darauf Menedemos nach Eretria verpflanzte. Vgl. E. MALLET, Histoire de l'école de Mégare et des écoles d'Elis et d'Erétrie (Paris 1845). G. HARTENSTEIN, Hist.-philos. Abh., p. 127 ff.

Der Stifter der (nach dem Gymnasium Kynosarges benannten) kynischen Schule ist Antisthenes von Athen, wie Euklid ein älterer Freund des Sokrates. Der Sonderling

---

unterscheiden. Die letztere ist als selbständige Quelle kaum zu betrachten und in wesentlichen Teilen von der sokratischen Literatur abhängig. Die erstere und die xenophontische Apologie behalten, von der platonischen Darstellung aus kontrolliert, einen gewissen Quellenwert (76). c) Als Aristoteles nach Athen kam, herrschte dort über die wahre Sokratesauffassung bereits ein erbitterter Streit. Mit dem Eintritt in die Akademie übernahm er die Auffassung Platons, und bei aller früh einsetzenden Emanzipation von Platon bekämpfte Aristoteles die andern Sokratiker zeitlebens so heftig, daß er ihr Sokratesbild kaum je unparteiisch wird erwogen haben (77 ff.). Seine Darstellung der sokratischen Ethik geht teils auf den platonischen Protagoras, teils, wie M. (91 ff., 270 f.) mit schwerwiegenden Gründen wahrscheinlich zu machen sucht, auf Xenophons Memorabilien zurück Sie stellt im Rahmen seiner Auseinandersetzung mit Platon den Versuch dar, den gesunden Kern der Ideenlehre auf Sokrates zurückzuführen. Auf dieser aristotelischen Darstellung jedoch beruht die traditionelle Auffassung des Sokrates als Begründer der Begriffsphilosophie. d) Dieser aristotelischen Auffassung widerspricht aber nicht allein die Tatsache, daß gerade in den frühesten und zuverlässigsten platonischen Quellen wie in der Alkibiadesrede des Symposions Sokrates keineswegs als Begriffsphilosoph geschildert wird, noch ein weiteres Moment steht ihr gewichtig entgegen: die philosophischen Standpunkte der sogenannten Sokratiker, Antisthenes, Euklid, Aristipp (und Äschines), von denen insbesondere Antisthenes (149 ff.) den Anspruch, echt sokratisch, rein Sokratisches zu lehren erhob, und auch Aristipp einen rein sensualistischen Hedonismus unmittelbar an die Lehre seines Meisters anzuknüpfen vermochte. Steckte der Kern der sokratischen Dialektik in der Begründung der Begriffsphilosophie, so wäre auch ihr Anspruch, genuine Sokratiker zu sein, völlig unbegreiflich. 2. Unter dieser Voraussetzung wäre nun das obige Sokratesbild dahin zu korrigieren, daß Sokrates' theoretisch-wissenschaftliche Leistung völlig hinter dem praktisch-ethischen Charakter der sokratischen Elenktik und Protreptik zurücktrete. Etwas Analoges gilt auch von den Sophisten. Auch bei ihnen überwog die praktisch-rhetorische Tendenz. Waren in der Zeit der griechischen „Aufklärung" kritisch-auflösende, skeptische, naturrechtliche Ideen im Vordringen, so ist es nicht das philosophische Verdienst der Sophisten, diese Gedanken ihres Zeitalters durch eine skeptische (Gorgias) oder sensualistische (Protagoras), oder naturrechtliche (Hippias u. a.) Theorie wissenschaftlich begründet zu haben (195 ff.); dementsprechend auch Sokrates' Verdienst nicht das, ihnen den Begriff entgegengestellt zu haben. Das tat erst Platon. Neben der Rhetorik der Sophisten steht im Rahmen derselben Aufklärungsbewegung Sokrates' Dialektik. Wollten die Sophisten aber Redner bilden, wollte dann erst der Sokrates des späten Platon Dialektiker bilden (358 f.), so lag das Zentrum der echt sokratischen Tätigkeit überhaupt nicht in der Aufstellung theoretischer Lehren — wo sind ernstzunehmende Definitionen und weshalb hat er, wenn er schon wissenschaftliche Ziele hatte, keine Schriften hinterlassen? — sondern in der Erziehung und Erweckung sittlicher Einsicht in den Weg zu persönlicher Vollkommenheit und Tugend, deren eudämonistische Färbung (s. u. S. 68) darauf beruht, daß das „Glück" gerade an das Erleben der inneren Freiheit und sittlichen Einsicht (Autonomie und Autarkie) geknüpft war. Das sokratische „Tugend-Wissen" ist seinem eigentlichen Charakter nach nicht so intellektualistisch aufzufassen, als praktisch.]

Diogenes von Sinope ist mehr eine kulturhistorisch charakteristische Nebengestalt, als ein Mann der Wissenschaft. Neben ihm sei noch Krates von Theben genannt. Später verschmilzt die Schule mit der stoischen. Vgl. F. DÜMMLER, Antisthenica (Halle 1882). — K. W. GÖTTLING, Diogenes der Kyniker oder die Philosophie des griechischen Proletariats (Ges. Abhandl., I, 251 ff.).

Aristippos von Kyrene, ein sophistischer Wanderlehrer, etwas jünger als Euklid und Antisthenes und mit dem sokratischen Kreise nur vorübergehend verbunden, hat seine Schule wohl erst im Alter gegründet und scheint die systematische Ausbildung der Gedanken, die ihm selbst mehr ein praktisches Lebensprinzip waren, seinem Enkel überlassen zu haben, der den Beinamen μητροδίδακτος führt, weil des Großvaters Weisheit durch seine Mutter Arete auf ihn übergegangen war. Die oben genannten Nachfolger reichen schon in das 3. Jahrhundert hinein und bilden sachlich den Übergang zu der epikureischen Schule. Vgl. A. WENDT, De philosophia Cyrenaica (Göttingen 1841); E. ANTONIDIS (Gött. Diss. 1916).

§ 7. Das Problem der Sittlichkeit.

MAX WUNDT, Geschichte der griech. Ethik (Leipzig 1908 ff.). H. DIELS, Ein antikes System des Naturrechts (Intern. Monatsschr., 1916).

Wie schon die Reflexionen der Gnomiker und die Sentenzen der sog. sieben Weisen zu ihrem Mittelpunkte die Mahnung zum Maßhalten hatten, so richten sich auch die pessimistischen Klagen, denen wir bei Dichtern, Philosophen und Moralisten des 5. Jahrhunderts begegnen, am meisten gegen die Zügellosigkeit der Menschen, den Mangel an Zucht und Gesetzlichkeit. Ernstere Geister durchschauten die Gefahr, welche das leidenschaftliche Aufschäumen des öffentlichen Lebens mit sich brachte, und die politische Erfahrung, daß der Parteikampf nur da sittlich erträglich ist, wo die gesetzliche Ordnung unangetastet bleibt, ließ die Beugung unter das Gesetz als oberste Pflicht erscheinen. Heraklit und die Pythagoreer haben dies mit voller Klarheit ausgesprochen und an die Grundbegriffe ihrer metaphysischen Theorie anzuknüpfen gewußt[97]).

Zweierlei tritt uns dabei als selbstverständliche Voraussetzung auch bei diesen Denkern entgegen. Das erste ist die Geltung der Gesetze. Der Gehorsam des naiven Bewußtseins befolgt das Gebot ohne zu fragen, woher es kommt und wodurch es berechtigt ist. Die Gesetze sind da, die der Sitte so gut wie die des Rechts: sie bestehen einmal, und der einzelne hat sie zu befolgen. Niemand hat in der vorsophistischen Zeit prinzipiell daran gedacht, das Gesetz zu prüfen und zu fragen, worin sein Anspruch auf Geltung besteht. Das zweite ist eine Überzeugung, welche in dem Moralisieren aller Völker und aller Zeiten zu Grunde liegt, diejenige nämlich, daß die Befolgung des Gesetzes Vorteil, seine Mißachtung Nachteil bringt: aus diesem Gedanken heraus nimmt die Mahnung den Charakter eines überredenden Rates an[98]), der sich an die Klugheit des Ermahnten ebenso wie an die in ihm schlummernden Wünsche richtet.

Mit der griechischen Aufklärung geraten diese beiden Voraussetzungen ins Schwanken, und damit wird ihr die Sittlichkeit zum Problem.

1. Der Anstoß dazu ging von den Erfahrungen des öffentlichen Lebens aus. Schon der häufige und rasche Wechsel der Verfassungen war

---

[97]) Vgl. oben S. 54, Anm. 79.
[98]) Ein typisches Beispiel hierfür ist die Allegorie des Prodikos, dessen wählendem Herakles die Tugend ebenso wie das Laster goldene Berge verspricht für den Fall, daß er sich ihrer Führung anvertraue.

geeignet, die Autorität des Gesetzes zu untergraben: er nahm nicht nur dem einzelnen Gesetze den Nimbus unbedingter, fragloser Geltung, sondern er gewöhnte zumal den Bürger der demokratischen Republik, in Beratungen und Abstimmungen über den Grund und die Geltung der Gesetze nachzudenken und zu entscheiden. Das politische Gesetz wurde diskutierbar, und der einzelne stellte sich mit seinem Urteil darüber. Beachtet man dann außer diesem zeitlichen Wechsel auch noch die Verschiedenheit, welche nicht nur die politischen Gesetze, sondern auch die durch die Sitte vorgeschriebenen Gewohnheiten in den verschiedenen Staaten oder gar bei verschiedenen Völkern aufweisen, so folgt daraus, daß den Gesetzen nicht mehr der Wert allgemeiner Geltung für alle Menschen zugeschrieben werden kann[99]). Wenigstens gilt das zunächst für alle G e s e t z e, d i e v o n M e n s c h e n g e m a c h t s i n d, jedenfalls also von den politischen.

Erhob sich nun diesen Erfahrungen gegenüber die Frage, ob es 'denn überhaupt etwas überall und immer Geltendes, ein von der Verschiedenheit der Völker, Staaten und Zeiten unabhängiges und damit für alle maßgebendes Gesetz gäbe, s o b e g a n n d i e g r i e c h i s c h e E t h i k m i t e i n e m P r o b l e m, w e l c h e s d e m A n f a n g s p r o b l e m d e r P h y s i k v ö l l i g p a r a l l e l l i e f. Das ewig gleiche, alle Veränderungen überdauernde Wesen der Dinge hatten die Philosophen der ersten Periode die Natur (φύσις) genannt[100]): jetzt fragt man, ob durch diese ewig gleiche N a t u r (φύσει) auch ein über allen Wechsel und alle Verschiedenheiten erhabenes Gesetz bestimmt sei, und im Gegensatz dazu weist man darauf hin, daß alle die bestehenden, nur zeitweilig und in beschränktem Umfange geltenden Vorschriften durch m e n s c h l i c h e S a t z u n g (θέσει oder νόμῳ) gegeben und begründet sind.

Der G e g e n s a t z v o n N a t u r u n d S a t z u n g ist die am meisten charakteristische Begriffsbildung der griechischen Aufklärung; er beherrscht ihre ganze Philosophie, und er hat von vornherein nicht etwa nur den Sinn eines Prinzips der genetischen Erklärung, sondern die Bedeutung einer N o r m d e r W e r t s c h ä t z u n g. Wenn es etwas Allgemeingültiges gibt, so ist es das, was „von Natur" für alle Menschen ohne Unterschied des Volkes und der Zeit gilt: was von Menschen im Lauf der Geschichte festgesetzt worden ist, das hat auch nur historischen, einmaligen Wert. Berechtigt ist nur, was die Natur bestimmt, aber die Menschensatzung geht darüber hinaus. Das „Gesetz" (νόμος) tyrannisiert den Menschen und zwingt ihn zu vielem was der Natur zuwiderläuft[101]). Die Philosophie formuliert begrifflich den Gegensatz eines natürlichen, „göttlichen" Rechts gegen das geschriebene Recht (Antigone).

Hieraus ergaben sich die Aufgaben, einerseits festzustellen, worin dies überall gleiche Recht der Natur bestehe, anderseits aber zu begreifen, wie daneben die Satzungen des historischen Rechts entstehen und begründet sind.

Der ersten Aufgabe hat sich Protagoras nicht entzogen. In der mythischen Darstellung, die Platon von ihm aufbewahrt hat[102]), lehrt er, daß die Götter allen

[99]) Hippias bei Xenoph. Memor., IV, 4, 14 ff.
[100]) Es ist hervorzuheben, daß das konstitutive Merkmal des Begriffs φύσις in diesem Sinne nur dasjenige des Ewig-sich-gleich-Bleibens war, wie bei der ἀρχή. Der Gegensatz dazu ist also das Vorübergehende, das Einmalige.
[101]) Hippias bei Platon, Prot. 337 c.
[102]) Plat. Prot., 320 ff. Vgl. A. HARPFF, Die Ethik des Protagoras (Heidelberg 1884).

Menschen gleichmäßig G e r e c h t i g k e i t s s i n n und s i t t l i c h e S c h e u
(δίχη und αἰδώς) gegeben hätten, damit sie im Kampfe des Lebens zu gegenseitiger
Erhaltung dauernde Verbindungen schließen könnten. Er fand also die φύσις des
praktischen Lebens in s i t t l i c h e n G r u n d g e f ü h l e n, welche den Menschen
zu g e s e l l s c h a f t l i c h e r und s t a a t l i c h e r V e r e i n i g u n g treiben.
Die nähere Ausführung dieses Gedankens und die Abgrenzung des φύσει Geltenden
von den positiven Bestimmungen der historischen Satzung sind uns leider nicht
erhalten.

Daß aber von solchen Grundlagen aus die Theorie der Sophisten zu einer weitgehenden K r i t i k d e r g e g e b e n e n Z u s t ä n d e und zur F o r d e r u n g
tiefgreifender U m w ä l z u n g e n des gesellschaftlichen und staatlichen Lebens
schritt, dafür liegen mancherlei Anzeichen vor. Schon damals brach sich der
Gedanke Bahn, daß alle rechtlichen Unterschiede zwischen den Menschen nur auf
Satzung beruhen und die Natur g l e i c h e s R e c h t f ü r A l l e verlange.
Lykophron begehrte die Abschaffung des Adels, Alkidamas[103]) und andere[104])
bekämpften aus diesem Gesichtspunkt die Sklaverei, Phaleas forderte Gleichheit
des Besitzes wie der Bildung für alle Bürger, und Hippodamos entwarf als der
erste die Grundzüge eines vernünftigen Staatsideals[105]). Selbst der Gedanke einer
politischen Gleichstellung der Frauen mit den Männern ist in diesem Zusammenhange aufgetaucht[106]).

Weicht nun die positive Gesetzgebung von diesen Anforderungen der Natur ab,
so ist ihre Begründung nur in den I n t e r e s s e n derjenigen zu suchen, welche
die Gesetze machen. Nach Thrasymachos[107]) von Chalkedon sind es die Gewalt-
haber, welche den Unterworfenen durch das Gesetz zwingen, zu tun wie es ihrem
Vorteil entspricht: umgekehrt führt Kallikles[108]) aus, die Gesetze seien von der
großen Masse der Schwachen als ein Schutzwall gegen die überlegene Kraft der
starken Persönlichkeiten errichtet worden; Lykophron[109]) sieht den Sinn der
Rechtsordnung darin, daß alle die, welche andern kein Leides tun, sich gegenseitig
Leben und Besitz verbürgen: — immer wird der Grund der Gesetze in den
Interessen derjenigen gefunden, welche sie machen.

2. Ist aber das persönliche Interesse der Grund für die Aufstellung der Gesetze,
so ist es auch das einzige M o t i v i h r e r B e f o l g u n g. Auch der Moralist will
ja den Menschen davon überzeugen, daß es in seinem Interesse liege, sich dem
Gesetze zu fügen. Daraus folgt aber, daß der Gehorsam gegen das Gesetz nur
so weit zu reichen hat, als es im I n t e r e s s e d e s e i n z e l n e n liegt. Und
es gibt Fälle, wo das nicht zutrifft. Es ist nicht wahr, daß nur die Unterordnung
unter das Gesetz glücklich macht: große Verbrecher, so führt Polos[110]) aus, gibt
es, die durch die schrecklichsten Übeltaten die glücklichsten Erfolge erreicht haben.
Die Erfahrung widerspricht der Behauptung, daß nur Rechttun zur Glückseligkeit

[103]) Arist. Rhet., I, 13, 1373 b, 18, vgl. dazu Orat. Attic. (ed. BEKKER), II, 154.
[104]) Arist. Pol., I, 3, 1253 b, 20.
[105]) Arist. Pol., II, 7 (Phaleas), und 8 (Hippodamos).
[106]) Die Persiflage in den Ekklesiazusen des Aristophanes kann sich nur darauf beziehen.
[107]) Plat. Rep., 338 c.
[108]) Plat. Gorg., 483 b.
[109]) Arist. Pol., III, 9, 1280 b, 11.
[110]) Bei Plat., Gorg., 471.

führe; sie zeigt vielmehr, daß eine kluge, durch keine Rücksichten auf Recht und Gesetz gehemmte Lebensführung die beste Gewähr des Glücks ist[111]).

Durch solche Betrachtungen greift allmählich die zunächst nur auf die Geltung des staatlichen Gesetzes gerichtete Skepsis auch diejenigen der sittlichen Gesetze an. Was Polos, Kallikles und Thrasymachos in den platonischen Dialogen Gorgias und Politeia über die Begriffe des R e c h t e n und U n r e c h t e n (δίκαιον und ἄδικον) vortragen, bezieht sich (durch die Mittelstellung der strafrechtlichen Bestimmungen) gleichmäßig auf das sittliche wie auf das politische Gesetz, und beweist, daß das Naturgesetz nicht nur dem bürgerlichen Gesetz, sondern auch den Forderungen der Sitte gegenübergestellt wurde.

Hinsichtlich beider aber schritt der Naturalismus und Radikalismus der jüngeren Sophisten zu den äußersten Konsequenzen. Mag der Schwache, so hieß es, sich dem Gesetz unterwerfen; er ist ja doch nur der Dumme, der damit fremdem Nutzen dient[112]); der Starke aber, der zugleich der Weise ist, läßt sich durch das Gesetz nicht irre machen, er folgt lediglich dem Triebe s e i n e r e i g e n e n N a t u r. Und das ist das Rechte, wenn nicht nach menschlichem Gesetz, so nach dem höheren Gesetz der Natur. An allen Lebewesen zeigt sie, daß der Stärkere über den Schwächeren herrschen soll; nur dem Sklaven ziemt es, ein Gebot über sich anzuerkennen, der freie Mann soll seine Begierden nicht zügeln, sondern sie sich voll entfalten lassen: nach Menschenrecht mag es eine Schande sein, Unrecht zu tun, — nach dem Naturgebot ist es eine Schande, Unrecht zu leiden[113]).

In solchen Formen wurde die n a t ü r l i c h e T r i e b b e s t i m m t h e i t d e s I n d i v i d u u m s a l s N a t u r g e s e t z p r o k l a m i e r t u n d z u r h ö c h s t e n N o r m d e s H a n d e l n s erhoben, und A r c h e l a o s, ein der sophistischen Zeit angehöriger Schüler des Anaxagoras, verkündete, daß die Prädikate gut und böse, „recht" und „schimpflich" (δίκαιον — αἰσχρόν) nicht der Natur, sondern der Satzung entspringen: alle s i t t l i c h e B e u r t e i l u n g i s t k o n v e n t i o n e l l[114]).

3. Selbstverständlich wurden in diesen Umsturz auch die r e l i g i ö s e n Vorstellungen um so mehr hineingezogen, als diese, nachdem ihnen die theoretische Geltung durch die kosmologische Philosophie entzogen worden war (Xenophanes), nur noch als allegorische Darstellungen sittlicher Begriffe Anerkennung behalten hatten: in dieser Hinsicht war eine Zeitlang die Schule des Anaxagoras, namentlich ein gewisser M e t r o d o r o s v o n L a m p s a k o s, tätig gewesen. Es war nur eine Konsequenz des ethischen R e l a t i v i s m u s der Sophisten, daß P r o d i k o s lehrte, die Menschen hätten aus allem, was ihnen Segen brachte, Götter gemacht, und daß K r i t i a s den Glauben an die Götter für eine Erfindung kluger Staatskunst erklärte[115]). Wenn solche Ansichten der wissenschaftlich Gebildeten bei den staatlich-priesterlichen Gewalten und zum Teil auch noch bei der großen Masse Unwillen erregten[116]), so hatte es P r o t a g o r a s leicht, sich diesen Fragen gegenüber in den Mantel eines Skeptizismus zu hüllen[117]).

---

[111]) Vgl. das Lob der ἀδικία von Thrasymachos bei Plat., Rep., 344 a.
[112]) Thrasymachos bei Platon, Rep. 343 c.
[113]) Kallikles bei Platon, Gorg., 483 a und 491 e.
[114]) Diog. Laert., II, 16.
[115]) Sext. Emp. adv. math., IX, 51—54.
[116]) Wie die Verurteilung des Diagoras von Melos (Aristoph. Av., 1073) beweist.
[117]) Diog., Laert., IX, 51.

4. Die Stellung des S o k r a t e s zu dieser ganzen Bewegung ist doppelseitig: einerseits hat er ihr Prinzip auf den klarsten und umfassendsten Ausdruck gebracht, anderseits hat er sich ihrem Ergebnis auf das kräftigste entgegengestellt. Und diese beiden Seiten seiner Wirksamkeit, so gegensätzlich sie zu sein scheinen, und so sehr dieser ihr äußerer Gegensatz das tragische Geschick des Mannes bestimmt hat, stehen doch in dem genauesten und folgerichtigsten Zusammenhange: denn gerade dadurch, daß Sokrates das Prinzip der Aufklärung in seiner ganzen Tiefe erfaßte und in seiner ganzen Energie formulierte, gelang es ihm, daraus ein positives Resultat von gewaltiger Tragweite zu entwickeln.

Auch für ihn ist die Zeit fragloser Befolgung überlieferter Gewohnheiten vorüber: an die Stelle der Autorität ist das selbständige Urteil der Individuen getreten. Während aber die S o p h i s t e n d e r A n a l y s e d e r G e f ü h l e u n d T r i e b e nachgingen, die den tatsächlichen Entscheidungen der Individuen zu Grunde liegen, und sich schließlich genötigt sahen, allen diesen Motiven das gleiche Recht einer naturnotwendigen Entfaltung zuzuerkennen, reflektierte Sokrates auf dasjenige Moment, welches das entscheidende in der Kultur seiner Zeit war, nämlich auf die praktische, politische und soziale Bedeutung, die Wissen und Wissenschaft errungen hatten. Gerade durch Verselbständigung der Individuen, durch die Entfesselung der persönlichen Leidenschaften war es zutage getreten, daß die T ü c h t i g k e i t d e s M e n s c h e n a u f s e i n e r E i n s i c h t b e r u h t. Hierin fand S o k r a t e s den p o s i t i v e n M a ß s t a b f ü r d i e W e r t b e u r t e i l u n g der Menschen und ihrer Handlungen.

Tüchtigkeit also (ἀρετή) ist Einsicht. Wer nach Gefühlen, nach unklaren Voraussetzungen, nach hergebrachten Gewohnheiten handelt, der mag wohl gelegentlich auch einmal das Richtige treffen, aber er weiß es nicht, er ist des Erfolgs nicht sicher; wer gar in Täuschung und Irrtum über das, worum sichs handelt, begriffen ist, der greift sicher fehl: nur der wird des rechten Handelns sicher sein, der die richtige Einsicht von den Dingen und von sich selbst hat[118]). Daher ist die Erkenntnis (ἐπιστήμη) die Grundlage aller Eigenschaften, welche den Menschen tüchtig und brauchbar machen, aller einzelnen ἀρεταί.

Diese Einsicht besteht zuerst in der g e n a u e n K e n n t n i s d e r D i n g e, auf welche sich das Handeln beziehen soll. Der Mensch soll seine Sache verstehen. Wie man in jedem Geschäft den tüchtig findet, der es gründlich erlernt hat und die Gegenstände kennt, mit denen er zu arbeiten hat, so sollte es auch im bürgerlichen und im politischen Leben sein: auch hier soll man nur der Einsicht vertrauen[119]). Somit unterscheiden sich die einzelnen Tüchtigkeiten nur nach den Gegenständen, welche das Wissen in jedem Falle betrifft[120]): allen gemeinsam aber

---

[118]) Diesen Grundgedanken des Sokrates reproduzieren Xenophon und Platon in zahlreichen Wendungen: bei Xenophon ist hauptsächlich Mem., III, cap. 9, bei Platon der Dialog Protagoras zu vergleichen.

[119]) Daher auch die antidemokratische, für sein persönliches Geschick so verhängnisvolle Parteistellung des Sokrates, der ausdrücklich verlangte, daß die schwerste und verantwortungsvollste Kunst, diejenige des Regierens, nur von den Einsichtsvollsten ausgeübt werden sollte, und der deshalb die Besetzung der Staatsämter durch Los oder Volkswahl durchaus verwarf.

[120]) Ein System der einzelnen Tüchtigkeiten hat Sokrates nicht versucht, dagegen beispielsweise die Definitionen der Tapferkeit (vgl. den platonischen Laches), Frömmigkeit (Plat., Euthyphron, Xen. Mem., IV, 6, 3), Gerechtigkeit (Mem., IV, 6, 6) usw. gegeben.

ist nicht nur das Wissen überhaupt, sondern auch die S e l b s t e r k e n n t n i s. Darum erklärte es Sokrates für seinen hauptsächlichsten Beruf, sich selbst und seine Mitbürger zu ernster Selbstprüfung zu erziehen: das γνῶθι σεαυτόν galt als das Stichwort seiner Lehre[121]).

5. Diese Betrachtungen, die Sokrates aus den Wertbestimmungen der praktischen Tüchtigkeit heraus entwickelte, übertrugen sich mit der D o p p e l s i n n i g k e i t d e s W o r t e s ἀρετή [122]) auch auf die sittliche Tüchtigkeit, die T u g e n d, und führten so zu der Grundlehre, daß T u g e n d i n d e r E r k e n n t n i s d e s G u t e n bestehe. So weit ist der Gedankengang des Sokrates klar und zweifellos; undeutlicher aber wird die Überlieferung, wenn wir fragen, was denn nun der Mann, der so lebhaft auf Deutlichkeit der Begriffsbestimmung drang, unter dem G u t e n habe verstanden wissen wollen. Nach der Darstellung Xenophons müßte ihm das Gute (ἀγαθόν) überall mit dem Zuträglichen, Nützlichen (ὠφέλιμον) zusammenfallen, Tugend also die Erkenntnis dessen gewesen sein, was jedesmal das Zweckmäßige, Nützliche wäre. Diese Auffassung schließt sich am leichtesten an jene Analogie der sittlichen Tugenden mit den Tüchtigkeiten des täglichen Lebens, welche Sokrates in der Tat gelehrt hat und auch die Darstellung der frühesten platonischen Dialoge, insbesondere des Protagoras, legt dem Sokrates diesen Standpunkt des i n d i v i d u e l l e n N u t z e n s bei. Die Einsicht (hier φρόνησις genannt) ist eine messende Kunst, welche mit genauer Abwägung des Nutzens und des Schadens, der sich aus der Handlung ergeben wird, das Zweckmäßigste wählt. Dem entspricht weiter, daß Sokrates gerade im Gegensatz zu den Sophisten, die eine kraftgeniale Entfaltung der Leidenschaften verlangten, keine Tugend so sehr betonte und selbst in seinem Leben zur Darstellung brachte, wie diejenige der Selbstbeherrschung (σωφροσύνη).

Danach aber wäre der sokratische Begriff des Guten inhaltlich unbestimmt; es müßte von Fall zu Fall entschieden werden, was das Zweckentsprechende, Nützliche wäre, und statt des Guten hätte man wieder immer nur dasjenige, was z u e t w a s g u t[123]) wäre. Es darf als sicher angesehen werden, daß Sokrates über diesen Relativismus hinausstrebte: aber ebenso auch, daß er vermöge der rein anthropologischen Grundlage seines Denkens mit der begrifflichen Formulierung nicht darüber hinaus kam. Seine Lehre, daß Unrecht leiden besser sei als Unrecht tun, seine strenge Gesetzlichkeit, mit der er es verschmähte, sich durch die Flucht dem ferneren Leben und Wirken zu erhalten und einem ungerechten Richterspruche zu entziehen, seine Mahnung, daß der wahre Inhalt des Lebens in der εὐπραξία, in dem dauernden Rechttun, in der unablässigen Arbeit des Menschen an seiner sittlichen Besserung, in der Teilnahme an allem Guten und Schönen (καλοκἀγαθία) bestehe, besonders aber seine E r o t i k, d. h. die Lehre, wonach die Freundschaft und das Verhältnis der Neigung zwischen Lehrer und Schüler nur den Inhalt haben sollten, daß beide in gemeinsamem Leben und gegenseitiger Förderung sich bemühten, gut. d. h. immer besser zu werden, — alles dies geht über die xenophontische Auffassung weit hinaus und läßt sich mit dem Standpunkt

---

[121]) Wie dies seine theoretische Philosophie bestimmt hat, s. § 8.
[122]) Derselbe Doppelsinn, der zu zahllosen Schwierigkeiten Anlaß gegeben nat, liegt im lateinischen *virtus;* ebenso in ἀγαθόν, *bonum,* gut.
[123]) Xen., Mem., III, 8, 5.

5*

der Utilität nur vereinigen, wenn man dem Sokrates die Unterscheidung zwischen
dem wahren Seelenheil und dem irdischen Nutzen beilegt, die ihn Platon im
Phaidon vortragen läßt, von der sich aber sonst nur geringe Spuren finden; denn
der historische Sokrates (auch nach Platons Apologie) verhielt sich gegen den
Glauben an die persönliche Unsterblichkeit durchaus skeptisch, und die platonische
scharfe Scheidung zwischen Immaterialität und Körperlichkeit lag ihm noch fern.
Zwar lehrt Sokrates auch bei Xenophon, das wahre Glück des Menschen sei nicht
in äußeren Gütern noch im Wohlleben, sondern allein in der Tugend zu suchen:
wenn aber dann diese Tugend wieder nur in der Fähigkeit bestehen soll, das
wahrhaft Nützliche zu erkennen und danach zu handeln, so dreht sich die Lehre
im Kreise, sobald sie behauptet, dies wahrhaft Nützliche sei eben wieder die
Tugend selbst. In diesem Zirkel ist Sokrates stecken geblieben: die objektive
Begriffsbestimmung des Guten, die er suchte, hat er nicht gefunden.

6. Jedenfalls aber — und das hat sich als viel bedeutsamer erwiesen —, so
unbestimmt es auch bleiben mochte, worin sachlich die Erkenntnis des Guten
bestehen sollte, davon war Sokrates überzeugt, d a ß d i e s e E r k e n n t n i s
a l l e i n a u s r e i c h e, u m d a s G u t e a u c h z u t u n u n d d a m i t d i e
G l ü c k s e l i g k e i t h e r b e i z u f ü h r e n. Dieser Satz, der als Typus einer
rationalistischen Lebensanschauung gelten kann, enthielt zwei folgenschwere Voraussetzungen: p s y c h o l o g i s c h den ausgesprochenen I n t e l l e k t u a l i s -
m u s, e t h i s c h den ausgesprochenen E u d ä m o n i s m u s.

Die Grundannahme, die Sokrates dabei macht, ist schon der Ausdruck seiner
eigenen überlegenden verständigen Natur: jeder Mensch, sagt er, handelt so, wie
er es am zweckmäßigsten, förderlichsten, nützlichsten erachtet; niemand tut dasjenige, was er für unzweckmäßig oder auch nur für das weniger Zweckmäßige
erkannt hat. Ist somit Tugend die Erkenntnis des Zweckmäßigen, so folgt daraus
unmittelbar, daß der Tugendhafte auch seiner Erkenntnis gemäß, also zweckmäßig,
richtig, in der für ihn ersprießlichen Weise handelt. Niemand tut wissentlich und
absichtlich das Unrechte: nur wer nicht die rechte Einsicht hat, der handelt auch
nicht recht. Scheint es manchmal, als handle jemand gegen bessere Einsicht unrecht, so hatte er eben die bessere Einsicht doch nicht klar und sicher besessen;
denn sonst hätte er ja absichtlich sich selbst geschädigt, was absurd ist.

Hierin tritt zwischen Sokrates und den Sophisten eine psychologische Grundverschiedenheit zutage; diese behaupteten die Ursprünglichkeit (und deshalb auch
die naturalistische Berechtigtheit) des Wollens; für Sokrates aber ist etwas wollen
und etwas für gut halten dasselbe. Die Einsicht bestimmt unweigerlich den Willen;
der Mensch tut, was er für das Beste hält. So sehr Sokrates mit dieser Meinung
im Irrtum sein und so sehr die Wahrheit zwischen ihm und den Sophisten in der
Mitte liegen mag, so bestimmend ist doch diese seine intellektualistische Auffassung
vom Willen für die ganze antike Ethik geworden.

Sünde also ist Irrtum. Wer schlecht handelt, tut es aus verkehrtem Urteil,
indem er das Schlechte, d. h. das Schädliche, für das Gute hält: denn jeder glaubt,
das Gute, d. h. das Ersprießliche, zu tun. Nur weil es so steht, hat es einen Sinn,
die Menschen sittlich zu belehren; nur deshalb ist die Tugend lehrbar. Denn alle
Lehre wendet sich an die Einsicht des Menschen. Weil man ihn belehren kann, was
das Gute ist, darum — und dadurch allein — kann man den Menschen dazu bringen.

daß er das Rechte tut. Wäre die Tugend keine Einsicht, so wäre sie nicht lehrbar. Von diesem Standpunkt aus hob nun Sokrates die Gewohnheit des populären Moralisierens auf wissenschaftliche Höhe. Allen seinen Scharfsinn, ja, seine Spitzfindigkeit und dialektische Gewandtheit verwendete er darauf[124]), um gegen die Sophisten zu beweisen, daß nicht nur die sicherste, sondern auch die einzig sichere Art, zu dauernder Glückseligkeit zu gelangen, unter allen Umständen in der Befolgung der sittlichen Vorschriften, in der U n t e r o r d n u n g u n t e r G e s e t z u n d S i t t e bestehe. So gibt er der Autorität ihr Recht zurück. Das Prinzip der Aufklärung duldet keine fraglose Unterwerfung unter das Bestehende und verlangt die Prüfung der Gesetze: aber d i e s e G e s e t z e h a l t e n d i e P r ü f u n g a u s, sie erweisen sich als Forderungen der Einsicht in das Zweckmäßige, und deshalb muß ihnen, weil ihre Befolgung nun als das Rechte erkannt ist, unbedingter Gehorsam geleistet werden[125]). Weit entfernt, mit den Satzungen des Rechts und der Moral im Widerspruch zu sein, ist Sokrates vielmehr derjenige, welcher ihre V e r n ü n f t i g k e i t u n d d a m i t i h r e n A n s p r u c h a u f a l l g e m e i n e G e l t u n g zu beweisen unternommen hat[126]).

7. Zu den psychologisch-ethischen Voraussetzungen, daß der Wille stets auf das als gut Erkannte gerichtet ist und daß daher die Tugend als Erkenntnis des Guten das zweckentsprechende Handeln von selbst nach sich zieht, tritt nun in den Argumentationen des Sokrates noch die weitere Ansicht hinzu, daß dies zweckmäßige Handeln des Tugendhaften auch den Zweck wirklich erreicht und ihn glücklich macht. D i e E u d ä m o n i e i s t d e r n o t w e n d i g e E r f o l g d e r T u g e n d : der Wissende erkennt und tut daher das, was ihm gut ist; er muß also durch sein Tun auch glücklich werden. Diese Annahme ist aber nur für ein vollkommenes Wissen zutreffend, welches der Wirkungen, die eine beabsichtigte Handlung in dem Zusammenhange des Weltgeschehens haben wird, absolut sicher wäre.

In der Tat machen die überlieferten Äußerungen des Sokrates den Eindruck, daß er überzeugt war, der Mensch könne diejenige Einsicht, welche zur Herbei-

---

[124]) Man vergleiche bei Platon die Widerlegung des Thrasymachos im ersten Buch der Republik, die prinzipiell als sokratisch gelten darf, aber doch dialektisch und sachlich teilweise auf sehr schwachen Füßen steht.

[125]) Im einzelnen fällt diese Rehabilitierung der Volksmoral, namentlich wie sie Xenophon darstellt, der Natur der Sache nach stark ins triviale Moralisieren. Wenn aber Sokrates gerade damit seinem Volk den rechten Dienst zu leisten hoffte, so war eben dies der Punkt, wo er sich zwischen zwei Stühle setzte: den Sophisten und ihrem Anhang galt er damit, wie politisch so auch wissenschaftlich, als Reaktion; und die Männer, welche wie Aristophanes den Krebsschaden der Zeit gerade darin sahen, daß die Autorität von Gesetz und Sitte überhaupt in Frage gestellt wurde, warfen ihn, der diese Autorität begründen wollte, unbesehen zu denen, welche sie untergruben. So konnte es kommen, daß Sokrates in den „Wolken" des Aristophanes als Typus der Sophistik erschien, die er bekämpfte.

[126]) Daher liegt es auch Sokrates durchaus fern, für jede e i n z e l n e H a n d l u n g eine spezielle Prüfung der Gründe des staatlichen oder sittlichen Gebotes zu verlangen, o d e r a u c h n u r z u e r l a u b e n. Ist es z. B. einmal als recht erkannt, der obrigkeitlichen Verordnung unter allen Umständen zu gehorchen, so muß dies auch dann geschehen, wenn sie offenbar Unvernünftiges und Ungerechtes befiehlt; vgl. Platons Kriton. Ist der Mensch, wie Sokrates selbst, davon überzeugt, daß sein Leben einer göttlichen Führung untersteht und daß, wo seine Einsicht nicht ausreicht, eine höhere Stimme ihm durch sein Gefühl wenigstens von dem Unrechten abmahnt, so hat er dieser Stimme zu gehorchen. Vgl. über das δαιμόνιον § 8, 8. — Immer kommt es darauf an, daß der Mensch sich Rechenschaft über sein Tun gebe: aber die Gründe, nach denen er dabei handelt, können auch in solchen Maximen bestehen, welche e i n e P r ü f u n g i m e i n z e l n e n F a l l e a u s s c h l i e ß e n.

führung der Eudämonie geeignet ist, besitzen oder d u r c h   d i e   P h i l o s o p h i e,
d. h. d u r c h   u n a b l ä s s i g e   e r n s t e   P r ü f u n g   s e i n e r   s e l b s t, der
andern und der menschlichen Lebensverhältnisse erwerben. Untersuchungen dar-
über, wie weit etwa der vom Menschen nicht vorauszusehende Weltlauf die Wirkung
auch der zweckmäßigsten und einsichtigsten Lebensführung zu durchkreuzen und
zu zerstören vermöchte, sind bei Sokrates nicht nachzuweisen. Bei dem geringen
Maß von Zutrauen, das er sonst zu der menschlichen Erkenntnis hegte, sobald sie
sich über die Feststellung sittlicher Begriffe und praktischer Erfordernisse hinaus-
wagen wollte, ist dies nur dadurch zu erklären, daß er von der p r o v i d e n t i e l-
l e n   F ü h r u n g, die ihm ein Gegenstand zwar nicht der Einsicht, aber des
Glaubens war, eine Vereitlung der beglückenden Folgen des rechten Handelns nicht
befürchtete (vgl. § 8, 8).

M. HEINZE, Der Eudämonismus in der griechischen Philosophie, Leipzig 1883.

8. Wenn Sokrates den sittlichen Grundbegriff der Tugend als Einsicht und diese
als Erkenntnis des Guten bestimmt, dem Begriff des Guten aber keinen allgemeinen
Inhalt gegeben und ihn in gewisser Hinsicht offen gelassen hatte, so war damit
die Möglichkeit gegeben, daß die verschiedenen Lebensauffassungen ihre Ansichten
vom letzten Zweck (τέλος) des Menschendaseins an dieser offenen Stelle dem
sokratischen Begriffe einfügten; und so hat diese erste ethische Begriffsbildung
sogleich eine Anzahl besonderer Ausgestaltungen gefunden[127]). Die wichtigsten
darunter sind die k y n i s c h e und die k y r e n a i s c h e : in beiden liegt der
Versuch vor, den rechten Wertgehalt des individuellen Lebens in allgemeingültiger
Weise zu bestimmen. Beide wollen zeigen, worin die w a h r e   G l ü c k s e l i g k e i t
des Menschen bestehe und wie der Mensch beschaffen sein und handeln müsse,
um sie sicher zu erreichen; beide nennen diese Beschaffenheit, durch welche man
der Glückseligkeit teilhaftig wird, T u g e n d. Die eudämonistische Seite der
sokratischen Ethik wird hier ganz einseitig entwickelt, und wenn auch dem aufgestellten Begriffe Allgemeingültigkeit vindiziert wird, so tritt doch der Gesichtspunkt der i n d i v i d u e l l e n   G l ü c k s e l i g k e i t als so allein maßgebend auf,
daß ihm auch die Wertbeurteilung aller Verhältnisse des öffentlichen Lebens
unterstellt wird. Im Kynismus wie im Hedonismus geht der griechische Geist daran,
die Summe des Ertrages zu ziehen, den die Lebensgestaltung der Zivilisation für
das Glück des Individuums abwirft. Die von der Sophistik begonnene Kritik der
gesellschaftlichen und politischen Zustände und Mächte hat durch Vermittlung des
sokratischen Tugendbegriffs einen festen Maßstab gewonnen.

Die Tugendlehre des A n t i s t h e n e s[128]) nimmt anfänglich da, wo sie sich
unbehilflich in den Zirkel der sokratischen eingefangen findet, eine hohe und
bestechende Wendung. Sie verzichtet darauf, den Begriff des Guten inhaltlich näher
zu bestimmen, und erklärt die Tugend selbst nicht nur für das höchste, sondern
für das einzige Gut, versteht aber dabei unter Tugend im wesentlichen nur die
v e r s t ä n d i g e   L e b e n s f ü h r u n g selbst. Diese allein macht glücklich, aber

---

[127]) So etwa bei X e n o p h o n und A i s c h i n e s ; auch der philosophierende Schuster
S i m o n scheint sich so an Sokrates angelehnt zu haben. Was die megarische und die
elisch-eretrische Schule in dieser Hinsicht leisteten, ist zu unbestimmt überliefert und
berührt sich zu nahe mit dem Kynismus, als daß es gesonderte Erwähnung verdiente.
[128]) Hauptsächlich bei Diog., Laert., VI, erhalten.

nicht etwa durch die Folgen, welche sie herbeiführt, sondern d u r c h   s i c h
s e l b s t. Die dem rechten Leben selbst innewohnende Befriedigung ist somit von
dem Weltlauf durchaus unabhängig: die Tugend genügt sich selbst zur Glückseligkeit; der Weise steht dem Schicksal frei gegenüber.

Aber dieser kynische Begriff der sich selbst genügenden Tugend ist, wie die
weitere Ausführung zeigt, noch keineswegs so aufzufassen, als sollte der Tugendhafte in dem Tun des Guten um seiner selbst willen unter allen Schicksalslaunen
sein Glück finden. Zu dieser Höhe hat sich der Kynismus noch nicht erhoben,
so sehr es danach klingen mag, wenn die Tugend als der einzig sichere Besitz in
den Wechselfällen des Lebens gefeiert, wenn sie als das einzig zu Erstrebende,
Schlechtigkeit dagegen als das einzig zu Meidende bezeichnet wird. Vielmehr ist
diese Lehre ein mit großer Folgerichtigkeit aus dem sokratischen Prinzip, daß die
Tugend notwendig glücklich mache (vgl. oben 7), gezogenes Postulat, und aus
diesem Postulat hat umgekehrt Antisthenes die sachliche Begriffsbestimmung der
Tugend zu gewinnen gesucht.

Soll nämlich Tugend sicher und unter allen Umständen glücklich machen, so
muß sie diejenige Lebensführung sein, welche den Menschen vom W e l t l a u f
s o u n a b h ä n g i g   w i e   n u r   i r g e n d   m ö g l i c h   m a c h t. Nun ist aber jedes
Bedürfnis und jede Begierde ein Band, welches den Menschen vom Schicksal
abhängig macht, insofern als sein Glück oder Unglück darauf angewiesen wird,
ob ihm ein solcher Wunsch durch den Lauf des Lebens erfüllt wird oder nicht.
Über die Außenwelt haben wir keine Gewalt, wohl aber über unsere Begierden.
Wir setzen uns den fremden Mächten um so mehr aus, je mehr wir von ihnen
verlangen, hoffen oder fürchten: jede Begierde macht uns zu Sklaven der Außenwelt. Die Tugend also, die den Menschen auf sich selbst stellt, kann nur in der
Unterdrückung der Begierden und in der Beschränkung der Bedürfnisse auf das
denkbar geringste Maß bestehen. T u g e n d   i s t   B e d ü r f n i s l o s i g k e i t[129]),
— vom Standpunkt des Eudämonismus sicher die konsequenteste Folgerung, und
zugleich eine solche, welche Männern geringerer Lebensstellung, wie wir sie teilweise im Kynismus finden, besonders nahe liegen mußte.

Durch die radikale Ausführung dieses Gedankens kamen nun die Kyniker in
eine rein verneinende Stellung gegenüber der Zivilisation, und indem sie das Maß
der Bedürfnisse des tugendhaften Weisen auf das absolut Unvermeidliche herab-
setzen, alle andern Bestrebungen aber als verderblich oder gleichgültig ansehen
wollten, verwarfen sie alle Güter der Kultur und gelangten zu dem I d e a l   e i n e s
N a t u r z u s t a n d e s, das aller höheren Werte entkleidet war. Frühere sophistische Theorien aufnehmend und fortspinnend lehrten sie, daß der Weise sich
nur dem füge, was die Natur unabweislich verlangt, alles das aber verachte, was
nur menschliche Meinung und Satzung begehrenswert oder befolgenswert habe
erscheinen lassen. Reichtum und feine Lebensgestaltung, Ruhm und Ehre erscheinen
ihnen ebenso entbehrlich wie die Genüsse der Sinne, die über die Befriedigung
der elementarsten Bedürfnisse von Hunger und Liebe hinausgingen. Kunst und
Wissenschaft, Familie und Vaterland waren ihnen gleichgültig, und Diogenes
verdankt seine paradoxe Popularität dem ostentativen Sport, mitten in dem zivilisierten Griechenland als Naturmensch, lediglich φύσει leben zu wollen.

---

[129]) Xen., Symp., 4, 34 ff.

Zwang sich auf diese Weise der philosophierende Proletarier zur Verachtung aller der Kulturwerte, von deren Genuß er mehr oder minder sich ausgeschlossen fand, so erkannte er anderseits auch alle die Gesetze, welchen sich die zivilisierte Gesellschaft unterwarf, für sich nicht als bindend an, und wenn nur einiges von den schmutzigen Anekdoten wahr ist, die das Altertum darüber erzählt, so hat diese Sippe sich ein Vergnügen daraus gemacht, den elementarsten Anforderungen der Sitte und des Anstandes öffentlich Hohn zu sprechen. Dieser forcierte und zum Teil offenbar affektierte Naturalismus weiß von δίχη und αἰδώς, welche die ältere Sophistik als natürliche Triebe hatten bestehen lassen, nichts mehr und klügelt sich einen Tugendbegriff aus, der das Wesen des natürlichen Menschen mit Gier und Brunst beschlossen glaubt.

Doch waren die Kyniker nicht so schlimm, wie sie sich machten: Diogenes sogar, der Σωκράτης μαινόμενος, bewahrte einen Rest von Achtung vor der geistigen Bildung, die allein den Menschen von den Vorurteilen der Satzung und der Konvention befreien und durch die Einsicht in die Nichtigkeit der vermeintlichen Kulturgüter zur Bedürfnislosigkeit führen könne, und jene Übertreibungen erscheinen schließlich nur als Auswüchse des Doktrinarismus.

Im ganzen ist diese Philosophie ein charakteristisches Zeichen der Zeit, das Denkmal einer Gesinnung, welche der Gesellschaft, wenn nicht feindlich, so doch gleichgültig gegenübersteht und alles Verständnis für ihre idealen Güter verloren hat: sie läßt uns von innen her sehen, wie um jene Zeit die griechische Gesellschaft in die Individuen zerbröckelte. Wenn Diogenes sich einen Kosmopoliten nannte, so lag darin auch keine Spur des idealen Gedankens einer Zusammengehörigkeit aller Menschen, sondern nur die Ablehnung seiner Zugehörigkeit zu irgendeiner Kulturgemeinschaft, und wenn Krates lehrte, die Vielheit der Götter bestehe nur in der Meinung der Menschen, „der Natur nach" gäbe es nur Einen Gott, so ist in der kynischen Lehre keine Spur, woraus man schließen dürfte, daß dieser Monotheismus für sie eine klarere Vorstellung oder gar ein tieferes Gefühl gewesen wäre.

9. Den vollen Gegensatz hierzu bildet der H e d o n i s m u s, die Philosophie des r ü c k s i c h t s l o s e n   G e n u s s e s. Aristipp schlug von der Unfertigkeit der sokratischen Lehre her den entgegengesetzten Weg ein; er war schnell damit bei der Hand, dem Begriffe des Guten einen deutlichen und einfachen Inhalt zu geben — den der Lust (ἡδονή). Dabei fungiert dieser Begriff zunächst in dem allgemeinen psychologischen Sinne, wonach er das Gefühl der Befriedigung bedeutet, das aus der Erfüllung eines jeden Strebens und Wünschens erwächst[130]: Glückseligkeit ist der Zustand der Lust, der aus gestilltem Wollen entspringt. Wenn es sich nur um sie handelt, so ist es gleichgültig, welches der Gegenstand des Wollens und des Wohlgefallens ist: dann kommt es nur auf den Grad der Lust, auf die Stärke des Befriedigungsgefühls an[131]. Diese aber, meint Aristipp, ist am meisten bei dem sinnlichen, dem körperlichen Genuß vorhanden, der sich auf das unmittelbar Gegenwärtige, auf die Befriedigung des Moments bezieht. Ist also Tugend die auf Glückseligkeit gerichtete Erkenntnis, so muß sie den Menschen befähigen, so viel und so lebhaft wie möglich zu genießen. T u g e n d   i s t   G e n u ß f ä h i g k e i t.

---

[130]) Das ἡδύ kommt übrigens auch bei Xenophon nicht selten im Munde des Sokrates vor.
[131]) Auch dies eine vollständig korrekte Folgerung aus dem eudämonistischen Prinzip.

Genießen mag und kann freilich ein jeder, aber nur der Gebildete, nur der Wissende, der Einsichtige und Weise versteht recht zu genießen. Nicht nur um die Abschätzung (φρόνησις) handelt es sich dabei, die unter den verschiedenen sich darbietenden Genüssen diejenigen auszuwählen weiß, welche die höchste, reinste, am wenigsten mit Unlust gemischte Lust zu gewähren imstande sind, sondern um die innere Selbstgewißheit des Menschen, der nicht blindlings jedem aufsteigenden Gelüste folgen und, wenn er genießt, niemals ganz darin aufgehen, sondern über dem Genusse stehen und ihn beherrschen soll. Verwerflich ist freilich, wie die Kyniker sagen, der Genuß, der den Menschen zum Sklaven der Dinge macht: aber schwerer, als dem Genusse, wie sie tun, zu entsagen, ist es, sich seiner zu freuen und ihm doch nicht zu verfallen. Dazu aber befähigt allein die rechte Einsicht[132]).

Aus diesem Grunde haben die Kyrenaiker, insbesondere der jüngere Aristippos, systematische Untersuchungen über den Ursprung der πάθη, der Gefühle und Triebe angestellt. In einer physiologischen Psychologie, die sich derjenigen des Protagoras (vgl. unten § 8, 3) anschloß, führten sie die Gefühlsverschiedenheiten auf die Bewegungszustände des Leibes zurück: der Ruhe sollte Gleichgültigkeit, heftiger Bewegung Schmerz, sanfter Bewegung dagegen Lust entsprechen. Neben solchen erklärenden Theorien aber ging diese Philosophie der Lebemänner auf eine vorurteilsfreie Weltkenntnis hinaus. Auch für sie waren, wie Theodoros lehrte, schließlich alle sittlichen Vorschriften und rechtlichen Bestimmungen nur Satzungen, die für die Masse gelten: der gebildete Genußmensch bekümmert sich um sie nicht und genießt die Dinge, wie er ihrer habhaft werden kann. Theodor, der den Beinamen des Atheisten führt, lehnte auch alle religiösen Skrupel ab, welche sich der Hingabe an den Sinnengenuß entgegenstellen, und daß man in diesem Sinne sich bemühte, den religiösen Glauben so viel als möglich seines Nimbus zu entkleiden, beweist die bekannte (übrigens mit keinem der philosophischen Standpunkte näher zusammenhängende) Theorie des Euemeros, der in seiner ἱερὰ ἀναγραφή den Glauben an die Götter auf Ahnenkult und Heroenverehrung zurückzuführen unternahm.

So kamen schließlich die Kyrenaiker mit den Kynikern darin überein, daß auch ihnen alles, das νόμῳ, d. h. durch gesellschaftliche Konvention der Sitte und des Gesetzes bestimmt wird, als eine Einschränkung des Rechts auf Genuß galt, welches der Mensch φύσει, von Natur habe und welches der Weise unbekümmert um die historischen Satzungen ausübe. Die Hedonisten nahmen die Verfeinerung des Genießens, welche die Kultur mit sich brachte, gerne mit; sie fanden es bequem und erlaubt, daß der verständige Mann den Honig genieße, den andere bereitet; aber es band sie kein Gefühl der Pflicht oder der Dankbarkeit an die Kultur, deren Früchte sie genossen. Dieselbe Vaterlandslosigkeit, dieselbe Abwendung von politischem Verantwortlichkeitsgefühl, welche bei den Kynikern aus der Verachtung der Kulturgenüsse erwuchs, ergab sich für sie aus dem Egoismus des Genießens. Aufopferung für andere, Patriotismus und Hingebung an ein Allgemeines erklärte Theodoros für eine Torheit, die zu teilen dem Weisen nicht zieme, und schon Aristipp freute sich der staatlichen Ungebundenheit, die ihm sein Wanderleben

---

[132]) Vgl. Diog., Laert., II, 65 ff.

gewähre[133]). Die Philosophie der Schmarotzer, die am vollen Tische hellenischer Schönheit schmausten, steht ihrem idealen Inhalt ebenso fern wie diejenige der Bettler, die auf der Türschwelle lagen.

Indessen enthielt schon das Prinzip der sachverständigen Abwägung der Genüsse ein Moment, welches über den Genuß des Augenblicks, den Aristipp predigte, notwendig hinausführte; nach zwei Seiten ist diese Konsequenz gezogen worden. Er selbst schon gab zu, daß bei der Abwägung die Lust und die Unlust, die sich für die Zukunft aus dem Genuß ergeben würden, mit in die Rechnung gezogen werden müßten; T h e o d o r o s fand, daß das höchste Gut mehr in der heiteren Gemütsstimmung (χαρά) als im momentanen Genuß zu suchen sei, und A n n i k e r i s kam zu der Einsicht, daß dies mehr als durch leibliche Genüsse durch die geistigen Freuden menschlicher Gemeinschaft, der Freundschaft, der Familie und der Staatsgenossenschaft erreicht würde.

Anderseits aber konnte schließlich der hedonischen Schule auch die Einsicht nicht erspart bleiben, daß der leidlose Genuß, zu welchen sie den gebildeten Menschen erziehen wollte, nur ein seltenes Los ist. Im allgemeinen, fand H e g e s i a s, ist schon der glücklich zu preisen, der es zur Schmerzlosigkeit bringt, der von Unlust frei ist. Bei der großen Masse der Menschen überwiegt die Unlust, der Schmerz unerfüllter Begierden: ihnen wäre es darum besser, nicht zu leben. Die Eindringlichkeit, womit er dies vortrug, hat ihm den Beinamen πεισιθάνατος eingetragen: er überredete zum Tode. Er ist der erste Vertreter des e u d ä m o n i s t i s c h e n P e s s i m i s m u s ; damit aber widerlegt sich der Eudämonismus in sich selbst. Er zeigt, daß, wenn Glückseligkeit, Wunschbefriedigung und Genuß der Inhalt und Zweck des Menschenlebens sein soll, es diesen Zweck verfehlt und als wertlos fortzuwerfen ist. Der Pessimismus ist die letzte, aber auch die vernichtende Konsequenz des Eudämonismus, seine immanente Kritik.

§ 8. Das Problem der Wissenschaft.

P. NATORP, Forschungen zur Geschichte des Erkenntnisproblems bei den Alten (Berlin 1884).

Die Sophisten waren L e h r e r d e r p o l i t i s c h e n B e r e d s a m k e i t; sie mußten in erster Instanz darüber unterrichten, wie gut man spricht. Und indem sie die Rhetorik aus einer traditionellen Kunst zu einer Wissenschaft umgestalteten, wendeten sie sich zunächst sprachlichen Untersuchungen zu und wurden die Schöpfer der Grammatik und Syntax. Sie stellten Untersuchungen über die Satzteile, über den Wortgebrauch, über Synonymik und Etymologie an: Prodikos, Hippias und Protagoras zeichneten sich in dieser Hinsicht aus; über den Ertrag ihrer Einsichten sind wir nur unvollständig unterrichtet.

1. Noch ungünstiger steht es mit unserer Kenntnis ihrer l o g i s c h e n Errungenschaften, die bis auf wenige Andeutungen verloren sind. Denn daß Lehrer der Rhetorik auch über den Gedankengang der Rede gehandelt haben, versteht sich von selbst. Dieser Gedankengang aber besteht im B e w e i s e n und W i d e r l e g e n. Es war also unvermeidlich, daß die Sophisten eine Theorie des Beweisens und Widerlegens entwarfen, und für Protagoras ist es auch[134]) ausdrücklich bezeugt.

---

[133]) Xen., Mem., II, 1, 8 ff.
[134]) Diog., Laert., IX, 51 ff.

Leider aber fehlen alle näheren Nachrichten darüber, wie weit die Sophisten damit gekommen sind und ob sie schon die abstrakte Herausschälung der logischen Formen aus den inhaltlichen Bestimmungen des Denkens versucht haben. Charakteristisch ist, daß die wenigen Nachrichten, die wir über die Logik der Sophisten haben, sich fast ausnahmslos auf ihre Betonung des S a t z e s v o m W i d e r - s p r u c h e beziehen: dem advokatischen Wesen lag das Widerlegen näher als das Beweisen. P r o t a g o r a s hat über „Widerlegungsgründe" eine besondere Schrift, vielleicht seine bedeutendste[135]), hinterlassen, und er hat das Gesetz des kontradiktorischen Gegensatzes wenigstens soweit formuliert, daß er sagte, es gebe für jeden Gegenstand zwei einander widerstreitende Sätze. Damit beschrieb er in der Tat das Verfahren, das Zenon praktisch angewendet hatte und das auch in der Lehrpraxis der Sophisten eine sehr große Rolle spielte, ja den breitesten Raum einnahm.

Denn zu den Hauptkünsten dieser Aufklärer gehörte es, die Menschen an ihren bisher geltenden Vorschriften irre zu machen, sie durch geschickte Fragen in Widersprüche zu verwickeln und die so verwirrten womöglich durch Konsequenz oder Konsequenzmacherei zu absurden Antworten so weit zu zwingen, daß sie sich selbst und anderen lächerlich wurden. Daß es dabei logisch nicht immer allzu reinlich, sondern recht gründlich so zuging, wie man es heut „sophistisch" nennt, daß diese Leute sich keine sprachliche Zweideutigkeit, keine Unbehilflichkeit des populären Ausdrucks entgehen ließen, um daraus den Strick der Absurdität zu drehen, das geht aus den Beispielen hervor, welche Platon und Aristoteles [136]) uns erhalten haben. Es sind oft nur sprachliche, grammatische und etymologische, seltener eigentlich logische, vielfach aber recht grobe und frostige Witze, die dabei herauskommen: charakteristisch sind auch hier die V e x i e r f r a g e n, bei denen sowohl die bejahende als auch die verneinende Antwort nach den Gewohnheiten und Voraussetzungen der in der Rede üblichen Wortbedeutung unsinnige, bzw. vom Antwortenden nicht beabsichtigte Folgerungen zuläßt[137]).

Die Kunst des Wortstreits, die E r i s t i k, hatte bei den viel redenden und an Silbenstecherei gewöhnten Athenern großen Erfolg: neben den von Platon gezeichneten Brüdern Euthydemos und Dionysodoros haben sie hauptsächlich die M e g a r i k e r betrieben, deren Schulhaupt E u k l i d sich mit der Theorie des Widerlegens beschäftigte[138]). Seine Anhänger E u b u l i d e s und A l e x i n o s wurden durch eine Reihe solcher F a n g s c h l ü s s e, die großes Aufsehen machten und eine ganze Literatur hervorriefen, berühmt[139]). Unter diesen befanden sich zwei, der „Haufen" und der „Kahlkopf"[140]), deren Grundgedanke bereits auf Zenon zurückgeführt wird und bei diesem sich den Argumentationen einfügt, durch welche gezeigt werden sollte, daß die Zusammensetzung der Größen aus kleinsten Teilen

---

[135]) Es ist wahrscheinlich, daß Καταβάλλοντες (sc. λόγοι) und 'Αντιλογίαι nur zwei verschiedene Titel dieses Werkes sind, dessen erstes Kapitel von der Wahrheit handelte.
[136]) Platon im Euthydem und im Kratylos, Aristoteles in dem Buch „Über die sophistischen Trugschlüsse".
[137]) Typisch: „Hast Du aufgehört, Deinen Vater zu schlagen?" oder: „Hast Du Deine Hörner abgeworfen?"
[138]) Diog., Laert., II, 107.
[139]) Vgl. PRANTL, Gesch. der Log., I, 33 ff.
[140]) Welches Korn macht den Haufen? welches ausfallende Haar den Kahlkopf?

unmöglich sei. Ähnlich haben auch Zenons Beweise gegen die Bewegung durch einen andern Megariker, D i o d o r o s   K r o n o s, noch Vermehrung, wenn auch nicht Vertiefung oder Verstärkung gefunden[141]). Unermüdlich in der Auffindung solcher Aporien, Schwierigkeiten und Widersprüche, erfand derselbe Diodor auch den berühmten Beweis (κυριεύων), welcher den Begriff der Möglichkeit zersetzen sollte: möglich ist nur das Wirkliche; denn ein Mögliches, das nicht wirklich wird, erweist sich eben dadurch als unmöglich[142]).

Auch in anderer Weise zeigen die dem E l e a t i s m u s näherstehenden Sophisten eine extreme Anwendung des Satzes vom Widerspruch und eine entsprechende Ü b e r t r e i b u n g   d e s   P r i n z i p s   d e r   I d e n t i t ä t. Schon Gorgias scheint seine Lehre, daß alle Behauptungen falsch seien, auch dadurch gestützt zu haben, daß es unrichtig sei, von etwas irgend etwas anderes als eben dies selbe auszusagen: und die Kyniker sowie S t i l p o n, der Megariker, haben diesen Gedanken zu dem ihrigen gemacht. Danach bleiben nur so rein identische Urteile, wie gut ist gut, Mensch ist Mensch usf. übrig[143]). Damit ist konsequenterweise auch das Urteilen und Reden ebenso unmöglich gemacht, wie nach eleatischem Prinzip Vielheit und Bewegung. So wie in der Metaphysik des Parmenides, die übrigens auch gelegentlich sowohl bei den Megarikern wie bei den Kynikern spukt (vgl. unten Nr. 5), der Mangel an Beziehungsbegriffen keine Verknüpfung der Einheit mit der Vielheit gestattet und zur Leugnung der Vielheit geführt hatte, so ließ hier der Mangel logischer Beziehungsbegriffe die Aussage einer Mannigfaltigkeit von Prädikaten über das Subjekt unmöglich erscheinen.

2. Dies alles sind nun schon Wendungen, in denen die s k e p t i s c h e   R i c h t u n g zum Ausdruck kommt, welche die Untersuchungen der Sophisten über die Erkenntnistätigkeit genommen haben. Wenn aus solchen Gründen die logische Unmöglichkeit aller synthetischen Satzbildung behauptet wurde, so zeigte sich, daß mit dem abstrakten Prinzip der Identität, wie es die Seinslehre der Eleaten formuliert hatte, das Erkennen selbst unvereinbar war: in den Zenonischen Dichotomien hatte sich die Lehre des Parmenides selbst unrettbar verstrickt. Zum offensten Ausdruck kam dies in der S c h r i f t   d e s   G o r g i a s[144]), die Sein, Erkenntnis und Mitteilung der Erkenntnis für unmöglich erklärte. Es ist nichts: denn sowohl das Sein, welches weder als ewig noch als vergänglich, weder als einfach noch als vielfach gedacht werden kann, als auch das Nichtsein sind in sich widerspruchsvolle Begriffe. Wäre aber etwas, so wäre es nicht erkennbar: denn das Gedachte ist immer etwas anderes als das Sein, sonst könnten sie nicht unterschieden werden. Wäre endlich Erkenntnis, so könnte sie nicht gelehrt werden: denn jeder hat nur seine eigenen Vorstellungen, und es gibt bei der Verschiedenheit zwischen den Gedanken und den für ihre Mitteilung zu verwendenden Zeichen keine Gewähr gegenseitiger Verständigung.

Dieser N i h i l i s m u s machte wohl kaum den Anspruch, ernst genommen zu werden. Schon der Titel des Buches περὶ φύσεως ἢ περὶ τοῦ μὴ ὄντος sieht wie

---

[141]) Sext. Emp. adv. math., X, 85 ff.
[142]) Cic. de fato, 7, 13.
[143]) Plat., Theaet., 210 e, vgl. Soph., 251 b.
[144]) Auszüge teils im dritten Kapitel der pseudo-aristotelischen Schrift De Xenophane, Zenone, Gorgia (vgl. oben S. 25), teils bei Sext., Emp., VII, 65—86.

eine groteske Farce aus. Der formgewandte Rhetor, der alle ernste Wissenschaft verachtete und nur seine Redekunst betrieb[145]), machte sich den Spaß, im Stil von Zenons kontradiktorischer Zwickmühle die ganze Arbeit der Philosophie als nichtig zu ironisieren. Aber eben, daß er dies tat und daß dies Anklang fand, beweist, wie gerade unter den Männern, welche sich mit der Belehrung des Volkes beschäftigten, in den Kreisen der wissenschaftlichen Bildung selbst, der Glaube an die Wissenschaft zu eben der Zeit verloren ging, wo die Masse in ihr das Heil suchte. Diese Verzweiflung aber an der Wahrheit ist um so begreiflicher, je mehr die ernsthaft wissenschaftliche Untersuchung, die Protagoras führte, zu demselben Resultate gelangte.

3. Den Kernpunkt der Lehre des Protagoras bildet sein Bestreben, die menschlichen Vorstellungen psychogenetisch zu erklären. Für den praktischen Bedarf der Tugendlehre und namentlich der rhetorischen Ausbildung war die Einsicht in den Ursprung und die Entwicklung der Vorstellungen durchaus erforderlich; dafür aber genügten die aus allgemeinen begrifflichen Voraussetzungen konstruierten Behauptungen, welche die Metaphysiker darüber gelegentlich geäußert hatten, keineswegs; dagegen boten sich von selbst die physiologisch-psychologischen Beobachtungen dar, die man in den jüngeren, mehr naturwissenschaftlichen Kreisen gemacht hatte. Da nun für Protagoras jene Wertbestimmungen zunächst fortfielen, von denen aus Denken und Wahrnehmung einander gegenübergestellt worden waren, so blieb für ihn nur die Ansicht von der psychologischen Identität des Denkens mit dem Wahrnehmen übrig, zu welcher sich ja auch jene Metaphysiker, sobald sie das Vorstellen aus dem Weltlauf erklären wollten, durchweg bekannt hatten (vgl. § 6, 3). Infolgedessen erklärte er, daß das ganze Seelenleben nur aus den Wahrnehmungen bestehe[146]). Dieser Sensualismus erläuterte sich sodann durch die ganze Menge der Tatsachen, welche die physiologische Psychologie in Verbindung mit den Lehren der wissenschaftlich forschenden Ärzte gesammelt hatte, und durch die zahlreichen Theorien, die insbesondere über den Prozeß der Sinnestätigkeit aufgestellt worden waren.

Allen diesen aber war die Vorstellungsweise gemeinsam, daß wie jeder Vorgang des Geschehens in der Welt, so auch die Wahrnehmung in letzter Instanz auf Bewegung beruhe. Darin waren sogar mit den Atomisten, aus deren Schule vermutlich Protagoras als Abderit hervorging, Anaxagoras und Empedokles einig, und diese Einmütigkeit erstreckte sich noch weiter, dahin nämlich, daß man allerseits bei der Wahrnehmung nicht nur einen Bewegungszustand des wahrzunehmenden Dinges, sondern auch einen solchen des wahrnehmenden Organs annahm. Mochte man über das metaphysische Wesen dessen, was sich da bewegte, denken wie man wollte, — das schien zweifellos anerkannt, daß jede Wahrnehmung diese Doppelbewegung voraussetzte. Und auch mit der Lehre war schon Empedokles vorangegangen, daß die innere, organische Bewegung der äußeren entgegenkomme[147]).

---

145) Plat., Men., 95 c.
146) Diog., Laert., IX, 51.
147) Ob diese beiden Bewegungen schon von Protagoras als Wirken und Leiden (ποιοῦν und πάσχον) bezeichnet worden sind, wie es bei Platons Darstellung Theaet. 156 a geschieht, bleibe dahingestellt. Jedenfalls sind so anthropologische Kategorien im Munde des Sophisten nicht verwunderlich.

Auf dieser Grundlage[148]) baut sich die E r k e n n t n i s l e h r e des Protagoras auf. Ist nämlich die Wahrnehmung das Produkt dieser beiden aufeinander gerich-teten Bewegungen, so ist sie offenbar e t w a s   a n d e r e s   a l s   d a s   w a h r-n e h m e n d e   S u b j e k t,   a b e r   a u c h   e t w a s   a n d e r e s   a l s   d a s   d i e W a h r n e h m u n g   h e r v o r r u f e n d e   O b j e k t. Durch beide bedingt, ist sie doch von beiden verschieden. Diese weittragende Einsicht bezeichnet man als die Lehre von der S u b j e k t i v i t ä t   d e r   S i n n e s w a h r n e h m u n g.

Doch tritt diese bei Protagoras in einer eigentümlichen Verschränkung auf. Da er nämlich offenbar so wenig wie irgendeiner der früheren Denker ein Bewußtsein ohne einen entsprechend existierenden Bewußtseinsinhalt annehmen mochte, so lehrte er, daß bei jener Doppelbewegung auch ein Zwiefaches entstünde: d a s W a h r n e h m e n (αἴσθησις) im Menschen und der W a h r n e h m u n g s i n h a l t (τὸ αἰσθητόν) an dem Dinge. Daher ist die Wahrnehmung zwar das v ö l l i g a d ä q u a t e   W i s s e n   v o n   d e m   W a h r g e n o m m e n e n, aber gar kein Wissen von dem Dinge. Jede Wahrnehmung ist also insofern wahr, als in dem Augenblicke, wo sie entsteht, auch der in ihr vorgestellte Inhalt an dem Dinge als αἰσθητόν entsteht: aber keine Wahrnehmung erkennt das Ding selbst. Der Mensch erkennt folglich die Dinge nicht wie sie sind, sondern so wie sie im Momente der Wahrnehmung für ihn, aber auch nur für ihn sind: und sie sind in diesem Momente in bezug auf ihn so, wie er sie vorstellt. Das ist der Sinn des protagoreischen R e l a t i v i s m u s, nach welchem die Dinge für jeden Einzelnen so sind, wie ihm e r s c h e i n e n, und dies drückte er in dem berühmten Satze aus: daß a l l e r   D i n g e   M a ß   d e r   M e n s c h sei.

Danach ist also jede Meinung, die aus der Wahrnehmung erwächst, wahr, aber im gewissen Sinne eben deshalb auch falsch. Sie gilt nur für den Wahrnehmenden selbst und auch für ihn nur in dem Momente ihrer Entstehung; es geht ihr jede A l l g e m e i n g ü l t i g k e i t ab. Und da nach der Ansicht des Protagoras es kein anderes Vorstellen, also auch kein anderes Wissen gibt als die Wahrnehmung, so gibt es für die menschliche Erkenntnis überhaupt nichts Allgemeingültiges. Diese Ansicht ist P h ä n o m e n a l i s m u s, insofern als sie in diesem ganz bestimmten Sinne eine auf das Individuum und auf den Moment beschränkte Erkenntnis der Erscheinung lehrt; sie ist S k e p t i z i s m u s, insofern sie jedes darüber hinaus-gehende Wissen ablehnt.

Wie weit Protagoras selbst praktische Konsequenzen aus diesem Satze, daß für jeden seine Meinung wahr sei, gezogen hat, wissen wir nicht. Jüngere Sophisten folgerten, danach sei Irrtum nicht möglich, allem komme alles und wieder auch nichts zu, besonders aber: es sei kein wirklicher Widerspruch möglich; denn da jeder von seinem Wahrnehmungsinhalt rede, so hätten niemals verschiedene Aus-sagen denselben Gegenstand. Jedenfalls verzichtete Protagoras auf jede positive Behauptung über das Seiende; er sprach nicht von dem Wirklichen, was sich

---

[148]) Es liegt solchen Vorbereitungen gegenüber kein zwingender Grund vor, diese Theorie der einander entgegenlaufenden Bewegungen auf eine unmittelbare Anknüpfung an H e r a k l i t zurückzuführen. Ihr heraklitisches Moment, das Platon sehr richtig gesehen hat, ist schon genügend durch jene direkten Vorgänger vertreten, die alles Geschehen auf Bewegungsverhältnisse reduzierten.

bewegt, sondern nur von der Bewegung und von den Erscheinungen, welche sie für die Wahrnehmung hervorbringe.

In dieser Hinsicht hat nun, sei es Protagoras selbst, sei es die von ihm abhängige Sophistik, die Versuche begonnen, auf die Verschiedenheiten der Bewegung die Verschiedenheiten der Wahrnehmung und damit auch der Erscheinung zurückzuführen. Es war vermutlich auch die Form, hauptsächlich aber die Geschwindigkeit der Bewegung, welche dabei in Betracht gezogen wurde[149]). Interessant ist ferner, daß unter den Begriff der Wahrnehmung nicht nur die Empfindungen und Anschauungen, sondern auch die sinnlichen Gefühle und Begierden subsumiert wurden, — merkwürdig besonders deshalb, weil auch diesen Zuständen ein αἰσθητόν eine momentane Qualifikation des die Wahrnehmung erzeugenden Dinges entsprechen sollte. Die Prädikate der Annehmlichkeit und Begehrungswürdigkeit erfahren auf diese Weise dieselbe erkenntnistheoretische Wertung, wie die Prädikate der sinnlichen Vereigenschaftung. Was jemandem angenehm, nützlich, wünschenswert erscheint, ist für ihn angenehm, nützlich und wünschenswert. Das individuelle Befinden ist auch hierin das Maß der Dinge, und eine andere, allgemeingültige Bestimmung des Werts der Dinge gibt es nicht. In dieser Richtung hat sich der aristippische Hedonismus aus der protagoreischen Lehre entwickelt; wir kennen, lehrt er, nicht die Dinge, sondern nur ihren Wert für uns und die Zustände (πάθη), in die sie uns versetzen. Diese aber sind Ruhe und Gleichgültigkeit, heftige Bewegung und Schmerz, oder sanfte Bewegung und Lust. Und unter ihnen ist nur die letztere erstrebenswert (vgl. oben § 7, 9).

E. LAAS, Idealismus und Positivismus I (Berlin 1880).

4. So mündeten alle Gedankengänge der Sophisten bei dem Verzicht auf die Wahrheit: S o k r a t e s   a b e r   b r a u c h t e   W a h r h e i t, und deshalb glaubte er, daß sie zu erreichen sei, wenn man sie redlich suche. Tugend ist Wissen, und da es Tugend geben muß, so muß es auch Wissen geben. Hier tritt zum erstenmal in der Geschichte mit voller Klarheit d a s   s i t t l i c h e   B e w u ß t s e i n   a l s   e r k e n n t n i s t h e o r e t i s c h e s   P o s t u l a t   auf. Weil Sittlichkeit nicht ohne Erkenntnis möglich ist, so muß es Erkenntnis geben: und wenn das Wissen nicht da ist, so muß es gesucht werden, so muß es erstrebt werden, wie der Liebende nach dem Besitz des Geliebten trachtet. Wissenschaftlich ist die sehnende, ringende Liebe zum Wissen: φιλοσοφία (vgl. Platon, Symp. 203 e).

Aus dieser Überzeugung entwickeln sich alle Eigentümlichkeiten der sokratischen Wissenschaftslehre[150]), in erster Linie die Grenzen, innerhalb deren er das Wissen für notwendig und deshalb für möglich hielt. Es ist nur eine Kenntnis der menschlichen Lebensverhältnisse (τὰ ἀνθρώπεια), welche für das sittliche Leben notwendig ist: nur für diese ist ein Wissen nötig, und nur für diese reicht auch die Erkenntniskraft des Menschen aus. Die naturphilosophischen und metaphysischen Hypothesen haben mit der sittlichen Aufgabe des Menschen nichts zu tun, und sie werden von

---

[149]) Zweifellos macht sich hierin die Entwicklung der protagoreischen Erkenntnistheorie aus der atomistischen Schule geltend, der diese Reduktion des Qualitativen auf das Quantitave wesentlich war (vgl. oben §§ 4 und 5): freilich ließ sich der Sophist auf solche metaphysische Theorien wie den Atomismus prinzipiell nicht ein.

[150]) Vgl. FR. SCHLEIERMACHER, Über den Wert des Sokrates als Philosophen. Ges. W., III, 2. Bd., S. 287 ff.

Sokrates um so weniger in Betracht gezogen, als er die Ansicht der Sophisten teilte, daß es unmöglich sei, darüber eine sichere Erkenntnis zu gewinnen. Wissenschaft ist nur als p r a k t i s c h e E i n s i c h t, als Erkenntnis des sittlichen Lebens möglich.

Diese Ansicht haben die sophistischen Nachfolger des Sokrates unter dem Einflusse seines eudämonistischen Prinzips noch schroffer zugespitzt. Den Kynikern wie den Kyrenaikern hatte die Wissenschaft nur so weit Wert, als sie dem Menschen die rechte Einsicht gewährt, die dazu dient, glücklich zu werden. Bei Antisthenes und Diogenes wurde das Wissen nicht an sich, sondern als Mittel zur Beherrschung der Begierden und zur Erkenntnis der natürlichen Bedürfnisse des Menschen geschätzt; die Kyrenaiker sagten, die Ursachen der Wahrnehmung (τὰ πεποιηκότα τὰ πάθη) seien für uns ebenso gleichgültig wie unerkennbar; das zur Glückseligkeit führende Wissen habe es nur mit unseren Zuständen, die wir sicher erkennen, zu tun. Gleichgültigkeit gegen Metaphysik und Naturwissenschaft ist bei Sokrates, wie bei den Sophisten die Folge ihrer Beschäftigung mit dem inneren Wesen des Menschen.

5. Es wird für alle Zeiten eine merkwürdige Tatsache bleiben, daß ein Mann, der sich den Gesichtskreis der wissenschaftlichen Untersuchung so verengte wie Sokrates, doch innerhalb desselben das W e s e n d e r W i s s e n s c h a f t selbst in so klarer und für alle Zukunft maßgebender Weise bestimmte. Er verdankt dies wesentlich seinem instinktiven und überzeugungsvollen G e g e n s a t z g e g e n d e n R e l a t i v i s m u s d e r S o p h i s t e n. Sie lehrten, daß es nur Meinungen (δόξαι) gebe, die für den einzelnen mit p s y c h o g e n e t i s c h e r N o t w e n d i g - k e i t gelten; er aber suchte ein Wissen, das f ü r a l l e in gleicher Weise maßgebend sein sollte. Dem Wechsel und der Mannigfaltigkeit der individuellen Vorstellungen gegenüber verlangte er nach dem Bleibenden und Einheitlichen, die alle anerkennen sollen. Er suchte die logische P h y s i s, und er fand sie im Begriff. Auch hier wurzelte die Ansicht in der Forderung, die Theorie im Postulat.

Auch die alten Denker hatten ein Gefühl davon gehabt, daß das vernünftige Denken, dem sie ihre Erkenntnis verdankten, etwas wesentlich anderes sei als das alltägliche sinnliche Weltauffassen und hergebrachte Meinen: aber sie hatten diesen Wertunterschied weder psychologisch noch logisch ausführen können. Sokrates ist dies gelungen, weil er auch hier die Sache durch die Leistung bestimmte, welche er von ihr erwartete. Die Vorstellung, die mehr als Meinung sein, die als Wissen für alle gelten soll, muß dasjenige sein, was in allen den besonderen Vorstellungen, die den einzelnen in einzelnen Verhältnissen sich aufgedrungen haben, gemeinsam ist: die subjektive Allgemeingültigkeit ist nur für das objektive Allgemeine zu erwarten. Wenn es daher Wissen geben soll, so ist es nur in demjenigen zu finden, worin alle einzelnen Vorstellungen übereinkommen. Dies sachlich Allgemeine, welches die subjektive Gemeinsamkeit des Vorstellens ermöglicht, ist der Begriff (λόγος), und W i s s e n s c h a f t ist somit b e g r i f f l i c h e s D e n k e n. Die allgemeine Geltung, die für das Wissen in Anspruch genommen wird, ist nur dadurch möglich, daß der wissenschaftliche Begriff das Gemeinsame heraushebt, welches in allen einzelnen Wahrnehmungen und Meinungen enthalten ist.

Daher ist das Ziel aller wissenschaftlichen Arbeit die B e g r i f f s b e s t i m - m u n g, d i e D e f i n i t i o n. Der Zweck der Untersuchung ist, festzustellen τί ἕκαστον εἴη, was jedes Ding ist; nur so kann man den wechselnden Meinungen gegenüber zu bleibenden Vorstellungsgebilden kommen.

Vorbereitet war diese Lehre einigermaßen durch die Untersuchungen der Sophisten über die Wortbedeutung, über Synonymik und etymologische Verhältnisse. In letzterer Hinsicht gingen die Hypothesen der Sophisten bei den Anfängen der Sprachphilosophie (vgl. Platons Kratylos) auf die Frage hinaus, ob eine natürliche oder nur eine konventionelle Beziehung zwischen den Wörtern und ihren Bedeutungen obwalte (φύσει ἢ θέσει.) Erfolgreich scheint in der Fixierung der Wortbedeutungen besonders Prodikos gewesen zu sein, den Sokrates lobend erwähnt.

Bei den späteren Sophisten hat sich das sokratische Verlangen nach festen Begriffen sogleich mit der eleatischen Metaphysik und ihrem Postulat der Identität des Seins mit sich selbst verquickt. Euklid nannte die Tugend oder das Gute das einzige Sein, das, von den Menschen nur mit verschiedenen Namen bezeichnet, in sich unveränderlich dasselbe bleibe. Antisthenes erklärte zwar den „Begriff" dahin, er sei es, welcher das zeitlose Sein des Dinges bestimme[151]; aber er faßte diese allen Beziehungen überhobene Identität des Seienden mit sich selbst so schroff, daß er jedes wahrhaft Seiende nur durch sich selbst bestimmbar dachte. Die Prädikation ist unmöglich, es gibt nur analytische Urteile (vgl. oben Nr. 1). Danach ist nur das Zusammengesetzte begrifflich bestimmbar, das Einfache ist nicht zu definieren[152]. Von dem letzteren gibt es also keine begriffliche Einsicht, es kann nur in sinnlicher Gegenwärtigkeit aufgewiesen werden. So kamen die Kyniker aus der sokratischen Begriffslehre zu einem Sensualismus, der als Einfaches, Ursprüngliches nur das mit Händen zu Greifende, mit Augen zu Sehende anerkannte, und dies ist der Grund ihrer Opposition gegen Platon und ihres von diesem lebhaft bekämpften Materialismus.

6. Aufsuchung der Begriffe war somit für Sokrates das Wesen der Wissenschaft, und dies bestimmte zunächst die äußere Gestalt seines Philosophierens. Der Begriff sollte das sein, was für alle gilt: er mußte also in **gemeinsamem Denken** gefunden werden. Sokrates ist weder ein einsamer Grübler, noch ein Lehrer, der *ex cathedra* doziert, sondern ein wahrheitsdurstiger Mann, der sich ebenso belehren will wie die andern. Seine Philosophie ist **dialogisch**, sie entwickelt sich im Gespräch, das er mit jedem, der ihm Rede stehen wollte, zu beginnen bereit war[153]. Zu den sittlichen Begriffen, die er allein suchte, war ja der Zugang von jedem beliebigen Gegenstand alltäglichster Beschäftigung leicht zu finden. In dem Austausch der Gedanken sollte sich das Gemeinsame herausstellen, der διαλογισμός war der Weg zum λόγος. Aber diese Unterhaltung stieß auf mannigfaltige Schwierigkeiten: auf die Trägheit der gewohnheitsmäßigen Vorstellungsweise, auf die eitle Neuerungssucht und Paradoxie der Sophisten, auf den Hochmut des Scheinwissens und des gedankenlosen Nachredens. Hier sprang Sokrates ein, indem er selbst als der Lernbegierige sich einführte, durch geschickte Fragen die Ansichten herauslockte, mit unerbittlicher Konsequenz ihre Mängel aufdeckte und schließlich dem bildungsstolzen Athener zu Gemüte führte, daß die **Einsicht in die eigene Unwissenheit der Anfang alles Wissens sei**. Wer dann noch bei ihm aushielt, mit dem begann er ernsthaft in gemeinsamem Denken zur Begriffsbestimmung überzugehen, und indem er die Führung des Gesprächs übernahm, brachte er den Redegenossen Schritt für Schritt zu klarerer, widerspruchsloserer Entfaltung seiner eigenen Gedanken, und ließ ihn

---

[151] λόγος ἐστὶν ὅτι ἦν ἢ ἔστι δηλῶν: Diog., Laert., VI, 3.

[152] Plat., Theaet., 202 b.

[153] Dies Moment hat sich mit dem Einfluß der Zenonischen Dialektik vereinigt, um der nachfolgenden philosophischen Literatur den Charakter des Dialogischen aufzuprägen. Vgl. R. Hirzel, Der Dialog (Leipzig 1895).

das, was in ihm als unfertig Geahntes schlummerte, zu festem Ausdruck bringen. Er nannte dies seine geistige E n t b i n d u n g s k u n s t und jene Vorbereitung dazu seine I r o n i e.

7. Die m ä e u t i s c h e M e t h o d e hat aber noch einen andern sachlichen Sinn: in der Unterredung kommt die v e r n ü n f t i g e G e m e i n s a m k e i t zu Tage, der sich alle Teile trotz ihrer auseinandergehenden Meinungen unterwerfen. Der Begriff soll ja nicht gemacht, er soll gefunden werden: er ist schon da, er muß nur aus den Hüllen der individuellen Erfahrungen und Meinungen, in denen er steckt, e n t b u n d e n werden. Darum ist das Verfahren der sokratischen Begriffsbildung e p a g o g i s c h oder i n d u k t o r i s c h : es führt durch die Vergleichung der besonderen Ansichten und sinnlichen Einzelvorstellungen zu dem begrifflich Allgemeinen: es entscheidet jede Einzelfrage, indem es durch Heranziehung analoger Fälle, durch Aufsuchung verwandter Verhältnisse zu einer allgemeinen begrifflichen Bestimmung vorzudringen sucht, die sich dann auf das vorgelegte Sonderproblem entscheidend anwenden läßt, und es bringt diese U n t e r o r d n u n g d e s B e s o n d e r e n u n t e r d a s A l l g e m e i n e a l s d a s G r u n d v e r h ä l t n i s d e r w i s s e n s c h a f t l i c h e n E r k e n n t n i s zur Durchführung.

Freilich ist das induktorische Verfahren, wie es Sokrates (bei Xenophon und Platon) anwendet, noch von kindlicher Einfachheit und Unfertigkeit. Es fehlt ihm noch die Vorsicht des Verallgemeinerns und die methodische Behutsamkeit der Begriffsbildung. Das Bedürfnis nach dem Allgemeinen ist so lebhaft, daß es sich sogleich an schnell zusammengerafftem Material befriedigt, und die Überzeugung von der bestimmenden Geltung des Begriffs ist so stark, daß danach sofort die vorgelegte einzelne Frage entschieden wird. So groß aber die Lücken in den Beweisführungen des Sokrates sein mögen, so wenig wird dadurch ihre historische Bedeutsamkeit verringert. Seine Lehre von der Induktion hat k e i n e n m e t h o d o l o g i s c h e n, sondern l o g i s c h e n u n d e r k e n n t n i s t h e o r e t i s c h e n W e r t. Sie fixiert in einer für alle Zukunft maßgebenden Weise, daß es die A u f g a b e d e r W i s s e n s c h a f t ist, aus der V e r g l e i c h u n g d e r T a t s a c h e n z u r F e s t s t e l l u n g a l l g e m e i n e r B e g r i f f e hinzustreben.

8. Wenn Sokrates so das Wesen der Wissenschaft als das begriffliche Denken bestimmte, so setzte er auch die G r e n z e n i h r e r A n w e n d u n g fest: jene Aufgabe ist seiner Meinung nach nur auf dem Gebiete des praktischen Lebens zu erfüllen. Wissenschaft ist ihrer Form nach Begriffsbildung und i h r e m G e g e n s t a n d e n a c h E t h i k.

Indessen bestehen doch nun die ganze Masse der Vorstellungen über die Natur und alle die sich daran knüpfenden Fragen und Probleme, und wenn diese auch zum größten Teil für das sittliche Leben gleichgültig sind, so lassen sie sich doch nicht ganz abweisen: nachdem aber Sokrates darauf verzichtet hat, über solche Fragen zu begrifflicher Einsicht zu gelangen, bleibt ihm um so mehr die Möglichkeit, sich über das Weltall eine Vorstellung zu bilden, die seinen wissenschaftlich begründeten, sittlichen Bedürfnissen genügt.

So kommt es, daß Sokrates zwar jede Naturwissenschaft ablehnt, dabei aber sich zu einer t e l e o l o g i s c h e n N a t u r b e t r a c h t u n g bekennt, welche die

Weisheit der Welteinrichtung, die Zweckmäßigkeit der Dinge bewundert[154]) und welche da, wo das Verständnis aufhört, gläubig der Vorsehung vertraut. Mit diesem Glauben hat sich Sokrates möglichst nahe an den religiösen Vorstellungen seines Volkes gehalten und auch von der Vielheit der Götter gesprochen, obwohl er dem ethischen Monotheismus, der sich in seiner Zeit vorbereitete, gewiß auch zuneigte. Aber er trat in solchen Dingen nicht als Reformator auf, er lehrte sittliche Bildung, und wenn er seinen Glauben auseinandersetzte, so ließ er den der andern unangetastet.

Aus diesem Glauben stammte aber auch die Überzeugung, mit der er sogar den Rationalismus seiner Ethik einschränkte: das Vertrauen auf das δαιμόνιον. Je mehr er auf Klarheit der Begriffe und auf vollkommene Erkenntnis der sittlichen Verhältnisse drang, und je mehr er dabei wahr gegen sich selbst war, um so weniger konnte er sich verbergen, daß der Mensch in seiner Beschränktheit damit nicht auskommt, daß es Zustände gibt, in denen die Erkenntnis zur sicheren Entscheidung nicht ausreicht und wo das Gefühl in seine Rechte tritt. Hier nun glaubte Sokrates in sich das Dämonion zu hören, eine beratende, meist warnende Stimme. Er meinte, daß die Götter auf diese Weise den, der ihnen sonst diente, in schwierigen Lage, wo seine Erkenntnis aufhörte, vom Schlechten abmahnten.

3. Kapitel. Die systematische Periode.

Die dritte, vollendete Periode der griechischen Wissenschaft erntete die Früchte von beiden vorangegangenen Entwicklungen: sie stellt sich wesentlich a l s e i n e g e g e n s e i t i g e D u r c h d r i n g u n g d e r k o s m o l o g i s c h e n u n d d e r a n t h r o p o l o g i s c h e n G e d a n k e n m a s s e n dar. Diese Vereinigung aber erscheint nur zum geringen Teile als sachliche Notwendigkeit, noch weniger jedoch als eine Forderung der Zeit: sie ist vielmehr in der Hauptsache die Tat großer Persönlichkeiten und ihrer eigenartigen Erkenntnisrichtung.

Der Zug der Zeit ging mehr auf praktische Auswertung der Wissenschaft: ihm folgte sie, wenn ihre Forschung in Einzeluntersuchungen über mechanische, physiologische, rhetorische und politische Probleme auseinanderging und wenn ihre lehrhafte Darstellung sich den Vorstellungen des gemeinen Mannes anbequemte. Die allgemeinen Fragen der Welterkenntnis hatten das Interesse, das ihnen anfänglich zugewendet war, für die große Masse nicht nur des Volks, sondern auch der Gelehrten bald verloren, und ihre skeptische Ablehnung durch die sophistische Erkenntnislehre tritt nirgends in der Form eines Verzichtens oder Beklagens auf.

Wenn daher die griechische Philosophie von den Untersuchungen über menschliches Wissen und Wollen, worauf sich die Forschung der Aufklärungszeit richtete, mit erneuter Kraft zu den großen Problemen der Metaphysik zurückgekehrt und auf diesem Wege zu ihrer Höhe gelangt ist, so verdankte sie dies dem persönlichen Wissensdrange der drei großen Männer, welche die Träger dieser

---

[154]) Es ist nicht wahrscheinlich, daß Sokrates in dieser Hinsicht starke Einflüsse von Anaxagoras erfahren hat, da dessen Teleologie sich auf die Harmonie der Gestirnwelt, nicht auf das Menschenleben bezieht, während die Betrachtungen, welche dem Sokrates (namentlich von Xenophon) zugeschrieben werden, den Nutzen des Menschen zum Maßstabe der Weltbewunderung machen. Dem sokratischen Glauben viel verwandter sind die religiösen Anschauungen der großen Dichter Athens, insbesondere der Tragiker.

wertvollsten Entfaltung des antiken Denkens gewesen sind: D e m o k r i t o s, P l a t o n, A r i s t o t e l e s.

Die Schöpfungen dieser drei Heroen des griechischen Denkens unterscheiden sich von den Lehren aller Vorgänger durch ihren s y s t e m a t i s c h e n Charakter: alle drei haben umfassende, in sich geschlossene S y s t e m e d e r W i s s e n-s c h a f t geliefert. Diesen Charakter gewannen ihre Lehren einerseits durch die Allseitigkeit der Probleme und anderseits durch die bewußte Einheitlichkeit ihrer Behandlung.

Während jeder der früheren Denker nur einen bestimmten Kreis von Fragen aufgriff und dementsprechend sich auch nur in gewissen Gebieten der Wirklichkeit unterrichtet zeigte, während namentlich physikalisches und psychologisches Inter-esse der Forschung fast nur gesondert aufgetreten waren, richtete sich die Arbeit dieser drei Männer g l e i c h m ä ß i g a u f d e n g a n z e n U m f a n g d e r w i s s e n s c h a f t l i c h e n P r o b l e m e. Sie trugen das, was Erfahrung und Beobachtung gewonnen hatten, zusammen; sie verglichen und prüften die Begriffe, die daraus gebildet worden waren, und sie brachten das, was bisher gesondert zustande gekommen war, in fruchtbare Verbindung und Beziehung. Schon in dem Umfang und in der Mannigfaltigkeit ihrer schriftstellerischen Tätigkeit tritt diese Allseitigkeit ihres wissenschaftlichen Interesses zutage: und die Massenhaftigkeit des Materials, das darin verarbeitet ist, erklärt sich zum Teil nur durch die lebendige M i t w i r k u n g i h r e r a u s g e b r e i t e t e n S c h u l e n, in denen sie — insbesondere gilt dies von Aristoteles — nach Neigung und Begabung der einzelnen eine Teilung der Arbeit eintreten ließen.

Daß aber diese gemeinsame Arbeit nicht in das einzelne zerfloß, dafür war durch den prinzipiellen Grundgedanken gesorgt, mit welchem jeder dieser drei Männer die e i n h e i t l i c h e V e r a r b e i t u n g des ganzen Kenntnismaterials unter nahm und leitete. Zwar führte dies an mehr als einem Punkte zu einseitiger Auf-fassung und zu einer Art von Vergewaltigung einzelner Gebiete, und damit zu Problemverschlingungen, die vor der Kritik nicht standhalten: aber anderseits erfuhr gerade durch die Ausgleichung, die dabei zwischen den Erkenntnisformen verschiedener Wissensgebiete stattfinden mußte, die metaphysische Berufsbildung eine solche Steigerung, das abstrakte Denken eine solche Verfeinerung und Ver-tiefung, daß in der kurzen Zeit von kaum zwei Generationen die t y p i s c h e n G r u n d z ü g e v o n d r e i v e r s c h i e d e n e n W e l t a n s c h a u u n g e n aus-gearbeitet wurden. So traten die Vorzüge und die Nachteile philosophischer System-bildung bei diesen ihren ersten genialen Urhebern gleichmäßig zutage.

Die S y s t e m a t i s i e r u n g d e s W i s s e n s z u e i n e r p h i l o s o p h i-s c h e n G e s a m t l e h r e hat sich in aufsteigender Linie von Demokrit und Platon zu Aristoteles vollzogen und erst bei dem letzteren die Form einer o r g a-n i s c h e n G l i e d e r u n g d e r W i s s e n s c h a f t in die einzelnen Disziplinen gefunden. Damit hat dann Aristoteles die Entwicklung der griechischen Philosophie abgeschlossen und das Zeitalter der Spezialwissenschaften eingeleitet.

Im besonderen ist der Gang dieser Entwicklung der gewesen, daß aus der Anwendung der durch die Sophistik und die sokratische Lehre gewonnenen Prinzipien auf die kosmologischen und metaphysischen Probleme zunächst die beiden gegensätzlichen Systeme von Demokrit und Platon entsprangen, und daß aus dem Versuch der Versöhnung dieser Gegensätze die abschließende Lehre des Aristoteles hervorging.

Bei Demokrit und Platon ist das Wesentliche dies, daß sie die erkenntnistheoretischen Einsichten der Aufklärungsphilosophie zur N e u b e g r ü n d u n g der M e t a p h y s i k benutzten. Dabei prägt die gemeinsame Abhängigkeit von den Lehren der kosmologischen Periode und von der Sophistik, insbesondere der Theorie des Protagoras, beiden Lehren einen gewissen Parallelismus und eine partielle Verwandtschaft auf, die um so interessanter ist, je tiefer anderseits der Gegensatz zwischen beiden greift. Dieser aber beruht darauf, daß die s o k r a t i s c h e L e h r e ohne jede Wirkung auf Demokrit, aber von entscheidendem Einfluß auf Platon gewesen ist, daß daher das ethische Moment in dem System des letzteren ebenso überwiegt, wie es in dem des ersteren zurücktritt. So entwickeln sich aus demselben Grunde parallel D e m o k r i t s M a t e r i a l i s m u s und P l a t o n s I d e a l i s m u s.

Aus diesem Gegensatz erklärt sich auch die Verschiedenheit ihrer Wirkung. Die rein theoretische Auffassung der Wissenschaft, welche bei Demokrit vorwaltet, behagte dem Zeitalter nicht: seine Schule verschwindet nach ihm schnell. Platon dagegen, dessen wissenschaftliche Lehre zugleich ein Lebensprinzip begründete, erfreute sich in der A k a d e m i e einer umfangreichen und dauernden Schulbildung. Aber diese Schule, die sog. ä l t e r e A k a d e m i e, verlief sich, der allgemeinen Zeitströmung nachgebend, sogleich teils in Spezialforschung, teils in populäres Moralisieren.

Aus ihr hob sich sodann die große Gestalt des A r i s t o t e l e s heraus, des erfolgreichsten Denkers, den die Geschichte gesehen hat. Die gewaltige Konzentration, mit der er, um den vorgefundenen Gegensatz zwischen seinen beiden großen Vorgängern auszugleichen, den gesamten Gedankengehalt der griechischen Wissenschaft um den B e g r i f f d e r E n t w i c k l u n g (ἐντελέχεια) zusammenkristallisieren ließ, hat ihn zum philosophischen Lehrer der Zukunft und sein System zum vollkommensten Ausdruck des griechischen Denkens gemacht.

D e m o k r i t von Abdera (etwa 460—360), in der wissenschaftlichen Genossenschaft seiner Heimat und durch langjährige Reisen gebildet, hat während des geschäftigen Lärms der Sophistenzeit ein stilles, scheinloses Forscherleben in der Vaterstadt geführt, die ihn hoch ehrte, und ist dem geräuschvollen Treiben Athens ferngeblieben. Er hatte weder politische noch sonstige Tüchtigkeit zu lehren, er war wesentlich theoretisch veranlagt und besonders der Naturforschung zugeneigt. Mit riesiger Gelehrsamkeit und umfassenden Kenntnissen verband er große Klarheit des begrifflichen Denkens und, wie es scheint, starke Neigung zu schematischer Vereinfachung der Probleme. Die Fülle seiner Arbeiten beweist, daß er einer ausgebreiteten Schule vorstand, aus der auch einige, obwohl unbedeutende Namen erhalten sind. Doch charakterisiert sich die Abwendung seines Zeitalters von interesseloser Forschung durch nichts mehr, als durch die Gleichgültigkeit, der sein System mechanischer Naturerklärung begegnete: seine Lehre wurde für zwei Jahrtausende durch die teleologischen Systeme in den Hintergrund gedrängt und hat nur in der epikureischen Schule ein auch da unverstandenes Dasein gefristet.

Das Altertum hat Demokrit auch als großen Schriftsteller gefeiert; um so mehr ist der fast vollständige Verlust seiner Werke zu beklagen, von denen außer den zahlreichen Titeln nur sehr geringe und zum Teil zweifelhafte Fragmente erhalten sind. Die wichtigsten Schriften scheinen theoretisch der Μέγας und Μικρὸς διάκοσμος, περὶ νοῦ und περὶ ἰδέων, praktisch περὶ εὐθυμίης und ὑποθῆκαι gewesen zu sein. Nach den Sammlungen von W. BURCHARD (Minden 1830 und 34) und LORTZING (Berlin 1873) haben W. KAHL (D'edenhofen 1889) und A. DYROFF (München 1899) eine Durcharbeitung der Quellen begonnen, P. NATORP die Ethika (Leipzig 1893) herausgegeben. Vgl. G. HART, Zur Seelenund Erkenntnislehre des Demokrit (Leipzig 1886). H. GIELS, Leukipp u. Demokrit,

35. Philol. Vers., 1880. C. H. LIEPMANN, Die Mechanik der Leukipp-demokritischen Atome (Le'pzig 1886). H. LAUE, de Democriti fragmentis ethicis (Göttingen 1921). I. HAMMER-JENSEN (Kopenhagen 1908 und Archiv f. G. d. Ph., 23, 1910).

P l a t o n von Athen (427—347), aus vornehmem Geschlecht, war in die künstlerische und wissenschaftliche Bildung seiner Zeit auf das glücklichste hineingewachsen, als die Persönlichkeit des Sokrates auf ihn einen so entscheidenden Eindruck machte, daß er von seinen politischen Versuchen abließ und sich ganz dem Umgange des Meisters widmete. Er war sein treuester und verständnisvollster, dabei aber auch sein selbständigster Schüler Die Hinrichtung des Sokrates veranlaßte ihn, zunächst der Einladung des Eukleides nach Megara zu folgen; dann bereiste er Kyrene und Ägypten, kehrte für einige Zeit nach Athen zurück und begann hier schriftstellerisch, vielleicht auch schon mündlich zu lehren. Gegen 390 finden wir ihn in Großgriechenland und Sizilien, wo er Verbindungen mit den Pythagoreern einging und sich auch an politischen Händeln beteiligte. Diese brachten ihn am Hofe des Herrschers von Syrakus, des älteren Dionys, auf den er mit Hilfe seines Freundes Dion einzuwirken suchte, in ernste Gefahr: er wurde als Kriegsgefangener an die Spartaner ausgeliefert und nur durch Freundeshilfe losgekauft. Diesen Versuch praktischer Politik in Sizilien hat er später noch zweimal, 367 und 361, aber stets mit unglücklichem Erfolge wiederholt.

Nach der ersten sizilischen Reise gründete er im Haine Akademos seine Schule, worin er sehr bald eine große Anzahl hervorragender Männer zu gemeinsamer wissenschaftlicher Arbeit um sich vereinigte. Doch war das Band dieser Genossenschaft noch mehr in einer auf die Gemeinschaft sittlicher Ideale begründeten Freundschaft zu suchen. Seine Lehrtätigkeit hatte anfangs in sokratischer Weise den dialogischen Charakter gemeinsamen Suchens und nahm erst im Alter mehr denjenigen des lehrhaften Vortrages an. In dieser persönlichen Wirkung sah er selbst den Schwerpunkt seiner Tätigkeit: denn die wissenschaftliche Forschung war nur die eine Seite seines reichen Wesens; impulsiver noch lebte in ihm das Bedürfnis sittlicher Lehre und politisch-sozialer Wirksamkeit. Er hatte einen offenen Blick für die Schäden seiner Zeit; die Zugehörigkeit zur aristokratischen Partei verband sich in ihm mit der durch Sokrates bestimmten Richtung, und er hat niemals ganz die Hoffnung aufgegeben, durch seine Wissenschaft das Leben seiner Zeit zu reformieren und es in den Bahnen der religiösen Auffassung zu lenken, die er selbst der dionysischen Sekte verdankte. Dazu tritt als drittes Moment seiner Persönlichkeit die künstlerische Veranlagung, die in der herrlichsten Sprache seinen Idealen das Gewand dichterischer Darstellung zu geben vermochte.

Den ästhetisch-literarischen Niederschlag dieses Denker- und Lehrerlebens bilden Platons W e r k e[155]), in denen der Prozeß des Philosophierens selbst mit dramatischer Lebendigkeit, mit plastischer Zeichnung der Persönlichkeiten und ihrer Lebensanschauungen geschildert wird. Als Kunstwerke sind das Symposion und der Phaidon die schönst gelungenen; den großartigsten Eindruck von der Gesamtheit der Lehre bietet die Politeia. Die Form ist, mit Ausnahme der Apologie des Sokrates, überall der Dialog: doch läßt dessen künstlerische Behandlung im Alter zum Teil nach, und der Dialog bleibt nur als schematischer Rahmen eines Vortrags übrig (Timaios, Gesetze). Meist ist Sokrates der Leiter in der Unterredung und auch derjenige, dem Platon eine Entscheidung, wenn es zu einer solchen kommt, in den Mund legt: erst die spätesten Schriften machen davon eine Ausnahme.

Auch die Darstellung ist im ganzen mehr künstlerisch als wissenschaftlich. In vollendeter sprachlicher Form zeigt sie höchste Lebendigkeit und Flüssigkeit der Anschauung, aber keine Strenge der Problemsonderung oder der methodischen Untersuchung. Der Inhalt der einzelnen D'aloge ist nur nach dem darin vorwiegenden Gegenstand zu bezeichnen. Wo die begriffliche Entwicklung nicht möglich oder nicht am Platze ist, greift Platon zu den sogen. Mythen, allegorischen Schilderungen, welche Motive aus Märchen und Göttersagen in freier D'chtung benutzen: insbesondere entnimmt er den dionysischen Mysterien die phantasievolle Darstellung der Unsterblichkeit der Seele und die Ausmalung des Lebens nach dem Tode (Gorgias, Phaidros, Phaidon, Politeia).

---

[155]) Ins Deutsche übersetzt von HIER. MÜLLER, mit Einleitungen von K. STEINHART, 8 Bde. (Leipzig 1850—66), neuerdings von R. KASSNER, K. PREISENDANZ und O. KIEFER (Jena 1908 ff.) und O. APELT in Verbindung mit K. HILDEBRANDT, CONST. RITTER u. GUST. SCHNEIDER (Leipzig 1912—1920). Unter den neueren Ausgaben, in denen überall die beim Zitieren übliche Seitenangabe derjenigen von Stephanus (Paris 1578) wiederholt ist, sind hervorzuheben die von J. BEKKER (Berlin 1816 f.), STALLBAUM (Leipzig 1850), SCHNEIDER und HIRSCHIG (Paris, Didot, 1846 ff.), HERMANN-WOHLRAB (Teubner 1851 ff.), M. SCHANZ (Leipzig 1875 ff.), BURNET (Bibliotheca Oxoniensis 1899 ff.).

Die Überlieferung ist nur zum Teil sicher; ebenso zweifelhaft ist die Reihenfolge der Entstehung und die Auffassung des Zusammenhanges der Werke untereinander. Über diese Fragen haben, nachdem SCHLEIERMACHER in seiner Übersetzung (Berlin 1804 ff.) die Anregung gegeben, hauptsächlich gearbeitet: J. SOCHER (München 1820), C. FR. HERMANN (Heidelberg 1839), E. ZELLER (Tübingen 1839), FR. SUCKOW (Berlin 1855), FR. SUSEMIHL (Berlin 1855/56), E. MUNK (Berlin 1856), FR. UEBERWEG (Wien 1861), K. SCHAARSCHMIDT (Bonn 1866), H. BONITZ (Berlin 1875), G. TEICHMÜLLER (Gotha 1876, Leipzig 1879, Breslau 1881), A. KROHN (Halle 1878), W. DITTENBERGER im Hermes 1881), H. SIEBECK (Freiburg i. B. 1889), P. LUTOWSLAWSKI (London 1897 und 1905), P. NATORP (Leipzig 1903), H. RAEDER (Leipzig 1905), L. ROBIN (Paris 1908), C. RITTER (München 1910), A. v. ARNIM (1912 ff.), M. POHLENZ (1913 f.), J. STENZEL (1917), P. FRIEDLÄNDER (1921).

Die für echt platonisch geltenden Schriften sind: a) Jugendwerke, welche den sokratischen Standpunkt noch kaum überschreiten: Apologie, Kriton, Euthyphron, Lysis, Laches (vielleicht auch Charmides, Hippias minor und Alkibiades I); b) Schriften zur Auseinandersetzung mit der Sophistik: Protagoras, Gorgias, Euthydemos, Kratylos, Menon, Theaitetos; c) Hauptwerke zur Darstellung der eigenen Lehre: Phaidros, Symposion, Phaidon, Philebos und die Politeia (Republik), deren Ausarbeitung, früh begonnen und schichtenweise sich vollendend, bis in die späteren Jahre des Philosophen sich hingezogen hat; d) die Schriften des Alters: Timaios, Nomoi und das Bruchstück des Kritias. Unter den zweifelhaften Schriften sind die wichtigsten: Sophistes, Politikos und Parmenides. Gemeinsam ist allen dreien nach Form und Inhalt ein intime Beziehung zu der eleatischen Dialektik und Eristik. Die beiden ersteren lassen sich als hypothetische Erörterungen über schwierige Probleme, in die das platonische Denken geraten war, in ihrer Echtheit verteidigen; dagegen bleibt diese bei dem schon im späteren Altertum und ebenso in der Neuzeit unverd'ent bewunderten Parmenides äußerst bedenklich. — Die 13 überlieferten B r i e f e Pl.'s, die jedenfalls für seine Beziehungen zu Sizilien authent'sches Material bieten, sind meist für unecht gehalten: neuerdings ist ED. MEYER (Geschichte des Altertums, V, 500 ff.) energisch für ihre Echtheit eingetreten. Vgl. ANDREÄE, Platons Philosophie in seinen Briefen (1922) und die Ausgabe von E. HOWALD (1923).

Vgl. H. v. STEIN, Sieben Bücher zur Geschichte des Platonismus (Göttingen 1861 ff.), G. GROTE, Platon and the other companions of Socrates (London 1865), A. E. CHAIGNET, La vie et les écrits de Platon (Paris 1873), E. HEITZ (O. Müllers Gesch. d. griech. Lit., 2. Aufl., II, 2, 148—235), ALFR. FOUILLÉE, La philosoph'e de Pl. (Paris 1888—89), W. PATER, Platon and Platonism (London 1893), W. WINDELBAND, Platon (1893, 7. Aufl., 1923) TAYLOR, Plato (London 1906), STEWART, Platos Doctrine of Ideas (Oxford 1909), C. RITTER, Platon (1910 und 1923), M. WUNDT (1914), U. v. WILAMOWITZ-MOELLENDORFF (1919). O. HAMELIN, le système d'A. (Paris 1920). A. GOEDECKEMEYER (1922). WILL DE ROSZ, A. (New York 1924). Weitere Literatur im Text.

Platons Schule heißt die A k a d e m i e, und ihre Entwicklung, welche bis zum Schluß des antiken Denkens re'cht und an den kontinuierlichen Besitz des akademischen Hains und des darin bestehenden Gymnasiums sich anlehnte, pflegt in drei, bzw. fünf Perioden zerlegt zu werden: 1. Die ältere Akademie, Platons nächster Schülerkreis und die folgenden Generationen, etwa bis 260 v. Chr.; 2. die mittlere Akademie, welche eine skeptische Richtung nahm und in der noch ältere Schule des Arkesilaos und eine jüngere des Karneades (etwa seit 160) unterschieden werden; 3. die jüngere Akademie, die mit Philon von Larissa (um 100) zum alten Dogmatismus zurückkehrte und mit Antiochos von Askalon (etwa 25 Jahre später) in die Wege des Eklektizismus geriet. Über die beiden, bzw. vier jüngeren Formen vgl Tl. II, cap. 1. Später hat von der Akademie die neuplatonische Schule (Tl. II, cap. 2) Besitz genommen.

Zur ä l t e r e n A k a d e m i e gehörten Männer großer Gelehrsamkeit und würdiger Persönlichkeit: die Schulhäupter waren S p e u s i p p o s, der Neffe Platons, X e n o - k r a t e s von Chalkedon, P o l e m o n und K r a t e s von Athen; daneben sind unter den älteren P h i l i p p o s von Opus und H e r a k l e i d e s aus dem pontischen Heraklea, unter den jüngeren K r a n t o r zu nennen. In loserem Verhältnis zur Schule standen der Astronom E u d o x o s von Knidos und der Pythagoreer A r c h y t a s von Tarent.

Vgl. RICH. HEINZE, Xenokrates (Leipzig 1892), P. LANG, De Speusippi scriptis, acc. fragmenta (Bonn 1911).

Weit empor ragt über alle seine Genossen in der Akademie A r i s t o t e l e s von Stageira (384—322). Als Sohn des makedonischen Leibarztes Nikomachos brachte er aus der heimatlichen Schule Neigung für medizinisches und naturwissenschaftliches Wissen mit, als er achtzehnjährig in die Akademie eintrat, in der er früh als literarischer Vertreter und auch als Lehrer, zunächst der Rhetorik, eine verhältnismäßig selbständige Rolle spielte.

ohne dabei den Takt einer pietätvollen Unterordnung unter den Meister zu verleugnen. Erst nach Platons Tode trennte er sich äußerlich von der Akademie, indem er zunächst mit Xenokrates seinen Freund Hermeias, den Herrscher von Atarneus und Assos in Mysien, besuchte, dessen Verwandte Pythias er später heiratete. Nach einem, wie es scheint, vorübergehenden Aufenthalte in Athen und in Mytilene übernahm er 344 auf Wunsch Philipps von Makedonien die Erziehung von dessen Sohn Alexander, welche er etwa drei Jahre mit größtem Erfolg leitete. Nachher lebte er einige Jahre in seiner Vaterstadt den wissenschaftlichen Studien mit seinem Freunde Theophrastos und gründete dann 335 mit diesem zusammen in Athen seine eigene Schule, die ihren Sitz im L y c e u m hatte und (vermutlich nach dessen schattigen Laubgängen) die p e r i p a t e t i s c h e genannt worden ist. Nach zwölfjähriger großartigster Wirksamkeit verließ er infolge politischer Wirren, makedonischmonarchischer Gesinnung verdächtigt, Athen und ging nach Chalkis, wo er bereits im folgenden Jahre an einem Magenleiden starb. Vgl. A. STAHR, Aristotelia, I (Halle 1830).

Neben dem hohen Fluge Platons erscheinen die Persönlichkeit und das Lebenswerk des Aristoteles durchweg kühler und nüchterner. Aber wenn ihm der Trieb zum Eingreifen in das öffentliche Leben ebenso abgeht wie der poetische Schmuck der Rede und der Komposition, so tritt dafür um so gewaltiger die überschauende und überwältigende Kraft des Denkens, die Reinheit und Klarheit der wissenschaftlichen Gesinnung, die Sicherheit der Disposition und die Gestaltungskraft geistiger Arbeitsgemeinschaft hervor. Aristoteles ist eine Verkörperung des Geistes der Wissenschaft, wie sie die Welt nicht wieder gesehen hat, und in dieser Richtung hat auch seine unvergleichliche Wirkung auf die Zukunft gelegen: für die Forschung, welche, unbeirrt durch alle Gefühlsinteressen, mit scharfem Blick die Wirklichkeit aufzufassen sucht, wird er immer der führende Denker bleiben

Von der ganzen außerordentlich umfangreichen schriftstellerischen Tätigkeit des Aristoteles ist nur das Geringste, aber das wissenschaftlich Wichtigste erhalten. Verloren sind bis auf wenige Bruchstücke die von ihm selbst herausgegebenen Dialoge, die ihn in den Augen des Altertums auch als Schriftsteller ebenbürtig neben Platon stellten, und ebenso die großen Sammelwerke, die er für die verschiedensten Wissenszweige mit Hilfe seiner Schüler angelegt hatte. Als ein wertvolles Beispiel von der formvollen Abgeschlossenheit auch dieses Teiles seiner literarischen Arbeit ist neuerdings das Hauptstück seiner πολιτεία τῶν Ἀθηναίων aufgefunden worden. In der Hauptsache erhalten sind uns nur seine w i s s e n s c h a f t l i c h e n   L e h r s c h r i f t e n, welche dazu bestimmt waren, den Vorlesungen im Lyceum als Lehrbücher zugrunde gelegt zu werden. Doch ist die Ausführung sehr verschieden: an manchen Stellen liegen nur skizzenhafte Notizen, an andern fertige Ausarbeitungen vor; außerdem finden sich verschiedene Redaktionen desselben Entwurfs, und es darf angenommen werden, daß in die Lücken des Manuskripts Nachschriften verschiedener Schüler eingefügt worden sind. Da die erste Gesamtausgabe, die im Altertum (wie es scheint, aus Anlaß einer Neuauffindung der Originalmanuskripte) Andronikos von Rhodos (60—50 v. Chr.) veranstaltete, diese Teile nicht gesondert hat, so bleiben auch hier viele kritische Fragen in der Schwebe. Neue Gesamtausgabe in Vorbereitung in der Bibl. Teubneriana.

Vgl. A. STAHR, Aristotelia, II (Leipzig 1832), V. ROSE (Berlin 1854), H. BONITZ (Wien 1862 ff.), J. BERNAYS (Berlin 1863). E. HEITZ (Leipzig 1865 und in der 2. Auflage von O. Müllers Gesch. der griech. Liter., II, 2, 236—321), E. VAHLEN (Wien 1870 ff.). W. W. JAEGER (1912).

Diese Lehrbüchersammlung[156]) ist folgendermaßen zusammengesetzt: a) zur Logik: die Kategorien, vom Satz, die Analytik, die Topik mit Einschluß des Buchs über die Trugschlüsse — von der Schule als „Organon" zusammengefaßt; b) zur theoretischen Philosophie: die Grundwissenschaft (Metaphysik), die Physik, die Tiergeschichte und die Psychologie, an die drei letzteren schließen sich noch eine Anzahl besonderer Abhandlungen; c) zur praktischen Philosophie: die Ethik in der nikomachischen und in der eudemischen Ausgabe, und die (ebenfalls nicht abgeschlossene) Politik; d) zur poetischen Philosophie: die Rhetorik und das Fragment der Poetik.

FR. BIESE, Die Philosophie des Aristoteles (2 Bde., Berlin 1835—42), A. ROSMINISERBATI. Aristotele esposto ed esaminato (Torino 1858), G. H. LEWES, Aristotle, a chapter from the history of science (London 1864), G. GROTE, Aristotle (aus dem Nachlaß herausgegeben, London 1872), R. EUCKEN, Die Methode der aristotel. Forschung (1872), HEINR. MAIER, Die Syllogistik des Aristoteles, 3 Bde. (1896), H. SIEBECK, Aristoteles (2. Aufl.,

---

[156]) Von den neueren Ausgaben wird die der Berliner Akademie (J. BEKKER, BRANDIS, ROSE, USENER, BONITZ, 5 Bde., Berlin 1831—70), beim Zitieren zugrunde gelegt; daneben ist die Pariser (Didot) zu erwähnen (DÜBNER, BUSSEMAKER, HEITZ, 5 Bde., Paris 1848 bis 1874). Die Berliner Akademie hat auch eine Gesamtausgabe der griechischen Kommentare zu Aristoteles (1882—1908) veranstaltet.

Stuttg. 1902), FRANZ BRENTANO, A. und seine Weltanschauung (1911). A. GOEDECKE-MEYER, A. (1922). E. ROLFES, Die Philosophie des A. als Naturerklärung und Weltanschauung (1923), W. JAEGER, Aristoteles, Grundlegung einer Geschichte seiner Entwicklung (1923).

§ 9. Die Neubegründung der Metaphysik durch Erkenntnistheorie und Ethik.

Die großen Systematiker der griechischen Wissenschaft haben an der Sophistik eine schnelle, aber gerechte Kritik geübt; sie haben sogleich gesehen, daß unter ihren Lehren nur eine einzige den Wert dauernder Geltung und wissenschaftlicher Fruchtbarkeit besaß — die W a h r n e h m u n g s t h e o r i e   d e s   P r o t a g o r a s.

1. Diese ist daher der Ausgangspunkt für Demokrit und für Platon geworden; und zwar haben beide sie angenommen, um darüber hinauszugehen und die Folgerungen anzugreifen, welche der Sophist daraus gezogen hatte. Beide geben zu, daß die Wahrnehmung, wie sie selbst nur ein Produkt des Geschehens ist, auch nur die Erkenntnis von etwas sein kann, was mit ihr zusammen ebenfalls als vorübergehendes Produkt desselben Geschehens entsteht und vergeht. Die Wahrnehmung gibt also nur Meinung (δόξα), sie lehrt, was nach menschlicher Ansicht (νόμῳ heißt es mit echt sophistischer Ausdrucksweise bei Demokrit) erscheint, nicht das was w a h r h a f t ist (ἐτεῇ bei Demokrit, ὄντως bei Platon).

Für Protagoras, dem die Wahrnehmung die einzige Erkenntnisquelle war, gab es infolgedessen keine Erkenntnis des Seienden. Daß er den weiteren Schritt getan hätte, das Sein überhaupt zu leugnen und die Wahrnehmungsgegenstände für das einzig Wirkliche zu erklären, hinter dem man kein Sein zu suchen hätte, diese „positivistische" Folgerung ist bei ihm nicht nachzuweisen: der „Nihilismus" („es gibt kein Sein") wird ausdrücklich nur von Gorgias überliefert (vgl. jedoch oben § 8, 2).

Wenn nun doch wieder den Meinungen, sei es aus welchem Grunde immer, eine allgemeingültige Erkenntnis (γνησίη γνώμη bei Demokrit, ἐπιστήμη bei Platon) gegenübergestellt werden sollte, so mußte der Sensualismus des Protagoras verlassen und wieder die Stellung der alten Metaphysiker eingenommen werden, welche das D e n k e n (διάνοια) als höhere und bessere Erkenntnis von der Wahrnehmung unterschieden (vgl. § 6). So gehen denn Demokrit und Platon parallel über Protagoras hinaus, indem sie die Relativität der Wahrnehmung anerkennen und die Erkenntnis des wahrhaft Seienden wieder vom Denken erwarten. Beide sind ausgesprochene R a t i o n a l i s t e n [157]).

2. Doch unterscheidet sich dieser neue metaphysische Rationalismus von dem älteren der kosmologischen Periode nicht nur durch die breitere psychologische Grundlage, die er der protagoreischen Analyse der Wahrnehmung verdankte, sondern infolgedessen auch durch eine andere e r k e n n t n i s t h e o r e t i s c h e   W e r t u n g   d e r   W a h r n e h m u n g selbst. Die früheren Metaphysiker hatten die Wahrnehmungsinhalte, wo diese in ihre begriffliche Weltvorstellung nicht

---

[157]) Vgl. Sext. Emp. adv. math., VIII, 56. — Demokrits Lehre von der „echten" Erkenntnis ist am schärfsten bei Sext. Emp. adv. math., VII, 139 formuliert; Platons Bekämpfung des protagoreischen Sensualismus findet sich hauptsächlich in seinem Theaetet, die positiv-rationalistische Stellungnahme im Phaidros, Symposion, Republik und Phaidon.

paßten, einfach als Trug und Schein verworfen, ohne sich viel darum zu kümmern, woher solch ein Schein kommen sollte. Jetzt war dieser Schein (durch Protagoras) erklärt, aber so, daß für den Wahrnehmungsinhalt unter Preisgebung seiner Allgemeingültigkeit wenigstens der Wert einer v o r ü b e r g e h e n d e n u n d r e l a t i v e n W i r k l i c h k e i t in Anspruch genommen wurde.

Dies führte im Zusammenhange mit der Richtung der wissenschaftlichen Erkenntnis auf das bleibende, „wahre" Sein zu einer S p a l t u n g i m B e g r i f f e d e r R e a l i t ä t, und damit war das Grundbedürfnis des erklärenden Denkens, das unwillkürlich schon den Anfängen der Wissenschaft zu Grunde gelegen hatte, zum klaren, ausdrücklichen Bewußtsein gekommen. Den beiden Erkenntnisarten — so lehrten Demokrit und Platon — entsprechen z w e i v e r s c h i e d e n e A r t e n d e r W i r k l i c h k e i t : der Wahrnehmung eine wechselnde, relative, vorübergehende, dem Denken eine in sich gleiche, absolute, bleibende Wirklichkeit. Für die erstere scheint Demokrit den Ausdruck „Erscheinungen", τὰ φαινόμενα eingeführt zu haben, Platon bezeichnet sie als die Welt des Werdens, γένεσις; die andere nennt Demokrit τὰ ἐτεῇ ὄντα, Platon τὸ ὄντως ὄν oder οὐσία.

Auf diese Weise wird für die Wahrnehmung und Meinung eine analoge Richtigkeit, wie für das rationale Denken gewonnen: die Wahrnehmung erkennt die veränderliche Wirklichkeit ebenso wie das Denken die bleibende Wirklichkeit. Denn beiden Erkenntnisweisen entsprechen zwei Gebiete der Wirklichkeit[158]).

Aber zwischen diesen beiden Gebieten der Realität besteht deshalb auch dasselbe W e r t v e r h ä l t n i s, wie zwischen den beiden Erkenntnisweisen. So viel wie das Denken als das allgemeingültige Vorstellen über dem Wahrnehmen als der nur für den einzelnen und für das einzelne geltenden Erkenntnis steht, so viel höher, reiner, ursprünglicher steht das wahre Sein über der niederen Wirklichkeit der Erscheinungen und des zwischen ihnen wechselnden Geschehens. Dies Verhältnis hat zwar Platon aus weiterhin zu entwickelnden Gründen besonders betont und ausgeführt: aber es tritt auch bei Demokrit nicht nur in der Erkenntnistheorie, sondern auch in der Ethik zutage.

Auf diese Weise treffen die beiden Metaphysiker mit dem Ergebnis zusammen, welches die Pythagoreer (vgl. § 5, 3 und 6, 1) von ihren Voraussetzungen her gleichfalls gewonnen hatten, der Unterscheidung einer höheren und einer niederen Art der Wirklichkeit. Doch ist bei dieser Ähnlichkeit nicht an Abhängigkeit zu denken; auf keinen Fall bei Demokrit, welcher der astronomischen Anschauung der Pythagoreer ganz fern stand, aber auch kaum bei Platon, der die letztere allerdings später aufgenommen hat, für den aber die Vorstellung von der höheren Wirklichkeit (Ideenlehre) einen ganz andern Inhalt hatte. Vielmehr hat das gemeinsame Grundmotiv, das aus dem Seinsbegriffe des Parmenides stammte, in diesen drei ganz verschiedenen Formen zu der Teilung der Welt in eine Sphäre der höheren und eine der niederen Wirklichkeit geführt.

3. Der p r a g m a t i s c h e P a r a l l e l i s m u s in den Motiven der beiden gegensätzlichen Systeme von Demokrit und Platon reicht noch einen Schritt weiter, obwohl nur einen kleinen. Der Wahrnehmungswelt gehören ohne Zweifel die spezifischen Qualitäten der Sinne an, die ihre Relativität schon darin erkennen

---

[158]) Am besten formuliert bei Platon, Tim., 27 d ff., besonders 29 c.

lassen, daß dasselbe Dinge verschiedenen Sinnen verschieden erscheint. Was aber nach Abzug dieser Inhalte als Gegenstand für die Erkenntnis des wahrhaft Wirklichen übrig bleibt, ist zunächst die F o r m b e s t i m m t h e i t der Dinge, und beide Denker haben denn auch als das wahre Wesen der Dinge die „reinen Formen", die G e s t a l t e n, ἰδέαι bezeichnet.

Allein es scheint fast, als walte dabei lediglich eine, freilich immerhin auffallende, Namensgemeinschaft ob: denn wenn Demokrit unter den ἰδέαι, die er auch σχήματα nannte, die Atomgestalten, Platon aber unter seinen ἰδέαι oder εἴδη die — Gattungsbegriffe verstand, so hat die scheinbar gleiche Behauptung, das wahrhaft Seiende bestehe in den „Gestalten", bei beiden einen völlig verschiedenen Sinn. Deshalb bleibt es auch hier zweifelhaft, ob darin eine parallele Anlehnung an den P y t h a - g o r e i s m u s zu sehen ist, der freilich vorher das Wesen der Dinge in den mathematischen Formen gefunden hatte und dessen Einfluß auf beide Denker anzunehmen an sich auf keine Schwierigkeiten stößt. Jedenfalls aber hat, wenn in dieser Hinsicht eine gemeinsame Anregung vorlag, diese in den beiden vorliegenden Systemen zu ganz verschiedenen Ergebnissen geführt, und wenn auch für beide die Erkenntnis mathematischer Verhältnisse in sehr nahen Beziehungen zu der Erkenntnis des wahrhaft Wirklichen steht, so sind eben doch diese Beziehungen völlig verschieden.

4. Die bisher entwickelte Verwandtschaft der beiden rationalistischen Systeme springt nun aber in einen scharfen Gegensatz um, sobald man die Motive, aus denen beide Denker über den protagoreischen Sensualismus und Relativismus hinausgingen, und die daraus sich ergebenden Folgerungen betrachtet. Hier wird der Umstand maßgebend, daß P l a t o n d e r S c h ü l e r d e s S o k r a t e s war, während Demokrit von dem großen athenischen Weisen auch nicht den geringsten Einfluß erfahren hat.

Bei Demokrit erwächst, seiner persönlichen Natur gemäß, die über Protagoras hinaustreibende Forderung, daß es ein Wissen geben und daß dies, wenn es in der Wahrnehmung nicht zu finden ist, im Denken gesucht werden muß, lediglich aus theoretischem Bedürfnis: der Naturforscher glaubt, aller Sophistik gegenüber, an die Möglickheit einer die Erscheinungen erklärenden Theorie. Platon dagegen geht mit seinem Postulat von dem sokratischen Tugendbegriff aus. Tugend ist nur durch das rechte Wissen zu gewinnen, Wissen aber ist Erkenntnis des wahren Seins: wenn es also nicht in der Wahrnehmung zu finden ist, so ist es durch das Denken zu suchen. Für Platon erwächst die Philosophie nach sokratischem Grundsatz[159]) aus sittlichem Bedürfnis: aber während die sophistischen Freunde des Sokrates bemüht waren, dem Tugendwissen irgendeinen allgemeinen Lebenszweck, das Gute, die Lust usw. zum Gegenstande zu geben, so gewinnt Platon seine metaphysische Position mit einem Schlage, indem er folgert, dies Wissen, worin die Tugend bestehen soll, müsse, den Meinungen gegenüber, die sich auf das Relative beziehen, die Erkenntnis des wahrhaft Wirklichen, der οὐσία sein. Ihm fordert das Tugendwissen eine M e t a p h y s i k.

Hier also bereits schieden sich die Wege. Für Demokrit war die Erkenntnis des wahrhaft Wirklichen wesentlich, wie den alten Metaphysikern, eine Vorstellung

---

159) Am deutlichsten dargestellt Menon, 96 ff.

von dem unabänderlich bleibenden Sein, aber eine solche, durch welche nun die
abgeleitete Wirklichkeit, die in der Wahrnehmung erkannt wird, begreiflich
gemacht werden sollte: sein Rationalismus lief auf eine durch das Denken zu
gewinnende E r k l ä r u n g   d e r   E r s c h e i n u n g e n hinaus, es war w e s e n t -
l i c h   t h e o r e t i s c h e r   R a t i o n a l i s m u s. Für Platon dagegen hatte die
Erkenntnis des wahrhaft Wirklichen ihren sittlichen Endzweck in sich selbst;
diese Erkenntnis sollte die Tugend sein, und sie hatte daher zu der durch die
Wahrnehmung gegebenen Vorstellungswelt zunächst kein anderes Verhältnis, als
das der scharfen Abgrenzung dagegen. Das wahre Sein hat für Demokrit den
theoretischen Wert, die Erscheinungen zu erklären, für Platon aber den praktischen
Wert, der Gegenstand des Wissens zu sein, das die Tugend ausmacht: seine Lehre
ist ihrem anfänglichen Prinzip nach w e s e n t l i c h   e t h i s c h e r   R a t i o n a -
l i s m u s.

Darum beharrte nun Demokrit bei der naturphilosophischen Metaphysik, die
er in der abderitischen Schule übernahm: er bildete den A t o m i s m u s mit Hilfe
der sophistischen Psychologie zu einem umfassenden System aus; er sah als das
„wahrhaft Wirkliche", wie Leukipp, den leeren Raum und die in ihm sich bewegenden Atome an; aus ihrer Bewegung jedoch wollte er nicht nur alle qualitativen
wie quantitativen Erscheinungen der Körperwelt, sondern auch alle geistigen
Tätigkeiten, mit Einschluß der auf jenes wahre Sein gerichteten Erkenntnistätigkeit,
erklären, und von diesen Voraussetzungen her schuf er das S y s t e m   d e s
M a t e r i a l i s m u s. Platon aber wurde durch diese Anlehnung an die sokratische
Lehre, die sich für ihn auch in der Auffassung vom Wesen der Wissenschaft entscheidend erwies, zu dem entgegengesetzten Ergebnis geführt.

5. Sokrates hatte gelehrt, das Wissen bestehe in a l l g e m e i n e n   B e g r i f f e n.
Sollte aber nun bei Platon dies Wissen, im Gegensatz zu den Meinungen die Erkenntnis des wahrhaft Wirklichen sein, so mußte dem Inhalt dieser Begriffe jenes
höhere Sein, jene wahre Wesenheit zukommen, die, im Gegensatz zum Wahrnehmen, nur durch das Denken zu erfassen war. Die „Gestalten" der wahren
Wirklichkeit, deren Erkenntnis die Tugend ausmacht, sind die G a t t u n g s -
b e g r i f f e: εἴδη. Damit erst gewinnt der platonische Begriff der „I d e e" seine
volle Bestimmung. So verstanden, stellt sich Platons I d e e n l e h r e als Höhepunkt der griechischen Philosophie dar: in ihr schürzen sich alle die verschiedenen
Gedankengänge zusammen, die auf das physische, das ethische, das logische Prinzip
(ἀρχή oder φύσις) gerichtet gewesen waren. Die platonische Idee, der Gattungsbegriff, ist erstens das bleibende Sein im Wechsel der Erscheinungen, zweitens
das Objekt des Wissens im Wechsel der Meinungen, drittens der wahre Zweck
im Wechsel des Begehrens.

Diese οὐσία aber ist ihrem Begriffe nach im Umkreise des Wahrnehmbaren
nicht zu finden: und wahrnehmbar ist alles Körperliche. Die Ideen sind also etwas
von der Körperwelt wesentlich Verschiedenes. Die wahre Wirklichkeit ist unkörperlich. Die Spaltung im Begriffe der Wirklichkeit nimmt hiernach eine feste
Gestalt an: die niedere Wirklichkeit des Geschehens (γένεσις), welche den Gegenstand der Wahrnehmung bildet, ist die Körperwelt; die höhere Wirklichkeit des
Seins, welche das Denken erkennt, das wahre „Wesen" (οὐσία) ist die unkörperliche, die immaterielle Welt: τόπος νοητός. So wird das platonische System zum

Immaterialismus oder, wie wir es nach seiner Bedeutung des Worts „I d e e"
nennen, zum I d e a l i s m u s.

6. In diesem Sinne enthält das platonische System vielleicht die großartigste
Problemverschlingung, welche die Geschichte gesehen hat: die Lehre des Demokrit
dagegen ist durchgängig nur von dem Einen Interesse der Naturerklärung beherrscht. Mochte daher auch diese für ihren Zweck noch so reiche Erfolge er-
ringen, die in einer späteren, ähnlich gestimmten Lage des Denkens wieder aufgenommen werden und dann erst ihre ganze Fruchtbarkeit entfalten konnten,
— zunächst mußte ihr die andere Lehre um so mehr überlegen sein, je mehr sie
allen Bedürfnissen der Zeit Genüge tat und je mehr sie den ganzen Ertrag der
früheren Denkarbeit in sich vereinigte. Vielleicht bietet das platonische System der
immanenten Kritik mehr Angriffspunkte dar, als das demokritische: aber für das
griechische Denken war das letztere ein Rückfall in die Kosmologie der ersten
Periode und mußte anderseits Platons Lehre das System der Zukunft werden.

§ 10. Das System des Materialismus.

Der systematische Charakter der demokritischen Lehre besteht in der allseitigen
Durchführung des Grundgedankens, daß die wissenschaftliche Theorie die Erkenntnis der wahren Wirklichkeit, d. h. der Atome und ihrer Bewegungen im
Raume, so weit gewinnen soll, um daraus die erscheinende Wirklichkeit, wie sie
sich in der Wahrnehmung darstellt, erklären zu können. Es sind (schon nach den
Büchertiteln) alle Anzeichen vorhanden, daß Demokrit sich dieser Aufgabe durch
Untersuchung über den gesamten Umfang der Erfahrungsgegenstände unterzogen
und dabei den psychologischen Problemen ein ebenso große Interesse wie den
physikalischen zugewendet hat. Um so mehr ist es zu beklagen, daß der größere
Teil seiner besonderen Lehren rettungslos verschüttet ist und daß das Erhaltene,
im Zusammenhange mit andern Berichten, nur eine hypothetische Rekonstruktion
der begrifflichen Grundzüge seiner großen Leistung gestattet, — eine Rekonstruktion
jedoch, welche immer lückenhaft und unsicher bleiben muß.

1. Zunächst muß angenommen werden, daß sich Demokrit dieser Aufgabe der
Wissenschaft, durch die Begriffe von der wahren Wirklichkeit die Welt der Erfahrung zu erklären, vollkommen bewußt gewesen ist. Das Seiende der Atomisten,
der Raum und die darin schwirrenden Körperstückchen, hat keinen andern Wert
als den theoretischen. Es wird nur gedacht, um das Wahrgenommene begreiflich
zu machen: deshalb aber ist es die Aufgabe, das wahrhaft Wirkliche so zu denken,
daß es die erscheinende Wirklichkeit erklärt, daß diese dabei in ihrem Bestande
als ein abgeleitet Seiendes „erhalten bleibt"[160]), daß die in ihr bestehende Wahrheit
anerkannt bleibt. Daher hat Demokrit recht gut gewußt, daß auch das Denken
die Wahrheit in der Wahrnehmung suchen, aus ihr heraus gewinnen muß[161]). Sein

---

[160]) Der sehr glückliche Ausdruck dafür ist διασώζειν τὰ φαινόμενα. Vgl. auch Aristot.
Gen. et. Corr., I, 8, 335 a.
[161]) Daher die Aussprüche, in denen er die Wahrheit in der Erscheinung anerkannt hat:
z. B. Arist. de an., I, 2, 404 a, 27, und ähnliche. Daraus aber einen „Sensualismus" Demokrits
konstruieren zu wollen, wie E. JOHNSON (Plauen 1863) versucht hat, widerstreitet den
Nachrichten über seine Stellung zu Protagoras und insbesondere der einsichtsvollen Darstellung des Sextus Empiricus durchaus.

Rationalismus ist weit entfernt, erfahrungswidrig oder auch nur erfahrungsfremd zu sein. Das Denken hat aus der Wahrnehmung dasjenige zu erschließen, wodurch diese erklärt wird. Das Motiv, welches den auf die eleatische Paradoxie des Akosmismus folgenden Vermittlungsversuchen zugrunde gelegen hatte, ist bei Demokrit zum deutlich erkannten Prinzip der Metaphysik und der Naturwissenschaft geworden. Doch ist leider nichts darüber bekannt geblieben, wie er das methodische Verhältnis zwischen den beiden Erkenntnisweisen näher ausgeführt und wie er sich das Herauswachsen des Wissens aus der Wahrnehmung im besonderen gedacht hat.

Sachlich besteht nun die theoretische Erklärung, welche Demokrit für die Wahrnehmungsinhalte gegeben hat, ebenso wie bei Leukipp in der R e d u k t i o n a l l e r   E r s c h e i n u n g e n   a u f   d i e   M e c h a n i k   d e r   A t o m e. Was in der Wahrnehmung als qualitativ bestimmt und ebenso in qualitativer Veränderung begriffen (ἀλλοιούμενον) erscheint, das ist „in Wahrheit" nur als quantitatives Verhältnis der Atome, ihrer Ordnung und ihrer Bewegung vorhanden. Die Aufgabe der Wissenschaft also ist es, a l l e   q u a l i t a t i v e n   V e r h ä l t n i s s e   a u f q u a n t i t a t i v e   z u r ü c k z u f ü h r e n   und im einzelnen zu zeigen, welche quantitativen Bestimmungen der absoluten Wirklichkeit die qualitativen Zustände der erscheinenden Wirklichkeit hervorrufen. Darin liegt offenbar das a n s c h a u - l i c h e   V o r u r t e i l, als ob räumliche Gestaltung und Bewegung etwas Einfacheres, Selbstverständlicheres und Problemloseres seien, als eigenschaftliche Bestimmung und Veränderung, und diese Voraussetzung wird von Demokrit mit vorbildlicher Energie zum Prinzip der theoretischen Welterklärung gemacht.

Indem nun aber dies Prinzip mit voller Systematik auf die Gesamtheit aller Erfahrung angewendet wird, betrachtet der Atomismus auch das p s y c h i s c h e L e b e n mit allen seinen inhaltlichen Bestimmungen und Werten als E r s c h e i - n u n g, für welche durch die erklärende Theorie die Form und die Bewegung der Atome festgestellt werden muß, die das wahre Sein dieser Erscheinung ausmachen So wird die Materie in ihrer Formung und Bewegung als das allein wahrhaft und „eigentlich" (ἐτεῇ) Wirkliche und das ganze geistige Leben als eine daraus abgeleitete, daran erscheinende Wirklichkeit betrachtet. Damit erst nimmt das demokritische System den Charakter des bewußten und ausgesprochenen M a t e - r i a l i s m u s an.

2. In den spezifisch p h y s i k a l i s c h e n Lehren bietet daher Demokrits Lehre derjenigen von Leukipp gegenüber keine prinzipielle Veränderung, wohl aber eine große Bereicherung durch sorgfältige Einzelforschung dar. Den Gedanken der mechanischen Notwendigkeit ausnahmslos allen Geschehens hat er womöglich noch schärfer betont als sein Vorgänger: er braucht dafür die Ausdrücke ἀνάγχη und λόγος. Des näheren bestimmt sich bei ihm das Prinzip des Mechanismus dahin, daß erstens alle Einwirkung der Atome aufeinander nur durch den Stoß, durch unmittelbare Berührung möglich sei, und daß zweitens diese Einwirkung nur in der Veränderung des Bewegungszustandes der Atome bestehe, während deren Gestalt in allem Geschehen unveränderlich bleibe.

Die Atome selbst als das eigentlich Seiende haben danach nur die Merkmale der abstrakten Körperlichkeit: begrenzte Raumerfüllung und Beweglichkeit im

Leeren. Obwohl alle unwahrnehmbar sind, weisen sie doch eine unendliche Mannigfaltigkeit von Gestalten (ἰδέαι oder σχήματα) auf. Zur Gestalt, welche die eigentliche Grundverschiedenheit der Atome bildet, gehört in gewissem Sinne auch schon die Größe: doch ist zu beachten, daß dieselbe stereometrische Form, z. B. die Kugel, in verschiedenen Größen vorkommen kann. Je größer das Atom ist, um so massiger ist es; denn die Eigenschaft des Seienden ist ja Materialität, Raumbehauptung. Deshalb hat nun Demokrit[162]), offenbar mechanischen Analogien des täglichen Lebens nachgehend, als eine Funktion der Größe auch die Schwere, bzw. Leichtigkeit angegeben. Bei diesen Bestimmungen (βαρύ und κοῦφον) ist jedoch bei ihm nicht an die Fallbewegung (nach unten), sondern lediglich an den G r a d d e r m e c h a n i s c h e n B e w e g l i c h k e i t oder an die T r ä g h e i t zu denken[163]): daher meinte er denn auch, daß bei der Drehung der Atomkomplexe die leichteren Teile nach außen gedrängt, die trägeren, schwerfälligeren dagegen mit ihrer geringeren Bewegbarkeit in der Mitte angesammelt würden[164]).

Die gleichen Eigenschaften teilen sich nun auch als metaphysische Bestimmungen den aus Atomen zusammengesetzten Dingen mit. Ihre Gestalt und Größe ergibt sich aus der einfachen Summation der Gestalt und Größe der sie zusammensetzenden Atome: doch ist in diesem Falle die Trägheit nicht von der Gesamtgröße allein abhängig, sondern von der geringeren oder größeren Menge leeren Raums, welcher bei der Zusammenfügung zwischen den einzelnen Massenteilchen übrig geblieben ist, also der größeren oder geringeren D i c h t i g k e i t. Und da von dieser Unterbrechung der Masse durch den leeren Raum auch die Verschiebbarkeit der Teilchen gegeneinander abhängt, so gehören auch die Eigenschaften der H ä r t e und Weichheit zu dem wahrhaft Wirklichen, was das Denken erkennt.

Alle andern Eigenschaften aber kommen den Dingen nicht an sich, sondern nur insofern zu, als die von ihnen ausgehenden Bewegungen auf die Organe der Wahrnehmung einwirken: sie sind „Zustände der in qualitativer Änderung begriffenen Wahrnehmung". Aber diese Zustände sind durchweg auch durch die Dinge bedingt, an denen die wahrgenommenen Eigenschaften erscheinen und dabei ist hauptsächlich die Anordnung und die gegenseitige Lagerung maßgebend, welche die Atome bei der Zusammensetzung der Dinge eingenommen haben[165]).

Während also Gestalt, Größe, Trägheit, Dichtigkeit und Härte ἐτεῇ, in Wahrheit Eigenschaften der Dinge sind, ist alles dasjenige, was von den einzelnen Sinnen als Farbe, Ton, Geruch, Geschmack an ihnen wahrgenommen wird, nur νόμῳ oder θέσει, d. h. in der Erscheinung vorhanden. Diese Lehre ist bei ihrer Erneuerung in der Philosophie der Renaissance (vgl. unten Teil IV, § 31, 2) und weiterhin als Unterscheidung der p r i m ä r e n u n d d e r s e k u n d ä r e n E i g e n s c h a f t e n

---

[162]) Als eingehendste Darstellung ist hier und zum folgenden Theophr. de sens., 61 ff. (Doxogr. D., 516) zu vergleichen.

[163]) Es ist kaum mehr zu entscheiden, ob Demokrit die Eigenbewegung, welche der Atomismus sämtlichen Atomen als ursprünglich und ursachlos zuschrieb, auch schon durch die Größe, bzw. Masse bedingt dachte, so daß danach etwa die größeren von vornherein geringere Geschwindigkeiten besessen hätten; jedenfalls galten ihm diese Bestimmungen innerhalb der mechanischen Wirkung der Atome aufeinander. Was größer ist, läßt sich schwerer, was kleiner, leichter stoßen.

[164]) Vgl. jedoch dazu A. GOEDEKEMEYER, Die Naturphilosophie Epikurs in ihrem Verhältnis zu Demokrit, Straßburg 1897.

[165]) Vgl. Arist. Gen. et Corr., I, 2, 315 b, 6.

d e r D i n g e bezeichnet werden, und es empfiehlt sich, diese Ausdrücke schon hier einzuführen, da sie dem metaphysisch-erkenntnistheoretischen Sinne, in welchem Demokrit die protagoreische Lehre für sich nutzbar machte, durchaus entsprechen. Während der Sophist alle Eigenschaften zu sekundären, relativen machen wollte, gab dies Demokrit nur für die Sinnesqualitäten zu und stellte ihnen die quantitativen Bestimmungen als primär und absolut gegenüber.

3. Die sekundären Eigenschaften erscheinen danach zwar von den primären abhängig; aber sie sind es nicht von diesen allein, sondern in noch höherem Maße von der Einwirkung auf das Wahrnehmende. Das Wahrnehmende aber, die S e e l e, kann in dem atomistischen System nur aus Atomen bestehen. Näher sind es nach Demokrit dieselben Atome, welche auch das Wesen des F e u e r s ausmachen, nämlich die feinsten, glattesten und beweglichsten. Sie sind zwar ebenfalls durch die ganze Welt zerstreut, und insofern können auch Tiere, Pflanzen und andere Dinge als beseelt gelten; am meisten aber sind sie im menschlichen Leibe vereinigt, wo während des Lebens zwischen je zwei andern Atomen ein Feueratom sich befindet und wo sie durch das Atmen zusammengehalten werden.

Auf diese (den älteren Systemen, wie man sieht, analoge) Voraussetzung hat nun Demokrit seine Erklärung der Erscheinungen aus dem wahren Wesen der Dinge gebaut. Aus der Einwirkung nämlich der Dinge auf die Feueratome (die Seele) entspringt die Wahrnehmung und mit ihr die sekundären Qualitäten. Die erscheinende Wirklichkeit ist ein notwendiges Ergebnis der wahren Wirklichkeit. In der Ausführung dieser Lehre hat Demokrit die Wahrnehmungstheorien seiner Vorgänger aufgenommen und verfeinert. Die Ausflüsse (vgl. oben § 6, 3), die von den Dingen ausgehen, um die Organe und durch sie die Feueratome in Bewegung zu setzen, nannte er B i l d e r c h e n (εἴδωλα) und betrachtete sie als unendlich kleine Abbilder der Dinge: ihre Einwirkung auf die Feueratome ist die Wahrnehmung, für deren Inhalt so die Ähnlichkeit mit ihrem Gegenstande gewonnen werden sollte. Da Stoß und Druck das Wesen aller Atommechanik ist, so galt der T a s t s i n n als der ursprünglichste Sinn: die besonderen Organe dagegen sollten nur für solche Bilderchen empfänglich sein, welche ihrer eigenen Gestaltung und Bewegung entsprechen, und diese Theorie der s p e z i f i s c h e n E n e r g i e d e r S i n n e s - o r g a n e war von Demokrit sehr fein ausgearbeitet worden. Aus ihr folgt auch, daß, falls es Dinge gäbe, deren Ausflüsse auf keines der Organe einzuwirken vermögen, diese für den gewöhnlichen Menschen unwahrnehmbar bleiben und dafür vielleicht „andern Sinnen" zugänglich sein könnten.

Diese T h e o r i e d e r B i l d e r c h e n ist dem antiken Denker sehr plausibel erschienen. Sie brachte die dem gemeinen Bewußtsein noch heute geläufige Vorstellungsweise, als ob unsere Wahrnehmungen „Abbilder" der außer uns befindlichen Dinge seien, auf einen festen Ausdruck und gab ihr sogar einen gewissen Schein von Erklärung. Wenn man nicht weiter danach fragte, wie die Dinge dazu kommen sollen, solche Miniaturwiederholungen von sich selbst in die Welt hinauszuschicken, so konnte man meinen, damit verstanden zu haben, wie unsere „Eindrücke" den Dingen da draußen ähneln können. Darum ist auch diese Theorie in der physiologischen Psychologie sogleich zur Herrschaft gelangt und bis in die Anfänge der neueren Philosophie hinein (LOCKE) bestimmend geblieben.

Ihre begriffliche Bedeutung aber für das System Demokrits liegt darin, daß damit diejenige Atombewegung beschrieben sein sollte, in der die Wahrnehmung bestehe. Daß das Wahrnehmen als seelische Tätigkeit etwas spezifisch Anderes ist, als jede wie immer bestimmte Atombewegung, das ist diesem prinzipiellen Materialismus, wie allen seinen späteren Umbildungen verborgen geblieben: aber in der Aufsuchung der einzelnen Bewegungsformen, aus denen die einzelnen Wahrnehmungen der besonderen Sinne entspringen, hat der Philosoph von Abdera manche scharfe Beobachtung und manche feine Vermutung verlauten lassen.

4. Interessant ist es nun, daß die materialistische Psychologie Demokrits demselben Geschick verfallen ist, wie diejenige der vorsophistischen Metaphysiker (vgl. § 6): auch sie hat in gewisser Hinsicht den erkenntnistheoretischen Gegensatz von Wahrnehmung und Denken wieder verwischen müssen. Da nämlich alles Seelenleben Bewegung der Feueratome sein soll[166]), Atombewegung aber im Zusammenhange dieses Systems nur durch Berührung und Stoß bedingt ist, so kann auch das D e n k e n, wodurch das wahrhaft Wirkliche erkannt wird, nur aus einem E i n d r u c k, den dies wahrhaft Wirkliche auf die Feueratome macht, also auch nur durch den Ausfluß entsprechender B i l d e r c h e n erklärt werden. Als psychologischer Vorgang ist also Denken dasselbe wie Wahrnehmung: nämlich Eindruck von Bilderchen auf Feueratome; der Unterschied ist nur der, daß bei der Wahrnehmung die verhältnismäßig groben Bilderchen der Atomkomplexe wirksam sind, während das Denken, welches die wahre Wirklichkeit erfaßt, auf einer Berührung der Feueratome mit den feinsten Bilderchen beruht, denjenigen nämlich, welche die atomistische Struktur der Dinge repräsentieren.

So wunderlich und phantastisch dies klingt, so sehr sprechen doch alle Anzeichen dafür, daß Demokrit diese Konsequenz aus den Voraussetzungen seiner materialistischen Psychologie gezogen hat. Diese Theorie kannte keine selbständige, innerliche Mechanik der Vorstellungen, sondern nur ein Entstehen der Vorstellungen durch Atombewegung. Daher faßte sie auch offenbar trügerische Vorstellungen als „Eindrücke" auf und suchte für solche die erregenden Bilderchen. Der Traum z. B. wurde auf εἴδωλα zurückgeführt, welche entweder, schon im wachen Zustande eingedrungen, wegen ihrer schwachen Bewegung vorher keinen Eindruck hervorgerufen oder erst im Schlaf mit Umgehung der Sinne die Feueratome erreicht hätten; eine geheimnisvolle Einwirkung der Menschen aufeinander schien damit begreiflich, und sogar dem Glauben an Götter und Dämonen wurde durch Annahme riesiger Gebilde in dem unendlichen Raume, von denen entsprechende Bilderchen ausgehen sollten, eine objektive Basis gegeben.

Demgemäß scheint nun Demokrit die „echte Erkenntnis" als diejenige Bewegung der Feueratome aufgefaßt zu haben, welche durch den Eindruck der kleinsten und feinsten, die atomistische Zusammensetzung der Dinge wiedergebenden Bilderchen hervorgerufen wird. Diese Bewegung aber ist von allen die zarteste, feinste, sanfteste, der Ruhe nächstkommende. Mit dieser Bestimmung wurde der G e g e n s a t z z w i s c h e n W a h r n e h m u n g u n d D e n k e n — ganz im Sinne des Systems — auf einen q u a n t i t a t i v e n A u s d r u c k gebracht. Die groben Bilderchen der Gesamtdinge setzen die Feueratome in relativ heftige Bewegung und erzeugen dadurch die „dunkle Einsicht", die sich als Wahrnehmung darstellt: die feinsten Bilderchen dagegen drücken den Feueratomen eine sanfte, feine Bewegung

---

[166]) Arist. de an., I, 2, 405 a, 8.

auf, welche die „echte Einsicht" in den atomistischen Bau der Dinge, das Denken, hervorruft. Von dieser Betrachtung her empfiehlt Demokrit, ganz im Gegensatz zu der Auffassung, welche die Wahrheit aus der Wahrnehmung entwickeln wollte, dem Denker die Ablenkung von der Sinnenwelt; jene feinsten Bewegungen kommen nur da zur Geltung, wo die gröberen zurückgehalten werden; wo hingegen allzu heftige Bewegungen der Feueratome stattfinden, da kommt es zum falschen Vorstellen, dem ἀλλοφρονεῖν[167]).

5. Denselben quantitativen Gegensatz aber der starken und der sanften, der heftigen und der leisen Bewegung[168]) hat Demokrit auch seiner e t h i s c h e n T h e o r i e zu Grunde gelegt. Dabei stand er mit seiner Psychologie auf einem ebenso i n t e l l e k t u a l i s t i s c h e n Standpunkt wie Sokrates: auch er setzte die erkenntnistheoretischen Werte der Vorstellungen unmittelbar in ethische Werte der Willenszustände um. Wie aus der Wahrnehmung nur die dunkle Einsicht folgt, welche die Erscheinung und nicht das wahre Wesen zum Gegenstand hat, so ist auch die Lust, die aus der Erregung der Sinne stammt, nur relativ (νόμῳ) dunkel, ihrer selbst ungewiß, scheinbar und trügerisch. Das wahre Glück dagegen, für das der Weise „der Natur nach" (φύσει) lebt, die εὐδαιμονία, die Zweck (τέλος) und Maß (οὖρος) des Menschenlebens ist, darf nicht in äußeren Gütern und sinnlicher Befriedigung, sondern nur in jener sanften Bewegung, jener ruhigen Stimmung (εὐεστώ) gesucht werden, welche die rechte Einsicht, die leise Bewegtheit der Feueratome bei sich führt. Sie allein gibt der Seele Maß und Harmonie (ξυμμετρία) bewahrt sie vor affektvollem Staunen (ἀθαυμασία), verleiht ihr Sicherheit und Unentwegtheit in sich selbst (ἀταραξία, ἀθαμβία): es ist die Meeresstille (γαλήνη) der Seele, welche durch die Erkenntnis ihrer Leidenschaften Herr geworden ist. Wahre Glückseligkeit ist Ruhe (ἡσυχία), und Ruhe gewährt nur die Erkenntnis. So gewinnt Demokrit als Schlußstein seines Systems sein persönliches Lebensideal, dasjenige reiner wunschloser Erkenntnis: damit mündet dieser systematische Materialismus in eine edle und hohe Lebensansicht. Und doch ist auch in ihr ein Zug, der die Moral des Aufklärungszeitalters kennzeichnet: die auf Erkenntnis ruhende Stille des Gemüts ist ein individuelles Lebensglück; und wo Demokrits ethische Lehren über das Individuum hinausreichen, da ist es die Freundschaft, das Verhältnis einzelner Persönlichkeiten zueinander, welche er preist, während er dem staatlichen Zusammenhange verhältnismäßig gleichgültig gegenübersteht.

§ 11. Das System des Idealismus[169]).

Die Entstehung und Ausbildung der platonischen I d e e n l e h r e ist wie einer der wirkungsvollsten und fruchtbarsten, so anderseits einer der schwierigsten und

---

[167]) Theophr. de sens., 58 (Dox. D., 515).
[168]) Die Ähnlichkeit mit der Theorie Aristipps (§ 7, 9) ist so augenfällig, daß die Annahme eines kausalen Zusammenhanges kaum zu umgehen ist. Doch dürfte ein solcher eher in einer gemeinsamen Abhängigkeit von Protagoras, als in Einwirkungen des Atomismus und des Hedonismus aufeinander zu suchen sein.
[169]) [Neuere philosophische Interpretationen (vornehmlich vom Standpunkt der Marburger Schule): PAUL NATORP, Platos Ideenlehre (1903, 2. Aufl., 1922); N. HARTMANN, Platos Logik des Seins (1909); S. MARCK, Die platonische Ideenlehre in ihren Motiven (1912). Dazu kritisch O. WICHMANN, Plato und Kant (1920), H. Maier, Sokrates, 516 ff. und E. HOFFMANN, Der gegenwärtige Stand der Platonforschung (Anhang zu Zeller, Philosophie der Griechen, II. Bd., 5. Aufl., 1922)].

verwickeltsten Vorgänge in der gesamten Geschichte des europäischen Denkens, und ihre Auffassung wird noch durch die Art der literarischen Überlieferung erschwert. Die platonischen Dialoge zeigen die Philosophie ihres Urhebers in einer stetigen Umbildung begriffen: ihre Abfassung hat sich durch ein halbes Jahrhundert hingezogen. Da aber die Reihenfolge der Entstehung der einzelnen weder überliefert noch durchweg aus äußern Kennzeichen festzustellen ist, so müssen pragmatische Hypothesen zu Hilfe genommen werden. Dazu kommt weiter der künstlerische Charakter dieser Werke, in denen Platon mit souveräner Freiheit unter der Maske der Unterredner Probleme entwickeln, Lösungen versuchen, Schwierigkeiten herausarbeiten läßt, ohne damit für jedes Einzelne die volle Verantwortung zu übernehmen.

1. Keine Frage ist es zunächst, daß den Springpunkt des platonischen Denkens der Gegensatz zwischen Sokrates und den Sophisten gebildet hat. Einer liebevollen und in der Hauptsache sicher sinngetreuen Darstellung der Tugendlehre des Sokrates waren Platons erste Schriften gewidmet, die freilich in ihrer Ergebnislosigkeit zugleich eine erste Kritik daran üben: an diese Versuche schloß sich, mit zunehmender Schärfe, aber auch mit zunehmender Verselbständigung eigener Ansicht die Bekämpfung der sophistischen Gesellschafts- und Wissenschaftslehre. Die platonische Kritik ging aber dabei im wesentlichen auch von dem sokratischen Postulat aus: sie gab die Relativität aller Wahrnehmungserkenntnis im Sinne der Protagoras vollständig zu, aber sie fand eben darin die Unzulänglichkeit der Sophistik für eine wahrhafte Tugendlehre[170]). Das Wissen, das für die Tugend erforderlich ist, kann nicht in Meinungen bestehen, wie sie aus den wechselnden Bewegungszuständen von Subjekt und Objekt entspringen, auch nicht aus einer verständigen Überlegung und Rechtfertigung solcher Wahrnehmungsansichten[171]), sondern es muß eine ganz andere Quelle und ganz andere Gegenstände haben. Von der Körperwelt und ihren wechselnden Zuständen — an dieser protagoreischen Ansicht hat Platon bis zum Schluß festgehalten — gibt es keine Wissenschaft, sondern nur Wahrnehmungen und Meinungen: den Gegenstand der Wissenschaft bildet somit eine u n k ö r p e r l i c h e Welt, und diese muß neben der Körperwelt ebenso selbständig vorhanden sein, wie die Erkenntnis neben der Meinung[172]).

Zum erstenmal wird damit ausdrücklich und vollbewußt die Behauptung von einer i m m a t e r i e l l e n W i r k l i c h k e i t aufgestellt, und es ist klar, daß sie dem ethischen Bedürfnis nach einer über alle Wahrnehmungsvorstellungen erhabenen Erkenntnis, nach einem über die Körperwelt hinausgehenden Seelenleben entspringt. Die Annahme der Immaterialität hatte für Platon zunächst nicht den Zweck, die Erscheinungen zu erklären, sondern vielmehr den, ein Objekt für die sittliche Erkenntnis und das sittliche Wollen zu gewähren. Darum entspringt diese idealistische Metaphysik in ihrem ersten Entwurf[178]) ohne jede Rücksicht auf ein Erforschen und Verstehen der Erscheinungen oder auf die dahin gerichtete Arbeit der früheren Wissenschaft, und sie steht ganz auf eigenem, neuem Boden: sie ist ein i m m a t e r i e l l e r E l e a t i s m u s, der in den Ideen das wahre Sein sucht,

---

[170]) In dieser Hinsicht faßt der Theaetet die ganze Kritik der Sophistik zusammen.
[171]) δόξα ἀληθὲς μετὰ λόγου Theaet., 210 e. (Vermutlich eine Formel des Antisthenes.)
[172]) Aristot. Met., I, 6, 987 a, 32, XIII, 4, 1078 b, 12.
[178]) Wie sie in den Dialogen Phaidros und Symposion dargestellt ist.

ohne sich um die Welt des Geschehens zu kümmern, die er der Wahrnehmung und Meinung überläßt[174]).

Dabei ist jedoch zur Vermeidung vielfacher Mißverständnisse[175]) ausdrücklich darauf hinzuweisen, daß der platonische Begriff der Immaterialität (ἀσώματον) sich keineswegs mit demjenigen des Geistigen oder Seelischen deckt, wie das nach moderner Vorstellungsweise leicht angenommen wird. Die einzelnen psychischen Funktionen gehören für die platonische Auffassung gerade so zur Welt des Werdens wie die des Leibes und der übrigen Körper, und anderseits finden in der wahren Wirklichkeit die „Gestalten" der Körperlichkeit, die Ideen sinnlicher Eigenschaften und Verhältnisse geradeso Platz wie diejenigen der geistigen Beziehungen. Die Identifikation von Geist und Unkörperlichkeit, die Scheidung der Welt in Geist und Körper ist unplatonisch. Die unkörperliche Welt, die Platon lehrte, ist noch nicht die geistige.

Aber diese unkörperliche Welt ist auch nicht bloß ein Reich logisch bestimmender Formen, für die nach einer geistreichen Deutung Lotzes[176]) nicht ein Sein oder ein höheres Sein, sondern „ein G e l t e n" in Anspruch genommen würde. Diese Auffassung liegt freilich für das moderne, durch Kant bestimmte erkenntnistheoretische Denken nahe und enthält gewiß die einzige Möglichkeit, den Platonismus dauernd zu vertreten. Aber man muß sich darüber klar sein, daß es eine Umdeutung ist, die dem historischen Platonismus durchaus fern liegt. Daß das ὄντως ὄν eine m e t a p h y s i s c h e R e a l i t ä t bedeutet, hat nicht nur Platon selbst ausdrücklich ausgesprochen, nicht nur sein großer Schüler Aristoteles, dem wir doch wohl ein genaueres Verständnis als allen heutigen Interpretatoren zutrauen müssen, durch seine Darstellung und seine Polemik bezeugt, sondern darauf beruht auch die weltgeschichtliche Bedeutung des Platonismus für das philosophische und, wie sich zeigen wird, das religiöse Denken des Altertums und des Mittelalters. Die Spaltung im Begriffe der Wirklichkeit (vgl. unten Nr. 5) mit allen ihren Folgen für die zukünftige Metaphysik wird nur dadurch begreiflich, und diese ganze weittragende Entwicklung auf ein Mißverständnis des Aristoteles zurückzuführen, woran das ganze Altertum sich beteiligt haben müßte, erscheint doch als ein äußerst bedenkliches Unterfangen historischer Verständnislosigkeit.

Vielmehr sind die Ideen für Platon d a s u n k ö r p e r l i c h e S e i n, w e l c h e s d u r c h d i e B e g r i f f e e r k a n n t w i r d. Da nämlich die Begriffe, in denen Sokrates das Wesen der Wissenschaft gefunden hatte, als solche nicht in der wahrnehmbaren Wirklichkeit gegeben sind, so müssen sie eine davon verschiedene, für sich bestehende „zweite", „andere" Wirklichkeit bilden, und diese immaterielle Wirklichkeit verhält sich zu der materiellen wie das Sein zum Werden, wie das Bleibende zum Wechselnden, wie das Einfache zum Mannigfaltigen, kurz — wie die Welt des Parmenides zu derjenigen Heraklits. Der Gegenstand des sittlichen Wissens, durch die allgemeinen Begriffe erkannt, ist das wahrhaft Seiende: ethische,

---

[174]) Untersuchungen zur theoretischen Naturwissenschaft finden sich erst in den spätesten Dialogen Platons.
[175]) Zu denen die neupythagoreische (vgl. unten § 19, 4) und neuplatonische Umdeutung der Ideenlehre Anlaß gegeben hat.
[176]) LOTZE, Logik (1874), § 317 ff.

logische und physische ἀρχή sind dasselbe. Dies ist der Punkt, an welchem alle Fäden der früheren Philosophie zusammenlaufen.

2. Sollen danach die Ideen „etwas Anderes" als die wahrnehmbare Welt sein, so kann ihre Erkenntnis durch die Begriffe auch nicht aus dem Wahrnehmungsinhalte gefunden werden; denn sie können darin nicht enthalten sein. Mit dieser der schärferen Trennung der beiden Welten entsprechenden Wendung wird die platonische Erkenntnislehre viel rationalistischer als die demokritische, und sie geht damit auch entschieden über Sokrates hinaus. Denn wenn dieser das Allgemeine aus den Meinungen und Wahrnehmungen der Einzelnen induktiv entwickelt, wenn er es darin als das gemeinsam Enthaltene gefunden hatte, so faßt Platon den Prozeß der Induktion nicht in dieser analytischen Weise auf, sondern er sieht in den Wahrnehmungen nur die Veranlassungen, mit Hilfe deren sich die Seele auf die Begriffe, auf die Erkenntnis der Ideen b e s i n n t.

Platon hat dies rationalistische Prinzip dahin ausgesprochen, daß die p h i l o-s o p h i s c h e E r k e n n t n i s E r i n n e r u n g sei (ἀνάμνησις). An dem Beispiel des pythagoreischen Lehrsatzes zeigte er[177]), daß die mathematische Erkenntnis nicht aus der sinnlichen Wahrnehmung herausgeschält wird, sondern daß diese nur die Gelegenheit darbietet, bei welcher sich die Seele an die in ihr schon vorher vorhandene, d. h. rein rational geltende Erkenntnis erinnert. Er deutet dabei darauf hin, daß die reinen mathematischen Verhältnisse in der körperlichen Wirklichkeit gar nicht vorhanden sind, sondern daß ihre Vorstellung in uns nur auf Veranlassung ähnlicher Gebilde der Wahrnehmung entsteht; und er hat diese für mathematische Einsichten völlig zutreffende Beobachtung auf die Gesamtheit der wissenschaftlichen Erkenntnis ausgedehnt.

Daß nun aber diese Besinnung auf das rational Notwendige als „Erinnerung" aufgefaßt wird, hängt damit zusammen, daß Platon ebensowenig wie irgendeiner seiner Vorgänger eine schöpferische, den Inhalt erzeugende Tätigkeit des Bewußtseins anerkennt. Dies ist eine allgemeine Grenze der ganzen griechischen Psychologie: der Inhalt für die Vorstellungen muß der „Seele" irgendwie gegeben sein. Sind daher die Ideen nicht in der Wahrnehmung gegeben und findet das Bewußtsein sie doch bei der Wahrnehmung in sich vor, so muß die Seele die Ideen irgendwie schon vorher e m p f a n g e n haben. Für diese Aufnahme der Ideen aber findet Platon nur eine mythische Darstellung[178]), die Seelen haben vor dem irdischen Leben in der unkörperlichen Welt selbst die reinen Gestalten der Wirklichkeit g e s c h a u t, und die Wahrnehmung ähnlicher körperlicher Dinge ruft (nach dem allgemeinen Gesetze der Assoziation und Reproduktion[179]) die Erinnerung an jene in dem körperlichen Erdenleben vergessenen Bilder zurück: daraus aber erwacht der p h i l o s o p h i s c h e T r i e b, die L i e b e z u d e n I d e e n (ἔρως), womit die Seele sich wieder zur Erkenntnis jener wahren Wirklichkeit erhebt. Auch hier zeigt sich, wie bei Demokrit, daß der gesamte antike Rationalismus sich von dem Vorgange des Denkens eine Vorstellung nur nach Analogie der sinnlichen, insbesondere der optischen Wahrnehmung machen konnte.

---

[177]) Men., 80 ff.
[178]) Phaidr., 246 ff.
[179]) Phaid., 72 ff.

Was Sokrates in der Lehre von der Begriffsbildung als Induktion bezeichnet hatte, verwandelte sich also für Platon in eine erinnernde Intuition (συναγωγή und σύνοψις) in die Besinnung auf eine höhere und reinere Anschauung. Diese bezieht sich aber der Mannigfaltigkeit von Anlässen gemäß, auf eine Vielheit von Ideen, und der Wissenschaft erwächst daraus die weitere Aufgabe, auch das V e r h ä l t n i s d e r I d e e n u n t e r e i n a n d e r zu erkennen. Dies ist ein zweiter Schritt Platons über Sokrates hinaus und darum besonders wichtig, weil er zunächst zur Auffassung der l o g i s c h e n B e z i e h u n g e n z w i s c h e n d e n B e g r i f f e n geführt hat. Dabei sind es hauptsächlich die Verhältnisse der Unterordnung und Nebenordnung der Begriffe, auf welche Platon aufmerksam wurde: die Einteilung der Gattungs- begriffe in ihre Arten spielte in seiner Lehre[180]) eine große Rolle: auch die Ver- einbarkeit oder Unvereinbarkeit der Begriffe findet sich genauer in Betracht ge- zogen[181]), und als ein methodisches Hilfsmittel empfahl er die hypothetische Er- örterung, die einen versuchsweise aufgestellten Begriff durch Entwicklung aller möglichen Folgerungen auf seine Vereinbarkeit mit den bereits erkannten Begriffen prüfen soll[182]).

Der Gesamtheit dieser logischen Operationen, durch welche die Ideen und ihre Beziehungen zueinander (κοινωνία) gefunden werden sollen, hat Platon mit dem Namen D i a l e k t i k bezeichnet. Was sich in seinen Schriften darüber findet, hat durchweg methodologischen, aber noch keinen eigentlich logischen Charakter.

J. STENZEL, Studien zur platonischen Dialektik (1917).

3. Die Lehre von der Erkenntnis als Erinnerung stand aber im genauesten Zu- sammenhange mit Platons Auffassung von dem V e r h ä l t n i s d e r I d e e n z u d e r E r s c h e i n u n g s w e l t. Zwischen der höheren Welt der οὐσία und der niederen Welt der γένεσις, zwischen dem Seienden und dem Werdenden fand er dasjenige Verhältnis der Ähnlichkeit, welches zwischen Urbildern (παραδείγματα) und ihren Nachbildungen (εἴδωλα) besteht. Auch hierin erweist sich ein starker Einfluß der Mathematik auf die platonische Philosophie: wie schon die Pythagoreer die Dinge als Nachahmungen der Zahlen bezeichnet hatten, so fand Platon, daß die einzelnen Dinge ihren Gattungsbegriffen immer nur bis zu einem gewissen Grade entsprechen, daß der Gattungsbegriff ein logisches Ideal ist, dem keines seiner empirischen Exemplare völlig gleichkommt. Das drückte er durch den Begriff der N a c h a h m u n g (μίμησις) aus: damit war aber zugleich festgesetzt, daß jene zweite Welt, diejenige der unkörperlichen Ideen, die höhere, wertvollere, ursprüng- liche Welt sein sollte.

Doch gab diese Vorstellungsweise mehr eine Wertbestimmung als eine für die metaphysische Betrachtung brauchbare Anschauung; daher suchte Platon noch nach andern Bezeichnungen des Verhältnisses. Die logische Seite der Sache, wonach die Idee als Gattungsbegriff den einheitlichen Umfang darstellt, von dem die einzelnen

---

180) Vgl. Phileb., 16 c. Doch tritt das Einteilen in den platonischen Schriften nicht irgendwie bedeutend hervor; mit schulmeisterlicher Pedanterie, wenn nicht mit polemischer Ironie ist es in den Dialogen Sophistes und Politikos gehandhabt. Das Altertum hat „Definitionen" und „Diäresen" aus der platonischen Schule erhalten: eine Verspottung dieser akademischen Begriffsspalterei durch einen Komiker ist bei Athenaeus, II, 59 c, erhalten.
181) Phaid., 102 ff.
182) Ibid., 101 d.

Dinge nur einen Teil bedeuten, kommt in dem Ausdruck T e i l n a h m e (μέθεξις) zur Geltung, womit gesagt sein soll, daß das einzelne Ding an dem allgemeinen Wesen der Idee nur Teil hat; und den Wechsel dieses Teilhabens hebt der Begriff der G e g e n w ä r t i g k e i t (παρουσία) hervor: der Gattungsbegriff ist an dem Dinge so lange gegenwärtig, als es die der Idee innewohnenden Eigenschaften besitzt. Die Ideen gehen und kommen, und indem sie sich den Dingen bald mitteilen, bald wieder entziehen, wechseln diese für die Wahrnehmung die den Ideen ähnlichen Eigenschaften.

Indessen war die genaue Bezeichnung dieses Verhältnisses für Platon ein Gegenstand nur sekundären Interesses: in erster Linie lag ihm daran, daß die prinzipielle Verschiedenheit der Ideenwelt von der Körperwelt und die Abhängigkeit der letzteren von der ersteren anerkannt wurde[183]). Das Wesentliche blieb ihm die Überzeugung, daß durch die Begriffe diejenige Erkenntnis des wahrhaft Seienden gewonnen werden konnte, deren die Tugend bedarf.

A. PEIPERS, Ontologia Platonica (Leipzig 1883).

4. Allein das logisch-metaphysische Interesse, das Platon auf die sokratische Lehre vom Wissen aufpropfte, führte ihn auch inhaltlich weit über den Meister hinaus. Die allgemeinen Bestimmungen, welche er für das Wesen der Ideen entwickelte, trafen für s ä m t l i c h e G a t t u n g s b e g r i f f e zu, und die immaterielle Welt bevölkerte sich daher mit den Urbildern der gesamten Erfahrungswelt. Soviel Gattungsbegriffe, soviel Ideen: auch für Platon sind die „Gestalten" unzählige. Insofern hatte die Kritik[184]) recht, wenn sie sagte, Platons Ideenwelt sei die Wahrnehmungswelt, noch einmal gedacht im Begriffe.

In der Tat gibt es nach dem ersten Entwurf der platonischen Philosophie Ideen von allem nur irgend Möglichen, von Dingen, Eigenschaften und Verhältnissen, vom Guten und Schönen nicht mehr als vom Bösen und Häßlichen. Da die Idee methodologisch rein formal als Gattungsbegriff bestimmt ist, so gehört jeder beliebige Gattungsbegriff in die höhere Welt der reinen Formen: der Dialog Parmenides[185]) machte nicht nur auf allerlei dialektische Schwierigkeiten aufmerksam, die in dem logischen Verhältnis der einen Idee zu ihren vielen Exemplaren stecken, sondern wies auch höhnisch genug auf alle die schmutzigen Gesellen hin, die sich in der Welt der reinen begrifflichen Gestalten antreffen ließen.

Gegen solchen Einwurf war Platons Philosophie prinzipiell wehrlos, und es findet sich in den Dialogen auch keine Andeutung darüber, daß er versucht hätte, ein bestimmtes Kriterium für die A u s w a h l derjenigen Gattungsbegriffe, welche als Ideen, als Bestandteile der höheren, unkörperlichen Welt angesehen werden sollten, anzugeben. Auch die Beispiele, die er anführt, lassen ein solches Prinzip nicht erkennen; nur scheint es, als habe er mit der Zeit immer mehr die Wertbestimmungen (wie das Gute und Schöne), die mathematischen Verhältnisse (Größe und Kleinheit, numerische Bestimmtheiten usw.) und die Gattungstypen der Naturwesen hervorgehoben, bloße Beziehungsbegriffe dagegen, besonders negative Vorstellungen und Artefakten nicht mehr zu den Ideen gerechnet[186]).

---

[183]) Phaid., 100 d.
[184]) Arist. Met., I, 9, 990 b, 1
[185]) Parm., 130 c.
[186]) Vgl. auch Aristot. Met, XII, 3, 1070 c, 18.

5. Ebenso dunkel bleibt schließlich unsere Kenntnis von dem s y s t e m a t i - s c h e n   Z u s a m m e n h a n g und der O r d n u n g, welche Platon im Reiche der Ideen statuiert wissen wollte. So sehr er darauf drang, Koordination und Sub- ordination der Begriffe festzustellen, so wenig scheint doch der Gedanke einer logisch geordneten Begriffspyramide, die in dem allgemeinsten, inhaltsärmsten Begriffe hätte gipfeln müssen, zur Durchführung gekommen zu sein. Einen pro- blematischen Versuch, eine beschränkte Anzahl (5) allgemeinster Begriffe[187]) auf- zustellen, bietet der Dialog Sophistes[188]) dar; aber diese Versuche, die auf die aristotelische Kategorienlehre zutreiben, bleiben sachlich in der Grundunter- scheidung der beiden Welten stecken und haben in Platons Lehre keine weitere Entwicklung gefunden und keine Wirkung hinterlassen. Weit bedeutsamer aber ist die sachliche Wendung, die Platon diesen Fragen durch die im Philebos wie in der Republik vorgetragene Lehre gab, daß die I d e e   d e s   G u t e n die höchste, alle andern umfassende, beherrschende, verwirklichende sei. Dabei hat Platon diese Idee so wenig wie Sokrates inhaltlich definiert, sondern sie nur durch die Beziehung bestimmt, daß sie den höchsten, a b s o l u t e n Z w e c k i n h a l t a l l e r W i r k l i c h k e i t, der unkörperlichen wie der körperlichen, darstellen solle. Die Unterordnung der übrigen Ideen unter diese höchste ist somit nicht die l o g i s c h e Subordination des Besonderen unter das Allgemeine, sondern die t e l e o l o g i s c h e der Mittel unter den Zweck.

Die Unfertigkeit dieser Lösung des logischen Problems scheint den Philosophen in der letzten Zeit seiner Wirksamkeit, über die wir nur Andeutungen in kritischen Bemerkungen des Aristoteles[189]), sowie in den Lehren seiner nächsten Nachfolger haben, auf den unglücklichen Gedanken geführt zu haben, das S y s t e m   d e r I d e e n nach der Methode der p y t h a g o r e i s c h e n   Z a h l e n l e h r e zu ent- wickeln. Auch die Pythagoreer hatten freilich die Absicht gehabt, die bleibenden Ordnungen der Dinge symbolisch an die Entwicklung der Zahlenreihe anzuknüpfen. Aber das war doch nur ein erster Notbehelf dafür gewesen, da sie von der logischen Ordnung der Begriffe noch keine Vorstellung hatten. Jetzt, so scheint es, fiel Platon darauf zurück; er bezeichnete die Idee des Guten als das ἕν, die Eins, und leitete aus ihr zunächst die Zweiheit (δυάς) des ταὐτόν und des θάτερον, d. h. des Einheitlichen und des Mannigfaltigen oder des Maßes und des Unendlichen (πέρας und ἄπειρον = ungrade und grade, vgl. § 4, 11) ab, um dann weiter das System der übrigen Ideen und Zahlen so anzufügen, daß sie eine Stufenfolge des Bedingen- den und des Bedingten bilden sollten. Diese unglückliche Konstruktion nahmen dann die älteren Akademiker, besonders Speusippos und Xenokrates auf, und sie verquickten die begriffliche Abstufung in phantastischer Weise mit theologischen Lehren, indem sie nach dieser philosophischen Ordnung die Zwischenwelt der niederen Götter und der Dämonen zu gestalten versuchten. Hierin sind ihnen später Neupythagoreer und Neuplatoniker gefolgt: das philosophisch Bedeutsame jedoch war ein anderes. Durch diese Abstufung nämlich innerhalb der οὐσία,

---

[187]) Sein, Ruhe, Bewegung, Selbigkeit (ταὐτότης) und Anderheit (ἑτερότης) — d. h. die Einteilung des Seins in das sich selbst immer gleiche, ruhende (οὐσία) und das in steter· Veränderung begriffene, bewegte (γένεσις).

[188]) Soph., 254 ff.

[189]) Vgl. A. TRENDELENBURG, Platonis de ideis et numeris doctrina (Leipzig 1826).

der Welt wahrer Wirklichkeit, wurde die S p a l t u n g   i m   B e g r i f f e   d e r
W i r k l i c h k e i t, welche sich aus dem Gegensatze der Wahrnehmung und des
Denkens entwickelt hatte, v e r v i e l f ä l t i g t und damit der Dualismus wieder
aufgehoben. Denn wenn dem Einen oder der Idee des Guten die höchste, absolute
Realität, den verschiedenen Schichten der Ideenwelt aber immer um so geringer-
wertige Realität zugeschrieben wurde, je weiter sie in dem Zahlensystem von der
Eins entfernt zu stehen kamen, so entstand daraus eine S t u f e n l e i t e r   v o n
W i r k l i c h k e i t e n, welche von der Eins herab bis zu der niedersten Wirklichkeit, derjenigen der Körperwelt, reichte. So phantastisch dieser Gedanke sein
mag, so kräftig und wirksam hat er sich in der Entwicklung des Denkens bis
an die Schwelle der neueren Philosophie erwiesen: seine Macht aber steckt zweifellos überall in der Gleichsetzung von Wertbestimmungen mit den verschiedenen
Schichten der Realität.

E. FRANK, Plato und die sog. Pythagoreer (1923).

6. Während die Ideenlehre als Metaphysik in derartige Schwierigkeiten geriet,
hat sie eine überaus glückliche, einfache und durchsichtige Ausführung auf demjenigen Gebiete gefunden, welches ihren eigentlichen Herd bildete: dem ethischen.
Zur systematischen Bearbeitung dieser Fragen jedoch bedurfte Platon einer
P s y c h o l o g i e, einer andern freilich als diejenige war, welche in der bisherigen
Wissenschaft aus naturphilosophischen Voraussetzungen mit einzelnen Wahrnehmungen oder Meinungen zustande gekommen war. Wenn er nun demgegenüber
seine Psychologie aus den Postulaten der Ideenlehre entwickelte, so war das freilich
eine rein metaphysische Theorie, die mit jener Voraussetzung stand und fiel, zugleich
aber doch vermöge des Inhalts der Ideenlehre ein erster Versuch, das Seelenleben
von innen heraus und nach seiner innerlichen Bestimmtheit und Gliederung zu
begreifen.

Unterstützt wurde dieser völlig neue Versuch bei Platon durch die t h e o l o g i-
s c h e n Lehren, die er hauptsächlich den Kreisen der d i o n y s i s c h e n Mysterien
entnehmen konnte. Hier galt die individuelle Menschenseele als ein Dämon, der,
aus einer andern Welt in den Leib gefahren oder gebannt, in seinem Erdenleben
geheimnisvolle und leidenschaftliche Beziehungen zu seiner ursprünglichen Heimat
bewahre und betätige. Solche theologische Vorstellungen zog nun der Philosoph in
sein wissenschaftliches System nicht ohne bedenkliche Schwierigkeiten herein.

Der Begriff der S e e l e bildete in dem Dualismus der Ideenlehre schon an sich
ein eigenes Problem[190]). „Seele" war, wie der populären Vorstellung, so auch für
Platon der wissenschaftlichen Begriffsbestimmung[191]) nach einerseits das Lebendige,
dasjenige, was von selbst bewegt ist und anderes bewegt, anderseits dasjenige, was
wahrnimmt, erkennt und will. Als Prinzip des Lebens und der Bewegung gehört
also die Seele zu der niederen Welt des Werdens, und in dieser bleibt sie, wenn sie
wahrnimmt und auf die Gegenstände der Sinne ihre Begierden richtet. Aber diese
selbe Seele wird doch durch die wahre Erkenntnis auch der Ideen, der höheren
Wirklichkeit bleibenden Seins teilhaftig. Es muß ihr daher eine Z w i s c h e n-
s t e l l u n g zugestanden werden: nicht die zeitlos unveränderte Wesenheit der

---

190) Phaid., 76 ff.
191) Phaidr., 245, Phaid., 105, Nom., X, 896.

Ideen, aber eine den Wechsel überdauernde Lebendigkeit, d. h. U n s t e r b l i c h -
k e i t. Zum erstenmal wird hier von Platon die persönliche Unsterblichkeit, die
ihm ein Gegenstand religiöser Überzeugung und ein Dogma der dionysischen
Mysterien war, als philosophisches Lehrstück vorgetragen. Von den Beweisen, die
der Phaidon dafür erbringt, sind aus dem Geiste des Systems heraus die zutreffend-
sten diejenigen, welche aus der Erkenntnis der Ideen auf die Verwandtschaft der
Seele mit der Ewigkeit schließen; der Form des Systems entspricht der dialektische
Fehlschluß, daß die Seele, weil ihr wesentliches Merkmal das Leben sei, nicht tot
sein könne; das verhältnismäßig haltbarste der Argumente ist der Hinweis auf die
einheitliche Substantialität, welche die Seele in der Regierung des Leibes beweise.

Bei dieser Zwischenstellung muß die Seele die Züge beider Welten an sich tragen;
es muß in ihrem Wesen etwas sein, was der Ideenwelt, und etwas was der Wahrnehmungswelt entspricht. Das erstere ist das V e r n ü n f t i g e (λογιστικόν oder
νοῦς), der Sitz des Wissens und der ihr entsprechenden Tugend; in dem andern
aber, dem Unvernünftigen, unterschied Platon wieder zweierlei: das Edlere, das
der Vernunft zuneigt, und das Niedere, das ihr widerstrebt. Das Edlere fand er
in der affektvollen Willenskraft (M u t, θυμός), das Niedere in der sinnlichen
Begehrlichkeit (B e g i e r d e, ἐπιθυμία). Danach sind Vernunft, Mut und Begierde
die drei Betätigungsformen der Seele, die Arten (εἴδη) ihrer Zustände.

So aus ethischen Wertbestimmungen und zugleich theologischen Voraussetzungen
erwachsen, werden diese psychologischen Grundbegriffe von Platon zur Darstellung
des sittlichen Geschicks des Individuums verwendet: Folge zugleich und Strafe
der sinnlichen Begehrlichkeit ist die Fesselung der Seele an den Leib. Platon dehnt
das unsterbliche Dasein der Seele über die beiden Grenzen des irdischen Lebens
gleichmäßig aus: in der Präexistenz[192]) ist die Schuld zu suchen, um deren Willen
die Seele in die Sinnenwelt verstrickt ist; in der Postexistenz[192]) wird ihr Geschick
davon abhängen, inwieweit sie sich während des Erdenlebens von der sinnlichen
Begehrlichkeit frei gemacht und ihrer höheren Bestimmung, der Erkenntnis der
Ideen, zugewendet hat. Insofern aber danach als letztes Ziel der Seele die Abstreifung der Sinnlichkeit erscheint, so werden jene drei Tätigkeitsformen auch
als T e i l e   d e r   S e e l e bezeichnet. Im Timaios schildert Platon sogar die
Zusammensetzung aus diesen Teilen und behält die Unsterblichkeit nur für den
vernünftigen Teil zurück.

Schon aus diesen wechselnden Bestimmungen erhellt, daß das Verhältnis dieser
drei Grundformen des psychischen Lebens zu der (freilich nicht immer gleichmäßig stark betonten) Einheitlichkeit der Seele nicht zur Klarheit gebracht ist;
und ebensowenig ist es möglich, diesen aus ethischem Bedürfnis und theologischem
Interesse geformten Begriffen den Sinn rein psychologischer Unterscheidungen,
wie sie die spätere Zeit gemacht hat, unterzuschieben[193]).

---

[192]) Die Ausmalung dieser Lehren geschieht in der Form der mythischen Allegorien,
welche Motive aus dem Volksglauben und aus den Mysterienkulten benutzen: sie finden
sich Phaidr., 246 ff., Gorgias, 523 ff., Rep., 614 ff., Phaid., 107 ff.

[193]) Daß es sich für Platon dabei wesentlich um Wertabstufungen des Psychischen
handelte, zeigt sich außer in der Verwendung für Ethik und Politik auch in solchen
Bemerkungen, welche diese Dreiteilung für die verschiedenen organischen Wesen, oder
anderseits für die verschiedenen Völker (Südländer, Nordländer, Griechen) als charakteristisch kennzeichneten.

H. Barth, Die Seele in der Philosophie Platos (1921).

7. Jedenfalls aber folgte auf diese Weise aus der Zweiweltenlehre eine negative, weltflüchtige M o r a l, worin der Rückzug aus der Sinnenwelt und die Vergeistigung des Lebens als Ideale der Weisheit gepriesen wurden. Es ist nicht nur der Phaidon, der in der Schilderung vom Tode des Sokrates diese ernste Stimmung atmet, sondern auch Dialoge wie der Gorgias, der Theaetet und zum Teil die Republik, worin die gleiche ethische Ansicht vorwaltet. Aber in Platons eigener Natur war dem schweren Blute des Denkers der leichte Herzschlag des Künstlers beigesellt, und es wohnte in ihm der Zwiespalt, daß, während seine Philosophie ihn in das Reich der körperlosen Gestalten lockte, doch der ganze Zauber hellenischer Schönheit in ihm lebendig war. Zugleich aber war in der Entwicklung der Ideenlehre (vgl. unten Nr. 9) auch der Anlaß gegeben, daß Platon bei der ursprünglichen strengen Sonderung zwischen den beiden Welten des Wesens und des Werdens nicht stehen bleiben konnte, sondern zur Auffassung eines positiven Verhältnisses fortschreiten mußte, das unter den gegebenen Voraussetzungen nur in einer teleologischen Unterordnung der Erscheinungen unter die Ideen bestehen konnte. Dies machte sich auch in Platons Ethik geltend. So sehr er deshalb die aristippische Theorie, welche in der Sinneslust das Streben des Menschen beschlossen finden wollte, von Grund aus bekämpfte, so meinte er doch, daß die Idee des Guten sich auch in der Sinnenwelt realisiere. Die Freude am Schönen, die schmerzlose, weil wunschlose Lust an der sinnlichen Nachahmung der Idee, die Entfaltung der Kenntnisse und der praktischen Kunstfertigkeit, das Verständnis der Maßbestimmungen der empirischen Wirklichkeit und die zweckvolle Einrichtung individuellen Lebens, — alles das galt ihm wenigstens als Vorstufen und Anteile zu jenem höchsten Gut, das in der Erkenntnis der Ideen und der höchsten unter ihnen, der Idee des Guten, besteht. Im Symposion und im Philebos hat er dieser seiner Wertung der Lebensgüter Ausdruck gegeben.

In anderer Form hat Platon denselben Gedanken, daß die sittliche Wertbestimmung den ganzen Umkreis des menschlichen Lebens zu durchleuchten habe, in der Darstellung des Systems der Tugenden zur Geltung gebracht, welches er in der Republik entwickelte. Er suchte hier der in der Literatur seiner Zeit mehrfach auftretenden Lehre von den Grundtugenden eine systematische Unterlage zu geben, indem er zeigte, daß jeder der Seelenteile eine bestimmte Aufgabe zu erfüllen und damit seine Vollkommenheit zu erreichen habe; der vernünftige Teil in der W e i s h e i t (σοφία), der muthafte (θυμοειδές) in der W i l l e n s e n e r g i e (Tapferkeit, ἀνδρία), der begehrliche (ἐπιθυμητικόν) in der S e l b s t b e h e r r - s c h u n g (Maßhalten, σωφροσύνη), — daß aber dazu noch als Gesamttugend der Seele das richtige Verhältnis dieser Teile, die volle R e c h t s c h a f f e n h e i t (Gerechtigkeit, δικαιοσύνη) hinzutreten müsse. Der wahre Sinn aber dieser v i e r K a r d i n a l t u g e n d e n entwickelt sich erst auf einem höheren Gebiete, demjenigen der Politik.

8. Die auf das Allgemeine gerichtete Tendenz der Ideenlehre hat ihre höchste Wirkung darin entfaltet, daß das ethische Ideal der platonischen Philosophie nicht in der Tüchtigkeit und dem Glück des Individuums, sondern in der sittlichen Vollkommenheit der G a t t u n g lag. Getreu dem logischen Prinzip der Ideenlehre ist das im ethischen Sinne wahrhaft Seiende nicht der einzelne Mensch, sondern

die Menschheit, und ihre Erscheinung ist die organische Verbindung der Individuen im S t a a t. Das ethische Ideal wird für Platon zum p o l i t i s c h e n, und
mitten in der Zeit, welche die Auflösung des griechischen Staatslebens sah, richtete
er den Lehren gegenüber, die nur noch das Prinzip der individuellen Glückseligkeit
verkündeten, den Begriff des Staates zu allbeherrschender Hoheit auf. Er betrachtete
aber den Staat wesentlich nicht von seiten seiner empirischen Entstehung, sondern
im Hinblick auf seine Aufgabe: das Ideal der Menschheit im großen darzustellen
und den Bürger zu derjenigen Tugend zu erziehen, welche ihn wahrhaft glücklich
macht. Überzeugt, daß sich sein Entwurf, nötigenfalls mit Gewalt, in Wirklichkeit
umsetzen lasse, verwob er darin nicht nur Züge aus dem bestehenden griechischen
Staatsleben, die er billigte, insbesondere diejenigen der aristokratischen, dorischen
Verfassungen, sondern auch alle die Ideale, deren Erfüllung er von der rechten
Gestaltung des öffentlichen Lebens erhoffte.

K. F. HERMANN (Ges. Abhandlungen, 122 f.). — E. ZELLER (Vorträge und Abhandlungen,
I, 62 ff.). — ADAM, The Republic of Plato (Cambridge 1902). — E. SALIN, Platon und die
griechische Utopie (1921).

Soll der I d e a l s t a a t den Menschen im großen darstellen, so muß er aus den
drei Teilen bestehen, die den drei Teilen der Seele entspringen: dem L e h r s t a n d,
dem W e h r s t a n d, dem N ä h r s t a n d. Dem ersteren allein, dem Stande der
Gebildeten (φιλόσοφοι), kommt es zu, den Staat zu lenken und zu regieren[194])
(ἄρχοντες), die Gesetze zu geben und ihre Befolgung zu überwachen: seine Tugend
ist die Weisheit, die Einsicht dessen, was dem Ganzen frommt, was der sittliche
Zweck des Ganzen erfordert. Ihn zu unterstützen, ist der zweite Stand da, derjenige
der Beamten (ἐπίκουροι; Wächter, φύλακες), der in der Aufrechterhaltung der
Staatsordnung nach innen und außen die Tugend unerschrockener Pflichterfüllung
(ἀνδρία) zu bewähren hat. Der großen Masse des Volkes aber, den Bauern und
Handwerkern (γεωργοὶ καὶ δημιουργοί), die für die Beschaffung der äußeren Mittel
des Staates durch Arbeit und Erwerb[195]) zu sorgen haben, ziemt der Gehorsam,
der die Begierden im Zaume hält, die Selbstbeherrschung (σωφροσύνη). Erst wenn
so jeder der Stände das Seine tut und das Seine erhält, entspricht das Staatswesen
dem Ideal der Gerechtigkeit (δικαιοσύνη).

Der Grundgedanke des Ganzen ist der, daß das einheitliche Leben, das allein
einen Staat stark und leistungsfähig macht, nur in der E i n h e i t d e r G e s i n-
n u n g seiner Bürger begründet sein kann: diese ist aber nach sokratisch-platoni-
scher Überzeugung nur durch die unbedingte Herrschaft einer Lehre, d. h. der
Wissenschaft möglich. Vor dieser höchsten Anforderung müssen alle persönlichen
Interessen schweigen, und aus dieser Gesinnung heraus will Platon die individuelle
Freiheit der Vollbürger auf das äußerste beschränkt wissen. Das Staatsideal der
Politeia wird dadurch ein im Dienste einer wissenschaftlichen Lehre stehender
Militärstaat.

Das Prinzip der A r i s t o k r a t i e d e r B i l d u n g, welches für das platonische
Staatsideal maßgebend ist, kommt aber vor allem darin zutage, daß für die große
Masse des dritten Standes nur die gewohnheitsmäßige Tüchtigkeit des praktischen
Lebens in Anspruch genommen, diese aber auch für ausreichend befunden wird,.

---

[194]) Daher wird das λογιστικόν auch ἡγεμονικόν genannt.
[195]) Daher heißt der dritte Seelenteil auch das φιλοχρήματον.

während die Erziehung, welche der Staat, um die Bürger zu seinen Zwecken zu bilden, selbst in die Hand zu nehmen Recht und Pflicht hat, sich nur den beiden andern Ständen zuwendet. Mit einer von der Geburt an bis in späte Jahre sich immer wiederholenden Auslese soll die Regierung schichtenweise die beiden oberen Stände sich fortwährend erneuern lassen; und damit diesen eigentlichen Organen der Gesamtheit kein individuelles Interesse in der Erfüllung ihrer Aufgabe hemmend bleibe, so sollen sie auf das Familienleben und auf den Privatbesitz verzichten. Für sie gilt Staatserziehung, Familienlosigkeit, Lebens- und Gütergemeinschaft. Wer den Zwecken des Ganzen, der sittlichen Erziehung des Volkes leben soll, den dürfen keine persönlichen Interessen an das einzelne binden. Auf diesen Gedanken, der in dem Priesterstaat der mittelalterlichen Hierarchie seine historische Verwirklichung gefunden hat, beschränkt sich, was man von Kommunismus, Weibergemeinschaft usw. in der platonischen Lehre entdeckt haben will[196]). Der große Idealist führt den Gedanken, daß der Zweck des Menschenlebens in der sittlichen Erziehung bestehe und daß die ganze Organisation des gemeinsamen Daseins nur für diesen Zweck eingerichtet sein müsse, bis in die äußersten Konsequenzen durch[197]).

Platon hat den Idealstaat der Politeia nicht bloß als einen theoretischen Entwurf, sondern als einen ernsthaft gemeinten Reformvorschlag gedacht: er wollte den Schäden der demokratischen und industriellen Entwicklung, welche die griechischen Städte, insbesondere Athen genommen hatten, mit politischem und sozialem Idealismus entgegentreten. Der reaktionäre Zug, der diesem Bestreben anhaftet, kommt ganz besonders stark in dem Werke seines Alters, den von ihm selbst nicht mehr endgültig redigierten Νόμοι zutage. Hier erscheint als der „zweit- und drittbeste", leichter zu verwirklichende Verfassungsentwurf das Bild eines kleinen Agrarstaates, in welchem die gesamten Lebensverhältnisse der Bürger bis ins einzelne hinein unter der strengen Zucht einer vom religiösen Geiste beherrschten Sittenpolizei stehen sollen.

9. Mit diesen ethischen und politischen Lehren war nun ein neues und das dem Gebiete des platonischen Systems am vollkommensten entsprechende Verhältnis zwischen der Ideenwelt und der Erscheinungswelt gefunden: die Idee des Guten erwies sich als die Aufgabe, als der Z w e c k (τέλος), den die Erscheinung der menschlichen Lebensgemeinschaft zu erfüllen hat. Diese Einsicht ist für die endgültige Gestaltung von Platons metaphysischem System entscheidend geworden.

Denn in ihrem ersten Entwurf war die Ideenlehre zur Erklärung der empirischen Wirklichkeit gerade so unfähig gewesen, wie die eleatische Seinslehre. Durch die Gattungsbegriffe sollte die absolute Wirklichkeit[198]) erkannt werden, die rein für sich, einfach und veränderungslos, unentstanden und unvergänglich, eine Welt für sich bildet und als unkörperlich von der Welt des Entstehens völlig getrennt ist. Sie war daher (wie in dem Dialog Sophistes[199]) mit scharfsinniger Polemik gegen jene Phase der Ideenlehre nachgewiesen wurde), weil sie die Bewegung und Ver-

---

[196]) Vgl. auch PÖHLMANN, Geschichte des antiken Sozialismus und Kommunismus, München, 2. Aufl., 1912.

[197]) Zu diesen Konsequenzen gehört auch die Gleichstellung beider Geschlechter nach Rechten und Pflichten: sie enthält zugleich eine Konzession des Philosophen an die Frauenbewegung seiner Tage. Vgl. IVO BRUNS, Vorträge und Aufsätze (München 1905), S. 154 ff.

[198]) Symp., 211 b: αὐτὸ καθ᾿ αὑτὸ μεθ᾿ αὑτοῦ μονοειδὲς ἀεὶ ὄν.

[199]) p. 246 ff. Die dort kritisierte Lehre von den ἀσώματα εἴδη kann den einzelnen wörtlichen Übereinstimmungen nach nur die platonische sein; eben dies hat wohl die Echtheit des Dialogs einigermaßen zweifelhaft erscheinen lassen. SCHLEIERMACHERs zur Rettung der Echtheit ersonnene Hypothese von einer megarischen Ideenlehre hat sich nicht aufrecht erhalten lassen.

änderung von sich ausschloß, kein Prinzip der Bewegung und ergab deshalb keine Erklärung der Tatsachen.

So wenig aber Platons Interesse darauf gerichtet gewesen sein mochte, — der Begriff der Idee als des wahren Seins verlangte schließlich doch, daß die Erscheinung nicht nur als etwas Anderes, etwas Nachahmendes, etwas Teilhabendes, sondern als etwas Abhängiges betrachtet, daß die I d e e   a l s   U r s a c h e   d e s G e s c h e h e n s (αἰτία) angesehen wurde. Was aber selbst absolut unveränderlich, unbeweglich ist und jede besondere Funktion von sich ausschließt, das kann nicht im mechanischen Sinne, sondern nur so Ursache sein, daß es den Zweck darstellt, um dessentwillen das Geschehen stattfindet. Hiermit erst ist das Verhältnis zwischen den beiden Welten des Wesens und des Werdens (οὐσία und γένεσις) völlig bestimmt, es ist nicht mehr bloß negativ wie in dem ersten Entwurf der platonischen Lehre, sondern hat einen positiven Sinn bekommen, alles Geschehen ist um der Idee willen da[200]), die Idee ist die Z w e c k u r s a c h e der Erscheinungen.

Diese Begründung der t e l e o l o g i s c h e n   M e t a p h y s i k hat Platon im Philebos und in den mittleren Büchern der Republik gegeben und es schließt sich daran sogleich eine weitere Zuspitzung: als die Zweckursache alles Geschehens wird zwar die gesamte Ideenwelt, im besonderen aber die oberste Idee eingeführt, der ja alle übrigen sich in demselben Sinne als Mittel unterordneten, die I d e e d e s   G u t e n, und diese wird dann als die W e l t v e r n u n f t (νοῦς) oder als die G o t t h e i t bezeichnet[201]).

Neben diesem anaxagoreischen Motiv erweist sich jedoch in der späteren Gestalt der Ideenlehre immer mehr auch das pythagoreische wichtig, wonach auf die Unvollkommenheit der Erscheinung dem wahren Sein gegenüber hingewiesen wurde. Diese Unzulänglichkeit aber konnte aus dem Sein selbst nicht abgeleitet werden, und mit einer ähnlichen Konsequenz, wie diejenige gewesen war, mit der Leukipp, um Vielheit und Bewegung zu begreifen, neben dem Sein des Parmenides auch das Nichtseiende als „wirklich", als seiend anerkannt hatte, sah sich nun Platon genötigt, zur Erklärung der Erscheinungen und der Unangemessenheit, welche sie zu den Ideen zeigen, neben der Welt des Seins oder der Ursache, der Ideenwelt und der Idee des Guten, noch eine N e b e n u r s a c h e (ξυναίτιον) in dem N i c h t - s e i e n d e n anzunehmen. Ja, der Parallelismus dieser Gedankengänge ging so weit, daß diese nicht-seiende Nebenursache (τὸ μὴ ὄν) für Platon ganz dasselbe ist, wie für Leukipp und Philolaos: d e r   l e e r e   R a u m[202]). Der Raum also war für Platon das „Nichts", aus dem um der Idee des Guten, der Gottheit willen die Erscheinungswelt gestaltet wird. Diese Gestaltung aber besteht in der m a t h e - m a t i s c h e n   F o r m u n g. Daher lehrte Platon im Philebos, die Welt der Wahrnehmung sei eine „Mischung" aus dem „Unbegrenzten" (ἄπειρον) und der „Be-

---

[200]) Phileb., 54 c.

[201]) Doch ist dabei nicht an Persönlichkeit oder ein geistiges Wesen, sondern an den absoluten sittlichen Weltzweck zu denken, wobei der Begriff des ἀγαθόν ebensowenig eine genaue Definition findet, wie bei Sokrates: er wird vielmehr als der einfachste, selbstverständlichste vorausgesetzt.

[202]) Unter dem Einfluß der aristotelischen Terminologie ist diese nicht-seiende Neben- ursache als „Materie" (ὕλη) bezeichnet worden, und es hat erst der neueren Forschungen bedurft, um klar zu machen, daß die platonische „Materie" eben nur der Raum ist: vgl. H. SIEBECK, Untersuchungen zur Philos. d. Gr. (2. Aufl., Freiburg i. B. 1889).

grenzung" (πέρας), d. h. aus dem Raume und den mathematischen Formen[203]), und die Ursache dieser Mischung, das höchste, göttliche Weltprinzip, sei die Idee des Guten. Um der Ideenwelt ähnlich zu werden, nimmt der Raum die mathematische Formung an, und so entsteht die Sinnenwelt.

Die große Bedeutung, die in der Entwicklung des platonischen Denkens von Anfang an die Mathematik besessen hatte, findet so schließlich ihren metaphysischen Ausdruck. Die mathematischen Gebilde sind das Zwischenglied, vermöge dessen der nicht-seiende leere Raum die reinen „Gestalten" der Ideenwelt in den Erscheinungen nachzuahmen vermag. Die mathematische Erkenntnis (διάνοια) betrifft daher ebenso wie die rein philosophische (ἐπιστήμη) ein bleibend Seiendes (οὐσία) und wird darum mit dieser als rationale Erkenntnis (νόησις), zusammengefaßt und der Erkenntnis der Erscheinungen (δόξα) gegenübergestellt, aber sie nimmt deshalb in dem Erziehungssystem der Republik auch nur die Stellung einer letzten Vorbereitung auf die Weisheit der „Herrscher" ein.

10. Damit nun waren die metaphysischen Vorbereitungen dafür gegeben, daß Platon schließlich im Timaios eine n a t u r p h i l o s o p h i s c h e   S k i z z e entwerfen konnte, für welche er dann freilich, seinem erkenntnistheoretischen Prinzip getreu, nicht den Wert der Gewißheit, sondern nur denjenigen der Wahrscheinlichkeit in Anspruch nehmen durfte[204]). Außerstande nämlich, diese Erklärung des Geschehens aus dem Weltzweck dialektisch durchzuführen und begrifflich festzustellen, gab Platon nur in mythischer Form eine Darstellung seiner t e l e o l o g i s c h e n   N a t u r a n s i c h t, die nicht mehr rein philosophischen, sondern wesentlich theologischen Charakters ist.

Dabei stellt er sich jedoch mit aller Schärfe der m e c h a n i s c h e n   N a t u r - e r k l ä r u n g   g e g e n ü b e r, und wie er diese darstellt, so kann Platon kaum etwas anderes als die Lehre Demokrits damit im Auge gehabt haben. Der Theorie nämlich, die aus „zufälligem" (soll heißen absichtslosem) Zusammentreffen des „ordnungslos Bewegten" hie und da allerlei Welten entstehen und wieder vergehen läßt, stellt er die seinige entgegen, daß es nur diesen einen, einheitlichen und der Art nach einzigen, vollkommensten und schönsten Kosmos gebe und daß dessen Ursprung nur auf eine zwecktätige Vernunft zurückgeführt werden könne.

---

[203]) Es ist wahrscheinlich, daß Platon dabei die Z a h l e n in die Ideenwelt selbst versetzte, ihre Darstellung aber in den g e o m e t r i s c h e n Gebilden als die dem Raum hinzutretende „Begrenzung" ansah.

[204]) Die platonische Physik ist also ähnlich hypothetisch wie die parmenideische. Auch hier scheinen Rücksicht auf die Ansprüche der Schüler und polemische Absicht sich vereinigt zu haben. Daher finden sich im T i m a i o s Anlehnung an Demokrit und Bekämpfung desselben ähnlich gemischt, wie das bei Parmenides hinsichtlich Heraklits der Fall war. Doch ist der Umstand nicht zu vergessen, daß der Eleat die Realität der Erscheinungswelt, Platon aber nur ihre wissenschaftliche, d. h. begriffliche Erkennbarkeit leugnete. In der Darstellung seiner Ansicht aber geht Platon dann auf astronomische, mechanische, chemische, organische, physiologisch-psychologische, schließlich sogar auf medizinische Fragen ein, gibt also eine Art von kompendiöser Darstellung seiner naturwissenschaftlichen Ansichten. Hierbei findet sich im einzelnen sehr Ungleichwertiges zusammen: vieles steht nicht nur ganz auf der Höhe der Zeit, sondern erhält auch bedeutsame Bereicherungen des Kennens und Verstehens; anderes dagegen ist außerordentlich phantastisch und bleibt hinter den exakten Vorstellungen anderer Forscher zurück: in seinem ganzen prinzipiellen Zusammenhange aber hat dieser Entwurf eine weit über die Absicht des Urhebers hinausgehende Wirkung ausgeübt und dabei mehr als ein theologisches denn als ein philosophisches Lehrstück gegolten.

Wenn man sich also über diesen Ursprung eine Ansicht bilden will, so muß man den Grund der Erscheinungswelt in ihrem Zweckverhältnis zu den Ideen suchen. Dies Verhältnis drückte Platon durch die Vorstellung eines „w e l t - b i l d e n d e n G o t t e s" (δημιουργός, D e m i u r g) aus, der „im Hinblick auf die Ideen" das Nichtseiende, den Raum geformt habe. Der letztere wird dabei als die unbestimmte Bildsamkeit bezeichnet, die alle Körperformen in sich aufnimmt (δεξαμένη), aber zugleich doch den Grund dafür bildet, daß die Ideen in ihm keine rechte Darstellung finden. Die Gegenwirkung der Mitursache oder der einzelnen Mitursachen bezeichnet Platon als die m e c h a n i s c h e N o t w e n d i g k e i t (ἀνάγκη): er nimmt also den demokritischen Begriff als einzelnes Moment in seine Physik mit auf, um daraus dasjenige zu erklären, was sich nicht teleologisch begreifen läßt. Göttliche Zwecktätigkeit und Naturnotwendigkeiten werden als Erklärungsprinzipien einerseits für das Vollkommene, andererseits für das Unvollkommene der Erscheinungswelt einander gegenübergestellt. Der ethische Dualismus überträgt sich aus der Metaphysik in die physikalische Ansicht.

Der charakteristische Grundgedanke der platonischen Physik ist nun der atomistischen gegenüber der, daß, während Demokrit die Gesamtbewegungen als mechanische Resultanten aus den ursprünglichen Bewegungszuständen der einzelnen Atome auffaßte, Platon umgekehrt die i n s i c h g e o r d n e t e G e s a m t - b e w e g u n g d e s W e l t a l l s als das einheitlich Ursprüngliche betrachtete und alles Einzelgeschehen aus diesem zweckvoll bestimmten Ganzen ableitete. Aus diesem Gedanken entsprang die wunderliche Konstruktion des Begriffs der W e l t - s e e l e, die Platon als das einheitliche Prinzip aller Bewegungen, damit aber auch aller Formbestimmungen und zugleich aller Wahrnehmungs- und Vorstellungstätigkeiten in der Welt bezeichnete[205]). In phantastisch dunkler Darstellung trug er als die mathematische „Einteilung" dieser Weltseele seine astronomische Ansicht vor, welche sich im ganzen an diejenige der jüngeren Pythagoreer anschloß, aber durch die Annahme des Stillstandes der Erde dahinter zurückblieb. Das Hauptkriterium dieser Einteilung war der Unterschied zwischen dem, was sich gleich bleibt (ταὐτόν), und dem, was sich ändert (θάτερον) ein Gegensatz, worin man leicht den pythagoreischen der vollkommenen Gestirnwelt und der unvollkommenen terrestrischen Welt wiedererkennt.

Eine ähnliche Fortbildung der pythagoreischen Lehre enthält der platonische Timaios hinsichtlich der rein mathematischen Konstruktion der Körperwelt. Auch hier werden die vier Elemente nach den einfachen, regelmäßigen stereometrischen Figuren charakterisiert (vgl. § 4, 11), dabei aber ausdrücklich gelehrt, daß sie a u s D r e i e c k s f l ä c h e n b e s t e h e n, und zwar rechtwinkligen, die teils gleichschenklig, teils so gestaltet seien, daß die kleinere Kathete die Hälfte der Hypotenuse darstellt. Aus solchen rechtwinkligen Dreiecken lassen sich die B e - g r e n z u n g s f l ä c h e n jener stereometrischen Formen, Tetraeder, Kubus usw., zusammengesetzt denken, und die Zusammensetzung dieser Begrenzungsflächen

---

[205]) In dieser Hinsicht charakterisiert der Timaios ganz wie Demokrit die psychischen Unterschiede durch solche der Bewegung, führt z. B. das rechte Vorstellen auf das ταὐτον, das bloß individuelle Wahrnehmen auf das θάτερον zurück usw. „Seele" ist eben für den Griechen zugleich Prinzip der Bewegung und der Wahrnehmung (κινητικόν und αἰσθητικόν, Aristot. de an., I, 2, 403 b, 25), und auch Platon macht das zweite Merkmal vom ersten abhängig.

wollte Platon als das Wesen der Raumerfüllung, d. h. der Dichtigkeit der Körper angesehen haben. Indem so der physikalische Körper als ein rein mathematisches Gebilde aufgefaßt wurde, kam auch in der Physik jener metaphysische Gedanke des Philebos zum Durchbruch, daß die Erscheinungswelt eine den Ideen nachgebildete Raumbegrenzung sei[206]).

E. SACHS, Die fünf platonischen Körper (1917). — JUL. STENZEL, Zahl und Gestalt bei Plato und Aristoteles (1924).

§ 12. Die aristotelische Logik.

F. KAMPE, Die Erkenntnistheorie des Aristoteles (Leipzig 1870). R. EUCKEN, Die Methode der aristotelischen Forschung (Berlin 1872). H. MAIER, Die Syllogistik des Aristoteles (1896—1900). J. GEYSER, Die Erkenntnistheorie des Aristoteles (1918).

Die Breite der Anlage, die in den Systemen der beiden großen Gegenfüßler Demokrit und Platon hervortritt und mit der schulmäßigen Ausbildung der Lehren zusammenhängt, machte nicht nur eine Teilung der Arbeit, sondern auch eine Sonderung der Probleme unerläßlich. Die Titel von Demokrits Schriften lassen vermuten, daß er auch in dieser Hinsicht klar und bestimmt verfahren ist. Platon freilich faßte die schriftstellerische Tätigkeit wesentlich unter dem Gesichtspunkte des Künstlers auf; aber die trennende Disposition der Probleme, die wir in seinen Dialogen vermissen, hat seiner Lehrtätigkeit offenbar nicht gefehlt. In seiner Schule ist die Einteilung der Philosophie in Dialektik, Physik und Ethik herrschend gewesen.

Wenn dabei unter Dialektik wesentlich die Ideenlehre in ihrer metaphysischen Ausbildung zu verstehen ist, so hat A r i s t o t e l e s den großen Fortschritt gemacht, daß er der sachlichen Untersuchung auf allen drei Gebieten eine Unterweisung über das W e s e n   d e r   W i s s e n s c h a f t, eine Lehre von den Formen und Gesetzen des wissenschaftlichen Denkens vorausschickte. Schon bei den Sophisten und Sokrates hatte die Besinnung darauf begonnen, worin eigentlich die wissenschaftliche Tätigkeit bestehe, und die geschärfte Aufmerksamkeit auf die inneren Vorgänge hatte es dem abstrahierenden Denken ermöglicht, die allgemeinen Formen des Denkprozesses selbst von den jeweiligen Inhalten, auf die er sie bezieht, abzulösen. Alle diese Ansätze und Versuche, — denn darüber hinaus war es auch bei Platon nicht gekommen — hat nun Aristoteles in seiner L o g i k zusammengefaßt und zu einem System vollendet, in welchem wir die reife Selbsterkenntnis der griechischen Wissenschaft zu sehen haben.

1. Der nächste Zweck der aristotelischen Logik ist nach den ausdrücklichen Erklärungen des Philosophen durchaus m e t h o d o l o g i s c h. Es soll der Weg gezeigt werden, auf dem überall das Ziel wissenschaftlicher Erkenntnis erreicht werden kann. Wie in der Rhetorik die Kunst des Überredens, so wird in der Logik die Kunst des wissenschaftlichen Forschens, Erkennens und Beweisens gelehrt. Deshalb hat Aristoteles die Logik, die seine größte Schöpfung war, unter den philosophischen Disziplinen selbst nicht aufgezählt, sondern sie im Zusammenhange seiner Vorträge als Propädeutik behandelt, und deshalb hat seine Schule diese Lehre

---

[206]) Diese noch dazu als unteilbar aufgefaßten Dreiecksflächen haben eine bedenkliche Ähnlichkeit mit den Atomgestalten (σχήματα) des Demokrit, dessen ἰδέαι (vgl. § 10, 2) ja auch geometrisch, bzw. stereometrische Formen bedeuteten.

als das allgemeine Werkzeug (ὄργανον) für alle wissenschaftliche Arbeit betrachtet. Aber diese Vorbereitung selbst ist nun von Aristoteles schon zu einer Wissenschaft gemacht worden; statt der Aufstellung einzelner praktisch verwertbarer Regeln, wie es wohl bei den Sophisten der Fall gewesen sein mag, statt der allgemeinen Fixierung eines Prinzips, welche das Verdienst des Sokrates gewesen war, bietet er eine allseitige Durchforschung der Denktätigkeit, eine umfassende Untersuchung ihrer gesetzmäßigen Formen. Er erfüllt die methodologische Aufgabe durch die f o r m a l e   L o g i k.

Dabei jedoch erweist sich, daß die Erkenntnis der Formen des richtigen Denkens nur aus dem Verständnis seiner Aufgaben gewonnen, diese Aufgabe aber wiederum nur aus einer bestimmten Vorstellung von dem allgemeinen Verhältnis des Erkennens zu seinem Gegenstande entwickelt werden kann. So hängt die aristotelische Logik auf das engste mit der metaphysischen Voraussetzung zusammen, die auch seiner Bearbeitung der übrigen Disziplinen zu Grunde gelegen hat: sie ist ihrem Prinzip nach durchaus e r k e n n t n i s t h e o r e t i s c h.

2. Damit aber wurzelt sie in der sokratisch-platonischen Ideenlehre. Das wahrhaft Seiende ist das A l l g e m e i n e, und seine Erkenntnis ist der B e g r i f f. In dieser Hinsicht ist Aristoteles immer Platoniker geblieben. Was er an seinem großen Vorgänger bekämpfte[207]), war nur die e l e a t i s c h e   B e z i e h u n g s - l o s i g k e i t, die jener zwischen dem Allgemeinen und dem Besonderen, zwischen Ideen und Erscheinungen, zwischen Begriffen und Wahrnehmungen angenommen und trotz aller Bemühungen auch in der späteren Phase seiner Lehre nicht überwunden hatte. Auch als die Zweckursache des Geschehens blieben die Ideen eine Welt für sich neben (παρά) den Erscheinungen. Dies Auseinanderreißen (χωρίζειν) des Wesens und der Erscheinung, des Seins und des Werdens ist neben den einzelnen dialektischen Einwänden[208]) der Gegenstand des Hauptvorwurfs, den Aristoteles gegen die Ideenlehre erhebt. Wenn Platon aus dem Allgemeinen, das der Begriff erkennt, und dem Besonderen, das wahrgenommen wird, zwei verschiedene Welten gemacht hatte, so ist das ganze Bestreben des Aristoteles darauf gerichtet, diese Spaltung im Begriffe der Wirklichkeit wieder aufzuheben, und zwischen Idee und Erscheinung diejenige Beziehung aufzufinden, welche die begriffliche Erkenntnis zur Erklärung des Wahrgenommenen befähigt.

Daraus erwächst für die Logik vor allem die Aufgabe, das rechte V e r h ä l t - n i s   z w i s c h e n   d e m   A l l g e m e i n e n   u n d   d e m   B e s o n d e r e n   zu erkennen, und deshalb steht diese schon von Sokrates erkannte Grundform des begrifflichen Denkens im Mittelpunkte der aristotelischen Logik. Zu demselben Prinzip gelangte aber der Philosoph auch noch auf einem andern Wege. Wenn er irgendwelche Vorarbeiten für seine Theorie der Wissenschaft vorgefunden hat, so bestanden sie in den Überlegungen der Sophisten über die (zunächst rhethorische) Kunst des B e w e i s e n s und Widerlegens. Fragte aber nun Aristoteles,

---

) Hauptsächlich Met., I, 9 und XIII, 4.

208) Von diesen sind nebenbei hauptsächlich zwei erwähnenswert; der eine folgert aus der logischen Subordination, die wieder zwischen den Ideen obwaltet, daß jedes Wahrnehmungsding unter eine Menge von Ideen subsumiert werden muß; der andere macht auf die Schwierigkeiten aufmerksam, daß die Ähnlichkeit, die zwischen Idee und Erscheinung bestehen soll, noch ein höheres Allgemeineres über beiden notwendig macht, usf. in infinitum (ἄνθρωπος —αὐτάνθρωπος— τρίτος ἄνθρωπος).

wie man wissenschaftlich, d. h. in allgemeingültiger, auf die wahre Erkenntnis gerichteter Weise etwas beweisen könne, so fand er, daß dies nur in der A b - l e i t u n g d e s B e s o n d e r e n a u s d e m A l l g e m e i n e n bestehen kann. Wissenschaftlich beweisen, heißt die Gründe für die Geltung des Behaupteten angeben, und diese sind nur in dem Allgemeineren zu finden, dem das Einzelne unterstellt ist: das hatte Sokrates verlangt.

Hieraus ergab sich nun die eigentümliche Verwicklung, welche den aristotelischen Begriff der Wissenschaft ausmacht. Das Allgemeine, die Idee, ist als das wahrhafte Sein die U r s a c h e des Geschehens, dasjenige also, woraus und wodurch das wahrgenommene Einzelne b e g r i f f e n oder e r k l ä r t werden soll. Die Wissenschaft hat darzustellen, wie aus dem begrifflich erkannten Allgemeinen das wahrgenommene Einzelne f o l g t. Das Allgemeine ist aber anderseits im Denken der G r u n d, durch welchen und aus welchem das Besondere b e w i e s e n wird. Danach ist das Begreifen und das Beweisen dasselbe: A b l e i t u n g d e s B e s o n - d e r e n a u s d e m A l l g e m e i n e n.

In dem Begriffe der A b l e i t u n g (ἀπόδειξις, D e d u k t i o n) konzentriert sich somit die Wissenschaftstheorie des Aristoteles: die wissenschaftliche Erklärung der Erscheinungen aus dem wahrhaften Sein ist derselbe logische Prozeß wie das wissenschaftliche Beweisen, nämlich die Ableitung des in der Wahrnehmung Gegebenen aus seinem allgemeinen Grunde. Erklären und Beweisen werden deshalb mit demselben Worte „Ableitung" bezeichnet, und der rechte Beweis ist derjenige, welcher zum Beweisgrund die wirkliche, allgemeine Ursache des zu Beweisenden nimmt[209]). Die Aufgabe der Wissenschaft ist also die l o g i s c h e N o t w e n d i g - k e i t aufzuzeigen, mit der, wie die besonderen Erscheinungen aus den allgemeinen Ursachen, so auch die besonderen Einsichten (der Wahrnehmung) aus den allgemeinen Einsichten (der Begriffe) folgen.

Diese aus den metaphysischen Voraussetzungen entwickelte Bestimmung der Aufgabe der Wissenschaft hat jedoch im Fortgange der Untersuchungen eine wesentliche Veränderung erfahren.

3. Die nächste Aufgabe der Logik ist hiernach die genauere Feststellung darüber, was eigentlich A b l e i t u n g, d. h. einerseits B e w e i s, anderseits E r k l ä r u n g ist, oder die Darstellung derjenigen Formen, in denen das Denken die A b - h ä n g i g k e i t d e s B e s o n d e r e n v o m A l l g e m e i n e n erkennt. Diese Theorie hat Aristoteles in der A n a l y t i k gegeben, dem logischen Grundwerke, das mit systematischem Aufbau im ersten Teil vom Schluß, im zweiten vom Ableiten, Beweisen und Begreifen handelt. Denn bei der Zerlegung der Denktätigkeiten, aus denen alles Ableiten besteht, ergibt sich als einfache Grundform die Ableitung eines Satzes, einer Behauptung aus anderen, d. h. der S c h l u ß (συλλογισμός).

Die S y l l o g i s t i k (Schlußlehre) ist damit der Kernpunkt der aristotelischen Logik geworden: auf sie ist alles zugespitzt, was er (wie es scheint nur in all-

---

[209]) Diese Begriffsbestimmung des w i s s e n s c h a f l i c h e n B e w e i s e s ist sicht- lich gegen den r h e t o r i s c h e n Beweis (der Sophisten) gerichtet. In der Kunst des Überredens sind alle Beweise vollkommen, so äußerlich sie dem wahren Wesen der Sache bleiben mögen, wenn sie nur formell so weit genügen, um den Zuhörer zur Zustimmung zu bringen. Der wissenschaftliche Beweis aber soll von der inneren, logischen Not- wendigkeit der Sache ausgehen und deshalb zugleich die Einsicht in die wahre Ursache des zu Beweisenden wiedergeben.

meinsten Zügen) über die dem Schluß zu Grunde liegenden Denkformen gelehrt hat; aus ihr ergeben sich alle Gesichtspunkte seiner Methodologie.

Die Hauptsätze dieser Lehre, welche den Grundstock der traditionellen Logik bis auf den heutigen Tag bilden, sind folgende. Der Schluß ist die Ableitung eines Urteils aus zwei andern. Da in einem Urteil ein Begriff (das Prädikat) von einem andern Begriffe (dem Subjekt) ausgesagt wird, so kann diese Aussage nur begründet werden, indem die zu beweisende Verbindung zwischen beiden durch einen dritten Begriff, den Mittelbegriff (μέσον, medius terminus) vermittelt wird. Dieser dritte Begriff muß also mit den beiden andern in irgendwelchen Beziehungen stehen, und diese müssen in zwei Urteilen ausgedrückt sein, welche die Prämissen (προτάσεις) des Schlusses heißen. Das Schließen besteht in dem Denkprozeß, der aus den Verhältnissen, worin sich ein und derselbe Begriff (der Mittelbegriff) zu zwei andern Begriffen befindet, das Verhältnis dieser beiden Begriffe zueinander ausfindig macht.

Von den zwischen Begriffen möglichen Verhältnissen ist es nun aber nur eins, worauf, ihren allgemeinen Voraussetzungen gemäß, die aristotelische Syllogistik ihr Augenmerk gerichtet hat: das Verhältnis der U n t e r o r d n u n g des Besonderen unter das Allgemeine. Es handelt sich für diese Theorie immer nur darum, ob der eine Begriff (das Subjekt) dem andern (dem Prädikat) untergeordnet werden soll oder nicht[210]). Die Syllogistik hat es nur mit der Erkenntnis derjenigen Denkformen zu tun, nach denen mit Hilfe eines Zwischenbegriffs entschieden werden soll, o b e i n e U n t e r o r d n u n g e i n e s B e g r i f f s u n t e r e i n e n a n - d e r n s t a t t f i n d e t o d e r n i c h t. Diese Frage hat Aristoteles in geradezu erschöpfender Weise gelöst; darin besteht der bleibende Wert seiner Syllogistik, aber auch die Grenze ihrer Bedeutung.

Dementsprechend hat denn auch Aristoteles in seiner T h e o r i e d e s U r t e i l s wesentlich nur die beiden Momente behandelt, die für diesen Zweck in Betracht kommen: erstens die Q u a n t i t ä t, welche das Maß der Unterordnung des Subjekts unter das Prädikat dem Umfange nach bestimmt und die Unterschiede des generellen, partikularen und singularen Urteils ergibt, und zweitens die Q u a l i t ä t, wonach die Unterordnung entweder behauptet oder verneint, zwischen den Umfängen beider Begriffe also das Verhältnis entweder der Verbundenheit oder der Trennung a u s g e s a g t wird.

Darum bestimmen sich nun auch die Arten (σχήματα, Figuren) der Schlüsse wesentlich nach der Art und Weise, wie die Unterordnungsverhältnisse der Begriffe, in den Prämissen gegeben, die im Schlußsatz gesuchte Unterordnung bestimmen. Dies Verhältnis kommt äußerlich durch die Stellung des Mittelbegriffs in den beiden Prämissen zum Ausdruck, indem er entweder einmal Prädikat und einmal Subjekt oder beidemal Prädikat oder beidemal Subjekt ist. Als die wertvollste und ursprünglichste dieser drei Figuren aber bezeichnete Aristoteles folgerichtig die erste, weil in ihr das Prinzip der Unterordnung rein und klar zum Ausdruck kommt, indem das Subjekt des Schlußsatzes dem Mittelbegriff und mit diesem, weil es in seinen Umfang fällt, dem Prädikat untergeordnet wird[211]).

---

[210]) Denn nichts anderes ist sachlich bei Aristoteles auch da gemeint, wo, wie häufig in der Analytik, das Verhältnis dahin ausgedrückt wird, es handle sich darum, ob von dem einen Begriffe (dem Subjekt) der andere (das Prädikat) a u s g e s a g t werden solle (κατηγορεῖν). — [211]) Die einzelnen Bestimmungen können hier nicht entwickelt werden: sie sind aus jedem Lehrbuch der formalen Logik zu ersehen.

4. War aber das Schließen und damit das Ableiten, Beweisen und Erklären in der angegebenen Weise bestimmt, so ergab sich, daß durch diese der Wissenschaft wesentliche Tätigkeit nur immer Sätze von geringerer Allgemeinheit aus solchen höherer Allgemeinheit abgeleitet, d. h. daß durch das Schließen aus den Prämissen niemals gleich Allgemeines, geschweige denn Allgemeineres begründet werden kann. Die eigentümliche Gebundenheit der antiken Vorstellung vom Wesen des Denkens, wonach es nur Gegebenes auffassen und auseinanderlegen, aber nicht Neues erzeugen kann, kommt auch in dieser Bestimmung der aristotelischen Logik zur Geltung. Daraus folgt aber unmittelbar, daß die ableitende, beweisende und erklärende Wissenschaft zwar im einzelnen das, was im Syllogismus als Prämisse gedient hatte, wieder als Schlußsatz eines noch allgemeineren Syllogismus abzuleiten vermochte, aber schließlich doch von Prämissen ausgehen mußte, die selbst keines Ableitens, Beweisens und Begreifens, keiner Zurückführung auf Mittelbegriffe mehr fähig sind, und deren Wahrheit daher u n m i t t e l b a r (ἄμεσα), unableitbar, unbeweisbar und unbegreiflich ist. Alles Ableiten bedarf eines Ursprünglichen, alles Beweisen eines unbeweisbaren Grundes, alles Erklären eines unerklärlich Gegebenen.

Die apodiktische, beweisende und erklärende Tätigkeit der Wissenschaft hat also eine Grenze: die letzten Gründe des Beweisens sind nicht zu beweisen; die letzten Ursachen des Erklärens sind nicht zu erklären. Soll daher die Wissenschaft ihre Aufgabe erfüllen, die im Erklären des Besonderen durch das Allgemeine besteht, so muß sie vorerst von dem Besonderen aus bis zu demjenigen Allgemeinen vordringen, bei dem sich das Beweisen und Erklären von selbst verbietet, weil es, unmittelbar gewiß, sich als unableitbar und unbeweisbar geltend macht. Dem Ableiten also, Beweisen und Erklären, worin die letzte Aufgabe der Wissenschaft besteht, muß das Aufsuchen der Ausgangspunkte der Ableitung, der letzten Beweisgründe und der höchsten Erklärungsprinzipien vorausgehen. Die darauf gerichtete Tätigkeit des Denkens nennt Aristoteles D i a l e k t i k, und ihre Grundsätze hat er in der T o p i k niedergelegt.

Diesem A u f s u c h e n   d e r   G r ü n d e wohnt, der Natur der Sache nach nicht die gleiche „apodiktische" Gewißheit bei, wie dem Ableiten der Folgen aus den einmal festgestellten Gründen. Das Forschen geht von dem in der Wahrnehmung gegebenen Besonderen und von den in der gewöhnlichen Ansicht umlaufenden Vorstellungen (ἔνθοξον) aus, um das Allgemeine zu finden, aus dem dann das Besondere bewiesen und erklärt werden kann. Die F o r s c h u n g also geht den umgekehrten Weg wie die Ableitung: diese ist deduktiv, jene induktiv, e p a -g o g i s c h. Diese geht beweisend und erklärend vom Allgemeinen zum Besonderen, jene suchend und probierend vom Besonderen zum Allgemeinen[212]. Nur die fertige Wissenschaft ist apodiktisch: die werdende ist epagogisch.

Bei allen diesen Untersuchungen und den darin auftretenden Gegensätzen handelt es sich für Aristoteles zwar meist um die Urteile, aber im Zusammenhange damit doch auch um B e g r i f f e. Wie ein Urteil bewiesen, abgeleitet wird, indem es

---

[212]) Dies umgekehrte Verhältnis zwischen Ableitung und Aufsuchung hat Aristoteles auch so ausgedrückt: was der Natur der Sache nach das Ursprüngliche (πρότερον τῇ φύσει), also das Allgemeine ist, das erscheint für die menschliche Erkenntnis als das Spätere,

vermöge des Mittelbegriffs aus allgemeineren Urteilen erschlossen wird, so wird ein B e g r i f f a b g e l e i t e t, indem er aus einem allgemeineren (der nächst höheren Gattung, γένος, *genus*) durch Hinzufügung eines besonderen Merkmales διαφορά, *differentia specifica*) gebildet wird: diese Ableitung des Begriffs ist die D e f i - n i t i o n(ὁρισμός).Wie aber die Ableitung der Sätze schließlich allgemeinste Prämissen voraussetzt, die nicht mehr bewiesen werden können, so geht auch die Definition der niederen Begriffe zuletzt auf allgemeinste Begriffe zurück, die sich jeder Ab- leitung und Erklärung entziehen: auch diese Begriffe müssen, wie die höchsten Prämissen des Beweisens, epagogisch gesucht[213]) werden; und es scheint, als habe Aristoteles jene allgemeinsten Sätze für die Erläuterungen dieser allgemeinsten Begriffe angesehen.

5. Unter den Lehrbüchern, die Aristoteles hinterlassen hat, sind die beiden logischen Hauptschriften, die Analytik und die Topik, die bei weitem am meisten dem Abschluß nahe gebrachten[214]): daraus mag sich erklären, daß die logischen Anforderungen, welche der Philosoph an die Wissenschaft stellte, so klar und sicher entwickelt sind, daß aber die vorliegende Ausführung seines Systems die danach zu stellenden Erwartungen nur in geringerem Maße erfüllt.

Offenbar nämlich sollte hiernach eine sichere Angabe darüber gemacht werden können, was nun der Philosoph für jene unmittelbar gewissen, höchsten Sätze oder Begriffe erklärt habe, die das Resultat der Forschung und der Ausgangspunkt des Beweisens und Erklärens sein sollen. Wer aber danach fragt, sieht sich der Lehre des Aristoteles gegenüber in großer Verlegenheit. Von allgemeinen Sätzen ist es nur ein einziges Prinzip, der S a t z v o m W i d e r s p r u c h[215]), den Aristoteles teils in der rein logischen Fassung, daß Bejahung und Verneinung derselben Begriffsverknüpfung sich gegenseitig ausschließen, teils mit der metaphysisch- erkenntnistheoretischen Wendung, daß ein Ding nicht dasselbe sein und auch nicht sein könne, als einen unbeweisbaren Obersatz für alle Beweise hingestellt hat: daneben aber macht er lieber darauf aufmerksam, daß jedes Gebiet des Erkennens seine eigenen letzten Voraussetzungen habe, ohne jedoch sie näher anzugeben.

Sucht man aber nach den obersten Begriffen, so hat man — abgesehen von dem auch hier statthaften Verweis auf die Besonderheit der einzelnen Disziplinen — die von Aristoteles nicht entschiedene Wahl zwischen den vier „Prinzipien" (ἀρχαί) der Metaphysik und den „Kategorien", welche als die Grundformen der Aussage über das Seiende bezeichnet werden. In beiden Fällen aber befindet man sich damit bereits mitten in den sachlichen Bestimmungen seiner Lehre.

---

erst zu Gewinnende (ὕστερον πρὸς ἡμᾶς); umgekehrt ist das Einzelne, das für uns Nächst- liegende (πρότερον πρὸς ἡμᾶς); dem wahren Wesen nach das Abgeleitete, Spätere (ὕστερον τῇ φύσει).

[213]) Der D e t e r m i n a t i o n (πρόσθεσις) als der Ableitung eines Begriffs aus dem höheren durch Hinzufügung eines neuen Merkmals, steht also als Prozeß der Bildung von Gattungsbegriffen die A b s t r a k t i o n (ἀφαίρεσις) gegenüber, welche durch Fort- nahme einzelner Merkmale den inhaltlich ärmeren, aber umfanglich reicheren Begriff gewinnt. Die Begriffsbildung ist danach bei Aristoteles wieder durchaus analytisch, während sie bei Platon intuitiv oder „synagogisch" und „synoptisch" gewesen war. Aristoteles hat sich zuerst von der optischen Analogie, nach der auch bei Demokrit und Platon der Erkenntnisvorgang des Denkens betrachtet wurde, frei gemacht.

[214]) Bei der Topik scheint er sogar erreicht.

[215]) Met., IV, 3 ff.

§ 13. Das System der Entwicklung.

Die Logik des Aristoteles macht als ein in sich geschlossenes System sämtlichen früheren Erscheinungen der griechischen Wissenschaft gegenüber den Eindruck eines vollkommen Neuen: er beruht hauptsächlich auf der hochgradigen Fähigkeit des a b s t r a k t e n D e n k e n s, welche diese geniale Ablösung der allgemeinen Formen des Denkens von jedem nur immer möglichen Inhalte voraussetzt. Diese Virtuosität der abstrahierenden Begriffsbildung hat Aristoteles auf allen Gebieten seiner wissenschaftlichen Arbeit bestätigt, und wenn der „Vater der Logik" der philosophische Lehrer für zwei Jahrtausende geworden ist, so verdankt er diesen Erfolg in erster Linie der Sicherheit, Klarheit und Konsequenz seiner Begriffsbestimmungen. Er hat die von Sokrates gestellte Aufgabe erfüllt und er hat damit zugleich die S p r a c h e d e r W i s s e n s c h a f t g e s c h a f f e n. Der Grundstock der wissenschaftlichen Begriffe und der Ausdrücke, die wir noch heute überall gebrauchen, geht auf seine Formulierungen zurück.

Mit dieser Neigung zur Abstraktion hängt es nun auch zusammen, daß Aristoteles das G r u n d p r o b l e m d e r g r i e c h i s c h e n P h i l o s o p h i e, wie hinter der wechselnden Mannigfaltigkeit der Erscheinungen ein einheitliches und bleibendes Sein zu denken sei, durch einen B e z i e h u n g s b e g r i f f, denjenigen der E n t - w i c k l u n g gelöst hat. Noch seine beiden großen Vorgänger hatten eine besondere Inhaltbestimmung für den Begriff des wahren Seins versucht: Demokrit hatte die Atome und ihre Bewegung, Platon die Ideen und ihre Zweckbestimmung für die Ursache der Erscheinungen, aber deshalb für etwas von diesen selbst Verschiedenes angesehen. Aristoteles aber bestimmte das Seiende a l s d a s s i c h i n d e n E r s c h e i n u n g e n s e l b s t e n t w i c k e l n d e W e s e n. Er verzichtete darauf, etwas von den Erscheinungen selbst Verschiedenes (eine zweite Welt) als ihre Ursache auszudenken, und er lehrte, daß das im Begriff erkannte Sein der Dinge keine andere Wirklichkeit besitze, als die Gesamtheit der Erscheinungen, in denen es sich v e r w i r k l i c h e. So betrachtet, nimmt das Sein (οὐσία) erst vollständig den Charakter des Wesens (τὸ τί ἦν εἶναι) an, welches den alleinigen Grund seiner einzelnen Gestaltungen bildet, aber nur in diesen selbst wirklich ist: und alle E r s c h e i n u n g wird zur V e r w i r k l i c h u n g d e s W e s e n s. Dies ist der Beziehungsbegriff, durch den Aristoteles den Gegensatz der heraklitischen und der eleatischen Metaphysik überwunden hat.

1. Im besonderen aber stellt sich nun für Aristoteles die Entwicklung als das V e r h ä l t n i s v o n F o r m u n d S t o f f dar (εἶδος, μορφή—ὕλη). Hatte Platon[216]) die Erscheinungswelt für eine Mischung des „Unbegrenzten" und der „Begrenzung" erklärt, so hält sich Aristoteles an die Beobachtung, daß in jedem Dinge der Erscheinungswelt geformter Stoff vorliegt. Nur ist ihm dieser Stoff zwar auch an sich unbestimmt, aber doch nicht der bloße gleichgültige leere Raum, sondern ein körperliches Substrat (ὑποκείμενον): nur ist ihm diese Form nicht bloß die mathematische Grenze, sondern die inhaltlich durch das Wesen bestimmte Gestalt. Der Stoff oder die Materie ist die Möglichkeit dessen, was in dem fertigen Dinge ver-

---

[216]) Die Grundzüge der aristotelischen Metaphysik entwickeln sich am einfachsten aus derjenigen Phase der platonischen, welche im Philebos vorgetragen ist (s. oben § 11, 9). Vgl. J. C. GLASER, Die Metaphysik des Aristoteles (Berlin 1841). W. W. JAEGER, Studien zur Entwicklungsgeschichte der Metaphysik des Aristoteles (1912), und Aristoteles (1923).

möge der Form wirklich geworden ist. In der Materie also ist das Wesen (οὐσία) nur der M ö g l i c h k e i t nach (δυνάμει, *potentia*) gegeben, erst vermöge der Form ist es in Wirklichkeit (ἐνεργείᾳ, *actu*). Das G e s c h e h e n aber ist derjenige Vorgang, mit welchem das Wesen aus der bloßen Möglichkeit durch die Form in die V e r w i r k l i c h u n g übergeht. Das Wesen hat nicht neben den Erscheinungen irgendeine zweite, höhere Wirklichkeit, sondern es i s t nur in der Reihenfolge seiner Erscheinungen, vermöge deren es seine eigene Möglichkeit verwirklicht. Das Allgemeine ist nur im Besonderen wirklich, das Besondere ist nur, weil in ihm sich das Allgemeine verwirklicht.

Mit dieser Umbildung der Ideenlehre löst Aristoteles das Grundproblem der theoretischen Philosophie der Griechen: das Sein so zu denken, daß aus ihm das Geschehen erklärt wird. Vom Hylozoismus der Milesier an bis zu den gegensätzlichen Theorien seiner beiden großen Vorgänger sind alle Standpunkte der griechischen Metaphysik als Momente in dieser Lehre des Aristoteles enthalten: das im Begriff erkannte Sein ist das allgemeine Wesen, das sich in seinen besonderen Erscheinungen aus der Möglichkeit her durch die Form verwirklicht, und der Vorgang dieser Verwirklichung ist die Bewegung. Das Sein ist das, was im Geschehen zustande kommt. Diese Selbstverwirklichung des Wesens in den Erscheinungen nennt Aristoteles E n t e l e c h i e (ἐντελέχεια).

2. Der Schwerpunkt der aristotelischen Philosophie liegt also in diesem n e u e n B e g r i f f d e s G e s c h e h e n s a l s d e r V e r w i r k l i c h u n g d e s W e s e n s i n d e r E r s c h e i n u n g, und ihr Gegensatz gegen die frühere Naturerklärung besteht deshalb in der b e g r i f f l i c h e n D u r c h f ü h r u n g d e r T e l e o l o g i e, die Platon nur als Postulat aufgestellt und in mythischer Bildlichkeit ausgeführt hatte. Während die frühere Metaphysik als das typische Grundverhältnis des Geschehens den mechanischen Vorgang von Druck und Stoß angesehen hatte, betrachtete Aristoteles als solches die Entwicklung von Organismen und die bildende Tätigkeit des Menschen. Aus diesen beiden Gebieten entnahm er seine Beispiele, wo er den metaphysischen Charakter des Geschehens erläutern wollte[217]).

Doch ist das Verhältnis von Form und Stoff in diesen beiden Arten des zweckmäßigen Geschehens nicht völlig das gleiche, und die Verschiedenheit beider macht sich daher in der Ausführung des aristotelischen Grundgedankens überall geltend. In dem Falle des organischen Geschehens nämlich sind Stoff und Form in der Tat die beiden, nur durch die Abstraktion trennbaren Seiten einer und derselben von Anfang bis zu Ende miteinander identischen Wirklichkeit: schon im Keim, dessen Entwicklung das Wesen zur Entfaltung bringt, ist die Materie innerlich durch die Form gestaltet. Beim künstlerischen Bilden dagegen besteht zunächst das Material, das die Möglichkeit enthält, für sich, und erst die zweckmäßige Arbeit des Künstlers tritt hinzu, um durch die Bewegung daraus die Gestalten zu erzeugen.

Im letzteren Falle ist daher die Entwicklung unter v i e r P r i n z i p i e n zu betrachten: es sind die M a t e r i e, die F o r m, der Z w e c k und die U r s a c h e des Geschehens. Im ersteren Falle dagegen sind der Materie gegenüber die drei andern Prinzipien nur verschiedene Ausdrücke für dieselbe Sache, indem die Form sowohl die Ursache als auch das Ergebnis des Geschehens bildet.

Hiernach findet nun in der Anwendung auf die Welterkenntnis jene Grund-

---

[217]) Außer der Metaphysik ist namentlich die Physik auf diese Fragen eingegangen.

beziehung von Form und Stoff eine doppelte Ausführung: einerseits werden die
e i n z e l n e n D i n g e als sich selbst realisierende Formen, anderseits werden die
D i n g e i m V e r h ä l t n i s z u e i n a n d e r das eine als Materie, das andere als
Form betrachtet. Diese beiden Verwendungen des Grundprinzips gehen durch das
ganze aristotelische System neben einander her und stoßen in den allgemeinen
Bestimmungen zum Teil so aufeinander, daß nur durch ihre Scheidung scheinbare
Widersprüche aus dem Wege geräumt werden können.

3. In ersterer Hinsicht ergibt sich, daß für die aristotelische Weltauffassung,
im Gegensatze sowohl zur demokritischen als auch zur platonischen, das wahrhaft
Wirkliche das durch seine Form in sich bestimmte E i n z e l d i n g ist. Ihm gebührt
daher zunächst der Name des W e s e n s o d e r d e r S u b s t a n z: οὐσία. Das
Wesen aber entwickelt sich und verwirklicht sich in den einzelnen Bestimmungen,
die teils seine Z u s t ä n d e (πάθη), teils seine B e z i e h u n g e n zu andern Dingen
(τὰ πρός τι) sind[218]). Die Erkenntnis hat daher dies, was dem Dinge zugehört
(τὰ συμβεβηκότα), von ihm auszusagen, während das Einzelding selbst von nichts
anderem ausgesagt werden, d. h. im Satze nur Subjekt und nie Prädikat sein
kann[219]). Diese Erscheinungsweisen der Substanz oder die über sie möglichen
Aussagen heißen K a t e g o r i e n; von ihnen zählt Aristoteles auf: Quantität
(ποσόν), Qualität (ποιόν), Relation (πρός τι), räumliche und zeitliche Bestimmung
(ποῦ, ποτέ), Tun (ποιεῖν) und Leiden (πάσχειν); und daneben auch Sichbefinden
(κεῖσθαι) und Sichverhalten (ἔχειν). Diese Zusammenstellung (mit Einschluß der
Substanz also 10 Kategorien), bei der vielleicht grammatische Beobachtungen mitgewirkt haben, soll die o b e r s t e n G a t t u n g e n darstellen, unter welche alle
möglichen Vorstellungsinhalte zu subsumieren sind: doch hat Aristoteles davon
keinen methodischen Gebrauch gemacht, und seine Kategorienlehre hat daher,
abgesehen von jenem Verhältnis der Substanz zu ihren Bestimmungen, in seiner
Metaphysik keine Bedeutung gewonnen[220]).

Je schärfer so Aristoteles den wissenschaftlichen Substanzbegriff in seiner
logischen und metaphysischen Bestimmung ausgebildet hat, um so verwunderlicher
kann es auf den ersten Blick erscheinen, daß er weder ein methodisches noch ein
sachliches Prinzip angegeben hat, nach dem zu entscheiden wäre, welches nun
eigentlich die wahrhaft seienden Einzeldinge in seinem Sinne sind. Klar ist nur,
daß er einerseits nicht jedes Beliebige, was gelegentlich in der Erfahrung als ein
von den übrigen getrenntes Ding erscheint, als Wesen gelten ließ, anderseits, daß
er den organischen Individuen, insbesondere z. B. den einzelnen Menschen
diesen Charakter zuschrieb. Im Sinne seiner Lehre wäre es, zu meinen, daß
er nur da hätte von einem „Wesen" reden können, wo eine innere Formbestimmtheit
den Grund der Zusammengehörigkeit der einzelnen Merkmale bildet, wo also die
Erkenntnis dieses Wesens die Aufgabe der Wissenschaft, das Seiende durch den
allgemeinen Begriff zu bestimmen, insofern löst, als das bleibende Einzelding den
Gattungsbegriff für alle seine besonderen in der Wahrnehmung sich zeigenden
Erscheinungen bildet.

---

[218]) Met., XIV, 2, 1089 b, 23.
[219]) Analyt. post., I, 22, 83 a, 24.
[220]) Vgl. A. TRENDELENBURG, Geschichte der Kategorienlehre (1. Bd. der Hist. Beitr.,
Berlin 1846).

Aber die sokratisch-platonische Ansicht von der Aufgabe der Wissenschaft brachte es schließlich mit sich, daß Aristoteles daneben doch wieder das Wesen des Einzeldings als dasjenige bestimmte, wodurch es seiner G a t t u n g zugehört. Die Subordination des Einzeldings unter den Gattungsbegriff ist auch für ihn nicht eine willkürliche Funktion des vergleichenden Verstandes, sondern eine durchaus sachliche, das wirkliche Verhältnis abbildende Erkenntnis. Wenn die Substanz ihren wahrnehmbaren Erscheinungen und Bestimmungen gegenüber das Allgemeine darstellt, so ist anderseits die Gattung (γένος oder wieder platonisch εἶδος) das Allgemeine, welches sich in den einzelnen Substanzen verwirklicht. Auch hier wiederholt sich dasselbe Verhältnis: die Gattung besteht nur, insofern sie sich in den einzelnen Dingen als deren wahrhaft seiendes Wesen verwirklicht, und das einzelne Ding besteht nur, indem in ihm die Gattung zur Erscheinung kommt. Eben deshalb haben aber auch die Gattungen den Anspruch auf die metaphysische Bedeutung, Wesenheiten (οὐσίαι) zu sein. Hierdurch erhält der Begriff der Substanz bei Aristoteles eine eigentümlich schillernde Doppelbedeutung. Die eigentlichen Substanzen sind die begrifflich bestimmten Einzeldinge; aber eine zweite Art von Substanzen (δεύτεραι οὐσίαι)[221]) sind die Gattungen, welche das Wesen der Einzeldinge ebenso ausmachen, wie diese das Wesen der wahrnehmbaren Erscheinungen.

Ist nun so die wissenschaftliche Erkenntnis teils auf den Begriff des Einzeldinges, teils auf den Gattungsbegriff gerichtet, so findet sich in den Erscheinungen, worin der eine oder gar der andere sich verwirklicht, zwar manches, was als direkt dem Begriffe zukommend (συμβεβηκότα im engeren Sinne) aus ihm abgeleitet werden kann, manches aber auch, was, dem Begriffe fremd, nur nebensächlich an ihm als Folge der Materie, worin er sich realisiert, im besonderen erscheint, und von diesem begrifflich Gleichgültigen oder „Z u f ä l l i g e n" (συμβεβηκότα im gewöhnlichen Sinne des Wortes) gibt es, den Voraussetzungen der aristotelischen Lehre nach, keine „Theorie", keine wissenschaftliche Erkenntnis. Daher hat auch Aristoteles — und hierin liegt eine charakteristische Grenze der antiken Naturforschung — auf eine wissenschaftliche Einsicht in die gesetzliche Notwendigkeit, mit der auch das Einzelste, Besonderste aus dem Allgemeinen folgt, sogar prinzipiell verzichtet, dies vielmehr für ein *realiter* Zufälliges, Begriffloses erklärt und die wissenschaftliche Betrachtung auf dasjenige beschränkt, was allgemein (καθ' ὅλου) oder wenigstens m e i s t (ἐπὶ τό πολύ) gilt.

4. Wenn hierin entschieden ein Festhalten an der Tradition der Ideenlehre zu sehen ist, so zeigt sich dasselbe auch in der andern Richtung. Wird nämlich das Verhältnis von Stoff und Form zwischen verschiedenen Dingen oder Dinggattungen statuiert, von denen jedes an sich schon als geformter Stoff wirklich ist, so wird dies Verhältnis insofern r e l a t i v, als dasselbe, was dem Niederen gegenüber als Form zu betrachten ist, dem Höheren gegenüber als Stoff erscheint. In dieser Hinsicht wird der Begriff der Entwicklung zum Prinzip einer m e t a p h y s i s c h e n W e r t o r d n u n g d e r D i n g e, welche in ununterbrochener Reihenfolge von den niedersten Gestaltungen der Materie bis zu den höchsten Formen aufsteigt. In dieser Stufenleiter wird jeder Dinggattung ihre metaphysische Dignität

---

[221]) So heißen sie wenigstens in der Schrift über die Kategorien, deren Echtheit freilich nicht ganz unangefochten ist: doch liegt die Bezeichnung ganz in der Richtung von Aristoteles' gesamter Lehre.

dadurch angewiesen, daß sie als Form der niederen und als Stoff der höheren betrachtet wird.

Dies System der Einzeldinge und ihrer Gattungen hat aber sowohl eine untere, als auch eine obere Grenze, — jene in der bloßen Materie, diese dagegen in der reinen Form. Die völlig ungeformte M a t e r i e²²²) freilich (πρώτη ὕλη) ist an sich als bloße Möglichkeit nicht wirklich, sie existiert nicht, ohne schon irgendwo als Form verwirklicht zu sein. Aber sie ist doch nicht nur das Nichtseiende (das platonische μὴ ὄν oder der leere Raum), sondern die durch reale Wirkungen sich betätigende Mitursache (τὸ οὗ οὐκ ἄνευ). Ihre Realität erweist sich aber darin, daß die Formen sich in den einzelnen Dingen nicht vollständig realisieren, daß aus ihr eine Nebenwirkung (παραφυάς) hervorgeht, die mit der zwecktätigen Form ohne Zusammenhang oder im Widerspruche ist. Aus der Materie also erklärt es sich, daß die Formen sich nur n a c h M ö g l i c h k e i t (κατὰ τὸ δυνατόν) verwirklichen: aus ihr stammt das begrifflich nicht Bestimmte (συμβεβηκός) oder das Zufällige (αὐτόματον), das Gesetz- und Zwecklose in der Natur. Daher unterscheidet die aristotelische Lehre (wie Platon im Philebos) in der Naturerklärung zwischen den Z w e c k u r s a c h e n (τὸ οὗ ἕνεκα) und den m e c h a n i s c h e n U r s a c h e n (τὸ ἐξ ἀνάγκης): jene sind die Formen, die sich im Stoff realisieren, diese bestehen in dem Stoff, aus dem die Nebenwirkungen und Gegenwirkungen stammen. So wird das Weltgeschehen bei Aristoteles in letzter Instanz unter der A n a l o g i e d e s b i l d e n d e n K ü n s t l e r s betrachtet, der für die Verwirklichung seines gestaltenden Gedankens in dem spröden Material eine Grenze findet. Zwar ist dies Material der Idee so weit verwandt, daß sie wenigstens im allgemeinen sich darin darstellen kann; aber es ist doch insofern ein Fremdes und dabei Selbständiges, daß es der Realisierung der Formen zum Teil als h e m m e n d e s P r i n z i p entgegensteht. Diesen D u a l i s m u s zwischen der Z w e c k t ä t i g k e i t d e r F o r m und dem W i d e r s t a n d e d e r M a t e r i e hat die antike Philosophie nicht überschritten: sie verband mit der Forderung der teleologischen Weltbetrachtung die naive Ehrlichkeit der Erfahrung von der zwecklosen und zweckwidrigen Notwendigkeit, die sich in den Erscheinungen der Wirklichkeit geltend macht.

5. Bei der reinen Form dagegen, mit deren Begriffe unmittelbar derjenige wahrer Wirklichkeit verbunden ist, versteht es sich von selbst, daß sie ohne irgendwelcher Materie zu bedürfen, an sich die höchste Wirklichkeit besitzt. Die Annahme einer solchen r e i n e n F o r m ist aber nach dem System des Aristoteles deshalb notwendig, weil die Materie, als das bloß Mögliche, in sich allein kein Prinzip der Verwirklichung, der Bewegung oder des Geschehens besitzt. Zwar kann in dem System der Entwicklung, das sich um den Begriff des sich selbst verwirklichenden Wesens konzentriert, nicht von einem zeitlichen Anfange der Bewegung gesprochen werden, da vielmehr die B e w e g u n g s o e w i g w i e d a s S e i n selbst sein muß, zu dessen wesentlichen Merkmalen sie gehört: aber es muß doch dasjenige im Sein aufgezeigt werden, was U r s a c h e der Bewegung ist. Das aber ist überall die Einwirkung der Form auf den Stoff, und darin unterscheidet Aristoteles hinsichtlich der Einzeldinge zwei Momente: den Trieb des Stoffes, geformt zu werden, und die von der Form selbst ausgehende zweckmäßige Bewegung. Insofern aber

²²²) Vgl. CL. BÄUMKER, Das Problem der Materie in der griechischen Philosophie (München 1890).

die Form selbst beweglich ist, muß sie wieder als Stoff für eine höhere Form angesehen werden; und da von der letzteren dasselbe usf. gilt, so wäre die Bewegung nicht begriffen, wenn nicht die Kette der Bewegungsursachen ein Anfangsglied in der reinen Form hätte, die selbst nicht mehr bewegt ist. Das e r s t e B e w e g e n d e (πρῶτον κινοῦν) ist selbst unbewegt. Bei seiner Einwirkung auf den Stoff kommt daher nur das erste jener beiden Momente in Betracht: es wirkt nicht durch eigene Tätigkeit, sondern dadurch, daß seine absolute Wirklichkeit in dem Stoff den Trieb erregt, sich nach ihm zu formen, — nicht als mechanische, sondern als r e i n e Z w e c k u r s a c h e (κινεῖ ὡς ἐρώμενον οὐ κινούμενον).

Das E r s t e B e w e g e n d e oder die r e i n e F o r m bedeutet also in der aristotelischen Metaphysik ganz dasselbe, wie die Idee des Guten in der platonischen, und für sie allein nimmt Aristoteles alle Prädikate der platonischen Idee in Anspruch: sie ist ewig, unveränderlich, unbeweglich, ganz für sich, getrennt (χωριστόν) von allen übrigen, unkörperlich — und dabei doch die Ursache alles Geschehens. Sie ist das v o l l k o m m e n e S e i n (ἐνέργεια), worin alle Möglichkeit zugleich Wirklichkeit ist, von allem Seienden und von allem „Wesen" das höchste (τὸ τί ἦν εἶναι τὸ πρῶτον) und beste — die G o t t h e i t²²³).

Das so seinen Beziehungen nach bestimmte höchste Wesen wird aber von Aristoteles auch seinem Inhalte nach charakterisiert: eine solche, auf keine Möglichkeit bezogene, rein in sich selbst ruhende Tätigkeit (actus purus) ist nur das D e n k e n : freilich nicht das auf die einzelnen Dinge und ihre veränderlichen Erscheinungen gerichtete Vorstellen, sondern das mit sich selbst und seinem ewigen Wesen beschäftigte r e i n e D e n k e n, dasjenige Denken, welches nichts anderes als Gegenstand voraussetzt, sondern sich selbst zum immer gleichen Inhalt hat, das Denken des Denkens (νόησις νοήσεως), — das S e l b s t b e w u ß t s e i n.

Diesen Begriffsbestimmungen wohnt eine gewaltige weltgeschichtliche Bedeutung inne. Einerseits ist damit der M o n o t h e i s m u s begrifflich formuliert und wissenschaftlich begründet, anderseits ist er aus der pantheistischen Form, die er bei Xenophanes und auch noch bei Platon hatte, in die t h e i s t i s c h e F o r m übergegangen, indem G o t t als ein von der Welt verschiedenes selbstbewußtes Wesen aufgefaßt wird. Neben dieser T r a n s z e n d e n z aber involviert die Lehre, daß G o t t d e r a b s o l u t e G e i s t sei, zugleich den metaphysischen Fortschritt, daß das I m m a t e r i e l l e, das unkörperliche reine Sein mit dem G e i s t i g e n gleichgesetzt wird. Der M o n o t h e i s m u s d e s G e i s t e s ist die reife Frucht der griechischen Wissenschaft.

Dabei ist die Auffassung dieser göttlichen Geistigkeit rein intellektualistisch: ihr Wesen ist lediglich das auf sich selbst gerichtete Denken. Alles Handeln, alles Wollen ist auf ein von dem Handelnden, dem Wollenden verschiedenes Objekt als auf seine Materie gerichtet. Der göttliche Geist als die reine Form bedarf keines Gegenstandes, er genügt sich selbst, und sein Wissen von sich selbst (θεωρία), das auch kein anderes Ziel hat als sich selbst, ist seine ewige Seligkeit. Er wirkt auf

---

²²³) Die Darstellung dieses Gedankenganges, dem wesentlich der später sog. k o s m o l o g i s c h e B e w e i s f ü r d a s D a s e i n G o t t e s entsprungen ist, findet sich hauptsächlich im 12. Buche der Metaphysik. In seinen populären Dialogen hat ihn schon Aristoteles mit Wertbestimmungen verquickt, indem er ihm die Form gab, daß der Unterschied zwischen Unvollkommenerem und Vollkommenerem, den die Erfahrungsdinge zeigen, die Realität eines Vollkommensten voraussetze: vgl. Schol. in Arist., 487 a, 6

die Welt nicht durch eine Bewegung oder Tätigkeit, sondern durch ihre Sehnsucht nach ihm: die Welt und was in ihr geschieht, stammt aus der S e h n s u c h t d e r M a t e r i e n a c h G o t t[224]).

6. Die Materie (das nur Mögliche) ist das was bewegt wird, ohne selbst zu bewegen: Gott (das nur Wirkliche) ist das was nur bewegt, ohne selbst bewegt zu sein oder zu werden: zwischen beiden liegt die ganze Reihe der Dinge, welche Bewegung sowohl erleiden als auch hervorrufen, und deren Gesamtheit bezeichnet Aristoteles als N a t u r (φύσις; nach jetzigem Sprachgebrauch also = Welt). Sie ist somit der einheitliche Lebenszusammenhang, worin die Materie durch die Fülle ihrer Gestalten hindurch, von Form zu Form höher sich entwickelnd, dem ruhenden Sein der Gottheit sich nähert und es abbildend nach Möglichkeit in sich aufnimmt.

Dabei zeigt nun aber die S t u f e n l e i t e r d e r D i n g e, in deren Darlegung die aristotelische N a t u r p h i l o s o p h i e besteht, einen zweifachen Maßstab der Wertbeurteilung, und sie entwickelt sich deshalb auch in voneinander verschiedenen Reihen, die nur am Schlusse eine zwar den Grundbegriffen des Systems nach konsequente, aber sachlich dennoch überraschende Vereinigung finden.

Im Begriffe der Gottheit begegnen sich nach Aristoteles als Hauptmerkmale diejenigen des in sich ruhenden und sich gleichbleibenden Seins (ἀίδιον) und der Geistigkeit und Vernünftigkeit (νοῦς). Daher nehmen die einzelnen „Formen" der Natur einen um so höheren Rang ein, je mehr sie einerseits die eine, anderseits die andere dieser höchsten Wertbestimmungen erfüllen. In der einen Richtung steigt die Reihe der Erscheinungen von dem ungeordneten Wechsel des terrestrischen Geschehens bis zu dem immer gleichmäßigen Umschwung der Gestirne auf; in der andern Richtung werden wir von der bloß mechanischen Ortsveränderung bis zu den Tätigkeiten der Seele und ihrer wertvollsten Entwicklung, der vernünftigen Erkenntnis, geführt: und beide Reihen haben nur denselben Endpunkt insofern, als die in gleichmäßigster Bewegung befindlichen Gestirne als die höchsten Intelligenzen, die vernunftvollsten Geister aufgefaßt werden.

7. In ersterer Beziehung hat Aristoteles sich den altpythagoreischen Gegensatz der irdischen und der himmlischen Welt unter Aufnahme der astronomischen Ansichten Platons zu eigen gemacht, und dem siegreichen Einflusse seiner Philosophie ist es zuzuschreiben, daß die reiferen Vorstellungen der späteren Pythagoreer, trotz ihrer Anerkennung durch astronomische Gelehrte der Folgezeit, im Altertum nicht durchgedrungen sind. Wie das ganze Weltall die vollkommenste, überall gleiche Gestalt, diejenige der Kugel, hat, so ist auch unter allen Bewegungen die vollkommenste die in sich zurücklaufende K r e i s b e w e g u n g. Diese gebührt dem Ä t h e r, dem himmlischen Element, aus welchem die G e s t i r n e und die durchsichtigen Kugelschalen gebildet sind, in denen sich jene mit ewig unverändertem Gleichmaße bewegen: zu äußerst und in absoluter Unveränderlichkeit, die dem göttlichen Sein am nächsten kommt, der Fixsternhimmel, darunter die Planeten, die Sonne und der Mond: deren scheinbare Abweichung von der Kreisbewegung durch eine komplizierte Theorie von ineinander geschachtelten Kugel-

---

[224]) Die Deutung des aristotelischen Gottes als Weltseele (CHARLES WERNER, Aristote et l'idéalisme platonicien, Genf 1909) kann daher nicht als authentisch gelten, so sehr sie Momente und Denkantriebe hervorhebt, die sich in der Entwicklung des Aristotelismus zum Stratonismus (vgl. § 15, 1) und zum Averroismus (§ 27, 1) als entscheidend erwiesen haben.

schalen erklärt, welche der in nahen Beziehungen zur Akademie stehende Astronom Eudoxos und sein Schüler Kallippos aufgestellt hatten[225]). Die Gestirne selbst aber galten dem Aristoteles als Wesen von übermenschlicher Intelligenz, als zur Welt gehörende Götter: sie erschienen ihm als die reineren, der Gottheit ähnlicheren Formen, von denen ein zweckvoll vernünftiger Einfluß auf die niedere Welt des Erdenlebens ausgehe: dieser Gedanke ist die Wurzel der neuplatonischen und damit der mittelalterlichen Astrologie geworden.

Die niederen Formen des terrestrischen Daseins sind dagegen die v i e r E l e - m e n t e (des Empedokles), welche durch die Tendenz g e r a d l i n i g e r Bewegung charakterisiert sind. Die geradlinige Bewegung aber involviert sogleich den G e g e n - s a t z zweier Richtungen, der zentrifugalen, welche dem Feuer, und der zentripetalen, welche der Erde zukommen soll: geringer sei die erstere der Luft, die letztere dem Wasser beigegeben, und so füge sich die im ganzen ruhende Mittelmasse, unsere Erde, derart zusammen, daß um das Erdige sich zunächst Wasser und dann Luft anlagere, während das Feuer der himmlischen Außenwelt zustrebe. Jedes Element hat so seine „natürliche" Bewegungsrichtung und seinen „natürlichen" Ort im Weltall: nur durch den Zusammenstoß mit andern (βία) wird es daraus abgelenkt und verdrängt. Eben diese w e c h s e l n d e n V e r b i n d u n g e n aber, welche die vier Elemente eingehen, machen das Unvollkommene, Begrifflose, Z u f ä l l i g e der irdischen Welt aus: hier ist die Neben- und Gegenwirkung der Materie stärker als in der himmlischen Region, wo die mathematische Bestimmtheit der ungestörten Kreisbewegung sich verwirklicht.

8. In den Veränderungen der irdischen Welt aber bauen sich zunächst m e c h a - n i s c h e s, c h e m i s c h e s und o r g a n i s c h e s Geschehen so übereinander auf, daß das höhere immer die niederen als seine Bedingungen voraussetzt. Ohne Orts- veränderung (φορά oder κίνησις im engsten Sinne) ist die Eigenschaftsverwandlung (ἀλλοίωσις) und ohne beide die organische Verwandlung, die im Wachstum und in der Rückbildung (αὔξησις—φθίσις) besteht, nicht möglich. Die höhere Form aber ist niemals nur ein Produkt der niederen, sondern etwas Selbständiges, wodurch jene nur in zweckmäßiger Weise verwendet werden.

Hieraus entwickelt sich ein wichtiger prinzipieller Gegensatz des Aristoteles gegen Demokrit, während er sonst diesen Vorgänger in bezug auf naturwissenschaftliche Einzelforschung sehr hoch geachtet und viel, auch mit ausdrücklicher Erwähnung, benutzt hat. Aristoteles[226]) protestiert gegen den schließlich ja auch von Platon angenommenen Versuch einer Zurückführung aller qualitativen Bestimmungen auf quantitative, er bestreitet die erkenntnistheoretisch-metaphysische Gegenüberstellung von sekundären und primären Realitäten; er erkennt den ersteren keine geringere, sondern eher eine höhere Qualität als den letzteren zu, und in der Reihenfolge der „Formen" ist ihm die innere begriffliche Bestimmung offenbar wertvoller,

---

[225]) SCHIAPARELLI, Le sfere omocentriche di Eudosso, Callippo ed Aristotele (Milano 1876). Vgl. auch O. GRUPPE. Die kosmischen Systeme der Griechen (Berlin 1851). Als methodischer Grundsatz für die Aufstellung dieser Fragen ist aus der älteren Akademie die als mathematisch-metaphysische Voraussetzung der spekulativen Naturerklärung typische Bestimmung erhalten: die gleichmäßig geordneten Bewegungen der Wandelgestirne · ausfindig zu machen, durch welche deren scheinbare Bewegungen erklärt werden(διασῷζειν); Simpl. in Arist, de coelo (KARST.), 119.

[226]) Vgl. besonders das dritte Buch der Schrift De coelo.

als die äußere, mathematisch ausdrückbare[227]). Der Versuch Demokrits, für die
Welterklärung die Reduktion aller qualitativen Unterschiede auf quantitative zum
Prinzip zu erheben, hat an Aristoteles und seiner Lehre von den „Entelechien",
den inneren Formen der Dinge, seinen siegreichen Gegner gefunden. Der scharfe
Logiker hat eingesehen, daß es niemals möglich ist, die Qualitäten aus Quantitäts-
verhältnissen analytisch zu entwickeln, sondern daß die Qualität (von welchem
Sinn sie auch wahrgenommen werden möge) ein Neues ist, das die gesamten
Quantitätsbeziehungen nur als tatsächliche Veranlassung voraussetzt.

9. Ganz dasselbe gilt denn auch folgerichtig bei Aristoteles für das Verhältnis
der seelischen Tätigkeiten zu den leiblichen: diese sind nur die Materie, zu der
jene die Formen hinzubringen. Eine derartige Abhängigkeit der psychischen Funktionen von körperlichen, wie sie nach dem Vorgang der älteren Metaphysik Demokrit und zum Teil auch noch Platon gelehrt hatten, erkennt Aristoteles nicht an.
Ihm ist vielmehr die S e e l e d i e E n t e l e c h i e d e s L e i b e s, d. h. die in den
Bewegungen und Veränderungen des organischen Körpers sich verwirklichende
Form. Die Seele ist die zwecktätige Ursache der leiblichen Gestaltung und Bewegung: selbst unkörperlich, ist sie doch wirklich nur als die den Körper bewegende
und regierende Kraft.

Aber auch das Seelenleben selbst baut sich nach Aristoteles in Schichten auf,
von denen jede wieder den Stoff für die höhere darstellt. Die nächste Form des
organischen Lebens ist die v e g e t a t i v e S e e l e (θρεπτικόν), welche die mechanischen und chemischen Veränderungen zu den zwecktätigen Funktionen der
Assimilation und der Fortpflanzung gestaltet. Auf diese rein physiologische Bedeutung einer Lebenskraft beschränkt sich die Seele der P f l a n z e n: zu ihr
tritt im gesamten Tierreich[228]) die a n i m a l e S e e l e hinzu, deren konstitutive
Merkmale räumliche Selbstbewegung (κινητικὸν κατὰ τόπον) und Empfindung
(αἰσθητικόν) sind.

Die zwecktätige Eigenbewegung des tierischen Leibes geht aus dem B e g e h r e n
(ὄρεξις) hervor, das in der Form des Erstrebens oder des Verabscheuens aus den
G e f ü h l e n von Lust und Unlust entspringt. Diese aber setzen überall die V o r-
s t e l l u n g i h r e s G e g e n s t a n d e s voraus und sind zugleich mit der Vorstellung, daß dieser Gegenstand erstrebens- oder verabscheuungswürdig sei, verbunden. Die der gesamten griechischen Psychologie eigentümliche Annahme einer
durchgängigen Abhängigkeit des Begehrens vom Vorstellen ist bei Aristoteles so
stark, daß er diese Verhältnisse sogar ausdrücklich nach der logischen Funktion
des Urteils und des Schlusses darstellt. Auch praktisch gibt es Bejahung und Verneinung[229]), gibt es die Folgerung von einem allgemeinen Zweck auf eine besondere
Handlungsweise usw.

---

[227]) Aristoteles charakterisiert deshalb auch die Elemente nicht nur durch die verschiedene Tendenz der Bewegung, sondern auch durch ursprüngliche Qualitäten, und er
entwickelt sie aus einer Kreuzung der Gegensatzpaare warm und kalt, trocken und
feucht. Meteor., IV, 1, 378 b, 11.

[228]) Die Tiergeschichte des Aristoteles (vgl. J. B. MEYER, Berlin 1855) behandelt in
musterhafter Weise und mit bewunderungswürdiger Sorgfalt der Einzelforschung neben
der Systematik die anatomischen, physiologischen, morphologischen und biologischen
Probleme. Das parallele Werk über die Pflanzen ist zwar verloren, wird aber durch dasjenige seines Freundes und Schülers Theophrast ersetzt.

[229]) Eth. Nik., VI, 2, 1139 a, 21.

Den Herd des ganzen animalen Vorstellungslebens bildet die E m p f i n d u n g. In der p h y s i o l o g i s c h e n P s y c h o l o g i e, die davon handelt²³⁰), hat Aristoteles in umfassender Weise alle die einzelnen Kenntnisse und Theorien benutzt, die seine Vorgänger, namentlich Demokrit, besaßen: aber er hat die gemeinsame Unzulänglichkeit aller früheren Lehren dadurch überwunden, daß er der Selbsttätigkeit der Seele in dem Zustandekommen der Wahrnehmung eine viel größere Bedeutung einräumte. Nicht zufrieden, die alte Theorie, daß die Wahrnehmung aus einem Zusammenwirken des Objekts und des Subjekts bestehe, zu der seinigen zu machen, wies er auf die E i n h e i t l i c h k e i t d e s B e w u ß t s e i n s (μεσότης) hin, mit der die animale Seele das in den einzelnen Wahrnehmungen der einzelnen Sinne Gegebene zu Gesamtwahrnehmungen verknüpft und dabei auch die Verhältnisse der Zahl, Lage und Bewegung erfaßt. So muß über den einzelnen Sinnen noch der G e m e i n s i n n (κοινὸν αἰσθητήριον) angenommen werden²³¹), der dann auch vermöge des Umstandes, daß in ihm die Wahrnehmungen als Vorstellungen (φαντασίαι) erhalten bleiben, zum Sitz der Erinnerung, der unwillkürlichen (μνήμη) und der willkürlichen (ἀνάμνησις), zugleich aber auch zum Sitz unseres Wissens von unseren eigenen Zuständen wird²³²).

10. Vegetative und animale Seele bilden aber nun im M e n s c h e n die Materie der Verwirklichung der ihm eigentümlichen Form: der V e r n u n f t (νοῦς—δια-νοεῖσθαι). Durch deren Einwirkung wird der Trieb (ὄρεξις) zum Willen (βούλησις) und die Vorstellung zur Erkenntnis (ἐπιστήμη). Sie kommt zu allen den seelischen Tätigkeiten, die sich aus der Wahrnehmung auch bei den Tieren entwickeln, als ein Neues und Höheres („von außen", θύραθεν) hinzu, kann sich aber wiederum nur an und in jenen verwirklichen. Dies Verhältnis drückte Aristoteles durch die U n t e r s c h e i d u n g d e r t ä t i g e n u n d d e r l e i d e n d e n V e r n u n f t a u s (νοῦς ποιητικός—παθητικός): unter jener verstand er die reine Vernunfttätigkeit selbst, unter dieser dagegen das Wahrnehmungsmaterial, das aus dem leiblichen Dasein des einzelnen Menschen entstammt, für die Vernunft die Möglichkeiten und Anlässe ihrer Funktion gewährt und daraufhin von ihr durcharbeitet und gestaltet wird.

Danach bedeutet die „leidende" Vernunft die in der Veranlagung des einzelnen Menschen gegebene und durch die Anlässe seiner persönlichen Erfahrung bestimmte i n d i v i d u e l l e E r s c h e i n u n g s w e i s e, die „tätige" Vernunft dagegen die reine, allen Individuen gemeinsame, prinzielle Einheitlichkeit der Vernunft. Diese allein ist, wie ungeworden, so auch unvergänglich, während jene mit den Individuen, mit denen sie zutage tritt, vergänglich ist. Die persönliche Unsterblichkeit ist durch diese Konsequenz ebenso in Frage gestellt, wie im platonischen Timaios, wo sie auch nur noch für den „vernünftigen", d. h. den überall

---

²³⁰) Es sind außer den betreffenden Abschnitten der Schrift über die Seele auch die kleineren sich daran schließenden Abhandlungen zu vergleichen: über Wahrnehmung, über Erinnerung, über Schlaf, über Träume usw.
²³¹) In betreff der physiologischen Lokalisation fand Aristoteles — und seine Schule bildete diese Lehre noch mehr aus; vgl. H. SIEBECK, Zeitschrift für Völkerpsychologie, 1881, p. 364 ff. — die Seelentätigkeit an die Lebenswärme (ἔμφυτον θερμόν) gebunden, die als beseelender Hauch (πνεῦμα) dem Blute beigegeben sei. Infolgedessen sah er als Sitz des Gemeinsinns das H e r z an und verdrängte damit die bessere Einsicht mit der Alkmaion, Diogenes von Apollonia, Demokrit und Platon die Bedeutung des Gehirns erkannt hatten.
²³²) Dieser Ansatz zu einer Lehre von der i n n e r e n W a h r n e h m u n g findet sich Arist. de an., III, 2, 425 b, 12.

gleichen, unpersönlichen „Teil" der Seele in Anspruch genommen wurde. Es ist
klar, daß es sich hier nicht mehr um empirische Psychologie handelt, sondern
um solche Lehren, welche ihr, aus dem systematischen Zusammenhange der ganzen
Lehre heraus, infolge von ethischen und erkenntnistheoretischen Postulaten aufgepfropft werden.

FR. BRENTANO, Aristoteles Lehre vom Ursprung des menschlichen Geistes (1911).

11. Im Begriffe der Vernunft als der der menschlichen Seele eigentümlichen Form
hat nun Aristoteles die Handhabe zu der inhaltlichen Lösung des e t h i s c h e n
Problems gefunden, die auch Platon noch vergebens gesucht hatte. Das Glück des
Menschen (εὐδαιμονία), das auch hier als höchster Zweck allen Strebens (τέλος)
betrachtet wird, ist zwar zum Teil von dem äußeren Geschick abhängig; es ist erst
da vollkommen, wo auch dies seine Güter gewährt hat: aber die Ethik hat es nur
mit dem zu tun, was bei uns steht (τὰ ἐφ' ἡμῖν), nur mit dem Glück, das der
Mensch durch eigene Tätigkeit erwirbt (πρακτὸν ἀγαθόν). Jedes Wesen aber wird
durch die Entfaltung seiner eigenen Natur und der ihm eigentümlichen Tätigkeit
glücklich, der M e n s c h also durch die V e r n u n f t. Die T u g e n d des Menschen
ist somit diejenige Beschaffenheit (ἕξις), durch welche er zur Ausübung der vernünftigen Tätigkeit befähigt wird: sie entwickelt sich aus den Anlagen seines natürlichen Wesens und hat zu ihrem Erfolge die Befriedigung, die Lust.

Wie nun in der animalischen Seele Trieb und Wahrnehmung als verschiedene
Äußerungen zu unterscheiden waren, so entwickelt sich auch die Vernunft teils
als vernünftiges Handeln, teils als vernünftiges Denken, als Vollkommenheit einerseits des Gemüts (ἦθος), anderseits des Vorstellens (αἰσθάνεσθαι im weitesten Sinne).
So ergaben sich als Tüchtigkeit des vernünftigen Menschen die e t h i s c h e n und
die d i a n o ë t i s c h e n Tugenden.

M. WITTMANN, Die Ethik des Aristoteles.

12. Die ethischen Tugenden erwachsen aus derjenigen E r z i e h u n g   d e s
W i l l e n s, durch die er gewöhnt wird, der rechten Einsicht (φρόνησις — ὀρθὸς
λόγος) gemäß zu handeln: sie befähigen den Menschen, der praktischen Vernunft,
d. h. der Einsicht in das Richtige bei seiner Entschließung zu folgen. Mit dieser
Lehre geht Aristoteles — offenbar aus Rücksicht auf die Tatsachen des sittlichen
Lebens — über die Bestimmungen des Sokrates hinaus; nicht so freilich, daß er
dem Willen im allgemeinen eine psychologische Selbständigkeit gegenüber der
Erkenntnis zugesprochen hätte, sondern so, daß er die Meinung aufgab, als müsse
die aus der vernünftigen Einsicht stammende Willensbestimmung schon von selbst
stärker sein als die aus mangelhafter Erkenntnis stammende Begierde. Da vielmehr
die Erfahrung oft das Umgekehrte zeigt, so muß der Mensch durch Übung diejenige
Selbstbeherrschung (ἐγκράτεια) sich erwerben, vermöge deren er dem vernünftig
Erkannten unter allen Umständen auch gegen die stärkere Begierde folgt[233]).

Gehört so zur ethischen Tugend im allgemeinen Anlage, Einsicht und Gewöhnung, so unterscheiden sich die einzelnen Tugenden durch die verschiedenen
Lebensverhältnisse, auf welche sie sich beziehen. Ein System der Tugenden jedoch

---

[233]) In der Polemik gegen die sokratische Lehre, welche Aristoteles in diesem Sinne
Eth. Nik., III, 1—8, vorträgt, entwickeln sich die ersten Ansätze des Freiheitsproblems:
vgl. unten § 16, 2.

hat Aristoteles nicht gegeben, wohl aber eine umfassende und feinsinnige Behandlung der einzelnen. Das allgemeine Prinzip ist dabei dies, daß die vernünftige Einsicht überall die r e c h t e M i t t e zwischen den unvernünftigen Extremen findet, zu denen das natürliche Triebleben führt. So ist Tapferkeit die rechte Mitte zwischen Feigheit und Verwegenheit usw. Eine besonders eingehende Darstellung hat einerseits die Freundschaft[234]) als das gemeinsame Streben nach allem Guten und Schönen, anderseits die Gerechtigkeit als die Grundlage des politischen Zusammenlebens gefunden.

O. WILLMANN, Aristoteles als Pädagoge (1909).

13. Denn auch Aristoteles war wie Platon überzeugt, daß die sittliche Tüchtigkeit des Menschen als des eigentlichen ζῷον πολιτικόν **ihre Vollendung nur im gemeinsamen Leben finden kann**; auch für ihn gibt es schließlich keine vollkommene Sittlichkeit außerhalb des S t a a t e s, als dessen wesentlichen Zweck auch Aristoteles die sittliche Bildung der Bürger betrachtete. Wie sich jedoch bei dem einzelnen Menschen die Tugend aus der natürlichen Veranlagung heraus entwickeln soll, so behandelt Aristoteles auch die politischen Probleme unter dem Gesichtspunkte, daß die historisch gegebenen Verhältnisse zu möglichster Erfüllung jenes höchsten Zweckes verarbeitet werden sollen.

Jede Verfassung ist recht, wenn die Regierung das sittliche Wohl der Gemeinschaft als oberstes Ziel im Auge hat, jede ist verfehlt, wenn das nicht der Fall ist. An der äußeren Form, welche durch die Anzahl der Regierenden bestimmt ist[235]), hängt also die Güte des Staates nicht: Herrschaft des einzelnen kann als Königtum (βασιλεία) gut, als Despotie (τυραννίς) schlecht — Herrschaft weniger kann als Aristokratie der Bildung und der Gesinnung gut, als Oligarchie der Geburt oder des Besitzes schlecht — Herrschaft aller kann als gesetzmäßig geordnete Republik (πολιτεία) gut, als Pöbelanarchie (δημοκρατία) schlecht sein. Mit tiefem politischem Verständnis trägt Aristoteles dabei die Erfahrungen der griechischen Geschichte zusammen und gibt von dieser Überschau her auch einige allgemeingeschichtliche Andeutungen über die Notwendigkeit, mit der die einzelnen Verfassungsformen ineinander übergehen und auseinander sich entwickeln.

Nach diesen Voraussetzungen ist es begreiflich, daß Aristoteles nicht daran denken konnte, in der Weise Platons die Verfassung eines Idealstaates bis in das einzelne hinein zu entwerfen; er begnügte sich mit einer kritischen Hervorhebung derjenigen Bestimmungen, welche in den einzelnen Verfassungen für die Erfüllung der allgemeinen Aufgabe des Staates sich als förderlich erweisen. Dabei aber schließt er sich der platonischen Forderung einer Verstaatlichung der Erziehung an: das sittliche Gemeinwesen hat selbst für die Heranbildung der Elemente seines zukünftigen Bestandes Sorge zu tragen; und die Erziehung hat den Menschen aus seinem rohen Naturzustande mit Hilfe der edlen Künste zu sittlicher und intellektueller Bildung heranzuführen.

W. ONCKEN, Die Staatslehre des Aristoteles (1870 ff.). H. MEYER, Plato und die aristotelische Eth'k (1919). — A. GOEDECKEMEYER, Aristoteles' praktische Philosophie (1922).

---

[234]) Im achten Buch der Nik. Ethik.

[235]) Ein Gesichtspunkt, den schon der Dialog Politikos hervorhob, während Platon in der Republik die „schlechten" Verfassungen aus psychologischen Analogien einer Vorherrschaft der niederen Seelenteile konstruierte.

14. Zur praktischen Vernunftbetätigung (λογιστικόν) im weiteren Sinne des Wortes rechnete Aristoteles neben dem „Handeln" (πρᾶξις) auch das „Schaffen" (ποιεῖν) doch statuierte er anderseits zwischen dieser schöpferischen Tätigkeit, die sich in der K u n s t darstellt, und dem auf die Zwecke des täglichen Lebens gerichteten Tun einen so großen Unterschied, daß er gelegentlich die Wissenschaft von der Kunst, die poietische Philosophie, als eine dritte selbständig neben die theoretische und die praktische stellte. Von dieser poietischen Philosophie ist außer der Rhetorik nur unter dem Namen der P o e t i k das Bruchstück einer Lehre von der Dichtkunst erhalten, das zwar von Bestimmungen über das Wesen der Kunst im allgemeinen ausgeht, von dem besonderen Gegenstande aber nur noch die Grundzüge einer Theorie der Tragödie darbietet. Hierbei treten so eigentümliche Beziehungen dieser Wissenschaft von der Kunst zu den beiden andern Hauptteilen der Philosophie hervor, daß in der Tat die Unterstellung unter eine von beiden schwierig wird.

Kunst ist nachahmende Erzeugung, und die Künste unterscheiden sich ebenso durch das was sie nachahmen, wie durch das womit sie nachahmen. Die Gegenstände der Dichtkunst sind Menschen und ihre Handlungen; ihre Mittel sind Rede, Rhythmus und Harmonie. Die Tragödie insbesondere stellt eine bedeutende Handlung in unmittelbarer Ausführung durch redende und handelnde Personen dar (Poet. 6, 1449 b, 24). Aber der Zweck dieser nachahmenden Darstellung ist ein e t h i s c h e r : die Affekte des Menschen, insbesondere bei der Tragödie F u r c h t u n d M i t l e i d, sollen derartig erregt werden, daß durch ihre Erregung und Steigerung die R e i n i g u n g der Seele (κάθαρσις) von eben diesen Affekten herbeigeführt wird. Die Erreichung dieses Zweckes aber vollzieht sich so, daß in der künstlerischen Darstellung das einzelne nicht als solches, sondern seinem allgemeinen Wesen nach zur Anschauung gebracht wird. Ähnlich wie die Wissenschaft hat die Kunst das Allgemeine in seiner besonderen Verwirklichung zu ihrem Gegenstande: sie bietet eine Art von Erkenntnis und mit dieser die Lust, die der Erkenntnis beiwohnt (Poet. 9, 1451 b, 5).

G. FINSTER, Platon und die aristotelische Poetik (Leipzig 1900).

15. Die höchste Vollkommenheit seiner Entwicklung endlich gewinnt das vernünftige Wesen des Menschen in der E r k e n n t n i s : die d i a n o ë t i s c h e n Tugenden sind die höchsten und diejenigen, welche die vollendete Glückseligkeit herbeiführen. Die Tätigkeit der t h e o r e t i s c h e n V e r n u n f t (ἐπιστημονικόν) ist aber auf die unmittelbare Erfassung jener höchsten Wahrheiten, der Begriffe und Urteile gerichtet, zu denen das induktive Suchen der wissenschaftlichen Forschung nur hinführt, ohne sie beweisen zu können, und von denen alle Ableitung ihren Anfang nehmen muß (vgl. § 12, 4).

Die Erkenntnis dieser höchsten Gegenstände, die volle Entfaltung der „tätigen Vernunft" im Menschen, bezeichnet Aristoteles abermals als ein „S c h a u e n" (θεωρία);und mit diesem Schauen der Wahrheit gewinnt eben deshalb der Mensch Anteil an jenem r e i n e n D e n k e n, worin das Wesen der Gottheit besteht, und damit auch an der ewigen S e l i g k e i t des göttlichen Selbstbewußtseins. Denn dies „Schauen", das nur um seiner selbst willen da ist, ohne alle Zwecke des Wollens und Tuns, diese wunschlose Versenkung in die ewige Wahrheit, ist das Seligste und Beste von allem.

II. Teil

Die hellenistisch-römische Philosophie.

Hinsichtlich der allgemeinen Literatur gelten für diesen Teil dieselben Werke, welche am Eingang des ersten Teils aufgeführt worden sind.

Aristoteles war der Lehrer Alexanders des Großen: mit ihrer Zeit trat die griechische Kultur aus ihrer nationalen Geschlossenheit heraus und in die große Gesamtbewegung ein, womit die das Mittelmeer umwohnenden Völker des Altertums durch Austausch und Ausgleich ihrer Vorstellungen zu einem gemeinsamen Geistesleben zusammenschmolzen. In den hellenistischen Staaten begann dieser Prozeß durch die Vereinigung griechischer und orientalischer Gedankenmassen: im römischen Weltreich hat er seine äußere, im Christentum seine innere Vollendung gefunden: Hellenismus, Romanismus, Christianismus sind die Etappen, in denen sich aus dem Altertum heraus die Weltkultur der Zukunft entwickelt hat.

Das intellektuell bestimmende Element in dieser Vereinigung ist die griechische Wissenschaft gewesen, und darin besteht ihre welthistorische Bedeutung. Sie wurde, wie die griechische Kunst, das gemeinsame Kulturgut des Altertums, an sie gliederten sich die höchsten inneren Bewegungen der Völker Schritt für Schritt an, und sie wurde die gestaltende Kraft für alles, was als Sehnsucht und Trieb in der Seele der Völker lebte. Mit dem Untergang ihrer politischen Selbständigkeit, mit dem Aufgehen in die Weltreiche hat die griechische Nation diese Erfüllung ihrer Kulturaufgabe erkauft: durch ihre Zerstreuung über die Welt sind die Griechen die Lehrer der Welt geworden.

Bei diesem Eintritt aber in neue und größere Verhältnisse hat die griechische Wissenschaft eine Spaltung der verschiedenen Elemente erfahren, die in ihr vereinigt waren. Mit dem rein theoretischen Interesse, aus dem sie hervorgegangen war und das noch in der Persönlichkeit und der Lehre des Aristoteles einen so klaren Ausdruck gefunden hatte, war in ihr immer mehr das praktische Bedürfnis verwachsen, welches in der Wissenschaft die Überzeugung suchte, die das Leben bestimmen sollte. In Platons Philosophie noch war beides untrennbar miteinander verschmolzen. Aber diese beiden Tendenzen der Wissenschaft gingen nun auseinander.

Das wissenschaftliche Denken, das in der aristotelischen Logik seine Selbsterkenntnis gefunden hatte, war zum Bewußtsein der Grundbegriffe gelangt, mit denen es die Fülle der Erscheinungen verarbeiten konnte. Die gegensätzlichen Hauptformen der Welterklärung waren in den großen Systemen entwickelt worden, und damit war für die wissenschaftliche Behandlung des einzelnen ein fester Rahmen geschaffen. Je erfolgreicher die griechische Wissenschaft bei der anfangs noch so geringen Ausdehnung des besonderen Wissens in der Entwicklung der Prinzipien gewesen war, um so mehr trat nun eine Erlahmung zugleich des metaphysischen Interesses und der metaphysischen Kraft ein.

Demzufolge wandte sich die theoretische Tendenz der Wissenschaft dem Einzelnen zu, und der wissenschaftliche Grundcharakter der hellenistisch-römischen Zeit ist die G e l e h r s a m k e i t und die A u s b i l d u n g d e r S p e z i a l w i s s e n s c h a f t e n. Der einzelne Mann der Wissenschaft gewann durch seinen Eintritt in eine der großen Schulen einen festen Rückhalt der Gesamtansicht und ein bestimmtes Prinzip für die Behandlung der besonderen Fragen und Gegenstände, die ihn interessierten. Und die Gleichgültigkeit gegen die allgemeineren metaphysischen Theorien wurde um so größer, je mehr sich herausstellte, daß eine fruchtbare Forschung auf den einzelnen Gebieten, Erweiterung des tatsächlichen Wissens und Verständnis der besonderen Zusammenhänge, von dem Streit der metaphysischen Systeme unabhängig gemacht werden könne. Die Scheidung der Probleme, die vorbildlich in der aristotelischen Lehre und Schule sich vollzogen hatte, führte notwendig zur Spezialisierung, und das rein theoretische Interesse des Wissens um seiner selbst willen entfaltete sich während der hellenistisch-römischen Zeit wesentlich in den Einzelwissenschaften. Die großen Gelehrten des späteren Altertums, ein Archimedes, Eratosthenes, Aristarch, standen zwar in loserem Verhältnis zu der einen oder der andern Schule, zeigten sich aber in der Metaphysik immer indifferent. So kommt es, daß in dieser Zeit der Ertrag an theoretischen Prinzipien der Philosophie äußerst gering gewesen ist, während die mathematische, die naturwissenschaftliche, die grammatische, die philologische, die literaturhistorische, die geschichtliche Forschung reiche und umfängliche Erfolge zu verzeichnen hatten. Mit der größten Menge derjenigen Namen, welche als „Philosophen", sei es als Schulhäupter, sei es nur als Mitglieder der Schulen, aufgezählt und in der schematischen Behandlung der „Geschichte der Philosophie" fortgeführt werden, verbinden sich nur literaturgeschichtliche Notizen, daß sie dieses oder jenes Fach besonders bearbeitet haben, oder die für die Philosophie schließlich ganz gleichgültige persönliche Nachricht, daß sie sich dieser oder jener unter den früheren Lehren angeschlossen haben, höchst selten aber eigene und neue Begriffsbildungen. In theoretischer Hinsicht hat diese Zeit die alten Probleme der Griechen hin und .her gewendet und sich in den begrifflichen Geleisen bewegt, welche sie festgelegt vorfand.

Um so mächtiger aber entfaltete sich während dieser Jahrhunderte der Aneignung und Verarbeitung die p r a k t i s c h e B e d e u t u n g d e r P h i l o s o p h i e. Das Bedürfnis nach einer wissenschaftlichen Lehre von den Zwecken des Menschenlebens, nach einer Weisheit, welche das Glück des Individuums gewährleiste, konnte nur gesteigert werden, als der ideale Zusammenhang des griechischen Lebens zerfiel, die Volksreligion immer mehr zu einer äußerlichen Tradition herabsank, das zerbröckelnde, seiner Selbständigkeit beraubte Staatsleben keine begeisterte Hingabe mehr erweckte und das Individuum sich innerlich auf sich selbst angewiesen fühlte. So wurde die L e b e n s w e i s h e i t zum Grundproblem der nachgriechischen Philosophie, und die Verengerung der philosophischen Problemstellung, die Sokrates und nach ihm die kynische und kyrenaische Sophistik begonnen hatte, ist der allgemeine Charakter der Folgezeit geworden.

Das schließt nicht aus, daß auch in ihr sich theoretische Lehren und deren scharf verfochtene Gegensätze breit machen; aber einerseits finden sie kein ursprüngliches Interesse mehr um ihrer selbst willen, sondern nur Anwendung auf den Zweck der

Lebensweisheit; anderseits fehlt es ihnen an Originalität, sie sind durchweg Verschiebungen der älteren Lehren, bedingt durch den praktischen Grundgedanken. Selbst so umfassende Systeme wie das stoische und das neuplatonische, arbeiten durchaus nur mit den Begriffen der griechischen Philosophie, um eine theoretische Grundlage für ihr praktisches Ideal zu gewinnen. Der Schlüssel auch zu ihren theoretischen Lehren liegt stets in der praktischen Grundüberzeugung, und insofern sind sie sämtlich charakteristische Typen der Problemverschlingung.

Mit diesem Vorwalten der praktischen Bedeutung hängt es nun aber auch zusammen, daß die Abhängigkeit der Philosophie von der allgemeinen Kulturbewegung, die mit den Sophisten schon in die stillen Kreise des interesselosen Forschens eingebrochen war, in der hellenistisch-römischen Zeit zur dauernden Erscheinung geworden ist: und diese zeigt sich am entscheidensten in der wechselnden Stellung dieser Philosophie zur R e l i g i o n.

Die Entwicklung, welche die griechische Wissenschaft genommen hatte, und der immer schärfer ausgesprochene Gegensatz, in den sie zur Volksreligion gekommen war, brachte es mit sich, daß die Hauptaufgabe der Lebensweisheit, welche die nacharistotelische Wissenschaft suchte, ein E r s a t z   d e s   r e l i g i ö s e n   G l a u b e n s war. Die gebildete Welt, welche den Halt der Religion verloren hatte und auch denjenigen des Staates aufgeben mußte, suchte ihn in der Philosophie. Daher war der Gesichtspunkt der hellenistisch-römischen Lebensweisheit zunächst derjenige i n d i v i d u e l l e r   S i t t l i c h k e i t, und die Philosophie, die sich damit beschäftigt, hat somit durchweg e t h i s c h e s Gepräge. Am schärfsten ist der Gegensatz dieser Individualethik gegen die Religion bei den Epikureern hervorgetreten: aber auch bei den andern Schulen haben die Lehren von der Gottheit um diese Zeit noch ein rein ethisches und vielleicht noch theoretisches, aber kein spezifisch religiöses Interesse.

Diese wesentlich ethische Entwicklung der Philosophie hat sich noch in Griechenland, zumeist sogar in Athen vollzogen, das bei aller Ausbreitung der griechischen Bildung nach Ost und West noch jahrhundertelang das Zentrum des wissenschaftlichen Lebens bildete. Bald aber erwuchsen, zunächst namentlich für die gelehrte Einzelforschung, in den großen Bibliotheken und Museen neue Mittelpunkte, in Rhodos, in Pergamon, in Alexandria, in Tarsos, in Rom, später in Antiochia und Byzanz. Von diesen ist namentlich A l e x a n d r i a wichtig geworden, wo nicht nur die verarbeitende Gelehrsamkeit eine so typische Ausbildung erfuhr, daß dies ganze Zeitalter danach literarhistorisch benannt zu werden pflegt, sondern wo auch die philosophische Richtung jener Tage ihre entscheidende Veränderung erfuhr.

Denn mit der Zeit konnte die Philosophie nicht gleichgültig an dem tiefen Gefühl der Unbefriedigung vorübergehen, welches die antike Welt mitten in allem Glanz des Römerreichs ergriffen hatte. Das ungeheure Reich bot den Völkern, die es in eine mächtige Einheit zusammengeschweißt hatte, keinen Ersatz für den Verlust ihrer nationalen Selbständigkeit; es gewährte ihnen weder inneren Wert noch äußeres Glück. Der Trank des Erdenlebens war den alten Völkern schal geworden, und sie lechzten nach Religion. Darum tasteten sie nach all den verschiedenen Kulten und Religionsübungen herum, welche die einzelnen Völker mitgebracht hatten, und die Religionen des Orients mischten sich mit denen des Occidents.

In diese Bewegung wurde die Philosophie um so mehr hineingezogen, je klarer es schließlich ward, daß sie auch den Gebildeten durch die Aufstellung ihres ethischen Lebensideals nicht befriedigen, ihm das versprochene Glück nicht gewähren konnte. So strömte denn — zuerst in Alexandrien — die ganze Flut der durcheinander wogenden religiösen Vorstellungsmassen in die Philosophie ein, und diese suchte nun auf wirtschaftlichem Grunde nicht nur eine sittliche Überzeugung, sondern eine Religion aufzubauen. Sie verwendete die Begriffe der griechischen Wissenschaft, um die religiösen Vorstellungen zu klären und zu ordnen, um dem Drange des religiösen Gefühls eine ihm genügende Weltvorstellung zu gewähren, und so schuf sie in engerem und loserem Anschluß an die miteinander ringenden Religionen die S y s t e m e d e r r e l i g i ö s e n M e t a p h y s i k.

Hiernach sind in der hellenistisch-römischen Philosophie zwei Perioden zu unterscheiden: die e t h i s c h e und d i e r e l i g i ö s e. Als die Zeit, zu welcher die eine allmählich in die andere übergeht, ist das erste Jahrhundert v. Chr. G. zu bezeichnen.

1. Kapitel. Die ethische Periode.

Fr. Susemihl, Geschichte der Literatur in der Alexandrinerzeit. Leipzig 1891 u. 92.
Droysen, Geschichte des Hellenismus. Hamburg 1836—1843.
J. Kaerst, Geschichte des hellenistischen Zeitalters (I., II., 2. Aufl., 1926).
A. Schmekel, Die hellenistisch-römische Philosophie (in v. Aster, Große Denker, 1911).
P. E. More, Hellenistic philosophies (Princeton 1923).

Dem Zuge der Zeit, welcher die Wissenschaft teils in ethische Philosophie, teils in gelehrte Forschung verzweigte, folgten schon die Schulen der beiden großen Meister der attischen Philosophie: die a k a d e m i s c h e und die p e r i p a - t e t i s c h e. Wenn in der ersten, mit Aristoteles gleichaltrigen Generation der Akademie (vgl. S. 85) eine pythagoreisierende Metaphysik vorgewaltet hatte (vgl. oben § 11, 5), so machte diese schon in der nächsten Zeit populärem Moralisieren Platz. Im Lyceum hielt zwar T h e o p h r a s t o s und nach ihm S t r a t o n an der Ausbildung und Umbildung der aristotelischen Metaphysik fest; aber wie Theophrast selbst, so wendeten sich seine Genossen, ein D i k a i a r c h o s, A r i s t o x e n o s und andere, literaturgeschichtlichen und naturwissenschaftlichen Studien zu. Später haben gerade die Peripatetiker an der alexandrinischen Gelehrsamkeit einen großen Anteil gehabt, und insbesondere hat die Geschichte der Philosophie an ihnen die fleißigsten Bearbeiter gefunden. In der Philosophie selbst aber spielten sie nur die konservative Rolle, ihr Schulsystem gegen den Anlauf der übrigen, namentlich auf dem ethischen Gebiete, zu verteidigen, und die Neuausgabe der aristotelischen Werke durch A n d r o n i k o s gab nur erneuten Anlaß zu einem eifrigen Reproduzieren der Lehre: Paraphrasen, Kommentare, Exzerpte. Interpretationen bilden die wesentliche Beschäftigung der späteren Peripatetiker.

Die Wirkung der Akademie und des Lyceums wurde aber in Athen zunächst durch die beiden neuen Schulen beeinträchtigt, die gegen Ende des 4. Jahrhunderts gegründet wurden und ihren großen Erfolg dem Umstande verdankten, daß sie die Richtung der Zeit auf praktische Lebensweisheit mit der Deutlichkeit und Eindringlichkeit der Einseitigkeit zum Ausdruck brachten: die s t o i s c h e und die e p i k u r e i s c h e.

Die erstere wurde von Z e n o n v o n K i t i o n in der Στοά ποιχίλη errichtet und hatte bei ihm wie bei seinem Nachfolger K l e a n t h e s noch mehr Ähnlichkeit mit dem Kynismus: erst dem dritten Schulhaupt, C h r y s i p p o s, gelang es, die Schule in entschieden wissenschaftliche Bahnen zu lenken. E p i k u r o s dagegen gründete eine Lebensgemeinschaft, welche das hedonische Prinzip in verfeinerter und vergeistigter Form zu ihrem Mittelpunkt machte, aber nur ein geringeres Maß von wissenschaftlicher Schaffensfähigkeit entwickelte. Während ihr gesellig ethisches Prinzip, wie es einmal festgestellt war, und die damit zusammenhangende Weltanschauung durch das ganze Altertum hindurch und besonders auch in der römischen Welt fortgesetzt zahlreiche Anhänger gewannen, blieb die Schule wissenschaftlich, und zwar in den Spezialwissenschaften ebenso wie in der Philosophie entschieden unfruchtbarer, als die übrigen: eine interessante Darstellung hat ihre Lehre durch den römischen Dichter L u c r e t i u s gefunden.

Diese vier Schulen haben jahrhundertelang in Athen nebeneinander bestanden und sind noch in der Kaiserzeit, als dort eine Art von Universität geschaffen wurde, in verschiedenen Lehrstellen aufrecht erhalten worden; doch läßt sich eine Reihenfolge der Schulhäupter nur in der Akademie, und auch da nur mit großen Lücken, verfolgen, während die Tradition hinsichtlich der Stoa und der Epikureer schon mit dem 1. Jahrhundert v. Chr. und auch hinsichtlich des Lyceums bald darauf abreißt.

Zunächst aber haben diese v i e r S c h u l e n im 3. und 2. Jahrhundert v. Chr. sich gegenseitig auf das lebhafteste bekämpft, und es waren hauptsächlich die ethischen und nur die mit diesen zusammenhangenden metaphysischen, physischen und logischen Fragen, in denen sie einander den Rang abzulaufen suchten[1]).

Neben den dogmatischen Lehren ging während der ganzen Zeit eine andere Richtung einher, welche in noch höherem Grade als die stoische und die epikureische Philosophie aus der Sophistik stammte: der S k e p t i z i s m u s. Er nahm zwar nicht die Gestalt einer eigenen Schulgenossenschaft an, fand aber gleichfalls eine s y s t e m a t i s c h e Z u s a m m e n f a s s u n g und eine ethische Z u -s p i t z u n g. Eine solche zeitgemäße Konzentration der negativen Ergebnisse der Sophistik vollzog P y r r h o n, dessen Lehren von T i m o n dargestellt wurden. Dieser sophistische Skeptizismus hatte den Triumph, eine Zeitlang von dem Haine Platons Besitz zu ergreifen: die m i t t l e r e A k a d e m i e machte ihn, wenn nicht völlig zu ihrer Lehre, so doch zu ihrem Kampfmittel in der Bestreitung des Stoizismus und der Begründung ihrer eigenen Moral. Aus dieser Phase der Entwicklung der Akademie treten, durch etwa ein Jahrhundert getrennt, die Schulhäupter A r k e s i l a o s und K a r n e a d e s hervor. In der Folgezeit, als die Akademie den Skeptizismus wieder abstieß, fand er hauptsächlich bei den e m -p i r i s t i s c h e n Ä r z t e n Anklang, von denen schon zu Ende dieser Periode A i n e s i d e m o s und A g r i p p a zu nennen sind. Eine vollständige Zusammenstellung der skeptischen Lehren aus viel späterer Zeit ist in den Werken des S e x t u s E m p i r i c u s erhalten.

Die tiefere Bedeutung jedoch dieses Skeptizismus war die, daß er die Grundstimmung zum Ausdruck brachte, welche die gesamte antike Zivilisation ebenso

---

[1]) Anschauliche Bilder dieser Schulstreitigkeiten gibt mit geschickter Benutzung der Originalquellen C i c e r o in seinen philosophischen Dialogen.

wie dereinst die griechische, ihrem eigenen ideellen Inhalt gegenüber ergriffen hatte: und derselbe Mangel an dem Mut entschlossener Überzeugung fand nur eine andere Form in dem E k l e k t i z i s m u s, der sich seit der zweiten Hälfte des 2. Jahrhunderts zu entwickeln begann. Mit der Ausbreitung der Schulen in die großen Lebensverhältnisse des Römerreiches schwand der Schulgeist, erlahmte die Polemik und stellte sich vielmehr das Bedürfnis der Ausgleichung und Verschmelzung ein. Insbesondere bildete die teleologische Weltanschauung die Grundlage, auf der sich Platonismus, Aristotelismus und Stoizismus in gemeinsamer Gegnerschaft gegen den Epikureismus verständigen konnten.

Die Neigung zu solcher Verschmelzung, dem S y n k r e t i s m u s, ist zuerst in der stoischen Schule erwacht und hat in P a n a i t i o s und P o s e i d o n i o s ihre wirkungsvollsten Vertreter gefunden: sie gestalteten die Lehre der Stoa durch Aufnahme platonischer und aristotelischer Momente allseitiger aus. Dabei kam ihnen die j ü n g e r e A k a d e m i e entgegen, die, nachdem P h i l o n v o n L a r i s s a der skeptischen Episode in der Schulentwicklung ein Ende bereitet hatte, durch A n t i o c h o s den Versuch machte, die vielgespaltene Philosophie auf diejenigen Lehren zu vereinigen, in denen Platon und Aristoteles zusammenkommen.

Unbedeutender, weil prinziploser, aber darum historisch nicht weniger bedeutsam war diejenige Art des Elektizismus, welche die R ö m e r in der Aufnahme der griechischen Philosophie betätigten, — die Zusammenstückelung nämlich, mit der sie unter wesentlich praktischen Gesichtspunkten aus den verschiedenen Schulsystemen die ihnen einleuchtenden Lehren aneinander reihten: so geschah es bei C i c e r o, V a r r o und zum Teil in der Gruppe der S e x t i e r.

Aus der p e r i p a t e t i s c h e n Schule (dem Lyceum) ist zunächst ihr Mitbegründer, der wenig jüngere Freund des Aristoteles, T h e o p h r a s t o s von (Erebos auf) Lesbos (etwa 370—287), zu erwähnen, der durch Lehre und Schriften der Schule großes Ansehen gewann, ein eindrucksvoller und einflußreicher Typus des Kathedergelehrten. Von seinen Werken sind die botanischen, dazu ein Bruchstück der Metaphysik, Auszüge aus seinen „Charakteren", aus der Schrift über die Wahrnehmung, aus seiner Geschichte der Physik und sonst einzelnes erhalten (herausgegeben von F. WIMMER (1862), USENER (1890), DIELS (1909). Vgl. G. M. STRATTON, Theophrastus and the greek physiological psychology before Aristotle (New York 1917).

Neben ihm erscheinen E u d e m o s von Rhodos, A r i s t o x e n o s von Tarent, der historisch und theoretisch über Musik arbeitete (Elemente der Musik, deutsch von R. WESTPHAL, Leipzig 1883), D i k a i a r c h o s von Messene, ein gelehrter Polyhistor, der eine Kulturgeschichte Griechenlands (βίος Ἑλλάδος) schrieb, sodann S t r a t o n von Lampsakos, der 287—269 Schulhaupt war und den Beinamen des „Physikers" führt.

Unter den peripatetischen Doxographen sind Hermippos, Sotion, Satyros, Herakleides Lembos (aus dem 2. Jahrhundert v. Chr.), unter den späteren Kommentatoren ist A l e x a n d e r v o n A p h r o d i s i a s (um 200 n. Chr. in Athen) zu nenen.

Die m i t t l e r e A k a d e m i e beginnt mit A r k e s i l a o s (Arkesilas) aus Pitane in Äolien (etwa 315—241), dessen Lehre sein Schüler Lakydes verzeichnete, und endigt mit K a r n e a d e s (155 in Rom) und dessen Nachfolger Kleitomachos (gest. 110). Von ihren Schriften ist nichts erhalten, Quellen sind neben Diogenes von Laerte hauptsächlich Cicero und Sextus Empiricus. Vgl. L. CREDARO, Lo scetticismo degli academici (Mailand 1889 und 1893).

Ebenso indirekt und zudem nur ganz im allgemeinen sind wir über die j ü n g e r e A k a d e m i e unterrichtet. P h i l o n von Larissa war noch 87 in Rom; seinen Nachfolger A n t i o c h o s v o n A s k a l o n hörte Cicero 78 in Athen. Zu den Vertretern des eklektischen Platonismus in dieser ersten, wesentlich ethischen Gestalt gehört u. a. A r e i o s D i d y m o s, der stark zum Stoizismus neigte (zur Zeit des Augustus). Vgl. H. v. ARNIM, A. D., Abriß der peripatetischen Ethik (1926), und T h r a s y l l o s (unter Tiberius), der sachlich geordnete Ausgaben der Schriften von Demokrit und von Platon veranstaltete. Auch in der Akademie hat sich eine ausgebreitete paraphrastische und kommentatorische Literatur über Platons Werke entwickelt.

In der Geschichte der S t o a ist eine ältere (vorwiegend ethische), eine mittlere (synkretistische) und eine jüngere (religiöse) Periode zu unterscheiden. Bei den Persönlichkeiten dieser Schule fällt, die Häufigkeit ihrer Abstammung aus den hellenistischen Mischvölkern des Orients auf. So ist schon der Gründer Z e n o n (etwa 340—265) aus seiner kyprischen Heimat als Kaufmann nach Athen gekommen und soll dort, durch die Philosophie gefesselt, die Lehren der verschiedenen Schulen in sich aufgenommen haben, um dann im Jahre 308 die eigene zu stiften. Sein Hauptschüler war K l e a n t h e s aus Assos (in Troas), von dem ein monotheistischer Hymnus auf Zeus erhalten ist, Stob. Eklog., I, 30 (WACHSMUTH, p. 25). Das wissenschaftliche Haupt der Schule war C h r y s i p p o s (280—209) aus (Soloi oder Tarsos in) Kilikien; er soll außerordentlich viel geschrieben haben, doch sind außer den Titeln nur ganz geringe Fragmente seiner Werke erhalten. Vgl. G. BAGNET (Loewen 1822), BREHIER, CHR. (Paris 1910). Unter den literarhistorischen Gelehrten der stoischen Schule sind Ariston von Chios, D i o g e n e s d e r B a b y l o n i e r (155 in Rom) und A p o l l o d o r o s zu nennen; auch Aristarchos und Eratosthenes standen der Schule nahe.

Die synkretistische Entwicklung der Stoa hat P a n a i t i o s (180—110), der stark von der akademischen Skepsis beeinflußt war und nahe Beziehungen zu den römischen Staatsmännern unterhielt, begonnen und P o s e i d o n i o s, aus dem syrischen Apamea (etwa 175—90), vollendet. Der letztere war einer der größten Polyhistoren des Altertums, namentlich auf geographisch-geschichtlichem Gebiete; er lehrte in Rhodos und wurde viel von den jungen Römern, auch von Cicero, gehört. Über seine Nachwirkung vgl. W. W. JAEGER, Nemesios von Emesa, Quellenforschungen zum Neuplatonismus und seinen Anfängen b. Pos. 1914. — C. RUDBERG, Forschungen zu Poseidonios (Upsala-Leipzig 1918), I. HEINEMANN, P.s metaphysische Schriften, 1. Teil, 1921. — K. REINHARDT, Pos. (1921). DERS., Kosmos und Sympathie, Neue Untersuchungen über P. (1926).

Über die Stoiker der Kaiserzeit vgl. das folgende Kapitel.

Die zerstreuten Quellen für den älteren Stoizismus sind jetzt gesammelt von H. v. ARNIM, Stoicorum veterum fragmenta (3 Bde., Leipzig 1903—1905).

D. TIEDEMANN, System der stoischen Philosophie (3 Bde., Leipzig 1776). — P. WEIGOLDT, Die Philosophie der Stoa (Leipzig 1883). — P. OGEREAU, Essai sur le système philosophique des Stoiciens (Paris 1885). — L. STEIN, Die Psychologie der Stoa (2 Bde., Berlin 1886—88). — R. HIRZEL, Untersuchungen zu Ciceros philos. Schriften, Bd. 2 (Leipzig 1880). — A. SCHMEKEL, Die mittlere Stoa (Berlin 1892). — A. DYROFF, Die Ethik der alten Stoa (Berlin 1897).

E p i k u r o s (341—270), in Samos als Sohn eines athenischen Schulmeisters geboren, hatte schon in Mytilene und Lampsakos Lehrversuche gemacht, ehe er 306 in Athen die Genossenschaft gründete, die nach seinen „Gärten" (κῆποι, horti, wie auch die andern Schulen nach ihren Versammlungsorten) benannt worden ist. Er war ein seiner geselligen Vorzüge viel geliebter Lehrer, eine feine und geschmackvolle Persönlichkeit, das Ideal attischer Urbanität; die Schönheit zum Prinzip der Lebensführung zu erheben und sie für das persönliche Dasein sicher zu stellen, ist der Springpunkt seines Wesens und seiner Lehre. Von seinen zahlreichen leicht hingeworfenen Schriften sind die Kernsprüche (κύριαι δόξαι), drei Lehrbriefe, Stücke aus seiner Schrift περὶ φύσεως (in den herculanensischen Funden) und sonst nur verstreute Fragmente erhalten; gesammelt und systematisch geordnet bei H. USENER, Epicurea (Leipzig 1887).

Unter der großen Masse seiner Anhänger hebt das Altertum seinen nächsten Freund M e t r o d o r o s v o n L a m p s a k o s, ferner Z e n o n v o n S i d o n (um 150) und P h a e d r u s (um 100 v. Chr.) hervor; eine etwas deutlichere Gestalt ist für uns P h i l o d e m o s aus (Gadara in) Koilesyrien dadurch geworden, daß ein Teil seiner Schriften in Herculanum aufgefunden worden ist (Herculanensium voluminum quae supersunt, erste Serie, Neapel 1793 ff., zweite 1861 ff): die wertvollste περὶ σημείων καὶ σημειώσεων (vgl. FR. BAHNSCH, Lyck 1879; H. v. ARNIM, Philodemea, Halle 1888); DIELS, Ausgabe von περὶ θεῶν in den Abh. Berl. Akad. (1915 f.).

Das Lehrgedicht des Tit. L u c r e t i u s Carus (98—54) De natura rerum (6 Bchr.) ist von LACHMANN (Berlin 1850) und JAC. BERNAYS (Leipzig 1852) herausgegeben worden, Bibl. Teubn. ed. A BRIEGER (1914). Jetzt lat. und deutsch von DIELS, 2 Bde., 1923 f. Vgl R. HEINZE, Kommentar zum 3. Buch (Leipzig, 2. Aufl., 1926).

Weitere Quellen sind Cicero und Diogenes Laertius im 10. Buche.

Vgl. M. GUYAU, La morale d'Epicure (Paris 1878). — P. v. GIZYCKI, Über das Leben und die Moralphilosophie des Epikur (Berlin 1879). — W. WALLACE, Epicureanism (London 1880). — M. RENAULD, E. (Paris 1903). — E. JOYAN, E. (Paris 1910). — E. BIGNONE, Epicuro (Bari 1920), vgl. DIELS, Deutsche Litz., 1920, Nr. 43. — I. BRUNS,

Lucrezstudien (Freiburg i. B. 1884). — DIELS, Lucrezstudien I (Sitz.-Ber. d. Berl. Akad. 1918).

Der Skeptizismus tritt der Sache gemäß nicht als geschlossener Schulverband auf[2]), sondern in loserer Form. Es bleibt zweifelhaft, ob der Systematisator der Skepsis, Pyrrhon von Elis (etwa 365—275), mit der sokratisch-sophistischen Schule seiner Vaterstadt im näheren Zusammenhange gestanden hat: ein gewisser Bryson, der als Schüler Stilpons gilt, wird als Zwischenglied angesehen. Er hat mit einem Demokriteer namens Anaxarchos den Zug Alexanders nach Asien mitgemacht. Von Pyrrhons Standpunkt aus hat der Sillograph Timon von Phlius (320—230, zuletzt in Athen), die Philosophen verspottet. Fragmente bei C. WACHSMUTH, De Timone Phliasio (Leipzig 1859), und H. DIELS, Poetarum philosophorum fragmenta (1901). Vgl. CH. WADDINGTON, Pyrrhon (Paris 1877).

Die äußeren Verhältnisse des späteren Skeptizismus sind sehr dunkel und unsicher. Ainesidemos aus Knossos hat in Alexandrien gelehrt und eine Schrift Πυρρώνειοι λόγοι verfaßt, von der nichts übrig ist. Sein Leben fällt wahrscheinlich in das 1. Jahrhundert v. Chr. Geburt; doch ist es auch fast zwei Jahrhunderte später gesetzt worden. Von Agrippa ist fast gar nichts näheres festzustellen. Der literarische Vertreter des Skeptizismus ist der Arzt Sextus Empiricus, welcher um 200 n. Chr. lebte, und von dessen Schriften die Pyrrhonischen Skizzen (Πυρρώνειοι ὑποτυπώσεις) und die unter dem Namen „Adversus mathematicos" zusammengefaßten Untersuchungen erhalten sind, von denen Buch 7—11 die Darstellung der skeptischen Lehre mit vielen wertvollen historischen Notizen geben (Ausgabe von I. BEKKER, Berlin 1842, jetzt von H. MUTSCHMANN, 1911 ff.). Vgl. E. PAPPENHEIM (Berlin 1874 f.; Leipzig 1877 u. 81).

Vgl. K. STÄUDLIN, Geschichte und Geist des Skeptizismus (Leipzig 1794—95). — N. MACCOLL, The greek sceptics (London 1869). — L. HAAS, De philosophorum scepticorum successionibus (Würzburg 1875). — V. BROCHARD, Les sceptiques grecs (Paris 1887). — RAOUL RICHTER, Der Skeptizismus in der Philosophie, Bd. 1 (1904). — ALB. GOEDECKEMEYER, Die Geschichte des griechischen Skeptizismus (Leipzig 1905). — G. PAKEILAT, Die Quellen der akademischen Skepsis (Königsberger Diss., 1916).

Bei den Römern stieß die Aufnahme der Philosophie anfangs auf heftigen Widerstand; aber schon im Anfange des 1. Jahrhunderts v. Chr. war es allgemein üblich, daß der vornehme junge Römer in Athen oder Rhodos studierte und den Vortrag der Schulhäupter zu demselben Zwecke hörte, wie einst die Athener die Sophisten. Aus der Absicht, für die allgemeine wissenschaftliche Bildung bei seinen Landsleuten Neigung und Verständnis zu erwecken, ist die schriftstellerische Tätigkeit des Marc. Tullius Cicero (106—43) zu beurteilen und hochzuschätzen: Geschick der Zusammenstellung und Anmut der Form entschädigen für den Mangel eigener Kraft des Philosophierens, der sich in prinziploser Auswahl der Lehren erweist: am nächsten steht Cicero dem akademischen Probabilismus (vgl. unten § 17, 7). Die Hauptschriften sind De finibus, De officiis, Tusculanae disputationes, Academica, de natura deorum, de fato, De divinatione. Vgl. HERBART, Über die Philosophie des Cicero; in Ges. W. XII, 167 ff. R. HIRZEL, Untersuchungen von Ciceros philosophischen Schriften (Leipzig 1877—83). ED. SCHWARTZ. Charakterköpfe aus der antiken Literatur (Leipzig 1906), S. 99 ff.

Gelehrter war sein Freund M. Terentius Varro (116—27), der bekannte Polyh'stor und Vielschreiber, von dessen Arbeiten zur Geschichte der Philosophie aber nur gelegentliche Notizen erhalten sind.

Als Sextier werden die beiden Quintus Sextus, Vater und Sohn, und Sotion von Alexandria genannt: der letztere scheint das Zwischenglied zu sein, durch welchen die stoische Moral mit dem alexandrinischen Pythagoreismus versetzt und zu der religiösen Wendung geführt wurde, die sie in der Kaiserzeit charakterisiert. Einige ihrer (in syrischer Übersetzung aufgefundenen) Sentenzen hat GILDEMEISTER (Bonn 1873) herausgegeben.

Als Vertreter eines populären moralischen Eklektizismus sind die dem Kynismus mehr oder minder nahestehenden Sittenprediger zu nennen, welche mit derber und herber Kritik die sozialen und moralischen Zustände der hellenistischen und später der römischen Welt geißelten; unter ihnen Teles (vgl. v. WILAMOWITZ-MÖLLENDORFF, Philologische Untersuchungen, IV, 292 ff.; Fragmente herausgegeben von O. HENSE, Freiburg 1889, neue Auflage, Tübingen 1919), sodann Bion von Borysthenes (vgl. R. HEINZE, De Horatio Bionis imitatore, Bonn 1899); aus späterer Zeit Demetrius, Oinomaos und Demonax. Vgl. J. BERNAYS, Lukian und die

---

[2]) Daher sind auch alle Berechnungen nach Diadochien von Schulhäuptern, welche zur Feststellung der Chronologie der späteren Skeptiker versucht werden, illusorisch.

Kyniker (Berlin 1879). In diesem Zusammenhange ist schließlich auch D i o C h r y s o -
s t o m o s zu nennen. Vgl. H. v. ARNIM, Dion von Prusa (Berlin 1898).

§ 14. Das Ideal des Weisen.

Der ethische Grundzug, den die Philosophie nach Aristoteles annahm, ist noch
enger dadurch charakterisiert, daß er durchweg die I n d i v i d u a l e t h i k ist, die
den Mittelpunkt der Untersuchungen dieser Epigonenzeit bildet. Die Erhebung zu
den Idealen sittlicher Gemeinschaft, in welche die Moral bei Platon und Aristoteles
endete, war eine ihrer Zeit fremd gewordene Verherrlichung desjenigen, wodurch
Griechenland groß geworden war, des lebendigen Staatsgedankens. Dieser hatte die
Macht über die Gemüter verloren, und auch in den Schulen beider Philosophen
fand er so wenig Anklang, daß Akademiker wie Peripatetiker ebenfalls die Frage
nach der individuellen Glückseligkeit und Tugendhaftigkeit in den Vordergrund
rückten. Was aus der Schrift des Akademikers Krantor „über den Kummer"³) oder
aus Theophrasts Werken unter dem Titel „ethische Charaktere" erhalten ist, steht
ganz auf dem Boden einer Philosophie, welche die rechte Abschätzung der Lebensgüter für ihre wesentliche Aufgabe erachtet.

Endlose Diskussionen über diese Fragen haben den Schulstreit der nächsten Jahrhunderte ausgefüllt und dabei sahen sich die Nachfolger der beiden großen Denker
der attischen Philosophie in gemeinsamem Gegensatze gegen die neuen Schulen:
beide hatten die Realisierung der Idee des Guten durch den ganzen Umfang der
empirischen Wirklichkeit verfolgt und bei all dem Idealismus, mit dem namentlich
Platon über die Sinnenwelt hinausstrebte, doch den relativen Wert ihrer Güter
nicht verkannt. So hoch sie die Tugend im Wert stellten, so verschlossen sie sich
doch der Einsicht nicht, daß zur vollkommenen Glückseligkeit des Menschen noch
die Gunst des äußeren Geschicks, Gesundheit, Wohlhabenheit usw. erforderlich
seien⁴), und sie verneinten namentlich die kynisch-stoische Lehre, wonach die
Tugend nicht nur das höchste (das geben sie zu), sondern auch das einzige Gut
sein sollte.

Jedenfalls aber arbeiteten auch sie daran, die rechte Lebensführung festzustellen,
die den Menschen glücklich zu machen verspricht, und während einzelne Mitglieder
der Schulen ihren speziellen Forschungen nachgingen, war die öffentliche Tätigkeit,
namentlich der Schulhäupter in ihrer Bekämpfung der Gegner, darauf gerichtet,
das B i l d d e s n o r m a l e n M e n s c h e n zu zeichnen. Das war es, was die Zeit
von der Philosophie wollte: zeigt uns, wie der Mensch beschaffen sein muß, der, was
auch das Weltgeschick bringe, seiner Glückseligkeit sicher ist! Daß dieser Normal-
mensch der Tüchtige, der Tugendhafte genannt werden muß, und daß er seine
Tugend nur der Einsicht, dem Wissen verdanken kann, daß er also der „Weise"
sein muß, das ist die aus der sokratischen Lehre stammende Voraussetzung, die
während dieser ganzen Zeit von allen Parteien als selbstverständlich anerkannt
wird: und deshalb bemühen sich alle, das I d e a l d e s W e i s e n , d. h. des
Menschen zu schildern, den seine Einsicht tugendhaft und damit glücklich macht.

1. Das hervorstechendste Merkmal in der Begriffsbestimmung des „Weisen" ist

---

³) Vgl. F. KAYSER (Heidelberg 1841).
⁴) Dieser aristotelischen Ansicht sind die älteren Akademiker, Speusippos und Xenokrates, durchaus beigetreten.

darum für diese Zeit die Unerschütterlichkeit (Ataraxie, ἀταραξία)
Stoiker, Epikureer und Skeptiker werden nicht müde, die Unabhängigkeit
vom Weltlauf als den Vorzug des Weisen zu preisen: er ist frei, ein König,
ein Gott; was ihm auch geschieht, das kann sein Wissen, seine Tugend, seine
Glückseligkeit nicht angreifen; seine Weisheit beruht in ihm selbst, und die Welt
kümmert ihn nicht. Diese Zeichnung des Ideals charakterisiert ihre Zeit: der
normale Mensch ist für sie nicht der, welcher um großer Zwecke willen arbeitet
und schafft, sondern der, welcher sich von der Außenwelt frei zu machen und
sein Glück in sich selbst allein zu finden weiß. Die innerliche Vereinzelung der Individuen und ihre Vergleichgültigung gegen allgemeine Zwecke kommt
darin scharf zum Ausdruck: die Überwindung der Außenwelt bedingt
die Glückseligkeit des Weisen.

Aber er muß die Welt, über die er außerhalb keine Macht hat, in sich selbst
überwinden; er muß Herr werden über die Einwirkungen, welche sie auf ihn ausübt.
Diese Einwirkungen aber bestehen in den Gefühlen und Begehrungen, die Leben
und Welt im Menschen erregen: sie sind Störungen seines eigenen Wesens, Leidens-
zustände (πάθη, affectus). Die Weisheit bewährt sich also in der Art, wie sich der
Mensch zu seinen Affekten[5]) verhält, sie ist wesentlich Freiheit von den
Affekten, Affektlosigkeit (Apathie, ἀπάθεια ist der stoische Ausdruck).
Unbewegt in sich selbst zu ruhen, das ist der Segen dieser „Weisheit".

Die sprachlichen Bezeichnungen, mit denen diese Lehre bei Epikur und Pyrrhon
eingeführt wird, weisen unmittelbar auf eine Abhängigkeit von Aristipp und
Demokrit hin. Es entspricht der allmählichen Umgestaltung, welche sich in der
hedonischen Schule vollzog (vgl. § 7, 9), daß Epikur[6]), der ebenfalls die Lust
als das höchste Gut bezeichnete, doch dem momentanen Genuß auch seinerseits
die dauernde Stimmung der Befriedigung und der Ruhe vorzog.
Hatten schon die Kyrenaiker das Wesen der Lust in der sanften Bewegung gefunden,
so bleibt das doch immer, meinte Epikur, eine „Lust in der Bewegung", und wertvoller ist der Zustand schmerzloser und wunschloser Ruhe (ἡδονὴ καταστηματική).
Selbst der Mut des Genießens ist verloren gegangen: der Epikureer möchte zwar
gern aller Lust sich freuen, aber es darf ihn nicht aufregen, ihn nicht in Bewegung
setzen. Seelenfrieden γαληνισμός, (vgl. § 10, 5) ist alles, was er will, und er ver-
meidet ängstlich die Stürme, welche diesen bedrohen, d. h. die Affekte.

Deshalb erkannte Epikur die Konsequenz an, womit die Kyniker Bedürfnislosigkeit als Tugend und Glückseligkeit charakterisiert hatten; aber er war
weit entfernt, wie sie auf die Lust nun auch ernsthaft zu verzichten. Zwar müsse
der Weise auch dies verstehen und ausführen, sobald es durch den Lauf der Dinge
erforderlich wird: aber seine Befriedigung wird um so größer sein, je reicher der
Umfang der Wünsche ist, die er befriedigt findet. Eben deshalb bedarf er der
Einsicht (φρόνησις), welche nicht nur die Abschätzung der durch die Gefühle
bestimmten Grade von Lust und Unlust ermöglicht, die im einzelnen Falle zu

---

[5]) Der antike, bis in die neuere Zeit (SPINOZA) hin reichende Begriff des Affekts ist
somit weiter, als derjenige der heutigen Psychologie: er ist am besten durch die lateinische
Übersetzung „perturbationes animi: Gemütsstörungen" definiert und umfaßt alle Gefühls-
und Willenszustände, in denen der Mensch von der Außenwelt abhängig ist.

[6]) Als Zwischenglieder werden die jüngeren, stark sophistisch angehauchten Demokriteer, namentlich ein gewisser Nausiphanes, genannt, den Epikur gehört hat.

erwarten sind, sondern auch entscheidet, ob und wie weit man den einzelnen Wünschen Raum zu geben hat. In dieser Hinsicht unterschied der Epikureismus drei Arten von Bedürfnissen: einige sind natürlich (φύσει), unentfliehbar vorhanden, so daß, da man ohne ihre Erfüllung überhaupt nicht zu existieren vermag, auch der Weise von ihnen sich nicht losmachen kann; andere wieder sind nur konventionell (νόμῳ), künstlich und eingebildet, und ihre Nichtigkeit hat der Weise zu durchschauen und sie damit von sich abzutun; zwischen beiden aber (darin tritt Epikur der radikalen Einseitigkeit des Kynismus entgegen) liegt die große Masse derjenigen Bedürfnisse, welche auch ihre natürliche Berechtigung haben, aber zur Existenz freilich nicht unerläßlich sind. Auf sie kann der Weise daher nötigenfalls verzichten; aber, da ihre Befriedigung glücklich macht, so wird er sie so viel als möglich zu erfüllen suchen. Die volle Seligkeit fällt dem zu, welcher sich ohne stürmisches Streben in ruhigem Genusse aller dieser Güter erfreut.

Unter ihnen schätzte aus dem gleichen Grunde Epikur die geistigen Genüsse höher als die physischen, welche mit leidenschaftlicher Aufregung verbunden seien: aber er sucht die geistigen Freuden nicht in der reinen Erkenntnis, sondern in der ästhetischen Feinheit des Lebens, in geistreichem und zartsinnigem Umgang mit Freunden, in behaglicher Einrichtung des täglichen Daseins. So schafft sich der Weise in der Stille die Seligkeit des Selbstgenusses, die Unabhängigkeit vom Augenblick, von seinen Anforderungen und Ergebnissen: er weiß, was er sich gewähren kann, und er versagt sich davon nichts; aber er ist nicht so töricht, dem Schicksal zu grollen oder sich zu beklagen, daß er nicht alles zu besitzen vermag. Das ist seine Ataraxie: ein Genießen, wie das hedonische, aber feiner, geistiger und — blasierter.

2. In anderer Richtung hat sich P y r r h o n an den Hedonismus angelehnt, indem er das praktische Resultat aus den skeptischen Lehren der Sophistik zu ziehen suchte. Nach der Darstellung seines Schülers Timon meinte er, Aufgabe der Wissenschaft sei es, die Beschaffenheit der Dinge zu untersuchen, um das sachgemäße Verhalten der Menschen dazu festzustellen und den Gewinn zu erkennen, den er von ihnen zu erwarten habe[7]. Nun hat sich jedoch nach Pyrrhons Ansicht gezeigt, daß wir niemals die wahre Beschaffenheit der Dinge, sondern höchstens die Gefühlszustände (πάθη) erkennen können, in welche sie uns versetzen (Protagoras, Aristipp): gibt es aber keine Erkenntnis der Dinge, so kann auch nicht bestimmt werden, welches das rechte Verhalten zu ihnen und welches der Erfolg ist, der sich aus unserem Handeln ergeben wird. Dieser Skeptizismus ist die negative Kehrseite zu der sokratisch-platonischen Folgerung: wie dort daraus, daß rechtes Handeln nicht ohne Wissen möglich sei, gefordert worden war, daß Wissen möglich sein müsse, so zeigt sich hier, daß, weil es kein Wissen gibt, auch das rechte Handeln unmöglich ist.

Unter diesen Umständen bleibt dem Weisen nur übrig, den Verleitungen zum Meinen und zum Handeln, denen die Masse der Menschen unterliegt, so weit wie möglich zu widerstehen. Alles Handeln geht (SOKRATES) aus dem Vorstellen über die Dinge und ihren Wert hervor: alle törichten und unheilbringenden Handlungen folgen aus den unrichtigen Meinungen; der Weise aber, der da weiß, daß man

---

[7] Euseb. praep. ev., XIV, 18, 2. Die Lehre Pyrrhons zeigt sich dadurch im genauesten Zusammenhang mit der Zeitrichtung; sie fragt: was sollen wir denn nun tun, wenn es keine Erkenntnis gibt?

nichts über die Dinge selbst aussagen kann (ἀφασία) und keiner Meinung zustimmen darf (ἀκαταληψία)[8]), enthält sich möglichst des Urteils und damit auch des Handelns. Er zieht sich auf sich selbst zurück, und in der Z u r ü c k h a l t u n g (ἐποχή)[9]) des Urteils, die ihn vor dem Affekt und vor dem falschen Handeln bewahrt, findet er die Ruhe in sich selbst, die Ataraxie.

Das ist die s k e p t i s c h e T u g e n d, welche den Menschen auch von der Welt frei machen will, und sie findet ihre Grenzen nur darin, daß es doch Verhältnisse gibt, in denen sogar der auf sich selbst zurückgezogene Weise handeln muß und wo ihm dann nichts anderes übrig bleibt, als nach dem, was ihm richtig scheint, und nach dem Herkommen zu handeln.

3. Tiefer ist die Ü b e r w i n d u n g d e r W e l t i m M e n s c h e n von den Stoikern aufgefaßt worden. Anfangs freilich haben sie sich ganz zu der kynischen Gleichgültigkeit gegen alle Güter der Außenwelt bekannt, und die Selbstgenügsamkeit (αὐτάρκεια) des tugendhaften Weisen ist auch ihrer Ethik als ein unverlöschlicher Zug aufgeprägt geblieben: aber dem radikalen Naturalismus der Kyniker haben sie durch eine einsichtsvolle Psychologie des Trieblebens, die eine starke Abhängigkeit von Aristoteles zeigt, sehr bald die Spitze abgebrochen. Noch mehr nämlich als der Stagirit betonen sie die Einheitlichkeit und Selbständigkeit der individuellen Seele ihren einzelnen Zuständen und Tätigkeiten gegenüber, und so wird bei ihnen zuerst die P e r s ö n l i c h k e i t zu einem maßgebenden Prinzip. Die Leitekraft der Seele (τὸ ἡγεμονικόν) ist ihnen nicht nur dasjenige, was die Empfindungsreize der einzelnen Organe erst zu Wahrnehmungen macht, sondern auch dasjenige, was die Gefühlserregungen durch seine Zustimmung[10]) (συγκατάθεσις) in Willenstätigkeiten verwandelt. Dies zu einheitlicher Auffassung und Gestaltung berufene Bewußtsein ist nun seinem eigentlichen und wahren Wesen nach Vernunft (νοῦς) darum widersprechen die Zustände, in denen es sich zur Zustimmung durch die Heftigkeit der Erregung fortreißen läßt, gleichmäßig seiner eigenen Natur und der Vernunft. Diese Zustände (affectus) sind deshalb solche des Leidens (πάθη) und der Seelenkrankheit, naturwidrige und vernunftwidrige[11]) Seelenstörungen (perturbationes). Der Weise wird daher, wenn er sich auch dem Weltlauf gegenüber jener Gefühlserregungen nicht erwehren kann, mit der Kraft der Vernunft ihnen die Zustimmung verweigern: e r läßt sie nicht zu Affekten werden, seine Tugend ist die A f f e k t l o s i g k e i t (ἀπάθεια). Seine Überwindung der Welt ist diejenige seiner eigenen Triebe. Erst durch unsere Zustimmung werden wir vom Lauf der Dinge abhängig: halten wir jene zurück, so bleibt unsere Persönlichkeit unverrückbar auf sich selbst gestellt. Kann der Mensch nicht hindern, daß das Schicksal

---

[8]) Ein Ausdruck, der vermutlich in der Polemik gegen den stoischen Begriff der κατάληψις gebildet worden ist; vgl. § 17, 8.

[9]) Die Skeptiker wurden mit Rücksicht auf diesen für sie charakteristischen Terminus auch die E p h e k t i k e r genannt.

[10]) Dese Zustimmung bedeutet freilich auch nach den Stoikern ein Urteil, beim Affekt also ein falsches, aber sie ist doch zugleich der mit dem Urteil verbundene Willensakt; vgl. § 17, 8.

[11]) Diog. Laert. VII, 110: τὸ πάθος – ἡ ἄλογος καὶ παρὰ φύσιν ψυχῆς κίνησις ἢ ὁρμὴ πλεονά - ζουσα. Die psychologische Theorie der Affekte ist namentlich von Chrysippos ausgebildet worden: als Grundformen unterschied schon Zenon Lust und Unlust, Begierde und Furcht. Als Prinzipien der Einteilung scheinen bei den Späteren teils Merkmale der den Affekt hervorrufenden Vorstellungen und Urteile, teils solche der daraus hervorgehenden Gefühls- und Willenszustände gedient zu haben; vgl. Diog. Laert. VII, 111 ff.; Stob. Ecl. II, 174 ff.

ihm Lust und Schmerz bereitet, so vermag er doch, indem er die erstere nicht
für ein Gut und den letzteren nicht für ein Übel erachtet, das stolze Bewußtsein
seiner Selbstgenügsamkeit zu bewahren.

An sich ist daher freilich für die Stoiker die Tugend das einzige Gut und anderseits das Laster, welches in der Herrschaft der Affekte über die Vernunft besteht,
das einzige Übel, und an sich gelten ihnen demnach alle andern Dinge und Verhältnisse als gleichgültig (ἀδιάφορα)[12]). Aber schon in ihrer Güterlehre mildern sie
den Rigorismus dieses Satzes durch die Unterscheidung des Wünschenswerten
und des Verwerflichen (προηγμένα und ἀποπροηγμένα). So sehr sie dabei nun auch
betonen, daß der Wert (ἀξία), welcher dem Wünschenswerten zukomme, genau
von dem an sich Guten der Tugend zu unterscheiden sei, so ergab sich doch daraus
von selbst im Gegensatze zu der kynischen Einseitigkeit eine wenigstens sekundäre
Schätzung der Lebensgüter. Das Wünschenswerte wurde deshalb geschätzt, weil es
das Gute zu fördern geeignet schien, und umgekehrt bestand der Unwert des Verwerflichen in den Hemmungen, die es der Tugend bereitet: so wurden die Fäden
zwischen dem selbstgenügsamen Individuum und dem Weltlauf, welche die kynische
Paradoxie zerschnitten hatte, mehr und mehr wieder angesponnen. Nur in demjenigen, was in gar keine Beziehung zur Sittlichkeit gebracht werden konnte,
blieb dann schließlich das Mittlere zwischen Wünschenswertem und Verwerflichem,
das absolut Gleichgültige übrig.

Wie diese Unterscheidungen allmählich durch Verdrängung des kynischen
Elements den Stoizismus lebensfähiger und, sozusagen, weltmöglicher gemacht
haben, so ist eine ähnliche Wendung, durch die er pädagogisch brauchbarer wurde,
in der späteren Aufhebung des schroffen Gegensatzes zu sehen, der anfänglich
zwischen den tugendhaften Weisen und den lasterhaften Toren (φαῦλοι, μωροί)
statuiert wurde. Der Weise, hatte es geheißen, ist ganz und in allem weise und
tugendhaft, der Tor ist ebenso ganz und in allem töricht und sündhaft: ein mittleres
gibt es nicht. Besitzt der Mensch die Kraft und die Gesundheit der Vernunft,
mit der er seine Affekte beherrscht, so besitzt er mit dieser einen Tugend zugleich
alle einzelnen, besonderen Tugenden[18]), und so ist dieser Besitz, der allein glücklich
macht, unverlierbar: fehlt ihm dies, so ist er ein Spielball der Dinge und seiner
eigenen Leidenschaften, und diese Grundkrankheit seiner Seele teilt sich seinem
ganzen Tun und Leiden mit. Deshalb standen nach der Ansicht der älteren Stoiker
die wenigen Weisen als vollkommene Menschen dem großen Haufen der Toren und
Sünder gegenüber, und in gar manchen Deklamationen haben sie mit dem phari-
säischen Pessimismus, der dem Selbstgefühl so wohltut, über die Schlechtigkeit
der Menschen geklagt. Aber dieser ersten Meinung, die alle Toren als gleich verwerflich ansah, stellte sich denn doch die Überlegung gegenüber, daß unter ihnen
hinsichtlich ihres Abstandes von dem Ideale der Tugend immerhin beträchtliche
Unterschiede obwalten, und so wurde zwischen Weisen und Toren der Begriff des
in der B e s s e r u n g befindlichen, fortschreitenden Menschen (προκόπτων) eingeschoben. Zwar hielten die Stoiker daran fest, daß auch von dieser Besserung aus

---

[12]) Indem sie dazu auch das Leben rechneten, kamen sie zu ihrer bekannten Verteidigung, bzw. Empfehlung des Selbstmordes (ἐξαγωγή). Vgl. Diog. Laert. VII, 130. Seneca,
Ep. 12, 10.
[13]) Der systematischen Entwicklung der Tugendlehre legten auch die Stoiker die
platonischen Kardinaltugenden zugrunde: Stob. Ecl. II, 102 ff.

kein allmählicher Übergang zur wahren Tugend stattfinde, daß vielmehr der Eintritt in den Zustand der Vollkommenheit durch einen plötzlichen Umschlag erfolge aber wenn die verschiedenen Stadien des sittlichen Fortschritts (προκοπή) untersucht wurden und als das höchste davon ein Zustand bezeichnet war, worin die Apathie zwar erreicht, aber noch nicht zu voller Sicherheit und Selbstgewißheit gekommen sei[14]), so waren damit die rigorosen Abgrenzungen einigermaßen verwischt.

4. So bleibt der Rückzug der Einzelpersönlichkeit auf sich selbst das gemeinsame Kennzeichen der Lebensweisheit der griechischen Epigonen: diesem formalen und fast nur negativen Momente wurde nun in sehr verschiedener Weise ein sachlicher Inhalt der Moral hinzugefügt.

Der Skeptizismus freilich hat, soweit wir sehen können, eine solche positive Ergänzung (konsequenterweise) überhaupt nicht gewollt, und der E p i k u r e i s · m u s hat sie in einer Richtung gesucht, welche die Einschränkung des ethischen Interesses auf die individuelle Glückseligkeit in der schärfsten Form zum Ausdruck brachte. Denn der positive Inhalt jener vor den Stürmen der Welt geborgenen Seelenruhe des Weisen ist für Epikur und die Seinen doch zuletzt nur die L u s t. Dabei fehlt ihnen freilich der sinnlichkeitsfrohe Mut, mit dem Aristippos den Genuß des Augenblicks und die Freuden des Leibes zum höchsten Zweck erhoben hatte, und wir finden, wie schon oben erwähnt, in ihrer Lehre vom höchsten Gut die blasierte, wohl abgewogene Feinschmeckerei des Kulturmenschen zum sittlichen Lebensinhalt erklärt. Freilich reduzierte Epikur in der psychogenetischen Theorie ausnahmslos alle Lust auf diejenige der Sinne oder, wie man später sagte, des Fleisches[15]); aber mit Bestreitung der Kyrenaiker erklärte er[16]), daß gerade die abgeleiteten und damit verfeinerten Freuden des Geistes denen der Sinne weit überlegen seien. Sehr richtig erkannte er, daß das Individuum, auf dessen Unabhängigkeit von der Außenwelt ja alles ankommen sollte, der geistigen Genüsse sehr viel sicherer und sehr viel mehr Herr sei als der materiellen. Die Freuden des Leibes hängen an der Gesundheit, dem Reichtum und andern Gaben des Glücks: was aber Wissenschaft und Kunst, was die freundschaftliche Lebensgemeinschaft edler Menschen, was die bedürfnislose, selbstzufriedene Ruhe des von Leidenschaften befreiten Geistes gewährt, das ist, vom Wechsel der Geschicke wenig oder gar nicht berührt, des Weisen sicherer Besitz. Der ä s t h e t i s c h e   S e l b s t g e n u ß   d e s   g e b i l d e t e n   M e n s c h e n ist daher das höchste Gut für den Epikureer. Gewiß war damit das Grobe und Sinnliche aus dem Hedonismus fortgefallen, und die Gärten Epikurs waren eine Pflanzstätte schöner Lebensführung, feinster Sitten und edler Beschäftigungen: aber das Prinzip individuellen Genusses war dasselbe geblieben, und der Unterschied war nur der, daß das alternde Griechentum mit seinen römischen Schülern raffinierter, geistiger, feinfühliger genoß als die jugendlichen und männlichen Vorfahren. Nur der Inhalt, den die reicher entfaltete und tiefer ausgelebte Kultur dem Genusse darbot, war wertvoller geworden: die Gesinnung, mit der man nicht mehr in hastigem Tranke, sondern in bedächtigen Zügen des Lebens Becher lächelnd leerte, war derselbe pflichtlose Egoismus. Daher

---

[14]) Vgl. den Bericht (vermutlich über Chrysipp) bei Seneca, Ep. 75, 8 ff.
[15]) Athen. XII, 546 (Us. fr. 409), Plut. ad. Col. 27, 1122 (Us. fr. 411), id. contr. Epic. beat. 4, 1088 (Us. fr. 429).
[16]) Diog. Laert., X, 137.

denn auch hier, freilich mit noch größerer Vorsicht, die innere Gleichgültigkeit des Weisen gegen sittliches Herkommen und landgewohnte Regeln, daher vor allem die Ablehnung aller religiösen oder metaphysischen Vorstellungen, welche den Weisen in dieser selbstgefälligen Genügsamkeit des Genießens stören und ihn mit dem Gefühle der Verantwortlichkeit und der Pflicht belasten könnten.

5. Hierzu bildet nun die s t o i s c h e Ethik den stärksten Gegensatz. Schon der an Aristoteles (§ 13, 11) anklingende Gedanke, daß die Seele in der Vernunftkraft, mit der sie den Trieben die Zustimmung versagt, ihr eigenes Wesen zur Geltung bringe, läßt den eigentümlichen Antagonismus zutage treten, den die Stoiker im menschlichen Seelenleben annahmen. Gerade das nämlich, was man jetzt etwa die natürlichen Triebe nennt, die von Dingen der Außenwelt durch die Sinne hervorgerufenen und darauf bezüglichen Gefühls- und Willenserregungen, gerade dies erscheint ihnen, wie erwähnt, als das Widernatürliche (παρὰ φύσιν): die Vernunft dagegen gilt ihnen als die „Natur" nicht nur des Menschen, sondern des Weltalls überhaupt. Wenn sie deshalb die kynischen Sätze zu den ihrigen machen, wonach das Sittliche für das allein „Natürliche" erklärt wird, so enthält der gleiche Ausdruck bei ihnen einen völlig veränderten Gedanken. Als ein Teil der Weltvernunft schließt die Seele von sich die sinnliche Triebbestimmtheit, worauf die Kyniker die Moralität schließlich reduziert hatten, als ein Widerstrebendes aus: die Forderungen der Natur, mit denen der Vernunft identisch, sind im Widerspruch mit denen der Sinne.

Hiernach erscheint nun der positive Inhalt der Sittlichkeit bei den Stoikern als Ü b e r e i n s t i m m u n g m i t d e r N a t u r und damit zugleich als ein G e s e t z, welches dem Sinnenmenschen gegenüber normative Geltung beansprucht (νόμος)[17]). In dieser Formel aber gilt „Natur" in doppeltem Sinne[18]). Es ist einerseits die allgemeine Natur gemeint, die schaffende Weltkraft, der zwecktätige Weltsinn (vgl. § 15, 2), der λόγος: und dieser Bedeutung gemäß ist die Moralität des Menschen seine Unterordnung unter das Naturgesetz, sein williger Gehorsam gegen den Lauf der **Welt**, der eine ewige Notwendigkeit ist, und da diese Weltvernunft in der stoischen Lehre als Gottheit bezeichnet wird, auch der Gehorsam gegen Gott und das göttliche Gesetz, sowie die Unterordnung unter den Weltzweck und unter das Walten der Vorsehung: die *lex naturae* ist die *lex divina* — eine für die Folgezeit weittragende Gleichsetzung. Die Tugend des vollkommenen Individuums, das den übrigen Einzelwesen und ihrer sinnlichen Einwirkung gegenüber sich so selbstherrlich auf sich zurückziehen und in sich ruhen sollte, erscheint damit unter ein Allgemeinstes, Allwaltendes gebunden.

Da jedoch nach stoischer Auffassung ein wesensgleicher Teil dieser göttlichen Weltvernunft das ἡγεμονικόν, die Lebenseinheit der menschlichen Seele ist, so muß das naturgemäße Leben auch dasjenige sein, welches der m e n s c h l i c h e n N a t u r, dem Wesen des Menschen angemessen ist, und zwar sowohl in dem allgemeineren Sinne, daß Sittlichkeit mit echter, voller Menschlichkeit und mit der für alle gleichmäßig geltenden Vernünftigkeit zusammenfällt, als auch in der

---

[17]) Damit vollzieht sich eine interessante Wandlung der sophistischen Terminologie, · welche (§ 7, 1) νόμος und θέσις gleichgesetzt und der φύσις gegenübergestellt hatte: bei den Stoikern ist vielmehr νόμος = φύσις.

[18]) Vgl. Diog. Laert. VII, 87.

besonderen Richtung, daß mit der Erfüllung jenes Naturgebots jeder einzelne auch den innersten Kern seines individuellen Wesens zur Entfaltung bringt. In der Verknüpfung beider Gesichtspunkte erschien den Stoikern die von vernünftigen Gesichtspunkten geleitete Konsequenz der Lebensführung als das Ideal der Weisheit, und sie fanden die höchste Weisheit darin, daß der Tugendhafte diese durchgängige Übereinstimmung mit sich selbst[19]) in allem Wechsel des Lebens als seine wahre Charakterstärke zu bewahren habe. Der politische Doktrinarismus der Griechen fand so seine philosophische Formulierung und wurde eine willkommene Überzeugung für die eisernen Staatsmänner des republikanischen Rom.

Wie aber auch immer die einzelnen Wendungen sein mochten, in denen die Stoiker ihrem Grundgedanken Ausdruck gaben, dieser selbst war überall derselbe: daß das natur- und vernunftgemäße Leben eine P f l i c h t ($\varkappa\alpha\vartheta\tilde{\eta}\varkappa$ον) sei, welche der Weise zu erfüllen, ein Gesetz, dem er sich im Gegensatz zu seinen sinnlichen Neigungen unterzuordnen habe. Und dies V e r a n t w o r t l i c h k e i t s g e f ü h l, dies strenge Bewußtsein des Sollens, diese Anerkennung einer höheren Ordnung gibt ihrer Lehre wie ihrem Leben Rückgrat und Mark.

Auch diese Forderung des pflichtgemäßen Lebens tritt gelegentlich bei den Stoikern mit jener Einseitigkeit auf, daß das ethische Bewußtsein einiges aus Vernunftgründen verlangt, das Entgegenstehende verbietet und alles übrige für sittlich gleichgültig erklärt. Was nicht geboten und nicht verboten ist, bleibt moralisch indifferent ($\dot{\alpha}\delta\iota\dot{\alpha}\varphi$ορον), und daraus ziehen die Stoiker manchmal gar laxe Folgerungen, die sie vielleicht mehr den Worten als der Gesinnung nach vertreten . haben. Aber auch hier hat die systematische Ausbildung der Theorie wertvolle Zwischenglieder geschaffen. Obgleich nämlich nur das Gute unbedingt geboten ist, so muß doch sekundär auch das „Wünschenswerte" als sittlich ratsam betrachtet werden, und wenn freilich die eigentliche Schlechtigkeit erst im Wollen des unbedingt Verbotenen besteht, so wird doch der sittliche Mensch auch das „Verwerfliche" zu vermeiden suchen: so trat, der Abstufung der Güter gemäß (vgl. oben Nr. 3), auch eine solche der Pflichten ein, die danach als absolute und „mittlere" unterschieden wurden. Ebenso aber wurde anderseits hinsichtlich der Wertung menschlicher Handlungen mit sachlich etwas verändertem Prinzip zwischen solchen unterschieden, welche die Forderung der Vernunft[20]) ä u ß e r l i c h erfüllen, — diese heißen geziemend, pflichtgemäß im weiteren Sinne ($\varkappa\alpha\vartheta\dot{\eta}\varkappa$οντα) —, und solchen, welche dies lediglich aus der Gesinnung, das Gute tun zu wollen, vollziehen: nur im letzteren Falle[21]) liegt eine vollkommene Pflichterfüllung ($\varkappa\alpha\tau\dot{\alpha}$ρθωμα) vor, deren Gegenteil die in einer Handlung betätigte pflichtwidrige Gesinnung, die Sünde ($\dot{\alpha}\mu\dot{\alpha}$ρτημα) ist. So haben sich die Stoiker vom Pflichtbewußtsein aus auf das ernsteste und zum Teil bis zu kasuistischen Betrachtungen in die sittlichen Wertbestimmungen menschlichen Wollens und Handelns vertieft, und als ihre wertvollste Leistung darf der nach allen Seiten hin gewendete Gedanke betrachtet

---

[19]) So haben die Formeln ὁμολογουμένως τῇ φύσει ζῆν und die andere ὁμολογουμένως ζῆν schließlich denselben Sinn: Stob. Ecl. II, 132.

[20]) ὅσα ὁ λόγος αἱρεῖ ποιεῖν; Diog. Laert. VII, 108.

[21]) Für den hier von den Stoikern berührten Gegensatz hat KANT die Ausdrücke L e g a l i t ä t und M o r a l i t ä t üblich gemacht: das Lateinische unterscheidet nach Ciceros Vorgange rectum und honestum.

werden, daß der Mensch mit all seinem Tun und Lassen, äußerlich und innerlich, einem höheren Gebote verantwortlich ist.

6. Die große Verschiedenheit sittlicher Lebensauffassung, die somit trotz einer Anzahl tief und auch weit gehender Gemeinsamkeiten zwischen den Epikureern und den Stoikern besteht, kommt am deutlichsten in den beiderseitigen Theorien von der G e s e l l s c h a f t und vom S t a a t zur Geltung. Darin freilich sind beide bis zu fast wörtlicher Übereinstimmung einig, daß der Weise in der Selbstgenügsamkeit seiner Tugend des Staates[22]) so wenig wie irgend einer anderen Lebensgemeinschaft bedarf, ja daß er solche im Interesse sei es des Selbstgenusses, sei es der Pflichterfüllung unter Umständen zu meiden habe. In diesem Sinne raten selbst Stoiker, namentlich spätere, vom Eintritt in das Familienleben und in die politische Tätigkeit ab; und dem Epikureer genügte die Verantwortlichkeit, welche die Ehe und die öffentliche Wirksamkeit mit sich bringen, um sich gegen beide sehr skeptisch zu verhalten und namentlich die letztere für den Weisen nur in dem Falle ratsam erscheinen zu lassen, wo sie unvermeidlich oder von ganz sicherem Vorteil ist. Im allgemeinen gilt für die Epikureer das λάθε βιώσας ihres Meisters, die Maxime in der Stille zu leben[23]); in ihr hat freilich die innere Zerbröckelung der alten Gesellschaft ihren typischen Ausdruck gefunden, aber sie erscheint auch in vielen Fällen, namentlich in der römischen Kaiserzeit, als die wohlbegreifliche Maxime des anständigen Menschen, der durch die Verderbnis und das Strebertum des politischen Lebens sich angewidert findet und damit nichts zu tun haben mag.

Allein ein großer Unterschied zwischen beiden Lebensauffassungen zeigt sich schon darin, daß den Stoikern die Lebensgemeinschaft der Menschen als ein Vernunftgebot erschien, welches nur gelegentlich hinter der Aufgabe der persönlichen Vollkommenheit des Weisen zurückstehen müsse, während E p i k u r jede natürliche Gemeinschaft zwischen Menschen ausdrücklich verneinte[24]) und deshalb jede Form des geselligen Zusammenschlusses auf utilistische Überlegungen der Individuen zurückführte. So findet schon die Theorie der in seiner Schule eifrig und bis zur Sentimentalität gepflegten Freundschaft nicht den idealen Rückhalt, wie in der herrlichen Darstellung des Aristoteles[25]), sondern sie beschränkt sich im Grunde genommen auf die Motive des durch die Gemeinschaft gesteigerten Bildungsgenusses der Weisen[26]).

Insbesondere aber hat nun der Epikureismus die schon in der Sophistik (§ 7, 1 u. 2) entwickelten Vorstellungen über den Ursprung der staatlichen Gemeinschaft aus dem wohl erwogenen Interesse der einzelnen systematisch durchgeführt. Der Staat ist kein natürliches Gebilde, sondern von den Menschen um der Vorteile willen, die man von ihm erwartet und auch erhält, mit Überlegung zustande gebracht worden. Er wächst aus einem V e r t r a g e (συνθήκη) hervor, den die Menschen

---

[22]) Epik. bei Plut. de aud. poet. 14, 37 (Us. fr. 548).

[23]) Plutarch schrieb dagegen das (1128 ff.) erhaltene Schriftchen εἰ καλῶς λέγεται τὸ λάθε βιώσας.

[24]) Arrian, Epict. diss., I, 23, 1 (Us. fr. 525); ibid. II, 20, 6 (523).

[25]) Vgl. § 13, 12. Die umfangreiche Literatur über die Freundschaft ist in dieser Hinsicht ein charakteristisches Zeichen der Zeit, welche auf die Einzelpersönlichkeit und ihre Beziehungen das Schwergewicht ihres Interesses legte. Ciceros Dialog Laelius reproduziert wesentlich die peripatetische Auffassung.

[26]) Diog. Laert. X, 120 (Us. fr. 540).

miteinander eingehen, um sich gegenseitig nicht zu schädigen[27]), und die Staats-
bildung ist daher einer der mächtigen Vorgänge, durch welche das Menschengeschlecht vermöge seiner wachsenden Intelligenz aus dem Stande der Wildheit sich
zur Zivilisation heraufgearbeitet hat[28]). Die Gesetze sind also in jedem einzelnen
Falle einer Übereinkunft über gemeinsamen Nutzen (σύμβολον τοῦ συμφέροντος)
entsprungen; es gibt nichts an sich Rechtes oder Unrechtes, und da bei dem Vertrage selbstverständlich die größere Intelligenz sich zu eigenen Gunsten geltend
macht, so sind es meistens die Vorteile der Weisen, welche sich als die Motive der
Gesetzgebung herausstellen[29]). Und wie für den Ursprung und Inhalt, so ist auch
für die Geltung und die Anerkennung der Gesetze die Summe der Unlust, welche
sie zu verhindern, und der Lust, welche sie herbeizuführen geeignet sind, allein
maßgebend. Alle Grundzüge der u t i l i s t i s c h e n G e s e l l s c h a f t s l e h r e
entwickeln sich bei Epikur folgerichtig aus der atomistischen Voraussetzung, daß
die Individuen zunächst auf sich und für sich bestehen und erst um der Güter
willen, die sie allein nicht erreichen oder nicht schützen können, freiwillig und
absichtsvoll die Lebensgemeinschaft eingehen.

7. Den S t o i k e r n dagegen gilt der Mensch schon vermöge der Wesensgleichheit
seiner Seele mit der Weltvernunft als ein von Natur zur Gemeinschaft bestimmtes
Lebewesen[30]), eben damit aber auch durch das Vernunftgebot zur Gesellschaft in
einer Weise verpflichtet, die nur besondere Ausnahmefälle zuläßt. Als das nächste
Verhältnis erscheint nun auch hier die Freundschaft, der sittliche Lebenszusammenhang tugendhafter Individuen miteinander, die in gemeinsamer Betätigung des
ethischen Gesetzes vereinigt sind[31]). Aber von diesen rein persönlichen Beziehungen
springt die stoische Lehre sogleich auf das allgemeinste über, auf die Gesamtheit
der vernünftigen Wesen überhaupt. Als Teile derselben Einen Weltvernunft bilden
Götter und Menschen zusammen Einen großen, vernünftigen Lebenszusammenhang,
ein πολιτικὸν σύστημα, worin jeder einzelne ein notwendiges Glied (μέλος) ist, und
daraus ergibt sich für das Menschengeschlecht die ideale Aufgabe, ein alle seine
Glieder umschlingendes V e r n u n f t r e i c h zu bilden.

Der Idealstaat der Stoiker, wie ihn bereits Zenon (in polemischer Parallele zu
dem platonischen) zeichnete, kennt somit keine Schranken der Nationalität oder
des historischen Staates, er ist eine vernünftige Lebensgemeinschaft aller Menschen, — ein ideales Weltreich. Schon Plutarch hat erkannt[32]), daß die philosophische Theorie damit dasjenige als vernünftig konstruierte, was sich historisch
durch Alexander den Großen anbahnte und was, wie wir wissen, durch die Römer
vollendet wurde. Aber es darf nicht unbeachtet bleiben, daß die Stoiker dies Weltreich erst sekundär als politische Macht, daß sie es in erster Linie als eine geistige
Einheit der Erkenntnis und des Willens gedacht haben.

Es ist begreiflich, daß bei einem so hochfliegenden Idealismus die Stoiker für

---

[27]) Vgl. unter Epikurs κύριαι δόξαι die lapidaren Sätze Diog. Laert X, 150 f.
[28]) Vgl. die Schilderung bei Lucret. de rer. nat. V, 922 ff., besonders 1103 ff.
[29]) Stob. flor. 43, 139 (Us. fr. 530).
[30]) τῶν φύσει πολιτικῶν ζώων: Stob. Ecl. II, 226 ff.
[31]) Freilich wurde es den Stoikern außerordentlich schwer, die Bedürftigkeit, welche
sie als eine dem Geselligkeitstriebe zugrunde liegende Tatsache anerkennen mußten, mit
der gerade von ihnen so schroff betonten αὐτάρκεια des Weisen in Einklang zu bringen.
[32]) Plut. de Alex. M. fort. I, 6.

das eigentlich Politische nur ein sehr abgeschwächtes Interesse übrig behielten. Wenn auch dem Weisen, um seine Pflicht für die Gesamtheit selbst in dieser schlechten Welt zu erfüllen, die Beteiligung an einem besonderen Staatsleben gestattet und sogar aufgegeben wurde, so sollten ihm doch schließlich sowohl die einzelnen Staatsformen als auch die historischen Einzelstaaten gleichgültig sein. So vermochte sich die Stoa für keine der ausgeprägten Verfassungsarten zu begeistern, hielt sich vielmehr, der aristotelischen Andeutung folgend, an ein gemischtes System, etwa in der Weise, wie es auch Polybios³³) auf Grund seiner Betrachtung über die notwendigen Übergänge der einseitigen Formen ineinander als wünschenswert hin- stellte. Der staatlichen Zersplitterung der Menschheit aber hielten die Stoiker die Idee des W e l t b ü r g e r t u m s entgegen, die sich ihnen unmittelbar aus jener Vorstellung von einer sittlichen Lebensgemeinschaft aller Menschen ergab. Es entsprach den großen Bewegungen der Zeitgeschichte, daß sie den Wertunterschied von Hellenen und Barbaren, den noch Aristoteles vertreten hatte³⁴), als überwunden beiseite schoben³⁵), und wenn sie auch gegen äußere Verhältnisse der Lebens- stellung ihrem ethischen Prinzip nach zu gleichgültig waren, um für soziale Re- formen in agitatorische Tätigkeit zu treten, so verlangten sie doch, daß die G e r e c h t i g k e i t und die a l l g e m e i n e M e n s c h e n l i e b e , die sich als oberste Pflichten aus der Idee des Vernunftreichs ergeben, auch den untersten Gliedern der menschlichen Gesellschaft, den Sklaven, in vollem Maße zugewendet werden sollten.

Trotz ihrer Abwendung von dem griechischen Gedanken des Nationalstaates gebührt somit der stoischen Ethik der Ruhm, daß in ihr das Reifste und Höchste, was das sittliche Leben des Altertums erzeugt und womit es über sich selbst hinaus in die Zukunft gedeutet hat, zur besten Formulierung gelangt ist: der Eigenwert der moralischen Persönlichkeit, die Unterordnung des einzelnen unter ein göttliches Weltgesetz, seine Einordnung in einen idealen Zusammenhang der Geister, wodurch er weit über die Schranken seines irdischen Lebens hinausgehoben wird, und dabei doch das energische Pflichtgefühl, das ihn tatkräftig seinen Platz in der Wirklich- keit ausfüllen lehrt, — alles dies sind die Merkmale einer Lebensanschauung, welche, mag sie auch wissenschaftlich mehr zusammengefügt als einheitlich erzeugt erscheinen, doch eine der gewaltigsten und folgereichsten Bildungen in der Ge- schichte der menschlichen Überzeugungen darstellt.

8. Konzentriert erscheinen alle diese Lehren in dem Begriffe des durch Natur und Vernunft für alle Menschen gleichmäßig bestimmten Lebensgesetzes: τὸ φύσει δίκαιον und dieser Begriff ist durch Vermittlung C i c e r o s³⁶) zum gestaltenden Prinzip der r ö m i s c h e n J u r i s p r u d e n z geworden. Dieser nämlich hielt in seiner eklektischen Anlehnung an alle Größen der attischen Philosophie nicht nur objektiv den Gedanken einer sittlichen Weltordnung, die das Verhältnis vernünftiger Wesen

---

³³) In dem erhaltenen Teile des sechsten Buches.
³⁴) Aristot. Pol., I, 2, 1242 b, 5.
³⁵) Senec. Ep. 95, 52; cf. Strabon, I, 4, 9. Auch die persönliche Zusammensetzung der stoischen Schule war von Anfang an entschieden international.
³⁶) Es kommen hauptsächlich zwei nur teilweise erhaltene Schriften von ihm in Be- tracht: De republica und de legibus. Vgl. M. VOIGT, Die Lehre vom jus naturale usw. (Leipzig 1856) und K. HILDENBRAND, Geschichte und System der Rechts- und Staats- philosophie, I, 523 ff.; dazu P. SOKOLOWSKI, Die Philosophie im Privatrecht, I. Bd (Halle 1902).

zueinander allgemeingültig bestimme, mit aller Energie aufrecht, sondern er meinte auch in subjektiver Hinsicht — seiner erkenntnistheoretischen Ansicht (§ 17, 4) entsprechend —, daß dies Vernunftgebot allen Menschen gleichmäßig eingeboren und mit ihrem Selbsterhaltungstriebe untrennbar verwachsen sei. Aus dieser *lex naturae* dem allgültigen Naturgesetz, das über alle menschliche Willkür und über allen Wechsel des historischen Lebens erhaben ist, entwickeln sich, wie die Gebote der Sittlichkeit überhaupt, so auch diejenigen der menschlichen Lebensgemeinschaft: das *jus naturale*. Indem aber Cicero daran geht, von diesem Standpunkte aus die ideale Form des politischen Lebens zu entwerfen, nimmt unter seinen Händen[87]) der stoische Weltstaat die Linien des Römerreichs an. Der Kosmopolitismus bei den Griechen als fernes Ideal im Niedergange ihrer eigenen politischen Bedeutung entsprungen, wird bei den Römern zum stolzen Selbstbewußtsein ihrer historischen Mission.

Aber schon in diese theoretische Entwicklung dessen, was der Staat sein soll, flicht Cicero die Untersuchung darüber, was er ist. Nicht aus der Überlegung oder der Willkür der einzelnen hervorgegangen, ist er vielmehr ein Produkt der Geschichte, und deshalb mischen sich in seinen Lebensformen die ewig gültigen Bestimmungen des Naturgesetzes mit den historischen Satzungen des positiven Rechtes: diese entwickeln sich teils als das innere Recht der einzelnen Staaten, *jus civile,* teils als das Recht, welches die Genossen verschiedener Staaten im Verhältnis zueinander anerkennen, *jus gentium.* Beide Arten des positiven Rechtes decken sich in ihrem ethischen Inhalt auf weite Strecken mit dem Naturrecht, aber sie ergänzen es durch die Fülle historischer Bestimmungen, die in ihnen zur Geltung gelangen.

Diese Begriffsbildungen haben nicht nur die Bedeutung, daß sie für eine neue, bald von der Philosophie sich abzweigende Spezialwissenschaft das Gerippe abgegeben haben, sondern auch den Sinn, daß in ihnen der Wert des H i s t o r i s c h e n zum erstenmal zu voller philosophischer Wertung gelangt: und an diesem Punkte hat Cicero die politische Größe seines Volkes in eine wissenschaftliche Schöpfung zu verwandeln gewußt.

§ 15. Mechanismus und Teleologie.

Der Schulbetrieb der nacharistotelischen Zeit sonderte die philosophischen Untersuchungen in drei große Hauptteile: Ethik, Physik und Logik (die letztere bei den Epikureern Kanonik genannt). Unter diesen lag das Hauptinteresse überall bei der Ethik, und dem prinzipiellen Zusammenhange nach wurde den beiden andern nur soweit Bedeutung zugestanden, als das richtige Handeln eine Erkenntnis der Dinge und diese wieder eine Klarheit über die rechten Methoden des Erkennens voraussetzt. Daher sind allerdings auch die Hauptrichtungen der physikalischen und der logischen Ansichten in dieser Zeit durch die ethischen Gesichtspunkte bestimmt, und das praktische Bedürfnis befriedigt sich leicht durch Aufnahme und Umbildung der älteren Lehren: aber dabei machen doch in der wissenschaftlichen Arbeit die großen Gegenstände, namentlich die metaphysischen und physischen Probleme, ihre fesselnde Kraft geltend, und so sehen wir trotzdem diese andern Zweige der Philosophie sich vielfach in einer Weise entwickeln, welche mit dem ethischen

---

[87]) Cic. de rep., II, 1 ff.

Stamme nicht völlig übereinstimmt. Insbesondere kommt hinsichtlich der Physik hinzu, daß die reiche Entwicklung der Einzelwissenschaften schließlich doch die allgemeinen Prinzipien immer lebendig und im Fluß erhalten mußte.

Nach dieser Seite hat zunächst die p e r i p a t e t i s c h e Schule während der ersten Generationen eine bemerkenswerte Änderung in den von ihrem Meister über-kommenen Grundlagen der Naturerklärung vorgenommen.

1. Der Anfang dazu findet sich schon bei T h e o p h r a s t o s, der allerdings alle Hauptlehren des Aristotelismus, besonders gegen die Stoiker, verteidigte, aber doch auch teilweise eigene Wege ging. Das erhaltene Bruchstück seiner Metaphysik bringt unter den Aporien hauptsächlich solche Schwierigkeiten zur Sprache, welche in den aristotelischen Begriffen über das Verhältnis der Welt zur Gottheit enthalten waren. Der Stagirit hatte die Natur (φύσις) als ein in sich lebendiges Gesamtwesen (ζῷον) und doch ihre ganze Bewegung als eine (teleologische) Wirkung der göttlichen Vernunft aufgefaßt; Gott war als reine Form von der Welt getrennt, transzendent, und doch war er als die erstbewegende Kraft ihr immanent. Dies metaphysische Hauptproblem der Folgezeit hat Theophrast gesehen, ohne jedoch eigene Stellung dazu anders als im Rahmen der Lehre des Aristoteles zu nehmen. Dagegen zeigt er schon bestimmtere Neigung in der damit sehr nahe zusammenhängenden Frage nach dem Verhältnis der Vernunft zu den niederen Seelentätigkeiten: der νοῦς sollte einerseits als Form der animalen Seele immanent, eingeboren, anderseits in seiner Reinheit als wesensverschieden getrennt und in die Einzelseele von außen herein-gekommen sein. Hier nun entschied sich Theophrast durchaus gegen die Tran-szendenz; auch den νοῦς als eine sich entwickelnde Tätigkeit subsumierte er unter den Begriff des Geschehens[38]), der Bewegung (κίνησις) und stellte ihn neben die Tierseele als etwas nicht generell, sondern nur graduell davon Verschiedenes.

Noch energischer ging in derselben Richtung S t r a t o n[39]) vor. Er hob die Grenzen zwischen Vernunft und niederer Vorstellungstätigkeit völlig auf: beide, lehrt er, bilden eine untrennbare Einheit; es gibt kein Denken ohne Anschauungen, und ebensowenig gibt es Wahrnehmung ohne die Mitwirkung des Denkens; beide zusammen gehören zu dem einheitlichen Bewußtsein, das er mit den Stoikern τὸ ἡγεμονικόν nennt. Aber Straton wendete nun denselben Gedanken, den er psycho-logisch ausführte, auch auf das analoge metaphysische Verhältnis an. Auch das ἡγεμονικόν der φύσις, die Vernunft der Natur, kann nicht als etwas von ihr Ge-trenntes angesehen werden: Gott darf ebensowenig transzendent gedacht werden wie der νοῦς. Mochte das nun so ausgedrückt werden, daß Straton zur Erklärung der Natur und ihrer Erscheinungen der Annahme der Gottheit nicht zu bedürfen geglaubt habe, oder so, daß er die Natur selbst als Gott gesetzt, ihr aber nicht nur äußere Menschenähnlichkeit, sondern auch das Bewußtsein abgesprochen habe[40]), — immer bildet der Stratonismus, von der Lehre des Aristoteles aus gesehen, eine einseitig n a t u r a l i s t i s c h e oder pantheistische Umbildung. Er verleugnet den Monotheismus des Geistes, und indem er lehrt, daß so wenig wie bloßer Stoff, so wenig auch reine Form denkbar sei, schiebt er das platonische Element der aristotelischen Metaphysik, das eben in der Trennung (χωρισμός) der Vernunft von

[38]) Simpl. Phys. 225 a.
[39]) Vgl. H. DIELS, Ber. d. Berliner Akad., 1893, S. 101 ff.
[40]) Cic. Acad., II, 38, 121. De nat. deor., I, 13, 35.

der Materie stehen geblieben war, soweit zurück, daß damit das demokritische Element wieder ganz frei wird: Straton sieht im Weltgeschehen nur immanente Naturnotwendigkeit und nicht mehr die Wirkung einer geistigen, außerweltlichen Ursache.

Doch bleibt dieser Naturalismus immer noch so weit in Abhängigkeit von Aristoteles, als er die natürlichen Ursachen des Geschehens nicht in Atomen und ihren quantitativen Bestimmungen, sondern ausschließlich in den ursprünglichen Qualitäten (ποιότητες) und Kräften (δυνάμεις) der Dinge sucht. Wenn er unter diesen besonders die Wärme und die Kälte hervorhob, so geschah das ganz im Geiste der d y n a m i s c h e n Auffassungen, wie sie der ältere Hylozoismus gehabt hatte: und diesem scheint Straton überhaupt in seiner unentschiedenen Zwischenstellung zwischen mechanischer und teleologischer Welterklärung am nächsten gestanden zu haben. Eben deshalb aber verläuft diese Seitenentwicklung mit Straton selbst resultatlos: denn sie war, als sie begann, bereits durch die stoische und die epikureische Physik überholt. Beide vertraten auch den Standpunkt immanenter Naturerklärung: aber die erstere eben ausgesprochen teleologisch, wie die letztere mechanistisch.

2. Die eigentümlich verwickelte Position der S t o i k e r auf dem Gebiet der metaphysischen und naturphilosophischen Fragen ist durch die Vereinigung verschiedener Elemente bestimmt. Im Vordergrunde steht das ethische Bedürfnis, den Inhalt der individuellen Sittlichkeit aus einem allgemeinsten metaphysischen Prinzip herzuleiten. Dem stand jedoch als Erbteil aus dem Kynismus die entschiedene Abneigung entgegen, dies Prinzip als ein jenseitiges, über die Erfahrungswelt hinauszusetzendes, übersinnliches und unkörperliches anzusehen. Um so mehr aber traten die in der peripatetischen Naturphilosophie angeregten Gedanken, welche die Welt als ein in sich selbst zweckmäßig bewegtes Lebewesen zu verstehen suchten, mit entscheidender Kraft hervor. Für alle diese Motive schien sich nun gleichmäßig die L o g o s l e h r e d e s H e r a k l i t als Lösung der Aufgabe darzustellen, und diese wurde daher[41]) zum Mittelpunkt der stoischen Metaphysik und Physik.

So ist denn die Grundanschauung der Stoiker die, daß das ganze Weltall einen einzigen einheitlichen Lebenszusammenhang bilde und daß alle besonderen Dinge die aus dem Ganzen bestimmten Gestaltungen einer in ewiger Tätigkeit begriffenen göttlichen Urkraft seien. Ihre Lehre ist grundsätzlicher und (in Opposition gegen Aristoteles) bewußter P a n t h e i s m u s. Die unmittelbare Folge davon ist aber das energische Bestreben, den platonisch-aristotelischen Dualismus zu überwinden[42]) und den Gegensatz des Sinnlichen und des Übersinnlichen, der Notwendigkeit und der zwecktätigen Vernunft, der Materie und der Form wieder aufzuheben. Die Stoa versucht dies durch einfache Gleichsetzung jener Begriffe, deren gegensätzliche Ausprägung sie dadurch freilich nicht aus der Welt schaffen kann.

Sie erklärt daher das göttliche Weltwesen für die Urkraft, in der gleichmäßig die gesetzliche Bedingheit und die zweckvolle Bestimmtheit aller Dinge und alles Geschehens enthalten sind, für den W e l t g r u n d und den W e l t s i n n. Als lebendig

---

[41]) Vgl. H. SIEBECK, Die Umbildung der peripatetischen Naturphilosophie in die der Stoiker (Unters z. Philosophie der Griechen, 2. Aufl., p. 181 ff.).

[42]) Wenn ähnlich schon das Verhältnis des Aristoteles zu Platon aufgefaßt werden mußte (§ 13, 1—4), so zeigt eben damit die stoische Naturphilosophie eine Weiterentwicklung in derselben Richtung wie die peripatetische in Straton.

erzeugende und gestaltende Kraft ist die Gottheit der λόγος σπερματικός, das
L e b e n s p r i n z i p, welches sich in der Fülle der Erscheinungen als deren eigentümliche, besondere λόγοι σπερματικοί oder B i l d u n g s k r ä f t e entfaltet. In
dieser organischen Funktion ist Gott aber auch die zweckvoll schaffende und
leitende Vernunft und damit hinsichtlich aller einzelnen Vorgänge die allwaltende
Vorsehung (πρόνοια). Die Bestimmung des Besonderen durch das Weltganze, auf
welche die beherrschende Grundüberzeugung der Stoiker geht, ist[43]) eine durchweg
zweckvolle und vernünftige O r d n u n g, und sie bildet als solche die höchste
N o r m (νόμος), nach der sich alle Einzelwesen in ihrer Tätigkeit zu richten haben[44]).
Allein dies alles bestimmende „Gesetz" gilt nun den Stoikern, wie dereinst Heraklit,
zugleich als die alles zwingende Macht, die als unverbrüchliche N o t w e n d i g-
k e i t (ἀνάγκη) und damit als unentfliehbares G e s c h i c k (εἱμαρμένη, fatum) in der
unabänderlichen Reihenfolge der Ursachen und Wirkungen jede einzelne Erscheinung hervorbringt. Nichts in der Welt geschieht ohne vorhergehende Ursache
(αἰτία προηγουμένη), und gerade vermöge dieser durchgängigen kausalen Bestimmtheit
alles Besonderen besitzt das Weltall den Charakter seines zweckvollen Zusammenhanges[45]). Daher bekämpfte Chrysippos auf das nachdrücklichste den Begriff des
Zufalls und lehrte, daß scheinbare Ursachlosigkeit des Einzelgeschehens nur eine
der menschlichen Einsicht verborgene Art der Verursachung bedeuten könne[46]). In
dieser Annahme a u s n a h m l o s e r N a t u r n o t w e n d i g k e i t auch des Einzelnen kommt die stoische Schule bis zu wörtlicher Übereinstimmung mit Demokrit
zusammen, und sie ist die einzige, welche im Altertum diesen wertvollsten Gedanken
des großen Abderiten bis in alle Zweige der theoretischen Wissenschaft durchgeführt
hat. Ihre Formulierung des S a t z e s v o m G r u n d e erlaubt jedoch vermöge der
heraklitischen Gleichsetzung von Schicksal und Vorsehung zugleich den Ausdruck,
daß auch nicht das Geringste in der Welt sich anders verhalte als nach dem Ratschlusse des Zeus[47]).
In allen andern Hinsichten freilich stehen die Stoiker dem Demokrit gegenüber
und näher bei Aristoteles. Während nämlich nach dem Atomismus die Naturnotwendigkeit alles Geschehens aus den Bewegungsantrieben der Einzeldinge resultiert, gilt sie den Stoikern als der unmittelbare Ausfluß der L e b e n d i g k e i t
d e s G a n z e n, und gegenüber der Reduktion aller Qualitäten auf quantitative
Differenzen hielten sie an der Realität der Eigenschaften als der eigentümlichen
Kräfte der Einzeldinge und an der qualitativen Veränderung (ἀλλοίωσις im Gegensatz
zu der räumlichen Bewegung) fest. Besonders jedoch polemisierten sie gegen die
rein mechanische Erklärung des Naturgeschehens durch Druck und Stoß: aber in
ihrer Ausführung der T e l e o l o g i e sanken sie von der großen Auffassung des
Aristoteles, der überall die immanente Zweckmäßigkeit der Formgestaltungen betont

---

[43]) Wie schon der platonische Timaios lehrte: § 11, 10.
[44]) Der normative Charakter im Begriff des λόγος trat deutlich schon bei Heraklit hervor.
§ 6, S. 54, Anm. 79.
[45]) Plut. de fato, 11, 574.
[46]) Ibid., 7, 572.
[47]) Plut. comm. not., 34, 5, 1076. Vgl. Cic. de nat. deor., II, 65, 164. Nur der Umstand,
daß die Stoa die u n m i t t e l b a r e W i r k u n g der göttlichen Vorsehung auf die
zweckvolle Bestimmung des Ganzen beschränkte und erst daraus diejenige des Einzelnen
ableitete, erklärt solche Ausdrucksweisen, wie das bekannte *Magna dii curant, parva
negligunt.* Vgl. § 16, 3.

hatte, zu der Betrachtung des N u t z e n s herab, welchen die Naturerscheinungen für die Bedürfnisse der vernunftbegabten Weisen, „der Götter und der Menschen", abwerfen[48]). Insbesondere übertrieben sie bis zu lächerlicher Philisterhaftigkeit den Nachweis, wie Himmel und Erde und alles was sich darin und darauf bewegt, so herrlich z w e c k v o l l f ü r d e n M e n s c h e n eingerichtet sei[49]).

3. In allen diesen theoretischen Ansichten, und gerade in ihnen, stehen den Stoikern die E p i k u r e e r diametral gegenüber. Bei diesen hatte die Beschäftigung mit metaphysischen und physischen Problemen überhaupt nur den negativen Zweck[50]), die religiösen Vorstellungen zu beseitigen, durch welche der ruhige Selbstgenuß des Weisen gestört werden könnte. Daher kam es Epikur vor allem darauf an, aus der Naturerklärung jedes Moment auszuschließen, das eine von allgemeineren Zwecken geleitete Regierung der Welt auch nur möglich erscheinen ließe; daher fehlt es anderseits der epikureischen Weltanschauung durchaus an einem eigenen positiven Prinzip. So begreift es sich, daß Epikur wenigstens für alle naturwissenschaftlichen Fragen, denen kein praktisches Interesse abzugewinnen war, nur ein skeptisches Achselzucken hatte und keinen Anstoß daran nahm, verschiedene Erklärungsweisen derselben Erscheinungen für gleichwertig zu erachten: obwohl nachher manche seiner späteren Schüler weniger beschränkt gewesen zu sein und wissenschaftlicher gedacht zu haben scheinen, so waren doch die Geleise der Schulmeinung zu tief gefahren, als daß man zu wesentlichen weiteren Zielen gelangt wäre. Je mehr vielmehr im Laufe der Zeit die teleologische Naturauffassung den gemeinsamen Boden bildete, auf dem sich akademische, peripatetische und stoische Lehre in synkretistischer Verschmelzung begegneten, um so mehr beharrte der Epikureismus auf seinem vereinsamten Standpunkte der Negation: er war in theoretischer Hinsicht wesentlich a n t i t e l e o l o g i s c h, und er hat in dieser Hinsicht nichts positiv Neues zuwege gebracht.

Glücklich war er nur in der allerdings sachlich nicht allzu schwierigen Bekämpfung der anthropologischen Auswüchse, zu denen die teleologische Weltanschauung namentlich bei den Stoikern führte[51]): aber zu einer prinzipiellen Gegenschöpfung war er nicht imstande. Epikur ergriff zwar zu diesem Zwecke die äußeren Daten der materialistischen Metaphysik, wie er sie von Demokrit übernehmen konnte; allein er war weit entfernt. an dessen wissenschaftliche Höhe heranzureichen. Nur soweit konnte er dem großen Atomisten folgen, daß auch er zur Erklärung der Welt nichts weiter zu bedürfen glaubte als des leeren Raumes und der darin sich bewegenden, zahllosen, nach Gestalt und Größe unendlich verschiedenen, unteilbaren Körperstückchen; und auf deren Bewegung, Stoß und Druck führte auch er alles Geschehen und alle dadurch entstehenden und wieder vorgehenden Dinge und Dingsysteme (Welten) derartig zurück, daß er aus diesen rein quantitativen Verhältnissen auch alle qualitativen Differenzen ableiten wollte[52]).

---

[48]) Cic. de fin., III, 20, 67; de nat. deor., II, 53 ff.
[49]) Dürfte man Xenophons Memorabilien trauen, so hätten die Stoiker gerade hierin keinen Geringeren als Sokrates zu ihrem Vorgänger; doch scheint es, daß schon in diesem Berichte der allgemeine Glaube des Sokrates an eine zweckvolle Weltleitung mit kynisch orientierter Deutung stark ins Kleinbürgerliche herabgezogen sei; vgl. § 8, 8.
[50]) Diog. Laert., X, 143, Us., p. 74.
[51]) Vgl. bes. Lucret. de rer. nat., I, 1021; V, 156. Diog. Laert., X, 97.
[52]) Sext. emp. adv. math., X, 42.

Er übernimmt somit die rein m e c h a n i s c h e Auffassung des Geschehens; aber er leugnet ausdrücklich die unbedingte und ausnahmslose Notwendigkeit ihrer Geltung. Die Lehre Demokrits ist daher nur so weit, als sie Atomismus und Mechanismus ist, auf die Epikureer übergegangen; hinsichtlich des viel tieferen und wertvolleren Prinzips der allgemeinen Naturgesetzlichkeit haben seine Erbschaft, wie oben ausgeführt, die Stoiker angetreten.

Indessen hängt gerade dies eigentümliche Verhältnis mit der epikureischen Ethik und dem entscheidenden Einfluß, den sie auf die Physik ausübte, auf das genaueste zusammen; ja, man darf sagen, daß die individualistische Tendenz, welche die sittliche Reflexion des nacharistotelischen Zeitalters nahm, gerade in der Lehre Epikurs die ihr am meisten adäquate Metaphysik gefunden hat. Für eine Moral, welche die Verselbständigung des Einzelwesens und dessen Rückzug auf sich selbst zu ihrem wesentlichsten Inhalt hatte, mußte eine Weltanschauung willkommen sein, welche die Urbestandteile der Wirklichkeit als vollkommen unabhängig ebenso voneinander wie von einer einheitlichen Kraft und ihre Tätigkeit als lediglich durch sie selbst bestimmt betrachtete. In diesem Sinne begründete Epikur seine Abweichung von der demokritischen Welterklärung (vgl. unten Nr. 4) durch Berufung auf die menschliche Willensfreiheit[53]): zum erstenmal wird durch ihn die „F r e i h e i t" in der Bedeutung eines u r s a c h l o s e n G e s c h e h e n s zu einem m e t a p h y s i s c h e n Prinzip gemacht. Nun enthielt aber Demokrits Lehre von der unverbrüchlichen Naturnotwendigkeit alles Geschehens unverkennbar ein (heraklitisches) Moment, das eine solche Selbstherrlichkeit der Einzeldinge aufhebt, und gerade der Aufnahme dieses Momentes verdankten die Stoiker (vgl. § 14, 5) das Hinauswachsen ihrer Ethik über deren kynisch einseitige Voraussetzungen. Um so begreiflicher ist es, daß Epikur eben dieses Moment fallen ließ: und seine Weltanschauung charakterisiert sich der Stoa gegenüber gerade dadurch, daß, während diese alles Einzelne aus dem Ganzen bestimmt sein ließ, er vielmehr das Ganze als ein Erzeugnis u r s p r ü n g l i c h   s e i e n d e r   u n d   e b e n s o   u r s p r ü n g l i c h   f u n k t i o n i e r e n d e r   Einzeldinge betrachtete. Seine Lehre ist in jeder Beziehung konsequenter A t o m i s m u s.

So hatte der Demokritismus das Unglück, daß er für die Tradition des Altertums und damit auch des Mittelalters in einem Systeme fortgepflanzt wurde, welches zwar eine atomistische, auf die ausschließliche Realität der Quantitätsverhältnisse und die mechanische Auffassung des Geschehens gerichtete Anschauung beibehielt, aber seinen Gedanken des gesetzmäßigen Naturzusammenhanges zur Seite schob.

4. In diesem Sinne gestaltete Epikur die Weltentstehungslehre des Atomismus um[54]). Gegenüber der wohl schon von den Pythagoreern, jedenfalls aber von Demokrit, Platon und Aristoteles gewonnenen Einsicht, daß im Raum an sich keine andere Richtung als die vom Zentrum nach der Peripherie und umgekehrt gegeben sei, beruft er sich — seiner Erkenntnislehre (vgl. § 17, 5) gemäß — auf die Aussage der Sinne[55]), wonach es ein absolutes Oben und Unten gibt, und behauptet demgemäß, daß die Atome vermöge ihrer Schwere sich ursprünlich sämtlich in der

---

[53]) Vgl. § 16, 4; und dazu die Belege bei ZELLER, IV³, 408, 1.
[54]) Ps.-Plut. plac., I, 3. Dox. D., 285; Cic. de fin., I, 6, 17. GUYAU, Morale d'Epic., 74.
[55]) Diog. Laert., X, 60.

„natürlichen"[56]) Bewegung von oben nach unten befänden. Um aber aus diesem „Landregen" der Atome die Entstehung von Atomkomplexen herzuleiten, nahm er an, daß einige darunter willkürlich von der geraden Fallinie abgewichen seien: es genüge schon eine ganz minimale Abweichung, um daraus die Zusammenstöße, die Atomanhäufungen und schließlich die Wirbelbewegungen zu erklären, welche zur Bildung von Welten führen, und welche der alte Atomismus aus dem Zusammentreffen der regellos bewegten Atome hergeleitet hatt[57]).

Merkwürdig ist es nun aber, daß Epikur, nachdem er in dieser Weise den inneren Zusammenhang der demokritischen Lehre verdorben[58]) hatte, für die weitere Erklärung der einzelnen Vorgänge des Naturgeschehens auf die Willkür der Atome verzichtete: von dem Punkte an, wo ihm die Wirbelbewegung der Atomkomplexe begriffen zu sein schien, ließ er nur noch das Prinzip mechanischer Notwendigkeit gelten[59]). Er brauchte also die willkürliche Selbstbestimmung der Atome nur als dasjenige Prinzip, welches den A n f a n g einer nachher rein mechanisch sich vollziehenden (Wirbel-)Bewegung begreiflich machen sollte, d. h. genau ebenso, wie Anaxagoras den Kraftstoff νοῦς (vgl. § 5, 5). Denn auf diesem metaphysischen Unterbau errichtete Epikur eine physikalische Lehre, welche für die Erklärung aller Erscheinungen der Natur lediglich die Mechanik der Atome anerkannte, und er führte dies namentlich auch hinsichtlich der Organismen aus, indem er für das Begreifen von deren zweckmäßiger Gestaltung den empedokleischen Gedanken von dem Überleben des Zweckmäßigen anwendete.

Das demokritische Prinzip der Naturnotwendigkeit kommt endlich bei Epikur auch darin zur Geltung, daß er annahm, bei dem fortwährenden Entstehen und Vergehen der Welten, die sich durch die Atomanhäufungen bilden, müsse schließlich jede mögliche Kombination und damit jede Form der Weltbildung sich wiederholen, so daß in Anbetracht der Unendlichkeit der Zeit nichts geschehen könne, was nicht in derselben Weise schon einmal dagewesen und ebenso in Zukunft wieder zu erwarten sei[60]). In dieser Lehre begegnet Epikur sich dann wieder mit den S t o i k e r n, welche eine Vielheit zwar nicht koexistierender, aber in der Zeit aufeinanderfolgender Welten lehrten, dabei jedoch sich zu der Behauptung genötigt sahen, daß diese sich bis in die letzte Besonderheit der Einzelgestaltung und des Einzelgeschehens immer völlig gleich sehen müßten. Wie die Welt aus dem göttlichen

---

[56]) Vgl. oben § 13, 7.

[57]) Vgl. § 4, 9. Spätere Epikureer, die an den sinnlichen Grundlagen dieser Vorstellung festhielten, dabei jedoch die Willkür der Atome ausschließen und wieder mehr den demokritischen Gedanken der Naturgesetzlichkeit durchführen wollten, scheinen auf den Ausweg verfallen zu sein, die Zusammenhäufung der Atome daraus zu erklären, daß die massigeren im leeren Raume schneller fielen als die „leichteren": wenigstens polemisiert gegen solche Ansichten Lucr. de rer. nat., II, 225 ff.

[58]) Vgl. Cic. de fin., I, 6, 17.

[59]) Im gewissen Sinne könnte man daher — vom Standpunkt heutiger Kritik — sagen, daß der Unterschied zwischen Demokrit und Epikur nur relativ sei. Als unerklärte Urtatsache gilt dem ersteren die Bewegungsrichtung, die jedes Atom von vornherein hat, dem letzteren eine willkürliche, zu irgendeinem Zeitpunkte eintretende Abweichung von einer für alle gleichmäßigen Fallrichtung: der wesentliche Unterschied bleibt aber der, daß diese Urtatsache bei Demokrit etwas zeitlos Gegebenes, bei Epikur dagegen ein e i n m a l i g e r   z e i t l i c h e r Akt der Willkür ist, welcher ausdrücklich mit der ursachlosen Selbstbestimmung des menschlichen Willens in Parallele gestellt wird.

[60]) Plut. bei Euseb. Dox. D., 581, 19. Us. fr., 266.

Urfeuer hervorgeht, so wird sie nach vorher bestimmtem Zeitmaß jedesmal wieder darein zurückgenommen: wenn dann aber nach der Weltverbrennung die Urkraft mit der Bildung einer neuen Welt beginnt, so entfaltet sich diese ewig sich gleichbleibende φύσις ihrer Vernünftigkeit und Notwendigkeit gemäß immer wieder in derselben Weise. Die Wiederkehr aller Dinge(παλιγγενεσία oder ἀποκατάστασις) erscheint danach als notwendige Konsequenz der beiden stoischen Wechselbegriffe λόγος und εἱμαρμένη.

5. Die theoretischen Vorstellungen dieser beiden Hauptschulen des späteren Altertums sind sonach nur darin miteinander einig, daß sie durchweg m a t e r i a - l i s t i s c h sind, und sie haben gerade im Gegensatz zu Platon und Aristoteles diese ihre Stellung ganz ausdrücklich hervorgehoben. Beide behaupten, daß das Wirkliche (τὰ ὄντα), weil es sich im Wirken und im Leiden (ποιεῖν καὶ πάσχειν) offenbare, nur körperlich sein könne; nur das Gedachte (τὸ λεκτόν) als den Bewußtseinsinhalt im Unterschied von den Vorstellungstätigkeiten ließen die Stoiker als ἀσώματον gelten, und nur den leeren Raum erklärten die Epikureer für etwas Unkörperliches. Dagegen bekämpften auch sie die (platonische) Ansicht, daß die Eigenschaften der Körper etwas an sich (καθ' ἑαυτό) Unkörperliches seien[61]), und die Stoiker gingen so weit, daß sie sogar die Eigenschaften, Kräfte und Verhältnisse der Dinge, welche sich, an diesen wechselnd, als wirklich darstellen, für „Körper" erklärten[62]); und mit einer Vorstellung, die an das Kommen und Gehen der Homöomerien bei Anaxagoras erinnert[63]), betrachteten sie das Vorhandensein und Wechseln der Eigenschaften an den Dingen als eine Art von Beimischung dieser Körper in den andern, woraus sich dann die Ansicht von der allgemeinen Mischung und gegenseitigen Durchdringung aller Körper (κρᾶσις δι' ὅλων) ergab.

In der Ausführung der materialistischen Theorie haben nun die Epikureer kaum etwas Neues geleistet; dagegen weist die s t o i s c h e N a t u r l e h r e eine Anzahl von neuen Anschauungen auf, die nicht nur an sich interessant sind, sondern auch für die Weltvorstellung der folgenden Jahrhunderte wesentliche Linien vorgezeichnet haben.

Zunächst treten bei dieser Ausführung die beiden Gegensätze, welche in dem einheitlichen Naturbegriffe aufgehoben (oder identifiziert) sein sollten, wieder auseinander. Das göttliche Urwesen teilt sich in das Wirkende und das Leidende, die Kraft und den Stoff. Als Kraft ist die Gottheit Feuer oder warmer Lebenshauch, P n e u m a[64]); als Stoff verwandelt sie sich aus feuchtem Dunst (Luft) teils in Wasser, teils in Erde. Demgemäß ist das Feuer die Seele und das „Feuchte" der Leib des Weltgottes; beide aber bilden doch ein in sich selbst identisches, einheitliches Wesen. So schließen sich die Stoiker in der Lehre von der Verwandlung, und Rückverwandlung der Stoffe an Heraklit und zum Teil an die von diesem beeinflußte jüngere Naturphilosophie an (Pseudo-Hippokr. περὶ διαίτης; vgl. oben S. 56 Anm. 89);

---

[61]) Diog. Laert., X, 67.

[62]) Plut. c. not., 50, 1085.

[63]) Eine ähnliche, an Anaxagoras erinnernde Materialisierung der platonischen Ideenlehre (Plat. Phaed., 102) hat, wie es scheint, schon der zur Akademie zählende Eudoxos (S. 87) vollzogen: Arist. Metaph., I, 9, 991 a, 17 und dazu Alex. Aphr., Schol. in Arist., 573 a, 12.

[64]) Vgl. H. Siebeck, Arch. f. G. Ph., XXVII (1914).

in der Charakteristik der vier Elemente, in der Darstellung des Weltgebäudes und des zweckmäßigen Systems seiner Bewegungen folgen sie der Hauptsache nach dem Aristoteles: aber das Wichtigste in ihrer Physik ist zweifellos die Lehre vom P n e u m a.

Gott als schaffende Vernunft (λόγος σπερματικός) ist dieser warme Lebenshauch, der gestaltende Feuergeist, welcher alle Dinge durchdringt und in ihnen als das tätige Prinzip waltet: er ist das Weltall als in sich selbst bewegtes, zweckvoll und gesetzmäßig entfaltetes Lebewesen. Alles dies wird von den Stoikern in dem Begriffe des πνεῦμα zusammengefaßt[65]), einer außerordentlich beziehungsvollen und verdichteten Vorstellung, in der sich Anregungen aus Heraklit (λόγος), Anaxagoras (νοῦς), Diogenes von Apollonia (ἀήρ), Demokrit (Feueratome) und nicht zum wenigsten solche aus der peripatetischen Naturphilosophie und Physiologie miteinander verschlungen haben[66]).

6. Am wirksamsten erweist sich dabei die von den Stoikern aus Aristoteles und vermutlich schon aus Heraklit übernommene, auch von den sog. jüngeren Physiologen durchgeführte A n a l o g i e z w i s c h e n M a k r o k o s m o s und M i k r o - k o s m o s, Weltall und Mensch. Auch die Einzelseele, die Lebenskraft des Leibes, welche das Fleisch zusammenhält und regiert, ist Feuerhauch, Pneuma; aber auch alle die einzelnen Kräfte, die in den Gliedern tätig sind und deren zweckmäßige Funktion beherrschen, sind solche Lebensgeister *(spiritus animales)*. Im menschlichen und tierischen Organismus erscheint die Tätigkeit des Pneuma an das Blut und seinen Lauf gebunden; gleichwohl ist das Pneuma selbst — gerade weil es auch ein Körper ist, sagte Chrysippos[67]) — von den niederen Elementen, die es beseelt, im einzelnen trennbar, wie es im Tode geschieht.

Dabei ist jedoch die Einzelseele, wie sie nur ein Teil der allgemeinen Weltseele ist, in ihrem Wesen und in ihrer Tätigkeit durchgängig durch diese bestimmt: sie ist mit dem göttlichen Pneuma wesensgleich und von ihm abhängig. Eben deshalb ist die Weltvernunft, der λόγος, für sie das oberste Gesetz (vgl. oben § 14, 3). Darum aber ist die Selbständigkeit der S e e l e nur eine zeitlich beschränkte, und ihr letztes Geschick ist jedenfalls, bei dem allgemeinen Weltbrande in den göttlichen Gesamtgeist zurückgenommen zu werden. Über die Dauer dieser Selbständigkeit, d. h. über die Ausdehnung der individuellen Unsterblichkeit, sind in der Schule verschiedene Ansichten im Umlauf gewesen: einige haben die Dauer bis zum Weltbrande allen Seelen zuerkannt, andere sie nur für die Weisen zurückbehalten.

Wie nun aber das einheitliche Pneuma des Universums (dessen Sitz übrigens von den Stoikern bald an den Himmel, bald in die Sonne, bald in die Mitte der Welt verlegt wurde) sich als beseelende Kraft in alle Dinge ergießt, so sollte auch der leitende Teil der Einzelseele (τὸ ἡγεμονικόν oder ὁ λογισμός), in welchem Vorstellungen, Urteile und Triebe wohnen und als dessen Sitz das Herz angenommen wurde, seine einzelnen Auszweigungen wie „Polypenarme" durch den ganzen Leib erstrecken, und solcher einzelnen Pneumata nahm die Stoa noch sieben an; die fünf Sinne, das

---

[65]) Stob. Ecl., I, 374. Dox. D., 463, 16: εἶναι τὸ ὄν πνεῦμα κινοῦν ἑαυτὸ πρὸς ἑαυτὸ καί ἐξ αὐτοῦ, ἤ πνεῦμα ἑαυτὸ κινοῦν πρόσω καὶ ὀπίσω κτλ.

[66]) Vgl. die S. 153, Anm. 41, erwähnte Abhandlung von SIEBECK.

[67]) Nemesius, De nat. hom., p. 34.

Sprachvermögen und die Zeugungskraft. Wie die Einheit des göttlichen Urwesens im Weltall, so lebt die Einzelpersönlichkeit im Leibe.

Es ist nun bezeichnend genug, daß diesen äußerlichen Apparat der psychologischen Anschauungen die Epikureer fast ganz zu dem ihrigen machen konnten. Auch ihnen ist die Seele — nach Demokrit aus den feinsten Atomen bestehend — ein feuriger, luftartiger Hauch (sie wenden ebenfalls den Terminus Pneuma an), nur daß sie darin etwas dem Leibe äußerlich Eingefügtes, von ihm Festgehaltenes und mechanisch Gebundenes sehen, das sich im Tode sogleich zerstreut; auch sie unterscheiden zwischen dem vernünftigen und dem vernunftlosen Teile der Seele, ohne freilich dem ersteren jene metaphysische Würde geben zu können, die er in der stoischen Theorie gewann. Im ganzen ist ihre Lehre auch hier dürftig und unselbständig.

7. Metaphysik und Physik der S t o i k e r bilden, wie es nach der pantheistischen Voraussetzung sich von selbst versteht, zugleich eine T h e o l o g i e, ein auf wissenschaftliche Darlegung gegründetes System der N a t u r r e l i g i o n, und diese hat in ihrer Schule auch poetische Darstellungen wie den Hymnus des Kleanthes gefunden. Dagegen ist der E p i k u r e i s m u s seinem ganzen Wesen nach a n t i - r e l i g i ö s. Er vertritt durchweg den aufklärerischen Standpunkt, daß durch die Wissenschaft die Religion überwunden und daß es Aufgabe und Triumph der Weisheit sei, die aus Furcht und Unwissenheit erwachsenen Wahngebilde des Aberglaubens beiseite zu schaffen: der Dichter dieser Schule schildert[68]) in grotesken Zügen die Übel, welche die Religion über die Menschen gebracht, und singt den Ruhm ihrer Besiegung durch die wissenschaftliche Erkenntnis. Um so wunderlicher ist es, daß die epikureische Lehre selbst sich in der Ausmalung einer eigenen, wie sie glaubte, harmlosen Mythologie gefiel. Sie meinte, einem demokritischen Motive nachgehend, daß dem allgemeinen Glauben an Götter doch eine gewisse Wahrheit beiwohnen müsse[69]); aber sie fand, daß diese richtige Vorstellung durch falsche Annahmen entstellt sei. Die letzteren aber suchte sie in den Mythen, die eine Teilnahme der Götter an dem menschlichen Leben und ihre Eingriffe in den Lauf der Dinge erdichteten: selbst der Vorsehungsglaube der Stoiker erschien ihnen in dieser Hinsicht nur als ein verfeinerter Wahn. Epikur sah daher — nach Demokrits Lehre von den Idolen (§ 10, 4) — in den Göttern menschenähnliche Riesengebilde, welche in den Zwischenräumen der Welten (Intermundien), unberührt vom Wechsel des Geschehens und unbekümmert um das Geschick der niederen Wesen, ein seliges Leben der Betrachtung und der geistigen Lebensgemeinschaft führen sollten; und so ist auch diese Lehre im Grunde genommen nur der Versuch des Epikureismus, sein Lebensideal des ästhetischen Selbstgenusses zu mythologisieren.

8. Ganz anders fügten sich die Vorstellungen der Volksreligion der s t o i s c h e n Metaphysik ein, und während bis hierher in der Entwicklung des griechischen Denkens die philosophische Theologie sich immer weiter von der heimischen Mythologie entfernt hatte, begegnen wir hier dem Versuche, n a t ü r l i c h e u n d p o s i t i v e R e l i g i o n systematisch in Einklang miteinander zu bringen. Wenn damit die Stoiker auch ihrerseits dem Bedürfnis nachgaben, die Berechtigung ganz allgemein im Menschengeschlecht verbreiteter Vorstellungen anzuerkennen (vgl.

---

[68]) Lucret. de rer. nat., I, 62 ff.
[69]) Diog. Laert., X, 123 f. Us., p. 59 f.

§ 17, 4), so bot ihnen doch dazu ihre Pneumalehre nicht nur willkommene Handhaben, sondern geradezu bestimmende Anlässe. Denn die Betrachtung des Universums mußte sie lehren, daß die göttliche Weltkraft offenbar noch mächtigere und lebenskräftigere Teilerscheinungen gestaltet habe als die menschliche Individualseele: und so traten neben die eine, ungewordene und unvergängliche Gottheit, welche sie meist als Zeus bezeichneten, eine große Anzahl „g e w o r d e n e r G ö t t e r". Zu diesen rechneten die Stoiker, wie schon Platon und Aristoteles, in erster Linie die Gestirne, in denen auch sie reinere Gestaltungen des Urfeuers und höhere Intelligenzen verehrten, weiterhin aber auch die Personifikationen anderer Naturkräfte, durch welche sich das dem Menschen gütige Walten der Vorsehung offenbart. Von hier aus begreift sich, wie in der stoischen Schule eine umfangreiche Mythendeutung an der Tagesordnung war, die mit Ausführung sophistischer Gedanken (vgl. § 7, 3) durch allerlei Allegorien die volkstümlichen Gestalten dem metaphysischen Systeme einzuverleiben suchte. Dazu trat dann weiter eine ebenso willkommene Ausbeutung der euhemeristischen Theorie, die nicht nur die Vergötterung hervorragender Menschen verständlich machte und rechtfertigte, sondern auch in den Dämonen die Schutzgeister der einzelnen Menschen heilig halten lehrte. Endlich wurde in diesen Knäuel synkretistischer Theologie auch jener metaphysische Faden hineingesponnen, an welchem die ältere, pythagoreisierende Akademie (hauptsächlich Xenokrates) die Hierarchie der mythischen Gestalten aufzureihen begonnen hatte (vgl. oben § 11, 5). Die Verschlingung aller dieser theologischen Tendenzen ist in der mittleren, eklektischen Stoa besonders durch Poseidonios vollzogen worden.

So bevölkerte sich die stoische Welt mit einer ganzen Schar höherer und niederer Götter: aber sie alle erschienen doch schließlich nur als Ausflüsse der Einen höchsten Weltkraft, als die untergeordneten Kräfte, die selbst durch das allgemeine Pneuma bestimmt, als die waltenden Geister des Weltlebens aufgefaßt wurden. Sie bildeten deshalb für den Glauben der Stoiker die vermittelnden Organe, welche, jedes in seinem Bereich, die Lebenskraft und die Vorsehung der Weltvernunft darstellen, und an sie wendete sich in den Kultusformen der positiven Religion die Frömmigkeit der Stoiker Damit war der P o l y t h e i s m u s des Volksglaubens philosophisch restituiert und als integrierender Bestandteil in den metaphysischen Pantheismus aufgenommen.

Im Zusammenhange damit steht bei den Stoikern die theoretische Begründung der M a n t i k, der sie — wenige, kühler denkende Männer wie Panaitios ausgenommen — ein großes Interesse zuwandten. Der einheitliche, von der Vorsehung geleitete Zusammenhang des Weltgeschehens sollte sich u. a. darin zeigen, daß verschiedene Dinge und Vorgänge, die in keinem direkten Kausalverhältnis zueinander stehen, doch durch feine Beziehungen aufeinander deuten und deshalb füreinander als Zeichen gelten dürfen: dies zu verstehen sei die Menschenseele schon vermöge ihrer Verwandtschaft mit dem allwaltenden Pneuma befähigt; aber zur Deutung solcher verzückter Offenbarungen müsse die auf Erfahrung beruhende Kunst und Wissenschaft der Mantik hinzutreten. Auf dieser Grundlage hielt der Stoizismus — auch hierin war der Führer Poseidonios — sich für stark genug, um den gesamten Weissagungsglauben der antiken Welt philosophisch zu verarbeiten.

§ 16. Willensfreiheit und Weltvollkommenheit.

Die scharfe Ausprägung der Gegensätze von mechanischer und teleologischer Weltanschauung, insbesondere aber die Verschiedenheit der begrifflichen Formen, in denen dabei der (mit gewisser Beschränkung) gemeinsame Gedanke der allgemeinen Naturgesetzlichkeit entwickelt worden war, führte im Zusammenhange mit den ethischen Postulaten und Voraussetzungen, welche das Denken jener Zeit beherrschten, zwei neue, von vornherein mannigfach verwickelte Probleme herbei: das von der menschlichen Willensfreiheit und das von der Güte und Vollkommenheit der Welt. Beide Probleme wurzelten in Widersprüchen, welche zwischen den moralischen Bedürfnissen und eben den metaphysischen Ansichte zutage traten, die zu ihrer Befriedigung hatten herangezogen werden sollen.

1. Der eigentliche Herd dieser neuen Problembildung ist die s t o i s c h e Lehre. und sie lassen sich als die notwendige Folge eines tiefgehenden und in letzter Instanz nicht auszufüllenden Antagonismus zwischen den Grundbestimmungen dieses Systems begreifen. Diese aber sind der m e t a p h y s i s c h e M o n i s m u s u n d d e r e t h i s c h e D u a l i s m u s. Die moralische Grundlehre der Stoiker, wonach der Mensch die Welt in seinen eigenen Trieben durch die Tugend überwinden soll, setzt eine anthropologische Dualität, einen Gegensatz in der menschlichen Natur voraus, wonach der Vernunft die v e r n u n f t w i d r i g e S i n n l i c h k e i t gegenübersteht. Ohne diesen Gegensatz ist die ganze stoische Ethik hinfällig. Die metaphysische Lehre aber, durch welche das Vernunftgebot im Menschen begreiflich gemacht werden soll, statuiert eine so unumschränkte und allwaltende Wirklichkeit der Weltvernunft, daß damit die Realität des Vernunftwidrigen weder im Menschen noch im Weltlauf zu vereinigen ist. Aus diesem Grunde sind die beiden Fragen erwachsen, welche seitdem nicht wieder aufgehört haben, das Grübeln der Menschen zu beschäftigen, obwohl alle wesentlichen Gesichtspunkte, die dabei in Betracht kommen können, heller oder dunkler schon damals beleuchtet worden sind.

2. Die begrifflichen Voraussetzungen für das F r e i h e i t s p r o b l e m liegen bereits in den ethischen Reflexionen über die Freiwilligkeit des Unrechttums, die von Sokrates begonnen und von Aristoteles in einer glänzenden Untersuchung[70]) zu einem vorläufigen Abschluß geführt waren. Die Motive dieser Gedanken sind durchweg ethisch, und das Gebiet, auf dem sie sich bewegen, ist ausschließlich das psychologische. Es handelt sich daher wesentlich um die Frage der Wahlfreiheit: ihre Realität wird aus dem unmittelbaren Gefühl und mit Beziehung auf das Bewußtsein des Menschen von seiner Verantwortlichkeit unbedenklich bejaht, und eine Schwierigkeit entsteht nur durch die intellektualistische Auffassung des Sokrates, welche den Willen in durchgängige Abhängigkeit von der Einsicht brachte. Daraus nämlich ergab sich zunächst die Doppelbedeutung der „Freiheit" oder wie es hier noch heißt „Freiwilligkeit" (ἑκούσιον), die seitdem in immer neuen Verschiebungen die philosophische Behandlung dieser Fragen in Verwirrung gebracht hat. Alles sittlich falsche Handeln geht nach Sokrates aus einer durch Begierden getrübten, falschen Ansicht ervor: wer so handelt, „weiß" also nicht, was er tut, und er handelt in diesem Sinne unfreiwillig[71]). D. h. nur der Weise ist frei, der Böse ist

---

70) Eth. Nik., III, 1—8.
71) Xen. Mem., III, 9, 4, Kyrop., III, 1, 38.

unfrei[72]). In diesem Sinne ist „Freiheit" ein ethischer Wertbegriff; er setzt hinsichtlich der psychologischen Kausalerklärung für die „freien" und für die „unfreien" Handlungen die gleiche Abhängigkeit von den Vorstellungen, dort den richtigen, hier den falschen voraus. Hiervon prinzipiell zu unterscheiden ist der p s y c h o l o g i s c h e Freiheitsbegriff, d. h. der Begriff der W a h l f r e i h e i t als der Fähigkeit des Willens zwischen verschiedenen Motiven von sich aus zu entscheiden. Ob Sokrates diese Trennung genau vollzogen hat, ist fraglich[73]); jedenfalls aber ist es bei Platon geschehen. Dieser bejahte ausdrücklich mit Berufung auf die V e r a n t w o r t l i c h k e i t die Wahlfreiheit des Menschen[74]), und er hielt doch zugleich an der sokratischen Lehre fest, daß der Böse unfreiwillig, d. h. ethisch unfrei handle: er verbindet sogar beides direkt, wenn er[75]) ausführt, daß durch eigene Verschuldung (also mit psychologischer Freiheit) der Mensch in den Zustand der sittlichen Unfreiheit versinken könne.

Bei A r i s t o t e l e s, der sich von dem sokratischen Intellektualismus mehr entfernte, tritt der psychologische Freiheitsbegriff klarer und selbständiger hervor. Er geht davon aus, daß die ethische Qualifikation überhaupt nur für „freiwillige" Handlungen in Betracht kommt, und er erläutert zunächst diese Freiwilligkeit durch die Beeinträchtigungen, welche sie teils durch äußeren Zwang (βίᾳ) bzw. auch psychischen Zwang, teils durch Unkenntnis der Sachlage erfährt: vollkommen freiwillig ist nur diejenige Handlung, welche in der Persönlichkeit selbst bei völliger Kenntnis der Verhältnisse ihren Ursprung hat[76]). Die ganze Untersuchung ist[77]) dabei vom Standpunkte der Verantwortlichmachung aus gehalten, und der gefundene Begriff der Freiwilligkeit soll auf den der Z u r e c h n u n g s f ä h i g k e i t führen. Er enthält in sich die Merkmale der äußeren Freiheit des Handelns und der durch keine Täuschung getrübten Auffassung der Sachlage. Deshalb muß er aber noch weiter eingeschränkt werden: denn zurechnungsfähig sind unter den freiwilligen Handlungen nur solche, welche aus einer Wahlentscheidung (προαίρεσις) hervorgehen[78]). Erst die W a h l f r e i h e i t also, die mit der Überlegung der Zwecke wie der Mittel verfährt, ist die Bedingung der sittlichen Zurechnung.

Ein weiteres Eingehen auf die Psychologie der Motivation und auf die bestimmenden Ursachen dieser Wahlentscheidung hat Aristoteles vermieden: er begnügte sich mit der Feststellung, daß die Persönlichkeit selbst der zureichende Grund für die Handlungen ist[79]), die ihr zugerechnet werden: und an dieser Behauptung der Wahlfreiheit hielt auch seine Schule, vor allem Theophrast, der eine eigene Schrift über die Freiheit verfaßte, energisch fest.

3. Auf demselben Boden finden wir nun, soweit es sich um rein ethische Be-

---

[72]) Vgl. Arist. Eth. Nik., III, 7. 113 b, 14.
[73]) Nach einer Notiz in den peripatetischen Magna Moral. (I, 9, 1187 a, 7) hätte Sokrates sogar ausdrücklich gesagt, „es stehe nicht bei uns", gut oder schlecht zu sein: er hätte danach mit Rücksicht auf die ethische Freiheit die psychologische Freiheit verneint.
[74]) Plat. Rep., X, 617 ff.
[75]) Plat. Phaed., 81 b.
[76]) Eth. Nic., III, 3, 1111 a, 23: οὗ ἡ ἀρχὴ ἐν αὐτῷ εἰδότι τὰ καθ' ἕκαστα ἐν οἷς ἡ πρᾶξις.
[77]) Wie deutlich im Eingang (a. a. O., 1109 b, 34) der Hinweis auf das Strafrecht zeigt.
[78]) Ibid., 2, 1112 a, 1.
[79]) Ibid., 5. 1112 b, 31: ἔοικε δὴ .. ἄνθρωπος εἶναι ἀρχὴ τῶν πράξεων.

trachtungen handelt, zunächst auch die S t o i k e r[80]). Gerade das lebhafte Verantwortlichkeitsgefühl, das ihre Moral charakterisiert, verlangte von ihnen die Anerkennung dieser freien Wahlentscheidung des Individuums, und sie suchten diese
deshalb auch auf alle Weise aufrechtzuerhalten.

Um so bedenklicher aber war es, daß ihre Metaphysik mit der Lehre vom
Schicksal und von der Vorsehung sie darüber hinaustrieb. Denn indem diese Theorie
den Menschen, wie jedes andere Einzelwesen, in seiner ganzen äußeren und inneren
Gestaltung und in all seinem Tun und Lassen durch die allebendige Weltkraft bestimmt sein ließ, hörte die Persönlichkeit auf, der wahre und letzte Grund (ἀρχή)
ihrer Handlungen zu sein, und diese erschienen somit auch nur wie alles übrige
Geschehen als vorherbestimmte und unentfliehbar notwendige Wirkungen der Gott-
natur. In der Tat schreckte die Stoa vor dieser äußersten Konsequenz des D e t e r-
m i n i s m u s nicht zurück; vielmehr häufte Chrysippos Beweis auf Beweis für diese
Lehre. Er begründete sie durch den Satz vom zureichenden Grunde (vgl. oben
§ 15, 2); er zeigte, daß nur unter ihrer Voraussetzung die Richtigkeit von Urteilen
über Zukünftiges behauptet werden könne, indem das Kriterium für deren Wahrheit
oder Falschheit nur darin bestehen könne, daß ihr Gegenstand schon sicher bestimmt
sei[81]); er änderte dieselbe Argumentation auch dahin um, daß, da nur das Notwendige und nicht das noch Unentschiedene gewußt werden könne, das Vorherwissen der Götter die Annahme des Determinismus erforderlich mache; und er
verschmähte es selbst nicht, die Erfüllung von Weissagungen als willkommenes
Argument heranzuziehen.

In dieser vom Standpunkte der stoischen Logoslehre vollkommen konsequenten
Theorie sahen nun freilich die Gegner eine entschiedene Leugnung der Willensfreiheit, und von den Einwürfen, welche das System erfuhr, war dieser wohl der
häufigste und zugleich der einschneidendste. Unter den zahlreichen Angriffen ist
der bekannteste die sog. *ignava ratio* (ἀργὸς λόγος), welche aus der Behauptung
von der unentrinnbaren Notwendigkeit der zukünftigen Ereignisse den fatalistischen
Schluß zieht, dann solle man sie untätig erwarten, — ein Angriff, dem auch Chrysippos nur mit sehr geschraubten Unterscheidungen zu entschlüpfen wußte[82]).

Die Stoiker dagegen mühten sich ab zu zeigen, daß trotz dieses Determinismus
und vielmehr gerade durch ihn der Mensch die Ursache seiner Handlungen in
dem Sinne bleibe, daß er dafür verantwortlich zu machen sei. Auf Grund einer
Unterscheidung[83]) von Haupt- und Nebenursachen (die übrigens durchaus an das
platonische αἴτιον und ξυναίτιον erinnert) zeigte Chrysippos, daß allerdings jede
Willensentscheidung notwendig aus der Zusammenwirkung des Menschen mit der
Umgebung folge, daß aber eben dabei die äußeren Umstände nur die Nebenursachen,
die von der Persönlichkeit erfolgende Zustimmung dagegen die Hauptursache sei,
und diese allein werde denn auch durch die Zurechnung getroffen. Wenn aber das
freiwillig handelnde ἡγεμονικόν des Menschen aus dem allgemeinen Pneuma be-

---

[80]) H. v. ARNIM, Die stoische Lehre von Fatum und Willensfreiheit (Berichte der
philos. Gesellschaft in Wien), 1905.

[81]) Cic. de fato, 10, 20. Soweit es sich dabei um disjunktive Sätze handelte, gab daher
auch Epikur die Geltung der Disjunktion preis: Cic. de nat. deor., I, 25, 70.

[82]) Cic. de fato, 12, 28 ff.

[83]) Ibid., 16, 36 ff.

stimmt sei, so gestalte sich dies eben in jedem Sonderwesen zu einer selbständigen, von den anderen verschiedenen Natur, die als eigene ἀρχή zu gelten habe[84]). Insbesondere hoben die Stoiker hervor, daß das Verantwortlichmachen als ein Urteil über die sittliche Qualität der Handlungen und der Charaktere ganz unabhängig von der Frage sei, ob die Personen oder Taten im Weltlauf auch hätten anders sein können oder nicht[85]).

4. Das schon ethisch und psychologisch verschlungene Problem der Willensfreiheit erfuhr auf diese Weise noch eine metaphysische und (im Sinne der Stoiker) theologische Komplikation, und die Folge war die, daß die i n d e t e r m i n i s t i s c h e n Gegner der Stoa dem Freiheitsbegriff, den sie durch deren Lehre bedroht erachteten, eine neue und scharf zugespitzte Wendung gaben. Die Annahme des ausnahmslosen Kausalnexus, dem auch die Willensfunktionen untergeordnet sein sollten, schien die Fähigkeit der freien Entscheidung auszuschließen: aber diese Wahlfreiheit galt seit Aristoteles bei allen Schulen als unerläßliche Voraussetzung der sittlichen Zurechnung. Deshalb meinten die Gegner — und das gab dem Streit eine besondere Heftigkeit — ein sittliches Gut zu verteidigen, wenn sie die stoische Schicksalslehre und damit das demokritische Prinzip der Naturnotwendigkeit bestritten. Und wenn Chrysipp sich zur Begründung des Determinismus auf den Satz vom zureichenden Grunde berufen hatte, so scheute K a r n e a d e s, dem die Willensfreiheit als unumstößliche Tatsache galt, sich nicht, die allgemeine und ausnahmslose Geltung dieses Satzes in Frage zu ziehen[86]).

Noch weiter aber ging Epikur. Er fand den stoischen Determinismus mit der Selbstbestimmung des Weisen, die den wesentlichen Zug des ethischen Ideals bildete, so unvereinbar, daß er lieber noch die Wahnvorstellungen der Religion annehmen, als an eine solche Knechtschaft der Seele glauben wollte[87]). Darum leugnete er auch die Allgemeingültigkeit des Kausalgesetzes und subsumierte die Freiheit mit dem Zufall zusammen unter dem Begriff des u r s a c h l o s e n G e s c h e h e n s. So ist im Gegensatz gegen den stoischen Determinismus der m e t a p h y s i s c h e   F r e i h e i t s b e g r i f f entstanden, vermöge dessen Epikur die ursachlose Willensfunktion des Menschen mit der ursachlosen Abweichung des Atoms von der Fallinie (vgl. § 15, 4) in Parallele stellte. Die Freiheit des I n d e t e r m i n i s m u s soll somit die durch keine Ursachen bestimmte Wahl zwischen verschiedenen Möglichkeit bedeuten, und Epikur meinte damit die moralische Verantwortlichkeit zu retten.

Dieser metaphysische Begriff der F r e i h e i t   a l s   U r s a c h l o s i g k e i t steht auch in dem wissenschaftlichen Denken des Altertums durchaus nicht isoliert. Nur die Stoa hat an dem Prinzip der Kausalität unverbrüchlich festgehalten; aber selbst Aristoteles hatte (vgl. § 13, 3) die Geltung der allgemeinen begrifflichen Bestimmungen nicht bis in das einzelne hinein verfolgt, er hatte sich mit dem ἐπὶ τὸ πολύ begnügt, und er hatte seinen Verzicht auf ein volles Begreifen des Besonderen durch die Annahme des Zufälligen in der Natur, d. h. des Gesetz- und

---

[84]) Alex. Aphr. de fato, S. 112.
[85]) Alex. Aphr. de fato, S. 106.
[86]) Cic. de fato, 5, 9; 11, 23; 14, 31.
[87]) Diog. Laert., X, 133 f. Us., p. 65.

Ursachlosen ausgesprochen. In dieser Hinsicht sind allein die Stoiker als Vorläufer der modernen Naturforschung zu betrachten.

5. Auf nicht minder große Schwierigkeiten stieß der Stoizismus mit seiner Durchführung der Teleologie. Das pantheistische System, welches die ganze Welt durch das lebendige Erzeugnis einer zwecktätigen göttlichen Vernunft betrachtete und in dieser ihren einzigen Erklärungsgrund fand, mußte selbstverständlich auch die Zweckmäßigkeit, Güte und V o l l k o m m e n h e i t dieses Universums behaupten, und umgekehrt pflegten die Stoiker das Dasein der Götter und der Vorsehung gerade durch den Hinweis auf die Zweckmäßigkeit, Schönheit und Vollkommenheit der Welt, d. h. auf dem sog. p h y s i k o t h e o l o g i s c h e n Wege zu beweisen[88]).

Die Angriffe, welche dieser Gedankenzusammenhang im Altertum erfuhr, haben sich weniger gegen die Richtigkeit des Schlußverfahrens (obwohl auch hier Karneades einsetzte) als vielmehr gegen die Prämisse gerichtet, und die naheliegende Aufreihung der vielen Mängel und Unzweckmäßigkeiten, der Übel und der sittlichen Schäden in der Welt wurde gern als Gegengrund gegen die Annahme einer vernünftigen, zwecktätigen Welturstache und einer Vorsehung verwendet. Zunächst und mit voller Energie geschah dies natürlich von Epikur, der da fragte, ob Gott die Übel in der Welt entweder zwar aufheben wolle, aber nicht könne, oder zwar aufheben könne, aber nicht wolle, oder etwa gar beides nicht[89]). Er wies auch schon auf die Ungerechtigkeiten hin, womit der Lauf des Lebens so oft die Guten elend und die Bösen glücklich macht[90]).

In verstärktem Maße und in besonders sorgfältiger Ausführung wurden diese Einwürfe von K a r n e a d e s ins Feld geführt[91]). Er fügte aber dem Hinweis auf die Übel und auf die Ungerechtigkeit des Weltlaufs den für die Stoiker sicher empfindlichsten Vorwurf hinzu[92]): woher denn in dieser von der Vernunft geschaffenen Welt das Vernunftlose und Vernunftwidrige, woher in dieser vom göttlichen Geist durchlebten Welt die Sünde und die Torheit, das größte aller Übel, komme? Und wenn die Stoiker, wie es trotz des Determinismus in der Tat wohl geschehen war[93]), dafür den freien Willen verantwortlich machen wollten, so erhob sich die weitere Frage, weshalb die allmächtige Weltvernunft dem Menschen eine Freiheit gegeben habe, die so zu mißbrauchen war, und weshalb sie diesen Mißbrauch zulasse.

6. Solchen Fragen gegenüber waren die Stoiker mit ihrer monistischen Metaphysik viel schlimmer daran, als etwa Platon und Aristoteles, welche die Zweckwidrigkeiten und das Böse auf den Widerstand des „Nichtseienden" bzw. der Materie hatten zurückführen können. Trotzdem sind die Stoiker mutig an die Bewältigung dieser Schwierigkeiten herangetreten und haben die meisten derjenigen Argumente, in denen sich später immer wieder die T h e o d i c e e bewegt hat, nicht ohne scharfsinnige Mühe zutage gefördert.

Es kann aber die teleologische Lehre von der Vollkommenheit des Universums

---

[88]) Cic. de nat. deor., II, 5, 13 ff.
[89]) Lactant., De ira dei, 13, 19. Us. fr., 374.
[90]) Id., Inst. div., III, 17, 8. Us. fr., 370.
[91]) Cic. Acad., II, 38, 120, De nat. deor., III, 32, 80 ff.
[92]) Cic. de nat. deor., III, 25—31.
[93]) Kleanth. hymn. v. 17.

gegen solche Einwürfe in Schutz genommen werden, indem die dysteleologischen Tatsachen entweder geleugnet oder als unerläßliche Mittel bwz. Nebenerfolge in dem Zweckzusammenhang des Ganzen gerechtfertigt werden. Beide Wege hat die Stoa eingeschlagen.

Ihre psychologischen und ethischen Theorien erlaubten die Behauptung, daß, was ein physisches Übel genannt wird, an sich gar nicht ein solches sei, sondern erst durch die Zustimmung des Menschen dazu werde; wenn daher Krankheiten und ähnliches durch die Notwendigkeit des Naturverlaufs herbeigeführt werden, so sei es nur die Schuld des Menschen, die daraus ein Übel mache: wie denn auch vielfach nur der falsche Gebrauch, den der törichte Mensch von allen Dingen macht, diese schädlich werden läßt[94]), während sie an sich entweder gleichgültig oder gar förderlich sind. Ebenso wird der Einwurf wegen der Ungerechtigkeit des Weltlaufs damit zurückgewiesen, daß in Wahrheit für den Guten und Weisen die physischen Übel gar keine Übel sind, daß dagegen anderseits für den Schlechten nur eine sinnliche Scheinbefriedigung möglich ist, die ihn nicht wahrhaft glücklich macht, sondern vielmehr die sittliche Krankheit, woran er leidet, nur verschlimmert und befestigt[95]).

Anderseits lassen sich die physischen Übel doch auch damit verteidigen, daß sie, wie dies z. B. Chrysipp von den Krankheiten zu zeigen suchte[96]), die unerläßlichen Folgen an sich zweckmäßiger Natureinrichtungen sind, die im Übrigen ihre Absicht nicht verfehlen. Insonderheit aber wohnt ihnen die moralische Bedeutung inne, daß sie zum Teil als bessernde Strafe der Vorsehung[97]), zum Teil auch als nützlicher Anlaß zur Übung sittlicher Kräfte[98]) dienen.

Wenn so die äußeren Übel hauptsächlich durch den Hinweis auf ihre ethische Zweckmäßigkeit gerechtfertigt wurden, so erschien es für die Stoiker um so dringender, erwies sich aber auch um so schwieriger, das moralische Übel, die Sünde begreiflich zu machen. Hier war die negative Ausflucht ganz unmöglich; denn die Realität der Schlechtigkeit bei der großen Mehrzahl der Menschen war der Gegenstand der beliebtesten Deklamationen in der stoischen Moralpredigt selbst. Hier war also der Kernpunkt der ganzen Theodicee: zu zeigen, wie in der Welt, welche das Erzeugnis einer göttlichen Vernunft ist, das Vernunftwidrige in den Trieben, Gesinnungen und Handlungen der vernunftbegabten Wesen möglich sei. Hier griffen die Stoiker deshalb zu ganz allgemeinen Wendungen: sie wiesen darauf hin, wie die Vollkommenheit des Ganzen diejenige aller einzelnen Teile nicht nur nicht einschließe, sondern ausschließe[99]), und begründeten in dieser Weise, daß Gott notwendig auch die Unvollkommenheit und Schlechtigkeit des Menschen habe zulassen müssen. Insbesondere aber betonten sie, daß erst durch den Gegensatz zum Bösen das Gute als solches zustande komme: gäbe es keine **Sünde und Torheit**, so gäbe es auch keine **Tugend und Weisheit**[100]). Und wenn so das Laster als die

---

[94]) Senec. qu. nat., V, 18, 4.
[95]) Senec. Ep., 87, 11 f.
[96]) Gell. N. A., VII, 1, 7 ff.
[97]) Plut. Stoic. rep., 35, 1.
[98]) Marc. Aurel., VIII, 35.
[99]) Plut. Stoic. rep., 44, 6.
[100]) Ibid., 36, 1.

notwendige Folie für das Gute dargetan war, so gaben die Stoiker am Ende zu bedenken[101]), daß die ewige Vorsehung schließlich auch das Böse zum Guten wende und in ihm nur ein scheinbar widerstrebendes Mittel zur Erfüllung ihrer höchsten Zwecke habe[102]).

§ 17. Die Kriterien der Wahrheit.

Am geringfügigsten ist der philosophische Ertrag der nacharistotelischen Zeit auf dem logischen Gebiete. Eine so gewaltige Schöpfung, wie die Analytik des Stagiriten, welche die Prinzipien der griechischen Wissenschaft in so musterhafter Weise zu geschlossenem Gesamtbewußtsein brachte, mußte natürlich das logische Denken auf lange Zeit beherrschen und hat dies in der Tat bis an den Ausgang des Mittelalters und selbst noch darüber hinaus getan. Die Fundamente dieses Systems waren so fest gelegt, daß daran zunächst nicht gerüttelt wurde und daß der Schultätigkeit nur der Ausbau einzelner Teile übrig blieb, wobei sich denn schon damals viel verschnörkeltes Epigonenwesen breit machte.

1. Schon die P e r i p a t e t i k e r haben in dieser Richtung die aristotelische Analytik durch ausführliche Behandlung, teilweise Neubegründung, weitergehende Einteilung, schulmäßigere Formulierung systematisch auszubilden gesucht. Insbesondere haben E u d e m o s und T h e o p h r a s t Untersuchungen über das hypothetische und das disjunktive Urteil und über die durch deren Vorkommen in den Prämissen veranlaßte Erweiterung der Syllogistik angestellt. Die S t o i k e r führten diese Bestrebungen fort; sie setzten diese neuen Formen des Urteils (ἀξίωμα) als zusammengesetzte den einfachen[103]) (kategorischen) gegenüber, entwickelten bis in alle Einzelheiten die daraus folgenden Schlußformen, betonten auch besonders die Qualität[104]) der Urteile und leiteten die Denkgesetze in veränderte Formen ab. Überhaupt aber spannen sie die logischen Regeln zu einem trockenen Schematismus und echt schulmäßigen Formalismus aus, der dadurch sich von den inhaltlichen Grundgedanken der aristotelischen Analytik mehr und mehr entfernte und zu einem toten Formelkram wurde. Die unfruchtbare Spitzfindigkeit dieses Treibens gefiel sich namentlich in der Auflösung sophistischer Fangschlüsse, bei denen der sachliche Sinn unrettbar in den Widerstreit der Formen verstrickt war.

Erst in diesen Schulbearbeitungen hat die von Aristoteles geschaffene Wissenschaft der L o g i k den rein f o r m a l e n Charakter angenommen, der ihr dann bis zu K a n t hin geblieben ist. Je pedantischer dabei sich die Ausführung des einzelnen gestaltete, um so mehr trat an die Stelle des Bewußtseins vom lebendigen Denken, das Aristoteles angestrebt hatte, ein schulmeisterliches Maschennetz von Regeln, — wesentlich dazu bestimmt, die Gedanken einzufangen und auf ihre formelle Legitimation zu prüfen, aber unfähig, der schöpferischen Kraft der wissenschaftlichen Tätigkeit gerecht zu werden. Hatte schon bei den Sophisten und selbst bei Aristoteles die Rücksicht auf Beweisen und Widerlegen im Vordergrunde gestanden, so waltet sie hier nur noch allein, und zu einer Theorie der

---

[101]) Ibid., 35, 3.
[102]) Kleanth. hymn. v. 18 f.
[103]) Sext. Emp. adv. math., VIII, 93.
[104]) Diog. Laert., VII, 65.

Forschung hat es das Altertum nicht gebracht. Denn die schwachen Ansätze, welche sich dazu in den Untersuchungen eines jüngeren Epikureers[105]), des Philodemos[106]), über Induktions- und Analogieschlüsse finden, stehen verhältnismäßig einsam ohne nennenswerten Ertrag.

2. Mehr Sachliches sollte man in der K a t e g o r i e n l e h r e erwarten, von deren Umarbeitung die Stoiker viel Wesens machten. Da war es nun zwar durchaus richtig, aber in dieser Form auch wenig fruchtbar, wenn darauf hingewiesen wurde, die oberste Kategorie, von der die andern nur besondere Bestimmungen darstellen, sei diejenige des E t w a s (τί): als deren beide Arten wurden dann wohl das W i r k l i c h e (τὸ ὄν)[107]), das mit dem Körperlichen zusammenfiel, und das G e d a c h t e (τὸ λεκτόν) einander gegenübergestellt, und darin lagen freilich Ansatzpunkte zu wichtigen Problembildungen (vgl. unten). Ebenso wurde die Koordination der Kategorien, die bei Aristoteles wenigstens nach der Art der Aufzählung stattfand, durch eine ausdrücklich systematische Reihenfolge ersetzt, nach der jede Kategorie durch die folgende näher bestimmt werden sollte. Das Seiende als bleibendes Substrat aller möglichen Beziehungen ist Substanz (ὑποκείμενον): diese ist der Träger von festen Eigenschaften (ποιόν), und nur in dieser Hinsicht befindet sie sich in wechselnden Zuständen (τὸ πὼς ἔχον) und infolge deren auch in Beziehungen zu anderen Substanzen (τὸ πρός τί πως ἔχον)[108]).

Aus der Kategorienlehre wird damit eine O n t o l o g i e, d. h. eine metaphysische Theorie über die allgemeinsten Formbeziehungen der Wirklichkeit, und diese nimmt deshalb bei den Stoikern, ihrer allgemeinen Tendenz gemäß (vgl. § 15, 5), einen durchweg m a t e r i a l i s t i s c h e n Charakter an. Als Substanz ist das Seiende die an sich eigenschaftslose Materie (ὕλη), und die ihr im ganzen wie im besonderen innewohnenden Eigenschaften und Kräfte (ποιότητες—δυνάμεις) sind ebenfalls ihr beigemischte (κρᾶσις δι' ὅλων) Stoffe (Luftströmungen). Dabei werden beide, Substanz und Attribute, sowohl unter dem Gesichtspunkte des allgemeinen Begriffs, als auch unter demjenigen des Einzeldinges betrachtet, und in letzterer Beziehung wird hervorgehoben, daß jedes Einzelding von allen anderen wesentlich und bestimmt unterschieden sei.

Neben die Kategorien des Seins treten aber bei den Stoikern diejenigen Begriffsnormen, durch welche sie das Verhältnis des Denkens zum Sein ausdrückten, und in diesen kommt nun die T r e n n u n g   d e s   S u b j e k t i v e n   z u m   O b j e k t i v e n, die in der Entwicklung des griechischen Denkens immer stärker vorbereitet worden war, zum entschiedenen Ausdruck. Während nämlich die Stoiker alle Gegenstände, auf die sich das Denken bezieht, für körperlich, während sie ebenso die Denk-

---

[105]) Epikur selbst und im ganzen auch seine Schule kümmerte sich um die formale Logik grundsätzlich nicht: man könnte darin Geschmack und Verständnis sehen, es war aber in Wahrheit nur die Gleichgültigkeit gegen alles, was nicht direkt praktischen Nutzen versprach.

[106]) Über dessen in Herculanum aufgefundene Schrift περὶ σημείων καὶ σημειώσεων vgl. auch TH. GOMPERZ, Herkulanensische Studien, Heft 1 (Leipzig 1865). R. PHILLIPPSON (Berlin 1881).

[107]) Daß auch die Peripatetiker sich mit dieser Kategorie beschäftigten, beweist die von Straton erhaltene Definition: τὸ ὄν ἔστι τῆς διαμονῆς αἴτιον (Prokl. in Tim., 242 e).

[108]) In der Entgegensetzung der beiden ersten und der beiden letzten Kategorien kommt auch hier das sprachliche Verhältnis von Nomen und Verbum (nach stoischer Terminologie πτῶσις und κατηγόρημα) zutage.

tätigkeit selbst und nicht minder ihren sprachlichen Ausdruck[109]) für körperliche Funktionen ansahen, mußten sie doch zugestehen, daß der V o r s t e l l u n g s - i n h a l t als solcher (τὸ λεκτόν) unkörperlicher Natur sei. Indem aber so zwischen Sein und Bewußtseinsinhalt scharf unterschieden wurde, trat das e r k e n n t n i s - t h e o r e t i s c h e G r u n d p r o b l e m hervor, wie das Verhältnis der Beziehung, und der Übereinstimmung zwischen beiden zu denken sei.

3. Diese Frage war aber außerdem durch die lebhafte Entwicklung nahegelegt, welche der S k e p t i z i s m u s inzwischen erfahren hatte, und durch die verhältnismäßig starke Stellung, die er den dogmatischen Systemen gegenüber behauptete. Gleichviel ob von Pyrrhon oder Timon, jedenfalls waren um dieselbe Zeit, wo die großen Schulsysteme sich ausbildeten und befestigten, auch alle die Argumente zu einem geschlossenen Ganzen systematisiert worden, durch welche schon die sophistische Zeit das naive Vertrauen in die Erkenntnisfähigkeit des Menschen erschüttert hatte. Obgleich auch dabei der ethische Zweck, den Menschen durch Urteilsenthaltung unabhängig vom Schicksal zu stellen, letzthin maßgebend war (vgl. § 14, 2), so bildet doch dieser Skeptizismus eine sorgfältig ausgeführte theoretische Doktrin. Er bezweifelt die Möglichkeit der Erkenntnis in ihren beiden Formen, als Wahrnehmung ebenso wie als urteilendes Denken, und nachdem er jeden dieser beiden Faktoren einzeln zersetzt hat, fügt er ausdrücklich hinzu, daß eben deshalb auch ihre Vereinigung kein sicheres Ergebnis haben könne[110]).

In bezug auf die Wahrnehmung bemächtigten sich die Skeptiker des protagoreischen Relativismus, und noch in den sog. zehn T r o p e n[111]), worin Ainesidemos[112]) die skeptische Theorie mit sehr mangelhafter Anordnung darstellte, nimmt diese Tendenz den breitesten Raum ein. Die Wahrnehmungen wechseln nicht nur bei den verschiedenen Gattungen der Lebewesen (1), nicht nur bei den verschiedenen Menschen (2) je nach ihren Gewöhnungen (9) und ihrer ganzen Entwicklung (10), sondern sogar bei demselben Individuum zu verschiedenen Zeiten (3), in Abhängigkeit von den körperlichen Zuständen (4) und von dem verschiedenen Verhältnis, worin es sich schon räumlich zu dem Gegenstande befindet (5): aber sie ändern sich auch durch die Verschiedenheit der Zustände des Objekts (7), und sie haben auf den Wert einer unmittelbaren Wiedergabe der Dinge schon deshalb keinen Anspruch, weil ihre Entstehung durch Zwischenzustände, ın Medien wie der Luft, bedingt ist, deren Mitwirkung wir nicht in Abzug zu bringen vermögen (6). Der Mensch ist daher in alle Wege außerstande, die Dinge

---

[109]) Auf die unterscheidende Gegenüberstellung des Denkens und des Sprechens, der inneren Vernunfttätigkeit (λόγος ἐνδιάθετος) und ihres Ausdrucks durch die Stimme (λόγος προφορικός) legten die Stoiker großes Gewicht: daher auch die Annahme (vgl. § 15, 6) des Sprachvermögens als eigenen Seelenteils; daher ihre ausführliche Behandlung der Rhetorik (und Grammatik) neben der Logik.

[110]) Von zwei Betrügern zusammen ist erst recht keine Wahrheit zu erwarten. Diog. Laert., IX, 114.

[111]) Sext. Emp. Pyrrh. hyp., I, 38 ff.

[112]) Diesem wird von den alten Schriftstellern neben der Skepsis ein Anschluß an die Metaphysik Heraklits nachgesagt. Die Frage, ob ein solcher tatsächlich vorlag oder ihm nur mißverständlich zugeschrieben wurde, hat lediglich antiquarische Bedeutung. Denn wäre auch das erstere der Fall gewesen, so hätte sich darin nur wieder eine sachliche Verwandtschaft gezeigt, auf die schon Platon, Theaet., 152 e ff. hingewiesen hatte. Vgl. oben § 8, 3. S. 78, Anm. 148.

rein zu erkennen (8), und er hat gegenüber der widerspruchsvollen Mannigfaltigkeit der Eindrücke kein Mittel, einen wahren von einem falschen zu unterscheiden. Der eine gilt n i c h t   m e h r (οὐ μᾶλλον) als der andere.

Ebenso relativ aber wie die W a h r n e h m u n g e n sind auch die A n s i c h t e n (δόξαι) der Menschen. In dieser Hinsicht machen sich beim Pyrrhonismus die Einflüsse der eleatischen Dialektik geltend. Es wird gezeigt, daß jeder Meinung die entgegengesetzte mit gleich guten Gründen gegenübergestellt werden kann, und dies G l e i c h g e w i c h t   d e r   G r ü n d e (ἰσοσθένεια τῶν λόγων) erlaubt daher wieder nicht, Wahres und Falsches zu unterscheiden: bei solchem Widerspruch (ἀντιλογία) gilt auch das eine n i c h t   m e h r als das andere. Somit bestehen — nach der von den Skeptikern aufgenommenen Redeweise der Sophistik — alle Meinungen nur durch Konvention und Gewohnheit (νόμῳ τε καὶ ἔθει), nicht mit wesenhafter Berechtigung (φύσει).

Energischer noch hat die spätere Skepsis die Möglichkeit der wissenschaftlichen Erkenntnis angegriffen, indem sie die S c h w i e r i g k e i t e n   d e s   s y l l o g i s t i - s c h e n   V e r f a h r e n s und der von Aristoteles darauf aufgebauten Methode auf- deckte[113]). Hierin scheint K a r n e a d e s vorangegangen zu sein, welcher zeigte, daß jeder Beweis, indem er für die Gültigkeit seiner Prämissen andere Beweise voraussetzt usf., einen *regressus in infinitum* erforderlich mache, — eine Kon- sequenz, welche für den Skeptiker, der nicht wie Aristoteles etwas unmittelbar Gewisses (ἄμεσον; vgl. § 12, 4) anerkannte, durchaus zutreffend war. Dasselbe Argument hat A g r i p p a weitergeführt, der den Skeptizismus in fünf Tropen[114]) viel klarer und umfassender als Aenesidem formulierte. Er erinnerte wiederum an die Relativität der Wahrnehmungen (3) und der Ansichten (1); er zeigte, wie jeder Beweis ins Endlose treibe (2: ὁ εἰς ἄπειρον ἐκβάλλων) und wie unrecht es sei, beim Beweisen von nur hypothetisch anzunehmenden Prämissen auszugehen (4), endlich wie vielfach auch in der Wissenschaft als Grund der Prämissen schon das vorausgesetzt werden müsse, was dadurch erst bewiesen werden sollte (5: ὁ διάλληλος — die Diallele). In letzterer Hinsicht wurde auch daran erinnert, daß bei der syllogistischen Ableitung eines partikularen Satzes aus einem generellen, dieser doch von vornherein nur unter der Bedingung, daß jener gelte, berechtigt wäre[115]).

Da somit das Wesen der Dinge der menschlichen Erkenntnis unzugänglich sei[116]), so verlangten die Skeptiker, daß der Mensch sich des Urteils möglichst enthalte (ἐποχή). Über die Dinge können wir nichts sagen (ἀφασία), wir können nur aus- sprechen, daß uns dies und jenes so oder so erscheine, und damit berichten wir

---

[113]) Sext. Emp. adv. math., VIII, 316 ff.

[114]) Sext. Emp. Pyrrh. hyp., I, 164 ff.: 1. Der Widerstreit der Meinungen. 2. Die Endlosigkeit des Begründens. 3. Die Relativität aller Wahrnehmungen. 4. Die Unmöglich- keit anderer als hypothetischer Prämissen. 5. Der Zirkel im Syllogismus.

[115]) Sext. Emp. Pyrrh. hyp., II., 194 ff. Erneuert bei J. ST. MILL, Logik, II, 3, 2: berichtigt bei CHR. SIGWART, Logik, I, § 55, 3.

[116]) Die einfachste Formulierung der Skepsis war schließlich diejenige, welche Agrippas fünf Tropen in zwei zusammenzog: es gibt nichts unmittelbar Gewisses, und es gibt eben deshalb auch zweitens nichts mittelbar Gewisses, somit gar nichts Gewisses. Sext. Emp. Pyrrh. hyp., I, 178 f.

(so hatten schon die Kyrenaiker gelehrt: § 8, 3) eben nur über unsere eigenen augenblicklichen Zustände. Selbst die skeptische Behauptung von der Unmöglichkeit des Erkennens sollte (um dem Widerspruch zu entgehen, daß hier wenigstens Negatives theoretisch behauptet und begründet erschien)[117]), mehr als Bekenntnis denn als Erkenntnis, mehr als Meinungsenthaltung denn als Behauptung aufgefaßt werden.

4. Am schärfsten faßte sich der Angriff der Skepsis in dem Satze[118]) zusammen, daß den Täuschungen gegenüber, denen der Mensch bei allen seinen Vorstellungen, welchen Ursprungs auch immer, ausgesetzt ist, es kein eindeutiges, sicheres Erkennungszeichen, kein K r i t e r i u m   d e r   W a h r h e i t gebe. Wenn deshalb die dogmatischen Schulen, schon aus dem sokratischen Motiv, daß Tugend ohne Wissen unmöglich sei[119]), an der Realität der Erkenntnis festhielten, so erwuchs ihnen die Aufgabe, ein solches Kriterium anzugeben und gegen die skeptischen Einwürfe zu verteidigen. Das haben denn auch die E p i k u r e e r   u n d   S t o i k e r getan, obwohl ihnen ihre materialistische Metaphysik und die damit zusammenhängende sensualistische P s y c h o l o g i e dabei erhebliche und in letzter Instanz unüberwindliche Schwierigkeiten bereitete.

In der Tat war die psychogenetische Lehre beider Schulen diejenige, daß der Inhalt aller Vorstellungen und Erkenntnisse lediglich aus der s i n n l i c h e n W a h r n e h m u n g stamme. Das Zustandekommen der letzteren erklärten sich die Epikureer durch die demokritische Idolentheorie (§ 10, 3); diese gab ja auch den Sinnestäuschungen, Träumen usw. den Charakter von Wahrnehmungen entsprechender Wirklichkeit, und auch die Gebilde der kombinierenden Phantasie ließen sich durch Vereinigungen, die schon objektiv zwischen den Bilderchen stattgefunden haben sollten, hiernach begreiflich machen. Aber auch den Stoikern galt die Wahrnehmung als ein körperlicher Vorgang, als ein E i n d r u c k der äußeren Dinge auf die Seele (τύπωσις), dessen Möglichkeit bei der allgemeinen Mischung aller Körper sich von selbst zu verstehen schien. Diese grobsinnliche Auffassung drückten sie durch den seitdem oft wiederholten Vergleich aus, die Seele sei ursprünglich wie eine unbeschriebene Wachstafel, in welche die Außenwelt mit der Zeit ihre Zeichen eindrücke[120]). Feiner, aber unbestimmter, immer jedoch noch durchaus mechanisch klingt die Bezeichnung von Chrysippos, welcher die Wahrnehmung eine Eigenschaftsveränderung (ἑτεροίωσις) in der Seele nannte; denn jedenfalls bleibt auch ihm die Vorstellung (φαντασία) eine körperliche Wirkung des Vorgestellten (φανταστόν).

Lediglich durch das Beharren dieser Eindrücke oder ihrer Teile, sowie durch ihre Zusammenfügung erklärten nun beide Schulen auch das Vorkommen der Begriffe und Allgemeinvorstellungen (προλήψεις und bei den Stoikern auch κοιναὶ ἔννοιαι). Sie bekämpften deshalb, wie namentlich schon die Kyniker, die platonisch-

---

[117]) Cic. Acad., II, 9, 28 und 34, 109. Sext. Emp. adv. math., VIII, 463 ff.

[118]) Sext. Emp. adv. math., VII, 159.

[119]) Dg. Laert., X, 146 f. K. Δ Us., p. 76 f., anderseits Plut. Stoic. rep., 47, 12.

[120]) Plut. Plac., IV, 11, Dox. D., 400; Plut. comm. not., 47. Vgl. übrigens schon Plat. Theaet., 191 c.

aristotelische Lehre von den Ideen und Formen[121]), insbesondere auch die Annahme einer selbständigen Tätigkeit oder Kraft der Begriffsbildung, und sie führten auch die allgemeinsten und abstraktesten Begriffe auf diesen Mechanismus der Wahrnehmungselemente (den sie übrigens kaum genauer analysierten) zurück. Zwar stellten die Stoiker den kunstlos und unwillkürlich (φυσικῶς) zugstande kommenden Allgemeinvorstellungen der Erfahrung (ἐμπειρία) die mit methodischem Bewußtsein erzeugten Begriffe der Wissenschaft gegenüber: aber dabei sollte doch auch der Inhalt der letzteren lediglich aus den Sinnesempfindungen herstammen. In diesem Zusammenhange wurde von beiden Schulen auf die Mitwirkung der Sprache in der Entstehung der Begriffe besonderes Gewicht gelegt.

Der Epikureismus hat dabei, namentlich in der späteren Zeit (Philodemos), eine eigenartige Lehre ausgebildet, die als S e m e i o t i k benannt zu werden pflegt. Die Wörter der Sprache, mit denen das Denken operiert, sind offenbar nicht Abbilder, sondern nur Z e i c h e n von den Vorstellungsinhalten, die sie bedeuten: anderseits aber sind schon die Vorstellungsinhalte der Wahrnehmung (nach der von Epikur aus Demokrit übernommenen Lehre von der Subjektivität der Sinnesqualitäten) nicht Abbilder der Dinge, sondern wiederum nur qualitativ bestimmte Zeichen für die an sich nur quantitativ abgestufte Wirklichkeit. Das menschliche Wissen von den Dingen läuft also auf diese teils willkürliche, teils unwillkürliche Zeichengebung und auf die Kombination solcher Zeichen hinaus: in solchen Theorien berührten sich die Epikureer mit den Skeptikern.

5. Insofern nun aber der Gesamtinhalt der Eindrücke und ebenso auch die Natur des Denkens bei allen Menschen die gleichen sind, so müssen sich unter diesen Umständen vermöge des psychischen Mechanismus auch überall die gleichen Allgemeinvorstellungen sowohl auf dem theoretischen als auch auf dem praktischen Gebiete bilden. Diese Konsequenz haben namentlich die Stoiker gezogen, welche ihrer ganzen Metaphysik nach auf die Gemeinsamkeit der seelischen Funktionen, die ja alle aus dem göttlichen Pneuma stammen sollten, energisch hingewiesen waren. Sie lehrten daher, daß in denjenigen Vorstellungen, welche sich mit natürlicher Notwendigkeit bei allen Menschen gleichmäßig entwickeln, die sicherste Wahrheit zu suchen sei, und sie nahmen auch für die wissenschaftlichen Beweisführungen den Ausgangspunkt gern bei diesen κοιναὶ ἔννοιαι oder *communes notiones:* sie beriefen sich mit Vorliebe auf den *consensus gentium*, die Übereinstimmung aller Menschen, — ein Argument, dessen Geltung freilich von den Skeptikern leicht mit dem Hinweis auf die negativen Instanzen der Erfahrung zu erschüttern war[122]).

Es war deshalb nicht mehr im Sinnne der Stoiker, wenn in der späteren eklektischen Literatur diese Gemeinvorstellungen als e i n g e b o r e n (innatae) bezeichnet wurden. Diese Wendung findet sich hauptsächlich bei C i c e r o ; er sah in den Allgemeinvorstellungen nicht nur das, was die Natur alle gleichmäßig lehrt, sondern auch das, was sie oder die Gottheit mit der Vernunft zugleich ursprünglich jedem eingepflanzt habe. Cicero behauptet dies nicht nur für die Grundbegriffe der Sittlichkeit und des Rechts, sondern auch für den Glauben an die Gottheit und an die

---

[121]) Die Stoiker faßten daher die platonischen „Ideen" (Gattungsbegriffe) nur als menschliche Vorstellungsgebilde (ἐννοήματα ἡμέτερα ; vgl. Plut. plac., I, 10, Dox. D., 309) auf und gaben so die erste Veranlassung zu der späteren subjektiven Bedeutung des Terminus „Idee": vgl. § 19, 4.
[122]) Cic. de nat. deor., I, 23, 62 f.

Unsterblichkeit der Seele: insbesondere gilt dabei die Erkenntnis Gottes nur als Besinnung des Menschen auf seinen wahren Ursprung[123]). Mit dieser Lehre war die beste Brücke zwischen platonischer und stoischer Erkenntnistheorie geschlagen, und unter dem stoischen Namen der κοιναί ἔννοιαι ist die r a t i o n a l i s t i s c h e E r k e n n t n i s l e h r e bis in die Anfänge der neueren Philosophie hinein fort-gepflanzt worden: sie hat eben dadurch den p s y c h o l o g i s c h e n N e b e n-s i n n erhalten, daß Vernunfterkenntnis aus e i n g e b o r e n e n B e g r i f f e n be-stehe.

6. Wenn nun aber ursprünglich Stoiker wie Epikureer in psychogenetischer Hinsicht allen Vorstellungsinhalt auf Sinneseindrücke zurückführten, so haben nur die Epikureer daraus die konsequente Folgerung gezogen, daß das Erkenntnis-zeichen der Wahrheit lediglich das Gefühl der Notwendigkeit sei, mit der sich die Wahrnehmung dem Bewußtsein aufdrängt, die unwiderstehliche A u g e n s c h e i n-l i c h k e i t oder E v i d e n z (ἐνάργεια), mit der die Aufnahme der Außenwelt in der Funktion der Sinne verbunden ist. Jede Wahrnehmung ist als solche wahr und unwiderleglich: sie besteht, sozusagen, als selbstgewisses Atom der Vorstellungswelt zweifellos in sich selbst, unabhängig und unerschütterlich von irgend welchen Gründen[124]). Und wenn von denselben Gegenständen verschiedene und einander widersprechende Wahrnehmungen vorzuliegen scheinen, so ist der Irrtum nur bei der beziehenden Meinung und nicht in den Wahrnehmungen, welche eben durch ihre Verschiedenheit beweisen, daß ihnen verschiedene äußere Veranlassungen ent-sprechen; die Relativität ist hiernach keine Instanz gegen die Richtigkeit aller Wahrnehmungen[125]).

Indessen gehen nun über diesen unmittelbaren Bestand der Sinneseindrücke immerfort und notwendig die Meinungen (δόξαι) hinaus: denn die für das Handeln erforderliche Kenntnis bedarf auch des Wissens von demjenigen, was nicht unmittelbar wahrnehmbar ist, einerseits nämlich der Gründe der Erscheinungen (ἄδηλον), anderseits der daraus zu erschließenden Erwartung für das Zukünftige (προσμένον). Aber auch für alle diese weiteren Funktionen des psychischen Mechanis-mus gibt es nach den Epikureern keine andere Gewähr als wiederum die Wahr-nehmung. Denn wenn die Begriffe (προλήψεις) nur die in der Erinnerung festgehal-tenen Sinneseindrücke sind, so haben sie in der Evidenz der letzteren auch ihre eigene, weder beweisbare noch angreifbare Gewißheit[126]): und die Hypothesen, ὑπολήψεις, sowohl über die unwahrnehmbaren Gründe der Dinge als auch über zukünftige Ereignisse finden ihr Kriterium lediglich in der Wahrnehmung, insofern sie von dieser bestätigt oder wenigstens nicht widerlegt werden: ersteres gilt für die Voraussagung des Zukünftigen, letzteres für die erklärenden Theorien[127]). Von einer

---

[123]) Id., De leg., I, 8, 12: .. *ut is agnoscat deum, qui unde ortus sit quasi recordetur ac noscat.*

[124]) Die Parallele dieses erkenntnistheoretischen mit dem physischen und ethischen Atomismus der Epikureer liegt auf der Hand.

[125]) Sext. Emp. adv. math., VII, 203 ff.

[126]) Wie das letzte Kriterium auch des geistig Guten bei Epikur die sinnliche Lust, so ist auch das Wahrheitskriterium der Begriffe nur die sinnliche Evidenz.

[127]) Sext. Emp., VII, 211. Daher hielt es Epikur nicht für erforderlich, zwischen ver-schiedenen Erklärungsweisen der einzelnen Naturerscheinungen aus theoretischen Gründen eine Entscheidung zu treffen: die eine galt ihm dabei nach skeptischem Ausdruck οὐ μᾶλλον als die andere. Vgl. oben § 15, 3.

selbständigen Überzeugungskraft des Denkens ist also bei den Epikureern keine Rede: ob unsere Erwartung irgend eines Ereignisses richtig ist, können wir nach ihnen erst wissen, wenn dies eintritt. Damit ist auf eine wirkliche Theorie der Forschung prinzipiell verzichtet.

7. Es ist hieraus ersichtlich, daß die Epikureer ihre eigene atomistische Metaphysik nur als eine durch die Tatsachen nicht widerlegte, aber auch nicht bewiesene Hypothese hätten ansehen dürfen, — eine Hypothese, deren sie sich ja auch wesentlich nur zu dem Zweck bedienten, um andere, ihnen ethisch bedenklich erscheinende Hypothesen zu verdrängen. Bei ihnen ist somit der Dogmatismus nur problematisch, und ihre Erkenntnislehre ist, soweit es sich um rationelles Wissen hande·, sehr stark skeptisch durchsetzt: insofern als sie nur dasjenige, was der Wahrnehmung als „Tatsache" gilt, anerkennen, dies aber auch für völlig gewiß ansehen, ist ihr Standpunkt als derjenige des P o s i t i v i s m u s zu bezeichnen.

Noch konsequenter und mit Abstreifung von Epikurs ethisch-metaphysischen Neigungen ist dieser Positivismus im Altertum durch die Ansichten der jüngeren empiristischen Ärzteschulen ausgebildet worden, die zwar hinsichtlich der Erkenntnis alles Unwahrnehmbaren und hinsichtlich aller rationalen Theorien mit den Skeptikern, dagegen in der Anerkennung der sinnlichen Evidenz der Wahrnehmungen mit den Epikureern gingen. Als die Grundlage der ärztlichen Kunst wird hier die Beobachtung (τήρησις) geschildert und als das Wesen der Theorie nur die in der Erinnerung festgehaltene Beobachtung angesehen; namentlich aber werden die ätiologischen Erklärungen prinzipiell abgewiesen.

Im Zusammenhange damit steht der Umstand, daß auch die späteren Skeptiker in eingehenden Untersuchungen den Begriff der K a u s a l i t ä t behandelten und dessen Schwierigkeiten aufdeckten. Schon Ainesidemos hat eine Reihe solche Aporien aufgestellt[128]), und bei Sextus Empiricus finden wir sie noch breiter und umfangreicher entwickelt[129]). Zunächst werden die Mängel der ätiologischen Theorien hervorgehoben: sie führen das Bekannte auf Unbekanntes zurück, das ebenso unerklärlich ist, sie entscheiden sich unter vielen Möglichkeiten für eine einzelne ohne zureichenden Grund, sie durchmustern nicht sorgfältig genug die Erfahrung nach etwaigen negativen Instanzen, sie erklären endlich das der Wahrnehmung Unzulängliche doch schließlich irgendwie nach einem aus der Wahrnehmung bekannten und besonders einfachen, deshalb auch scheinbar selbstverständlichen Schema. Weiterhin werden alle allgemeinen Schwierigkeiten hervorgesucht, die es verhindern, von dem ursächlichen Verhältnis eine anschauliche Vorstellung zu gewinnen. Der Prozeß der Einwirkung, der Übergang der Bewegung von einem Dinge auf das andere, ist weder bei der Annahme, daß das Wirkende (als Kraft) immateriell ist, noch bei der entgegengesetzten begreiflich zu machen: auch die Berührung (ἀφή), die man (und das geschah schon von Aristoteles) als conditio sine qua non des kausalen Vorgangs annahm, läßt ihn keineswegs erklärlicher werden. Ebenso ist das Zeitverhältnis von Ursache und Wirkung äußerst schwer zu bestimmen. Als die wichtigste Einsicht aber erscheint in diesen Erörterungen der Hinweis auf die R e l a t i v i t ä t d e s k a u s a l e n V e r h ä l t n i s s e s : nichts ist an sich Ursache oder Wirkung, son-

---

[128]) Sext. Emp. Pyrrh. hyp., I, 180 ff.

[129]) Adv. math., IX, 195 ff. Vgl. K. GÖRING, Der Begriff der Ursache in der griechischen Philosophie. Leipzig 1874.

dern jedes von beiden ist es nur mit Rücksicht auf das andere: αἴτιον und πάσχον sind korrelative Bezeichnungen, die nicht absolut gesetzt werden dürfen. Damit ist denn auch der (stoische) Begriff einer wesentlich wirkenden Ursache, der Begriff der schöpferischen Gottheit, ausgeschlossen.

8. In einer andern Richtung haben die S k e p t i k e r d e r A k a d e m i e einen Ersatz für die auch von ihnen aufgegebene Gewißheit der rationalen Erkenntnis gesucht. Da nämlich im praktischen Leben die Enthaltung nicht durchzuführen und das Handeln unerläßlich ist, für dieses aber bestimmende Vorstellungen erforderlich sind, so führte schon Arkesilaos aus, daß die Vorstellungen, auch wenn man ihnen die vollste Zustimmung versage, den Willen zu bewegen imstande seien[130]), und daß man im praktischen Leben sich mit einem gewissen V e r t r a u e n (πίστις) begnügen müsse, wonach einzelne Vorstellungen vor andern als wahrscheinlich (εὔλογον), zweckmäßig und vernünftig gelten dürfen[131]).

Die T h e o r i e d e s P r o b a l i s m u s hat sodann K a r n e a d e s weiter ausgeführt[132]), indem er die einzelnen Grade dieses „Glaubens" nach logischen Verhältnissen näher zu bestimmen suchte. Der geringste Grad der W a h r s c h e i n - l i c h k e i t (πιθανότης) ist derjenige, welcher (als eine undeutliche und unvollkommene Form der sinnlichen Evidenz — ἐνάργεια) der einzelnen, nicht in weiteren Zusammenhängen stehenden Vorstellung zukommt. Ein höherer Grad der Wahrscheinlichkeit gebührt derjenigen Vorstellung, welche mit andern, in deren Zusammenhang sie gehört, widerspruchslos vereinbar ist (ἀπερίσπαστος); die höchste Stufe endlich des Glaubens wird da erreicht, wo ein ganzes System derartig zusammenhangender Vorstellungen auf seine durchgängige Übereinstimmung und erfahrungsmäßige Bestätigung geprüft (περιωδευμένη) ist. Das empirische Vertrauen steigt also von dem sinnlich Vereinzelten zu den logischen Zusammenhängen wissenschaftlicher Forschung. Aber wenn es auch in der letzteren Form zum praktischen Leben völlig ausreichen mag (wie dies Karneades annahm), so ist es doch nicht imstande, zu einer völlig sicheren Überzeugung zu führen.

9. Demgegenüber haben nun die S t o i k e r die äußersten Anstrengungen gemacht, um für ihre Metaphysik, der sie aus ethischem Interesse so hohen Wert beilegten, einen erkenntnistheoretischen Unterbau zu gewinnen und trotz des psychogenetischen Sensualismus den r a t i o n a l e n Charakter der Wissenschaft zu retten[133]). Schon ihre Lehre von der Weltvernunft verlangte nach dem Grundsatz, daß Gleiches durch Gleiches erkannt wird, eine Erkenntnis des äußeren Logos durch den inneren Logos des Menschen, durch seine Vernunft[134]), und der ethische Antagonismus (bzw. Dualismus) zwischen der Tugend und den sinnlichen Trieben erforderte eine parallele Unterscheidung zwischen der Erkenntnis und der sinnlichen Vorstellung. Wenn deshalb auch aus der letzteren das ganze Material des Wissens erwachsen sollte, so wiesen die Stoiker anderseits darauf hin, daß in der Wahrnehmung als solcher allein überhaupt keine Erkenntnis enthalten, daß sie weder als wahr noch als falsch zu bezeichnen sei. Wahrheit und Falschheit sind vielmehr

---

[130]) Plut. adv. Col., 26, 3.

[131]) Sext. Emp. adv. math., VII, 158.

[132]) Ibid., 166 ff.

[133]) Vgl. M. HEINZE, Zur Erkenntnislehre der Stoiker. Leipzig 1880.

[134]) Sext. Emp. adv. math., VII, 93.

erste Prädikate der U r t e i l e (ἀξιώματα), in denen über die Beziehung der Vorstellungen etwas ausgesagt (bzw. verneint) wird[135]).

Das U r t e i l faßten jedoch die Stoiker — und hierin nehmen sie eine neue und bedeutungsvolle Stellung ein, der im Altertum nur noch die Skeptiker einigermaßen nahe kommen — durchaus nicht nur als den theoretischen Vorgang der Vorstellung und Vorstellungsverbindung auf, sondern sie erkannten darin als wesentlichstes Merkmal den eigentümlichen Akt der Z u s t i m m u n g (συγκατάθεσις), des Billigens und Überzeugtseins, womit der Geist den Vorstellungsinhalt zu dem seinigen macht, ergreift und ihn gewissermaßen in seinen Besitz nimmt (καταλαμβάνειν). Diesen Akt des Erfassens sehen die Stoiker in derselben Weise als eine selbständige Funktion des Bewußtseins (ἡγεμονικόν) an, wie die im Affekt auftretende Zustimmung zu den Trieben. Die Entstehung der Vorstellungen und Vorstellungsverbindungen ist wie diejenige der Gefühlserregungen ein naturnotwendiger, von der menschlichen Willkür völlig unabhängiger Prozeß (ἀκούσιον): aber die Zustimmung, wodurch wir die einen zu Urteilen und die andern zu Affekten machen, ist eine von der Außenwelt freie (ἑκούσιον) Entscheidung (κρίσις) des Bewußtseins[136]).

Diese Zustimmung tritt nun aber bei dem Weisen, vermöge der Identität des individuellen mit dem allgemeinen Logos, nur für diejenigen Vorstellungen ein, welche wahr sind; indem also die Seele diesen Vorstellungsinhalt ergreift, so ergreift sie damit zugleich die Wirklichkeit. Eine solche Vorstellung nannten die Stoiker φαντασία καταληπτική[137]), und sie waren der Überzeugung, daß eine solche die Zustimmung des vernünftigen Menschen in unmittelbarer Evidenz hervorrufen müsse. Daher wird zwar die Zustimmung selbst als eine Tätigkeit der denkenden Seele aufgefaßt, aber als ihre Objekte erscheinen ebenso die einzelnen Wahrnehmungen wie die darauf fußenden Verstandestätigkeiten des Begriffs, Urteils und Schlusses.

Verstanden somit die Stoiker unter der φαντασία καταληπτική diejenige Vorstellung, durch welche der Geist die Wirklichkeit erfaßt, und die ihm deshalb so einleuchtet, daß er sie zustimmend zu der seinigen macht, so war das wohl der richtige Ausdruck für die A n f o r d e r u n g, welche sie an die wahre Vorstellung stellten[138]), aber diese Definition eignete sich durchaus nicht für den Zweck, aus dem sie gebildet wurde, für ein Erkennungszeichen der Wahrheit. Denn das subjektive Merkmal darin, die Zustimmung, ließ sich ja, wie die Skeptiker[139]) sehr richtig ein-

---

135) Ibid., VIII, 10.

136) Ibid., VIII, 39, 7.

137) In der Deutung dieses Terminus gehen die Ansichten weit auseinander; den Quellen nach erscheint es in der Tat bald, als sei die Vorstellung gemeint, welche d e r Geist ergreift, bald diejenige, welche den wirklichen Tatbestand ergreift, bald diejenige, durch welche der Geist die Wirklichkeit ergreift, bald sogar diejenige, welche ihrerseits d e n Geist so ergreift, daß er ihr zustimmen muß. Es ist daher gemeint worden, die Stoiker hätten den Ausdruck absichtlich in dieser mehrdeutigen Form gebildet, indem alle diese Beziehungen darin anklingen sollten, und vielleicht hat E. ZELLER (IV ³, 83) diese Mehrdeutigkeit durch die Übersetzung „begriffliche Vorstellung" wiedergeben wollen, welche aber einen logischen Nebensinn hat, den die Stoiker sicher nicht gemeint haben.

138) Es verlohnt sich darauf hinzuweisen, daß in den Bezeichnungen für das Verhältnis des erkennenden Geistes zur äußeren Wirklichkeit bei den Stoikern überall die Ausdrücke aus dem Gebiete des T a s t s i n n s (Eindruck, Ergreifen usw.) vorwalten, während früher optische Analogien bevorzugt wurden; vgl. § 11, 2 und 12, 4, S. 98 und 115, Anm. 1.

139) Sext. Emp. adv. math., VII, 402ff.

wandten, als psychologisches Faktum auch bei einer Fülle von offenbar falschen Vorstellungen tatsächlich nachweisen.

So zeigt sich der anthropologische Zwiespalt der stoischen Lehre auch in diesem Zetralbegriff ihrer Erkenntnislehre. Wie es nach ihrer Metaphysik nicht zu erklären war, daß die aus der Weltvernunft stammende Einzelseele unter die Herrschaft der Sinnentriebe gerät, so ist es ebensowenig zu begreifen, daß die theoretische Zustimmung unter Umständen auch den falschen Vorstellungen zufällt. Beide Schwierigkeiten aber haben schließlich ihren gemeinsamen Grund. Mit Heraklit identifizierten die Stoiker in ihrer Metaphysik, trotz der scharfen Sonderung, welche die Begriffe inzwischen durch die attische Philosophie erfahren hatten, die n o r m a t i v e u n d d i e t a t s ä c h l i c h e O r d n u n g d e r D i n g e. Die Vernunft galt ihnen ebenso als das was sein soll, wie als das was ist: sie war zugleich νόμος und φύσις. Und dieser Gegensatz, dessen beide Seiten in ihrer Freiheitslehre und ihrer Theodicee hart aufeinander stießen, war das Problem der Zukunft.

2. Kapitel. Die religiöse Periode.

K. VOGT, Neuplatonismus und Christentum (Berlin 1836).
GEORGII, Über die Gegensätze in der Auffassung der alexandrinischen Religionsphilosophie (Zeitschr. f. hist. Theol. 1839).
E. MATTER, Essai sur l'école d'Alexandrie (Paris 1840 ff.).
J. SIMON, Histoire de l'école d'Alexandrie (Paris 1843 ff.).
E. VACHEROT, Histoire critique de l'école d'Alexandrie (Paris 1846 ff.).
BARTHÉLEMY ST. HILAIRE, Sur le concours ouvert par l'académie etc. sur l'école d'Alexandrie (Paris 1845).
E. DEUTINGER, Geist der christlichen Überlieferung (Regensburg 1850/51).
H. THIERSCH, Politik und Philosophie in ihrem Verhältnis zur Religion unter Trajanus, Hadrianus und den Antoninen (Marburg 1853).
A. RITSCHL, Die Entstehung der altkatholischen Kirche (2. Aufl., Bonn 1857).
CHR. BAUR, Das Christentum der drei ersten Jahrhunderte (Tübingen 1860).
H. HOLTZMANN, Judentum und Christentum (Leipzig 1867).
J. ALZOG, Grundriß der Patrologie (3. Aufl., Freiburg i. B. 1876).
J. HUBER, Die Philosophie der Kirchenväter (München 1879).
FR. OVERBECK, Über die Anfänge der patrist. Literatur (Hist. Zeitschr., 1882).
ALB. STÖCKL, Geschichte der Philosophie der patristischen Zeit (Würzburg 1891).
A. HARNACK, Lehrbuch der Dogmengeschichte (3 Bde., 4. Aufl., 1910).
—, Die Mission und Ausbreitung des Christentums in den ersten drei Jahrhunderten, 2. Aufl., 1906.
A. HAUSRATH, Neutestamentliche Zeitgeschichte (4 Bde., 3. Aufl., Heidelberg 1879 ff.).
E. HATCH, Griechentum und Christentum (deutsch, Freiburg 1892).
E. HAVET, Le christianisme et ses origines. 4 Bde. (Paris 1871—84).
FR. PICAVET, Esquisse d'une histoire générale et comparée des philosophies médiévales (Paris 1905).
P. WENDLAND, Christentum und Hellenismus (Straßburg 1901).
—, Die hellenistisch-römische Kultur in ihren Beziehungen zu Judentum und Christentum (Handbuch zum N. T., I, 2), 2. u. 3. Aufl. (Tübingen 1912).
E. NEUSTADT, Die relig.-philosophische Bewegung des Hellenismus und der Kaiserzeit (1914).
R. REITZENSTEIN, Hellenistische Mysterienreligionen (Leipzig 1910).
F. CUMONT-GEHRICH, Die orientalischen Religionen und ihr Einfluß auf die europäische Kultur des Altertums (Kultur der Gegenwart, I. Abt., III, 1., 2. Aufl., 1913).
JOH. GEFFKEN, Der Ausgang des griechisch-römischen Heidentums (1920).
— Die Quellen zur Patristik in MIGNE, Patrologiae cursus completus (Paris 1844 ff.) und Bibliothek der Kirchenväter (1911 ff.).

Die allmähliche Überleitung der hellenistisch-römischen Philosophie von dem ethischen auf den r e l i g i ö s e n S t a n d p u n k t hatte gleichmäßig ihre inneren

Ursachen in dieser Philosophie selbst, wie ihre Anlässe in den gebieterischen Anforderungen der Zeitbedürfnisse. Je weiter nämlich die Berührung zwischen den Systemen griff, um so mehr stellte sich heraus, wie wenig die Philosophie die Aufgabe zu erfüllen vermochte, welche sie sich selbst gesetzt hatte: den Menschen durch sichere Einsicht zur Tugend und Glückseligkeit, zur inneren Unabhängigkeit von der Welt zu erzielen. Lehrte schon die immer weiter sich ausdehnende skeptische Denkart, daß die Tugend schließlich eher in dem Verzicht auf das Wissen, als in einem Wissen selbst bestehe, so kam auch bei den Stoikern mehr und mehr die Ansicht zum Durchbruch, daß ihr so scharf und schroff gezeichnetes Ideal des Weisen in keinem Menschen ganz verwirklicht werde und so fand sich in jeder Richtung, daß der Mensch aus eigener Kraft weder wissend noch tugendhaft und gücklich werden könne.

Mußte schon danach in der Philosophie selbst eine Stimmung hervorgerufen werden, die zur Annahme einer höheren Hilfe für die ethischen Zwecke geneigt war, so enthielten auch die theoretischen Lehren eine große Anzahl von religiösen Momenten. Die Epikureer freilich schlossen solche absichtlich aus; um so leichteren Eingang dagegen gewährten ihnen die Stoiker. Bei diesen führte nicht nur die Metaphysik darauf, das Prinzip der Moral in einem göttlichen Gebot zu suchen, sondern es bot sich auch in der Pneumalehre die Möglichkeit, den Gebilden des Mythos eine philosophische Bedeutung zu gewähren, die sich dann auch allen Formen des Kultus mitteilen konnte. Unvergessen waren endlich der Monotheismus des Geistes in der Lehre des Aristoteles und jener ideale Zug, mit dem Platon das bleibende Wesen der Dinge in einer höheren Welt des Übersinnlichen gesucht hatte.

Gerade dieser D u a l i s m u s aber, der die irdische Welt des Vergänglichen einer übersinnlichen Welt des Göttlichen gegenüberstellte, erwies sich schließlich als der rechte Ausdruck für jenen inneren Zwiespalt, der durch das gesamte Leben der alternden Griechen- und Römerwelt ging. Wohl feierte noch die alte Genußbegehrlichkeit in Macht- und Sinnentaumel ihre Orgien; aber mitten darin erwuchs aus Überdruß und Ekel ein neues Begehren nach reinerer, höherer Freude: und angesichts der ungeheuren Gegensätze, welche der soziale Zustand des Römerreichs mit sich führte, richtete sich der Blick all der Millionen, die von den Gütern dieser Erde sich ausgeschlossen sahen, sehnsuchtsvoll auf eine bessere Welt. So war denn auf allen Wegen ein tiefes, leidenschaftliches Bedürfnis nach wahrem Seelenheil (σωτηρία) erwachsen, ein Hunger nach dem Überirdischen, ein religiöser Drang ohne Gleichen.

Diese Lebhaftigkeit der r e l i g i ö s e n B e w e g u n g betätigte sich zunächst in der begierigen Aufnahme, welche fremde Kultusformen in der römisch-griechischen Welt fanden, in der Mischung und Verschmelzung orientalischer und okzidentalischer Religionen; aber mit der Ausgleichung, welche die darin obwaltenden Gegensätze hie und da fanden, trat doch viel energischer noch ihr Streit um die Herrschaft über die Gemüter hervor, und so wurde der Boden der antiken Kulturwelt, nachdem er die Früchte der Kunst und der Wissenschaft getragen, zum Kampfplatz der Religionen. Das wesentliche Interesse des Menschen verschob sich damit für lange Jahrhunderte aus der irdischen in die himmlische Sphäre: er begann sein Heil jenseits der Sinnenwelt zu suchen.

Allein die Formen, in denen dieser K a m p f d e r R e l i g i o n e n sich abspielte,

12*

beweisen nun trotz alledem, zu welcher geistigen Macht die griechische Wissenschaft herangewachsen war. Denn so sehr war die alte Welt von des Gedankens Blässe angekränkelt, so tief von dem Bedürfnis nach Erkenntnis durchsetzt, daß jede der Religionen nicht nur dem Gefühl, sondern auch dem Verstande Genüge tun wollte und deshalb ihr Leben in eine Lehre zu verwandeln bemüht war. Das gilt selbst vom C h r i s t e n t u m und gerade von ihm. Freilich lag die wahre Siegeskraft der Religion Jesu darin, daß sie in diese abgelebte, blasierte Welt mit der Jugendkraft eines reinen, hohen Gottesgefühls und einer todesmutigen Überzeugung trat: aber sie vermochte die Welt der alten Kultur nur dadurch zu erobern, daß sie diese in sich aufnahm und verarbeitete: und wie sie in dem äußeren Kampf dagegen ihre Verfassung ausbildete[140]) und dadurch schließlich so weit erstarkte, daß sie von dem römischen Staate Besitz ergreifen konnte, so hat sie auch in ihrer Verteidigung gegen die alte Philosophie deren Begriffswelt sich zu eigen gemacht, um damit ihr dogmatisches System aufzubauen.

So begegneten sich die Bedürfnisse der Wissenschaft und des Lebens: jene suchte die Lösung des Problems, an dem sie sich vergebens abmühte, in der Religion, und dieses verlangte für seine religiöse Sehnsucht oder Überzeugung eine wissenschaftliche Formung und Begründung. Daher ist von hier an auf weite Strecken die Geschichte der Philosophie mit derjenigen der Dogmatik[141]) verwachsen, und es beginnt die Periode der r e l i g i ö s e n M e t a p h y s i k. Das Denken des Altertums hat die eigentliche Linie beschrieben, daß es sich von der Religion, von der es ausging, mehr und mehr entfernte — den äußersten Abstand erreichte es im Epikureismus — und dann ihr wieder stetig näherte, um schließlich ganz darein zurückzukehren.

Unter diesen Voraussetzungen ist es zu verstehen, daß diejenige Weltanschauung, welche Übersinnliches und Sinnliches unter den Wertgesichtspunkten göttlicher Vollkommenheit und irdischer Schlechtigkeit sonderte, den gemeinsamen Boden der gesamten religiös-philosophischen Bewegung ausmachte. Diese Anschauung war zwar schon von den Pythagoreern eingeführt (vgl. § 5, 7) und auch von Aristoteles festgehalten worden: ihre kräftigste Ausprägung aber hatte sie zweifellos in der p l a t o n i s c h e n M e t a p h y s i k erfahren. Diese hat deshalb für die religiöse Schlußentwicklung des antiken Denkens den beherrschenden Mittelpunkt abgegeben: eine religiöse Ausbildung des Platonismus ist der Grundcharakter dieser Periode.

Ihren räumlichen Mittelpunkt aber finden wir in derjenigen Stadt, welche durch ihre Geschichte wie durch ihre Bevölkerung die Mischung der Nationen und der Religionen am deutlichsten zum Ausdruck brachte: A l e x a n d r i a. Hier, wo in der regsamen Arbeit des Museums alle Schätze der griechischen Bildung aufgespeichert waren, drängten sich in dem großen Völkergewühl der Handelshauptstadt alle Religionen und Kulturformen herzu, um die wissenschaftliche Abklärung ihres drängenden und stürmenden Gefühlsinhalts zu suchen.

Die erste Richtung der a l e x a n d r i n i s c h e n P h i l o s o p h i e ist der so-

---

¹⁴⁰) Vgl. K. J. NEUMANN, Der römische Staat und die allgemeine Kirche bis auf Diocletian. 1. Bd. (Leipzig 1890). EDUARD SCHWARTZ, Konstantin und die Kirche (1913).
¹⁴¹) Es versteht sich von selbst, daß die folgende Darstellung alle spezifisch dogmatischen Elemente nur da nicht beiseite gelassen hat, wo sie ganz untrennbar mit der Weiterentwicklung der philosophischen Prinzipien verflochten sind.

genannte N e u p y t h a g o r e i s m u s. Diese Denkart ging aus der religiösen Praxis der pythagoreischen Mysterien hervor; sie verwendete die Zahlenmystik der alten Pythagoreer, nach denen sie sich und ihre Schriften nannte, nur äußerlich, während sie den theoretischen Rahmen für ihre weltflüchtige, religiös-asketische Moral in einer Umdeutung der platonischen Metaphysik fand, die für die Auffassung des geistigen Wesens in der Folgezeit von tiefgreifendem Einfluß gewesen ist. Als typischer Vertreter dieser Sekte ist der Religionsstifter A p o l l o n i o s v o n T y a n a anzusehen.

Nicht ohne Anregungen aus diesen orientalischen Lebens- und Gedankenkreisen hat in der Kaiserzeit auch die S t o a die religiösen Momente ihrer Weltanschauung energischer herausgekehrt, so daß nicht nur der anthropologische Dualismus verschärft wurde, sondern auch dem ursprünglichen Pantheismus der Schule sich allmählich eine mehr theistische Vorstellungsweise unterschob. In Männern wie S e n e c a, E p i k t e t und M a r c A u r e l ist die stoische Lehre völlig zu einer Philosophie der Erlösung geworden.

In religiösem Gewande lebte um diese Zeit sogar der K y n i s m u s als eine derbe Volkspredigt der Entsagung wieder auf: als sein bekanntester Vertreter gilt D e - m o n a x.

Kaum zu scheiden von den Neupythagoreern sind in den ersten Jahrhunderten unserer Zeitrechnung die e k l e k t i s c h e n P l a t o n i k e r, wie etwa P l u - t a r c h o s von Chaironeia und A p u l e i u s von Madaura: und in späterer Zeit erscheinen N u m e n i o s von Apamea und N i k o m a c h o s von Gerasa, die außerdem schon unter jüdischen und christlichen Einflüssen stehen, als Zeugen einer vollkommenen Verschmelzung beider Richtungen.

Während aber in allen diesen Formen das hellenische Element immer noch die Überhand über das orientalische behält, tritt das letztere sehr viel kräftiger in der j ü d i s c h e n R e l i g i o n s p h i l o s o p h i e hervor. So wie vermutlich[142]) aus einer Berührung des Neupythagoreismus mit dem hebräischen Religionsleben die Sekte der Essener hervorgegangen ist, so haben die mannigfachen Versuche der gelehrten Juden, sich in der Darstellung ihrer Dogmen der griechischen Wissenschaft zu nähern, schließlich zu der Lehre des P h i l o n v o n A l e x a n d r i a geführt, dessen originelle Verarbeitung dieser gärenden Gedankenmassen für ihre weitere Gestaltung und Bewegung in den wichtigsten Punkten formal wie sachlich maßgebend geworden ist.

In größeren Dimensionen hat sich auf analoge Weise die P h i l o s o p h i e d e s C h r i s t e n t u m s entfaltet, die man für die ersten Jahrhunderte mit dem Namen der P a t r i s t i k zu bezeichnen pflegt. Diese philosophische Verweltlichung des Evangeliums beginnt bei den A p o l o g e t e n, welche in der Absicht, das Christentum in den Augen der gebildeten Welt vor Verachtung und Verfolgung zu schützen, seine religiöse Überzeugung als die einzig wahre Philosophie darzustellen suchten und deshalb seinen Glaubensinhalt den begrifflichen Formen der griechischen Wissenschaft anzupassen anfingen: die bedeutendsten unter ihnen sind J u s t i n u s und M i n u c i u s F e l i x.

---

[142]) Vgl. ZELLER, Philos. d. Griechen, V³, 277 ff., V⁴, 307 ff.

Aber auch ohne diese polemische Tendenz machte sich in den christlichen Gemeinden das Bedürfnis, den Glauben (πίστις) in Wissen (γνῶσις) zu verwandeln, sehr
lebhaft geltend. Die ersten Versuche jedoch, welche die G n o s t i k e r anstellten,
der neuen Religion eine adäquate Weltanschauung zu schaffen, gingen aus den auf-.
geregten Phantasien syrischer Religionsmischung hervor und führten trotz der
Benutzung hellenistischer Philosophie zu so grotesken Bildungen, daß die in sich
erstarkende und sich abschließende Kirche sie von sich stoßen mußte. Als die be-
kanntesten dieser Männer sind S a t u r n i n o s, B a s i l e i d e s und V a l e n t i n o s
zu nennen.

Im Rückschlag gegen solche Übereilungen der religiösen Phantastik griff in der
christlichen Literatur bei Männern wie T a t i a n, T e r t u l l i a n, A r n o b i u s
zeitweilig eine heftige Abneigung gegen jede philosophische Vermittlung des christlichen Glaubens und damit ein ausdrücklicher A n t i l o g i s m u s Platz, der sich
jedoch dann genötigt sah, auch seinerseits auf ihm verwandte Lehren der griechischen Philosophie zurückzugreifen. Ohne diese Einseitigkeit und mehr in Anlehnung
an die älteren hellenisierenden Apologeten ist der Gnostizismus von E i r e n a i o s
und seinem Schüler H i p p o l y t o s bekämpft worden.

Erst im Anfange des dritten Jahrhunderts ist es nach allen diesen Vorgängen zur
Begründung einer positiven christlichen Theologie, eines begrifflich durchgeführten
Systems der Dogmatik gekommen: dies geschah in der a l e x a n d r i n i s c h e n
K a t e c h e t e n s c h u l e durch ihre Leiter C l e m e n s und O r i g e n e s. Ins-
besondere ist der letztere als der philosophisch bedeutendste Vertreter des Christen-
tums in dieser Periode anzuseher.

Neben ihm aber ging aus der alexandrinischen Philosophenschule der Mann hervor, welcher die religionsbildende Tendenz der Philosophie lediglich auf dem
hellenistischen Boden zum Austrag zu bringen unternahm: P l o t i n o s, der größte
Denker dieser Zeit. Sein Versuch, alle Hauptlehren der griechischen und der
hellenistischen Philosophie unter dem religiösen Grundprinzip zu systematisieren,
wird als N e u p l a t o n i s m u s bezeichnet. Seine Lehre ist das abgeschlossenste
und durchgebildetste System der Wissenschaft, welches das Altertum hervorgebracht
hat. Wenn jedoch schon sein Schüler P o r p h y r i o s sich mehr geneigt zeigte, aus
dieser religiösen Lehre eine Religion zu machen, so gestaltete sie Ja m b l i c h o s,
den man als den Führer des syrischen Neuplatonismus bezeichnet, zu einer D o g-
m a t i k d e s P o l y t h e i s m u s um, mit welcher die gelehrten und die politischen
Gegner des Christentums, wie Kaiser Julian, die in der Auflösung begriffenen Kultusformen der heidnischen Religion neu zu beleben hofften. Nachdem dieser Versuch
gescheitert, hat endlich die atheniensische Schule des Neuplatonismus, als deren
Häupter P l u t a r c h o s von Athen, P r o k l o s und D a m a s k i o s erscheinen,
sich auf einen methodischen, scholastischen Ausbau des plotinischen Systems zurück-
gezogen.

So sind die hellenistischen Bestrebungen, von der Wissenschaft aus zu einer neuen
Religion zu gelangen, in dieser Gestalt erfolglos geblieben: die Gelehrten haben
keine Gemeinde gefunden. Umgekehrt dagegen hat das Bedürfnis der positiven
Religion, sich in einer wissenschaftlichen Lehre abzuschließen und zu befestigen,
sein Ziel erreicht: die Gemeinde hat ihr Dogma geschaffen. Und der große Gang der
Geschichte war dabei eben der, daß der unterliegende Hellenismus in seinem ge-

waltigen Todeskampfe selbst noch die begrifflichen Mittel schuf, mit denen die neue Religion sich zum Dogma gestaltete.

Während die pythagoreischen Mysterien sich durch das ganze Altertum erhalten hatten, war der wissenschaftliche P y t h a g o r e i s m u s seit seiner Einverleibung in die Akademie (vgl. S. 28) als eigene Schule erloschen. Erst im Laufe des ersten Jahrhunderts v. Chr. werden die spezifisch pythagoreischen Lehren wieder bemerkbar: sie erscheinen in den pythagoreischen Schriften, über welche Diogenes Laertius (VIII, 24 ff.) nach Alexander Polyhistor in einer Weise berichtet, welche auf eine wesentlich stoische Beeinflussung dieser überhaupt stark eklektischen Literatur schließen läßt; sie werden ausdrücklich erneuert von Ciceros gelehrtem Freunde P. N i g i d i u s F i g u l u s (gest. 45 v. Chr.) und finden auch bei andern Männern in Rom Anklang. Vgl. M. HERTZ, De P. Nig. Fig. studiis atque operibus. Berlin 1845.

Aber der eigentliche N e u p y t h a g o r e i s m u s ist literarisch zunächst durch die große Anzahl von Schriften vertreten, welche um die Wende unserer Zeitrechnung in Alexandrien unter dem Namen sei es des Pythagoras oder des Philolaos oder des Archytas oder anderer älterer Pythagoreer in die Öffentlichkeit kamen, und deren Bruchstücke bei der Auffassung des echten Pythagoreismus so große Schwierigkeiten machen; vgl. die Literatur oben S.27 f. und E. BICKEL, Inlocalitas (Königsberger Kantfestschrift, 1906).

Von den Persönlichkeiten der neuen Schule dagegen ist uns sehr wenig bekannt. Die einzige deutlicher hervortretende Gestalt ist A p o l l o n i o s von Tyana, von dessen Leben und Wesen der Rhetor Philostratos im Anfang des dritten Jahrhunderts eine romanhafte Darstellung (Ausgabe von C. L. KAYSER, Leipzig 1870) gegeben hat, um darin das Ideal des pythagoreischen Lebens zu schildern. Von A. selbst, der im ersten Jahrhundert n. Chr. lebte, sind Bruchstücke einer Biographie des Pythagoras und einer Schrift über die Opfer enthalten. Vgl. CHR. BAUR, Apollonius und Christus, in 3 Abhandl. zur Gesch. d. alt. Philos. (Teubner 1914 ff.). Neuere Untersuchungen von MEAD (1901), WHITTAKER (1906), M. WUNDT (1906), CAMPBELL (1908). — Neben diesem wäre etwa noch ein Zeitgenosse M o d e r a t u s aus Gades zu nennen.

Neupythagoreische und stoische Lehren erscheinen gemischt bei dem den Sextiern (vgl. S. 139) nahestehenden Eklektiker S o t i o n von Alexandria; dessen Schüler war der Führer der S t o i k e r der Kaiserzeit, L. A n n a e u s S e n e c a aus Corduba (4—65), der durch sein Schicksal bekannte Lehrer des Nero, welcher auch als Tragödiendichter die strenge Lebensauffassung seiner Schule entfaltete. Von seinen Schriften sind neben den Epistolae eine ziemliche Anzahl meist moralphilosophischer Abhandlungen erhalten (Ausgabe von HENSE u. a. Bibliotheca Teubn. 1899 ff.). Übersetzung von APELT in der Philos. Bibl. 1923 f. Vgl. CHR. BAUR, S. und Paulus, in den drei Abhandl. s. oben RIBBECK (1887), BURNIER (1908).

Neben ihm ist außer L. Annaeus C o r n u t u s (Phurnutus), einem Hauptvertreter der stoischen Mythendeutung (Περὶ τῆς τῶν θεῶν φύσεως, herausg. von OSANN, Göttingen 1844), dem Satirendichter P e r s i u s, dem Moralisten C. M u s o n i u s Rufus besonders E p i k t e t o s (zur Zeit Domitians) zu nennen, dessen Lehren von Arrianus in zwei Werken Διατριβαί und ᾽Εγχειρίδιον herausgegeben wurden (mit dem Kommentar des Simplikios von J. SCHWEIGHÄUSER, Leipzig 1799 f.). Neubearbeitung der Übersetzung von J. G. SCHULTHESS von R. MÜCKE (Heidelberg 1924). Vgl. A. BONHÖFFER, E. und die Stoa (Stuttgart 1890), Die Ethik des E. (Stuttgart 1894), E. und das Neue Testament (Gießen 1911).

Mit dem edlen M a r c u s A u r e l i u s A n t o n i n u s bestieg die Stoa den römischen Kaiserthron (161—180). Seine Betrachtungen τὰ εἰς αὑτόν (Ausg. von J. STICH, 1882, LEOPOLD 1908, SCHENKL 1913) sind das bedeutendste Denkmal dieses eklektisch-religiösen Stoizismus. Über ihn F. W. BUSSEL (Edinburgh 1909). — Vgl. zu der religiösen Stoa überhaupt G. MISCH, Gesch. der Autobiogr., I, 228—291, und E. VERNON ARNOLD, Roman Stoicism (Cambr. 1911).

Endlich gehören zu den charakteristischen Erscheinungen dieser Zeit auch die oben (S. 139) erwähnten populären Sittenprediger kynischer Richtung und die als Sophisten neu auftretenden Wanderlehrer: vgl. darüber H. v. ARNIM, Dion. von Prusa (Leipzig 1898), S. 4—114.

Von den Vertretern des r e l i g i ö s e n P l a t o n i s m u s (vgl. auch H. v. STEIN, Geschichte des Platonismus, Bd. 2 ff.), die der Zahlenlehre ferner blieben, seien genannt: die eklektischen Kommentatoren E u d o r o s und A r e i o s D i d y m o s, der Herausgeber von Platons und Demokrits Werken T h r a s y l l o s; besonders aber P l u t a r c h o s von Chaironeia (um 100 n. Chr.), von dem neben den berühmten Biographien eine große Anzahl anderer Schriften, besonders philosophische Abhandlungen dogmatischen und polemischen Inhalts (Moralia, ed. DÜBNER, Paris, Didot, Bd. III u. IV, 1855) erhalten sind (vgl.

R. VOLKMANN, Leben, Schriften und Philosophie des P., Berlin 1872, und J. SCHRÖTERS, Pl.s Stellung zur Skepsis, 1911); ferner M a x i m u s von Tyrus aus der Zeit der Antonine; sein Zeitgenosse A p u l e i u s von Madaura, der nicht nur wegen seiner philosophischen Schriften (Ausg. von A. GOLDBACHER, Wien 1876), sondern auch wegen seines allegorisch satirischen Romans „Der goldene Esel" in diese Reihe gehört (vgl. HILDEBRAND in der Einleitung zu den ges. Werken, Leipzig 1842); der Gegner des Christentums K e l s o s, dessen Schrift ἀληθής λόγος (etwa 180) nur aus der Gegenschrift des Origenes (κατὰ Κέλσου bekannt ist (vgl. TH. KEIM, C'. „wahres Wort", Zürich 1873); endlich der Arzt Claudius G a l e n o s (gest. um 200), der freilich mit ganz breitem Eklektizismus ebenso als Peripatetiker und auch als Stoiker gelten könnte und in der humanistischen Literatur der Renaissance vielfach als philosoph sche Autorität benutzt worden ist. Seine Schrift De placitis Hippocratis et Platonis hat J. MÜLLER (Leipzig 1874), den „Protrepticus" G. KAIBEL (Leipz.g 1894), die εἰσαγωγὴ διαλεκτικὴ C. KALBFLEISCH (Leipzig 1896) herausgegeben, über die Schrift περὶ ἀποδείξεως J. MÜLLER (München 1895) gehandelt (vgl. K. SPRENGEL, Beiträge zur Gesch. d. Medizin, I, 117 ff.). — Demselben Vorstellungskreise sind auch die unter dem Namen des H e r m e s Trismegistos verbreiteten Schriften entsprungen, die schon dem dritten Jahrhundert und vielleicht einer eigenen religiösen Sekte angehören (in franz. Übers. von L. MÉNARD, Paris 1866; teilweise von G. PARTHEY, Berlin 1854 herausg.). Vgl. darüber R. PIETSCHMANN (Leipzig 1875). R. REITZENSTEiN, Poimandres (Leipzig 1904), JOS. KROLL (Münster 1914).

Stark neupythagoreisch sind unter den Platonikern des zweiten Jahrhunderts N i k o m a c h o s von Gerasa in Arabien, von dem arithmetische Lehrbücher und (durch Photius) ein Auszug aus dem Werke Ἀριθμητικὰ θεολογούμενα erhalten sind, und N u m e n i o s von Apamea, über den wir wesentlich durch Eusebius unterrichtet sind. Vgl. F. THEDINGA (Bonn 1875).

Das Eindringen der griechischen Philosophie in die j ü d i s c h e Theologie läßt sich bis in die Mitte des zweiten Jahrhunderts v. Chr. zurückverfolgen, wo es sich in der Schrifterklärung des A r i s t o b u l zu erkennen gibt; es tritt sodann besonders unter einer dem alexandrinischen Gedankenkreise schon viel näheren Form in dem pseudosalomonischen B u c h d e r W e i s h e i t zutage. Doch sind dies nur schwache Vorgänger für die bedeutende Schöpfung des P h i l o n von Alexandria, über dessen Leben wenig mehr bekannt ist, als daß er im Jahre 39, schon vorgerückten Alters, einer Gesandtschaft seiner heimatlichen Gemeinde an den Kaiser Caligula angehörte. Seine zahlreichen Schriften, unter die auch manches Unechte geraten ist, sind von TH. MANGEY (London 1742) herausgegeben: Leipziger Stereotypausgabe, 8 Bde., (1851—53). Aus der neuen Berliner Ausgabe von L. COHN und P. WENDLAND sind Bd. 1 bis 6 (1896 ff.) Index von H. LEISEGANG 1924 erschienen, deutsch von L. COHN (jetzt LEISEGANG) und I. HEINEMANN bisher 4 Bde. (Breslau 1910) ff. — H. LEISEGANG, Der heilige Geist, I (1919) und Pneuma Hagion (1922).

F. DÄHNE, Die jüdisch-alexandrinische Religionsphilosophie, Halle 1834). — A. GFRÖRER, Philon und die alexandrinische Theosophie (Stuttgart 1835). — M. WOLFF, Die philonische Philosophie (Gothenburg 1858). — EWALD, Gesch. des Volkes Israel, VI, 231 ff. — J. DRUMMOND, Philo Judäus (London 1888). — P. WENDLAND, Philos Schrift über die Vorsehung (Berlin 1892).

Unter den c h r i s t l i c h e n A p o l o g e t e n, deren Schriften in dem von OTTO (Jena 1842 ff.) herausgegebenen Corpus Apologetarum Christianorum secundi saeculi gesammelt sind, ist der hervorragendste F l a v i u s J u s t i n u s M a r t y r aus Sichem, der in der Mitte des zweiten Jahrhunderts lebte. Zwei Schutzschriften, die ein einheitliches Werk zu bilden scheinen, und der Dialog mit dem Juden Tryphon liegen von ihm vor. Über ihn handeln K. SEMISCH (2 Bde., Breslau 1840—42), B. AUBÉ (Paris 1861), H. VEIL (Straßburg 1893). — Weitere Apologeten aus dem hellenischen Bildungskreise sind A r i s t i d e s (dessen in armenischer Sprache aufgefundene Reden mit lateinischer Übersetzung Venedig 1878 gedruckt sind), A t h e n a g o r a s von Athen (πρεσβεία περὶ Χριστιανῶν, um 176 an Marc Aurel eingereicht), T h e o p h i l o s von A n t i o c h i a (Schrift an Autolykos, um 180), M e l i t o n von Sardes, A p o l l i n a r i s von Hierapolis und andere. — Die lateinische Literatur weist hauptsächlich M i n u c i u s F e l i x auf, dessen Dialog Octavius (im Corpus scriptorum ecclesiasticorum latinorum von C. HALM, Wien 1867 herausg.) um 200 geschrieben wurde. Anzureihen ist der Rhetor Firmianus L a c t a n t i u s (um 300): seine Hauptschrift sind die Instit!ones Divinae.

Von den G n o s t i k e r n weiß man wesentlich durch ihre Gegner I r e n a e u s (140—200; seine Schrift Ἔλεγχος καὶ ἀνατροπὴ τῆς ψευδωνύμου γνώσεως, herausg. v. A. STIEREN, Leipzig 1853), Hippolytos (Κατὰ πασῶν αἱρέσεων ἔλεγχος, herausg. von DUNCKER und SCHNEIDEWIN, Göttingen 1859), Tertullian (Adversus Valentinianos) etc.: von gnostischen Schriften ist die eines unbekannten Verfassers erhalten: Πίστις σοφία (herausg. von PETERMANN,

Berlin 1851). Von den Hauptvertretern dieser Lehre wirkten in der ersten Hälfte des zweiten Jahrhunderts S a t u r n i n u s aus Antiochia, B a s i l i d e s, ein Syrer, und K a r p o k r a t e s in Alexandria, gegen die Mitte des Jahrhunderts der bedeutendste, V a l e n t i n u s (gest. um 160), gegen Ende B a r d e s a n e s aus Mesopotamien. — Darstellungen der gnostischen Systeme von A. W. NEANDER (Berlin 1818), E. MATTER (Paris 1843), CHR. BAUR (Tübingen 1835), A. HILGENFELD (Jena 1884), ders., Bardesanes, der letzte Gnostiker (Leipzig 1864), M. JOEL, Blicke in die Religionsgeschichte zu Anfang des zweiten Jahrhunderts (1880—83). — A. HARNACK, Zur Quellenkritik der Geschichte des Gnostizismus (Leipzig 1873). — J. P. STEFFES, Das Wesen des Gnostizismus (Münster 1923). — N. DE FAYE, Gnostiques et Gnosticisme, 2. Ed. (Paris 1925). — Die religionsgeschichtlichen Grundlagen bei W. BOUSSET, Hauptprobleme der Gnosis (1907).

Der radikalste Gegner der griechischen Wissenschaft ist T a t i a n u s, ein Assyrer, dessen Schrift Πρὸς Ἕλληνας um 170 entstand, der aber später selbst der valentinianischen Gnosis verfiel. Ebenso endete im Gegensatz zur allgemeinen Kirche (in der montanistischen Sekte) der leidenschaftliche Apologet Qu. Septimius Florens T e r t u l l i a n u s (160—220, eine Zeitlang Presbyter in Karthago). Ein Feuerkopf von heißem Fanatismus, ursprünglich als Jurist in seiner afrikanischen Heimat tätig, war er ein Parteimann, der vor keiner paradoxen Konsequenz zurückschreckte. Seine Werke sind von FR. ÖHLER (3 Bde., Leipzig 1853 f.), neuerdings von A. REIFFERSCHEID und WISSOWA (I. Bd. Wien 1890, in Corp. script. eccl. lat.) herausgegeben. Vgl. A. W. NEANDER, Antignosticus, Geist des Tertullian usw. (2. Aufl., Berlin 1849), A. HAUCK, T.s Leben und Schriften (Erlangen 1877), F. RAMORINO (Mailand 1922). — Ihm reiht sich aus späterer Zeit der afrikanische Rhetor A r n o b i u s an, dessen sieben Bücher Adversus gentes um 300 verfaßt wurden (Ausgabe von A. REIFFERSCHEID im Corp. script. eccl. lat., Wien 1875).

Von C l e m e n s A l e x a n d r i n u s (gest. um 217) sind drei Schriften erhalten: Λόγος προτρεπτικὸς πρὸς Ἕλληνας — Παιδαγωγός — Στρωματεῖς. (Ausg. v. J. POTTER, Oxford 1715). Vgl. TOLLINTON, Cl. of A. (London 1914), Vgl. J. REINKENS, De Clemente presbytero Al. (Breslau 1851). Aus seiner Schule (vgl. über die Alex. Katechetenschule GUERICKE, Halle 1824 f., und HASSELBACH, Stettin 1826) ging der Begründer der christlichen Theologie hervor, O r i g e n e s (mit dem Beinamen Adamantius). 185 in Alexandrien geboren und mit der vollen Bildung der Zeit ausgerüstet, trat er früh als Lehrer auf, geriet jedoch wegen seiner Lehren in Konflikte mit der Synode, welche ihn seines Amtes enthob, und lebte später in Caesarea und Tyrus: in letzterem Orte starb er 254. Mit eiserner Willenskraft und unermüdlicher Tätigkeit paarte er den friedlichen und versöhnlichen Geist wissenschaftlicher Bildung, mit dem er in die leidenschaftlichen Streitigkeiten der Kirchenpolitik seiner Zeit einzugreifen suchte. Von seinen Schriften kommt außer derjenigen gegen Kelsos (s. oben) hauptsächlich Περὶ ἀρχῶν in Betracht, ein Werk, welches fast nur in der lateinischen Bearbeitung des Rufinus erhalten ist (Ausg. von REDEPENNING, Leipzig 1836). REDEPENNING, O., Darstellung seines Lebens und seiner Lehre (Bonn 1841—46), J. DENIS, La philosophie d'Or. (Paris 1884). — N. DE FAYE, O., I (Paris 1923).

Eine Quellensammlung der gesamten Kirchenschriftsteller dieser Zeit hat J. P. MIGNE, Patrologiae cursus completus (Paris seit 1840), herausgegeben.

Vgl. O. BARDENHEWER, Patrologie (Freiburg 1894). — GUST. KRÜGER, Geschichte der altchristlichen Literatur in den ersten drei Jahrhunderten (Freiburg u. Leipzig 1895).

Als Begründer des N e u p l a t o n i s m u s erscheint in der alten Überlieferung ein gewisser A m m o n i u s S a c c a s ; doch ist nichts bekannt, was diese Notiz rechtfertigte. Zu seinen Schülern gehörte außer Plotin auch Origenes, ferner der Rhetor L o n g i n o s (213—273), dem das für die Entwicklung der ästhetischen Begriffe wichtige Buch Περὶ ὕψους zugeschrieben wurde (vgl. auch zu Plotin J. WALTER, Geschichte der Ästhetik im Altertum, Leipzig 1893), und ein anderer O r i g e n e s.

Der wahre Gründer der Schule ist P l o t i n o s (204—269). In dem ägyptischen Lykopolis geboren und in Alexandria gebildet, beteiligte er sich behufs religiöser Studien an einem Feldzug gegen die Perser, trat gegen 244 in Rom als Lehrer mit großem Erfolge auf und starb auf einem Landgut in Kampanien, — eine edle, feinsinnige Natur, in der die tiefe Verinnerlichung und Vergeistigung der Lebensansicht, welche das wertvollste Ergebnis der alten Kultur war, ihre beste Verkörperung gefunden hat. Seine im späteren Alter geschriebenen Abhandlungen wurden von seinem Schüler Porphyrios, in sechs Enneaden geordnet, herausgegeben. Ausgabe von A. KIRCHHOFF (Leipzig 1856) und von H. MÜLLER (Leipzig 1878—80), mit deutscher Übersetzung. Vgl. H. KIRCHNER, Die Philos. des Pl. (Halle 1854). — A. RICHTER, Neuplatonische Studien (Halle 1864 ff.). — H. v. KLEIST, Neuplat. Studien (Heidelberg 1888). — E. v. HARTMANN, Geschichte der Metaphysik, I, 107—176. — A. DREWS, Pl. und der Untergang der antiken Weltanschauung (Jena 1907). — K. S. GUTHRIE (Chic. 1909). — H. F. MÜLLER (Münster 1918). —

W. R. INGE (London 1918). — M. WUNDT (1919). — FR. HEINEMANN (1922). — Vgl. auch H. DÖRRIES, Zur Geschichte der Mystik (Tübingen 1925).

Zum alexandrinischen Neuplatonismus werden ferner Gentilianus Amelius aus Ameria und der Tyrier Porphyrios (etwa 230—300) gerechnet. Unter den erhaltenen Schriften des letzteren sind außer den Biographien von Plotin und Pythagoras zu erwähnen: Ἀφορμαὶ πρὸς τὰ νοητά, ein aphoristischer Abriß der plotinischen Lehre (gedr. in CREUZERS Ausgabe der Werke Plotins, Paris 1855), die Schrift über die Enthaltsamkeit (περὶ ἀποχῆς τῶν ἐμψύχων, wichtig wegen der Benutzung von Theophrasts περὶ εὐσεβείας: vgl. J. BERNAYS, Berlin 1866), und die Ἐισαγωγὴ εἰς τὰς κατηγορίας, im Mittelalter meist unter dem Titel „de quinque vocibus" (Ausgabe von A. BUSSE, Berlin 1837, mit dem Bruchstück der Exegese zu demselben Werk; auch in der Berliner Aristotelesausgabe IV), BIDEZ, vie de P. (1913) und W. JAEGER, Nemesios von Emesa (1914).

Den syrischen Neuplatonismus gründete Jamblichos aus Chalkis in Koilesyrien (gest. um 330), ein Hörer des Porphyrios, dessen Schriften hauptsächlich hellenistische und orientalische Theologie kommentierten. Erhalten sind teilweise: Περὶ τοῦ Πυθαγορικοῦ βίου (Ausg. von WESTERMANN, Paris 1850), Λόγος προτρεπτικὸς εἰς φιλοσοφίαν (Ausg. von KIESSLING, Leipzig 1813), Περὶ τῆς μαθηματικῆς ἐπιστήμης (herausg. von VILLOISON, Venedig 1781).

Von den Schülern hat Dexippos die aristotelischen Kategorien kommentiert (herausg. von L. SPENGEL, München 1859), Sallustios ein Kompendium der Metaphysik geschrieben (Ausg. von ORELLI, Zürich 1821) und Themistios (etwa 317—387) sich als Paraphrast und Kommentator aristotelischer Werke bekannt gemacht. Aus dem gleichen Kreise stammt die Schrift De mysteriis Aegyptiorum (herausg. von G. PARTHEY, Berlin 1857; darüber HARLESS, München 1858).

Einen vorübergehenden politischen Erfolg hatte diese Richtung durch den Beitritt des Kaisers Julianus, der mit ihrer Hilfe die alte Religion zu erneuern und das Christentum zu verdrängen hoffte. Seine Schriften gegen die Christen hat, mit deutscher Übersetzung, K. J. NEUMANN (Leipzig 1880) herausgegeben. Vgl. A. W. NEANDER, Über den Kaiser J. und sein Zeitalter (Berlin 1812). — D. FR. STRAUSS, J. der Abtrünnige, der Romantiker auf dem Throne der Cäsaren (Mannheim 1847). — A. MÜCKE, J. nach den Quellen (Gotha 1866—68). — JOH. GEFFKEN, Kaiser Julian (1914).

Begründer des atheniensischen Neuplatonismus ist Plutarchos von Athen (gest. nach 430) mit seinen Schülern Syrianos und Hierokles: alle diese wie die folgenden haben, zum Teil erhaltene Kommentare platonischer und aristotelischer Werke oder pythagoreischer Schriften verfaßt. Bedeutender war Proklos (411—485), unter dessen Werken Περὶ τῆς κατὰ Πλάτωνα θεολογίας hervorzuheben ist. (Ausg. der Werke von V. COUSIN, Paris 1820—25). Vgl. H. KIRCHNER, De Procli metaphysica (Berlin 1846). K. STEINHARDT, Art. in Ersch und Grubers Enzyklopädie. N. HARTMANN (1909). Vgl. auch K. PRAECHTER, Richtungen und Schulen im Neuplatonismus (Genethliaka 1910).

Das letzte Haupt der platonischen Akademie war Damaskios, von dem der Anfang einer Schrift περὶ τῶν πρώτων ἀρχῶν und der Schluß eines Parmenides-Kommentars(herausg. von J. KOPP, Frankfurt a. M. 1826. Vgl. E. HEITZ, in Straßburger Abhandlungen zur Philos. 1884) sowie eine Biographie seines Lehrers Isidoros erhalten sind. Unter den Kommentatoren dieser Zeit ragt Simplikios hervor (zur Physik, Ed. pr. Venedig 1526 die vier ersten Bücher DIELS, Berlin 1882; zu de coelo, KARSTEN, Utrecht 1865; zu de anima, HAYDUCK, Berlin 1882).

Die beiden letzteren wanderten mit ihren nächsten Genossen für einige Zeit nach Persien aus, als im Jahre 529 der Kaiser Justinian die Akademie schloß, ihr Vermögen einzog und durch das Verbot der Vorträge über heidnische Philosophie ihr Ende äußerlich bekräftigte.

§ 18. Autorität und Offenbarung.

Die unerschütterliche Selbstgewißheit und Selbstherrlichkeit, welche die nacharistotelische Philosophie für den Weisen gesucht und zum Teil behauptet hatte, war mit der Zeit so tief erschüttert worden, daß sie einer theoretischen und ethischen Hilfsbedürftigkeit gewichen war. Das philosophierende Individuum traute sich nicht mehr zu, aus eigener Kraft zu rechter Einsicht oder zum Seelenheil zu gelangen, und es suchte somit eine Hilfe teils bei den großen Erscheinungen der Vergangenheit, teils bei einer göttlichen Offenbarung. Beide Wendungen aber fußen schließlich auf demselben Grunde: denn das Vertrauen, welches den Männern und Schriften der Vorzeit entgegengebracht wurde, beruhte doch nur darauf, daß in ihnen besonders begnadete Gefäße der höheren Offenbarung gesehen wurden. Die A u t o r i t ä t gewann also ihren Wert als die mittelbare, historisch bewährte Offenbarung, während die göttliche Erleuchtung des einzelnen als unmittelbare Offenbarung ihr an die Seite trat. So verschieden auch das Verhältnis zwischen diesen beiden Formen aufgefaßt wurde, so ist doch das gemeinsame Kennzeichen aller alexandrinischen Philosophie, daß sie die g ö t t l i c h e O f f e n b a r u n g a l s h ö c h s t e E r k e n n t n i s q u e l l e betrachtet. Schon in dieser erkenntnistheoretischen Neuerung aber spricht sich der gesteigerte Wert aus, den diese Zeit auf die P e r s ö n l i c h k e i t und ihre gefühlsmäßige Betätigung legte. Die Wahrheit wollte für die Sehnsucht dieser Zeit erlebt sein als eine innige Gemeinschaft des Menschen mit dem höchsten Wesen.

1. D i e B e r u f u n g a u f d i e A u t o r i t ä t erscheint in der griechischen und hellenistischen Philosophie zwar vielfach im Sinne der Bestätigung und Bekräftigung eigener Ansichten, aber nicht als entscheidendes und ausschlaggebendes Argument: zwar mochte bei den untergeordneten Mitgliedern der Schulen das *jurare in verba magistri* üblich genug sein[143]; aber die Schulhäupter und die selbständig forschenden Männer überhaupt verhielten sich zu den Lehren der Vorzeit weit mehr kritisch als mit unbedingter Unterwerfung[144]). Und wenn auch in den Schulen, zumal der akademischen und der peripatetischen, durch die Gewohnheit des Kommentierens die Neigung gefördert worden war, die Lehre des Stifters als einen unantastbaren Schatz zu bewahren und zu behaupten, so war doch bei allem Streit um die Kriterien der Wahrheit nicht das Prinzip aufgestellt worden, daß etwas darum geglaubt werden müsse, weil es dieser oder jener große Mann gesagt habe.

Wie stark aber in der späteren Zeit das Autoritätsbedürfnis angewachsen war, erkennt man schon aus den zahllosen Unterschiebungen, welche in der gesamten alexandrinischen Literatur an der Tagesordnung waren. Ihre Urheber oder Verbreiter, die vielleicht größtenteils *bona fide* handelten, indem sie selbst ihre Gedanken nur für Ausbildungen und Fortsetzungen der alten Lehren ansahen, glaubten offenbar ihren Werken nicht besser Eingang verschaffen zu können, als indem sie ihnen den Namen eines der Heroen der Weisheit, eines Aristoteles, Platon, Pythagoras beilegten. In ausgedehntestem Maße tritt diese Erscheinung bei den Neupythagoreern auf, denen es vor allem darum zu tun war, ihre neue Lehre mit dem Nimbus uralter Weisheit zu bekleiden. Je mehr aber die auf diese Weise zu begründenden Überzeugungen einen religiösen Charakter trugen, um so lebhafter wurde das Bedürfnis, diese Autoritäten selbst als Träger einer religiösen Offenbarung aufzufassen, und deshalb wurden in ihnen alle die Züge aufgesucht oder auch wohl solche in sie hineingelegt, welche sie dazu stempeln konnten. Nicht zufrieden aber damit, glaubten die späteren Griechen ihrer Philosophie (wie ihrer gesamten Kultur) dadurch eine höhere Weihe zu geben, daß sie alles Wertvolle

---

[143]) Indes ist selbst das bekannte αὐτὸς ἔφα der Pythagoreer erst durch Spätere (Cicero) bezeugt.

[144]) Auch die Bewunderung des Sokrates, in der alle folgenden Schulen einig waren, führte, seinem eigenen Wesen nach, nicht dazu, daß er als Autorität für bestimmte philosophische Lehren hätte gelten können.

und Ehrwürdige darin aus den orientalischen Religionen herleiteten: So nahm
Numenios[145]) keinen Anstand zu behaupten, Pythagoras und Platon hätten nur
die alte Weisheit der Brahmanen, Magier, Ägypter und Juden vorgetragen. Damit
wuchs denn die Ausdehnung der literarischen Autoritäten außerordentlich: die
späteren Neuplatoniker, ein Jamblichos und Proklos, kommentierten nicht nur
griechische Philosophen, sondern auch die gesamte hellenische und barbarische
Theologie[146]) und nahmen ihre Mythen und Wunderberichte gläubig auf.

In ganz ähnlicher Weise bezeugte nun aber auch die orientalische Literatur dem
Hellenismus ihre Hochachtung. Unter den Vorgängern Philons hat namentlich
Aristobulos sich auf Verse, welche dem Orpheus und Linos, dem Homer und Hesiod
untergeschoben wurden, berufen, und bei Philon selbst, dem großen jüdischen
Theologen, erscheinen neben dem Alten Testament die Größen der griechischen
Philosophie als Träger der Weisheit.

Am stärksten natürlich macht sich das Autoritätsbedürfnis in dem unbedingten
Glauben an die religiösen Urkunden geltend. Hier war von vornherein das Alte
Testament die feste Grundlage für die Wissenschaft des Judentums und ebenso
für die des (orthodoxen) Christentums. In der christlichen Kirche aber hat sich das
Bedürfnis nach der Feststellung einer Sammlung von Schriften, in denen die
Glaubenslehre sicher bestimmt wäre, zuerst bei Marcion entfaltet und hat dann
erst allmählich sich in der Abschließung des Neuen Testamentes erfüllt: schon bei
Irenäus und Tertullian erscheinen beide Testamente mit der vollen Geltung kirch-
licher Autorität.

2. Wenn nun auf diese Weise auch das wissenschaftliche Denken, das infolge
der skeptischen Zersetzung sich selbst nicht mehr die Kraft der Wahrheit zutraute,
sich freiwillig den Autoritäten des Alters und der religiösen Satzung unterwarf,
so ist es doch dadurch keineswegs in dem Maße gebunden worden, wie man voraussetzen sollte: vielmehr hat sich dies Verhältnis auf allen Linien in der Weise
gestaltet, daß die wissenschaftlichen Lehren, die aus den neuen religiösen Bewegungen entsprangen, aus den autoritativen Quellen herausgedeutet und in dieselben
hineingedeutet wurden[147]). Wo man dabei nicht ausdrücklich zu jenen Unterschiebungen griff, die sich ebenso wie im Neupythagoreismus mehr oder minder
in der ganzen Literatur jener Zeit finden, da bediente man sich des methodischen
Mittels der a l l e g o r i s c h e n   S c h r i f t a u s l e g u n g .

Zuerst begegnet uns diese in der jüdischen Theologie. Ihr Vorbild hat sie freilich
in der allegorischen Mythendeutung, welche früh in der griechischen Literatur
hervorgetreten, von den Sophisten gehandhabt und von den Stoikern in großem
Umfang betrieben worden war. Auf die religiösen Urkunden wendete sie, falls
dessen Fragmente echt sind, schon Aristobulos, mit methodischer Durchführung
aber P h i l o n[148]) an, der von der Überzeugung ausging, es müsse in der Schrift

---

[145]) Bei Euseb. praep. ev., IX, 7.
[146]) Marinus, Procl. vit., 22.
[147]) Selbst ein Mann wie Plutarch von Chaeronea, der den Schriften Platons wie den
Offenbarungen einer religiösen Urkunde folgt, trägt doch kein Bedenken, in die Lehre
seines Meisters aristotelische und stoische Lehren ebenso wie die eigene religiöse Anschauung einzuführen.
[148]) Vgl. SIEGFRIED, Philon v. Alexandrien als Ausleger des alten Testaments (Jena 1875).

zwischen der buchstäblichen und der geistigen Bedeutung, zwischen ihrem Leibe und ihrer Seele unterschieden werden. Gott habe, um der großen Masse der Menschen, die in ihrer Sinnlichkeit das Göttliche nicht rein zu fassen vermöchten, doch seine Gebote zu lehren, der Offenbarung die anthropomorphe Form gegeben, hinter die nun der geistig reifere Mensch zu dem wahren Sinne dringen solle. Dieser ist aber in den philosophischen Begriffen zu suchen, welche in den historischen Hüllen verborgen liegen. Danach ist seit Philon die Aufgabe der Theologie darauf gerichtet, die r e l i g i ö s e n U r k u n d e n i n e i n S y s t e m w i s s e n - s c h a f t l i c h e r L e h r e n umzudeuten: und wenn er dazu die griechische Philosophie benutzt, in ihr also den höheren Sinn der Schrift wiederfindet, so erklärt er sich dies Verhältnis so, daß auch die Denker des Griechentums aus der mosaischen Urkunde geschöpft haben sollen[149]).

Nach seinem Vorgange haben dann die Gnostiker orientalische Mythen durch allegorische Ausdeutung in griechische Begriffe umzusetzen gesucht und damit eine Geheimlehre der apostolischen Tradition zu entwickeln gemeint. Ebenso stand den Apologeten die Einhelligkeit der Christenlehre mit den Dogmen der griechischen Philosophie grundsätzlich fest; selbst Männer wie Irenaeus und Tertullian bearbeiteten in diesem Sinne das Neue Testament, und endlich hat O r i g e n e s die Theologie, d. h. die Philosophie des Christentums mit dessen religiösen Urkunden nach diesem Prinzip in Einklang zu bringen gewußt. Wie schon die Gnostiker, die zuerst eine christliche Theologie zu schaffen suchten, so unterschied auch der große alexandrinische Theologe — im Zusammenhange der metaphysisch-anthropologischen Vorstellungen der Zeit, vgl. § 19 f. — zwischen der leiblichen (somatischen), seelischen (psychischen) und geistigen (pneumatischen) Auffassung der religiösen Urkunden: und die Aufgabe der Theologie ist auch bei ihm aus der buchstäblich-historischen Überlieferung, welche für sich nur ein fleischliches Christentum (χριστιανισμὸς σωματικός) ergibt, durch die moralische Deutung hindurch, bei der die Psychiker stehen bleiben, zu dem ideellen Gehalt der Schrift zu führen, welcher dann als die selbstverständliche philosophische Wahrheit einleuchten muß. Erst wer diese erfaßt, gehört zu den Pneumatikern, denen aus der Umhüllung das e w i g e E v a n g e l i u m sich offenbart.

Dieselbe Herausdeutung des philosophischen Sinnes aus der religiösen Überlieferung findet sich dann in weitestem Umfage bei den Neuplatonikern, Jamblichos übt sie nach stoischem Muster an allen Formen orientalischer und okzidentalischer Mythologie, und auch Proklos erklärt, die Mythen verhüllen die Wahrheit vor den Sinnenmenschen, die ihrer nicht würdig sind[150]).

3. In allen solchen Lehren überwiegt nun aber doch schließlich noch immer das Interesse der Wissenschaft (in den christlichen Lehren γνῶσις) über dasjenige des Glaubens: sie sind Akkommodationen der Philosophie an das religiöse Autoritätsbedürfnis der Zeit. Als Grundvoraussetzung aber gilt deshalb die wesentliche I d e n t i t ä t d e r A u t o r i t ä t u n d d e r V e r n u n f t e r k e n n t n i s ; sie gilt in solchem Maße, daß eben da, wo sie bedroht erscheint, alle Kunststücke der allegorischen Auslegung versucht werden, um sie zu retten. Dies Vertrauen jedoch,

---

[149]) Phil. Vit. Mos., 657 a (137 M.).
[150]) Procl. in remp., 369.

womit die Wissenschaft daran ging, ihren eigenen Inhalt als denjenigen der religiösen Urkunde zu entwickeln, beruhte im letzten Grunde auf der Überzeugung, daß beide, die historische Autorität und die wissenschaftliche Lehre, nur verschiedenartige O f f e n b a r u n g e n derselben göttlichen Macht seien.

Zwar ist die psychologische Wurzel des Autoritätsglaubens in dieser Zeit neben der Heils- und Hilfsbedürftigkeit die gesteigerte Bedeutung der P e r s ö n l i c h - k e i t. Sie zeigt sich in dem lebhaften Ausdrucke der Bewunderung für die Größen der Vergangenheit, wie wir ihn bei Philon und in allen Richtungen des Platonismus finden, und nicht minder in dem unbedingten Vertrauen der Jünger zu ihren Meistern, welches namentlich im späteren Neuplatonismus zu übertriebenster Verehrung der Schulhäupter ausartete[151]). Dasselbe Motiv erscheint in großartigster Weise als eine weltgeschichtliche Macht in dem ungeheuren, überwältigenden Eindrucke der Persönlichkeit Jesu: der Glaube an ihn ist das einigende Band gewesen, welches die bunte Mannigfaltigkeit der Richtungen des jungen Christentums siegreich zusammenhielt.

Allein für die Theorie rechtfertigte sich nun dies psychologische Motiv gerade damit, daß die bewunderte Persönlichkeit in Lehre und Leben als Offenbarung der göttlichen Weltvernunft aufgefaßt wurde. Die metaphysischen und erkenntnistheoretischen Grundlagen dafür waren im Platonismus und namentlich im Stoizismus gegeben. Anlehnung an die platonische Lehre von der Erkenntnis als Erinnerung, mit der (schon bei Cicero ausgesprochenen) Wendung, daß das rechte Wissen von Gott der Seele eingepflanzt, ihr eingeboren sei, und Ausführung der stoischen Logoslehre und der in ihr enthaltenen Vorstellung, daß der vernünftige Seelenteil ein wesensgleicher Ausfluß aus der göttlichen Weltvernunft sei, — alles dies führte dazu, jede Form richtiger Erkenntnis als eine Art von göttlicher Offenbarung im Menschen zu betrachten[152]): alles Wissen ist, wie Numenios sagte[153]), die Anzündung des kleinen Lichts an dem großen, das die Welt erleuchtet.

Von dieser Lehre aus begriff namentlich J u s t i n u s die von ihm behauptete Verwandtschaft der alten Philosophie mit dem Christentum und zugleich die Überlegenheit des letzteren. Gott hat sich zwar wie nach außen durch die Vollkommenheit seiner Schöpfung, so innerlich durch die vernünftige Anlage[154]) (σπέρμα λόγου ἔμφυτον) des nach seinem Ebenbilde geschaffenen Menschen offenbart: aber die Entwicklung dieser a l l g e m e i n e n, mehr potentiellen Offenbarung wird durch die bösen Dämonen und die Sinnestriebe des Menschen gehemmt. Deshalb hat Gott zur Hilfe des Menschen sich der b e s o n d e r e n Offenbarung bedient, welche nicht nur in Moses und den Propheten, sondern auch in den Männern der griechischen Wissenschaft[155]) zutage getreten ist. Justin nennt jene über das ganze

---

[151]) Kulturgeschichtlich läßt sich auch die maßlose Vergötterung der römischen Kaiser in Parallele ziehen.

[152]) So wird auch von den Stoikern der Kaiserzeit die Philosophie, welche bei ihnen ja ebenfalls eine Heilung der kranken Seele sein wollte (Epiktet, Dissert., III, 23, 30), als eine Predigt der Gottheit selbst durch den Mund des Weisen dargestellt (ibid., 1, 36).

[153]) Bei Eus. praep. ev., XI, 18, 8.

[154]) Apoll., II, 8; vgl. Min. Fel. Oct., 16, 5.

[155]) Anderseits freilich leitet auch Justin wie Philon die griechische Philosophie historisch von der jüdischen Religion als Entlehnung ab.

Menschengeschlecht verbreitete Offenbarung den λόγος σπερματικός. Allein, was so zerstreut und vielfach verdunkelt in der Vorzeit erschienen, das ist noch nicht die volle Wahrheit: der ganze reine Logos ist in Christus, dem Sohne Gottes und dem zweiten Gotte, offenbart worden[156]).

In dieser Lehre waltet bei den Apologeten einerseits das Bestreben ob, das C h r i s t e n t u m a l s d i e w a h r e u n d h ö c h s t e P h i l o s o p h i e darzustellen und zu zeigen, daß es alle Lehren in sich vereinige[157]), die in der früheren Philosophie von bleibendem Werte erfunden werden können. Christus wird der Lehrer (διδάσκαλος) genannt, und dieser Lehrer ist die Vernunft selbst. Wurde dadurch das Christentum der rationalen Philosophie so nahe wie möglich gerückt und das Erkenntnisprinzip der Philosophie wesentlich mit dem der Religion gleichgestellt, so hatte das doch auch gleichzeitig zur Folge, daß die Auffassung des religiösen Inhalts selbst bei Justin und ähnlichen Apologeten, wie M i n u c i u s F e l i x, stark rationalistisch wurde: die spezifisch religiösen Momente erscheinen mehr zurückgedrängt, und das Christentum nimmt den Charakter eines moralisierenden Deismus an, in welchem es die größte Ähnlichkeit mit dem religiösen Stoizismus gewinnt[158]).

Anderseits spricht sich doch auch in diesem Verhältnis das Selbstbewußtsein des Christentums aus, das mit seiner v o l l k o m m e n e n Offenbarung alle ihre andern Arten, die allgemeinen so gut wie die besonderen, überflüssig werden sah: und an diesem Punkte wurde die Apologetik, wie sich namentlich bei A t h e n a g o r a s zeigt, von selbst polemisch. Die Offenbarung gilt auch hier noch als das wahrhaft Vernünftige: aber eben deshalb soll das Vernünftige nicht demonstriert, sondern nur geglaubt werden. Die Philosophen haben, weil sie Gott nicht von Gott selbst lernen wollten oder konnten, die volle Wahrheit nicht gefunden.

4. So bereitet sich in der Apologetik doch allmählich, obwohl in ihr gerade das Vernünftige als supranatural, als übernatürlich offenbart gilt, ein G e g e n s a t z z w i s c h e n O f f e n b a r u n g u n d V e r n u n f t e r k e n n t n i s vor. Je mehr sich die Gnostiker in der Ausbildung ihrer theologischen Metaphysik von dem einfachen Inhalt des Christenglaubens entfernten, um so mehr warnte I r e n a e u s[159]) vor den Spekulationen weltlicher Weisheit, um so heftiger verwarf T a t i a n mit orientalischer Griechenverachtung alles Blendwerk der hellenischen Philosophie, welche in sich selbst ewig uneins sei, und von deren Lehrern jeder nur seine eigenen Meinungen zum Gesetz erheben wolle, während die Christen sich der göttlichen Offenbarung gleichmäßig unterwerfen.

Noch schärfer spitzt sich dieser Gegensatz bei T e r t u l l i a n und A r n o b i u s zu. Der erstere hat sich, wie teilweise schon Tatian, in metaphysischer Hinsicht den stoischen Materialismus zu eigen gemacht, daraus aber nur die Konsequenz einer rein sensualistischen Erkenntnistheorie gezogen. Diese hat Arnobius in interessanter Weise ausgeführt, indem er zur Bekämpfung der platonischen und der platonisie-

---

[156]) Ähnlich wird auch im Hebräerbrief (cap. 2) das Verhältnis von Jesus zu den Engeln nach der von Philon ausgeführten Weise dargestellt.

[157]) Just. Apol., II, 13: ὅσα παρὰ πᾶσι κακῶς εἴρηται, ἡμῶν Χριστιανῶν ἐστιν.

[158]) Vgl. Min. Fel. Oct., 31 ff., wo die christliche Liebesgenossenschaft geradezu als der stoische Weltstaat der Philosophen erscheint.

[159]) Ref., II, 25 ff.

renden Erkenntnistheorie zeigte, daß ein von der Geburt an völlig der Einsamkeit
überlassener Mensch geistig leer bleiben und höhere Erkenntnis nicht gewinnen
würde[160]). Ihrer Natur nach lediglich auf die Eindrücke der Sinne beschränkt, ist
deshalb die menschliche Seele für sich allein durchaus unfähig, die Erkenntnis
der Gottheit und ihrer eignen, über dies Leben hinausgehenden Bestimmung zu
gewinnen. Eben deshalb bedarf sie der Offenbarung und findet ihr Heil nur in
dem Glauben an diese. So erweist sich hier zum ersten Male der S e n s u a l i s m u s
a l s   G r u n d l a g e   f ü r   d e n   s u p r a n a t u r a l i s t i s c h e n   O r t h o d o x i s-
m u s : je niederer und sinnlich beschränkter die natürliche Erkenntniskraft des
Menschen, um so notwendiger erscheint die Offenbarung.

Danach ist nun bei T e r t u l l i a n der Inhalt der Offenbarung nicht nur ü b e r -
v e r n ü n f t i g, sondern in gewissem Sinne[161]) auch w i d e r v e r n ü n f t i g, insofern unter Vernunft die natürliche Erkenntnistätigkeit des Menschen verstanden
werden soll. Das Evangelium ist nicht nur unbegreiflich, sondern es ist auch im
notwendigen Widerspruch mit der weltlichen Einsicht: *credibile est, quia ineptum
est; certum est, quia impossibile est — credo quia absurdum.* Daher hat nach ihm
das Christentum mit der Philosophie, Jerusalem mit Athen[162]) nichts zu schaffen:
die Philosophie als natürliche Erkenntnis ist Unglaube; darum gibt es keine christliche Philosophie.

5. Zu einer solchen A b g r e n z u n g   d e r   O f f e n b a r u n g   g e g e n   d i e
n a t ü r l i c h e   E r k e n n t n i s fanden sich aber auch Veranlassungen genug für
die rationalistische Ansicht. Denn durch jene Identifikation drohte das Kriterium
der Wahrheit verloren zu gehen: die Menge dessen, was in dieser religiös so aufgeregten Zeit sich als Offenbarung gab, machte eine Entscheidung über die rechte
Offenbarung unerläßlich, und das Kriterium dafür konnte wiederum nicht in der
Vernunfterkenntnis des einzelnen gesucht werden, weil damit das Offenbarungs-
prinzip verletzt gewesen wäre. Diese Schwierigkeit machte sich gerade auch in der
hellenistischen Richtung sehr bemerklich. Plutarch z. B., der alle Erkenntnis für
Offenbarung ansieht, will zwar, der stoischen Einteilung in die drei Arten der
Theologen, der Dichter, der Gesetzgeber und der Philosophen, folgend, die höchste
Entscheidung über religiöse Wahrheit der Wissenschaft zuerkennen[163]) und erklärt
sich lebhaft[164]) gegen den Aberglauben (δεισιδαιμονία); aber er selbst zeigt sich doch
schließlich in seinen Schriften bei der Aufnahme von allerlei Weissagungs- und
Wunderberichten so naiv und leichtgläubig wie seine ganze Zeit: und die unglaub-

---

[160]) Arn. adv. gent., II, 20 ff.

[161]) Die theologische Forschung ist geneigt, diese Einschränkung stark zu unterstreichen.
Denn faktisch scheint die suggestive Kraft des als Denkfigur ganz unentbehrlichen „credo
quia absurdum" eine Geschichtslegende geschaffen zu haben, welche gewisse Paradoxien
Tertullians übertreibend verfälscht. Vgl. GRABMANN, Scholast. Meth., I, 118 f; und PRIBILLA,
Stimmen der Zeit. Juli 1922, 237 ff.

[162]) Tertull. de carne Chr. 5; de praescr., 8. An der letzten Stelle polemisiert er auch
nachdrücklich gegen diejenigen, welche ein stoisches oder platonisches Christentum
vortragen; er ist der extreme Gegner der Hellenisierung des Dogmas; er kennt keinen
Kompromiß, und mit der Heißblütigkeit seines Wesens verlangt er unbedingte Unterwerfung unter die Offenbarung. — In noch populärerer Weise hat Arnobius (adv. gent.,
II, 74 ff.) die Hilflosigkeit der natürlichen Erkenntnis dargestellt.

[163]) De Isid., 68.

[164]) De superst., 14.

liche Kritiklosigkeit, mit der in dieser Hinsicht die späteren Neuplatoniker, ein Jamblichos und Proklos, verfuhren, erweist sich als das folgerichtige Ergebnis des Verzichts auf die eigene Einsicht, welchen das Offenbarungsbedürfnis von vornherein mit sich brachte.

Hier hat nun die Entwicklung der sich organisierenden Kirche mit dem Prinzip der T r a d i t i o n und der h i s t o r i s c h b e g l a u b i g t e n A u t o r i t ä t eingesetzt. Sie betrachtet die religiösen Urkunden des Alten und des Neuen Testaments als durchgängig, aber auch allein i n s p i r i e r t ; sie nimmt an, daß ihre Verfasser sich bei der Aufzeichnung dieser höchsten Wahrheit stets in dem Zustande reiner Rezeptivität dem göttlichen Geiste gegenüber befunden haben[165]), und sie findet die Bewährung dieses göttlichen Ursprunges nicht in der Übereinstimmung mit der menschlichen Vernunfterkenntnis, sondern wesentlich in der E r f ü l l u n g d e r W e i s s a g u n g e n, die darin enthalten sind, und in dem zweckvollen Z u s a m m e n h a n g i h r e r z e i t l i c h e n R e i h e n f o l g e.

Der für die weitere Entwicklung der Theologie so außerordentlich wichtig gewordene W e i s s a g u n g s b e w e i s ist somit aus dem Bedürfnis entsprungen, ein Kriterium für die Unterscheidung der wahren und der falschen Offenbarung zu gewinnen. Da dem Menschen das Wissen der Zukunft durch natürliche Erkenntnis versagt ist, so gelten die Voraussagen der Propheten, welche sich erfüllen, als Kennzeichen der I n s p i r a t i o n, vermöge deren sie ihre Lehren aufgestellt haben.

Diesem Argument tritt nun aber ein zweites hinzu. Altes und Neues Testament stehen nach der Lehre der Kirche, welche in dieser Hinsicht hauptsächlich durch Irenaeus[166]) vertreten ist, in dem Zusammenhange, daß derselbe Eine Gott sich den Menschen im Laufe der Zeit je nach dem Grade ihrer Empfänglichkeit in immer höherer und reinerer Weise geoffenbart hat: dem ganzen Geschlecht in dessen vernünftiger, freilich zu mißbrauchender Veranlagung, dem Volke Israel in dem strengen Gesetz Mosis, der ganzen Menschheit wiederum in dem Gesetz der Liebe und der Freiheit, das Jesus verkündigt hat[167]). In dieser zusammenhängenden R e i h e d e r P r o p h e t e n entwickelt sich damit der g ö t t l i c h e E r z i e h u n g s p l a n, wonach die Offenbarungen des Alten Testament als Vorbereitungen für das sie bestätigende Neue Testament zu betrachten sind. Auch hier gilt in der patristischen Literatur die Erfüllung der Weissagungen als das Bindeglied zwischen den verschiedenen Phasen der Offenbarung.

Das sind die schon bei Paulus anklingenden gedanklichen Formen, in denen sich für die christliche Kirche die göttliche Offenbarung als h i s t o r i s c h e Autorität fixiert hat. Die psychologische Grundmacht aber, die dabei tätig war, blieb doch immer die gläubige Hingabe an die Person Jesu, welche als Inbegriff der göttlichen Offenbarung den Mittelpunkt des christlichen Lebens bildete.

6. Eine ganz andere Richtung hat die Entwicklung der Offenbarungslehre in der

---

165) Just. Apol., I, 31.

166) Ref., III, 12. IV, 11 ff.

167) Die alexandrinische Theologie fügte als vierte Offenbarungsphase das „ewige Evangelium" hinzu, welches in der pneumatischen Deutung des N. T. zu suchen ist. Vgl. die Ausführung dieser Gedanken bei LESSING, Erziehung des Menschengeschlechts.

h e l l e n i s t i s c h e n   P h i l o s o p h i e   eingeschlagen[168]). Hier fehlte der wissenschaftlichen Bewegung der lebendige Zusammenhang mit der Gemeinde und damit der Halt einer historischen Autorität: hier mußte deshalb die Offenbarung, die als Ergänzung für die natürliche Erkenntniskraft gefordert wurde, in einer u n m i t t e l b a r e n   E r l e u c h t u n g   d e s   I n d i v i d u u m s   d u r c h   d i e   G o t t h e i t gesucht werden. Deshalb gilt hier die Offenbarung als ein ü b e r v e r n ü n f t i g e s   E r f a s s e n   d e r   g ö t t l i c h e n   W a h r h e i t, welches dem e i n z e l n e n   M e n s c h e n in unmittelbarer Berührung (ἀφή) mit der Gottheit selbst zuteil wird: und wenn auch zugestanden werden muß, daß es nur wenige sind, die dazu gelangen, und auch diese nur in seltenen Augenblicken, so wird doch eine bestimmte, historisch autoritative Sonderoffenbarung, die für alle maßgebend wäre, hier abgelehnt. Diese Auffassung der Offenbarung ist später die mystische genannt worden, und insofern ist der N e u p l a t o n i s m u s   d i e   Q u e l l e   a l l e r   s p ä t e r e n   M y s t i k[169]).

Die Ursprünge dieser Auffassung aber sind wiederum bei P h i l o n zu suchen. Denn er schon lehrte, daß alle Tugend des Menschen nur durch die Wirkung des göttlichen Logos in uns entstehen und beharren könne, und daß die Erkenntnis Gottes nur in der Selbstentäußerung, in dem Aufgeben der Individualität und in dem Aufgehen in das göttliche Urwesen selbst bestehe[170]). Die Erkenntnis des Höchsten ist Lebenseinheit mit ihm, unmittelbare Berührung. Der Geist, der Gott schauen will, muß s e l b s t   G o t t werden[171]). In diesem Zustande verhält sich die Seele nur leidend und empfangend[172]), sie hat sich aller Selbsttätigkeit, alles eigenen Denkens und aller Besinnung auf sich selbst zu entäußern. Auch der νοῦς, die Vernunft, muß schweigen, damit die Seligkeit der Gottesanschauung über den Menschen kommen kann: bei diesem Zustand der Ekstase (ἔκστασις) wohnt nach Philon der göttliche Geist im Menschen. Daher ist dieser in solchem Zustand ein Prophet göttlicher Weisheit, ein Weissager und Wundertäter. Wie schon die Stoa auf die Wesensgleichheit menschlichen und göttlichen Pneumas die mantischen Künste zurückgeführt hatte, so begreifen auch die Alexandriner diese „V e r g o t t u n g" des Menschen aus seiner Wesensvereinigung mit dem Weltgrunde. Hinter diesem Zustande der Ekstase, lehrt Plotin, liegt alles Denken; denn Denken ist Bewegung, ist Erkennenwollen; die Ekstase aber ist Gewißheit Gottes, selige Ruhe in ihm[178]): an der göttlichen θεωρία (Aristoteles) hat der Mensch nur Anteil, wenn er sich selbst ganz zur Gottheit erhoben hat. Die Ekstase ist also ein Zustand der Seele, welcher, wie der Gegenstand, auf den sie dabei gerichtet ist (vgl. § 20), über alle einzelne Bestimmtheit, deshalb auch über das Selbstbewußtsein des Individuums hinausliegt: es ist ein selbstbewußtloses Versenken in das göttliche Wesen, ein

[168]) Vgl. R. ARNOU, le désir de Dieu dans la philosophie de Plotin (Paris 1921) und O. SÖHNGEN, Das mystische Erlebnis in Plotins Weltanschauung (1923).
[169]) Vgl. A. MERX, Idee und Grundlinien einer allgemeinen Geschichte der Mystik (Heidelberg 1893).
[170]) Phil. Leg. all., 48 e; 55 d; 57 b (53—62 M.).
[171]) Ἀποθεωθῆναι findet sich auch in den hermetischen Schriften: Poemand., 10, 5 f. Das θεοῦσθαι, deificatio, ist später ein allgemeiner Terminus der Mystik.
[172]) Vgl. Plut. d. Pyth. orac., 21 ff. (404 ff.).
[173]) Plot. Ennead., VI, 7.

Besitz der Gottheit, eine Lebenseinheit mit ihr, die aller Beschreibung, aller Anschauung und aller begrifflichen Gestaltung spottet[174]).

Dieser Zustand ist auf alle Fälle eine Gabe der Gottheit, ein Geschenk des Unendlichen, welches das Endliche in sich aufnimmt. Aber der Mensch hat mit seinem freien Willen sich dieser Vergottung würdig zu machen. Er soll alles sinnliche Wesen und allen Eigenwillen von sich abtun, er soll aus der Fülle der Einzelbeziehungen heraus zu seinem lauteren einfachen Wesen zurückkehren (ἅπλωσις)[175]): die Wege dazu sind nach Proklos Liebe, Wahrheit und Glaube; aber erst in dem letzteren, der über alle Vernunft hinausgeht, findet die Seele ihr völliges Einswerden mit Gott und den Frieden seliger Verzückung[176]). Als wirksamste Unterstützung in der Vorbereitung auf die göttliche Gnadenwirkung wird dann von Jamblichos und seiner Schule das Gebet[177]) und alle Handlungen[178]) des religiösen Kultus empfohlen; und wenn diese nicht immer zu den höchsten Offenbarungen der Gottheit leiten, so gewähren sie, wie schon Apuleius meinte[179]), doch wenigstens die tröstenden und helfenden Offenbarungen der niederen Götter und Dämonen, der Heiligen und Schutzgeister. So erscheinen denn auch im späteren Neuplatonismus die Verzückungen der Weissagung, welche die Stoiker gelehrt hatten, als niedere und vorbereitende Formen für jene höchste Ekstase der Vergottung. Denn in letzter Instanz sind dem Neuplatoniker alle Kulturformen nur symbolische Handhaben für jene unmitelbare Einigung des Individuums mit Gott.

So tritt in Christentum und Neuplatonismus die Inspirationstheorie zu zwei ganz verschiedenen Formen auseinander: dort ist die göttliche Offenbarung als historische Autorität fixiert, hier gilt sie als die von aller äußeren Vermittlung befreite Versenkung des Einzelmenschen in den göttlichen Urgrund. Dort ist für das Mittelalter die Quelle der S c h o l a s t i k , hier entspringt diejenige der M y s t i k .

§ 19. Geist und Materie.

Unter den Argumenten, in denen die Offenbarungsbedürftigkeit der alexandrinischen Philosophie sich entwickelt, ist keines so einschneidend wie dasjenige, welches davon ausgeht, daß der in die Sinnenwelt verstrickte Mensch nur durch übernatürliche Hilfe zur Erkenntnis der höheren, geistigen Welt gelangen könne: hierin zeigt sich der r e l i g i ö s e D u a l i s m u s , der die Grundanschauung der Zeit bildete. Seine Wurzeln sind teils anthropologisch, teils metaphysisch: die stoische Entgegensetzung der Vernunft und des Vernunftwidrigen verbindet sich mit der platonischen Unterscheidung der übersinnlichen, ewig sich gleichbleibenden und der sinnlichen, immer wechselnden Welt.

Die I d e n t i f i k a t i o n d e s G e i s t i g e n u n d d e s I m m a t e r i e l l e n , bei Platon nur angebahnt, aber keineswegs vollzogen, war von Aristoteles auf das

---

[174]) Ibid., V, 3.
[175]) Ein Ausdruck, der sich schon bei Marc Aurel findet (Πρὸς ἑαυτ. IV, 26) und den auch Plotin (Enn., VI, 7, 35) anwendet.
[176]) Prokl. Theol. Plat., I, 24 f.
[177]) Jambl. bei Prokl. im Tim., 64 c.
[178]) De myst. Aeg., II, 11 (96).
[179]) Apul. de Socr., 6 ff.

göttliche Selbstbewußtsein beschränkt worden: dagegen galten die gesamten geistigen Tätigkeiten des Menschen, so sehr auch in erkenntnistheoretischem und ethischem Interesse das Vernünftige der Sinnlichkeit gegenübergestellt werden mochte, doch selbst bei Platon als zur Erscheinungswelt (γένεσις) gehörig und blieben damit von der Welt des unkörperlichen Seins (οὐσία) ausgeschlossen; und wenn in den antagonistischen Motiven, welche sich in der aristotelischen Lehre vom νοῦς kreuzten, auch der Versuch sich geltend gemacht hatte, die Vernunft als immaterielles, von außen in die animale Seele eintretendes Prinzip zu betrachten, so hatte doch die Entwicklung der peripatetischen Schule (vgl. § 15, 1) diesen Gedanken sogleich wieder beiseite geschoben. Am stärksten aber war in den Lehren Epikurs und der Stoa die bewußte Materialisierung des Seelenwesens und der Seelentätigkeiten zum Ausdruck gelangt.

Auf der andern Seite dagegen war jener ethische Dualismus, der die auf sich selbst zurückgezogene I n n e r l i c h k e i t des Menschen gegen die sinnliche Außenwelt so stark als möglich abgrenzte, im Laufe der Zeit immer schärfer herausgebildet worden, und je mehr religiöse Form er annahm, um so mehr drängte er auch auf eine Weltanschauung hin, welche diesen Gegensatz zum metaphysischen Prinzip machte.

1. Am anschaulichsten tritt dies Verhältnis vielleicht in den Äußerungen der s p ä t e r e n S t o i k e r zutage, die den anthropologischen D u a l i s m u s so stark betonen, daß er mit der Metaphysik der Schule in handgreiflichen Widerspruch kommt. Die Vorstellung von der Einheitlichkeit des menschlichen Wesens, welche die Stoiker bis dahin gelehrt hatten, war freilich schon von Poseidonios in Frage gestellt worden, wenn er platonisierend meinte, die Affekte könnten nicht aus dem ἡγεμονικόν selbst herstammen, worin sie als ein Fremdes und Gegensätzliches auftreten, sondern nur aus andern unvernünftigen Seelenteilen[180]). Jetzt aber finden wir bei Seneca[181]) einen schroffen Gegensatz zwischen S e e l e u n d „F l e i s c h": der Leib ist nur eine Hülle, er ist eine Fessel, ein Kerker für den Geist. Ebenso nennt Epiktet Vernunft und Leib die beiden Bestandteile des Menschen[182]), und obwohl dann Marc Aurel im sinnlichen Wesen des Menschen zwischen dem groben Stoffe und dem ihn belebenden seelischen Hauche, dem Pneuma, unterscheidet, so will doch auch er von dem letzteren die eigentliche Seele als ein unkörperliches Wesen, den Geist (νοῦς und διάνοια) um so schärfer getrennt wissen[183]). Dementsprechend findet sich denn auch bei allen diesen Männern eine Vorstellung von der Gottheit, welche nur die geistigen Merkmale aus dem stoischen Begriffe beibehält und die Materie als ein der Gottheit entgegengesetztes, der Vernunft feindliches Prinzip ansieht[184]).

Vielleicht beruhen diese Änderungen in der Stoa auf dem steigenden Einflusse des N e u p y t h a g o r e i s m u s, der zuerst wieder den platonischen Dualismus mit seinen ethisch-religiösen Wertmotiven zum Mittelpunkte der Weltansicht

---

[180]) Vgl. GALEN, De Hipp. et Plat., IV, 3 ff.

[181]) Senec. Epist., 65, 22; 92, 13; ad Marc., 24, 5.

[182]) Epikt. Dissert., I, 3, 3.

[183]) Marc. Aur. Med., II, 2; XII, 3.

[184]) Senec. Ep., 65, 24. Epikt. Diss., II, 8, 2. Marc. Aur. Med., XIII, 2.

gemacht hat. Von den Anhängern dieser Lehre wird die Wesensverschiedenheit der Seele vom Leibe auf das nachdrücklichste betont[185]), und damit steht in unmittelbarem Zusammenhange[186]) einerseits die Lehre, welche Gott als rein geistiges Wesen nur geistig verehrt wissen will[187]), durch Gebet und tugendhafte Gesinnung, nicht durch äußere Handlungen, — anderseits die durchweg a s k e t i s c h e M o r a l, welche durch Waschungen und Reinigungen, durch Vermeidung gewisser Nahrungsmittel, namentlich von Fleisch, durch geschlechtliche Enthaltsamkeit, durch das Abtöten aller sinnlichen Triebe die Seele aus der Umstrickung der Materie frei machen und zu ihrem geistigen Urgrunde zurückleiten will. Der Gottheit gegenüber, die das Prinzip des Guten ist, wird die Materie (ὕλη) als der Grund alles Bösen, die Neigung zu ihr als die eigentliche Sünde des Menschen betrachtet.

Derselben Auffassung begegnen wir ethisch bei den Essenern und theoretisch überall in der Lehre des P h i l o n. Auch er unterscheidet zwischen der Seele, die als Lebenskraft des leiblichen Organismus im Blute ihren Sitz habe, und dem Pneuma, welches, als Ausfluß der rein geistigen Gottheit, das wahre Wesen des Menschen ausmache[188]): auch er findet, daß dies höhere und reinere Wesen im Leibe eingekerkert und in seiner Entfaltung von dessen Sinnlichkeit (αἴσθησις) gehemmt ist, so daß, da darin die allgemeine Sündhaftigkeit[189]) der Menschen wurzelt, ihr Heil nur in der Ausrottung aller sinnlichen Begierden gesucht werden darf; auch ihm gilt deshalb die Materie als das körperliche Substrat, welches zwar von der Gottheit zu der zweckmäßigen, guten Welt geordnet worden, dabei aber doch der Grund des Bösen und der Unvollkommenheiten geblieben ist.

2. Verwandt und doch verschieden ist die Vorstellung bei den christlichen Apologeten. Der aristotelische Begriff von Gott als dem reinen Geiste (νοῦς τέλειος) ver bindet sich bei ihnen mit der Lehre, daß Gott die Welt aus der gestaltlosen Materie geschaffen habe: doch wird hier nicht unmittelbar die Materie als selbständiges Prinzip betrachtet, sondern der Grund des Bösen vielmehr in dem verkehrten Gebrauch der F r e i h e i t von seiten des Menschen und des diesen verführenden Dämonen gesucht. Hier tritt der ethische und religiöse Grundcharakter des Dualismus jener Zeit ganz rein heraus: die Materie selbst gilt als etwas Indifferentes, welches erst durch den Gebrauch von seiten der geistigen Mächte zum Guten oder zum Bösen wird. In derselben Weise haben hellenische Platoniker, wie P l u t a r c h, von dem Begriffe der Materie als des formlos Nichtseienden ausgehend, das Prinzip des Bösen nicht in ihr, sondern vielmehr in einer eigenen, der guten Gottheit

---

[185]) Claud. Mam. de statu anim., II, 8.

[186]) Insofern auch hier der Mensch als Mikrokosmus gilt: Ps.-Pythag. bei Phot. Cod., 249, p. 440 a.

[187]) Apollonius von Tyana (περὶ θυσιῶν) bei Eus. praep. ev., IV, 13.

[188]) Dabei nennt Philon πνεῦμα dasjenige, was bei den Stoikern, Aristotelikern und Platonikern der Zeit νοῦς heißt, vgl. ZELLER, V³, 395, 3. Doch gibt es bei ihm auch wieder andere Äußerungen, in denen noch ganz nach stoischer Weise das Pneuma als Luft im Sinne feinster physischer Wirklichkeit erscheint: vgl. H. SIEBECK, Gesch. d. Psych., I b, 302 ff.

[189]) Es ist auch bezeichnend, daß die Sündhaftigkeit a l l e r Menschen, welche dem altstoischen Glauben an die Verwirklichung des Ideals des Weisen vollkommen zuwiderläuft, von den Stoikern der Kaiserzeit allgemein anerkannt und als Motiv für die Notwendigkeit übernatürlicher Hilfe betrachtet wird: vgl. Senec. Benef., I, 10; VII, 27. Epikt. Dissert., II, 11, 1.

gegenüberstehenden Kraft gesucht[190]), die mit jener gewissermaßen um die Gestaltung der Materie ringe. Plutarch fand diesen Gedanken in den Mythen der verschiedenen Religionen; aber er durfte auch an eine Stelle erinnern, wo Platon von der b ö s e n W e l t s e e l e im Gegensatze zur guten geredet hatte[191]).

Indessen macht sich nun doch auch hier die Tendenz, den Gegensatz des Guten und des Bösen mit demjenigen des Geistes und der Materie zu identifizieren, immerhin dahin geltend, daß wiederum das Wesen des Bösen in einer Neigung zum Sinnlichen und Fleischlichen, zur Materie, das Gute dagegen in der Liebe zu der rein geistigen Gottheit gesucht wird. Das ist nicht nur ein durchgängiger Zug der altchristlichen Moral, sondern findet sich auch in derselben Weise bei jenen Platonikern. Auch für Plutarch gilt die Befreiung vom Leibe als die notwendige Vorbereitung für die Empfängnis der göttlichen Gnadenwirkung, die das Ziel des menschlichen Lebens bildet; und wenn Numenios dessen Theorie dahin weiter ausführte, daß, wie im Universum, so auch im Menschen zwei Seelen, eine gute und eine böse, miteinander streiten[192]), so sucht er auch wieder den Sitz der bösen Seele im Leibe und seinen Begierden.

Ebenso aber wird in diesen Lehren überall nicht nur die reine Geistigkeit und Unkörperlichkeit Gottes, sondern in gleicher Weise auch die Unkörperlichkeit des individuellen Geistes betont. Bei Plutarch zeigt sich das wiederum in der Form, daß er den νοῦς, den vernünftigen Geist, von der ψυχή getrennt wissen will, welche mit der Kraft, den Leib zu bewegen, auch die Sinnlichkeit und den Affekt besitze. Ebenso unterscheidet dann auch I r e n a e u s[193]) den seelischen Lebenshauch (πνοὴ ζωῆς), der zeitlicher Natur und an den Leib gebunden ist, von dem belebenden Geiste (πνεῦμα ζωοποιοῦν), welcher seiner Natur nach ewig ist.

Überall erscheinen diese Ansichten selbstverständlich in Verbindung mit den Lehren von der Unsterblichkeit, bzw. von der Präexistenz und der Seelenwanderung, von dem Sündenfall, durch den oder zu dessen Sühne der Mensch in die Materie versetzt worden ist, und der Reinigung, mit deren Hilfe er sich wieder davon befreien soll; und gerade auch darin vollzieht sich die in Rede stehende Synthese immer kräftiger, indem das wandellose sich gleichbleibende Ewige (die platonische οὐσία) in dem Geist, das Vergängliche und Wechselnde in der Materie erkannt wird.

3. In diesen Zusammenhängen entwickelte sich nun allmählich eine Scheidung der beiden Merkmale, die ursprünglich in dem S e e l e n b e g r i f f vereinigt gewesen waren, des physiologischen und des psychologischen, des Merkmals der Lebenskraft und desjenigen der Bewußtseinstätigkeit. Wie es schon bei Aristoteles angelegt und noch mehr von den Stoikern in ihrer Unterscheidung des ἡγεμονιχόν von der physischen Seele (πνεῦμα) ausgeführt worden war, so erscheint jetzt neben der „Seele", welche den Leib bewegt, als selbständiges und davon unabhängiges Prinzip der „Geist", und in dem letzteren wird nicht mehr nur eine allgemeine Vernunfttätigkeit, sondern das eigentliche Wesen der individuellen (wie auch der

---

190) Plut. de Isid., 46 ff.
191) Plat. Nom., 896 e.
192) Jambl. bei Stob. Ecl., I, 894.
193) Iren. Ref., V, 12, 2.

göttlichen) P e r s ö n l i c h k e i t gefunden. In den mannigfachsten Ausdrucksweisen[194]) wird die Dreiteilung des Menschen in Leib, Seele und Geist auf allen
Linien eingeführt, und es ist begreiflich, daß dabei die Grenzbestimmungen einerseits
zwischen Leib und Leele, andererseits aber noch mehr zwischen Seele und Geist sehr
schwankend waren: denn die Seele spielt dabei die Rolle einer Vermittlung zwischen
den beiden Extremen Materie und Geist.

Eine unmittelbare Folge aber davon war die, daß von den T ä t i g k e i t e n
d e s B e w u ß t s e i n s, die nun als „geistige" von den physiologischen Funktionen
der „Seele" abgetrennt wurden, eine neue und tiefere Vorstellung gewonnen werden
konnte. Denn, der Körperwelt einmal wesentlich entrückt, durfte der Geist weder in
seiner Tätigkeit noch in deren Gegenständen von den sinnlichen Einflüssen abhängig
gedacht werden: und während in der gesamten griechischen Philosophie das Erkennen als das Anschauen und Aufnehmen eines Gegebenen betrachtet, das Verhalten des Denkens als wesentlich rezeptiv angesehen worden war, so kommt nun
die Vorstellung vom Geist als einem selbständigen, erzeugenden Prinzip zum
Durchbruch.

4. Die Anfänge dazu liegen schon in der n e u p y t h a g o r e i s c h e n Lehre
insofern, als in ihr zuerst die G e i s t i g k e i t d e r i m m a t e r i e l l e n Welt
behauptet worden ist. Die immateriellen Substanzen der platonischen Metaphysik,
die Ideen, erscheinen nicht mehr als selbständige Wesen, sondern als I n h a l t s -
b e s t i m m u n g e n d e r g e i s t i g e n T ä t i g k e i t: und wenn sie für das
menschliche Erkennen noch etwas Gegebenes, Bestimmendes bleiben sollen, so
werden sie zu u r s p r ü n g l i c h e n G e d a n k e n G o t t e s[195]). Damit sind die
körperlosen Urbilder der Erfahrungswelt in die Innerlichkeit des Geistes aufgenommen; die Vernunft ist nicht mehr nur etwas zur οὐσία Gehöriges oder nur
ihr Verwandtes, sie ist die ganze οὐσία selbst: d i e i m m a t e r i e l l e W e l t i s t
a n e r k a n n t a l s d i e W e l t d e s G e i s t e s[196]).

Dementsprechend wird dann bei P l o t i n[197]) der Geist (νοῦς) als die Einheit
definiert, welche die Vielheit in sich trägt. In metaphysischer Hinsicht ergibt das die
Stellung, welche dem Geiste als der durch die erste Einheit bestimmten Dualität
in der Reihenfolge der Emanationen zukommt (vgl. § 20, 2 und 7); wichtiger aber
ist die psychologische Bedeutung dieser Lehre. Denn in ihr zuerst erscheint der
Geist als die s y n t h e t i s c h e Funktion, welche aus ihrer höheren Einheit die

---

[194]) Von der verschiedenen Terminologie (ψυχή, anima, πνεῦμα, spiritus, spiraculum,
animus etc.), in der diese Lehren auftraten, sind oben schon Beispiele gegeben, die sich
sehr leicht vermehren ließen. Interessant ist diese Lehre namentlich von Origines De
princ., III, 1—5 entwickelt, wo die „Seele" teils als Bewegungskraft, teils als Vermögen
des Vorstellens und Begehrens behandelt, der Geist dagegen als das Prinzip der B e -
u r t e i l u n g, einerseits des Guten und des Bösen, andererseits des Wahren und des
Falschen dargestellt wird: in diesem allein, lehrt Origines, besteht die Freiheit des
Menschen. Die gleiche Dreiteilung erscheint dann bei Plotin im Zusammenhange seiner
ganzen metaphysischen Konstruktion: Enn., II, 9, 2. Vgl. unten § 20, 7.

[195]) Vgl. Nikomachos, Arithm. Intr., I, 6.

[196]) Mit dieser Veränderung ist die platonische Ideenlehre auf die Zukunft übergegangen,
weil Plotin und mit ihm der gesamte Neuplatonismus sie annahm. Doch geschah dies
nicht ohne Widerspruch: wenigstens hat Longinos dagegen protestiert, und als sein
Schüler hat Porphyrios eine eigene Schrift ὅτι ἔξω τοῦ νοῦ ὑφέστηκε τὰ νοητά geschrieben:
Porph. vit. Plot., 18 ff.

[197]) Plot. Enn., V, 9, 6; 3, 15; 4, 2.

Vielheit erzeugt. Von diesem allgemeinen Gesichtspunkt aus haben die N e u - p l a t o n i k e r die Psychologie des Erkennens unter dem Prinzip der A k t i v i t ä t d e s B e w u ß t s e i n s durchgeführt. Denn die „höhere Seele" kann hiernach nicht mehr als leidend, sondern ihrem Wesen nach auch in allen ihren Funktionen nur als tätig angesehen werden[198]). Alle ihre Einsicht (σύνεσις) beruht auf der Zusammen- fassung (σύνθεσις) verschiedener Momente[199]); selbst da, wo die Erkenntnis sich auf das sinnlich Gegebene bezieht, leidet nur der Körper, während die Seele in dem Bewußtwerden (συναίσθησις und παρακούθησις) sich aktiv verhält[200]): und dasselbe gilt von den sinnlichen Gefühlen und Affekten. So wird auf dem sinnlichen Gebiete der Erregungszustand von seinem Innewerden unterschieden: der erstere ist ein Leiden des Leibes (oder auch der niederen Seele); das letztere, schon in der bewußten Wahrnehmung (ἀντίληψις), ist ein Akt der höheren Seele, den Plotin als eine Art von Zurückbiegen (ἀνακάμπτειν — R e f l e x i o n) des Gedankens beschreibt[201]).

Wenn so das B e w u ß t s e i n als das tätige Bemerken der eigenen Zustände, Funktionen und Inhaltsbestimmungen des Geistes begriffen wurde — eine Theorie, die (nach Philoponus) besonders auch von dem neuplatonischen Plutarch aufgestellt worden ist —, so ergab sich daraus bei Plotin auch der Begriff des S e l b s t - b e w u ß t s e i n s (παρακολουθεῖν ἑαυτῷ)[202]). Nach Analogie der aristotelischen Unterscheidung der „tätigen" und der „leidenden" Vernunft faßte Plotin diesen Begriff des Selbstbewußtseins so, daß der Geist als bewegtes, tätiges Denken (νόησις) sich selbst als ein ruhendes, gegenständliches Denken (νοητόν) zum Gegenstande habe: der Geist als Wissen und der Geist als Sein sind dabei identisch.

Der Begriff des Selbstbewußtseins nimmt nun aber im Sinne der Zeit auch eine ethisch-religiöse Färbung an. Die σύνεσις ist zugleich συνείδησις — G e w i s s e n , d. h. das Wissen des Menschen nicht nur von seinen eigenen Zuständen und Hand- lungen, sondern auch von deren sittlichem Werte und von dem Gebote, nach dessen Erfüllung er sich richtet: und gerade in der Lehre der christlichen Kirchenväter entwickelt sich deshalb die Lehre vom Selbstbewußtsein nicht nur als dem Wissen des Menschen von seiner Sünde, sondern auch in ihrer tätigen Bekämpfung als Reue (μετάνοια). Diese Wendung hängt jedoch auch damit zusammen, daß in der christlichen Auffassung jene Aktivität des Bewußtseins weniger unter der Form der theoretischen als unter der der praktischen Funktionen in Betracht gezogen wurde. Die F r e i h e i t d e s W i l l e n s ist hier der Zentralbegriff. Wenn die orientalischen Kirchenväter zum Teil dem Intellektualismus der hellenistischen Philosophie näher standen oder wenigstens Konzessionen machten, so tritt die Betonung des Willens in Psychologie und Dogmatik am stärksten bei den okzidentalischen, mehr vom römischen Wesen genährten Lehrern der Kirche hervor. Bei ihnen ist die Neigung vorherrschend, den Geist, das immaterielle Prinzip, sofern er Erkenntnis ist, als

---

[198]) Porphyr. Sentent., 10, 19 u. a.

[199]) Plot. Enn., IV, 3, 26.

[200]) Ibid., IV, 4, 18 f. Der Terminus συναίσθησις — dessen Bedeutung übrigens an das κοινὸν αἰσθητήριον bei Aristoteles und damit schließlich an Plat. Theaet., 134 f., erinnert — findet sich ähnlich schon bei Alexander Aphrodisias, Quaest., III, 7, p. 177, und ebenso wendet GALEN gegenüber der Veränderung des leiblichen Organes den Ausdruck διάγνωσις zur Bezeichnung ihres Bewußtwerdens an

[201]) Plot. Enn., I, 4, 10.

[202]) Ibid., III, 9.

leidend und durch seinen Gegenstand bestimmt, sofern er aber Wille ist, als aktiv und bestimmend zu betrachten.

5. Die Auffassung des Geistes als selbsttätigen, schöpferischen Prinzips ist aber nicht bei der psychologischen, ethischen und erkenntnistheoretischen Bedeutung stehen geblieben, sondern hat sich am Ausgange des Altertums zum beherrschenden Gedanken der religiösen Metaphysik erhoben. Denn diese Auffassung bot die Möglichkeit, jenen Dualismus, welcher die Voraussetzung der ganzen religiösen Gedankenbewegung der Zeit bildete, schließlich zu überwinden, indem der Versuch gemacht wurde, auch die Materie aus diesem schöpferischen Geiste abzuleiten. Daher ist das letzte und höchste Problem der alten Philosophie dies geworden: die Welt als ein Erzeugnis des Gesetzes zu verstehen, auch die Körperwelt mit allen ihren Erscheinungen als wesentlich geistigen Ursprung und Inhalt zu begreifen. Die Vergeistigung des Universums ist das Schlußergebnis der alten Philosophie.

An dieser Aufgabe haben gleichmäßig das Christentum und der Neuplatonismus, Origenes und Plotin gearbeitet. Für beide bleibt zwar, soweit es sich um die Auffassung der Erscheinungswelt und speziell um ethische Fragen handelt, der Dualismus von Geist und Materie vollkräftig bestehen; immer noch gilt das Sinnliche als das Böse und Gottfremde, wovon die Seele sich losmachen muß, um zur Einheit mit dem reinen Geiste zurückzukehren: aber auch dies Dunkle soll aus dem ewigen Lichte erklärt, die Materie soll als eine Schöpfung des Geistes erkannt werden. So ist der letzte Standpunkt der alten Philosophie der Monismus des Geistes.

In der Lösung dieses gemeinsamen Problems aber gehen die Philosophie des Christentums und der Neuplatonismus weit auseinander: denn diese Entwicklung des göttlichen Geistes zur Erscheinungswelt bis hinab in ihre materielle Gestaltung mußte selbstverständlich durch die Vorstellungen von dem Wesen Gottes und seinem Verhältnis zur Welt bestimmt werden, und gerade hierin befand sich der Hellenismus unter völlig andern Voraussetzungen als die Lehre der neuen Religion.

§ 20. Gott und Welt.

Die eigentümliche Spannung zwischen metaphysischem Monismus und ethisch religiösem Dualismus, welche als Erweiterung des stoischen Problems (vgl. § 16) der gesamten alexandrinischen Philosophie ihren Charakter bestimmt, drängt die ganzen Gedanken der Zeit zu dem verdichtetsten und schwersten Probleme, demjenigen des Verhältnisses von Gott und Welt zusammen.

1. Schon von der rein theoretischen Seite her war dies Problem durch den Gegensatz der aristotelischen und der stoischen Philosophie nahe gelegt: jene behauptete ebenso stark die Transzendenz Gottes, d. h. seine völlige Trennung von der Welt, wie diese die Immanenz. d. h. das völlige Aufgehen Gottes in die Welt. Deshalb ist das Problem und die Grundrichtung seiner Lösung bereits in der eklektischen Vermischung[203] peripatetischer und stoischer Kosmologie zu erkennen, als deren

---

[203] Über den Stratonismus als eine der Stoa verwandte Umbildung der aristotelischen Lehre nach der Richtung pantheistischer Immanenz ist oben gehandelt worden: § 15, 1.

Typus die pseudo-aristotelische Schrift „ü b e r d i e W e l t" angesehen wird[204]).
Mit der aristotelischen Lehre, daß das W e s e n G o t t e s weit über die Natur (als
den Inbegriff der bewegten Einzeldinge) und besonders über den Wechsel des
irdischen Daseins hinausgesetzt werden müsse, verbindet sich hier das stoische
Bestreben, Gottes K r a f t w i r k u n g durch das ganze Universum hindurch bis in
alles einzelne hinein zu verfolgen. Bei den Stoikern galt die Welt selbst als Gott:
Aristoteles sah in ihr ein zweckvoll bewegtes Lebewesen, dessen äußerste Sphäre
nur von der Sehnsucht nach der ewig unbewegten reinen Form in den Umschwung
versetzt werde, welcher sich dann mit immer geringerer Vollkommenheit den
niederen Sphären mitteile: in diesem Buche dagegen, wo sich beide Lehren vereinigen, erscheint der Makrokosmos als das in sich sympathische System der Einzeldinge, worin die Kraft des an sich überweltlichen Gottes unter den verschiedensten
Gestalten als das Prinzip des Lebens waltet. Die Vermittlung zwischen Theismus
und Pantheismus wird teils durch die Unterscheidung zwischen Wesen und Kraft
Gottes, teils durch die Stufenfolge der göttlichen Wirkungen gewonnen, welche vom
Fixsternhimmel bis zur Erde herabsteigt. Die Pneumalehre verbindet sich mit dem
aristotelischen Gottesbegriffe, indem die Kräfte des Naturlebens als die Wirkungen
des reinen Geistes aufgefaßt werden[205]).

Durch diese Wendung aber wurde nur die Schwierigkeit vermehrt, die schon in
der aristotelischen Lehre von der Wirkung der Gottheit auf die Welt steckte: denn
mit der reinen Geistigkeit, welche das Wesen Gottes ausmachen sollte, war die
Materialisierung seiner Wirkung — und diese sollte eben gerade in der Bewegung
der Materie bestehen — schwer zu vereinbaren, und auch Aristoteles hatte das
Verhältnis des unbewegt Bewegenden zu dem Bewegten (vgl. § 13, 5) nicht zu voller
Klarheit gebracht[206]).

2. Eine weitere Verschärfung erfuhr das Problem mit derjenigen des religiösen
Dualismus, welcher, nicht zufrieden, Gott als Geist der Materie, die übersinnliche
Sphäre der sinnlichen gegenüberzustellen, vielmehr die Tendenz verfolgte, das göttliche Wesen über alles Erfahrbare und über jeden bestimmten Inhalt hinaus zu
potenzieren und damit den ü b e r w e l t l i c h e n a u c h z u e i n e m ü b e r-
g e i s t i g e n G o t t zu machen. Man findet dies schon bei den N e u-
p y t h a g o r e e r n, bei denen sich das Schwanken zwischen den verschiedenen
Stadien des Dualismus hinter der zahlen-symbolischen Ausdrucksweise versteckt.
Wenn da als Prinzipien die „Eins" und die „unbestimmte Zweiheit" behauptet
werden, so bedeutet die letztere freilich immer die Materie als das Unreine, als den
Grund des Unvollkommenen und des Bösen; die Eins aber wird bald als die reine
Form, als Geist, bald aber auch als die über alle Vernunft hinausliegende „Ursache

---

[204]) Dies Buch (abgedr. bei den Schriften des Aristoteles, 391 ff.) dürfte etwa im
Anfang des ersten Jahrhunderts n. Chr. entstanden sein: Apuleius hat eine lateinische
Überarbeitung davon gemacht; ins Deutsche übersetzte es W. CAPELLE (Jena 1907).

[205]) Vgl. hauptsächlich cap. 6, 397 b, 9.

[206]) Diese Schwierigkeiten drängten sich bei Aristoteles namentlich in dem Begriffe
der ἀφή zusammen: da nämlich die „Berührung" des Bewegenden mit dem Bewegten als
Bedingung der Bewegung angesehen wurde, so mußte auch von einer „Berührung"
zwischen Gott und dem Fixsternhimmel gesprochen werden, was aber bei dem rein ·
geistigen Wesen der Gottheit auf Bedenken stieß und der ἀφή in diesem Falle eine ein-
geschränkte und geistig umgebildete Bedeutung („unmittelbare Beziehung") gab: vgl.
Arist. de gen. et corr., I, 6, 323 a, 20.

der Ursachen" behandelt, als das Urwesen, welches den Gegensatz jener abgeleiteten Eins und der Zweiheit, des Geistes und der Materie, erst aus sich habe hervorgehen lassen: in diesem Falle erscheint die zweite Eins, das erstgeborene Eine (πρωτόγονον ἕν) als das vollkommene Abbild, aber doch eben nur als Abbild der höchsten Eins[207]).

Dies Bestreben führte nun dazu, indem der Geist erst zu einem Erzeugnis, wenn auch dem ersten und vollkommensten, der Gottheit gemacht wurde, den Begriff der letzteren selbst zu v o l l s t ä n d i g e r Q u a l i t ä t s l o s i g k e i t zu steigern. Das zeigt sich schon bei P h i l o n, der den Gegensatz zwischen allem Endlichen und Gott so scharf hervorhob, daß er diesen ausdrücklich[208]) als eigenschaftslos (ἄποιος) bezeichnet: denn da Gott über alles erhaben sei, so könne von ihm immer nur gesagt werden, daß er alle menschlicher Einsicht bekannten endlichen Prädikate nicht habe: ihn nennt kein Name. Diese (später so genannte) „negative Theologie" finden wir auch bei den in ihren Begriffen von Philon beeinflußten A p o l o g e t e n des Christentums, besonders bei Justin[209]), und ebenso zum Teil bei den G n o s t i k e r n.

Dieselbe begegnet uns aber, in womöglich noch gesteigerter Form, auch im N e u - p l a t o n i s m u s. Wie schon in den hermetischen Schriften[210]) Gott als unendlich und unbegreiflich, als namenlos, als der über alles Sein erhabene Grund des Seins und der Vernunft, der diese erst bezeugt, betrachtet worden war, so ist auch für Plotin die Gottheit das absolut transzendente Urwesen, als vollkommene Einheit noch erhaben über den Geist, der als das Prinzip, welches die Vielheit bereits in der Einheit enthält (§ 19, 4), aus Gott erst hervorgegangen sein kann. Dies Eine, τὸ ἕν, geht allem Denken und Sein vorher, es ist unendlich, gestaltlos und „jenseits" (ἐπέκεινα) der geistigen ebenso wie der sinnlichen Welt, darum auch ohne Bewußtsein und ohne Tätigkeit[211]).

Hatte endlich Plotin doch dies unaussagbare Erste (τὸ πρῶτον) noch als das Eine, welches allen Denkens und allen Seins Ursache sei, und als das Gute, als den absoluten Zweck alles Geschehens bezeichnet, so genügte den Späteren auch dies noch nicht: Jamblichos setzte über das plotinische ἕν noch wieder ein höheres, völlig unaussprechliches Eins (πάντῃ ἄρρητος ἀρχή)[212]), und Proklos folgte ihm darin nach.

In diesem Zusammenhange erfuhr nun der Begriff des U n e n d l i c h e n eine völlige und höchst bedeutsame Umwertung[213]). Dem auf Maß und Bestimmtheit gerichteten Geiste der Griechen hatte das Unendliche ursprünglich als das Unfertige, Unvollkommene gegolten, und nur ungern hatte sich[214]) die Metaphysik mit Berücksichtigung der Unendlichkeit von Raum und Zeit dazu verstanden, dem Unendlichen eine zweite sekundäre Art von Wirklichkeit zuzuschreiben (Pythagoreer,

---

[207]) Nikomachos, Theol. Arithm., p. 44.

[208]) Phil. Leg. alleg., 47 a; qu. D. s. immut., 301 a.

[209]) Just. Apol., I, 61 ff.

[210]) Poemand., 4 f.

[211]) Es ist leicht begreiflich, daß für die Beziehung des Menschen zu diesem über-vernünftigen, allem Tun, Wollen und Denken überhobenen Gott-Sein auch ein Zustand übervernünftiger, willens- und bewußtseinsloser Ekstase erforderlich erschien: vgl. oben § 18, 6.

[212]) Damasc. de princ., 43.

[213]) Vgl. JON. COHN, Geschichte des Unendlichkeitsproblems (Leipzig 1896).

[214]) Abgesehen von der vereinzelten, wesentlich in anderer Richtung wirksamen Begriffs-bestimmung des Anaximandros.

Atomisten, Platon). Jetzt aber war Unendlichkeit[215]) das einzige Prädikat geworden, das, den endlichen Dingen der Welt gegenüber, der höchsten Realität oder der Gottheit zugeschrieben werden durfte: auch die „negative" Theologie konnte diesen Ausdruck gestatten; unendlich mußte die göttliche Urkraft heißen, welche in der stoisch-neupythagoreischen Naturphilosophie als das die Welt mit seinen Wirkungen durchwaltende Wesen betrachtet wurde — unendlich das „Eine", aus dem der Neuplatonismus die Fülle der Weltgestalten aus- und überquellen ließ — unendlich, weil aller Beschränkung frei, der schöpferische Gotteswille, der nach christlicher Lehre die Welt aus dem Nichts hervorgerufen — unendlich auch diese höchste Persönlichkeit selbst im Gegensatz zu den endlichen Personen. So ist der Begriff der Unendlichkeit durch diese Schlußentwicklung der alten Philosophie ein integrierendes Merkmal der höchsten metaphysischen Realität geworden: er gebührt nicht nur dem Weltall in seiner räumlichen und zeitlichen Ausdehnung, sondern auch dem innersten Wesen der Dinge und vor allem der Gottheit. Insbesondere die letzte Verschmelzung ist so fest und sicher geworden, daß es dem heutigen Bewußtsein, in der Vorstellung wie im Gefühl, völlig selbstverständlich gilt, das höchste Wesen als das „unendliche" allen endlichen Dingen und Verhältnissen gegenüber aufzufassen.

3. Den dialektischen Verflüchtigungen gegenüber, welche der Begriff der unendlichen Gottheit namentlich bei den späteren Neuplatonikern zu erleiden drohte, hat nun die k i r c h l i c h e E n t w i c k l u n g d e r c h r i s t l i c h e n D e n k e n s ihre eindrucksvolle Energie darin bewahrt, daß sie an dem B e g r i f f G o t t e s a l s g e i s t i g e r P e r s ö n l i c h k e i t festhielt. Sie tat dies nicht aus philosophischer Überlegung und Begründung, sondern vermöge des unmittelbaren Anschlusses an die lebendige Überzeugung der Gemeinde, und eben darin bestand ihre psychologische, ihre weltgeschichtliche Kraft. Diesen Glauben atmet das Neue Testament, diesen verteidigen bei aller Verschiedenheit ihrer sonstigen Richtungen und Ansichten sämtliche Vertreter der Patristik, und gerade durch ihn grenzt sich überall die christliche Lehre gegen die hellenistischen Lösungen des religiös philosophischen Hauptproblems ab.

Der Hellenismus sieht in der Persönlichkeit, auch wo sie rein geistig gefaßt wird, eine Beschränkung und Verendlichung, welche er von dem höchsten Wesen ferngehalten und für die besonderen Götter, wie für die Menschen, zugelassen sehen will: das Christentum verlangt als lebendige Religion ein p e r s ö n l i c h e s V e r h ä l t n i s d e s M e n s c h e n z u d e m a l s h ö c h s t e P e r s ö n l i c h k e i t g e f a ß t e n W e l t g r u n d e, und es prägt dies in dem Gedanken der G o t t e s - s o h n s c h a f t des Menschen aus.

Wenn daher der Begriff der Persönlichkeit als der geistigen Innerlichkeit das wesentlich neue Resultat darstellt, zu welchem sich in dem griechischen und dem hellenistischen Denken die theoretischen und die ethischen Motive verschlangen, so hat diese Erbschaft der Antike das Christentum angetreten, während der N e u - p l a t o n i s m u s in die alte Vorstellung zurückbog, die in der Persönlichkeit nur ein vorübergehendes Erzeugnis eines u n p e r s ö n l i c h e n G e s a m t l e b e n s

---

[215]) Es mag hier nur kurz darauf hingewiesen werden, wie sich in diesem Begriff die Merkmale der (quantitativen) Unbegrenztheit (ἄπειρον) und der (qualitativen) Unbestimmtheit (ἀόριστον) von Anfang an verschmolzen haben. Vgl. oben § 4, 2.

sah. Das ist das Wesentliche der christlichen Weltanschauung, daß sie als den Kern der Wirklichkeit die Person und das Verhältnis der Personen zueinander betrachtet.

4. Trotz dieser bedeutsamen Verschiedenheit bleibt nun aber für alle Richtungen der alexandrinischen Philosophie das gleiche Problem, die so der Sinnenwelt entrückte Gottheit doch dazu wieder in diejenigen Beziehungen zu setzen, welche das religiöse Bedürfnis verlangte: denn je tiefer der Gegensatz zwischen Gott und Welt gefühlt wurde, um so brennender wurde die Sehnsucht, ihn zu überwinden — ihn zu überwinden durch eine E r k e n n t n i s, welche auch die Welt aus Gott begreifen, und durch ein L e b e n, welches aus der Welt zu Gott zurückkehren wollte.

Daher ist der Dualismus von Gott und Welt, wie der von Geist und Materie nur der gefühlsmäßige Ausgangspunkt und die Voraussetzung der alexandrinischen Philosophie: ihr Ziel aber ist überall, theoretisch wie praktisch, seine Besiegung. Eben darin besteht das Eigentümliche dieser Zeit, daß sie die tiefe Kluft, die sie in ihrem Gefühle vorfindet, im Wissen und Wollen zu schließen bemüht ist.

Freilich erzeugte diese Zeit auch solche Weltanschauungen, in welchen der D u a l i s m u s sich so übermächtig geltend machte, daß er zu unverrückbaren Grundlinien fixiert wurde. Dahin gehören zunächst die Platoniker wie Plutarch, die nicht nur die Materie als ursprüngliches Prinzip neben der Gottheit behandelten, weil die letztere in keiner Weise der Grund des Bösen sein könne, sondern auch in der Gestaltung dieser indifferenten Materie zur Welt neben Gott als drittes Prinzip die „böse Weltseele" in Anspruch nahmen. Ganz besonders aber kommt hier ein Teil der g n o s t i s c h e n Systeme in Betracht.

Dieser erste, phantastische Versuch einer christlichen Theologie war durchweg von den Gedanken der Sünde und der Erlösung beherrscht, und der Grundcharakter des Gnostizismus bestand darin, daß von hier aus die Begriffe der griechischon Philosophie mit den Mythen orientalischer Religionen in Beziehung gesetzt wurden. So erscheint denn bei V a l e n t i n neben der in die Fülle (τὸ πλήρωμα) geistiger Gestalten ergossene Gottheit (προπάτωρ) die von Ewigkeit her gleich ursprüngliche Leere (τὸ κένωμα), neben der Form der Stoff, neben dem Guten das Böse: und wenn auch aus der Selbstentwicklung der Gottheit (vgl. unten 6) schon eine ganze Geisteswelt in jener „Fülle" gestaltet ist, so gilt doch die körperliche Welt erst als das Werk eines gefallenen Aeonen (vgl. § 20, 6 und 21, 4), der dem Stoffe seine Innerlichkeit einbildet. Ebenso stellte S a t u r n i n u s dem Lichtreiche Gottes die Materie als das Herrschaftsgebiet des Satanas gegenüber und betrachtete die irdische Welt als einen streitigen Grenzraum, um dessen Besitz die guten und die bösen Geister durch ihre Einwirkung auf den Menschen ringen; und ähnlich war auch die Mythologie des B a r d e s a n e s angelegt, welche dem „Vater des Lebens" eine weibliche Gottheit als empfangende Potenz bei der Weltbildung zur Seite gab.

Die schärfste Zuspitzung aber erreichte der Dualismus in einer Mischreligion, die unter dem Einfluß der gnostischen Systeme mit Rückgang auf die altpersische Mythologie im dritten Jahrhundert entstand, dem M a n i c h ä i s m u s[216]). Die bei-

---

[216]) Der Stifter, Mani (vermutlich 240—280), betrachtete seine Lehre als die Vollendung des Christentums und als Offenbarung des Parakleten; er erlag zwar der Verfolgung der persischen Priester, aber seine Religion fand sehr schnell große Verbreitung und hat sich bis tief in das Mittelalter hinein lebendig erhalten. Am besten sind wir über sie durch

den Reiche des Guten und des Bösen, des Lichts und der Finsternis, des Friedens und des Streites stehen sich hier gleich ewig wie ihre Fürsten, Gott und der Satan, gegenüber: auch hier wird die Weltbildung als eine durch Grenzverletzung hervorgerufene Mischung aus guten und bösen Elementen aufgefaßt, im Menschen der Kampf einer guten, dem Lichtreich angehörigen und einer bösen, der Finsternis entstammenden Seele angenommen und eine Erlösung erwartet, die beide Gebiete wieder völlig trennen soll.

So kommt es in dieser Entwicklung immer deutlicher zu Tage, daß der Dualismus dieser Zeit wesentlich auf ethisch-religiösen Motiven beruhe. Indem man die Wertbeurteilung, welche Menschen, Dinge und Verhältnisse als gut oder böse charakterisiert, zum Gesichtspunkt der theoretischen Erklärung macht, gelangt man dazu, den Ursprung des so geteilten Universums auf zwei verschiedene Ursachen zurückzuführen, von denen zwar im Sinne der Beurteilung nur die eine, die des Guten, als positiv gelten und den Namen der Gottheit haben soll, in theoretischer Hinsicht aber auch die andere völlig den Anspruch auf metaphysische Ursprünglichkeit und Ewigkeit (οὐσία) behauptet. Schon aus diesen Beziehungen aber läßt sich absehen, daß, sobald das metaphysische Verhältnis dem ethischen vollständig angepaßt wurde, dies von selbst zu einer Aufhebung des Dualismus führen mußte.

5. In der Tat erzeugte der Dualismus aus seinen eigenen Motiven heraus eine Vorstellungsreihe, durch die er selbst seine Überwindung vorbereitete. Je schroffer nämlich der Gegensatz zwischen dem geistigen Gott und der materiellen Welt, je größer der Abstand zwischen dem Menschen und dem Gegenstande seiner religiösen Sehnsucht gedacht wurde, um so mehr machte sich das Bedürfnis geltend, das so getrennte durch Z w i s c h e n g l i e d e r wieder zu vermitteln. Theoretisch bestand deren Bedeutung darin, die Einwirkung der Gottheit auf die ihm fremde, seiner unwürdige Materie begreiflich und unbedenklich zu machen; praktisch hatten sie den Sinn, zwischen Mensch und Gott als die M i t t l e r zu dienen, welche den Menschen aus seiner sinnlichen Niedrigkeit durch ihre Hilfe zu dem Höchsten emporleiten könnten. Beide Interessen aber wiesen gleichmäßig auf die Methode hin, womit schon die älteren Akademiker und nach ihnen die Stoiker den Glauben an die niederen Götter in ihre Naturreligion hineinzuarbeiten gewußt hatten.

Im großen Stil ist die Durchführung dieser Vermittlungstheorie zuerst von P h i l o n versucht worden, der ihr dadurch die bestimmte Richtung gab, daß er sie einerseits zu der neupythagoreischen Ideenlehre, anderseits zu der Engellehre seiner Religion in nahe Beziehungen brachte. Die vermittelnden Mächte, bei deren Betrachtung Philon noch mehr die theoretische Bedeutung und die Erklärung des Einflusses von Gott auf die Welt im Auge hatte, bezeichnet er je nach dem Wechsel der Untersuchung bald als die Ideen, bald als die wirkenden Kräfte, bald als die Engel Gottes: aber stets ist damit der Gedanke verbunden, daß diese Zwischenglieder ebenso an Gott wie an der Welt teil haben, daß sie zu Gott gehören und doch von ihm verschieden sind. So gelten die Ideen einerseits (neupythagoreisch) als Gottes Gedanken und als Inhalt seiner Weisheit, anderseits aber auch wieder (altplatonisch) als eine von Gott geschaffene intelligible Welt von Urbildern. Diese Urbilder jedoch

Augustinus unterrichtet, der ihr selbst eine Zeitlang anhing. Vgl. F. C. BAUR, Das manichäische Religionssystem. Tübingen 1836. O. FLÜGEL, Mani und seine Lehre. Leipzig 1862.

sollen zugleich die wirkenden Kräfte sein, welche die ungeordneten Stoffe nach ihrem zweckvollen Inhalt gestalten: sie erscheinen indes dabei als selbständige Potenzen, denen Weltbildung und Welterhaltung zufallen, so daß jede unmittelbare Beziehung zwischen Gott und Welt vermieden wird; bald aber werden diese Kräfte doch wieder als ein am göttlichen Wesen Haftendes und es selber Darstellendes behandelt. Die Engel endlich, die mit jenen Ideen und Kräften gleichgesetzt werden, sind zwar eigene mythische Gestalten und werden als die Diener, die Gesandten, die Boten Gottes bezeichnet; aber auf der anderen Seite stellen sie doch die verschiedenen Seiten und Eigenschaften des göttlichen Wesens selbst dar, das freilich als Ganzes in seiner Tiefe unerkennbar und unaussagbar ist, gerade in ihnen jedoch sich offenbart. Diese durch den Grundgedanken des Systems selbst bedingte Doppelnatur bringt es mit sich, daß die ideellen Engelkräfte die Bedeutung allgemeiner Begriffsinhalte haben und dabei doch mit allen Merkmalen der Persönlichkeit ausgerüstet sind: und gerade diese eigentümliche Verquickung von wissenschaftlicher und mythischer Auffassung, dies unbestimmte Dämmerlicht, worin die ganze Lehre verharrt, ist das Wesentliche und weltgeschichtlich Bedeutsame daran.

Dasselbe gilt von der letzten Folgerung, mit der Philon diesen Gedankengang abschloß. Die Fülle der Ideen, Kräfte und Engel war selbst wieder eine ganze Welt, worin Vielheit und Bewegung herrschte: zwischen ihr und der Einen, unbewegten, veränderungslosen Gottheit bedurfte es noch eines höheren Zwischengliedes. Wie die Idee zu den einzelnen Erscheinungen, so muß sich zu den Ideen deren höchste (τὸ γεννικώτατον), die „Idee der Ideen", — wie die Kraft zu ihren sinnlichen Wirkungen, so muß sich zu den Kräften die vernünftige Weltkraft überhaupt verhalten: die Engelwelt muß in einem Erzengel ihren einheitlichen Abschluß finden. Diesen Inbegriff der göttlichen Weltwirksamkeit bezeichnet Philon mit dem stoischen Begriffe des L o g o s. Auch dieser aber erscheint deshalb bei ihm in schwankender, wechselnder Bedeutung: der Logos ist einerseits die in sich ruhende göttliche Weisheit (σοφία oder λόγος ἐνδιάθετος), vgl. S. 170 Anm. 109 und die zeugende Vernunftkraft des Höchsten, er ist aber anderseits auch die aus der Gottheit heraustretende Vernunft (λόγος προφορικός), das selbständige Abbild, der erstgeborene Sohn, weder unentstanden wie Gott noch entstanden wie die Geister und die Menschen, er ist der z w e i t e G o t t[217]). Durch ihn hat Gott die Welt gebildet, und er ist umgekehrt auch der Hohepriester, der durch seine Fürbitte die Beziehungen zwischen dem Menschen und der Gottheit herstellt und erhält; er ist erkennbar; während Gott selbst über alle Bestimmungen hinausgehoben und unerkennbar bleibt: er ist Gott, sofern dieser das Lebensprinzip der Welt bildet.

So legen sich Transzendenz und Immanenz Gottes als gesonderte Potenzen auseinander, um doch vereint zu bleiben; der Logos als der innerweltliche Gott ist „die Wohnstätte" des außerweltlichen Gottes. Je schwieriger dies Verhältnis sich begrifflich gestaltet, um so reicher sind die bildlichen Ausdrucksweisen, in denen es von Philon dargestellt wird[218]).

---

[217]) Phil. bei Eus. praep. ev., VII, 13, 1. Mit etwas stärkerer Betonung der Persönlichkeit finden sich dieselben Begriffsbestimmungen bei Justinus, Apol., I, 32. Dial. c. Tryph., 56 f.

[218]) Im Zusammenhange mit allen diesen Lehren steht es, daß bei Philon das Geistige der Erfahrungswelt eine unklare Stellung zwischen Immateriellem und Materiellem einnimmt: der νοῦς des Menschen, das Vermögen des Denkens und der Willenskraft, ist ein

6. Mit dieser Logoslehre war nun der entscheidende Schritt getan, um die Kluft zwischen Gott und der Sinnenwelt durch eine bestimmte Stufenfolge von Gestalten auszufüllen, die mit allmählichen Übergängen von der Einheit zur Vielheit, von der Unveränderlichkeit zur Veränderlichkeit, vom Immateriellen zum Materiellen, vom Geistigen zum Sinnlichen, vom Vollkommenen zum Unvollkommenen, vom Guten zum Bösen herabstieg, und wenn diese Rangordnung zugleich als ein System von Ursachen und Wirkungen, die selbst wieder Ursachen, aufgefaßt wurde, so ergab sich daraus eine neue Darstellung des k o s m o g o n i s c h e n P r o z e s s e s, durch den vermöge aller dieser Zwischenglieder die Sinnenwelt aus dem göttlichen Wesen abgeleitet wurde: zugleich aber lag dann der Gedanke nahe, die Etappen dieses Hervorganges auch rückläufig als die Stufen der Wiedervereinigung des in die Sinnenwelt verstrickten Menschen mit Gott zu betrachten. In so weit angelegten Zusammenhängen bahnt sich theoretisch und praktisch die Überwindung des Dualismus an.

Damit wurde das Problem wieder aufgenommen, welches P l a t o n in seiner letzten pythagoreisierenden Periode und die ältesten Akademiker im Auge gehabt hatten, wenn sie mit Hilfe der Zahlenthorie den Hervorgang der Ideen und der Dinge aus der göttlichen Einheit zu begreifen suchten (vgl. oben § 11, 5). Aber schon damals hatte sich gezeigt, daß dies Schema einer Entwicklung der Vielheit aus der Eins hinsichtlich seiner Beziehung zu den Wertprädikaten zwei entgegengesetzte Deutungen zuließ. Die platonische, von X e n o k r a t e s vertretene Auffassung ging dahin, daß die Eins das Gute und Vollkommene, das aus ihr Abgeleitete aber das Unvollkommene und schließlich das Schlechte sein müsse: ihr trat in S p e u s i p p o s die Ansicht entgegen, daß das Gute nur das Endprodukt, nicht der Ausgangspunkt der Entwicklung, letzterer dagegen in dem Unbestimmten, Unfertigen zu suchen sei[219]). Man pflegt die so unterschiedenen Lehren als E m a n a t i o n s - s y s t e m und E v o l u t i o n s s y s t e m zu unterscheiden. Der erstere Name entstammt daher, daß in diesem System, welches in der religiösen Philosophie des Alexandrinismus entschieden vorwaltete, die Sondergestaltungen des weltzeugenden Logos vielfach mit dem stoischen Terminus als „Ausflüsse" (ἀπόῤῥοιαι) des göttlichen Wesens bezeichnet wurden.

Doch fehlt es in der alexandrinischen Philosophie auch nicht an evolutionistischen Versuchen; insbesondere lagen sie dem G n o s t i z i s m u s nahe; denn dieser mußte bei seiner scharfen Spannung des Dualismus von Geist und Materie den monistischen Ausweg mehr in einem i n d i f f e r e n t e n U r g r u n d e zu suchen geneigt sein, der sich in die Gegensätze auseinandergelegt habe. Wo daher die Gnostiker — und das ist gerade bei den bedeutenderen der Fall — über den Dualismus hinausstreben, da entwerfen sie nicht nur einen kosmogonischen, sondern einen t h e o g o n i - s c h e n P r o z e ß, durch den die Gottheit sich aus dunklem Urwesen durch den Gegensatz zur vollen Offenbarung entfaltet habe. So heißt bei B a s i l e i d e s der namenlose Urgrund der (noch) nicht seiende Gott (ὁ οὐκ ὢν θεός): dieser, hören wir, habe den Weltsamen (πανσπερμία) erzeugt. in welchem ungeordnet neben den materiellen Kräften (ἀμορφία) die geistigen (υἱότητες) lagen: die Gestaltung und

---

Teil des göttlichen Logos (auch die Dämonen wurden stoisch als λόγοι bezeichnet), und er wird auch wieder als feinstes Pneuma charakterisiert.

[219]) Vgl. Aristot. Met., XIV, 4, 1091 b, 16; XII, 7, 1072 b, 31.

Ordnung aber dieses Kräftechaos vollzieht sich durch die Sehnsucht nach der Gottheit. Dabei scheiden sich die verschiedenen „Sohnschaften", die geistige Welt (ὑπερχοσμία) von der materiellen Welt (κόσμος) und im zeitlichen Verlaufe des Geschehens schließlich alle Sphären der so entwickelten Gottheit; jede gelangt an den ihr bestimmten Ort, die Unruhe des Strebens hört auf, und der Friede der Verklärung ruht über dem All.

In eigentümlicher Mischung erscheinen evolutionistische und emanatistische Motive in der Lehre V a l e n t i n s. Hier wird nämlich die geistige Welt (πλήρωμα) oder das System der „Aeonen", der ewigen Wesenheiten, zum ersten Teil als Entfaltung der dunklen Urtiefe (βῦθος) zur Selbstoffenbarung, zum andern Teil dann aber als absteigende Erzeugung unvollkommener Gestalten entwickelt. Das mythische Schema ist dabei die orientalische Paarung männlicher und weiblicher Gottheiten. In der obersten „Syzygie" tritt neben den Urgrund das „Schweigen" (σιγή), das auch Denken (ἔννοια) genannt wird. Aus dieser Verbindung des Urseins mit der Fähigkeit des Bewußtwerdens geht als das Erstgeborene der Geist (hier νοῦς genannt) hervor, der in der zweiten Syzygie die „Wahrheit", d. h. die intelligible Welt, das Reich der Ideen zu seinem Gegenstande hat. So sich selbst zur vollen Offenbarung geworden, gestaltet die Gottheit sich in der dritte Syzygie zu „Vernunft" (λόγος) und „Leben" (ζωή) und wird zum Prinzip der äußeren Offenbarung in der vierten Syzygie als „Idealmensch" (ἄνθρωπος) und „Lebensgemeinschaft" (ἐκκλησία). Hat nun damit schon der absteigende Prozeß begonnen, so setzt er sich weiterhin derart fort, daß aus der dritten und der vierten Syzygie noch weitere Aeonen hervorgehen, die mit jener heiligen Achtzahl erst das ganze Pleroma bilden, die aber immer ferner von dem Urgrunde stehen: erst der letzte dieser Aeonen, die „Weisheit" (σοφία) ist es, der durch sündige Sehnsucht nach dem Urgrunde den Anlaß dazu gibt, daß diese Sehnsucht von ihm abgelöst und in die stoffliche Leere, das κένωμα geworfen wird, um dort zur Bildung der irdischen Welt zu führen.

Sieht man auf die philosophischen Gedanken, die sich hinter dieser vieldeutigsten Mythenkonstruktion verbergen, so ist es leicht verständlich, daß die Schule der Valentinianer in mannigfache Ansichten auseinander ging. Denn in keinem anderen Systeme jener Zeit sind so sehr dualistische und monistische Motive beider Art, der evolutionistischen wie der emanatistischen, miteinander gemischt wie hier.

7. In begrifflicher Abklärung und mit Ablösung des mythischen Apparates erscheinen die gleichen Motive in der Lehre P l o t i n s, so jedoch, daß in der Durchführung des Ganzen das Prinzip der E m a n a t i o n die beiden andern fast ganz verdrängt.

Die Synthese von Transzendenz und Immanenz wird auch von Plotin in der Richtung gesucht, daß das Wesen Gottes als das absolut Einheitliche und Unveränderliche bewahrt bleibt, während Vielheit und Veränderlichkeit nur seinen Wirkungen[220]) zukommen. Von dem über alle endlichen Bestimmungen und Gegensätze erhabenen „Ersten" kann im strengen Sinne gar nichts ausgesagt werden (vgl. oben 2); nur uneigentlich, in seiner Beziehung zur Welt kann es als das

---

[220]) Insofern finden wir hier in die theologische Form umgeprägt das eleatisch-heraklitische Anfangsproblem der griechischen Metaphysik wieder, das auch den Platonismus bestimmte.

unendlich Eine, als das Gute und als höchste Kraft (πρώτη δύναμις) bezeichnet werden, und die Wirkungen dieser Kraft, welche das Weltall ausmachen, sind nicht als Abzweigungen und Teilungen seiner Substanz, nicht somit als eigentliche „Ausflüsse", sondern vielmehr als ü b e r q u e l l e n d e, die Substanz selbst in keiner Weise verändernde, doch aber aus der Notwendigkeit ihres Wesens sich ergebende Nebenerfolge zu betrachten.

Als bildliche und doch auch die Auffassung dieses Verhältnisses bestimmende Darstellung wendet Plotin das Gleichnis des L i c h t e s an, welches, ohne damit an seinem Wesen einzubüßen oder selbst in Bewegung zu treten, in die Finsternis strahlt und damit um sich eine Atmosphäre der Helligkeit derart erzeugt, daß sie von dem Quellpunkte aus immer mehr an Intensität abnimmt und schließlich sich von selbst in die Finsternis verliert[221]). So sollen auch die Wirkungen des Einen und Guten, je mehr sie durch die einzelnen Sphären hindurch sich davon entfernen, immer unvollkommener werden und am Ende in das finstere, böse Gegenteil umschlagen, — die Materie.

Die erste Sphäre dieser göttlichen Wirksamkeit ist nach Plotin der G e i s t (νοῦς), mit dem sich die erhabene Einheit in die Zweiheit von Denken und Sein, d. h. in diejenige des Bewußtseins und seiner Gegenstände auseinanderlegt. In ihm ist das Wesen der Gottheit als Einheitlichkeit der Denkfunktion (νόησις) erhalten: denn dies mit dem Sein identische Denken wird (wie im aristotelischen Gottesbegriff) nicht als eine anhebende oder aufhörende, an den Gegenständen etwa wechselnde Tätigkeit, sondern als die immer gleiche, ewige Anschauung des eigenen wesensgleichen Inhaltes betrachtet. Aber dieser Inhalt, die Ideenwelt, welche den Erscheinungen gegenüber das ewige Sein (οὐσία in platonischem Sinn) bedeutet, ist als intelligible Welt (κόσμος νοητός) zugleich das Prinzip der Vielheit. Denn die Ideen sind nicht bloß Gedanken und Urbilder, sondern zugleich die bewegenden Kräfte (νοῖ = δυνάμεις) der niederen Wirklichkeit. Die Grundbegriffe (Kategorien) dieser intelligiblen Welt sind daher, weil in ihr Einheit und Mannigfaltigkeit als die Prinzipien des Beharrens und des Geschehens vereinigt oder doch wieder getrennt sind, die fünf[222]): das Seiende (τὸ ὄν), die Ruhe (στάσις), das Geschehen (κίνησις), die Identität (ταὐτότης) und die Verschiedenheit (ἑτερότης). Der Geist also als inhaltlich bestimmte, die Vielheit in sich tragende Funktion ist die Gestalt, durch welche die Gottheit alle empirische Wirklichkeit aus sich hervorgehen läßt: Gott als erzeugendes Prinzip, als Weltgrund ist Geist.

Aber der Geist bedarf nun einer ähnlichen Ausstrahlung, um aus sich die Welt zu erzeugen; sein nächstes Produkt ist die S e e l e, und diese wiederum betätigt sich dadurch, daß sie die Materie zur Körperlichkeit gestaltet. Die eigentümliche Stellung der „Seele" besteht also darin, daß sie den Inhalt des Geistes, die Ideenwelt, anschauend empfängt und nach diesem Urbilde (εἰκών) das Sinnliche bildet. Dem schöpferischen Geiste gegenüber ist sie das empfangende, der Materie gegenüber das wirkende Prinzip. Und diese Dualität der Beziehungen auf das höhere und das Niedere wird hier so stark betont, daß (ebenso wie der „Geist" in Denken

---

[221]) Über die „Metaphysik des Lichts" in dem mittelalterlichen Neuplatonismus vgl. CL. BAEUMKER, Witelo (Münster 1908), S. 357—514.

[222]) Aus dem platonischen Dialog Sophistes bekannten: vgl. daselbst 254 b ff. und oben S. 104, Anm. 187.

und Sein auseinanderging) die „Seele" sich für Plotin geradezu verdoppelt: in die
selige Anschauung der Ideen versunken, ist sie die höhere, eigentliche Seele, die
ψυχή im engeren Sinne des Worts; als gestaltende Kraft ist sie die niedere Seele,
φύσις (gleich dem λόγος σπερματικός der Stoiker).

Alle diese Bestimmungen treffen einerseits die allgemeine Seele (Weltseele —
P l a t o n), anderseits aber auch die einzelnen Seelen, die als ihre Sondergestaltungen von ihr ausgegangen sind, namentlich also auch die menschlichen Seelen.
Von der reinen idealen Weltseele wird die φύσις, die gestaltende Naturkraft unterschieden: aus jener emanieren die Götter, aus dieser die Dämonen. Unter der
erkennenden Seele des Menschen, die sich zu dem heimatlichen Geiste zurück-
schwingt, steht die Lebenskraft, welche den Leib bildet. So erscheint die Scheidung
in den Merkmalen des Seelenbegriffs, die sich sachlich aus dem Dualismus entwickelte (vgl. § 19, 3), hier formell durch den Zusammenhang des metaphysischen
Systems gefordert.

Dabei wird die Wirkung der „Seele" auf die Materie zwar selbstverständlich als
zweckmäßig aufgefaßt, weil sie ja zuletzt auf den Geist und die Vernunft (λόγος)
zurückgeht, aber doch, da sie Sache der niederen Seele ist, als absichtsloses,
unbewußtes, naturnotwendiges Walten angesehen. Wie die äußeren Strahlen-
schichten des Lichts in die Finsternis dringen, so gehört es zum Wesen der Seele,
mit ihrem Glanz, der aus dem Geist und aus dem Einen stammt, die Materie zu
durchleuchten.

Die M a t e r i e aber — und das ist einer der wesentlichsten Punkte in Plotins
Metaphysik — darf nicht etwa als eine für sich neben dem Einen bestehende körperliche Masse angesehen werden, sie ist vielmehr selbst körperlos, immateriell²²³).
Zwar werden aus ihr die Körper gebildet, aber sie selbst ist kein Körper, und da
sie so weder geistiger noch körperlicher Natur ist, so kann sie durch keine Eigenschaften bestimmt werden (ἄποιος). Aber diese erkenntnistheoretische Unbestimm-
barkeit gilt nun bei Plotin zugleich als metaphysische Unbestimmtheit. Die Materie
ist ihm die absolute Negativität, die reine Privation (στέρησις), die völlige Abwesenheit des Seins, das absolute N i c h t s e i n : sie verhält sich zu dem Einen wie die
Finsternis zum Lichte, wie die Leere zur Fülle. Diese ὕλη der Neuplatoniker ist
nicht die aristotelische oder die stoische, sondern wieder die platonische: es ist der
l e e r e, f i n s t e r e R a u m²²⁴). So weit reicht in dem antiken Denken die Wirkung
der eleatischen Gleichsetzung des leeren Raums mit dem Nichtsein und der demokritisch-platonischen Weiterbildung dieser Lehre: auch im Neuplatonismus gilt der
Raum als die Voraussetzung für die Vervielfältigung, welche die Ideen in der sinnlichen Erscheinungswelt finden, das *principium individuationis*. Deshalb ist auch
bei Plotin die niedere, für die Ausstrahlung auf die Materie bestimmte Seele, die
φύσις, das Prinzip der Teilbarkeit²²⁵), während die höhere Seele die dem Geist
verwandte Ungeteiltheit und innere Einheitlichkeit des Bewußtseins besitzt.

In der reinen Negativität begründet es sich nun aber, daß diese eigenschaftslose

---

²²³) ἀσώματος: Ennead., III, 6, 7.
²²⁴) Ibid., III, 6, 18. Der allgemeine leere Raum bildet die Möglichkeit (ὑποκείμενον) für
die Existenz der Körper; während anderseits die einzelne Raumbestimmtheit durch das
Wesen der Körper bedingt ist: II, 4, 12.
²²⁵) Ibid., III, 9, 1.

Materie auch durch ein Wertprädikat bestimmt werden kann: sie ist das B ö s e. Als der absolute Mangel (πενία παντελής), als die Negation des Einen und des Seins, ist sie auch die Negation des Guten: ἀπουσία ἀγαθοῦ. Indem aber der Begriff des Bösen so eingeführt wird, erhält er auch seine besondere Formung: das Böse ist nicht selbst etwas positiv Vorhandenes, sondern es ist der Mangel, es ist das Fehlen des Guten, das N i c h t s e i n. Diese Begriffsbildung gab für Plotin ein willkommenes Argument für die T h e o d i c e e : wenn das Böse nicht i s t, so braucht es nicht gerechtfertigt zu werden, und so folgt aus den bloßen begrifflichen Bestimmungen, daß alles, was ist, gut ist.

Darum ist nun für Plotin die Sinnenwelt nicht an sich böse, so wenig wie sie an sich gut ist; sondern weil in ihr das Licht in die Finsternis, das Eine in die Materie übergeht, weil sie somit eine Mischung von Sein und Nichtsein darstellt (der platonische Begriff der γένεσις wird hier von neuem mächtig), so ist sie g u t, sofern sie an Gott oder dem Guten teil hat, d. h. s o f e r n s i e i s t, und so ist sie b ö s e, sofern sie an der Materie oder dem Bösen teil hat, d. h. s o f e r n s i e n i c h t i s t. Das wahre, eigentliche Böse (πρῶτον κακόν) ist die Materie, die Negation: die Körperwelt darf nur böse genannt werden, weil sie daraus gestaltet ist, sie ist das sekundäre Böse (δεύτερον κακόν); und den Seelen gebührt das Prädikat böse nur, wenn sie sich der Materie hingeben. Freilich gehört das Eingehen in die Materie zu den wesentlichsten Merkmalen der Seele selbst; diese bildet eben diejenige Sphäre, durch welche die Ausstrahlung der Gottheit in die Materie übergeht, und das Teilnehmen am Bösen ist deshalb für sie eine Naturnotwendigkeit, die als Fortsetzung ihres eigenen Hervorgehens aus dem Geiste zu fassen ist[226]).

Durch diese Unterscheidung der Sinnenwelt von der Materie vermochte Plotin auch dem Positiven in den Erscheinungen gerecht zu werden[227]). Denn da die Urkraft durch Geist und Seele hindurch auf die Materie wirkt, so ist hiernach alles, was in der Sinnenwelt wahrhaft i s t, offenbar selbst Seele und Geist. Hierin wurzelt die Spiritualisierung der Körperwelt, die Vergeistigung des Universums, welche das Charakteristische von Plotins Naturauffassung bildet. Das Materielle ist nur die äußere Hülle, hinter der als das wahrhaft Wirkende Seelen und Geister stecken. Der Körper ist das Abbild oder der Schatten der Idee, die in ihm sich der Materie eingebildet hat; sein wahres Wesen ist dies Geistige, welches in dem Sinnenbilde erscheint.

In solchem Durchleuchten aber der idealen Wesenhaftigkeit durch ihre sinnliche Erscheinung besteht die S c h ö n h e i t : vermöge dieses Einstrahlens des geistigen Lichts in die Materie ist die ganze Sinnenwelt und ist in ihr das einzelne, seinem Urbild nachgestaltete Ding schön. Hier begegnet uns in Plotins Abhandlung über die Schönheit (Ennead. I, 6) dieser Begriff zum erstenmal unter den Grundbegriffen der Weltanschauung: es ist der erste Versuch einer metaphysischen Ästhetik. Bis hierher trat das Schöne immer nur in Homonymie mit dem Guten und Vollkom-

---

[226]) Wenn deshalb auch Plotin in seiner Ethik noch so sehr die F r e i h e i t im Sinne der V e r a n t w o r t l i c h k e i t betont hat, so zeigt sich doch der große Zug seines metaphysischen Denkens gerade darin, daß er diese Freiheit des „Auch-anders-sein-könnens" nicht zum erklärenden Prinzip machte, sondern den Übergang des Weltwesens in das Böse als eine metaphische Notwendigkeit zu begreifen suchte.

[227]) Sehr charakteristisch ist in dieser Hinsicht die Schrift (Ennead., II, 9), welche er gegen die barbarische Naturverachtung der Gnostiker schrieb.

menen auf, und die leisen Anfänge einer Ablösung und Verselbständigung des
Begriffs, welche Platons Symposion enthielt, sind eben erst von Plotin wieder aufgenommen worden; denn auch die Theorie der Kunst, auf die sich später die
ästhetische Wissenschaft beschränkte, hat, wie es am deutlichsten in dem Bruchstück der aristotelischen Poetik hervortritt, das Schöne wesentlich nach seinen
ethischen Wirkungen betrachtet (vgl. § 13, 14). Es hat des ganzen Ablaufs der
antiken Lebensbewegung und jener Verinnerlichung, welche sie in der religiösen
Periode erfuhr, bedurft, um das wissenschaftliche Bewußtsein von diesem feinsten
und höchsten Gehalte des Griechentums herbeizuführen, und der Begriff, worin
dies geschieht, ist deshalb charakteristisch für die Entwicklung, aus der er hervor-
bricht: die Schönheit, welche die Griechen geschaffen und genossen hatten, — sie
wird nun erkannt als das sieghafte Walten des Geistes, in der Veräußerlichung
seiner sinnlichen Erscheinungen. Auch dieser Begriff ist ein Triumph des Geistes,
der in der Entfaltung seiner Tätigkeiten zuletzt sein eigenes Wesen erfaßt und
als Weltprinzip begriffen hat.

Hinsichtlich der Erscheinungswelt steht also Plotin auf dem Standpunkte, den
man als U m d e u t u n g   d e r   N a t u r   i n   S e e l e n l e b e n bezeichnen muß, und
so erweist sich, daß in betreff dieser Gegensätze das antike Denken seinen Lauf
von einem Extrem zum andern beschrieben hat: die älteste Wissenschaft kannte
die Seele nur als eins neben den vielen anderen Naturprodukten, — dem Neuplatonismus gilt die ganze Natur nur so weit als wirklich, als sie Seele ist.

Indem aber dies idealistische Prinzip auf die Erklärung der einzelnen Dinge und
Vorgänge in der Sinnenwelt angewendet wird, hört die Nüchternheit und Klarheit
der Naturforschung auf. An die Stelle gesetzmäßiger Kausalzusammenhänge tritt
das geheimnisvolle, traumhaft unbewußte Weben der Weltseele, das Walten der
Götter und Dämonen, die geistige Sympathie aller Dinge, welche sich in wunder-
baren Beziehungen unter ihnen ausspricht. Alle Formen von Mantik, Astrologie,
Wunderglaube fließen von selbst in diese Naturbetrachtung ein, und der Mensch
scheint in ihr von lauter höheren, geheimnisvollen Kräften umgeben: diese geist-
gezeugte, seelenvolle Welt umfängt ihn als ein m a g i s c h e r Zauberkreis.

Der ganze Hervorgang der Welt aus der Gottheit erscheint somit als eine zeitlose,
ewige Notwendigkeit, und wenn Plotin auch von einer periodischen Wiederkehr
derselben Einzelgestaltungen redet, so ist ihm doch der Weltprozeß selbst anfangs-
und endlos. Wie es zum Wesen des Lichts gehört, ewig in die Finsternis zu scheinen,
so ist Gott nicht ohne die Ausstrahlung, mit der er aus der Materie die Welt erzeugt.

In diesem a l l g e m e i n e n   G e i s t e s l e b e n verschwindet dann die individuelle Persönlichkeit als eine untergeordnete Sondererscheinung. Aus der Gesamt-
seele als eine ihrer zahllosen Entfaltungen entlassen, ist sie wegen der schuldvollen
Neigung zum Nichtigen aus der reinen Präexistenz in den Sinnenleib geworfen,
und ihre Aufgabe ist, sich ihm und dem materiellen Wesen überhaupt zu entfremden
und sich von ihm wieder zu „reinigen". Erst wenn ihr dies gelungen, kann sie
hoffen, rückwärts die Stufen zu durchlaufen, in denen sie selbst aus der Gottheit
hervorgegangen ist, und so zu dieser zurückzukehren. Der erste positive Schritt
zu dieser Erhebung ist die bürgerliche oder „politische" Tugend, durch welche
der Mensch sich als vernünftig gestaltende Kraft in der Erscheinungswelt geltend
macht; aber da diese sich nur in Beziehung auf das sinnliche Objekt betätigt,

so steht weit über ihr (vgl. A r i s t o t e l e s) die dianoëtische Tugend der Erkenntnis, mit der sich die Seele in ihren eigenen geistigen Lebensgehalt versenkt: als anregende Hilfe dazu feiert Plotin die Betrachtung des Schönen,, welche im Sinnending die Idee ahnt und in der Überwindung der Neigung zur Materie von dem sinnlich Schönen zum geistig Schönen aufsteigt. Aber auch diese dianoëtische Tugend, diese ästhetische θεωρία und Selbstanschauung des Geistes ist nur die Vorstufe für jene ekstatische Verzückung, in der das Individuum zu bewußtloser Einheit mit dem Weltgrunde eingeht (§ 18, 6). Das Heil und die Seligkeit des Individuums ist sein Untergang in das All-Eine.

Die späteren Neuplatoniker, schon Porphyrios, noch mehr aber Jamblichos und Proklos betonen bei dieser Erhebung weit mehr als Plotin die Hilfe, die das Individuum dazu in der positiven Religion und in ihren Kultushandlungen finde. Da nämlich diese Männer, ganz wie die ältere Akademie und die Stoa, die verschiedenen, von ihnen noch stark vermehrten Stufen der Abfolge der Welt aus dem „Einen" durch allerlei mehr oder minder willkürliche Allegorien mit den Göttergestalten der verschiedenen ethnischen Religionen gleichsetzten, so lag es nahe, bei der Rückkehr der Seele zu Gott, welche ja in umgekehrter Reihenfolge dieselben Stufen bis zur ekstatischen Vergottung zu durchlaufen haben sollte, die Unterstützung dieser niederen Götter in Anspruch zu nehmen: und wie die Metaphysik der Neuplatoniker in Mythologie, so artete ihre Ethik in t h e u r g i s c h e Künste aus.

8. Im ganzen folgt hiernach die plotinische Ableitung der Welt aus Gott trotz aller Verinnerlichung und Vergeistigung der Natur doch dem p h y s i s c h e n Schema des Geschehens. Diese Ausstrahlung der Dinge aus der Urkraft ist eine ewige, im Wesen der letzteren begründete Notwendigkeit, das Erzeugen ist bewußt- los und absichtslos zweckmäßiges Wirken.

Zugleich aber spielt in diese Auffassung ein l o g i s c h e s Motiv hinein, welches in dem altplatonischen Charakter der Ideen als Gattungsbegriffe seinen Ursprung hat. Wie nämlich die Idee zu den einzelnen Sinnendingen, so verhält sich zu den Ideen wieder die Gottheit wie das Allgemeine zu dem Besonderen: Gott ist das absolut Allgemeinste, und nach einem Gesetz der formalen Logik, wonach die Begriffe an Inhalt um so ärmer werden, je mehr ihr Umfang wächst, so daß dem Umfang ∞ der Inhalt 0 entsprechen muß, ist das absolut Allgemeinste auch der inhaltlose Begriff des „Ersten". Wenn aber aus diesem Ersten zunächst die intelli- gible, sodann die psychische, endlich die sinnliche Welt hervorgehen soll, so ent- spricht dies metaphysische Verhältnis dem logischen Prozesse der D e t e r m i n a - t i o n o d e r d e r P a r t i t i o n. Danach sollte durchweg das Allgemeinere als die höhere, metaphysisch ursprünglichere Wirklichkeit betrachtet werden: die syllo- gistisch-deduktive Methode des Aristoteles (vgl. § 12, 3) wurde als das Wesen des realen Erzeugens und Entstehens angesehen und in diesem Sinne alles Besondere auch seiner metaphysischen Realität nach als ein Produkt aus dem Allgemeinen abgeleitet. Diese Lehre ist unter den älteren Neuplatonikern hauptsächlich von P o r p h y r i o s in seiner Exegese zu den Kategorien des Aristoteles ausgesprochen worden, und ihr war es vorbehalten, in der mittelalterlichen Philosophie als Haupt- motiv des „Realismus" (vgl. unten § 23) eine bedeutende Rolle zu spielen.

Indessen sah nun P r o k l o s, der das logische Schema der Emanation methodisch durchzuführen unternahm, sich auch in der Notwendigkeit, für das logische Hervor- gehen des Besonderen aus dem Allgemeineren noch ein eigenes d i a l e k t i s c h e s P r i n z i p in Anspruch zu nehmen. Einen solchen Schematismus fand der Systema- tiker des Hellenismus in dem logisch-metaphysischen Verhältnis, welches Plotin der Entwicklung der Welt aus der Gottheit zu Grunde gelegt hatte. Der Hervorgang des Vielen aus dem Einen bringt es mit sich, daß einerseits das Besondere dem Allgemeinen ähnlich ist und somit die Wirkung in der Ursache enthalten bleibt und beharrt, anderseits dies Erzeugte als ein Neues, Selbständiges dem Erzeugenden gegenübertritt und aus ihm heraustritt, endlich aber vermöge eben dieses antithetischen Verhältnisses das einzelne wieder zu seinem Grunde zurückstrebt. Somit sind B e h a r r e n, H e r a u s t r e t e n und Z u r ü c k k e h r e n (μονή, πρόοδος, ἐπιστροφή) oder Identität, Verschiedenheit und Verknüpfung des Unterschiedenen die drei Momente des dialektischen Prozesses, und Proklos preßte in diese Formel der emanatistischen Entwicklung, vermöge deren jeder Begriff in sich — aus sich — in sich zurückkehrend gedacht werden sollte, die gesamte metaphysisch-mythologische Konstruktion, womit er die begriffliche Determination in einer immer dreigliedrig sich weiter spaltenden Stufenfolge ausführte. Damit zugleich aber wußte er auch den Göttersystemen der verschiedenen Religionen ihren Platz in dem mystisch-magischen Weltzusammenhange anzuweisen[228]).

9. Demgegenüber besteht nun die Eigentümlichkeit der c h r i s t l i c h e n P h i l o s o p h i e wesentlich darin, daß sie in der Auffassung des Verhältnisses von Gott und Welt durchweg den e t h i s c h e n Gesichtspunkt des freien schöpferischen Tuns zur Geltung zu bringen gesucht hat. Indem sie von ihrer religiösen Überzeugung her an dem Begriffe der P e r s ö n l i c h k e i t d e s U r w e s e n s festhielt, faßte sie den Hervorgang der Welt aus Gott nicht als physische oder logische Notwendigkeit der Wesensentfaltung, sondern als einen A k t d e s W i l l e n s auf, und infolgedessen galt ihr die Weltschöpfung nicht als ein ewiger Prozeß, sondern als eine e i n m a l i g e, z e i t l i c h e T a t s a c h e. Der Begriff aber, in welchem sich diese Gedankenmotive konzentrierten, war der der W i l l e n s f r e i h e i t.

Der Begriff der letzteren hatte zuerst den Sinn gehabt, der endlichen, sittlich handelnden Persönlichkeit des Menschen die Fähigkeit einer von äußerem Einfluß und Zwang unabhängigen Entscheidung zwischen verschiedenen g e g e b e n e n Möglichkeiten zuzuerkennen (ARISTOTELES); er hatte sodann die metaphysische Bedeutung einer ursachlosen Tätigkeit einzelner Wesen angenommen (EPIKUR): auf das Absolute angewendet und als Eigenschaft Gottes betrachtet, wird er in der christlichen Philosophie zu dem Gedanken der „Schöpfung aus Nichts", zu der Lehre einer ursachlosen E r z e u g u n g d e r W e l t a u s d e m W i l l e n G o t t e s umgebildet. Damit wird jeder Versuch einer Erklärung der Welt abgelehnt: die Welt ist, weil Gott sie gewollt hat, und sie ist so, wie sie ist, weil Gott sie so gewollt hat. An keinem Punkte ist der Gegensatz zwischen Neuplatonismus und rechtgläubigem Christentum schärfer als an diesem.

Indessen wird nun eben dasselbe Prinzip der Willensfreiheit angewendet, um die Schwierigkeiten zu überwinden, welche sich aus ihm selbst ergeben. Denn die schrankenlose Schöpferfreiheit des allmächtigen Gottes treibt noch energischer als in den andern Weltanschauungen das Problem der T h e o d i c e e hervor, wie dabei

---

[228]) Persönlich charakterisiert sich dabei Proklos durch eine merkwürdige, psychologisch höchst interessante Mischung von logischem, bis zur Pedanterie getriebenem Formalismus und überschwänglicher, wundergläubigster Frömmigkeit: er ist gerade damit vielleicht der ausgesprochenste Typus dieser Zeit, welche ihre inbrüstige Religiosität in ein wissenschaftliches System umzusetzen bemüht ist.

mit seiner Allgüte die Realität des Bösen in der Welt vereinbar sei. Der O p t i -
m i s m u s d e r W e l t s c h ö p f u n g s l e h r e und der P e s s i m i s m u s d e s
E r l ö s u n g s b e d ü r f n i s s e s, das theoretische und das praktische, das metaphysische und das ethische Moment der religiösen Überzeugung stoßen hart aufeinander[229]). Den Ausweg aber aus diesen Schwierigkeiten findet der von dem
Verantwortlichkeitsgefühl getragene Glaube in der Annahme, daß Gott die Geister
und Menschenseelen, die er schuf, mit einer der seinigen analogen Freiheit ausgestattet habe und daß dann durch deren Schuld das Böse in die gute Welt gekommen sei[230]).

Diese Schuld finden die kirchlichen Denker nicht eigentlich in der Neigung zur
Materie oder zum Sinnlichen: denn die Materie kann als von Gott geschaffen an sich
nicht böse sein[231]). Die Sünde der freien Geister besteht vielmehr in ihrer Empörung
gegen den Willen Gottes, in ihrer Sehnsucht nach eigener, schrankenloser Selbstbestimmung und erst sekundär darin, daß sie ihre Liebe statt auf Gott vielmehr
auf seine Schöpfungen, auf die Welt gerichtet haben. Inhaltlich waltet also auch
hier im Begriff des Bösen das negative Moment[232]) der Abkehr und des Abfalls von
Gott vor: aber der ganze Ernst des religiösen Bewußtseins macht sich darin geltend,
daß dieser Abfall nicht bloß als Abwesenheit des Guten, sondern als ein positiver,
verkehrter Willensakt aufgefaßt wird.

Zwar zieht sich hiernach der Dualismus von Gott und Welt und damit derjenige
von Geist und Materie auch tief in die christliche Weltanschauung hinein: Gott
und das ewige Leben des Geistes, die Welt und das vergängliche Leben des Fleisches,
— sie stehen sich auch hier schroff genug gegenüber; im Widerstreit gegen das
göttliche Pneuma ist die Sinnenwelt von „hylischen" Geistern[233]), bösen Dämonen
erfüllt, die den Menschen in ihr gottfeindliches Treiben verstricken, die Stimme
der allgemein-natürlichen Offenbarung in ihm ersticken und dadurch die besondere
Offenbarung notwendig machen; ohne die Abkehr von ihnen und von dem sinnlichen Wesen ist auch für die altchristliche Ethik keine Rettung der Seele möglich.

Allein seinem eigentlichen Wesen nach gilt doch dieser Dualismus hier weder
als notwendig noch als ursprünglich: es ist nicht der Gegensatz zwischen Gott und
der Materie, sondern derjenige zwischen Gott und den gefallenen Geistern, es ist
d e r r e i n i n n e r l i c h e A n t a g o n i s m u s d e s u n e n d l i c h e n u n d d e s
e n d l i c h e n W i l l e n s. In dieser Richtung hat die christliche Philosophie durch
O r i g e n e s die metaphysische V e r g e i s t i g u n g und Verinnerlichung der
Sinnenwelt vollzogen. In ihr erscheint die Körperwelt ebenso von geistigen Funk-

---

[229]) Die christliche Weltanschauung erfuhr hierin genau dasselbe Geschick logischer
Selbstverstrickung wie dereinst die stoische: vgl. oben § 16.

[230]) Begrifflich wird das von Clemens Alex. (Strom., IV, 13, 605) so ausgedrückt, daß
das Böse nur Handlung, nicht Substanz (οὐσία) sei und deshalb nicht als Gottes Werk
betrachtet werden könne. Vgl. K. GRONAU, Das Theodizeeproblem in der altchristlichen
Auffassung (Tübingen 1922).

[231]) Deshalb gerade mußte der metaphysische Dualismus der Gnostiker, gleichviel ob
er mehr orientalisch-mythologisches oder hellenistisch-begriffliches Gepräge trug, in der
Tat prinzipiell heterodox sein, wenn er auch in der ethischen Konsequenz zum großen
Teil mit der Kirchenlehre zusammentraf.

[232]) In diesem Sinn konnte auch Origines (In Joh., II, 7) das Böse τὸ οὐχ ὄν nennen.

[233]) Tatian, Orat. ad. Graec., 4.

tionen durchsetzt und getragen, ja ebenso in geistige Funktionen aufgelöst wie bei Plotin; aber das Wesentliche dieser Funktionen sind hier die Verhältnisse des W i l l e n s. Wie der Übergang Gottes in die Welt nicht physische Notwendigkeit, sondern ethische Freiheit ist, so ist die materielle Welt nicht eine letzte Ausstrahlung von Geist und Seele, sondern eine Schöpfung Gottes zur Strafe und zur Überwindung der Sünde.

Freilich hat Origenes in die Entwicklung dieser Gedanken ein dem Neuplatonismus verwandtes Motiv aufgenommen, das ihn schließlich mit der Vorstellungsweise der Gemeinde in Konflikt brachte. So sehr er nämlich an dem Begriffe der göttlichen Persönlichkeit und an dem der Schöpfung als freier Tat göttlicher Güte festhielt, so war doch das wissenschaftliche Denken, welches die Handlung im Wesen begründet sehen will, in ihm zu mächtig, als daß er diese Schöpfung als einen einmaligen zeitlichen, ursachlosen Akt hätte ansehen können. Das ewige, unveränderliche Wesen Gottes verlangt vielmehr, daß er von Ewigkeit her bis in alle Ewigkeit Schöpfer ist, daß er niemals ohne Schöpfung sein kann, daß er zeitlos schafft[234]). Aber diese Schöpfung des e w i g e n Willens ist deshalb auch nur eine solche, welche sich auf das ewige Sein, auf die geistige Welt (οὐσία) bezieht. In dieser ewigen Weise zeugt Gott — so lehrt Origenes — den ewigen Sohn, den L o g o s als den Inbegriff seiner Weltgedanken (ἰδέα ἰδεῶν) und durch ihn das R e i c h d e r f r e i e n G e i s t e r, das, in sich begrenzt, als ewig lebendiges Kleid die Gottheit umgibt. Diejenigen nun von den Geistern, welche in der Erkenntnis und Liebe des Schöpfers verharren, bleiben in unveränderter Seligkeit bei ihm: diejenigen aber, welche müde und nachlässig werden und sich in Hochmut und Aufgeblasenheit von ihm abwenden, werden zur Strafe in die zu diesem Zwecke geschaffene Materie geworfen. So entsteht die Sinnenwelt, die also nichts Selbständiges, sondern eine symbolische Veräußerlichung der geistigen Funktionen ist. Denn was in ihr als real gelten darf, das sind nicht die einzelnen Körper, sondern vielmehr die geistigen Ideen, die in ihnen verknüpft und wechselnd an ihnen vorhanden sind[235]).

---

[234]) Orig. de princ., I, 2, 10. III, 4, 3.

[235]) Sehr ausführlich hat diese Idealisierung der Sinnenwelt der bedeutendste der orientalischen Kirchenväter, G r e g o r v o n N y s s a (331—394), nach ganz platonischem Muster behandelt. Seine Hauptschrift ist der λόγος κατηχητικός; Ausgabe der Werke von Morellus (Paris 1615). Jetzt W. JAEGER, I, 1921. Vgl. J. RUPP, G. des Bischofs von N. Leben und Meinungen (Leipzig 1834). — Eine höchst poetische Darstellung hat jene Umsetzung der Natur in seelische Bestimmungen bei den Gnostikern, insbesondere bei dem geistreichsten darunter, V a l e n t i n, gefunden. In dessen theogonisch-kosmogonischer Dichtung wird der Ursprung der Sinnenwelt so geschildert: als die niederste (weibliche) der Äonen, die Weisheit (σοφία), mit übereilter Sehnsucht sich in den Urgrund hatte stürzen wollen und von dem Geiste des Maßes (ὅρος) wieder an ihren Platz zurückgeführt worden war, da löste der höchste Gott von ihr das leidenschaftliche Sehnen (πάθος) als eine niedere Weisheit (κάτω σοφία), Achamoth genannt, ab und verbannte es in die „Leere" (vgl. § 20, 4), diese niedere σοφία jedoch, zu ihrer Erlösung vom ὅρος befruchtet, gebar den Demiurgen und die Sinnenwelt. Deshalb aber spricht sich nun in allen Formen und Gestalten dieser Welt jene heiße Sehnsucht der σοφία aus; ihre Gefühle sind es, die das Wesen der Erscheinungen ausmachen, ihr Drängen und Klagen zittert durch alles Leben der Natur. Aus ihren Tränen sind Quellen, Ströme und Meere, aus ihrem Erstarren vor dem göttlichen Worte sind Felsen und Berge, aus ihrer Erlösungshoffnung sind Licht und Äther geworden, die sich versöhnend über die Erde spannen. Weiter ausgeführt, mit den Klage- und Bußliedern der σοφία, ist diese Dichtung in der gnostischen Schrift Πίστις σοφία.

So vereinigt sich bei Origenes der Platonismus mit der Theorie des schöpferi
schen Willens. Die ewige Welt der Geister ist das ewige Erzeugnis des wandellosen
göttlichen Willens. Das Prinzip der Zeitlichkeit aber und der Sinnlichkeit (γένεσις)
ist der wechselnde Wille der Geister: um ihrer Sünde willen entsteht die Körper·
lichkeit, und mit ihrer Besserung und Reinigung wird sie wieder verschwinden.
Damit ist der letzte und tiefste Sinn aller Wirklichkeit das Wollen und das V e r-
h ä l t n i s d e r P e r s ö n l i c h k e i t e n zueinander, insbesondere dasjenige der
endlichen zu der unendlichen Persönlichkeit erkannt.

§ 21. Das Problem der Weltgeschichte.

E. SALIN, Civitas Dei (Tübingen 1926).

Mit diesem durch das Christentum besiegelten Triumph der religiösen Ethik
über die kosmologische Metaphysik hängt nun das Auftauchen eines weiteren
Problems zusammen, das sogleich eine Reihe bedeutsamer Lösungsversuche gefunden hat: des g e s c h i c h t s p h i l o s o p h i s c h e n.

1. Hierin tritt der griechischen Weltanschauung gegenüber etwas prinzipiell N e u e s
zutage. Denn deren Fragestellung war von Anfang an auf die φύσις, auf das bleibende
Wesen gerichtet (vgl. S. 28 f., 63, 80 f., 100 f.), und diese aus dem Bedürfnis der
Naturauffassung hervorgegangene Fragestellung hatte den Fortgang der Begriffsbildung so stark beeinflußt, daß der zeitliche Ablauf des Geschehens immer nur
als etwas Sekundäres behandelt wurde, dem kein eigenes metaphysisches Interesse
sich zuwendete. Dabei betrachtete die griechische Wissenschaft nicht nur den einzelnen Menschen, sondern auch das ganze Menschengeschlecht mit all seinen Geschicken, Taten und Leiden doch schließlich nur als eine Episode, als eine vorübergehende Sondergestaltung des ewig nach gleichen Gesetzen sich wiederholenden
Weltprozesses.

Das spricht sich mit schlichter Großartigkeit in den kosmologischen Anfängen des
griechischen Denkens aus, und auch nachdem in der Philosophie die anthropologische Richtung zur Herrschaft gelangt war, blieb doch als theoretischer
Hintergrund für jeden Entwurf der Lebenskunst stets der Gedanke lebendig, daß
das Menschenleben, wie es aus dem immer gleichen Naturprozeß hervorgequollen,
so auch in ihn wieder einmünden müsse (STOA). Wohl wurde nach einem letzten
Zweck des Erdenlebens gefragt (PLATON) und auch die gesetzmäßige Reihenfolge
der Gestaltungen des politischen Lebens untersucht (ARISTOTELES), wohl erschien
dabei die Herstellung des vernünftigen Weltstaates als eine Aufgabe des Menschengeschlechtes (STOA, CICERO). Aber die Frage nach einem G e s a m t s i n n d e r
M e n s c h e n g e s c h i c h t e, nach einem planvollen Zusammenhange der historischen Entwicklung war niemals als solche aufgeworfen worden, und noch weniger
war es einem der alten Denker eingefallen, darin das eigentliche Wesen der Welt zu
sehen.

Am charakteristischsten aber verfährt gerade in dieser Hinsicht der Neuplatonismus.
Auch seine Metaphysik folgt ja dem religiösen Leitmotive; aber er wendet es echt
hellenisch, wenn er den Hervorgang des Unvollkommenen aus dem Vollkommenen
als einen ewigen, naturnotwendigen Prozeß betrachtet, in welchem auch das

m e n s c h l i c h e E i n z e l w e s e n seine Stelle findet und sich darauf angewiesen
sieht, f ü r s i c h a l l e i n durch Rückkehr zum Unendlichen sein Heil zu suchen.

2. Das C h r i s t e n t u m aber fand von vornherein das Wesen des ganzen Welt-
getriebes in den E r l e b n i s s e n d e r P e r s ö n l i c h k e i t e n : ihm war die
äußere Natur nur ein Schauplatz, auf dem sich das Verhältnis von Person zu Person
und vor allem dasjenige des endlichen Geistes zur Gottheit abspielte. Dazu traten als
weiterhin bestimmende Mächte das Prinzip der Liebe, das Bewußtsein von der
Solidarität des Menschengeschlechtes, die tiefe Überzeugung von der allgemeinen
Sündhaftigkeit und der Glaube an eine gemeinsame Erlösung. Dies alles führte dazu,
daß die Geschichte des Sündenfalls und der Erlösung als der metaphysische Inhalt
der Weltwirklichkeit betrachtet wurde, und daß statt eines ewigen Naturprozesses
das Drama der W e l t g e s c h i c h t e[236]) als eines zeitlichen Ablaufs freier Willenstätigkeiten zum Inhalt der christlichen Metaphysik wurde.

Es gibt vielleicht keinen besseren Beweis für die Gewaltigkeit des Eindrucks, den
die Persönlichkeit J e s u v o n N a z a r e t h hinterlassen hatte, als die Tatsache,
daß alle Lehren des Christentums, soweit sie sonst philosophisch oder mythisch
auseinandergehen mögen, doch darin einig sind, in ihm und seinem Erscheinen den
M i t t e l p u n k t d e r W e l t g e s c h i c h t e zu suchen. Durch ihn wird der Kampf
zwischen Gutem und Bösem, zwischen Licht und Finsternis entschieden.

Dies Siegesbewußtsein, mit dem das Christentum an seinen Heiland glaubte, hatte
aber noch eine andere Seite: zu dem Bösen, das durch ihn überwunden war, gehörten
nicht zum wenigsten auch die andern Religionen. Denn die christliche Vorstellung
jener Tage war weit davon entfernt, die Realität der heidnischen Götter zu leugnen;
sie sah vielmehr in ihnen böse Dämonen, gefallene Geister, welche den Menschen,
um ihn an der Heimkehr zu dem wahren Gotte zu hindern, verführt und zu ihrer
Verehrung überredet haben[237]).

Dadurch gewinnt der K a m p f d e r R e l i g i o n e n, der sich in der alexandrinischen Periode abspielte, in den Augen der christlichen Denker selbst metaphysische
Bedeutung: die Mächte, deren Ringen die Weltgeschichte bildet, sind die Götter der
verschiedenen Religionen, und der Ausdruck dieses Kampfes ist der innerste Sinn
aller Wirklichkeit. Indem dann aber jeder einzelne Mensch mit seiner sittlichen
Lebensarbeit in diesen großen Zusammenhang verflochten ist, hebt sich die Bedeutung der Persönlichkeit weit über das Sinnenleben hinaus in die Sphäre metaphysischer Realität.

3. Diesen Zusammenhängen gemäß erscheint bei fast allen christlichen Denkern
die Weltgeschichte als ein e i n m a l i g e r Ablauf innerer Begebenheiten, welche
die Entstehung und das Schicksal der Sinnenwelt nach sich ziehen: es ist im wesentlichen nur Origenes, der an dem Grundcharakter der griechischen Wissenschaft
insofern festhielt, als er die Ewigkeit des Weltprozesses lehrte; dieser fand zwischen
beiden Motiven den Ausweg, daß er aus der ewigen Geisterwelt, die er als unmittelbare Schöpfung Gottes ansah, eine Sukzession zeitlicher Welten hervorgehen ließ,

---

[236]) Dieser Ausdruck hat, wie man sieht, in diesem Zusammenhange einen weiteren und
der Wortbedeutung sehr viel mehr entsprechenden Sinn, als in seiner gewöhnlichen
Anwendung.

[237]) So selbst Origenes, vgl. cont. Cels., III, 28.

die je mit dem Abfall und Sturz einer Anzahl freier Geister ihren Anfang nehmen und mit deren Erlösung und Restitution (ἀποκατάστασις) ihr Ende finden sollten[288]). Der Grundzug des christlichen Denkens dagegen geht darauf, das weltgeschichtliche Drama von Sündenfall und Erlösung als einen einmaligen Zusammenhang von Begebenheiten zu schildern, die mit einer freien Entscheidung niederer Geister zur Sünde beginnt und ihren Wendepunkt in der erlösenden Offenbarung, dem Entschluß göttlicher Freiheit hat. Die G e s c h i c h t e wird — den naturalistischen Auffassungen des Griechentums gegenüber — als das R e i c h e i n m a l i g e r f r e i e r H a n d l u n g e n d e r P e r s ö n l i c h k e i t e n erfaßt, und der Charakter dieser Handlungen ist dem gesamten Zeitbewußtsein gemäß von wesentlich religiöser Bedeutung.

4. Höchst interessant ist es nun, wie in den mythisch-metaphysischen Dichtungen der G n o s t i k e r sich das eigentümliche Verhältnis des Christentums zum J u d e n t u m im kosmogonischen Gewande zum Ausdruck bringt. In den gnostischen Kreisen überwiegt die sog. heidenchristliche Tendenz, welche die neue Religion möglichst scharf gegen das Judentum abgrenzen will, und diese Tendenz wächst gerade durch die hellenistische Philosophie bis zu offenster Feindschaft gegen das Judentum an.

Die mythologische Form dafür ist die, daß der Gott des alten Testaments, der das mosaische Gesetz gegeben, als der Bildner der Sinnenwelt — meist unter dem platonischen Namen des D e m i u r g e n — betrachtet wird und in der Hierarchie der kosmischen Gestalten (Aeonen) wie in der Geschichte des Universums denjenigen Platz angewiesen erhält, der ihm nach dieser Funktion gebührt.

Anfänglich ist dies Verhältnis noch kein ausgesprochener Gegensatz. Schon ein gewisser K e r i n t h o s (um 115) unterschied von dem obersten Gotte, der durch keine Berührung mit der Materie befleckt werden sollte, den Judengott als Demiurgen[289]) und lehrte, daß dem von diesem gegebenen „Gesetz" gegenüber Jesus die Offenbarung des höchsten Gottes gebracht habe. Ebenso erscheint der Judengott bei S a t u r n i n u s als das Haupt der sieben Planetengeister, welche, als niedrigste Emanation des Geisterreiches, in dem Gelüst nach Selbstherrschaft ein Stück der Materie an sich reißen, um daraus die Sinnenwelt zu bilden und als deren Wächter den Menschen einzusetzen. Daraus entspinnt sich aber der Weltkampf, indem Satanas, um jenes Stück seines Reiches zurückzuerobern, dem Demiurgen und seinem Anhang seine eigenen Dämonen und das niedere, „hylische" Geschlecht der Menschen entgegenschickt. In diesem Kampfe erweisen sich die Propheten des Demiurgen als machtlos, bis der höchste Gott den Aeon νοῦς als Heiland sendet, damit er die pneumatischen Menschen und zugleich auch den Demiurgen und seine Geister aus der Macht des Satans befreie. Auch B a s i l e i d e s läßt die Erlösung selbst dem Judengott zu teil werden: hier wird Jahve unter dem Namen des „großen Archon" als Ausfluß des göttlichen Weltsamens und als das abgefallene Haupt der Sinnenwelt eingeführt; die Heilsbotschaft, die Jesus von dem höchsten

---

[288]) Orig. de princ., III, 1, 3. Diese Welten sollen, der Freiheit halber, aus der sie hervorgehen, durchaus nicht einander gleich, sondern von mannigfaltigster Verschiedenheit sein: ibid., II, 3, 3 f.

[289]) Eine Untersuchung, die, offenbar unter gnostischen Einflüssen, auch Numenios aufnahm: vgl. Euseb. praep. ev., XI, 18.

Gotte bringt, erschüttert auch diesen „Archon" und führt ihn reumütig aus seiner Überhebung zum Gehorsam zurück. In ähnlicher Weise gehört der Gott des Alten Testaments bei K a r p o k r a t e s zu den gefallenen Engeln, welche, mit der Weltbildung beauftragt, sie nach eigener Willkür vollziehen und gesonderte Reiche gründen, in denen sie von den untergeordneten Geistern und den Menschen sich selbst verehren lassen: während aber diese besonderen Religionen sich gegenseitig befehden wie ihre Götter, hat die höchste Gottheit in Jesus, wie schon vorher in den großen Erziehern der Menschheit, einem Pythagoras und Platon, die Eine, wahre, universale Religion offenbart, die ihn selbst zum Gegenstande hat.

In entschiedener Polemik gegen das Judentum hatte ferner der Syrer K e r d o n den Gott des Alten Testaments von dem des Neuen unterschieden[240]): der durch Moses und die Propheten Verkündete sei als der zwecktätige Weltbildner und als der Gott der Gerechtigkeit auch der natürlichen Erkenntnis zugänglich (der stoische Begriff); der durch Jesus Offenbarte sei der unerkennbare, der gute Gott (der philonische Begriff). In scharfer Zuspitzung werden dieselben Bestimmungen bei Marcion (um 150) dazu verwendet, um das christliche, stark asketisch aufgefaßte Leben als einen Kampf gegen den Demiurgen und für den höchsten, durch Jesus offenbarten Gott zu betrachten[241]), und sein Schüler A p e l l e s behandelt den Judengott gar als den Lucifer, der in die Sinnenwelt, welche von dem guten „Demiurgen", dem obersten Engel, gebildet worden ist, die fleischliche Sünde gebracht habe, so daß auf die Bitte des Demiurgen der höchste Gott ihm den Erlöser entgegensenden mußte.

5. Demgegenüber wird nicht allein ausdrücklich von den dem C l e m e n s R o m a n u s zugeschriebenen Rekognitionen (entstanden etwa 150 n. Chr.)[242]), sondern in der gesamten orthodoxen Entwicklung der christlichen Lehre daran festgehalten, daß der höchste Gott und der Weltschöpfer, daß der Gott des Neuen und der des Alten Testaments derselbe sei; zugleich aber wird eine p l a n v o l l e e r z i e h e r i s c h e E n t w i c k l u n g i n d e r O f f e n b a r u n g dieses einen wahren Gottes angenommen und in dieser zeitlichen Entwicklung die H e i l s - g e s c h i c h t e, d. h. die innere Geschichte der Welt gesucht. Nach den Anregungen der paulinischen Briefe[243]) haben diesen Standpunkt Justinus und vor allem Irenaeus eingenommen: erst in dieser geschichtsphilosophischen Ausgestaltung vollendet sich ihre Theorie der Offenbarung (vgl. § 18, 5).

---

[240]) Vgl. VOLKMAR, Philosophoumena und Marcion (Theol. Jahrb., Tübingen 1854). Ders., Das Evangelium Marcions (Leipzig 1852). — A. v. HARNACK, M. 1923.

[241]) Eine äußerst überraschende mythologische Wendung dieses Gedankens findet sich in der Sekte der O p h i t e n, welche die hebräische Erzählung des Sündenfalls dahin umdeuten, daß die Schlange, die im Paradies den Menschen vom Baume der Erkenntnis essen lehrte, den Anfang machte, um dem unter die Herrschaft des Demiurgen gefallenen Menschen die Offenbarung des wahren Gottes zu bringen; nachdem der Mensch deshalb den Zorn des Demiurgen erfahren, sei dieselbe Offenbarung vollendet und siegreich in Jesus erschienen. Denn diese Erkenntnis, welche die Schlange lehren wollte, sei das wahre Heil des Menschen, seine Zugehörigkeit zu dem höchsten Gotte: *eritis sicut deus*.

[242]) Hrsg. von GERSDORF, Leipzig 1838. Vgl. A. HILGENFELD, Die Clementinischen Rekognitionen und Homilien (Jena 1848). G. UHLHORN, Die Homilien und die Rekognitionen des Cl. R. (Göttingen 1854).

[243]) Welche das „Gesetz" als den „Zuchtmeister" auf Christum (παιδαγωγὸς εἰς Χριστόν) behandeln: Gal. 3, 24.

Denn die einerseits in der jüdischen Prophetie, anderseits in der hellenischen Philosophie auftauchenden Antizipationen der christlichen Offenbarung gelten unter diesem Gesichtspunkte als p ä d a g o g i s c h e V o r b e r e i t u n g e n für die letztere. Und da nun die Erlösung des sündigen Menschen nach christlicher Anschauung den einzigen Sinn und Wertinhalt der Weltgeschichte und damit der gesamten außergöttlichen Wirklichkeit ausmacht, so erscheint die planvolle R e i h e n f o l g e d e r O f f e n b a r u n g s t a t e n G o t t e s als das Wesentliche in dem ganzen Ablauf der Weltbegebenheiten.

Dabei werden, der Lehre von der Offenbarung gemäß, in der Hauptsache drei Stufen dieser göttlichen Heilswirksamkeit unterschieden[244]). Dem Inhalte nach erscheint erstens die allgemein-menschliche Offenbarung, welche objektiv durch die Zweckmäßigkeit der Natur, subjektiv durch die vernünftige Anlage des Geistes gegeben ist, — zweitens die besondere, dem hebräischen Volke zuteil gewordene Vorbereitung durch das mosaische Gesetz und die Verheißungen der Propheten, — drittens die volle Entfaltung und Bezeugung der Heilswahrheit durch Jesus: der Zeit nach entsprechen diesen Stufen die drei Perioden von Adam bis Moses, von Moses bis Christus, von Christus bis zum Weltende[245]). Diese Dreiteilung lag dem alten Christentum um so näher, je stärker in ihm der Gedanke lebte, daß die mit dem Erscheinen des Heilandes begonnene Schlußperiode der Welterlösung in kürzester Zeit beendet sein würde. Die e s c h a t o l o g i s c h e n Hoffnungen sind ein wesentlicher Bestandteil der altchristlichen Metaphysik: denn die Geschichsphilosophie, welche den Heiland zum Wendepunkt der Weltgeschichte machte, beruhte nicht zum wenigsten auf der Erwartung, daß der Gekreuzigte wiederkehren würde, um die Welt zu richten und den Sieg des Lichtes über die Finsternis zu vollenden. Freilich gestalten sich diese Vorstellungen mit der Zeit und mit der Enttäuschung der ersten Hoffnungen sehr verschieden, und namentlich macht sich dabei der Gegensatz des Dualismus und des Monismus geltend, indem das Weltgericht entweder als definitive Trennung des Guten und des Bösen oder als volle Überwindung des letzteren durch das erstere (ἀποκατάστασις πάντων bei Origenes) aufgefaßt wurde. Aber so vielfach auch hierin materiellere und geistigere Ansicht von Seligkeit und Unseligkeit, von Himmel und Hölle durcheinander schillern, — immer bildet doch das Weltgericht den Abschluß des Erlösungswerkes und damit das Endglied des göttlichen Heilsplanes.

6. So sind es zwar ausschließlich religiöse Gesichtspunkte, unter denen die Weltgeschichte von den christlichen Denkern betrachtet wird; aber es kommt in ihnen das allgemeine Prinzip einer h i s t o r i s c h e n T e l e o l o g i e zum Durchbruch. Wenn die griechische Philosophie sich in die Betrachtung der Zweckmäßigkeit der Natur mit einer Energie vertieft hatte, welche das religiöse Denken nicht überbieten konnte, so geht hier der völlig neue Gedanke auf, daß auch der zeitliche Ablauf der Begebenheiten des Menschenlebens einen zweckvollen Gesamtsinn habe. Über der Teleologie der Natur erhebt sich diejenige der Geschichte, und so wenig noch

---

[244]) Zum Teil geschah das schon von den Gnostikern, wenigstens nach Hippolyt von Basilides.

[245]) Die spätere (häretische) Entwicklung der Eschatologie fügte diesen drei Perioden noch die vierte durch das Erscheinen des „Parakleten" hinzu; vgl. z. B. Tertullian, de virg. vel., 1, p. 844, O.

zwischen beiden ein sachlicher und begrifflicher Zusammenhang gedacht wird, so finden sich doch schon Andeutungen, wonach die erstere als die Vorstufe der letzteren angesehen werden soll[246]).

Eine solche Konzeption war nur möglich für eine Zeit, die von einem reifen Resultat her auf die lebendige Erinnerung an eine große geschichtliche Entwicklung zurücksah. Der Weltkultur des Römerreichs dämmerte in dem Selbstbewußtsein ihrer Verinnerlichung die Ahnung eines zweckvollen Ineinandergreifens der Völkergeschicke auf, wodurch sie selbst zustande gekommen war, und die Vorstellung dieses gewaltigen Prozesses ergab sich vor allem durch die ein Jahrtausend umspannende kontinuierliche Tradition der g r i e c h i s c h e n L i t e r a t u r. Die religiöse Weltanschauung, die sich aus dieser antiken Gesamtkultur entwickelt hatte, gab jenem Gedanken die Form, daß der Sinn der historischen Bewegung in den Veranstaltungen Gottes zum Heile des Menschen zu suchen sei, und da die alten Kulturvölker selbst die Zeit ihres Wirkens erfüllt fühlten, so ist es begreiflich, daß sie das Ende der Geschichte unmittelbar vor sich da zu sehen glaubten, wo die Sonne ihres Tages sich senkte.

Hand in Hand aber mit dieser Idee einer planvollen Einheit der menschlichen Geschichte geht deshalb auch der Gedanke einer über Raum und Zeit erhabenen E i n h e i t l i c h k e i t d e s M e n s c h e n g e s c h l e c h t e s. Das die nationalen Schranken durchbrechende Bewußtsein der gemeinsamen Kultur vollendet sich in dem Glauben an eine gemeinsame Offenbarung und Erlösung für alle Menschen. Indem das Heil des ganzen Geschlechts zum Inhalt des göttlichen Weltplans gemacht wird, erscheint als die vornehmste unter den dazu gehörigen Veranstaltungen jene Lebensgemeinschaft (ἐκκλησία), zu der alle Glieder des Geschlechts durch die gläubige Teilnahme an demselben Erlösungswerke berufen sind. In diesem Zusammenhange mit der religiösen Geschichtsphilosophie steht der aus dem Leben der christlichen Gemeinden heraus gebildete Begriff der K i r c h e, unter dessen konstitutiven Merkmalen somit die Allgemeinheit (Katholizität) eines der wichtigsten ist.

7. Auf diese Weise wird nun aber der M e n s c h u n d s e i n G e s c h i c k zum Mittelpunkte des Universums. Dieser a n t h r o p o z e n t r i s c h e Charakter unterscheidet die christliche Weltansicht wesentlich von der neuplatonischen. Wohl wies auch diese dem menschlichen Individuum, dessen seelisch-geistiges Wesen sie ja der Vergottung fähig hielt, eine hohe metaphysische Stellung an, wohl beachtete sie die zweckvollen Zusammenhänge der Natur auch unter dem (stoischen) Gesichtspunkte ihrer Zuträglichkeit für den Menschen, — aber niemals würde der Neuplatonismus sich dazu verstanden haben, den Menschen, der ihm als eine Teilerscheinung der göttlichen Wirksamkeit galt, für den Zweck des Ganzen zu erklären.

Gerade dies aber ist in der Patristik der Fall. Nach I r e n a e u s (Ref. V, 29, 1. p. 767 St.) ist der Mensch Ziel und Zweck der Schöpfung: er als erkennendes Wesen ist es, dem Gott sich offenbaren wollte, und um seinetwillen ist das übrige, ist die ganze N a t u r geschaffen; er ist es auch, der durch den Mißbrauch der ihm verliehenen Freiheit die weitere Offenbarung und die Erlösung nötig gemacht hat, der darum auch den Zweckinhalt der gesamten G e s c h i c h t e bildet. Der Mensch ist, wie Gregor von Nyssa (Conf. I, 50—60. Mor.) lehrt, als höchste Entfaltung des

---

[246]) Vgl. Irenaeus, Ref., IV, 38, 4., p. 702 f., St.

Sinnenlebens die Krone der Schöpfung, ihr Herrscher und König: sie ist bestimmt, von ihm angeschaut und in ihre ursprüngliche Geistigkeit zurückgenommen zu werden. Aber auch bei Origenes sind gerade die Menschen jene gefallenen Geister, die zur Strafe und Besserung mit der Sinnenwelt bekleidet werden: nur um ihrer Sünde willen besteht die Natur, und sie hört wieder auf, wenn der historische Prozeß durch die Rückkehr aller Geister zum Guten sein Ende erreicht hat.

So hat der A n t h r o p o l o g i s m u s, der zunächst nur als eine Verschiebung des Interesses, als eine Veränderung der Problemstellung in die griechische Wissenschaft eindrang, während der hellenistisch-römischen Zeit sich mehr und mehr auch zum sachlichen Prinzip der Weltbetrachtung entwickelt und zuletzt im Bunde mit dem religiösen Bedürfnis von der Metaphysik Besitz ergriffen. Das Menschengeschlecht hat das Bewußtsein der Einheit seines historischen Zusammenhanges gewonnnen und betrachtet seine H e i l s g e s c h i c h t e als das Maß aller endlichen Dinge. Was in Raum und Zeit entsteht und vergeht, hat seine wahre Bedeutung nur insofern, als es in die Beziehung des Menschen zu seinem Gotte aufgenommen ist.

Um Sein und Werden fragt die alte Philosophie an ihrem Anfange: ihre Schlußbegriffe sind Gott und das Menschengeschlecht.

III. Teil

Die mittelalterliche Philosophie.

P. ROUSSELOT, Études sur la philosophie du moyen âge. Paris 1840—42.

B. HAURÉAU, De la philosophie scolastique. Paris 1850; DERSELBE, Histoire de la philosophie scolastique. Paris 1872—80; DERSELBE, Notices et Extraits de quelques manuscripts de la bibliothèque nationale. 6 Bde. Paris 1890—93.

A. STÖCKL, Geschichte der Philosophie des Mittelalters. Mainz 1864—66.

K. PRANTL, Geschichte der Logik II—IV (1861—70).

W. WINDELBAND, Zur Wissenschaftsgeschichte der romanischen Völker, in GRÖBER, Grundriß der romanischen Philologie, II., 3, p. 550 ff.

O. WILLMANN, Geschichte des Idealismus, II² (Braunschweig 1908).

M. DE WULF, Histoire de la philosophie médiévale. Paris et Bruxelles, 4. Aufl., 1912, Deutsch, Tübingen 1913.

FR. PICAVET, Esquisse d'une histoire générale et comparée des philosophies médiévales Paris, 2. Aufl., 1907.

CL. BAEUMKER, Kultur der Gegenwart, I, 5, p. 288—381.

J. ENDRES, Geschichte der mittelalterlichen Philosophie im christlichen Abendlande. Kempten 1908.

J. M. VERWEYEN, Die Philosophie des Mittelalters. 2. Aufl., 1905.

E. GILSON, La philosophie au moyen-âge (Paris 1922).

J. GEYSER, Die mittelalterliche Philosophie (Lehrb. d. Philos., 1925).

A. HARNACK, Dogmengeschichte, III (4. Aufl., 1909).

R. SEEBERG, Dogmengeschichte des Mittelalters. 2. u. 3. Aufl., 1913.

F. LOOFS, Leitfaden der Dogmengeschichte. 4. Aufl. (Halle 1906).

A. DEMPF, Die Ethik des Mittelalters (Handb. d. Philos., III, 1927).

O. GIERKE, Die Staats- und Korporationslehre des Altertums und des Mittelalters (Berlin 1881).

R. W. und A. J. CARLYLE, A history of medieval political theory in the west 2 vols (London 1903—09).

E. TROELTSCH, Die Soziallehren der christlichen Kirchen und Gruppen. 1912. 2. Aufl., 1923.

P. DUHEM, Le système du monde. Bd. III u. f.

H. O. TAYLOR, The Mediaeval mind. A history of the development of thought and emotion in the middle ages 2 vols (London). 1911 u. f.

G. TYRELL, Medievalisme (London 1908).

A. EHRHARDT, Das Mittelalter und seine kirchliche Entwicklung (1908).

M. GRABMANN, Mittelalterliches Geistesleben. Abhandlungen zur Geschichte der Scholastik und Mystik (1926).

C. D. BOULAY, Historia universitatis Parisiensis. Paris 1665—73.

J. P. MIGNE, Patrologiae cursus completus. Series latina 221 Tom. Paris 1844—1864.

H. DENIFLE und FR. EHRLE, Arch. f. Lit. u. Kirch.-Gesch. d. Mittelalters. 1885 ff.

CL. BAEUMKER, Beiträge zur Geschichte der Philosophie des Mittelalters. Texte und Untersuchungen. 1891 ff.

Scholastik, Vierteljahrsschrift für Theologie und Philosophie, 1926 ff.

Über M. BAUMGARTNER, Bearbeitung von Überwegs Grundriß (10. Aufl., 1915), vgl. o. S. 15.

Als die Völkerwanderung verheerend über das römische Reich hereinbrach und diesem die politische Kraft fehlte, sich der nordischen Barbaren zu erwehren, da geriet auch die wissenschaftliche Kultur in Gefahr, vollkommen zertreten zu werden: denn für das fein ausgearbeitete Begriffsgefüge der Philosophie brachten die Stämme, auf welche nun das Szepter überging, noch weniger Sinn und Verständnis mit, als für die lichten Gestalten der griechischen Kunst. Und dabei war die antike

Zivilisation so in sich zersetzt, ihre Lebenskraft so gebrochen, daß sie unfähig schien, die rauhen Sieger in ihre Schule zu nehmen.

So wären die Errungenschaften des griechischen Geistes rettungslos dem Untergange preisgegeben gewesen, wenn nicht mitten in dem Zusammenbruch der alten Welt eine neue geistige Macht erstarkt wäre, der die Söhne des Nordens sich beugten und die mit fester Hand die Güter der Kultur über die Jahrhunderte des Umsturzes in die Zukunft hinüberzuretten wußte. Diese Macht war die c h r i s t l i c h e K i r c h e. Was der Staat, was Kunst und Wissenschaft nicht vermochten, das vollbrachte die Religion. Unzulänglich noch für die feinen Wirkungen ästhetischer Anschauung und begrifflicher Arbeit, wurden die Germanen in ihrem tiefsten Gefühl durch die Predigt des Evangeliums ergriffen, das mit der ganzen Gewalt seiner großartigen Einfachheit auf sie wirkte.

Nur von diesem Punkte der religiösen Erregung aus konnte deshalb auch der Prozeß der Aneignung der antiken Wissenschaft durch die Völker des heutigen Europa beginnen: nur an der Hand der Kirche konnte die neue Welt in die Schule der alten gehen. Die natürliche Folge aber dieses Verhältnisses war die, daß von dem geistigen Inhalte der antiken Kultur zunächst nur dasjenige lebendig blieb, was in die Lehre der christlichen Kirche aufgenommen war, und daß die lehrende Macht alles übrige und besonders das ihr Widerstrebende mit aller Rücksichtslosigkeit ausschloß. Damit wurde freilich der Verwirrung in dem jugendlichen Gemüt der Völker, das noch viel und vielerlei zu fassen und zu verarbeiten vermocht hätte, weislich vorgebeugt: aber damit versanken auch ganze Welten des geistigen Lebens in die Tiefe, aus der sie erst später unter Mühe und Kampf wieder hervorgezogen werden mußten.

Der großen Aufgabe, die intellektuelle Erziehung der europäischen Völker zu übernehmen, war aber die Kirche in erster Linie deshalb gewachsen, weil sie aus den unscheinbaren Anfängen einer religiösen Genossenschaft sich mit mächtiger Stetigkeit zu einer einheitlichen Organisation entwickelt hatte, welche in der Auflösung des politischen Lebens die einzige feste und ihrer selbst sichere Gewalt darstellte. Und da diese Organisation von dem Gedanken getragen war, daß die Kirche dazu berufen sei, der ganzen Menschheit das Heil der Erlösung zu vermitteln, so war die religiöse Erziehung der Barbaren eine der Kirche durch ihr eigenes Wesen vorgeschriebene Aufgabe. Dazu kam, daß sie auch innerlich mit derselben Sicherheit zwischen zahlreichen Abwegen hindurch zu dem Ziele einer einheitlichen, in sich geschlossenen Lehre gelangt war: denn an der Schwelle des neuen Weltalters wurde die Gesamtheit ihrer Überzeugungen als ein durchgebildetes wissenschaftliches System von einem Geiste ersten Ranges zusammengefaßt und in eindrucksvollster Weise dargestellt — von A u g u s t i n.

Dieser ist der wahre Lehrer des Mittelalters gewesen. In seiner Philosophie laufen nicht nur die Fäden des christlichen und neuplatonischen Denkens, die Ideen des Origenes und des Plotin zusammen, sondern er hat auch mit schöpferischer Energie die ganzen Gedanken seiner Zeit um das Heilsbedürfnis und seine Erfüllung durch die kirchliche Gemeinschaft konzentriert: seine Lehre ist die P h i l o s o p h i e d e r c h r i s t l i c h e n K i r c h e. Damit war in straffer Einheitlichkeit das System gegeben, welches der wissenschaftlichen Bildung der europäischen Völker zu Grunde gelegt wurde, und in dieser Form traten die romanischen und germanischen Völker die Erbschaft der Griechen an.

Deshalb aber hat das Mittelalter den Weg, welchen die Hellenen in ihrer inneren Beziehung zur Wissenschaft durchgemacht hatten, umgekehrt zurückgelegt. Im Altertum war die Wissenschaft aus reiner, ästhetischer Freude am Erkennen selbst entsprungen und war erst mit allmählicher Wandlung in den Dienst des praktischen Bedürfnisses, der sittlichen Aufgaben, der religiösen Sehnsucht getreten. Das Mittelalter beginnt mit der vollbewußten Unterordnung des Erkennens unter die großen Zwecke des Glaubens, es sieht in der Wissenschaft zuerst nur die Arbeit des Intellekts, sich dasjenige klar zu machen und begrifflich auszusprechen, was es in Gefühl und Überzeugung sicher und unanfechtbar besitzt: aber mitten in dieser Arbeit erwacht, zuerst schüchtern und unsicher, dann immer kräftiger und selbstgewisser von neuem die Freude am Erkennen selbst, sie entfaltet sich zunächst schülerhaft auf Gebieten, welche dem unantastbaren Vorstellungskreise des Glaubens ferner zu liegen scheinen, und sie bricht am Ende siegreich wieder durch, indem die Wissenschaft sich gegen den Glauben, die Philosophie sich gegen die Theologie abzugrenzen und bewußt zu verselbständigen beginnt.

Die Erziehung der europäischen Völker, welche die Geschichte der Philosophie des Mittelalters darstellt, hat also zum Ausgangspunkte die Kirchenlehre und zum Zielpunkte die Entwicklung des wissenschaftlichen Geistes: die intellektuelle Kultur des Altertums wird den modernen Völkern in ihrer religiösen Endform zugeführt und bildet in ihnen erst allmählich die Reife zu eigner wissenschaftlicher Tat heran.

Unter solchen Verhältnissen ist es begreiflich, daß die Geschichte dieser Erziehung weit mehr psychologisches und kulturhistorisches Interesse erweckt, als sie neue und selbständige Früchte philosophischer Einsicht darbietet. Wohl macht sich in der Abneigung des überkommenen Stoffes die Eigenart des Schülers hie und da geltend; wohl finden deshalb die Probleme der Begriffe der alten Philosophie bei dieser Aufnahme in den Geist der neuen Völker mancherlei feine Umgestaltungen, und in der Ausschmiedung der neuen (lateinischen) Terminologie wetteifern im Mittelalter oft Scharfsinn und Tiefsinn mit Pedanterie und Geschmacklosigkeit: aber in den philosophischen Grundgedanken bleibt die mittelalterliche Philosophie, nicht nur was die Probleme, sondern auch was die Lösungen anlangt, in dem Begriffssystem der griechischen und der hellenistisch-römischen Philosophie eingeschlossen. So groß der Wert ihrer Arbeiten für die intellektuelle Erziehung der europäischen Völker angeschlagen werden muß, so bleiben doch auch ihre höchsten Erzeugnisse in letzter Instanz eben glänzende Schülerleistungen, in denen sich nur dem Auge feinster Einzelforschung die leise keimenden Anfänge eines neuen Denkens entdecken, während sie doch im ganzen und großen sich als Aneignung der Gedankenwelt des ausgehenden Altertums erweisen. Die mittelalterliche Philosophie ist ihrem ganzen Geiste nach lediglich die Forsetzung der hellenistisch-römischen, und der Unterschied zwischen beiden ist wesentlich der, daß, was in den ersten Jahrhunderten unserer Zeitrechnung im ringenden Werden war, für das Mittelalter als ein in der Hauptsache Fertiges und Abgeschlossenes gegeben ist und gilt.

Ein volles Jahrtausend hat diese Schulzeit der heutigen Gesellschaft gedauert, und wie in planvoll pädagogischer Stufenfolge schreitet darin die Erziehung der

Wissenschaft durch die s u k z e s s i v e Z u f u h r d e s a n t i k e n B i l d u n g s - s t o f f e s vorwärts. Aus den Gegensätzen, die in diesem zu Tage treten, erwachsen die philosophischen Probleme, und aus der Ausspinnung der aufgenommenen Be- griffe gestalten sich die wissenschaftlichen Weltanschauungen des Mittelalters.

Ein ursprünglicher Zwiespalt besteht in dieser Überlieferung zwischen der durch Augustin vertretenen K i r c h e n l e h r e und dem N e u p l a t o n i s m u s. Dieser Zwiespalt ging freilich nicht an allen Stellen gleich tief, da Augustin in sehr wesent- lichen Punkten selbst unter der Herrschaft des Neuplatonismus geblieben war: aber es blieb doch ein Gegensatz in bezug auf die fundamentale Bestimmung des Ver- hältnisses der Philosophie zum Glauben. Der Augustinismus konzentriert sich um den Begriff der Kirche; für ihn ist die Aufgabe der Philosophie in der Hauptsache darauf gerichtet, die Kirchenlehre als ein wissenschaftliches System darzustellen, zu begründen und auszubilden: insofern als sie diese Aufgabe verfolgt, ist die mittelalterliche Philosophie die kirchliche Schulwissenschaft, die S c h o l a s t i k. Die neuplatonische Tendenz dagegen nimmt ihrem Wesen nach auf keine religiöse Gemeinschaft Rücksicht, sondern läuft darauf hinaus, das Individuum durch die Erkenntnis zur seligen Lebenseinheit mit der Gottheit zu führen: insofern die Wissenschaft des Mittelalters sich diesen Zweck setzt, ist sie M y s t i k.

Scholastik und Mystik ergänzen sich hiernach, ohne sich gegenseitig auszu- schließen: so gut wie das mystische Schauen ein Lehrstück des scholastischen Systems werden kann, so gut vermag auch die mystische Verzückung das Lehr- gebäude der Scholastiker als ihren theoretischen Hintergrund vorauszusetzen. Darum ist zwar durch das ganze Mittelalter hindurch die Mystik mehr in Gefahr heterodox zu werden als die Scholastik; aber es wäre falsch, wenn man hierin ein wesentliches Unterscheidungsmerkmal zwischen beiden sehen wollte. Aller- dings ist die Scholastik in der Hauptsache durchaus rechtgläubig; aber nicht nur hinsichtlich der Behandlung noch im Werden begriffener Dogmen sind die An- sichten der Scholastiker weit auseinandergegangen, sondern auch in der wissen- schaftlichen Untersuchung der gegebenen Lehren sind viele von ihnen zu völlig heterodoxen Ansichten fortgeschritten, deren Aussprache sie in mehr oder minder schwere, äußere und innere Konflikte gebracht hat. Was aber die Mystik anlangt, so hat zwar die neuplatonische Tradition vielfach den gedanklichen Hintergrund der geheimen oder offenen Opposition gegen die kirchliche Monopolisierung des religiösen Lebens[1]) gebildet; aber wir begegnen anderseits begeisterten Mystikern, welche sich berufen fühlen, den rechten Glauben gegen die Ausschreitungen der scholastischen Wissenschaft in Schutz zu nehmen.

Es erscheint somit nicht angemessen, der mittelalterlichen Philosophie den Gesamtnamen „Scholastik" zu geben; vielmehr dürfte sich bei genauer Abwägung ergeben, daß an der Aufrechterhaltung der wissenschaftlichen Tradition, wie an der langsamen Anpassung und Umbildung der für die Folgezeit wirksamen philo- sophischen Lehren ein mindestens ebenso großer Anteil der Mystik gebührt wie der Scholastik, und daß anderseits eine scharfe Sonderung beider Strömungen

---

[1]) Vgl. H. REUTER, Geschichte der religiösen Aufklärung im Mittelalter, 2 Bde. Berlin 1875—77, auch H. v. EICKEN, Geschichte der mittelalterlichen Weltanschauung, 3. Aufl., 1912, vgl. dazu G. v. HERTLING, Hist. Jahrbuch 1889 und Hist. Beiträge zur Philosophie 1914, und G. GRUPP, Kulturgeschichte des Mittelalters, Stuttgart 1894 f.

hinsichtlich einer großen Anzahl geradezu hervorragender philosophierender Persönlichkeiten des Mittelalters nicht angängig ist.

Es kommt endlich hinzu, daß auch die Zusammenstellung von Scholastik und Mystik die Charakteristik der mittelalterlichen Philosophie noch keineswegs erschöpft. Das Wesen dieser beiden Richtungen ist durch ihr Verhältnis zu den religiösen Voraussetzungen des Denkens — hier der kirchlich fixierten Lehre, dort der persönlichen Frömmigkeit — bestimmt: aber neben ihnen geht eine sozusagen weltliche Unterströmung einher, welche der sich neu gestaltenden Wissenschaft die reichen Ergebnisse griechischer und römischer Welterfahrung in steigendem Maße als r e a l e s W i s s e n zuführt. Dabei waltet anfangs noch das Bestreben ob, auch dies weite Kenntnismaterial und die damit übernommenen Begriffsformen wenigstens dem scholastischen Lehrgebäude organisch einzufügen: aber je mehr dieser Teil des Gedankenkreises zu selbständiger Bedeutung auswächst, um so mehr verschieben sich die ganzen Linien der wissenschaftlichen Weltbetrachtung, und während die begriffliche Gestaltung und Vermittlung des religiösen Gefühls in sich vereinsamt, beginnt die philosophische Erkenntnis sich von neuem das Gebiet rein theoretischer Forschung abzustecken.

Mit dieser Mannigfaltigkeit vielfach ineinander verflochtener Fäden der Tradition spinnt sich die antike Wissenschaft in das Mittelalter fort: hieraus begreift sich die farbenreiche Lebendigkeit, womit die Philosophie dieses Jahrtausends vor der historischen Forschung erscheint. In dem bunten Wechsel freundlicher und feindlicher Berührung schieben sich die Elemente einer von Jahrhundert zu Jahrhundert an Umfang und Inhalt wachsenden Überlieferung zu immer neuen Bildern durcheinander; es entwickelt sich eine überraschende Feinheit der Übergänge und Abschattierungen in der Verschmelzung dieser Elemente und damit eine reiche Lebensfülle der Gedankenarbeit, die sich in einer stattlichen Zahl interessanter Persönlichkeiten, in einem erstaunlichen Umfang der schriftstellerischen Produktion, in einer leidenschaftlichen Erregtheit der wissenschaftlichen Streitigkeiten kundgibt.

Solcher lebendigen Vielgestaltigkeit ist die literar-historische Forschung noch keineswegs überall gerecht geworden[2]): aber für die Geschichte der philosophischen Prinzipien, die trotz alledem in diesem Zeitraum aus den angeführten Gründen nur einen mageren Ertrag findet, liegen doch die Grundlinien dieser Entwicklung schon klar und deutlich genug zu Tage. Freilich muß man sich dabei hüten, die komplizierte Bewegtheit dieses Prozesses auf allzu einfache Formeln bringen zu wollen und die Fülle der positiven und negativen Beziehungen zu übersehen, welche

[2]) Die Gründe dafür liegen allerdings zum Teil in den erst allmählich schwindenden Vorurteilen, die einer gerechten Würdigung des Mittelalters lange im Wege standen; aber in nicht geringerem Maße doch auch in dieser Literatur selbst. Die umständliche und zuletzt doch meist sterile Weitschweifigkeit der Untersuchungen, die schematische Einförmigkeit der Methode, die stetige Wiederholung und Neuwendung der Argumente, die Verschwendung des Scharfsinns an künstliche und manchmal geradezu alberne Fragen, die frostigen Schulwitze, — alles das sind Züge, welche zwar zu dem welthistorischen Prozeß des Lernens, Aneignens und Einübens, den die mittelalterliche Philosophie nun einmal darstellt, unumgänglich gehören mochten, welche es aber auch mit sich bringen, daß bei dem Studium dieses Teiles der Geschichte der Philosophie die Masse des Stoffs und die Mühseligkeit seiner Durcharbeitung zu dem sachlichen Gesamtertrage in ungünstigem Verhältnis stehen. So ist es gekommen, daß gerade solche Forscher, welche sich mit Emsigkeit und Zähigkeit in die mittelalterliche Philosophie vertieften, mit dem oft derben Ausdruck des Unmuts über ihren Gegenstand nicht zurückgehalten haben.

zwischen den im Laufe der Jahrhunderte stoßweise in das mittelalterliche Denken eintretenden Elementen der antiken Tradition gewechselt haben.

Im allgemeinen ist der Gang der Wissenschaft bei den europäischen Völkern des Mittelalters in folgenden Zügen verlaufen.

Die tiefsinnige Lehre des A u g u s t i n wirkte zunächst nicht in der Richtung ihrer philosophischen Bedeutung, sondern als autoritative Darstellung der Kirchenlehre. Neben dieser erhielt sich eine neuplatonische Mystik, und die wissenschaftliche Schulung war auf unbedeutende Kompendien und Bruchstücke der aristotelischen Logik angewiesen. Gleichwohl entwickelte sich aus der Verarbeitung der letzteren ein logisch-metaphysisches Problem von großer Tragweite und um dieses eine sehr lebhafte Denkbewegung, welche jedoch angesichts des Mangels an inhaltlicher Welterkenntnis in öden Formalismus auszuarten drohte. Im Gegensatz dazu begann allmählich die augustinische Psychologie ihre mächtige Kraft geltend zu machen; gleichzeitig aber meldeten sich auch die ersten Wirkungen der Berührung mit der a r a b i s c h e n Wissenschaft, der das Abendland zunächst wenigstens eine gewisse Anregung zur Beschäftigung mit den Realien, sodann aber eine totale Ausweitung und Umgestaltung seines Gesichtskreises verdanken sollte. Der Hauptsache nach knüpfte sich dies an die auf solchem Umwege gewonnene Bekanntschaft mit dem ganzen System des A r i s t o t e l e s : deren nächste Folge war, daß mit Hilfe seiner metaphysischen Grundbegriffe des Gebäude der Kirchenlehre in großartigstem Stil neu entworfen und in alle Teile hinein sorgfältig ausgeführt wurde. Indessen war dabei der Aristotelismus von den Arabern (und den Juden) nicht nur in ihrer lateinischen Übersetzung, sondern auch mit ihren Kommentaren und ihrer stark n e u p l a t o n i s c h beeinflußten Auffassung übernommen worden. Auf diese Weise fanden zwar die neuplatonischen Bestandteile der bisherigen Überlieferung nach verschiedenen Richtungen lebhafte Verstärkung: anderseits aber wurden in heftigem Rückschlag dagegen die spezifischen Momente der a u g u s t i n i s c h e n M e t a p h y s i k zu schärferer und energischerer Ausprägung getrieben. So begann sich eine innere Zwiespältigkeit des wissenschaftlichen Denkens herauszubilden, welche in der Trennung von Theologie und Philosophie ihren Ausdruck fand. Diese Kluft erweiterte sich durch eine neue, nicht minder verwickelte Verschiebung. Hand in Hand mit dem Aristotelismus war aus dem Morgenlande auch die e m p i r i s c h e F o r s c h u n g in Medizin und Naturwissenschaft eingedrungen, sie begann sich nun auch bei den europäischen Völkern kräftiger zu regen; sie eroberte, nicht ohne Beistand der augustinischen Strömung, auch das Gebiet der P s y c h o l o g i e, und sie begünstigte die Entwicklung der artistotelischen L o g i k nach einer Richtung, die von der kirchlich-aristotelischen Metaphysik weit abführte. Und während so die verschlungenen Fäden der Tradition nach allen Seiten hin auseinanderliefen, flochten sich in diese Auflösung schon die feinen Gespinste neuer Anfänge hinein.

Mit so mannigfachen Beziehungen gegenseitiger Unterstützung oder Hemmung und mit so zahlreichen Frontveränderungen ziehen sich die Gedankenmassen der alten Philosophie durch das Mittelalter hin: aber die wichtigste und einschneidendste Wendung ist zweifellos die R e z e p t i o n d e s A r i s t o t e l i s m u s, welche sich um das Jahr 1200 herum vollzog. Sie teilt das ganze Gebiet in zwei Abschnitte, die sich ihrem philosophischen Gehalte nach so zueinander verhalten, daß sich die Interessen und Probleme, die Gegensätze und Bewegungen des ersten Zeitraums während des zweiten in erweiterter und zugleich vertiefter Form wiederholen. Das Verhältnis dieser beiden Abteilungen kann daher in diesem Falle nicht allgemein durch sachliche Verschiedenheit bezeichnet werden.

1. Kapitel. Erste Periode.
(Bis etwa 1200.)

W. KAULICH, Geschichte der scholastischen Philosophie, I. Teil. Prag 1863.
M. GRABMANN, Die Geschichte der scholastischen Methode, 2 Bde. 1911.
FR. OVERBECK, Vorgeschichte und Jugend der mittelalterlichen Scholastik. Herausgegeben von C. A. BERNOULLI 1917.

Die Gedankenrichtung, in der sich die mittelalterliche Philosophie wesentlich bewegt und in der sie dasjenige erzeugt hat, wodurch sie die Wissenschaft des Altertums in prinzipieller Hinsicht fortführte, war ihr durch die Lehre A u g u s t i n s vorgeschrieben. Dieser hat das Prinzip der I n n e r l i c h k e i t, welches sich in der gesamten Schlußentwicklung der antiken Wissenschaft vorbereitete, zum erstenmal in den beherrschenden Mittelpunkt des philosophischen Denkens gerückt, und darum gebührt ihm in der Gesamtgeschichte der Philosophie die Stellung des Anfangsgliedes einer neuen Entwicklungsreihe: denn die Zusammenschürzung aller Linien der patristischen wie der hellenistischen Philosophie seiner Zeit, die er abschließend vollzog, war doch nur möglich durch ihre bewußte Vereinigung in einem neuen Gedanken, welcher selbst der Keimpunkt der Philosophie der Zukunft werden sollte. Aber erst einer ferneren Zukunft: an seinen Zeitgenossen und an den nächsten Jahrhunderten ging seine philosophische Originalität wirkungslos vorüber. In dem Umkreise der alten Kultur war die schöpferische Kraft des Denkens erloschen, und die neuen Völker mußten erst mit der Zeit in die wissenschaftliche Arbeit hineinwachsen.

In den Kloster- und Hofschulen, welche die Stätten dieser neu beginnenden Geisteskultur bildeten, mußte Schritt für Schritt neben den für die Ausbildung der Kleriker nötigsten Künsten die Erlaubnis zur Lehre der D i a l e k t i k erobert werden. Für diesen elementar-logischen Unterricht besaß man jedoch in den ersten Jahrhunderten des Mittelalters nur die zwei wenigst bedeutenden Schriften des aristotelischen Organon, *De categoriis* und *De interpretatione,* in lateinischer Übersetzung mit der Einleitung des Porphyrios und einer Anzahl von Kommentaren der neuplatonischen Zeit, insbesondere denjenigen des Boëthius. Für die sachlichen Kenntnisse (des Quadrivium) dienten die Kompendien des ausgehenden Altertums, von Marcianus Capella, Cassiodor und Isidor von Sevilla. Von den großen Originalwerken der alten Philosophie war nur der platonische Timaeus in der Übersetzung des Chalcidius bekannt.

Unter diesen Umständen richtete sich der wissenschaftliche Schulbetrieb in der Hauptsache auf das Erlernen und Einüben des formal-logischen Schematismus, und die Behandlung auch der sachlichen Teile der Erkenntnis, insbesondere des religiösen Dogmas, welches ja als ein wesentlich in sich Abgeschlossenes und inhaltlich Unantastbares galt, ging darauf hinaus, das Gegebene und Überlieferte in den Formeln und nach den Regeln der aristotelisch-stoischen Logik durchzuarbeiten und darzustellen: auf formale Ordnung, auf Bildung und Einteilung der Gattungsbegriffe, auf korrekte Schlußfolgen mußte dabei das Hauptgewicht fallen. Wie im Orient durch Johannes Damascenus die antike Schullogik systematisch in den Dienst einer streng gegliederten Entwicklung der Kirchenlehre gestellt wurde, so geschah es auch in den Schulen des Abendlandes.

Indessen hatte dieses in den Verhältnissen der Überlieferung begründete Treiben nicht nur den didaktischen Wert einer Denkübung im Aneignen des Stoffes, sondern auch die Folge, daß sich die Anfänge des selbständigen Nachdenkens auf die Frage nach der **realen Bedeutung der logischen Beziehungen** richten mußten, und so tauchen denn schon früh in der abendländischen Literatur Untersuchungen über das Verhältnis des Begriffs zum Wort einerseits und zur Sache anderseits auf.

Eine Verstärkung erfuhr diese Problembildung durch eine eigentümliche Komplikation. Neben der kirchlichen Lehre bestand, halb noch geduldet und halb verdammt, eine mystische Überlieferung des Christentums in neuplatonischer Form. Sie ging auf Schriften zurück, die, im fünften Jahrhundert entstanden, dem ersten Bischof von Athen, Dionysius Areopagita, zugeschrieben wurden, und sie gewann weitere Verbreitung, als diese Schriften im neunten Jahrhundert von J o h a n n e s S c o t u s E r i u g e n a übersetzt und zur Grundlage seiner eigenen Lehre gemacht wurden. In dieser aber bildeten einen Hauptpunkt jene Gleichsetzung der verschiedenen Grade der Abstraktion mit den Stufen der metaphysischen Realität, welche schon im älteren Platonismus und Neuplatonismus aufgestellt worden war (vgl. § 20, 8).

Infolge dieser Anregungen trat während der nächsten Jahrhunderte die Frage nach der **metaphysischen Bedeutung der Gattungsbegriffe** in den Mittelpunkt des philosophischen Denkens. Um sie gruppierten sich die übrigen logisch metaphysischen Probleme, und nach ihrer Beantwortung entschied sich die Parteistellung der einzelnen Denker. Man bezeichnete diese Bewegung als den **U n i v e r s a l i e n s t r e i t.** In der großen Mannigfaltigkeit der Ansichten treten hauptsächlich drei Richtungen hervor: der **R e a l i s m u s**, welcher die selbständige Existenz der Gattungen behauptet, ist die Lehre des Anselm von Canterbury, des Wilhelm von Champeaux und der eigentlichen Platoniker, unter denen Bernhard von Chartres hervorragt. Den **N o m i n a l i s m u s**, der in den Universalien nur gemeinsame Bezeichnungen sehen will, vertritt in dieser Zeit hauptsächlich Roscellinus. Eine vermittelnde Ansicht endlich, welche **K o n z e p t u a l i s m u s** oder **S e r m o n i s m u s** genannt worden ist, knüpft sich vornehmlich an Abaelard.

Diese Streitigkeiten kamen hauptsächlich in den Disputationen an den Pariser Hochschulen zum Austrage, welche für diese Zeit und bis in den folgenden Zeitraum hinein den Mittelpunkt des wissenschaftlichen Lebens in Europa gebildet haben. Die mit allen Künsten dialektischer Gewandtheit geführten Kämpfe übten auf dies Zeitalter eine ähnlich faszinierende Gewalt aus, wie dereinst die Redekämpfe der Sophisten und der sokratischen Kreise auf die Griechen. Hier wie dort war die Unbefangenheit des Volksbewußtseins gebrochen, und hier wie dort bemächtigte sich weiter Lebenskreise ein fieberhafter Durst nach Wissen und ein leidenschaftliches Begehren, an solchem bisher ungewohnten Geistesspiele teilzunehmen. Weit über die Kreise der Kleriker hinaus, die bis dahin die Träger der wissenschaftlichen Überlieferung gewesen waren, kam der so geweckte Trieb nach Erkenntnis zum Durchbruch.

Allein diese Überlebendigkeit der dialektischen Entwicklung fand auch sogleich mannigfache Gegnerschaft. In der Tat barg sie in sich selbst eine ernstliche Gefahr. Es fehlte dieser glänzenden Betätigung des abstrakten Denkens an allen Grundlagen realer Kenntnis; mit ihren Distinktionen und Konklusionen führte sie gewissermaßen in der freien Luft ein gauklerisches Spiel, das zwar die formalen Geisteskräfte in förderliche Bewegung setzte, aber trotz aller Wendungen und Windungen nicht zu inhaltlicher Erkenntnis führen konnte. Daher erging von verständigen Männern wie Gerbert die Mahnung, von jenem Formalismus abzulassen und sich der sorgsamen Erforschung der Natur und den Aufgaben der praktischen Kultur zuzuwenden.

Während aber ein solcher Ruf noch ziemlich ungehört verhallte, stieß die Dialektik auf einen eindringlicheren Widerstand bei der Frömmigkeit des Glaubens und bei der kirchlichen Gewalt. Es konnte nicht ausbleiben, daß die logische Verarbeitung der Glaubensmetaphysik und die Konsequenzen der in dem Universalienstreit entwickelten Ansichten mit dem Dogma in Widerspruch gerieten; und je mehr sich dies wiederholte, um so mehr erschien die Dialektik nicht nur dem einfach frommen Sinne überflüssig, sondern auch im kirchlichen Interesse gefährlich. In dieser Meinung ist sie, zum Teil mit äußerster Heftigkeit, von den o r t h o d o x e n M y s t i k e r n bekämpft worden; der streitbarste unter ihnen war Bernhard von Clairvaux, während die Viktoriner sich von den Auswüchsen des dialektischen Übermutes zum Studium des Augustin zurückwandten und den reichen Schatz der inneren Erfahrung, den dessen Schriften enthalten, zu heben suchten: dabei jedoch leiteten sie die Grundgedanken seiner Psychologie mehr aus dem Metaphysischen in das Empirische hinüber.

A u r e l i u s A u g u s t i n u s (354—430), zu Thagaste in Numidien geboren und dort, wie in Madaura und Karthago zum Juristen ausgebildet, machte in seiner zum Teil wilden und unsteten Jugend fast alle Standpunkte der damaligen wissenschaftlich-religiösen Bewegung durch. Sein Vater Patricius gehörte der alten Religion, seine Mutter Monica dem Christentum an; er selbst suchte zuerst im Manichäismus für seine brennenden Zweifel religiöse Kühlung, fiel dann in den akademischen Skeptizismus, den er aus Cicero früh eingesogen hatte, ging von diesem allmählich zur neuplatonischen Doktrin über und wurde endlich durch den Mailänder Bischof Ambrosius für das Christentum gewonnen, dessen Philosoph er werden sollte. Eine tief leidenschaftliche Naturanlage paarte sich in ihm nicht nur mit dialektischer Gewandtheit und scharfer Verstandeskraft, sondern auch mit philosophischem Grübelsinn und weitem geistigen Blick, der nur zuletzt durch die kirchliche Parteistellung eingeengt und durch den mächtigen Willen beschränkt wurde. Als Priester und später als Bischof von Hippo Regius (391) ist er praktisch und literarisch unermüdlich für die Einheit der christlichen Kirche und Lehre tätig gewesen; insbesondere hat sich seine Dogmatik in dem donatistischen und dem pelagianischen Streite ausgebildet. — Unter seinen Werken (in der Migneschen Sammlung 16 Bde. Paris 1835 ff.) jetzt opera (Sect. I, Pars 3) im corpus scriptorum ecclesiasticorum latinorum vol. LXIII 1922 f. von P. KNÖLL) kommen für seine Philosophie hauptsächlich in Betracht die Autobiographie Confessiones (vgl. A. HARNACK, 1888; G. MISCH, Gesch. der Autobiogr., I, 402 ff.), ferner Contra Academicos, De beata vita, De ordine, Soliloquia, De quantitate animae, De libro arbitrio, De trinitate, De immortalitate animae, De civitate Dei. Dazu A. v. HARNACK, A., Reflexionen und Maximen, aus seinen Werken gesammelt und übersetzt (1922). — Vgl. C. BINDEMANN, Der hl. A. 3 Bde. (1844—1869). F. NOURISSON, La philosophie de St. A. (Paris 1865). — FR. BÖHRINGER, Kirchengeschichte in Biographien, XI. Bd. in 2 Tl. (Stuttgart 1877/78). — A. DORNER, A. (Berlin 1873). — W. DILTHEY, Einleitung in die Geisteswissenschaften. I. (Leipzig 1883), S. 322 ff. — J. STORTZ, Die Philos des hlg. A. (Freiburg 1892). — J. MARTIN, St. A. (Paris 1901). — J. MAUSBACH, Die Ethik des hlg. A. (1909). — E. TROELTSCH, Augustin, die christliche Antike und das Mittelalter (1915). — P. ALFARIC, L'évolution intellectuelle de St. A., I (Paris 1918). — J. NÖRRGARD, A.s Bekehrung. Deutsch (Tübingen 1923). — M. WUNDT, A.s Konfessionen (Ztschr. f. d neutest. Wiss., XXII, 1923). — K. HOLL, Augustins innere Entwicklung (Abh. d. Berl Akad., Berlin 1923). R. REITZENSTEIN, A. als antiker und als mittelalterlicher Mensch. (Vorträge der Bibl. Warburg 1922—23, Leipzig 1924.) — M. ZEPF, A.s Konfessionen (Tübingen 1926).

Die Εἰσαγωγή εἰς τὰς κατηγορίας von Porphyrius (herausg. von BUSSE, Berlin 1887) hat in ihrer Übersetzung durch Boëthius den äußeren Anlaß zu dem Universalienstreit gegeben. Boëthius (470—525) hat außerdem durch seine Übersetzungen und Kommentare der beiden aristotelischen und einer Anzahl ciceronianischen Schriften auf das früheste Mittel- alter gewirkt. Zu seinen Büchern traten als erste Schulschriften noch andere, die unter dem Namen Augustinus umliefen. De consolatione philosophiae libri quinque (cur. G. D. SMITH, London 1925). Vgl. PRANTL, Gesch. d. Log. im Abendl., II, und A. JOURDAIN, Recherches critiques sur l'âge et l'origine des traductions latines d'Aristote, Paris, 2. Aufl., 1843.

Unter den R e a l e n z y k l o p ä d i e n des ausgehenden Altertums behandelt M a r - c i a n u s C a p e l l a (aus Karthago in der Mitte des fünften Jahrhunderts) in seinem Satyricon (herausg. v. EYSSENHARDT, Leipzig 1866) nach der wunderlichen Einleitung De nuptiis Mercurii et philologiae die sieben Artes liberales, von denen bekanntlich in dem weiteren Schulbetrieb Grammatik, Rhetorik und Dialektik das Trivium, Geometrie, Arithmetik, Astronomie und Musik (auch mit Einschluß der Poetik) das Quadrivium bildeten. Einen wertvolleren Kommentar zum Marc. Capella schrieb später Scotus Eriugena (herausg. von B. HAURÉAU, Paris 1861). — Des C a s s i o d o r u s S e n a t o r (480—570) Institutiones divinarum et saecularium lectionum und De artibus ac disciplinis litterarum liberalium (Werke, Paris 1588) und des I s i d o r u s H i s p a l e n s i s (gest. 636) Originum sive Etymologiarum libri XX (in Mignes Sammlung) stehen bereits völlig auf theologischem Boden. A. SCHMEKEL, Die positive Philosophie in ihrer Entwicklung, II. Bd., Isidorus von Sevilla, sein System und seine Quellen (1914). — Für die Verwendung der antiken Schul- logik im Dienste der Systematisierung der Kirchenlehre hat J o h a n n e s D a m a s c e n u s (um 700) in seiner Πηγὴ γνώσεως (Werke, Venedig 1748) das klassische Beispiel gegeben.

Während die Stürme der Völkerwanderung über den Kontinent brausten, hatte sich das wissenschaftliche Studium auf die britischen Inseln, insbesondere nach Irland, geflüchtet und fand später in der Schule zu Y o r k durch B e d a Venerabilis eine gewisse Blüte. Von hier wurde die gelehrte Bildung durch A l c u i n auf Veranlassung von K a r l d e m G r o ß e n dem Festlande zurückgewonnen; neben den Episkopal- und den Klosterschulen entstand die Palatinalschule, deren Sitz von Karl dem Kahlen in Paris fixiert wurde. Vgl. K. WERNER, Beda der Ehrwürdige und seine Zeit (Wien 1876); DERS., Alcuin und sein Jahrhundert (Wien 1876). Die wichtigsten Klosterschulen waren die von Fulda und Tours. An ersterer wirkte R a b a n u s (Rhaban) M a u r u s (aus Mainz 776—856; De universo libri, XXII), und studierte E r i c (Heiricus) von A u x e r r e ; aus ihr gingen (Ende des neunten Jahrhunderts) R e m i g i u s von A u x e r r e und vermutlich auch der Verfasser des Kommentars Super Porphyrium (abgedr. in Cousins Ouvrages inédits d'Abélard, Paris 1836) hervor. In Tours folgte auf Alcuin als Abt F r e d e g i s u s, dessen Brief De nihilo et tenebris (in Mignes Sammlung Bd. 105) erhalten ist. Später hat das Kloster zu St. Gallen (N o t k e r L a b e o, gest. 1022) einen Hauptherd der wissenschaft- lichen Tradition gebildet.

Vgl. zu den literarischen Verhältnissen auch die Histoire littéraire de la France, sowie G. GRÖBER, Grundriß der romanischen Philologie, II, 97—432.

Die dem Areopagiten (vgl. Act. Apost. 17, v. 34) zugeschriebenen Schriften (worunter hauptsächlich περὶ μυστικῆς θεολογίας und περὶ τῆς ἱεραρχίας οὐρανίου in der Migneschen Sammlung; deutsch von ENGELHARDT, Sulzbach 1823) zeigen dieselbe Vermischung christlicher und neuplatonischer Philosophie, wie sie im Orient (in den Nachwirkungen des Origenes) vielfach und besonders charakteristisch bei dem Bischof S y n e s i o s (um 400; vgl. R. VOLKMANN, S. von Cyrene, Berlin 1869) zu Tage trat. Jene Schriften des P s e u d o - D i o n y s i u s, die vermutlich dem fünften Jahrhundert entstammen, werden zuerst 532 unter Bestreitung ihrer Echtheit erwähnt; doch wurde die letztere von M a x i m u s C o n f e s s o r (580—662; De variis difficilioribus locis patrum Dionysii et Gregorii, hrsg. von OEHLER, Halle 1857) verteidigt. H. KOCH, Ps. D. (Mainz 1900). H. F. MÜLLER, D. Proclos Plotinos (Beiträge, XX, 3 u. 4).

In der Anlehnung an diese Mystik entwickelt sich die erste bedeutende wissenschaftliche Persönlichkeit des Mittelalters in Johannes S c o t u s E r i u g e n a (Erigena, Jerugena, aus Irland, etwa 810—880), von dessen Leben soviel sicher bekannt ist, daß er von Karl dem Kahlen an die Pariser Hofschule berufen wurde und an ihr eine Zeitlang tätig war. Er übersetzte die Schriften des Areopagiten, schrieb gegen GOTTSCHALK die Schrift De praedestinatione und legte seine Ansichten in dem Hauptwerk De divisione naturae (deutsch von NOACK, Leipzig 1870—76) nieder. Die Werke bilden in Mignes Sammlung Bd. 122. Vgl. über ihn TH. CHRISTLIEB (Leipzig 1860), J. HUBER (München 1862). A. SCHNEIDER, Die Erkenntnislehre des J. E. (1921 u. 1923), H. BETT, J. S. E. (1926), H. DÖRRIES, Zur Geschichte der Mystik, E. und der Neuplatonismus (1925).

Anselm von Canterbury (1033—1109) stammte aus Aosta, wirkte lange Zeit in dem normannischen Kloster Bec und wurde 1093 zum Erzbischof von Canterbury berufen. Von seinen Werken (bei Migne Bd. 155) sind in philosophischem Betracht außer der Schrift Cur deus homo? besonders wichtig das Monologium und das Proslogium Diese beiden sind mit der Gegenschrift des Mönchs Gaunilo (im Kloster Marmoutier in der Nähe von Tours) Liber pro insipiente und der Replik Anselms von C. HAAS (Tübingen 1863) herausgegeben. Vgl. CH. RÉMUSAT, A. de C., tableau de la vie monastique et de la lutte du pouvoir spirituel avec le pouvoir temporel au 11me siècle (2. Aufl., Paris 1868). DOMET DE VORGES, St. A. (Paris 1901). J. Fischer, Die Erkenntnislehre A.s (Beitr., X, 3, 1911). CH. FILLIATRE, la philosophie de St. A. (Paris 1920). Vgl. GRABMANN, Geschichte der scholastischen Methode, I, 258 ff.

Wilhelm von Champeaux (1121 als Bischof von Châlons s/M. gestorben) war ein vielgehörter Lehrer an der Kathedralschule zu Paris und begründete die Studien in dem Augustinerkloster zu St. Viktor daselbst. Über seine philosophischen Ansichten sind wir hauptsächlich durch seinen Gegner Abaelard unterrichtet; seine logische Schrift ist verloren. Vgl. E. MICHAUD. G. de Ch. et les écoles de Ïaris au 12me siècle (Paris 1868). — LEFÈVRE (1898).

Der Platonismus des früheren Mittelalters lehnte sich wesentlich an den Timaeus und gab, zumal unter dem Einflusse der neuplatonischen Umdeutung, der Ideenlehre eine dem ursprünglichen Sinne nicht völlig entsprechende Form. Die bedeutendste Erscheinung in dieser Richtung ist Bernhard von Chartres (in der ersten Hälfte des zwölften Jahrhunderts): sein Werk „De mundi universitate sive megacosmus et microcosmus" ist von B. S. BARACH (Innsbruck 1876) herausgegeben: neuerdings ist jedoch seine Autorschaft bezweifelt und das Werk einem Bernhard Silvestris (auch Bernhard von Tours) zugeschrieben worden. Daneben ist Bernhards Bruder Thierry von Chartres, der Verfasser des Heptateuchon, zu nennen: weitere Anhänger dieser Richtung sind Wilhelm von Conches (Magna de naturis philosophia: Dragmaticon philosophiae; vgl K. WERNER, Die Kosmologie und Naturlehre des scholastischen Mittelalters, Wien 1873) und Walter von Mortagne; in demselben Geiste schrieb auch Adélard von Bath (De eodem et diverso; Quaestiones naturales). Vgl. A. CLERVAL, Les écoles de Chartres au moyen-âge (Chartres 1895), C. HUIT, Le platonisme au moyen-âge (Annales de Philos. chrétienne, N. S. T. 20 ff). — CL. BAEUMKER, Der Platonismus im Mittelalter (München 1916).

Dazu E. HOFFMANN, Platonismus und Mittelalter (Vorträge der Bibliothek Warburg 1923—1924. Leipzig 1926).

E. GILSON, le Platonisme de B. de Ch. (Paris Revue néoscolastique 1923).

M. PROU, livre du centénaire de l'école des Chartres (Paris 1921).

Roscellinus aus Armorica (Bretagne) ist als Lehrer an verschiedenen Orten, besonders in Locmenach, wo Abaelard sein Zuhörer war, hervorgetreten und hat seine Ansichten auf dem Konzil zu Soissons (1092) widerrufen müssen. Von ihm selbst ist nur ein Brief an Abaelard (gedruckt in den Abhandl. der bayr. Akad. 1851) erhalten; die Quellen für seine Lehren sind Anselm, Abaelard und Johannes von Salisbury. Über ihn PICAVET (Paris 2. ed. 1911). E. BOUNAIUTI (Riv. stor. crit. d. sc. teol. 1908).

Abaelard (Abailard), die eindrucksvollste und einflußreichste Erscheinung unter den Denkern dieser Zeit, war 1079 zu Pallet (Grafsch. Nantes) geboren, ein Schüler von Wilhelm von Champeaux und Roscellin. Seine eigene Lehrtätigkeit entfaltete sich in Melun und Corbeil, am erfolgreichsten aber in Paris an der Kathedralschule und an der logischen Schule von St. Geneviève. Die dialektische Virtuosität, der er seinen Erfolg und seinen Ruhm verdankte, täuschte ihn selbst und seine Zeit über den geringen sachlichen Gehalt seines Wissens hinweg; anderseits konnten die freieren und kühneren Überzeugungen, die er durch die Schärfe seines Verstandes auf ethischem und religiösem Gebiete gewonnen hatte, den Gegendruck seines Zeitalters nicht überwinden, weil sie an seiner eigen, marklosen Persönlichkeit nicht den genügenden Rückhalt fanden. Das nicht unverschuldete Unglück, worin ihn sein bekanntes Verhältnis zu Heloise stürzte, und die Konflikte, in welche ihn seine Lehre mit der kirchlichen Macht, hauptsächlich auf Anstiften des unermüdlichen Verfolgers Bernhard von Clairvaux, brachte (Synoden zu Soissons 1121 und

Sens 1141), ließen den unruhigen Mann nicht zur vollen Abklärung seines Geistes gelangen und veranlaßten ihn, in verschiedenen Klöstern Ruhestätten zu suchen; er starb 1142 in S. Marcel bei Châlons s/S. Vgl. seine „Historia calamitatum mearum" und seinen Briefwechsel mit Heloise (M. CARRIÈRE, A. u. H., 2. Aufl., Gießen 1853). Seine Werke hat V. COUSIN in zwei Bänden (Paris 1849—59), dazu Ouvrages inédits (Paris 1836) herausgegeben.. Jetzt P. GEYER (Münster 1919 ff.). Darunter sind hervorzuheben seine Dialektik, Introductio in Theologiam, Theologia Christiana, Dialogus inter philosophum, Christianum et Judaeum, die Schrift Sic et non und die ethische Abhandlung Scito te ipsum. Vgl. CH. de RÉMUSAT, A. (2 Bde., Paris 1845). S. M. DEUTSCH, P. A., ein kritischer Theolog des 12. Jahrhunderts (Leipzig 1883). A. HAUSRATH, Peter Abälard (Leipzig 1893). PICAVET, A. et Alex. de Hales créateurs de la méthode Scolastique (Paris 1896). B. GEYER (Beitr. XXI).

Dem Abaelard nahe stehen eine Anzahl (von V. COUSIN veröffentlichter) anonymer Abhandlungen, so ein Kommentar zu De interpretatione, ferner die Abhandlungen „De intellectibus" und „De generibus et speciebus" (die letztere stammt möglicherweise von Joscellinus, einem 1151 gestorbenen Bischof von Soissons): verwandt ist auch die philosophisch-theologische Stellung von G i l b e r t de la Porrée (Gilbertus Porretanus, gestorben 1154 als Bischof von Poitiers), der in Chartres und Paris lehrte und von Bernhard von Clairvaux in die Verfolgung Abaelards hineingezogen wurde. Außer einem Kommentar zu Pseudo-Boëthius „De trinitate" und „De duabus naturis in Christo" schrieb er später den viel kommentierten Abriß „De sex principiis". Vgl. über ihn A. BER1HAUD (Paris 1892).

Die im kirchlichen Sinne bedenklichen Konsequenzen der „Dialektik" zeigen sich schon früh besonders bei B e r e n g a r v o n T o u r s (999—1088), dessen Abendmahlslehre von L a n c f r a n c (1005—1089, in Bec und Canterbury Vorgänger Anselms) bekämpft wurde. Dieser ist vermutlich der Verfasser des früher dem Anselm zugeschriebenen (und unter dessen Werken gedruckten) „Elucidarium sive dialogus summam totius theologiae complectens". In diesem Kompendium tritt zuerst das Bestreben hervor, unter Ablehnung der dialektischen Neuerungen den ganzen Umfang des kirchlich Festgestellten in der Form eines logisch geordneten Lehrbuches wiederzugeben. Hieraus sind später die Arbeiten der S u m m i s t e n hervorgegangen, unter denen der bedeutendste P e t r u s L o m b a r d u s (gestorben 1164 als Bischof von Paris) ist. Seine „Libri IV s e n t e n t i a r u m" bilden bei Migne, Bd. 192. Unter den früheren wäre etwa R o b e r t P u l l e y n (Robert Pullus, gestorben 1150), unter den späteren P e t e r v. P o i t i e r s (gestorben 1250) und ganz besonders A l a i n d e L i l l e (Alanus ab Insulis, gestorben 1203) zu erwähnen. Des letzteren theologische Werke, hauptsächlich De arte et articulis fidei catholicae, und sein Gedicht Anticlaudianus dürfen als die umfassendste Darstellung des Bildungsstandes seiner Zeit gelten (vgl. über ihn BAUMGARTEN, Münster 1896). Es zeigen sich hier schon formell und sachlich die Anfänge des Einflusses, den die Übersetzung aristotelischer und arabisch-jüdischer Schriften ausübte: hierin war bereits in der Mitte des 12. Jahrh. D o m i n i c u s G u n d i s a l v i tätig, von dem vielleicht auch die Schrift De unitate et uno herrührt; vgl. P. CORRENS in Bäumkers Beiträgen I. u. G. Bülow, ebenda, XXIV, 3.

G e r b e r t (als Papst Sylvester II., 1003 gestorben) hat das Verdienst, auf die Notwendigkeit mathematischen und naturwissenschaftlichen Studiums energisch hingewiesen zu haben. Er hatte in Spanien und Italien Kunde von der Arbeit der Araber erhalten und erwarb sich eine von seinen Zeitgenossen angestaunte und beargwöhnte Fülle von Kenntnissen. Vgl. K. WERNER, G. von Aurillac, die Kirche und Wissenschaft seiner Zeit (2. Aufl., Wien 1881) und F. PICAVET (Paris 1897). — Gleich ihm hat sein Schüler F u l b e r t (gest. 1029 als Bischof von Chartres) von der Dialektik zur einfachen Frömmigkeit zurückgerufen, und in demselben Sinne wirkte H i l d e b e r t v o n L a v a r d i n (1057 bis 1133, Bischof von Tours).

Im großen Stil geschah dasselbe durch die orthodoxe M y s t i k des zwölften Jahrhunderts. Als ihr eifrigster Vertreter begegnet uns B e r n h a r d v o n C l a i r v a u x (1091—1153). Unter seinen Schriften ragen De contemtu mundi und De gradibus humilitatis hervor (Ausgabe von MABILLON, zuletzt Paris 1839 f.). Vgl. NEANDER, Der heilige B. und seine Zeit (3. Aufl., 1865); MORISON, Life an times of St. B. (London 1868). — STORRS, B. v. C. (London 1894).

Von wissenschaftlicher Fruchtbarkeit ist die M y s t i k bei den V i c t o r i n e r n, den Leitern der Klosterschule St. Victor in Paris. Der bedeutendste ist H u g o v o n S t V i c t o r (als Graf von Blankenburg im Harz 1096 geboren, 1141 gestorben). Unter den Werken (bei Migne, Bd. 175—177) ist das wichtigste De sacramentis fidei christianae; für die mystische Psychologie kommen hauptsächlich das Soliloquium de arrha animae, De arca Noe und De vanitate mundi, außerdem aber das enzyklopädische Werk Eruditio didascalica in Betracht. Vgl. A. LIEBNER, H. v. St. V. und die theologischen Richtungen seiner Zeit (Leipzig 1836). — A. MIGNON, H. d. St. V. (Paris 1895).

Sein Schüler R i c h a r d v o n S t. V i c t o r (ein Schotte, 1173 gestorben) schrieb De statu und De eruditione hominis interioris, De praeparatione animi ad contemplationem, De gratia contemplationis. Die Werke bilden bei Migne Bd. 194. Vgl. A. KAULICH. Die Lehren des H. und R. von St. V. (in den Abhandlungen der Böhm. Ges. d. Wiss. 1863 f.), J. EBNER, Die Erkenntnislehre R. v. St. Victor (Münster 1917). — Dessen Nachfolger W a l t e r v o n S t. V i c t o r hat sich in einer wenig wissenschaftlichen Polemik gegen die ketzerische Dialektik (In quatuor labyrinthos Franciae) hervorgetan.

Am Schlusse dieses Zeitraumes treten die Anfänge einer humanistischen Reaktion gegen die Einseitigkeit des Schulbetriebes in J o h a n n e s v o n S a l i s b u r y (Johannes Saresberiensis, gestorben 1180 als Bischof von Chartres) hervor, dessen Schriften Policraticus und Metalogicus (Migne, Bd. 199) eine wertvolle Quelle für das wissenschaftliche Leben der Zeit bilden. Vgl. C. SCHAARSCHMIDT, J. S. nach Leben und Studien, Schriften und Philosophie (Leipzig 1862).

§ 22. Die Metaphysik der inneren Erfahrung.

Die Philosophie des großen Kirchenlehrers A u g u s t i n ist in keinem seiner Werke als ein geschlossenes System dargestellt, sie entwickelt sich vielmehr in der ganzen Breite seiner schriftstellerischen Tätigkeit mehr gelegentlich bei der Behandlung der verschiedenen, zumeist theologischen Gegenstände. Dabei aber ist dies der eigentümliche Gesamteindruck, daß diese reichen Gedankenmassen nach zwei verschiedenen Richtungen bewegt erscheinen, die nur durch die gewaltige Persönlichkeit des Mannes zusammengehalten werden. Als Theologe hat Augustin durch alle seine Untersuchungen hindurch den B e g r i f f d e r K i r c h e als Richtpunkt im Auge: als Philosoph konzentriert er alle seine Ideen um das P r i n z i p d e r S e l b s t g e w i ß h e i t d e s B e w u ß t s e i n s. Durch die Doppelbeziehung auf diese beiden festen Voraussetzungen geraten bei ihm alle Fragen in lebendigen Fluß. Die Gedankenwelt Augustins gleicht einem elliptischen System, das sich durch die Bewegung um zwei Mittelpunkte konstruiert, und diese seine innere Dualität ist häufig diejenige des Widerspruchs[3]).

Für die Geschichte der Philosophie erwächst die Aufgabe, aus dieser Verwicklung diejenigen Ideen herauszulösen, durch welche Augustin weit über seine Zeit und ebenso über die nächstfolgenden Jahrhunderte hinausgewachsen und zu einem der U r h e b e r d e s m o d e r n e n D e n k e n s geworden ist. Alle diese aber haben ihren letzten Grund und ihre sachliche Vereinigung in dem Prinzip der s e l b s t - g e w i s s e n I n n e r l i c h k e i t, das Augustin zuerst mit voller Klarheit ausgesprochen und als Ausgangspunkt der Philosophie formuliert und behandelt hat. Unter dem Einfluß der ethisch-religiösen Bedürfnisse hatte sich allmählich und fast unvermerkt das metaphysische Interesse aus der Sphäre der äußeren Wirklichkeit in diejenige des inneren Lebens verschoben. An die Stelle der physischen Begriffe waren die psychischen als Grundfaktoren der Weltauffassung getreten. Augustin war es vorbehalten, diese Tatsache, die sich als solche schon vor ihm in Origenes und Plotin vollzogen hatte, zu voller und bewußter Geltung zu bringen[4]).

---

[3]) Es ist unverkennbar, daß Augustin selbst im Laufe seiner Entwicklung das Schwergewicht seiner Persönlichkeit mehr und mehr aus dem philosophischen Mittelpunkt in den kirchlichen verlegt hat; besonders deutlich tritt das in seinem Rückblick auf die eigene Schriftstellertätigkeit, den Retractationes, hervor.

[4]) Aug. de ver. rel., 39, 72; *Noli foras ire; in te ipsum redi: in i n t e r i o r e h o m i n e habitat veritas.*

Diese Richtung auf die i n n e r e E r f a h r u n g macht auch seine schriftstellerische Eigenart aus. Augustin ist ein Virtuos der Selbstbeobachtung und Selbst-
zerlegung; er besitzt eine Meisterschaft in der Schilderung von Seelenzuständen,
die ebenso bewunderungswürdig ist wie seine Fähigkeit, innere Vorgänge durch
die Reflexion zu zergliedern und die tiefsten Gefühls- und Triebelemente bloß-
zulegen[5]). Eben deshalb aber fließen ihm fast ausschließlich aus dieser Quelle die
Anschauungen zu, mit denen seine Metaphysik das Weltall zu umfassen sucht.
Damit beginnt der griechischen Philosophie gegenüber eine neue Entwicklungsreihe,
deren Fortschritt freilich während des Mittelalters nur wenig über das von Augustin
im ersten Wurf Errungene hinaus gefördert worden und deren volle Entfaltung
erst in der Neuzeit zu suchen ist[6]).

1. Deutlich tritt dies schon an Augustins Lehre vom A u s g a n g s p u n k t der
philosophischen Erkenntnis hervor. Seinem persönlichen Entwicklungsgange gemäß
sucht er den Weg zur Gewißheit durch den Zweifel hindurch, und es müssen ihm
dabei die skeptischen Theorien selbst die Bahn brechen. Zunächst freilich schlägt
er den Zweifel mit dem ungebändigten Glücksdurst seiner heißblütigen Natur durch
das (sokratische) Postulat nieder, daß der Besitz der Wahrheit (ohne dessen Voraussetzung es auch keine Wahrscheinlichkeit gebe) für die Glückseligkeit erforderlich
und deshalb als erreichbar anzusehen sei: aber mit größerem Nachdruck zeigt er,
daß auch der Skeptiker, der die äußere Realität des Wahrnehmungsinhaltes leugne
oder wenigstens dahingestellt sein lasse, doch das innerliche Vorhandensein der
Empfindung als solcher nicht in Zweifel ziehen könne. Allein statt sich mit den
relativistischen oder positivistischen Andeutungen dieser Tatsache zu begnügen,
dringt Augustin gerade von ihr aus zu siegreicher Gewißheit vor. Mit der Wahrnehmung, zeigt er, ist nicht nur ihr in der einen oder der andern Richtung anzu-
zweifelnder Inhalt, sondern zugleich auch die Realität des wahrnehmenden Subjekts
gegeben, und diese Selbstgewißheit des Bewußtseins folgt in erster Linie aus dem
Akte des Zweifelns selbst. Indem ich zweifle, weiß ich, daß ich, der Zweifelnde,
bin; und so enthält gerade der Zweifel in sich die wertvolle Wahrheit von der
R e a l i t ä t d e s b e w u ß t e n W e s e n s : selbst wenn ich in allem andern irren
sollte, so kann ich darin nicht irren; denn um zu irren, muß ich sein[7]).

Diese fundamentale Gewißheit erstreckt sich gleichmäßig a u f a l l e Z u s t ä n d e
d e s B e w u ß t s e i n s (cogitare), und Augustin sucht zu zeigen, daß alle ihre
verschiedenen Arten bereits in dem Akte des Zweifelns eingeschlossen seien. Wer
zweifelt, weiß nicht nur, daß er lebt, sondern auch, daß er sich erinnert, daß er
erkennt und daß er will: denn die Gründe seines Zweifelns beruhen auf seinen
früheren Vorstellungen; in der Abwägung der Zweifelsmomente entwickelt sich
sein Denken, Wissen und Urteilen; und das Motiv seines Zweifelns ist doch nur

---

[5]) Vgl. G. MISCH, Geschichte der Autobiographie, I (1907), S. 402 ff.

[6]) Vgl. H. HEIMSOETH, Die sechs großen Themen der abendländischen Metaphysik
(Berlin 1922).

[7]) Augustin hat dieser von ihm mehrfach (De beata vita, 7, Solil., II, 1 ff., De ver. rel.
72 f., De trin., X, 14 usw.) ausgeführten Argumentation grundlegende Bedeutung beigelegt.
Ob deren Erwähnung in der unter dem Namen der „Metaphysik des Herennios" laufenden
Kompilation (III, 6 f.) auf eine unbekannte hellenistische Quelle zurückweist oder eine
Fälschung aus Augustin selbst ist, bleibe dahingestellt. Vgl. darüber E. HEITZ, in Sitz.-
Ber. der Berl. Ak. d. W. 1889, S. 1167 ff.

dies, daß er die Wahrheit anstrebt. Ohne besonders darauf zu reflektieren oder weitere Schlüsse darauf zu ziehen, beweist Augustin in diesem Beispiel seinen tiefen Einblick in das Seelenleben, indem ihm die verschiedenen Arten psychischer Betätigung nicht als gesonderte Sphären, sondern als die untrennbar miteinander vereinigten Seiten eines und desselben Aktes gelten. Die Seele ist für ihn — und damit erhebt er sich weit über Aristoteles und auch über die Neuplatoniker — das einheitlich lebendige Ganze der P e r s ö n l i c h k e i t , welche durch ihr Selbstbewußtsein der eigenen Realität als der sichersten Wahrheit gewiß ist[8]).

2. Allein von dieser ersten Gewißheit führt die Lehre Augustins sogleich weiter, und es ist nicht nur eine religiöse Überzeugung, sondern auch eine tiefe erkenntnistheoretische Überlegung, welche ihm in die Selbstgewißheit des individuellen Bewußtseins unmittelbar die Idee Gottes eingewachsen erscheinen läßt. Auch hier ist die Fundamentaltatsache des Zweifels maßgebend, auch hierin enthält sie *implicite* schon die volle Wahrheit. Wie würden wir, fragt Augustin, dazu kommen, die Wahrnehmungen der Außenwelt, die sich mit so elementarer Gewalt uns aufdrängen, in Frage und Zweifel zu ziehen, wenn wir nicht neben ihnen und aus anderer Quelle Richtbegriffe und Maßstäbe der Wahrheit besäßen, um sie daran zu messen und zu prüfen? Wer zweifelt, muß die Wahrheit kennen: denn nur um ihretwillen zweifelt er[9]). In der Tat, fährt der Philosoph fort, besitzt der Mensch neben dem Empfinden *(sensus)* die höhere Fähigkeit der V e r n u n f t *(intellectus, ratio)*, d. h. der unmittelbaren Anschauung unkörperlicher Wahrheiten[10]): unter diesen versteht Augustin nicht nur die logischen Gesetze, sondern auch die Normen des Guten und des Schönen, überhaupt alle diejenigen durch die Empfindung nicht zu gewinnenden Wahrheiten, die dazu erforderlich sind, das Gegebene zu verarbeiten und zu beurteilen, — die Prinzipien des Urteilens[11]).

Solche Normen der Vernunft machen sich als Maßstäbe der Beurteilung im Zweifel wie in allen Tätigkeiten des Bewußtseins geltend; sie reichen aber über das individuelle Bewußtsein, in welches sie mit dem Laufe der Zeit eintreten, als etwas Höheres hinaus: sie sind für alle vernünftig Denkenden dieselben und erleiden in diesem ihrem Werte keine Veränderung. So sieht sich das Einzelbewußtsein in seiner eigenen Funktion an etwas Allgemeingültiges und Übergreifendes gebunden[12]).

Aber zum Wesen der Wahrheit gehört, daß sie i s t. Von dieser Grundauffassung der antiken, wie aller naiven Erkenntnislehre geht auch Augustin aus. Das „Sein" jener allgemeinen Wahrheiten aber, die durchaus unkörperlicher Natur sind, kann demnach nur — in neuplatonischer Weise — als dasjenige der I d e e n i n G o t t gedacht werden; sie sind die wandellosen Formen und Normen aller Wirklichkeit

---

[8]) Vgl. A. FAUST, Descartes u. Augustin zur Unterscheidung von theoretischer und religiöser Gewißheit (Akademie Erlangen 1924).

[9]) De ver. rel., 39, 72 f.

[10]) *Aspectus animi, quo per se i p s u m, non per corpus verum intuetur:* De trin., XII, 2, 2. Vgl. Contra Acad., III, 13, 29.

[11]) Die Auffassung der intelligiblen Wahrheiten durch das menschliche Bewußtsein hat Augustin anfänglich ganz platonisch als ἀνάμνησις bezeichnet; erst die orthodoxen Bedenken gegen die Annahme der Präexistenz führten ihn dazu, die Vernunft wesentlich nur als das unmittelbare Anschauungsvermögen für die unkörperliche Welt zu betrachten.

[12]) De lib. arb., II, 7 ff.

(principales formae vel rationes rerum stabiles atque incommutabiles, quae in divino intellectu continentur) und die Inhaltsbestimmungen des göttlichen Geistes. In ihm sind sie alle mit höchster Vereinigung enthalten: er ist die absolute Einheit, die alles umfassende Wahrheit; er ist das höchste Sein, das höchste Gut, die vollkommene Schönheit *(unum, verum, bonum)*. Jede Vernunfterkenntnis ist im Grunde genommen Gotteserkenntnis. Freilich ist auch nach Augustins Zugeständnis der menschlichen Einsicht im Erdenleben die volle Erkenntnis Gottes versagt. Ganz sicher ist in unserer Vorstellung von ihm vielleicht nur das Negative; und insbesondere von der Art, wie die verschiedenen Bestimmungen der göttlichen Wahrheit, welche die Vernunft anschaut, in ihm zu höchster realer Einheit verbunden sind, haben wir keine adäquate Vorstellung: denn sein körperloses und wandelloses Wesen *(essentia)* reicht weit über alle Beziehungs- und Verknüpfungsformen des menschlichen Denkens hinaus: selbst die Kategorie der Substanz trifft auf ihn ebensowenig zu wie die übrigen[13]).

3. So sehr diese Ausführungen in der direkten Konsequenz des Neuplatonismus liegen[14]), so bleibt ihnen doch in der Darstellung Augustins der christliche Charakter dadurch gewahrt, daß mit dem philosophischen Begriffe der Gottheit als Inbegriff aller Wahrheit die religiöse Vorstellung der Gottheit als der absoluten Persönlichkeit untrennbar verschmolzen ist. Gerade deshalb aber baut sich die ganze augustinische Metaphysik auf der Selbsterkenntnis der endlichen Persönlichkeit, d. h. auf dem Tatbestande der inneren Erfahrung auf. Denn soweit dem Menschen überhaupt ein Verständnis des göttlichen Wesens möglich ist, kann es nur nach Analogie der menschlichen Selbsterkenntnis gewonnen werden. Diese aber zeigt folgende fundamentale Gliederung des inneren Lebens: der dauernde Bestand des geistigen Seins ist in der Gesamtheit des Bewußtseinsinhaltes oder der reproduzierbaren Vorstellungen gegeben, seine Bewegung und Lebendigkeit besteht in den Prozessen der urteilenden Verbindung und Trennung dieser Elemente, und die treibende Kraft in dieser Bewegung ist der auf den Gewinn der höchsten Seligkeit gerichtete Wille. So sind die drei Seiten der psychischen Wirklichkeit V o r s t e l l u n g , U r t e i l u n d W i l l e : *memoria, intellectus, voluntas*[15]), und Augustin verwahrt sich ausdrücklich dagegen, diese Funktionsweisen der Persönlichkeit etwa wie die Eigenschaften der Körper aufgefaßt zu sehen. Ebensowenig bedeuten sie aber etwa verschiedene Schichten oder Sphären ihres Daseins, sondern sie bilden in ihrer unlöslichen Einheit das Wesen der Seele selbst. Nach diesen am Menschen erkannten Verhältnissen des geistigen Lebens sucht dann Augustin nicht nur eine analogische Vorstellung von dem Geheimnis der Trinität zu gewinnen, sondern er erkennt auch in dem *esse, nosse, velle* die Grundbestimmungen aller Dinge: in Sein, Wissen und

---

[13]) Das Wesentliche dabei ist die Einsicht, daß die aus der **Richtung** auf die Natur erkenntnis gewonnenen Kategorien für die eigentümliche Art der geistigen Synthese (nach der das göttliche Wesen gedacht werden soll) unzulänglich sind: die neuen Kategorien der Innerlichkeit aber sind bei Augustin erst im Werden; vgl. das Folgende.

[14]) In der Tat sucht Augustin durchaus den νοῦς Plotins mit dem λόγος des Origenes zu identifizieren: indem er aber die emanatistische Ableitung und Verselbständigung des νοῦς aus der neuplatonischen Lehre fallen läßt, hebt er das physische Schema der Weltpotenzen . zu Gunsten des psychischen auf.

[15]) Dieselbe Dreiteilung der Seelentätigkeit findet sich schon bei den Stoikern: vgl. oben § 17, 9.

Wollen ist alle Wirklichkeit beschlosen, und in Allmacht, Allweisheit und Allgüte umspannt die Gottheit das Universum.

Die ausgesprochene Ansicht von der Unzulänglichkeit der physischen (aristotelischen) Kategorien erinnert nur scheinbar an den Neuplatonismus, dessen intelligible Kategorien (vgl. oben § 20, 7) ebenso wie sein ganzes metaphysisches Schema durchaus physischer Art sind. Erst Augustin macht Ernst mit dem Versuche, die eigentümlichen Beziehungsformen der Innerlichkeit zu metaphysischen Prinzipien zu erheben. Im übrigen verläuft seine Kosmologie ohne nennenswerte Besonderheiten in den durch den Neuplatonismus gelegten Geleisen. Die Zweiweltenlehre mit ihren anthropologischen Korrelaten bildet hier die Voraussetzung. Die Sinnenwelt wird durch die Wahrnehmungen, die intelligible Welt wird durch die Vernunft erkannt, und beide gegebenen Bestandteile des Wissens werden durch das verständnismäßige Denken (ratiocinatio) miteinander in Beziehung gesetzt. Für die Naturauffassung ergibt sich die durch die Ideenlehre bedingte Teleologie: auch die Körperwelt ist durch die göttliche Macht, Weisheit und Güte aus nichts geschaffen, und trägt in ihrer Schönheit und Vollkommenheit das Zeichen dieses Ursprungs. Das Übel (mit Einschluß des Bösen, vgl. jedoch unten) ist auch hier nichts eigentlich Wirkliches; es ist nicht Sache, sondern Handlung, es hat keine causa efficiens, sondern nur eine causa deficiens, sein Ursprung ist nicht bei dem positiven Sein (Gott), sondern bei den Seinsmangel der endlichen Wesen zu suchen: denn diesen kommt als geschaffenen nur eine abgeschwächte und darum mangelhafte Realität zu. So steht die Theodicee Augustins wesentlich auf dem Boden derjenigen von Origines und Plotin.

4. Eine weitere aber und wesentliche Folge der bewußt anthropologischen Begründung der Philosophie ist bei Augustin die zentrale Stellung, welche er in seiner Weltanschauung dem W i l l e n zugewiesen hat. Das leitende Motiv dabei ist zweifellos die eigene Erfahrung des Mannes, der, selbst eine triebheiße und willensstarke Natur, bei der grübelnden Durchforschung der eigenen Persönlichkeit auf den Willen als auf ihren tiefsten Kern stieß. Deshalb gilt ihm aber in allem der Wille als das Wesentliche: in allen Zuständen und Bewegungen der Seele steckt Wille; ja, sie sind eigentlich gar nichts anderes als Willensweisen (voluntates).

In seiner Psychologie und Erkenntnislehre zeigt sich dies vor allem darin, daß er die beherrschende Stellung des Willens in dem gesamten Vorstellungs- und Erkenntnisprozeß allseitig zur Darstellung zu bringen sucht[16]). Hatten schon die Neuplatoniker hinsichtlich der Wahrnehmung zwischen dem körperlichen Erregungszustande und dessen Bewußtwerden unterschieden (vgl. oben § 19, 4), so zeigt Augustin durch eine genaue Analyse des Sehens, daß dies Bewußtwerden wesentlich ein Akt des Willens (intentio animi) sei. Und wie somit schon die physische Aufmerksamkeit eine Sache des Willens ist, so weist auch die Tätigkeit des inneren Sinnes (sensus interior) eine ganz analoge Abhängigkeit vom Willen auf. Ob wir unsere eigenen Zustände und Handlungen nur als solche zum Bewußtsein bringen oder nicht, hängt ebenso von der willkürlichen Reflexion ab, wie die gewollte Besinnung auf etwas unserem Gedächtnis Angehöriges und die auf ein bestimmtes Ziel gerichtete Tätigkeit der kombinativen Phantasie. Ebenso vollzieht sich endlich das verstandesmäßige Denken (ratiocinatio) mit seinen Urteilen und Schlüssen durchgängig unter den Absichten des Willens: denn dieser muß die Richtung und den Zweck bestimmen, wonach die Data der (äußeren oder inneren) Erfahrung den allgemeinen Wahrheiten der Vernunfteinsicht untergeordnet werden sollen.

Etwas verwickelter gestaltet sich das Verhältnis bei diesen V e r n u n f t e i n -

---

[16]) Vgl. hauptsächlich das elfte Buch der Schrift De trinitate, dazu besonders W. KAHL, Die Lehre vom Primat des Willens bei Augustinus, Duns Scotus und Descartes (Straßburg 1886).

s i c h t e n selbst: denn dieser höheren göttlichen Wahrheit gegenüber kann der
Aktivität des menschlichen Geistes nicht derselbe Spielraum gegeben werden, wie
hinsichtlich seiner intellektuellen Beziehungen zur Außenwelt und zu seiner eigenen
Innenwelt. Schon aus philosophischen Gründen nicht: denn nach dem metaphysischen Grundschema muß dem Allgemeineren als dem höheren und wirkungs-
kräftigeren Sein in der Kausalberührung die aktive Rolle zukommen. Zu der ihm
metaphysisch überlegenen Vernunftwahrheit kann sich der menschliche Geist in
der Hauptsache nur leidend verhalten. Die Erkenntnis der intelligiblen Welt ist
auch für Augustin wesentlich Erleuchtung, Offenbarung. Hier, wo der Geist seinem
Schöpfer gegenübersteht, fehlt ihm nicht nur die schöpferische, sondern sogar die
rezeptive Initiative. Augustin ist weit entfernt, die intuitive Erkenntnis der intelligiblen Wahrheiten etwa als ein selbständiges Erzeugnis des endlichen Geistes aus
seiner eigenen Natur anzusehen; ja er kann ihr nicht einmal dieselbe Spontaneität
der Aufmerksamkeit oder der Richtung des Bewußtwerdens *(intentio)* zuschreiben,
wie den empirischen Einsichten äußerer und innerer Wahrnehmung: sondern er
muß die Erleuchtung des individuellen Bewußtseins durch die göttliche Wahrheit
wesentlich als einen Akt der Gnade (vgl. unten) betrachten, bei dem das erstere
sich zuwartend und rein aufnehmend verhält. Diese metaphysischen Überlegungen,
welche auch auf dem Boden des Neuplatonismus möglich gewesen wären, erfahren
nun aber bei Augustin eine mächtige Verstärkung durch das Schwergewicht, das er
in seiner Theologie auf die göttliche Gnade legte. Die Erkenntnis der Vernunft-
wahrheiten ist ein Moment der Seligkeit, und diese verdankt der Mensch nicht dem
eigenen Willen, sondern demjenigen Gottes.

Dennoch hat auch hier Augustin dem Willen des Individuums zunächst wenigstens eine gewisse Mitwirkung zu retten gesucht. Er betont nicht nur, daß Gott die
Offenbarung seiner Wahrheit nur demjenigen zuwende, der durch gutes Streben und
gute Sitten, d. h. durch die Qualitäten seines Willens sich dafür würdig erweise,
sondern er lehrt auch, daß die Aneignung der göttlichen Wahrheit nicht sowohl
durch die Einsicht, als vielmehr durch den G l a u b e n erfolge. Der Glaube aber,
als ein Vorstellen mit Zustimmung, aber ohne Begreifen, setzt zwar die Vorstellung
seines Gegenstandes voraus, enthält aber in der durch keinen intellektuellen Zwang
bestimmten Zustimmung einen ursprünglichen Willensakt des bejahenden Urteils.
Soweit geht die Bedeutung dieser Tatsache, meint Augustin, daß nicht nur in göttlichen und ewigen, sondern auch in irdisch-menschlichen und zeitlichen Dingen
diese unmittelbar durch den Willen hervorgebrachte Überzeugung die ursprünglichen
Elemente des Denkens abgibt, aus denen erst durch die kombinierende Überlegung
des Verstandes die begreifende Einsicht erwächst. So muß auch in den wichtigsten
Dingen, d. h. in den Heilsfragen, der von dem guten Willen bestimmte Glaube an
die göttliche Offenbarung und an ihr Walten in der kirchlichen Tradition der ver-
standesmäßig aneignenden und begreifenden Erkenntnis vorhergehen. Der W ü r d e
nach ist freilich die volle Vernunfteinsicht, aber der Z e i t nach ist der Offen-
barungsglaube das erste.

5. In allen diesen Überlegungen Augustins bildet den Mittelpunkt der Begriff der
W i l l e n s f r e i h e i t als einer von Verstandesfunktionen unabhängigen, durch·
Motive der Einsicht nicht bedingten, sondern diese vielmehr ohne Bewußtseinsgründe
bestimmenden Entscheidung, Wahl oder Zustimmung des Willens, und Augustin hat

sich redlich bemüht, diesen Begriff den verschiedenen Einwürfen gegenüber aufrechtzuerhalten. Neben der Vertretung sittlich-religiöser Verantwortlichkeit ist es
hauptsächlich die Sache der göttlichen Gerechtigkeit, die er dabei zu führen meint:
und die meisten Schwierigkeiten macht ihm anderseits die Vereinbarung der ursachlosen Handlung, deren Gegenteil gleich möglich und objektiv denkbar gewesen sein
soll mit der göttlichen Präszienz. Er hilft sich hier mit der Berufung auf die Unterscheidung der Ewigkeit (Zeitlosigkeit) und der Zeit, der er überhaupt in einer überaus feinsinnigen Untersuchung[17]) eine reale Bedeutung nur für die messende Vergleichung der Funktionen der inneren Erfahrung und erst danach auch für die
äußere zuschrieb. Das an sich zeitlose, sogenannte Vorherwissen der Gottheit habe
für die zukünftigen Ereignisse gerade so wenig kausal bestimmende Gewalt, wie die
Erinnerung für die vergangenen. In diesen Zusammenhängen gilt Augustin mit
Recht als einer der eifrigsten und kräftigsten Vertreter der Willensfreiheit.

Allein dieser wesentlich mit den Waffen der früheren Philosophie verfochtenen
Ansicht wälzt sich nun bei Augustin, von Werk zu Werk anschwellend, eine andere
Gedankenmasse entgegen, welche ihren Keimpunkt im Begriffe der K i r c h e und
in der Lehre von ihrer erlösenden Gewalt hat. Hier tritt dem Prinzip der Selbstgewißheit des individuellen Geistes dasjenige der historischen Allgemeinheit siegreich
entgegen. Die Idee der christlichen Kirche, deren gewaltigster Kämpe Augustin gewesen ist, wurzelt in dem Gedanken der Erlösungsbedürftigkeit des ganzen menschlichen Geschlechts: diese Idee aber schließt die völlig unbestimmte Willensfreiheit
des einzelnen Menschen aus. Denn sie verlangt, daß jeder einzelne notwendig sündig
und deshalb der Erlösung bedürftig sei. Unter dem überwältigenden Druck dieses
Gedankens hat Augustin seiner in den philosophischen Schriften so breit ausgeführten Theorie der Willensfreiheit eine andere an die Seite gestellt, die der ersteren
durchweg zuwiderläuft.

Augustin will die für ihn persönlich so schwer wiegende Frage nach dem Ursprung
des Bösen — im Gegensatz zum Manichäismus — durch den Begriff der Willensfreiheit lösen, um darin die menschliche Verantwortlichkeit und die göttliche Gerechtigkeit aufrechtzuerhalten; aber in seinem theologischen System scheint es ihm
ausreichend, diese Willensfreiheit auf Adam, den ersten Menschen, zu beschränken.
Die Vorstellung von der substantiellen Einheitlichkeit des Menschengeschlechts, die
auch bei dem Glauben an die Erlösung aller durch den Einen Heiland mitwirkte,
erlaubte ebenso die Lehre, daß in dem Einen Adam die ganze Menschheit gesündigt
habe. Durch den Mißbrauch der Willensfreiheit von seiten des ersten Menschen ist
die gesamte menschliche Natur derart verdorben, daß sie nicht mehr anders kann
als sündigen *(non posse non peccare)*. Dieser Verlust der Willensfreiheit trifft das
ganze von Adam stammende Geschlecht ohne Ausnahme: jeder Mensch bringt diese
verderbte Natur, welche nicht mehr aus eigener Kraft oder Freiheit zum Guten
fähig ist, mit auf die Welt, und diese E r b s ü n d e ist die Strafe für die Ursünde.
Eben daraus folgt aber, daß alle Menschen ausnahmslos der Erlösung und der
Gnadenmittel der Kirche b e d ü r f t i g sind. Daß ihnen diese Gnade zuteil werde,
haben alle gleich wenig verdient: deshalb, meint Augustin, dürfe keine Ungerechtigkeit darin gesehen werden, daß Gott diese Gnade, auf die keiner Anspruch hat, nicht

---

[17]) Im elften Buch der Konfessionen. Vgl. C. FORTLAGE, A. de tempore doctrina (Heidelberg 1836).

allen, sondern nur einigen — und man weiß nie welchen — zuwendet. Anderseits aber verlangt die göttliche Gerechtigkeit, daß wenigstens bei einigen Menschen die Strafe für Adams Fall dauernd aufrechterhalten werde, diese also von der Gnadenwirkung und der Erlösung ausgeschlossen bleiben. Da endlich ihrer verderbten Natur nach alle gleich sündig und zu eigener Besserung unfähig sind, so erfolgt die Auswahl der Begnadeten nicht nach ihrer Würdigkeit (denn solche gibt es vor der Gnadenwirkung nicht), sondern nach einem unerforschlichen Ratschlusse Gottes. Wen er erlösen will, dem wendet er seine Offenbarung mit ihrer unwiderstehlichen Gewalt *(gratia irresistibilis)* zu: wen er nicht auserwählt, der kann auf keine Weise erlöst werden. Nicht einmal den Anfang zum Guten kann der Mensch aus eigener Kraft machen: alles Gute rührt von Gott her und nur von ihm.

In der P r ä d e s t i n a t i o n s l e h r e erstickt somit (und das ist ihr philosophisches Moment) die absolute Kausalität Gottes den freien Willen des Individuums. Dem letzteren wird mit der metaphysischen Selbständigkeit auch alle Spontaneität des Tuns abgesprochen; entweder bestimmt ihn seine Natur zur Sünde oder die Gnade zum Guten. So stoßen bei Augustin zwei kräftige Gedankenströme hart gegeneinander. Es wird immerdar eine erstaunliche Tatsache bleiben, daß derselbe Mann, der seine Philosophie auf die Selbstgewißheit des bewußten Einzelgeistes gründete, der das Senkblei feinster Prüfung in die Tiefen der inneren Erfahrung warf und im Willen den Lebensgrund der geistigen Persönlichkeit entdeckte, sich durch die Interessen eines theologischen Streites zu einer Ansicht der Heilslehre gedrängt sah, welche die Handlungen des Einzelwillens als unabänderlich bestimmte Folgen entweder einer generellen Verderbnis oder der göttlichen Gnade betrachtet. I n d i v i d u a l i s m u s und U n i v e r s a l i s m u s in der Auffassung der seelischen Wirklichkeit stehen sich hier schroff gegenüber, und ihr klaffender Widerspruch ist kaum durch die Vieldeutigkeit des Wortes Freiheit verdeckt, das in der einen Richtung nach seiner psychologischen, in der andern nach seiner ethisch-religiösen Bedeutung verstanden wird. Der Gegensatz aber der beiden Denkmotive, die hier so unvereinbar nebeneinander liegen, ist auch in der folgenden Entwicklung der Philosophie bis weit über das Mittelalter hinaus wirksam gewesen.

6. Im Lichte der Prädestinationslehre nimmt das großartige Bild der historischen Entwicklung der Menschheit, welches Augustin in der Art und im Geist der gesamten Patristik entworfen hat, dunkle Farben und eigentümlich starre Formen an. Denn wenn nicht nur der Gesamtablauf der Heilsgeschichte, sondern wie bei Augustin auch die Stellung, die jeder einzelne darin einnehmen soll, durch göttlichen Ratschluß vorherbestimmt ist, so kann man sich des düstern Eindrucks nicht erwehren, daß all das heilsdurstige Willensleben der Menschen in der Geschichte zu einem schatten- und marionettenhaften Getriebe herabsinkt, dessen Ergebnis von vornherein unausbleiblich feststeht.

Die geistige Welt zerfällt für Augustin durch die ganze Geschichte hindurch in zwei Sphären: das Reich Gottes und das Reich des Teufels. Zu dem ersteren gehören außer den nicht gefallenen Engeln die Menschen, die Gott zur Gnade erwählt hat; das andere umfaßt mit den bösen Dämonen alle diejenigen Menschen, welche nicht zur Erlösung prädestiniert, sondern von Gott in dem Zustande der Sünde und der Schuld belassen werden: das eine ist das Reich des Himmels, das andere das der Welt. Beide verhalten sich im Laufe der Geschichte wie zwei verschiedene Ge-

schlechter, die nur im äußeren Tun durcheinander gemischt, innerlich aber streng
geschieden sind. Die Gemeinschaft der Erwählten hat auf Erden keine Heimat; sie
lebt in der höheren Einheit der göttlichen Gnade. Die Gemeinschaft der Verdammten
aber ist in sich durch Zwietracht geteilt, sie kämpft in den irdischen Reichen um die
Scheinwerte der Macht und der Herrschaft. So wenig vermag auf dieser Entwicklungsstufe noch der christliche Gedanke die Weltwirklichkeit zu bemeistern, daß
Augustin in den historischen Staatsgebilden nur die zum Hader miteinander ver-
urteilten Provinzen einer gottfeindlichen Sündergemeinschaft erblickt. Ihm ist in
der Tat noch das Reich Gottes nicht von dieser Welt; und die Kirche ist ihm die in
das zeitliche Leben hineinragende Heilsanstalt des göttlichen Reiches.

Der Verlauf der W e l t g e s c h i c h t e wird unter diesen Voraussetzungen so aufgefaßt, daß darin eine sukzessiv sich verschärfende Trennung zwischen den beiden
Reichen eintreten und ihr letztes Ziel die vollkomme und definitive Scheidung sein
soll. In sechs Perioden, welche den Schöpfungstagen der mosaischen Kosmogonie
entsprechen sollen und sich an Daten der israelitischen Geschichte anschließen,
konstruiert Augustin die Weltgeschichte: mit geringem Verständnis für das Wesen
des Griechentums verbindet er dabei eine abschätzige Beurteilung der römischen
Welt. Den entscheidenden Punkt in dieser Entwicklung bildet auch für ihn das
Erscheinen des Heilandes, womit nicht nur die Erlösung der von der Gnade Erwählten, sondern auch ihre Absonderung von den Kindern der Welt zur Vollendung
geführt wird. Damit beginnt die letzte Weltperiode, deren Ende das Gericht bilden
wird: dann soll nach der Not des Kampfes der Sabbat eintreten, der Friede des
Herrn, — aber der Friede nur für die Erwählten; denn die nicht zur Erlösung
Prädestinierten werden dann völlig von den Heiligen getrennt, ganz der Pein ihrer
Unseligkeit anheimgegeben sein.

Mögen dabei Seligkeit und Pein noch so geistig sublim (obwohl nie ohne physische
Nebenbilder) aufgefaßt und namentlich die Unseligkeit als Abschwächung des Seins
durch den Mangel göttlicher Kausalität gedacht sein, so ist doch unverkennbar für
Augustin der Dualismus des Guten und des Bösen das Endergebnis der Weltgeschichte. Der von so vielen gewaltigen Denkmotiven bestürmte Mann hat den
M a n i c h ä i s m u s seiner Jugendüberzeugung nicht überwunden, — er hat ihn in
die Christenlehre aufgenommen. Bei den Manichäern gilt der Gegensatz des Guten
und des Bösen als ursprünglich und unvertilgbar: bei Augustin gilt dieser Gegensatz
zwar als geworden, aber doch als unausrottbar. Der allmächtige, allwissende, all-
gütige Gott hat eine Welt geschaffen, welche in sein Reich und in das des Satan für
ewig auseinanderfällt[18]).

7. Unter den welthistorischen Ideen- und Problemverschlingungen, die hiernach
· der Augustinismus enthält, ist schließlich noch eine hervorzuziehen. Sie liegt in dem
Begriffe der S e l i g k e i t selbst, in welchem sich alle Motive seines Denkens kreuzen.
So sehr nämlich Augustin im Willen die innerste Triebenergie des menschlichen
Wesens erkannte, so tief er das Glücksstreben als das treibende Motiv aller seelischen
Funktionen durchschaute, so fest blieb er doch überzeugt, daß die Erfüllung all
dieses Drängens und Treibens erst in der A n s c h a u u n g d e r g ö t t l i c h e n
W a h r h e i t zu finden sei. Das höchste Gut ist Gott; aber Gott ist die Wahrheit,

---

[18]) Vgl. H. SCHOLZ, Glaube und Unglaube in der Weltgeschichte, ein Kommentar zu
Augustins de civitate Dei (1911) und SALIN, civitas Dei (1926).

und die Wahrheit genießt man, indem man sie anschaut und in ihrer Anschauung ruht. Alles Treiben des Willens ist nur der Weg zu diesem Frieden, worin er aufhört. Die letzte Aufgabe des Willens ist, in der Gnadenwirkung der göttlichen Offenbarung zu schweigen, — stille zu halten, wenn das Schauen der Wahrheit, von oben gewirkt, über ihn kommt.

Hier verbinden sich in gemeinsamem Gegensatze gegen den Willensindividualismus die christliche Idee der absoluten Kausalität Gottes und die kontemplative Mystik der Neuplatoniker. Von beiden Seiten her wirkt die gleiche Tendenz, die Heiligung des Menschen als ein Wirken Gottes in ihm, als ein Erfülltwerden und Erleuchtetwerden durch die höchste Wahrheit, als ein willenloses Anschauen des Einen unendlichen Seins aufzufassen. Wohl hat Augustin — und gerade darin zeigt sich die umspannende Weite seines persönlichen Wesens und seines geistigen Blicks — die praktischen Konsequenzen, welche die Gnadenwirkung im irdischen Leben haben soll, die Reinheit der Gesinnung und die Strenge der Lebensführung, kräftig herausgebildet und die lebensfrische Energie seiner eigenen streitbaren Natur in eine ethische Lehre entwickelt, die, weitab von der lebensmüden Weltflüchtigkeit des Neuplatonismus, den Menschen mitten in den Weltkampf des Guten und Bösen als tapferen Streiter für das himmlische Reich stellt: aber der höchste Lohn, der dem Streiter Gottes winkt, ist doch auch für Augustin nicht die rastlose Betätigung des Willens, sondern die Ruhe des Schauens. F ü r d a s z e i t l i c h e L e b e n verlangt Augustin die volle und nimmer ruhende Anspannung der ringenden und handelnden Seele; f ü r d i e E w i g k e i t stellt er ihr den Frieden der Versenkung in die göttliche Wahrheit in Aussicht. Wohl bezeichnet er den Zustand der Seligen als die höchste der Tugenden, als die Liebe[19]) (charitas): allein in der ewigen Seligkeit, wo der Widerstand der Welt und des sündigen Willens nicht mehr zu überwinden ist, wo die Liebe kein Bedürfnis mehr zu stillen hat, da ist auch diese Liebe nichts anderes mehr als ein gotttrunkenes Schauen.

Auch in dieser Dualität der augustinischen Ethik liegen Altes und Neues dicht beieinander. Mit der straffen Willensenergie, die für das irdische Leben verlangt wird, und mit der Verlegung der sittlichen Beurteilung in die Innerlichkeit der Gesinnung kommt der moderne Mensch zum Durchbruch: aber in der Auffassung des höchsten Lebensziels behält das antike Ideal des geistigen Schauens den Sieg. Hier steckt in Augustins Lehre selbst ein Widerspruch mit dem Willensindividualismus, hier behauptet sich an entscheidender Stelle ein aristotelisches, neuplatonisches Element, und dieser innere Gegensatz entfaltet sich in den Problembildungen des Mittelalters.

§ 23. Der Universalienstreit.

Johannes Saresberiensis, Metalogicus, II, cap. 17 f.

J. H. LÖWE, Der Kampf zwischen Nominalismus und Realismus im Mittelalter, sein Ursprung und sein Verlauf. Prag 1876. — J. REINERS, Der aristot. Idealismus in der Frühscholastik (1907) und DERS., Der Nominalismus in der Frühscholastik. Ein Beitrag zur Geschichte der Universalienfrage (1910).

Die formal-logische Schulung, welche die mit dem Anfang des Mittelalters in die wissenschaftliche Bewegung eintretenden Völker durchmachen mußten, hat sich an

---

[19]) Im System erscheinen über den praktischen und den dianoëtischen Tugenden der griechischen Ethik die drei christlichen Tugenden Glaube, Hoffnung und Liebe.

der Frage der logisch-metaphysischen Bedeutung der Gattungsbegriffe *(universalia)* entwickelt. Aber man würde sehr irren, wollte man meinen, daß diese Frage nur den didaktischen Wert eines Hauptgegenstandes der Denkübung gehabt habe, an dem sich jahrhundertelang die Regeln des begrifflichen Denkens, Einteilens, Urteilens und Schließen immer neuen und wachsenden Scharen von Schülern einprägten. Vielmehr ist die Zähigkeit, mit welcher die Wissenschaft des Mittelalters — und zwar bezeichnenderweise unabhängig voneinander sowohl diejenige des Orients als auch diejenige des Okzidents — an der Bearbeitung dieses Problems in endlosen Diskussionen festgehalten hat, denn doch an sich schon ein Beweis dafür, daß in dieser Frage ein sehr reales und sehr schwieriges Problem vorliegt.

In der Tat, als die Scholastik schon in ihren schüchternen Anfängen die Stelle in der Einleitung des Porphyrios[20]) zu den Kategorien des Aristoteles, welche dies Problem formuliert, zum Ausgangspunkt der ersten eigenen Denkversuche machte, da stieß sie mit instinktivem Scharfsinn auf genau dasselbe Problem, das schon während der großen Zeit der griechischen Philosophie im Mittelpunkte des Interesses gestanden hatte. Nachdem Sokrates der Wissenschaft die Aufgabe gewiesen hatte, die Welt in Begriffen zu denken, wurde die Frage, wie sich die Gattungsbegriffe zur Realität verhalten, zum erstenmal ein Hauptmotiv der Philosophie: sie erzeugte die platonische Ideenlehre und die aristotelische Logik; und wenn die letztere (vgl. oben § 12) zu ihrem wesentlichen Inhalt die Lehre von den Formen der Abhängigkeit hatte, in der sich das Besondere vom Allgemeinen befindet, so ist es begreiflich, daß selbst aus so spärlichen Resten und Bruchstücken dieser Lehre, wie sie dem frühesten Mittelalter zur Verfügung standen, dasselbe Problem mit seiner ganzen Gewalt auch dem neuen Geschlecht entgegenspringen mußte. Und es ist ebenso begreiflich, daß die alte Rätselfrage auf die naiven, denkungeübten Geister des Mittelalters ähnlich wirkte wie auf die Griechen. Die logische Disputierlust, wie sie sich seit dem elften Jahrhundert an den Pariser Hochschulen entwickelte, hat als soziale Massenerscheinung ihr Gegenstück nur in den Philosophendebatten Athens, und auch in diesen hatte, wie zahlreiche Anekdoten beweisen, die um die Ideenlehre gruppierte Frage nach der Realität der Universalien eine Hauptrolle gespielt.

Dabei geschah jedoch die Erneuerung des Problems unter wesentlich ungünstigeren Verhältnissen. Die Griechen besaßen, als ihnen die Frage auftauchte, eine reiche Fülle eigener wissenschaftlicher Erfahrung und einen Schatz sachlicher Kenntnisse und Einsichten, der sie, wenn auch nicht immer, so doch meistens und im ganzen davor bewahrte, die Diskussion lediglich auf die formal-logische Abstraktion hinüberzuspielen. Gerade dieses Gegengewicht aber fehlte der mittelalterlichen Wissenschaft, zumal in ihren Anfängen, und deshalb hat sie sich mit dem Versuche, aus bloß logischen Überlegungen ihre Metaphysik zu konstituieren, so lange im Kreise herum drehen müssen.

Daß nun aber wiederum das Mittelalter sich so hartnäckig in diese Kontroverse verbiß, die vordem hauptsächlich zwischen Platon und den Kynikern und nachher

---

[20]) Diese Schrift wird später auch unter dem Titel „De quinque rebus" oder „De quinque vocibus" geführt (die fünf Grundbegriffe sind: *genus, differentia, species, proprium, accidens*). Die Formulierung des Problems lautet in der Übersetzung des Boëthius: „... *de generibus et speciebus — sive subsistant sive in solis nudis intellectibus posita sint, sive subsistentia, corporalia an incorporalia, et utrum separata a sensibilibus an in sensibilibus posita et circa haec consistentia...*" Vgl. Schol. in Arist., 1 a, 8.

zwischen der Akademie, dem Lyzeum und der Stoa verfochten worden war, das kam doch nicht nur daher, daß man bei der Mangelhaftigkeit der Tradition von jenen früheren Debatten so gut wie nichts wußte, sondern es hatte noch einen tieferen Grund. Das Gefühl von dem Eigenwerte der Persönlichkeit, das im Christentum und insbesondere auch in der augustinischen Lehre einen so gewaltigen Ausdruck gewonnen hatte, fand gerade bei den Stämmen, welche zu den neuen Trägern der Kultur berufen waren, den lebhaftesten Widerhall und die stärkste Mitempfindung, und im Herzen derselben Völker tobte auch die jugendfrische Lust an der farbigen Wirklichkeit, an der lebendigen Einzelerscheinung. Mit der Kirchenlehre aber überkamen sie eine Philosophie, die mit der maßvollen Ruhe des griechischen Denkens das Wesen der Dinge in allgemeinen Zusammenhängen auffaßte, eine Metaphysik, welche die Stufen der logischen Allgemeinheit mit verschiedenwertigen Intensitäten des Seins gleichsetzte. Darin lag eine Inkongruenz, die sich verdeckt schon im Augustinismus geltend machte und ein bleibender Stachel für die philosophische Überlegung wurde.

1. Die Frage nach dem Seinsgrunde des Individuums, welche das mittelalterliche Denken nicht wieder losgeworden ist, lag ihm gerade in seinen Anfängen um so näher, je kräftiger sich darin unter der Hülle einer christlichen Mystik die neuplatonische Metaphysik aufrecht erhielt. Nichts konnte geeigneter sein, den Widerspruch eines urwüchsigen Individualismus hervorzurufen, als die hochgradige Konsequenz, womit S c o t u s   E r i u g e n a den Grundgedanken des n e u p l a t o n i - s c h e n   R e a l i s m u s zur Durchführung brachte. Kein Philosoph vielleicht hat deutlicher und unumwundener als er die letzten Folgerungen d e r Metaphysik ausgesprochen, welche von dem sokratisch-platonischen Prinzip aus, daß die Wahrheit und deshalb auch das Sein in dem Allgemeinen zu suchen sei, die Stufen der Allgemeinheit mit denjenigen der Intensität und der Priorität des Seins identifiziert. Das Allgemeine (der Gattungsbegriff) erscheint hier als das wesenhafter und ursprünglicher Wirkliche, welches das Besondere (die Art und schließlich das Individuum) a u s   s i c h   e r z e u g t   u n d   i n   s i c h   e n t h ä l t. Die Universalien sind also nicht nur Substanzen *(res;* daher der Name Realismus), sondern sie sind den körperlichen Einzeldingen gegenüber die ursprünglicheren, die erzeugenden und bestimmenden, sie sind die realeren Substanzen, und zwar sind sie u m   s o   r e a l e r , j e   a l l g e m e i n e r sie sind. In dieser Auffassung werden daher die logischen Verhältnisse der Begriffe unmittelbar zu metaphysischen Beziehungen; die formale Ordnung erhält reale Bedeutung. Die logische Unterordnung verwandelte sich in ein Erzeugtsein und Beschlossensein des Einzelnen durch das Allgemeine; die logische Division und Determination setzt sich in einen Kausalprozeß um, vermöge dessen das Allgemeine sich in das Besondere gestaltet und entfaltet.

Die so zu metaphysischer Bedeutung erhobene Begriffspyramide gipfelt in dem Begriffe der Gottheit als des Allgemeinsten. Aber das letzte Produkt der Abstraktion, das absolut Allgemeine ist das Bestimmungslose (vgl. § 20, 8). Daher identifiziert sich diese Lehre mit der alten „negativen Theologie", nach der von Gott nur ausgesagt werden kann, was er nicht ist[21]); und doch wird echt plotinisch auch hier

---

[21]) In der Ausführung dieses philonischen Gedankens (vgl. § 20, 2) haben übrigens schon die Kirchenväter einen Gedankengang angewendet, welcher durch fortschreitende Abstrak·

dies höchste Sein als die „ungeschaffene, aber selbst schaffende Natur" bezeichnet.
Denn dies Allgemeinste erzeugt aus sich die Gesamtheit der Dinge, die deshalb nichts
anderes enthält als seine Erscheinung, und die sich zu ihm verhält wie die besonderen
Exemplare zur Gattung: sie sind in ihm und bestehen nur als seine Erscheinungsweisen. So ergibt sich aus diesen Voraussetzungen e i n   l o g i s c h e r   P a n t h e i s -
m u s : alle Dinge der Welt sind „Theophanien", die Welt ist der in das Besondere
entwickelte, aus sich herausgestaltete Gott *(deus explicitus)*. Gott und die Welt sind
eins. Dieselbe „Natur" (φύσις) ist als schaffende Einheit Gott und als geschaffene
Vielheit Welt.

Der Prozeß der Entfaltung *(egressus)* aber schreitet in der Abstufung der logischen Allgemeinheit vor. Aus Gott folgt zunächst die intelligible Welt als „die Natur,
welche geschaffen ist und selbst schafft", das Reich der Universalien, der Ideen, die
(als νοῖ im platonischen Sinne) die wirkenden Kräfte in der sinnlichen Erscheinungswelt bilden. Den verschiedenen Graden der Allgemeinheit und deshalb auch der
Seinsintensität nach bauen sie sich als eine himmlische H i e r a r c h i e auf, und in
diesem Sinne konstruiert die christliche Mystik eine Engellehre nach neuplatonischem
Muster, wobei im Besonderen die Darstellung des Areopagiten maßgebend ist.
Überall aber ist dabei unter der mythischen Hülle der bedeutsame Gedanke wirksam,
daß die reale Abhängigkeit in der logischen bestehe: dem Kausalverhältnis wird das
logische Folgen des Besonderen aus dem Allgemeinen untergeschoben.

Daher ist denn auch in der Sinnenwelt das eigentlich Wirkende nur das Allgemeine: die Gesamtheit der Körper bildet die „Natur, welche geschaffen ist und
nicht selbst schafft"[22]). Darin jedoch ist das einzelne Ding nicht als solches, sondern
vielmehr nach Maßgabe der allgemeinen Bestimmungen, die an ihm zur Erscheinung
gelangen, tätig. Dem sinnlichen Einzelding kommt sonach die geringste Kraft des
Seins, die abgeschwächteste und durchweg abhängige Art der Realität zu: der neuplatonische Idealismus wird von Scotus Eriugena in vollem Umfange aufrecht
erhalten.

Den Stufen der Entfaltung entspricht umgekehrt die Rückkehr aller Dinge in
Gott *(regressus)*, die Auflösung der einzelgestalteten Welt in das ewige Urwesen,
die Vergottung der Welt. So gedacht, als das letzte Ziel allen Geschehens, als die
Auslöschung aller Besonderung, wird Gott als die „Natur, die weder geschaffen ist
noch schafft", bezeichnet: es ist das Ideal der bewegungslosen Einheit, der absoluten
Ruhe am Ende des Weltprozesses. Alle Theophanien sind dazu bestimmt, in die
unterschiedslose Einheit des göttlichen Allwesens zurückzukehren. So soll auch im
Geschick der Dinge sich die übermächtige, alles Besondere verschlingende Realität
des Allgemeinen bewähren.

2. Wie im Altertum (vgl. § 11, 5), so erscheint also auch hier im Gefolge des
Bestrebens, den Universalien Wahrheit und Realität zu sichern, der eigentümliche
Gedanke einer Gradabstufung des S e i n s . Einiges (das Allgemeine), lehrt man,
i s t mehr als anderes (das Besondere): das „Sein" wird, wie sonstige Eigenschaften

---

tion zum Begriffe Gottes als des Bestimmungslosen fortschreitet; vgl. z. B. Clemens Alex.
Strom., V, 11 (689).

[22]) Es braucht nur kurz erwähnt zu werden, daß diese „Einteilung der Natur" offenbar an die aristotelische Unterscheidung des unbewegt Bewegenden, des bewegt Bewegenden und des nicht bewegend Bewegten (vgl. § 13, 6) erinnert.

als komparierbar, als steigerungs-, bzw. abschwächungsfähig angesehen; es kommt
den einen Dingen mehr zu, als den andern. So gewöhnt man sich daran, den Begriff
des Seins *(esse, existere)* zu demjenigen w a s ist *(essentia)*, in ähnlicher Beziehung
und zwar in ähnlich abgestufter Beziehung zu denken wie andere Merkmale und
Eigenschaften. Wie ein Ding mehr oder minder Ausdehnung, Kraft, Haltbarkeit
besitzt, so hat es auch mehr oder minder „Sein"; und wie es andere Eigenschaften
empfangen oder verlieren kann, so auch diejenige des Seins. Diese Ausdrucksweise
und Gedankenrichtung des Realismus muß man im Auge haben, um eine große
Anzahl der metaphysischen Theorien des Mittelalters zu verstehen; sie erklärt auch
zunächst die bedeutendste Lehre, welche der Realismus erzeugt hat: den o n t o -
l o g i s c h e n   B e w e i s   f ü r   d a s   D a s e i n   G o t t e s , wie ihn A n s e l m   v o n
C a n t e r b u r y aufgestellt hat.

Je mehr Allgemeinheit, desto mehr Realität. Daraus folgt, wenn Gott das allgemeinste Wesen ist, daß er auch das realste, wenn er das absolut allgemeine Wesen
ist, daß er auch das absolut reale Wesen ist: *e n s   r e a l i s s i m u m*. Er hat deshalb
seinem Begriffe nach nicht nur die vergleichsweise größte Realität, sondern auch die
absolute Realität, d. h. eine Realität, wie sie größer und höher nicht gedacht werden
kann.

Dabei ist nun aber durch die ganz Entwicklung, welche diese Gedankenreihe
schon im Altertum genommen hat, in den Begriff des Seins untrennbar auch das
Wertprädikat der V o l l k o m m e n h e i t eingeschmolzen. Die Grade des Seins sind
diejenigen der Vollkommenheit: je mehr etwas „ist", um so vollkommener ist es,
und umgekehrt, je vollkommener etwas ist, um so mehr „ist" es[28]). Der Begriff des
höchsten Seins ist also auch derjenige einer absoluten Vollkommenheit, d. h. einer
Vollkommenheit, wie sie höher und größer nicht gedacht werden kann: *e n s
p e r f e c t i s s i m u m*.

Nach diesen Voraussetzungen schließt Anselm völlig richtig, aus dem bloßen
Begriffe Gottes als des allervollkommensten und allerrealsten Wesen müsse seine
Existenz gefolgert werden können. Um dies aber zu erhärten, hat er verschiedene
Beweiswege einzuschlagen versucht. In seinem „Monologium" folgt er dem alten
kosmologischen Argument, daß, weil es überhaupt Sein gibt, ein höchstes und absolutes Sein angenommen werden müsse, von dem alles andere Seiende sein Sein
habe und das selbst nur von sich aus, seiner eigenen Wesenhaftigkeit nach, sei
(aseitas). Während alles einzelne Seiende auch als nichtseiend gedacht werden kann
und deshalb die Realität seines Wesens nicht sich selbst, sondern einem andern
(eben dem Absoluten) verdankt, kann das Vollkommenste nur als seiend gedacht
werden und existiert somit kraft der Notwendigkeit seiner eigenen Natur. Gottes
(und nur Gottes) E s s e n z involviert seine E x i s t e n z . Den Nerv dieses Beweises
bildet somit in letzter Instanz der eleatische Grundgedanke: ἔστιν εἶναι, das Sein ist
und kann nicht anders denn als seiend gedacht werden.

In eine eigentümliche Verwicklung aber verstrickte Anselm denselben Gedanken,
indem er ihn zu vereinfachen und in sich zu verselbständigen meinte. Im „Proslogium" trat er den (im eigentlichen Sinne so genannten o n t o l o g i s c h e n)

---

[28]) Ein Prinzip, welches der Theodicee bei Augustin, wie bei den Neuplatonikern zu
Grunde liegt, insofern als bei beiden das Seiende *eo ipso* als gut, das Böse dagegen als
nicht wahrhaft seiend galt.

Beweis an, daß, ohne jede Rücksicht auf das Sein anderer Dinge, schon der bloße Begriff des vollkommensten Wesens dessen Realität involviere. Indem dieser Begriff gedacht wird, besitzt er psychische Realität: das allervollkommenste Wesen „i s t" als Bewußtseinsinhalt *(esse in intellectu)*. Wenn es nun aber nur als Bewußtseinsinhalt und nicht auch in metaphysischer Wirklichkeit existierte *(esse etiam in re)*, so könnte offenbar ein noch vollkommeneres Wesen gedacht werden, welches nicht nur psychische, sondern auch metaphysische Realität besäße, und damit wäre jenes nicht das allervollkommenste. Somit gehört es zum Begriffe des vollkommensten Wesens *(quo maius cogitari non potest),* daß es nicht nur vorgestellte, sondern auch absolute Realität besitzt.

Es liegt auf der Hand, daß Anselm mit dieser Formulierung keinen glücklichen Griff tat, und daß, was ihm vorschwebte, darin nur zu sehr ungelenkem Ausdruck kam. Denn wenig Scharfsinn gehört dazu, um einzusehen, daß Anselm nur bewiesen hatte, Gott müsse, w e n n er (als vollkommenstes Wesen) gedacht wird, auch notwendig als seiend, könne nicht als nicht-seiend gedacht werden. Aber der ontologische Beweis des „Proslogium" zeigte auch nicht im entferntesten, daß Gott, d. h. daß ein vollkommenstes Wesen gedacht werden müsse. Die Nötigung dazu stand für Anselm persönlich nicht nur durch seine gläubige Überzeugung, sondern auch durch den kosmologischen Beweisgang des „Monologium" fest: indem er diese Voraussetzung entbehren und mit dem bloßen Begriffe Gottes zum Beweise seiner Existenz auskommen zu können glaubte, betätigte er in typischer Weise die Grundvorstellung des Realismus, welche den Begriffen, ohne jede Rücksicht auf ihre Genesis und Begründung im menschlichen Geiste, den Charakter der Wahrheit, d. h. der Realität zuschrieb. Deshalb allein konnte er aus der psychischen auf die metaphysische Wirklichkeit des Gottesbegriffs zu schließen versuchen.

Darum traf in der Tat die Polemik des G a u n i l o in gewisser Hinsicht den wunden Punkt. Dieser führte nämlich aus, daß man nach der Methode Anselms für jede beliebige Vorstellung, z. B. diejenige einer Insel, wenn man nur das Merkmal der Vollkommenheit darin aufnähme, in ganz derselben Weise die Realität würde beweisen können. Denn die vollkommenste Insel würde, wenn sie nicht wirklich wäre, offenbar von der wirklichen, welche dieselben übrigen Merkmale besäße, an Vollkommenheit übertroffen werden; sie würde um das Sein hinter dieser zurückstehen, selbst also nicht die vollkommenste sein. Darauf hätte nun erwidert werden können, daß der Begriff einer vollkommensten Insel eine durchaus unbenötigte willkürliche Fiktion sei oder sogar einen inneren Widerspruch enthalte, während der Begriff des allerrealsten Wesens notwendig und widerspruchslos sei: statt dessen aber ergeht sich Anselms Replik nur in der Wiederholung des Arguments, daß, wenn das vollkommenste Wesen im Intellekt sei, es auch *in re* sein müsse.

So gering nun auch hiernach die zwingende Kraft dieses Beweisversuches für denjenigen bleibt, der nicht, wie Anselm ohne es sich einzugestehen tut, den Begriff eines absoluten Seins als denknotwendig ansieht, so wertvoll ist das ontologische Argument für die Charakteristik des mittelalterlichen Realismus, dessen konsequentesten Ausdruck es bildet[24]). Denn der Gedanke, daß das höchste Wesen seine

---

[24]) Vgl. G. RUNZE, Der ontol. Gottesbeweis, kritische Darstellung seiner Geschichte seit Anselm (Halle 1882), ferner A. DANIELS, Zur Geschichte der Gottesbeweise im 13. Jahr-

Realität nur der eigenen Wesenhaftigkeit verdanke und daß deshalb diese Realität aus seinem Begriffe allein müsse bewiesen werden können, ist der natürliche Abschluß einer Lehre, welche das Sein der Wahrnehmungsdinge auf ein Teilhaben an Begriffen zurückführt und innerhalb der Begriffe selbst wieder eine Rangordnung der Realität nach dem Maßstabe der Allgemeinheit ansetzt.

3. Als es sich nun aber darum handelte, die Art der Wirklichkeit, welche den Universalien zukomme, und ihr Verhältnis zu den sinnlichen Einzeldingen zu bestimmen, sah sich der mittelalterliche Realismus in ganz ähnliche Schwierigkeiten wie einst der platonische verwickelt. Den Gedanken einer zweiten, höheren, immateriellen Welt freilich, der damals erst hatte geboren werden müssen, übernahm man jetzt als eine fertige und fast selbstverständliche Lehre; und die neuplatonische Auffassung der Ideen als Inhaltsbestimmungen des göttlichen Geistes konnte dem religiös gestimmten Denken nur sympathisch sein. Nach dem Vorbilde des platonischen Timaeus, dessen mythische Darstellung diese Auffassung begünstigte, entwarf B e r n h a r d   v o n   C h a r t r e s eine kosmogonische Dichtung von grotesker Phantastik, und bei seinem Bruder T h e o d o r i c h finden sich, aus den gleichen Anregungen stammend, Versuche einer Zahlensymbolik, welche nicht nur (wie das auch sonst geschah) das Dogma von der Trinität, sondern auch weitere metaphysische Grundbegriffe aus den Elementen der Einheit, Gleichheit und Ungleichheit zu entwickeln unternahm[25]).

Neben dieser vorbildlichen Realität der Ideen im Geiste Gottes handelt es sich aber auch darum, welche Bedeutung ihnen im Zusammenhang der geschaffenen Welt zuerkannt werden soll. Auch hierin hat der extreme Realismus, wie ihn anfänglich W i l h e l m   v o n   C h a m p e a u x behauptete, die volle Substantialität des Gattungsbegriffs gelehrt: das Universale wohne allen darunter begriffenen Individuen als die überall mit sich identische, ungeteilte Wesenhaftigkeit bei. Danach erscheint die Gattung als die einheitliche Substanz, und die spezifischen Merkmale der ihr zugehörigen Individuen als die Akzidenzen dieser Substanz. Erst Abaelards Einwurf, daß danach derselben Substanz einander widersprechende Akzidenzen zugeschrieben werden müßten, zwang den Vertreter des Realismus, diese äußerste Position aufzugeben und sich auf die Verteidigung des Satzes zu beschränken, die Gattung bestehe in den Individuen *individualiter*[26]); d. h. ihre allgemeine, identische Wesenhaftigkeit gestalte sich in jedem einzelnen Exemplar in besonderer substantieller Form. Diese Ansicht berührt sich mit der durch Boëthius und Augustin aufrecht erhaltenen und auch in der Literatur der Zwischenzeit gelegentlich erwähnten Auffassung der Neuplatoniker, und ihre Darstellung bewegt sich gern in der aristotelischen Terminologie, wonach dann das Allgemeine als die unbestimmtere Möglichkeit erscheint, die sich in den Individuen durch deren eigentümliche Formen verwirklicht. Der Begriff ist dann nicht mehr im eigentlichen Sinne Substanz, sondern das gemeinsame Substrat, welches in den einzelnen Exemplaren verschieden gestaltet ist.

---

hundert (BÄUMKERS Beiträge, VIII, 1—2, 1909), und GRUNWALD, Geschichte der Gottesbeweise im M ttelalter (dieselben Beiträge, VI, 3, 1907).

[25]) Vgl. die Auszüge bei HAURÉAU, Hist. d. l. ph. sc., I, 396 ff.

[26]) Vgl. jedoch über die Variante „indifferenter" LÖWE, a. a. O., p. 49 ff., und CL. BÄUMKER, Arch. f. Gesch. d. Ph., X, 257; über die Indifferenzlehre auch H. WILLNER in Bäumkers Beiträgen. IV, 1 und unten Nr. 5.

Auf einem andern Wege suchten A d é l a r d v o n B a t h und W a l t e r v o n
M o r t a g n e die Schwierigkeiten zu heben, indem sie die Individualisierung der
Gattungen zu Arten und der Arten zu Einzeldingen als das Eingehen des Substrats
in verschiedene Zustände (status) bezeichneten, diese Zustände aber als realiter
spezialisierende Determinationen des Allgemeinen betrachteten.

In beiden Richtungen aber war der Realismus nur schwer von einer letzten
Konsequenz zurückzuhalten, die zunächst durchaus nicht in der Absicht seiner
rechtgläubigen Vertreter lag. Mochte man das Verhältnis des Allgemeinen zum
Besonderen als die Selbstrealisierung des Substrats zu individuellen Formen oder
als seine Spezialisierung in die einzelnen Zustände betrachten, — immer kam man
schließlich in der aufsteigenden Linie der Abstraktionsbegriffe zu der Vorstellung
des *ens generalissimum*, dessen Selbstverwirklichungen oder dessen modifizierte
Zustände in absteigender Linie die Gattungen, Arten und Individuen bildeten,
d. h. zu der Lehre, daß in allen Erscheinungen der Welt nur die Eine göttliche
Substanz zu sehen sei. Der P a n t h e i s m u s steckte dem Realismus vermöge seiner
neuplatonischen Abstammung im Blute und kam hie und da immer wieder zu Tage;
und Gegner, wie Abaelard, verfehlten nicht, ihm diese Konsequenz vorzuwerfen.

Indessen kam es in diesem Zeitraum zu einer ausdrücklichen Behauptung des
realistischen Pantheismus noch nicht: vielmehr fand der Realismus in seiner Uni-
versalientheorie gerade eine Handhabe für die Begründung einiger fundamentaler
Dogmen und erfreute sich deshalb der kirchlichen Zustimmung. Die Annahme
einer substantiellen Realität der Gattungen schien nicht nur eine rationale Darstellung der Trinitätslehre zu ermöglichen, sondern erwies sich auch, wie Anselm
und Odo (Odardus) von Cambrai zeigten, als geeignete philosophische Grundlage
für die Lehre von der Erbsünde und diejenige von der stellvertretenden Genugtuung.

4. Umgekehrt entschied sich aus denselben Gründen zunächst das Geschick des
N o m i n a l i s m u s, der während dieser Zeit mehr zurückgedrängt und erstickt
worden war. Dabei waren seine Anfänge[27]) harmlos genug. Er erwuchs aus den
Bruchstücken der aristotelischen Logik, insbesondere aus der Schrift De categoriis.
In dieser waren die Einzeldinge der Erfahrung als die wahren, „ersten" Substanzen
bezeichnet, und hier war die logisch-grammatische Regel aufgestellt, daß die
„Substanz" nicht Prädikat im Urteil sein könne; *res non praedicatur*. Da nun die
logische Bedeutung der Universalien wesentlich die ist, die Prädikate im Urteil
(und im Schluß) abzugeben, so schien daraus zu folgen — das lehrte schon der
Kommentar Super Porphyrium —, daß die Universalien keine Stubstanzen sein
können.

Was sind sie dann? Bei Marcianus Capella war zu lesen, ein Universale sei die
Zusammenfassung vieler Besonderheiten durch Einen Namen (nomen), durch dasselbe Wort (vox); das Wort aber hatte Boëthius definiert, ist eine durch die Zunge
erzeugte Luftbewegung. Damit sind alle Elemente für die These des extremen
Nominalismus gegeben: die Universalien seien nichts als Sammelnamen, gemeinsame Bezeichnungen für verschiedene Dinge, Laute (flatus vocis), welche als Zeichen
für eine Manigfaltigkeit von Substanzen oder deren Akzidenzen gelten.

In welchem Maße der so formulierte Nominalismus, der in dieser zugespitzten

---

[27]) Vgl. C. S. BARACH, Zur Geschichte des Nominalismus vor Roscellin (Wien 1866).

Gestalt selbst die realen Veranlassungen für solche Kollektivnamen ignoriert haben müßte, während jener Zeit tatsächlich aufgestellt und verfochten worden ist[28]), läßt sich nicht mehr bestimmen[29]): aber die solcher Erkenntnislehre entsprechende M e t a p h y s i k   d e s   I n d i v i d u a l i s m u s tritt uns mit der Behauptung, daß nur die individuellen Einzeldinge als Substanzen, als wahrhaft wirklich anzusehen seien, klar und sicher entgegen. Am schärfsten hat sie zweifellos R o s c e l l i n ausgesprochen, indem er sie gleichzeitig nach zwei Seiten ausführte: wie die Zu-sammenfassung vieler Individuen unter demselben Namen nur eine menschliche Bezeichnung ist, so ist auch die Unterscheidung von Teilen in den Einzelsubstanzen nur eine Zerlegung für das menschliche Denken und Mitteilen[30]); das wahrhaft Wirkliche ist allein das individuelle Einzelding.

Das Individuum aber ist das in der sinnlichen Wirklichkeit Gegebene: daher besteht für diese Metaphysik die Erkenntnis auch nur in der Erfahrung der Sinne. Daß dieser S e n s u a l i s m u s im Gefolge des Nominalismus aufgetreten sei, daß es Menschen gebe, die ihr Denken ganz in körperliche Bilder einspinnen lassen, versichert nicht nur Anselm, sondern auch Abaelard: aber wer diese Menschen waren und wie sie ihre Lehre ausführten, erfahren wir nicht.

Verhängnisvoll wurde diese Lehre durch ihre Anwendung auf theologische Fragen bei Berengar von Tours und Roscellin. Der eine bestritt in der Abendmahlslehre die Möglichkeit einer Umwandlung der Substanz unter Beibehaltung der früheren Akzidenzen; der andere gelangte zu der Folgerung, daß die drei Personen der gött-lichen Dreieinigkeit als drei verschiedene, nur in gewissen Eigenschaften und Wirkungen zusammenkommende Substanzen anzusehen seien (Tritheismus).

5. Wenn in der literarischen Entwicklung dieser Gegensätze der Realismus als platonisch, der Nominalismus als aristotelisch galt, so war das letztere offenbar sehr viel schiefer als das erstere: aber bei der Mangelhaftigkeit der Tradition ist es hiernach zu begreifen, daß die V e r m i t t l u n g s t e n d e n z e n, die sich zwischen Realismus und Nominalismus einschoben, sich mit dem Bestreben ein-führten, die beiden großen Denker des Altertums miteinander zu versöhnen. Solcher Versuche sind hauptsächlich zwei zu erwähnen: vom Realismus her der sog. I n d i f f e r e n t i s m u s, vom Nominalismus her die Lehre Abaelards.

Sobald der Realismus auf die gesonderte Existenz der Begriffe (den platonischen χωρισμός) verzichtete und nur das *„universalia in re"* aufrecht erhielt, machte sich die Neigung geltend, die verschiedenen Stufen der Universalität als die realen Zustände eines und desselben Substrats aufzufassen. Eine und dieselbe absolute Wirklichkeit ist in ihren verschiedenen *„status"* Lebewesen, Mensch, Grieche, Sokrates. Als Substrat dieser Zustände galt den gemäßigten Realisten das Universale (und in letzter Instanz das *ens realissimum);* deshalb war es ein bedeutsames Zugeständnis an den Nominalismus, wenn andere zum Träger dieser Zustände das

---

[28]) Sicher ist das noch nicht in den Anfängen des Nominalismus geschehen: denn hier findet sich auch der Ausdruck des Boëthius, das *genus* sei *substantialis similitudo ex diversis speciebus in cogitatione collecta.*

[29]) Johannes von Salisbury sagt (Policr., VII, 12, cf. Metal., II, 17), diese Ansicht sei sogleich mit ihrem Urheber Roscellin wieder verschwunden.

[30]) Das Beispiel von dem Hause und der Wand, das er dabei nach Abaelard (Oeuvr. inéd. 471) angewendet hat, war allerdings das denkbar unglücklichste. Wie tief stehen solche Überlegungen unter den Anfängen des griechischen Denkens!

Individuum machten. Das wahrhaft Seiende, gaben diese zu, sei das Einzelding: aber dieses trage in sich als wesenhafte Bestimmungen seiner eigenen Natur gewisse Eigenschaften und Eigenschaftsgruppen, welche es mit andern gemein habe. Diese reale Ähnlichkeit *(consimilitudo)* sei das Indifferente (Nichtverschiedene) in allen diesen Individuen, und so wohne die Gattung ihrer Art, die Art ihren Exemplaren *i n d i f f e r e n t e r* bei. Als Hauptvertreter dieser Richtung erscheint A d é l a r d v o n B a t h ; doch muß sie, vielleicht noch mit etwas stärker nominalistischem Akzent, weiterverbreitet gewesen sein[31]).

6. Der lebendige, allseitig wirksame Mittelpunkt des Universalienstreites aber ist A b a e l a r d gewesen. Der Schüler und zugleich der Gegner sowohl Roscellins als auch Wilhelms von Champeaux, hat er den Nominalismus und den Realismus durcheinander bekämpft, und da er die Waffen seiner Polemik bald von der einen, bald von der andern Seite nimmt, so hat es nicht ausbleiben können, daß seine Stellung gegensätzlichen Auffassungen und Beurteilungen unterlag[32]). Und doch liegen die Grundzüge seiner Auffassung klar und deutlich vor Augen. In seiner Polemik gegen alle Arten des Realismus kehrt der Gedanke, die Konsequenz dieser Lehre sei der Pantheismus, so häufig und energisch wieder, daß man darin nicht lediglich ein unter den kirchlichen Verhältnissen opportunes Kampfmittel, sondern vielmehr den Ausdruck einer individualistischen Überzeugung zu sehen hat, wie sie bei einem so energischen, selbstbewußten und für den eigenen Ruhm lebenden Manne wohl begreiflich ist. Aber diese Individualität hatte zugleich ihr innerstes Wesen in klarer, scharfer Verstandestätigkeit, in echt französischer Rationalität. Daher ihr nicht minder kräftiger Gegensatz gegen die sensualistischen Neigungen des Nominalismus.

Die Universalien, lehrt Abaelard, können nicht Sachen, aber sie können ebensowenig bloß Wörter sein. Das Wort *(vox)* als Lautkomplex ist ja selbst etwas Singulares: es kann nur mittelbar allgemeine Bedeutung erlangen, indem es zur Aussage *(sermo)* wird. Eine solche Verwendung des Wortes zur Aussage aber ist nur möglich durch das begreifende Denken *(conceptus)*, welches aus der Vergleichung der Wahrnehmungsinhalte dasjenige gewinnt, was sich seinem Wesen nach zur Aussage eignet *(quod de pluribus natum est praedicari)*[33]). Das Allgemeine also ist die begriffliche Aussage (S e r m o n i s m u s) oder der Begriff selbst (K o n z e p t u a l i s m u s)[34]). Wenn aber so das Allgemeine als solches erst im Denken und Urteilen und in dem dadurch allein möglichen Aussagen besteht, so ist es doch darum durchaus nicht ohne Beziehungen zur absoluten Wirklichkeit. Die Universalien könnten nicht die unentbehrlichen Formen alles Erkennens sein, wie sie es tatsächlich sind, wenn es nicht in der Natur der Dinge selbst etwas gäbe, war wir in ihnen begreifen und aussagen. Das aber ist die Gleichheit oder Ähn-

---

[31]) Nach den Angaben in der Schrift „De generibus et speciebus" und den Mitteilungen Abaelards in der Glosse zu Isagoge. Auch scheint es, daß Wilhelm von Champeaux zuletzt dem Indifferentismus sich zugeneigt hat.

[32]) So macht ihn RITTER zum Realisten, HAURÉAU zum Nominalisten.

[33]) Vgl. Arist. de interpr. 7, 17 a, 39.

[34]) Es scheint, daß Abaelard zu verschiedenen Zeiten mehr die eine oder die andere Variante betont hat, und vielleicht hat sich auch seine Schule nach diesen beiden Richtungen verschieden entwickelt.

lichkeit *(conformitas)* der Wesensbestimmtheiten der individuellen Substanzen[35]). Nicht als numerische oder substantielle Identität, sondern als gleichbestimmte Mannigfaltigkeit besteht das Universale in der Natur, um erst in der Auffassung des menschlichen Denkens zum einheitlichen Begriff, der die Aussage ermöglicht, zu werden. Jene gleichbestimmte Mannigfaltigkeit der Individuen erklärt sich aber auch Abaelard daraus, daß Gott die Welt nach den Urbildern geschaffen habe, welche er in seinem Geiste (Noys) trug. So bestehen nach dieser Lehre die Universalien erstens in Gott als *conceptus mentis* v o r d e n D i n g e n, zweitens i n d e n D i n g e n als Gleichheit der wesentlichen Merkmale von Individuen, drittens n a c h d e n D i n g e n im menschlichen Verstande als dessen durch vergleichendes Denken gewonnene Begriffe und Aussagen.

So vereinigen sich in Abaelard die verschiedenen Denkrichtungen der Zeit. Aber er hatte die einzelnen Elemente dieser Ansicht gelegentlich, zum Teil in der Polemik, und wohl auch zu wechselnder Zeit mit wechselnder Betonung des einen oder des andern entwickelt und niemals eine systematische Gesamtlösung des Problems gegeben. Sachlich war er so weit vorgedrungen, daß es im wesentlichen seine Ansicht war, welche in der von den arabischen Philosophen (Avicenna) übernommenen Formel „*universalia ante multiplicitatem, in multiplicitate et post multiplicitatem*" zu der herrschenden Lehre wurde: den Universalien gebühre gleichmäßig eine Bedeutung *ante rem* hinsichtlich des göttlichen Geistes, *in re* hinsichtlich der Natur und *post rem* hinsichtlich der menschlichen Erkenntnis. Und da später Thomas und Duns Scotus der Hauptsache nach hierin übereinstimmten, so kam das Universalienproblem, das damit freilich noch nicht gelöst ist[36]), zu einer vorläufigen Ruhe, um erst in der Erneuerung des Nominalismus (vgl. § 27) wieder in den Vordergrund zu treten.

7. Bedeutsamer aber noch als durch diese zentrale Stellung im Universalienstreit ist Abaelard dadurch, daß er in seiner ganzen persönlichen Erscheinung die Stellung zum typischen Ausdruck brachte, welche die bei jenem Streit entfaltete D i a l e k t i k in dem geistigen Gesamtleben ihrer Zeit einnahm. Er ist, soweit es in dem Vorstellungskreise seiner Zeit möglich war, der Wortführer der freien Wissenschaft, der Prophet des neuerwachten Triebes nach eigener und selbständiger Erkenntnis gewesen. Abaelard (und mit ihm Gilbert) ist in erster Linie R a t i o n a l i s t: das Denken ist ihm die Norm der Wahrheit. Die Dialektik hat die Aufgabe,

---

[35]) Andere, welche in der Hauptsache ebenso dachten, z. B. G i l b e r t de la Porrée, halfen sich mit der (aristotelischen) Unterscheidung erster und zweiter Substanzen oder zwischen Substanz und Subsistenz: doch braucht Gilbert die letzteren Termini Abaelard gegenüber in vertauschter Bedeutung.

[36]) Selbst wenn man das Universalienproblem auf die Realität der Gattungsbegriffe in der Weise der Scholastik beschränkt, hat es in der weiteren Entwicklung noch wesentlich neue Phasen durchlaufen und kann gerade auf dem heutigen Stande der Wissenschaft nicht als endgültig gelöst angesehen werden. Dahinter aber erhebt sich die allgemeinere und schwierigere Frage, welch eine metaphysische Bedeutung jenen allgemeinen Bestimmungen zukommt, auf deren Erkenntnis alle erklärende Wissenschaft hinausläuft: vgl. H. Lotze, Logik (Leipzig 1874), §§ 313—321. Deshalb ist den Forschern von heute, welche den Universalienstreit als abgetan zum Gerümpel werfen oder gar wie eine überwundene Kinderkrankheiten behandeln möchten, solange sie nicht mit voller Sicherheit und Klarheit anzugeben wissen, worin die metaphysische Wirklichkeit und Wirksamkeit dessen besteht, was wir ein N a t u r g e s e t z nennen, noch immer zuzurufen: *mutato nomine de te fabula narratur*. Vgl. auch O. Liebmann, Zur Analysis der Wirklichkeit (4. Aufl., Straßburg 1911), 317 ff., 478 ff., und Gedanken und Tatsachen (1. Heft, Straßburg 1882), 89 ff.

zwischen Wahrem und Falschem zu unterscheiden. Wohl unterwirft auch er sich der in der Tradition bewahrten Offenbarung: aber doch nur darum, sagt er, glauben wir der göttlichen Offenbarung, weil sie vernünftig ist. Die Dialektik hat daher bei ihm nicht mehr nur die Aufgabe, welche ihr Anselm (nach Augustin) vorschrieb, den Glaubensinhalt für den Verstand begreiflich zu machen, sondern er verlangt für sie auch das k r i t i s c h e Recht, in zweifelhaften Fällen nach ihren Regeln zu entscheiden. So stellte er in der Schrift „Sic et non" die Ansichten der Kirchenväter zu gegenseitiger dialektischer Zersetzung einander gegenüber, um schließlich nur in dem Beweisbaren auch das Glaubwürdige zu finden. So erscheint auch in seinem „Dialogus" die erkennende Vernunft als Richterin über den verschiedenen Religionen, und wenn Abaelard das Christentum als den idealen Abschluß der Religionsgeschichte betrachtet, so gibt es Aussprüche bei ihm[37]), worin er den Inhalt des Christentums auf das ursprüngliche Sittengesetz reduziert, das von Jesus in seiner Reinheit wieder hergestellt worden sei. Von diesem Standpunkt gewann er auch zuerst wieder einen freien Blick für die Auffassung des Altertums: er war, so wenig er von ihnen wußte, ein Bewunderer der Hellenen; er sieht in ihren Philosophen Christen vor dem Christentum, und wenn er Männer wie Sokrates und Platon als inspiriert betrachtet, so fragt er (den Gedanken der Kirchenväter — vgl. oben § 18, 3 — umkehrend), ob nicht vielleicht aus diesen Philosophen die religiöse Überlieferung teilweise geschöpft haben könnte. Das Christentum gilt ihm als die demokratische Philosophie der Griechen.

Wollte man an dieser mehr religions- und kulturgeschichtlichen als philosophisch neuen Bedeutung des Mannes dadurch irre werden, daß Abaelard, wie zuletzt fast alle „Aufklärer" des Mittelalters[38]), doch ein gehorsamer Sohn der Kirche war, so genügte es, die Angriffe in Betracht zu ziehen, die er erfuhr. In der Tat ist sein Streit mit Bernhard von Clairvaux der Kampf des Erkennens mit dem Glauben, der Vernunft mit der Autorität, der Wissenschaft mit der Kirche. Und wenn Abaelard schließlich die Wucht und der innerste Halt der Persönlichkeit fehlte, um in solchem Ringen obzusiegen[39]), so will anderseits bedacht sein, daß eine Wissenschaft, wie sie das zwölfte Jahrhundert bieten konnte — auch abgesehen von der äußeren Machtfülle, zu der damals die Kirche erstarkte —, der gewaltigen Innerlichkeit des Glaubens hätte unterliegen müssen, auch wenn sie von einer noch so großen und hohen Persönlichkeit getragen gewesen wäre. Denn jenes kühne und zukunftsvolle Postulat, daß nur vorurteilslose wissenschaftliche Einsicht den Glauben bestimmen sollte, — was besaß es damals an Mitteln zu seiner Erfüllung? Es waren die hohlen Regeln der Dialektik, und was diese Wissenschaft an Inhalt aufzuweisen hatte, verdankte sie eben der Tradition, gegen welche sie sich mit der Kritik des Verstandes empörte. Dieser Wissenschaft f e h l t e d i e s a c h l i c h e Kraft, um die Rolle durchzuführen, zu der sie sich berufen fühlte: aber sie stellte sich eine Aufgabe, die, wenn sie selbst sie zu lösen außer Stande war, aus dem Gedächtnis der europäischen Völker nicht wieder verschwunden ist.

Wohl hören wir deshalb von dem lärmenden Treiben derjenigen, die alles nur

---

[37]) Vgl. die Belege zum folgenden bei REUTER, Gesch. der Aufklärung im M.-A., I, 183 ff.

[38]) A. HARNACK, Dogmengeschichte, III, 322.

[39]) Vgl. TH. ZIEGLER, Abaelards Ethica, in Straßburg. Abh. z. Ph. (Freiburg 1884), p. 221.

„wissenschaftlich" behandelt haben wollten[40]), wohl mehren sich seit Anselm die
Klagen über den wachsenden Rationalismus des Zeitgeistes, über die bösen
Menschen, die nur glauben wollen, was sie begreifen und beweisen können, über
die Sophisten, die mit kecker Gewandtheit *pro et contra* zu disputieren wissen, über
die „Verneiner", welche aus Rationalisten zu Materialisten und Nihilisten geworden
sein sollen: — aber nicht einmal die Namen solcher Männer, geschweige denn ihre
Lehren sind erhalten. Allein eben jener Mangel an eigenem Sachgehalt war der
Grund, weshalb die dialektische Bewegung, als deren Fürst Abaelard erscheint,
trotz allen Eifers und allen Scharfsinns ohne direkten und unmittelbaren Erfolg
verlief.

§ 24. Der Dualismus von Leib und Seele.

Aus diesen Gründen ist es erklärlich, daß wir im zwölften (und teilweise schon
im elften) Jahrhundert das Gefühl von der Unfruchtbarkeit der Dialektik ebenso
verbreitet finden wie den fieberhaften Trieb, durch sie zur wahren Erkenntnis
zu gelangen. Es geht durch diese Zeit neben dem heißen Wissensdrange ein Zug
der Enttäuschung: unbefriedigt von den Spitzfindigkeiten der Dialektik, welche sich
— selbst in Männern wie Anselm — anheischig gemacht hatte, die letzten Geheimnisse des Glaubens rational zu ergründen, stürzten sich die einen aus der unfruchtbaren Theorie in das praktische Leben, „in das Rauschen der Zeit, ins Rollen der
Begebenheit", andere in mystisch-übervernünftiges Schwelgen, andere endlich in
emsige Arbeit empirischer Forschung. Alle Gegensätze, in welche vorwiegend logische
Verstandestätigkeit treten kann, entwickeln sich neben der Dialektik und stehen
gegen sie in mehr oder minder fest geschlossenem Bündnis: Praxis, Mystik und
Empirie.

Hieraus ergab sich zunächst ein eigentümlich verschieftes Verhältnis zu der
wissenschaftlichen Tradition. Aristoteles, den man nur als den Vater der formalen
Logik und als den Meister der Dialektik kannte, verdankte es dieser Unkenntnis,
daß er als der Heros rein verstandesmäßiger Weltbetrachtung galt und als solcher
dem Glauben und der Kirche verdächtig war: Platon dagegen kannte man teils
als den Schöpfer der (unwissentlich nach neuplatonischem Vorgange verfälschten)
Ideenlehre, teils vermöge der Erhaltung des Timaeus als den Begründer einer
Naturphilosophie, deren teleologischer Grundcharakter bei dem religiösen Denken
die lebhafteste Zustimmung fand. Wenn daher G e r b e r t als Gegengewicht gegen
den Übermut der Dialektik, in der er sich selbst anfangs wenig glücklich versucht
hatte, das S t u d i u m d e r N a t u r empfahl, das seinem eigenen, auf lebenskräftige
Weltbetätigung gerichteten Wesen entsprach, so konnte er auf Beifall für dieses
Bestreben nur bei den Männern rechnen, welche gleich ihm auf eine Verbreiterung
der sachlichen Kenntnis und zu diesem Behufe auf eine Aneignung der antiken
Forschungen ausgingen. So erscheint hier zuerst im Gegensatze zur (aristotelischen)
Dialektik der R ü c k g r i f f a u f d a s A l t e r t u m als Quelle sachlicher Ein-
sichten, — eine erste, schwache Renaissance, welche, halb humanistisch, halb·

---

[40]) „Puri philosophi."

naturalistisch, einen lebendigen Inhalt der Erkenntnis gewinnen will[41]). Gerberts Schüler F u l b e r t eröffnete die S c h u l e v o n C h a r t r e s, die in der Folgezeit der Sitz des mit dem Naturstudium verschwisterten Platonismus wurde: hier wirkten die Brüder Theodorich und Bernhard von Chartres, von hier empfing Wilhelm von Conches seine Richtung. In ihren Schriften mischt sich überall die kräftige Anregung des klassischen Altertums mit dem Interesse lebendiger Naturerkenntnis. So erfahren wir eine der eigentümlichsten Verschiebungen der Literaturgeschichte. Platon und Aristoteles haben ihre Rollen vertauscht: dieser erscheint als das Ideal einer abstrakten Begriffswissenschaft, jener als der Ausgangspunkt sachlicher Naturerkenntnis. Was uns in diesem Zeitraum der mittelalterlichen Wissenschaft als Erkenntnis der physischen Wirklichkeit entgegentritt, knüpft sich an den Namen Platons: sofern es in diesem Zeitalter eine Naturwissenschaft gibt, ist sie diejenige der Platoniker, eines Bernhard von Chartres, eines Wilhelm von Conches und ihrer Genossen[42]).

Aber dieser Sinn für die empirische Wirklichkeit, welcher die P l a t o n i k e r des Mittelalters vor der hochfliegenden Metaphysik der Dialektik auszeichnet, hat noch eine andere und viel wertvollere Form angenommen. Unfähig noch, der äußeren Erfahrung bessere Ergebnisse, als sie in der Überlieferung der griechischen Wissenschaft vorlagen, abzugewinnen, richtete sich der empirische Trieb des Mittelalters auf die Erforschung des geistigen Lebens und entfaltete die volle Energie einer Beobachtung und scharfsinniger Analyse auf dem Gebiete der inneren Erfahrung — in der P s y c h o l o g i e. Das ist derjenige Gegenstand wissenschaftlicher Arbeit, für welchen das Mittelalter die wertvollsten Resultate erreicht hat[43]). Hierin stellte sich, mit substantiellem Gehalt erfüllt, die Erfahrung des praktischen Lebens wie diejenige sublimster Frömmigkeit dem dialektischen Begriffsspiel entgegen.

1. Der natürliche Führer aber auf diesem Gebiete war A u g u s t i n, dessen psychologische Anschauungen eine um so stärkere Herrschaft ausübten, je mehr sie einerseits mit der religiösen Überzeugung verflochten waren, und je weniger anderseits die aristotelische Psychologie bekannt war. Augustin aber hatte in seinem Systeme den vollen Dualismus aufrechterhalten, welcher die Seele als eine immaterielle Substanz und den Menschen als eine Verbindung zweier Substanzen, des Leibes und der Seele, betrachtete. Eben deshalb konnte er eine Erkenntnis der

---

[41]) Einen Hauptherd dieser Bewegung bildete in Italien das Kloster Monte Cassino: hier wirkte (um 1050) der Mönch Constantinus Africanus, der (wie es auch von dem Platoniker Adélard von Bath bekannt ist) seine Gelehrsamkeit auf Reisen im arabischen Orient gesammelt hatte und namentlich für die Übersetzung medizinischer Schriften (Hippokrates, Galen) tätig war. Die Wirkungen zeigen sich nicht nur in der Literatur, sondern auch in der Gründung der berühmten Schule von Salerno (Mitte des zwölften Jahrhunderts).

[42]) Dabei ist diese humanistische Naturwissenschaft des früheren Mittelalters durchaus nicht wählerisch in der Aufnahme der antiken Tradition gewesen: so hat z. B. Wilhelm von Conches (vgl. Migne, Bd. 90, S. 1132 ff., und den Bericht von Walter von St. Victor in den Auszügen des Bulaeus, bei Migne Bd. 199, S. 1170) mit seinem Platonismus eine atomistische oder korpuskulartheoretische Naturauffassung für vereinbar gehalten. Vgl. KURT LASSWITZ, Gesch. des Atomismus, I, 72 ff.

[43]) Vgl. hierzu und zum folgenden (wie auch später zu § 27) die Abhandlungen von H. SIEBECK im I.—II. Bande des Archivs für Geschichte der Philosophie, sowie im 93. und 94. Bande der Zeitschrift für Philos. und Krit. (1888—90)

17*

Seele nicht aus ihren Beziehungen zum Leibe erwarten und machte sich mit vollem Bewußtsein den S t a n d p u n k t   d e r   i n n e r e n   E r f a h r u n g zu eigen.

Das so aus metaphysischen Voraussetzungen entsprungene neue methodische Prinzip konnte sich ungestört entfalten, solange die monistisch-metaphysische Psychologie des Peripatetizismus noch unbekannt blieb. Und diese Entfaltung wurde auf das Nachdrücklichste durch diejenigen Bedürfnisse gefördert, welche das Mittelalter zur Psychologie führten. Der Glaube suchte die Selbsterkenntnis der Seele zum Zwecke ihres Heils, und dieses Heil wurde gerade in jenen transzendenten Tätigkeiten gefunden, durch welche die Seele, dem Leibe entfremdet, einer höheren Welt zustrebt. Deshalb waren es hauptsächlich die M y s t i k e r , welche die Geheimnisse des inneren Lebens belauschen wollten und damit zu Psychologen wurden.

Wichtiger und philosophisch bedeutsamer als die einzelnen, oft sehr phantastischen und oft sehr verschwommenen Lehren, die in dieser Richtung aufgestellt wurden, ist die Tatsache, daß vermöge dieser Zusammenhänge der D u a l i s m u s d e r   s i n n l i c h e n   u n d   d e r   ü b e r s i n n l i c h e n   W e l t in voller Schärfe aufrecht erhalten wurde und so ein starkes Gegengewicht gegen den neuplatonischen Monismus bildete. Aber diese metaphysische Wirkung auszuüben, war er erst später berufen; zunächst wurde er in der begrenzteren Form des a n t h r o p o l o g i s c h e n D u a l i s m u s von Leib und Seele zum Ausgangspunkt der P s y c h o l o g i e   a l s d e r   W i s s e n s c h a f t   d e r   i n n e r e n   E r f a h r u n g[44]).

Sehr merkwürdig ist deshalb die Erscheinung, daß die Vertreter dieser Psychologie als „Naturwissenschaft des inneren Sinnes", wie es später genannt worden ist, gerade dieselben Männer sind, welche sich redlich abmühen, aus allem Material, dessen sie habhaft werden können, ein Wissen von der äußeren Welt zu gewinnen. Von der Dialektik abgewendet, suchen sie eine Erkenntnis des empirisch Wirklichen, eine Naturphilosophie; aber sie teilen diese in zwei völlig getrennte Gebiete: Physica corporis und Physica animae. Dabei überwiegt bei den Platonikern die Vorliebe für das Studium der äußeren, bei den Mystikern diejenige für die innere Natur[45]).

2. Als das charakteristische, wesentlich neue und förderliche Material dieser e m p i r i s c h e n   P s y c h o l o g i e muß nun aber das Bestreben angesehen werden, die seelischen Tätigkeiten und Zustände nicht nur zu klassifizieren, sondern ihren lebendigen Fluß aufzufassen und ihre E n t w i c k l u n g zu begreifen. Diese Männer waren sich in ihren frommen Gefühlen, in ihrem Ringen nach dem Genuß der göttlichen Gnade eines inneren E r l e b n i s s e s , einer Geschichte ihrer Seele bewußt, und es trieb sie, diese Geschichte zu schreiben; und wenn sie dabei platonische, augustinische und neuplatonische Begriffe in bunter Mischung zur Bezeichnung der einzelnen Tatsachen benutzten, so ist das Wesentliche und Entschei-

---

[44]) Vgl. auch K. WERNER, Kosmologie und Naturlehre des scholastischen Mittelalters, mit spezieller Beziehung auf Wilhelm von Conches; und Der Entwicklungsgang der mittelalterlichen Psychologie von Alcuin bis Albertus Magnus (beides Separatabdrucke aus den Sitzungsberichten (Bd. 75), bzw. Denkschriften (Bd. 25) der Wiener Akademie (1876).

[45]) Doch muß erwähnt werden, daß Hugo von St. Victor nicht nur in der „Eruditio didascalica" ein enzyklopädisches Wissen an den Tag legt, sondern sich auch mit den Lehren der antiken Medizin, insbesondere mit den Theorien der physiologischen Psychologie (Erklärung der Wahrnehmungen, Temperamente usw.) bis ins genaueste vertraut zeigt. Daneben hat er auch eine der ersten „Summen" geschrieben.

dende immer, daß sie den Entwicklungsgang des inneren Lebens aufzuzeigen unternahmen.

Nicht viel Mühe hat diesen Mystikern, die eine Metaphysik nicht suchten, sondern im Glauben besaßen, die später so schwerwiegend gewordene Frage bereitet, wie jene Dualität von Leib und Seele zu verstehen sei. Zwar ist sich H u g o v o n S t. V i c t o r bewußt, daß, wenn auch die Seele das Niederste in der immateriellen und der Menschenleib das Höchste in der materiellen Welt ist, beide doch noch von so gegensätzlicher Beschaffenheit sind, daß ihre Verbindung *(unio)* ein unbegreifliches Rätsel bleibt; aber er meint, gerade damit habe Gott gezeigt und zeigen wollen, daß ihm nichts unmöglich sei. Statt darüber dialektisch zu grübeln, nehmen vielmehr die Mystiker diesen Dualismus zur Voraussetzung, um für ihre wissenschaftliche Betrachtung die Seele in sich zu isolieren und ihr inneres Leben zu beobachten.

Dieses Leben aber ist für die Mystik die Entwicklung der Seele zu Gott, und so ist diese e r s t e F o r m d e r P s y c h o l o g i e d e s i n n e r e n S i n n e s d i e H e i l s g e s c h i c h t e d e s I n d i v i d u u m s. Die Mystiker betrachten die Seele wesentlich als Gemüt, sie zeigen die Entfaltung ihres Lebensprozesses aus den G e f ü h l e n, und sie beweisen ihre schriftstellerische Virtuosität gerade in der Ausmalung von Gefühlszuständen und Gefühlsbewegungen. Und auch darin sind sie die echten Nachfolger Augustins, daß sie in der Zergliederung dieses Prozesses überall die treibenden W i l l e n s k r ä f t e erforschen, daß sie die Stimmungen des Willens untersuchen, vermöge deren der Glaube den Verlauf der E r k e n n t n i s bedingt, und daß ihnen doch am Ende als die h ö c h s t e E n t w i c k l u n g s s t u f e der Seele das mystische Schauen Gottes gilt, das freilich auch hier mit der Liebe eins gesetzt wird. So tun es wenigstens die beiden durchweg vom Geist der Wissenschaft getragenen Victoriner Hugo und Richard, während bei Bernhard von Clairvaux das praktische Moment des Willens viel stärker betont wird. Dieser wird nicht müde, den in seiner Zeit erwachten, mit allen Tugenden und Untugenden sich gebarenden reinen Trieb des Wissens um des Wissens willen als heidnisch zu denunzieren, und doch ist auch ihm die letzte der zwölf Stufen der Demut jene Ekstase der Vergottung, mit welcher das Individuum in dem ewigen Wesen aufgeht, „wie der Wassertropfen in einem Fasse Wein".

Auch die Psychologie der Erkenntnis baut sich bei den Victorinern auf augustinischem Grundriß auf. Drei Augen sind dem Menschen gegeben: das fleischliche, um die Körperwelt, das vernünftige, um sich selbst in seiner Innerlichkeit, das kontemplative, um die geistige Welt und die Gottheit zu erkennen. Wenn deshalb nach Hugo *cogitatio, meditatio* und *contemplatio* die drei Stufen der intellektuellen Tätigkeit sind, so ist es interessant und für die Persönlichkeit selbst charakteristisch, in welchem Maße er die Mitwirkung der Einbildungskraft *(imaginatio)* in allen Arten der Erkenntnis betont. Auch die Kontemplation ist eine *v i s i o i n t e l l e c- t u a l i s,* ein geistiges Schauen, welches allein die höchste Wahrheit unverzerrt erfaßt, während das Denken nicht dazu imstande ist.

So ist Altes und Neues in den Schriften der Victoriner vielfach gemischt: zwischen feinsinnigste Beobachtungen und feinfühligste Schilderungen der psychischen Funktionen drängen sich die Phantasien mystischer Verzückung. Zweifellos fällt auch hier die Methode der Selbstbeobachtung in die Gefahr, zur Schwärmerei zu führen: aber sie gewinnt anderseits schon manche eigene Frucht, sie lockert den Boden für die Forschung der Zukunft, und vor allem, sie steckt das Feld ab, auf dem die moderne Psychologie erwachsen sollte.

3. Von ganz anderer Seite hat diese neue Wissenschaft der inneren Erfahrung sogleich Unterstützung und Bereicherung erfahren: ein Nebenertrag des Universalienstreites — und nicht der schlechteste — kam ihr zu gute. Wenn der Nominalismus und der Konzeptualismus das An-sich-bestehen der Universalien bestritten und die Arten und Gattungen für subjektive Gebilde im erkennenden Geiste erklärten, so fiel ihnen die Beweispflicht zu, das Entstehen dieser allgemeinen Vorstellungen in der Seele des Menschen verständlich zu machen. So sahen sie sich direkt auf das empirische Studium der E n t w i c k l u n g d e r V o r s t e l l u n g e n hingewiesen und brachten für die sublime Poesie der Mystiker eine zwar nüchterne, aber um so wünschenswertere Ergänzung. Denn gerade weil es sich um den Nachweis des Ursprungs rein subjektiver Denkinhalte handeln sollte, die als Produkte der zeitlichen Entwicklung des Menschen zu erklären waren, so konnte diese Untersuchung nur ein Beitrag zur Psychologie der inneren Erfahrung werden.

Schon die These des extremen Nominalismus gab ihren Gegnern Anlaß, das Verhältnis des Worts zum Gedanken zu behandeln, und führte bei Abaelard zu eingehender Betrachtung der Mitwirkung, welche der Sprache bei der Entwicklung der Gedanken zukommt. Die Frage nach der Bedeutung der Zeichen und Bezeichnungen in der Vorstellungsbewegung wurde dadurch neu in Fluß gebracht. Noch mehr in das Herz der theoretischen Psychologie führt die Untersuchung, die in der Abhandlung De intellectibus über den notwendigen Zusammenhang zwischen Intellekt und Wahrnehmung geführt wird. Es wird hier gezeigt, wie die Empfindung als v e r w o r r e n e V o r s t e l l u n g (confusa conceptio) noch in die sie mit andern zusammenfassende Anschauung (imaginatio) eingeht und in dieser reproduzierbar erhalten bleibt, wie sodann der Verstand dies mannigfache Material in sukzessivem Durchlaufen (diskursiv) zu Begriffen und Urteilen verarbeitet, und wie erst nach Erfüllung aller dieser Bedingungen Meinung, Glauben und Wissen zustande kommen, wo dann schließlich der Intellekt den Gegenstand in einmaliger Gesamtanschauung (intuitiv) erkennt.

In ähnlicher Weise hat J o h a n n e s v o n S a l i s b u r y den psychischen Entwicklungsprozeß dargestellt: aber bei ihm macht sich am stärksten die der augustinischen Auffassung der Sache eigene Tendenz geltend, die verschiedenen Tätigkeitsformen nicht als übereinander oder nebeneinander liegende Schichten, sondern als ineinander befindliche Funktionsrichtungen derselben lebendigen Einheit zu betrachten. Er findet schon bei der Empfindung und in höherem Maße bei der Anschauung zugleich einen Akt des Urteils, und als Verbindung der neu eintretenden Empfindungen mit den reproduzierten enthält nach ihm die Anschauung zugleich die Gefühlszustände (passiones) der Furcht und der Hoffnung. So entwickelt sich aus der Imagination als dem psychischen Grundzustande die doppelte Reihe des Bewußtseins: in der theoretischen zunächst die Meinung und durch Vergleichung der Meinungen das Wissen, sowie die vernünftige Überzeugung (ratio), beide unter der Willenswirkung der Klugheit (prudentia), endlich aber vermöge des Strebens nach ruhender Weisheit (sapientia) die kontemplative Erkenntnis des Intellekts, — in der praktischen Reihe die Gefühle der Lust und der Unlust mit allen ihren Auszweigungen in die wechselnden Zustände des Lebens.

So ist bei Johannes andeutungsweise das ganze Programm der späteren Assoziationspsychologie vorgezeichnet, deren Führer gerade seine Landsleute werden sollten. Und nicht nur in den Problemen, sondern auch in der Art ihrer Behandlung darf er als ihr Vorbild gelten. Von den weltfremden Spekulationen der Dialektik hält er sich ebenso fern wie von der verstiegenen Schwärmerei der Mystik; er hat die praktischen Zwecke des Wissens im Auge, er will sich damit in der Welt, worin der Mensch leben soll, und vor allem in dem wirklichen Innenleben des Menschen selbst zurechtfinden, und er bringt eine weltmännische Feinheit und Freiheit des Geistes in die Philosophie mit, wie sie jenen Zeiten sonst fehlt. Er verdankt dies nicht zum mindesten der Erziehung des Geschmacks und des gesunden Weltverstandes, den die klassischen Studien gewähren: und auch hierin sind ihm seine Landsleute nicht zu ihrem Schaden gefolgt. Er ist der Vorläufer der englischen Aufklärung, wie Abaelard derjenige der französischen[46]).

4. Eine eigenartige Nebenerscheinung dieser Versteifung des Gegensatzes von Äußerem und Innerem und dieser Verlegung des wissenschaftlichen Prinzips in die Innerlichkeit ist endlich auch A b a e l a r d s E t h i k[47]). Schon in ihrem Titel *Scito te ipsum* kündet sie sich als eine auf innere Erfahrung sich gründende Lehre an, und ihre Bedeutung besteht gerade darin, daß sie zum erstenmal wieder die Ethik als eigene philosophische Disziplin behandelt und die dogmatisch-metaphysischen Voraussetzungen von ihr abstreift[48]). Das gilt von dieser Ethik, obwohl auch sie von dem christlichen Sündenbewußtsein als von der Fundamentaltatsache ausgeht. Aber gleich hier strebt sie sofort in das Innerste. Gutes und Böses, sagt sie, besteht nicht in der äußeren Handlung, sondern in deren innerlicher Ursache. Es besteht aber auch nicht in den Gedanken *(suggestio)*, Gefühlen und Begierden *(delectatio)*, welche der Willensentscheidung vorhergehen, sondern lediglich in diesem Entschluß zur Tat *(consensus)*[49]) selbst. Denn die in dem natürlichen Zusammenhang und zum Teil in der leiblichen Konstitution begründete Neigung *(voluntas)*, die zum Guten oder zum Bösen führen kann, ist nicht selbst im eigentlichen Sinne gut oder böse. Der Fehler *(vitium)* — hierauf reduziert Abaelard die Erbsünde — wird erst durch den *consensus* zur Sünde *(peccatum)*. Ist aber dieser vorhanden, so ist auch mit ihm die Sünde vollständig da, und die leiblich ausgeführte Handlung mit ihren äußeren Folgen fügt ethisch nichts mehr hinzu.

So wird das Wesen des Moralischen von Abaelard lediglich in den Willensentschluß *(animi intentio)* verlegt. Welches ist nun aber die Norm, nach der dieser Willensentschluß als gut oder böse charakterisiert werden soll? Auch hier verschmäht Abaelard jede äußere und objektive Bestimmung durch ein Gesetz: er findet

---

[46]) REUTER, a. a. O., II, 80, stellt so Roger Bacon und Abaelard einander gegenüber; doch findet sich gerade der entscheidende Zug der empirischen Psychologie kräftiger bei Johannes.

[47]) Vgl. darüber TH. ZIEGLER in den Straßb. Abhandlungen zur Philosophie (Freiburg 1884).

[48]) Es wirft ein überraschendes Licht auf die Klarheit von Abaelards Denken, wenn er gelegentlich den metaphysischen Begriff des Guten (Vollkommenheit = Realität) genau von dem moralischen Begriff des Guten geschieden haben will, über den allein die Ethik handle: er zeigt damit, daß er eine der stärksten Problemverschlingungen der Geschichte durchschaut hatte.

[49]) Die συγκατάθεσις der Alten: vgl. oben § 14, 3, und 17, 9.

die Norm der Beurteilung lediglich im Innern des sich entschließenden Individuums, und sie besteht in der Übereinstimmung oder Nichtübereinstimmung mit dem G e - w i s s e n *(conscientia)*. Gut ist die Handlung, welche mit der eigenen Überzeugung des sich Entschließenden im Einklang ist: bös ist nur diejenige, die ihr widerspricht. Und was ist das Gewissen? Wo Abaelard als Philosoph, als der rationalistische Dialektiker lehrt, der er war, da ist es ihm (nach antikem Vorgange — C i c e r o) das natürliche Sittengesetz, das, wenn auch in verschiedenem Maße erkannt, allen Menschen gemein ist und das, wie Abaelard überzeugt war, nach seiner Verdunkelung durch menschliche Sünde und Schwäche in der christlichen Religion zur neuen Wahrheit erweckt worden ist (vgl. oben § 23, 7). Diese *lex naturalis* aber ist für den Theologen identisch mit dem Willen Gottes[50]). Dem Gewissen folgen, heißt daher Gott gehorchen, gegen das Gewissen handeln ist Verachtung Gottes. Wo aber irgendwie der Inhalt des natürlichen Sittengesetzes zweifelhaft ist, da bleibt dem Individuum nur übrig, nach seinem Gewissen, d. h. nach seiner Erkenntnis des göttlichen Gebots sich zu entscheiden.

Diese E t h i k d e r G e s i n n u n g[51]), welche das Haupt der Dialektiker und Peripatetiker vortrug, erweist sich als eine Steigerung der augustinischen Prinzipien der Verinnerlichung und des Willensindividualismus, die aus dem System des großen Kirchenlehrers und über dessen Grenzen hinaus zu fruchtbarer Wirkung in die Zukunft hervordringt.

2. Kapitel. Zweite Periode.
(seit etwa 1200).

FR. NITZSCH, Über die Ursachen des Umschwungs und Aufschwungs der Scholastik im 13. Jahrh. (Jahrb. f. prot. Theol. 1876).
KARL WERNER, Der hl. Thomas von Aquino, 3 Bde., Regensburg 1858 ff.
DERS., Die Scholastik des späten Mittelalters, 3 Bde., Wien 1881 ff.
P. MANDONNET, Siger de Brabant et l'averroisme latin au XIIIme siècle. 2 Bde. (Louvain 1908 u. 1911).
G. v. HERTLING, Wissenschaftliche Richtungen und philosophische Probleme im 13. Jahrhundert (Münchner Akad. Festrede 1910 und Historische Beiträge zur Philosophie 1914).
A. SCHNEIDER, Die abendländische Spekulation des 13. Jahrhunderts in ihrem Verhältnis zur aristotelischen und jüdisch-arabischen Philosophie. Münster 1915.
E. GILSON, Le Thomisme (Paris 1923).
A. DEMPF, Die Hauptform mittelalterlicher Weltanschauung. Eine gw. Studie über die Summa (1925).

Das Bedürfnis nach inhaltlicher Erkenntnis, welches, nachdem der erste Rausch der Dialektik verflogen war, sich der abendländischen Wissenschaft bemächtigte, sollte sehr bald eine Erfüllung von ungeahnter Ausdehnung finden. Die Berührung mit der o r i e n t a l i s c h e n K u l t u r, die sich gegen den Ansturm der K r e u z - z ü g e zunächst siegreich behauptete, eröffnete den Völkern Europas neue Welten des geistigen Lebens. Die arabische und in ihrem Gefolge die jüdische Wissenschaft hielten ihren Einzug in Paris. Sie hatten die Tradition des griechischen Denkens und

---

[50]) In der theologischen Metaphysik scheint Abaelard (Kommentar zum Römerbriefe, II, 241) gelegentlich so weit gegangen zu sein, daß er den Inhalt des Sittengesetzes auf die Willkür des göttlichen Willens zurückführte.
[51]) Deren nach verschiedenen Richtungen bedeutsamer Gegensatz gegen die kirchliche Theorie und Praxis hier nicht auszuführen ist.

Wissens unmittelbarer und vollständiger bewahrt als die Klöster des Abendlandes. Über Bagdad und Cordova ergoß sich ein stärkerer und inhaltsreicherer Strom wissenschaftlicher Überlieferung als über Rom und York. Aber auch jener führte in philosophischem Betracht an Neuem nicht mehr mit sich als dieser. Vielmehr ist hinsichtlich eigener prinzipieller Gedanken die orientalische Philosophie des Mittelalters noch ärmer als die europäische. Nur an Breite und Massigkeit der Tradition, an Umfang des gelehrten Materials und an Ausbreitung realer Kenntnisse war das Morgenland weit überlegen, und diese Schätze gingen nun auch in den Besitz der christlichen Völker über.

Auf eine eigene Darstellung der arabischen und jüdischen Philosophie des Mittelalters glaubt der Verfasser verzichten zu sollen und zu dürfen — zu sollen insofern, als ihm hier die Einsicht in die Originalquellen zum großen Teil verschlossen ist und er sich auf die Reproduktion sekundärer Darstellungen angewiesen sähe, — zu dürfen aber deshalb, weil dasjenige, was außer dieser weitschichtigen Literatur befruchtend in die europäische Wissenschaft übergegangen ist — und darum allein könnte es sich in dieser Darstellung der Gesamtentwicklung der Philosophie handeln —, mit verschwindenden Ausnahmen sich durchgängig als geistiges Eigentum des Altertums, der griechischen oder der hellenistischen Philosophie ergibt. Deshalb folgt hier nur eine gedrängte

Übersicht über die arabische und jüdische Philosophie im Mittelalter.

Aus der Literatur über diese allerdings mehr literarhistorisch als philosophisch interessante, aber durch die Forschung noch nicht zur vollen Klarheit durchgearbeitete Traditionsperiode, welche eine kompetente, in das gelehrte Detail eingehende Gesamtdarstellung noch nicht gefunden hat, sind hervorzuheben:
Mohammed al Schahrestani, Geschichte der religiösen und philosophischen Sekten bei den Ar. (deutsch von HAARBRÜCKER, Halle 1850 f.). — A. SCHMÖLDERS, Documenta philosophiae Arabum (Bonn 1836) und Essai sur les écoles philosophiques chez les Ar. (Paris 1842). — FR. DIETERICI, Die Philosophie der Ar. im zehnten Jahrhundert (8 Hefte. Leipzig 1865—76). — Vgl. auch v. HAMMER-PURGSTALL, Geschichte der arabischen Literatur, ebenso C. BROCKELMANN, Gesch. d. arab. Lit. (I, Weimar 1898).
S. MUNK, Mélanges de philosophie juive et arabe (Paris 1859) und desselben Artikel über die einzelnen Philosophen im Dictionnaire des sciences philosophiques. Eine vortreffliche und instruktive Übersicht gewährt jetzt T. DE BOER, Geschichte der Philosophie im Islam (Stuttgart 1901). Vgl. J. GOLDZIHER, Kultur der Gegenwart, I, 5, S. 45 ff. — CARRA DE VAUX, la doctrine de l'Islam (Paris 1909). — M. HORTEN, Einführung in die höhere Geisteskultur des Islam (1914). DERS., Die philosophischen Systeme der spekulativen Theologen im Islam (1913). DERS., Die Philosophie des Islam in ihren Beziehungen zu den philosophischen Weltanschauungen des westlichen Orients (München 1924). — C. BECKER, Islamstudien I (1924 f.). — J. RUSKA, Über das Fortleben der antiken Wissenschaft im Orient (Arch. f. G. d. Mathematik, der Naturwissenschaften und der Technik, X, 1927).
M. EISLER, Vorlesungen über die jüdischen Philosophen des Mittelalters (3 Bde. Wien 1870—84). — M. JOEL, Beiträge zur Geschichte der Philosophie (Breslau 1876). — J. SPIEGLER, Geschichte der Philosophie des Judentums (Leipzig 1890). — J. GUTTMANN, Die Scholastik des 13. Jahrh. in ihren Beziehungen zur jüdischen Literatur (Breslau 1902). — D. NEUMARK, Geschichte der jüd. Philos. des Mittelalters (1907—13). — J. HEINEMANN, Die Lehre von der Zweckbestimmung des Menschen im griech.-röm. Altertum und im jüd. Mittelalter (1926). — Vgl. auch FÜRSTS Bibliotheca Judaica und die Geschichten des Judentums von GRÄTZ und GEIGER.
So eng die Beziehungen sein mögen, in denen die Philosophie auch der beiden semitischen Kulturvölker zu den religiösen Interessen stand, so hat doch namentlich die a r a b i s c h e   W i s s e n s c h a f t   ihren eigentümlichen Charakter dem Umstande verdankt, daß ihre Urheber und Träger zum weitaus größten Teil nicht Kleriker, wie im Abendlande, sondern Ä r z t e   waren. (Vgl. F. WÜSTENFELD, Geschichte der arabischen Ärzte und Naturforscher, Göttingen 1840.) So ging hier von Anfang an das Studium der antiken Medizin und Naturwissenschaft mit demjenigen der Philosophie Hand in Hand. Hippokrates und Galen wurden ebenso (zum Teil auf Umwegen über das Syrische) übersetzt und gelesen, wie Platon, Aristoteles und die Neuplatoniker. Daher hält in der arabischen Metaphysik stets der Dialektik die Naturphilosophie das Gegengewicht. So

sehr nun aber dies geeignet war, dem wissenschaftlichen Denken eine breitere Basis der tatsächlichen Kenntnisse zu gewähren, so wird man doch anderseits die selbständigen Leistungen der Araber in Naturforschung und Medizin nicht überschätzen dürfen. Auch hier ist die mittelalterliche Wissenschaft wesentlich gelehrte Tradition. Die Kenntnisse, welche die Araber später dem Abendlande überliefern konnten, stammten in der Hauptsache aus den Büchern der Griechen. Eine wesentliche Verbreiterung hat auch das Erfahrungswissen durch eigene Arbeit der Araber nicht erfahren; nur auf einigen Gebieten, wie z. B. der Chemie und der Mineralogie und in einigen Teilen der Medizin, z. B. Physiologie, erscheinen sie selbständiger. In der Methode aber und in den prinzipiellen Auffassungsweisen, in dem ganzen philosophischen Begriffssystem stehen sie, soweit unsere Kenntnis darüber reicht, durchweg unter dem kombinierten Einflusse des Aristotelismus und des Neuplatonismus. (Und dasselbe gilt von den Juden.) Auch läßt sich nicht behaupten, daß sich in der Aneignung dieses Stoffes etwa nationale Eigentümlichkeit entfalte. Diese ganze wissenschaftliche Bildung ist vielmehr dem Arabertum künstlich aufgepfropft; sie kann in ihm keine rechten Wurzeln schlagen, und nach kurzer Blüte welkt sie kraftlos in sich zusammen. In der Gesamtgeschichte der Wissenschaft ist ihre Mission nur die, der Entwicklung des abendländischen Geistes zum Teil die Kontinuität zurückzugeben, die er selbst zeitweilig verloren hatte. Vgl. L. STEIN, Die Kontinuität der griechischen Philosophie in der Gedankenwelt der Araber (Arch. f. Gesch. d. Philos., XI und XII, 1898 f.).

Der Natur der Sache gemäß hat sich auch hier die Aneignung der antiken Wissenschaft in rückläufiger Bahn vollzogen. Von dem in syrischer Tradition noch zeitgenössischen und vermöge seiner religiösen Färbung sympathischen Neuplatonismus fing man an, um zu den besseren Quellen aufzusteigen; aber die Folge blieb die, daß man auch Aristoteles und Platon durch die Brille Plotins und Proklos' sah. Während der Herrschaft der Abassiden, namentlich auf Veranlassung des Chalifen Almamun (im Anfang des neunten Jahrhunderts) herrschte in Bagdad ein reges wissenschaftliches Leben; die Neuplatoniker, die besseren Kommentatoren, fast die ganzen Lehrschriften des Aristoteles, Republik, Gesetze und Timaeus Platons waren in Übersetzungen bekannt.

Die ersten deutlicher hervortretenden Persönlichkeiten, A l k e n d i (gest. um 870) und A l f a r a b i (gest. 950), De ortu scientiarum, herausgegeben von Bäumker (Münster 1916), unterscheiden sich in ihren Lehren kaum von den neuplatonischen Erklärern des Aristoteles: eine größere Eigenbedeutung wohnt A v i c e n n a bei (Ibn Sina, 980—1037), dessen „Kanon" das Grundbuch der mittelalterlichen Medizin im Occident wie im Orient geworden ist, der aber auch durch seine überaus zahlreichen philosophischen Schriften (besonders die Metaphysik und die Logik) einen mächtigen Einfluß ausgeübt hat. Seine Lehre kommt dem reinen Aristotelismus wieder näher und unter allen Arabern wohl am nächsten. Über seine Psychologie (Opus egregium de anima) vgl. M. WINTER (München 1903). CARRA DE VAUX, A. (Paris 1900).

Die Ausbreitung dieser philosophischen Ansichten wurde aber von der mohammedanischen Orthodoxie mit scheelen Augen angesehen, und wie Avicenna selbst, so erfuhr die wissenschaftliche Bewegung schon im zehnten Jahrhundert so heftige Verfolgungen, daß sie sich in den Geheimbund der „lauteren Brüder" flüchtete. Die „treuen Brüder" von Basra" bildeten eine Art von pythagoreischem Bunde und haben den äußerst stattlichen Umfang des damaligen Wissens in einer Encyclopädie (darüber DIETERICI, s. oben) niedergelegt, die jedoch Avicenna gegenüber eine noch stärkere Neigung zum Neuplatonismus zu zeigen scheint.

Von wissenschaftlichen Leistungen der Gegner ist einerseits die wunderliche Metaphysik der orthodoxen M u t a k a l l i m u n bekannt, welche sich am Gegensatze gegen die aristotelisch-neuplatonische Anschauung des lebendigen Naturzusammenhanges zu einer äußersten Überspannung der alleinigen Kausalität Gottes entwickelte und in höchster metaphysischer Verlegenheit zu einem verzerrten Atomismus griff; anderseits erscheint hier in den Schriften des A l g a z e l (1059—1111: Destructio philosophorum) eine skeptisch-mystische Zersetzung der Philosophie. Vgl. T. DE BOER, Die Widersprüche der Philosophie nach Algazzali und ihr Ausgleich durch Ibn Roschd (Straßburg 1894). H. BAUER, Islamische Ethik. Erlaubtes und verbotenes Gut. Das 14. Buch von Al-Gazalis Hauptwerk der Religionswissenschaften (Halle 1922). CARRA DE VAUX, Gazali (Paris 1902).

Diese Tendenzen trugen im Orient den Sieg um so mehr davon, je schneller die geistige Erhebung des Mohammedanismus dort wieder in sich zusammenbrach. Die Fortsetzung der arabischen Wissenschaft ist in A n d a l u s i e n zu suchen, wo die mohammedanische Kultur ihre kurze Nachblüte fand. Hier entwickelte sich in freieren Verhältnissen die Philosophie zu einem kräftigen Naturalismus, der wieder stark neuplatonisches Gepräge trug.

Eine charakteristische Darstellung der Erkenntnislehre dieser Philosophie findet sich in der „Leitung des Einsamen" von A v e m p a c e (Ibn Bâǧǧah, gest. 1138), und ähnliche Gedanken spitzen sich bei A b u b a c e r (Ibn Tufail, gest. 1185) zu einer interessanten Auseinandersetzung zwischen der natürlichen und der positiven Religion zu. Des letzteren philosophischer Roman („Der Lebende, des Wachenden Sohn"), der die intellektuelle Entwicklung eines von allem historisch-gesellschaftlichen Zusammenhange auf einsamer Insel abgeschlossenen Menschen darstellt, ist in lateinischer Übersetzung von Pocock als „Philosophus autodidactus" (Oxford 1671 und 1700) und in deutscher Übertragung als „Der Naturmensch" von EICHHORN (Berlin 1783) herausgegeben worden. Vgl. L. GAUTHIER, Roman philosophique d'Ibn Thofail (Algier 1900).

Die bedeutendste Erscheinung aber und jedenfalls der selbständigste unter den arabischen Denkern ist A v e r r o ë s, 1126 in Cordova geboren, eine Zeitlang Richter und dann Leibarzt des Kalifen, später durch eine religiöse Verfolgung nach Marokko verdrängt, 1198 gestorben. Er hat fast alle Lehrschriften des von ihm als höchsten Lehrer der Wahrheit verehrten Aristoteles in Paraphrasen und kurzen oder längeren Kommentaren behandelt (gedruckt bei den älteren Ausgaben des Aristoteles). Von seinen eigenen Werken (Venedig 1553; einige existieren nur noch in hebräischer Übersetzung) ist die Widerlegung Algazels, Destructio destructionis, hervorzuheben. Zwei seiner Abhandlungen über das Verhältnis von Philosophie und Theologie sind in deutscher Übersetzung von M. J. MÜLLER (München 1875) herausgegeben worden. Vgl. E. RENAN, Averroès et l'averroisme, 3. Aufl., Paris 1869. Über seine Religionsphilos. vgl. A. MERX in Philos. Monatsh. 1875, p. 145 ff. — M. HORTEN, Die Metaphysik des A. übers. u. erl. (Halle 1912) u. DERS. Die Hauptlehren des Averroës nach seiner Schrift: Die Widerlegung des Gazali (Bonn 1913).

Mit der Verdrängung der Araber aus Spanien verlieren sich auch die Spuren ihrer philosophischen Tätigkeit. Nur eine sehr merkwürdige und nach rückwärts wie nach vorwärts völlig vereinsamte Erscheinung tritt uns in Ibn Chaldun entgegen. 1332 in Tunis geboren und 1406 in Kairo gestorben, ist er in allerlei Stellungen viel in der Welt herumgekommen und hat neben einzelnen historischen Schriften eine Universalgeschichte hinterlassen, deren Prolegomena eine Geschichtsphilosophie als vergleichende Erkenntnis der Naturgesetze alles menschlichen Kulturlebens enthalten. (Herausg. von M. QUATREMÈRE in den Notices et extraits des MSS., Bd. 16—18; übersetzt von M. DE SLANE, ebendaselbst Bd. 19—21. Paris 1862). Eine gute Darstellung davon bei ROB. FLINT, Historical philosophy in France (Edinburgh und London 1893), p. 157—171.

Die jüdische Wissenschaft des Mittelalters ist in der Hauptsache eine Begleiterscheinung der arabischen und von dieser abhängig. Ausgenommen ist davon nur die Kabbala, jene phantastische Geheimlehre, deren (später freilich viel überarbeitete) Grundzüge dieselbe eigentümliche Verquickung orientalischer Mythologie mit Ideen der hellenistischen Wissenschaft zeigen und in dieselbe Zeit und dieselben aufgeregten Vorstellungskreise der Religionsmischung zurückgehen, wie der christliche Gnostizismus. Vgl. A. FRANCK, Système de la Kabbale (Paris 1842, deutsch von JELLINEK, Leipzig 1844). H. JOËL, Die Religionsphilosophie des Sohar (Leipzig 1849). Dagegen sind bezeichnenderweise die Hauptwerke der jüdischen Philosophie ursprünglich arabisch geschrieben und erst verhältnismäßig spät ins Hebräische übersetzt worden.

Dem frühesten arabischen Aristotelismus und noch mehr den freisinnigen mohammedanischen Theologen, den sogenannten Mutaziliten, verwandt ist das Buch von S a a d j a F a j j u m i (gestorben 942), „über Religionen und Philosophien", welches eine Apologie des jüdischen Dogmas geben will. In der neuplatonischen Richtung begegnet uns A v i c e b r o n (Ibn Gebirol, ein spanischer Jude des elften Jahrhunderts), von dessen „Fons vitae" hebräische und lateinische Bearbeitungen erhalten sind. Als der bedeutendste jüdische Philosoph des Mittelalters gilt Moses M a i m o n i d e s (1135—1204), der nach seiner Bildung und Lehre der um Averroës gruppierten Phase der arabischen Wissenschaft angehört. Seine Hauptschrift „Lehrer der Schwankenden" (Doctor perplexorum), ist arabisch und französisch mit Kommentar von MUNK (3 Bde., Paris 1865—66) herausgegeben worden (vgl. über M. Schriften der Ges. z. Förd. d. Judent., Bd. I, Leipzig 1908). Noch enger ist der Anschluß an Averroës bei G e r s o n i d e s (Levi ben Gerson, 1288—1344).

Die Juden haben vermöge ihrer weitverzweigten merkantilen Beziehungen durch Vertrieb und Übersetzung am meisten zur Verbreitung der orientalischen Philosophie im Abendlande beigetragen: namentlich im dreizehnten und vierzehnten Jahrhundert haben ihre Schulen in Südfrankreich diese weittragende Vermittlung organisiert.

Zu der arabisch-jüdischen Literatur, welche die christliche Wissenschaft um 1200 aufnahm, gehört endlich auch eine Anzahl p s e u d o n y m e r und a n o n y m e r Schriften,

die den letzten Zeiten des Neuplatonismus entstammen, zum Teil auch vielleicht noch
jünger sind, — darunter hauptsächlich die „Theologie des Aristoteles" (arabisch und
deutsch von DIETERICI, Leipzig 1882 und 1883) und der L i b e r d e c a u s i s (De
essentia purae bonitatis), ein Auszug aus der dem Proklos zugeschriebenen στοιχείωσις
θεολογική, arabisch, lateinisch und deutsch herausgegeben von O. BARDENHEWER (Freiburg i. Br. 1882).

Für die Philosophie war bei der Berührung mit dem Orient vor allem wichtig,
daß die Pariser Wissenschaft jetzt nicht nur mit der ganzen Logik des A r i s t o -
t e l e s, sondern auch mit allen sachlichen Teilen seines Systems bekannt wurde.
Durch die „neue Logik" wurde der schon in sich absterbenden Dialektik frisches
Blut zugeführt, und wenn nun die Aufgabe der rationalen Auseinanderlegung der
gläubigen Weltanschauung in neuem Ansturm und mit gereifter Technik des Denkens
ergriffen wurde, so bot sich gleichzeitig ein schier unübersehbarer Stoff des Wissens
für die Einordnung in jenen metaphysisch-religiösen Zusammenhang dar.

Der so gesteigerten Aufgabe hat sich das mittelalterliche Denken vollauf gewachsen
gezeigt, und es löste sie unter der Nachwirkung des Eindrucks von jener glänzenden
Periode in der Entwicklung des Papsttums, welche durch Innocenz III. heraufgeführt worden war. Der neuplatonisch-arabische Aristotelismus, der mit seinen
naturalistischen Konsequenzen anfangs nur den rationalistischen Mut der Dialektik
zu siegreichem Übermut zu kräftigen schien, ist mit bewunderungswürdig schneller
Bewältigung in den Dienst des kirchlichen Systems gebeugt worden. Freilich war
das nur so möglich, daß in dieser nun vollkommen systematischen Ausbildung einer
der Glaubenslehre konformen Philosophie die intellektualistischen und dem Neuplatonismus verwandten Elemente des augustinischen Denkens ein entschiedenes
Übergewicht gewannen. Auf diese Weise vollzog sich, ohne daß eigentlich ein
anderes neues philosophisches Prinzip als der Trieb nach Systembildung dabei
schöpferisch gewirkt hätte, die großartigste Ausgleichung weltbewegender Gedankenmassen, welche die Geschichte gesehen hat. Ihr geistiger Urheber ist A l b e r t v o n
B o l l s t ä d t; ihre allseitig organische Durchführung, ihre literarische Kodifikation
und danach auch ihre historische Bezeichnung verdankt sie T h o m a s v o n
A q u i n o, und ihre dichterische Darstellung fand sie in D a n t e s „Göttlicher
Komödie".

Während aber im Alberto-Thomismus hellenistische Wissenschaft und christlicher
Glaube zu voller Harmonie gebracht schienen, brach sogleich ihr Gegensatz um so
heftiger hervor. Unter dem Einfluß arabischer Doktrinen gelangte der in der
logischen Konsequenz des Realismus angelegte P a n t h e i s m u s zu breiter Verwirklichung, und unmittelbar nach Thomas selbst entfaltete sein Ordensgenosse,
Meister E c k h a r t, den scholastischen Intellektualismus zu der Heterodoxie einer
i d e a l i s t i s c h e n M y s t i k.

Begreiflich daher, daß auch der Thomismus auf den Widerstand einer platonisch-
augustinischen Richtung stieß, die zwar den Zuwachs des Naturwissens (wie früher),
und die Vervollkommnung des logischen Apparates gern aufnahm, aber die intellektualistische Metaphysik von sich wies und die entgegengesetzten Momente des
Augustinismus um so energischer ausbildete.

Zur vollen Kraft gelangte diese Richtung in dem scharfsinnigsten und tiefsten
Denker des christlichen Mittelalters, D u n s S c o t u s, der die Keime der Willens-
philosophie im augustinischen System zur ersten bedeutenden Entwicklung brachte

und damit von der metaphysischen Seite her den Anstoß zu einer völligen Veränderung der Richtung des philosophischen Denkens gab. Mit ihm beginnt die durch die hellenistische Philosophie eingeleitete Verschmelzung des religiösen und des wissenschaftlichen Interesses wieder auseinander zu gehen.

Zu dem gleichen Erfolge führte mit noch nachhaltigerer Kraft auch die E r neuerung des Nominalismus, zu der sich die geistige Bewegung der letzten Jahrhunderte des Mittelalters in einer überaus interessanten Kombination zuspitzte. Die neu zur Herrschaft gelangte und in buntem Disputationstreiben sich ergehende Dialektik bildete in ihren Lehrbüchern der Logik den aristotelisch-stoischen Schematismus namentlich auch nach der grammatischen Seite aus, und so kam man zu einer Theorie, welche nach byzantinischem Vorgang die Lehre vom Urteil und vom Schluß an die Auffassung der Begriffe *(termini)* als subjektiver Zeichen für die realiter bestehenden Einzeldinge anknüpfte. Dieser T e r m i n i s m u s verband sich in W i l h e l m v o n O c c a m mit den naturalistischen Tendenzen der arabisch-aristotelischen Erkenntnistheorie zur Bestreitung des sog. gemäßigten Realismus, der im Thomismus und Scotismus gleichmäßig aufrechterhalten worden war. Aber er verband sich auch mit der augustinischen Willenslehre zu kräftigem Individualismus, mit den entwicklungsgeschichtlichen Anfängen der empirischen Psychologie zu einer Art von Idealismus der inneren Erfahrung, und mit der immer breiteren Raum erobernden Naturforschung zu einem zukunftsreichen Empirismus: so sprießen unter scholastischer Hülle die Keime eines neuen Denkens.

Vergebens tauchen in dieser äußerst vielspältigen Bewegung hie und da noch Männer auf, welche sich zutrauen, ein rationales System religiöser Metaphysik zu schaffen. Vergebens sucht endlich ein Mann von der Bedeutung des N i c o l a u s C u s a n u s alle diese Elemente einer neuen, weltlichen Wissenschaft unter die Gewalt eines halb scholastischen und halb mystischen Intellektualismus zurückzuzwingen: gerade von seinem System aus haben jene Elemente eine um so stärkere Wirkung auf die Zukunft ausgeübt.

Die R e z e p t i o n d e s A r i s t o t e l e s (worüber hauptsächlich das S. 234 zitierte Werk von A. JOURDAIN und M. GRABMANN, Forschungen über die lateinischen Aristoteles-übersetzungen des 13. Jahrhunderts. Münster 1916) fällt in das Jahrhundert von 1150 bis 1250. Sie begann mit dem bisher unbekannten, wertvolleren Teile des Organon *(vetus — nova logica)* und schritt zu den metaphysischen, physischen und ethischen Büchern fort, stets von der Einführung der arabischen Erklärungsschriften begleitet. Die Kirche ließ die n e u e L o g i k zögernd herein, obwohl dadurch der Dialektik frische Schwingen wuchsen; denn bald mußte sie sich überzeugen, daß die neue Methode, die mit Hilfe der Syllogistik eingeführt wurde, der Darstellung ihrer eigenen Lehre zu Gute kam. Diese im eigentlichen Sinn s c h o l a s t i s c h e M e t h o d e (vgl. M. GRABMANN, o. S. 226) besteht darin, daß ein zu Grunde gelegter Text durch Einteilung und Erklärung in eine Anzahl von Sätzen aufgelöst wird, daß daran Fragen geknüpft und die darauf möglichen Antworten zusammengestellt werden, daß endlich die zur Begründung und Widerlegung dieser Antworten aufzuführenden Argumente in der Form von Schlußketten vorgetragen werden, um schließlich eine Entscheidung über den Gegenstand herbeizuführen.

Dies Schema hat zuerst A l e x a n d e r v o n H a l e s (gestorben 1245) in seiner „Summa universae theologiae" mit einer Virtuosität angewendet, welche der Behandlungs-weise der früheren Summisten an Reichtum des Inhalts, Klarheit der Entwicklung und Bestimmtheit der Resultate weit überlegen und auch später kaum übertroffen worden ist. Eine analoge methodische Umgestaltung vollzogen V i n c e n z v o n B e a u v a i s (Vincentius Bellovacensis; gestorben um 1265) durch sein „Speculum quadruplex" an dem realenzyklopädischen Kenntnismaterial (vgl. BOUTARIC, V. d. B. et la connaissance de l'antiquité classique au 13me siècle; Paris 1875), und Johannes Fidanza, genannt B o n a v e n t u r a (1221—1274) an den Lehren der Mystik, besonders der Victoriner. Charakte-

ristisch ist unter den Werken des letzteren namentlich die „Reductio artium ad theologiam".
Vgl. K. WERNER, Die Psychologie und Erkenntnislehre des B. (Wien 1876). E. GILSON,
la philosophie de B. (Paris 1924).

Sehr viel zurückhaltender verfuhr die Kirche der M e t a p h y s i k u n d P h y s i k
des Aristoteles gegenüber, und zwar deshalb, weil diese anfangs in engster Verschwisterung
mit dem A v e r r o i s m u s auftrat und weil dadurch sogleich die seit Scotus Eriugena
nie ganz vergessene neuplatonische Mystik zu offenem P a n t h e i s m u s gesteigert wurde.
Als Vertreter eines solchen erscheinen um 1200 A m a l r i c h von Bena (bei Chartres) und
D a v i d v o n D i n a n t, über die wir besonders durch Albert und Thomas unterrichtet
sind. Die Sekte der A m a l r i c a n e r wurde nach dem Laterankonzil von 1215 mit Feuer
und Schwert verfolgt, über ihre Lehre vgl. den von CL. BÄUMKER (Jahrbuch f. Phil. und
spec. Theol. VII, Paderborn 1893) herausgegebenen „Traktat gegen die Amalricaner."

Das Verdammungsurteil über den averroistischen Pampsychismus (vgl. § 27) traf
zunächst auch den Aristoteles. Diese Verbindung aufgelöst und die kirchliche Macht
zur Anerkennung des Peripatetizismus umgestimmt zu haben, ist das Verdienst der beiden
B e t t e l o r d e n, der Dominikaner und der Franziskaner. Sie haben in zähem, oft hin
und her schwankendem Kampfe die Errichtung zweier Lehrstühle der aristotelischen
Philosophie an der Pariser Universität und schließlich deren Aufnahme in die Fakultät
erstritten (vgl. KAUFMANN, Gesch. d. Univ., I, 275 ff.). Nach diesem Siege (1254) stieg
das Ansehen des Aristoteles schnell zu demjenigen der höchsten philosophischen Autorität;
er ward als Vorläufer Christi in Sachen der Natur, wie Johannes der Täufer in Sachen der
Gnade gepriesen, und er galt von nun an der christlichen Wissenschaft (gerade wie dem
Averroës) derart als Inkarnation der wissenschaftlichen Wahrheit, daß er in der folgenden
Literatur vielfach nur als „Philosophus" zitiert wird.

Die Lehre der D o m i n i k a n e r, bis auf heute die offizielle Philosophie der römischen
Kirche, ist durch Albert und Thomas geschaffen worden.

A l b e r t v o n B o l l s t ä d t (Albertus Magnus) war 1193 zu Lauingen (Schwaben)
geboren, studierte in Padua und Bologna, dozierte in Köln und Paris, wurde Bischof
von Regensburg und starb 1280 in Köln. Seine Schriften bestehen zum größten Teil in
Paraphrasen und Kommentaren zu Aristoteles; von selbständigem Werte ist außer der
Summa besonders seine Botanik (De vegetabilibus libri VII; herausg. von MEYER und
JENSSEN, Berlin 1867). Vgl. J. SIGHART, A. M., sein Leben und seine Wissenschaft (Regensburg 1857). v. HERTLING, A. M., Beiträge zu seiner Würdigung (1880, 2. Aufl. 1914). J.
BACH, A. M. (Wien 1881). A. SCHNEIDER, Psychologie Alberts des Großen (Beiträge
1903—06). STADLER (Beiträge XV und XVI). GAUL (Beiträge XII).

T h o m a s v o n A q u i n o, 1225 oder 1227 in Roccasicca (Unteritalien) geboren, ist
zuerst in dem durch seine naturwissenschaftlichen Studien altberühmten Kloster Monte
Cassino, dann in Neapel, Köln und Paris gebildet worden, darauf abwechselnd an diesen
Universitäten, sowie in Rom und Bologna als Lehrer tätig gewesen und 1274 in einem
Kloster bei Terracina gestorben. Seine Werke enthalten neben kleineren Abhandlungen
die Kommentare zu Aristoteles, dem Liber de causis und den Sentenzen des Petrus Lombardus, ferner hauptsächlich die Summa theologiae und die Schrift De veritate fidei
catholicae contra gentiles (Summa contra gentiles). Die Abhandlung De regimine prin-
cipum gehört ihm nur zum Teil. 1920 erschien als Bd. 100 der Philos. Bibl., Die Philosophie
des Th. v. A. in Auszügen von E. ROLFES. Aus der sehr umfangreichen Literatur über ihn
seien genannt: CH. JOURDAIN, La philosophie de St. Th. (Paris 1858). K. WERNER, Der
h. Th. v. A., 3 Bde. (Regensburg 1858). Z. GONZALEZ, Studien über die Philos. des h. Th.
v. A., aus dem Spanischen übersetzt von NOLTE (Regensburg 1885). R. EUCKEN, Die
Philos. des Th. v. A. und die Kultur der Neuzeit (Halle 1886) und Thomas u. Kant, ein
Kampf zweier Welten (Berlin 1901). A. FROHSCHAMMER, Die Philosophie des Th. v. A.
(Leipzig 1889). L. SCHÜTZ, Thomas-Lexikon (Paderborn, 2. Aufl., 1895). SERTILLANGES,
S. Th. d.'A., 2 Bde. (Paris 1910). M. GRABMANN, Th. v. A. (1912). DERS., Einführung in
die Summa theologiae des Th. v. A. (1920). TH. A. VALLGORNERA, mystica theologia divi
Th. (Bd. 4 ed. TAUR 1924 ff.). G. TRUC, la pensée de St. Th. (Paris 1924). E. GILSON,
St. Th., 3 ed. (Paris 1925).

Der philosophischen Bedeutung von D a n t e Alighieri ist unter den Herausgebern
am besten Philalethes in dem Kommentar zu seiner Übersetzung der Divina comedia
(3 Bde., in 2. Aufl., Leipzig 1871) gerecht geworden. Neben dem großen Weltgedicht ist
aber in philosophischem Betracht auch die Abhandlung De monarchia nicht zu vergessen,
Vgl. A. F. OZANAM, D. et la philosophie catholique au 13me sièle (Paris 1845). G. BAUR,
Boëthius und Dante (Leipzig 1873, Rede), besonders aber neuerdings K. VOSSLER, Die-
göttliche Komödie, Entwicklungsgeschichte und Erklärung, 4 Bde. (Heidelberg 1907 ff.,
2. Aufl. 1925). FR. KERN, Humana civilitas (Staat, Kirche und Kultur). Eine Dante-Unter-
suchung (1913). H. HEFELE D. (1922).

An sonstigen Thomisten, deren Zahl groß ist, besteht nur literarhistorisches Interesse (Vgl. H. E. PLASSMANN, Die Schule des Th. v. A., 6 Bde., Soest 1858—61). Zum Teil macht sich bei ihnen schon im dreizehnten Jahrhundert das von Albert betonte Interesse für naturwissenschaftlichen Dinge geltend; so bei D i e t r i c h   v o n   F r e i b e r g, E. KREBS (Beiträge V), und bei W i t e l o (Vitellio; vgl. über diesen CL. BÄUMKER, Beiträge III, 2, 1908 mit dem Text der stark neuplatonisierenden Abhandlung „De intelligentiis", die wahrscheinlich von Witelo herrührt).

Dem Dominikanerorden gehörte auch der Vater der d e u t s c h e n   M y s t i k an, Meister E c k h a r t, ein jüngerer Zeitgenosse des Thomas. In der Mitte des 13. Jahrhunderts in Thüringen geboren, war er um 1300 Professor der Philosophie in Paris, wurde dann Provinzial seines Ordens für Sachsen, lebte zeitweilig in Köln und Straßburg und starb während der peinlichen Verhandlungen über die Rechtgläubigkeit seiner Lehre 1329. Die erhaltenen Schriften (Sammlung von F. PFEIFFER, II., Leipzig 1857), sind hauptsächlich Predigten, Traktate und Sprüche (in neudeutschen Übersetzungen herausg. mit Einleitung von H. BÜTTNER, Jena 1909). Neuerdings: P. A. DANIELS, Eine lat. Rechtfertigungsschrift des M. E. (Beiträge XXIV, 1923). Übersetzung von O. KARRER u. H. PIESCH (Erfurt 1927). Vgl. C. ULLMANN, Reformatoren vor der Reformation, B. II (Hamburg 1842). W. PREGER, Geschichte der deutschen Mystik im Mittelalter (Leipzig 1875 und 1881); dazu die verschiedenen Ausgaben und Abhandlungen von H. DENIFLE. Über E. insbesondere: J. BACH, M. E. der Vater der deutschen Spekulation (Wien 1864) A. LASSON, M. E. der Mystiker (Berlin 1868) und DERS in ÜBERWEGS Gesch. d. Ph. II. R. OTTO, West-östliche Mystik (Gotha 1926). O. KARRER, M. E. Das System seiner rel. Lehre (München 1926) und DERS. Eigenbericht (Lit. Ber. 8 u. 13).

Mit der weiteren Entwicklung verzweigte sich die deutsche Mystik in die Häresien der Begharden und der Basler Gottesfreunde: bei den ersteren führte sie zu radikalster Verknüpfung mit dem averroistischen Pantheismus. Zu populärer Predigt wurde sie bei Joh. T a u l e r von Straßburg (1300—1361), zu dichterischem Sang bei Heinrich S u s o von Konstanz (1300—1365). Ihre theoretischen Lehren erhielten sich mit Abschwächung des Heterodoxen in der „Deutschen Theologie" (zuerst von Luther 1516 herausgegeben) zusammenfassend JOS. BERNHART, Die philosophische Mystik des Mittelalters (1922).

Die augustinisch-platonische Opposition gegen den des Arabismus verdächtigten Aristotelismus hat zu ihren Hauptvertretern W i l h e l m   v o n   A u v e r g n e aus Aurillac, Lehrer und Bischof in Paris, wo er 1249 starb, Verfasser eines Werkes „De universo" (Über ihn handelt K. WERNER, Wien 1873, ST. SCHINDELE, München 1900) und H e i n r i c h   v o n   G e n t (Henricus Gandavensis, 1218—1293), den streitbaren Verfechter des Willensprimats gegen den Thomismus; er schrieb außer einem theologischen Kompendium „Summa quaestionum ordinarium" hauptsächlich „Quodlibetica theologica". Vgl. K. WERNER, H. v. G. als Repräsentant des christlichen Platonismus im 13. Jahrhundert (Wien 1878). M. DE WULF, Histoire de la philosophie scolastique dans les Pays-Bas (Paris 1895). WERNER SCHÖLLGEN, Das Problem der Willensfreiheit bei Heinrich von Gent und Herveus Natalis (1927). Auch R i c h a r d   v o n   M i d d l e t o w n (R. de mediavilla, gest. 1300) und W i l h e l m   d e   l a   M a r e, der Verfasser eines heftigen „Correctorium fratris Thomae", können hier genannt werden. Vgl. F. EHRLE, Der Kampf um die Lehre des hl. Thomas (Z. f. Kath. Theol. 1913). — MANDONNET, Premier travaux de polémique thomiste (R. sc. phil. et theol. 1913). In den folgenden Jahrhunderten hielt sich neben Thomismus und Scotismus eine eigene a u g u s t i n i s c h e   T h e o l o g i e, als deren Führer A e g i d i u s   v o n   C o l o n n a (Aeg. Romanus; 1247—1316) gilt. Vgl. darüber K. WERNER, Schol. d. spät. M.-A., Bd. III.

Die schärfste Gegnerschaft erwuchs dem Thomismus aus dem Franziskaner-Orden. Der nach allen Seiten fruchtbar anregende, aber nach keiner zu fest bestimmter Gestalt heraustretende Geist war hier R o g e r   B a c o n, geboren 1214 bei Ilchester, in Oxford und Paris gebildet, wegen seiner stark auf die Naturforschung gerichteten Beschäftigungen und Ansichten mehrfach verfolgt, nur zeitweilig vom Papst Clemens IV. geschützt, bald nach 1292 gestorben. Seine Lehren sind im „Opus maius" (herausg. von JEBB, London 1773) und auszugsweise im „Opus minus" (herausg. von BREWER, London 1859) niedergelegt. Vgl. E. CHARLES, R. B., sa vie, ses ouvrages, ses doctrines (Paris 1861) und K. WERNER, in zwei Abhandlungen über seine Psychologie, Erkenntnislehre und Physik (Wien 1889). C. POHL, Das Verhältnis der Philos. zur Theol. bei R. B. (Neustrelitz 1893). H. HÖVER (1912); L. MARCHAL (Louvin 1911).

Der persönlich bedeutendste Denker des christlichen Mittelalters ist J o h a n n e s   D u n s   S c o t u s. Seine Heimat (Irland oder Northumberland) und sein Geburtsjahr (um 1270) sind nicht sicher bekannt. Schüler und Lehrer in Oxford, erwarb er in Paris, wo er seit 1304 tätig war, hohen Ruhm und siedelte 1308 nach Köln über, wo er bald nach seiner Ankunft — allzufrüh — starb. In der von seinem Orden veranstalteten Ausgabe seiner Werke (12 Bde., Lyon 1639) ist neben eigenen Schriften viel Unechtes oder Überarbeitetes, besonders auch Nachschriften seiner Disputationen und Vorträge enthalten. Zu den letzteren gehört das sog. „Opus Parisiense", das einen Kommentar zu den Sentenzen des Lombarden bildet. Ähnlichen Ursprung haben die „Quaestiones quodlibetales". Eine eigene Niederschrift ist das „Opus Oxoniense", der ursprüngliche Kommentar zum Lombarden. Dazu kommen die Kommentare zu aristotelischen Schriften und einige kleinere Traktate. Seine Lehre ist bei WERNER und STÖCKL dargestellt. Vgl. R. SEEBERG, Die Theologie des D. Sc. (Studien zur Geschichte der Theol. und Kirche, V, 1900); P. MINGES (Beitr., V und VIII). — M. HEIDEGGER, Die Kategorien- und Bedeutungslehre des D. S. 1916. — B. LANDRY, D. S. (Paris 1922). C. R. S. HARRIS, D. S. (1927).

Unter seinen zahlreichen Anhängern ist F r a n z v o n M a y r o (1325 gestorben) der bekannteste. Der Streit zwischen T h o m i s t e n und S c o t i s t e n war im Anfang des vierzehnten Jahrhunderts sehr lebhaft und brachte viele Zwischenbildungen zuwege: bald jedoch hatten sich beide Parteien gemeinsam gegen den T e r m i n i s m u s zu wehren.

Unter den logischen Schulbüchern der späteren Scholastik ist das einflußreichste das von P e t r u s H i s p a n u s (als Papst Johann XXI. 1277 gestorben) gewesen. Seine „Summulae logicales" waren die Übersetzung eines byzantinisch-griechischen Lehrbuchs, der Σύνοψις εἰς τὴν 'Αριστοτέλους λογικὴν ἐπιστήμην von M i c h a e l P s e l l o s (vgl. CHR. ZERVOS, un philosophe néoplatonicien du XIme siècle: Michel Psellos. Paris 1920), nicht umgekehrt, wie gelegentlich behauptet und von PRANTL widerlegt worden ist. Nach dessen Vorgange (γράμματα ἔγραψε γραφίδιε τεχνικός) wurden in der lateinischen Bearbeitung die bekannten „barbarischen" Memorialbezeichnungen der Modi des Syllogismus eingeführt. Der aus dieser rhetorisch-grammatischen Logik in der nominalistischen Richtung entwickelte T e r m i n i s m u s stellte sich als „Logica moderna" der „antiqua" der Realisten (worunter Scotisten und Thomisten zusammengefaßt wurden) gegenüber.

In der Erneuerung des N o m i n a l i s m u s begegnen sich auf diesem Grunde Wilhelm D u r a n d d e S t. P o u r c a i n (als Bischof von Meaux 1332 gestorben) und P e t r u s A u r e o l u s (1321 zu Paris gestorben), der eine vom Thomismus, der andere vom Scotismus herkommend (vgl. Beiträge XI), mit dem viel bedeutenderen W i l h e l m v o n O c c a m, dem Abaelard der zweiten Periode. Mit weitem und scharfem Blick für die Wirklichkeit, mit kühner, unruhiger Neuerungslust vereinigt er in sich alle Momente, mit denen die neue Wissenschaft aus der Scholastik herausdrängte. In einem Dorf der Grafschaft Surrey geboren, unter Duns Scotus gebildet, war er Professor in Paris, griff dann in die kirchenpolitischen Kämpfe seiner Zeit energisch ein, indem er mit Philipp dem Schönen und Ludwig dem Baier gegen das Papsttum stritt (Disputatio inter clericum et militem super potestate ecclesiastica praelatis atque principibus terrarum commissa und das „Defensorium" gegen Papst Johann XXII.), und starb 1347 in München. Von den Werken (keine Gesamtausgabe) sind die wichtigsten: Summma totius logices, Expositio aurea super artem veterem, Quodlibeta septem, Centilogium theologicum, dazu ein Kommentar über Petrus Lombardus. Vgl. W. A. SCHREIBER, Die politischen und religiösen Doktrinen unter Ludwig dem Baier (Landshut 1858). RICH. SCHOLZ, Die Publizistik zur Zeit Philipps des Schönen (Stuttgart 1903). C. PRANTL, Der Universalienstreit im dreizehnten und vierzehnten Jahrhundert (Sitzungsber. der Münchener Akad. 1874). H. SIEBECK, O.s Erkenntnislehre in ihrer historischen Stellung (Archiv für Gesch. der Philos., X, 1897, S. 317 ff.). L. KUGLER, Der Begriff der Erkenntnis bei O. (1913). E. HOCHSTETTER, Studien zur Metaphysik und Erkenntnis W. v. O's. (1927). — Auch Occam harrt noch seines philosophisch kompetenten Biographen

Von Vertretern des terministischen Nominalismus im vierzehnten Jahrhundert pflegen Johannes B u r i d a n, Rektor der Pariser und Mitbegründer der Wiener Universität, und M a r s i l i u s v o n I n g h e n, einer der ersten Lehrer in Heidelberg, genannt zu werden. Vgl. GERH. RITTER, Studien zur Spätscholastik, I. Marsilius von Inghen und die okkamistische Schule in Deutschland (Heidelberg. Akad. 1921), II. Via antiqua und via moderna auf den deutschen Universitäten des XV. Jahrhunderts (ds. 1922). Eine Verbindung mystischer Lehren mit der nominalistischen Ablehnung der Metaphysik findet sich bei P i e r r e d'A i l l y (Petrus de Alliaco, 1350—1425) und bei Johannes G e r s o n (Charlier, 1363—1429).

Den Versuch einer rein rationalen Darstellung der Kirchenlehre machte im apologetischen und propagatorischen Interesse R a i m u n d u s L u l l u s (aus Katalonien, 1235 bis 1315), hauptsächlich bekannt durch die wunderliche Erfindung der „Großen Kunst", d. h. einer mechanischen Vorrichtungen, welche durch Kombination der Grundbegriffe das System aller möglichen Erkenntnisse hervorbringen sollte. Auszug daraus bei J. E. ERDMANN, Grundriß, I, § 206, vgl. O. KEICHER (Beiträge VII). Seine Bestrebungen wiederholen sich im fünfzehnten Jahrhundert bei R a y m u n d   v o n   S a b u n d e, einem spanischen Arzt, der in Toulouse lehrte und durch seine Theologia naturalis (sive liber creaturarum) Aufsehen erregte. Über ihn vgl. M. DE MONTAIGNE, Essais, II, 12; neuerdings D. MATZKE (Breslau 1846), M. HUTTLER (Augsburg 1851), J. SCHENDERLEIN (Leipzig 1898).

Eine interessante Zusammenfassung des geistigen Zustandes, worin sich das ausgehende Mittelalter befand, voll von Ahnungen der Zukunft, die durch die Gedanken der Zeit überwuchert sind, bietet die Philosophie des N i c o l a u s   C u s a n u s (Nicolaus Chrypffs in Kues bei Trier 1401 geboren und als Kardinal und Bischof von Brixen 1464 gestorben). Die Hauptschrift führt den Titel „De docta ignorantia" (mit den wichtigsten andern deutsch von F. A. SCHARPFF, Freiburg i. Br. 1882 herausg. und A. SCHMID, Hellerau 1919). Vgl. R. FALKENBERG, Grundzüge der Philos. des N. v. C. (Breslau 1880). P. DUHEM, Études sur Léonard de Vinci. 3 Bde. (Paris 1906 ff.). E. VANSTEENBERGHE, Le Cardinal N. d. C. 1920. J. RITTER, Docta Ignorantia (1927). — E. CASSIRER, Individuum und Kosmos in der Philosophie der Renaissance, 1927 (enthält den liber de mente, herausg. von J. RITTER, übersetzt von H. CASSIRER).

§ 25. Das Reich der Natur und das Reich der Gnade.

Bei allen Philosophen des späteren Mittelalters findet sich mit größerer oder geringerer Klarheit doch stets ein lebhaftes Gefühl von der zwiefachen Überlieferung, welche die Voraussetzung ihres Denkens bildet. Wie von selbst hatte sich früher alles Wissen und Denken der religiösen Metaphysik eingeordnet; und nun erschien neben dieser eine gewaltige, feingliedrig in sich zusammenhängende Gedankenmasse, die man noch dazu, in öder Dialektik nach Inhalt dürstend, begierig aufzunehmen bereit war. Die mannigfachen Beziehungen dieser beiden einander erfassenden und durchdringenden Systeme haben die letzten Jahrhunderte des Mittelalters wissenschaftlich bestimmt, und der Entwicklungsgang ist dabei im allgemeinen der, daß diese antagonistischen Systeme von ihrem anfänglich schroff hervortretenden Gegensatze zur Versöhnung und Ausgleichung streben, um, nachdem sie dies Ziel erreicht zu haben scheinen, um so heftiger wieder auseinander zu gehen. Dieser Lauf der Dinge hat sich in der Auffassung von dem Verhältnis der verschiedenen Wissenschaften zu einander ebenso notwendig eingestellt, wie in der Ansicht von den letzten Zusammenhängen der Dinge. In beiden Richtungen ist auf den Versuch der Synthese eine desto tiefer gehende Trennung gefolgt.

Dem religiösen Denken des Abendlandes, dessen höchstes Problem das Verständnis der göttlichen Gnadenwirkung gewesen war, trat die orientalische Philosophie gegenüber, in welcher zuletzt die altgriechische Richtung der Wissenschaft auf Naturerkenntnis zur metaphysischen Herrschaft gelangt war: und wiederum begann auch hier der Prozeß der Aneignung mit den letzten Folgerungen, um erst allmählich zu ihren Prämissen zurückzusteigen.

1. Daher war die Form, in der die arabische Wissenschaft zunächst aufgenommen wurde, der A v e r r o i s m u s. In diesem aber hatte sich die Wissenschaft gegen die positive Religion auf das Bestimmteste abgegrenzt. Das war nicht nur im Rückschlag gegen die Angriffe geschehen, denen die philosophische Bewegung im Orient unterlegen war, sondern mehr noch im Gefolge der großen geistigen Umwälzungen, welche das Zeitalter der K r e u z z ü g e durch den innigen Kontakt der drei monotheistischen Religionen erfuhr. Je heißer diese sich in der geschichtlichen Wirklichkeit bekämpften, um so mehr schliffen sich ihre Gegensätze für die Theorie ab. Diejenigen, welche den Streit der Religionen als denkende Beob-

achter erlebten, konnten dem Triebe nicht widerstehen, hinter den Verschiedenheiten die Gemeinsamkeit zu suchen und über den Schlachtfeldern die Idee einer allgemeinen Religion zu errichten[52]). Um zu dieser zu gelangen, mußte man jede Form der besonderen historischen Offenbarung abstreifen und den Weg allgemeingültiger wissenschaftlicher Erkenntnis einschlagen. So war man mit neuplatonischen Reminiszenzen zu dem Gedanken einer allgemeinen, auf die Wissenschaft zu gründenden Religion zurückgekehrt, und den letzten Inhalt dieser gemeinsamen Überzeugung bildete das Sittengesetz. Wie schon Abaelard in seiner Weise dazu gelangt war, so bezeichnete später unter arabischen Einflüssen R o g e r B a c o n die Moralität als den Inhalt der Universalreligion.

Dieser wissenschaftlichen Vernunftreligion aber hatten die Araber mehr und mehr den exklusiven Charakter einer e s o t e r i s c h e n Lehre aufgeprägt. Die von Philon stammende und der gesamten Patristik geläufige Unterscheidung zwischen einem wörtlich-historischen und einem geistig-zeitlosen Sinn[53]) der religiösen Urkunden (vgl. oben § 18, 2) wurde hier zu der Lehre, daß die positive Religion für die Masse des Volks ein unentbehrliches Bedürfnis sei, während der Mann der Wissenschaft erst dahinter die volle Wahrheit suche, — eine Lehre, in der Averroës und Maimonides einig waren, und die den sozialen Verhältnissen der arabischen Wissenschaft durchaus entsprach. Denn diese hatte sich stets in enggeschlossenen Kreisen bewegt und als ein fremdes Gewächs niemals rechte Fühlung mit der Masse des Volks gewonnen: verehrt doch Averroës ausdrücklich in Aristoteles den Stifter dieser höchsten, allgemeinsten Religion des Menschengeschlechts.

So läßt denn Abubacer seinen „Naturmenschen", der in der Einsamkeit zur philosophischen Gotteserkenntnis gelangt ist, schließlich wieder mit der geschichtlichen Menschheit in Berührung kommen und dabei die Entdeckung machen, daß, was er klar und begrifflich erkannt hat, hier in bildlicher Hülle geglaubt wird und daß, was ihm als selbstverständliche Forderung der Vernunft gilt, hier durch Strafe und Lohn der Menge abgezwungen wird. Daran jedoch schließt sich für den „Naturmenschen" die Erfahrung, daß selbst unter einer hochentwickelten Völkerschaft[54]) die reine Lehre der Naturreligion bei der großen Masse nur auf Unverständnis und Mißgunst trifft. Der Naturmensch kehrt mit dem einen Freunde, den er gewonnen hat, in seine Einsamkeit zurück.

Ist nun auch damit zugegeben, daß n a t ü r l i c h e u n d g e o f f e n b a r t e R e l i g i o n in letzter Instanz denselben Inhalt haben, so folgt doch daraus auch, daß sie wenigstens im Ausdruck der gemeinsamen Wahrheit notwendig voneinander abweichen, daß die Begriffe der philosophischen Religion von den Gläubigen nicht verstanden und die bildlichen Vorstellungen der Gläubigen von den Philosophen

---

[52]) Als ein Hauptsitz dieser Vorstellungsweise und überhaupt des Gedankenaustausches zwischen Morgenland und Abendland erscheint der Hof des hochgebildeten Hohenstaufen Friedrich II. in Sizilien.

[53]) In dieser Meinung wurde unter den Amalrikanern das „Ewige Evangelium" des J o a c h i m v o n F l o r i s verbreitet, welches die Umsetzung alles Äußeren in Inneres, alles Historischen in Zeitlosgültiges an dem ganzen Umfange des christlichen Dogmas vollzog: das „pneumatische" Evangelium des Origenes (vgl. § 18, 2) wollte hier Wirkl'chkeit gewinnen, die Periode des „Geistes" begonnen haben. Vgl. J. N. SCHNEIDER (Dillingen 1874). — H. GRUNDMANN, Studien über J. v. F. (1927).

[54]) Vgl. in der Ausgabe von POCOCK, S. 192 ff.

nicht für volle Wahrheit erachtet werden. Versteht man dann unter Theologie (und so hatte sich im Abendlande wie im Morgenlande das Verhältnis gestaltet) die nach den formalen Gesetzen der Wissenschaft, d. h. der aristotelischen Logik, geordnete und verteidigte Darstellung der positiven Religionslehre, so ergibt sich, daß etwas theologisch wahr sein kann, was philosophisch nicht wahr ist, und umgekehrt. So erklärt sich jene L e h r e   v o n   d e r   z w e i f a c h e n   W a h r -
h e i t[55]), der theologischen und der philosophischen, welche durch das ganze spätere Mittelalter gegangen ist, ohne daß die Urheberschaft dieser Formel genau festgestellt werden kann[56]). Sie ist der adäquate Ausdruck des geistigen Zustandes, der durch den Gegensatz der beiden Autoritäten, unter welchen das Mittelalter stand, der hellenistischen Wissenschaft und der religiösen Tradition, notwendig herbeigeführt wurde, und wenn sie später oft dazu gedient hat, wissenschaftliche Ansichten vor kirchlicher Verfolgung zu schützen, so war sie auch in diesen Fällen meistens das ehrliche Eingeständnis des inneren Zwiespalts, worin sich gerade die bedeutenden Geister befanden.

2. Diesen Gegensatz übernahm die Wissenschaft der christlichen Völker, und wenn die Lehre von der zweifachen Wahrheit von kecken Dialektikern wie Simon von Tournay oder Johann von Brescia ausdrücklich proklamiert, dafür aber von der kirchlichen Macht um so strenger verdammt wurde, so konnten sich doch auch die leitenden Geister der Tatsache nicht entziehen, daß die Philosophie, wie man sie unter dem Einflusse des Aristoteles und der Araber ausbildete, gerade den spezifischen und unterscheidenden Lehren der christlichen Religion innerlich fremd war und bleiben mußte. Mit vollem Bewußtsein dieses Gegensatzes ging A l b e r t an seine große Aufgabe. Er begriff, daß der U n t e r s c h i e d   z w i s c h e n   d e r
n a t ü r l i c h e n   u n d   d e r   g e o f f e n b a r t e n   R e l i g i o n, den er vorfand, nicht mehr aus der Welt zu schaffen, daß Philosophie und Theologie nicht mehr zu identifizieren waren; aber er hoffte und arbeitete mit aller Kraft daran, diesen Unterschied nicht zu einem Widerspruch werden zu lassen. Er gab die Rationalisierbarkeit der „Mysterien" der Theologie, der Trinitäts- und Inkarnationslehre preis, und er korrigierte anderseits die Lehre des „Philosophen" an so wichtigen Punkten, wie an der Frage nach der Ewigkeit oder Zeitlichkeit der Welt zu Gunsten der kirchlichen Lehre. Er suchte zu zeigen, daß alles, was durch das „n a t ü r -
l i c h e   L i c h t" (lumine naturali) in der Philosophie erkannt wird, auch in der Theologie gilt, daß aber die menschliche Seele nur das voll erkennen kann, dessen Prinzipien sie selbst in sich trägt, und daß darum in solchen Fragen, wo die philosophische Erkenntnis zu keiner endgültigen Entscheidung kommt und unentschieden vor verschiedenen Möglichkeiten stehen bleiben muß — hierin folgt Albert hauptsächlich den Ausführungen des Maimonides —, die Offenbarung den Ausschlag gibt. Eben deshalb sei der Glaube verdienstlich, weil er durch keine natürliche Einsicht begründet werden kann. Die Offenbarung ist übervernünftig, aber nicht widervernünftig.

[55]) Vgl. M. MAYWALD, Die Lehre von der zweifachen Wahrheit, Berlin 1871.

[56]) Ebensowenig läßt sich feststellen, woher jene weitverbreitete Formel stammt, welche die Stifter der drei großen positiven Religionen als die drei „Betrüger" der Menschheit bezeichnete. Unhistorisch, wie alle Aufklärung, vermochte schon damals die philosophische Opposition das Mythische, das vor ihrer vergleichenden Kritik nicht standhielt, sich nur durch empirische Interessen zu erklären.

18*

Dieser Standpunkt der Harmonisierung natürlicher und geoffenbarter Theologie ist im wesentlichen auch derjenige von T h o m a s, obwohl der letztere die Ausdehnung des der philosophischen Einsicht zu Entziehenden und dem Glauben Anheimzugebenden möglichst noch mehr zu beschränken sucht. Er faßt aber außerdem, seinem systematischen Grundgedanken nach, dies Verhältnis als ein solches verschiedener Entwicklungsstufen auf, und er sieht dementsprechend in der philosophischen Erkenntnis eine mit der natürlichen Anlage des Menschen gegebene Möglichkeit, welche erst durch die in der Offenbarung tätige Gnade zu vollständiger Wirklichkeit gebracht wird. Auf diese Weise kehrt sich das Wertverhältnis zwischen natürlicher und geoffenbarter Religion auf dem Wege von den arabischen zu den christlichen Scholastikern geradezu um: dort ist die positive Religion die sinnliche Vorstufe der Vernunftreligion, hier ist diese die durch das „natürliche Licht" mögliche Vorstufe der Offenbarung.

Es ist deshalb wohl zu beachten, daß die Scholastik gerade auf diesem ihrem Höhepunkt weit entfernt gewesen ist, Philosophie und Theologie zu identifizieren oder der ersteren, wie es vielfach dargestellt worden ist, ein restloses Begreifen des Dogmas zur Aufgabe zu machen. Diese Auffassung gehört den Anfangszeiten der mittelalterlichen Wissenschaft (Anselm) an, und sie findet sich sporadisch in den Zeiten ihrer Auflösung. So hat z. B. Raymundus Lullus seine große „Kunst"[57]) wesentlich in der Meinung entworfen, sie werde eine systematische Darstellung aller Wahrheiten ermöglichen und deshalb dazu geeignet sein, auch alle „Ungläubigen" von der Wahrheit der christlichen Religion zu überzeugen. Ebenso hat später Raymund von Sabunde mit Hilfe der lullischen Kunst beweisen wollen, daß, wenn Gott sich doppelt, in der Bibel *(liber scriptus)* und in der Natur *(liber vivus),* offenbart habe, der Inhalt dieser beiden Offenbarungen, von denen die eine der Theologie, die andere der Philosophie zu Grunde liege, durchweg derselbe sein müsse. Aber in der klassischen Zeit der Scholastik ist man sich des Unterschiedes von natürlicher und geoffenbarter Theologie stets bewußt gewesen und hat ihn um so schärfer ausgeprägt, je mehr die Kirche Anlaß hatte, der Verwechslung ihrer Lehre mit der „natürlichen" Theologie vorzubeugen.

3. Es sind daher sehr treue Söhne der Kirche gewesen, welche die Kluft zwischen Philosophie und Theologie wieder verbreitert und schließlich unüberbrückbar gemacht haben. An ihrer Spitze steht D u n s   S c o t u s, der die Theologie nur als eine praktische Disziplin, die Philosophie dagegen als reine Theorie aufzufassen und zu behandeln lehrte. Daher ist für ihn und für die Fortsetzer seiner Lehre das Verhältnis zwischen beiden nicht mehr das der Ergänzung, sondern das der Trennung. Die natürliche Theologie schrumpft zwischen den Gegensätzen der Offenbarung und der Vernunfterkenntnis zu äußerster Armut zusammen. Der Kreis der

---

[57]) Diese querköpfige und dabei doch in manchem Betracht interessante, deshalb auch häufig wieder hervorgesuchte Erfindung bestand in einem System konzentrischer Ringe, von denen jeder eine Begriffgruppe kreisförmig in Fächer verteilt trug und durch deren Verschiebung alle möglichen Kombinationen zwischen den Begriffen herbeigeführt, die Probleme gegeben und ihre Lösungen nahegelegt werden sollten. So gab es eine Figura A (Dei), welche die ganze Theologie, eine Figura animae, welche die Psychologie enthielt, usw. Mnemotechnische Versuche und solche, welche auf die Erfindung einer Weltsprache oder einer philosophischen Zeichenschrift ausgingen, haben öfters an diese „Ars combinatoria" angeknüpft; auch die Einführung der Buchstabenrechnung hängt mit diesen Bestrebungen zusammen.

für die natürliche Erkenntnis unzugänglichen Mysterien der Theologie wächst immer mehr; bei Duns Scotus gehört schon, wie der zeitliche Anfang der geschaffenen Welt, so auch die Unsterblichkeit der Menschenseele dazu; und Occam leugnet sogar die Beweiskraft der üblichen Argumente, mit denen die rationale Theologie das Dasein Gottes zu beweisen pflegt.

Dabei wurzelt diese Kritik wesentlich und mit voller Ehrlichkeit in der Absicht, dem Glauben sein Recht sicher zu stellen. Im Zusammenhange mit dem wieder verschärften metaphysischen Dualismus (s. unten Nr. 5) erschien das an die sinnliche Wahrnehmung gebundene Erkennen des Verstandes unfähig, die Geheimnisse der überirdischen Welt zu ergründen. So konnten Männer wie Gerson gerade auf den Nominalismus ihre mystische Lehre stützen. Die Differenz zwischen der Philosophie und der Theologie ist notwendig, der Widerspruch zwischen Wissen und Glauben ist unvermeidlich. Die Offenbarung stammt aus der Gnade und hat das göttliche Reich der Gnade zu ihrem Inhalt: die Vernunfterkenntnis ist ein Naturprozeß der Wechselwirkung zwischen dem erkennenden Geiste und den Gegenständen der Wahrnehmung. Deshalb mußte der Nominalismus, wenn er auch aus der scholastischen Methode heraus nur schwer und spät dahin gelangte, dabei enden, die Natur als das einzige Objekt der Wissenschaft zu betrachten. Jedenfalls stellte sich schon jetzt die Philosophie als w e l t l i c h e W i s s e n s c h a f t der Theologie als der göttlichen gegenüber.

So redeten Duns Scotus und Occam äußerlich ganz im Sinne der „zweifachen Wahrheit". Jene Grenzbestimmung sollte besagen, daß in Glaubenssachen die Dialektik nicht mitzureden habe. Allein es konnte nicht ausbleiben, daß diese Trennung bei andern zu der entgegengesetzten Konsequenz und zu dem ursprünglichen Sinne der Behauptung einer doppelten Wahrheit zurückführte. Sie wurde zu einem Freibrief für die weltliche Philosophie. Man konnte die dialektische Untersuchung bis zu den kühnsten Sätzen verfolgen und doch jeden Anstoß vermeiden, wenn man nur hinzufügte, das sei so *secundum rationem,* aber *secundum fidem* gelte natürlich das Gegenteil. Das geschah so häufig, daß Thomisten und Lullisten dagegen eiferten. Bei vielen freilich, die sich jener Wendung bedienten, ist nicht zu zweifeln, daß sie es so ehrlich meinten: ebenso sicher aber ist, daß andere mit vollem Bewußtsein darin nur eine bequeme Handhabe fanden, um unter dem Schutze dieser Restriktion die Lehren einer innerlich mit dem Glauben zerfallenen Philosophie vorzutragen. Jedenfalls trifft das auf die gegen Ende des fünfzehnten Jahrhunderts in Padua blühende Schule der Averroisten zu (vgl. unten S. 307/8).

4. Dieser wechselvollen Umgestaltung des Verhältnisses von Theologie und Philosophie geht im engsten Zusammenhange parallel eine analoge Entwicklung der m e t a p h y s i s c h e n P s y c h o l o g i e : beide beziehen sich gleichmäßig auf das Grundverhältnis der übersinnlichen und der sinnlichen Welt. Auch hier ist der Dualismus der Ausgangspunkt und nachher wieder das Ende. Er war ja am Schluß der ersten Periode zu besonderer Schärfe von den Victorinern ausgebildet worden: in dieser Mystik war das Tafeltuch zwischen Leib und Seele zerschnitten. Geistige und materielle Welt fielen als getrennte Sphären der Weltwirklichkeit auseinander.

Nun aber erfüllte der Aristotelismus seine historische Mission, den Dualismus der Zweiweltentheorie zu überwinden, wie einst an Platon, so auch an Augustin,

und in der t h o m i s t i s c h e n P s y c h o l o g i e sollte der Begriff der E n t -
w i c k l u n g und des Stufenaufbaues der Erscheinungen jene Trennung besiegen.
Hatte Hugo von St. Victor die Scheidelinie der kreatürlichen Welt mitten durch das
Wesen des Menschen geführt, indem er die völlige Unvergleichlichkeit der darin
zusammengefügten beiden Substanzen betonte, so sollte nun gerade die menschliche
Seele als das Mittelglied verstanden werden, durch welches in der einheitlichen
Entwicklungsreihe aller Dinge die beiden Welten organisch ineinandergreifen.

Dies Resultat gewinnt Thomas durch eine außerordentlich feinsinnige Umgestaltung der aristotelischen Lehre von den Formen und ihrem Verhältnis zum Stoff.
Materielle und immaterielle Welt charakterisieren sich nach ihm dadurch, daß in
dieser die reinen Formen *(formae separatae;* auch subsistente Formen genannt) als
tätige Intelligenzen ohne jede Gebundenheit an die Materie wirklich sind, während
in jener die Formen nur in der Verbindung mit der Materie sich verwirklichen
(formae inhaerentes). Die menschliche Seele aber ist als niederste der reinen Intelligenzen eine *forma separata* (worauf ihre Unsterblichkeit beruht) und zugleich als
Entelechie des Leibes die oberste derjenigen Formen, welche sich an der Materie
verwirklichen. Diese beiden Seiten ihres Wesens aber sind in ihr zu absoluter
substantieller Einheit verbunden, und sie ist die einzige Form, die zugleich sub-
sistent und inhärent ist[58]). Auf solche Weise führt die Reihe der Einzelwesen von
den niedersten Formen des materiellen Daseins an über pflanzliches und tierisches
Leben hinaus d u r c h d i e m e n s c h l i c h e S e e l e mit ununterbrochener
Kontinuität in die Welt der reinen Intelligenzen, der Engel, hinüber[59]) und endlich
bis zu der absoluten Form, der Gottheit. Durch diese zentrale Stellung der metaphysischen Psychologie wird im Thomismus die Kluft zwischen den beiden Welten
geschlossen.

5. Allein der Folgezeit schien es, daß der Riß nur verklebt sei und daß die Verknüpfung so heterogener Bestimmungen wie der Entelechie des Leibes und der
Subsistenz einer reinen Intelligenz mehr sei, als der Begriff der Einzelsubstanz zu
tragen vermöge. Daher schob D u n s S c o t u s, dessen Metaphysik sich natürlich
gleichfalls in der aristotelischen Terminologie bewegt, zwischen der intelligenten
Seele, die er dann doch auch als „wesentliche Form" des Leibes bezeichnet, und
dem Leibe selbst noch eine (inhärente) *forma corporeitatis* ein, und so war trotzdem wieder die augustinisch-victorinische Trennung des bewußten Wesens von der
physiologischen Lebenskraft hergestellt.

O c c a m macht nicht nur diese Unterscheidung zu der seinigen, sondern er
zerlegt auch, zu weiterer Einschiebung genötigt, die bewußte Seele in einen intellek-
tiven und einen sensitiven Teil, und er schreibt dieser Trennung reale Bedeutung
zu. Mit dem zur Anschauung der immateriellen Welt berufenen Vernunftwesen
scheint ihm die sinnliche Vorstellungstätigkeit ebensowenig vereinbar wie die
Gestaltung und Bewegung des Leibes. So zersplittert ihm die Seele in eine Anzahl
einzelner Kräfte, deren Verhältnis (namentlich auch hinsichtlich ihres räumlichen
Ineinanderseins) zu bestimmen große Schwierigkeit bereitet.

---

[58]) Hierin konzentriert sich begrifflich die a n t h r o p o z e n t r i s c h e Richtung der
Weltanschauung, welche auch der Thomismus nicht überwunden hat.
[59]) Die Stufenreihe konstruiert Thomas in der materiellen Welt nach Aristoteles, in der
geistigen (oder geistlichen) nach Dionysius Areopagita.

6. Das Wesentliche dabei aber ist, daß hiermit die Welt des Bewußtseins und diejenige der Körper wieder völlig auseinanderfallen, und das zeigt sich besonders in Occams Erkenntnislehre, die von diesen Voraussetzungen her mit Hilfe der nominalistisch-terministischen Logik zu einer überaus bedeutsamen Neuerung fortgeschritten ist.

Der altgriechischen Vorstellung, daß im Erkenntnisprozesse durch das Zusammenwirken der Seele und des äußeren Gegenstandes ein Abbild des letzteren entstehe, welches dann von der Seele aufgefaßt und angeschaut werde, hatten beide „Realisten", Thomas und Duns Scotus, gleichmäßig, wenn auch mit einigen Variationen, in der Lehre von den *„species intelligibiles"* Folge gegeben. Occam streicht diese *species intelligibiles* als eine unnütze Verdopplung[60]) der äußeren Wirklichkeit, die dadurch, sofern sie Gegenstand der Erkenntnis ist, noch einmal (in psychischer Wirklichkeit) gesetzt werde. Damit aber v e r l i e r t i h m d i e s i n n l i c h e E r k e n n t n i s d e n C h a r a k t e r d e r A b b i l d l i c h k e i t ihrem Gegenstande gegenüber. Eine Vorstellung *(conceptus, intellectio rei)* ist als solche ein Zustand oder ein Akt der Seele *(passio — intentio animae)* und bildet in dieser ein Z e i c h e n *(signum)* für das ihr entsprechende äußere Ding. Es ist ein „T e r m i n u s", der für den Gegenstand „supponiert" (vgl. unten § 27, 4). Aber dies innerliche Gebilde ist etwas Andersartiges als die äußere Wirklichkeit, deren Zeichen es ist, und deshalb kein Abbild davon. Nur insofern kann von einer Ähnlichkeit die Rede sein, als dabei das innerlich Wirkliche *(esse objective* = Bewußtseinsinhalt) und das äußerlich Wirkliche *(esse formaliter* oder *subjective* = Realität)[61]) notwendig auf einander bezogen sind und sozusagen korrespondierende Punkte in den beiden heterogenen Sphären bilden.

So entwickelt sich bei den T e r m i n i s t e n aus der alten Dualität von Geist und Körper der Anfang eines psychologisch-erkenntnistheoretischen I d e a l i s m u s ; die Welt des Bewußtseins ist eine andere als die Welt der Dinge. Was in jener sich findet, ist kein Abbild, sondern nur ein Zeichen für ein ihm außen Entsprechendes. Die Dinge sind anders als unsere Vorstellungen *(ideae)* von ihnen.

7. Mit voller Schroffheit war endlich der Dualismus Augustins in seiner Auffassung von der G e s c h i c h t e hervorgetreten. Das Reich Gottes und das des Teufels, die Kirche und der weltliche Staat standen sich hier in starrer Antithese gegenüber. Die historische Wirklichkeit, deren Reflex diese Lehre war, hatte sich seitdem völlig geändert. Aber bisher hatten dem Mittelalter nicht nur die historischen Anschauungen gefehlt, welche diese Lehre zu korrigieren geeignet gewesen wären, sondern es war auch das wissenschaftliche Denken so einseitig theologisch und dialektisch beschäftigt gewesen, daß ethische und soziale Probleme dem Gesichtskreise der Philosophen noch ferner geblieben waren als physische. Und doch sah gleichzeitig die geschichtliche Wirklichkeit Bewegungen von so großartigen Dimensionen, daß auch die Wissenschaft notwendig dazu Stellung nehmen mußte. Wenn sie dies während der zweiten Periode in einer der Größe des Gegenstandes vollkommen würdigen Weise zu tun vermocht hat, so verdankte sie die

---

[60]) Nach seinem methodischen Grundsatz: *entia praeter necessitatem non esse multiplicanda.*

[61]) Die Ausdrücke „objektiv" und „subjektiv" haben somit im Mittelalter eine dem heutigen Sprachgebrauch gegenüber geradezu umgekehrte Bedeutung.

Kraft dazu wiederum dem aristotelischen System, das ihr die Mittel an die Hand gab, auch die großen Zusammenhänge des staatlichen und geschichtlichen Lebens im Gedanken zu bewältigen, auch diese Formen der Entwicklungsreihe ihrer Metaphysik einzuordnen und so den mächtigen Inhalt dessen, was sie erlebte, in Begriffe umzusetzen. Ja, in dieser Richtung, in der auch die arabischen Kommentatoren nicht vorangegangen waren, liegt die glänzendste Leistung der mittelalterlichen Philosophie[62]): und an ihr fällt, da Alberts Interesse mehr auf der Seite der Physik lag, der Hauptanteil des Verdienstes auf T h o m a s.

Dieser betrachtet den weltlichen Staat nicht wie Augustin als eine Folge des Sündenfalls, sondern als ein notwendiges Glied im Weltleben. Auch das Recht ist ihm deshalb ein Ausfluß des göttlichen Wesens und muß als solcher begriffen werden; über allen menschlichen Satzungen steht die *lex naturalis,* auf der die Sittlichkeit und das gesellschaftliche Leben ruhen. Im besonderen aber ist der Mensch seiner Natur nach, wie die Sprache, die Hilfsbedürftigkeit des Einzelnen und der Geselligkeitstrieb beweisen, zum Leben im Staate bestimmt. Der Zweck des Staates aber ist — so lehrte Aristoteles — die Tugend zu verwirklichen, und aus diesem Zweck sind (im philosophischen Recht — N a t u r r e c h t) alle seine einzelnen Bestimmungen zu entwickeln. Allein (und hier beginnt der neue Gedanke) jene bürgerliche Tugend, zu welcher der Staat erziehen soll, erschöpft die Bestimmung des Menschen nicht. Mit ihr erfüllt er seinen Zweck nur als irdisches Wesen; seine höhere Bestimmung ist das Heil, das ihm in der kirchlichen Gemeinschaft die G n a d e bietet. Aber wie überall das Höhere sich durch das Niedere verwirklicht und dieses um jenes willen da ist, so soll auch die staatliche Gemeinschaft die Vorbereitung für jene höhere Gemeinschaft des Gottesstaates sein. So ordnet sich der Staat der Kirche als das Mittel zum Zweck, als das Vorbereitende dem Vollendenden unter. Die Gemeinschaft des irdischen Lebens ist die Schule für diejenige des himmlischen — *praeambula gratiae.*

Neben die T e l e o l o g i e d e r N a t u r, welche die griechische Philosophie ausgearbeitet, hatte die Patristik die T e l e o l o g i e d e r G e s c h i c h t e gestellt (vgl. § 21, 6): aber beide waren ohne deutliche innere Vermittlung geblieben. Die Staatslehre des Thomas ordnet die eine der andern in begrifflichen Zusammenhängen unter und vollzieht damit die tiefst und weitest greifende Verknüpfung von antiker und christlicher Weltauffassung, die je versucht worden ist.

Damit aber fügt sich dem metaphysischen Gebäude des Thomismus der Schlußstein an. Durch diesen Übergang aus der natürlichen Gemeinschaft in diejenige der Gnade erfüllt der Mensch die Aufgabe, welche ihm seine Stellung im Universum anweist: aber er erfüllt sie nicht als Individuum, sondern nur in der Gattung. Der antike Staatsgedanke ist im Christentum wieder lebendig geworden; aber er ist nicht mehr Selbstzweck, er ist das vornehmste Mittel für die Ausführung des göttlichen Weltplans. *Gratia naturam non tollit sed perficit*[63]).

8. Allein auch diese höchste Synthese hatte nicht langen Bestand. Wie in der politischen Wirklichkeit, so gestaltete sich auch in der Theorie das Verhältnis von Kirche und Staat sehr viel weniger versöhnlich. Schon bei D a n t e wird die Unter-

---

[62]) Vgl. W. DILTHEY, Einleitung in die Geisteswissenschaften, I, 318 ff.
[63]) M. GRABMANN, Die Kulturphilosophie des heil. Thomas (Augsburg 1925).

ordnung mit einer Nebenordnung vertauscht. Dabei teilt der Dichter mit dem Metaphysiker die Vorstellung, daß, weil die menschliche Bestimmung nur in der Gattung
zu erreichen ist, sie auch eine vollkommene Einheitlichkeit der politischen Organisation erforderlich mache: beide verlangen den W e l t s t a a t, die „Monarchie",
und sie sehen im K a i s e r t u m die Erfüllung dieses Postulats. Allein der große
Ghibelline kann nicht theokratisch denken, wie der Dominikanermönch, und wo
dieser dem *imperium* die Unterordnung unter das *sacerdotium* zuweist, da stellt
jener beide als gleichberechtigte Mächte einander gegenüber. Gott hat den Menschen
g l e i c h m ä ß i g zu irdischer und zu himmlischer Glückseligkeit bestimmt: zu
jener führt ihn der Staat durch die natürliche Erkenntnis der Philosophie, zu
dieser die Kirche durch die Offenbarung. Das ist die Lehre von der Ebenbürtigkeit
der „beiden Schwerter", und es bricht in dieser Koordination die Weltfreude der
Renaissance ebenso siegreich durch wie das Kraftgefühl des weltlichen Staates.

Und nach dieser Richtung ist die Entwicklung fortgeschritten. Wenn die von
Thomas konstruierte Stufenfolge der Realität wieder mitten im menschlichen
Wesen zerschnitten wurde: so fielen, wie die geistige und die körperliche Welt,
so auch die geistliche und die staatliche Macht auseinander, und die Theorie bot
die Handhaben, um das *sacerdotium* in die überweltliche Innerlichkeit zu verweisen und dafür das *imperium* zur alleinigen Herrschaft in der Sinnenwelt einzusetzen. Genau das ist der Gesichtspunkt, von dem aus O c c a m in seiner Disputatio zu dem Streite zwischen Papsttum und weltlicher Macht auf der Seite der
letzteren Stellung nahm. Bei seinen Voraussetzungen ist es aber auch nicht mehr
möglich, die Theorie des Staates auf den (realistischen) Gedanken eines einheitlichen Zweckzusammenhanges des menschlichen Geschlechts zu gründen. Der
Nominalist sieht in dem gesellschaftlichen und geschichtlichen Leben als substantiellen Hintergrund nur die wollenden Individuen, und er betrachtet Staat und
Gesellschaft als Produkte der Interessen *(bonum commune)*. In der Theorie wie im
Leben behält der I n d i v i d u a l i s m u s das Wort[64]).

§ 26. Das Primat des Willens oder des Verstandes.

W. KAHL, Die Lehre vom Primat des Willens bei Augustinus, Duns Scotus und
Descartes. Straßburg 1886.

Im engsten Zusammenhange mit allen diesen allgemeinen Fragen steht ein psychologische Spezialproblem, dessen lebhafte Diskussion sich durch die ganze Zeit
hindurchzieht und an dem sich die Parteigegensätze in verkleinertem Maßstabe,
aber in desto schärferer Beleuchtung erkennen lassen. Es ist die Frage, ob unter
den Vermögen der Seele dem Willen oder dem Verstande die höhere Würde zukomme *(utra potentia nobilior)*. Sie nimmt in der Literatur dieses Zeitraumes einen
so breiten Raum ein, daß man versucht sein könnte, den psychologischen Gegensatz, der sich an ihr entfaltet, für das Leitmotiv der ganzen Periode anzusehen.

---

[64]) Bis zu der äußersten Folgerung staatlicher Omnipotenz steigert sich diese weltliche
Rechtslehre Occams bei seinem Freunde M a r s i l i u s v o n P a d u a, dessen Schrift
Defensor pacis (1346) auch die utilistisch-nominalistische Begründung der Theorie des
Staates in kräftigen Zügen durchführt und dabei sich, wenn auch in aristotelisch-scho-
lastischen Begriffsformen, doch sachlich durchgehends der epikureischen Lehre vom Staats-
vertrage (vgl. oben § 14, 6) bedient.

Allein der Verlauf der Entwicklung zeigt doch so deutlich, daß die eigentlich treibenden Kräfte in der religiösen Metaphysik lagen, und die Straffheit der systematischen Konzeption, welche die philosophischen Lehren dieser Zeit auszeichnet, erklärt zur Genüge, daß die Stellung zu einem Einzelproblem für die verschiedenen Denker als typisch erscheinen kann. Immerhin bleibt charakteristisch, daß dies Problem eine Frage aus dem Gebiete der Innenwelt ist.

Auch hierin waren die beiden Hauptmassen der Überlieferung, Augustinismus und Aristotelismus, nicht einig; aber ihr Verhältnis war hier keineswegs dasjenige eines ausgesprochenen Gegensatzes. Für den Augustinismus war die Frage überhaupt schief gestellt. In ihm war das spezifische Wesen der Persönlichkeit so stark betont und das Ineinander der verschiedenen Seiten ihrer Tätigkeit so vielfach hervorgehoben, daß von einem Rangverhältnis zwischen diesen im eigentlichen Sinne nicht recht hätte die Rede sein können. Aber anderseits hatte doch Augustin, namentlich in seiner Erkenntnislehre, dem Willen als der treibenden Kraft auch im Vorstellungsprozesse eine so zentrale Stellung angewiesen, daß sie in ihrer Bedeutung für die empirischen Zusammenhänge nicht erschüttert wurde, wenn auch als letztes Ziel der Entwicklung das neuplatonische Schauen der Gottheit aufrechterhalten werden sollte. Völlig zweifellos war dagegen der Intellektualismus des aristotelischen Systems, und wenn er noch eine Steigerung zuließ, so hatte er sie durch die arabische Philosophie, insbesondere durch den Averroismus erfahren. So boten sich in der Tat Gegensätze dar, die schnell genug zu offenem Streit hervorbrechen sollten.

Der Thomismus folgt auch hierin wesentlich dem Aristoteles, findet aber dabei an seiner Seite die nahverwandte deutsche Mystik und als Gegner die Augustinisten, Scotisten und Occamisten, so daß bei dieser Gruppierung der Gegensatz der Dominikaner und der Franziskaner sich durchgängig ausprägt.

1. Die Frage nach dem Vorrange des Willens oder des Verstandes entwickelt sich zunächst als rein psychologische Kontroverse und verlangt eine Entscheidung darüber, ob im Verlaufe des seelischen Lebens die Abhängigkeit der Willensentscheidungen von Vorstellungen oder diejenigen der Vorstellungsbewegungen vom Willen größer sei. Sie war also geeignet, die Anfänge einer entwicklungsgeschichtlichen Behandlung der Psychologie (vgl. § 24) zu fördern, und hätte das in höherem Maße, als es geschah, zu tun vermocht, wenn sie nicht immer gleich entweder auf den Boden der Dialektik oder auf das metaphysische Gebiet hinübergespielt worden wäre. Und zwar geschah das letztere hauptsächlich dadurch, daß als Streitpunkt der stets auch in ethische und religiöse Fragen übergreifende Begriff der F r e i h e i t angesehen wurde. Freilich wollten beide Parteien, schon im Interesse der Verantwortlichkeit, die „Freiheit" des Menschen aufrechterhalten oder verteidigen; aber das war doch nur so möglich, daß sie gar Verschiedenes darunter verstanden.

Im einzelnen gibt nun zwar T h o m a s einen Einfluß des Willens auf die Bewegung nicht nur, sondern auch auf Bejahung oder Verneinung der Vorstellungen zu. Insbesondere erkennt er einen solchen Glauben durchaus an. Aber im allgemeinen betrachtet er doch ganz nach antikem Muster den Willen als durch die Erkenntnis des Guten bestimmt. Der Verstand ist es nicht nur, welcher die Idee des Guten überhaupt erfaßt, sondern welcher auch im einzelnen erkennt, was gut ist, und dadurch den Willen bestimmt. Nach dem für gut Erkannten strebt der

Wille mit Notwendigkeit; er ist also vom Verstande abhängig. Dieser ist der *supremus motor* des Seelenlebens; die „Vernünftigkeit" ist, so sagte auch E c k - h a r t, das Haupt der Seele, und nur an der Erkenntnis haftet auch die „Minne". Freiheit (als ethisches Ideal) ist daher nach Thomas diejenige Notwendigkeit, welche auf dem Grunde des Wissens beruht, und anderseits ist — nach ihm wie nach Albert — die (psychologische) Wahlfreiheit *(facultas electiva)* nur dadurch möglich, daß der Verstand verschiedene Möglichkeiten als Mittel zum Zweck dem Willen darbietet, der sich dann für das als bestes Erkannte entscheidet. Dieser i n t e l l e k t u a l i s t i s c h e D e t e r m i n i s m u s, bei dem Thomas selbst immer betonte, daß der Willensentscheid nur von den rein innerlichen Erkenntnistätig-keiten abhänge, wurde von seinem Zeitgenossen G o t t f r i e d v o n F o n t a i n e s sogar dahin überspannt, daß er auch die sinnliche Vorstellung *(phantasma)* zur *causa efficiens* der Willenstätigkeit machte.

Aber gerade bei diesem Begriff der notwendigen Bestimmung setzten die Gegner an. Das Entstehen der Vorstellungen, so lehrte schon H e i n r i c h v o n G e n t und nach ihm D u n s S c o t u s wie später O c c a m, ist ein Naturprozeß, und in diesen wird der Wille unabwendbar verstrickt, wenn er durchgängig von den Vor-stellungen abhängig sein soll. Damit aber, sagte Duns, sei die Kontingenz (d. h. das Auchandersseinkönnen) der Willensfunktionen unvereinbar: denn der Naturprozeß sei überall eindeutig bestimmt; wo er waltet, gebe es keine Wahl. Mit der Kontin-genz aber fällt die Verantwortlichkeit. Diese ist also nur aufrechtzuerhalten, wenn anerkannt wird, daß der Verstand keine zwingende Gewalt über den Willen ausübt. Freilich ist die Mitwirkung des Vorstellungsvermögens bei jeder Willenstätigkeit unerläßlich: sie bietet dem Willen die Gegenstände und die Möglichkeiten seiner Wahl dar. Aber sie tut es nur wie der Diener, und die Entscheidung bleibt bei dem Herrn. Die Vorstellung ist nie mehr als die Gelegenheitsursache *(causa per accidens)* des einzelnen Wollens; die Lehre des Thomas verwechselt die praktische Überlegung mit dem reinen Intellekt. Gibt der letztere auch den Gegenstand, so ist doch die Entscheidung lediglich Sache des Willens: dieser ist das *movens per se,* ihm kommt die absolute Selbstbestimmung zu.

Der I n d e t e r m i n i s m u s, wie ihn Duns[65]) und Occam lehren, sieht also im Willen die Grundkraft der Seele, und er behauptet nun umgekehrt, daß tatsächlich der Wille seinerseits die Entwicklung der Verstandestätigkeiten bestimme. Schon Heinrich von Gent[66]) suchte zu zeigen, daß die theoretischen Funktionen um so aktiver werden, je immaterieller sie sind, und Duns Scotus führte diesen Gedanken in höchst interessanter Weise aus. Der Naturprozeß, sagt er, treibt als ersten Bewußtseinsinhalt *(cogitatio prima)* eine Menge von Vorstellungen herbei, welche mehr oder minder verworren *(confusae, indistinctae)* und unvollkommen sind, und von denen nur diejenige deutlich *(distincta)* und vollkommen wird, auf welche der Wille, der dabei durch nichts weiter bestimmt ist, seine Aufmerksamkeit richtet. Auch lehrt Duns zugleich, daß der Wille diese Vorstellungen, welche er aus dem verworrenen in den deutlichen Zustand erhebt, in ihrer I n t e n s i t ä t verstärkt,

---

[65]) Vgl. H. SIEBECK, Die Willenslehre bei Duns Scotus und seinen Nachfolgern, Zeitschr. f. Philos. u. philos. Krit., Bd. 112, S. 179 ff.

[66]) Dem sich in dieser Hinsicht auch Richard von Middletown durchgängig anschloß.

und daß die Vorstellungen, denen er sich nicht zuwendet, wegen ihrer Schwäche schließlich wieder aufhören zu existieren.

Zu diesen psychologischen Gründen tritt in der Kontroverse die Berufung auf die Autoritäten von Anselm und Aristoteles einerseits, von Augustin anderseits und dann noch eine Reihe von andern Argumenten. Zum Teil sind diese rein dialektischer Natur. So ist es, wenn Thomas behauptet, das *verum*, worauf der Intellekt sich richte, stehe im Range höher als das *bonum*, wonach der Wille strebe, und wenn Duns die Berechtigung dieser Rangordnung anzweifelt; so, wenn Thomas meint, der Verstand erfasse den reinen, einheitlichen Begriff des Guten, während der Wille nur auf dessen empirische Sondergestaltungen gehe, und wenn Heinrich von Gent und Duns, dies geradezu umkehrend, entwickeln, der Wille sei vielmehr stets nur auf das Gute als solches gerichtet und der Verstand habe zu zeigen, worin das Gute im einzelnen Falle bestehe. Mit solchen Variationen ist die Sache später viel hin und hergeworfen worden, und es war ein großes Verdienst von Johannes B u r i d a n, daß er, auf genauere Fassung des Problems bedacht, die Frage wieder auf rein psychologischen Boden zu stellen suchte: er selbst entschied sich weder einseitig für den Indeterminismus, so sehr für diesen die Verantwortlichkeit spreche, noch für den Determinismus, dessen wissenschaftlichen Motiven er vollauf gerecht zu werden suchte. Mit sorgfältiger Abwägung der verschiedenen Argumente ging er darauf aus, den Begriff der s i t t l i c h e n Freiheit zu entwickeln, in welchem der Indifferentismus die Willkür und der Determinismus die Naturnotwendigkeit abstreifen sollte: doch ist auch ihm eine völlige Klärung der in dem Worte „Freiheit" steckenden Problemverschlingung nicht gelungen.

Andere Argumente, die sich in den Streit flechten, greifen auf allgemeinere Gebiete der Welt- und Lebensauffassung über.

2. Dahin gehört zunächst die Übertragung des Rangverhältnisses von Willen und Verstand auf G o t t. Der extreme Intellektualismus der Araber hatte in Averroës nach dem aristotelischen Motiv, daß alles Wollen ein Bedürfen, ein Unfertig- und Abhängigsein bedeute, von dem höchsten Wesen den Willen ausgeschlossen; umgekehrt hatte Avicebron, der stark auf Duns Scotus wirkte, das religiöse Prinzip der Weltschöpfung durch den göttlichen Willen verteidigt, und in gleicher Richtung war bei W i l h e l m v o n A u v e r g n e die Ursprünglichkeit des Willens neben dem Intellekt im Wesen Gottes und in seiner schöpferischen Tätigkeit behauptet worden. Diese Gegensätze spielen sich nun zwischen Thomismus und Scotismus fort.

Selbstverständlich erkennt zwar Thomas die Realität des göttlichen Willens an; aber er betrachtet ihn als die notwendige Folge des göttlichen Intellekts und als durch diesen inhaltlich bestimmt. Gott schafft nur, was er in seiner Weisheit als gut erkennt; er will notwendig sich selbst, d. h. den ideellen Inhalt seines Intellekts, und darin besteht die nur durch sich selbst bestimmte Freiheit, mit der er die einzelnen Dinge will. So ist der göttliche Wille an die ihm überlegene Weisheit Gottes gebunden.

Darin aber gerade sehen die Gegner eine Beschränkung der Allmacht, welche sich mit dem Begriffe des *ens realissimum* nicht vertrage. Ein Wille scheint ihnen nur dadurch souverän, daß es für ihn keinerlei Bestimmung noch Beschränkung gibt. Gott hat die Welt, so lehrt Duns, lediglich aus absoluter Willkür geschaffen; er hätte sie, wenn er gewollt hätte, auch in andern Formen, Beziehungen und Verhältnissen schaffen können: über diesen seinen völlig indeterminierten Willen hinaus gibt es keine Ursachen. Der Wille Gottes mit seinen durch nichts bestimmten schöpferischen Entschlüssen ist die Urtatsache aller Wirklichkeit, nach deren Gründen nicht mehr gefragt werden darf, — ebenso, wie die Entscheidung, welche der vor die gegebenen Möglichkeiten gestellte Wille des endlichen Wesens mit seinem *liberum arbitrium indifferentiae* trifft, jedesmal eine neue, nicht als notwendig zu begreifende Tatsache schafft.

3. Am schärfsten kommt dieser Gegensatz in den metaphysischen Grundbestimmungen der E t h i k zu Tage. Auf beiden Seiten gilt natürlich das Sittengesetz als Gottes Gebot. Aber Thomas lehrt, Gott gebiete das Gute, weil es gut ist und von seiner Weisheit als gut erkannt wird; Duns behauptet, es sei nur deshalb gut, weil Gott es gewollt und geboten hat, und Occam fügt hinzu, Gott hätte auch anderes, hätte auch das Gegenteil zum Inhalt des Sittengesetzes bestimmen können. Für Thomas gilt daher die Güte als notwendige Folge und Erscheinung der göttlichen Weisheit, und auch Eckhart sagt, daß „unter dem Kleide der Güte" sich das Wesen Gottes verhülle; der Intellektualismus lehrt die *perseïtas boni*, die R a t i o - n a l i t ä t   d e s   G u t e n. Für ihn ist die Moral eine philosophische Disziplin, deren Prinzipien durch das „natürliche Licht" zu erkennen sind. Das „Gewissen" (*synteresis*)[67]) ist die Erkenntnis Gottes *sub ratione boni*. Bei Duns und Occam dagegen kann das Gute kein Gegenstand der natürlichen Erkenntnis sein: denn es hätte auch anders sein können, es ist nicht durch die Vernunft, sondern durch den grundlosen Willen bestimmt. Nichts, so lehrt mit äußerster Konsequenz Pierre d'Ailly, ist an sich *(per se)* Sünde; erst das göttliche Gebot und Verbot macht etwas dazu, — eine Lehre, deren Tragweite man begreift, wenn man bedenkt, daß nach der Anschauung dieser Männer der Befehl Gottes dem Menschen nur durch den Mund der Kirche bekannt wird.

Hiermit hängt es denn auch genau zusammen, daß die Theologie, die für Thomas doch immerhin eine „spekulative" Wissenschaft blieb, bei seinen Gegnern, wie bereits oben (§ 25, 3) berührt, zu einer „praktischen" Disziplin wurde. Schon Albert hatte derartige Andeutungen gemacht, Richard von Middletown und Bonaventura hatten den „affektiven" Charakter der Theologie betont, Roger Bacon hatte gelehrt, daß, wenn alle andern Wissenschaften auf Vernunft oder Erfahrung begründet seien, die Theologie allein die Autorität des göttlichen Willens zum Fundament habe: Duns Scotus vollendete und befestigte die Trennung zwischen Theologie und Philosophie, indem er sie zu einer notwendigen Folgerung seiner Willensmetaphysik machte[68]).

4. Mit gleicher Schärfe aber entfaltet sich derselbe Gegensatz in den Lehren von der letzten Bestimmung des Menschen, von seinem Zustande in der ewigen Seligkeit.

---

[67]) Dies Wort (auch sinderesis, scinderesis geschrieben) hat seit Albert von Bollstädt viel etymologisches Kopfzerbrechen verursacht. Da jedoch bei den späteren Ärzten des Altertums (Sext. Emp.) τήρησις als terminus technicus für „Beobachtung" vorkommt, so dürfte συντήρησις (das im vierten Jahrhundert bezeugt ist) analog dem neuplatonischen Sprachgebrauch in συναίσθησις oder συνείδησις (vgl. § 19, 4) ursprünglich „Selbstbeobachtung" bedeutet und so den ethisch-religiösen Sinn des „Gewissens" *(conscientia)* angenommen haben. Vgl. jedoch H. SIEBECK im Arch. f. Gesch. d. Philos., X, 510 ff. und die Literatur bei ÜBERWEG-BAUMGARTEN zu § 19, IV.

[68]) A. G. SERTILLANGES, la philosophie morale de St. Thomas d'Aquin (Paris 1916).

Hatte schon bei Augustin die antike θεωρία, das willen- und bedürfnislose Schauen der göttlichen Herrlichkeit, den idealen Zustand des begnadeten und verklärten Menschen gebildet und war dies Ideal auch durch die Lehren der früheren Mystiker nur wenig ins Schwanken geraten, so fand es jetzt neue Nahrung an dem aristotelischen Intellektualismus, mit dem A l b e r t fand, daß der Mensch, sofern er wahrhaft Mensch ist, Intellekt sei. Das Teilhaben an dem göttlichen Wesen, das der Mensch durch die Erkenntnis gewinnt, ist die höchste Lebensstufe, die er erreichen kann[69]). Deshalb stellt auch Thomas die dianoëtischen Tugenden über die praktischen, deshalb ist ihm die *visio divinae essentiae,* die intuitive, über alles Zeitliche hinausgerückte, ewige Anschauung Gottes das Ziel alles menschlichen Strebens. Aus dieser Anschauung folgt *eo ipso* die Liebe Gottes, wie überall die Bestimmtheit des Willens sich notwendig an diejenige des Intellekts anschließt. Gerade diese Tendenz des Thomismus hat sein Dichter, Dante, zum schönsten Ausdruck gebracht. Dies Ideal ist für alle Zeiten in Beatrice poetisch verkörpert.

Indessen macht sich auch hier eine Gegenströmung geltend. Schon Hugo von St. Victor hatte den höchsten Engelchor durch die Liebe und erst den zweiten durch die Weisheit bestimmt, und wenn Bonaventura als höchste Stufe der Nachahmung Christi die Kontemplation ansah, so betonte er ausdrücklich, daß diese mit der „Liebe" identisch sei. Duns Scotus aber lehrte mit entschieden polemischer Tendenz, daß die Seligkeit ein Zustand des Willens, und zwar des allein auf Gott gerichteten Willens sei: er sieht nicht im Schauen, sondern erst in der Liebe, die jenes überragt, die letzte Verklärung des Menschen, und er beruft sich auf das Wort des Apostels: „die Liebe ist die größte unter ihnen".

Wenn daher bei Thomas der Intellekt, bei Duns der Wille als das entscheidende Wesen des Menschen angesehen wurde, so konnte Thomas an der Lehre Augustins von der *gratia irresistibilis* festhalten, wonach die Offenbarung den Intellekt und mit ihm den Willen des Menschen unweigerlich bestimmt, während Duns Scotus sich zu der „synergistischen" Ansicht gedrängt sah, daß die Annahme der Gnadenwirkung in gewisser Ausdehnung durch den freien Willen des Individuums bedingt sei. So entschied sich der große Nachfolger Augustins mit starker Folgerichtigkeit gegen die augustinische Prädestinationslehre.

5. Dagegen hat nun der Intellektualismus von Thomas seine äußersten Konsequenzen in der d e u t s c h e n M y s t i k entwickelt, deren Schöpfer Eckhart in den begrifflichen Grundzügen seiner Ansicht durchaus von dem Lehrer seines Ordens abhängig ist[70]). Nur darin geht Eckhart weit über ihn hinaus, daß er als eine viel ursprünglichere Persönlichkeit das tiefe und gewaltige Gefühl seiner Frömmigkeit restlos in Erkenntnis umzusetzen bemüht ist und in diesem Drange seiner Innerlichkeit die statutarischen Schranken durchbricht, vor denen jener Halt gemacht hatte. Überzeugt, daß die im religiösen Bewußtsein gegebene Weltanschauung auch zum Inhalt des höchsten Wissens müsse gemacht werden können, sublimiert er sein frommes Glauben zu einer spekulativen Erkenntnis, deren reiner Geistigkeit gegenüber das kirchliche Dogma nur als äußeres, zeitliches Symbol erscheinen soll. Aber wenn er

---

[69]) Vgl. die vorbildlich schöne Darlegung bei Arist. Eth. Nik., X, 7.
[70]) Vgl. H. DENIFLE im Arch. für Literatur- u. Kulturgesch. d. Mittelalters, II, 417 ff. — Sofern daher wirklich Eckhart der „Vater der deutschen Spekulation" sein sollte, so stammte diese von Thomas von Aquin, bzw. von seinem Lehrer Albert.

diese Tendenz mit vielen Vorgängern teilt, so ist seine Eigentümlichkeit gerade die, daß er die innerste und wahrste Wahrheit nicht als den Vorzug eines exklusiven Kreises bewahrt wissen, sondern vielmehr allem Volke mitteilen will. Für diesen tiefsten Kern der religiösen Lehre glaubt er gerade bei der einfachen Frömmigkeit das rechte Verständnis zu finden[71]), und so führt er die feinsten Begriffsbildungen der Wissenschaft mit genialer Sprachgewaltigkeit in deutsche Form über, und schafft seiner Nation die für die Zukunft bestimmenden Anfänge ihrer philosophischen Ausdrucksweise.

In seiner Lehre aber verstärken sich die mystisch-intellektualistischen Elemente des Thomismus durch den neuplatonischen Idealismus, der ihm vermutlich durch Scotus Eriugena zugeführt wurde, bis zu der letzten Folgerung: S e i n u n d E r - k e n n t n i s i s t E i n s, und alles Geschehen in der Welt ist seinem tiefsten Wesen nach Erkennen. Ein Prozeß der Erkenntnis, der Selbstoffenbarung ist das Hervorgehen der Welt aus Gott — ein Prozeß der Erkenntnis, der immer höheren Anschauung ist der Rückgang der Dinge in Gott. Die ideelle Existenz alles Wirklichen — so sagte später Nicolaus Cusanus, der sich diese Lehre Eckharts zu eigen machte — ist wahrer als die in Raum und Zeit erscheinende körperliche Existenz.

Deshalb aber muß der Urgrund aller Dinge, die Gottheit, über Sein und Erkenntnis hinausliegen[72]); sie ist Übervernunft, Übersein, ihr fehlt jede Bestimmung, sie ist „Nichts". Aber diese „Gottheit" (der negativen Theologie) offenbart sich in dem dreieinigen Gotte[73]), und der seiende und erkennende Gott schafft aus dem Nichts die Kreaturen, deren Ideen er in sich erkennt; denn dies Erkennen ist sein Schaffen. Dabei gehört dieser Prozeß der Selbstoffenbarung zu dem Wesen der Gottheit; er ist daher eine zeitlose Notwendigkeit, und Gott bedarf, um die Welt zu erzeugen, keines eigenen Willensaktes. Die Gottheit als erzeugendes Wesen, als „ungenaturte Natur" ist nur dadurch wirklich, daß sie sich in Gott und Welt als erzeugte Wirklichkeit, als „genaturte Natur"[74]) erkennt und entfaltet. Gott schafft alles — sagt Nicolaus Cusanus —, das heißt: er ist alles. Und anderseits haben alle Dinge nach Eckhart nur insofern Wesen, als sie selbst Gott sind: was in ihnen sonst erscheint, ihre räumliche und zeitliche Bestimmung, ihr „Hie" und „Nu" (*hic et nunc* bei Thomas) ist nichts[75]).

Deshalb ist aber auch die menschliche Seele in ihrer innersten Natur göttlichen Wesens, und nur ihrer zeitlichen Erscheinung nach besitzt sie die Mannigfaltigkeit der „Kräfte", mit denen sie als Glied der *natura naturata* wirkt. Jenes Innerste in

---

[71]) So hängt auch die deutsche Mystik mit der allgemeineren Erscheinung zusammen, daß die schnell steigende Veräußerlichung, welche das Kirchenleben im dreizehnten und vierzehnten Jahrhundert ergriff, überall die Frömmigkeit in außerkirchliche Bahnen trieb.

[72]) Offenbar dasselbe Verhältnis, wie es bei Plotin zwischen dem ἕν und dem νοῦς stattfand, in welchem auch Denken und Sein koinzidieren sollten.

[73]) Die Unterscheidung zwischen Gottheit und Gott (*divinitas* und *deus*) war dialektisch im Zusammenhange mit dem Universalienstreite und seinen Beziehungen zur Trinitätslehre von Gilbert de la Porrée gemacht worden.

[74]) Über die vermutlich durch den Averroismus (vgl. § 27, 1) verbreiteten Termini *natura naturans* und *natura naturata* vgl. H. SIEBECK, Arch. f. Gesch. d. Philos., III, 370 ff.

[75]) Ohne auf die dialektischen Formeln einzugehen, behandelt somit Eckhart die thomistische Ideenlehre ganz im Sinne des strengen Realismus von Scotus Eriugena: er spricht von den Nominalisten seiner Zeit abschätzig als von den „kleinen Meistern".

ihr nennt Eckhart den „Funken"[76]), und darin erkennt er den lebendigen Umkehr-
punkt des Weltprozesses.

Denn dem „Werden" entspricht das „Entwerden", das Vergehen, und auch dies
ist eine Erkenntnis, diejenige, womit die aus der Gottheit entäußerten Dinge in den
Urgrund zurückgenommen werden. Indem sie vom Menschen erkannt wird, findet
die Sinnenwelt ihr wahres, geistiges Wesen wieder. Daher besteht das menschliche
Erkennen mit seinem Aufsteigen aus der sinnlichen Wahrnehmung zur vernünftigen
Einsicht[77]) in dem „Abscheiden" der Vielheit und der Materialität: das geistige
Wesen wird aus seiner Hülle herausgeschält. Und dies ist im zeitlichen Leben die
höchste Aufgabe des Menschen, von dessen Kräften eben das Erkennen die wertvollste ist. Wohl soll er auch in dieser Welt tätig sein und sein vernünftiges Wesen
darin zur Geltung und zur Herrschaft bringen: aber über allem äußeren Tun, über
der sinnlichen Weltgerechtigkeit steht zunächst das „innere Werk", die Reinheit der
Gesinnung, die Lauterkeit des Herzens, und darüber wieder steht die „Abgeschieden-
heit" und „Armut" der Seele, ihr volles Zurückgehen aus der Außenwelt in ihr
innerstes Wesen, in die Gottheit. Im Erkennen erreicht sie jene Zwecklosigkeit des
Tuns, jene Freiheit in sich selbst, worin ihre Schönheit besteht.

Allein auch dies ist nicht vollkommen, solange das Erkennen nicht seine höchste
Weihe findet. Das Ziel alles Lebens ist die Erkenntnis Gottes. Aber Erkennen ist
Sein, ist Lebens- und Seinsgemeinschaft mit dem Erkannten. Will die Seele Gott
erkennen, so muß sie Gott sein, so muß sie aufhören, sie selbst zu sein. Nicht nur
der Sünde und der Welt, auch sich selbst muß sie entsagen. Alles Wissen, alles Erkennen der Erscheinungen muß sie von sich abstreifen; wie die Gottheit „Nichts"
ist, so wird sie auch nur in diesem Wissen des Nichtwissens — *docta ignorantia*
nannte es später Nicolaus — erfaßt, und wie jenes „Nichts" der Urgrund aller
Wirklichkeit, so ist auch dies Nichtwissen das höchste, seligste Schauen. Das ist
nicht mehr ein Tun des Individuums, das ist das Tun Gottes im Menschen; er
gebiert sich in die Seele hinein, und in seinem reinen, ewigen Wesen hat der „Funke"
alle seine Kräfte zeitlicher Wirksamkeit abgestreift und ihren Unterschied ausgelöscht.
Das ist der Zustand des übervernünftigen Erkennens, des Auslebens des Menschen
in Gott, — der Zustand, von dem Nicolaus Cusanus sagte: es sei die ewige Liebe
(charitas), welche durch Liebe *(amore)* erkannt und durch Erkenntnis geliebt wird.

§ 27. Das Problem der Individualität.

E. CASSIRER, Individuum u. Kosmos in der Philosophie der Renaissance (1927).

Entsprungen aus tiefster persönlicher Frömmigkeit, aus echt individuellem Bedürfnis rein innerlich religiösen Lebens, läuft so die Lehre der deutschen Mystik in
ein Ideal der Aufhebung, der Selbstentäußerung, der Weltvernichtung aus, demgegenüber wie in altorientalischer Anschauung alle Besonderung, alle Einzelwirklich-
keit als Sünde oder als Unvollkommenheit erscheint. Damit ist der Widerspruch, der
in den Tiefen des augustinischen Systems steckte (vgl. § 22, 5 ff), zu voller und

---

[76]) Auch das „Gemüte" oder Synteresis = *scintilla conscientiae.*

[77]) Die einzelnen Stufen dieses Prozesses werden von Eckhart nach thomistisch-augusti-
nischem Schema entwickelt.

unmittelbar greifbarer Entwicklung gelangt, und es kommt klar zu Tage, daß der neuplatonische Intellektualismus, in welcher Gestalt auch immer er von Augustin bis zu Meister Eckhart auftrat, f ü r s i c h a l l e i n stets geneigt sein mußte, dem Individuum die metaphysische Selbständigkeit zu bestreiten, die von der andern Seite her als ein Postulat der Willenslehre behauptet wurde. Steigerte sich sonach mit dem Intellektualismus auch die u n i v e r s a l i s t i s c h e Tendenz, so mußte ebenfalls die Gegenströmung um so kräftiger hervorgerufen werden, und derselbe Gegensatz der Denkmotive, welcher zu der Dialektik des Universalienstreites geführt hatte (vgl. § 23), nahm nun in der Frage nach dem Seinsgrunde des Einzelwesens (*principium individuationis*) eine sehr sachlich-metaphysische Gestalt an.

1. Den dringenden Anlaß dazu boten die weitgehenden Folgerungen, zu denen Universalismus und Intellektualismus bei den Arabern geführt hatten. Diese nämlich waren bei der Auffassung der aristotelischen Lehre in der Richtung fortgeschritten, die im Altertum durch Straton eingeleitet (vgl. § 15, 1) und unter den späteren Kommentatoren hauptsächlich von Alexander von Aphrodisias eingehalten worden war, in der Richtung des Naturalismus, der aus dem System des Stagiriten auch die letzten Reste einer metaphysischen Trennung des Idealen vom Sinnlichen entfernen wollte. Auf zwei Punkte hatte sich dieses Bestreben konzentriert: auf das Verhältnis Gottes zur Welt und auf dasjenige der Vernunft zu den anderen Seelenkräften. Nach diesen beiden Seiten hin entwickelt sich auch die Eigentümlichkeit des a r a - b i s c h e n P e r i p a t e t i z i s m u s, und zwar geschieht dies durch vielverschlungene Umbildungen des aristotelischen Begriffsschematismus von Form und Materie.

Im allgemeinen zeigt sich dabei in der andalusischen Philosophie eine m e t a - p h y s i s c h e V e r s e l b s t ä n d i g u n g d e r M a t e r i e. Sie wird nicht als das nur abstrakt Mögliche, sondern als dasjenige aufgefaßt, was die ihm eigentümlichen Formen als Lebenskeime in sich trägt und in seiner Bewegung zur Verwirklichung bringt. Dabei hielt nun zwar auch A v e r r o ë s hinsichtlich des einzelnen Geschehens an dem aristotelischen Prinzip fest, daß jede Bewegung der Materie, durch welche sie eine niedere Form aus sich heraus verwirklicht, durch eine höhere Form hervorgerufen werden muß, und die Stufenreihe der Formen findet auch hier ihren oberen Abschluß in Gott als dem höchsten und ersten Beweger. Damit blieb, wie die Lehre A v i c e b r o n s zeigt, die Transzendenz Gottes nur noch vereinbar, wenn man die Materie selbst als durch den göttlichen Willen geschaffen ansah. Aber anderseits betonte derselbe jüdische Philosoph von denselben Voraussetzungen her, daß außer der Gottheit kein Wesen anders als mit Materie behaftet gedacht werden könne, daß somit auch die geistigen Formen zu ihrer Wirklichkeit einer Materie bedürfen, der sie inhärieren, und daß schließlich die Lebensgemeinschaft des Universums für das ganze Reich der Formen eine einheitliche Materie als Grundlage verlange. Je mehr aber dann bei A v e r r o ë s die Materie als ewig in sich bewegt und einheitlich lebendig angesehen wurde, um so weniger konnte schließlich die bewegende Form *realiter* von ihr getrennt sein, und so erschien denn das göttliche Allwesen einerseits als Form **und bewegende Kraft** (*natura naturans*) und anderseits als Materie, als bewegte Welt (*natura naturata*).

Zu dieser Lehre von der E i n h e i t l i c h k e i t, i n n e r l i c h e n G e f o r m t - h e i t u n d e w i g e n S e l b s t b e w e g u n g d e r M a t e r i e, die sich mit dem Averroismus als eine extrem naturalistische Deutung der Philosophie des

Aristoteles verbreitete, kamen nun aber jene Konsequezen des dialektischen Realismus hinzu, welche dazu drängten, in Gott als dem *ens generalissimum* die einzige Substanz zu sehen, von der die Einzeldinge nur mehr oder minder vorübergehende Formverwirklichungen seien (vgl. § 23). So lehren denn die A m a l r i c a n e r, daß Gott das einheitliche Wesen *(essentia)* aller Dinge, daß die Schöpfung nur eine Selbstgestaltung dieses göttlichen Wesens, eine in ewiger Bewegung sich vollziehende Realisierung aller der Möglichkeiten sei, welche in dieser einheitlichen Materie enthalten sind. Denselben P a n t h e i s m u s begründet D a v i d von Dinant[78]) mit den Begriffen Avicebrons, indem er lehrt: wie die Hyle (d. h. die körperliche Materie) die Substanz aller Körper, so ist der Geist *(ratio — mens)* die Substanz aller Seelen; da aber Gott als das allgemeinste aller Wesen die Substanz aller Dinge überhaupt ist, so sind in letzter Instanz Gott, Materie und Geist identisch und die Welt nur ihre Selbstverwirklichung in einzelnen Formen.

2. Insbesondere aber wurde die metaphysische Selbständigkeit der g e i s t i g e n I n d i v i d u a l i t ä t noch durch eine andere Gedankenreihe in Frage gestellt. Aristoteles hatte den νοῦς als die überall identische Vernunfttätigkeit in die animale Seele „von außen" hinzutreten lassen, und er war über die Schwierigkeiten dieser Lehre deshalb hinweggegangen, weil das P r o b l e m d e r P e r s ö n l i c h k e i t, das erst mit dem stoischen Begriffe des ἡγεμονικόν auftauchte, noch nicht im Umkreise seines Denkens lag. Die Kommentatoren aber, die griechischen und die arabischen, welche sein System ausbauten, sind vor den Folgerungen nicht zurückgeschreckt, die sich daraus für die metaphysische Wertung der geistigen Individualität ergaben.

Bei A l e x a n d e r v o n A p h r o d i s i a s begegnet uns unter dem Namen des „passiven Intellekt" (vgl. § 13, 10) noch die Fähigkeit der individuellen Psyche, ihren animalen und empirischen Dispositionen nach die Einwirkung der tätigen Vernunft in sich aufzunehmen, und der *intellectus agens* wird hier (der naturalistischen Auffassung des ganzen Systems gemäß) mit dem göttlichen Geiste identifiziert, der nur so noch als „getrennte Form" gedacht wird *(intellectus separatus)*. Schon bei S i m p l i c i u s aber wird nach neuplatonischer Metaphysik dieser *intellectus agens,* der sich in der Vernunfterkenntnis des Menschen realisiert, zu der niedersten der Intelligenzen, welche die sublunarische Welt beherrschen[79]). Eine originelle Ausbildung aber findet diese Lehre bei A v e r r o ë s[80]). Nach ihm ist der *intellectus passivus* in der Erkenntnis f ä h i g k e i t des Individuums zu suchen, welche, wie dieses selbst, entsteht und vergeht als Form des einzelnen Leibes; sie hat daher nur individuelle und das einzelne betreffende Geltung: der *intellectus agens* dagegen ist als eine außerhalb und unabhängig von den empirischen Individuen bestehende Form d i e e w i g e G a t t u n g s v e r n u n f t d e s m e n s c h l i c h e n G e s c h l e c h t e s, welche nicht entsteht und nicht vergeht, und welche in einer für

---

[78]) Im Anschluß an den Liber de causis und vielleicht an die pseudo-boëthianische neuerdings dem Dominicus Gundisalvi zugeschriebene Schrift De uno et unitate: vgl. B. HAURÉAU in den Mémoires de l'acad. des inscript., XXIX (1877), und außerdem A. JUNDT, Histoire du panthéisme populaire au M.-A. (Paris 1875), vgl. S. 236.

[79]) Die sog. „Theologie des Aristoteles" identifiziert diesen νοῦς mit dem λόγος. Das Nähere bei E. RENAN, Av. et l'Av., II, § 6 ff.

[80]) Vgl. hauptsächlich dessen Schrift De animae beatitudine.

alle gültigen Weise die allgemeinen Wahrheiten enthält. Sie ist die Substanz des wahrhaft geistigen Lebens, von der die Erkenntnistätigkeit des Individuums nur eine Sondererscheinung bildet. Diese (aktuelle) Erkenntnistätigkeit ist (als *intellectus acquisitus*) zwar ihrem Inhalt, ihrem Wesen nach ewig, sofern sie eben die tätige Vernunft selbst ist; sie ist dagegen als empirische Funktion individuellen Erkennens vergänglich wie die Einzelseele selbst. Die vollständigste Inkarnation der tätigen Vernunft ist nach Averroës in Aristoteles gegeben[81]). Das vernünftige Erkennen des Menschen ist also eine unpersönliche oder überpersönliche Funktion: es ist das zeitliche Teilhaben des Individuums an der ewigen Gattungsvernunft. Diese ist das einheitliche Wissen, das sich in den wertvollsten Tätigkeiten der Persönlichkeit realisiert.

Dieser P a m p s y c h i s m u s tritt andeutungsweise im Gefolge neuplatonischer Mystik gelegentlich schon früher in der abendländischen Literatur auf: als ausgesprochene und verbreitete Lehre erscheint er neben dem Averroismus um 1200; er wird überall mit zuerst genannt, wo die Irrlehren des arabischen Peripatetizismus verdammt werden[82]), und es ist ein Hauptbestreben der Dominikaner, Aristoteles selbst gegen die Verwechslung mit dieser Lehre zu schützen: Albert und Thomas schrieben beide *De unitate intellectus contra Averroistas.*

3. Dem Pampsychismus tritt bei den christlichen Denkern als entscheidendes Motiv das durch A u g u s t i n genährte Gefühl von dem metaphysischen Eigenwerte der P e r s ö n l i c h k e i t entgegen. Das ist der Standpunkt, aus dem Männer wie Wilhelm von Auvergne und Heinrich von Gent den Averroës bestreiten. Und das ist der eigentliche Grund, weshalb die Hauptsysteme der Scholastik — im diametralen Gegensatz zu Eckharts Mystik — den Realismus, der in den intellektualistischen Grundlagen ihrer Metaphysik steckte, nicht zur vollen Entfaltung haben kommen lassen. In schwieriger Lage war hier der T h o m i s m u s : er behauptete zwar nach der Formel Avicennas (vgl. § 23, 6), daß die Universalien nur „individuiert", d. h. in den einzelnen empirischen Exemplaren als deren allgemeine Wesenheit *(quidditas)* existierten; dabei aber schrieb er den Gattungen doch die metaphysische Priorität im göttlichen Geiste zu. Er mußte daher erklären, wie es komme, daß sich dies Einheitliche (als allgemeine Materie) in so mannigfachen Formen darstelle, d. h. er fragte nach dem *p r i n c i p i u m   i n d i v i d u a t i o n i s,* und er fand es darin, daß die Materie in Raum und Zeit q u a n t i t a t i v   b e s t i m m t sei *(materia signata).* In der Fähigkeit der Materie, quantitative Differenzen anzunehmen, besteht die Möglichkeit der Individuation, d. h. die Möglichkeit, daß dieselbe Form (z. B. die Menschheit) in verschiedenen Exemplaren als Einzelsubstanz wirklich ist. Daher sind nach Thomas die reinen Formen *(separatae sive subsistentes)* nur durch sich selbst individuiert, d. h. es entspricht ihnen nur Ein Exemplar. Jeder Engel ist Gattung und Individuum zugleich. Die inhärenten Formen dagegen, zu denen ja auch trotz ihrer Subsistenz die menschliche Seele gehört (vgl. § 25, 4), sind je nach

---

[81]) Damit wird hier die unbedingte Anerkennung der Autorität des Stagiriten theoretisch gerechtfertigt.

[82]) Vgl. CH. DU PLESSIS d'ARGENTRÉ, Collectio iudiciorum de novis erroribus, I, 175 ff. Als extremer Vertreter dieser Lehren erscheint gegen Ende des dreizehnten Jahrhunderts S i g e r   v o n   B r a b a n t, gegen dessen Schrift De aeternitate mundi die „Impossibilia" gerichtet waren, worüber zu vergleichen CL. BÄUMKER, Beiträge 1898 und P. MANDONNET, S. de Br. et l'averroisme latin au 13me siècle (Louvain 1908 u. 11).

den quantitativen Differenzen von Raum und Zeit, die ihre Materie darbietet, in vielen Exemplaren wirklich.

Demgegenüber gilt nun den F r a n z i s k a n e r n zunächst in ihrer an Augustin großgezogenen religiös-metaphysischen Psychologie die Einzelseele, sodann aber mit konsequenter Erweiterung in der allgemeinen Metaphysik das Einzelwesen über-haupt als in sich selbständige Realität. Sie verwerfen den Unterschied separierter und inhärenter Formen. Schon Bonaventura (und ebenso übrigens auch Heinrich von Gent), energischer aber noch Duns Scotus behaupten nach Avicebron, daß auch die geistigen Formen ihre eigene Materie haben, und der letztere lehrt, daß die „Seele" nicht erst (wie nach Thomas) durch ihr Verhältnis zu einem bestimmten Leibe, sondern schon in sich selbst individualisiert und substantialisiert sei. Der S c o t i s m u s zeigt in dieser Hinsicht eine in dem Geiste seines Urhebers offenbar noch nicht ausgetragene Zwiespältigkeit. Er betont einerseits auf das stärkste die Realität des *universale,* indem er die Einheit der Materie *(materia primo-prima)* ganz im arabischen Sinne aufrechterhält, und lehrt anderseits, daß dies Allgemeine nur wirklich sei, indem es, durch die Reihe der vom Allgemeinen zum Besonderen absteigenden F o r m e n hindurch, schließlich vermöge der bestimmten Einzelform (in der Schule *haecceitas* genannt) realisiert sei. Die Einzelform gilt bei Duns Scotus als ein ursprünglich Tatsächliches, nach dessen Grunde nicht weiter gefragt werden darf. Er bezeichnet die Individualität (sowohl im Sinne der einzelnen Substanz als auch des einzelnen Geschehens) als das Z u f ä l l i g e *(contingens),* d. h. als das-jenige, was nicht aus einem allgemeinen Grunde abzuleiten, sondern nur als tat-sächlich zu konstatieren ist. Für ihn hat daher, wie schon für seinen Vorgänger Roger Bacon, die Frage nach dem Prinzip der Individuation keinen Sinn: das Indi-viduum ist die „letzte" Form aller Wirklichkeit, durch welche allein die allgemeine Materie existiert, und es fragt sich vielmehr umgekehrt, wie bei dieser alleinigen Realität der formbestimmten Einzelwesen von einer Realität der allgemeinen „Na-turen" geredet werden kann. Diese dem Duns Scotus eigentümliche Art der Lösung des Universalienproblems pflegt als F o r m a l i s m u s bezeichnet zu werden.

Aus dieser merkwürdigen Verschränkung der scotistischen Lehre erklärt es sich, daß, während nige ihrer Anhänger, wie Franz von Mayron, von ihr aus zum extremen Realismus fortschreiten, sie bei O c c a m in die E r n e u e r u n g d e r n o m i n a l i s t i s c h e n T h e s e umschlug, daß das Wirkliche nur das Einzelwesen und daß das Allgemeine nur ein Produkt des vergleichenden Denkens sei.

4. Die siegreiche Entfaltung, welche der N o m i n a l i s m u s in dem zweiten Zeitraum der mittelalterlichen Philosophie gefunden hat, beruht auf einer höchst eigentümlichen Kombination sehr verschiedenartiger Denkmotive. In der Tiefe waltet das augustinische Gefühlsmoment, welches der individuellen Persönlichkeit ihre metaphysische Würde gewahrt sehen will; in der philosophischen Haupt-strömung macht sich die antiplatonische Tendenz der jetzt erst bekannt werdenden aristotelischen Erkenntnistheorie geltend, die nur dem empirischen Einzelwesen den Wert der „ersten Substanz" zuerkennen will; und an der Oberfläche spielt ein logisch-grammatischer Schematismus, der aus der ersten Wirkung der byzantini-schen Tradition des Altertums herstammt[83]). Alle diese Einflüsse konzentrieren sich

---

[83]) In der Tat darf man in der Wirkung des Lehrbuchs von M i c h a e l P s e l l o s den ersten Vorstoß derjenigen Zufuhr antiken Bildungsstoffes sehen, welche das Abendland

in der leidenschaftlich bewegten, eindrucksvollen Persönlichkeit Wilhelms von
O c c a m[84]).

Die Lehrbücher der „m o d e r n e n" L o g i k, als deren Typus dasjenige von
P e t r u s H i s p a n u s gelten kann, legten in einer Weise, welche in der Semeiotik
des späteren Altertums (vgl. oben § 17, 4) vorgebildet war, bei der Darstellung der
Begriffslehre und ihrer Anwendung auf Urteil und Schluß ein Hauptgewicht auf
die Theorie der S u p p o s i t i o n, wonach ein Gattungsbegriff *(terminus)* für die
Summe seiner Arten, ein Artbegriff für diejenige aller seiner Exemplare *(homo —
omnes homines)* sprachlich und, wie man meinte, auch logisch eintreten kann, so
daß er in den Operationen des Denkens als Z e i c h e n für dasjenige, was er bedeutet, angewendet wird. In den Formen dieses T e r m i n i s m u s[85]) entwickelt
Occam den Nominalismus (vgl. § 25, 6). Die Einzeldinge, denen er nach Duns
Scotus die Realität ursprünglicher Formen zuerkennt, werden von uns i n t u i t i v
(ohne Vermittlung von *species intelligibiles)* vorgestellt; allein diese Vorstellungen
sind nur die „natürlichen" Zeichen für jene Dinge und haben zu ihnen nur eine
notwendige Beziehung, dagegen eine sachliche Ähnlichkeit mit ihnen so wenig, wie
dies sonst für ein Zeichen in Hinsicht des bezeichneten Gegenstandes nötig ist. Dies
Verhältnis ist dasjenige der „ersten Intention". Wie nun aber die Individual-
vorstellungen für die Individualdinge, so können im Denken, Sprechen und Schreiben auch die „unbestimmten" Allgemeinvorstellungen der abstrakten Erkenntnis,
bzw. die wieder sie ausdrückenden gesprochenen oder geschriebenen Wörter
für die Individualvorstellung „supponieren". Diese „zweite Intention", worin die
Allgemeinvorstellung mit Hilfe des Worts sich nicht mehr direkt auf die Sache,
sondern zunächst auf deren Vorstellung bezieht, ist nicht mehr natürlich, sondern
beliebig *(ad placitum instituta)*[86]). Auf diese Unterscheidung stützt Occam auch
diejenige r e a l e r und r a t i o n a l e r Wissenschaft: die erste bezieht sich unmittelbar (intuitiv) auf die Sachen, die andere bezieht sich (abstraktiv) auf die immanenten Verhältnisse der Vorstellungen untereinander.

Klar ist danach, daß auch die rationale Wissenschaft die „reale" voraussetzt und
an das von dieser gelieferte empirische Vorstellungsmaterial gebunden ist, klar aber
auch, daß selbst das „reale" Wissen nur eine innere Welt der Vorstellungen erfaßt,
die zwar als „Zeichen" der Dinge gelten dürfen, aber von diesen selbst verschieden
sind. Der Geist, so hatte gelegentlich auch Albert gesagt, und Nicolaus Cusanus
führte es später aus, erkennt nur, was er in sich hat: seine Welterkenntnis, folgert
der terministische Nominalismus, ist auf die inneren Zustände angewiesen, in die
ihn der Lebenszusammenhang mit dem Wirklichen versetzt. Dem wahren Wesen
der Dinge gegenüber, lehrt N i c o l a u s C u s a n u s, der sich durchaus zu diesem
i d e a l i s t i s c h e n N o m i n a l i s m u s bekannte, besitzt das menschliche Denken

---

über Byzanz erfuhr und welche später in der Renaissance den beiden andern Traditionen
über Rom—York und über Bagdad—Cordova abschließend an die Seite trat. Über die
byzantinische Tradition der antiken Literatur ist zu vergleichen K. KRUMBACHER, Geschichte der byzantinischen Literatur, 2. Aufl., München 1879.

[84]) Vgl. H. SIEBECK, Occams Erkenntnislehre in ihrer historischen Stellung (Arch. f.
Gesch. d. Philos., X, 317 ff.).

[85]) Vgl. K. PRANTL in den Sitzungsberichten der Münchn. Akad. 1864, II, a, 58 ff.

[86]) Die Anklänge an den auch in der antiken Sprachphilosophie (Platon, Krat.) geltend
gemachten Gegensatz von θέσις und φύσις liegen auf der Hand.

nur K o n j e k t u r e n, d. h. nur die seinem eigenen Wesen entspringenden Vorstellungsweisen, und die Erkenntnis dieser Relativität aller positiven Aussagen, das
Wissen des Nichtwissens, als erste Stufe der *docta ignorantia,* ist der einzige Weg.
um auch über die rationale Wissenschaft hinaus zu der unaussagbaren, zeichen-
losen, unmittelbaren Erkenntnisgemeinschaft mit dem wahren Sein, der Gottheit,
zu gelangen.

5. Trotz dieser weittragenden erkenntnistheoretischen Restriktion ist die eigentliche Lebenskraft des Nominalismus auf die Entwicklung der realen Wissenschaft
gerichtet, und wenn deren Erfolge während des vierzehnten und fünfzehnten Jahrhunderts nur sehr beschränkt geblieben sind, so lag das wesentlich daran, daß die
zu voller Ausbildung gelangte scholastische Methode mit ihrer buchgelehrten Diskussion der Autoritäten den Betrieb der Wissenschaft nach wie vor allmächtig beherrschte, und daß die neuen Ideen, in diese Form gezwängt, sich nicht frei entfalten konnten, — eine Erscheinung übrigens, welche sich noch bis tief in die
Philosophie der Renaissance hineinzieht. Gleichwohl haben Duns Scotus und Occam
den hauptsächlichsten Anstoß dazu gegeben, daß sich allmählich neben der bisher
wesentlich religiös interessierten Metaphysik die Philosophie wieder als eine w e l t -
l i c h e W i s s e n s c h a f t d e s T a t s ä c h l i c h - W i r k l i c h e n konstituierte,
und daß diese sich mit immer stärker ausgeprägtem Bewußtsein auf den Boden des
E m p i r i s m u s stellte. Wenn Duns Scotus die ursprüngliche Individualform als
das Kontingente bezeichnete, so hieß das, sie sei nicht durch logische Deduktion,
sondern nur durch tatsächliche Konstatierung zu erkennen, und wenn Occam die
Einzelwesen für das allein wahrhaft Reale erklärte, so wies er damit der „realen
Wissenschaft" den Weg in die unmittelbare Auffassung des Wirklichen. Beide
Franziskaner aber stehen damit unter der Einwirkung R o g e r B a c o n s, der mit
aller Energie die Wissenschaft seiner Zeit von den Autoritäten zu den Sachen, von
den Meinungen zu den Quellen, von der Dialektik zur Erfahrung, von den Büchern
zur Natur gerufen hatte: er stellte unabhängig von metaphysischen Gesichtspunkten
die äußere und die innere Erfahrung als die beiden Quellen des Wissens dar und
leistete so auch der Psychologie Vorschub. Ihm war A l b e r t an die Seite getreten,
der unter den Dominikanern die gleiche Richtung vertrat, den Wert der autoptischen
Beobachtung und des Experiments zu würdigen wußte und in seinen botanischen
Studien die Selbständigkeit eigener Forschung glänzend betätigte. Aber für die
Naturforschung war die Zeit noch nicht reif, so sehr auch Roger Bacon nach ara-
bischem Muster auf quantitative Bestimmungen der Beobachtung und auf mathematische Schulung drang[87]).
    Fruchtbar entfaltete sich der Empirismus während der Zeit nur in der P s y c h o -
l o g i e. Unter dem Einfluß der Araber[88]) nahmen die Untersuchungen über das
Seelenleben[89]) namentlich auch bei Albert eine mehr auf Feststellung und Ordnung

---

[87]) Versuche wie diejenigen von Alexander Nekkam (um 1200) oder später (um 1350)
von Nicolaus d'Autricuria (über den J. LAPPE, Münster 1908) verhallten wirkungslos.
    [88]) Insbesondere Avicenna's und der physiologischen Optik von Alhacen. Eine sehr deut-
liche Wirkung dieser Anregungen ist auch in W i t e l o's „Perspectiva" und in der Schrift
„De intelligentiis" zu erkennen: vgl. darüber CL. BÄUMKER in seinen Beiträgen, III, 2.
    [89]) Schon bei Alexander von Hales, bei seinem Schüler Johann von Rochelle, bei
Vincenz von Beauvais.

des Tatsächlichen gerichtete Tendenz an, und schon bei A l f r e d dem Engländer[90]) finden wir eine rein physiologische Psychologie mit allen radikalen Konsequenzen. Diese Regungen eines psychologischen Empirismus wären aber durch die metaphysische Psychologie des Thomismus erstickt worden, wenn sie nicht ihren Halt an der augustinischen Strömung gefunden hätten, welche die S e l b s t e r f a h r u n g d e r P e r s ö n l i c h k e i t als höchstes Prinzip festhielt. In diesem Sinne trat dem Thomismus namentlich H e i n r i c h v o n G e n t gegenüber, der den Standpunkt der inneren Erfahrung scharf formulierte und ihn besonders in der Untersuchung über die Gemütszustände zu entscheidender Geltung brachte.

So kam es zu dem merkwürdigen Erfolge, daß sich die rein theoretische Wissenschaft gegen den intellektualistischen Thomismus an der Hand der augustinischen Lehre von der Selbstgewißheit der Persönlichkeit entwickelte. Diese Selbsterkenntnis galt[91]) als das Gewisseste der „realen Wissenschaft". Daher hat die letztere im ausgehenden Mittelalter sich mehr dem bewegten Menschenleben als der Natur zugewandt, und die Anfänge einer weltlichen Wissenschaft von den Zusammenhängen der menschlichen Gesellschaft finden sich nicht nur in den Theorien von Occam und Marsilius von Padua (vgl. § 25, 8), nicht nur in dem Anwachsen einer reicheren, lebensvolleren und innerlicheren Geschichtsschreibung, sondern auch in empirischer Betrachtung der sozialen Verhältnisse, wie sie ein N i c o l a u s d'O r e s m e (gest. 1382) anbahnte[92]).

6. Die geteilte Stimmung, in welcher sich das ausgehende Mittelalter zwischen den ursprünglichen Voraussetzungen seines Denkens und diesen Anfängen eines neuen, erfahrungskräftigen Forschers befand, kommt nirgends lebendiger zum Ausdruck, als in der vieldeutigen Philosophie des N i c o l a u s C u s a n u s, der, von dem frischen Zuge der Zeit in allen Fasern ergriffen, doch nicht darauf verzichten möchte, die neuen Gedanken dem Zusammenhange der alten Weltauffassung einzuordnen.

Dieser Versuch gewinnt erhöhtes Interesse durch die begrifflichen Formen, in denen er unternommen wurde. Das Leitmotiv ist dabei, zu zeigen, daß das Individuum auch in seiner metaphysischen Besonderung mit dem allgemeinsten, dem göttlichen Wesen, identisch sei. Zu diesem Zwecke verwendet Nicolaus zum erstenmal mit systematischer Durchführung das Begriffspaar des U n e n d l i c h e n u n d d e s E n d l i c h e n. Dem gesamten Altertum hatte (vgl. oben § 20, 2) das Vollkommene als das in sich Begrenzte, und als unendlich nur die unbestimmte Möglichkeit gegolten. In der alexandrinischen Philosophie dagegen war das höchste Wesen aller endlichen Bestimmungen entkleidet, und auch im christlichen Denken war die Macht wie der Wille und das Wissen Gottes mehr und mehr als schrankenlos gedacht worden. Hier kam vor allem das Motiv hinzu, daß der Wille schon im Individuum als ein rastloses, nimmer ruhendes Streben gefühlt und daß diese U n - e n d l i c h k e i t d e r i n n e r e n E r f a h r u n g zum metaphysischen Prinzip erhoben wurde. So hat nun auch Nicolaus die Methode der negativen Theologie auf

---

[90]) Alfred de Sareshel, in der ersten Hälfte des dreizehnten Jahrhunderts. Vgl. Bäumker, Des A. von S. Schrift De motu cordis 1923.

[91]) Wie es auch bei den nominalistischen Mystikern, z. B. bei Pierre d'Ailly, zutage tritt.

[92]) Vgl. über ihn W. ROSCHER, Zeitschr. für Staatswissensch. 1863, 305 ff.

den positiven begrifflichen Ausdruck gebracht, daß er die U n e n d l i c h k e i t a l s
d a s w e s e n t l i c h e M e r k m a l G o t t e s im Gegensatze zur Welt behandelte.
Die Identität von Gott und Welt, welche die mythische Weltanschauung ebenso
verlangte wie die naturalistische, wurde daher so formuliert, daß in Gott dasselbe
absolute Sein unendlich enthalten sei, welches in der Welt sich in endlicher Gestaltung darstellt.

Damit war der weitere G e g e n s a t z d e r E i n h e i t u n d d e r V i e l h e i t
gegeben. Das Unendliche — so glaubte Nicolaus es schon an mathematischen Beispielen erläutern zu können — ist die lebendige und ewige Einheit dessen, was im
Endlichen als ausgebreitete Vielheit erscheint. Aber diese Vielheit ist — und darauf
legt der Cusaner besonderes Gewicht — auch diejenige der Gegensätze. Was im
Endlichen auf Verschiedenes verteilt und nur dadurch nebeneinander möglich erscheint, das muß in der Unendlichkeit des göttlichen Wesens sich ausgleichen. Gott
ist die Einheit aller Gegensätze, die *coincidentia oppositorum*[93]). Er ist daher die
absolute Wirklichkeit, in der alle Möglichkeiten *eo ipso* als solche realisiert sind
(possest), während jedes der vielen Endlichen an sich nur möglich und erst durch
ihn wirklich ist[94]).

Unter den Gegensätzen, die in Gott vereinigt sind, erscheinen eben deshalb die
zwischen ihm selbst und der Welt, d. h. diejenigen des Unendlichen und Endlichen
und der Einheit und Vielheit, als die wichtigsten. Demzufolge ist der Unendliche
zugleich endlich; in jeder seiner Erscheinungen ist der einheitliche *deus implicitus*
zugleich der in die Vielheit ergossene *deus explicitus* (vgl. § 23, 1). Gott ist das
Größte und dabei auch das Kleinste. Demzufolge ist aber auch anderseits dies
Kleinste und Endliche in seiner Weise der Unendlichkeit teilhaftig und stellt in sich
selbst, wie das Ganze, eine harmonische Einheit des Vielen dar.

Danach ist zunächst auch das Universum zwar nicht in demselben Sinne wie die
Gottheit, aber in seiner Weise unendlich, d. h. es ist in Raum und Zeit unbegrenzt
(interminatum oder privativ unendlich). Ebenso aber kommt auch jedem Einzeldinge eine gewisse Unendlichkeit in dem Sinne zu, daß es in seinen Wesens-
bestimmungen auch diejenigen aller andern Individuen in sich trägt. Alles in allem:
omnia ubique. Auf diese Weise enthält jedes Individuum in sich das Weltall,
aber in beschränkter, ihm allein eigener und von allen andern verschiedener Form.
In omnibus partibus relucet totum. Jedes Einzelding ist — so hatte schon der
arabische Philosoph Alkendi gelegentlich gesprochen —, wenn recht und vollständig erkannt, ein S p i e g e l d e s U n i v e r s u m s.

Insbesondere gilt dies natürlich vom Menschen, und in der Auffassung desselben
als Mikrokosmus knüpft Nicolaus sinnig an die terministische Lehre an. Die besondere Art, auf welche die übrigen Dinge im Menschen enthalten sind, ist durch die

---

[93]) Auch seine eigene Lehre, die allen Motiven der früheren Philosophie gerecht werden
will, bezeichnet Nicolaus, den gegensätzlichen Systemen gegenüber, als eine *coincidentia
oppositorum;* vgl. die Stellen bei FALCKENBERG, a. a. O., p. 60 ff.

[94]) Denselben Gedanken hatte T h o m a s so ausgesprochen, daß Gott das einzige notwendige Wesen, d. h. dasjenige sei, welches kraft seiner eigenen Natur existiert (ein
Gedanke, der als Niederschlag von Anselms ontologischem Beweise — vgl. § 23, 2 —
anzusehen ist), während bei allen Kreaturen die Essenz (oder *Quidditas* — Washeit) von
der Existenz real derartig getrennt ist, daß die erstere an sich nur möglich ist und daß
die letztere zu ihr als Verwirklichung hinzutritt: die Beziehung dieser Lehre zu den
aristotelischen Grundbegriffen *actus* und *potentia* liegt auf der Hand.

Vorstellungen charakterisiert, die in ihm die Zeichen für die Außenwelt bilden. Der Mensch spiegelt das Universum durch seine „Konjekturen", durch die ihm eigene Vorstellungsweise (vgl. oben N. 4).

So ist mit und in dem Unendlichen auch das Endliche, mit und in dem Allgemeinen auch das Individuum gegeben. Dabei ist das Unendliche in sich notwendig, das Endliche aber (nach Duns Scotus) absolut kontingent, d. h. bloße Tatsache. Es gibt keine Proportion zwischen dem Unendlichen und dem Endlichen; auch die endlose Reihe des Endlichen bleibt mit dem wahrhaft Unendlichen inkommensurabel. Die Ableitung der Welt aus Gott ist unbegreiflich, und aus der Kenntnis des Endlichen führt kein Weg in das Unendliche. Das Individuell-Wirkliche will empirisch erkannt, seine Verhältnisse und die darin waltenden Gegensätze wollen durch den Verstand aufgefaßt und unterschieden sein: aber die Anschauung der unendlichen Einheit, die, über alle diese Gegensätze erhaben, sie alle in sich schließt, ist nur durch die Abstreifung all solchen endlichen Wissens, durch die mystische Erhebung der *doeta ignorantia* möglich. So fallen die Elemente, welche der Cusaner vereinigen wollte, in eben dieser Verknüpfung wieder auseinander. Der Versuch, die mittelalterliche Philosophie allseitig abzuschließen, führt zu ihrer inneren Zersetzung.

IV. Teil

Die Philosophie der Renaissance.

J. E. ERDMANN, Versuch einer wissenschaftlichen Darstellung der Geschichte der neueren Philosopie, 3 Tle. in 6 Bänden. Riga und Leipzig 1834—53.

H. ULRICI, Geschichte und Kritik der Prinzipien der neueren Philosophie, 2 Bde. Leipzig 1845.

KUNO FISCHER, Geschichte der neueren Philosophie, vierte (Jubiläums-)Aufl., 10 Bände. Heidelberg 1897—1904, teilweise seitdem wieder aufgelegt mit ergänzenden Zusätzen.

ED. ZELLER, Geschichte der deutschen Philosophie seit Leibniz, 2. Aufl., Berlin 1875.

W. WINDELBAND, Geschichte der neueren Philosophie. 2 Bde. Leipzig, 2. Aufl. Berlin 1919.

R. FALCKENBERG, Geschichte der neueren Philosophie. 8. Aufl., Leipzig 1927.

H. HÖFFDING, Geschichte der neueren Philosophie. Deutsch von BENDIXEN. 2 Bde. Leipzig 1895, 2. Aufl. 1921.

W. WINDELBAND, Kultur der Gegenwart, I, 5. S. 382—543.

R. HÖNIGSWALD, Die Philosophie von der Renaissance bis Kant (1923).

E. v. ASTER, Geschichte der neueren Philosophie (Lehrb. d. Philos. 1925).

ERNST CASSIRER, Das Erkenntnisproblem in der Philosophie und Wissenschaft der neueren Zeit. 3 Bde. 2. Aufl. 1911 ff.

E. v. ASTER, Geschichte der neueren Erkenntnistheorie (von Descartes bis Hegel) 1921.

R. RICHTER, Der Skeptizismus in der Philosophie. 2. Bd. Leipzig 1908.

J. SCHALLER, Geschichte der Naturphilosophie seit Bacon. 2 Bde. Leipzig 1841—44.

J. BAUMANN, Die Lehren von Raum, Zeit und Mathematik in der neueren Philosophie. 2 Bde. Berlin 1868 f.

K. LASSWITZ, Geschichte der Atomistik vom Mittelalter bis Newton. 2 Bde. Hamburg 1889—90.

E. WENTSCHER, Geschichte des Kausalproblems in der neueren Philosophie, 1921.

H. HEIMSOETH, Die sechs großen Themen der abendländischen Metaphysik (1922).

F. VORLÄNDER, Geschichte der philosophischen Moral-, Rechts- und Staatslehre der Engländer und Franzosen. Marburg 1855.

F. JODL, Geschichte der Ethik in der neueren Philosophie, I. 3. Aufl. 1920, II, 2. Aufl. 1912.

TH. LITT, Ethik der Neuzeit (Hb. der Philos., III. 1927).

B. PÜNJER, Geschichte der christlichen Religionsphilosophie seit der Reformation. 2 Bde. Braunschweig 1880—83.

W. DILTHEY, Weltanschauung und Analyse des Menschen seit Renaissance und Reformation (Ges. Schr., II).

E. TROELTSCH, Aufsätze zur Geistesgeschichte und Religionssoziologie (Ges. Schr., IV).

H. BRÉMOND, Histoire littéraire du Sentiment religieux en France. Bis jetzt 6 Bde. (Paris 1923 ff.).

L. OLSCHKI, Geschichte der neusprachlichen wissenschaftlichen Literatur. Bis jetzt 3 Bde. (1919 ff.).

ÜBERWEG, Grundriß, III. 12. Aufl. bearb. v. M. FRISCHEISEN-KÖHLER und W. MOOG (1924).

Die Gegensätze, welche im Ausgang der mittelalterlichen Philosophie zu Tage treten, haben eine allgemeinere Bedeutung; sie zeigen in der theoretischen Form das selbstbewußte Erstarken der weltlichen Kultur neben der geistlichen. Die Unterströmung, die ein Jahrtausend lang, hie und da zu kräftigerer Gewalt anschwellend, die religiöse Hauptbewegung des intellektuellen Lebens bei den abendländischen Völkern begleitet hatte, kam nun zu entscheidendem Durchbruch, und ihr langsam aufringender Sieg macht in den Jahrhunderten des Übergangs das wesentliche Merkmal für den Beginn der Neuzeit aus.

In allmählicher Entwicklung, in stetigem Fortschritt hat sich so die moderne Wissenschaft aus den mittelalterlichen Anschauungen herausgelöst; und ihr viel-verschlungenes Werden geht Hand in Hand mit den viellebendigen Anfängen des gesamten modernen Lebens. Denn dies beginnt überall mit der naturkräftigen Ent-faltung der Besonderheiten: die lapidare Einheit, zu der das mittelalterliche Leben zusammendrängte, geht mit der Zeit auseinander und urwüchsige Daseinsfrische sprengt den Ring der gemeinsamen Tradition, den die Geschichte um den Geist der Völker gezogen. So kündet sich die neue Zeit durch das Erwachen nationaler Lebens-gestaltung an; die Zeit der Weltreiche ist auch geistig vorüber, und an die Stelle der einheitlichen Konzentration, worin das Mittelalter gearbeitet hatte, tritt die reiche Lebensfülle der Dezentralisation. Rom und Paris hören auf, die beherrschen-den Mittelpunkte der abendländischen Kultur, das Lateinische hört auf, die alleinige Sprache der gebildeten Welt zu sein.

Auf dem religiösen Gebiete zunächst zeigte sich dieser Vorgang darin, daß Rom die Alleinherrschaft über das kirchliche Leben des Christentums verlor. Wittenberg, Genf, London u. a. wurden neue Zentren des religiösen Daseins. Die Innerlichkeit des Glaubens, die schon in der Mystik sich gegen die Verweltlichung des Kirchen-lebens empört hatte, erhob sich zu siegreicher Befreiung, um sogleich wieder der unerläßlichen Organisation in der Außenwelt zu verfallen. Allein die Zersplitterung, die damit hereinbrach, weckte zwar alle Tiefen des religiösen Gefühls und wühlte für die nächsten Jahrhunderte die Leidenschaft und den Fanatismus konfessioneller Gegensätze auf; aber eben dadurch wurde die Vorherrschaft einer geschlossenen religiösen Überzeugung auf den Höhen des wissenschaftlichen Lebens gebrochen. Was im Zeitalter der Kreuzzüge durch den Kontakt der Religionen begonnen war, vollendete sich nun durch den Streit der christlichen Konfessionen.

Es ist nicht zufällig, daß in gleichem Maße neben Paris die Zahl der Mittelpunkte des wissenschaftlichen Lebens im schnellen Wachstum begriffen war. Hatte schon vorher Oxford als Herd der Opposition der Franziskaner eigene Bedeutung ge-wonnen, so entfalteten nun erst Wien, Heidelberg, Prag, dann die zahlreichen Aka-demien Italiens, endlich die reiche Fülle der neuen Universitäten des protestantischen Deutschlands ihre selbständige Lebenskraft. Zugleich aber gewann durch die Er-findung der Buchdruckerkunst das literarische Leben eine solche Ausdehnung und eine so vielverzweigte Bewegung, daß es sich von dem strengen Schulzusammenhange ablösen, die Fesseln der gelehrten Tradition abstreifen und sich in ungebundener Ausgestaltung der Persönlichkeiten ergehen konnte. So verliert die Philosophie in der Renaissance den zunftmäßigen Charakter, und sie wird in ihren besten Lei-stungen zur freien Tat der Individuen; sie sucht ihre Quellen in der Breite der zeitgenössischen Wirklichkeit, und sie stellt sich auch äußerlich mehr und mehr im Gewande der modernen Nationalsprachen dar.

In dieser Weise wurde die Wissenschaft von einer gewaltigen Gärung ergriffen. Die zwei Jahrtausende alten Formen des geistigen Lebens schienen ausgelebt und unbrauchbar geworden. Eine leidenschaftliche, zunächst noch unklare Neuerungs-sucht erfüllte die Geister, und die aufgeregte Phantasie bemächtigte sich der Be-wegung. An ihrer Hand aber kam die ganze Mannigfaltigkeit der Interessen des weltlichen Lebens in der Philosophie zur Geltung: die kräftige Entfaltung des Staats-lebens, die reiche Steigerung der äußeren Kultur, die Ausbreitung der europäischen

Zivilisation über die fremden Weltteile, nicht zum wenigsten die Weltfreude der neu
erwachten Kunst. Und diese lebensfrische Fülle neuen Inhalts brachte es mit sich,
daß die Philosophie keinem jener Interessen vorwiegend untertan wurde, daß sie
vielmehr alle in sich aufnahm und sich mit der Zeit darüber wieder zu freier
Erkenntnisarbeit, zu dem Ideale des Wissens um seiner selbst willen erhob[1]).

Die W i e d e r g e b u r t d e s r e i n t h e o r e t i s c h e n G e i s t e s ist der wahre
Sinn der wissenschaftlichen „Renaissance", und darin besteht auch die K o n -
g e n i a l i t ä t m i t d e m g r i e c h i s c h e n D e n k e n, die für ihre Entwicklung
entscheidend gewesen ist. Die Unterstellung unter Zwecke des praktischen, ethischen
und religiösen Lebens, welche in der gesamten Philosophie der hellenistisch-römischen
Zeit und des Mittelalters vorgewaltet hatte, hörte mit dem Beginn der neueren Zeit
mehr und mehr auf, und die Erkenntnis der Wirklichkeit erschien wieder als der
Selbstzweck der wissenschaftlichen Forschung. Gerade aber wie in den Anfängen
des griechischen Denkens richtete sich dieser theoretische Trieb wesentlich auf die
Naturwissenschaft. So sehr der moderne Geist, welcher die Errungenschaften des
späteren Altertums und des Mittelalters in sich aufgenommen hat, dem antiken
gegenüber von vornherein zum Selbstbewußtsein erstarkt, verinnerlicht und in sich
vertieft erscheint, so ist doch seine erste selbständige intellektuelle Betätigung die
Rückkehr zu einer von keinem andern Interesse beeinflußten Auffassung der Natur
gewesen: dahin drängt die gesamte Philosophie der Renaissance, und in dieser
Richtung hat sie ihre großen Erfolge errungen.

Im Gefühl solcher Verwandtschaft des Grundtriebes ergriff der neuzeitliche Geist
bei seinem leidenschaftlichen Suchen nach dem Neuen zunächst das Älteste. Begierig
wurde die von der humanistischen Bewegung entgegengebrachte Kenntnis der alten
Philosophie aufgenommen, und in heftigem Gegensatze gegen die mittelalterliche
Tradition wurden die Systeme der griechischen Philosophie erneuert. Aber diese
Rückkehr zum Altertum stellt sich im Gesamtverlauf der Geschichte nur als die
instinktive Vorbereitung für die eigene Arbeit des modernen Geistes dar[2]), der in
diesem kastalischen Bade zu seiner Jugendkraft erstarkte. Indem er sich in die
griechische Begriffswelt einlebte, gewann er darin die Fähigkeit, sein eigenes reiches
Außenleben im Gedanken zu bemeistern, und so gerüstet kehrte die Wissenschaft
aus der Grübelwelt der Innerlichkeit mit gesättigter Kraft zur Erforschung der Natur
zurück, um sich darin neue und weitere Bahnen zu öffnen.

Die Geschichte der Philosophie der Renaissance ist also der Hauptsache nach dies
allmähliche Herausarbeiten der naturwissenschaftlichen Weltbetrachtung aus der
humanistischen Erneuerung der griechischen Wissenschaft: sie zerfällt darum sachgemäß in zwei Perioden, eine h u m a n i s t i s c h e und n a t u r w i s s e n s c h a f t-
l i c h e. Als Grenzscheide zwischen beiden darf etwa das Jahr 1600 angesehen

---

[1]) Vgl. auch KONR. BURDACH, Sinn und Ursprung der Worte Renaissance und Reformation (Sitz.-Ber. d. Berl. Ak. d. W., 1910, p. 594 ff.) und Reformation, Renaissance,
Humanismus (1918).

[2]) In dieser Hinsicht ist der Entwicklungsgang der Wissenschaft in der Renaissance
genau demjenigen der Kunst parallel gelaufen. Auch die Linie, welche von Giotto zu
Lionardo, Rafael, Michelangelo, Tizian, Dürer und Rembrandt leitet, geht von der Wiederbelebung der klassischen Formen Schritt für Schritt zu eigener unmittelbarer Auffassung
der Natur über. Und ebenso ist Goethe der Beweis, daß für uns Moderne der Weg zur
Natur durch das Griechentum führt.

werden. Die erste dieser Perioden enthält die Verdrängung der mittelalterlichen Tradition durch diejenige des echten Griechentums; überreich an kulturhistorischem Interesse und an literarischer Bewegtheit, zeigen diese beiden Jahrhunderte in philosophischem Betracht nur diejenige Verschiebung früherer Gedanken, durch welche die neuen vorbereitet werden: die zweite Periode umfaßt die zur Selbständigkeit herausgerungenen Anfänge der modernen Naturforschung und in deren Gefolge die großen metaphysischen Systeme des 17. Jahrhunderts.

Beide Zeiträume bilden in engster Zusammengehörigkeit ein Ganzes. Denn das innerlich treibende Motiv in der philosophischen Bewegung des Humanismus ist derselbe Drang nach einer von Grund aus neuen Erkenntnis der Welt, welcher schließlich durch die Begründung und die prinzipielle Ausgestaltung der Naturwissenschaft seine Erfüllung fand: aber die Art, wie dies geschah, und die begrifflichen Formen, in denen es sich vollzog, zeigen sich an allen wichtigen Punkten von den Anregungen abhängig, die von der Aufnahme der griechischen Philosophie ausgingen. Die moderne Naturwissenschaft ist die Tochter des Humanismus.

1. Kapitel. Die humanistische Periode.

JAC. BURCKHARDT, Die Kultur der Renaissance in Italien. 1860. 12. Aufl., 1919.
MOR. CARRIÈRE, Die philosophische Weltanschauung der Reformationszeit. 2. Aufl., Leipzig 1887.
A. STÖCKL, Geschichte der Philosophie des Mittelalters, 3. Band. Mainz 1866.
C. FIORENTINO, Il risorgimento filosofico nel quattrocento. Neapel 1885.
A. RIECKEL, Die Philosophie der Renaissance (München 1925).
W. DILTHEY, Auffassung und Analyse des Menschen im 15. und 16. Jahrh. und Das natürliche System der Geisteswissenschaften im 17. Jahrhundert in den Ges. Schriften, II.

Die Kontinuität in der geistigen Entwicklung der europäischen Menschheit tritt an keinem Punkte so merkwürdig zu Tage wie in der Renaissance. Zu keiner Zeit vielleicht ist das Bedürfnis nach etwas völlig Neuem, nach einer totalen und radikalen Umgestaltung nicht nur des Erkenntnislebens, sondern auch des ganzen Zustandes der Gesellschaft so lebhaft gefühlt, so mannigfach und so leidenschaftlich zum Ausdruck gebracht worden wie damals, und keine Zeit hat so viele, so abenteuerliche, so weitfliegende Neuerungsversuche erlebt wie diese: und doch, wenn man genau zusieht und sich weder durch das groteske Selbstbewußtsein noch durch die naive Großsprecherei täuschen läßt, welche in dieser Literatur an der Tagesordnung sind, so zeigt sich, daß das ganze vielgestaltige Treiben sich im Rahmen der antiken und der mittelalterlichen Tradition abspielt und nur mit dunklem Drange einem mehr geahnten als klar begriffenen Ziele zustrebt. Erst das 17. Jahrhundert hat die Ausgärung und Abklärung der so miteinander ringenden Gedankenmassen gesehen.

Das wesentliche Ferment aber dieser Bewegung war der Gegensatz zwischen der überkommenen, in sich bereits der Auflösung verfallenden Philosophie des Mittelalters und den mit dem 15. Jahrhundert bekannt werdenden Originalwerken der griechischen Denker. Von Byzanz her brach über Florenz und Rom ein neuer Bildungsstrom herein, der den Lauf des abendländischen Denkens abermals von seiner bisherigen Richtung ablenkte. Insofern erscheint die humanistische Renaissance, die sog. Wiedergeburt des klassischen Altertums, als Fortsetzung und Vollendung jenes gewaltigen Aneignungsprozesses, den das Mittelalter darstellt, und wenn dieser in einem rückläufigen Aufrollen der antiken Gedankenbewegung bestand, so erreicht er nun sein Ende, indem von der originalen altgriechischen Literatur alles dasjenige bekannt wurde, worauf unsere Kenntnis im wesentlichen noch heute beschränkt ist.

Das Bekanntwerden der griechischen Originale und die Ausbreitung der h u m a-
n i s t i s c h e n B i l d u n g rief zunächst in Italien und sodann auch in Deutsch-
land, Frankreich und England eine oppositionelle Bewegung gegen die Scholastik hervor. Sie wendete sich der Sache nach gegen die mittelalterlichen Umdeutungen der griechischen Metaphysik, der Methode nach gegen die autoritative Deduktion aus vorausgesetzten Begriffen, der Form nach gegen die geschmacklose Härte des mönchischen Latein: und mit der bewunderungsvollen Wiedergabe der antiken Gedanken, mit der frischen Anschaulichkeit eines lebenslustigen Geschlechts, mit der Feinheit und dem Witz einer künstlerisch gebildeten Zeit erwarb diese Opposition einen schnellen Sieg.

Aber sie war in sich gespalten. Da waren P l a t o n i k e r, die zum größten Teil besser Neuplatoniker genannt würden; da waren A r i s t o t e l i k e r, die wieder je nach dem Anschluß an den einen oder den andern der alten Ausleger in ver-
schiedene, sich lebhaft bekämpfende Gruppen zerfielen. Da wachten auch die älteren Lehren der griechischen Kosmologie, der Jonier, der P y t h a g o r e e r wieder auf; da erhob sich die d e m o k r i t i s c h - e p i k u r e i s c h e Naturauffassung zu neuer Kraft. Da wurden der S k e p t i z i s m u s und der p o p u l a r p h i l o s o p h i s c h e E k l e k t i z i s m u s wieder lebendig.

War diese humanistische Bewegung entweder religiös indifferent oder gar mit offenem „Heidentum" im Kampf gegen das christliche Dogma begriffen, so spielte sich im kirchlichen Leben ein ebenso heftiger Streit der Überlieferungen ab. Die k a t h o l i s c h e Kirche verschanzte sich gegen den Ansturm der Geister unter Führung der J e s u i t e n immer fester hinter dem Bollwerk des T h o m i s m u s. Bei den P r o t e s t a n t e n war — eine Fortsetzung des Antagonismus, den das Mittelalter zeigt — A u g u s t i n der leitende Geist. Aber in der philosophischen Ausgestaltung des Dogmas blieben ihm die R e f o r m i e r t e n näher; in der l u t h e r i s c h e n Kirche überwog eine Anlehnung an die ursprüngliche Gestalt des a r i s t o t e l i s c h e n Systems und der s t o i s c h e n Popularphilosophie. Daneben aber erhielt sich im religiösen Bedürfnis des Volks die deutsche M y s t i k mit all den viel verzweigten Traditionen, die sie in sich vereinigte (vgl. § 26, 5), zu fruchtbarer Wirkung für die Philosophie der Zukunft lebenskräftiger als die kirchliche Gelehrsamkeit, die sie vergeblich zu ersticken suchte.

Das Neue, das sich in diesen vielspältigen Kämpfen vorbereitete, war der Abschluß derjenigen Bewegung, welche auf dem Höhepunkt der mittelalterlichen Philosophie bei Duns Scotus begonnen hatte: die Ablösung der Philosophie von der Theologie. Je mehr sich die Philosophie neben der Theologie als selbständige weltliche Wissenschaft konstituierte, um so mehr wurde als ihre eigentliche Aufgabe die E r-
k e n n t n i s d e r N a t u r erfaßt. In diesem Ergebnis kommen alle Richtungen der Philosophie der Renaissance zusammen. Philosophie soll Naturwissenschaft sein —
das ist die Parole der Zeit.

Die Ausführung dieses Vorhabens jedoch mußte sich zunächst innerhalb der traditionellen Vorstellungsweisen bewegen: diese aber hatten ihre Gemeinsamkeit in dem a n t h r o p o z e n t r i s c h e n Charakter der Weltanschauung, der die Folge der Ausbildung der Philosophie als Lebensansicht und Lebenskunst gewesen war. Deshalb nimmt die Naturphilosophie der Renaissance auf allen Linien d i e S t e l - l u n g d e s M e n s c h e n i m W e l t z u s a m m e n h a n g e zum Ausgange ihrer Problembildung, und der Umschwung der Vorstellungen, welcher sich in dieser Hinsicht unter dem Einflusse der Entdeckungen und Erfindungen sowie der dadurch veränderten Kulturzustände vollzog, wurde für die Neugestaltung der ganzen Welt- ansicht maßgebend. An diesem Punkte wurde die metaphysische Phantasie am tiefsten aufgeregt, und von hier aus erzeugte sie ihre für die Zukunft vorbildlichen Weltdichtungen in den Lehren von Giordano B r u n o und Jacob B o e h m e.

Über die E r n e u e r u n g d e r a n t i k e n P h i l o s o p h i e im allgemeinen handeln: L. HEEREN, Geschichte der Studien der klassischen Literatur, Göttingen 1797—1802. — G. VOIGT, Die Wiederbelebung des klassischen Altertums, 2. Aufl., Berlin 1880 f.

Der Hauptsitz des P l a t o n i s m u s war die A k a d e m i e z u F l o r e n z, die von C o s m o s v o n M e d i c i gegründet und von seinen Nachfolgern glänzend erhalten wurde (vgl. A. DELLA TORRE, Storia dell' academia platonica di Firenze; Florenz 1902). Die Anregung dazu hatte Georgios Gemistos P l e t h o n (1355—1450) gegeben, der Ver- fasser zahlreicher Kommentare und Kompendien sowie einer (griechischen) Schrift über den Unterschied der platonischen und der aristotelischen Doktrin. Vgl. FR. SCHULTZE, G. G. P. Jena 1874. — Sein einflußreicher Schüler war B e s s a r i o n (geb. 1403 in Trapezunt, gestorben als Kardinal der römischen Kirche in Ravenna 1472). Die Haupt- schrift Adversus calumniatorem Platonis erschien Rom 1469. Ges. Werke in Mignes Sammlung, Paris 1866. Die bedeutendsten Erscheinungen aus dem platonischen Kreise waren M a r s i l i o F i c i n o (aus Florenz, 1433—1499), der Übersetzer der Werke Platons und Plotins und Verfasser einer Theologia Platonica (Florenz 1482), und später F r a n c e s c o P a t r i z z i (1519—1587), welcher die Naturphilosophie dieser Richtung in seiner Nova de universis philosophia (Ferrara 1591) zur geschlossensten Darstellung brachte.

Ähnlich wie bei dem letzteren zeigt sich der Neuplatonismus mit neupythagoreischen und zugleich mit vielen modernen Denkmotiven versetzt schon bei J o h a n n e s P i c o v o n M i r a n d o l a (1463—1494; über ihn A. LEVY, Berlin 1908).

Das quellenmäßige Studium des A r i s t o t e l e s wurde in Italien durch G e o r g i o s v o n T r a p e z u n t (1396—1484; Comparatio Platonis et Aristotelis, Venedig 1523) und T h e o d o r o s G a z a (gest. 1478), in Holland und Deutschland durch R u d o l f A g r i c o l a (1442—1485), in Frankreich durch J a c q u e s L e f è v r e (Faber Stapulensis, 1455—1537) befördert.

Die Aristoteliker der Renaissance zerfallen (abgesehen von der kirchlich-scholastischen Richtung) in die beiden Parteien der A v e r r o i s t e n und der A l e x a n d r i s t e n. Die Universität Padua war, als der Hauptsitz des Averroismus, auch der Ort der lebhaf- testen Streitigkeiten zwischen beiden.

Als Vertreter des A v e r r o i s m u s sind N i c o l e t t o V e r n i a s (gest. 1499), be- sonders der Bologneser A l e x a n d e r A c h i l l i n i (gest. 1518; Werke Venedig 1545), ferner A g o s t i n o N i f o (1473—1546, Hauptschrift De intellectu et daemonibus; Opus- cula, Paris 1654) und der Neapolitaner Z i m a r a (gest. 1532) zu erwähnen.

Zu den A l e x a n d r i s t e n zählen E r m o l a o B a r b a r o (Venetianer, 1454—1493; Compendium scientiae naturalis ex Aristotele, Ven. 1547), ferner der bedeutendste Aristo- teliker der Renaissance P i e t r o P o m p o n a z z i (1462 in Mantua geboren, 1524 in Bologna gestorben). Seine wichtigsten Schriften sind: De immortalitate animae mit dem Defensorium gegen Niphus, De fato libero arbitrio praedestinatione providentia dei libri quinque; vgl. L. Ferri, La psicologia di P. P., Rom 1877) und seine Schüler G a s p a r o C o n t a r i n i (gest. 1542), S i m o n P o r t a (gest. 1555) und Julius Caesar S c a l i g e r (1484—1558).

Bei den späteren Aristotelikern Jacopo Z a b a r e l l a (1532—1589), A n d r e a s C a e s - a l p i n u s (1519—1603), C e s a r e C r e m o n i n i (1552—1613) u. a. erscheinen jene Gegensätze mehr ausgeglichen.

Von Erneuerungen anderer griechischer Philosophien sind besonders zu nennen: J o e s t L i p s (1547—1606), Manuductio ad S t o i c a m philosophiam (Antwerpen 1604) und andere Schriften; und C a s p a r   S c h o p p e, Elementa Stoicae philosophiae moralis (Mainz 1606), ferner

Dan. S e n n e r t (1572—1637), Epitome scientiae naturalis (Wittenberg 1618), Sebastian B a s s o, Philosophia naturalis adversus Aristotelem (Genf 1621) und Johannes M a g n e n u s, Democritus reviviscens (Pavia 1646),

C l a u d e   d e   B é r i g a r d als Erneuerer der ionischen Naturphilosophie in seinen Cerculi Pisani (Udine 1643 ff.),

P i e r r e   G a s s e n d (Gassendi, 1592—1655), De vita moribus et doctrina E p i c u r i (Leyden 1647); Syntagma philosophiae E. (Lyon 1649); vgl. auch unten S. 326.

Emanuel M a i g n a n u s (1601—1671), dessen Cursus philosophicus (Toulouse 1652) e m p e d o k l e i s c h e Lehren vertritt.

Im Sinne des antiken S k e p t i z i s m u s schrieben: M i c h e l   d e   M o n t a i g n e (1533—1592; Essais, Bordeaux 1580, neue Ausgaben Paris 1865 und Bordeaux 1870), vgl. E. HOFFMANN, Montaignes Zweifel (Logos, XIV, 1926), F r a n ç o i s   S a n c h e z (1562—1632; ein in Toulouse lehrender Portugiese, Verfasser des Tractatus de multum nobili et prima universali scientia quod nihil scitur, Lyon 1581; vgl. L. Gerkrath, F. S., Wien 1860), P i e r r e   C h a r r o n (1541—1603; De la sagesse, Bordeaux 1601); später François de la Motte le V a y e r (1586—1672, Cinq dialogues. Mons 1673), Samuel S o r b i è r e (1615—1670; Übersetzer des Sextus Empiricus) und Simon F o u c h e r (1644—1696, Verf. einer Geschichte der akademischen Skeptiker, Paris 1690). —

Die schärfste Polemik gegen die Scholastik ging von denjenigen Humanisten aus, welche ihr die römische e k l e k t i s c h e   P o p u l a r p h i l o s o p h i e des gesunden Menschenverstandes in geschmackvoller Form und möglichst im r h e t o r i s c h e n Gewande entgegenstellten; sie hielten sich in der Hauptsache formell an Cicero, sachlich außerdem an Seneca und Galen. Auch hier ist A g r i c o l a mit seiner Schrift De inventione dialectica (1480) zu nennen, vor ihm L a u r e n t i u s   V a l l a (1408—1457; Dialecticae disputationes contra Aristoteleos, Ven. 1499). L u d o v i c o   V i v e s (geb. zu Valencia 1492, gest. 1546 zu Brügge; De disciplinis, Brügge 1531, ges. Werke, Basel 1555; vgl. A. Lange in Schmidts Encyklopädie der Pädagogik, Bd. IX), M a r i u s   N i z o l i u s (1498—1576; De veris principiis et vera ratione philosophandi, Parma 1553), endlich P i e r r e   d e   l a   R a m é e (Petrus Ramus, 1515—1572, Institutiones dialecticae, Paris 1543; vgl. Ch. Waddington, Paris 1849 und 1855).

Die Tradition der t h o m i s t i s c h e n   S c h o l a s t i k hielt sich am kräftigsten an den Universitäten der iberischen Halbinsel. Unter ihren Vertretern ragt F r a n z   S u a r e z (aus Granada, 1548—1617); Disputationes metaphysicae 1695, ges. Werke, 26 Bde. Paris 1856—1866; vgl. K. WERNER, S. und die Scholastik der letzten Jahrhunderte, Regensburg 1861) und Mahieu, F. S. (Paris 1921) hervor; daneben ist das Sammelwerk der Jesuiten von Coimbra, das sog. Collegium Conimbricense zu erwähnen.

Der P r o t e s t a n t i s m u s stand von vornherein der humanistischen Bewegung näher. Besonders in Deutschland gingen beide vielfach Hand in Hand; vgl. K. HAGEN, Deutschlands literarische und religiöse Verhältnisse im Reformationszeitalter, 3 Bde., Frankfurt 1868. E. TROELTSCH, Protestantisches Christentum und Kirche in der Neuzeit (Kultur d. Gegenw., I, 4, 1906).

An den protestantischen Universitäten wurde der Aristotelismus hauptsächlich durch P h i l i p p   M e l a n c h t h o n eingeführt. In der Ausgabe seiner Werke von BRET-SCHNEIDER und BINDSEIL bilden die philosophischen Werke den 13. und 16. Bd., darunter hauptsächlich die Lehrbücher der Logik (Dialektik) und Ethik. Vgl. A. RICHTER, M.s Verdienste um den philosophischen Unterricht (Leipzig 1870). — K. HARTFELDER, M. als Praeceptor Germaniae (Berlin 1889). — E. TROELTSCH, Vernunft und Offenbarung bei Joh. Gerhard und Melanchthon (1891). — W. DILTHEY, Das natürliche System der Geisteswissenschaft (vgl. o. S. 301). — H. MAIER, M. als Philosoph (Arch. f. Gesch. d. Philos., X und XI, auch in „An der Grenze der Philosophie", Tübingen 1909) und P. JOACHIMSEN, loci communes (Luther-Jahrb. 1926). — P. PETERSEN, Geschichte der aristotelischen Philosophie im protestantischen Deutschland (1921). — E. WEBER, Die philos. Scholastik des deutschen Prot. (1907) und ders., Der Einfluß der prot. Schulphilosophie auf die orthodox-lutherische Dogmatik (1908).

L u t h e r selbst stand dem Augustinismus sehr viel näher (vgl. CHR. WEISSE, Die Christologie Luthers, Leipzig 1852); noch mehr war dies bei C a l v i n der Fall, während Z w i n g l i der zeitgenössischen Philosophie, namentlich dem italienischen Neuplatonismus freundlicher gesinnt war. Doch liegt die wissenschaftliche Bedeutung aller drei großen Reformatoren so ausschließlich auf dem theologischen Gebiet, daß sie hier nur als wesentliche Momente der allgemeinen Geistesbewegung im 16. Jahrhundert zu erwähnen sind. K. HOLL. Ges. Aufsätze zur Kirchengeschichte, Bd. 1, Luther (3. Aufl., 1923). Vgl. auch

H. BOEHMER, Luther im Lichte der neueren Forschung, 5. Aufl., 1918, und W. KÖHLER, Die Geisteswelt U. Zwinglis (1920).

Der protestantische Aristotelismus fand seine Gegner in Nicolaus Taurellus (1547—1606, Professor in Basel und Altdorf; Philosophiae triumphus, Basel 1573, Alpes caesae, Frankfurt 1597; vgl. F. X. SCHMIDT-SCHWARZENBERG, N. T., Der erste deutsche Philosoph, Erlangen 1864, und das oben zit. Werk von P. PETERSEN), ferner in dem Sozinianismus, welchen Lelio Sozzini (1525—1562, aus Siena) und sein Neffe Fausto (1539—1604) begründeten (vgl. A. FOCK, Der Sozinianismus, Kiel 1847, und den Artikel S. von HERZOG in dessen theol. Enzykl., 2. Aufl., XIV, 377 ff.), besonders aber in der Volksbewegung der Mystik. Unter deren Vertretern ragen hervor: Andreas Osiander (1498—1552); Caspar Schwenckfeld (1490—1561), Sebastian Franck (1500—1545; Paradoxa, herausg. v. ZIEGLER und LEHMANN, Jena 1909; vgl. K. HAGEN, a. a. O., III, cap. 5; A. HEGLER, Geist und Schrift bei S. Fr., 1892) und besonders Valentin Weigel (1553—1588; Libellus de vita beata 1606, Der guldne Griff 1613, Vom Ort der Welt 1613, Dialogus de Christianismo 1614, Γνῶθι σαυτόν 1615; vgl. J. O. OPEL, V. W. Leipzig 1864 und A. ISRAEL 1880).

Die naturphilosophische Tendenz tritt im Anschluß an Nic. Cusanus stärker hervor bei Charles Bouillé (Bovillus, 1470—1553; De intellectu, De sensibus, De sapientia. Vgl. J. DIPPEL, Versuch einer system. Darstellung der Philos. des C. B., Würzburg 1862) und Girolamo Cardano (1501—1576, De vita propria, De varietate rerum, De subtilitate; ges. Werke, Lyon 1663). Vgl. hierzu und zum folgenden RIXNER und SIBER, Leben und Lehrmeinungen berühmter Physiker im 16. und 17. Jahrhundert, 7 Hefte, Sulzbach 1819 ff.

Die glänzendste Erscheinung unter den italienischen Naturphilosophen ist Giordano Bruno aus Nola in Campanien. 1548 geboren und in Neapel erzogen, fand er bei dem Dominikanerorden, in den er getreten war, solche Beargwöhnung, daß er entfloh und von da an ein unstetes Leben führte. Er ging über Rom und Oberitalien nach Genf, Lyon, Toulouse, hielt Vorlesungen in Paris und Oxford, dann in Marburg, Wittenberg und Helmstädt, berührte auch Prag, Frankfurt und Zürich und verfiel schließlich in Venedig dem Schicksal, durch Verrat in die Hände der Inquisition zu kommen, nach Rom ausgeliefert und dort nach jahrelanger Haft wegen standhafter Verweigerung des Widerrufs 1600 verbrannt zu werden. Die Unstetigkeit seines Lebens war zum Teil auch in seinem Charakter begründet, der mit der begeisterten Hingabe an die neue Wahrheit, für die er leiden mußte, insbesondere das kopernikanische System, und mit dem stolzen Fluge phantasievollen Denkens eine ungezügelte Leidenschaftlichkeit, ein ruhmsüchtiges Prahlwesen und eine kecke Agitationslust vereinigte. Seine lateinischen Werke (3 Bde., Neapel 1880—1891) betreffen teils die Lullische Kunst (bes. De imaginum signorum et idearum compositione), teils sind es Lehrgedichte der metaphysischen Schriften (De monade numero et figura; De triplici minimo); die italienischen Schriften (hrsg. von A. WAGNER, Leipzig 1829; neue Ausgabe von P. DE LAGARDE, 2 Bde., Göttingen 1888—90) sind einerseits satirische Dichtungen (Il candelajo, La cena delle cineri, Spaccio della bestia trionfante, deutsch von KUHLENBECK, Leipzig 1890, Cabala del cavallo Pegaseo), anderseits die vollkommensten Darstellungen seiner Lehre: Dialoghi della causa principio ed uno, deutsch von LASSON, Berlin 1872; Degli eroici furori; Dell' infinito universo e dei mondi. (Dialoghi metafisici, herausg. v. GENTILE, Bari 1907, d. morali 1910.) Vgl. BARTHOLMESS, G. B., Paris 1846 f.; DOM. BERTI, G. B., sua vita e sue dottrine (Rom 1889); CHR. SIGWART, in „Kleine Schriften", I, Freiburg 1889; H. BRUNNHOFER, G. B.s Weltanschauung und Verhängnis, Leipzig 1882. Über seine italienischen und lateinischen Schriften vgl. FEL. TOCCO (Florenz 1889 u. Neapel 1891). W. DILTHEY, Der entwicklungsgeschichtliche Pantheismus nach seinem geschichtlichen Zusammenhang mit den älteren pantheistischen Systemen (Archiv, XIII, und Schriften, II). V. SPAMPANATO, vita di S. B. (Messina 1921) und L. OLSCHKI (Deutsche Vierteljahrsschrift, II, 1924).

Eine andere Richtung vertreten Bernardino Telesio (1508—1588; De rerum natura iuxta propria principia, Rom 1565 und Neapel 1586; über ihn F. FIORENTINO, Florenz 1872 und 1874; L. FERRI, Turin 1873; G. GENTILE, Bari 1911) und sein bedeutenderer Nachfolger Tommaso Campanella. 1568 in Stilo (Calabrien) geboren, früh Dominikaner geworden, nach vielen Verfolgungen und langjähriger Gefangenschaft nach Frankreich gerettet, wo er mit dem cartesianischen Freundeskreise verkehrte, starb er in Paris 1639, ehe die Gesamtausgabe seiner Schriften, welche Instauratio scientiarum heißen sollte, vollendet war. Auch bei ihm mischen sich Gedankenkühnheit, Gelehrsamkeit, Neuerungssucht, Begeisterung mit Pedanterie, Phantasterei, Aberglauben und Beschränktheit. Eine neuere Ausgabe mit biographischer Einleitung von D'ANCONA ist Turin 1854 erschienen. Von den sehr zahlreichen Schriften seien erwähnt: Prodromus philosophiae instaurandae, 1671; Realis philosophiae partes quatuor (mit dem Anhang Civitas Solis),

1623; De monarchia hispanica, 1625; Philosophiae rationalis partes quinque, 1638; Universalis philosophiae seu metaphysicarum rerum iuxta propria principia partes tres, 1638. Vgl. BALDACHINI, Vita et filosofia di T. C., Neapel 1840 und 1843; DOM. BERTI, Nuovi documenti di T. C., Rom 1881. CHR. SIGWART, Kleine Schriften, I, Freiburg 1889. L. BLANCHET, C. (Paris 1920).

Theosophisch-m a g i s c h e Lehren finden sich bei J o h a n n e s R e u c h l i n (1455 bis 1522; De verbo mirifico, De arte cabalistica), A g r i p p a v o n N e t t e s h e i m (1487—1535; De occulta philosophia; De incertitudine et vanitate scientiarum) und F r a n c e s c o Z o r z i (1460—1540, De harmonia mundi, Paris 1549).

Bedeutender und selbständiger ist Theophrastus Bombastus P a r a c e l s u s von Hohenheim (1493 zu Einsiedeln geb., abenteuernden Lebens, Professor der Chemie in Basel, 1541 in Salzburg gestorben). Unter seinen Werken (Ausgabe von Huser, Straßburg 1616—1618, in deutscher Übersetzung von B. ASCHNER, Jena 1926 ff.) sind das Opus paramirum, die große Wundarznei und De natura rerum hervorzuheben. Seit 1922 erscheint eine kritische Ausgabe der sämtlichen Werke von SUDHOFF u. MATTHIESSEN. Vgl. R. EUCKEN, Beiträge zur Gesch. der neueren Philos., Heidelberg 1886, 2. Aufl. 1905, p. 22 ff. v. W. MATTHIESSEN, Die Religionsphilosophie des Th. v. H. (Bonn 1917). Über die neuere Literatur vgl. das Nachwort H. KAYSERS zu seiner Auswahl (Der Dom, Leipzig 1921, mit instruktivem Index). — Von seinen zahlreichen Schülern treten J o h a n n B a p t i s t v a n H e l m o n t (1577—1644; Ortus medicinae; deutsche Ausgabe seiner Schriften 1684, vgl. über ihn FR. STRUNZ, 1907) und dessen Sohn Franz Mercurius, ferner R o b e r t F l u d d (1547—1637, Philosophia Mosaica, Guda 1638) u. a. hervor.

Den merkwürdigsten Niederschlag dieser Bewegungen bildet die Lehre von J a c o b B o e h m e. Er war 1575 in der Nähe von Görlitz geboren, sog auf der Wanderschaft allerlei Gedanken ein und verarbeitete sie still in sich. Als Schuhmachermeister in Görlitz niedergelassen, trat er 1610 mit seiner Hauptschrift „Aurora" hervor, auf die später, nachdem er zeitweilig zum Schweigen gezwungen worden war, noch viele andere folgten, darunter besonders „Vierzig Fragen von der Seele" (1620). „Mysterium magnum" (1623), „Von der Gnadenwahl" (1623). Er starb 1624. Ges. Werke, herausg. von SCHIEBLER, Leipzig 1862. Neudruck 1922. Vgl. H. A. FECHNER, J. B., sein Leben und seine Schriften, Görlitz 1853; A. PEIP, J. B., der deutsche Philosoph, Leipzig 1860. MOR. CARRIÈRE, Die philos. Weltanschauung d. Reform., I, 310—419. P. DEUSSEN, J. B., Rede (Kiel 1897). P. HANKAMER, J. B. (1924). H. BORNKAMM, Luther u. B. (1925).

§ 28. Der Kampf der Traditionen.

Die unmittelbare Anlehnung an die griechische Philosophie, welche in der Renaissance herrschend wurde, ist im Mittelalter nicht ganz ohne Vorgang, und wenn mit der humanistischen Bewegung ein steigendes Interesse für die Naturerkenntnis Hand in Hand ging, so sind Männer wie die der Schule von Chartres und ihre Freunde wie Wilhelm von Conches (vgl. § 24) typische Vorbilder dafür. Merkwürdig und für das wechselnde Geschick der Überlieferungen charakteristisch ist es, daß jetzt wie damals die Verbindung zwischen Humanismus und Naturphilosophie sich an Platon knüpft und im Gegensatz zu Aristoteles steht.

1. In der Tat erwies sich die Erneuerung der antiken Literatur zunächst als eine Stärkung des P l a t o n i s m u s. Die humanistische Bewegung war seit den Tagen von Dante, Petrarca und Boccaccio in Fluß und stammte aus dem Interesse für die römische Profanliteratur, das mit dem Erwachen des italienischen Nationalbewußtseins eng zusammenhing: aber zum siegreichen Anschwellen verhalf dieser Strömung erst der äußere Anstoß, der von der Übersiedlung der byzantinischen Gelehrten nach Italien ausging. Unter diesen waren nun Aristoteliker von gleicher Zahl und Bedeutung wie Platoniker, aber die letzteren brachten das verhältnismäßig Unbekanntere und deshalb Eindrucksvollere. Dazu kam, daß Aristoteles im Abendlande als der mit der Kirchenlehre einstimmige Philosoph angesehen wurde und daß somit die Opposition, die nach Neuem verlangte, bei Platon ungleich

mehr ihre Rechnung zu finden hoffte; dazu kam weiter der ästhetische Zauber, der von den Schriften des großen Atheners ausgeht und den keine Zeit lebhafter zu empfinden wußte als diese. So berauschte sich zunächst Italien in einer Begeisterung für Platon, die derjenigen des ausgehenden Altertums gleichkam. Wie zum direkten Anschluß daran sollte in Florenz die Akademie wieder aufleben, und unter dem Schutze der Mediceer entfaltete sich hier wirklich ein reiches wissenschaftliches Treiben, worin den Führern wie Gemistos Plethon und Bessarion nicht geringere Ehrfurcht gezollt wurde als einst den Scholarchen des N e u p l a t o n i s m u s.

Aber die Verwandtschaft mit diesem ging tiefer: die byzantinische Tradition, in der man die platonische Lehre empfing, war die neuplatonische. Was damals in Florenz als Platonismus gelehrt wurde, war in Wahrheit Neuplatonismus. Marsilio F i c i n o übersetzte Plotin ebenso wie Platon, und seine „platonische Theologie" unterschied sich nicht viel von derjenigen des Proklos. Ebenso ist die phantastische Naturphilosophie von P a t r i z z i ihren begrifflichen Grundlagen nach nichts anderes als das neuplatonische Emanationssystem: aber bedeutsam ist es, daß dabei die dualistischen Momente des Neuplatonismus ganz abgestreift werden und die monistische Tendenz reiner und voller zum Austrag kommt. Deshalb stellt der Neuplatoniker der Renaissance die S c h ö n h e i t d e s U n i - v e r s u m s in den Vordergrund; deshalb ist ihm schon die Gottheit, das *Unomnia,* eine erhabene Welteinheit, welche die Vielheit harmonisch in sich schließt; deshalb vermag er auch die Unendlichkeit des Weltalls in phantasieberückender Weise zu verherrlichen und in der Metaphysik des Lichts, welche die Gottheit als „*Omnilucentia"* feiert, zu schwelgen.

2. Der pantheistische Zug, der darin unverkennbar ist, genügte, um diesen Platonismus kirchlich verdächtig zu machen und damit den p e r i p a t e t i s c h e n Gegnern die willkommene Handhabe zu seiner Bestreitung zu geben, und zwar nutzten das nicht nur scholastische Aristoteliker, sondern auch die übrigen aus. Umgekehrt freilich konnten die Platoniker gerade dem neuen humanistischen Aristotelismus seine naturalistischen Tendenzen vorwerfen und die eigene Richtung auf das Übersinnliche als dem Christentum verwandt preisen. So bekämpften sich wieder die beiden großen Überlieferungen der griechischen Philosophie, indem eine der andern ihre Unchristlichkeit vorhielt[8]). In diesem Sinne hatte Plethon in der νόμων συγγραφή gegen die Aristoteliker polemisiert und dafür die Verdammung von seiten des Patriarchen Gennadios in Konstantinopel erfahren; in diesem Sinne griff Georg von Trapezunt die Akademie an, und in demselben antwortete ihm, wenn auch milder, Bessarion. So wurde die Animosität zwischen beiden Schulen und der literarische Klatsch, den sie im Altertum erzeugt, in die Renaissance herübergenommen, und vergebens mahnten Männer wie Leonicus Thomaeus in Padua (gest. 1533) zum Verständnis der tieferen Einheit, die zwischen den beiden Heroen der Philosophie besteht.

3. Dabei war unter den A r i s t o t e l i k e r n selbst durchaus keine Einheit. Die

---

[8]) Ganz dasselbe Verhältnis wiederholt sich bei den verschiedenen Gruppen der Aristoteliker, von denen jede als rechtgläubig gelten wollte, — sei es auch um den Preis der „zweifachen Wahrheit". Damit waren namentlich die Averroisten bei der Hand, und so konnte es kommen, daß einer darunter, Nifo, sich vom Papst mit der Widerlegung von Pomponazzis Unsterblichkeitslehre betrauen ließ. Freilich deckte sich auch dieser mit demselben Schilde.

20*

griechischen Ausleger des Stagiriten und ihre Anhänger sahen auf die Averroisten ebenso verächtlich herab wie auf die Thomisten. Beide galten ihnen gleichmäßig als Barbaren; sie selbst aber waren zum größten Teil in der dem Stratonismus nahestehenden Auffassung des Meisters befangen, welche unter den Kommentatoren am besten durch A l e x a n d e r   v o n   A p h r o d i s i a s vertreten war. Auch hier stand also eine überlieferte Ansicht gegen die andere. Besonders hart stieß man in Padua aufeinander, wo die A v e r r o i s t e n ihre Hochburg durch die erfolgreiche Lehrtätigkeit des P o m p o n a t i u s bedroht sahen. Den Hauptstreitpunkt bildete das Problem der Unsterblichkeit. Eine volle individuelle Unsterblichkeit ließen zwar beide Parteien nicht zu. Aber der Averroismus glaubte wenigstens in der Einheit des Intellekts einen Ersatz dafür zu besitzen, während die A l e x a n d r i s t e n auch den vernünftigen Teil der Seele an die animalischen Bedingungen geknüpft und mit diesen vergänglich erachteten. Im Zusammenhange damit standen die Diskussionen über die Theodicee, über Vorsehung, Schicksal und Willensfreiheit, Wunder und Zeichen, in denen Pomponazzi sich vielfach stark zu der stoischen Lehre neigte.

Im Laufe der Zeit wurde auch diese Abhängigkeit von den Kommentatoren und ihren Gegensätzen abgestreift und eine reine, unmittelbare Auffassung des Aristoteles angebahnt. Am besten ist dies bei Jul. Caes. S c a l i g e r und bei Caesalpinus gelungen, der sich selbst vollständig zu Aristoteles bekannte. Ein ebenso richtiges Verständnis des peripatetischen Systems haben von philologischem Standpunkte her auch die deutschen Humanisten gewonnen, in ihrer eigenen Lehre aber nach dem Vorgange Melanchthons sich damit nur so weit einverstanden erklärt, als es mit der protestantischen Dogmatik übereinstimmte.

4. In allen diesen Fällen führte die Aufnahme der griechischen Philosophie zu einem sachlichen Gegensatz gegen die Scholastik: eine andere Richtung des Humanismus, die der römischen Literatur näher stand, neigte zu einer vorwiegend f o r - m a l e n Opposition, für welche als mittelalterlicher Vorläufer Johannes von Salisbury gelten darf. Der Geschmack der Humanisten empörte sich gegen die barbarische Außenseite der mittelalterlichen Literatur: an die glatte Feinheit und durchsichtige Anschaulichkeit der antiken Schriftsteller gewöhnt, vermochten sie den charaktervollen Kern, der hinter der rauhen Schale der scholastischen Terminologie steckt, nicht zu würdigen; die wesentlich ästhetisch gestimmten Geister der Renaissance hatten keinen Sinn mehr für das abstrakte Wesen jener Begriffswissenschaft. So eröffnen sie denn auf allen Linien mit den Waffen des Ernstes und des Spottes den Kampf: s t a t t   d e r   B e g r i f f e   v e r l a n g e n   s i e   d i e   S a c h e n, statt der künstlichen Wortbildungen die Sprache der gebildeten Welt, statt der spitzfindigen Beweise und Distinktionen eine geschmackvolle, zu Phantasie und Gemüt des lebendigen Menschen sprechende Darstellung.

L a u r e n t i u s V a l l a war der erste, der diesen Ruf erschallen ließ, A g r i c o l a nahm ihn in munterem Streite auf, und auch E r a s m u s stimmte ein. Die Vorbilder dieser Männer waren Cicero und Quintilian, weiterhin Seneca und Galen, und wenn nun an deren Hand die Methode der Philosophie geändert werden sollte, so wurde, besonders unter dem Einfluß Ciceros, die scholastische Dialektik verdrängt, und an ihre Stelle schoben sich die Prinzipien der Rhetorik und der

Grammatik ein. Die wahre Dialektik ist die Wissenschaft von der Rede[4]). Die „aristotelische" Logik bildet daher den Gegenstand heftigster Polemik; die Syllogistik soll vereinfacht und aus der beherrschenden Stellung vertrieben werden. Der Syllogismus ist unfähig Neues zu ergeben, er ist eine unfruchtbare Denkform: das haben später Bruno, Bacon und Descartes ebenso stark betont wie diese Humanisten.

Je enger aber die Herrschaft des Syllogismus mit dem dialektischen „Realismus" zusammenhing, um so mehr verbanden sich mit der humanistischen Opposition nominalistische und terministische Motive. Das zeigt sich bei V i v e s und N i z o - l i u s. Sie eifern gegen die Herrschaft der allgemeinen Begriffe; in ihr besteht nach Vives der wahre Grund für die mittelalterliche Verderbnis der Wissenschaften. Die Universalien, lehrt Nizolius[5]), sind Kollektivnamen, die durch „Komprehension", nicht durch Abstraktion entstehen; das Wirkliche sind die Einzeldinge mit ihren Qualitäten. Diese gilt es aufzufassen, und die sekundäre Tätigkeit des vergleichenden Verstandes ist so einfach und ungekünstelt wie möglich auszuführen. Aus der Logik müssen daher alle metaphysischen Voraussetzungen, die in der bisherigen Dialektik eine so große Schwierigkeit bereiten, verbannt werden. Der Empirismus kann nur eine r e i n f o r m a l e L o g i k brauchen.

Die „natürliche" Dialektik aber suchte man bei der Rhetorik und Grammatik. Denn sie soll, meinte R a m u s, uns nur lehren bei unserem absichtlichen Denken denselben Gesetzen zu folgen, die nach der Natur der Vernunft auch unser unwillkürliches Denken beherrschen und sich in dessen richtigen Ausdruck von selbst darstellen. Bei allem Nachdenken aber handelt es sich darum, den für die Frage bestimmenden Gesichtspunkt aufzufinden und diesen alsdann richtig auf den Gegenstand anzuwenden. Hiernach teilt Ramus, einer Bemerkung von Vives[6]) folgend, seine neue Dialektik in die Lehre von der *Inventio* und vom *Iudicium* ein. Der erste Teil ist eine Art von allgemeiner Logik, welche doch nicht umhin kann, in der Form der „*loci*" wiederum die Kategorien, wie Kausalität, Inhärenz, Gattung usw. einzuführen; mit ihrer systemlosen Aufzählung verfällt diese „neueste Logik" der naiven Metaphysik der gewöhnlichen Weltvorstellung. Die Lehre von der U r t e i l s - k r a f t entwickelt Ramus in drei Stufen: die erste ist die einfache Entscheidung der Frage durch Subsumtion des Gegenstandes unter den gefundenen Gesichtspunkt; hier habe die Syllogistik, die sich danach sehr reduzieren soll, ihre Stelle. In zweiter Linie soll die Urteilskraft zusammengehörige Erkenntnisse durch Definitionen und Divisionen zu einem systematischen Ganzen vereinigen: ihre höchste Aufgabe aber erfüllt sie erst damit, daß sie alles Wissen auf Gott bezieht und in ihm begründet findet. So gipfelt die natürliche Dialektik in Theosophie[7]).

So wenig tief und eigentlich originell dieser Rhetorizismus war, so erregte er doch in jener nach Neuem begierigen Zeit großes Aufsehen. Namentlich in Deutschland lagen Ramisten und Antiramisten in heftigem Streit; unter den Freunden der Lehre ist besonders J o h a n n e s S t u r m[8]) hervorzuheben, der typische Pädagoge

---

[4]) Petr. Ramus, Dialect. instit. im Anfang.

[5]) Mar. Nizolius, De ver. princ., 1, 4 bis 7; III, 7.

[6]) Lud. Vives, De causis corr. art. (erster Teil von De disciplinis), III, 5.

[7]) Vgl. P. LOBSTEIN, P. R. als Theologe, Straßburg 1878.

[8]) Vgl. E. LAAS, Die Pädagogik des J. St. kritisch und historisch beleuchtet, Berlin 1872.

des Humanismus, welcher der Erziehung die Aufgabe stellte, den Schüler dahin
zu bringen, daß er die Sachen kenne und darüber nach richtigen Gesichtspunkten
zu urteilen und in gebildeter Form zu sprechen wisse.

5. Charakteristisch ist für diese Richtung das kühle Verhältnis zur Metaphysik:
sie beweist eben damit ihre Abstammung aus der römischen Popularphilosophie.
Cicero, an den sie sich namentlich anschloß, wirkte besonders vermöge seines
akademischen Skeptizismus oder Probabilismus. Der Überdruß an begrifflichen
Erörterungen entfremdete einen beträchtlichen Teil der Humanisten auch den
großen Systemen des Altertums; nur dem populären Stoizismus fiel wegen seiner
von der positiven Religion unabhängigen moralischen und religiösen Lehren ein
großer Teil der Schriftsteller der Renaissance zu. In andern Kreisen kam die Ausbreitung des religiösen Unglaubens oder Indifferentismus hinzu, um den S k e p t i -
z i s m u s als die rechte Stimmung des gebildeten Mannes erscheinen zu lassen.
Der Reiz des äußeren Lebens, der Glanz verfeinerter Kultur taten das übrige,
um Gleichgültigkeit gegen philosophische Grübeleien heranzuziehen.

Diesen weltmännischen Skeptizismus hat M o n t a i g n e auf den vollendeten
Ausdruck gebracht. Mit der spielenden Feinheit eines großen Schriftstellers hat
er damit in freier Überschau das geistige Gesamtwesen seiner Zeit zu lebendigster
Darstellung entfaltet und zugleich der französischen Literatur einen Grundton
gegeben, der ihr wesentlich geblieben ist. Aber auch diese Bewegung läuft im
antiken Geleise. Was von philosophischen Gedanken in die „Essais" eingesprengt
ist, stammt aus dem Pyrrhonismus. Damit wird ein lange fallen gelassener Faden
der Tradition wieder aufgenommen. Die Relativität theoretischer Meinungen und
sittlicher Ansichten, die Täuschungen der Sinne, die Kluft zwischen Subjekt und
Objekt, die stetige Veränderung, worin beide begriffen sind, die Abhängigkeit aller
Verstandesarbeit von so zweifelhaften Daten, — alle diese Argumente der antiken
Skepsis begegnen uns hier; aber nicht in systematischer Ausbildung, sondern viel
eindrucksvoller in Gestalt gelegentlicher Reflexionen bei der Besprechung einzelner
Fragen. Es ist dieselbe Höhe souveräner Geistesfreiheit, mit der während der
Reformationszeit sich E r a s m u s über dem leidenschaftlichen Streit der konfessio-
nellen Parteien gehalten hatte⁹).

Schulmäßiger wurde der Pyrrhonismus gleichzeitig von S a n c h e z erneuert,
auch von ihm jedoch in lebhafter Form und nicht ohne Hoffnung, daß dem Menschen doch einmal eine sichere Einsicht beschieden sein könne. Er beschließt,
wie die einzelnen Kapitel, so das Ganze „Nescis"? At ego nescio. „Quid?". Auf dies
große „Quid?" hat er nun freilich keine Antwort gegeben, und die Anleitung zu
einer wahren Erkenntnis ist er schuldig geblieben. Aber in welcher Richtung er sie
suchte, darüber hat er keinen Zweifel gelassen. Es ist dieselbe, die Montaigne
ebenfalls andeutet: von dem Wortkram der Schulweisheit muß die Wissenschaft
sich frei machen und unmittelbar die Sachen selbst befragen. So fordert und ahnt
Sanchez ein neues Wissen: aber er ist nicht damit fertig geworden, wo und wie
es zu suchen sei. An manchen Stellen scheint es, als ginge er auf empirische Natur-

---

⁹) Über Erasmus vgl. KUNO FRANKE (Intern. Monatsschr. 1911, 3). P. SMITH,
E. (London 1923). J. B. PINEAU, E., Sa pensée religieuse (Paris 1924). L. E. BINUS,
E. The reformer (London 1923). HUIZINGA, E. (Haarlem 1924). A. RENAUDET, E. Sa
pensée religieuse (Paris 1926).

forschung aus; aber gerade hier vermag er nicht über die skeptische Ansicht von der äußeren Wahrnehmung fortzukommen: und wenn er die größere Sicherheit der inneren Erfahrung anerkennt, so verliert ihm diese wieder durch ihre Unbestimmtheit den Wert.

Fester schon tritt C h a r r o n auf, indem er den praktischen Zweck der Weisheit ins Auge faßt. An der Möglichkeit sicheren theoretischen Wissens verzweifelt er wie seine beiden Vorgänger; in dieser Hinsicht setzen alle drei die Autorität der Kirche und des Glaubens ein: eine Metaphysik kann nur offenbart sein, die menschliche Erkenntniskraft reicht für sie nicht aus. Um so mehr genügt die letztere, fährt Charron fort, zu derjenigen S e l b s t e r k e n n t n i s, welche für das sittliche Leben erforderlich ist. Dazu gehört vor allem die Demut des Skeptikers, der sich selbst keine wahre Erkenntnis zutraut, und in dieser wurzelt die Freiheit des Geistes, womit er sein theoretisches Urteil überall zurückhält. Zweifellos dagegen wird in dieser Selbsterkenntnis das ethische Gebot der Rechtschaffenheit und der Pflichterfüllung erkannt.

Diese Ablenkung auf das praktische Gebiet war, dem allgemeinen Zuge der Zeit entsprechend, nicht von Dauer. Die späteren Skeptiker kehrten wieder die theoretische Seite der pyrrhonischen Überlieferung hervor, und die Wirkung, die sich daraus für die allgemeine geistige Stimmung ergab, traf schließlich doch am meisten die Sicherheit der dogmatischen Überzeugungen.

6. Der so mächtig hereinbrechenden Gedankenmassen vermochte die K i r c h e n - l e h r e nicht mehr in der Weise Herr zu werden, wie es mit der arabisch-aristotelischen Invasion gelungen war: dazu war einerseits diese neue Ideenwelt zu mannigfaltig und zu gegensätzlich in sich gespalten, anderseits aber die eigene Assimilationskraft des Dogmas zu sehr erschöpft. Die r ö m i s c h e Kirche beschränkte sich deshalb auf die Verteidigung mit allen Mitteln ihrer geistigen und äußeren Macht, und war nur darauf bedacht, ihre eigene Überlieferung so sicher wie möglich in sich zu befestigen. In dieser veränderten Form lösten dieselbe Aufgabe, welche im 13. Jahrhundert den Bettelorden zugefallen war, jetzt die Jesuiten. Mit ihrer Hilfe wurde auf dem Konzil zu Trient (1563) der Abschluß des Kirchendogmas gegen alle Neuerungen festgesetzt und für die philosophische Lehre im wesentlichen der T h o m i s m u s als maßgebend erklärt. Es konnte sich also für die Folge nicht mehr um prinzipielle Änderungen, sondern nur noch um geschicktere Darstellungen und gelegentliche Einfügungen handeln. Auf diese Weise schloß sich die Kirche von der frischen Bewegung der Zeit aus, und die von ihr abhängige Philosophie verfiel für die nächsten Jahrhunderte der unvermeidlichen Stagnation. Auch die kurze Nachblüte, welche die Scholastik um 1600 auf den Universitäten der iberischen Halbinsel erlebte, trug keine eigene Frucht. S u a r e z war ein bedeutender Schriftsteller, klar, scharfsinnig, sicher und von großer Fähigkeit einer lichtvollen Disposition der Gedanken; auch übertrifft er in der sprachlichen Form die meisten älteren Scholastiker beträchtlich: aber in dem Inhalte seiner Lehre ist er ebenso durch die Überlieferung gebunden, wie dies bei dem großen Sammelwerk der Jesuiten von Coimbra sich von selbst versteht.

Dieser Form der religiösen Tradition trat nun in den p r o t e s t a n t i s c h e n K i r c h e n eine andere gegenüber. Auch hier nahm die Opposition die ä l t e r e Überlieferung für sich in Anspruch und lehnte deren mittelalterliche Umbildungen ab. Die Reformation wollte dem Katholizismus gegenüber das ursprüngliche Christentum erneuern. Sie zog den Kreis der kanonischen Bücher wieder enger, sie erkannte mit Ablehnung der Vulgata nur den griechischen Text als maßgebend an, sie kehrte zu dem Glaubensbekenntnis von Nicaea zurück. Der Dogmenstreit des 16. Jahrhunderts hat — theoretisch betrachtet — zum Angelpunkt die Frage, welche Tradition des Christentums die bindende sein solle.

Der theologische Gegensatz aber zog den philosophischen nach sich, und hier wiederholte sich abermals ein Verhältnis, das während des Mittelalters an vielen Punkten zu Tage getreten war. In der Lehre A u g u s t i n s fand das religiöse Bedürfnis tiefere, reichere Befriedigung und unmittelbareren Ausdruck als in der Begriffsarbeit der Scholastiker. Der Ernst des Sündenbewußtseins, die leidenschaftliche Sehnsucht nach Erlösung, die ganze Innigkeit und Innerlichkeit des Glaubens, — alles dies waren Züge des augustinischen Wesens, die sich bei L u t h e r und C a l v i n wiederfanden. Aber nur des letzteren Lehre zeigt den dauernden Einfluß des großen Kirchenvaters: gerade dadurch jedoch wurde wiederum ein A n t a - g o n i s m u s v o n T h o m i s m u s u n d A u g u s t i n i s m u s geschaffen, der sich namentlich in der französischen Literatur des 17. Jahrhunderts bestimmend erweist (vgl. § 30 f.). Für die Katholiken unter Führung des Jesuitismus war Thomas, für die Reformierten und die freieren Richtungen im Katholizismus selbst war Augustin die herrschende Autorität.

Der d e u t s c h e P r o t e s t a n t i s m u s ging andere Wege. In der Ausbildung des lutherischen Dogmas trat der Eigenart Luthers die Mitwirkung M e l a n c h - t h o n s und damit der H u m a n i s m u s an die Seite. So wenig zu der gewaltigen Urkraft von Luthers glaubenstiefem Gemüt das theoretisch-ästhetische und religiös-indifferente Wesen der Humanisten stimmen mochte[10]) — er mußte sich doch, als er seinem Werk wissenschaftliche Form geben sollte, dazu bequemen, der Philosophie die begrifflichen Grundlagen dafür zu entlehnen. Hier aber trat Melanchthons ausgleichende Natur ein, und wenn Luther den scholastischen Aristotelismus mit Leidenschaft von sich gewiesen hatte, so führte sein gelehrter Genosse den h u m a n i s t i - s c h e n A r i s t o t e l i s m u s als die P h i l o s o p h i e d e s P r o t e s t a n t i s m u s ein, auch hier die ältere Überlieferung der umgestalteten entgegensetzend. Freilich mußte dieser originale Aristotelismus nicht nur aus der antiken Popularphilosophie nach Cicero, Seneca und Galen, sondern mehr noch durch die Heilige Schrift korrigiert werden, und die Zusammenfügung der Lehren konnte nicht zu einer solchen organischen Verschmelzung gedeihen, wie sie durch das langsame Ausreifen des Thomismus im Mittelalter erreicht worden war: aber das peripatetische System wurde diesmal mehr nur als die profanwissenschaftliche Ergänzung der Theologie behandelt, und für diesen Zweck wußte Melanchthon in seinen Lehrbüchern den Stoff mit so großem Geschick zu sichten, zu ordnen und darzustellen, daß sie die Grundlage für eine in der Hauptsache einheitliche Lehre auf den protestantischen Universitäten für zwei Jahrhunderte wurden.

7. Allein im Protestantismus waren noch andere traditionelle Mächte lebendig Luthers befreiende Tat verdankte ihren Ursprung und ihren Erfolg nicht zum

---

[10]) Über das Verhältnis von Reformation und Humanismus vgl. TH. ZIEGLER, Gesch. der Ethik, II, 414 ff.

wenigsten der M y s t i k , — nicht freilich jener sublimen Form vergeistigter Weltanschauung, der Meister Eckhart den genialen Ausdruck gegeben hatte, wohl aber
der Bewegung tiefernster Frömmigkeit, welche sich vom Rhein her in dem „Bunde
der Gottesfreunde", in den „Brüdern vom gemeinsamen Leben" als „praktische
Mystik" weithin verbreitet hatte. Ihr war die Gesinnung, die Reinheit des Herzens,
die „Nachfolge Christi" der einzige Inhalt der Religion; das Fürwahrhalten der
Dogmen, die äußere Werkheiligkeit, die ganze weltliche Organisation des Kirchen-
lebens erschienen als gleichgültig und gar als hinderlich: über all dies Außenwerk
hinaus verlangte das gläubige Gemüt nur die Freiheit seines religiösen Eigenlebens.
Dies war die innere Quelle der Reformation. Luther selbst hatte nicht nur im
Augustin geforscht, er hatte auch die „deutsche Theologie" herausgegeben: und sein
Wort entfesselte den Sturm dieser religiösen Sehnsucht, der sich im Kampf gegen
Rom ein Drang nationaler Selbständigkeit beimischte.

Als nun aber die protestantische Staatskirche sich wiederum in den festen Formen
einer theoretischen Dogmenbildung konsolidierte und an diese um so ängstlicher
sich anklammerte, je mehr sie in dem Streite der Konfessionen um ihre Existenz
ringen mußte, da war der überkonfessionelle Trieb der Mystik ebenso enttäuscht
wie das nationale Bewußtsein. Die theologische Fixierung des Reformations-
gedankens erschien als dessen Verderb: und wie Luther einst gegen die „Sophisterei"
der Scholastiker gewettert hatte, so richtete sich jetzt eine still im Volke weiter
wühlende Bewegung der Mystik gegen seine eigene Schöpfung. In Männern wie
O s i a n d e r und S c h w e n c k f e l d hatte er Teile seines eigenen Wesens und
seiner Entwicklung zu bekämpfen. Dabei aber erwies sich nun, daß die Lehren der
mittelalterlichen Mystik in der Stille unter allerlei phantastischen Anschauungen
und in unklaren Bildern sich erhalten und sagenhaft fortgesponnen hatten. Was
davon bei Männern wie S e b a s t i a n F r a n c k oder in den geheim verbreiteten
Traktätchen von V a l e n t i n W e i g e l zu Tage trat, das war von jenem Idealismus
Eckharts getragen, der alles Äußere in Inneres, alles Historische in Ewiges verwandelte, und der in der Erfahrung der Natur wie der Geschichte nur das Symbol
des Geistigen und Göttlichen erblickte. Das bildete, wenn auch oft in wunderlicher
Form, den Untergrund des Kampfes, den die Mystiker des 16. Jahrhunderts in
Deutschland gegen den „Buchstaben" der Theologie führten.

8. Wohin wir in der intellektuellen Bewegung des 15. und 16. Jahrhunderts
blicken, überall steht Tradition gegen Tradition, und jeder Streit ist ein Kampf der
Überlieferungen. Der Geist der abendländischen Völker hat nun den ganzen
Bildungsstoff der Vergangenheit in sich aufgenommen, und in der fieberhaften Erregung, worin ihn zuletzt die direkte Berührung mit den höchsten Leistungen der
antiken Wissenschaft versetzt, ringt er sich zu voller Selbständigkeit auf. Er fühlt sich
gestählt genug, eigene Arbeit zu verrichten, und strotzend von Gedankenfülle sucht
er sich neue Aufgaben. Den Jugendtrieb fühlt man in dieser Literatur pulsieren, als
müsse etwas Unerhörtes, nie früher Dagewesenes geschehen; nicht weniger verkünden uns die Männer der Renaissance, als daß eine totale Erneuerung der Wissenschaft und des Zustandes der Menschheit bevorstehe. Der Kampf der Überlieferungen
führt zum Überdruß an der Vergangenheit, die gelehrte Forschung nach der alten
Weisheit endet mit dem Abwerfen allen Bücherkrams, und jugendlicher Werdelust
voll zieht der Geist aus in das Weltleben der ewig jungen Natur.

Die klassische Schilderung dieser Stimmung der Renaissance ist der erste Monolog in Goethes Faust.

§ 29. Makrokosmus und Mikrokosmus.

Durch Scotismus und Terminismus war die Glaubensmethaphysik des Mittelalters zersetzt und in der Mitte gespalten worden: alles Übersinnliche war dem Dogma anheimgegeben, und als Gegenstand der Philosophie blieb die Erfahrungswelt übrig. Ehe aber noch das Denken Zeit gehabt hatte, um sich über die Methode und die besonderen Aufgaben dieser weltlichen Erkenntnis klar zu werden, brach der Humanismus und mit ihm vor allem die platonische Weltanschauung herein. Kein Wunder, daß man bei dieser zunächst die Lösung der Aufgabe suchte, die man selbst erst im Dämmerschein vor sich sah: und um so willkommener mußte gerade diese Lehre, zumal in ihrer neuplatonischen Ausgestaltung sein, als sie die Welt des Übersinnlichen ahnungsvoll im Hintergrunde zeigte, daraus aber das sinnlich Besondere in zweckvoll bestimmten Umrissen deutlich hervortreten ließ. Mochte also das Übersinnliche selbst und alles, was daran mit dem Heilsleben des Menschen zusammenhing, getrost der Theologie anheimgestellt werden: die Philosophie konnte sich der Aufgabe, Naturwissenschaft zu sein, um so ruhigeren Gewissens widmen, je mehr sie nach neuplatonischem Vorgange auch die Natur als ein Produkt des Geistes auffaßte und so im Begriffe der Gottheit einen höchsten Einheitspunkt für die sich scheidenden Zweige der Wissenschaft, den geistlichen und den weltlichen, beizubehalten meinte. Lehrte die Theologie, wie sich Gott in der S c h r i f t offenbart, so war es nun Sache der Philosophie, seine Offenbarung in der N a t u r bewunderungsvoll aufzufassen. Deshalb sind die Anfänge der modernen Naturwissenschaft t h e o s o p h i s c h und durchweg n e u p l a t o n i s c h gewesen.

1. Dabei aber ist das Charakteristische, daß bei dieser Erneuerung des Neuplatonismus auch die letzten dualistischen Motive, welche ihm angehaftet hatten, völlig beiseite gedrängt wurden. Sie wichen zusammen mit dem spezifisch religiösen Interesse, das sie getragen hatte, und das theoretische Moment, in der Natur die schaffende Gotteskraft zu erkennen, trat rein hervor[11]). Der Grundzug in der Naturphilosophie der Renaissance war deshalb die phantasievolle Auffassung der g ö t t l i c h e n E i n h e i t d e s A l l e b e n s, die Bewunderung des M a k r o k o s m u s. Plotins Grundgedanke von der S c h ö n h e i t d e s U n i v e r s u m s ist von keiner andern Zeit so sympathisch aufgenommen worden wie von dieser: und diese Schönheit wurde auch jetzt als Erscheinung der göttlichen Idee betrachtet. Eine solche Anschauung spricht sich fast ganz in neuplatonischen Formen bei Patrizzi, in origineller Gestalt und mit starker poetischer Eigenheit bei Giordano B r u n o und ebenso bei Jakob B o e h m e aus. Bei einem waltet noch das Bild des allgestaltenden und allbelebenden Urlichtes (vgl. § 20, 7) vor, bei diesen dagegen dasjenige des Organismus: die Welt ist ein Baum, der von der Wurzel bis zur Blüte und Frucht

---

[11]) In gewissem Sinne könnte man dies auch so ausdrücken, daß damit die stoischen Elemente des Neuplatonismus beherrschend in den Vordergrund traten: die humanistische Reaktion begünstigte sogar direkt den Stoizismus gegen den mehr mittelalterlichen Neuplatonismus.

von Einem Lebenssafte durchquollen, durch die eigene Keimtätigkeit von innen
heraus gestaltet und gegliedert ist[12]).

Darin liegt der Natur der Sache nach die Neigung zum vollen Monismus und
P a n t h e i s m u s. Alles muß seine Ursache haben, und die letzte Ursache kann nur
Eine sein — Gott[13]). Er ist nach Bruno zugleich die formale, die wirkende und die
Zweckursache, nach Boehme zugleich der „Urgrund" und die „Ursache" *(principium*
und *causa* bei Bruno) der Welt. Daher aber ist auch das Weltall nichts als die
„kreatürlich gemachte Wesenheit Gottes selbst"[14]). Und doch verbindet sich mit
dieser Anschauung wie im Neuplatonismus, so auch hier die Vorstellung von der
Transzendenz Gottes. Boehme hält darauf, daß Gott nicht als vernunft- und „wissen-
schafts"lose Kraft, sondern als der „allwissende, allsehende, allhörende, allrüchende,
allschmeckende" Gott gedacht werde; und Bruno fügt eine andere Analogie hinzu,
ihm ist Gott der Künstler, der unaufhörlich wirkt und sein Inneres zu reichem
Leben ausgestaltet.

Danach ist denn auch für Bruno Harmonie das innerste Wesen der Welt, und wer
sie mit begeistertem Blicke aufzufassen vermag (wie der Philosoph es in den
Dialogen und Dichtungen Degli eroici furori tut), für den verschwinden die schein-
baren Mängel und Unvollkommenheiten des Einzelnen in der Schönheit des Ganzen.
Es bedarf keiner besonderen Theodicee; die Welt ist vollkommen, weil sie Gottes
Leben ist, bis in alles Einzelne hinein, und nur derjenige klagt, welcher sich nicht
zur Anschauung des Ganzen erheben kann. Die Weltfreudigkeit der ästhetischen
Renaissance singt in Brunos Schriften philosophische Dithyramben: ein u n i v e r -
s a l i s t i s c h e r O p t i m i s m u s von hinreißendem Schwung waltet in seinen
Dichtungen.

2. Die Begriffe, welche dieser Entfaltung der metaphysischen Phantasie bei Bruno
zu Grunde liegen, weisen der Hauptsache nach auf N i c o l a u s C u s a n u s zurück,
dessen Lehren durch Charles Bouillé aufrechterhalten worden waren, in dieser
Darstellung jedoch ihre belebende Frische einigermaßen eingebüßt hatten. Gerade
diese wußte ihnen der Nolaner wiederzugeben. Er steigerte nicht nur das Prinzip
der *coincidentia oppositorum* zu der künstlerischen Aussöhnung der Gegensätze, zur
harmonischen Gesamtwirkung widerstreitender Teilkräfte des göttlichen Urwesens,
sondern er gab vor allem dem Begriffspaar des U n e n d l i c h e n u n d E n d -
l i c h e n eine sehr viel weiter tragende Bedeutung. Hinsichtlich der Gottheit und
ihrer Beziehung zur Welt bleibt es im wesentlichen bei den neuplatonischen Verhältnissen. Gott selbst als die über alle Gegensätze erhabene Einheit ist durch keine
endliche Bestimmung erfaßbar und deshalb seinem eigensten Wesen nach unerkennbar (negative Theologie); dabei aber wird er doch als die unerschöpfbare, u n -
e n d l i c h e Weltkraft, als die *natura naturans* gedacht, die in ewiger Veränderung
sich gesetzmäßig und zweckvoll zur *natura naturata* gestaltet und „expliziert". Diese
Gleichsetzung des Wesens von Gott und Welt ist eine allgemeine Lehre der Naturphilosophie der Renaissance; sie findet sich ebenso bei Paracelsus, bei Sebastian

---

[12]) Vgl. die merkwürdige Übereinstimmung zwischen Giord. Bruno, Della causa pr. e. u.
II (Lag., I, 231 f.) und Jac. Boehme, Aurora, Vorrede, wozu zu vergleichen PLOTIN,
Enn., III, 8, 11.

[13]) Aurora, cap. 3.

[14]) Ibid., 2.

Franck, bei Boehme und schließlich auch bei den gesamten „Platonikern". Daß sie auch sehr extrem naturalistische Gestalt annehmen, zur Leugnung aller Transzendenz führen konnte, bewies die agitatorisch zugespitzte, reklamehaft polemische Lehre von Vanini[15]).

Für die *natura naturata* dagegen, das „Universum", den Inbegriff der Kreaturen, wird nicht das Merkmal der wahren „Unendlichkeit", wohl aber dasjenige der Unbegrenztheit in Raum und Zeit in Anspruch genommen. Dieser Begriff aber gewann eine unvergleichlich deutlichere Gestalt und festere Bedeutung durch die kopernikanische Theorie[16]). Dem Cusaner war, wie den alten Pythagoreern und wohl durch diese, die Kugelgestalt und die Achsendrehung der Erde eine bekannte Vorstellung gewesen: aber erst die siegreich bewiesene Hypothese von der Bewegung der Erde um die Sonne war imstande, die völlig neue Ansicht von der Stellung des Menschen im Weltall zu begründen, welche der Wissenschaft der Renaissance eigen ist. Die anthropozentrische Weltvorstellung, die das Mittelalter beherrscht hatte, ging aus den Fugen. Wie die Erde, so mußte erst recht der Mensch aufhören, als Mittelpunkt des Weltalls und des Weltgeschehens zu gelten. Über solche „Beschränktheit" hoben sich auf Grund der Lehre Köperniks, die deshalb auch von den dogmatischen Mächten aller Konfessionen verdammt wurde, auch solche Männer wie Patrizzi und Boehme hinaus: aber der Ruhm, das kopernikanische System naturphilosophisch und metaphysisch zu Ende gedacht zu haben, gebührt Giordano Bruno.

Er entwickelte daraus die Anschauung, daß das Universum ein System zahlloser Welten bilde, von denen jede, um ihren sonnenhaften Mittelpunkt bewegt, ihr Eigenleben führe, aus chaotischen Zuständen zu klarer Ausgestaltung emporblühe und dem Geschick des Vergehens wieder anheimfalle. Wohl hat bei dieser Konzeption von der Pluralität entstehender und wieder absterbender Welten die demokritisch-epikureische Tradition mitgewirkt: allein gerade das ist das Eigentümliche der Brunoschen Lehre, daß ihm die Vielheit der Sonnensysteme nicht als mechanisches Beieinander, sondern als ein organischer Lebenszusammenhang, daß ihm der Prozeß des Aufblühens und Welkens der Welten als getragen von dem Pulsschlag des Einen göttlichen Allebens galt.

3. Drohte in dieser Weise der Universalismus mit dem kühnen Flug in räumliche und zeitliche Unbegrenztheit die Phantasie ganz für sich in Anspruch zu nehmen, so bestand ein wirksames Gegengewicht in der peripatetisch-stoischen Lehre von der Analogie zwischen Makrokosmus und Mikrokosmus, die im Wesen des Menschen den Inbegriff, die „Quintessenz" der kosmischen Gewalten fand. In den verschiedensten Formen sehen wir diese Lehre während der Renaissance wieder aufleben; sie beherrscht durchweg die Erkenntnistheorie dieser Zeit, und zwar ist dabei fast überall die neuplatonische Dreiteilung maßgebend, welche das Schema für eine metaphysische Anthropologie abgibt. Man kann nur erkennen, heißt es bei Valentin Weigel, was man selbst ist: der Mensch erkennt das All, sofern er es selbst ist. Das war ein durchgreifendes Prinzip der

---

[15]) Lucilio Vanini (1585 in Neapel geb., 1619 in Toulouse verbrannt), ein wüster Abenteurer, schrieb Amphitheatrum aeternae providentiae (Lyon 1615) und De admirandis naturae reginae deaeque mortalium arcanis (Paris 1616).

[16]) Nicolaus Köpernik, de revolutionibus orbium coelestium, Nürnberg 1543.

Eckhartschen Mystik. Aber dieser Idealismus nahm nun hier bestimmtere Formen an. Als Leib gehört der Mensch der materiellen Welt an; ja, er vereinigt in sich, wie P a r a c e l s u s und nach ihm W e i g e l und B o e h m e lehren, das Wesen aller materiellen Dinge in feinster Verdichtung: eben deshalb ist er befugt, die Körperwelt zu begreifen. Als intellektuelles Wesen aber ist er „siderischen" Ursprungs und vermag deshalb die geistige Welt in allen ihren Ausgestaltungen zu erkennen. Endlich als göttlicher „Funke", als *spiraculum vitae,* als Teilerscheinung des höchsten Lebensprinzips vermag er auch des göttlichen Wesens bewußt zu werden, dessen Ebenbild er ist.

Eine mehr abstrakte Anwendung desselben Prinzips, wonach alle Welterkenntnis in der S e l b s t e r k e n n t n i s d e s M e n s c h e n wurzelt, findet sich bei C a m - p a n e l l a : sie involviert nicht die neuplatonische Trennung der Weltschichten (obwohl auch diese bei Campanella vorkommt), sondern die Grundkategorien aller Wirklichkeit. Der Mensch, heißt es auch hier, erkennt eigentlich nur sich selbst und das übrige nur von sich aus. Alles Wissen ist Wahrnehmen *(sentire);* aber wir nehmen nicht die Dinge wahr, sondern nur die Zustände, in welche sie uns ver- setzen. Dabei aber erfahren wir der Hauptsache nach, daß wir, indem wir sind, etwas können, etwas wissen und etwas wollen[17]), und daß wir uns durch ent- sprechende Funktionen anderer Wesen beschränkt finden. Daraus ergibt sich, daß Macht, Wissen und Wollen die „Primalitäten" alles Wirklichen sind und daß, wenn sie Gott unbeschränkt zukommen, er als allmächtig, allwissend und allgütig er- kannt wird.

4. Die Lehre, daß alle Gottes- und Welterkenntnis schließlich in der Selbst- erkenntnis des Menschen beschlossen sei, ist jedoch nur eine erkenntnistheoretische Folgerung aus dem allgemeineren metaphysischen Prinzip, wonach das göttliche Wesen in jeder seiner endlichen Erscheinungen mit seinem ganzen unteilbaren Wesen gegenwärtig und enthalten sein sollte. Auch darin folgt Giordano Bruno dem Cusaner, daß nach ihm Gott ebenso das Kleinste wie das Größte, ebenso das Lebens- prinzip des Einzelwesens wie dasjenige des Universums ist. Und danach wird also jedes Einzelding, nicht bloß der Mensch, zum „Spiegel" der Weltsubstanz. Jedes, ausnahmslos, ist seinem Wesen nach die Gottheit selbst, aber jedes in eigener, von allen andern unterschiedener Weise. Diesen Gedanken legt Bruno in dem Begriff der M o n a d e nieder. Er verstand darunter das urlebendige, unvergängliche Einzel- wesen, welches, ebenso körperlicher wie geistiger Natur, als stets geformter Stoff eine der Teilerscheinungen der Weltkraft bildet, in deren Wechselwirkung das Welt- leben besteht. Jede Monade ist eine individuelle Daseinsform des göttlichen Seins, eine endliche Existenzform der unendlichen Essenz. Da nun nichts ist als Gott und die Monaden, so ist das Universum bis in den kleinsten Winkel hinein b e s e e l t, und das unendliche Alleben individualisiert sich an jedem Punkte zu besonderer Eigenart. Daraus ergibt sich, daß jedes Ding (wie der Weltkörper sich zugleich um seine eigene Achse und um seine Sonne bewegt) in seiner Lebensbewegung teils dem Gesetze seines besonderen Wesens, teils einem allgemeineren Gesetze folgt. Cam- panella, der mit dem kopernikanischen System auch diese Lehre aufnahm, bezeich- nete dies Streben zum Ganzen, diesen Zug zum Urquell aller Wirklichkeit als

---

[17]) Eine Dreiteilung, die deutlich auf Augustin zurückweist; vgl. oben § 22, 3.

Religion und sprach in diesem Sinne von einer „natürlichen" Religion, d. h. von der Religion als „Naturtrieb" (man würde jetzt etwa sagen Zentripetaltrieb), den er folgerichtig allen Dingen überhaupt zuschrieb und der im Menschen die Sonderform der „rationalen" Religion annehmen sollte, d. h. des Strebens, durch Liebe und Erkenntnis mit Gott Eins zu werden[18]).

Dies Prinzip der unendlichen Variabilität des göttlichen Weltgrundes, der sich in jedem Einzeldinge unter besonderer Form darstellte, findet sich auch ähnlich bei Paracelsus. Hier wird wie bei Nicolaus Cusanus gelehrt, daß in jedem Dinge alle Stoffe vorhanden seien, jedes also einen Mikrokosmus bedeute, jedes aber auch wieder noch sein besonderes Lebens- und Wirkungsprinzip habe. Diesen Sondergeist des Individuums nennt Paracelsus den Archeus; Jakob Boehme, auf den auch diese Lehre übergegangen ist, nennt ihn den Primus.

Bei Bruno verknüpft sich der Begriff der Monade in sehr interessanter Weise, wenn auch ohne weitere Wirkung auf seine physikalischen Anschauungen, mit demjenigen des A t o m s, der ihm, wie der früheren Zeit, durch die epikureische Tradition (Lucrez) zugeführt wurde. Das „Kleinste", in der Metaphysik die Monade, in der Mathematik der Punkt, ist in der Physik das Atom, das unteilbare, kugelförmige Element der Körperwelt. Erinnerungen der pythagoreisch-platonischen Elementenlehre und der verwandten demokritischen Atomtheorie wurden so mitten im Neuplatonismus lebendig; sie fanden aber auch bei Männern wie Basso, Sennert u. a. selbständige Erneuerung und führten so zu der sog. K o r p u s k u l a r t h e o r i e, wonach die Körperwelt aus untrennbaren Atomkomplexen, den Korpuskeln, bestehen sollte. Für die Bewegung der Atome selbst wurde im Zusammenhange mit ihrer mathematischen Form eine ursprüngliche und unveränderliche Gesetzmäßigkeit angenommen, auf welche auch die Wirkungsweise der Korpuskeln zurückzuführen sei[19]).

5. Schon hierbei machen sich in der altpythagoreischen Form, bzw. deren demokritischer und platonischer Umbildung die Wirkungen der M a t h e m a t i k geltend. Die letzten Bestandteile der physischen Wirklichkeit sind durch ihre stereometrische Form bestimmt, und auf diese müssen die qualitativen Bestimmungen der Erfahrung zurückgeführt werden. Die Verknüpfung der Elemente aber setzt als Prinzip der Mannigfaltigkeit die Zahlen und ihre Ordnung voraus[20]). So treten wieder die Raumformen und Zahlenverhältnisse als das Wesentliche und Ursprüngliche in der physischen Welt hervor; und damit wird die aristotelisch-stoische Lehre von den qualitativ bestimmten Kräften, von den inneren „Formen" der Dinge, von den *qualitates occultae* verdrängt. Wie sie einst über das pythagoreisch-demokritisch-platonische Prinzip gesiegt hatte, so mußte sie diesem wiederum weichen: und hierin liegt eine der wichtigsten Vorbereitungen für den Ursprung der neueren Naturwissenschaft.

Die Anfänge dazu finden sich auch schon bei Nicolaus Cusanus; aber jetzt

[18]) Vgl. W. DILTHEY, Der entwicklungsgeschichtliche Pantheismus nach seinem geschichtlichen Zusammenhange mit den älteren pantheistischen Systemen. Arch. f. G. d. Ph., XIII, 1900, vgl. o. S. 298 u. 304.

[19]) Vgl. K. LASSWITZ, Geschichte des Atomismus vom Mittelalter bis Newton. I. (Hamburg-Leipzig 1890), S. 359 ff.

[20]) Vgl. hierzu besonders G. BRUNO, De triplici minimo.

erfuhren sie eine wesentliche Stärkung aus derselben Quelle, woraus sie bei ihm sich erklären: aus der alten Literatur, insbesondere aus den neupythagoreischen Schriften. Eben deshalb aber haben sie auch um diese Zeit noch das phantastisch-metaphysische Gewand der Z a h l e n m y s t i k und Z a h l e n s y m b o l i k. Das Buch der Natur ist in Zahlen geschrieben, die Harmonie der Dinge ist diejenige des Zahlensystems. Alles ist von Gott nach Maß und Zahl geordnet, alles Leben ist eine Entwicklung mathematischer Verhältnisse. Allein ebenso wie im späteren Altertum, so entfaltet sich auch hier dieser Gedanke zunächst als eine willkürliche Begriffsdeuterei und eine geheimnisvolle Spekulation. Von der Konstruktion der Dreieinigkeit an, wie sie z. B. auch Bouillé versuchte, soll das Hervorgehen der Welt aus Gott wieder als der Prozeß der Verwandlung der Einheit in das Zahlensystem begriffen werden. Solchen Phantasien gingen Männer wie Cardanus und Pico nach; Reuchlin fügte noch die mythologischen Gebilde der jüdischen Cabbala hinzu.

6. So trat das zu fruchtbarster Entfaltung bestimmte Prinzip zunächst wieder mit alter metaphysischer Wunderlichkeit umhüllt in die neue Welt, und es bedurfte noch frischer Kräfte, um es daraus zu rechter Wirkung herauszuschälen. Inzwischen aber mischte es sich mit ganz andern Bestrebungen, die gleichfalls in der neuplatonischen Tradition ihren Ursprung hatten. Zu der Idee eines seelischen Universallebens, zu der phantasievollen Vergeistigung der Natur gehörte auch der Trieb, mit geheimnisvollen Mitteln, mit Beschwörungen und Zauberkünsten in den Lauf der Dinge einzugreifen und ihn nach dem Willen des Menschen zu leiten. Auch hier schwebte dem phantastischen Drange der aufgeregten Zeit ein hoher Gedanke vor. die Beherrschung der Natur durch die Kenntnis der in ihr wirkenden Kräfte. Aber auch diesen übernahm man in der Hülle antiken Aberglaubens. Betrachtete man mit den Neuplatonikern das Leben der Natur als ein Walten von Geistern, als einen geheimnisvollen Zusammenhang innerlicher Kräfte, so galt es, sich diese durch Wissen und Willen untertan zu machen. So wurde die M a g i e zu einem Lieblingsgegenstande der Renaissance, und ihre Wissenschaft bemühte sich, wieder System in den Aberglauben zu bringen.

Die Astrologie mit ihren Einwirkungen der Gestirne auf das Menschenleben, die Traum- und Zeichendeutung, die Nekromantik mit ihren Geisterbeschwörungen, die Wahrsagungen der Ekstatischen — alle diese Elemente der stoisch-neuplatonischen Mantik standen damals in üppigster Blüte. Pico und Reuchlin brachten sie mit der Zahlenmystik in Verbindung, Agrippa von Nettesheim übernahm alle skeptischen Angriffe gegen die Möglichkeit rationaler Wissenschaft, um bei mystischen Erleuchtungen und geheimen Zauberkünsten Hilfe zu suchen. Cardanus ging allen Ernstes daran, die Gesetzmäßigkeit dieser Wirkungen zu bestimmen, und Campanella räumte ihnen in seiner Weltvorstellung einen ungewöhnlich breiten Raum ein.

Insbesondere zeigten sich diesen magischen Künsten die Ärzte geneigt, deren Beruf den Eingriff in den Naturverlauf verlangte und von den geheimen Künsten besondere Förderung erwarten zu dürfen schien. Aus diesem Gesichtspunkt wollte P a r a c e l s u s die Medizin reformieren. Auch er geht von der Sympathie aller Dinge, von dem geistigen Zusammenhange des Universums aus. Er findet das Wesen der Krankheit in der Beeinträchtigung des individuellen Lebensprinzips, des Archeus, durch fremde Mächte, und er sucht die Mittel, um den Archeus zu befreien und zu kräftigen. Da aber dies durch entsprechende Zusammensetzung der Stoffe geschehen sollte, so mußten allerlei Wundertränke, Tinkturen und sonstige Geheimmittel gebraut werden, und so wurden die Künste der A l c h y m i e in Bewegung gesetzt, die trotz aller Wunderlichkeiten bei einem unglaublichen Massenbetrieb schließlich doch eine Anzahl brauchbarer Ergebnisse für chemische Einsichten abwarfen.

Dabei führte die metaphysische Grundvoraussetzung von der wesentlichen Einheitlichkeit aller Lebenskraft zu dem Gedanken, daß es auch ein einfaches, kräftigstes Gesamtmittel zur Stärkung jedes beliebigen Archeus, daß es eine Panacee gegen alle Krankheiten und zur Aufrechterhaltung aller Lebenskräfte geben müsse; und der Zusammenhang mit den makrokosmischen Bestrebungen der Magie nährte die Hoffnung, daß der Besitz dieses Geheimnisses die höchste Zaubermacht verleihen und die begehrtesten Schätze gewähren werde. Das alles sollte der „Stein der Weisen" leisten: alle Krankheiten sollte er heilen, alle Stoffe in Gold verwandeln, alle Geister in die Gewalt seines Besitzers bannen. Und so waren es schließlich sehr reale und nüchterne Absichten, die in den Abenteuern der Alchymie sich zu befriedigen dachten.

7. Die Einfügung dieser magischen Naturanschauung in das religiöse Grübelsystem der deutschen Mystik macht das Eigentümliche von J a c. B o e h m e s Philosophie aus. Auch er ist von dem Gedanken, daß die Philosophie Naturerkenntnis sein solle, ergriffen: aber der tiefe Ernst des religiösen Bedürfnisses. welcher der deutschen Reformation zu Grunde lag, ließ ihn sich nicht bei der seinerzeit üblichen Scheidung von religiöser Metaphysik und Naturwissenschaft begnügen, und er suchte beide wieder in Eins zu arbeiten. Derartige Bestrebungen, die über die dogmatische Fixierung des Protestantismus hinaustrieben und mit einer christlichen Metaphysik die Aufgaben der neuen Wissenschaft zu lösen hofften, wuchsen auch sonst neben dem offiziellen Peripatetizismus empor. T a u r e l l u s wollte eine solche überkonfessionelle Philosophie des Christentums liefern und eignete sich mit richtigem Instinkt dafür manche Elemente der augustinischen Willenslehre an, vermochte aber nicht genug aus dem realen Inhalt des Zeitinteresses in diese Gedanken hineinzuarbeiten, gelangte vielmehr schließlich zu einer völligen Abscheidung der empirischen Forschung von aller Metaphysik. Ähnlich erging es der mystischen Bewegung, die mit volkstümlichem Gegensatz gegen die neue Orthodoxie um so mehr anschwoll, je mehr diese in sich vertrocknete und verknöcherte: auch die mystischen Lehren blieben in vager Allgemeinheit hangen, bis ihnen zuerst durch Weigel und dann vollständig durch Boehme der Paracelsismus zugeführt wurde.

In Boehmes Lehre nimmt der Neuplatonismus wieder völlig religiöse Färbung an. Auch hier gilt der Mensch als der Mikrokosmus, von dem aus die leibliche, die „siderische" und die göttliche Welt erkannt werden können, wenn man, unbeirrt von gelehrten Theorien, der rechten Erleuchtung folgt. Die Selbsterkenntnis jedoch ist die religiöse, welche den Gegensatz des Guten und des Bösen als Grundzug des menschlichen Wesens findet. Derselbe Gegensatz erfüllt die ganze Welt: er herrscht im Himmel wie auf Erden, und da alles nur in Gott seine Ursache haben kann, so muß er auch in diesem aufgesucht werden. Boehme dehnt die *coincidentia oppositorum* bis auf die äußerste Grenze aus, und er findet mit wohl kaum bewußtem Anschluß an Meister Eckhart den Grund der Dualität in der Notwendigkeit der Selbstoffenbarung des göttlichen Urgrundes. Wie das Licht nur an der Finsternis, so kann Gottes Güte nur an seinem Zorn offenbar werden. So schildert denn Boehme den Prozeß der e w i g e n S e l b s t g e b ä r u n g G o t t e s, wie aus dem dunklen Seinsgrunde in ihm der „Drang" oder der Wille, welcher nur sich selbst zum Gegenstande hat, zur Selbstoffenbarung in der göttlichen Weisheit gelangt, und wie der so offenbar Gewordene sich in die Welt gestaltet. Geht so unmittelbar die theogonische Entwicklung in die kosmogonische über, so zeigt sich in der letzteren überall das Bestreben, den religiösen Grundgegensatz in den naturphilosophischen Kategorien des paracelsischen Systems durchzuführen. So werden drei Reiche der Welt und sieben Gestalten oder „Qualen" konstruiert, die von den materiellen Kräften der Anziehung und Abstoßung zu denen des Lichts und der Wärme und von da zu denen der sensiblen und intellektuellen Funktionen aufsteigen. An diese Schilderung des ewigen Wesens der Dinge knüpft sich dann die Geschichte der irdischen Welt, welche mit dem Sündenfall Lucifers und der Versinnlichung jenes geistigen Wesens beginnt und mit der Überwindung des hochmütigen „Vergafftseins" in die Kreatur, mit der reinen mystischen Hingabe des Menschen an die Gottheit, schließlich mit der Wiederherstellung der geistigen Natur endet. Das alles wird von Boehme in prophetenhafter Rede, voll tiefer Überzeugung, mit einer einzigartigen Mischung von Tiefsinn und Dilettantismus vorgetragen. Es ist der Versuch der Eckhartschen Mystik, der modernen Interessen der Wissenschaft Herr zu werden, und der erste, noch tastend unsichere Schritt dazu, die Naturwissenschaft in eine idealistische Metaphysik emporzuheben. Aber weil dies aus innerstem religiösen Leben her geschieht, so treten bei Boehme die intellektualistischen Züge der älteren Mystik mehr zurück: wenn der Weltprozeß bei Eckhart im Entstehen wie im Vergehen eine Erkenntnis sein sollte, so ist er bei Boehme vielmehr ein Ringen des Willens zwischen dem Guten und dem Bösen.

8. Auf allen diesen Wegen war der Erfolg der Ablösung der Philosophie von der dogmatischen Theologie doch immer der, daß die gesuchte Naturerkenntnis die Form der älteren Metaphysik annahm. Dieser Vorgang war so lange unvermeidlich, wie der Wunsch nach Naturerkenntnis noch weder über ein selbsterworbenes Tatsachenmaterial noch über neue begriffliche Formen zu dessen Verarbeitung verfügen konnte. Als Vorbedingung dazu aber war es erforderlich, daß man die Unzulänglichkeit der metaphysischen Theorien einsah und sich von ihnen her dem E m p i r i s m u s zuwendete. Diesen Dienst haben der Genesis des modernen Denkens die Tendenzen des N o m i n a l i s m u s und T e r m i n i s m u s, zum Teil auch die rhetorisch-grammatische Opposition gegen die Schulwissenschaft, sowie die Erneuerung der antiken S k e p s i s geleistet.

Als gemeinsamer Ausgangspunkt dieser Bestrebungen müssen die Schriften von Ludovico V i v e s angesehen werden; aber sie beweisen auch, daß die Bedeutung aller dieser Anregungen zunächst wesentlich negativen Charakters bleibt. An Stelle der dunklen Wörter und der willkürlichen Begriffe der Metaphysik wird in nominalistischer Weise die unmittelbare, intuitive Auffassung der Sachen selbst durch die Erfahrung verlangt: aber die Bemerkungen über die Art, wie diese nun wissenschaftlich angestellt werden soll, sind dürftig und unsicher; vom Experiment ist die Rede, aber ohne tiefere Einsicht in sein Wesen. Ganz ebenso liegt die Sache später bei Sanchez. Und wenn die Verkünstelungen der syllogistischen Methode mit großem

Lärm angegriffen wurden, so hatte an deren Stelle diese Richtung schließlich nur die ramistischen Einfälle der „natürlichen Logik" zu setzen (vgl. § 28, 4).

Es kam hinzu, daß dieser Empirismus gerade vermöge seines Ursprungs aus dem Terminismus sich der äußeren Natur gegenüber nur sehr unsicher bewegen konnte. Er vermochte den Hintergrund des Occamschen Dualismus nicht zu verleugnen. Die Sinneswahrnehmung galt ja nicht als ein Abbild des Dinges, sondern als ein der Gegenwart desselben entsprechender innerer Zustand des Subjekts. Diese Bedenken konnten durch die Theorien der antiken Skepsis nur verstärkt werden: denn es kam nun die Lehre von den Sinnestäuschungen, die Betrachtung der Relativität und des Wechsels aller Wahrnehmungen hinzu. Daher warf sich auch jetzt dieser Empirismus der Humanisten mehr auf die innere Wahrnehmung, die allgemein für sehr viel sicherer erachtet ward als die äußere. Am glücklichsten ist Vives, wo er der empirischen Psychologie das Wort redet; Männer wie Nizolius, Montaigne, Sanchez teilten diese Ansicht, und Charron gab ihr praktische Bedeutung. Bei allen diesen geht, so sehr sie auf Anschauung der Sachen selbst dringen, doch schließlich die äußere Wahrnehmung verhältnismäßig leer aus.

Wie wenig selbstgewiß und wie wenig fruchtbar in prinzipieller Hinsicht dieser Empirismus damals war, zeigen gerade am meisten seine beiden Hauptvertreter in Italien: T e l e s i o und Campanella. Der erstere, einer der rührigsten und einflußreichsten Gegner des Aristotelismus, wird schon in seiner Zeit (auch von Bruno und Bacon) überall als derjenige gerühmt, welcher am schärfsten verlangt habe, daß die Wissenschaft sich nur auf dem Boden sinnlich wahrgenommener Tatsachen aufbauen solle, und er gründete in Neapel eine Akademie, die sich nach seiner Heimat die k o s e n t i n i s c h e nannte und in der Tat viel zur Pflege des empiristisch-naturwissenschaftlichen Sinnes beigetragen hat. Sehen wir aber zu, wie er nun selbst über die Natur „juxta propria principia" handelt, so begegnen uns echt naturphilosophische Theorien, welche ganz in der Weise der alten Ionier von wenigen Beobachtungen her schnellfertig zu allgemeinsten metaphysischen Prinzipien überspringen. Da werden das Trocken-Warme und das Feucht-Kalte als die beiden gegensätzlichen Grundmächte dargestellt, aus deren Kampf sich das makrokosmische wie das mikrokosmische Leben erklären soll. Fast noch mehr tritt derselbe innere Widerspruch bei C a m p a n e l l a hervor. Dieser lehrt den ausgesprochensten Sensualismus. Alles Wissen ist ihm ein „Fühlen" *(sentire)*; selbst Erinnerung, Urteil und Schluß sind ihm nur modifizierte Formen jenes Fühlens. Aber auch bei ihm kippt der Sensualismus in den psychologischen Idealismus um; er ist viel zu sehr Nominalist, um nicht zu wissen, daß alles Wahrnehmen nur das Fühlen der Zustände des Wahrnehmenden selbst ist. So nimmt er denn seinen Ausgang von der inneren Erfahrung und baut auf ein einfaches Aperçu (vgl. oben Nr. 3) nach dem Prinzip der Analogie von Makrokosmus und Mikrokosmus eine vielgliedrige Ontologie. In diese zieht er dann auch noch den ganz scholastischen Gegensatz des Seins und des Nichtseins *(ens* und *non-ens)* herein, welcher nach neuplatonischem Muster mit demjenigen des Vollkommenen und des Unvollkommenen identifiziert wird, und zwischen beiden spannt er das bunte metaphysische Bild eines schichtenweis gegliederten Weltsystems aus.

So zähe hängen sich überall die lang eingelebten Gewohnheiten des metaphysischen Denkens an die Anfänge der neuen Forschung.

2. Kapitel. Die naturwissenschaftliche Periode.

PH. DAMIRON, Essai sur l'histoire de la philosophie au 17. siècle. Paris 1846.
CH. DE RÉMUSAT, Histoire de la philosophie en Angleterre depuis Bacon jusqu'à Locke,
2. Tom. Paris 1875.
W. FROST, Bacon und die Naturphilosophie (München 1926)
Über DILTHEY, CASSIRER u. a. vgl. o. S. 298.

Den entscheidenden Einfluß auf die Entwicklung der neueren Philosophie hat
die N a t u r w i s s e n s c h a f t erst dadurch gewonnen, daß sie mit bewußt methodischer Ausgestaltung ihre eigene Selbständigkeit erreichte und von dieser aus die
allgemeine Bewegung des Denkens der Form und dem Inhalt nach zu bestimmen
vermochte. Insofern ist die Entwicklung der naturwissenschaftlichen Methode von
Kepler und Galilei bis zu Newton zwar nicht selbst der Werdegang der modernen
Philosophie, aber doch diejenige Ereignisreihe, auf welche dieser stetig bezogen
erscheint.

Überhaupt aber sind deshalb die positiven Anfänge der modernen Philosophie
nicht so sehr in neuen inhaltlichen Konzeptionen, als vielmehr in der m e t h o d i -
s c h e n B e s i n n u n g zu suchen, aus der dann freilich mit der Zeit auch neue
sachliche Gesichtspunkte für die Behandlung der theoretischen wie der praktischen
Probleme sich ergeben haben. Zunächst aber waren die Springpunkte des modernen
Denkens überall diejenigen, an welchen aus der humanistischen Opposition gegen
die Scholastik und aus den aufgeregten metaphysischen Phantasien der Übergangszeit sich dauernd fruchtbare Auffassungen von der Aufgabe und dem dadurch
bedingten Verfahren der neuen Wissenschaft herausgelöst haben.

Hierin besteht von vornherein ein wesentlicher Unterschied der modernen Philosophie von der antiken; jene beginnt ebenso reflektiert wie diese naiv, und das
versteht sich von selbst, weil jene sich aus eben den Traditionen heraus entwickeln
mußte, welche diese geschaffen hat. Deshalb aber ist es der überwiegenden Anzahl
der Systeme der neueren Philosophie eigen, von methodologischen und erkenntnistheoretischen Überlegungen her den Weg zu den sachlichen Problemen zu suchen,
und im besonderen kann man das 17. J a h r h u n d e r t in Betreff seiner Philosophie als einen K a m p f d e r M e t h o d e n charakterisieren.

Während aber die Bewegung der humanistischen Periode der Hauptsache nach
in Italien und Deutschland sich abgespielt hatte, trat nunmehr die kühlere Besonnenheit der beiden westlichen Kulturvölker hervor. Italien war durch die Gegen-
reformation stumm gemacht, Deutschland durch den verderblichen Konfessions-
krieg lahmgelegt. E n g l a n d und F r a n k r e i c h dagegen erlebten im 17. Jahrhundert die Blüte ihrer intellektuellen Kultur, und zwischen ihnen wurden die
N i e d e r l a n d e eine lebensvolle Heimstätte für Kunst und Wissenschaft.

In der Entwicklung der naturwissenschaftlichen Methode konvergierten die
Richtungen des E m p i r i s m u s und der m a t h e m a t i s c h e n T h e o r i e :
in der philosophischen Verallgemeinerung traten beide unabhängiger gegeneinander
hervor. Das Programm der E r f a h r u n g s p h i l o s o p h i e stellt B a c o n auf,
ohne dem methodischen Grundgedanken die fruchtbare Ausführung abzugewinnen,
die er in Aussicht stellte. Beträchtlich vielseitiger faßte D e s c a r t e s die naturwissenschaftliche Bewegung seiner Zeit zu einer Neubegründung des R a t i o n a -
l i s m u s zusammen, indem er das scholastische Begriffssystem mit dem reichen

21*

Inhalt der Galileischen Forschung erfüllte. Daraus aber ergaben sich weittragende metaphysische Probleme, die in der zweiten Hälfte des 17. Jahrhunderts eine außerordentlich lebhafte Bewegung des philosophischen Denkens hervorriefen, — eine Bewegung, in welcher die neuen Prinzipien mannigfache gegensätzliche Verbindungen mit solchen der mittelalterlichen Philosophie eingingen. Aus der c a r t e - s i a n i s c h e n S c h u l e entsprang der O c c a s i o n a l i s m u s, dessen Hauptvertreter G e u l i n c x und M a l e b r a n c h e sind; ihren Austrag aber fand diese Entwicklung in den beiden großen philosophischen Systemen, die S p i n o z a und L e i b n i z aufstellten.

Die Einwirkung, welche die mächtige Entfaltung der theoretischen Philosophie auch auf die Behandlung der p r a k t i s c h e n Probleme ausübte, zeigt sich hauptsächlich auf dem Gebiete der R e c h t s p h i l o s o p h i e. Auf diesem nimmt H o b b e s die entscheidende Stellung als der Führer eines ethischen Naturalismus ein, der sich in veränderter Form auch bei seinen Gegnern wie H e r b e r t v o n C h e r b u r y u n d C u m b e r l a n d findet: in diesen Gegensätzen bereiten sich die Probleme der Aufklärungsphilosophie vor.

Die Reihe der großen Naturforscher, die unmittelbar auch in philosophische Fragen eingegriffen haben, eröffnet Johann K e p l e r (1571—1630) aus Weil der Stadt in Württemberg, nach einem mit Not und Sorge ringenden Leben in Regensburg gestorben. Unter seinen Werken (Ausgabe von FRISCH, Frankfurt 1858—71, 8 Bde.) sind Mysterium cosmographicum, Harmoniae mundi (deutsch, Die Zusammenklänge der Welten, Jena 1918), Astronomia nova seu physica coelestis tradita commentariis de motibus stellae Martis hervorzuheben. Vgl. CHR. SIGWART, Kleine Schriften, I, 182 ff. R. EUCKEN, Philos. Monatsh. 1878, S. 30 ff. — Unmittelbar an ihn schließt sich Galileo G a l i l e i (1564 zu Pisa geboren, 1642 zu Arcetri gestorben). Seine ruhige, sachlich leidenschaftslose Vertretung der neugewonnenen und durch ihn selbst begrifflich begründeten Naturerkenntnis hat ihn nicht vor den Angriffen der Inquisition zu schützen vermocht; er erkaufte den Frieden und das Recht weiterer Forschung, um die es ihm allein zu tun war, durch äußere Unterwerfung. Von den Werken (15 Bde., Florenz 1842—56 mit einem biographischen Supplementbande von Arago) enthalten Bd. 11—14 die Fisicomathematica, darunter Il saggiatore (1623) und den Dialog über das ptolemäische und das kopernikanische System (1632) (deutsch von E. STRAUSS 1892). Vgl. H. MARTIN. G., les droits de la science et la méthode des sciences physiques (Paris 1868); C. PRANTL, Galilei und Kepler als Logiker (München 1875); P. NATORP, G. als Philosoph (Philos. Monatsh. 1882, S. 193 ff.). E.GOLDBECK, Der Mensch und sein Weltbild (1925). E. WOHLWILL (I, 1910, II, 1920). L. OLSCHKI, G. G. (Halle 1927). Isaak N e w t o n (1642—1727) kommt hauptsächlich wegen der Philosophiae naturalis principia mathematica (1687; 2. Aufl. von Cotes 1713; deutsch von WOLFERS, 1872) und seiner Optik (1704) in Betracht; vgl. FR. ROSENBERGER, I. N. und seine physikalischen Prinzipien (Leipzig 1895); L. BLOCH, La philos. de N. (Paris 1908). — Von seinen Zeitgenossen sind der Chemiker Robert B o y l e (1626—1691); Chemista scepticus; Origo formarum et qualitatum; De ipsa natura) und der Niederländer Christian H u y g h e n s (1629 bis 1695; De causa gravitatis; De lumine) hervorzuheben. — Vgl. W. WHEWELL, History of the inductive sciences (London 1837; deutsch von LITTROW, Leipzig 1839 ff.). — E. F. APELT, Die Epochen der Geschichte der Menschheit (Jena 1845). E. DÜHRING, Kritische Geschichte der Prinzipien der Mechanik (Leipzig 1872). — A. LANGE, Geschichte des Materialismus, 8. Aufl. (Leipzig 1908). — E. MACH, Die Mechanik in ihrer Entwicklung (8. Aufl., 1921). — K. LASSWITZ, Geschichte der Atomistik, 2 Bde. (Hamburg und Leipzig 1890). — H HERTZ, Die Prinzipien der Mechanik (Leipzig 1894, 2. Aufl., 1910), Einl. 1—47. Francis B a c o n, Baron v o n V e r u l a m, Viscount von St. Albans, war 1561 geboren, studierte in Cambridge, machte unter der Regierung der Elisabeth und Jakobs I. eine glänzende Karriere, bis er aus der Stelle des Großkanzlers in einem politischen Tendenzprozeß durch Überführung der Bestechlichkeit gestürzt wurde. Er starb 1626. Die Schattenseiten seines persönlichen Charakters, die im politischen Strebertum ihren Ursprung hatten, treten hinter die sein Leben erfüllenden Erkenntnis zurück, daß nur im Wissen des Menschen Macht und besonders seine Macht über die Natur beruhe: in einer den Gewohnheiten seiner Zeit gemäß großsprecherischen Weise proklamierte er die Aufgabe seiner Wissenschaft, durch Erkenntnis der Natur diese mit ihren Kräften in den Dienst des Menschen und der zweckmäßigen Gestaltung des gesellschaftlichen Lebens zu stellen. Die letzte Ausgabe seiner Werke ist die von SPEDDING und HEATH (London 1857 ff.). Die Hauptschriften außer den Essays (Sermones fideles) sind De · dignitate et augmentis scientiarum (1623; ursprünglich On the proficience and advancement of learning divine and human, 1605) und Novum organon scientiarum (1620, ursprünglich Cogitata et visa 1612)[21]. Vgl. CH. DE RÉMUSAT, B., so vie, son temps, sa philosophie et son influence jusqu'à nos jours (Paris 1854). H. HEUSSLER, FR. B. und seine geschichtliche Stellung (Breslau 1889). E. WOLFF, B. und seine Quellen, I, 1910, II, 1913. R. W. CHURCH (London 1925) und den Anhang zu K. Fischer, B. ⁴ (1923) von E. v. ASTER.

René D e s c a r t e s (Cartesius), 1596 in der Touraine geboren, in der Jesuitenschule La Flèche erzogen, war ursprünglich zum Soldaten bestimmt und machte in verschiedenen Diensten die Feldzüge von 1618—1621 mit, zog sich dann aber erst in Paris und später viele Jahre an verschiedenen Orten der Niederlande in eine wissenschaftliche Einsamkeit zurück, die er geflissentlich und sorgfältigst bewahrte. Nachdem ihm diesen Aufenthalt die Streitigkeiten verleidet hatten, in welche seine Lehre an den dortigen Universitäten verwickelt wurde, folgte er 1649 einem Rufe der Königin Christine von Schweden nach Stockholm, wo er jedoch schon im folgenden Jahre starb. Von der vorzüglichen, im Auftrage der Pariser Akademie herausgegebenen Gesamtausgabe liegen 12 Bände, Paris 1897 bis 1911, vor, die z. T. schon viele wertvolle Inedita gebracht haben; der zwölfte enthält die Biographie D.s von CH. ADAM; was noch aussteht, sind Register und Ergänzungen. Früher sind die Werke lateinisch in den Amsterdamer Ausgaben (1650 u. a.), französisch von V. COUSIN (11 Bde., Paris 1824 ff.) gesammelt; die grundlegenden Schriften von KUNO FISCHER (Mannheim 1863) übersetzt. Den Grundzug seines Wesens bilden die von allen äußeren Gütern abgewandte Leidenschaft des Erkennens, das Streben nach Selbstbehrung, der Kampf gegen die Selbsttäuschung, die Scheu vor allem äußeren Hervortreten und den damit verbundenen Konflikten, die kühle Vornehmheit rein intellektuellen Lebens und der volle Ernst innerer Wahrheit. Die Hauptwerke sind: Le monde ou traité de la lumière (erst posthum 1664 und im Original 1677 gedr.); Essais, 1637, darunter der Discours de la méthode und die Dioptrik; Meditationes de prima philosophia, 1641, vermehrt durch die Einwürfe verschiedener Gelehrten und D.s Antworten; Deutsche Übersetzung von A. BUCHENAU in der Philos. Bibl. 1915; Principia philosophiae 1644, Passions de l'âme, 1650.Vgl. F. BOUILLIER, Histoire de la philosophie cartésienne (Paris 1854). X. SCHMID-SCHWARZENBERG, R. D. und seine Reform der Philosophie (Nördlingen 1851). G. GLOGAU in Zeitschr. f. Philos. 1878, S. 209 ff. L. LIARD, D. (Paris, 2. Aufl., 1903). K. JUNGMANN, R. D. 1908. A. KASTIL (1909). O. HAMELIN, le système de D. (Paris 1911). H. HEIMSOETH, Die Methode der Erkenntnis bei D. u. Leibniz (1912 f.). E. GILSON, Index scolastico-Cartésien (Paris 1913). J. CHEVALIER, D. (Paris 1921). C. v. BROCKDORFF, Descartes (1923). H. GOUTIER, La Pensée religieuse de D. (Paris 1924). Und den Anhang zu K. FISCHER, D. ⁵ (1912) von H. FALKENHEIM. A. HOFFMANN, D. (2. Aufl. 1923).

Zwischen diesen beiden Führern der neueren Philosophie steht Thomas H o b b e s, 158𝑓 geboren, in Oxford gebildet, früh nach Frankreich gezogen und häufig wieder dahin zurückgeführt, in persönlicher Bekanntschaft mit Bacon, Gassendi, dem Kreise um Mersenne, 1679 gestorben. Die Gesamtausgabe seiner lateinischen und englischen Werke hat MOLESWORTH, London 1839 ff. besorgt. Seine erste Schrift, Elements of law natural and politic (1640), wurde von seinen Freunden in zwei Teilen, Human nature und De corpore politico, 1650, herausgegeben: (Die erste vollständige Publikation erfolgte erst 1889 durch TÖNNIES; Übersetzung mit Einführung von TÖNNIES in den Klassikern der Politik, XIII, 1926) vorher veröffentlichte er Elementa philosophica de cive, 1642 und 47, ferner Leviathan or the matter, form and power of a commonwealth ecclesiastical and civil, 1651. Behemoth or the long parliament (herausg. v. TÖNNIES, London 1889). Übersetzt von JULIUS LIPS im Anhang zu der Schrift Die Stellung des Th. H. zu den politischen Parteien der großen englischen Revolution (1927). Elementa philosophiae, 1668, I. De corpore (zuerst 1655), II. De homine (zuerst 1658). Übersetzt in der philos. Bibl. von FRISCHEISEN-KÖHLER (1915 f.). Vgl. G. C. ROBERTSON, H. (London 1886), F. TÖNNIES in Vierteljahrsschr. f.

---

[21]) Bekanntlich ist in neuester Zeit viel Lärmens um die Entdeckung gemacht worden, Lord Bacon habe in seinen Mußestunden auch Shakespeares Werke geschrieben. Zwei große literarische Erscheinungen in eine zu verschmelzen, mag sein Verlockendes haben: jedenfalls aber hat man sich dabei in der Person vergriffen. Denn sehr viel wahrscheinlicher wäre es doch, daß Shakespeare gelegentlich auch die Baconische Philosophie gedichtet hätte.

w. Philos. 1879 ff. und H.' Leben und Lehre, 3. Aufl., 1925; M. FRISCHEISEN-KÖHLER in der Festschrift für A. Riehl (1914). HOENIGSWALD, H. und die Staatsphilosophie (1924). E. MEINECKE, Die Idee der Staatsraison (1924).

Aus der cartesianischen Schule (vgl. BOUILLIER a. a. O.) sind die Jansenisten von Port Royal hervorzuheben (vgl. BRÉMOND, Histoire du sentiment religieux en France, Bd. IV, L'école de Port Royal, Paris 1925), aus deren Kreisen die von Anton Arnauld (1612—1694, vgl. K. BOPP in Abh. z. Gesch. d. mathem. Wissensch., Heft 14, 1902) und Pierre Nicole (1625—1695) herausgegebene Logique ou l'art de penser (1662) stammte; ferner die Mystiker Blaise Pascal (1623—1662; Pensées sur la religion; vgl. die Monographien von J. G. DREYDORFF, Leipzig 1870 und 75, G. DROZ, Paris 1886, und V. GIRAUD, Paris 1900, BORNHAUSEN 1907, STROWSKI 1907 f. und P. M. LAHORGUE (Paris 1923) und Pierre Poiret (1646—1719; De eruditone triplici, solida superficiaria et falsa)

Eine andere eigenartige Kombination des skeptischen, des rationalistischen und des religiösen Moments findet sich bei dem geistreichen Weltgeistlichen Pierre Gassend (Gassendi, einem Provencalen, 1592—1655, der Kanonikus in Dijon war, aber viel in dem Kreise von Mersenne verkehrte), dem Erneuerer des Epikureismus (vgl. oben S. 304); Exercitationes paradoxicae adversus Aristoteleos, I 1624, II posthum 1659; seine Objektionen gegen Descartes wurden auf dessen Replik zu einer Duplik erweitert, die sein Schüler Samuel Sorbière unter dem Titel Disquisitiones anticartesianae 1649 herausgab. Unter seinen gesammelten Werken ist noch das Syntagma philosophicum hervorzuheben. Vgl. seines Schülers Bernier Abrégé de la philos. de G., 8 Bde., Lyon 1678; neuerdings MARTIN (Paris 1853), HENRI BERR (Paris 1898), H. SCHNEIDER (1904), P. PENDZIG (Bonn 1908 f.).

Die Entwicklung zum Occasionalismus schreitet allmählich in Louis de la Forge (Traité de l'esprit humain 1666), Clauberg (1622—1665: De coniunctione corporis et animae in homine), Cordemoy (Le discernement du corps et de l'âme, 1666) vor, findet aber unabhängig von diesen die abschließende Ausbildung bei Arnold Geulincx (1625—1669; Universitätslehrer in Loewen und Leyden). Dessen Hauptwerk ist die Ethik (1665; 2. Aufl. mit Anmerk. 1675); Logik 1662, Methodus 1663. Neue Ausgabe der W. von J. P. N. LAND (3 Bde., Haag 1891—93). Vgl. E. PFLEIDERER, A. G. als Hauptvertreter der occ. Metaphysik und Ethik (Tübingen 1882). V. VAN DER HAEGHEN, G., étude sur la vie, sa philosophie et ses ouvrages (Lüttich 1886). J. P. N. LAND, Arn. Geulincx und seine Philosophie (Haag 1895). A. ECKHOF, De Wijsgeer Arnoldus Geulincx te Leuven en te Leiden. Nederl. Arch. v. Kerkgeschiedenis 1918.

Aus dem vom Kardinal Berulle, einem Freunde Descartes, gegründeten Oratorium, dem auch Gibieuf (De libertate dei et creaturae, Paris 1630) angehörte, ging Nicole Malebranche hervor (1638—1715). Sein Hauptwerk, De la recherche de la vérité, erschien 1675, deutsche Übersetzung München 1920 f., die Entretiens sur la métaphysique et sur la religion 1688. Die ges. Werke hat J. SIMON (Paris 1871) herausgegeben. Über ihn F. PILLON in L'année philosophique, III und IV. V. DELBOS, Philos. de M. (Paris 1924). H. GOUHIER, la philos. de M. (Paris 1926). G. STIELER (1925). DERS., Bibliographie der M.-Lit. (Lit. Ber. 1926). P. MENNIKEN (1927).

Baruch (Benedict de) Spinoza, 1632 zu Amsterdam in der portugiesischen Judengemeinde geboren, später aus dieser wegen seiner Ansichten ausgestoßen, lebte in großartiger Einfachheit und Einsamkeit an verschiedenen Orten Hollands und starb im Haag 1677. Seine bescheidenen Bedürfnisse befriedigte er in stolzer Selbständigkeit durch den Ertrag des Schleifens optischer Gläser; unbekümmert um den Haß und den Widerspruch der Welt, nicht erbittert durch die Unzuverlässigkeit der wenigen, die sich seine Freunde nannten, hat er ein Leben des Gedankens, der uneigennützigen Geistesarbeit geführt und in der Klarheit der Erkenntnis, in dem überlegenen Verständnis des Menschentreibens, in der weihevollen Betrachtung der Geheimnisse der göttlichen Natur die Entschädigung für die vergänglichen Freuden der Welt gefunden, die er verachtete. Während seines Lebens hatte er eine Darstellung der cartesianischen Philosophie mit einem selbständigen metaphysischen Anhang (1663) und den Tractatus theologico-politicus (anonym 1670) veröffentlicht. Nach seinem Tode erschienen in den Opera posthuma (1677) sein Hauptwerk, Ethica more geometrico demonstrata, der Tractatus politicus und das Bruchstück De intellectus emendatione. Außerdem kommt sein Briefwechsel und das erst in der Mitte des 19. Jahrhunderts zutage getretene Jugendwerk Tractatus (brevis) de deo et homine eiusque felicitate in Betracht. Über das letztere vergleiche CHR. SIGWART (Tübingen 1870). Die Ausgabe von VAN VLOTEN und LAND (2 Bde., Amsterdam 1882 f., neue Aufl. in 3 Bdn. 1895) ist durch die im Auftrage der Heidelb. Akademie von C. GEBHARDT herausgegebenen Opera (4 Bde., 1925) überholt. Vortreffliche Übersetzungen von O. Baensch, C. GEBHARDT

u. a. in der Philos. Bibl. Dazu die Übersetzung der Ethik u. a. Schriften unter dem Titel Von den festen und ewigen Dingen von C. GEBHARDT. Ders. hat das bedeutende Werk von J. Freudenthal (1899 u. 1904) neu bearbeitet unter dem Titel FREUDENTHAL-GEB-HARDT, Spinoza, Leben und Lehre. 1927. Vortreffliche Übersetzungen von C. GEBHARDT u. a. in der Philos. Bibl. Vgl. T. CAMERER, Die Lehre Sp.s (Stuttgart 1877). F. CAIRD, Sp. (London 1886). K. O. MEINSMA, Sp. en zyn Kring (Haag 1896, deutsch Berlin 1909). P. L. COUCHOUD, B. d. Sp. (Paris 1902). E. BRUNSCHVICG, Sp. 2 ed. (Paris 1906). A. WENZEL, Die Weltanschauung Spinoza's, I (1907). v. DUNIN-BORKOWSKI, Der junge Despinoza (Münster i. W. 1910). C. STUMPF, Spinozastudien (Berl. Akad., 1919). C. N. STARKE, B. d. Sp. (Kopenhagen 1921). B. KELLERMANN, Die Ethik Sp.s (1922). J. A. GUN, B. S. (Melbourne 1924). Bibliotheca Spinozana (Heidelberg 1922 f.) mit wichtigen Editionen von Quellenschriften zur Vorgeschichte der Sp.'n Philosophie. Tom 2, Die Schriften des Uriel da Costa von C. GEBHARDT, Tom 3 Leone Ebreo, herausg. von C. GEBHARDT (über ds. H. PFLAUM, Die Idee der Liebe Leone Ebreo (1926).

Von philosophischen Schriftstellern, die sich in Deutschland dem Zuge der Bewegung unter den beiden westlichen Kulturvölkern anschlossen, sind zu erwähnen: Joachim J u n g (1587—1657; Logica Hamburgiensis, 1638; vgl. G. E. GUHRAUER, J. J. und sein Zeitalter, Stuttgart u. Tübingen 1859); der Jenenser Mathematiker Erhard W e i g e l, der Lehrer von Leibniz und Pufendorf; Walther von T s c h i r n h a u s (Tschirnhausen, 1651—1708; Medicina mentis sive artis inveniendi praecepta generalia, Amsterdam 1687; über ihn J. VERWEYEN, Bonn 1905) und Samuel P u f e n d o r f (1632—1694; pseudon. Severinus a Monzambano, de statu rei publicae germanicae, 1667, deutsch v. H. BRESSLAU, Berlin 1870; De jure naturae et gentium, London 1672. Vgl. H. v. TREITSCHKE, Hist. u. polit. Aufsätze, IV).

L e i b n i z 1646—1716 (vgl. unten S. 381) gehört in diese Periode nicht nur der Zeit, sondern auch der Entstehung und den Motiven seiner Metaphysik nach, während er mit andern Interessen seiner unglaublichen Vielseitigkeit in das Zeitalter der Aufklärung hinüberragt: vgl. darüber Teil V. Es kommen deshalb von seinen Schriften hier haupt-sächlich die methodologischen und metaphysischen in Betracht: De principio individui, 1663; De arte combinatoria, 1666; Nova methodus pro maximis et minimis, 1684; De scientia universali seu calculo philosophico, 1684 (vgl. A. TRENDELENBURG, Hist. Bei-träge zur Philosophie, III, 1 ff.); De primae philosophiae emendatione, 1694; Système nouveau de la nature, 1695, mit den drei dazugehörigen Eclaircissements 1696; außerdem die Monadologie, 1714, die Principes de la nature et de la grâce, 1714, und ein großer Teil des ausgebreiteten Briefwechsels. Unter den Ausgaben der philosophischen Schriften ist die vortreffliche von J. E. ERDMANN (Berlin 1840) jetzt durch diejenige von C. J. GERHARDT (7 Bde., Berlin 1875—91) überholt. — Von der Gesamtausgabe der Preuß. Akad. d. Wiss. sind bis jetzt 1923 ff. 2 Briefbände erschienen. Deutsche Ausgabe der philos. Werke v. A. BUCHENAU u. E. CASSIRER in der Philos. Bibl. Ein kritischer Katalog der Leibnizschen Schriften bei ÜBERWEG, III¹², S. 304 ff. — Über das System als Ganzes vgl. L. FEUERBACH, Darstellung, Entwicklung und Kritik der L.schen Philosophie (Ansbach 1837). A. NOURISSON, La philos. de L. (Paris 1860). E. DILLMANN, Eine neue Darstellung der L.schen Monadenlehre (Leipzig 1891). E. WENDT, Die Entwicklung der L.schen Monadenlehre bis 1695 (Berlin 1886). W. WERCKMEISTER, Der L.sche Substanz-begriff (Halle 1899). B. RUSSEL, a critical exposition of the philosophy of Leibniz (Cambridge 1900). L. COUTURAT, La logique de Leibniz (Paris 1901). E. CASSIRER, L.s System in seinen wissenschaftlichen Grundlagen (Marburg 1902). H. HOFFMANN, Die L.e Religionsphilosophie (1903). A. GÖRLAND, Der Gottesbegriff bei L. (1907). J. BARUZI, L. (Paris 1909). W. KABITZ, Die Philos. des jungen L (Heidelberg 1909). W. WUNDT, L. (1917). — B. ERDMANN (Sitzungsber. d. Berl. Akad., 1917 f.). H. HEIMSOETH, Die Methode der Erkenntnis bei Descartes u. L. (1912 f.), und L.s Weltanschauung (Kant-studien, 1917). C. PIAT (Paris 1915). H. SCHMALENBACH, L. (1921). D. MAHNKE, L.s Synthese von Universalmathematik und Individualmetaphysik, I (1925). — Vgl. ferner den Anhang zu Kuno Fischers L.⁵ (1920) von W. KABITZ.

Über das historische und systematische V e r h ä l t n i s d e r S y s t e m e zueinander: H. C. W. SIGWART, Über den Zusammenhang des Spinozismus mit der cartes. Philosophie (Tübingen 1816) und Die Leibnizsche Lehre von der prästabilierten Harmonie in ihrem Zusammenhang mit früheren Philosophemen (ibid. 1822). — C. SCHAARSCHMIDT, Des-cartes und Spinoza (Bonn 1850). — A. FOUCHER DE CAREIL, Leibniz, Descartes et Spinoza (Paris 1863). — E. PFLEIDERER, L. und Geulincx (Tübingen 1884). — E. ZELLER, Sitzungsber. der Berliner Akad., 1884, S. 673 ff. — F. TÖNNIES, Leibniz und Hobbes, in Philos. Monatsh., 1887, S. 357 ff. — L. STEIN, Leibniz und Spinoza (Berlin 1890).

Zu den Begründern der Rechtsphilosophie (vgl. C. v. KALTENBORN, Die Vorläufer des

Hugo Grotius, Leipzig 1848; und R. v. MOHL, Geschichte und Literatur der Staatswissen-schaften, Erlangen 1855—58) gehören: Nicolo M a c c h i a v e l l i (1469—1527; Il Principe, Discorsi sulla prima decade di Tito Livio; vgl. VILLARI, N. M. e i suoi tempi, 3 Bde., 1877; R. FESTER, N. M., Stuttgart 1899); T h o m a s M o o r e (1480—1535, De optimo rei publicae statu sive de nova insula Utopia, 1516); Deutsche Übersetzung von G. Ritter mit Einleitung von H. ONCKEN (Klassiker der Politik, I, 1922). Vgl. ONCKEN, Die Utopia des Th. M. (Sitzungsber. der Heidelberger Akad., 1922), u. H. DIETZEL, Beiträge z. Gesch. d. Sozialism. u. Komm. (Neudruck 1920). Jean B o d i n (1530—1597; Six livres de la république, 1577; aus dem „Heptaplomeres" hat GUHRAUER, Berlin 1841, einen Auszug gegeben); Albericus G e n t i l i s (1551—1611, De jure belli 1588); Johannes A l t h u s (1557—1638, Politica, Groningen 1610, vgl. O. GIERKE, Johannes Althusius und die Ent-wicklung der naturrechtlichen Staatstheorien, 3. Aufl., 1913); H u g o d e G r o o t (1583 bis 1645; De jure belli et pacis, 1645; vgl. H. LUDEN, H. G., Berlin 1806), u. W. S. M. KNIGHT, the life and works of Hugo Grotius (Grotius Society publications) (London 1925).

Von p r o t e s t a n t i s c h e n Rechtsphilosophen können neben Melanchthon J. O l d e n - d o r p (Elementaris introductio, 1539), N i c. H e m m i n g (De lege naturae, 1562), Ben. Winkler (Principia iuris, 1615); von k a t h o l i s c h e n neben Suarez Rob. B e l - l a r m i n (1542—1621; De potestate pontificis in temporalibus) und M a r i a n a (1537 bis 1624; De rege et regis institutione) genannt werden.

Naturreligion und Naturmoral fanden im siebzehnten Jahrhundert bei den Engländern ihre Hauptvertreter in H e r b e r t v o n C h e r b u r y (1581—1648, Tractatus de veritate, 1624; De religione gentilium errorumque apud eos causis, 1663; über ihn CH. DE RÉMUSAT, Paris 1873; GÜTTLER, Lord H. Ch., München 1897) und R i c h a r d C u m b e r l a n d (De legibus naturae disquisitio philosophica, London 1672). Unter den Platonikern, bzw. N e u p l a t o n i k e r n Englands in der gleichen Zeit, deren Hauptsitz die Universität Cambridge war, ragen hervor Ralph C u d w o r t h (1617—1688; The intellectual system of the universe, London 1678, lateinisch Jena 1733) und Henry M o r e (1614—1687; Encheiridion metaphysicum. Seine Korrespondenz mit Descartes ist bei dessen Werken — Cousin, Bd. X, Ak. Ausg., Bd. V — gedruckt). Philosophical writings ed. by F. J. Mackinnon (New York 1925). Ferner sind zu nennen T h e o p h i l u s und sein Sohn T h o m a s G a l e. Vgl. J. TULLOCH, Rational theology and christian philosophy in England in the 17. century (London 1872), G. v. HERTLING, Locke und die Schule von Cambridge (Freiburg i. Br. 1892).

§ 30. Das Problem der Methode.

Allen Anfängen der modernen Philosophie ist eine impulsive Opposition gegen die „Scholastik" und dabei eine naive Verständnislosigkeit für die Abhängigkeit gemeinsam, in der sie sich trotzdem von irgend einer der darin waltenden Tradi-tionen befinden. Dieser oppositionelle Grundcharakter aber bringt es mit sich, daß überall da, wo nicht bloß Gemütsbedürfnisse oder phantasievolle Anschauungen gegen die alten Lehren gestellt werden, die Besinnung auf n e u e M e t h o d e n der Erkenntnis im Vordergrunde steht. Aus der Einsicht in die Unfruchtbarkeit des „Syllogismus", der lediglich das schon Gewußte beweisend oder widerlegend herausstellen oder auf Besonderes anwenden könne, ergibt sich das Verlangen nach einer A r s i n v e n i e n d i, einer M e t h o d e d e r F o r s c h u n g, einem sicheren Weg zur A u f f i n d u n g d e s N e u e n.

1. Da lag nun, wenn mit der Rhetorik doch nichts zu machen war, am nächsten, die Sache umgekehrt von dem Einzelnen, von den Tatsachen her anzugreifen. Das hatten Vives und Sanchez empfohlen, Telesio und Campanella getan. Aber sie hatten entweder kein volles Zutrauen zu den Erfahrungen gewonnen oder hinterher mit den Tatsachen nichts Rechtes anzufangen gewußt. In beiden Richtungen glaubte B a c o n der Wissenschaft neue Wege weisen zu können, und in dieser Absicht stellte er sein „neues Organon" dem aristotelischen gegenüber.

Die alltägliche Wahrnehmung, gesteht er mit Aufnahme der bekannten skepti-

schen Argumente zu, bietet freilich keinen sicheren Boden für rechte Naturerkenntnis: sie muß, um wissenschaftlich brauchbare Erfahrung zu werden, erst
von allen den irrtümlichen Zusätzen gereinigt werden, mit denen sie in der unwillkürlichen Auffassung verwachsen ist. Diese Fälschungen der reinen Erfahrung
nennt Bacon I d o l e, und er stellt die Lehre von den Trugbildern in Analogie
zu der von den Trugschlüssen in der alten Dialektik[22]). Da sind zunächst die „Trugbilder der Gattung" *(idola tribus),* die mit dem menschlichen Wesen im allgemeinen
gegebenen Täuschungen, wonach wir in den Dingen immer Ordnung und Zweck
vermuten, uns selbst zum Maß der Außenwelt machen, eine durch Eindrücke einmal
erregte Vorstellungsrichtung blind innehalten u. ähnl.; sodann die „Trugbilder der
Höhle" *(idola specus),* vermöge deren jeder einzelne noch besonders mit seiner
Anlage und seiner Lebensstellung sich in seine Höhle[23]) gesperrt findet; weiter die
„Trugbilder des Marktes" *(idola fori),* die Irrtümer, die durch den Verkehr der
Menschen, insbesondere durch die Sprache, durch das Kleben am Wort, das wir
dem Begriff unterschieben, überall hervorgerufen werden; endlich die „Trugbilder
der Bühne" *(idola theatri),* die Wahngebilde der Ansichten, welche wir aus der
menschlichen Geschichte gläubig übernehmen und urteilslos nachsprechen. Hierbei
findet Bacon Gelegenheit, so heftig wie nur irgend ein anderer gegen die Wort-
weisheit der Scholastik, gegen die Herrschaft der Autorität, gegen den Anthropo-
morphismus der früheren Philosophie zu polemisieren und Autopsie der Dinge,
unbefangene Aufnahme der Wirklichkeit zu verlangen. Jedoch kommt er über dies
Verlangen nicht hinaus: denn die Angaben über die Art und Weise, wie nun die
mera experientia gewonnen und aus den Umhüllungen der Idole herausgeschält
werden soll, sind äußerst mager, und wenn Bacon lehrt, man dürfe sich nicht auf
die zufälligen Wahrnehmungen beschränken, sondern müsse die Beobachtung
methodisch anstellen und durch das selbsterdachte und selbstgemachte E x p e r i-
m e n t ergänzen[24]), so ist auch dies nur eine allgemeine Bezeichnung der Aufgabe,
wobei es an einer theoretischen Einsicht in das Wesen des Experiments noch
gebricht.

Ganz ähnlich steht es mit der Methode der I n d u k t i o n, welche Bacon als die
einzig richtige Art der Verarbeitung der Tatsachen proklamierte. Mit ihrer Hilfe
soll man zu den allgemeinen Einsichten (Axiomen) fortschreiten, um von diesen
her schließlich andere Erscheinungen zu erklären. Dabei soll der menschliche Geist,
zu dessen konstitutionellen Fehlern die vorschnelle Verallgemeinerung gehört, in
dieser Tätigkeit so sehr wie möglich zurückgehalten werden, er soll ganz allmählich
die Stufenleiter des Allgemeineren bis zum Allgemeinsten emporklimmen: nicht
Flügel sollen ihm angesetzt, sondern Blei angehängt werden. So gesund und
schätzenswert diese Vorschriften sind, so sehr überrascht es, ihre nähere Ausführung bei Bacon in durchaus scholastischen Anschauungen und Begriffen sich
vollziehen zu sehen[25]).

---

[22]) Nov. Org., I., 39 ff.
[23]) Bacons meist stark rhetorisch bilderreiche Sprache will mit dieser Bezeichnung
(vgl. De augm., V, cap. 4) an das bekannte Höhlengleichnis von Platon (Rep. 514) erinnern, was um so glücklicher ist, als es sich in der platonischen Stelle gerade um die
allgemeine Beschränktheit der Sinneserkenntnis handelt.
[24]) Nov. Org., I, 82.
[25]) Vgl. die umständliche Darstellung im zweiten Buch des Nov. Org.

Alle Naturerkenntnis hat den Zweck, die Ursachen der Dinge zu verstehen. Die Ursachen aber sind — nach altem aristotelischem Schema — formal, material, wirkend oder final. Von diesen kommen nur die „formalen" Ursachen in Betracht: denn alles Geschehen wurzelt in den „Formen", in den „Naturen" der Dinge. Wenn daher die Induktion Bacons nach der „Form" der Erscheinungen, z. B. nach der Form der Wärme forscht, so wird dabei unter Form ganz im Sinne des Scotismus das bleibende Wesen der Erscheinungen verstanden, und Bacon ist sich durchaus bewußt, daß diese „Formen" nichts anderes sind, als Platons „Ideen"[26]). Die Form des in der Wahrnehmung Gegebenen setzt sich aus einfacheren „Formen" und deren „Differenzen" zusammen, und diese gilt es auszukundschaften. Zu diesem Zwecke werden als positive Instanzen möglichst viele Fälle, bei denen die betreffende Erscheinung vorkommt, zu einer *tabula praesentiae* zusammengestellt, ingleichen zu einer *tabula absentiae* solche, in denen sie fehlt; dazu kommt drittens eine *tabula graduum,* in der die verschiedene Stärke, womit die Erscheinung auftritt, mit derjenigen ihrer Begleiterscheinungen verglichen wird. Danach soll dann durch schrittweise Ausschließung *(exclusio)* die Aufgabe gelöst werden. Die „Form" der Wärme z. B. wird also das sein, was überall ist, wo sich Wärme findet, was nirgends ist, wo Wärme fehlt, was stärker vorhanden ist, wo mehr Wärme, schwächer, wo weniger Wärme stattfindet[27]). Was Bacon somit als Induktion präsentiert, ist allerdings keine einfache Enumeration, aber ein verwickeltes Abstraktionsverfahren, das auf den metaphysischen Voraussetzungen des scholastischen Formalismus (vgl. § 27, 3) beruht[28]): die Ahnung des Neuen ist noch ganz in die alten Denkgewohnheiten eingebettet.

2. Es ist hiernach begreiflich, daß Bacon nicht der Mann war, um der Naturforschung selbst methodische oder sachliche Förderung zu bringen: aber das tut seiner philosophischen Bedeutung[29]) keinen Eintrag, die gerade darin besteht, daß er die allgemeine Anwendung eines Prinzips verlangte, dem er für den nächsten Gegenstand, die Erkenntnis der Körperwelt, noch keine brauchbare oder fruchtbare Gestalt zu geben vermochte. Er hatte verstanden, daß die neue Wissenschaft sich von der endlosen Diskussion der Begriffe zu den Sachen selbst wenden müsse, daß sie sich nur auf Anschauung aufbauen könne und daß sie von dieser nur vorsichtig und allmählich zu dem Abstrakteren aufsteigen dürfe[30]): und er hatte nicht weniger

---

[26]) Vgl. De augm. scient., III, 4.

[27]) Wobei sich im Beispiel herausstellt, daß die Form der Wärme Bewegung, und zwar eine in der Ausdehnung begriffene, dabei aber durch Hemmung auf die kleinsten Teile des Körpers verteilte Bewegung ist, vgl. II, 20.

[28]) Vgl. CHR. SIGWART, Logik, II, § 93, 3.

[29]) Vgl. CHR. SIGWART in den Preuß. Jahrb., 1863, 93 ff.

[30]) Die p ä d a g o g i s c h e n Konsequenzen der Baconischen Lehre hat im Gegensatz zum Humanismus, mit dem überhaupt in dieser Hinsicht die naturwissenschaftliche Richtung bald auseinanderkam, hauptsächlich Amos K o m e n i u s (1592—1671) gezogen. Seine *Didactica magna* stellt den Lehrgang als ein stufenweises Aufsteigen vom Anschaulich-Konkreten zum Abstrakteren dar; sein *Orbis pictus* will für die Schule die anschauliche Grundlage des sachlichen Unterrichts geben; seine *Janua linguarum reserrata* endlich will das Erlernen der fremden Sprachen nur so eingerichtet wissen, wie es als Hilfsmittel für die sachliche Erkenntnis erforderlich ist. Vgl. KVAČALA Monumenta Germaniae Paedagogica, XXV (1903) u. XXXII (1904), und in der Sammlung Die großen Erzieher, 1914. Ähnlich sind die pädagogischen Ansichten auch bei R a t t i c h (1571—1635).

verstanden, daß es sich bei dieser Induktion um nichts anderes handeln würde, als
um die Aufsuchung der einfachen Elemente des Wirklichen, aus deren „Natur" in
ihrer gesetzmäßigen Beziehung und Verknüpfung der ganze Umfang des Wahrgenommenen erklärt werden sollte. Die Induktion, meinte er, wird die „Formen"
finden, durch welche die Natur „interpretiert" werden muß. Aber während er es
in der Kosmologie nicht viel über eine Anlehnung an den traditionellen Atomismus
hinausbrachte und sich sogar gegen die große Errungenschaft der kopernikanischen
Theorie verschloß, so verlangte er die Anwendung jenes e m p i r i s c h e n P r i n -
z i p s auch auf die E r k e n n t n i s d e s M e n s c h e n. Nicht nur die leibliche
Existenz in ihren normalen wie in ihren abnormen Lebensprozessen, sondern auch
die Bewegung der Vorstellungen und der Willenstätigkeiten, insbesondere auch der
soziale und politische Zusammenhang — alles dies sollte nach der naturwissenschaftlichen Methode auf seine bewegenden Kräfte („Formen") hin untersucht
und vorurteilslos erklärt werden. Der a n t h r o p o l o g i s c h e u n d s o z i a l e
N a t u r a l i s m u s, den Bacon in den enzyklopädischen Bemerkungen seines Werks
de augmentis scientiarum verkündet, enthält für viele Wissenszweige programmatische
Aufstellungen[31]) und geht überall von der Grundabsicht aus, den Menschen und
seine gesamte Lebensbetätigung als ein Produkt derselben einfachen Elemente der
Wirklichkeit zu begreifen, die auch der äußeren Natur zu Grunde liegen.

In diesem anthropologischen Interesse aber kommt noch ein anderes Moment
zu Tage. Auch das Verständnis des Menschen ist für Bacon nicht Selbstzweck, ebensowenig wie dasjenige der Natur. Sein ganzes Denken steht vielmehr unter einem
praktischen Zweck, und diesen faßt er im größten Stile auf. Alle menschliche
Wissenschaft hat zuletzt nur die Aufgabe, durch die Erkenntnis der Welt dem
Menschen die Herrschaft darüber zu verschaffen. W i s s e n i s t M a c h t, und es
ist die einzige dauernde Macht. Wenn deshalb die Magie mit phantastischen Künsten
sich der wirkenden Kräfte zu bemächtigen suchte, so klärte sich dies dunkle Bestreben bei Bacon zu der Einsicht ab, daß der Mensch die Gewalt über die Dinge
nur einer nüchternen Erforschung ihres wahren Wesens werde verdanken können:
er kann herrschen nur durch Gehorsam[32]). Deshalb ist ihm die *interpretatio naturae*
nur das Mittel, die N a t u r d e m m e n s c h l i c h e n G e i s t e z u u n t e r -
w e r f e n : und sein großes Werk der „Erneuerung der Wissenschaften" — *Instauratio magna, „Temporis partus maximus"* — trägt auch den Titel *De regno
hominis.*

Bacon sprach damit aus, was Tausenden seiner Zeit unter dem Eindrucke großer
Ereignisse das Herz bewegte. Mit jener Reihe der überseeischen Entdeckungen, wo
durch Irrtümer, Abenteuer und Verbrechen hindurch der Kulturmensch erst vollständig von seinem Planeten Besitz ergriffen hatte, mit Erfindungen wie denen der
Bussole, des Schießpulvers, der Buchdruckerkunst[33]) war in kurzer Zeit eine mächtige Veränderung im großen wie im kleinen Leben des Menschen eingetreten. Eine
neue Epoche der Kultur schien eröffnet, und eine exotische Aufregung ergriff die

---

[31]) Wollte man deshalb alles in Aussicht Gestellte bei Bacon für geleistet ansehen,
so könnte man bei ihm schon die ganze heutige Naturwissenschaft, Technik und Medizin
finden.

[32]) Nov. Org., I, 129.

[33]) Vgl. O. PESCHEL, Geschichte des Zeitalters der Entdeckungen, 2. Aufl., Leipzig 1879.

Phantasie. Unerhörtes sollte gelingen, nichts mehr unmöglich sein. Das Fernrohr erschloß die Geheimnisse des Himmels, und die Mächte der Erde begannen dem Forscher zu gehorchen. Die Wissenschaft wollte die Führerin des Menschengeistes bei seinem Siegeszuge durch die Natur sein. Durch ihre Erfindungen sollte das menschliche Leben vollkommen umgestaltet werden. Welche Hoffnungen die Phantasie in dieser Hinsicht entfesselte, sieht man aus Bacons utopischem Fragment der Nova Atlantis und ebenso aus Campanellas Sonnenstaat (vgl. unten § 32, 3). Der englische Kanzler aber meinte, die Aufgabe der Naturerkenntnis sei schließlich die, das Erfinden, welches bisher meist Sache des Zufalls gewesen sei, zu einer bewußt ausübenden Kunst zu machen. Freilich hat er nur in dem phantastischen Bilde des „Salomonischen Hauses" in seiner Utopie diesem Gedanken Leben gegeben; ihn ernsthaft auszuführen hat er sich wohl gehütet: aber dieser Sinn, den er der *ars inveniendi* beilegte, machte ihn zum Gegner des rein theoretischen Wissens und der „kontemplativen" Erkenntnis; gerade von diesem Gesichtspunkte her bekämpfte er den Aristoteles und die Unfruchtbarkeit der klösterlichen Wissenschaft. In seiner Hand war die Philosophie in Gefahr, aus der Herrschaft des religiösen Zwecks unter diejenige der technischen Interessen zu fallen.

Der Erfolg aber bewies wiederum, daß die goldenen Früchte des Wissens nur da reifen, wo sie nicht gesucht werden. In der Hast der Utilität verfehlte Bacon sein Ziel, und die geistigen Schöpfungen, welche die Naturforschung befähigt haben, die Grundlage unserer äußeren Kultur zu werden, gingen von den vornehmeren Denkern aus, die reinen Sinnes und ohne Weltverbesserungsgelüste die Ordnung der Natur, welche sie bewunderten, verstehen wollten.

3. Die Richtung auf den praktischen Zweck der Erfindung raubte Bacon den Blick für den theoretischen Wert der M a t h e m a t i k. Auch dieser aber war zunächst (vgl. oben § 29, 5) in den phantastischen Gedanken zum Bewußtsein gekommen, die nach pythagoreischem Vorgang in neuplatonischer Überschwänglichkeit die Zahlenharmonie des Universums priesen. Von der gleichen Bewunderung der Schönheit und der Ordnung des Weltalls sind auch die großen Naturforscher ausgegangen: aber das Neue in ihren Lehren besteht eben darin, daß sie diesen mathematischen Sinn der Weltordnung nicht mehr in symbolischen Zahlenspekulationen suchen, sondern daß sie ihn a u s d e n T a t s a c h e n verstehen und beweisen wollen. Die moderne Naturforschung ist als e m p i r i s c h e r P y t h a g o r e i s m u s geboren worden. Diese Aufgabe hatte schon Lionardo da Vinci gesehen[34], — sie zuerst gelöst zu haben ist der Ruhm K e p l e r s. Das psychologische Motiv seines Forschens war die philosophische Überzeugung von der mathematischen Ordnung des Weltalls; und er bestätigte diese, indem er durch eine großartige Induktion die Gesetze der Planetenbewegung entdeckte.

Dabei zeigte sich einerseits, daß die wahre Aufgabe der naturwissenschaftlichen Induktion darin besteht, dasjenige m a t h e m a t i s c h e V e r h ä l t n i s aufzufinden, welches in der ganzen Reihe der durch Messung bestimmten Erscheinungen gleich bleibt, andererseits, daß der Gegenstand, an dem die Forschung diese Aufgabe zu leisten vermag, kein anderer ist als die B e w e g u n g. Die göttliche Arithmetik

---

[34]) Vgl. über ihn als Philosophen K. PRANTL, Sitzungsber. der Münchener Akad., 1885, 1 ff., und neuerdings P. DUHEM, 1906—08, B. CROCE (Mailand 1909), J. PELADAN (Paris 1909), L. OLSCHKI, o. S. 298, I, 252 ff.

und Geometrie, welche Kepler im Universum suchte, fand sich in den G e s e t z e n
d e s G e s c h e h e n s. Von diesem Prinzip her schuf mit schon deutlicherem me-
thodischen Bewußtsein G a l i l e i die M e c h a n i k a l s d i e m a t h e m a t i s c h e
T h e o r i e d e r B e w e g u n g. Es ist überaus lehrreich, die Gedanken, welche
dieser im „Saggiatore" vorträgt, mit Bacons Interpretation der Natur zu vergleichen.
Beide gehen darauf aus, die in der Wahrnehmung gegebenen Erscheinungen in ihre
Elemente zu zerlegen, um aus deren Verknüpfung die Erscheinungen zu erklären.
Aber wo Bacons Induktion die „Formen" sucht, da spürt Galileis r e s o l u t i v e
M e t h o d e den einfachsten mathematisch bestimmbaren Vorgängen der Bewegung
nach, und während die Interpretation bei jenem in dem Aufweis des Zusammen-
wirkens der „Naturen" zu dem empirischen Gebilde besteht, so zeigt dieser in der
k o m p o s i t i v e n M e t h o d e, daß die mathematische Theorie unter der Voraussetzung der einfachen Bewegungselemente zu denselben Resultaten führt, welche die
Erfahrung aufweist[35]). Auf diesem Standpunkt gewinnt auch das Experiment eine
ganz andere Bedeutung: es ist nicht bloß eine kluge Frage an die Natur, sondern es
ist der zielbewußte Eingriff, durch den einfache Formen des Geschehens isoliert
werden, um sie der Messung zu unterwerfen. So erhält alles, was Bacon nur geahnt,
bei Galilei durch das mathematische Prinzip und durch die Anwendung auf die
Bewegung eine bestimmte, für die Naturforschung brauchbare Bedeutung; und nach
diesen Prinzipien der Mechanik vermochte schließlich N e w t o n durch die Hypothese der Gravitation die mathematische Theorie für die Erklärung der Keplerschen
Gesetze zu geben.

Hiermit war in völlig neuer Form der Sieg des demokritisch-platonischen Prinzips
besiegelt, daß der Gegenstand der wahren Naturerkenntnis lediglich das quantitativ
Bestimmbare sei: es betraf aber diesmal ausdrücklich nicht das Sein, sondern das
Geschehen in der Natur. Die wissenschaftliche Einsicht reicht so weit wie die
mathematische Theorie der Bewegung. Genau diesen Standpunkt der Galileischen
Physik nimmt in der theoretischen Philosophie H o b b e s[36]) ein. Die Geometrie ist
die einzige sichere Disziplin, alle Naturerkenntnis wurzelt in ihr. Wir vermögen nur
solche Gegenstände zu erkennen, die wir konstruieren können, so daß wir aus dieser
unserer eigenen Operation alle weiteren Folgerungen ableiten. Daher besteht die
Erkenntnis aller Dinge, soweit sie uns zugänglich ist, in der Zurückführung des
Wahrgenommenen auf Bewegung der Körper im Raum. Die Wissenschaft hat von
den Erscheinungen auf die Ursachen und von diesen wiederum auf ihre Wirkungen
zu schließen; aber die Erscheinungen sind ihrem Wesen nach Bewegungen, die
Ursachen sind die einfachen Bewegungselemente, und die Wirkungen sind wiederum
Bewegungen. So kommt der materialistisch scheinende Satz zustande: Philosophie
ist die Lehre von der Bewegung der Körper! Das ist die äußerste Konsequenz der mit
den englischen Minoriten begonnenen Ablösung der Philosophie von der Theologie.

Das philosophisch Wesentliche in diesen methodischen Anfängen der Naturforschung ist also zweierlei: der Empirismus wurde durch die Mathematik korrigiert,
und der gestaltlose Pythagoreismus der humanistischen Tradition wurde durch den

---

[35]) Den methodischen Standpunkt Galileis machte sich H o b b e s (vgl. De corp., cap. 6)
ganz zu eigen, und zwar in ausdrücklich rationalistischem Gegensatze gegen den Empirismus Bacons.

[36]) Vgl. den Anfang von De corpore.

Empirismus zur mathematischen Theorie bestimmt. Den Knotenpunkt dieser Verschlingung bildet Galilei.

4. In der mathematischen Theorie war damit jenes r a t i o n a l e Moment gefunden worden, welches Giordano Bruno bei der Behandlung der kopernikanischen Lehre zur kritischen Bearbeitung der Sinneswahrnehmung verlangt hatte[37]). Die rationale Wissenschaft ist die Mathematik. Von dieser Überzeugung aus hat D e s - c a r t e s seine Reform der Philosophie unternommen. Er hatte, in der jesuitischen Scholastik aufgewachsen, die persönliche Überzeugung gewonnen[38]), daß für ein ernstes Wahrheitsbedürfnis weder in den metap ıysischen Theorien noch in der gelehrten Vielwisserei der empirischen Disziplinen, sondern allein in der Mathematik Befriedigung zu finden sei, und nach deren Muster meinte er, selbst bekanntlich ein schöpferischer Mathematiker, das ganze übrige Wissen des Menschen umgestalten zu sollen: seine Philosophie will eine Universalmathematik sein. Bei der damit erforderlichen Verallgemeinerung des Galileischen Prinzips fielen einige der Momente, die es für die besonderen Aufgaben der Naturforschung fruchtbar machten, hinweg, so daß Descartes' Lehre in der Geschichte der Physik nicht als Fortschritt gezählt zu werden pflegt; um so größer aber war die Macht seiner Einwirkung auf die philosophische Entwicklung, worin er der beherrschende Geist für das 17. Jahrhundert und darüber hinaus gewesen ist.

Denjenigen methodischen Gedanken, welche Bacon und Galilei gemeinsam sind, fügte Descartes ein Postulat von größter Tragweite hinzu: er verlangte, daß die induktive oder resolutive Methode zu einem e i n z i g e n P r i n z i p h ö c h s t e r u n d a b s o l u t e r G e w i ß h e i t führen solle, von dem aus alsdann nach kompositiver Methode der gesamte Umfang der Erfahrung seine Erklärung finden müsse. Diese Forderung war durchaus originell und wurzelte in dem Bedürfnis nach einem systematischen Zusammenhang aller menschlichen Erkenntnis: sie beruhte zuletzt auf dem Überdruß an der traditionellen Aufnahme des historisch zusammengelesenen Wissens und auf der Sehnsucht nach einer neuen philosophischen Schöpfung aus Einem Guß. So will denn Descartes durch eine induktive Enumeration und eine kritische Sichtung aller Vorstellungen zu dem einzig gewissen Punkte vordringen, um von hier aus die Ableitung aller weiteren Wahrheiten zu gewinnen. Die erste Aufgabe der Philosophie ist a n a l y t i s c h, die zweite s y n t h e t i s c h.

Die klassische Ausführung dieses Gedankens bieten die M e d i t a t i o n e n. In dramatischem Selbstgespräch schildert der Philosoph sein Ringen nach Wahrheit. Von dem Grundsatze aus *de omnibus dubitandum* wird der Umkreis der Vorstellungen allseitig durchmustert, und dabei begegnet uns der ganze Apparat der skeptischen Argumente. Den Wechsel der Meinungen und die Täuschungen der Sinne erleben wir zu oft, sagt Descartes, als daß wir ihnen trauen dürften. Bei der Verschiedenheit der Eindrücke, die derselbe Gegenstand unter verschiedenen Umständen macht, ist nicht zu entscheiden, welcher von ihnen und ob überhaupt einer das wahre Wesen des Dinges enthält, und die Lebhaftigkeit und Sicherheit, mit der wir erfahrungsgemäß zu träumen vermögen, muß uns das niemals völlig abzuweisende Bedenken erregen, ob wir nicht vielleicht auch da träumen, wo wir wach

---

[37]) G. Bruno, Dell' inf. univ. e. mond. 1 in. (L. 307 f.).
[38]) Vgl. die schöne Darstellung im Discours de la méthode.

zu sein und wahrzunehmen glauben. Indessen liegen doch allen den Kombinationen, welche die Einbildung schaffen kann, die einfachen Vorstellungselemente zu Grunde, und bei ihnen stoßen wir auf Wahrheiten, von denen wir unweigerlich sagen müssen, daß wir nicht anders können als sie anerkennen, wie z. B. die einfachen Sätze der Arithmetik, $2 + 3 = 5$ u. ähnl. Aber wie, wenn wir nun so eingerichtet wären, daß wir unserer Natur nach notwendig irren müßten? wie, wenn uns irgendein Dämon geschaffen hätte, dem es gefiel, uns eine Vernunft mitzugeben, die, indem sie Wahrheit zu lehren meint, notwendig täuschte? Gegen ein solches Blendwerk wären wir wehrlos, und dieser Gedanke muß uns mißtrauisch auch gegen die evidentesten Sprüche der Vernunft, auch gegen die „Erkenntnis durch das natürliche Licht" machen.

Nachdem so der grundsätzliche Zweifel bis zum äußersten vorgedrungen ist, erweist sich, daß er selbst sich die Spitze abbricht, daß er selbst eine Tatsache von völlig unangreifbarer Gewißheit darstellt: um zu zweifeln, um zu träumen, um getäuscht zu werden, muß ich sein. Der Zweifel selbst beweist, daß ich als ein denkendes, b e w u ß t e s W e s e n *(res cogitans)* existiere. Der Satz *cogito sum* ist wahr, so oft ich ihn denke oder ausspreche. Und zwar ist die Gewißheit des Seins in keiner andern meiner Tätigkeiten enthalten als in der des Bewußtseins. Daß ich spazieren gehe, kann ich im Traume mir einbilden[39]): daß ich bewußt bin, kann ich mir nicht bloß einbilden, denn die Einbildung ist selbst eine Art des Bewußtseins[40]). Die S e i n s g e w i ß h e i t d e s B e w u ß t s e i n s ist die einheitliche und fundamentale Wahrheit, welche Descartes durch die analytische Methode findet.

Die Rettung aus dem Zweifel also besteht in dem a u g u s t i n i s c h e n A r g u m e n t (vgl. § 22, 1) von der R e a l i t ä t d e s b e w u ß t e n W e s e n s. Aber die Anwendung ist bei Descartes[41]) nicht dieselbe wie bei Augustin selbst und der großen Zahl derjenigen, auf welche dessen Lehre gerade in der Übergangszeit wirkte[42]). Hier galt die Selbstgewißheit der Seele als die sicherste aller Erfahrungen, als die Grundtatsache der inneren Wahrnehmung, wodurch die letztere das erkenntnistheoretische Übergewicht über die äußere Wahrnehmung erhielt. So hatte — um nicht wieder an Charrons moralisierende Deutung zu erinnern — das augustinische Prinzip namentlich Campanella gewendet, wenn er, dem großen Kirchenvater nicht unähnlich, die Momente dieser Selbsterfahrung in die metaphysischen Primalitäten aller Dinge umdeutete (vgl. oben § 29, 3). In völlig analoger

---

[39]) Descartes' Responsion gegen Gassend's Objektion (V, 2) vgl. Princ. phil., I, 9.

[40]) Die übliche Übersetzung von *cogitare, cogitatio* mit „Denken" ist nicht ohne Gefahr des Mißverständnisses, da Denken im Deutschen eine besondere Art des theoretischen Bewußtseins bedeutet. Descartes selbst erläutert den Sinn des *cogitare* (Medit., 3; Princ. phil., I, 9) durch Enumerationen; er verstehe darunter zweifeln, bejahen, verneinen, begreifen, wollen, verabscheuen, einbilden, empfinden usw. Für das allen diesen Funktionen Gemeinsame haben wir im Deutschen kaum ein anderes Wort als „Bewußtsein", und Descartes selbst sagt Princ., I, 9: *Cogitationis nomine intellego illa omnia, quae nobis consciis in nobis fiunt, quatenus eorum in nobis c o n s c i e n t i a est.* Dasselbe gilt auch für SPINOZAS Gebrauch des Terminus; vgl. dessen Princ. phil. Cart., I, prop. 4 schol. und dazu Eth., II, ax. 3, u. sonst.

[41]) Der übrigens anfangs den historischen Ursprung dieses Arguments nicht gekannt zu haben scheint: vgl.. Obj., IV, und Resp.

[42]) Vgl. A. FAUST, Descartes u. Augustin (die Akademie, Erlangen 1924) u. LÉON BLANCHET, les antécédents historiques du „je pense, donc je suis" (Paris 1920).

Weise hat später — von Locke ganz abzusehen[43]) — in vermeintlichem Anschluß
an Descartes auch T s c h i r n h a u s die Selbsterkenntnis als die *experientia evi-
dentissima* betrachtet[44]), die deshalb als der aposteriorische Anfang der Philosophie
(vgl. unten Nr. 7) zu gelten habe, so daß von ihr aus alle weiteren Einsichten
a priori konstruiert werden können: denn in ihr sei die dreifache Wahrheit enthalten, daß wir von einigem wohl, von anderem übel berührt werden, daß wir einiges begreifen, anderes nicht, daß wir uns im Vorstellen der Außenwelt gegenüber
leidend verhalten — drei Ansatzpunkte für die drei rationalen Wissenschaften
Ethik, Logik und Physik.

5. Bei D e s c a r t e s dagegen hatte der Satz *cogito sum* nicht sowohl die Bedeutung
einer Erfahrung, als vielmehr diejenige der ersten, grundlegenden rationalen
W a h r h e i t. Seine Evidenz ist auch nicht etwa die eines Schlusses[45]), sondern
diejenige unmittelbarer i n t u i t i v e r G e w i ß h e i t. Die analytische Methode
sucht hier wie bei Galilei die e i n f a c h e n s e l b s t v e r s t ä n d l i c h e n E l e -
m e n t e, aus denen alles übrige erklärt werden soll: während aber der Physiker
die anschauliche Grundform der Bewegung entdeckt, die alles körperliche Geschehen
begreiflich machen soll, fahndet der Metaphysiker auf die e l e m e n t a r e n
W a h r h e i t e n d e s B e w u ß t s e i n s. Darin besteht der R a t i o n a l i s m u s
Descartes'.

Er spricht sich darin aus, daß der Vorzug des Selbstbewußtseins in der vollen
K l a r h e i t u n d D e u t l i c h k e i t gefunden wird und daß Descartes als Prinzip
für die synthetische Methode den Grundsatz aufstellt, a l l e s m ü s s e w a h r
s e i n, w a s e b e n s o k l a r u n d d e u t l i c h s e i w i e d a s S e l b s t b e w u ß t -
s e i n, d. h. was ebenso sicher und unableitbar vor dem Blicke des Geistes sich
darstellt wie seine eigene Existenz. Klar definiert Descartes[46]) als das dem Geiste
intuitiv Vorschwebende, deutlich als das durchweg in sich Klare und fest Bestimmte.
Und diejenigen Vorstellungen — oder, wie er nach Art der späteren Scholastik
sagt, Ideen —, welche in diesem Sinne klar und deutlich sind, deren Evidenz von
keiner andern ableitbar, sondern lediglich in sich selbst begründet ist, nennt er
e i n g e b o r e n e I d e e n[47]). Mit diesem Ausdruck verbindet er zwar gelegentlich
auch die psychogenetische Vorstellung, daß diese Ideen der menschlichen Seele von
Gott eingeprägt seien, will er aber meistens nur die erkenntnistheoretische Bedeutung
der u n m i t t e l b a r e n r a t i o n a l e n E v i d e n z bezeichnen.

Eigentümlich gemischt finden sich beide Bedeutungen in Descartes' B e w e i s e n
f ü r d a s D a s e i n G o t t e s, die einen integrierenden Bestandteil seiner Erkenntnislehre bilden, insofern diese „Idee" die erste ist, für welche in dem synthetischen Fortschritt seiner Methode die gleiche Klarheit und Deutlichkeit oder

---

[43]) ' Vgl. unten § 33 f.
[44]) TSCHIRNHAUS, Med. ment. (1895), p. 290—294.
[45]) Resp. ad Obj., II.
[46]) Princ. phil., I, 45.
[47]) Vgl. E. GRIMM, D.s Lehre von den angeborenen Ideen (Jena 1873) und auch P.
NATORP, D.s Erkenntnistheorie (Marburg 1882). Daß *innatus* besser durch e i n geboren
als durch das übliche a n geboren übersetzt wird, hat R. EUCKEN, Geschichte und Kritik
der Grundbegriffe der Gegenwart, S. 73, bemerkt. Dazu G. v. HERTLING, Descartes' Beziehungen zur Scholastik (Münchener Akad. 1897 und 1899), sowie Hist. Beiträge zur
Philosophie 1914, S. 181 ff.

intuitive Evidenz des „natürlichen Lichtes" in Anspruch genommen wird wie für das Selbstbewußtsein. Der neue (sog. cartesianische) Beweis, den er dabei einführt[48]), hat formell — und das ist eine ungünstige Beigabe — eine Menge scholastischer Voraussetzungen. Sachlich geht er davon aus, daß das individuelle Selbstbewußtsein sich als endlich und deshalb als unvollkommen (nach der alten Identifikation von Wertbestimmungen mit ontologischen Gradationen) wisse, daß aber dies Wissen nur aus dem Begriffe eines absolut vollkommenen Wesens *(ens perfectissimum)* herstammen könne. Dieser Begriff, den wir in uns finden, müsse eine Ursache haben, die jedoch weder in uns selbst noch in irgendwelchen andern endlichen Dingen zu finden sei. Denn das Prinzip der Kausalität verlange, daß in der Ursache mindestens ebensoviel Realität enthalten sei wie in der Wirkung. Dieser — im scholastischen Sinn — realistische Grundsatz wird nun nach Analogie Anselms auf das Verhältnis des Vorgestellten *(esse in intellectu* oder *esse objective)* zu dem Realen *(esse in re* oder *esse formaliter)* angewendet, um zu schließen, daß wir die Idee eines vollkommensten Wesens nicht haben könnten, wenn sie nicht von einem solchen Wesen selbst in uns hervorgebracht worden wäre.

Es ist also eine originelle Kombination, womit Descartes seinen anthropologisch-metaphysischen Beweis für das Dasein Gottes zu Stande bringt. Dieser aber hat in seiner Erkenntnistheorie zunächst die Bedeutung, daß dadurch jenes skeptisch-hypothetische Wahngebilde eines täuschenden Dämons wieder zerstreut wird, — daß, weil die Vollkommenheit Gottes seine Wahrhaftigkeit involviert und er uns unmöglich so hat schaffen können, daß wir notwendig irren, d a s V e r t r a u e n i n d a s *l u m e n n a t u r a l e*, d. h. in die unmittelbare Evidenz der Vernunfterkenntnis w i e d e r h e r g e s t e l l t und damit definitiv begründet wird. Der Gottesbeweis der dritten Meditation hat aber noch die weitere Bedeutung des Ausdrucks dafür, daß das Selbstbewußtsein *eo ipso* nicht nur seiner selbst, sondern einer übergreifenden geistigen Realität gewiß ist, die in Gott als der einheitliche Urquell aller Vernunfterkenntnis gedacht wird. So begründet Descartes auf scholastischem Umwege den modernen Rationalismus: denn dieser Gedankengang gibt nun den Freibrief dafür, daß alle der Vernunft klar und deutlich einleuchtenden Sätze mit voller Gewißheit anerkannt werden können. Dazu gehören in erster Linie alle Wahrheiten der Mathematik, dazu gehört aber auch ebenso der o n t o l o g i s c h e Beweis für das Dasein Gottes. Denn mit derselben Denknotwendigkeit — so nimmt Descartes[49]) das Anselmsche Argument auf —, mit der aus der Definition des Dreiecks die geometrischen Sätze darüber folgen, ergibt sich auch aus der bloßen Definition des allerrealsten Wesens, daß ihm das Merkmal der Existenz zukommt. Die Möglichkeit, Gott zu denken, genügt, um seine Existenz zu beweisen[50]).

In entsprechender Weise folgt aus dem Kriterium der Klarheit und Deutlichkeit, daß auch von den endlichen Dingen und insbesondere von den Körpern so viel erkannt werden kann, als klar und deutlich darin vorgestellt wird. Dies ist aber auch für Descartes wiederum das M a t h e m a t i s c h e und beschränkt sich auf die q u a n t i t a t i v e n B e s t i m m u n g e n, während alles sinnlich Qualitative

---

[48]) Med., 3.
[49]) Ibid., 5.
[50]) H. GOUHIER, la pensée religieuse de Descartes (Paris 1924).

in der Wahrnehmung für den Philosophen als unklar und verworren gilt. Deshalb
enden Metaphysik und Erkenntnistheorie auch für ihn in eine m a t h e m a t i s c h e
P h y s i k. Er bezeichnet[51]) die sinnliche Auffassung des Qualitativen als Einbildung
(imaginatio), diejenige des mathematisch Konstruierbaren dagegen als Verstandeserkenntnis (intellectio), und so sehr er die Hilfe zu schätzen weiß, welche die
Erfahrung in der ersteren Gestalt gewährt, so beruht ihm doch eine wirklich wissenschaftliche Einsicht nur auf der letzteren.

Die (auf Duns Scotus und weiter zurückgreifende) Unterscheidung zwischen
distinkten und konfusen Vorstellungen dient Descartes außerdem, um das P r o -
b l e m d e s I r r t u m s zu lösen, welches sich für ihn aus dem Prinzip der veracitas
dei deshalb ergibt, weil danach nicht abzusehen scheint, wie die vollkommene Gottheit die menschliche Natur so hat einrichten können, daß sie überhaupt zu
irren vermag. Hier hilft sich[52]) Descartes mit einer eigentümlich verschränkten
F r e i h e i t s l e h r e, die dem thomistischen Determinismus und dem scotistischen
Indeterminismus gleichmäßig gerecht werden möchte. Es wird nämlich angenommen,
daß nur die klaren und deutlichen Vorstellungen eine so zwingende und überwältigende Macht auf den Geist ausüben, daß er sich ihrer Anerkennung nicht
entziehen kann, während er unklaren und verworrenen Vorstellungen gegenüber die
schrankenlose und grundlose Betätigung des liberum arbitrium indifferentiae
behält: darin besitze der Mensch seine am weitesten reichende Kraft, in dieser
schrankenlosen Willkür ist sein Wesen ein Abbild der absoluten Freiheit Gottes[53]).
So entsteht der Irrtum, wenn Bejahung und Verneinung willkürlich (grundlos) bei
unklarem und undeutlichem Urteilsmaterial erfolgen[54]). Die daraus sich ergebende
Forderung, das Urteil überall zurückzuhalten, wo nicht völlig klare und deutliche
Einsicht vorliegt, erinnert zu deutlich an die antike ἐποχή, als daß die Verwandtschaft dieser Irrtumstheorie mit den Lehren der Skeptiker und Stoiker von der
συγκατάθεσις (vgl. oben § 14, 2 und 17, 9) übersehen werden könnte[55]). In der Tat
hat Descartes (was ebenfalls mit Augustins und Duns Scotus Erkenntnislehre übereinstimmt) das Willensmoment im Urteil deutlich erkannt, und Spinoza ist ihm
darin so weit gefolgt, daß er sogar Bejahung oder Verneinung als ein notwendiges
Merkmal jeder Vorstellung bezeichnete und damit lehrte, der Mensch könne nicht
denken, ohne zugleich zu wollen[56]).

6. Descartes' mathematische Reform der Philosophie hatte ein eigenes Schicksal.
Ihre metaphysischen Ergebnisse eröffneten eine reiche und fruchtbare Entwicklung:
ihre methodische Tendenz aber unterlag sehr bald einem Mißverständnis, das ihre

---

[51]) Ibid., 6.

[52]) Ibid., 4. Vgl. BR. CHRISTIANSEN, Das Urteil bei Descartes (Freiburg i. Br. 1902).

[53]) Hierin nimmt Descartes, wie kurz vor ihm G i b i e u f, die scotistische Lehre auf.

[54]) Der Irrtum erscheint danach als Akt der Willensfreiheit in Parallele zur Sünde und
damit als Schuld: er ist die Schuld der Selbsttäuschung. Diesen Gedanken hat namentlich
M a l e b r a n c h e (Entr., III f.) ausgeführt.

[55]) Diese Verwandtschaft erstreckt sich folgerichtig auch auf die Ethik Descartes'.
Aus der klaren und deutlichen Erkenntnis der Vernunft folgt notwendig das rechte Wollen
und Handeln; aus den dunklen und verworrenen Trieben der Sinnlichkeit ergibt sich
praktisch die Sünde wie theoretisch der Irrtum durch Mißbrauch der Freiheit. Das sittliche
Ideal ist das sokratisch-stoische der Herrschaft der Vernunft über die Sinnlichkeit.

[56]) Eth., II, prop., 49.

Bedeutung geradezu verkehrte. Der Philosoph selbst wollte auch bei den einzelnen Problemen die analytische Methode im großen Maßstabe angewendet sehen[57]), und er dachte die synthetische als einen entdeckenden Fortschritt von einer intuitiven Wahrheit zur andern. Die Schüler aber verwechselten die schöpferisch freie Geistestätigkeit, die Descartes im Auge hatte, mit jenem streng beweisenden System der Darstellung, welche sie in Euklids Lehrbuch der Geometrie fanden. Der monistische Zug der cartesianischen Methodologie, ihre Aufstellung eines höchsten Prinzips, aus dem alle andere Gewißheit folgen sollte, begünstigte diese Verwechslung, und aus der neuen Forschungsmethode wurde wieder eine *Ars demonstrandi*: als Ideal der Philosophie erschien die Aufgabe, ihre gesamten Erkenntnisse als ein System von ebenso strenger Folgerichtigkeit aus dem Grundprinzip heraus zu entwickeln, wie Euklids Lehrbuch die Geometrie mit allen ihren Lehrsätzen aus den Axiomen und Definitionen ableitet.

Auf ein solches Ansinnen hatte Descartes unter ausdrücklichem Hinweis auf die Bedenklichkeiten dieser Übertragung mit einer probeweisen Skizze geantwortet[58]): aber gerade dadurch scheint die Verlockung, die Bedeutung der M a t h e m a t i k für die Methode der Philosophie darin zu sehen, daß sie als I d e a l d e r b e w e i s e n d e n W i s s e n s c h a f t betrachtet wurde, nur verstärkt worden zu sein. Wenigstens hat sich in dieser Richtung der Einfluß der cartesianischen Philosophie für die folgende Zeit am stärksten gezeigt. In allem Wechsel der erkenntnistheoretischen Untersuchungen bis weit in das 18. Jahrhundert hinein, ist diese Auffassung der Mathematik für alle Parteien ein feststehendes Axiom gewesen. Ja, sie ist sogar unter dem direkten Einflusse Descartes' bei Männern wie P a s c a l zum Hebel des Skeptizismus und Mystizismus geworden. Da keine andere menschliche Wissenschaft, so folgerte Pascal, weder die Metaphysik noch die empirischen Disziplinen, die mathematische Evidenz zu erreichen vermögen, so muß der Mensch sich in seinem rationalen Erkenntnisstreben bescheiden und um so mehr dem Triebe seines Herzens zum ahnungsvollen Glauben und dem Taktgefühl einer edlen Lebensführung folgen. Auch der (von Boehme beeinflußte) Mystiker P o i r e t[59]) und der orthodoxe Skeptiker H u e t[60]) haben sich von dem Cartesianismus deshalb abgewandt, weil er das Programm der Universalmathematik nicht einzuhalten vermochte.

In noch etwas anderer Verbindung erscheint das mathematisch-naturwissenschaftliche Denken mit der in Frankreich seit dem großen Eindrucke Montaigne's herrschenden skeptischen Grundstimmung bei Pierre G a s s e n d. Er war mit ausgesprochenem Gegensatz gegen den Aristotelismus ein entschiedener Anhänger der modernen Naturforschung, und sein Rückgang auf Epikur, den er in theoretischer wie in moralischer Beziehung mit großem Erfolg „gerettet" hat, bedeutet eine der wirkungsvollsten Erneuerungen des Atomismus. Aber diese Überzeugungen waren

---

[57]) Die Forschungsregeln am Schluß von Descartes' „Discours" stehen deshalb den Baconischen sehr nahe.

[58]) Resp. ad. Obj., II.

[59]) Vgl. M. WIESER, Der sentimentale Mensch (1924).

[60]) Pierre Daniel H u e t (1630—1721), der gelehrte Bischof von Avranches, schrieb Censura philosophiae cartesianae (1689) und Traité de la faiblesse de l'esprit humain (1723). Instruktiv ist in obiger Hinsicht auch seine Autobiographie (1718). Vgl. über ihn CH. BARTHOLMESS (Paris 1850).

für ihn mit seiner religiösen Stellung nur dadurch vereinbar, daß er in baconischer Weise alles Übersinnliche aus dem Erkenntniskreise des „natürlichen Lichtes" ausschloß und dafür nur Offenbarung und Kirchenlehre gelten ließ. Darum bekämpfte er die Metaphysik von Descartes mit sensualistischen Waffen und erklärte sich gegen den Versuch, die rationale Methode auf die Erkenntnis der Gottheit und des Wesens der Seele auszudehnen[61]).

Positive Ansätze aber zu einer Umgestaltung der cartesianischen Methode in den e u k l i d i s c h e n B e w e i s g a n g finden sich in der Logik von Port-Royal und in den logischen Schriften von Geulincx; fertig jedoch wie aus Einem Gusse steht dieser methodische Schematismus bei S p i n o z a vor uns. Er gab zunächst eine Darstellung der cartesianischen Philosophie *„more geometrico"*, indem er nach Auf· stellung von Definitionen und Axiomen den Lehrgehalt des Systems Schritt für Schritt in Lehrsätzen (Propositionen) entwickelte, von denen jeder aus den Definitionen, Axiomen und vorhergehenden Lehrsätzen bewiesen wurde; an die einzelnen fügten sich Korrollarien und freier erläuternde Scholien. In dieselbe schwerfällig-wuchtige Form preßte aber Spinoza auch seine eigene Philosophie in der „Ethik", und damit glaubte er diese so sicher bewiesen zu haben, wie das euklidische System der Geometrie. Das setzte nicht nur die lückenlose Korrektheit des Beweisverfahrens, sondern auch eine unzweideutige Evidenz und widerspruchslose Geltung der Definitionen und Axiome voraus. Ein Blick auf den Anfang der Ethik (und nicht nur des ersten, sondern auch der folgenden Bücher) genügt, um sich von der Naivität zu überzeugen, mit der Spinoza die verdichteten Gebilde des scholastischen Denkens als selbstverständliche Begriffe und Prinzipien vorträgt und damit allerdings dann schon ein ganzes metaphysisches System *implicite* vorwegnimmt.

Diese g e o m e t r i s c h e M e t h o d e hat aber — und darin besteht ihre psycho-genetische Rechtfertigu   — bei Spinoza zugleich ihre sachliche Bedeutung. Die religiöse Grundüberzeugung, daß aus dem einheitlichen Wesen Gottes alle Dinge notwendig hervorgehen, schien ihm eine Methode der philosophischen Erkenntnis zu verlangen, welche in derselben Weise aus der Idee Gottes diejenigen aller Dinge ableitete[62]). In der wahren Philosophie soll die Ordnung der Ideen dieselbe sein wie die reale Ordnung der Dinge[63]). Daraus aber folgt von selbst, daß der reale Prozeß des Hervorgehens der Dinge aus Gott nach der Analogie des logischen Hervorgehens der Folge aus dem Grunde gemacht werden muß, und so involvierte die methodische Bestimmung der Aufgabe der Philosophie bei Spinoza bereits den metaphysischen Charakter ihrer Lösung; vgl. § 31, 5.

7. So wenig man in der nächsten Zeit wagte, sich den Inhalt der spinozistischen Philosophie zu eigen zu machen, so imponierend wirkte doch ihre methodische Form: und je mehr sich die geometrische Methode gerade in der schulmäßigen Philosophie einbürgerte, um so mehr hielt damit eigentlich wieder das s y l l o g i-s t i s c h e V e r f a h r e n seinen Einzug, indem alle Erkenntnisse durch regelrechte

---

[61]) Vgl. H. BERR, An iure inter scepticos Gassendus numeratus fuerit (Paris 1898).
[62]) Vgl. besonders den Tractat. de int. emend. und über diesen C. GEBHARDT (Heidelberg 1905).
[63]) Die Ansicht, daß die wahre Erkenntnis als genetische Definition die Entstehung ihres Gegenstandes wiederholen müsse, hat namentlich TSCHIRNHAUS ausgeführt; und er schreckte (Med. ment., 67 f.) nicht vor der Paradoxie zurück, daß eine vollständige Definition des Lachens imstande sein müsse, das Lachen selbst hervorzurufen!

Schlußfolgerungen aus den höchsten Wahrheiten abgeleitet werden sollten. Insbesondere faßten die mathematisch geschulten Cartesianer in Deutschland die geometrische Methode in dieser Richtung auf: so geschah es von J u n g und W e i g e l, und der akademische Trieb zur Anfertigung von Lehrbüchern fand in dieser Methode eine ihm äußerst sympathische Form. Im 18. Jahrhundert hat Christian W o l f f (vgl. unten V. Teil) mit seinen lateinischen Lehrbüchern dieser Neigung in der umfassendsten Weise Folge gegeben, und für die Systematisierung eines feststehenden und in sich klar durchdachten Lehrstoffs konnte es in der Tat keine bessere Form geben. Das zeigte sich schon, als P u f e n d o r f es unternahm, nach geometrischer Methode aus dem einzigen Prinzip des Geselligkeitsbedürfnisses heraus das ganze System des Naturrechts als eine logische Notwendigkeit zu deduzieren.

Als diese Ansicht im Werden war, wuchs L e i b n i z besonders unter dem Einfluß von Erhard Weigel in dieselbe hinein, und er war anfänglich einer ihrer konsequentesten Vertreter. Er machte sich nicht nur den Scherz, einer politischen Broschüre dies ungewohnte Gewand zu geben[64]), sondern er meinte ernstlich, daß die philosophischen Streitigkeiten erst dann ihr Ende finden würden, wenn einmal eine Philosophie so klar und sicher auftreten könnte wie eine mathematische Rechnung[65]).

Leibniz ist diesem Gedanken sehr energisch nachgegangen. Die Anregung von Hobbes, der auch — wenn schon in ganz anderer Absicht, vgl. § 31, 2 — das Denken für ein Rechnen mit den begrifflichen Zeichen der Dinge erklärte, mochte hinzukommen; die lullische Kunst und die Mühe, welche sich Giordano Bruno mit ihrer Verbesserung gegeben hatte, waren ihm wohl bekannt. Auch in den cartesianischen Kreisen war der Gedanke, die mathematische Methode zu einer regelrechten Erfindungskunst umzugestalten, viel erörtert worden: neben Joachim Jung hat in dieser Hinsicht der Altdorfer Professor J o h. C h r i s t o p h S t u r m auf Leibniz gewirkt. Es kam endlich hinzu, daß der Gedanke, die metaphysischen Grundbegriffe und ebenso die logischen Operationen ihrer Verknüpfung nach Art der mathematischen Zeichensprache durch bestimmte Charaktere auszudrücken, die Möglichkeit in Aussicht zu stellen schien, eine philosophische Untersuchung (ähnlich wie mathematische) in allgemeinen Formeln zu schreiben und sie dadurch über den Ausdruck in einer bestimmten Sprache hinauszuheben; ein Bemühen um eine wissenschaftliche Universalsprache, eine „Lingua Adamica", das gleichfalls zu Leibniz' Zeit in zahlreichen Vertretern zu Tage trat[66]). So hat sich denn auch Leibniz viel mit dem Gedanken einer *Characteristica universalis* und einer Methode des philosophischen Kalküls abgegeben[67]).

Der Ertrag dieser wunderlichen Bemühungen lag wesentlich darin, daß versucht werden mußte, jene höchsten Wahrheiten festzustellen, aus deren logischen Kombinationen alle Erkenntnisse abgeleitet werden sollten. So mußte auch Leibniz, wie Galilei und Descartes, auf die Erforschung desjenigen ausgehen, was u n m i t t e l-

---

[64]) In dem pseudonymen Specimen demonstrationum politicarum pro rege Polonorum eligendo (1669) bewies er nach „geometrischer Methode" in 60 Propositionen und Demonstrationen, daß man den Pfalzgrafen von Neuburg zum König von Polen wählen müsse.

[65]) De scientia universali seu calculo philosophico (1684).

[66]) Solche Entwürfe hatten J. J. Becker (1661), G. Dalgarn (1661), Athanasius Kircher (1663), J. Wilkins (1668) geschrieben: daran haben in neuester Zeit die Bestrebungen nach einer „internationalen Hilfssprache" wieder angeknüpft.

[67]) Vgl. A. TRENDELENBURG, Historische Beiträge zur Philosophie, Bd. II und III.

bar und intuitiv gewiß sich dem Geist als selbstverständlich auf-
nötigt und durch seine Verknüpfungen alle abgeleiteten Erkenntnisse begründet. Bei
diesen Überlegungen aber stieß Leibniz[68]) auf die Entdeckung (die vor ihm Aristoteles gemacht hatte), daß es zwei völlig verschiedene Arten dieser intuitiven Erkenntnisse gibt: die allgemeinen, der Vernunft von selber einleuchtenden Wahrheiten
und die Tatsachen der Erfahrung. Die einen haben zeitlose, die andern einmalige
Geltung: vérités éternelles und vérités de fait. Beide aber haben das
gemeinsam, daß sie intuitiv, d. h. in sich selbst und nicht durch Ableitung von
irgend etwas anderem gewiß sind; sie heißen deshalb *primae veritates* oder auch
primae possibilitates, weil in ihnen die Möglichkeit alles Abgeleiteten begründet ist.
Denn die „Möglichkeit" eines Begriffs erkennt man entweder durch die „Kausal-
definition", welche ihn aus den ersten Möglichkeiten ableitet, d. h. *a priori,* oder
durch die unmittelbare Erfahrung seiner Wirklichkeit, d. h. *a posteriori.*

In sehr interessanter Weise hat nun Leibniz diese beiden Arten der „ersten Wahrheiten" — die rationalen und die empirischen, wie man sieht — an die beiden
cartesianischen Merkmale der intuitiven Selbstverständlichkeit, die Klarheit
und Deutlichkeit, angeknüpft. Er verschiebt dazu um ein Geringes die
Bedeutung beider Ausdrücke[69]). Klar ist die Vorstellung, welche, von allen andern
sicher unterschieden, zur Rekognition ihres Gegenstandes tauglich ist; deutlich diejenige, welche bis in ihre einzelnen Bestandteile hinein und bis zur Erkenntnis
von deren Verknüpfung klar ist. Hiernach sind die apriorischen, „geometrischen"
oder „metaphysischen" ewigen Wahrheiten klar und deutlich, die aposteriorischen
dagegen oder die tatsächlichen Wahrheiten zwar klar, aber nicht deutlich. Die
ersteren sind daher, vollkommen durchsichtig, mit der Überzeugung von der
Unmöglichkeit des Gegenteils verbunden, bei den letzteren bleibt das
Gegenteil denkbar. Bei den ersteren beruht die intuitive Gewißheit auf dem Satze
des Widerspruchs, bei den letzteren bedarf die durch die tatsächliche
Wirklichkeit gewährleistete Möglichkeit noch einer Erklärung nach dem Satze
vom zureichenden Grunde.

Anfänglich meinte Leibniz diese Unterschiede nur in Bezug auf die Unvollkommenheit des menschlichen Verstandes. Bei den rationalen Wahrheiten sehen
wir die Unmöglichkeit des Gegenteils ein, bei den empirischen ist das nicht der
Fall, und wir müssen uns mit der Feststellung der Wirklichkeit begnügen[70]); aber
auch die letzteren sind *in natura rerum* und für den göttlichen Verstand so begründet, daß das Gegenteil unmöglich ist, wenn es auch für uns denkbar bleibt.
Wenn Leibniz jenen Unterschied mit demjenigen der kommensurablen und der
inkommensurablen Größen verglich, so meinte er anfänglich, die Inkommensurabilität stecke nur in der begrenzten Erkenntnisfähigkeit des Menschen. Aber im
Laufe seiner Entwicklung wurde ihm dieser Gegensatz zu einem absoluten[71]): er
gewann metaphysische Bedeutung. Leibniz unterschied nun *realiter* zwischen einer

---

[68]) Meditationes de cognitione, veritate et ideis (1684).

[69]) A. a. O., Anf., E., 79.

[70]) Die aristotelische Unterscheidung von διότι und ὅτι.

[71]) Das Motiv dazu lag vermutlich darin, daß die erste Auffassung unausweichlich zur
Annahme einer unbedingten Notwendigkeit alles Tatsächlichen, d. h. zu dem Spinozismus
führte, den Leibniz fast ängstlich zu vermeiden wünschte.

u n b e d i n g t e n N o t w e n d i g k e i t, welche die logische Unmöglichkeit des Gegenteils involviere, und einer b e d i n g t e n N o t w e n d i g k e i t, die „nur" tatsächlichen Charakters sei. Er teilte die Prinzipien der Dinge in solche, deren Gegenteil undenkbar, und solche, deren Gegenteil denkbar sei: er unterschied auch metaphysisch zwischen n o t w e n d i g e n und z u f ä l l i g e n W a h r h e i t e n. Das aber hing mit metaphysischen Motiven zusammen, die aus einer Nachwirkung der scotistischen Theorie von der Kontingenz des Endlichen entsprangen und die Allgemeingültigkeit der geometrischen Methode über den Haufen warfen.

§ 31. Substanz und Kausalität.

EDM. KOENIG, Die Entwicklung des Kausalproblems, 2 Bde. Leipzig 1888—90.
E. WENTSCHER, Geschichte des Kausalproblems in der neueren Philosophie (1921).

Der sachliche Erfolg der neuen Methoden war in der Metaphysik wie in der Naturwissenschaft eine Umgestaltung der Grundvorstellungen von dem Wesen der Dinge und von der Art ihres Zusammenhanges im Geschehen: die Begriffe der Substanz und der Kausalität gewannen einen neuen Inhalt[72]). Aber diese Veränderung konnte in der Metaphysik nicht so radikal vorgehen wie in der Naturwissenschaft. Auf diesem begrenzteren Gebiete vermochte man, nachdem einmal das Galileische Prinzip gefunden war, gewissermaßen *ab ovo* zu beginnen und eine in der Tat vollkommen neue Theorie zu liefern: in den allgemeineren philosophischen Lehren war die Macht und das Recht der Tradition viel zu groß, als daß sie hätte völlig beiseite geschoben werden können.

Dieser Unterschied machte sich schon bei dem delikaten V e r h ä l t n i s z u d e n r e l i g i ö s e n B e g r i f f e n geltend. Die Naturforschung konnte sich gegen die Theologie absolut isolieren und sich dagegen völlig indifferent verhalten: die Metaphysik wurde durch den Begriff der Gottheit und durch die Theorie von der geistigen Welt immer wieder sei es in feindliche, sei es in freundliche Berührung mit dem religiösen Vorstellungskreise gebracht. Ein Galilei erklärte, daß die Untersuchungen der Physik, welches auch ihr Resultat sei, mit der Lehre der Bibel nicht das Geringste zu tun hätten[73]), und einen Newton hinderte seine mathematische Naturphilosophie nicht, sich mit wärmster Frömmigkeit in die Geheimnisse der Apokalypse zu vertiefen. Die Metaphysiker aber, mochten sie religiös noch so indifferent denken und ihre Wissenschaft nur im rein theoretischen Geiste betreiben, mußten doch immer darauf Bedacht haben, daß sie von Gegenständen zu handeln hatten, welche für die Kirchenlehre eine wichtige und wesentliche Bedeutung besaßen. Dies gab der neueren Philosophie eine einigermaßen heikle Stellung: die mittelalterliche Philosophie hatte den Gegenständen des Dogmas auch ihrerseits ein wesentlich religiöses Interesse entgegengebracht; die neuere betrachtete sie, wenn überhaupt, nur aus dem theoretischen Standpunkte. Am sichersten fühlten sich daher diejenigen, welche wie Bacon und Hobbes auch die Philosophie ganz auf Naturforschung beschränkten, eine eigentliche Metaphysik ablehnten und über

---

[72]) Über diesen Kampf der Traditionen auch auf naturwissenschaftlichem Gebiet vgl. P. BRUNET, Les physiciens hollandais et la méthode expérimentale en France au 18me siècle (Paris 1926).

[73]) Vgl. den Brief an die Großherzogin Christine (1615), Op., II, 26 ff.

Fragen wie die nach der Gottheit und der übersinnlichen Bestimmung des Menschen nur das Dogma reden lassen wollten. Bacon tat das mit großen Worten, hinter denen seine wahre Gesinnung schwer zu erkennen ist[74]); Hobbes ließ eher durchblicken, daß seine naturalistische Meinung nach Art der epikureischen in den übernatürlichen Vorstellungen einen auf Mangel an Naturerkenntnis beruhenden Aberglauben sah, der erst durch die staatliche Ordnung zur bindenden Macht der Religion werde[75]). Sehr viel schwieriger aber war die Stellung derjenigen Philosophen, welche den metaphysischen Begriff der Gottheit in der Naturerklärung selbst festhielten; Descartes' ganze literarische Tätigkeit ist von der ängstlichen Vorsicht zur Vermeidung jeden religiösen Anstoßes erfüllt, während Leibniz viel positiver die Konformität seiner Metaphysik mit der Religion durchzuführen versuchen konnte; und anderseits zeigte das Schicksal Spinozas, wie gefährlich es war, wenn die Philosophie die Verschiedenheit ihres Gottesbegriffs von dem dogmatischen offen hervorkehrte.

1. Die Hauptschwierigkeit der Sache aber steckte in dem Umstande, daß das neue methodische Prinzip der M e c h a n i k jede Zurückführung der körperlichen Erscheinungen auf geistige Kräfte ausschloß. Die Natur wurde entgeistet, die Wissenschaft wollte in ihr nichts als die Bewegungen kleinster Körper sehen, von denen eine die Ursache der andern sei. Da blieb kein Raum für die Einwirkung übernatürlicher Mächte. So wurde zunächst mit Einem Schlage Magie, Astrologie und Alchymie, in denen der neuplatonische Geisterspuk gewaltet hatte, zu wissenschaftlich überwundenen Irrungen. Schon Lionardo hatte verlangt, daß die Erscheinungen der Außenwelt nur durch n a t ü r l i c h e U r s a c h e n erklärt werden sollten; die großen Systeme des 17. Jahrhunderts erkennen ausnahmslos nur solche an, und ein Cartesianer, Balthasar Bekker, schrieb ein eigenes Buch[76]), um zu zeigen, daß nach den Prinzipien der modernen Wissenschaft alle Geistererscheinungen, Beschwörungen, Zaubereien unter die verderblichen Irrtümer gerechnet werden müßten — ein Mahnwort, das dem reichlichen Aberglauben der Renaissance gegenüber sehr am Platze war.

Mit den Geistern mußte aber auch die T h e o l o g i e weichen. Die Erklärung von Naturerscheinungen durch ihre Zweckmäßigkeit lief zuletzt immer irgendwie auf den Gedanken einer geistigen Erzeugung oder Ordnung der Dinge hinaus: und so widersprach sie dem Prinzip der Mechanik. An diesem Punkte war der Sieg des Demokritismus über die platonisch-aristotelische Naturphilosophie am fühlbarsten: diesen betonte aber auch die neue Philosophie am kräftigsten. B a c o n rechnete die teleologische Naturbetrachtung zu den Idolen, und zwar zu den gefährlichen Gattungsidolen, zu den Grundirrtümern, welche dem Menschen durch seine Natur selbst vorgespiegelt werden: er leugnete zwar nicht, daß die Metaphysik als historisch überlieferte Disziplin sich mit den Endursachen beschäftigte, wies aber der Physik als eigentlicher Wissenschaft die Erkenntnis der lediglich mechanischen Ursachen, der *causae efficientes* zu und betrachtete die Einsicht in die „Naturen"

---

[74]) De augm. scient., IX., wo das Übernatürliche und Unbegreifliche als das Charakteristische und Verdienstliche des Glaubens dargestellt wird.

[75]) Leviathan, I, 6; vgl. den drastischen Ausdruck ibid., IV, 32.

[76]) Balthasar B e k k e r (1634—1698), De betoverte wereld (1690).

oder „Formen" (vgl. oben § 30, 1) als ein Zwischengebiet, auf dem sich die Meta-physik mit der höheren Physik zusammenfinden sollte[77]). Bei Hobbes, der sein und Galileis Schüler war, ist die Beschränkung der wissenschaftlichen Erklärung auf die rein mechanischen Ursachen selbstverständlich. Aber auch D e s c a r t e s will alle finalen Ursachen von der Erklärung der Natur ferngehalten sehen, — er erklärt es für verwegen, die Absichten Gottes erkennen zu wollen[78]). Viel offener und bei weitem am schärfsten polemisiert endlich S p i n o z a[79]) gegen den Anthropo-morphismus der Theologie. Bei seiner Vorstellung von Gott und dessen Verhältnis' zur Welt ist es absurd, von Zwecken der Gottheit und gar von solchen zu reden, die sich auf den Menschen beziehen: wo alles mit ewiger Notwendigkeit aus dem Wesen der Gottheit folgt, ist für eine Zwecktätigkeit kein Raum. Gegen diesen mechanisch-antiteleologischen Grundzug der neuen Metaphysik haben die englischen Neuplatoniker, wie Cudworth und Henry More, mit der ganzen Beredsamkeit der alten Argumente, aber erfolglos gekämpft. Die teleologische Überzeugung mußte auf die wissenschaftliche Erklärung der einzelnen Erscheinungen definitiv ver-zichten, und nur in der metaphysischen Gesamtauffassung fand schließlich Leibniz (vgl. unten Nr. 8) und ähnlich ein Teil der englischen Naturforscher einen be-friedigenden Ausgleich zwischen den widerstrebenden Prinzipien.

Mit dem Ausschluß des Geistigen aus der Naturerklärung fiel aber noch ein drittes Moment der alten Weltanschauung dahin: die Meinung von der Verschieden-artigkeit und Verschiedenwertigkeit der Sphären der Natur, wie sie nach altpytha-goreischem Vorgange in dem neuplatonischen Stufenreich der Dinge am deutlichsten ausgeprägt war. In dieser Hinsicht hatte die phantastische Naturphilosopie der Renaissance schon kräftig vorgearbeitet. Durch Nicolaus Cusanus war die stoische Lehre von der Allgegenwart aller Stoffe an jedem Punkte des Weltalls erneuert worden; aber erst mit dem Siege des kopernikanischen Systems war, wie man bei Bruno sieht, auch die Vorstellung von der G l e i c h a r t i g k e i t a l l e r T e i l e d e s U n i v e r s u m s völlig durchgedrungen: die sublunarische Welt konnte nicht mehr als das Reich der Unvollkommenheit der geistigen Sphäre des Sternenhimmels gegenübergestellt werden; Stoff und Bewegung sind in beiden gleich. Von diesem Gedanken gingen Kepler und Galilei aus, und er vollendete sich, als Newton die Identität der Kraft im Fall des Apfels und im Umschwung der Gestirne erkannte. Für die moderne Naturwissenschaft besteht der alte Wesens- und Wertunterschied von Himmel und Erde nicht mehr. Das U n i v e r s u m i s t d u r c h w e g e i n-h e i t l i c h. Dieselbe Anschauung aber kehrte sich auch gegen das aristotelisch-thomistische Entwicklungssystem von Stoffen und Formen, sie räumte mit dem ganzen Heer der niederen und höheren Kräfte — der viel bekämpften *qualitates occultae* — auf, sie erkannte als Erklärungsgrund aller Erscheinungen nur das mechanische Prinzip der Bewegung an, und sie hob deshalb auch den p r i n z i-p i e l l e n U n t e r s c h i e d z w i s c h e n d e m L e b e n d i g e n u n d d e m U n b e l e b t e n auf. Wenn hier der Neuplatonismus durch die Anschauung der Allebendigkeit des Universums zur Überwindung jenes Gegensatzes von der ent-

---

[77]) De augm., III, 4.

[78]) Med., IV.

[79]) Vgl. hauptsächlich Eth., I append.

gegengesetzten Seite her mitgewirkt hatte, so erwuchs nun der Galileischen Mechanik umgekehrt die Aufgabe, a u c h   d i e   E r s c h e i n u n g e n   d e s   L e b e n s   m e c h a n i s c h   z u   e r k l ä r e n. Die Entdeckung des Mechanismus des Blutumlaufs durch Harvey (1626)[80]) gab dieser Tendenz einen lebhaften Impuls; Descartes sprach es prinzipiell aus, daß die animalischen Leiber wissenschaftlich als komplizierteste Automaten anzusehen und daß ihre Lebenstätigkeiten als mechanische Prozesse zu betrachten seien. Hobbes und Spinoza führten diesen Gedanken schon genauer durch; in den Ärzteschulen Frankreichs und der Niederlande begann ein eifriges Studium der Reflexbewegungen, und der Begriff der Seele als Lebenskraft ging seiner völligen Zersetzung entgegen. Nur die Platoniker und Anhänger des paracelsisch-boehmeschen Vitalismus, wie van Helmont, hielten in alter Weise daran fest.

2. Diese   m e c h a n i s t i s c h e   E n t g e i s t i g u n g   d e r   N a t u r   entsprach nun durchaus   jener   d u a l i s t i s c h e n   W e l t a n s i c h t,   welche   aus   erkenntnistheoretischen Motiven sich in dem terministischen Nominalismus vorbereitet hatte, der Ansicht von   e i n e r   t o t a l e n   V e r s c h i e d e n h e i t   d e r   i n n e r l i c h e n und   d e r   ä u ß e r e n   W e l t. Zu der Behauptung ihrer qualitativen Differenz trat jetzt diejenige ihrer realen und kausalen Getrenntheit. Die Welt der Körper erschien nicht nur ganz andersartig als diejenige des Geistes, sondern auch in ihrer Existenz und in dem Ablauf ihrer Bewegungen durchaus davon gesondert. Zur Verschärfung jenes Gegensatzes hatte in der Philosophie der Renaissance die humanistisch erneuerte Lehre von der   I n t e l l e k t u a l i t ä t   d e r   S i n n e s q u a l i t ä t e n   außerordentlich viel beigetragen. Aus der skeptischen und der epikureischen Literatur war die Lehre, daß Farben, Töne, Gerüche, Geschmäcke, Druck-, Wärme- und Tastqualitäten nicht wirkliche Eigenschaften der Dinge, sondern nur Zeichen für solche im Geiste seien, unter Wiederholung der antiken Beispiele in die meisten Lehren der neueren Philosophie übergegangen. Vives, Montaigne, Sanchez, Campanella waren darin einig; Galilei[81]), Hobbes, Descartes[82]) erneuerten die demokritische Lehre, wonach diesen qualitativen Differenzen der Wahrnehmung *in natura rerum* nur quantitative Unterschiede so entsprächen, daß jene die innere Vorstellungsweise für diese seien. Descartes betrachtete die sinnlichen Qualitäten als dunkle und verworrene Vorstellungen, während ihm die Auffassung der quantitativen Bestimmungen der Außenwelt ihres mathematischen Charakters wegen als die einzig klare und deutliche, d. h. wahre Vorstellung davon galt.

Deshalb gehören nach Descartes nicht nur die sinnlichen Gefühle, sondern auch die Empfindungsinhalte nicht der räumlichen, sondern nur der seelischen Welt an und vertreten in dieser die geometrischen Gebilde, deren Zeichen sie sind. Freilich können wir[83]) von diesem wahren mathematischen Wesen der Körper bei der

---

[80]) Worin ihm Michael Servet (1553 in Genf durch Calvin verbrannt) vorangegangen war.

[81]) Saggiat., II, 340.

[82]) Med., 6.

[83]) Vgl. Med., 6, welche das sehr enge Verhältnis, das Descartes' physikalische Forschung zur Erfahrung hatte, wohl am deutlichsten hervortreten läßt. Man muß in dieser Hinsicht sehr genau zwischen der philosophischen Universalmethode, die Descartes in den Meditationen einschlug, und den praktischen Regeln unterscheiden, die er als Physiker befolgte und teils in den Regulae ad directionem ingenii, teils in dem Discours de la méthode formulierte: in dem letzteren kommt er vielfach merkwürdig nahe an Bacon heran. Vgl. oben S. **339,** Anm. 57.

Erforschung des einzelnen eine Kenntnis nur mit Hilfe der Wahrnehmungen ge-
winnen, in denen es stets mit den qualitativen Elementen der „Imagination" versetzt
ist. Aber darin eben besteht die Aufgabe der physikalischen Forschung, durch die
Reflexion auf die klaren und deutlichen Elemente der Wahrnehmung dies reale
Wesen der Körper aus den subjektiven Vorstellungsweisen herauszulösen. John
L o c k e, der sich auch diese Ansicht Descartes' später popularisierend aneignete,
bezeichnete[84]), wie es scheint nach dem Vorgange von Rob. Boyle, diejenigen
Eigenschaften, welche hiernach dem Körper an sich zukommen, als p r i m ä r,
dagegen als s e k u n d ä r solche, welche ihm nur vermöge seiner Wirkung auf
unsere Sinne, bzw. unsere Sinnesempfindung zukommen[85]). Descartes ließ als
primäre Eigenschaften nur Gestalt, Größe, Lage und Bewegung gelten, so daß ihm
der physikalische Körper mit dem mathematischen zusammenfiel (vgl. unten Nr. 4).
Um dagegen die Unterscheidung beider aufrecht zu erhalten, verlangte Henry
More[86]) auch die Undurchdringlichkeit *(tangibilitas* sive *impenetrabilitas)* als Prinzip der Raumerfüllung zum Wesen des Körpers zu rechnen, und danach nahm
später auch Locke[87]) die *solidity* unter die primären Eigenschaften auf.

Bei H o b b e s[88]) verschieben sich diese Gedanken mehr nach der terministischen
Auffassung hin. Ihm gelten der Raum (als *phantasma rei existentis*) und die Zeit
(als *phantasma motus*) in ihrer allgemeinen Bedeutung als rein innerliche Vor-
stellungsprodukte, die sich nach psychologischem Mechanismus aus den Wahrnehmungen einzelner Räume und einzelner Zeiten im Bewußtsein erzeugen, und
gerade deshalb, weil wir sie in dieser Weise selbst konstruieren, hat die mathematische Theorie den Vorzug der einzig rationalen Wissenschaft. Statt aber daraus
phänomenalistische Konsequenzen zu ziehen, folgert er, die Philosophie könne nur
von Körpern handeln und müsse alles Geistige der Offenbarung überlassen. Gleichwohl besteht ihm infolgedessen das wissenschaftliche Denken nur in der immanenten
Verknüpfung von Z e i c h e n. Diese sind teils unwillkürlich in den Wahrnehmungen,
teils willkürlich in den Worten. (Ähnlich Occam, vgl. § 27, 4.) Erst durch die
letzteren werden allgemeine Begriffe und Sätze möglich. Unser Denken ist daher
ein R e c h n e n mit Wortzeichen. Es hat seine Wahrheit in sich und steht als etwas
völlig Heterogenes neben der Außenwelt, auf die es sich bezieht.

3. Alle diese Anregungen verdichten sich bei D e s c a r t e s zu der Lehre von
dem D u a l i s m u s d e r S u b s t a n z e n. Die analytische Methode sollte die einfachen, selbstverständlichen, nicht weiter ableitbaren Elemente der Wirklichkeit
auffinden. Descartes entdeckte, daß alles Erfahrbare entweder eine Art des räumlichen oder des bewußten Seins ist. R ä u m l i c h k e i t u n d B e w u ß t s e i n
(„Ausdehnung" und „Denken" nach der gewöhnlichen Übersetzung von *extensio*
und *cogitatio)* sind die letzten, einfachen, ursprünglichen A t t r i b u t e der Realität.
Alles was ist, ist entweder räumlich oder bewußt. Diese beiden Urprädikate verhalten sich zueinander disjunktiv: was räumlich ist, ist nicht bewußt; was bewußt

---

[84]) Essay conc. hum. und., II, 8, § 23 f. Vgl. auch unten § 34, 1.
[85]) Als tertiäre Eigenschaften fügte Locke noch die „Kräfte" zur Einwirkung eines
Körpers auf andere hinzu.
[86]) Desc. Oeuv. (C.), X, p. 181 ff.; Ak. Ausg., V, 237 f., 268 f.
[87]) Essay, II, 4.
[88]) Human nature, cap. 2—5, Leviathan, cap. 4 ff.

ist, ist nicht räumlich. Die Selbstgewißheit des Geistes ist nur diejenige der Persönlichkeit als eines bewußten Wesens. Der Körper ist nur so weit real, als er die quantitativen Bestimmungen räumlichen Seins und Geschehens, der Ausdehnung und der Bewegung, an sich hat. Alle Dinge sind entweder Körper oder Geister; die Substanzen sind entweder räumlich oder bewußt: *r e s e x t e n s a e* und *r e s c o g i t a n t e s*.

So zerfällt die Welt in zwei völlig verschiedene und völlig getrennte Reiche: das der Körper und das der Geister. Aber im Hintergrunde dieses Dualismus steht bei Descartes der Begriff der G o t t h e i t als des *e n s p e r f e c t i s s i m u m* oder der v o l l k o m m e n e n S u b s t a n z. Körper und Geister sind e n d l i c h e D i n g e, Gott ist das u n e n d l i c h e S e i n[89]). Die Meditationen lassen keinen Zweifel darüber, daß Descartes den Gottesbegriff ganz nach der Auffassung des s c h o l a s t i s c h e n R e a l i s m u s übernahm. Der menschliche Geist soll in seinem eigenen Sein, das er als ein begrenztes und unvollkommenes erkennt, mit derselben intuitiven Gewißheit auch die Realität des vollkommenen unendlichen Seins erfassen (vgl. oben § 30, 5). Zu dem ontologischen Argument kommt das Verhältnis von Gott und Welt in der durch Nicolaus Cusanus zur Geltung gebrachten Form des Gegensatzes des Unendlichen und des Endlichen hinzu. Jene Verwandtschaft aber mit dem Realismus des Mittelalters tritt gerade am deutlichsten in der auf Descartes folgenden Entwicklung der Metaphysik hervor: denn die p a n t h e i s t i s c h e n K o n s e q u e n z e n dieser Voraussetzung, welche in der scholastischen Zeit mühsam zurückgehalten worden waren, wurden jetzt mit voller Klarheit und Sicherheit ausgesprochen, und wenn in den Lehren von Descartes' Nachfolgern eine starke Ähnlichkeit mit solchen zu finden ist, welche im Mittelalter nur eine mehr oder minder unterdrückte Existenz führen konnten, so begreift sich dies auch ohne die Annahme einer direkten historischen Abhängigkeit bloß durch den pragmatischen Zusammenhang und die sachliche Notwendigkeit der Folgerungen.

4. Der gemeinsame metaphysische Name der „Substanz" für Gott im unendlichen, für Geister und Körper im endlichen Sinne konnte die Probleme, die darunter verborgen waren, nicht dauernd verdecken. Der Begriff der Substanz war in Fluß geraten und bedurfte weiterer Umgestaltung. Mit der Vorstellung des „Dinges", der Kategorie der Inhärenz, hatte er fast die Fühlung verloren: denn gerade die dieser Kategorie wesentliche Verknüpfung einer Mannigfaltigkeit von Bestimmungen zur Vorstellung eines einheitlich Wirklichen fehlte in Descartes' Begriff der unendlichen Substanzen völlig, indem diese durch e i n e Grundeigenschaft, der Räumlichkeit oder des Bewußtseins, charakterisiert sein sollten. Alles was sich sonst an den Substanzen fand, mußte also als Modifikation ihrer Grundeigenschaft, ihres A t t r i b u t s betrachtet werden. Alle Eigenschaften und Zustände des Körpers sind M o d i seiner Räumlichkeit (Ausdehnung), alle Eigenschaften und Zustände des Geistes sind M o d i des Bewußtseins *(modi cogitandi)*.

Darin jedoch liegt, daß alle zu einer der beiden Klassen gehörigen Einzelsubstanzen, also einerseits alle Körper, anderseits alle Geister, ihrem Wesen, ihrem

---

[89]) Ebenso sagte Malebranche (Rech., III, 2, 9 a. E.), Gott dürfe eigentlich nur heißen *Celui qui est*, er sei *l'être sans restriction, tout être infini et universel.*

konstitutiven Attribut nach gleich sind. Von hier aber ist nur noch e i n Schritt zu
der Vorstellung, daß diese Gleichheit als metaphysische Identität gedacht wird. Alle
Körper sind räumlich, alle Geister sind bewußt: die einzelnen Körper unterscheiden sich voneinander nur durch verschiedene Modi der Räumlichkeit (Gestalt,
Größe, Lage, Bewegung), die einzelnen Geister unterscheiden sich voneinander nur
durch verschiedene Modi des Bewußtseins (Ideen, Urteile, Willenstätigkeiten). Die
einzelnen Körper sind Modi der Räumlichkeit, die einzelnen Geister sind Modi des
Bewußtseins. Auf diese Weise erhält das Attribut das metaphysische Übergewicht
über die einzelnen Substanzen, die jetzt als seine Modifikationen erscheinen; aus
den *res extensae* werden *modi extensionis,* aus den *res cogitantes modi cogitationis.*

Descartes selbst hat diese Konsequenz nur auf dem naturphilosophischen Gebiete
gezogen, worauf er überhaupt die prinzipielle Ausführung seiner metaphysischen
Lehre beschränkte. Hier aber nahm der allgemeine Begriff der „Modifikation" von
selbst eine bestimmte und anschauliche Bedeutung an, diejenige der Begrenzung
(determinatio). Die Körper sind T e i l e   d e s   R a u m e s, Begrenzungen der allgemeinen Räumlichkeit oder Ausdehnung[90]). Daher fällt für Descartes der Begriff
des Körpers mit demjenigen einer begrenzten Raumgröße - zusammen. Der Körper
ist seinem wahren Wesen nach ein Stück Raum. Die Elemente der Körperwelt sind
die „K o r p u s k e l n"[91]), d. h. die *realiter* nicht mehr teilbaren, festen Raum-
stücke: als mathematische Gebilde aber sind auch sie bis ins Unendliche teilbar,
d. h. es gibt keine Atome. Ebenso folgt aus diesen Voraussetzungen für Descartes
die Unmöglichkeit des leeren Raumes und die Unendlichkeit der Körperwelt.

Für die Geisterwelt ist die analoge Forderung von M a l e b r a n c h e ausgesprochen worden. Im Zusammenhange mit den erkenntnistheoretischen Motiven
(vgl. unten Nr. 8), die ihm keine andere Erkenntnis der Dinge als die in Gott möglich erscheinen ließen, kam er[92]) auf den Begriff der *r a i s o n   u n i v e r s e l l e,*
die, in allen Einzelgeistern gleich, nicht zu den Modi des endlichen Geistes gehören
kann, sondern von der vielmehr die endlichen Geister selbst Modifikationen sind,
die aber eben deshalb nichts anderes sein kann, als ein Attribut Gottes. Insofern
ist Gott der „Ort der Geister", ebenso wie der Raum der Ort der Körper ist. Auch
hier liegt — und zwar in noch höherem Maße — das begriffliche Verhältnis des
Allgemeinen und des Besonderen zugrunde, und anderseits wird doch dies Verhältnis nach Analogie der cartesianischen Auffassung vom Raum und vom Körper
anschaulich als *P a r t i z i p a t i o n*[93]) gedacht. Alle menschliche Einsicht ist eine
Partizipation an der unendlichen Vernunft, alle Ideen der endlichen Dinge sind
nur Determinationen der Idee Gottes, alle auf das einzelne gerichteten Begierden
nur Partizipationen an der dem endlichen Geist notwendig innewohnenden Liebe

---

[90]) Vgl. Princ. phil., II, 9 f., wo zugleich klar hervortritt, daß dies Verhältnis des einzelnen Körpers zum allgemeinen Raum in gewissem Sinne auch demjenigen von Individuum und Gattung gleichgesetzt werden soll.

[91]) Für die Korpuskulartheorie fand Descartes in Bacon, Basso, Sennert u. a. Anregungen. Die Mannigfaltigkeit der Ausbildung dieser Theorie, welche auf der Dialektik
zwischen dem mathematischen und dem physikalischen Moment beruht, hat mehr naturwissenschaftliches als philosophisches Interesse: eine vorzügliche Darstellung hat sie in
Lasswitz' Geschichte der Atomistik gefunden.

[92]) Rech. de la vér., III, 2, 6; Entret., I, 10.

[93]) Man erinnere sich der platonischen μέθεξις! Vgl. oben § 11, 3.

zu Gott als seinem Wesens- und Lebensgrunde. Freilich kam Malebranche dadurch, daß er so den endlichen Geist völlig in den allgemeinen Gottesgeist als dessen Modifikation aufgehen ließ, in eine sehr bedenkliche Lage. Denn wie sollte er hiernach die Selbständigkeit und Selbsttätigkeit erklären, welche doch in den Gott widerstrebenden Neigungen und Willenstätigkeiten des Menschen ganz offenkundig vorzuliegen schien? Da half nichts als das Wort „Freiheit", wobei denn freilich Malebranche bekennen mußte, die Freiheit sei ein undurchdringliches Geheimnis[94]).

5. In diesem Gedankengange von Malebranche tritt die unabweisbare Folgerichtigkeit zutage, womit die Attribute, welche bei Descartes als das gemeinsame Wesen je einer der beiden Klassen von endlichen Substanzen galten, schließlich selbst nur als die A t t r i b u t e   d e r   u n e n d l i c h e n   S u b s t a n z   o d e r   d e r   G o t t h e i t gedacht werden konnten. Genau darin aber besteht das Grundmotiv des S p i n o z i s m u s, der sich in dieser Richtung direkt und zuerst aus dem Cartesianismus heraus und sogleich bis zur letzten Konsequenz entwickelt hat. Auch er hält ebenso an dem qualitativen wie an dem kausalen Dualismus von Räumlichkeit und Bewußtsein fest. Die räumliche und die geistige Welt sind durchaus heterogen und absolut unabhängig voneinander. Aber die ganze endlose Reihe der Körper mit ihren Teilungen, Gestaltungen und Bewegungen bedeutet ebenso nur die Modi der Räumlichkeit, wie die endlose Reihe der Geister mit ihren Ideen und Volitionen nur die Modi des Bewußtseins. Diesen endlichen „Dingen" gebührt daher nicht mehr der Name der „Substanz". Substanz kann nur dasjenige heißen, dessen Attribute die Räumlichkeit und das Bewußtsein selbst sind: das unendliche Sein, die G o t t h e i t. Ihr Wesen aber kann wiederum sich nicht in diesen beiden der menschlichen Erfahrung zugänglichen Attributen erschöpfen: das *ens realissimum* involviert in sich die Wirklichkeit der u n e n d l i c h e n   A n z a h l   a l l e r   m ö g l i c h e n   A t t r i b u t e.

Auch hierfür liegt der letzte Grund in dem scholastisch-realistischen Begriffe des allerrealsten Wesens. Spinozas Definition der S u b s t a n z   o d e r   d e r   G o t t h e i t als des Wesens *(essentia),* das seine Existenz involviert, ist nur der verdichtete Ausdruck des ontologischen Beweises für das Dasein Gottes: die „Aseität" ist in dem Terminus „*causa sui*" aufrecht erhalten, die Substanz als dasjenige „*quod in se est et per se concipitur*" ist wiederum nur eine andere Umschreibung desselben Gedankens. Von diesen Definitionen aus war der Beweis für die Einzigkeit und Unendlichkeit der Substanz[95]) selbstverständlich.

Daß wir es aber hier, metaphysisch betrachtet, mit einem durchweg „realistischen" Gedankengange zu tun haben, ergibt sich deutlich aus Spinozas Lehre von dem Wesen der Substanz selbst und ihrem Verhältnis zu den Attributen. Denn von der Substanz oder der Gottheit sagt das spinozistische System schlechterdings nichts weiter aus, als was in dem Begriffe des *ens realissimum,* des absoluten Seins, an formalen Bestimmungen enthalten ist. Jedes inhaltliche Prädikat dagegen wird ausdrücklich verneint: insbesondere läßt es Spinoza sich angelegen sein, die Modifikationen des Bewußtseins wie Erkenntnis und Willen dem göttlichen Wesen abzusprechen[96]). Ebensowenig (wie sich von selbst versteht) erkennt er diesem

---

[94]) Vgl. oben zu § 30, 5, S. 338, Anm. 54.
[95]) Eth., I prop., 1—14.
[96]) Ibid., I, 31.

Modifikationen der Räumlichkeit als Prädikate seines Wesens zu, obwohl er dies besonders auszusprechen keine polemische Veranlassung hatte. Gott selbst also ist weder Geist noch Körper, von ihm kann nur gesagt werden: er ist. Es ist deutlich, daß hier mit veränderter Ausdrucksweise das alte P r i n z i p   d e r   n e g a t i v e n T h e o l o g i e vorliegt. Die Erkenntnis aller endlichen Dinge und Zustände führt auf zwei höchste Allgemeinbegriffe, Räumlichkeit und Bewußtsein: diesen beiden wird eine höhere metaphysische Dignität zugeschrieben als den endlichen Dingen; sie sind Attribute, und die Dinge sind ihre Modi. Steigt nun aber die Abstraktion von diesen beiden letzten inhaltlichen Bestimmungen zu dem Allgemeinsten, dem *ens generalissimum*, auf, so fällt aus dessen Begriff aller bestimmte Inhalt fort, und es bleibt nur die leere Form der Substanz übrig. Auch für Spinoza ist die Gottheit alles und damit — nichts. Seine Gotteslehre liegt ganz auf dem Wege der Mystik[97]).

Wenn aber Gott so das allgemeine Wesen der endlichen Dinge ist, so existiert er nicht anders als in ihnen und mit ihnen. Das trifft zunächst die Attribute: G o t t ist nicht von ihnen und sie sind nicht von ihm verschieden, so wenig wie die Dimensionen des Raumes von diesem selbst verschieden sind. Daher kann Spinoza auch sagen, G o t t   b e s t e h e aus den unzähligen Attributen, oder *Deus s i v e omnia eius attributa*[98]). Und dasselbe Verhältnis wiederholt sich nachher zwischen den Attributen und den Modi. Jedes Attribut ist, weil es das unendliche Wesen Gottes in bestimmter Art ausdrückt, wieder in seiner Weise unendlich: aber es existiert nicht anders als mit und in seinen zahllosen Modifikationen. So existiert denn Gott nur in den Dingen als ihr allgemeines Wesen, und sie nur in ihm als die Modi seiner Realität. In diesem Sinne nimmt Spinoza von Nicolaus Cusanus und Giordano Bruno die Ausdrücke *n a t u r a   n a t u r a n s* und *n a t u r a n a t u r a t a* auf. Gott ist die Natur: als das allgemeine Weltwesen ist er die *natura naturans;* als Inbegriff der Einzeldinge, in denen diese Essenz modifiziert existiert, ist er die *natura naturata.* Wenn dabei die *natura naturans* auch gelegentlich die wirkende Ursache der Dinge genannt wird, so darf diese schaffende Kraft nicht als etwas von ihren Wirkungen Verschiedenes gedacht werden; diese Ursache existiert nirgends als in ihren Wirkungen. Das ist Spinozas voller und rückhaltsloser P a n t h e i s m u s.

Es wiederholt sich endlich dies Verhältnis noch einmal in der Unterscheidung, welche Spinoza zwischen den unendlichen und den endlichen Modi aufstellt[99]). Wenn jedes der zahllosen Endlichen ein Modus Gottes ist, so muß auch der unendliche Zusammenhang, der zwischen ihnen besteht und sie alle in ihrer Wesenheit

---

[97]) Dem entspricht auch seine dreistufige E r k e n n t n i s l e h r e, die über die Wahrnehmung und die Verstandestätigkeit die „I n t u i t i o n" stellt als die unmittelbare Auffassung von dem ewigen Folgen aller Dinge aus Gott, als die Erkenntnis *s u b   s p e c i e a e t e r n i*. Sie fällt mit der *docta ignorantia* des Cusaners zusammen.

[98]) Was aber keinesfalls so aufzufassen ist, als sollten (wie K. THOMAS, Sp. als Metaphysiker, Königsberg 1840, meinte) die Attribute selbständige Unwirklichkeiten und „Gott" nur der Sammelname dafür sein. Solch ein grober nominalistischer Schlußstein würde das ganze System aus den Fugen drücken.

[99]) Eth., I, 23 u. 30 ff

bestimmt[100]), als ein Modus, und zwar eben als ein u n e n d l i c h e r M o d u s gelten. Spinoza statuiert deren drei[101]). Die Gottheit als das allgemeine Weltding erscheint in den Einzeldingen als endlichen Modi: ihnen entspricht als unendlicher Modus das Universum. Im Attribut der Räumlichkeit sind die endlichen Modi die einzelnen Raumgestalten, der unendliche Modus ist der unendliche Raum oder die Materie[102]) selbst in ihrer Bewegung und Ruhe. Für das Attribut des Bewußtseins steht neben den einzelnen Funktionen des Vorstellens und des Wollens der *„intellectus infinitus"*[103]). Hier erinnert Spinoza unmittelbar an den realistischen Pantheismus des David von Dinant und an den häretischen „Pampsychismus" der arabisch-jüdischen Philosophie (vgl. oben § 27, 1 und 2). Seine Metaphysik ist in dieser Hinsicht das letzte Wort des mittelalterlichen Realismus[104]).

6. Mit diesen auf das Problem der qualitativen Differenz der Substanzen bezüglichen Motiven strebte die neuere Philosophie aus ihren dualistischen Voraussetzungen einem monistischen Ausgleich zu: damit aber verschlangen sich noch kräftigere Motive, die aus der realen und kausalen Trennung der räumlichen und der bewußten Welt erwuchsen. Zunächst freilich beförderten gerade die Prinzipien der Mechanik den Versuch, den Ablauf des Geschehens in jeder der beiden Sphären der endlichen Substanzen völlig gegen die andere zu isolieren.

Verhältnismäßig einfach gelang dies in der Körperwelt. Auf diesem Gebiete hatte durch Galilei die K a u s a l v o r s t e l l u n g e i n e v ö l l i g n e u e B e-d e u t u n g gewonnen. Nach der scholastischen Auffassung (die mit axiomatischer Geltung auch noch in Descartes' Meditationen an entscheidender Stelle vorgetragen wurde) waren Ursachen S u b s t a n z e n oder Dinge, Wirkungen dagegen entweder deren Tätigkeiten oder andere Substanzen und Dinge, die durch solche Tätigkeiten zustande kommen sollten: das war der platonisch-aristotelische Begriff der αἰτία. G a l i l e i dagegen griff auf die Vorstellung der älteren griechischen Denker (vgl. § 5) zurück, welche das ursächliche Verhältnis nur auf die Z u s t ä n d e, das hieß jetzt die B e w e g u n g e n der Substanzen, nicht auf das Sein der letzteren selbst anwendeten. Ursachen sind **Bewegungen,** und Wirkungen sind Bewegungen. Das Verhältnis von S t o ß u n d G e g e n s t o ß, der Ü b e r g a n g d e r B e w e g u n g v o n e i n e m K o r p u s k e l a u f d a s a n d e r e[105]) ist die anschauliche, selbst-

---

[100]) Deshalb dürfen die unendlichen Modi als causae efficientes im spinozistischen Sinne des Worts für die gesamte Natura naturata aufgefaßt werden: vgl. EL. SCHMITT, Die unendlichen Modi bei Spinoza (Heidelberg 1910).

[101]) Ep., 64 (Op., II, 219).

[102]) Diese Gleichsetzung gilt bei Spinoza ebenso wie bei Descartes.

[103]) Dieser *intellectus, infinitus* erscheint in dem ethischen Teile des spinozistischen Systems wieder als *a m o r i n t e l l e c t u a l i s quo deus se ipsum amat.* In beiden Fällen kommt Malebranches „raison universelle" auf dasselbe hinaus. Vgl. A. DYROFF im Archiv f. G. d. Ph. 1913.

[104]) Ähnlich wie Spinoza und Malebranche hat auch Geulincx die endlichen Körper und Geister nur als „Limitationen" oder „Präzisionen" des allgemeinen unendlichen Körpers und des göttlichen Geistes betrachtet, vgl. Metaph., S. 56. Wenn wir, sagt er ibid., 237 ff., die Beschränkung von uns fortdenken, so bleibt übrig — Gott.

[105]) Daher schloß für Descartes das mechanische Prinzip die Möglichkeit einer Wirkung in die Ferne ebenso aus, wie den leeren Raum. Dies nötigte ihn zu den künstlichen Hypothesen der W i r b e l t h e o r i e, wodurch er die kopernikanische Weltvorstellung physikalisch begründen wollte. (Populäre Darstellung von F o n t e n e l l e, Entretiens sur

verständliche, ursprüngliche und alle andern erklärende G r u n d f o r m   d e s
K a u s a l v e r h ä l t n i s s e s. Und die Frage nach dem Wesen dieses Grund-
verhältnisses wurde durch das P r i n z i p   d e r   m a t h e m a t i s c h e n   G l e i c h-
h e i t gelöst, welches dann in dasjenige der m e t a p h y s i s c h e n   I d e n t i t ä t
überging. So viel Bewegung wie in der Ursache ist, so viel ist auch in der Wirkung.
Descartes formulierte dies als das G e s e t z   v o n   d e r   E r h a l t u n g   d e r   B e-
w e g u n g   i n   d e r   N a t u r. Die Summe der Bewegung in der Natur bleibt immer
dieselbe: was ein Körper an Bewegung verliert, gibt er an einen andern ab. Hinsichtlich der Bewegungsgröße gibt es in der Natur nichts Neues, insbesondere
keine Impulse aus der geistigen Welt[106]). Selbst für das Reich der Organismen
wurde dies Prinzip wenigstens als ein Postulat, wenn auch noch mit sehr schwachen Sachgründen durchgeführt. Auch die Tiere sind Maschinen, deren Bewegung
durch den Mechanismus des Nervensystems hervorgerufen und bestimmt werden.
Des näheren dachte sich Descartes (und mit ihm Hobbes und Spinoza) diesen
Mechanismus als eine Bewegung feinster (gasförmiger) Stoffe, der sog. *spiritus
animales*[107]), und den Übergang aus dem sensiblen in das motorische Nervensystem suchte er beim Menschen in einem nicht paarig vertretenen Teil des Gehirns,
der Zirbeldrüse *(conarium, glans pinealis)*.

Sehr viel schwieriger erwies sich der andere Teil der Aufgabe: das Verständnis
des geistigen Lebens ohne jede Beziehung auf das körperliche. So leicht und
anschaulich die Einwirkung eines Körpers auf andere Körper war, so wenig gab
es eine wissenschaftlich brauchbare Vorstellung von einem körperlosen Zusammenhang zwischen verschiedenen Geistern. Das allgemeine metaphysische Postulat
prägte z. B. Spinoza sehr energisch aus, wenn er im Eingange des dritten Buchs
der Ethik versprach, er wolle die Handlungen und Begierden des Menschen so
behandeln, als wenn von Linien, Flächen und Körpern die Rede wäre; denn es
komme darauf an, sie weder zu begeifern noch zu verspotten, sondern zu begreifen.
Allein die Lösung dieser Aufgabe beschränkte sich von vornherein auf die Untersuchung des Kausalzusammenhanges zwischen den B e w u ß t s e i n s t ä t i g-
k e i t e n   d e s   e i n z e l n e n   G e i s t e s: der Dualismus verlangte eine von allen
physiologischen Bestandteilen freie Psychologie. Um so charakteristischer ist es
für die Vorherrschaft des naturwissenschaftlichen Geistes im 17. Jahrhundert,
daß es zu dieser durch die Theorie verlangten Psychologie nur in beschränktestem
Maße gekommen ist. Und selbst die Ansätze dazu sind von dem Bestreben beherrscht, das methodische Prinzip der Mechanik, das in der Theorie der äußeren
Erfahrung seine Triumphe feierte, auch auf das Verständnis der inneren anzuwenden.

Ebenso nämlich wie die Naturforschung von Galilei bis Newton darauf ausging, die einfache Grundform der körperlichen Bewegung ausfindig zu machen,

---

la pluralité des mondes, 1686.) Die Gründe, weshalb diese Lehre durch die Newtonsche
Gravitationstheorie verdrängt wurde, sind nicht mehr philosophischer, sondern rein physikalischer Natur. Vgl. auch PIERRE DUHEM, Die Wandlungen der Mechanik (deutsch 1912).

[106]) Daher schloß Hobbes den aristotelisch-thomistischen Begriff des unbewegten Be-
wegers aus der Physik aus, während Descartes, auch hierin mehr metaphysisch ver-
fahrend, der Materie die Bewegung anfänglich von Gott erteilt worden sein ließ.

[107]) Ein Erbstück aus der physiologischen Psychologie der Griechen, insbesondere derjenigen der Peripatetiker und der Stoiker: vgl. oben § 15, 6.

auf welche alle komplizierten Gebilde der äußeren Erfahrung sich zurückführen ließen, ebenso wollte auch Descartes die Grundformen der Seelenbewegung feststellen, aus denen sich die Mannigfaltigkeit der inneren Erfahrungen erklärte. Auf dem theoretischen Gebiete schien das durch die Feststellung der unmittelbar einleuchtenden Wahrheiten (der eingeborenen Ideen) erreicht, auf dem praktischen Felde erwuchs daraus die neue Aufgabe einer S t a t i k u n d M e c h a n i k d e r G e m ü t s b e w e g u n g e n. In diesem Sinne lieferten Descartes und Spinoza ihre Naturgeschichte der A f f e k t e u n d L e i d e n s c h a f t e n[108]), letzterer, indem er den Gedanken des ersteren diejenigen von Hobbes beimischte. So leitet Descartes aus den sechs Grundformen der Verwunderung (admiratio), der Liebe und des Hasses, des Verlangens (désir), der Lust und der Unlust (laetitia — tristitia) das ganze Heer der „partikularen" Leidenschaften als Arten und Unterarten ab; so entwickelt Spinoza aus Begierde, Lust und Unlust (appetitus, laetitia, tristitia) das System der Gemütsbewegungen durch den Nachweis der Vorstellungsprozesse, mit denen sie sich von ihrem ursprünglichen Gegenstande, der Selbsterhaltung des Individuums, auf andere „Ideen" übertragen.

Eine eigentümliche Nebenstellung nehmen in dieser Hinsicht die beiden englischen Denker ein. B a c o n und H o b b e s liegt eine mechanistische Auffassung des Geistigen um so näher, je enger sie es in den Kreis des Physischen hineinzuziehen bestrebt sind. Beiden gilt nämlich das empirische Seelenleben, also auch die Sphäre des Bewußtseins, die bei Descartes gar nichts mit der Körperwelt zu tun haben sollte, noch als etwas wesentlich dazu Gehöriges: dagegen wird der gesamten Wahrnehmungswelt mehr etwas Geistliches als etwas Geistiges gegenübergestellt. Vorstellungen und Willenstätigkeiten, wie sie durch Erfahrung bekannt sind, sollen im Grunde genommen auch Tätigkeiten des Leibes sein: und wenn außer diesen noch von einer unsterblichen Seele (spiraculum), von einer geistigen Welt und von dem göttlichen Geiste die Rede ist, so soll das der Theologie anheimfallen. Die naturwissenschaftliche Theorie aber ist danach nicht viel anders denn als a n t h r o p o l o g i s c h e r M a t e r i a l i s m u s zu bezeichnen; denn sie soll den ganzen Ablauf der empirischen Seelentätigkeiten als einen mechanischen Prozeß im Zusammenhange mit den leiblichen Funktionen begreifen. Diese Aufgabe stellte wiederum Bacon; Hobbes versuchte, sie zu lösen, und wurde damit zum Vater der sog. A s s o z i a t i o n s p s y c h o l o g i e. Mit demselben ausgesprochenen S e n s u a l i s m u s wie C a m p a n e l l a, an dessen Ausführungen die seinigen namentlich in Betreff des Vorstellungsmechanismus vielfach erinnern, sucht er zu zeigen, daß S i n n e s e m p f i n d u n g e n die einzigen Elemente des Bewußtseins abgeben und daß durch ihre Verknüpfung und Umbildung auch das Gedächtnis und das Denken zustande kommen. Analog werden dann auf dem praktischen Gebiete der Selbsterhaltungstrieb und die bei den Eindrücken entstehenden Gefühle der Lust und Unlust als die Elemente gekennzeichnet, aus denen alle übrigen Gefühle und Willenstätigkeiten entstehen. So entwarf auch Hobbes eine „Naturgeschichte" der Affekte und Leidenschaften, und diese ist nicht ohne Einfluß auf diejenige Spinozas gewesen, bei dem ebenfalls die Affektentheorie überall nach dem andern Attribut hinschielt.

---

[108]) Descartes, Les passions de l'âme; Spinoza, Eth., III, u. Tract. brev., II, 5 ff. Vgl. unten Nr. 7.

Mit unerbittlicher Konsequenz aber folgte aus diesen methodischen Voraussetzungen für H o b b e s und für S p i n o z a die L e u g n u n g d e r W i l l e n sf r e i h e i t im Sinne des Indeterminismus. Beide haben — und Spinoza tat es in der denkbar schroffsten Form — die strenge Notwendigkeit aufzuzeigen gesucht, die auch im Ablauf des Motivationsprozesses obwaltet: sie sind Typen des D e t e r m i n i s m u s. Für Spinoza gibt es daher eine Freiheit im p s y c h ol o g i s c h e n Sinne nicht. Freiheit kann nur einerseits metaphysisch das absolute durch nichts als durch sich selbst bestimmte Sein der Gottheit, anderseits ethisch das Ideal der Überwindung der Leidenschaften durch die Vernunft bedeuten.

7. Hierin zeigt sich nun schon, daß den Tatsachen der Psychologie gegenüber jene absolute Trennung der Körperwelt und der Geisterwelt, welche die Metaphysik verlangte, nicht aufrecht zu erhalten war. Ganz dasselbe aber erfuhr schon Descartes. Aus dem Wesen des Geistes selbst ließen sich zwar die klaren und deutlichen Vorstellungen und die daraus erwachsenden Formen des vernünftigen Willens erklären, nicht aber die dunkeln und verworrenen Vorstellungen und die damit zusammenhängenden Affekte und Leidenschaften. Diese stellen sich vielmehr als eine S t ö r u n g[109]) d e s G e i s t e s (p e r t u r b a t i o n e s a n i m i) dar, und da diese Störung, welche den Anlaß zum Mißbrauch der Freiheit gibt (vgl. oben § 30, 5), nicht von Gott herrühren kann, so muß ihr Ursprung schließlich doch in einer E i n w i r k u n g d e s K ö r p e r s gesucht werden. In den Gemütsstörungen liegt deshalb für Descartes eine unzweifelhafte Tatsache vor, die sich aus den metaphysischen Grundbestimmungen des Systems nicht erklären läßt. Hier sieht sich daher der Philosoph genötigt, ein e x z e p t i o n e l l e s V e rh ä l t n i s anzuerkennen, und er legt sich das so zurecht, wie es durch die Anthropologie der V i c t o r i n e r (vgl. § 24, 2) vorgebildet war. Das Wesen (natura) des Menschen, lehrt er, besteht in der i n n i g e n V e r e i n i g u n g z w e i e r h e t e r o g e n e r S u b s t a n z e n, eines Geistes und eines Körpers, und diese wunderbare (d. h. metaphysisch unbegreifliche) Vereinigung hat Gott so gewollt, daß in diesem einzigen Falle die bewußte und die räumliche Substanz aufeinander einwirken. Die Tiere bleiben für Descartes Körper: ihre „Empfindungen" sind nur Nervenbewegungen, aus denen nach dem Reflexmechanismus Erregungen des motorischen Systems entstehen. Im menschlichen Körper aber ist zugleich die geistige Substanz gegenwärtig, und infolge dieses Zusammenseins erregt der Sturm der Lebensgeister (esprits animaux) in der Zirbeldrüse auch bei der geistigen Substanz eine Störung, welche sich in dieser als unklare und undeutliche Vorstellung, d. h. als sinnliche Wahrnehmung, als Affekt oder als Leidenschaft darstellt[110]).

[109]) Dies ist das nicht nur ethische, sondern auch theoretische Interesse, welches Descartes veranlaßte, psychologisch so verschiedene Zustände wie Affekte und Leidenschaften unter demselben Gesichtspunkte und in einer Linie zu behandeln. Vgl. zum folgenden Passions de l'âme I, und Med. 5 und 6. Die Auffassung dieser perturbationes erinnert bei Descartes vielfach an den Stoizismus, der ihm durch die ganze humanistische Literatur seiner Zeit zugeführt wurde: eben deshalb aber geriet der moderne Philosoph hinsichtlich der Willensfreiheit und der Theodicee in genau dieselben Schwierigkeiten wie dereinst die Stoa; vgl. oben § 16.

[110]) Hierauf baut dann Descartes seine ebenfalls der stoischen verwandte Ethik. In solchen Störungen verhält der Geist sich leidend, und seine Aufgabe ist es, in der klaren und deutlichen Erkenntnis sich davon zu befreien. S p i n o z a hat diese intellektualistische

Bei den Schülern war der Systemtrieb größer als bei dem Meister. Sie fanden in diesem *i n f l u x u s   p h y s i c u s* zwischen Geist und Leib den wunden Punkt der cartesianischen Philosophie, und sie bemühten sich, die Ausnahme zu beseitigen, welche der Philosoph in den anthropologischen Tatsachen hatte statuieren müssen. Das ging aber nicht an, ohne daß die Auffassung der K a u s a l i t ä t eine neue und in gewissem Sinne rückläufige Veränderung erfuhr, indem das metaphysische Moment über das menschliche wiederum das Übergewicht gewann. Die immanenten Kausalprozesse der räumlichen und der bewußten Welt galten als selbstverständlich: aber der transgrediente Kausalprozeß aus einer dieser Welten in die andere bildete ein Problem. Man fand keine Schwierigkeit sich vorzustellen, daß eine Bewegung sich in die andere verwandle oder daß eine Funktion des Bewußtseins, z. B. ein Gedanke, in eine andere übergehe: aber es schien unbegreiflich, wie aus Bewegung Empfindung oder aus Wille Bewegung werden soll. Physische und logische Kausalität schienen keine Schwierigkeit zu bieten, desto größere die p s y c h o p h y s i s c h e   K a u s a l i t ä t. Bei der letzteren wurde man sich bewußt, daß zwischen Ursache und Wirkung nicht das Verhältnis der G l e i c h h e i t   o d e r   I d e n t i t ä t besteht, um dessen Willen die mechanische und die logische Abhängigkeit verständlich erschien. Daher mußte hier nach dem Prinzip gefragt werden, durch welches die beiden nicht an sich zusammengehörenden Momente des Kausalverhältnisses, Ursache und Wirkung, miteinander verknüpft sind[111]). Wo dies Prinzip zu suchen sei, konnte für die Schüler Descartes' nicht zweifelhaft sein. Gott, der die Vereinigung der beiden Substanzen in der Natur des Menschen geschaffen, hat sie auch so eingerichtet, daß auf die Funktionen der einen Substanz die entsprechenden der andern folgen. Deshalb aber sind diese Funktionen in ihrem kausalen Verhältnisse zueinander nicht eigentlich und ihrer eigenen Natur nach wirkende Ursachen, sondern nur die G e l e g e n h e i t e n, bei welchen die d u r c h   g ö t t l i c h e   V e r a n s t a l t u n g bestimmten Folgen in der andern Substanz eintreten, — nicht *causae efficientes,* sondern *causae o c c a- s i o n a l e s.* Die wahre „Ursache" für den kausalen Zusammenhang von Reizen und Empfindungen und anderseits von Absichten und Gliederbewegungen ist G o t t.

Solche Überlegungen breiten sich in der ganzen Entwicklung der cartesianischen Schule aus: Clauberg macht sie für die Theorie der Wahrnehmung, Cordemoy für diejenige der zweckmäßigen Bewegung geltend; zu voller Ausführung gelangen sie in G e u l i n c x' Ethik. Doch ist in dieser nicht jeder Zweifel darüber ausgeschlossen, ob dabei die Ursächlichkeit Gottes als eine jeweilige einzelne Intervention oder ob sie als allgemeine und dauernde Einrichtung betrachtet wird. An

Moral in äußerst großartiger und ergreifender Weise ausgeführt (Eth., IV u. V). Zwar gewann er von seiner Metaphysik aus nur künstlich (Eth., III, def., 2) den Gegensatz von aktivem und passivem Verhalten des endlichen Geistes: aber er führte den Gedanken, daß die Überwindung der Leidenschaften aus ihrer Erkenntnis, aus der Einsicht in den notwendigen göttlichen Zusammenhang aller Dinge folge, mit packender Konsequenz durch; er lehrte, daß das menschliche Wesen sich in der Seligkeit der a k t i v e n A f f e k t e, die nur in der Betätigung des reinen Erkenntnistriebes bestehen (Eth., V, 15 ff.), zu vollenden habe, und er stellte damit ein Lebensideal auf, welches die Höhe der griechischen θεωρία erreicht.

[111]) Daß man damit tatsächlich auf die Grundschwierigkeit a l l e r Kausalverhältnisse stieß, wurde erst später, durch Hume, klar: vgl. unten § 34, 5.

einigen Stellen ist freilich das erstere der Fall[112]), aber der Gesamtgeist der Lehre
geht zweifellos auf das letztere. Am klarsten spricht es Geulincx in dem Uhren-
gleichnis[113]) aus: wie zwei Uhren, die von demselben Künstler gleich gearbeitet
sind, in stetig korrespondierendem Gang bleiben *„absque ulla causalitate, qua
alterum hoc in altero causat, sed propter meram dependentiam, qua utrumque ab
eadem arte et simili industria constitutum est",* so folgen nach der einmal von Gott
bestimmten Weltordnung die korrespondierenden Funktionen des Geistes und des
Körpers aufeinander[114]).

8. Diese a n t h r o p o l o g i s c h e Begründung des O c c a s i o n a l i s m u s fügt
sich aber von Anfang an einem allgemeinen metaphysischen Gedankengange ein.
Schon in dem cartesianischen System lagen die Prämissen für die Folgerung, daß
bei allem Geschehen in den endlichen Substanzen das wirkende Prinzip nicht von
diesen selbst, sondern von der Gottheit stamme. Das Denken und Erkennen der
Geister beruht auf den eingeborenen Ideen, die er ihnen gegeben hat; der Körperwelt hat er ein Quantum von Bewegung mitgeteilt, welches nur in seiner Verteilung auf die einzelnen Korpuskeln wechselt, bei dem einzelnen Körper aber
sozusagen nur zeitweilig geborgt ist: so wenig wie die Körper neue Bewegung,
so wenig können die Geister neue Ideen erzeugen: die einzige Ursache ist Gott.

Die a l l e i n i g e K a u s a l i t ä t G o t t e s hervorzuheben, hatten jedoch die
Cartesianer um so mehr Anlaß, als ihre Lehre auf heftigen Widerspruch bei der
Orthodoxie beider Konfessionen stieß und in die theologischen Streitigkeiten der
Zeit hineingezogen wurde. Dabei hatten Freund und Feind die Verwandtschaft des
Cartesianismus mit der Lehre Augustins[115]) schnell erkannt, und während deshalb
die Jansenisten und die Väter des Oratoriums, die in dem augustinisch-scotistischen
Gedankenkreis lebten, der neuen Philosophie freundlich waren, so befehdeten sie
die orthodoxen Peripatetiker und hauptsächlich die Jesuiten desto heftiger. So
wurde in dem Streit um den Cartesianismus der a l t e G e g e n s a t z v o n
A u g u s t i n i s m u s u n d T h o m i s m u s ausgetragen. Die Folge war die, daß
die Cartesianer diejenigen Momente, worin ihre Lehre der augustinischen verwandt
war, möglichst in den Vordergrund schoben. So versuchte L o u i s d e l a
F o r g e[116]) die volle Identität des Cartesianismus mit der Lehre des Kirchenvaters
zu beweisen, und hob dabei ganz besonders hervor, daß nach beiden Denkern der
alleinige Grund alles Geschehens in den Körpern wie in den Geistern Gott sei.

---

112) Z. B. bei dem Gleichnis mit dem Kind in der Wiege, Eth., p. 123. Es scheint
übrigens, daß die erste Auflage der Ethik (1665) in der Tat mehr den *deus ex machina*
einführte, während die in der zweiten Auflage (1675) hinzugekommenen Anmerkungen die
tiefere Auffassung durchgängig darbieten.

113) Eth., p. 124, not. 19.

114) Wenn deshalb Leibniz, als er später dasselbe in jener Zeit häufig gebrauchte Gleichnis für seine „prästabilierte Harmonie" in Anspruch nahm (Eclaircs., 2 und 3), die
cartesianische Auffassung durch eine unmittelbare Abhängigkeit der beiden Uhren voneinander, die occasionalistische aber durch eine stetig erneuerte Regulierung von seiten
des Uhrmachers charakterisierte, so traf das höchstens für einige Stellen in der ersten
Auflage der Geulincxschen Ethik zu.

115) Verwandtschaft und Gegensatz betreffen auch noch andere Punkte. Descartes und
die Oratorianer (Gibieuf, Malebranche) sind gegen den Thomismus in der augustinisch-
scotistischen Lehre von der schrankenlosen Freiheit der Gottheit einig; sie behaupten
wieder, das Gute sei gut, weil Gott es so gewollt habe, nicht *per se* (vgl. § 26, 3) u. a.

116) Trait. de l'espr. hum. préf.

Gerade dies bezeichnete dann später M a l e b r a n c h e[117]) als das sichere Merkmal einer christlichen Philosophie, während der gefährlichste Irrtum der heidnischen Philosophie in der Annahme der metaphysischen Selbständigkeit und eigenen Wirkungsfähigkeit endlicher Dinge bestehe.

Ebenso büßen auch bei G e u l i n c x alle endlichen Dinge das kausale Moment der Substantialität ein. Er geht dabei von dem Prinzip aus[118]), daß man nur das selbst tun kann, wovon man weiß, wie es gemacht wird. Daraus folgt anthropologisch, daß der Geist nicht die Ursache der leiblichen Bewegungen sein kann — niemand weiß, wie er es anfängt, auch nur den Arm zu heben —, weiter aber kosmologisch, daß die Körper, die überhaupt keine Ideen haben, auch überhaupt nicht wirken können, endlich erkenntnistheoretisch, daß die Ursache der Wahrnehmungen nicht im endlichen Geiste — denn er weiß nicht, wie er dazu kommt — noch in den Körpern, also allein in Gott zu suchen ist. Dieser erzeugt damit in uns eine Vorstellungswelt, die in ihrer Qualitätenfülle viel reicher und schöner ist als die wirkliche Körperwelt selbst[119]).

Das erkenntnistheoretische Motiv findet endlich bei M a l e b r a n c h e[120]) eine noch tiefere Fassung. Der cartesianische Dualismus macht eine direkte Erkenntnis des Körpers durch den Geist überhaupt unmöglich; sie verbietet sich nicht nur, weil zwischen beiden kein *influxus physicus* möglich ist, sondern auch weil bei der totalen Heterogeneität beider Substanzen nicht abzusehen ist, wie in der einen auch nur eine Idee der andern denkbar sei. Auch in dieser Hinsicht ist die Vermittlung nur durch die Gottheit möglich, und Malebranche nimmt seine Zuflucht zu der neuplatonischen Ideenwelt in Gott. Der Mensch erkennt nicht die Körper, sondern ihre Ideen in Gott. Diese i n t e l l i g i b l e   K ö r p e r w e l t   i n   G o t t ist einerseits das Urbild der von Gott geschaffenen wirklichen Körperwelt, anderseits dasjenige der von Gott uns mitgeteilten Ideen von ihr. Unsere Erkenntnis gleicht den wirklichen Körpern so, wie zwei Größen, die einer dritten gleich sind, auch untereinander gleich sind. So verstand es Malebranche, daß die Philosophie lehre, a l l e   D i n g e   i n   G o t t   z u   s c h a u e n.

9. In ganz anderer Weise hat S p i n o z a die occasionalistischen Probleme gelöst. Die Erklärung irgendeines Modus des einen Attributs durch einen Modus des andern war durch seine Begriffsbestimmung des Attributs (s. oben Nr. 5) ausgeschlossen: von ihr galt es[121]) wie von der Substanz: *in se est et per se concipitur.* Von einer Abhängigkeit des Räumlichen vom Bewußtsein oder umgekehrt konnte hiernach nicht die Rede sein; ihr Schein, der in den anthropologischen Tatsachen vorlag, bedurfte also einer andern Erklärung, und daß diese mit Hilfe des Gottesbegriffs zu suchen war, verstand sich von selbst. Wenn aber deshalb die Lehre,

---

117) Recherche, VI, 2, 3.
118) Eth., p. 113; Met., p. 26.
119) Der Rest von Selbsttätigkeit endlicher Wesen, der somit bei Geulincx übrig bleibt, besteht in der immanenten Geistestätigkeit des Menschen: vgl. Eth., p. 121 f. Die „Autologie" oder *inspectio sui* ist daher nicht nur der erkenntnis-theoretische Ausgangspunkt des Systems, sondern auch dessen ethischer Schlußpunkt. Der Mensch hat in der Außenwelt nichts zu schaffen. *Ubi nihil vales, ibi nihil velis.* Die höchste Tugend ist Bescheidung, Ergebung in Gottes Willen — Demut, *despectio sui.*
120) Rech., III, 2.
121) Eth., I, prop., 10.

daß Gott die alleinige Ursache alles Geschehens sei, sich auch bei Spinoza findet, so ist doch seine Übereinstimmung mit den Occasionalisten nur im Motiv und im Worte, aber nicht im Sinne der Lehre zu finden. Denn nach Geulincx und Malebranche ist Gott der Schöpfer, nach Spinoza ist er das allgemeine Wesen der Dinge: nach jenen erzeugt Gott die Welt durch seinen Willen, nach diesem f o l g t   n o t w e n d i g aus dem Wesen Gottes die Welt. Das ursächliche Verhältnis also wird trotz der Gleichheit des Wortes *causa* sachlich hier ganz anders gedacht als dort. Bei Spinoza heißt es nicht: Gott erzeugt die Welt, sondern: er ist die Welt.

Seine Auffassung, auch von der realen Dependenz der Kausalität, drückt Spinoza stets durch das Wort „folgen" *(sequi, consequi)* und durch den Zusatz aus „wie aus der Definition des Dreiecks die Gleichheit seiner Winkel mit zwei Rechten folgt". Deshalb wird die Abhängigkeit der Welt von Gott als m a t h e m a t i s c h e F o l g e gedacht. Diese Auffassung des Kausalitätsverhältnisses[122] hat somit das empirische Merkmal des „Erzeugens", das gerade bei den Occasionalisten eine so wichtige Rolle spielte, total abgestreift und setzt an die Stelle der anschaulichen Vorstellung vom lebendigen Wirken die l o g i s c h - m a t h e m a t i s c h e   B e - z i e h u n g   v o n   G r u n d   u n d   F o l g e. Der Spinozismus ist eine konsequente Gleichsetzung des Verhältnisses von Ursache und Wirkung mit demjenigen von Grund und Folge. Deshalb ist die Kausalität der Gottheit nicht zeitlich, sondern e w i g, d. h. zeitlos, und die wahre Erkenntnis eine Betrachtung der Dinge *sub quadam aeternitatis specie*. Diese Auffassung des Dependenzverhältnisses ergab sich von selbst aus dem Begriffe der Gottheit als des allgemeinen Wesens: aus diesem folgen z e i t l o s alle seine Modifikationen, wie aus dem Wesen des Raumes alle Lehrsätze der Geometrie. Die geometrische Methode kennt keine andere Kausalität als die des „ewigen Folgens": dem Rationalismus gilt nur die dem Denken selbst eigene Form der Dependenz, das logische Hervorgehen der Folge aus dem Grunde, als selbstverständlich und deshalb auch als das Schema des Geschehens[123]: auch die reale Dependenz soll weder mechanisch noch teleologisch, sondern nur logisch-mathematisch begriffen werden.

Wie nun aber in der Geometrie zwar alles aus dem Wesen des Raumes folgt, aber jedes besondere Verhältnis durch andere besondere Bestimmungen determiniert ist, so besteht auch in der spinozistischen Metaphysik das notwendige Hervorgehen der Dinge aus Gott darin, daß jedes einzelne Endliche durch anderes Endliches determiniert ist. Die Summe der endlichen Dinge und die Modi jedes Attributs bilden eine anfangs- und endlose Kette strenger Determination. In allen waltet die Notwendigkeit des göttlichen Wesens: aber kein Modus steht der Gottheit näher oder ferner als der andere. Hierin macht sich der Gedanke des Nicolaus Cusanus von der Inkommensurabilität des Endlichen mit dem Unendlichen (vgl. § 27, 6) geltend. Keine emanatistische Stufenfolge führt von

---

[122] Vgl. SCHOPENHAUER, Über die vierfache Wurzel des Satzes vom zureichenden Grunde, cap. 6.

[123] Die nächste Ähnlichkeit hat daher Spinozas Pantheismus in dieser Beziehung mit dem scholastisch-mystischen Realismus von Scotus Eriugena (vgl. § 23, 1), nur daß bei diesem noch mehr das logische Verhältnis des Allgemeinen zum Besonderen das einzige Schema bildete: daraus ergab sich bei ihm der emanatistische Charakter, der bei Spinoza fehlt.

Gott zu der Welt herab: alles Endliche ist wieder durch Endliches bestimmt, aber in allen ist Gott der alleinige Grund ihres Wesens.

Ist dies der Fall, so muß die Einheit des Wesens auch in dem Verhältnis der Attribute zutage treten, mögen diese qualitativ und kausal noch so getrennt gehalten werden. Es ist doch dasselbe göttliche Wesen, das hier in der Form der Räumlichkeit und dort in der Form des Bewußtseins existiert. So sind denn notwendig beide Attribute derart aufeinander bezogen, daß jedem Modus des einen ein bestimmter Modus des andern entspricht. Diese K o r r e s p o n d e n z oder dieser P a r a l - l e l i s m u s der Attribute löst das Rätsel des Zusammenhangs der beiden Welten: Ideen sind nur durch Ideen und Bewegungen sind nur durch Bewegungen bestimmt; aber es ist der gleiche Weltinhalt des göttlichen Wesens, welcher den Zusammen- hang der einen ebenso wie denjenigen der andern ausmacht; im Attribut des Be- wußtseins ist dasselbe enthalten wie im Attribut der Räumlichkeit. Dies Verhältnis wird von Spinoza nach den auch von Descartes gebrauchten scholastischen Begriffen des *esse in intellectu* und des *esse in re* dargestellt. Was im Attribut des Bewußt- seins als Gegenstand *(objective),* als Vorstellungsinhalt existiert, dasselbe existiert im Attribut der Räumlichkeit als etwas unabhängig vom Vorstellen Wirkliches *(formaliter)*[124].

Spinozas Auffassung ist also diese: jedes endliche Ding als ein Modus des gött- lichen Wesens, z. B. der Mensch, existiert gleichmäßig in beiden Attributen, als Geist und als Körper: und jede seiner einzelnen Funktionen ist ebenso gleichmäßig beiden Attributen angehörig, als Idee und als Bewegung. Als Idee ist sie durch den Zusammenhang der Ideen, als Bewegung durch denjenigen der Bewegungen be- stimmt: aber in beiden enthält sie vermöge der Korrespondenz der Attribute das- selbe. D e r m e n s c h l i c h e G e i s t i s t d i e I d e e d e s m e n s c h l i c h e n K ö r p e r s, im ganzen wie im einzelnen[125]. Die menschliche Seele *(mens)* i s t d i e Idee des menschlichen Körpers als ein Modus oder ein Komplex von Modi im göttlichen Attribut des Bewußtseins, und man darf bei Spinoza, genau gesprochen, nicht sagen, sie h a b e diese Idee; denn deren substantieller Träger ist nur Gott[126].

10. Ihren Abschluß fand diese vielspältige Gedankenbewegung in dem meta- physischen System von L e i b n i z, demjenigen, welches in der ganzen Geschichte der Philosophie von keinem an Allseitigkeit der Motive und an ausgleichender Kombinationskraft erreicht wird. Es verdankt diese Bedeutung nicht nur der aus- gebreiteten Gelehrsamkeit und dem harmonisierend abwägenden Geiste seines Urhebers, sondern hauptsächlich dem Umstande, daß dieser mit ebenso tiefem und feinem Verständnis in den Ideengängen der antiken und der mittelalterlichen Philo- sophie wie in den Begriffsbildungen der modernen Naturforschung heimisch war[127].

---

[124]) Aber keine dieser beiden Existenzweisen ist ursprünglicher als die andere; beide drücken gleichmäßig das Wesen Gottes aus *(exprimere).* Daher ist eine idealistische Aus· deutung Spinozas ebenso unrichtig wie eine materialistische, — obwohl beide sich aus ihm entwickeln konnten.

[125]) Die Schwierigkeiten, die hierbei aus dem Selbstbewußtsein und daneben aus dem Postulat der unzähligen Attribute entsprangen, hat Spinoza nicht gelöst: vgl. die Korre- spondenz mit TSCHIRNHAUS, Op., II, 219 f.

[126]) Vgl. O. BAENSCH, Die Entwicklung des Seelenbegriffs bei Spinoza, Arch. f. Gesch. d. Philos., XX, 1907, p. 332 ff.

[127]) Vgl. Syst. nouv., 10.

Nur der Erfinder der Differentialrechnung[128]), der für Platon und Aristoteles eben-
soviel Verständnis hatte wie für Descartes und Spinoza, der Thomas und Duns
Scotus ebenso kannte und würdigte wie Bacon und Hobbes, — nur er konnte der
Schöpfer der „prästabilierten Harmonie" werden.

D i e V e r s ö h n u n g d e r m e c h a n i s c h e n u n d d e r t e l e o l o g i s c h e n
W e l t a n s c h a u u n g und damit die V e r e i n b a r u n g d e s w i s s e n s c h a f t -
l i c h e n u n d d e s r e l i g i ö s e n I n t e r e s s e s seiner Zeit ist das Leitmotiv des
Leibnizschen Denkens. Er wünschte die mechanische Naturerklärung, deren begriffliche Ausgestaltung er selbst wesentlich förderte, in ganzer Ausdehnung durch-
geführt zu sehen, und er sann dabei auf solche gedankliche Mittel, durch deren
Hilfe trotzdem der zweckvoll lebendige Charakter des Weltalls begreiflich bliebe.
Es mußte deshalb, wozu sich Andeutungen schon bei Descartes fanden, der Ver-
such gemacht werden, ob nicht der ganze mechanische Ablauf der Weltbegeben-
heiten doch zuletzt auf wirkende Ursachen zurückzuführen sei, deren zweckvolles
Wesen auch der Gesamtheit ihrer Wirkung eine inhaltvolle Bedeutung gewähre.
Auch die großen englischen Naturforscher, wie Boyle und Newton, meinten das
Universum nach Analogie der vom menschlichen Techniker gebauten Maschinen,
Uhren usw. als einen großen Mechanismus ansehen zu dürfen, der gerade durch
seine zweckmäßigen Wirkungen seinen Hervorgang aus einer höchsten Intelligenz
beweise. So wurde das sog physiko-theologische Argument für die Folgezeit der
beliebteste Beweisgang für das Dasein Gottes.

Leibniz' ganze philosophische Entwicklung läuft darauf hinaus, diese Frage an
einer tieferen Wurzel zu fassen, den Korpuskeln „Entelechien" unterzuschieben
und dem indifferenten Gott der geometrischen Methode die Rechte der platonischen αἰτία wiederzugewinnen. Das letzte Mittel seiner Philosophie ist, den Mechanismus des Geschehens als das M i t t e l und die E r s c h e i n u n g s f o r m zu
verstehen, wodurch der lebendige Inhalt der Welt sich verwirklicht. Deshalb konnte
er die „Ursache" nicht mehr nur als „Sein", konnte er Gott nicht mehr bloß als
ens perfectissimum, konnte er die „Substanz" nicht mehr nur durch ein unver-
änderliches Seinsattribut charakterisiert, konnte er ihre Zustände nicht mehr bloß
als Modifikationen, Determinationen oder Spezifikationen solcher Grundeigenschaft
bestimmt denken: sondern das Geschehen wurde ihm wieder zum W i r k e n, die
Substanzen nahmen die Bedeutung der K r ä f t e[129]) an, und auch der philosophische
Gottesbegriff bekam zum wesentlichen Merkmal wieder die schöpferische Kraft.
Das aber war Leibniz' Grundgedanke, daß sich diese schöpferische Kraft in der
mechanischen Ordnung der Bewegungen betätige.

Diesen d y n a m i s c h e n Standpunkt gewann Leibniz zunächst in der Theorie
der Bewegung[130]), und zwar in einer Weise, die von selbst zur Übertragung auf die
Metaphysik nötigte[131]). Das mechanische Problem der Stetigkeit und die von Galilei

---

[124]) Vgl. D. MAHNKE, Neue Einblicke in die Entdeckungsgeschichte der höheren Analysis
(Abh. der Berl. Akad. Berlin 1926).

[129]) *La substance est un être capable d'action.* Princ. de la nat. et de la grâce, 1. Vgl.
Syst. nouv., 2 f.: *Force primitive.*

[130]) Vgl. H. REICHENBACH, Die Bewegungslehre bei Newton, Leibniz und Huyghens
(Kantst., XXIX, 1924) u. W. GENT, L.'s Philosophie der Zeit und des Raumes (Kantst.,
XXXI, 1926). DERS., Philosophie des Raumes und der Zeit (Bonn 1926).

[131]) Syst. nouv., 3.

begonnene Auflösung der Bewegung in die unendlich kleinen Impulse, welche für die in der Naturforschung maßgebenden Untersuchungen von Huyghens und Newton den Ausgangspunkt bildeten, führten Leibniz auf das Prinzip des Infinitesimalkalküls, auf seinen Begriff der „lebendigen Kraft", insbesondere aber auf die Einsicht, daß das Wesen des Körpers, worin der Grund der Bewegung zu suchen sei, nicht in der Ausdehnung und auch nicht in der Masse (Undurchdringlichkeit), sondern in der Fähigkeit zu wirken, in der Kraft bestehe. Ist aber die S u b s t a n z K r a f t, s o ist sie ü b e r r ä u m l i c h und i m m a t e r i e l l. Deshalb sieht sich Leibniz genötigt, auch die körperliche Substanz als immaterielle Kraft zu denken. Der Körper ist seinem Wesen nach Kraft; seine Raumgestalt, seine Raumerfüllung und seine Bewegung sind erst Wirkungen dieser Kraft. Die Substanz des Körpers ist m e t a p h y s i s c h[132]. Im Zusammenhange mit Leibniz' Erkenntnislehre lautet dies so, daß die rationale, klare und deutliche Erkenntnis den Körper als Kraft, die sinnliche, dunkle und verworrene dagegen ihn als räumliches Gebilde auffaßt. Daher ist der Raum für Leibniz weder mit dem Körper identisch (wie bei Descartes), noch dessen Voraussetzung (wie bei Newton), sondern ein Kraftprodukt der Substanzen, ein *phaenomenon bene fundatum,* eine Ordnung ihrer Koexistenz — keine absolute Wirklichkeit, sondern ein *ens mentale*[133]. Und dasselbe gilt *mutatis mutandis* von der Zeit. Daraus folgt dann aber weiter, daß die auf diese räumliche Erscheinungsweise der Körper bezüglichen Gesetze der Mechanik nicht rational, keine „geometrischen", sondern tatsächliche und zufällige Wahrheiten sind. Sie könnten anders gedacht werden. Ihr Grund ist nicht logische Notwendigkeit, sondern — Zweckmäßigkeit. Sie sind *l o i s   d e   c o n v e n a n c e;* und sie wurzeln in dem *choix de la sagesse*[134]. Gott hat sie gewählt, weil in der durch sie bestimmten Form der Weltzweck am besten erfüllt wurde. Sind die Körper Maschinen, so sind sie es in dem Sinne, daß dies zweckmäßig konstruierte Gebilde sind[135].

11. So wird bei Leibniz wieder, aber in reiferer Form als beim Neuplatonismus, das L e b e n zum Erklärungsprinzip für die Natur; seine Lehre ist V i t a l i s m u s. Aber Leben ist Mannigfaltigkeit und dabei doch wieder Einheit. Die mechanische Theorie führte Leibniz ebenso auf den Begriff unendlich vieler Einzelkräfte, metaphysischer Punkte[136], wie auf die Idee ihres kontinuierlichen Zusammenhanges. Der demokritischen Atomtheorie, der nominalistischen Metaphysik hatte er ursprünglich nahegestanden; die occasionalistische Bewegung und vor allem das System Spinozas machten ihm den Gedanken der All-Einheit vertraut: und die Lösung fand er wie Nicolaus Cusanus und Giordano Bruno in dem Prinzip der I d e n t i t ä t   d e s   T e i l s   m i t   d e m   G a n z e n Jede Kraft ist die Weltkraft, aber in eigener Weise; jede Substanz ist die Weltsubstanz, aber in besonderer Form. Darum bestimmt Leibniz den Begriff der S u b s t a n z auch gerade dahin,

---

[132] Damit war die Koordination der beiden Attribute *extensio* und *cogitatio* wieder aufgehoben: die Welt des Bewußtseins ist die wahrhaft wirkliche, die Welt der Räumlichkeit ist Erscheinung. Völlig platonisch stellt Leibniz (Nouv. Ess., IV, 3) die intelligible Welt der Substanzen den Erscheinungen der Sinne oder der materiellen Welt gegenüber. Vgl. unten § 33 f.

[133] Vgl. hauptsächlich die Korrespondenz mit Des Bosses.

[134] Princ., 11.

[135] Ibid., 3.

[136] Syst. nouv., 11.

sie sei E i n h e i t i n d e r V i e l h e i t[137]). Das bedeutet, daß jede Substanz in jedem Zustande die Fülle der übrigen „vorstellt", und zum Wesen der „Vorstellung" gehört immer die Vereinheitlichung einer Mannigfaltigkeit[138]).

Mit diesen Gedanken verbinden sich nun bei Leibniz die der metaphysischen Bewegung seit Descartes geläufigen Postulate: die Isolierung der Substanzen gegeneinander und die in dem gemeinsamen Weltgrunde entspringende Korrespondenz ihrer Funktionen. Beide Denkmotive sind in der M o n a d o l o g i e am vollkommensten zum Austrag gekommen. Leibniz nennt die Kraftsubstanz M o n a d e, — ein Ausdruck, der ihm auf verschiedenen Wegen der Tradition in der Renaissance zufließen mochte. Jede Monade ist den andern gegenüber ein vollkommen selbständiges Wesen, welches Einflüsse weder erfahren noch ausüben kann. Die Monaden haben „keine Fenster", und diese Fensterlosigkeit ist gewissermaßen der Ausdruck ihrer „metaphysischen Undurchdringlichkeit"[139]). Dieser Abgeschlossenheit nach außen gibt aber Leibniz zuerst den positiven Ausdruck, daß er die Monade für ein r e i n i n n e r e s P r i n z i p erklärt[140]). Die Substanz ist daher eine Kraft von i m m a n e n t e r W i r k s a m k e i t: die Monade ist n i c h t p h y s i s c h e r, s o n d e r n s e e l i s c h e r N a t u r. Ihre Zustände sind Vorstellungen, und das Prinzip ihrer Tätigkeit ist das Begehren (appétition), die „Tendenz", von einer Vorstellung in die andere überzugehen[141]).

Jede Monade ist jedoch anderseits ein „Spiegel der Welt", sie enthält das ganze Universum als Vorstellung in sich; darin besteht die Lebenseinheit aller Dinge. Jede aber ist auch ein I n d i v i d u u m, von allen andern unterschieden. Denn es gibt nicht zwei gleiche Substanzen in der Welt[142]). Wenn sich nun die Monaden nicht durch den Vorstellungsinhalt unterscheiden, der vielmehr bei allen derselbe ist, so kann ihre Verschiedenheit nur in der Vorstellungsart zu suchen sein, und Leibniz erklärt: der Unterschied der Monaden besteht nur in dem v e r - s c h i e d e n e n G r a d e v o n K l a r h e i t u n d D e u t l i c h k e i t, mit der sie das Universum „repräsentieren". So wird Descartes' erkenntnistheoretisches Kriterium zum metaphysischen Prädikat, und zwar dadurch, daß Leibniz, ähnlich wie Duns Scotus (vgl. § 26, 1), den Gegensatz des Distinkten und des Konfusen als einen solchen der Vorstellungskraft oder der I n t e n s i t ä t auffaßt. Daher gilt die Monade als aktiv, sofern sie klar und deutlich, als passiv, sofern sie dunkel

---

[137]) Monad., 13—16.

[138]) Sehr glücklich kommt hierbei Leibniz (vgl. a. a. O.) die Zweideutigkeit von *représentation* (die übrigens auch das deutsche „vorstellen" trifft) zustatten, wonach das Wort einerseits „vertreten", anderseits die Funktion des Bewußtseins bedeutet. Daß jede Substanz die übrigen „repräsentiert", heißt also einerseits, daß alles in allem enthalten ist (Leibniz zitiert das antike σύμπνοια πάντα wie das *omnia ubique* der Renaissance), anderseits, daß jede Substanz alle übrigen „perzipiert". Der tiefere Sinn und die Rechtfertigung dieser Zweideutigkeit liegt aber darin, daß wir von der Vereinheitlichung eines Mannigfaltigen uns überhaupt keine andere klare und deutliche Vorstellung machen können, als nach der Art der Verknüpfung, welche wir in der Funktion des Bewußtseins (Synthesis nach Kant) in uns selbst erleben. Vgl. P. KÖHLER, Der Begriff der Repräsentation bei L. (Bern 1913).

[139]) Monad., 7. Vgl. Syst. nouv., 14, 17.

[140]) Monad., 11

[141]) Ibid., 15—19. D. MAHNKE, Neue Monadologie (1917).

[142]) Leibniz sprach dies als das *principium identitatis indiscernibilium* aus (Monad., 9)

und verworren vorstellt[143]): daher ist auch ihr Trieb auf den Übergang von den dunklen zu den klaren Vorstellungen gerichtet und die „Aufklärung" ihres eigenen Inhalts ihr Lebensziel. Auf jene Intensität der Vorstellungen aber wendet Leibniz das mechanische Prinzip der unendlich kleinen Impulse an: er nennt diese unendlich kleinen Bestandteile des Vorstellungslebens der Monaden *p e t i t e s   p e r c e p-t i o n s*[144]) und bedarf dieser Hypothese zur Erklärung dafür, daß nach seiner Lehre die Monade offenbar sehr viel mehr Vorstellungen hat, als sie sich deren bewußt ist (vgl. unten § 33, 10). Nach heutigem Ausdruck würden die *petites perceptions* u n b e w u ß t e   V o r s t e l l u n g e n sein.

Solcher Verschiedenheiten gibt es aber unendlich viele, und die Monaden bilden nach dem Gesetz der Kontinuität — *natura non facit saltum* — eine ununter-brochene Stufenreihe, ein g r o ß e s   E n t w i c k l u n g s s y s t e m, das von den „einfachen" Monaden zu den Seelen und den Geistern aufsteigt[145]). Die niedersten Monaden, welche nur dunkel und verworren, d. h. unbewußt vorstellen, sich also nur leidend verhalten, bilden die M a t e r i e: die höchste Monade, welche das Universum mit vollkommener Klarheit und Deutlichkeit vorstellt — eben deshalb nur Eine — und somit reine Aktivität ist, heißt die Z e n t r a l m o n a d e — Gott. Indem aber jede dieser Monaden sich selbst auslebt, stimmen sie vermöge der Gleichheit ihres Inhalts in jedem Momente alle völlig miteinander überein[146]), und dadurch entsteht der Schein der Wirkung einer Substanz auf die andere. Dies Verhältnis ist die *harmonie préétablie des substances* — eine Lehre, worin das von Geulincx und Spinoza für die Beziehung der beiden Attribute eingeführte Prinzip der K o r r e s p o n d e n z auf das Verhältnis aller Substanzen untereinander aus-gedehnt erscheint. Hier wie dort aber bedingt dies Prinzip in seiner Ausführung die lückenlose Determination in der Tätigkeit aller Substanzen, die strenge Not-wendigkeit alles Geschehens und den Ausschluß allen Zufalls und aller Freiheit im Sinne der Ursachlosigkeit. Auch Leibniz rettete den Begriff der Freiheit für die endlichen Substanzen nur in der sittlichen Bedeutung einer Herrschaft der Vernunft über die Sinne und die Leidenschaften[147]).

Die prästabilierte Harmonie, diese Seins- und Lebensverwandtschaft der Sub-stanzen[148]), bedarf aber eines e i n h e i t l i c h e n Erklärungsgrundes, und dieser kann nur in der Zentralmonade gesucht werden. Gott, der die endlichen Substanzen schuf, hat einer jeden seinen eigenen Inhalt in besonderer Abstufung der Inten-sität des Vorstellens mitgegeben und damit sämtliche Monaden so eingerichtet, daß sie durchweg miteinander übereinstimmen. Und in dieser ihrer notwendigen Lebensentfaltung, mit der ganzen mechanischen Determination ihrer Vorstellungs-abfolge verwirklichen sie den Zweck des schöpferischen Allgeistes. Dies Verhältnis

---

[143]) Monad., 49.
[144]) Ibid., 21.
[145]) Princ., 4. Dabei wird die „Seele" als Zentralmonade eines Organismus aufgefaßt, indem sie am deutlichsten die diesen konstituierenden Monaden und danach erst mit geringerer Deutlichkeit das übrige Universum vorstelle: Monad., 61 ff.
[146]) Syst. nouv., 14.
[147]) *Eo magis est libertas quo magis agitur ex ratione* etc., Leibn. de libert. (Op. E. 669).
[148]) Die prästabilierte Harmonie ist somit bei Leibniz eine ganz allgemeine metaphysische Lehre von der die Anwendung auf das Verhältnis von Seele und Leib nur einen Spezial-fall bildet.

des Mechanismus zur Teleologie fügt sich endlich auch den erkenntnistheoretischen Prinzipien von Leibniz ein. Die Gottheit und die andern Monaden verhalten sich wie bei Descartes die unendliche und die endlichen Substanzen. Für die rationalistische Auffassung aber ist nur das Unendliche ein Denknotwendiges, das Endliche dagegen etwas „Zufälliges" in dem Sinne, daß es auch anders gedacht werden könnte, daß das Gegenteil keinen Widerspruch enthielte (vgl. oben § 30, 7). So nimmt der Gegensatz der ewigen und der tatsächlichen Wahrheiten metaphysische Bedeutung an: nur G o t t e s S e i n i s t e i n e e w i g e W a h r h e i t; er existiert nach dem Satze vom Widerspruch mit logischer oder a b s o l u t e r N o t w e n - d i g k e i t. Die endlichen Dinge aber sind z u f ä l l i g, sie existieren nur nach dem Prinzip des zureichenden Grundes vermöge ihrer Determination durch anderes; die Welt und alles, was zu ihr gehört, hat nur bedingte, h y p o t h e t i s c h e N o t - w e n d i g k e i t. Diese K o n t i n g e n z d e r W e l t führt Leibniz mit Duns Scotus[149]) auf den W i l l e n G o t t e s zurück. Die Welt könnte anders sein; daß sie so ist, wie sie ist, verdankt sie der A u s w a h l, die Gott zwischen den vielen M ö g l i c h k e i t e n getroffen hat[150]).

So laufen in Leibniz alle Fäden der alten und der neuen Metaphysik zusammen. Mit den in der Schule der Mechanik gebildeten Begriffen gestaltete er die Ahnungen der Philosophie der Renaissance zu einem systematischen Gedankenbau um, in welchem die Ideen des Griechentums ihre Heimstätte mitten zwischen den Erkenntnissen der modernen Forschung fanden.

§ 32. Das Naturrecht.

[O. GIERKE, Johannes Althusius (1880, 3. Ausg. 1913). — DERS., Das deutsche Genossenschaftsrecht, 4. Bd., Die Staats- und Korporationslehre der Neuzeit, 1913. — W. HASBACH, Die allgemeinen philosophischen Grundlagen der von Fr. Quesnay und A. Smith begründeten politischen Ökonomie (1890). — FR. MEINECKE, Die Idee der Staatsraison (1924). — W. DILTHEY, Weltanschauung und Analyse des Menschen seit Renaissance und Reformation (Ges. Schriften, II). — E. TROELTSCH, Die Soziallehren der christlichen Kirchen und Aufsätze zur Geistesgeschichte und Religionssoziologie (Ges. Schriften, I u. IV). — ERIK WOLF, Grotius, Pufendorf, Thomasius (Tübingen 1927). — E. RUCK, Die Leibnizsche Staatsidee (Tübingen 1909).]

Auch die Rechtsphilosophie der Renaissance ist einerseits von den Anregungen des Humanismus und anderseits von den Bedürfnissen des modernen Lebens abhängig. Die ersteren zeigen sich nicht nur in den Anlehnungen an die antike Literatur, sondern auch in der Wiedergeburt der antiken Staatsauffassung und in der Anknüpfung an deren Tradition: die letzteren treten als theoretische Verallgemeinerung derjenigen Interessen auf, mit welchen sich während dieser Zeit die weltlichen Staaten zu selbstherrlichen Lebensformen gestalteten.

1. Alle diese Motive zeigen sich zuerst bei M a c h i a v e l l i. In seiner Bewunderung des Römertums spricht unmittelbar das italienische N a t i o n a l g e f ü h l, und aus dem Studium der alten Geschichte gewann er die Theorie des m o d e r - n e n S t a a t e s wenigstens nach ihrer negativen Seite hin. Er forderte die völlige

---

[149]) Die Beziehungen Leibniz' zu dem größten der Scholastiker sind nicht nur hierin, sondern auch in vielen andern Punkten zu erkennen; doch haben sie leider bisher noch nicht die verdiente Beachtung oder Behandlung gefunden.

[150]) Vgl. jedoch hierzu unten § 35, 4.

Unabhängigkeit des Staates von der Kirche und führte Dantes ghibellinische Staatslehre bis an die letzte Konsequenz. Als das dauernde Hindernis eines italienischen
Nationalstaates bekämpfte er die weltliche Herrschaft des Papsttums, und so vollzieht sich bei ihm wie einst bei Occam und Marsilius von Padua (vgl. § 25, 8)
für das praktische Gebiet die allen Anfängen des modernen Denkens gemeinsame
Trennung des Geistlichen und des Weltlichen. Die Folge davon aber war, wie bei
jenen Nominalisten, daß der Staat nicht teleologisch, sondern rein n a t u r a l i -
s t i s c h als ein Produkt der Bedürfnisse und der Interessen aufgefaßt wurde.
Daraus erklärt sich die Rücksichtslosigkeit, mit der Machiavelli die Theorie von
der Erwerbung und Erhaltung der fürstlichen Macht ausführte und die Politik
lediglich unter dem Gesichtspunkte des Interessenkampfes behandelte.

Das Verhältnis von Staat und Kirche erregte aber im 16. und 17. Jahrhundert
gerade dadurch besonderes Interesse, daß es in den Kämpfen und Verschiebungen
der konfessionellen Gegensätze eine immer wichtige, oft die entscheidende Rolle
spielte. Dabei kam es zu einer interessanten Vertauschung der Auffassungen. Die
protestantische Weltansicht, welche dem ersten Prinzip nach die mittelalterliche
Wertscheidung des Geistlichen und des Weltlichen aufhob und die weltlichen
Lebenssphären „entprofanisierte“, sah auch im Staat, wie es dereinst Thomas
getan hatte (vgl. oben § 25, 7), eine göttliche Ordnung, und die r e f o r m a t o -
r i s c h e   R e c h t s p h i l o s o p h i e   unter Führung Melanchthons beschränkte das Recht des Staates mehr durch dasjenige der unsichtbaren Kirche
als durch die Ansprüche der sichtbaren: ja, der protestantischen Staatskirche bot
jene göttliche Mission der Obrigkeit einen wertvollen Rückhalt. Viel weniger konnte
sich dem modernen Staate die k a t h o l i s c h e   K i r c h e verpflichtet fühlen, und
obwohl sie damit vom Thomismus abging, so ließ sie sich doch solche Theorien
wie die von Bellarmin und Mariana gefallen, in denen der Staat als menschliches
Machwerk oder als ein Vertrag aufgefaßt wurde. Denn damit verlor er die höhere
Autorität und gewissermaßen seine metaphysische Wurzel; er erschien aufhebbar:
der menschliche Wille, der ihn geschaffen, konnte ihn auch wieder lösen, und
selbst sein Oberhaupt büßte die absolute Unverletzlichkeit ein. Galt den Protestanten
der Staat als unmittelbare göttliche Ordnung, so bedurfte er für die Katholiken
als menschliche Einrichtung der Sanktion der Kirche und sollte nicht mehr gelten,
wo diese fehlte, sollte sie aber nur dann erhalten, wenn er sich in den Dienst der
Kirche stellte. So lehrt C a m p a n e l l a, die spanische Weltherrschaft *(monarchia)*
habe die Aufgabe, die Schätze der fremden Weltteile der Kirche für die Bekämpfung der Ketzer zur Verfügung zu stellen.

2. Auf die Dauer aber wichen diese Gegensätze der Rechtsphilosophie dem k o n -
f e s s i o n e l l e n   I n d i f f e r e n t i s m u s, der auch in der theoretischen Wissenschaft zur Herrschaft gelangt war, und indem der Staat wesentlich als eine Ordnung
der irdischen Dinge betrachtet wurde, fiel das Verhältnis des Menschen zu Gott aus
seinem Wirkungskreis heraus. Die Philosophie verlangte für den Staatsbürger überhaupt das Recht, welches sie für sich selber in Anspruch nahm, das Recht individuell freier Stellungnahme zu den religiösen Mächten der Zeit, und sie wurde damit
zur Verfechterin der T o l e r a n z. Der Staat habe sich um die religiöse Meinung
der einzelnen nicht zu kümmern, das Recht des Bürgers sei von seiner Zugehörigkeit zu der einen oder der andern Konfession unabhängig, — diese Forderung war

das notwendige Ergebnis der leidenschaftlich hin- und herwogenden Konfessionsstreitigkeiten des 16. und 17. Jahrhunderts. Darin kamen ungläubige Gleichgültigkeit und positive Überzeugung, die sich gegen andersgläubige Staatsmacht zu wehren hatte, überein.

In diesem Sinne schrieb schon Machiavelli gegen die Alleinherrschaft der römischen Kirche: vollständig ist das Prinzip der Toleranz zuerst von Thomas M o r u s proklamiert worden. Die Bewohner der glückseligen Insel Utopia gehören den verschiedensten Konfessionen an, die alle friedlich nebeneinander leben, ohne daß der Verschiedenheit der religiösen Ansichten irgendeine politische Bedeutung beigemessen würde. Sie haben sich sogar über einen gemeinsamen Kultus geeinigt, den jede Partei in ihrem Sinne deutet und durch besondere Kultusformen ergänzt. Ebenso hat Jean B o d i n in seinem „Heptaplomeres" hochgebildete, typisch charakterisierte Vertreter nicht nur der christlichen Konfessionen, sondern auch des Judentums, des Mohammedanismus und des Heidentums eine allen gleich genügende Form der Verehrung Gottes finden lassen. Auf mehr abstrakte Weise endlich hat Hugo G r o t i u s in den scharfen Unterscheidungen, mit denen er die Prinzipien der philosophischen Rechtswissenschaft vortrug, göttliches und menschliches Recht vollkommen gesondert, jenes auf die Offenbarung und dieses auf die Vernunft gegründet, dabei aber auch eine ebenso scharfe und durchgängige Trennung der Lebenssphären ihrer Anwendung verlangt.

Das klassische Grundbuch aber für die Toleranzbewegung ist S p i n o z a s t h e o l o g i s c h - p o l i t i s c h e r T r a k t a t geworden, welcher den so viel behandelten Gegenstand an der Wurzel faßte. Unter Benutzung mancher Gedanken und Beispiele aus der älteren, vom Averroismus beeinflußten jüdischen Literatur führte dies Werk den Nachweis, daß die Religion und insbesondere die religiösen Urkunden weder die Aufgabe noch die Absicht haben, theoretische Wahrheiten zu lehren, und daß das Wesen der Religion nicht in der Anerkennung einzelner Dogmen, sondern in der Gesinnung und in dem dadurch bestimmten Wollen und Handeln bestehe. Daraus aber folge unweigerlich, daß der Staat noch weniger Grund oder Recht habe, sich um die Zustimmung seiner Bürger zu besonderen dogmatischen Lehren zu kümmern, daß er vielmehr kraft seiner realen Macht jeden Versuch zum Gewissenszwange, der von irgendeiner der kirchlich organisierten Formen des religiösen Lebens ausgehe, in seine Schranken zurückzuweisen habe[151]). Den autoritativen Ansprüchen der Konfessionen gegenüber macht Spinoza das Prinzip geltend, daß die religiösen Bücher ihrem theoretischen Inhalt nach ebenso wie alle andern Erscheinungen der Literatur historisch erklärt, d. h. aus dem intellektuellen Zustande ihrer Verfasser begriffen werden müssen, und daß diese h i s t o r i s c h e K r i t i k jenen theoretischen Vorstellungsweisen die bindende und normative Bedeutung für eine spätere Zeit nimmt[152]).

3. Zu den politischen und kirchenpolitischen Interessen gesellten sich die s o z i a l e n. Keiner hat ihnen beredteren Ausdruck gegeben als Thomas M o r u s[153]).

---

[151]) C. GEBHARDT hat in der Einleitung zu seiner Übersetzung des Theol.-pol. Tract. (Leipzig 1908) nachgewiesen, daß der Anlaß zu der Schrift in den politischen Verhältnissen der Niederlande und in den nahen Beziehungen gelegen hat, worin der Philosoph zu Jan de Witt stand.

[152]) JOH. KÜHN, Toleranz und Offenbarung (1923).

[153]) Vgl. die Literatur auf S. 328 und J. KÜHN, Th. M. u. Rousseau (Hist., V., J. 1926)

Das erste Buch der Utopia kommt mit einer ergreifenden Schilderung des Elendes der Massen zu dem Schluß, daß die Gesellschaft besser täte, statt der drakonischen Gerechtigkeit, mit der sie die Verletzung ihrer Gesetze straft, die Quellen des Verbrechens zu verstopfen; der Verfasser führt aus, daß an dem Unrecht des Einzelnen der größere Teil der Schuld den verkehrten Einrichtungen des Ganzen zufalle. Diese aber bestehen in der durch den Gebrauch des Geldes herbeigeführten U n g l e i c h h e i t   d e s   B e s i t z e s, welche den Anlaß zu allen Verirrungen der Leidenschaften, des Neides und des Hasses gibt. Das Idealbild, das More im Gegensatz dazu von dem vollkommenen Zustande der Gesellschaft auf der Insel Utopia entwirft, ist in seinen Grundzügen dem platonischen Idealstaate nachgebildet. Aber diese humanistische Erneuerung läßt in einer für den modernen Sozialismus charakteristischen Weise aus ihrem Urbilde die Fixierung der Standesunterschiede fort; sie folgt mehr Platons „Gesetzen" als seiner Politeia. In einer für die folgende Entwicklung vorbildlichen Abstraktion geht Morus von dem Gedanken der r e c h t l i c h e n Gleichheit aller Staatsbürger aus, und die Formen der Lebensgemeinschaft, die Platons Politeia von den herrschenden Klassen als V e r z i c h t auf den natürlichen Trieb nach individueller Interessensphäre verlangt hatte, verwandelt Morus in eine Gleichheit des A n s p r u c h s aller Bürger. Bei Platon sollten die Bevorzugten, um sich ganz dem allgemeinen Wohl zu widmen, auf allen Eigenbesitz verzichten: bei Morus wird die Aufhebung des Eigentums als sicherstes Mittel zur Abschaffung der Verbrechen verlangt und durch die Gleichheit des Anspruchs aller an den Gesamtbesitz begründet. Dabei aber hält der moderne Utopist doch immer noch so weit an den idealen Zweckbestimmungen des antiken Philosophen fest, daß er diese ganze Gleichteilung der materiellen Interessen als die unerläßliche Grundlage dafür behandelt, wenn allen Staatsbürgern gleichmäßig der Genuß der geistigen Güter der Gesellschaft, der Wissenschaft und der Kunst, ermöglicht werden soll. Ja, der englische Kanzler denkt in dieser Hinsicht viel demokratischer und will dem Individuum eine viel größere Freiheit des Eigenlebens gewähren als der attische Reformator: Morus ist weit entfernt, die Gesamtheit der Bürger an eine gemeinsame Lehre und Überzeugung zu binden; seine Staatseinrichtung bezieht sich in ihrer positiven Ordnung wesentlich auf den äußeren Lebenszusammenhang. Ein sechsstündiger Normalarbeitstag aller Mitglieder der Gesellschaft, meinte Morus, werde genügen, um alle äußeren Bedürfnisse der Gesamtheit zu befriedigen: die übrige Zeit solle jedem frei zu edlerer Beschäftigung bleiben. Mit diesen Bestimmungen erwächst bei Morus über den platonischen Entwurf hinaus das Programm für alle höheren Formen des modernen Sozialismus.

Aber der Geist der Renaissance war von noch viel weltlicheren Interessen beseelt. Durch den Zauber der Entdeckungen gereizt, vom Glanz der Erfindungen geblendet, stellte er sich die Aufgabe, den gesamten äußeren, auf die natürlichen Lebensbedingungen gerichteten Zustand der menschlichen Gemeinschaft durch seine neuen Einsichten umzugestalten, und er sah vor sich ein I d e a l   d e r   B e h a g l i c h k e i t des Menschenlebens, welches sich aus einer vollkommenen und systematischen Ausnutzung der durch die Wissenschaft ermöglichten Kenntnis und Beherrschung der Natur entwickeln werde. Alle sozialen Schäden werden dadurch geheilt werden, daß die menschliche Gesellschaft durch die wissenschaftliche Steigerung der äußeren Kultur über alle Sorgen und alle Not, die sie jetzt bedrängen,

hinausgehoben wird. Einige Erfindungen, wie Kompaß, Buchdruckerkunst und
Schießpulver, sagt Bacon, haben genügt, um dem Menschenleben neue Bewegung,
größere Dimensionen, mächtigere Entfaltung zu geben: welche Umgestaltungen
stehen uns bevor, wenn das Erfinden erst eine zweckvoll geübte Kunst sein wird!
So wird das soziale Problem auf eine V e r b e s s e r u n g   d e s   m a t e r i e l l e n
Z u s t a n d e s   d e r   G e s e l l s c h a f t hinübergeleitet.

In B a c o n s   N o v a   A t l a n t i s[154]) wird ein glückliches Inselvölkchen vorgeführt, das in sorgfältig bewahrter Verborgenheit durch geschickte Maßregeln von
den Kulturfortschritten aller andern Völker Kenntnis erhält und dabei selbst durch
systematischen Betrieb des Forschens, Entdeckens und Erfindens die Beherrschung
der Natur für die praktischen Interessen des Menschenlebens aufs höchste steigert.
Da werden in phantastischer Ahnung allerlei mögliche und unmögliche Erfindungen
erzählt[155]), und die ganze Schilderung des „salomonischen Hauses" ist auf die
Verbesserung des materiellen Wohlbefindens der Gesellschaft gerichtet, während die
Behandlung der staatlichen Verhältnisse nur oberflächlich und unbedeutend ist.

Dagegen kommt es in C a m p a n e l l a s   S o n n e n s t a a t , in welchem die Nachwirkungen der „Utopia" von Morus sehr stark bemerkbar sind, zu einem vollständigen, sogar pedantisch bis in alle kleinen Verhältnisse geordneten Entwurf des
s o z i a l i s t i s c h e n   Z u k u n f t s s t a a t e s , der nach keiner Richtung vor der
äußersten Vergewaltigung der Freiheit individueller Lebensbewegung zurück-
schreckt. Von dem mathematisch abgezirkelten Plan der Reichsstadt[156]) bis zur
Stundeneinteilung des täglichen Arbeitens und Genießens[157]), bis zur Bestimmung
des Berufs, bis zur Paarung, bis zur astrologisch vorbestimmten Stunde der Be-
gattung geschieht hier alles aus staatlicher Anordnung zum Wohle des Ganzen,
und ein vielgegliedertes, sorgfältig (unter Beimischung metaphysischer Motive)[158])
ausgeklügeltes System der Bureaukratie baut sich auf der Abstufung des Wissens
auf. Je mehr einer weiß, um so mehr Macht soll er im Staate haben, um durch
seine Kenntnis den Naturverlauf zu regeln und zu verbessern. Die Gesichtspunkte
dieser Verbesserung aber richten sich auch bei Campanella wesentlich auf die
äußere Kultur. Bei ihm sollen sogar vier Stunden Tagesarbeit im Durchschnitt
genügen, um das Wohlleben der Gesellschaft zu sichern, und daran auch wieder
alle, gleichen Anspruch haben.

4. Bei aller Abenteuerlichkeit und Wunderlichkeit[159]) kommt aber doch in Cam-

---

[154]) Der Titel dieser Utopie und manches andere darin ist eine Reminiszenz an Platons
Fragment des Kritias (das. 113 f.).

[155]) Da fehlen zu Mikroskop und Teleskop nicht Mikrophon und Telephon; da gibt's
riesige Sprengstoffe, Flugmaschinen, allerlei Werke mit Luft- und Wasserkraft und sogar
„einige Arten" des perpetuum mobile! Besonderen Wert aber legt der Verfasser darauf,
wie durch bessere Pflanzen- und Tierzucht, durch ungeahnte chemische Entdeckungen,
durch Bäder und Luftkuren die Krankheiten vertrieben und das Leben verlängert werden
sollen: auch Experimente an Tieren werden im Interesse der Medizin eingeführt.

[156]) Der an den platonischen Kritias erinnert.

[157]) Hierin wie in dem Vorwiegen einer religiösen Sittenpolizei folgt auch Campanella
mehr den „Gesetzen" Platons als seiner „Republik"

[158]) Dem obersten Herrscher — Sol oder *Metaphysicus* —, der das ganze Wissen in sich
verkörpern muß, unterstehen zunächst drei Fürsten, deren Wirkungsweise den drei
„Primalitäten" des Seins, Macht, Weisheit und Liebe (vgl. § 29, 3) entsprechen usw.

[159]) Abenteuerlich ist besonders der starke Zusatz astrologisch-magischen Aberglaubens,
wunderlich die mönchisch-rohe Behandlung sexueller Verhältnisse.

panellas Sonnenstaat mehr noch als in Morus' Utopie der Gedanke zur Geltung, daß der Staat ein Kunstwerk der menschlichen Einsicht zur Hebung der sozialen Schäden sein solle. Beide Männer wollen so wenig wie Platon ein bloßes Phantasiegebilde aufstellen, sie glauben an die Möglichkeit, „die beste Staatsverfassung" durch vernünftige Reflexion auf eine naturgemäße Ordnung der sozialen Verhältnisse zu verwirklichen. Sie stießen damit freilich auf manchen Widerstand. Schon C a r - d a n u s bekämpfte die Utopien im Prinzip und empfahl statt ihrer der Wissenschaft die Aufgabe, die Notwendigkeit zu begreifen, mit welcher die wirklichen historischen Staaten in ihrer besonderen Bestimmtheit sich aus dem Charakter, den Lebensverhältnissen und den Erlebnissen der Völker entwickeln; er will sie als Natur- produkte wie Organismen betrachtet und auf ihre Zustände die medizinischen Kategorien von Gesundheit und Krankheit angewendet wissen. In größerem Stile und frei von der pythagoreischen Astrologie, in der sich der Mathematiker Cardanus erging, dafür aber mit stark konstruktiver Phantasie hat der praktische Staatsmann B o d i n die Mannigfaltigkeit der historischen Wirklichkeit im Staatsleben zu be- greifen gesucht.

Allein der Zug der Zeit ging mehr darauf, ein für alle Zeiten und Verhältnisse gleichmäßig in der Natur begründetes und durch Vernunft allein zu erkennendes Recht zu suchen: wollte doch ein Mann wie A l b e r i c u s G e n t i l i s durch kindlich-plumpe Analogien privatrechtliche Prinzipien auf physikalische Gesetze zurückführen. Festeren und fruchtbareren Boden gewann man, wenn statt der allgemeinen „Natur" die m e n s c h l i c h e N a t u r genommen wurde. Das geschah von Hugo G r o t i u s. Wie Thomas von Aquino fand er im G e s e l l i g - k e i t s b e d ü r f n i s das Grundprinzip des natürlichen Rechts und in der logi- schen Deduktion die Methode seiner Entwicklung. Was die Vernunft als mit der geselligen Natur des Menschen übereinstimmend und daraus folgernd erkennt, darin besteht das durch keine geschichtliche Wandlung abzuändernde *ius naturale*[160]). Der Gedanke eines solchen absoluten Rechts, welches nur durch seine Begründung in der Vernunft unabhängig von staatlicher Macht und vielmehr als deren letzter Grund bestehe, war Grotius durch die Analogie des Völkerrechts nahegelegt, dem seine Untersuchung zunächst galt. Anderseits aber wurde vermöge dieses sachlichen Prinzips das Privatrecht maßgebende Voraussetzung auch für das Staatsrecht. Be- friedigung individueller Interessen, Schutz des Lebens und Eigentums erschien als wesentlicher Zweckinhalt der Rechtsordnung. In formeller und methodischer Hin- sicht dagegen war dies philosophische Rechtssystem durchaus konstruktiv; es sollte nur die logischen Konsequenzen des Prinzips der Geselligkeit ziehen. In gleicher Weise galt auch für H o b b e s das *corpus politicum* als eine aus dem Begriffe ihres Zwecks durch reine Verstandestätigkeit abzuleitende Maschine und die philo- sophische Rechtslehre als eine vollkommen demonstrierbare Wissenschaft. Damit aber erschien dies Feld in hervorragendem Maße zur Anwendung der geometrischen Methode geeignet, und P u f e n d o r f führte ihren ganzen Apparat ein, indem er, Grotius und Hobbes kombinierend, das gesamte System synthetisch aus dem Ge- danken entwickelte, daß der Selbsterhaltungstrieb des Individuums sich ver- nünftiger- und erfolgreicherweise nur in der Befriedigung des Geselligkeitsbedürf-

---

[160]) De iur. bell. et pac., I, 1, 10.

nisses erfüllen könne. In dieser Form hat das Naturrecht als Ideal einer „geometrischen" Wissenschaft bis weit in das 18. Jahrhundert hinein (Thomasius, Wolff, ja bis Fichte und Schelling) bestanden und den allgemeinen Niedergang des cartesianischen Prinzips überdauert.

5. Sachlich aber war damit der letzte Grund des öffentlichen Lebens und des gesellschaftlichen Zusammenhanges in die I n t e r e s s e n   d e r   I n d i v i d u e n verlegt: die Mechanik des Staates fand in der Triebbestimmtheit des Einzelmenschen jenes selbstverständliche und einfache Moment[161]), woraus nach Galileischem Prinzip die zusammengesetzten Gebilde des Rechtslebens erklärt werden konnten. Damit ging auch die Staatslehre auf die epikureische[162] Theorie des gesellschaftlichen Atomismus (vgl. § 14, 6) zurück, und das synthetische Prinzip, wodurch das Zustandekommen des Staates begriffen werden sollte, war der V e r t r a g. Von Occam und Marsilius bis zu Rousseau, Kant und Fichte haben die Lehren vom Herrschaftsvertrag und Gesellschaftsvertrag das philosophische Staatsrecht beherrscht. Die entscheidende Ausprägung hat ihnen, zugleich die beiden Verträge verschmelzend, Hobbes gegeben[163]). Seine Fortsetzer, insbesondere Pufendorf, trennten sie jedoch wieder. An den Gesellschaftsvertrag, durch den die Individuen aus Furcht und Friedensbedürfnis sich zu einer Interessengemeinschaft vereinigen, schließt sich ein Herrschafts- oder Unterwerfungsvertrag an, vermöge dessen die einzelnen ihr Recht und ihre Macht auf die Obrigkeit übertragen. Das erwies sich als ein allgemeiner Rahmen, in den die verschiedensten politischen Ansichten paßten. Während Grotius und ebenso Spinoza die Interessen der Bürger am besten durch eine aristokratisch-republikanische Verfassung gewährleistet fanden, konnte H o b b e s von derselben Voraussetzung her seine Theorie des r e i n   w e l t l i c h e n A b s o l u t i s m u s deduzieren, wonach die Staatsgewalt in Einer Persönlichkeit, der allgemeine Wille in dem Einzelwillen des Herrschers unverbrüchlich vereinigt sein sollten.

Auf das engste verbunden erscheint mit der Vertragstheorie die Ausbildung des Begriffs der S o u v e r ä n i t ä t. Die Quelle aller Herrschergewalt ist danach der Volkswille, aus dem der Staats- und Unterwerfungsvertrag hervorgegangen ist: der eigentliche Träger der Souveränität ist das Volk. Indessen wird nun jener Vertrag und die damit vollzogene Macht- und Rechtsübertragung von den einen als unwiderruflich, von den andern als widerruflich angesehen. So behauptet Bodin trotz der Lehre von der Volkssouveränität die Unbeschränktheit und bedingungslose Geltung der königlichen Gewalt, die Unverletzlichkeit des Herrschers und die Unberechtigtheit jeden Widerstandes gegen ihn: noch vollständiger aber erscheint bei H o b b e s die Souveränität des Volkes in derjenigen des *Deus mortalis,* des Staates aufgesogen, dessen Wille hier ganz im Sinne des *L'État c'est moi* als alleinige Rechtsquelle im positiven Staatsleben gilt. Im Gegensatz zu diesen wesentlich dem monarchischen Absolutismus zugute kommenden Lehren behaupteten die „m o n a r c h o m a c h i s c h e n Theorien", deren Hauptvertreter neben Buchanan

---

[161]) Der Terminus *conatus* trifft in diesem Sinne bei Hobbes und Spinoza für beide Gebiete, das physische wie das psychische, zu.

[162]) Wie auf dem theoretischen Gebiet, so erringt auch auf dem praktischen das demokritisch-epikureische Prinzip einen späten Sieg.

[163]) Vgl. G. JELLINEK, Allgemeine Staatslehre, I³ (Berlin 1914), S. 198 ff.

(1506—1582) und Languet (1518—1581) der Niedersachse A l t h u s ist, daß der Herrschaftsvertrag hinfällig werde, sobald die Obrigkeit nicht mehr recht, d. h. nicht mehr im Interesse und nach dem Willen des Volkes regiert. Wird der Vertrag von der einen Seite gebrochen, so ist er auch für die andere nicht mehr verbindlich; in dieser Lage fällt die Souveränität wieder an ihren ursprünglichen Träger zurück. Hat der Mensch mit Absicht und Überlegung den Staat gemacht, so hebt er ihn wieder auf, wenn sich zeigt, daß die Absicht verfehlt wird. So bereitet schon die Renaissance die T h e o r i e d e r R e v o l u t i o n vor¹⁶⁴).

Ihre besondere Färbung aber erhalten alle diese Theorien durch die k i r c h e n - p o l i t i s c h e n R ü c k s i c h t e n, wonach die unumschränkte Gewalt des Herrschers je nach seinem Verhältnis zu den Konfessionen entweder als gefährlich oder als förderlich empfunden wurde. Den radikalsten Standpunkt der Realpolitik nahm vermöge seines religiösen Indifferentismus H o b b e s ein: Religion ist Privatmeinung, und öffentliche Geltung hat nur diejenige, zu welcher sich der Staat bekennt. Er gab die philosophische Theorie für das historische *Cujus regio eius religio*. Und S p i n o z a schloß sich ihm an. Er trat für Gedankenfreiheit und gegen allen Gewissenszwang auf, aber ihm war die Religion nur Erkenntnis und Gesinnung; für das öffentliche Erscheinen der Religiosität in Kirche und Gottesdienst sollte im Interesse der Ordnung und des Friedens nur die Bestimmung der Obrigkeit gelten: er kämpfte, wie Hobbes, gegen politische Übergriffe konfessioneller Herrschsucht. In positiverem Sinne erklärte sich die p r o t e s t a n t i s c h e R e c h t s - p h i l o s o p h i e für die kirchenpolitische Souveränität des Königtums von Gottes Gnaden, während auch in ihr, z. B. bei Althus, einer andersgläubigen Obrigkeit gegenüber die Souveränität des Volkes verteidigt wurde. Dasselbe Motiv entschied da, wo die J e s u i t e n die Absetzbarkeit der Obrigkeit und die Entschuldbarkeit des Fürstenmordes behaupteten (vgl. oben Nr. 1).

6. Die Begründung der Vertragstheorie beruhte bei H o b b e s auf allgemeineren Motiven. Wenn das gesellschaftliche und staatliche Leben aus der „menschlichen Natur" begriffen werden sollte, so fand der englische Philosoph deren alles bestimmenden Grundzug in dem S e l b s t e r h a l t u n g s t r i e b e oder dem E g o i s - m u s, dem einfachen, selbstverständlichen Erklärungsprinzip für das ganze Willensleben. Dabei ließen die materialistische Metaphysik und die sensualistische Psychologie (vgl. § 21, 6) diesen Selbsterhaltungstrieb seinem ursprünglichen Wesen nach nur auf die Erhaltung und Förderung der sinnlichen Existenz des Individuums gerichtet erscheinen. Alle andern Gegenstände des Willens konnten nur als Mittel zur Herbeiführung jenes obersten Gesamtzwecks gelten. Diesem Prinzip gemäß gab es auch für den Menschen als Naturwesen keine andere Norm der Beurteilung als diejenige der Förderung oder Hemmung, des Nutzens oder Schadens: die Unterscheidung des Guten und des Bösen, des Gerechten und des Ungerechten ist nicht auf dem individuellen, sondern nur auf dem s o z i a l e n Standpunkte möglich, wo statt des einzelnen das gemeinsame Interesse den Maßstab bildet. So wurde der E g o i s m u s z u m P r i n z i p d e r g e s a m t e n p r a k t i s c h e n P h i l o - s o p h i e; denn wenn der Selbsterhaltungstrieb des Individuums durch das Gebot

---

¹⁶⁴) Mit spezieller Anwendung auf die englischen Zustände des siebzehnten Jahrhunderts sind diese Prinzipien von dem Dichter John M i l t o n (Defensio pro populo Anglicano, 1651) und von Algernon S i d n e y (Discourses of government, 1683) vertreten worden.

des Staates beschränkt und korrigiert werden sollte, so galt dieser Staat selbst als die künstlichste und vollkommenste aller der Vorrichtungen, welche der Egoismus getroffen hat, um seine Befriedigung zu erreichen und zu sichern. Der N a t u r - z u s t a n d, worin ursprünglich der Egoismus eines jeden gegen den jedes andern steht, ist der K a m p f   a l l e r   g e g e n   a l l e : ihm zu entrinnen, ist aus dem Friedensbedürfnis der Staat als ein Vertrag zu gegenseitiger Gewährleistung der Selbsterhaltung gegründet worden. Das Geselligkeitsbedürfnis ist nicht ursprünglich: es ergibt sich nur mit Notwendigkeit als das leistungsfähigste und sicherste Mittel zur Befriedigung des Egoismus.

Diese Lehre nahm S p i n o z a an, gab ihr aber durch Einfügung in seine Metaphysik eine idealere Bedeutung. „Suum esse conservare" ist auch für ihn Quintessenz und Grundmotiv alles Wollens. Da aber jeder endliche Modus gleichmäßig beiden Attributen angehört, so richtet sich sein Selbsterhaltungstrieb ebenso auf seine bewußte Tätigkeit, d. h. sein W i s s e n, wie auf seine Behauptung in der körperlichen Welt, d. h. seine M a c h t. So wird der Grundtrieb alles individuellen Willenslebens auf die baconische Identität von Wissen und Macht gedeutet, und damit verbindet sich für Spinoza das Prinzip, daß das Recht eines jeden so weit reiche wie seine Macht. In diesen begrifflichen Zusammenhängen findet der Philosoph den Erklärungsgrund für das empirische Staatsleben, wobei er sich der Hauptsache nach in den Bahnen von Hobbes bewegt und nur in Betreff der Ansicht über die zweckentsprechendste Verfassungsform, wie oben bemerkt, von ihm abweicht. Dieselbe Begriffsverschlingung aber bietet sich Spinoza auch als Ausgangspunkt für seine mystisch-religiöse Tugendlehre dar. Denn da das wahre „esse" jedes endlichen Dinges die Gottheit ist, so muß die einzig vollkommene Befriedigung des Selbsterhaltungstriebes in der „Liebe zu Gott" bestehen. Daß Malebranche, der über den „atheistischen Juden" so heftig sprach, „mit ein bißchen andern Worten" dasselbe lehrte, ist schon oben (§ 31, 4) erwähnt worden.

7. Lebhaften Widerspruch fand Hobbes' Theorie des Egoismus — das *selfish system*, wie man später meist sagte — bei seinen Landsleuten. Die Zurückführung ausnahmslos aller Willenstätigkeiten auf den Selbsterhaltungstrieb erregte zugleich sittliche Empörung und den theoretischen Widerspruch psychologischer Erfahrung. Den Kampf gegen Hobbes nahm zunächst die n e u p l a t o n i s c h e   S c h u l e v o n   C a m b r i d g e auf, deren literarische Hauptvertreter Ralph C u d w o r t h und Henry M o r e sind. In diesem Kampfe aber entwickelte sich nach antikem Vorbilde der Gegensatz von φύσις und θέσις . Für Hobbes entsprangen Recht und Sittlichkeit gesellschaftlicher Satzung; für seine Gegner waren sie ursprünglich und unmittelbar gewisse Forderungen der Natur. Beide Teile hielten der theologisch-dogmatischen Begründung der praktischen Philosophie die *lex naturalis* entgegen: aber für Hobbes war das Naturgesetz die demonstrierbare Konsequenz des wohlverstandenen Egoismus; für die „Platoniker" war es nach stoisch-ciceronianischem Prinzip eine unmittelbare, dem menschlichen Geiste eingeborene Gewißheit.

In demselben Sinne ging C u m b e r l a n d gegen Hobbes vor. Er wollte die Sozialität des Menschen für ebenso ursprünglich angesehen haben wie seinen Egoismus: die „wohlwollenden", a l t r u i s t i s c h e n Neigungen, deren Tatsächlichkeit nicht zu bezweifeln ist, sind unmittelbar gegebene und ursprüngliche Gegenstände der Selbstwahrnehmung; das „Geselligkeitsbedürfnis" ist nicht erst das raffinierte Produkt kluger Selbstsucht, sondern — wie es Hugo Grotius aufgefaßt hatte — ein primäres, konstitutives Merkmal der menschlichen Natur. Wenn der Egoismus auf das Eigenwohl abzielt, so sind die altruistischen Motive auf das Gesamtwohl gerichtet, ohne welches das Eigenwohl nicht möglich ist. Diese Verknüpfung, die bei Hobbes an die kluge Einsicht des Menschen gebunden erschien, gilt für Cumberland als eine Bestimmung Gottes, dessen Befehl daher als das autoritative Prinzip für die Befolgung der in den wohlwollenden Neigungen sich aussprechenden Anforderungen betrachtet wird.

Der n a t ü r l i c h e n V e r n u n f t m o r a l, die so einerseits gegen die Orthodoxie, andererseits gegen den Sensualismus verfochten wurde, tritt die n a t ü r l i c h e V e r n u n f t r e l i g i o n an die Seite, welche von H e r b e r t v o n C h e r b u r y gegen dieselben beiden Fronten aufgestellt worden war. Auch die Religion soll weder auf historische Offenbarung noch auf menschliche Satzung begründet werden: sie gehört zum eingeborenen Besitz des menschlichen Geistes. Der *consensus gentium* beweist — so argumentiert Herbert in altstoischer Weise —, daß der Glaube an die Gottheit ein notwendiger Bestandteil der menschlichen Vorstellungswelt, eine F o r d e r u n g d e r V e r n u n f t ist: aber als wahrer Inhalt der Religion, den Dogmen der Religionen gegenüber, kann deshalb auch nur das Bestand haben, was jenen Forderungen der Vernunft entspricht.

So spielen sich in der durch die metaphysischen Prinzipien ebenso wie durch die Bedürfnisse des Lebens angeregten Diskussion der englischen Literatur die Fragen der praktischen Philosophie allmählich auf das p s y c h o l o g i s c h e Gebiet hinüber. Was ist im menschlichen Geiste — so lautet das Problem — der Ursprung von Recht, Moral und Religion? Damit aber leiten sich die Bewegungen der Aufklärungsphilosophie ein.

V. Teil

Die Philosophie der Aufklärung.

Außer der Literatur auf S. 298 sind zu vergleichen:

LECKY, History of the rise and influence of the spirit of rationalism in Europe. 2 Bde. (6. Aufl., London 1873), deutsch von I. H. RITTER (1874).

LESLIE STEPHEN, History of English thought in the 18th century. London 1876.

J. MACKINTOSH, On the progress of ethical philosophy during the 17th and 18th centuries; Edinburgh 1872.

PH. DAMIRON, Mémoires pour servir à l'histoire de la philosophie au 18ième siècle. 2 Bde., Paris 1858—64.

E. ZELLER, Geschichte der deutschen Philosophie seit Leibniz. München 1873.

V. DELBOS, La philosophie française (Paris 1921).

W. R. SORLEY, A history of English Philosophy (Cambridge 1920).

R. REININGER, Locke, Berkeley, Hume (1922).

E. v. ASTER, Geschichte der englischen Philosophie (Bielefeld 1927).

E. TROELTSCH, Art. Aufklärung und Englische Moralisten in Herzogs Real-Enzyklopädie der protestantischen Theologie (Ges. Schr., IV).

W. DILTHEY, Studien zur Geschichte des deutschen Geistes (Ges. Schr., III, 1927).

B. GROETHUYSEN, Die Entstehung der bürgerlichen Welt- und Lebensanschauung in Frankreich, I (Halle 1927).

P. WERNLE, Der schweizerische Protestantismus im 18. Jahrhundert. 3 Bde. (Tübingen 1923 ff.).

Dazu H. HETTNER, Literaturgeschichte des 18. Jahrh., 6. u. 7. Aufl., 1913 ff.

Der natürliche Rhythmus des intellektuellen Geschehens brachte es mit sich, daß in der modernen wie in der griechischen Philosophie auf eine erste kosmologisch-metaphysische Periode ein Zeitraum wesentlich anthropologischen Charakters folgte, und daß damit das neu erwachte rein theoretische Streben wiederum einer praktischen Auffassung der Philosophie als Weltweisheit weichen mußte. In der Tat finden sich alle Züge der griechischen Sophistik mit gereifter Gedankenfülle, mit ausgebreiteter Mannigfaltigkeit, mit vertieftem Inhalt, aber deshalb auch mit verschärfter Energie der Gegensätze in der Philosophie der Aufklärung wieder, deren zeitliche Ausdehnung ungefähr mit dem 18. Jahrhundert zusammenfällt. An die Stelle Athens tritt die ganze Breite der geistigen Bewegung in den europäischen Kulturvölkern, und die wissenschaftliche Tradition zählt nun ebensoviel Jahrtausende, wie damals Jahrhunderte: aber die gesamte Richtung und die Gegenstände, die Gesichtspunkte und die Ergebnisse des Philosophierens zeigen in diesen beiden zeitlich so weit geschiedenen und ihrem Kulturhintergrunde nach so sehr verschiedenen Perioden eine lehrreiche Ähnlichkeit und Verwandtschaft. Es waltet in beiden dieselbe Einkehr in das Subjekt, dieselbe zweifelvoll überdrüssige Abwendung von metaphysischer Grübelei, dieselbe Vorliebe für eine empirisch-genetische Betrachtung des menschlichen Seelenlebens, dieselbe Forschung nach der Möglichkeit und den Grenzen wissenschaftlicher Erkenntnis und dieselbe Leidenschaftlichkeit in der Diskussion der Probleme des gesellschaftlichen Lebens: nicht minder charakteristisch endlich ist für beide Zeitalter das

Eindringen der Philosophie in die breiten Kreise der allgemeinen Bildung und die Verschmelzung der wissenschaftlichen mit der literarischen Bewegung.

Für die Aufklärung des 18. Jahrhunderts aber war die Grundlage in den allgemeinen Zügen einer w e l t l i c h e n   L e b e n s a n s i c h t gegeben, wie sie während der Renaissance durch die frischen Bewegungen in Kunst, Religion, Staat und Naturforschung herausgearbeitet worden waren. Hatten diese im 17. Jahrhundert zunächst ihre metaphysische Formulierung gefunden, so kam nun wieder die Frage in den Vordergrund, wie in dem Rahmen der neuen Weltanschauung der Mensch sein eigenes Wesen und seine eigene Stellung aufzufassen habe: und vor dem Werte, den man auf diese Frage legte, trat das Interesse an der Verschiedenheit der metaphysischen Begriffe, worin jene Weltanschauung niedergelegt worden war, immer entschiedener zurück. Man begnügt sich mit den allgemeinen Umrissen der gewonnenen Weltansicht, um desto eingehender sich mit den Fragen des Menschenlebens zu beschäftigen, und alle die Lehren der Aufklärung, welche so heftig gegen die Spekulation polemisieren, arbeiten im Grunde genommen von Anfang an mit einer   M e t a p h y s i k   d e s   „g e s u n d e n   M e n s c h e n - v e r s t a n d e s“, der zuletzt seine Stimme so laut erhob und der doch schließlich nur dasjenige als selbstverständliche Wahrheit voraussetzte, was ihm aus dem Ertrag der Arbeit der vorhergehenden Jahrhunderte zugefallen war.

Die Anfänge der Aufklärungsphilosophie sind in E n g l a n d zu suchen, wo bei den geordneten Zuständen, die auf den Abschluß der Revolutionsperiode folgten, ein mächtiger Aufschwung des literarischen Lebens auch die Philosophie für die Interessen der allgemeinen Bildung in Anspruch nahm. Von England verpflanzte sich diese Literatur nach F r a n k r e i c h : hier aber wirkte der Gegensatz der Ideale, welche sie mit sich brachte, zu der sozialen und politischen Wirklichkeit derartig, daß nicht nur der Vortrag der Gedanken von vornherein erregter, heftiger war, sondern auch die Gedanken selbst sich schärfer zuspitzten und ihre negative Energie gegen das in Staat und Kirche Bestehende kräftiger hervorkehrten. Von hier aus zunächst, dann aber auch von direkter Einwirkung aus England[1]) übernahm D e u t s c h l a n d die aufklärerischen Ideen, für die es in mehr theoretischer Weise schon vorbereitet war: und hier fanden diese ihre letzte Vertiefung und eine Reinigung und Veredlung durch ihr Aufgehen in die deutsche Dichtung, mit welcher sich die R e n a i s s a n c e   d e s   k l a s s i s c h e n   H u m a n i s m u s vollendete.

Der Führer der e n g l i s c h e n Aufklärung ist John L o c k e dadurch geworden, daß er eine populäre Form empirisch-psychologischer Darstellung für die allgemeinen Umrisse der cartesianischen Weltauffassung fand. Während dann deren metaphysische Tendenz in B e r k e l e y noch einen idealistischen Nachsprößling hervorbrachte, breitete sich die anthropologisch-genetische Betrachtungsweise schnell und siegreich über alle Probleme der Philosophie aus. Dabei blieb der Gegensatz zwischen der s e n s u a l i s t i s c h e n   A s s o z i a t i o n s p s y c h o l o g i e und den n a t i v i s t i s c h e n   T h e o r i e n verschiedenen Ursprungs für die Entwicklung maßgebend. Er beherrschte die lebhafte Bewegung der M o r a l - p h i l o s o p h i e, in der S h a f t e s b u r y als die eindrucksvollste Persönlichkeit

---

[1]) Vgl. G. ZART, Der Einfluß der englischen Philosophen auf die deutsche Philosophie des 18. Jahrhunderts (Berlin 1881).

hervortritt, und die damit zusammenhängende Ausbildung des D e i s m u s und der
N a t u r r e l i g i o n : und er fand seine schärfste Ausprägung auf dem erkenntnistheoretischen Gebiete, wo der konsequenteste und tiefste der englischen Denker,
David H u m e, den Empirismus zum P o s i t i v i s m u s entwickelte und dadurch
den Widerspruch der s c h o t t i s c h e n Schule hervorrief.

Als der Pionier der f r a n z ö s i s c h e n Aufklärung erscheint Pierre B a y l e,
dessen „Dictionnaire" die Anschauungen der gebildeten Welt völlig in die Richtung
der religiösen Skepsis lenkte; und nach dieser Seite hauptsächlich wurde dann
auch die englische Literatur in Paris aufgenommen. V o l t a i r e ist der große
Schriftsteller, welcher nicht nur dieser Wendung den beredtesten Ausdruck gegeben,
sondern auch die positiven Momente der Aufklärung in der nachdrücklichsten
Weise vertreten hat. Aber die Entwicklung drängte mit viel größerer Wucht auf
die negative Seite. In dem gemeinsamen Denken der E n z y k l o p ä d i s t e n vollzog sich Schritt für Schritt der Umschwung vom Empirismus zum Sensualismus,
vom Naturalismus zum Materialismus, vom Deismus zum Atheismus, von der
enthusiastischen zur egoistischen Moral. Solcher A u f k l ä r u n g d e s V e r -
s t a n d e s, deren gesamte Linien in dem Positivismus C o n d i l l a c s zusammen-
liefen, trat in R o u s s e a u eine G e f ü h l s p h i l o s o p h i e von elementarer
Gewalt gegenüber, um zur intellektuellen Gestaltung der R e v o l u t i o n zu führen.

D e u t s c h l a n d war für die aufklärerische Bewegung schon durch die
L e i b n i z sche Philosophie und den großen Kathedererfolg, den W o l f f mit
ihrer Umbildung erzielte, gewonnen: aber hier überwog bei dem Mangel eines einheitlichen öffentlichen Interesses die Tendenz der i n d i v i d u e l l e n B i l d u n g.
Für deren Zwecke wurden die Ideen des „philosophischen Jahrhunderts" auf
psychologischem und erkenntnistheoretischem, wie auf moralischem, politischem
und religiösem Gebiete mit großer Mannigfaltigkeit, aber ohne prinzipielle Neu-
schöpfung verarbeitet, bis der trockenen Verständigkeit, womit sich eine über-
hebungsvolle P o p u l a r p h i l o s o p h i e besonders an der Berliner Akademie[2])
breit machte, frisches Leben und höhere Gesichtspunkte durch die p o e t i s c h e
B e w e g u n g und die großen Persönlichkeiten ihrer Träger, Lessing und Herder,
zugeführt wurden. Dieser Umstand bewahrte die deutsche Philosophie des 18. Jahrhunderts davor, sich in theoretisch-skeptische Selbstzersetzung wie die englische,
oder in praktisch-politische Zersplitterung wie die französische zu verlieren: durch
die Berührung mit einer großen, von Ideengehalt strotzenden Literatur bereitete sich
hier eine neue bedeutungsvolle Epoche der Philosophie vor.

John L o c k e, 1632 zu Wrington bei Bristol geboren, in Oxford gebildet, durch seinen
Lebenslauf in das wechselvolle Geschick des Staatsmannes Lord Shaftesbury verflochten,
kam mit Wilhelm von Oranien aus holländischem Exil 1688 in seine Heimat zurück,
bekleidete unter der neuen Regierung, die er auch publizistisch mehrfach vertrat, mehrere
höhere Staatsämter und starb in ländlicher Muße 1704. Einfache Verständigkeit und
Klarheit sind die Vorzüge seiner intellektuellen Persönlichkeit: aber ihnen entspricht auch
eine gewisse Dürftigkeit der Gedanken und ein Versagen des eigentlich philosophischen
Triebes. Trotzdem hat ihn sein Mut zur Trivialität populär und damit zum Führer der
Aufklärungsphilosophie gemacht. Sein philosophisches Werk führt den Titel Essay con-
cerning human understanding (1690); daneben sind Some thoughts on education (1693),
The reasonableness of Christianity (1695) und unter den posthumen Abhandlungen The

[2]) Vgl. CH. BARTHOLMÈSS, Histoire philosophique de l'académie de Prusse (Paris 1851);
A. HARNACK, Geschichte der K. Pr. Akademie der Wissenschaften zu Berlin (Berlin 1900).

conduct of understanding zu nennen. Vgl. FOX BOURNE, The life of J. L. (London 1876).
T. FOWLER, J. L. (London 1880). G. v. HERTLING, J. L. und die Schule von Cambridge
(Freiburg i. Br. 1892). E. FECHTER, J. L., ein Bild aus den geistigen Kämpfen Englands
im 17. Jahrh. (Stuttgart 1898). J. DIDIER, J. L. (Paris 1911). J. GIBSON, L.s Theory of
Knowledge (Cambr. 1917). A. TELLKAMP, Das Verhältnis J. L.s zur Scholastik, 1927.

Georg B e r k e l e y war in Killerin (Irland) 1685 geboren, beteiligte sich als Geist-
licher eine Zeitlang an Missions- und Kolonisationsversuchen in Amerika, wurde 1734
Bischof von Cloyne und starb 1753. Vorbereitet durch die Theory of vision (1709), erschien
1710 sein Treatise on the principles of human knowledge, welchem Hauptwerke später
die Three dialogues between Hylas and Philonous und Alciphron or the minute philosopher folgten. Ausgabe der Werke von FRASER, 4 Bde. (London 1871); derselbe hat auch
eine gute Gesamtdarstellung (Edinburgh und London 1881) gegeben. Deutsche Ausgaben
in der Philos. Bibl. Vgl. COLLYNS SIMON, Universal immaterialism (London 1862);
FR. CLAUSSEN (Halle 1889); TH. STIER (Leipzig 1893); ERNST CASSIRER (1911); B. ERD-
MANN (Abh. d. Berl. Akad., 1919). A. JOUSSAIN (1921); A. LEVI (1922); G. STAMMLER
(1922); G. JOHNSTON, The development of B.s Philosophy (London 1924); P. ROTTA
(1925); R. METZ (Frommans Klassiker, 1925).

Die A s s o z i a t i o n s p s y c h o l o g i e fand ihre Hauptvertreter in Peter B r o w n
(als Bischof von Cork 1735 gestorben; The procedure, extent and limits of human understanding 1719), David H a r t l e y (1704—1757; De motu sensus et idearum generatione,
1746; Observations on man, his frame, his duty and his expectations, 1749), Edward
S e a r c h, pseudon. für Abraham Tucker (1705—1774; Light of nature, 7 Bde., London
1768—1777); Joseph P r i e s t l e y (1733—1804; Hartleys theory of human mind on the
principles of association of ideas, 1775, Disquisitions relating to matter and spirit, 1777);
John Horne T o o k e (1736—1812; Ἔπεα πτερόεντα or the diversions of parley, 1798; vgl.
STEPHEN, Memoirs of J. H. T., London 1813); Erasmus D a r w i n (1731—1802; Zoonomia
or the laws of organic life, 1794 ff.); schließlich Thomas B r o w n (1778—1820; Inquiry
into the relation of cause and effect, 1804, posthum die in Edinburgh gehaltenen Lectures
on the philosophy of human mind). — L. FERRI, Sulla dottrina psicologica dell' associa-
zione, saggio storico e critico (Rom 1878); vgl. BR. SCHOENLANK, Hartley und Priestley
als Begründer des Assoziationismus (Halle 1882).

Von den in der älteren Weise platonisierenden Gegnern dieser Richtung ist namentlich
Richard P r i c e (1723—1791) durch seinen Streit mit Priestley bekannt geworden: Priestley,
The doctrine of philosophical necessity, 1777; Price, Letters on materialism and philo-
sophical necessity, 1778; Priestley, A free discussion on the doctrines of materialism, 1778

Als eine ästhetische Auszweigung der Assoziationspsychologie darf man die einflußreichen Untersuchungen von E d m u n d B u r k e (1729—1797) bezeichnen: „Philosophical
inquiry into the origin of our ideas of sublime and beautiful" (1756).

Unter den e n g l i s c h e n M o r a l p h i l o s o p h e n nimmt die bedeutendste Stellung
S h a f t e s b u r y (Anthony Ashley Cooper, 1671—1731) ein, dessen Abhandlungen unter
dem Titel Characteristics of men, manners, opinions and times (1711, daraus „Über die
Tugend", deutsch von P. ZIERTMANN, Leipzig 1905, „Die Moralisten", deutsch mit Einleitung von FRISCHEISEN-KÖHLER, Leipzig 1909 und von K. WOLFF, Jena 1910) gesammelt
sind. Er ist einer der vornehmsten und feinsten Repräsentanten der Aufklärung; die
humanistische Bildung ist die Grundlage seines geistigen Wesens, in ihr beruht die Freiheit des Denkens und Urteilens ebenso wie der Geschmack der Auffassung und der Darstellung in seinen Schriften: er selbst ist ein hervorragendes Beispiel für seine ethische
Lehre vom Werte der Persönlichkeit. Vgl. G. v. GIZYCKI, Die Philosophie Sh.s (Leipzig
und Heidelberg 1876); CHR. FR. WEISER, Sh. und das deutsche Geistesleben (1916). —
Nach ihm scheiden sich verschiedene Gruppen: die intellektualistische repräsentieren
Samuel C l a r k e (1675—1729; A demonstration of the being and attributes of God, 1705;
Philosophical inquiry concerning human liberty, 1715; vgl. seine Korrespondenz mit
Leibniz) und William W o l l a s t o n (1659—1724; The religion of nature delineated,
1722); die Gefühlsmoral dagegen Francis H u t c h e s o n (1694—1747; Inquiry into the
original of our ideas of beauty and virtue, 1725, A system of moral philosophy, 1755;
vgl. TH. FOWLER, Shaftesbury and Hutcheson, London 1882); Henry H o m e, pseud. für
Lord Kaimes (1696—1782; Essays on the principles of morality and natural religion, 1751,
Elements of criticism, 1762; vgl. den Artikel in Ersch und Grubers Encyklopädie von
W. WINDELBAND); Adam F e r g u s o n (1724—1816; Institutions of moral philosophy,
1769); und in gewissem Sinne auch Adam S m i t h (1723—1790; Theory of moral sentiment,
1759; deutsch von W. ECKSTEIN, Philos. Bibl. 1926, vgl. HASBACH, Untersuchungen über
A. S., 1891); das Autoritätsprinzip vertreten Jos. B u t l e r (1692—1752; Sermons upon
human nature, 1726) und William P a l e y (1743—1805; Principles of moral and political

phlosophy, 1785); — die Ethik der Assoziationspsychologie hauptsächlich durch Jeremy B e n t h a m ausgebildet (1748—1832; Introduction to the principles of morals and legislation, 1789, Traité de législation civile et pénale, zusammengestellt von E. DUMONT, 1810, Deontology, herausg. von J. BOWRING, 1834; Werke in 11 Bänden, Edinburgh 1843; vgl. LESLIE STEPHEN, The English Utilitarians, Bd. I, London 1900). — In eigentümlicher Sonderstellung erscheint Bernh. de M a n d e v i l l e (1670—1733; The fable of the bees or private vices made public benefits, 1706, später mit erläuternden Dialogen, 1728, Inquiry into the origin of moral virtue, 1732, Free thoughts on religion, church, government, 1720; über ihn P. SAKMANN, Freiburg i. Br. 1898). — Vgl. E. TROELTSCH, Englische Moralisten in Herzogs Encyclop., s. o., S. 375.

Mit dieser moralphilosophischen Literatur fällt zum großen Teil diejenige des D e i s - m u s. zusammen; in letzterer Richtung aber treten außerdem hervor: John T o l a n d (1670—1722; Christianity not mysterious, 1696, Letters to Serena, 1704, Adeisidaemon 1709, Pantheisticon, 1710, deutsch von FENSCH, Leipzig 1897); Anthony C o l l i n s (1676 bis 1729; A discourse of free thinking. 1713); Matthews T i n d a l (1656—1733; Christianity als old as the creation, 1730); Thomas C h u b b (1679—1747; A discourse concerning reason with regard to religion, 1730); Thomas M o r g a n (1743 gestorben; The moral philosopher, 3 Tle., London 1737 ff.); endlich Lord B o l i n g b r o k e (1672—1751; Werke von Mollet in 5 Bdn., 1753 f. herausgegeben: vgl. FR. v. RAUMER, Abhandl. der Berliner Akad., 1840). — Vgl. V. LECHLER, Geschichte des englischen Deismus (Stuttgart und Tübingen 1841).

Englands größter Philosoph ist David H u m e, 1711 in Edinburgh geboren und dort gebildet. Nachdem er sich eine Zeitlang als Kaufmann versucht hatte, lebte er mehrere Jahre in Frankreich seinen Studien und verfaßte den genialen Treatise on human nature (gedr. 1739 f., deutsch von KÖTTGEN und LIPPS, Hamb. u. Leipz. 1895). Der Mißerfolg dieses Buches veranlaßte ihn, dasselbe als zweiten Band seiner erfolgreicheren Essays moral political and literary in einer Umarbeitung unter dem Titel Inquiry concerning human understanding (1748) herauszugeben und einen Inquiry concerning principles of moral (1751), sowie The natural history of religion (1755) anzuschließen. Als Bibliothekar der Juristenfakultät in Edinburgh fand er Anlaß, seine „Geschichte Englands" zu schreiben. Kühl und besonnen, klar und scharf, ein Analytiker ersten Ranges, drang er mit vorurteilsfreiem und rücksichtslosem Denken bis zu den letzten Voraussetzungen vor, auf denen die englische Philosophie der neueren Zeit beruhte, und das war der Grund, weshalb er trotz der Vorsicht seiner Äußerungen bei seinen Landsleuten zunächst nicht die verdiente Anerkennung fand. Nach einem ruhmreichen Aufenthalt in Paris, wo er u. a. mit Rousseau in Verbindung kam, war er eine Zeitlang Unterstaatssekretär im Auswärtigen Amt, zog sich aber dann nach Edinburgh zurück, wo er 1776 starb. Posthum erschienen die Dialogues concerning natural religion und kleinere Abhandlungen. Ausgabe der Werke von GREEN und GROSE in 4 Bdn. (London 1875). Seine Autobiographie gab sein Freund ADAM SMITH (1777) heraus. Vgl. J. H. BURTON, Life and correspondence of D. H. (Edinburgh 1846—1850); E. FEUERLEIN in der Zeitschr. „Der Gedanke" (Berlin 1863 f.); E. PFLEIDERER, Empirismus und Skepsis in D. H.s Philosophie (Berlin 1874); TH. HUXLEY, D. H. (London 1879); FR. JODL, Leben und Philosophie D. H.s (Halle 1872); A. MEINONG. Hume-Studien (Wien 1877 und 1882); G. v. GIZYCKI, Die Ethik D. H.s (Breslau 1878); W. KNIGHT, D. H. (London 1886); P. RICHTER (Halle 1893); W. BREDE (Halle 1896); THOMSEN (1912); CH. W. HENDEL (Princeton 1925).

Die s c h o t t i s c h e Schule wurde begründet von Thomas R e i d (1710—1796, Professor in Glasgow; Inquiry into the human mind on the principles of common sense, 1764, Essays on the powers of the human mind, 1785 u. 1878; Gesamtausgabe von W. HAMILTON, Edinburgh 1827) und hatte neben James O s w a l d (gest. 1793; Appeal to common sense in behalf of religion, 1766) und James B e a t t i e (gest. 1805; Essay on the nature and immutability of truth, 1770) ihren akademischen und literarischen Hauptvertreter in Dugald S t e w a r t (1753—1828, Professor in Edinburgh; Elements of the philosophy of human mind, 3 Tle., 1792—1827 u. a.; Ausgabe der Werke von W. HAMILTON, 10 Bde., Edinburgh 1854 ff.). Vgl. M'COSH, The scottish philosophy (London 1875).

Vgl. auch E. GRIMM, Zur Geschichte des Erkenntnisproblems von Bacon zu Hume (Leipzig 1890). — E. CASSIRER, Das Erkenntnisproblem in der neueren Philosophie und Wissenschaft, II (1908, 2. Aufl. 1911).

Pierre B a y l e, der Typus skeptischer Polyhistorie, 1647 zu Carlat geboren, führte ein durch zweimaligen Konfessionswechsel beunruhigtes Dasein, war schließlich in Sedan und Rotterdam Professor und starb 1706. Seine einflußreiche Lebensarbeit ist in dem Dictionnaire historique et critique (1695 und 1697) niedergelegt. Vgl. L. FEUERBACH, P. B. nach seinen für die Geschichte der Philosophie und Menschheit interessantesten Momenten

(Ansbach 1833). E. PILLON, Abhandlungen in L'année philos. (1895—99). R. EUCKEN, Bayle und Kant (Beiträge zur Einführung in die Gesch. d. Philosophie, 1906, p. 82—111).

Von V o l t a i r e (François Arouet le jeune, 1694—1778; die Hauptetappen des Schriftstellerlebens sind die Flucht nach London, der Aufenthalt bei der Marquise du Châtelet in Cirey, der Besuch bei Friedrich dem Großen in Potsdam, die Altersruhe auf dem Landsitz Ferney bei Genf) kommen hier hauptsächlich in Betracht: Lettres sur les Anglais (1734), Métaphysique de Newton (1740), Éléments de la philosophie de Newton mis à la portée de tout le monde (1841), Examen important de Mylord Bolingbroke (1736), Candide ou sur l'optimisme (1757), Dictionnaire philosophique (1764), Le philosophe ignorant (1767), Réponse au système de la nature (1777), das Gedicht Les systèmes etc. Für die Geschichte der Philosophie gilt in Voltaires Wesen vor allem seine ehrliche Begeisterung für Gerechtigkeit und Menschlichkeit, sein unerschrockenes Eintreten für die Vernunft im öffentlichen Leben und anderseits der unvergleichliche Einfluß, welchen er mit dem Zauber seines immer bewegten, schlagenden Stiles auf die allgemeine Geistesverfassung seiner Zeit ausgeübt hat. Vgl. E. BERSOT, La philosophie de V. (Paris 1848), D. F. STRAUSS, V. (Leipzig 1870), J. MORLEY, V. (London 1872), G. DESNOIRESTERRES, V. et la société au 18. siècle (Paris 1873); P. SAKMANN (1910).

Skeptischer schon in metaphysischer Hinsicht erscheinen Naturforscher und Mathematiker wie M a u p e r t u i s (1698—1759; an der Berliner Akademie tätig; Essai de philosophie morale, 1750; Essai de cosmologie, 1751; Streitschriften zwischen ihm und dem Wolfflaner S. König, gesammelt Leipzig 1758) oder d'A l e m b e r t (Mélanges de littérature, d'histoire et de philosophie, 1752); vgl. M. MUELLER (Paris 1926), naturalistischer verfahren andere wie B u f f o n (1708—1788; Histoire naturelle générale et particulière, 1749 ff.), systematischer dagegen und mehr von den deutschen Lehren (Leibniz) beeinflußt Jean Batt ste R o b i n e t (1735—1820; De la nature, 1761, Considérations philosophiques de la gradation naturelle des formes d'être, 1767). Zur Erkenntnistheorie d'Alemberts und Turgots vgl. M. SCHINZ, Die Anfänge des franz. Positivismus, I (1914).

Der S e n s u a l i s m u s (vgl. M. FERRARI, Locke e il sensismo francese, 1900) erscheint in Verbindung mit dem M a t e r i a l i s m u s bei Julien Offrai de L a m e t t r i e (1709 bis 1751; Histoire naturelle de l'âme, 1745, L'homme machine, 1748, L'art de jouir, 1751; Oeuvres, Berlin 1751; über ihn A. LANGE, Gesch. des Mater., I, 326 ff.; Nérée QUÉPAT, Paris 1873; J. PORITZKY, Berlin 1900), als lediglich psychologische Theorie bei Charles B o n n e t (1720—1793); Essai de psychologie, 1755, Essai analytique sur les facultés de l'âme, 1759, Considérations sur les corps organisés, 1762, Contemplation de la nature, 1764. Palingénésies philosophiques, 1769; vgl. JOH. SPECK, Bonnets Einwirkung auf die deutsche Psychologie des 18. Jahrh., Arch. f. Gesch. d. Philos., Bd. X f., 1897 f.), mit positivistischer Zusp tzung bei Etienne Bonnot de C o n d i l l a c (1715—1780; Essai sur l'origine de la connaissance humaine, 1746. Traité des systèmes, 1749, Traité des sensations, 1754, Logique, 1780, Langue des calculs in der Gesamtausgabe, Paris 1798; vgl. F. RÉTHORÉ, C. ou l'empirisme et le rationalisme, Paris 1864; E. HÉLIGON, C., Paris 1908). Die letzten Vertreter d eser Theorien sind einerseits Pierre Jean Georges C a b a n i s (1757—1808; Les rapports du physique et du moral de l'homme, 1802; Oeuvres, Paris 1821—1925), anderseits Antoine Louis Claude D e s t u t t d e T r a c y (1754—1836; Eléments d'idéologie in 4 Tl. 1801—1815, zusammen 1826). — Vgl. FR. PICAVET, Les idéologues (Paris 1891).

Die literarische Konzentration der aufklärerischen Bewegung in Frankreich bildet die E n z y k l o p ä d i e (Encyclopédie ou dictionnaire raisonné des sciences, des arts et des métiers. 28 Bde., 1752—1772, Supplement und Register 7 Bde. bis 1780). Neben d'Alembert, der die Einleitung schrieb, war ihr Herausgeber und das geistige Haupt des Kreises, aus dem sie hervorging, Denis D i d e r o t (1713—1784; Pensées philosophiques, 1746, Pensées sur l'interprétation de la nature, 1754; aus den posthumen, der Echtheit nach nicht zweifelsfreien Veröffentlichungen sind die Promenade d'un sceptique, der Entretien d'Alembert et de Diderot und der Rêve d'Alembert hervorzuheben; auch ist der Essai de peinture zu erwähnen; Oeuvres complètes, Paris 1875, 20 Bde.; vgl. K. ROSENKRANZ, D., sein Leben und seine Werke, Leipzig 1866; J. MORLEY, D. and the Encyclopaedists, London 1878). Weitere Mitarbeiter der Enzyklopädie waren (außer den bald ausscheidenden Voltaire und Rousseau) T u r g o t (Art. Existence), Daubenton, Jaucourt, Duclos, Grimm, Holbach etc. — Aus dem gleichen Kreise („Les philosophes") ging später das S y s t è m e d e l a n a t u r e hervor (pseudonym Mirabaud, 1770), der Hauptsache nach auf Dietrich von H o l b a c h zurückzuführen (1723—1789, ein Pfälzer; Le bon sens ou idées naturelles opposées aux idées surnaturelles, 1772, Eléments de la morale universelle, 1776 usw.). Daneben wirkten G r i m m (1723—1807; Correspondance littéraire, 1812), der Mathematiker Lagrange, der Abbé Galiani, Naigeon u. a. mit; das Schlußkapitel „Abrégé du code de la nature" stammt vielleicht aus Diderots Feder; eine sehr populäre Darstellung schrieb H e l v é t i u s, „Vrai sens du système de la nature" (1771). Derselbe (Claude Adrien Helvétius, 1715—1771), gab der sensualistisch-assoziationspsychologischen Moral in seinem viel gelesenen Buch De l'esprit (1758) den schärfsten Ausdruck; vgl. auch sein posthumes Werk De l'homme, de ses facultés et de son éducation (1772).

Die Theorie des englischen Konstitutionalismus bürgerte in Frankreich M o n t e s- q u i e u ein (1689—1755; Lettres persanes, 1721, De l'esprit des lois, 1748, vgl. V. KLEM-PERER, M. 1914 u. 1915). Die sozialen Probleme behandeln einerseits die sog. P h y s i o- k r a t e n, wie Q u e s n a y (Tableau économique, 1758, vgl. die o. S. 365 zitierte Arbeit von W. HASBACH), T u r g o t (Réflexions sur la formation et la distribution des richesses, 1774; Gegner Galiani, Dialogues sur le commerce des blés) u. a., anderseits die K o m m u- n i s t e n, wie M o r e l l y (Code de la nature, 1755) und M a b l y, der Bruder Condillacs (De la législation ou principes des lois, 1776).

Die merkwürdigste Figur der französischen Aufklärung ist Jean Jacques R o u s s e a u (1712 in Genf geboren, nach einem abenteuerlichen, zuletzt durch Trübsinn und Ver-folgungswahn gestörten Leben 1778 in Ermenonville gestorben). Seine Hauptschriften — außer den autobiographischen Confessions — sind: Discours sur les sciences et les arts (1750), Discours sur l'origine et les fondements de l'inégalité parmi les hommes (1753), La nouvelle Héloise (1761), Emile ou sur l'éducation (1762), Du contrat social (1762). Vgl. F. BROCKERHOFF, R., sein Leben und seine Werke (Leipzig 1863 u. 1874); E. FEUERLEIN in „Der Gedanke" (Berlin 1866); L. MOREAU, J. J. R. et le siècle philosophique (Paris 1870); J. MORLEY, J. J. R. (London 1873); L. DUCROS, J. J. R. (Paris 1909); R. FESTER, R. und die deutsche Geschichtsphilosophie (Stuttgart 1890), H. HÖFFDING, R. u. s. Philos. (Stuttgart 1897), FR. HAYMANN, R.s Sozialphilosophie (Leipzig 1890); G. JELLINEK, Die Erklärung der Menschen- und Bürgerrechte (3. Aufl., 1919); PAUL HENSEL (2. Aufl., 1912).

Die philosophische T h e o r i e d e r R e v o l u t i o n entwickeln hauptsächlich Charles Francois de St. L a m b e r t (1716—1803; Principes des mœurs chez toutes les nations ou catéchisme universel, 1798), Const. Fr. Cassebœuf Comte de V o l n e y (1757—1820; Les ruines, 1791, La loi naturelle ou principes physiques de la morale, déduits de l'organisation de l'homme et de l'univers ou catéchisme du citoyen français, 1793), Marie Jean Ant. Nic. de C o n d o r c e t (1743—1794; Esquisse d'un tableau historique du progrès de l'esprit humain, 1795), Dominique G a r a t (1749—1833; vgl. Compte rendu des séances des écoles normales, II, 1—40). Vgl. E. JOYAU, La philos. en Fr. pend. la révol. (Paris 1893), M. FERRAZ, L'histoire de la philosophie pendant la révolution (Paris 1889). — E. HOFFMANN-LINKE, Zwischen Nationalismus und Demokratie, Gestalten der französischen Vorrevolution (München 1927).

Gottfried Wilhelm L e i b n i z, der vielseitige Begründer der d e u t s c h e n Philosophie, war 1646 in Leipzig geboren, studierte dort und in Jena, promovierte in Altdorf, wurde dann durch die Bekanntschaft mit Boyneburg in die Dienste der kurmainzischen Diplomatie gezogen, worin er, eigene politische und wissenschaftliche Pläne verfolgend, eine Gesandt-schaftsreise nach Paris und London (mit gelegentlichem Besuch bei Spinoza im Haag) mitmachte, und trat dann als Bibliothekar und Hofhistoriograph in den Dienst des hannoverschen und des braunschweigischen Hofes. In allen diesen Stellungen war er publizistisch und diplomatisch im deutsch-nationalen Sinne und im Interesse des kon-fessionellen Friedens tätig. Später lebte er'am Hofe der ersten preußischen Königin, Sophie Charlotte, einer hannoverschen Prinzessin, in Charlottenburg und Berlin, wo unter ihm die Akademie gegründet wurde; nachher auf einer Archiv-Reise längere Zeit in Wien. Hier, wie für Petersburg, gab er die später verwirklichten Anregungen zur Gründung der Akademien. Er starb 1716 in Hannover. Leibniz war einer der größten Gelehrten, die es je gegeben hat: es ist kein Gebiet der Wissenschaften, auf dem er nicht mitgearbeitet und anregend gewirkt hätte. Überall machte sich dieser Universalismus in konziliatorischer Richtung als Versuch, bestehende Gegensätze auszugleichen, geltend. Ebenso aber wirkte er auch auf politischem und kirchenpolitischem Gebiete. Diese Vielgeschäftigkeit und Zersplittertheit seines Lebens·zeigt sich auch darin, daß seine wissenschaftlichen Ansichten meist nur in fragmentarischen Aufsätzen und in einer unglaublich ausgebreiteten Korre-spondenz niedergelegt sind. Die Ausgaben seiner philosophischen Schriften und die Lit. über die metaphysischen Schriften sind oben (S. 327) aufgeführt: für seine Wirkung auf die Aufklärungsphilosophie kommen neben der Korrespondenz mit Bayle und Clarke hauptsächlich in Betracht: Essai de Théodicée sur la bonté de Dieu, la liberté de l'homme et l'origine du mal (Amsterdam 1710) und die erst 1765 von Raspe veröffentlichten Nouveaux essais sur l'entendement humain, vgl. G. E. GUHRAUER, G. W. Frhr. v. L. (Breslau 1842); E. PFLEIDERER, L. als Patriot, Staatsmann und Bildungsträger (Leipzig 1870). Art. L. in Ersch und Grubers Enzyklopädie von W. WINDELBAND. — L. FEUER-

BACH, Darstellung, Entwicklung und Kritik der L.schen Philosophie (Ansbach 1837); E.
NOURISSON, La philosophie de L. (Paris 1860); L. GROTE, L. und seine Zeit (Hannover
1869); O. CASPARI, L.' Philosophie (Leipzig 1870); J. TH. MERZ, L. (London 1884);
DILTHEY, Leibniz und sein Zeitalter (Ges. Schr., III, 1927) und Troeltsch, Leibniz u. d.
Anfänge des Pietismus (Ges. Schr., IV, 1927).

Zu den einflußreichsten Aufklärern in Deutschland gehört L.' Zeit- und Landsgenosse
Christian T h o m a s i u s (1655—1728); Einleitung zur Vernunftlehre, Ausführung der
Vernunftlehre, beide 1691; Einleitung zur Sittenlehre, 1692, Ausführung der Sittenlehre,
1696, Fundamenta iuris naturae et gentium ex sensu communi deducta, 1705; vgl. A.
LUDEN, Chr. Th., Berlin 1805).

Den Mittelpunkt des wissenschaftlichen Lebens bildeten in Deutschland während des
achtzehnten Jahrhunderts die Lehre und die Schule von Christian W o l f f. Er war 1679
in Breslau geboren, studierte in Jena, war in Leipzig Privatdozent und lehrte in Halle,
bis er auf Betreiben orthodoxer Gegner 1723 verjagt wurde: er war dann Professor in
Marburg; 1740 rief ihn Friedrich der Große in der ehrenvollsten Weise nach Halle zurück,
wo er darauf bis an seinen Tod gewirkt hat. Er behandelte den ganzen Umfang der Philosophie in lateinischen und in deutschen Lehrbüchern; die letzteren führen alle den Titel
„Vernünftige Gedanken" und handeln von den Kräften des menschlichen Verstandes, 1712;
von Gott, der Welt und der Seele des Menschen, auch allen Dingen überhaupt, 1719; von
der Menschen Thun und Lassen, 1720; vom gesellschaftlichen Leben der Menschen, 1721;
von den Wirkungen der Natur, 1723; von den Absichten der natürlichen Dinge, 1724; von
den Teilen der Menschen, Tiere und Pflanzen, 1725. Dazu Philosophia rationalis sive
Logica, 1718; Philosophia prima sive Ontologia, 1728; Cosmologia, 1731; Psychologia
empirica, 1732, rationalis, 1734; Theologia naturalis, 1736; Philosophia practica universalis,
1738; Jus naturae, 1740 ff.; Jus gentium, 1749; Philosophia moralis, posthum 1756. —
Vgl. K. G. LUDOVICI, Ausführlicher Entwurf einer vollständigen Historie der Wolffschen
Philosophie (Leipzig 1736 ff.); W. L. G. v. EBERSTEIN, Versuch einer Geschichte der
Logik und Metaphysik bei den Deutschen von Leibniz an (Halle 1799). W. ARNSPERGER,
W.s Verhältnis zu Leibniz (Weimar 1897). P. PIUR, Studien zur sprachlichen Würdigung
Chr. Wolffs (1903). Dazu J. BAUMANN, Wolffsche Begriffsbestimmung, ein Hilfsbüchlein
beim Studium Kants (Philos. Bibl.). H. PICHLER, Ch. W.'s Ontologie 1910. G. FABIAN,
Beitrag zur Geschichte des Leib-Seele-Problems (1925). H. LÜTHJE, Chr. W.'s Philosophie-
begriff (Kantst., XXX. 1925).

Unter den überaus zahlreichen W o l f f i a n e r n sind etwa zu nennen: G. B. B i l-
f i n g e r (1693—1750; Dilucidationes philosophicae de deo, anima humana, mundo etc.,
1725); M. K n u t z e n (gestorben 1751; Systema causarum efficientium, 1746, vgl. B.
ERDMANN, M. Kn. und seine Zeit, Leipzig 1876); J. Chr. G o t t s c h e d (1700—1766; Erste
Gründe der gesamten Weltweisheit, 1734); Alex. B a u m g a r t e n (1714—1762; Metaphysica, 1739, Aesthetica, 1750—1758).

Als Vertreter der geometrischen Methode erscheinen M. G. H a n s c h (1683—1752; Ars
inveniendi, 1727) und G. P l o u c q u e t (1716—1790; vgl. A. FR. BÖCK, Sammlung von
Schriften, welche den logischen Kalkül des Herrn P. betreffen, Frankfurt u. Leipzig 1766);
als Gegner derselben Pierre C r o u s a z (1663—1748; Logik 1712 u. 1724, Lehre vom
Schönen, 1712), Andreas R ü d i g e r (1671—1731; De sensu veri et falsi, 1709, Philosophia
synthetica, 1707) und Chr. A. C r u s i u s (1712—1775; Entwurf der notwendigen Vernunft-
wahrheiten. 1745, Weg zur Gewißheit und Zuverlässigkeit der menschlichen Erkenntnis,
1747). Vgl. H. HEIMSOETH, Metaphysik und Kritik bei C. Königsberg 1926. Eine eklek-
tische Zwischenstellung nehmen ein J. Fr. B u d d e (1667—1729; Institutiones philosophiae eclecticae, 1705) und die Geschichtsschreiber der Philosophie J. J. B r u c k e r
und D. T i e d e m a n n, ferner Joh. L o s s i u s (Die physischen Ursachen des Wahren,
1775) und E. P l a t n e r (1744—1818; Philosophische Aphorismen, 1776 u. 1782). Über
des letzteren Verhältnis zu Kant vgl. M. HEINZE (Leipzig 1880); P. ROHR (Gotha 1890);
P. BERGEMANN (Halle 1891); W. WRESCHNER (Leipzig 1893); E. BERGMANN, E. Pl.
und die Kunstphilosophie des 18. Jahrhunderts, im Anhang P.s Briefwechsel mit dem
Herzog von Augustenburg über die Kant'sche Philosophie (1913).

Von selbständigerer Bedeutung sind J. H. L a m b e r t (1728 in Mühlhausen geboren,
1777 in Berlin gestorben; Kosmologische Briefe, 1761, Neues Organon, 1764, Architektonik,
1781; vgl. O. BAENSCH, L.s Philosophie und seine Stellung zu Kant, Tüb. u. Leipz. 1902,
und die Ausgaben des Criterium veritatis, 1915, und Über die Methode, die Metaphysik,
Theologie und Moral richtiger zu beweisen von K. BOPP, 1918) und Nic. T e t e n s (1736
bis 1805; Philosophische Versuche über die menschliche Natur und ihre Entwicklung,
1776 f., Neudruck 1913 f.; vgl. FR. HARMS, Über die Psychologie des N. T., Berlin 1887;
G. STÖRRING, Die Erkenntnislehre von T., Leipzig 1901; M. SCHINZ, Die Moralphilosophie

von T., Leipzig 1905); W. ÜBELE, J. N. T. (1912). Auch K a n t s vorkritische Schriften gehören noch in diesen Rahmen; es sind hauptsächlich: Allgemeine Naturgeschichte und Theorie des Himmels 1755; Principiorum primorum cognitionis metaphysicae nova dilucidatio, 1755; Monadologia physica, 1756; Die falsche Spitzfindigkeit der vier syllogistischen Figuren, 1762; Der einzig mögliche Beweisgrund zu e.ner Demonstration des Daseins Gottes, 1763; Versuch, den Begriff der negativen Größen in die Weltweisheit einzuführen, 1763; Über die Deutlichkeit der Grundsätze der natürlichen Theologie und Moral, 1764; Beobachtungen über das Gefühl des Schönen und Erhabenen, 1764; Träume eines Geistersehers, erläutert durch Träume der Metaphysik, 1766; De mundi sensibilis atque intelligibilis forma et principiis, 1770.

Der D e i s m u s fand in Deutschland an zahlreichen Wolffianern eine lebhafte und lehrhafte, wenn auch prinzipiell nicht neue Vertretung, für welche die Wertheimer Bibelübersetzung von Lorenz S c h m i d t charakteristisch ist. Den Gesichtspunkt historischer Kritik der biblischen Schriften machte Salomon S e m l e r (1725—1781) geltend, vgl. L. ZSCHARNACK, Lessing u. S. (1905). Die schärfsten Konsequenzen der deistischen Kritik zog Samuel R e i m a r u s (1699—1768; Abhandlungen von den vornehmsten Wahrheiten der natürlichen Religion, 1754, Betrachtung über die Triebe der Tiere, 1760; besonders die Schutzschrift über die vernünftigen Verehrer Gottes, 1767, woraus Lessing die „Wolfenbüttler Fragmente", in neuerer Zeit DAV. FR. STRAUSS, Leipzig 1862, einen Auszug herausgab). Ein spinozistischer Freidenker war Joh. Chr. Edelmann (1698—1767). Vgl. K. MÖNCKEBERG, Reimarus und Edelmann (Hamburg 1867).

Die von S p e n e r (1635—1705) begonnene und von Aug. Herm. F r a n c k e (1663 bis 1727) mit organisatorischer Energie fortgeführte, dem Mystizismus verwandte Richtung des sog. P i e t i s m u s hat während dieser Zeit auf die Philosophie nur indirekt Einfluß gehabt; noch ferner stehen dieser die mehr vereinzelten mystischen Sektierer wie Gottfried Arnold (1666—1714), (vgl. E. SEEBERG, 1923) und Conrad Dippel (1673—1734). Vgl. A. RITSCHL, Geschichte des Pietismus, 3 Bde (1880 ff.).

Die e m p i r i s c h e P s y c h o l o g i e ist im 18. Jahrhundert bei den Deutschen durch zahlreiche Namen, umfangreiche Sammlungen, Lehrbücher und Sonderuntersuchungen vertreten. Da sind Casimir von Creuz (1724—1770), Joh. Gottl. Krüger (Versuch einer experimentellen Seelenlehre, 1756), J. J. Hentsch (Versuch über die Folge der Veränderungen der Seele, 1756), J. Fr. Weiß (De natura animi et potissimum cordis humani, 1761), Fr. v. Irwing (Erfahrungen und Untersuchungen über den Menschen, 1777 ff.) u. a.; einen Sammelplatz von Beiträgen zu dieser beliebten Wissenschaft bildete das von M o r i t z (1785—1793) herausgegebene „Magazin zur Erfahrungsseelenlehre". Weitere Literatur bei K. FORTLAGE, System der Psychologie, I, 42 f. Vgl. R. SOMMER, Grundzüge einer Geschichte der deutschen Psychol. und Ästhet. (Würzburg 1892), M. DESSOIR, Geschichte der neueren deutschen Psychologie, I. Bd., 2. Aufl. (Berlin 1902).

Eine empirisch-psychologische Kunstlehre findet sich außer bei Baumgartens Schüler G. Fr. Meier (1718—1777, vgl. E. BERGMANN, G. F. M. als Mitbegründer der deutschen Ästhetik [1910]), namentlich bei Joh. Georg S u l z e r (1720—1779; Theorie der angenehmen Empfindungen, 1762, Vermischte Schriften, 1773 ff., Allgeme:ne Theorie der schönen Künste, 1771—1774, ein ästhetisches Lexikon; vgl. darüber JOH. LEO, Berlin 1907). Vgl. R. H. LOTZE, Geschichte der Ästhetik in Deutschland (München 1868), H. v. STEIN, Die Entstehung der neueren Ästhetik (Stuttgart 1886), A. BAEUMLER, Kants Kritik der Urteilskraft, I., Das Irrationalitätsproblem in der Ästhetik und Logik des 18. Jahrhunderts (Halle 1923).

Von den P o p u l a r p h i l o s o p h e n seien erwähnt: Moses M e n d e l s s o h n (1729 bis 1786; Briefe über die Empfindungen, 1755; Über die Evidenz in den metaphysischen Wissenschaften, 1764; Phaedon, 1767; Morgenstunden, 1785; Werke hrsg. von BRASCH, Leipzig 1881), der Buchhändler Fr. N i c o l a i (1733—1811), welcher hintereinander die Bibliothek der schönen Wissenschaft, die Briefe die neueste deutsche Literatur betreffend, die Allgemeine deutsche Bibliothek und die Neue allgemeine deutsche Bibliothek herausgab; ferner J. Aug. E b e r h a r d (1738—1809), Joh. Bernh. B a s e d o w (1723 bis 1790), Thomas A b b t (1738—1766), Joh. Jac. E n g e l (1741—1802, Herausgeber des „Philosoph für die Welt"), J. G. H. F e d e r (1740—1821), Chr. M e i n e r s (1747—1810), Chr. G a r v e (1742—1798).

Eine persönlich hochinteressante Stellung nimmt F r i e d r i c h d e r G r o ß e, der „Philosoph von Sanssouci" ein, über den zu vgl. ED. ZELLER, Fr. d. Gr. als Philosoph (Berlin 1886), W. DILTHEY, Fr. d. Gr. und die Aufklärung (Ges. Schr., III, 1927).

Von L e s s i n g s Schriften kommen für die Geschichte der Philosophie hauptsächlich in Betracht die Hamburger Dramaturgie, die „Erziehung des Menschengeschlechts", die Wolfenbüttler Fragmente und die theologischen Streitschriften. Vgl. ROB. ZIMMERMANN,

Leibniz und Lessing (Studien und Kritiken, I, 126 ff.). E. ZIRNGIEBL, Der Jacobi-Mendels-sohnsche Streit über Lessings Spinozismus (München 1861). C. HEBLER, Lessing-Studien (Bern 1862). ERICH SCHMIDT, L. (3. Aufl., 1909). W. DILTHEY, Preuß. Jahrb., 1869, erneuert in „Erlebnis und Dichtung" (7. Aufl., 1920) und H. SCHOLZ' historisch-kritische Einleitung zu den Hauptschriften zum Pantheismusstreit (Neudr. der Kantgesellsch., 1916).

Unter H e r d e r s S c h r i f t e n gehören in diese Zeit: Über den Ursprung der Sprache, 1772; Auch eine Philosophie der Geschichte der Menschheit, 1774; Vom Erkennen und Empfinden der menschlichen Seele, 1778; Ideen zur Philosophie der Geschichte der Mensch-heit, 1784 ff.; Gott, Gespräche über Spinozas System, 1787; Briefe zur Beförderung der Humanität, 1793 ff. (Über seine spätere philosophische Schriftstellertätigkeit vgl. unten VI. Tl., 2. Kap.). Vgl. R. HAYM, H. nach seinem Leben und seinen Werken (Berlin 1877 bis 1885). E. KÜHNEMANN, H.s Persönlichkeit in seiner Weltanschauung (Berlin 1893). DERS., H. (München, 2. Aufl., 1912). A. TUMARKIN, H. und Kant (Bern 1896). C. SIEGEL, H. als Philosoph (Stuttgart 1907). G. JACOBY, Herders und Kants Ästhetik (Leipzig 1908). Vgl. auch J. WITTE, Die Philosophie unserer Dichterheroen (Bonn 1881).

1. Kapitel. Die theoretischen Fragen.

„The proper study of mankind is man." Dies Wort Popes gilt für die gesamte Aufklärungsphilosophie nicht nur in dem praktischen Sinne, daß sie den Zweck aller wissenschaftlichen Untersuchung zuletzt immer in der „Glückseligkeit" des Menschen findet, sondern auch in theoretischer Hinsicht insofern, als sie — ihrem Gesamtzuge nach — alle Erkenntnis auf die Beobachtung der tatsächlichen Vorgänge des Seelenlebens gründen will. Seitdem Locke[3]) das Prinzip aufgestellt hatte, vor allen metaphysischen Überlegungen und Streitigkeiten müsse entschieden werden, wie weit überhaupt die menschliche Einsicht reiche, und das sei wiederum nur möglich durch die genaue Darlegung der Quellen, aus denen sie fließe, und des Entwicklungsganges, durch welchen sie zustande komme, — seitdem war die E r k e n n t n i s t h e o r i e in die erste Linie des philosophischen Interesses gerückt, zugleich aber für sie als maßgebende und entscheidende Instanz die e m p i r i s c h e P s y c h o l o g i e anerkannt. Die Tragweite der menschlichen Vorstellungen soll danach beurteilt werden, wie sie entstehen. So wird die Erfahrungsseelenlehre mit all den stillschweigenden Voraussetzungen, die in ihr üblich sind, zur Grundlage der gesamten philosophischen Weltansicht, zur Lieblingswissenschaft des Zeitalters und zugleich zur Vermittlung der Wissenschaft mit der allgemeinen Literatur. Wie in dieser, zumal bei den Engländern und Deutschen, die Seelenmalerei und die Selbstbespiegelung vorwalteten, so sollte auch die Philosophie nur das Bild des Menschen und seiner Bewußtseinstätigkeiten zeichnen. Es gründeten sich Gesell-schaften zur „Beobachtung des Menschen", in weitschichtigen „Magazinen" wurden allerlei dilettantische Berichte über merkwürdige Erlebnisse aufgespeichert, und die Regierung der französischen Republik ersetzte in ihrem offiziellen Unterrichts-system[4]) die „Philosophie" durch den tönenden Titel der *Analyse de l'entendement humain.*

Wenn somit unter den theoretischen Fragen der Aufklärungsphilosophie die-jenige nach dem Ursprung, der Entwicklung und der Erkenntniskraft der mensch-lichen Vorstellungen obenan stand, so wurde diese von vornherein unter der Vor-aussetzung der populären Metaphysik, des n a i v e n R e a l i s m u s gestellt. Da

---

[3]) Einleitung zum Essay.
[4]) Vgl. die höchst amüsanten Séances des écoles normales aus dem Jahre I.

ist „draußen" eine Welt von Dingen, von Körpern oder wer weiß sonst was, — und hier ist ein Geist, der sie erkennen soll: wie kommen in diesen Geist Vorstellungen hinein, die jene Welt in ihm reproduzieren? Dies altgriechische Schema des Erkenntnisproblems beherrscht die theoretische Philosophie des 18. Jahrhunderts vollständig und gelangt in ihr ebenso zu vollkommenster Formulierung wie zu entscheidender Zersetzung. Gerade in dieser Hinsicht nimmt die c a r t e - s i a n i s c h e   M e t a p h y s i k   m i t   i h r e m   D u a l i s m u s   v o n   b e w u ß t e n   u n d   k ö r p e r l i c h e n   S u b s t a n z e n eine beherrschende Stellung für das ganze Aufklärungszeitalter ein, und die populär-empirische Ausdrucksweise, in der sie von L o c k e vorgetragen wurde, machte diesen zum Führer der neuen Bewegung. Die methodischen und metaphysischen Überlegungen, welche in Descartes' bedeutenden Schülern zu großer und charaktervoller Entfaltung gekommen waren, wurden nun in die Sprache der empirischen Psychologie übersetzt und so für das gemeine Bewußtsein zurechtgelegt.

In diesem Zusammenhange aber kam der in der gesamten neueren Philosophie angelegte und besonders in England (Hobbes) gepflegte T e r m i n i s m u s zu siegreichem Durchbruch: die qualitative Sonderung des Bewußtseinsinhaltes und der Bewußtseinsformen von der „Außenwelt", auf die sie sich doch allein beziehen sollten, wurde Schritt für Schritt weiter und tiefer und schließlich bis zu der äußersten Konsequenz in H u m e s Positivismus geführt. Der wissenschaftlichen Auflösung, welche damit die Metaphysik erfuhr, entsprach dann in der Folge wieder eine populär praktische und anspruchsvoll bescheidene Abwendung von aller feineren Begriffsarbeit oder ein um so ausdrücklicheres Bekenntnis zu den Wahrheiten des gesunden Menschenverstandes.

Was dabei von metaphysischem Interesse in der Aufklärungsliteratur lebendig blieb, heftete sich an das religiöse Bewußtsein und an diejenigen Bestrebungen, welche über den Streit der Konfessionen hinaus zu einer allgemeinen und rationalen Überzeugung zu gelangen hofften. In dem D e i s m u s, der aus dem englischen F r e i d e n k e r t u m sich über Europa verbreitete, konzentrierten sich die positiven Welt- und Lebensansichten der Aufklärungszeit, und wenn diese Überzeugungen anfangs sich aus dem Zusammenhange der naturwissenschaftlichen Metaphysik des vorigen Jahrhunderts entwickelten und infolgedessen den Problemen der T e l e o l o g i e ein besonders lebhaftes Interesse zuwandten, so verschoben sie sich mit der Zeit immer mehr aus dem metaphysischen auf das moralische, aus dem theoretischen auf das praktische Gebiet.

§ 33. Die eingeborenen Ideen.

In Betreff der Frage nach dem Ursprunge der Vorstellungen fand die Aufklärungsphilosophie bereits den scharf ausgeprägten Gegensatz des S e n s u a - l i s m u s und des R a t i o n a l i s m u s vor.

1. Ersteren hatte Hobbes (und mit ihm Gassend) auf dem theoretischen Gebiet ebenso wie auf dem praktischen vertreten, indem er den Menschen, soweit er Gegenstand wissenschaftlicher Erkenntnis sei, für ein durchaus sinnliches, an die Empfindungen und Triebe des Leibes gebundenes Wesen hielt: alle Vorstellungen sollten nach ihm in der Sinnestätigkeit ihren Ursprung haben, und der Assozia-

tionsmechanismus sollte das Entstehen aller übrigen seelischen Gebilde aus diesen
Anfängen erklären. Durch solche Lehren fanden nicht nur die orthodoxen Gegner
von Hobbes die übersinnliche Würde des Menschen in Frage gestellt, sondern
dasselbe Motiv bestimmte auch die Neuplatoniker zu lebhafter Gegnerschaft.
Besonders hatte sich in dieser Hinsicht Cudworth hervorgetan: bei seiner Bekämpfung des Atheïsmus[5]) hatte er nicht zum wenigsten Hobbes im Auge, und
gegenüber der Lehre, daß alle menschlichen Vorstellungen aus der Einwirkung
der Außenwelt stammen, beruft er sich namentlich auf die mathematischen Begriffe, denen die körperlichen Erscheinungen nie völlig entsprechen, sondern
höchstens ähnlich sind[6]). Beim Gottesbegriff dagegen nimmt er das Argument des
consensus gentium mit breitester Ausführung[7]) in Anspruch, um zu zeigen, daß
er eingeboren sei. In gleicher Weise hatte schon Herbert von Cherbury mit der
stoisch-ciceronianischen Lehre von den *communes notiones* alle Hauptlehren der
natürlichen Religion und Moral begründet.

In etwas anderem Sinne war die Lehre von den eingeborenen Ideen bei Descartes[8]) und seinen Schülern aufgefaßt worden. Hier war es weniger auf die
psychologische Frage nach dem Ursprunge der Vorstellungen abgesehen, obwohl
auch diese an einer entscheidenden Stelle der „Meditationen" (3) dahin beant-
wortet war, daß das Eingeborensein der Gottesidee wie ein Zeichen, das der
Schöpfer seinem Geschöpf eingeprägt, aufzufassen sei; im ganzen aber hatte der
große Metaphysiker mehr darauf Gewicht gelegt, daß das Kriterium des Eingeborenseins in der u n m i t t e l b a r e n E v i d e n z bestehe. Er hatte daher
schließlich (fast mit Abstreifung jener psychologischen Bedeutung) die Bezeichnung
der *ideae innatae* auf alles ausgedehnt, was *lumine naturali clare et distincte
percipitur*. Die sofortige Zustimmung war übrigens auch von Herbert von Cherbury als Merkmal der eingeborenen Ideen aufgeführt worden[9]).

2. L o c k e s polemische Stellung zu der Behauptung der eingeborenen Ideen
ist zwar von erkenntnistheoretischer Absicht, aber sachlich nur durch die psychogenetische Auffassung bestimmt. Er fragt zunächst nur, ob die Seele bei ihrer
Geburt fertige Erkenntnisse mit auf die Welt bringt, und diese Frage findet er
verneinenswert[10]). Infolgedessen richtet sich die Entwicklung der These *no innate
principles in the mind* im ersten Buch des Lockeschen Essay weniger gegen Descartes als gegen die englischen Neuplatoniker[11]): sie bestreitet in erster Linie den
consensus gentium durch Berufung auf die Erfahrung der Kinderstube und auf
die Völkerkunde; sie findet, daß weder theoretische noch praktische Grundsätze
allgemein bekannt oder anerkannt seien, und nimmt von diesem Nachweise (mit

---

[5]) Im Systema intellectuale, besonders am Schluß, V, 5, 28 ff.

[6]) Ibid., V, 1, 108 ff. (p. 905 ff. Mosh.).

[7]) Das ganze Kap. IV ist dieser Aufgabe gewidmet.

[8]) Vgl. E. GRIMM, Descartes' Lehre von den angeborenen Ideen (Jena 1883).

[9]) De veritate (1656), p. 76.

[10]) Worin er übrigens mit Descartes durchaus im Einklang war, der auch meinte,
es sei nicht anzunehmen, daß der Geist des Kindes im Mutterleibe Metaphysik treibe:
Op. (C.) VIII, 269. Ak. Ausg., III, 423, 27.

[11]) Vgl. (auch zum folgenden) G. GEIL, Die Abhängigkeit Lockes von Descartes (Straßburg 1887).

ausdrücklicher Wendung gegen Herbert) auch nicht die Vorstellung von Gott aus, die vielmehr nicht nur sehr verschieden bei den verschiedenen Menschen sei, sondern manchen sogar ganz fehle. Auch läßt Locke nicht die von Henry More[12]) angedeutete Ausrede gelten, daß die eingeborenen Ideen in der Seele nicht aktuell, sondern *implicite* enthalten sein könnten: das könne nur bedeuten, die Seele sei fähig, sie zu bilden und zu billigen, — ein Merkmal, das dann schließlich für alle Vorstellungen gelte. Die sofortige Zustimmung endlich, welche das Eingeborene charakterisieren sollte, treffe gerade bei den allgemeinsten, abstrakten Wahrheiten nicht zu, und wo sie sich finde, beruhe sie auf der schon früher aufgefaßten Bedeutung der Wörter und ihrer Verbindung[13]).

So wird die Seele wieder (vgl. oben § 17, 4) alles ursprünglichen Besitztums entkleidet: sie gleicht bei der Geburt einem unbeschriebenen Blatt, — *white paper void of all characters*[14]). Um dies positiv zu beweisen, macht sich Locke dann anheischig, zu zeigen, daß alle unsere „Ideen"[15]) aus der Erfahrung stammen. Hierbei unterscheidet er die einfachen und die zusammengesetzten Ideen in der Voraussetzung, daß die letzteren aus den ersten entstehen. Für die einfachen Ideen aber gibt er zwei verschiedene Quellen an: s e n s a t i o n und r e f l e c t i o n, d i e ä u ß e r e u n d d i e i n n e r e W a h r n e h m u n g. Unter Sensation versteht er die durch die leiblichen Sinne vermittelten Vorstellungen von der Körperwelt, unter Reflexion dagegen das Wissen von den dadurch hervorgerufenen Tätigkeiten der Seele selbst. Psychogenetisch also verhalten sich diese beiden Arten der Wahrnehmung so, daß die Sensation Anlaß und Voraussetzung für die Reflexion ist, — sachlich so, daß aller Inhalt der Vorstellungen aus der Sensation stammt, die Reflexion dagegen das Bewußtsein der an diesem Inhalt vollzogenen Funktionen enthält.

3. Zu diesen Funktionen gehörten aber auch alle diejenigen, durch welche die Verknüpfung der Bewußtseinselemente zu den zusammengesetzten Vorstellungen erfolgt, d. h. alle Vorgänge des Denkens. Und hierbei ließ nun Locke das Verhältnis der intellektuellen Tätigkeiten zu ihren ursprünglich sinnlichen Inhalten in einer populären Unbestimmtheit, welche den Anlaß zu den verschiedenen Umbildungen seiner Lehre in der nächsten Zeit gegeben hat. Einerseits nämlich erscheinen jene Tätigkeiten als die „V e r m ö g e n" *(faculties)* der Seele, welche sich dieser ihrer eigenen Funktionsweisen in der Reflexion bewußt wird (wie denn z. B. die Vorstellungsfähigkeit selbst[16]) als die ursprünglichste Tatsache der Reflexion behandelt wird, für die jeder einzelne an seine eigene Erfahrung zu verweisen sei); anderseits wird die Seele auch in diesen beziehenden Tätigkeiten, wie der Erinnerung, der Unterscheidung, der Vergleichung, der Verbindung usw. durchweg als passiv und an den Inhalt der Sensation gebunden betrachtet. Daher haben sich aus der Lockeschen Lehre die verschiedensten Ansichten entwickeln

---

[12]) H. MORE, Antidot. adv. ath., I, 3 u. 7, u. LOCKE, I, 2, 22. Vgl. GEIL, a. a. O., p. 49.

[13]) LOCKE, I, 2, 23 f.

[14]) Ib'd., II, 1, 2.

[15]) Der Terminus „Idee" hat schon in der späteren Scholastik seinen platonischen Sinn verloren und die allgemeine Bedeutung von „Vorstellung" überhaupt angenommen.

[16]) Essay, II, 9, 1 f.

können, je nach dem v e r s c h i e d e n e n G r a d e v o n S e l b s t t ä t i g k e i t,
den man der Seele in der Verbindung der Vorstellungen zuschrieb.

Von besonderem Interesse war dabei vermöge der aus dem Mittelalter stammen-
den Probleme der Erkenntnistheorie und Metaphysik die Entwicklung der
a b s t r a k t e n V o r s t e l l u n g e n aus den Daten der Sensation. Wie die Mehrzahl der englischen Philosophen bekannte sich Locke zum N o m i n a l i s m u s,
der in den allgemeinen Begriffen nur innerliche, intellektuelle Zustände oder
Ergebnisse sehen wollte. Für ihre Erklärung aber nahm Locke in großer Ausdehnung die Mitwirkung der „Zeichen" und insbesondere der S p r a c h e in Anspruch. Sie ermöglichen durch ihre mehr oder minder willkürliche Anknüpfung
an einzelne Vorstellungsteile die Heraushebung der einzelnen aus den ursprünglichen Komplexen und damit die weiteren Funktionen, durch welche derartig
isolierte und fixierte Bewußtseinsinhalte in logische Beziehungen zueinander
gesetzt werden[17]). Daher fiel für Locke, wie einst für die Epikureer und dann
für die Terministen, die Logik mit der Zeichenlehre, der S e m e i o t i k, zusammen[18]). Damit war ganz im Sinne Occams trotz der sensualistischen Grundlage, welche für allen Vorstellungsinhalt gelten sollte, Raum für eine demonstrative Wissenschaft der Begriffe und für alle abstrakten Operationen des erkennenden Geistes gewonnen. Alle diese Bestimmungen waren in philosophischem Betracht
nicht neu, und auch ihre Darstellung ist bei Locke ohne Originalität und gedankliche Eigenheit: aber sie ist schlicht und einfach, von anmutiger Durchsichtigkeit
und Leichtverständlichkeit, sie verschmäht alle Schulform und gelehrte Terminologie, sie gleitet geschickt über alle tieferen Probleme hinweg und hat damit ihren
Urheber zu einem der gelesensten und einflußreichsten Schriftsteller in der Geschichte der Philosophie gemacht.

4. So sehr Locke (schon wegen seines metaphysischen Anschlusses an Descartes,
worüber unten § 34, 1) die Selbständigkeit der inneren Erfahrung neben der
äußeren betont hatte, so war doch die Abhängigkeit, in welche er genetisch und
inhaltlich die Reflexion von der Sensation setzte, so stark, daß sie sich in der
Entwicklung seiner Lehre als das entscheidende Moment erwies. Diese Umwandlung zum vollen Sensualismus ging auf verschiedenen Wegen vor sich.

In der erkenntnistheoretisch-metaphysischen Ausbildung des Nominalismus
führte sie bei Lockes englischen Nachfolgern zu den äußersten Konsequenzen.
B e r k e l e y[19]) erklärte nicht nur die Lehre von der Realität abstrakter Begriffe
für den seltsamsten aller Irrtümer der Metaphysik, sondern leugnete auch — den
extremsten Nominalisten des Mittelalters ähnlich — die Existenz abstrakter Ideen

---

[17]) Die Entwicklung dieser logischen Beziehungen zwischen den durch Wortzeichen
festgelegten Vorstellungs!nhalten erscheint bei Locke unter dem Namen des *l u m e n
n a t u r a l e*. Descartes hatte darunter sowohl die intuitive als auch die demonstrative
Erkenntnis verstanden und diese gesamte natürliche Erkenntnistätigkeit der Offenbarung
gegenübergestellt; Locke, der das Intuitive mit term!nistischer Reserve behandelt (vgl.
§ 34, 1), beschränkt die Bedeutung des *light of nature* auf die logischen Operationen und
das Bewußtsein der darin nach der Natur des Denkvermögens geltenden Grundsätze.
In diese1 Rücksicht auf die demonstrative Erkenntnis macht Locke dem Rationalismus,
wie er ihn aus der Cambridger Schule kannte, so weitgehende Konzessionen, daß er z. B.
den kosmologischen Beweis für das Dasein Gottes für möglich hält.

[18]) Essay, IV, 21, 4; vgl. oben § 17, 4, und 27, 4.
[19]) Treat. on the princ., 5 ff.

im Geiste selbst. Der Schein davon entstehe eben durch die Wortbezeichnung; in Wahrheit aber werde auch bei einer solchen stets nur die sinnliche Vorstellung oder die Gruppe sinnlicher Vorstellungen gedacht, die anfänglich zu jener Bezeichnung Anlaß gegeben hat. Jeder Versuch, das Abstrakte allein zu denken, scheitert an der Sinnesvorstellung, welche als der alleinige Inhalt der geistigen Tätigkeit immer bestehen bleibt. Denn auch die erinnerten Vorstellungen und die Teilvorstellungen, die sich daraus ablösen lassen, haben keinen andern Inhalt als die ursprünglichen Sinneseindrücke, weil eine Idee nie etwas anderes abbilden kann als eine andere Idee. Abstrakte Begriffe sind also eine Schulfiktion; in der wirklichen Denktätigkeit bestehen nur sinnliche Einzelvorstellungen, und von diesen können einige wegen der Gleichheit der Sprachbezeichnung auch andere ihnen ähnliche vertreten. Eine solche repräsentative Bedeutung kommt z. B. auch den mathematischen Begriffen zu[20]).

David H u m e machte sich diese Lehre in vollem Umfange zu eigen und schob im Anschluß daran der Lockeschen Unterscheidung äußerer und innerer Wahrnehmung mit veränderter Terminologie einen anderen Gegensatz, den des Urbildlichen und des Abbildlichen, unter. Ein Bewußtseinsinhalt ist entweder ursprünglich oder die Kopie eines ursprünglichen, entweder ein Eindruck *(i m p r e s s i o n)* oder eine Idee. Alle Ideen also sind Abbilder von Impressionen und es gibt keine Idee, die anders zustande gekommen wäre als durch Kopie eines Eindrucks, oder die einen andern Inhalt hätte als den, welchen sie dem Eindruck entnommen hat. Deshalb erschien es als die Aufgabe der Philosophie, auch für die scheinbar abstraktesten Begriffe das Original in einer Impression aufzusuchen und danach den Erkenntniswert der ersteren zu beurteilen. Freilich verstand dann Hume unter den Impressionen keineswegs nur die Elemente der äußeren, sondern auch diejenigen der inneren Erfahrung. Es waren also (nach Lockes Ausdrucksweise) die *simple ideas* aus *sensation* und *reflection,* welche er für Impressionen erklärte: der weite Blick des großen Denkers behütete ihn vor dem Fall in beschränkten Sensualismus.

5. Eine andersartige und doch zu verwandtem Ziel führende Umbildung vollzog sich an der Hand der p h y s i o l o g i s c h e n Psychologie. Locke hatte nur die Sensation von der leiblichen Sinnestätigkeit abhängig gedacht, ihre Verarbeitung aber in den der Reflexion unterliegenden Funktionen als eine Leistung der Seele betrachtet; und wenn er auch der Frage nach der immateriellen Substanz auswich, so hatte er doch die im engeren Sinne intellektuellen Tätigkeiten durchaus als etwas Unkörperliches und vom Leibe Unabhängiges behandelt. Daß das anders wurde, daß man den physischen Organismus als den Träger nicht nur der einfachen Ideen, sondern auch der Verknüpfung von solchen zu betrachten anfing, war bei der unentschiedenen Vieldeutigkeit der Lockeschen Lehren leicht möglich, wurde aber noch mehr durch einseitige Konsequenzen aus c a r t e s i a n i s c h e n und s p i n o z i s t i s c h e n T h e o r i e n hervorgerufen.

Descartes nämlich hatte das gesamte Seelenleben des Tieres als mechanischen Prozeß im Nervensystem behandelt, das menschliche dagegen der immateriellen Substanz, der *res cogitans,* zugeschrieben. Je mehr man jetzt im Gefolge der

---

[20]) Dies alles erinnert an die terministische Lehre vom Supponieren: vgl. oben § 27, 4.

Lockeschen Untersuchung die durchweg sinnliche Bestimmtheit des menschlichen Vorstellens erkannt zu haben meinte, um so näher lag die Frage, ob es sich aufrechterhalten lasse, daß dieselben Vorgänge, welche beim Tier als Nerven- prozeß begreiflich erscheinen, beim Menschen auf die Aktivität einer immateriellen Seelensubstanz zurückgeführt werden sollten. — Von einer anderen Seite her wirkte in derselben Richtung Spinozas Parallelismus der Attribute (vgl. oben § 31, 9). Nach diesem sollte jedem Vorgange des Seelenlebens ein Vorgang des leiblichen Lebens e n t s p r e c h e n, ohne daß (dem Sinne des Philosophen selbst nach) einer des andern Ursache oder einer das Ursprüngliche, der andere das Abgeleitete bedeutete. Dies war nun zunächst von den Gegnern sogleich als Mate- rialismus und dahin aufgefaßt worden, als meine Spinoza, der Grundprozeß sei der leibliche, und der seelische solle nur seine Begleiterscheinung bilden. Aber auch bei den Anhängern, zumal bei Ärzten und Naturforschern, wie dem einfluß- reichen B o e r h a v e in Leyden, schob sich an der Hand der Erfahrungen der experimentellen Physiologie, die sich nach Descartes' Anregung viel mit Reflex- bewegungen beschäftigte, bald eine stark zum Materialismus neigende Vorstellungs- weise unter.

Es ist interessant, daß die Konsequenzen dieser Gedankenverbindungen litera- risch zuerst in Deutschland hervorgetreten sind. Hier lehrte schon 1697 ein Arzt namens P a n c r a t i u s W o l f f in seinen „Cogitationes medico-legales", daß die Gedanken mechanische Tätigkeiten des menschlichen Leibes, insbesondere des Gehirns seien, und im Jahre 1713 erschien der anonyme „B r i e f w e c h s e l v o m W e s e n d e r S e e l e"[21]), worin, gedeckt durch fromme Widerlegungen, die Lehren von Bacon, Descartes und Hobbes zu einem anthropologischen Materia- lismus fortgeführt werden: zwischen dem Seelenleben des Tieres und dem des Menschen wird nur ein gradueller Unterschied anerkannt, Vorstellungen und Willenstätigkeiten werden ausnahmslos als Funktionen der erregten Gehirnfasern betrachtet und Übung und Erziehung als die Mittel angegeben, durch welche die höhere Stellung des Menschen erreicht und erhalten werde.

Vorsichtiger ging man in England zuwege. In der Weise wie Locke das baconische Programm ausgeführt hatte, studierte man zunächst den inneren Mechanismus der Seelentätigkeiten und die Entwicklung der höheren Zustände aus den elementaren nach rein psychologischer Gesetzmäßigkeit: so geschah es von Peter Brown auf erkenntnistheoretischem, von andern auf dem Gebiete der Willenstätigkeiten. In derselben Weise verfuhr auch D a v i d H a r t l e y, der für die zwischen den Elementen auftretenden Verknüpfungen und Beziehungen den (schon vorher ge- brauchten) Ausdruck A s s o z i a t i o n[22]) üblich gemacht hat. Er wollte diese von ihm mit aller Sorgfalt des Naturforschers analysierten Verhältnisse lediglich als seelische Vorgänge auffassen und hielt an ihrer völligen Unvergleichlichkeit mit den materiellen Vorgängen, auch mit den feinsten Formen der körperlichen Bewegung fest. Aber auch er war Arzt, und der Zusammenhang des Seelenlebens mit dem Ablauf der Zustände des Leibes war ihm so deutlich, daß er die s t e t i g e

---

[21]) Über den Alb. Lange, Gesch. des Materialismus, I (2. Aufl.), 319 ff,, berichtet.

[22]) In der späteren, namentlich der schottischen Literatur und insbesondere bei Thomas B r o w n ist der Ausdruck Assoziation vielfach durch S u g g e s t i o n ersetzt.

K o r r e s p o n d e n z beider und das Aufeinanderbezogensein der psychischen Funktionen und der Nervenerregungen, die man damals als „V i b r a t i o n e n" bezeichnete[28]), zum Hauptgegenstande seiner Assoziationspsychologie machte. Damit hielt er die qualitative Differenz zwischen beiden parallelen Erscheinungsreihen aufrecht, und die metaphysische Frage nach der ihnen zugrunde liegenden Substanz ließ er unentschieden; aber in bezug auf die K a u s a l i t ä t geriet er unvermerkt in den Materialismus, indem er den Mechanismus der Nervenzustände schließlich doch als das primäre Geschehen und denjenigen der Seelentätigkeiten nur als dessen Begleiterscheinungen auffaßte. Einfachen Nervenerregungen entsprechen einfache Empfindungen oder Begierden, zusammengesetzten zusammengesetzte. Freilich verwickelte ihn diese wissenschaftliche Theorie in schwere Widersprüche mit seiner fromm gläubigen Überzeugung, und die „Observations" zeigen, wie ernst und objektiv erfolglos er zwischen beiden gerungen hat. Ganz dasselbe gilt von P r i e s t l e y , der sogar dem Materialismus die weitere Konzession machte, daß er die Heterogeneität des seelischen und des leiblichen Vorganges fallen ließ und die Psychologie vollständig durch Nervenphysiologie ersetzen wollte, deshalb auch den von den Schotten verteidigten Standpunkt der inneren Erfahrung ganz preisgab, damit aber doch die warm vertretene Überzeugung eines teleologischen Deismus vereinigen wollte.

In der schroffsten Weise ist der anthropologische Materialismus von dem Franzosen L a m e t t r i e ausgebildet worden. Durch ärztliche Beobachtungen an sich und andern von der völligen Abhängigkeit der Seele vom Leibe überzeugt, hat er — den Anregungen Boerhaves folgend — den Mechanismus des Lebens bei Tieren und Menschen studiert, und Descartes' Auffassung der ersteren scheint ihm auch für die letzteren völlig zutreffend. Der nur graduelle Unterschied zwischen beiden erlaubt auch für die menschlichen Seelentätigkeiten keine andere Erklärung als die, daß sie mechanische Funktionen des Gehirns sind. Deshalb aber ist es ein Übergriff der Metaphysik, dem „Geiste" eine eigene Substantialität neben der Materie zuzuschreiben. Der Begriff der Materie als des an sich toten Körpers, welcher des Geistes als bewegenden Prinzips bedürfe, ist eine willkürliche und falsche Abstraktion: die Erfahrung zeigt, daß die Materie sich bewegt und lebt. Das hat, sagt Lamettrie, gerade Descartes' Mechanik bewiesen, und deshalb ist ihre unabweisbare Konsequenz der Materialismus. Und daß alles seelische Leben nur eine der Funktionen des Leibes ist, ergibt sich daraus, daß sich darin kein einziger Inhalt findet, der nicht aus der Erregung irgendeines Sinnes herstammte. Dächte man sich — so schreibt Lamettrie[24]) zur Begründung seines aus Locke entwickelten Sensualismus —, wie es schon der Kirchenvater Arnobius vorschlug, den Menschen seit seiner Geburt von allem Zusammenhange mit seinesgleichen ausgeschlossen und auf die Erfahrung weniger Sinne beschränkt, so würde man in ihm keine andern Vorstellungsinhalte als die ihm durch eben diese Sinne zugeführten finden.

6. Prinzipiell weniger belangreich, aber literarisch um so ausgebreiteter waren

---

[23]) Erasmus Darwin führte statt dessen den Ausdruck „Bewegungen des Sensoriums" ein.

[24]) Am Schlusse der Histoire naturelle de l'âme. Vgl. übrigens oben § 18, 4, S. 192, Anm. 160.

die übrigen Umbildungen, welche Lockes Lehre in Frankreich erfuhr. Schon V o l t a i r e, der sie durch seine „Lettres sur les Anglais" bei seinen Landsleuten heimisch machte, gab ihr ein durchaus sensualistisches Gepräge und zeigte sich sogar — obschon mit skeptischer Reserve — nicht abgeneigt, dem Schöpfer die Macht zuzutrauen, daß er das Ich, welches Körper ist, auch mit der Fähigkeit ausstattete, zu denken. Dieser skeptische Sensualismus, dem Gassends wissenschaftliche Auffassung (vgl. oben § 30, 6) nahestand, ist zum Grundton der französischen Aufklärung geworden[25]). Zu ihm bekannte sich C o n d i l l a c, der anfangs nur Lockes Lehre dargestellt und andern Systemen gegenüber verteidigt hatte, in seinem einflußreichen Traité des sensations. Was auch die Seele sein mag, der Inhalt ihrer Bewußtseinstätigkeiten stammt allein aus der Sinneswahrnehmung. Condillac entwickelte die assoziationspsychologische Theorie an der Fiktion der Bildsäule, welche, nur mit Empfindungsfähigkeit ausgerüstet, hintereinander die Erregungen der verschiedenen Sinne zugeführt erhält und dadurch allmählich ein menschenähnliches intellektuelles Leben entfaltet. Dabei ist die Grundvorstellung die, daß das bloße Beieinandersein verschiedener Empfindungen in demselben Bewußtsein v o n s e l b s t d i e E m p f i n d u n g d e s V e r h ä l t - n i s s e s u n d d e r B e z i e h u n g zwischen ihnen mit sich bringt. Nach diesem Prinzip wird geschildert, wie sich aus der Wahrnehmung die ganze Mannigfaltigkeit der seelischen Tätigkeiten entfalte: in der theoretischen Reihe erwachsen vermöge der Verschiedenheiten hinsichtlich der Intensität und der Wiederholung der Empfindungen nacheinander Aufmerksamkeit, rekognoszierende Erinnerung, Unterscheidung, Vergleichung, Urteil, Schluß, Einbildung und Erwartung des Zukünftigen, endlich mit Hilfe der Zeichen, besonders der sprachlichen, die Abstraktion und die Fassung allgemeiner Sätze. Aber die Wahrnehmung hat neben der Empfindung auch noch das Gefühlsmoment der Lust und Unlust, und aus diesem entwickelt sich an der Hand der Vorstellungsbewegung Begierde, Liebe und Haß, Hoffnung, Furcht[26]) und durch alle solche Wandlungen des praktischen Bewußtseins hindurch schließlich der moralische Wille. So wachsen Erkenntnis und Sittlichkeit auf dem Boden der Sinnlichkeit.

Dieser systematische Aufbau hatte einen großen Erfolg. Der Systemtrieb, der auf dem metaphysischen Gebiet zurückgedrängt war (vgl. § 34, 7), warf sich zum Ersatz mit desto größerer Energie auf diese „A n a l y s e d e s m e n s c h l i c h e n G e i s t e s", und wie schon Condillac selbst manche feine Beobachtungen in die Darstellung des Entwicklungsprozesses verwoben hatte, so fand eine ganze Schar von Anhängern Gelegenheit, durch kleine Änderungen und Verschiebungen der Phasen, durch Neuerungen in der Nomenklatur und durch mehr oder minder gehaltreiche Ausführung sich an der Vervollständigung dieses Gebäudes zu beteiligen. Die Regierung der Revolution erkannte nur dies Studium der empirischen

---

[25]) Er macht sich auch in den Anfängen der ästhetischen Kritik als das Prinzip geltend, daß das Wesen aller Kunst in der „Nachahmung der schönen Natur" bestünde. Der Typus dieser Auffassung ist E. B a t t e u x (1731—1780) mit seiner Schrift Les beaux arts réduits à un même principe (1746). Vgl. über ihn H. Bieber, J. A. Schlegels Poetische Theorie (Palaestra 1911).

[26]) In der Entwicklung der praktischen Reihe des Bewußtseins machte sich bei Condillac und seinen Schülern, wie zum Teil auch bei den englischen Assoziationspsychologen der Einfluß von Descartes' und Spinozas Theorie der Affekte und Leidenschaften geltend.

Entwicklung der Intelligenz als Philosophie an, und Destutt de T r a c y gab ihm später den Namen „I d e o l o g i e"[27]). So kam es, daß man in Frankreich am Ende des 18. Jahrhunderts die Philosophen meist Ideologen nannte.

7. Hinsichtlich des Seelenwesens, in welchem sich diese Umbildungen des Empfindens *(sentir)* abspielen sollten, blieb ein großer Teil der Ideologen bei Condillacs positivistischer Zurückhaltung; andere gingen von Voltaires problematischem zu Lamettries assertorischem Materialismus mit, — erst in der Weise Hartleys mit Betonung der durchgängigen Abhängigkeit der Ideenverbindungen von Nervenbewegungen, dann mit ausdrücklicher Behauptung der Materialität der Seelentätigkeiten. Am deutlichsten ist diese Entwicklung bei D i d e r o t zu sehen. Von Shaftesbury und Locke ging er aus, aber die sensualistische Literatur wurde in dem Herausgeber der Enzyklopädie von Schritt zu Schritt mächtiger; er verfolgte[28]) die Hypothesen des Hylozoismus (vgl. unten § 34, 9), und schließlich beteiligte er sich an der Abfassung des S y s t è m e d e l a n a t u r e. Das letztere stellte in dem Rahmen seiner Metaphysik auch die menschlichen Seelentätigkeiten als die feinen unsichtbaren Bewegungen der Nerven dar und behandelte ihren genetischen Prozeß gerade so wie Lamettrie. Unter den späteren Ideologen ragt in dieser Hinsicht durch Neuheit des physiologischen Gesichtspunktes C a b a n i s hervor; er trägt den Fortschritten der Naturwissenschaft insofern Rechnung, als er die Zustände der Nerven, auf welche die Seelenzustände *(le moral)* des Menschen zurückgeführt werden müssen, nicht mehr bloß in mechanischen Bewegungen, sondern in c h e m i s c h e n Veränderungen sucht. Das Vorstellen ist Sekret des Gehirns, ebenso wie andere Organe andere Sekrete liefern.

Im Gegensatz dazu hielt eine andere Richtung der Ideologie an dem Lockeschen Prinzip fest, daß zwar aller Inhalt des Vorstellens aus den Sinnen stamme, daß aber in den auf die Verknüpfung gerichteten Funktionen die Eigenart des Seelenwesens sich betätige. Der Führer dieser Richtung ist B o n n e t. Auch er macht sich die von Lamettrie mit Verweis auf Arnobius empfohlene Betrachtung ähnlich wie Condillac zu eigen, aber er ist ein viel zu klar geschulter Naturforscher, um zu verkennen, daß die Empfindung sich niemals in Bewegungselemente auflösen läßt, daß ihr Verhältnis zu den physischen Zuständen synthetisch, aber nicht analytisch ist. Daher sieht er in dem Mechanismus des Nervensystems nur die *causa occasionalis* für die selbsstätige R e a k t i o n d e r S e e l e, deren Substantialität ihm durch die E i n h e i t d e s B e w u ß t s e i n s bewiesen erscheint. Er verbindet mit dieser Ansicht allerlei phantastische Hypothesen[29]). Religiöse Vorstellungen sprechen bei ihm in der Annahme der immateriellen Seelensubstanz mit; aber der Sensualismus läßt eine Tätigkeit dieser Substanz nur in Verbindung mit einem Leibe zu: deshalb hilft sich Bonnet zur Erklärung der Unsterblichkeit und der ununterbrochenen Tätigkeit der Seele durch die Hypothese eines ätherischen Leibes, der mit der Seele wesentlich verbunden sei und sich je nach ihrem Aufenthalte einen gröberen materiellen Außenorganismus gestalte[30]).

---

[27]) Es ist nicht ausgeschlossen, daß diese Namengebung bei de Tracy ein Seitenstück zu Fichtes „Wissenschaftslehre" (vgl. unten Tl. VI, Kap. 2) sein sollte.

[28]) Die entscheidende Übergangsschrift ist der „Traum d'Alemberts".

[29]) In den Palingénésies philosophiques.

[30]) Mit diesen Gedanken hat Bonnet stark auf den Züricher Joh. Casp. L a v a t e r (1741—1801) und auf dessen physiognomische Versuche eingewirkt: vgl. H. MAIER, L. als

Diese Vereinigung des Sensualismus mit der Behauptung selbständiger Substantialität und Reaktionsfähigkeit der Seele ist auf Bonnets Landsmann R o u s s e a u übergegangen, der damit die psychologischen Theorien der Enzyklopädisten bekämpfte. Er fand, daß diese Eigenheit der Seele, die Einheitlichkeit ihrer Funktion, sich im G e f ü h l *(sentiment)* betätige, und spielte diese ursprüngliche Natürlichkeit ihres Wesens gegen den kalten und gleichgültigen Mechanismus der Ideen aus, der sie zur unbedingten Abhängigkeit von der Außenwelt erniedrige. Das G e f ü h l d e r I n d i v i d u a l i t ä t empörte sich bei ihm gegen eine Lehre, nach der sich im Bewußtsein des Menschen nur eine zufällig zusammenkommende Masse fremder Inhalte wie auf einem indifferenten Schauplatze abspielen, vereinigen und wieder trennen sollte. Er wollte zum Ausdruck bringen, daß das geistige Leben nicht nur in uns geschieht, sondern daß wir selbst dabei sind als die tätig bestimmenden Persönlichkeiten. Diese Überzeugung diktierte Rousseaus Gegensatz gegen die verstandesmäßige Aufklärung, welche in dem Sensualismus Condillacs und der Enzyklopädisten das Innenleben des Menschen nur als ein mechanisches Produkt der von außen erregten Empfindungselemente betrachten wollte: dem psychologischen Atomismus hält Rousseau das Prinzip der Monadologie entgegen.

In derselben Weise, und den Argumenten nach wohl nicht ohne Einfluß von Rousseau, hat später S t. M a r t i n[31]) seine Stimme gegen den herrschenden Condillacismus erhoben: er trat sogar aus seiner mystischen Vereinsiedelung heraus, um in den Sitzungen der Écoles normales[32]) gegen die Oberflächlichkeit des Sensualismus zu protestieren. Die Ideologen, sagt er, reden so viel von der menschlichen Natur: aber statt sie zu beobachten, mühen sie sich, sie „zusammenzusetzen" *(composer)*.

8. Die ausgesprochensten Gegner des Sensualismus in allen seinen Formen sind die s c h o t t i s c h e n P h i l o s o p h e n. Der gemeinsame Boden, auf dem sich dieser Kontrast entwickelte, ist der Psychologismus. Denn auch R e i d und seine Schüler suchen die Aufgabe der Philosophie in der Untersuchung des Menschen und seiner geistigen Fähigkeiten; ja sie haben den methodischen Gesichtspunkt, daß alle Philosophie empirische Psychologie sein müsse, noch viel energischer und einseitiger bestimmt, als die verschiedenen Schulen ihrer Gegner. Aber ihre Ansicht von der menschlichen Seelentätigkeit und deren Entwicklung ist diametral von derjenigen der Sensualisten verschieden. Diese halten das Einfache, jene das Zusammengesetzte, diese die Einzelvorstellungen, jene die Urteile, diese das Sinnliche, jene das Innerliche, diese das Einzelne, jene das Allgemeine für den ursprünglichen Inhalt der Seelentätigkeit. R e i d erkennt an, daß Berkeleys Idealismus und Humes Skeptizismus ebenso korrekte Folgerungen aus dem Lockeschen Prinzip seien wie Hartleys und Priestleys Materialismus: aber gerade die Absurdität dieser Konsequenzen widerlege jenes Prinzip.

Im Gegensatz dazu will nun Reid die baconische Methode der Induktion auf die Tatsachen der inneren Wahrnehmung anwenden, um durch deren Analyse zu

---

Philosoph und Physiognomiker (in 'der Gedenkschrift auf L., Zürich 1903, jetzt auch in der Sammlung „An der Grenze der Philosophie", Tübingen 1909) und CHR. JANENTZKY, J. C. Lavaters Sturm und Drang im Zusammenhang seines religiösen Bewußtseins (1916).

31) Vgl. über diesen mystischen Gegner der Revolutionsphilosophie unten, Tl. VII.
32) Séances des éc. norm., III, 61 ff.

den u r s p r ü n g l i c h e n W a h r h e i t e n zu gelangen, die mit dem Wesen der
menschlichen Seele von vornherein gegeben sind und sich in der Entwicklung ihrer
Tätigkeiten als die bestimmenden G r u n d s ä t z e geltend machen, und so soll
mit Ablehnung jeder Hilfe der Physiologie die psychologische Grundwissenschaft
als eine Art Naturforschung der inneren Beobachtung ausgebildet werden. Bei der
Lösung dieser Aufgabe hat Reid selbst und nach ihm besonders Dugald S t e w a r t
eine bedeutende Umsicht in der Auffassung innerer Vorgänge und eine große
Feinheit in der Analyse ihres wesentlichen Inhalts entwickelt: eine Fülle wertvoller Beobachtungen über die genetischen Prozesse des Seelenlebens steckt in ihren
weitschichtigen Untersuchungen. Und doch fehlt es diesen an idealer Fruchtbarkeit
ebenso wie an energisch zusammenfassender Beweiskraft. Denn sie vermischen
überall den Nachweis dessen, was in den seelischen Funktionen als allgemeingültiger Inhalt aufgefunden werden kann, mit der Voraussetzung, daß dies auch
genetisch das Ursprüngliche und Bestimmende sei: und da diese Philosophie kein
anderes Prinzip als das der psychologischen Tatsächlichkeit hat, so gilt ihr kritiklos
alles, was sich in dieser Weise als wirklicher Inhalt der Seelentätigkeit nachweisen
läßt, als s e l b s t v e r s t ä n d l i c h e W a h r h e i t. Die Gesamtheit dieser Grundsätze ward als *common sense*, als gesunder Menschenverstand bezeichnet und soll
als solcher die oberste Richtschnur für alle philosophische Erkenntnis bilden.

9. In der deutschen Aufklärungsphilosophie mischen sich alle diese Richtungen
mit den Nachwirkungen des cartesianischen und leibnizschen Rationalismus. Die
methodische Doppelrichtung des letzteren[33]) hatte durch Christian W o l f f eine
feste, systematische Gestalt angenommen. Alle Gegenstände sollten nach ihm sowohl
unter dem Gesichtspunkt der ewigen Wahrheiten als auch unter dem der zufälligen
Wahrheiten betrachtet werden; für jedes Gebiet der Wirklichkeit gab es eine Erkenntnis durch Begriffe und eine andere durch Tatsachen, eine apriorische Wissenschaft aus dem Verstande und eine aposteriorische Wissenschaft aus der Wahrnehmung. Dabei sollten beide im Resultat derartig zusammenkommen, daß z. B. die
empirische Psychologie die Tatsächlichkeit aller derjenigen Zustände und Funktionen erweisen mußte, welche in der rationalen Psychologie aus dem metaphysischen Begriff der Seele und deren daraus sich ergebenden „Vermögen" abgeleitet wurden. Anderseits wurde dabei nach Leibnizens Vorgange der Wertunterschied beider Erkenntnisweisen insofern festgehalten, als nur das Verstandeswissen als klare und deutliche Einsicht, die empirische (oder wie man damals sagte
historische) Kenntnis dagegen als eine mehr oder minder dunkle und verworrene
Vorstellung der Sachen galt.

Psychologisch verteilten sich die beiden Erkenntnisarten nach cartesianischem
Muster auf die *ideae innatae* und die *ideae adventiciae*. Doch legte Wolff selbst, der
metaphysischen Richtung seines Denkens gemäß, auf das genetische Moment wenig
Gewicht. Um so mehr war das bei seinen Anhängern und seinen Gegnern der Fall,
die schon unter dem Einfluß der französischen und der englischen Theorien standen.
Dabei war der Gang der Entwicklung im allgemeinen der, daß die Bedeutung,
welche Leibniz und Wolff dem Empirismus eingeräumt hatten, durch das Eindringen der Lockeschen Prinzipien immer mehr erweitert wurde. Die psychologische

[33]) Vgl. oben § 30, 7.

Methode überwucherte Schritt für Schritt die metaphysisch-ontologische, und innerhalb der psychologischen Methode wurden dem Sensualismus derartig wachsende
Konzessionen gemacht, daß schließlich nicht nur ernste Männer der Wissenschaft
wie Rüdiger und Lossius, sondern namentlich auch ein großer Teil der Popularphilosophen vollständig die Lehre vertraten, alle menschlichen Vorstellungen
stammten aus der Sinneswahrnehmung. Das bunte Durcheinander der Abstufungen,
in denen sich der Prozeß vollzog, hat nur literarhistorisches Interesse[34]), weil dabei
keine neuen Argumente zutage traten.

Das gilt in der Hauptsache auch von Heinrich L a m b e r t, der als ein tüchtiger
Mathematiker und Naturforscher unter diesen Methodologen des 18. Jahrhunderts
eine achtbare Stellung einnimmt. Denn wenn er unter den oft wunderlichen Auf-
stellungen seines „Neuen Organon" gelegentlich auch von Form und Inhalt der
Erkenntnis redet, so bleibt er damit doch sachlich ganz im Rahmen der Wolffschen
Vorstellungsweise und dringt nicht[35]) bis zu der Bedeutung vor, die Kant später
diesem Gegensatz gegeben hat (vgl. unten Nr. 12). Dagegen ist es ein Verdienst von
Lambert, daß er den Begriff des Apriori — im Gegensatz zu dem herrschenden
Psychologismus — rein logisch und erkenntnistheoretisch zu fassen suchte. Er
verstand unter Erkenntnis *a priori* eine solche, welche nicht durch Erfahrung zu
b e g r ü n d e n ist — hier redete aus ihm der Mathematiker —, und es schwebte
ihm eine Metaphysik vor, die aus solchen apriorischen Elementen ihr ganzes
Begriffssystem ableiten sollte. Hieraus erwuchs für die „Verbesserung der Metaphysik" die Aufgabe, diese ersten Wahrheiten aus dem Gesamtbestande der Erfahrung herauszulösen. Dafür aber suchte Lambert vergebens nach einem einheitlichen Prinzip[36]), und seine „Architektonik" begnügte sich schließlich mit einer
äußerlichen Zusammenraffung.

10. Während alle diese Ansichten über den Ursprung der menschlichen Vorstellungen sich auf dem literarischen Markte tummelten, war das versöhnende Wort
über das Problem der eingeborenen Ideen längst gesprochen, harrte aber in einem
Manuskripte auf der Hannoverschen Bibliothek der mächtigen Wirkung, die seine
Veröffentlichung haben sollte. L e i b n i z hatte in seinen „Nouveaux essais" die
Lockesche Ideologie Schritt für Schritt mit einem kritischen Kommentar versehen
und darin die tiefsten Gedanken seiner Philosophie und die feinsten Folgerungen
seiner Monadologie niedergelegt.

Unter den Argumenten, mit denen Locke das Eingeborensein der Ideen bestritt,
war auch dasjenige gewesen, womit er behauptete, es könne nichts in der Seele sein,
wovon sie nichts wisse. Dies Prinzip war von ihm[37]) auch nach der Seite hin ausgesprochen worden, daß die Seele nicht immer denke. Damit war die cartesianische
Definition der Seele als einer *res cogitans* in Frage gestellt: denn das wesentliche
Merkmal einer Substanz darf ihr in keinem Momente abgesprochen werden. In
diesem Sinne war die Frage zwischen den Schulen mehrfach verhandelt worden.

---

[34]) Vgl. W. WINDELBAND, Gesch. der neueren Philosophie, I, §§ 53—55.

[35]) Wie es nach R. ZIMMERMANN, Lambert der Vorgänger Kants (Wien 1879) früher
angenommen wurde.

[36]) Man sieht dies am besten in seiner Korrespondenz mit Kant (gedr. bei den Werken
des letzteren): vgl. die oben angeführte Dissertation von BAENSCH.

[37]) Essay, II, 1, 10 f.

Leibniz aber war durch seine Monadologie in eine eigentümliche Zwischenstellung gewiesen. Da ihm die Seele, wie jede Monade, eine „vorstellende" Kraft war, so mußte sie in jedem Momente Vorstellungen *(perceptions)* haben: wenn aber alle Monaden, auch diejenigen, welche die Materie konstituieren, Seelen sind, so können diese Vorstellungen unmöglich alle klar und deutlich sein. Die Lösung des Problems liegt also wieder in dem Begriffe der u n b e w u ß t e n   V o r s t e l l u n g e n oder *p e t i t e s   p e r c e p t i o n s* (vgl. oben § 31, 11). Die Seele hat (wie jede Monade) immer Vorstellungen, aber nicht immer bewußte, nicht immer klare und deutliche Vorstellungen: allein ihr Leben besteht in der Entwicklung der unbewußten zur bewußten, der dunklen und verworrenen zu klaren und deutlichen Vorstellungen.

In dieser Hinsicht führte nun Leibniz einen äußerst bedeutsamen Begriff in die Psychologie des Erkennens ein. Er unterschied nämlich zwischen den Zuständen, in welchen die Seele Vorstellungen nur h a t, und solchen, in denen sie sich derselben b e w u ß t   i s t[38]). Die ersteren bezeichnete er als *perception*, die letzteren als *a p p e r c e p t i o n*[39]). Er verstand also unter Apperception den Vorgang, durch den unbewußte, dunkle und verworrene Vorstellungen in das klare und deutliche Bewußtsein erhoben, damit aber von der Seele als ihre eigenen erkannt und vom S e l b s t b e w u ß t s e i n   a n g e e i g n e t werden. Der genetische Prozeß des Seelenlebens besteht in der V e r w a n d l u n g   u n b e w u ß t e r   i n   b e w u ß t e V o r s t e l l u n g e n, in der Aufnahme von Perceptionen in die Klarheit und Deutlichkeit des Selbstbewußtseins. Im Lichte der Monadologie nahm damit Leipniz' methodologische Ansicht von den empirischen oder zufälligen Wahrheiten (vgl. § 30, 7) eine eigentümliche Färbung an. Die Fensterlosigkeit der Monaden verbietet, die Wahrnehmung metaphysisch als Wirkung der Dinge auf die Seele aufzufassen[40]): die Sinnesvorstellungen müssen vielmehr als Tätigkeiten gedacht werden, welche die Seele vermöge der prästabilierten Harmonie in dunkler und verworrener Weise (als *petites perceptions*) entwickelt, und die Umbildung, die an ihnen stattfindet, kann nur als Verdeutlichung und Aufklärung, als Aufnahme in das Selbstbewußtsein, als A p p e r c e p t i o n betrachtet werden.

S i n n l i c h k e i t   u n d   V e r s t a n d, deren Unterschied bei Leibniz mit den verschiedenen Graden der Klarheit und Deutlichkeit zusammenfiel, haben daher nach ihm denselben Inhalt, nur daß in der ersteren dunkel und verworren vorgestellt ist, was der andere klar und deutlich besitzt. In die Seele kommt nichts von außen hinein, sondern was sie bewußt vorstellt, ist schon vorher unbewußt in ihr enthalten gewesen: und anderseits kann die Seele nichts in ihren bewußten Vorstellungen hervorbringen, was nicht von vornherein in ihr gewesen ist. Daher muß Leibniz dahin entscheiden, daß in gewissem Sinne, nämlich unbewußt, alle Vorstellungen eingeboren sind, und daß in anderem Sinne, nämlich bewußt, der menschlichen Seele keine Vorstellung eingeboren ist. Er bezeichnet dies in den Prinzipien der Monadologie vorgezeichnete Verhältnis mit dem Namen des   v i r t u e l l e n   E i n g e - b o r e n s e i n s   d e r   I d e e n.

Die Nouveaux essais führen diesen Gedanken, der als der leitende Gesichtspunkt

---

38) Diese deutschen Ausdrücke nach Kant, Anthropologie, § 5.
39) Princ. de la nat. et de la grâce, 4, wo die Verwandtschaft mit der Lockeschen *reflection* stark hervortritt; Nouv. Ess., II, 9, 4.
40) N. E., IV, 4, 5.

gleich im Anfange behandelt wird, besonders hinsichtlich der allgemeinen oder ewigen Wahrheiten aus. Das war ja die brennende Frage: hier behaupteten die einen (die Neuplatoniker und zum Teil die Cartesianer), sie seien „aktuell", als „fertige" Wahrheiten eingeboren; die andern (Hobbes und zum Teil Locke) wollten sie aus der Zusammenwirkung von Empfindungselementen erklären. Leibniz aber führt aus, daß solche Sätze bereits in der Wahrnehmung, als *petites perceptions*, nämlich als die u n w i l l k ü r l i c h e n F o r m e n d e s b e z i e h e n d e n D e n- k e n s enthalten sind, daß sie aber nach dieser unbewußten Anwendung appercipiert, d. h. zu klarer und deutlicher Vorstellung erhoben und so an der Hand der Erfahrung erkannt werden. Schon in der sinnlichen Vorstellung steckt unklar und verworren die Tätigkeitsform der Seele, welche nachher als allgemeiner Grundsatz, als ewige Wahrheit zur Klarheit und Deutlichkeit der Verstandesauffassung gebracht wird. Damit war die Unbestimmtheit, die bei Locke hinsichtlich der „Seelen- vermögen" geherrscht hatte, nach der entgegengesetzten Richtung aufgehoben, als es bei den Sensualisten geschehen war. Wenn diese jede selbständige Reaktion der Seele in der Verknüpfung der Sinnesdaten leugneten, so verlegte Leibniz diese Eigenart der psychischen Aktivität in die unbewußten Funktionen, womit die Seele ihre immanente Gesetzmäßigkeit entfaltet[41]). Wenn daher Locke sich den scholasti- schen Satz angeeignet hatte *Nihil est in intellectu quod non fuerit in sensu*, so fügte Leibniz hinzu: *n i s i i n t e l l e c t u s i p s e*[42]).

11. Als die Nouveaux essais 1765 gedruckt wurden, erregten sie großes Aufsehen. Lessing war daran, sie zu übersetzen. Daß das Leben der Seele weit über alles klar und deutlich Bewußte hinaus in dunkel geahnten Tiefen wurzle, war für die Literatur, die sich eben aus aufklärerischer Verstandestrockenheit und schaler Regelrechtigkeit zu genialer Entfaltung aufrang, eine Einsicht von höchstem Werte, und um so wertvoller, wenn sie von demselben Denker herrührte, den Deutschland als den Vater und den Heros seiner Aufklärung verehrte. In dieser Richtung hat Leibniz auch namentlich auf H e r d e r gewirkt; man sieht das nicht nur in dessen ästhetischen Anschauungen[48]), sondern mehr noch in der Preisschrift „Vom Er- kennen und Empfinden der menschlichen Seele".

Unter dem Vorwiegen des methodologischen Gesichtspunktes hatte die Leibniz- Wolffsche Schule den Gegensatz zwischen rationaler und empirischer Erkenntnis so weit als möglich ausgespannt und Verstand und Sinnlichkeit als zwei verschiedene „Vermögen" behandelt. Das Verhältnis dieser beiden getrennten Kräfte zueinander und den Anteil einer jeden von beiden am menschlichen Wissen hatte die Berliner Akademie untersucht wissen wollen: Herder spielte den wahren Leibniz, wie er sich in den Nouveaux essais entwickelt hatte, gegen das herrschende Schulsystem aus, wenn er in seiner Abhandlung die lebendige Einheit des menschlichen Seelen- lebens hervorhob und zeigte, daß Sinnlichkeit und Verstand nicht zwei verschiedene Quellen des Wissens, sondern nur die verschiedenen Stufen einer und derselben

---

[41]) Daß diese Auffassung auch in die Rolle hineingedeutet werden konnte, welche Locke gelegentlich den „Seelenvermögen" zuerteilt hatte, beweist die Darstellung von G. HARTEN- STEIN, Lockes Lehre von der menschlichen Erkenntnis in Vergleichung mit Leibniz' Kritik derselben (Leipzig 1861, Abh. d. Sächs. Ges. d. Wiss.).

[42]) Nouv. Ess., II, 1, 2.

[43]) Vgl. hauptsächlich das vierte „Kritische Wäldchen".

Lebenstätigkeit seien, womit die Monade das Weltall in sich begreift. Als innere Kräfte sind der Seele alle die Vorstellungen eingeboren, mit denen sie in ihrer Entwicklung Schritt für Schritt sich vom Bewußtsein ihrer nächsten Umgebung zu der Erkenntnis der Weltharmonie erhebt. Diese tiefere Einheit von Sinnlichkeit und Verstand nannte Herder das G e f ü h l : und darin fand er auch bei seiner Forschung nach dem „Ursprung" der Sprache die einheitliche, alle Sinne umfassende Funktion, vermöge deren der psychologische Mechanismus des „Tönens" und „Hörens" zum Ausdruck des Gedankens erhoben wird.

12. Bedeutsamer noch war eine andere Wirkung des Leibnizschen Werkes. Es war kein Geringerer als K a n t, der die Lehre der Nouveaux essais zu einem System der Erkenntnistheorie auszubauen unternahm (vgl. § 34, 12). Der Königsberger Philosoph wurde durch jenes Werk zu einer der wichtigsten Wendungen seiner Entwicklung angeregt und vollzog sie in seiner I n a u g u r a l d i s s e r t a t i o n⁴⁴). Er war, aus der Wolffschen Schulmetaphysik herausgewachsen, lange mit der Prüfung der empiristischen Theorien beschäftigt gewesen und hatte sich doch nicht bei ihnen befriedigen können⁴⁵), ging vielmehr noch immer auf eine Neubegründung der Metaphysik aus und verfolgte den Gedanken, damit bei der Unterscheidung von F o r m u n d I n h a l t d e r E r k e n n t n i s anzusetzen. Nun zeigte gerade Leibniz von den „ewigen Wahrheiten", daß sie als unwillkürliche Beziehungsformen schon in der sinnlichen Erfahrung selbst stecken, um durch die Reflexion des Verstandes zu klarem und deutlichem Bewußtsein herausgehoben zu werden. Dies Prinzip des virtuellen Eingeborenseins ist der Nerv der Kantischen Inauguraldissertation: die metaphysischen Wahrheiten liegen in der Seele als Gesetze ihrer Tätigkeit⁴⁶), um bei Gelegenheit der Erfahrung in Funktion zu treten und dann zum Gegenstand und Inhalt der Verstandeserkenntnis zu werden.

Kant wendet nun diesen Gesichtspunkt in neuer und fruchtbarer Weise auf die sinnliche Erkenntnis an. Er stellte diese aus methodischen Gründen der Verstandeserkenntnis viel schärfer noch als die Wolffianer gegenüber: für ihn aber war deshalb die Frage, ob sich in der Sinnenwelt etwa ebensolche ursprüngliche Formbeziehungen finden, wie sie Leibniz in der Verstandeswelt nachgewiesen und Kant selbst sie anerkannt hatte⁴⁷): und so entdeckte er die „reinen Formen der Sinnlichkeit" — R a u m u n d Z e i t. Sie sind in dem gewöhnlichen Sinne nicht eingeboren, sondern erworben, aber nicht aus den Daten der Sinnlichkeit abstrahiert, sondern *ab ipsa mentis actione secundum perpetuas leges sensa sua coordinante:* und wie die Verstandesformen, so werden sie durch Aufmerksamkeit auf die Tätigkeit des Geistes bei Gelegenheit der Erfahrung erkannt; dies ist das Geschäft der Mathematik, und darauf allein beruht deren notwendige und allgemeine Geltung.

Eine andere Formulierung gab dem Prinzip des virtuellen Eingeborenseins T e t e n s. Er schrieb seine „Versuche über die menschliche Natur und ihre Ent-

---

⁴⁴) Die Abhängigkeit dieser Schrift von den Nouv. Ess. ist nachgewiesen von W. WINDELBAND, Vierteljahrsschr. f. wissensch. Philos., I, 1876, p. 334 ff.
⁴⁵) Das beweist am besten die der Metaphysik scheinbar am fernsten stehende Schrift, die „Träume eines Geistersehers". Vgl. übrigens unten, Tl. VI, Kap. 1.
⁴⁶) De mundi sens. atque int. f. et pr., § 6: *dantur per ipsam naturam intellectus.* Vgl. ebenda, § 8, dazu das Corollarium der dritten Sektion.
⁴⁷) Vgl. in derselben Schrift § 8 und den ganzen vierten Abschnitt.

wicklung" bereits auch unter dem Eindruck der kantischen Inauguraldissertation. Auch er erklärte, die „Aktus des Denkens" seien die ersten, ursprünglichen „Verhältnisgedanken": wir erfahren sie dadurch, daß wir sie anwenden, wenn wir denken; und damit erweisen sie sich als die N a t u r g e s e t z e d e s D e n k e n s. Die allgemeinen Sätze, die aller philosophischen Erkenntnis zugrunde liegen, sind danach „subjektivische Notwendigkeiten", in denen das Wesen der denkenden Seele selbst zum Bewußtsein kommt.

§ 34. Die Erkenntnis der Außenwelt.

Den Hintergrund aller dieser Theorien bildet ihr erkenntnistheoretischer Zweck. Dieser aber nimmt unter der Voraussetzung des naiven Realismus, der sich an die cartesianische Metaphysik anknüpfte, von vornherein eine etwas engere Fassung an. Das Prinzip des *cogito sum* ließ die Selbsterkenntnis des geistigen Wesens als die ursprüngliche Gewißheit, als das Selbstverständliche und unmittelbar Zweifellose erscheinen; je andersartiger aber neben der Welt des Bewußtseins diejenige des Raums und der Körper aufgefaßt wurde, um so größere Schwierigkeiten ergaben sich hinsichtlich der Erkennbarkeit der letzteren. Das lehrte schon die metaphysische Entwicklung unmittelbar nach Descartes (vgl. § 31), und dasselbe wiederholte sich nun in den mannigfaltigsten Formen bei der Übersetzung derselben Gedanken in die Sprache der empirischen Psychologie und des Sensualismus.

So ist in der Erkenntnistheorie der modernen Philosophie von Anfang an ein Ü b e r g e w i c h t d e r i n n e r e n E r f a h r u n g angelegt, vermöge deren das W i s s e n v o n d e r A u ß e n w e l t p r o b l e m a t i s c h w i r d. Damit macht sich in der ganzen Ausdehnung des neueren Denkens eine Nachwirkung des T e r m i n i s m u s, mit dem das Mittelalter geendet hatte, als bestimmende Auffassung geltend: die Heterogeneität von Außenwelt und Innenwelt gibt dem Geiste ein stolzes Gefühl substantieller Eigenheit den Dingen gegenüber, zugleich aber eine gewisse Unsicherheit und Zweifelhaftigkeit bei seiner Orientierung in dieser ihm fremden Welt. Auf diese Weise erweist sich gerade die Grundproblemstellung der Aufklärungsphilosophie als ein Nachklang jener Vertiefung des Geistes in sich selbst, jener Verselbständigung des Bewußtseins gegenüber der Außenwelt, worin die antike Philosophie ausgelaufen war. Darin wurzelt die Macht des augustinischen Geistes über die moderne Philosophie.

1. Das Übergewicht der inneren Erfahrung macht sich auch bei L o c k e sehr stark geltend, obgleich er in psychologischer Hinsicht Sensation und Reflexion prinzipiell gleichstellte und in der genetischen Theorie sogar die letztere von der ersteren abhängig machte. Allein bei der erkenntnistheoretischen Wertung kehrt sich dies Verhältnis sogleich im Sinne der cartesianischen Bestimmungen um. Der Dualismus der endlichen Substanzen, den der große französische Metaphysiker aufgestellt hatte, wird nämlich bei Locke in der Stille mit dem Dualismus der Erfahrungsquellen eingeführt. Die Sensation ist zur Erkenntnis der körperlichen Außenwelt, die Reflexion zur Erkenntnis der Tätigkeiten des Geistes selbst bestimmt: und dabei findet sich denn von selbst, daß die letztere ihrer Aufgabe sehr viel mehr gewachsen ist als die erstere. Unser Wissen von unseren eigenen Zuständen ist ein

in t u i t i v e s und das gewisseste von allem, und mit unseren Zuständen sind wir
dabei auch unserer eigenen Existenz vollkommen und zweifellos sicher. Mit fast
wörtlicher Anlehnung an Descartes trägt Locke diese Lehre von der Selbstgewißheit
vor[48]): dagegen verhält er sich hinsichtlich der Erkenntnis der Körperwelt sehr viel
zurückhaltender. Eine solche ist nur durch Empfindung möglich und ermangelt,
wenn sie auch noch den Namen *knowledge* verdient, doch der völligen Sicherheit
und Adäquatheit. Zunächst ist nur das Vorhandensein der Idee im Geiste intuitiv
gewiß; daß ihr ein Ding entspricht, ist nicht intuitiv sicher, und die Demonstration
kann höchstens lehren, daß ein Ding da ist, aber nichts über dies Ding aussagen.

Freilich ist Locke in dieser Hinsicht durchaus nicht mit sich selber in Übereinstimmung. Bei der Theorie der Ideen der Sensation übernimmt er die Lehre von
der Intellektualität der Sinnesqualitäten ganz in der von Descartes ausgearbeiteten
Form (vgl. oben § 31, 2), bezeichnet sie glücklich durch die Unterscheidung
primärer und sekundärer Eigenschaften, fügt dann noch als tertiäre Eigenschaften
solche Kräfte hinzu, welche die Beziehung auf andere Körper ausdrücken, erklärt
die primären Eigenschaften für diejenigen, welche den Körpern an sich real zukommen, und rechnet dazu sogar außer den von Descartes angenommenen noch
die Undurchdringlichkeit. Sachlich ist das noch weit mehr als bei Hobbes ein entschiedener Rückfall in die demokritisch-epikureische Vorstellungsweise, und dies
zeigt sich auch darin, daß Locke nach der Theorie der „Bilderchen" (vgl. oben
§ 10, 3) die Reize auf die Berührung der Nerven durch kleinste von den Gegenständen ausströmende Stoffteilchen zurückführt[49]). Im ganzen werden hier also die
cartesianischen Grundlagen der mathematischen Naturerkenntnis wiederholt und
sogar in wichtiger Hinsicht erweitert.

Ganz anders aber lautet Lockes Entscheidung bei der Analyse des Substanzbegriffs.
Von der intuitiven und der durch Sensation gegebenen Erkenntnis unterscheidet er,
ähnlich wie Occam, die demonstrative: diese bezieht sich nicht auf das Verhältnis
von Ideen zur Außenwelt, sondern auf das Verhältnis der Ideen untereinander. Sie
steht an Erkenntniswert der intuitiven nach, während sie der sensitiven darin
überlegen ist[50]). Das d e m o n s t r a t i v e D e n k e n wird dann ganz t e r m i -
n i s t i s c h, etwa wie bei Hobbes, als ein Rechnen mit Begriffszeichen aufgefaßt:
die Notwendigkeit der Demonstration gilt nur innerhalb der Vorstellungswelt, sie
betrifft unter anderem die allgemeinen oder abstrakten Begriffe, denen *in natura
rerum* keine eigene Wirklichkeit entspricht. Sind einmal die Ideen vorhanden, so
lassen sich, ganz abgesehen von aller Beziehung, auf die Sachen, Urteile über die
zwischen ihnen bestehenden Verhältnisse bilden, und damit allein hat es das
demonstrative Wissen zu tun. Solche „komplexen" Vorstellungen sind G e d a n k e n -
d i n g e, die, nachdem sie durch Definition festgestellt sind, jede durch ihren Inhalt
bestimmte Verbindung untereinander im Denken eingehen können, ohne daß dadurch eine Beziehung auf die Außenwelt gewonnen wäre. Unter diesen Verbindungs-
weisen zeichnet sich nun aber diejenige, welche durch den S u b s t a n z b e g r i f f

---

[48]) Essay, IV, 9, 3.
[49]) Ibid., II, 8, 7 ff. Vgl. hierzu auch B. RÜTTENAUER, Zur Vorgeschichte des Idealismus
und Kritizismus (Freiburg 1882) und GEIL, a. a. O., p. 66 ff.
[50]) Ess., IV, 2; vgl. oben, § 33, 3.

ausgedrückt wird (die Kategorie der Inhärenz), in besonderer Weise aus. Alle übrigen Inhalte und Verhältnisse nämlich können nur so gedacht werden, daß sie an irgendeiner Substanz haften. Diesem Verhältnisse kommt also doch Realität zu, die Idee der Substanz ist nach Lockes Ausdruck „ectypisch", — aber nur so, daß wir für die in den einzelnen Ideen gegebenen Modi ein reales Substrat anzunehmen genötigt sind, ohne dabei noch etwas darüber aussagen zu können, was dieses Substrat selbst sei. Substanz ist der selbst unbekannte Träger bekannter Eigenschaften, deren Zusammengehörigkeit wir anzunehmen Veranlassung haben.

Diese Ansicht von der Unerkennbarkeit der Substanzen hindert nun freilich Locke nicht, an anderer Stelle[51]) doch wieder ganz cartesianisch eine Einteilung der Substanzen in „cogitative und nicht-cogitative" vorzunehmen: anderseits aber wendet er sie auf seine Behandlung des *cogito sum* an. Dies Prinzip überträgt er aus dem metaphysischen ganz in das empirisch-psychologische Gebiet. Die Selbstgewißheit ist ihm diejenige des inneren Sinnes *(internal sense);* die Intuition bezieht sich dabei nur auf unsere Zustände und Tätigkeiten, aber nicht auf unser Wesen; sie zeigt uns zwar unmittelbar und zweifellos, daß wir sind, aber nicht, was wir sind. Die Frage nach der Substanz der Seele (und demgemäß auch diejenige nach ihrem Verhältnis zum Körper) ist ebenso unbeantwortbar, wie die nach dem „Was" irgend einer Substanz überhaupt.

Gleichwohl hält es Locke für möglich, von dem D a s e i n   G o t t e s eine d e - m o n s t r a t i v e   G e w i ß h e i t zu gewinnen. Er eignet sich zu diesem Zwecke den ersten der cartesianischen Beweise (vgl. oben § 30, 5) in etwas modifizierter Form an, und fügt noch den üblichen kosmologischen Beweis hinzu. Es muß ein unendliches, ewiges und vollkommenes Wesen gedacht werden, eine letzte Ursache der endlichen Substanzen, als deren eine der Mensch sich selbst intuitiv erkennt.

So mannigfach und widerspruchvoll sind die Denkmotive, die sich in Lockes Erkenntnislehre kreuzen. Die scheinbar so leichte und durchsichtige Darstellung, zu der er den Cartesianismus verwässert hat, gleitet über die Strudel hinweg, welche aus der dunklen Tiefe ihrer historischen Voraussetzungen aufsteigen. Wie aber die vieldeutige Unbestimmtheit seiner Psychologie sich in die Gegensätze der folgenden Entwicklung auseinanderlegte, so bot auch diese erkenntnistheoretische Metaphysik die Ansatzpunkte für die mannigfaltigsten Umbildungen dar.

2. Gleich die erste darunter zeigt der Lockeschen Unentschiedenheit gegenüber eine kühne Energie der Einseitigkeit. B e r k e l e y brachte das Übergewicht der inneren Erfahrung zur vollen Herrschaft, indem er an der Hand seines extremen Nominalismus, mit Rückgriff auf die Lehren von Hobbes, der schwankenden Stellung, welche Locke in der Frage nach der Erkenntnis der Körper eingenommen hatte, ein Ende machte. E r   z e r s t ö r t e   d e n   B e g r i f f   d e r   k ö r p e r l i c h e n S u b s t a n z. Von dem Ideenkomplex, den uns die Wahrnehmung als einen Körper darbietet, sollte nach der Unterscheidung primärer und sekundärer Qualitäten ein Teil ausgeschieden und ein anderer als allein real zurückbehalten werden: aber diese Unterscheidung, so hatte bereits Hobbes gelehrt (vgl. 31, 2), ist schon sachlich unrichtig. Auch die „mathematischen" Eigenschaften der Körper sind ebenso Ideen in uns wie die Sinnesqualitäten, und B e r k e l e y hatte gerade dies mit analogen

---

[51]) Ibid., II, 23, 29; IV, 10, 9.

Argumenten in seiner „Theorie des Sehens" nachgewiesen, welche die Mitwirkung von früheren Erfahrungen und dadurch bestimmten Urteilen in der optischen Auffassung räumlicher Verhältnisse darzutun suchte. Er bestreitet die Berechtigung der cartesianischen (bzw. demokritischen) Unterscheidung. Sind aber danach alle Eigenschaften des Körpers ausnahmslos Ideen in uns, so hat Locke als ihren realen Träger noch eine unerkennbare „Substanz" übrigbehalten: ähnlich reden andere von der Materie als dem Substrat der „erscheinenden" Eigenschaften.

Allein in allen diesen Fällen, sagt Berkeley, wird uns zugemutet, ein Abstraktum für das allein Wirkliche zu halten. Abstrakte Begriffe aber existieren nicht, — sie existieren nicht einmal im Geiste, geschweige denn *in natura rerum* (vgl. oben § 33, 4). Locke hat ganz recht gehabt, daß diese „Substanz" niemand erkennen könne: es kann sie sogar keiner denken; sie ist eine Schulfiktion. Für das naive Bewußtsein, für den „gesunden Menschenverstand", dessen Sache Berkeley gegen die Künstelei der Philosophen zu führen meint, ist der Körper eben genau das, was wahrgenommen wird, nicht mehr und nicht weniger: nur die Philosophen suchen dahinter noch etwas anderes, Geheimnisvolles, Abstraktes, das sie selbst nicht sagen können. Für den unbeirrten Sinn ist der Körper das, was man sieht, tastet, schmeckt, riecht und hört: sein *esse* fällt mit seinem *percipi* zusammen.

Der K ö r p e r ist also nichts anderes als ein K o m p l e x v o n I d e e n. Zieht man von einer Kirsche alle die Eigenschaften ab, welche durch irgendeinen Sinn perzipiert werden können, was bleibt übrig? Nichts. Der I d e a l i s m u s, der im Körper nichts weiter sieht, als ein Bündel von Vorstellungen, ist die Ansicht des gemeinen Mannes; er soll auch diejenige des Philosophen sein. Den Körpern kommt keine andere Wirklichkeit zu als diejenige des V o r g e s t e l l t w e r d e n s. Es ist falsch zu meinen, es stecke in ihnen oder hinter ihnen noch eine Substanz, die in ihren Eigenschaften „erscheine". Sie sind nichts als die Summe dieser Eigenschaften.

Auf die naheliegende Frage, worin denn, wenn alle Körper nur vorgestellt sind, der Unterschied zwischen dem „wirklichen" und dem eingebildeten oder geträumten Körper besteht, antwortet Berkeley mit einer s p i r i t u a l i s t i s c h e n M e t a - p h y s i k. Die Ideen, welche das Sein der Außenwelt ausmachen, sind Tätigkeiten der Geister. Von den beiden cartesianischen Welten besteht substantiell nur die eine; nur die *res cogitantes* sind wirkliche Substanzen, die *res extensae* sind ihre Vorstellungen. Allein den endlichen Geistern sind die Ideen gegeben, und der Ursprung aller Vorstellungen ist nur in dem unendlichen Geiste, in G o t t, zu suchen. Die Realität der Körper besteht also darin, daß ihre Ideen von Gott den endlichen Geistern mitgeteilt werden, und die Reihenfolge, in der Gott dies zu tun pflegt, nennen wir die N a t u r g e s e t z e ; daher findet Bischof Berkeley keine metaphysische Schwierigkeit darin, daß Gott unter Umständen zu besonderem Zweck von der gewohnten Reihenfolge abgeht, wo dann der Mensch von Wundern redet. Das Wesen des göttlichen Geistes (und ebenso auch der endlichen Geister) besteht in der Freiheit des W i l l e n s, und die Vorstellungen sind nur die Tätigkeitsformen, in denen sich diese entfaltet. Unwirklich dagegen ist nach Berkeley derjenige Körper, der nach sei es mechanisch zufälliger, sei es willkürlicher Einbildung nur in dem einzelnen Geiste vorgestellt wird, ohne ihm von Gott mitgeteilt zu sein. Da endlich so die wirkliche Körperwelt in ein von Gott gewolltes System von Ideen sich verwandelt, so bereitet auch die Zweckmäßigkeit, die ihre Einrichtung und die Zeitfolge ihrer Veränderungen aufweisen, kein Problem mehr.

Der Parallelismus zwischen dieser Folgerung aus Locke und derjenigen, welche M a l e b r a n c h e aus Descartes gezogen hatte, ist unverkennbar; ja, auch darin sind Malebranche und Berkeley einig, daß Gott allein die in der Welt tätige Kraft, daß kein Einzelding wirksam sei (vgl. § 31, 8). Es ist höchst interessant, wie der extreme Realismus des Franzosen und der extreme Nominalismus des Engländers auf dieselbe Ansicht hinauslaufen. Die Begründungen können nicht verschiedener sein: das Resultat ist dasselbe. Denn was beide Männer noch trennte, ließ sich leicht forträumen. Dies bewies ein Zeit- und Landsgenosse Berkeleys, Arthur C o l l i e r (1680—1732) in seiner interessanten Schrift Clavis universalis[52]). Malebranche[53]) hatte zwar als Cartesianer die Realität der Körperwelt nicht direkt beanstandet, aber ihre Erkenntnis durch den Menschen nur so begreifen zu können gemeint, daß die Ideen der Körper in Gott das gemeinsame Original seien, wonach Gott einerseits die wirklichen Körper, anderseits die Ideen davon in den endlichen Geistern erzeuge. Collier zeigte nun, daß in dieser Lehre die Realität der Körperwelt eine völlig überflüssige Rolle spiele: da doch keine wirkliche Beziehung zwischen ihr und der menschlichen Vorstellung angenommen werde, so bleibe der Erkenntniswert der menschlichen Ideen ganz derselbe, wenn man nur ideale Körperwelt in Gott statuiere und diese als den realen Gegenstand der menschlichen Erkenntnis betrachte.

Der „Idealismus", welcher in dieser Weise auf mehreren Wegen aus dem *Cogito ergo sum* hervorging, erzeugte noch eine paradoxe Nebenerscheinung, die namenlos und unbestimmt gelegentlich in der Literatur des 18. Jahrhunderts erwähnt wird. Die einzig sichere intuitive Erkenntnis hat jeder einzelne Geist nur von sich selbst und seinen Zuständen; auch von anderen Geistern weiß er nur etwas durch Ideen, welche sich zunächst auf Körper beziehen und nach Analogie auf Geister gedeutet werden. Ist aber die gesamte Körperwelt nur Vorstellung im Geiste. so ist schließlich jeder einzelne nur seiner eigenen Existenz gewiß: die Realität alles übrigen, die gesamten andern Geister nicht ausgeschlossen, ist problematisch und kann nicht demonstriert werden. Man bezeichnete diese Lehre damals als E g o i s m u s ; jetzt pflegt man sie S o l i p s i s m u s zu nennen. Es ist eine metaphysische Spielerei, die man dem Geschmack des einzelnen überlassen muß: denn der Solipsist widerspricht sich ja schon, indem er seine Lehre andern zu beweisen anfängt.

So war es im Gefolge der Meditationen, worin Descartes das Selbstbewußtsein als den rettenden Felsen im Meere des Zweifels erkannte. schließlich zu dem Resultate gekommen, welches Kant[54]) später als einen Skandal der Philosophie bezeichnete: daß man nämlich einen Beweis für die Realität der Außenwelt forderte und keinen zureichenden zu finden vermochte. Erklärten doch französische Materialisten, Berkeleys Lehre sei zwar Wahnsinn, aber unwiderleglich.

---

[52]) Der Nebentitel des Buches lautet: A new inquiry after truth being a demonstration of the nonexistence or impossibility of an external world (London 1713). Es ist zusammen mit Berkeleys Treatise in der deutschen „Sammlung der vornehmsten Schriftsteller, die die Wirklichkeit ihres eigenen Körpers und der ganzen Körperwelt leugnen" von ESCHENBACH (Rostock 1756) herausgegeben.

[53]) Dessen Lehre war in England namentlich durch John N o r r i s (Essai d'une théorie du monde idéal, London 1704) bekannt geworden.

[54]) In der Vorrede zur 2. Aufl. der Krit. d. r. V., W. III, 23, Anm.

3. Die Umbildung der Lockeschen Lehre durch Berkeley führt in direkter Linie zu H u m, e s Erkenntnistheorie weiter. An die nominalistische Leugnung der abstrakten Begriffe knüpfte der tiefsinnige Schotte seine Unterscheidung aller intellektuellen Funktionen in Impressionen und Ideen, welche Kopien von Impressionen sind: damit aber deckte sich sogleich der Unterschied intuitiver und demonstrativer Erkenntnis. Jede davon hatte ihre eigene Art von Gewißheit. Die intuitive Erkenntnis besteht einfach in der Behauptung der tatsächlichen Impressionen. Welche Eindrücke ich habe, kann ich mit absoluter Sicherheit aussagen: darin kann ich mich nicht irren, sofern ich mich in den Grenzen halte, nur einfach festzustellen, daß ich eine Wahrnehmungsvorstellung von diesem oder jenem einfachen oder zusammengesetzten Inhalt habe, ohne darüber irgend welche deutenden Begriffe hinzuzufügen.

Zu diesen Impressionen, denen unmittelbar intuitive Gewißheit zukommt, rechnet nun Hume hauptsächlich auch das räumliche und zeitliche Verhältnis der Empfindungsinhalte, die Feststellung der Koexistenz oder Succession der elementaren Impressionen. Die räumliche Ordnung, in der sich die Wahrnehmungsinhalte darstellen, ist unmittelbar mit ihnen selbst zweifellos gegeben, und ebenso besitzen wir eine sichere Impression davon, ob die verschiedenen Inhalte gleichzeitig oder nacheinander wahrgenommen sind. Die räumliche und zeitliche C o n t i g u i t ä t ist also mit den Impressionen intuitiv gegeben, und von diesen T a t s a c h e n (facts) besteht im menschlichen Geiste eine vollkommen sichere und in keiner Weise anzuzweifelnde Erkenntnis. Nur darf bei der Charakteristik der Humeschen Lehre nicht vergessen werden, daß diese absolut gewisse Tatsächlichkeit der Impressionen lediglich diejenige ihres Vorhandenseins als Vorstellungen ist. In dieser Bedeutung und Beschränkung umfaßt die intuitive Erkenntnis nicht nur die Tatsachen der inneren, sondern auch diejenigen der äußeren Erfahrung, — aber um den Preis, daß die letzteren eigentlich auch nur eine Art der ersteren sind, ein Wissen nämlich von Vorstellungszuständen.

Die räumliche und zeitliche Contiguität (in der modernen Psychologie die „B e - r ü h r u n g") ist aber nur die elementarste Form der Vorstellungsassoziation; daneben zählt Hume noch zwei andere Gesetze der letzteren auf: die Ähnlichkeit (bzw. den Kontrast) und die Kausalität. Was die erstere Beziehungsform anlangt, so haben wir von der Gleichheit oder Ungleichheit und ihren verschiedenen Graden hinsichtlich der Sensationen eine klare und deutliche Impression: sie besteht in dem Wissen von dem Maße der Ähnlichkeit unseres eigenen (sensitiven) Tuns, und gehört also zu den Impressionen des inneren Sinnes, welche Locke *reflection* genannt hat. Darauf gründet sich infolgedessen eine demonstrative Erkenntnis von vollkommener Gewißheit: sie betrifft die Formen der Größenvergleichung, die wir an den gegebenen Vorstellungsinhalten vollziehen, und ist nichts als eine Analyse der Gesetzmäßigkeit, mit der dies geschieht. Diese demonstrative Wissenschaft ist die Mathematik: sie entwickelt die Gesetze der Gleichsetzung in bezug auf Zahlen und Raumverhältnisse, und Hume ist geneigt, der Arithmetik einen noch höheren erkenntnistheoretischen Wert zuzuerkennen als der Geometrie[55]).

---

[55]) Treat. I, 2, 1. I, 3., 1.

4. Allein die M a t h e m a t i k   i s t   a u c h   d i e   e i n z i g e   d e m o n s t r a t i v e
W i s s e n s c h a f t; und zwar eben deshalb, weil sie sich auf nichts anderes bezieht als auf die möglichen Verhältnisse zwischen Vorstellungsinhalten und weil
sie gar nichts über deren Beziehung zu einer realen Welt behauptet. In dieser
Weise herrscht bei Hume vollständig das terministische Prinzip von Hobbes (vgl.
oben § 30, 3), nur daß der erstere mit der Beschränkung dieser Theorie auf die
reine Mathematik noch konsequenter verfährt. Denn Hume erklärt, daß keine
Behauptung über die Außenwelt demonstrierbar sei. All unser Wissen beschränkt
sich auf die Konstatierung der Impressionen und auf die Verhältnisse dieser Vorstellungen untereinander.

Daher erscheint es für Hume als ein unberechtigter Übergriff des Denkens,
wenn die Gleichheit der Vorstellungen auf eine metaphysische Identität gedeutet
wird: dies aber geschieht bei jeder Anwendung des Begriffs der S u b s t a n z.
Woher dieser Begriff? Er wird nicht wahrgenommen, er findet sich als Inhalt
weder in den einzelnen Empfindungen noch in deren Verhältnissen; die Substanz
ist der unbekannte, unaussagbare Träger der bekannten Vorstellungsinhalte.
Woher diese Idee, für welche im ganzen Umkreise der Sensationen keine Impression
als das erforderliche Original aufzufinden ist? Ihr Ursprung ist in der Reflexion
zu suchen: sie ist das Abbild einer mehrfach wiederholten Vorstellungsverknüpfung.
Durch das wiederholte Zusammensein der Impressionen, durch die G e w o h n-
h e i t des gleichen Vorstellens entsteht vermöge des Gesetzes der I d e e n a s s o-
z i a t i o n eine Nötigung zur Vorstellung ihrer Koexistenz, und das Gefühl dieser
assoziativen Notwendigkeit des Vorstellens wird als reale Zusammengehörigkeit
der Empfindungselemente, d. h. als Substanz gedacht.

Die Denkform der Inhärenz wird damit psychologisch erklärt und zugleich
erkenntnistheoretisch verworfen: es entspricht ihr nichts weiter als das Gefühl
einer Gleichheit der Vorstellungsverbindung, und da wir von der Existenz niemals
etwas anderes als durch unmittelbare Sinneswahrnehmung wissen können, so ist
die Realität des Substanzbegriffs unbegründbar. Es ist klar, daß Hume sich damit,
soweit es die körperlichen Dinge anlangt, die Lehre Berkeleys zu eigen macht.
Aber dieser hat die Arbeit am Substanzbegriff nur halb getan. Er hat gefunden,
daß die Körper nur Empfindungskomplexe sind, daß ihr Sein mit dem Percipiert-
werden identisch ist, daß es keinen Sinn hat, deren Zusammengehörigkeit als eine
unbekannte Substanz zu hypostasieren: aber er hat die seelischen Substanzen,
die Geister, die *res cogitantes,* stehen lassen; er hat sie für die Träger angesehen,
denen alle diese Vorstellungstätigkeiten inhärieren sollten. Humes Argument trifft
auch diese. Was Berkeley von der Kirsche gezeigt hat, gilt auch vom „Ich". Auch
die innere Wahrnehmung[56]) zeigt nur Tätigkeiten, Zustände, Eigenschaften. Nehmt
diese fort, und auch von Descartes' *res cogitans* bleibt nichts übrig; nur die
„Gewohnheit" konstanter Vorstellungsverbindung liegt dem Begriff des Geistes
zugrunde; auch das Ich ist nur ein Bündel von Vorstellungen[57]).

---

[56]) So tatsächlich schon bei LOCKE: vgl. oben, N. 1.
[57]) Treat., I, 4. Die bedenklichen Folgerungen, die sich hieraus für die religiöse Metaphysik ergaben, haben Hume wohl veranlaßt, diese einschneidendste seiner Untersuchungen bei der Umarbeitung in den Essays fallen zu lassen. Daher hat sich die historische
Wirkung der Humeschen Lehre (Kant) ausschließlich an die Kausalitätstheorie geknüpft.

5. Die gleiche Betrachtung gilt *mutatis mutandis* auch für die K a u s a l i t ä t, diejenige Form, unter welcher die Notwendigkeit der Verknüpfung von Vorstellungsinhalten gewöhnlich gedacht zu werden pflegt: aber auch diese ist weder intuitiv noch demonstrativ gewiß. Das Verhältnis von Ursache und Wirkung wird nicht wahrgenommen: Gegenstand der sinnlichen Erfahrung ist vielmehr nur das Zeitverhältnis, wonach das eine regelmäßig auf das andere folgt. Wenn nun das Denken dies Folgen in ein Erfolgen, wenn es das *post hoc* in ein *propter hoc* umdeutet[58]), so ist dies auch in dem Inhalte der kausal aufeinander bezogenen Ideen nicht begründet. Aus einer „Ursache" ist nicht logisch ihre „Wirkung" abzuleiten, in der Vorstellung einer Wirkung steckt nicht diejenige ihrer Ursache. Analytisch ist das Kausalverhältnis nicht zu verstehen[59]). Die Erklärung dieser Denkform ist nach Hume wieder durch die Ideenassoziation zu gewinnen. Durch die Wiederholung derselben Succession von Vorstellungen und die Gewohnheit, sie aufeinander folgen zu finden, entsteht eine innere Nötigung, nach der die eine die andere vorzustellen und zu erwarten: und das Gefühl dieser inneren Nötigung, womit eine Idee die andere hervorruft, wird als eine reale Nötigung aufgefaßt, als ob der Gegenstand der einen Vorstellung denjenigen der andern *in natura rerum* zum Wirklichsein nötige oder ihm, wie es später Kant ausdrückte, sein Dasein in der Zeit bestimme. Die Impression ist das Notwendigkeitsverhältnis zwischen den Vorstellungstätigkeiten, und in der Idee der Kausalität wird daraus ein Notwendigkeitsverhältnis der Vorstellungsinhalte.

Auf diese Weise zersetzt Humes Erkenntnistheorie die beiden Grundbegriffe, um welche sich die metaphysische Bewegung des 17. Jahrhunderts gedreht hatte. Substanz und Kausalität sind Ideenbeziehungen, die weder durch Erfahrung noch durch logisches Denken begründbar sind: sie beruhen auf der Unterschiebung von Impressionen der Reflexion unter solche der Sensation. Damit aber ist der üblichen Metaphysik der Boden unter den Füßen fortgezogen: an ihre Stelle tritt nur noch die Erkenntnistheorie. Die Metaphysik der Dinge weicht einer M e t a p h y s i k d e s W i s s e n s.

6. Die Zeitgenossen haben dies Resultat der Humeschen Untersuchungen — insbesondere aus Rücksicht auf die Folgerungen in betreff der religiösen Metaphysik (vgl. § 35, 6) — als S k e p t i z i s m u s bezeichnet: doch ist es wesentlich von

---

[58]) In dieser Hinsicht hatte Hume einen Vorgänger in seinem Landsmann Joseph G l a n v i l (1636—1680), der in seiner Scepsis scientifica (1665) die mechanistische Naturphilosophie vom Standpunkt des orthodoxen Skeptizismus aus bekämpfte; vgl. FERRIS GREENSLET, J. G. (New York 1900).

[59]) Derselbe Gedanke lag schon der occasionalistischen Metaphysik zugrunde; vgl. § 31, 7: denn sie nahm zu der Vermittlung durch den Willen Gottes wesentlich ihre Zuflucht wegen der l o g i s c h e n U n b e g r e i f l i c h k e i t des Kausalverhältnisses. Dasselbe hat in einer wesentlich mit Hume übereinkommenden Weise auch K a n t in seinem „Versuch den Begriff der negativen Größen in die Weltweisheit einzuführen" (vgl. daselbst die allgem. Anm. am Schluß) erkannt. In sehr interessanter Weise hat endlich T h o m a s B r o w n (On cause and effect), der auch kaum zu der Occasionalismus nicht abgeneigt ist (vgl. a. a. O., p. 109 ff.), das Verlangen nach einem „Erklären" oder „Verstehen" der tatsächlichen Zeitfolge zugleich psychologisch deduziert und erkenntnistheoretisch abgelehnt (ibid. 186 ff.): die Wahrnehmung zeigt Ursachen und Wirkungen im Groben; dabei besteht dann die „Erklärung" des Vorganges in seiner Zerlegung in einzelne einfache und elementare Kausalverhältnisse. Dadurch entstehe die Illusion, als müßten auch diese noch wieder analytisch begreiflich gemacht werden können.

denjenigen Lehren verschieden, welchen dieser Name historisch zukommt. Die Feststellung von Tatsachen durch sinnliche Erfahrung gilt Hume als intuitive, die mathematischen Verhältnisse gelten ihm als demonstrative Gewißheit: bei allem aber, was durch Begriffe über eine von den Vorstellungen verschiedene Realität ausgesagt werden soll, ruft Hume: „Ins Feuer damit!" Es gibt keine Erkenntnis dessen, was die Dinge sind und wie sie wirken: wir können nur sagen, war wir empfinden, welche räumliche und zeitliche Anordnung und welche Ähnlichkeits-verhältnisse wir zwischen ihnen erleben. Diese Lehre ist der absolut konsequente und e h r l i c h e E m p i r i s m u s : sie verlangt, daß, wenn die einzige Quelle des Wissens in der Wahrnehmung fließt, in diese auch nichts weiter hinein-gemengt wird, als sie wirklich enthält. Damit ist jede Theorie, jede Erforschung der Ursache, jede Lehre vom „wahren Sein" hinter den „Erscheinungen" aus-geschlossen[60]). Wenn man, wie die Terminologie sich im 19. Jahrhundert aus-gebildet hat, diesen Standpunkt als P o s i t i v i s m u s bezeichnet, so hat dieser durch Hume seine erkenntnistheoretische Begründung gefunden.

Englands tiefster Denker hat aber dieser radikalen Erkenntnistheorie eine charakteristische Ergänzung gegeben. Den Ideenassoziationen, welche den Begriffen der Substanz und der Kausalität zugrunde liegen, wohnt zwar weder intuitive noch demonstrative Gewißheit bei, statt dessen aber eine g e f ü h l s m ä ß i g e Ü b e r-z e u g u n g s k r a f t , ein natürlicher G l a u b e (belief), der, von allen theoreti-schen Überlegungen unbeirrt, sich im praktischen Verhalten des Menschen sieg-reich geltend macht und der auch für die erreichbaren Zwecke des Lebens und die dazu erforderlichen Kenntnisse völlig genügt. Darauf beruht die E r f a h r u n g des täglichen Lebens. Diese zu beanstanden ist Hume nicht in den Sinn gekommen: er will nur verhüten, daß sie sich als E r f a h r u n g s w i s s e n s c h a f t auf-spiele, wozu sie nicht ausreicht. Mit dem ganzen Ernst philosophischer Vertiefung verbindet er den offenen Blick für die Bedürfnisse des praktischen Lebens.

7. Für die Aufnahme dieses Positivismus war die Stimmung in England weniger günstig als in F r a n k r e i c h . Hier lag der Verzicht auf eine „Metaphysik der Dinge" schon in der skeptischen Grundrichtung, welche auch aus der cartesiani-schen Philosophie so vielfach wieder hervorgebrochen war: und die Herrschaft dieser Stimmung war besonders durch B a y l e befördert worden, dessen Kritik sich zwar prinzipiell hauptsächlich gegen die rationale Begründung der religiösen Wahrheiten richtete, damit aber doch zugleich alle über das Sinnliche hinaus-greifende Erkenntnis, also jede Metaphysik traf. Dazu kam, ebenfalls durch Bayle und zugleich durch den Einfluß der Engländer gefördert, in der französischen Literatur ein freierer, weltmännischer Zug, der die Fesseln des Schulsystems ab-streifen wollte, und statt abstrakter Begriffe die unmittelbare Wirklichkeit des Lebens verlangte. So wurde in Frankreich mehr als in seiner Heimat B a c o n s Lehre mit ihrer Einschränkung der Wissenschaft auf physikalische und anthro-

---

[60]) Darum ist Berkeley nur von Hume aus richtig zu verstehen: sein „Idealismus" ist h a l b e r P o s i t i v i s m u s . Er legt besonderes Gewicht darauf, daß hinter den Ideen der Körper nicht noch etwas Abstraktes, An-sich-Seiendes gesucht werden soll. Dehnt man dies Prinzip auf die Geister aus, so hat man die Humesche Lehre; denn mit der spiritualistischen Metaphysik fällt auch die von Gott gewollte Ordnung der Erscheinungen, worauf Berkeley die Kausalität reduziert hatte.

pologische Erfahrung wirksam. Das *point de système* begegnet uns hier auf Schritt und Tritt, von den *causes premières* will niemand mehr etwas wissen, und diesen Baconismus mit seiner ganzen enzyklopädischen und programmatischen Ausbreitung legte d'A l e m b e r t als die philosophische Grundlage der E n c y k l o - p ä d i e fest[61]).

Aus Gründen des Geschmacks wurde mit dem *point de système* auch die Wolff-sche Lehre in Deutschland von Männern wie Crousaz und Maupertuis bekämpft, und in der Tat bot der Pedantismus jener Lehrbücherphilosophie dazu mancherlei Angriffspunkte. Ihr gegenüber war denn auch die deutsche P o p u l a r p h i l o - s o p h i e auf ihre Systemlosigkeit stolz: auch sie wollte sich, wie es Mendelssohn ausführte, aller Grübeleien über das Unerfahrbare enthalten und sich dafür desto mehr mit dem für den Menschen Brauchbaren beschäftigen. Einen feinen Anklang dieser Stimmung findet man endlich in K a n t s „Träumen eines Geistersehers", wo er die Baumeister mancherlei künstlicher Gedankenwelten mit scharfer Ironie geißelt und über das metaphysische Bestreben mit einem Galgenhumor, der seine eigene Neigung am empfindlichsten trifft, die Schale reichlichen Spottes ausgießt. Unter den deutschen Dichtern ist in diesem Sinne W i e l a n d der witzige Anti-Metaphysiker.

8. Eine sehr eigentümliche Wendung hat endlich der Positivismus in der spä-teren Lehre von C o n d i l l a c genommen. In ihm laufen damit die Linien der französischen und der englischen Aufklärung zusammen, und er findet eine posi-tivistische Synthese von Sensualismus und Rationalismus, welche als der voll-kommenste Ausdruck des modernen Terminismus angesehen werden darf. Seine „Logik" und seine posthume „Langue des calculs" entwickeln diese Lehre. Sie baut sich im wesentlichen auf einer Theorie der „Z e i c h e n" *(signes)* auf[62]). Die menschlichen Vorstellungen sind sämtlich Sensationen oder Umbildungen von solchen, wozu es keiner besonderen Kräfte der Seele bedarf[63]). Alle Erkenntnis nun besteht im Bewußtsein der Verhältnisse der Ideen, und das Grundverhältnis ist dasjenige der Gleichheit. Das Denken hat es nur damit zu tun, die Gleichheits-beziehungen zwischen den Ideen herzustellen[64]). Dies geschieht dadurch, daß die Ideenkomplexe in ihre Bestandteile zerlegt und dann wieder zusammengesetzt werden: *décomposition des phénomènes* und *composition des idées*. Die dazu erfor-derliche Isolierung der Bestandteile ist aber nur mit Hilfe der Zeichen, bzw. der Sprache möglich. Jede Sprache ist eine Methode zur Analyse der Erscheinungen, und jede solche Methode ist eine „Sprache". Die verschiedenen Arten der Zeichen geben verschiedene „Dialekte" der menschlichen Sprache: als solche unterscheidet Condillac fünf, die Finger (Gebärden), die Lautsprache, die Ziffern, die Buch-staben und die Zeichen der Infinitesimalrechnung. Die Logik, als die allgemeine

---

[61]) Im Discours préliminaire.

[62]) Nach Bekanntwerden der Langue des calculs (1798) stellten das Pariser Institut und die Berliner Akademie fast gleichzeitig die Theorie der Zeichen als Preisaufgaben, die an beiden Stellen eine große Anzahl von Bearbeitungen meist sehr untergeordneten Wertes erfuhren.

[63]) Dies führt Condillac, übrigens schon im Traité des sensations, gegen Locke, seine Schule gegen die Schotten aus.

[64]) In diesen Bestimmungen stecken Anregungen von Hobbes ebenso wie von Hume.

Grammatik aller dieser „Sprachen", bestimmt also auch die Mathematik, und zwar
die höhere ebenso wie die elementare, als Spezialfälle.

Alle Wissenschaft enthält damit nur T r a n s f o r m a t i o n e n : es kommt immer
darauf an herauszubekommen, daß das Unbekannte, was man sucht, eigentlich
ein schon bekanntes ist, d. h. die G l e i c h u n g aufzufinden, welche das x einer
Komposition von Ideen gleich setzt: eben zu diesem Zwecke müssen die Wahr-
nehmungsgebilde vorher dekomponiert werden. Es ist deutlich, daß dies nur eine
neue, verallgemeinernde Ausdrucksweise für Galileis Lehre von der resolutiven
und kompositiven Methode ist: aber sie erhebt sich hier auf rein sensualistischer
Grundlage, sie verleugnet das konstruktive Element, das Hobbes so scharf betont
hatte, und sie macht aus dem Denken ein Rechnen mit nur gegebenen Größen.
Dabei lehnt sie jeden Gedanken einer Beziehung dieser Daten auf die metaphysische
Realität ab, und in der wissenschaftlichen Erkenntnis sieht sie nur einen Aufbau
von Gleichungen unter Vorstellungsinhalten nach dem Prinzip *Le même est le même.*
Die menschliche Ideenwelt wird vollständig in sich isoliert, und Wahrheit besteht
nur für die innerhalb des Denkens durch die „Zeichen" ausdrückbaren Gleichungen.

9. So indifferent diese I d e o l o g i e in metaphysischer Hinsicht sein wollte,
so involvierte doch ihre sensualistische Grundlage eine materialistische Metaphysik.
Mochte auch über die den Sensationen entsprechende Wirklichkeit nichts ausgesagt werden sollen, so blieb im Hintergrunde doch immer die populäre Vorstellung bestehen, daß Sinnesempfindungen eben von Körpern hervorgerufen werden. Deshalb brauchte nur die vorsichtige Restriktion, welche diesen positivistischen Konsequenzen des Sensualismus eigen war, versäumt werden, um den
anthropologischen Materialismus, der sich (vgl. oben § 33, 5) in den psychologischen Theorien entwickelt hatte, in einen metaphysischen und dogmatischen
zu verwandeln. So sprach Lamettrie mit koketter Rücksichtslosigkeit aus, was
viele andere sich selbst nicht einzugestehen, geschweige denn zu verkünden oder
zu vertreten wagten.

Auf den Materialismus trieben aber, unabhängig von der Ideologie, auch andere
Gedankengänge der Naturforschung zu. L a m e t t r i e hatte sehr richtig gesehen,
daß das Prinzip der mechanischen Naturerklärung schließlich nichts neben der
durch ihre eigenen Kräfte bewegten Materie dulden werde: schon lange vorher,
ehe L a p l a c e die bekannte Antwort gab, er bedürfe der „Hypothese der Gottheit" nicht, war die französische Naturphilosophie auf diesem Standpunkte angelangt. Daß die Welt der Gravitation in sich lebe, war auch Newtons Meinung;
aber er glaubte, den Anstoß ihrer Bewegungen in einer Wirkung Gottes suchen
zu müssen. Einen Schritt weiter ging K a n t, als er in seiner „Naturgeschichte des
Himmels" ausrief: Gebt mir Materie und ich will euch eine Welt bauen. Er machte
sich anheischig, das ganze Universum der Fixsterne nach Analogie des Planeten-
systems zu erklären[65]), und führte die Entstehung der einzelnen Weltkörper aus

---

[65]) Den Anlaß zu dieser genialen astrophysischen Hypothese, der auch Lambert in
seinen „Kosmologischen Briefen" sehr nahe war, und die später in ähnlicher Weise von
Laplace ausgeführt wurde, hat vielleicht eine Bemerkung von Buffon gegeben. Vgl. O.
LIEBMANN, Zur Analysis der Wirklichkeit, 3. Aufl., S. 381; G. GERLAND, Kant als Geograph
(Berlin 1905); E. ADICKES, Untersuchungen zu Kants physische Geographie (1911);
DERS., K.s Ansichten über Geschichte und Bau der Erde (1911).

einem feurig-flüssigen Urzustande lediglich auf die gegensätzliche Wirkung der beiden Grundkräfte der Materie, Attraktion und Repulsion, zurück. Allein Kant war überzeugt, daß die Erklärung, welche für die Sonnensysteme ausreicht, am Grashalm und an der Raupe scheitere, der O r g a n i s m u s erschien ihm als ein Wunder in der Welt der Mechanik.

Die französische Naturphilosophie suchte auch diesen Gegensatz zu überwinden und das Problem der Organisation aus der Welt zu schaffen. Unter den zahllosen Atomkomplexen, lehrte sie, sind auch solche, welche die Fähigkeit der Erhaltung und Fortpflanzung besitzen. B u f f o n, der diesen vielfach geäußerten Gedanken mit voller Energie ausgesprochen und durchgeführt hat, gab solchen Atomkomplexen den Namen der o r g a n i s c h e n M o l e k ü l e, und unter Voraussetzung dieses Begriffs ließ sich alles organische Leben im Prinzip als eine nach mechanischen Gesetzen durch die Berührung mit der Außenwelt entwickelte Tätigkeit solcher Moleküle betrachten[66]). Das hatte schon Spinoza getan, an dessen Naturlehre Buffon vielfach erinnert: auch der letztere redet von Gott und der „Natur" als Synonymen. Dieser N a t u r a l i s m u s fand somit in der Mechanik das gemeinsame Prinzip für alles körperliche Geschehen. Wenn nun aber die Ideologie auch die Ideen und deren Umbildung als Funktionen der Organismen betrachten lehrte, wenn es nicht mehr für unmöglich, sondern immer mehr für wahrscheinlich galt, daß das Ding, welches denkt, dasselbe sei, welches ausgedehnt ist und sich bewegt, wenn Hartley und Priestley in England, Lamettrie in Frankreich zeigten, daß die Bewußtseinsveränderung eine Funktion des Nervensystems sei, so war man dicht daran zu lehren, daß die Ideen mit allen ihren Transformationen nur einen Spezialfall der mechanischen Tätigkeit der Materie, nur eine besondere Art ihrer Bewegungsformen bildeten. Hatte Voltaire gemeint, Bewegung und Empfindung könnten wohl Attribute derselben unbekannten Substanz sein, so schlug dieser H y l o z o i s m u s, sobald man die Abhängigkeit des Psychischen vom Physischen in eine Gleichartigkeit umdeutete, in entschiedenen M a t e r i a l i s m u s um, und es sind oft nur leise und feine Nuancen des Ausdrucks, wodurch sich das eine in das andere verwandelt. Diesen Übergang bieten die Schriften von R o b i n e t dar. Er gibt freilich der Naturphilosophie einen metaphysischen Flug: mit Anlehnung an das Entwicklungssystem der Leibnizschen Monadologie betrachtet er die Stufenleiter der Dinge als eine unendliche Mannigfaltigkeit von Daseinsformen, bei denen die beiden Faktoren der Körperlichkeit und der psychischen Funktion in allen möglichen verschiedenen Verhältnissen gemischt seien, so daß, je mehr sich das Wesen des Einzeldinges in der einen Richtung entfalte, um so geringer seine Betätigung in der andern sei. Dasselbe Verhältnis gilt nach Robinet auch in der Lebensbewegung der Einzelwesen: die Kraft, welche sie geistig verbrauchen sollen, geht physisch verloren und umgekehrt. Allein im ganzen betrachtet, erscheint gerade deshalb das seelische Leben als eine besondere Form, welche die materielle Grundtätigkeit der Dinge anzunehmen vermag, um sich

---

[66]) In der Weiterentwicklung dieses Buffonschen Prinzips hat dann später L a m a r c k (Philosophie zoologique, Paris 1809) die Umwandlung der Organismen aus den niederen in die höheren Formen wesentlich durch den mechanischen Einfluß der Außenwelt, durch A n p a s s u n g an die Umgebung zu erklären versucht.

später wieder in die ursprüngliche Gestalt zurückzuübersetzen[67]). Während also Leibniz das System der Entwicklung in dem Sinne entworfen hatte, daß die Monaden, welche die körperliche Materie darstellen, als niederste, unbewußte Arten von Seelen aufgefaßt werden sollten, so betrachtet umgekehrt Robinet Vorstellungen und Willenstätigkeiten als mechanische Transformationen der Nerventätigkeit, die sich dann wieder in solche zurückzuverwandeln vermögen. Seelisch geschieht dabei nichts, was nicht in der physischen Form angelegt war, und der Leib erfährt somit in den psychischen Impulsen nur die Rückwirkungen seiner eigenen materiellen Bewegung.

Unverhüllt als rein dogmatische Metaphysik tritt zum Schluß der Materialismus im S y s t è m e d e l a n a t u r e auf. Er führt sich mit dem epikureischen Motive ein, den Menschen von der Furcht vor dem Übersinnlichen befreien zu wollen: es soll gezeigt werden, daß dies nur die unsichtbare Tätigkeitsform des Sinnlichen sei. Niemand habe je etwas anderes Übersinnliches ausdenken können, als ein abgeblaßtes Nachbild des Materiellen. Wer von Idee und Wille, von Seele und Gott rede, denke Nerventätigkeit, Leib und Welt noch einmal in abstrakter Form. Im übrigen bietet diese „Bibel des Materialismus" in schwerfällig lehrhafter und systematisch langweiliger Darstellung keine neuen Lehren oder Argumente: doch ist eine gewisse Wucht der Gesamtauffassung, ein großer Zug in der Führung der Linien der Weltanschauung, ein herber Ernst des Vortrags nicht zu verkennen. Das ist nicht mehr ein pikantes Spiel der Gedanken, sondern ein schwerer Waffengang gegen jeden Glauben an die immaterielle Welt.

10. Trotz des psychogenetischen Gegensatzes war doch das Erkenntnisproblem bei den Vertretern der „eingeborenen Ideen" demjenigen der Sensualisten nicht allzu unähnlich. Die dualistische Voraussetzung beider machte es den letzteren schwer, die Konformität zu begreifen, welche die von den Körpern in den Seelen hervorgerufenen Vorstellungen mit jenen beanspruchen: aber fast noch schwieriger schien es zu verstehen, daß der Geist durch die Entwicklung der in seiner Natur begründeten Denkformen eine von ihm unabhängige Welt erkennen sollte. Und doch ist gerade dies eine in dem menschlichen Nachdenken so tief eingewurzelte Annahme, daß sie nicht nur dem naiven Bewußtsein, sondern auch der philosophischen Überlegung meist als selbstverständlich gilt. Es war die Mission des in der neueren Philosophie nachwirkenden Terminismus, diese dogmatische Grundüberzeugung zu erschüttern und die Frage nach dem Grunde der Konformität zwischen Denknotwendigkeit und Realität hervorzutreiben. Schon Descartes hatte es für notwendig gefunden, die Erkenntniskraft des *lumen naturale* durch die *veracitas dei* zu stützen, und damit den Weg gewiesen, welchen die metaphysische Lösung des Problems allein einschlagen konnte.

Wo freilich jener philosophische Trieb fehlte, der sein θαυμάζειν gerade auf das scheinbar Selbstverständliche richtet, da wog auch jetzt jene Schwierigkeit gering. Das war trotz aller Kraft der logischen Klarheit und systematischen Sorgfalt bei W o l f f, trotz aller Feinheit der psychologischen Analyse bei den S c h o t t e n der Fall. Der erstere geht daran, aus den allgemeinsten formalen Gesetzen der

---

[67]) In der Sprache der heutigen Naturphilosophie ausgedrückt, ist Robinets Lehre die, daß seelische Tätigkeit eine der Umwandlungsformen der „Energie" sei.

Logik, aus dem Satze des Widerspruchs und dem des zureichenden Grundes (wobei sogar der zweite noch auf den ersten zurückgeführt werden soll) eine weitschichtige Ontologie und eine Metaphysik mit ihren auf Gott, Welt und Seele bezüglichen Teilen *more geometrico* abzuleiten, und er steht so sehr im Bann dieses logischen Schematismus, daß ihm die Frage gar nicht zu kommen scheint, ob sein ganzes Unternehmen, eine „Lehre von allem Möglichen, sofern es möglich ist", aus logischen Sätzen herauszuspinnen, in der Sache selbst berechtigt sei. Dies Problem verdeckte sich für ihn um so mehr, als er jede rationale Wissenschaft durch eine empirische bestätigte, — eine Übereinstimmung, die freilich nur möglich war, weil die apriorische Konstruktion der metaphysischen Disziplinen unvermerkt von Schritt zu Schritt Anleihen bei der Erfahrung machte. Trotzdem hatte dies mit reicher Schülerschaft gesegnete System den großen didaktischen Wert, Strenge des Denkens, Klarheit der Begriffe und Gründlichkeit des Beweisverfahrens als oberste Regeln für die Wissenschaft aufzustellen und einzubürgern; und gegen die Pedanterie, die sich damit unvermeidlich einschlich, gaben andere geistige Mächte ein ausreichendes Gegengewicht ab.

Die s c h o t t i s c h e Philosophie begnügte sich mit dem Aufsuchen der Grundsätze des gesunden Menschenverstandes. Jede Empfindung ist das Zeichen — so terministisch denkt auch Reid — für die Anwesenheit eines Objekts; das Denken gewährleistet die Realität des Subjekts; was wirklich wird, muß eine Ursache haben usw. Solche Sätze sind absolut gewiß; sie zu leugnen oder auch nur zu bezweifeln ist absurd. Insbesondere aber gehört dazu der Satz, daß, was der Verstand klar und deutlich erkennt, auch notwendig so ist. Darin ist das allgemeine Prinzip einer philosophischen Auffassung formuliert, welche man (nach Kants Vorgang) D o g m a t i s m u s nennt, das bedingungslose Vertrauen in die Übereinstimmung des Denkens mit der Realität. Dabei zeigen jene Proben der einzelnen Sätze, wie eklektisch und prinziplos dieser *Commonsense* seine Grundwahrheiten aus den verschiedenen Systemen der Philosophie zusammensuchte. Darin war ihm dann der „gesunde Menschenverstand" der deutschen Popularphilosophen durchaus ähnlich. Mendelssohn war wie Reid der Ansicht, daß alle extremen Gegensätze in der Philosophie Irrtümer seien, zwischen denen die Wahrheit in der Mitte liege: jeder radikalen Ansicht liegt ein berechtigter Keim zu Grunde, der nur künstlich zu einseitiger und krankhafter Entwicklung getrieben ist. Ein gesundes Denken (auf dies Prädikat legt namentlich Nicolai Gewicht) wird all den verschiedenen Motiven gerecht und findet so als seine Philosophie — die Meinung des Durchschnittsmenschen.

11. In L e i b n i z' Geiste war das Problem durch die Hypothese der prästabilierten Harmonie gelöst. Die Monade erkennt die Welt, weil sie die Welt ist: ihr Vorstellungsinhalt ist von vornherein das Universum, und das Gesetz ihrer Tätigkeit ist das Weltgesetz. Sie hat ihrer „Fensterlosigkeit" wegen eine Erfahrung im eigentlichen Sinne überhaupt nicht: trotzdem ist die Möglichkeit der Welterkenntnis in ihrem Begriffe so wesentlich angelegt, daß als solche geradezu alle ihre Zustände gelten müssen. Zwischen Verstand und Sinnlichkeit bestand danach ein Unterschied weder hinsichtlich der Gegenstände noch hinsichtlich der Art der Beziehung des Bewußtseins darauf: nur sollte die Sinnlichkeit die undeutliche Erscheinungsform,

der Verstand das wahre Wesen der Dinge erkennen. In wissenschaftlicher Hinsicht wurde deshalb die sinnliche Erkenntnis teils als die unvollkommenere Vorstufe, teils als das undeutliche Gegenbild der Verstandeseinsicht behandelt: die „historischen" Wissenschaften galten entweder als Vorbereitungen oder als niedere Seitenstücke zu den philosophischen.

Aus diesem Verhältnis hat sich nun eine eigentümliche Konsequenz ergeben. Auch der sinnlichen Vorstellungsweise wohnt eine gewisse eigenartige Vollkommenheit bei, welche, von der Klarheit und Deutlichkeit des Verstandeswissens unterschieden, die Erscheinungsform ihres Gegenstandes ohne Bewußtsein der Gründe auffaßt: und in diese Vollkommenheit der sinnlichen Erkenntnis hatte Leibniz[68]) das G e - f ü h l d e s S c h ö n e n gesetzt. Als nun einer von Wolffs Schülern, A l e x a n d e r B a u m g a r t e n, bei dem der architektonische Trieb des Systematisierens besonders stark entwickelt war, der Logik als der Wissenschaft vom vollkommenen Verstandes- brauch eine entsprechende Wissenschaft von der Vollkommenheit der Empfindung, eine Ä s t h e t i k an die Seite stellen wollte, da gestaltete sich diese Disziplin zu einer L e h r e v o m S c h ö n e n[69]). So erwuchs die Ästhetik[70]) als philosophischer Wissenszweig nicht aus Interesse an ihrem Gegenstande, sondern mit entschiedener Geringschätzung desselben, und als eine „nachgeborene Schwester" der Logik be- handelte sie ihn auch mit sehr geringem Verständnis für seine Eigenart und mit verstandeskühler Pedanterie; auch vermochte dieser Rationalismus, dem nach Leibniz die wirkliche Welt als die beste und darum auch als die schönste unter den mög- lichen galt, für die Theorie der Kunst kein anderes Prinzip als das sensualistische der Naturnachahmung aufzustellen und entwickelte dieses wesentlich in eine lang- weilige Poetik. Allein trotzdem bleibt es Baumgartens großes Verdienst, das Schöne zum erstenmal wieder systematisch aus den allgemeinsten Begriffen der Philosophie behandelt und damit eine Disziplin begründet zu haben, der in der Weiterentwicklung besonders der deutschen Philosophie eine so wichtige Rolle auch für die theore- tischen Lehren bestimmt war: ihre nächsten Fortschritte freilich waren durch ihre aus den allgemeinen literarischen Verhältnissen erwachsenden Beziehungen zu den moralphilosophischen Problemen bestimmt (vgl. unten § 36, 8).

12. Die Leibniz-Wolffsche Auffassung von dem Verhältnis zwischen Sinnlichkeit und Verstand, die insbesondere für die rationale Erkenntnis eingeführte g e o - m e t r i s c h e M e t h o d e stieß jedoch in der deutschen Philosophie des 18. Jahr- hunderts auf eine zahlreiche Gegnerschaft, die nicht nur von den Anregungen des englischen und französischen Sensualismus und Empirismus, sondern von selb- ständigen Untersuchungen über das methodische und erkenntnistheoretische V e r - h ä l t n i s z w i s c h e n M a t h e m a t i k u n d P h i l o s o p h i e ausging.

In letzter Hinsicht haben R ü d i g e r und, von ihm angeregt, C r u s i u s am erfolgreichsten gegen die Wolffsche Lehre gekämpft. Jener stellte der Wolffschen

---

[68]) Vgl. bes. Princ. d. l. nat. et d. l. gr., 17.

[69]) Vgl. HERMANN LOTZE, Geschichte der Ästhetik in Deutschland (München 1868; Originalgetreuer Abdruck 1913).

[70]) Der Name „Ästhetik" ist dann später von Kant nach anfänglichem Sträuben für die Bezeichnung der philosophischen Lehre vom Schönen und von der Kunst adoptiert worden, von ihm auf Schiller und durch dessen Schriften in die allgemeine Sprache übergegangen.

Definition der Philosophie als der Wissenschaft des Möglichen die Bestimmung entgegen, ihre Aufgabe sei, das W i r k l i c h e zu erkennen. Die Mathematik und deshalb auch eine ihrer Methode nachgebildete Philosophie habe es nur mit dem Möglichen, mit der widerspruchslosen Übereinstimmung der Vorstellungen untereinander zu tun; eine wahre Philosophie bedürfe der realen Beziehung ihrer Begriffe auf das Wirkliche, und eine solche sei nur durch die Wahrnehmung zu gewinnen. C r u s i u s machte sich diese Gesichtspunkte zu eigen, und obwohl er weniger sensualistisch als sein Vorgänger dachte, so kritisierte er doch in ganz ähnlicher Weise das Bestreben der geometrischen Methode, nur mit Hilfe der logischen Formen die Wirklichkeit erkennen zu wollen. Er verwarf den ontologischen Beweis für das Dasein Gottes, da aus Begriffen allein niemals auf die Existenz geschlossen werden, die Existenz (wie es Kant ausdrückt) nicht herausgeklaubt werden könne. In der gleichen Richtung lag es auch, daß Crusius bei der Behandlung des Satzes vom Grunde auf die genaue Unterscheidung zwischen dem realen Verhältnis von Ursache und Wirkung und der logischen Beziehung von Grund und Folge drang. Er benutzte seinerseits die Verschiedenheit von Real- und Idealgründen zur Bestreitung des Leibniz-Wolffschen Determinismus und namentlich dazu, um der thomistischen Auffassung, welche die Rationalisten von dem Verhältnis des göttlichen Willens und des göttlichen Verstandes hatten, die scotistische von der unbeschränkten Willkür des Schöpfers (§ 26) entgegenzustellen. Die in allen diesen Folgerungen liegende Abwendung von der Naturreligion stimmte auch die strengere protestantische Orthodoxie günstig für die Crusiussche Lehre.

Am einschneidendsten und erfolgreichsten ist in dieser Hinsicht die methodische Grundverschiedenheit von Philosophie und Mathematik durch K a n t untersucht worden, dessen Schriften schon früh auf Crusius Rücksicht nehmen. In seiner Preisschrift jedoch „über die Deutlichkeit der Grundsätze der natürlichen Theologie und Moral" bringt er eine entscheidende Auseinandersetzung. Die beiden Wissenschaften verhalten sich in jedem Betracht als Gegensätze. Die Philosophie ist eine analytische Wissenschaft der B e g r i f f e, die Mathematik eine synthetische Wissenschaft der G r ö ß e n: jene e m p f ä n g t ihre Begriffe, diese k o n s t r u i e r t ihre Größen: jene s u c h t Definitionen, diese g e h t von Definitionen aus: jene bedarf der Erfahrung, diese nicht: jene beruht auf der Tätigkeit des V e r s t a n d e s, diese auf derjenigen der S i n n l i c h k e i t. Die Philosophie muß deshalb, um das Wirkliche zu erkennen, z e t e t i s c h verfahren: sie darf die konstruktive Methode der Mathematik nicht nachahmen wollen.

Mit dieser fundamentalen Einsicht in den sinnlichen Charakter der Erkenntnisgrundlagen der Mathematik sprengte Kant das System der geometrischen Methode. Denn danach können Sinnlichkeit und Verstand nicht mehr als der niedere und der höhere Grad von Klarheit und Deutlichkeit des Erkennens unterschieden werden. Die Mathematik beweist, daß sinnliche Erkenntnis sehr klar und deutlich, und manches System der Metaphysik beweist, daß Verstandeserkenntnis recht dunkel und verworren sein kann. Jene Unterscheidung muß deshalb mit einer andern vertauscht werden, und Kant versucht es, indem er die Sinnlichkeit als das Vermögen der R e z e p t i v i t ä t, den Verstand als dasjenige der S p o n t a n e i t ä t bestimmt. Er tut dies in seiner I n a u g u r a l d i s s e r t a t i o n und baut darauf, in Anlehnung an das psychologische Prinzip des virtuellen Eingeborenseins (vgl. § 33, 12), ein neues System der Erkenntnistheorie[71]).

Dessen Grundzüge sind folgende: die Formen der Sinnlichkeit sind Raum und Zeit, diejenigen des Verstandes die allgemeinsten Begriffe. Aus der Reflexion auf die einen entspringt die Mathematik, aus der Entwicklung der andern die Metaphysik, beides apriorische Wissenschaften von unbedingter Gewißheit. Zwischen ihnen steht nach Kants damaliger Auffassung die (newtonsche) Erfahrungswissenschaft, die auf dem *usus logicus rationis,* d. h. der formallogischen Bearbeitung der Wahrnehmungen beruht, während der *usus realis rationis* die rein begriffliche Metaphysik der Dinge-an-sich ausmacht. Aber die Formen der (rezeptiven) Sinnlichkeit auch mit Hilfe der diskursiven Denkformen geben nur die notwendige Erkenntnis der E r s c h e i n u n g der Dinge im menschlichen Geiste *(mundus sensibilis phaenomenon),* die Formen des Verstandes dagegen enthalten das adäquate Wissen vom wahren Wesen der Dinge *(mundus intelligibilis noumenon).* Über diese reinen Verstandesformen (die später sog. Kategorien) hat Kant zu dieser Zeit noch keine systematische Vorstellung gewonnen: aber daß sie eine Metaphysik zu liefern vermögen, beruht ihm auf dieser Entwicklungsstufe darin, daß beide, der Verstand wie die Dinge selbst, ihren Ursprung im göttlichen Geiste haben, daß wir also durch ihn die Dinge gewissermaßen „in Gott sehen"[72]).

§ 35. Die natürliche Religion.

Im allgemeinen waren die erkenntnistheoretischen Motive, welche das 18. Jahrhundert beherrschten, der Metaphysik nicht günstig: wenn sie trotzdem ihre skeptische oder positivistische Tendenz nur an wenigen Stellen zum vollen Ausdruck brachten, so lag dies in dem religiösen Interesse, das von der Philosophie eine Entscheidung über seine Probleme erwartete. Schon im 17. Jahrhundert war auf die religiösen Unruhen und Kriege, unter denen Deutschland, Frankreich und England gelitten hatten, und auf das damit zusammenhängende dogmatische Gezänk ein Überdruß an den Unterscheidungslehren der Konfessionen gefolgt: das „jämmerliche Streitjahrhundert", wie es Herder genannt hat, sehnte sich nach Frieden. In England breitete sich die Stimmung der L a t i t u d i n a r i e r aus, und auf dem Kontinent wurden die U n i o n s b e s t r e b u n g e n trotz mehrfachen Scheiterns immer wieder von neuem aufgenommen. Bossuet und Spinoza auf der einen, L e i b n i z auf der andern Seite arbeiteten lange in dieser Richtung: letzterer entwarf ein Systema theologicum, welches die allen drei Konfessionen gemeinsamen Grundlehren des Christentums enthalten sollte, und als die Verhandlungen mit den Katholiken aussichtslos wurden, versuchte er wenigstens seine Beziehungen zum Hannoverschen und Berliner Hofe zur Herbeiführung einer Einigung zwischen Lutheranern und Reformierten zu benutzen — auch das freilich ohne unmittelbaren Erfolg.

---

[71]) Das System der Inauguraldissertation ist nur eine Etappe in Kants Entwicklung; er gab es gleich wieder auf; daher gehört es in seine vorkritische Zeit und in diese Periode.

[72]) Diese mit der Berufung auf Malebranche vorgetragene Lehre (Sectio IV) ist somit genau das System der „präformierten Harmonie" zwischen Erkenntnis und Realität, welches Kant später (Brief an M. Herz vom 21. Febr. 1772) so energisch verwarf.

Auf der andern Seite faßte Locke in seinen drei „Briefen über die Toleranz" die Gedanken der T o l e r a n z b e w e g u n g zu der Theorie der „freien Kirche im freien Staat", d. h. zu der Forderung zusammen, daß der moderne, aller kirchlichen Bevormundung enthobene Staat jede religiöse Überzeugung als persönliche Meinung und jede religiöse Genossenschaft als eine freie Assoziation so weit zu dulden und zu schützen habe, als sie nicht die staatliche Ordnung zu stören drohen.

Je mehr aber die Union an dem Widerstande der Theologen scheiterte, um so mehr Nahrung erwuchs dem m y s t i s c h e n S e k t e n w e s e n, dessen überkonfessionelle Tendenzen mit jenen Bestrebungen im Einklang waren und das sich im 18. Jahrhundert mit einer Fülle von interessanten Erscheinungen ausbreitete. Dem kirchlichen Leben am nächsten und deshalb am erfolgreichsten hielt sich in Deutschland der von Spener und Francke begründete P i e t i s m u s, welcher immerhin eine gewisse Gleichgültigkeit gegen den dogmatischen Glauben erkennen läßt, dafür aber desto mehr Gewicht auf die Steigerung der persönlichen Frömmigkeit und auf die Lauterkeit und religiöse Färbung des Lebenswandels legt.

1. Im Zusammenhange mit allen diesen Bewegungen steht die Richtung der Aufklärungsphilosophie auf eine B e g r ü n d u n g d e s a l l g e m e i n e n, „w a h r e n" C h r i s t e n t u m s d u r c h d i e P h i l o s o p h i e. In diesem Sinne wird das wahre Christentum mit der V e r n u n f t r e l i g i o n oder der N a t u r r e l i g i o n identifiziert und soll es aus den verschiedenen Formen des positiven, historischen Christentums herausgelöst werden. Dabei wird anfangs auch solchem allgemeinen Christentum noch der Charakter einer geoffenbarten Religion gelassen, dafür aber die volle Übereinstimmung dieser Offenbarung mit der Vernunft behauptet. Diese Stellung nahmen Locke und Leibniz, sowie des letzteren Schüler Wolff ein. Bei ihnen wird das Verhältnis der natürlichen und der geoffenbarten Religion ganz nach dem Muster von Albert und Thomas (vgl. oben § 25, 2) aufgefaßt: die Offenbarung ist übervernünftig, aber mit der Vernunft im Einklang; sie ist die notwendige Ergänzung zur natürlichen Erkenntnis. Offenbart wird, was die Vernunft nicht von sich aus finden, nach der Offenbarung aber als mit sich übereinstimmend verstehen kann.

Von dieser Vorstellung her hatten die S o c i n i a n e r schon einen Schritt weiter getan. Die Notwendigkeit der Offenbarung erkannten auch sie sehr lebhaft an: aber sie betonten anderseits, daß nichts offenbart sein könne, was sich nicht der Vernunfterkenntnis zugänglich erweise. Daher sei in den religiösen Urkunden nur das als offenbarte Wahrheit anzusehen, was rational ist: d. h. die Vernunft entscheidet, was als Offenbarung gelten soll. Von diesem Standpunkt schieden die Socinianer die Trinität und die Gottmenschheit Christi aus dem Inhalt der Offenbarung aus und verlegten überhaupt die Offenbarung aus dem Gebiete theoretischer Wahrheiten auf ein ganz anderes Feld. Sie verstehen die Religion unter dem Merkmal der G e s e t z l i c h k e i t, und das macht ihre eigentümliche Stellung aus. Was Gott dem Menschen offenbart, ist nicht eine Metaphysik, sondern ein G e s e t z. So tat er es in Moses, und so hat er in Christus ein neues Gesetz gegeben. Ist aber die Religion objektiv Gesetzgebung, so ist sie subjektiv Gesetzerfüllung, — nicht Annahme theoretischer Lehren, auch nicht bloß moralische Gesinnung, sondern Unterwerfung unter das von Gott offenbarte Gesetz und Einhaltung aller seiner Vorschriften. Dies allein hat Gott zur Bedingung der ewigen Seligkeit gemacht —

eine juridische Auffassung der Religion, welche mit dem Rückgriff auf die schrankenlose Autorität göttlicher Machtbestimmungen stark scotistische Elemente zu enthalten scheint.

2. Wenn aber das Kriterium der Offenbarung schließlich doch nur in ihrer Rationalität liegen soll, so läuft die volle Konsequenz dieser Ansicht darauf hinaus, daß die historische Offenbarung als überflüssig beiseite geschoben und als einzige Religion die natürliche übrig behalten wird. Dies geschah von seiten der englischen D e i s t e n,und insofern ist T o l a n d ihr Führer, als er zuerst das Christentum, d. h. die allgemeine Vernunftreligion aller Mysterien zu entkleiden und es seinem Erkenntnisinhalt nach auf die Wahrheit des „natürlichen Lichtes", d. h. auf eine philosophische Weltanschauung zu reduzieren unternahm. Diese war dann freilich bei ihm keine andere als jene phantasievolle Naturbetrachtung, die aus der italienischen Renaissance von den englischen Neuplatonikern herübergenommen worden war. In seinem „Pantheistikon" entwarf Toland eine Art von Kultus dieser Naturreligion, deren Priesterin allein die Wissenschaft, deren Heroen die großen Erzieher des menschlichen Geistes in der Geschichte sein sollen[73]).

Überhaupt jedoch hatte in der weiteren Entwicklung der Inhalt, welchen die Aufklärungsphilosophie ihrer Naturreligion zu geben suchte, zwei verschiedene Quellen: die theoretische und die praktische Vernunft. In ersterer Hinsicht enthält der Deismus eine auf die entwicklungsgeschichtliche Naturphilosophie gegründete Metaphysik, in der zweiten Richtung involviert er eine moralphilosophische Weltanschauung. Auf diese Weise steht die Naturreligion der Aufklärung ebenso in der Bewegung der theoretischen wie der praktischen Probleme: diese ihre beiden Elemente standen in genauem Zusammenhange, fanden aber je eine besondere Entwicklung, so daß sie auch auseinander gehen und sich gegeneinander isolieren konnten. Das Verhältnis beider Bestandteile zueinander war für die Geschichte der Naturreligion ebenso bestimmend, wie ihre gemeinsame Beziehung zu den positiven Religionen.

Die volle Vereinigung beider Elemente findet sich bei dem bedeutendsten Denker dieser Richtung, bei S h a f t e s b u r y. Den Mittelpunkt seiner Lehre wie seines eigenen Wesens bildet das, was er selbst den E n t h u s i a s m u s genannt hat: die Begeisterung für alles Wahre, Gute und Schöne, die Erhebung der Seele über sich selbst hinaus zu allgemeineren Werten, das Ausleben der ganzen Eigenkraft des Individuums durch die Hingabe an etwas Höheres. Nichts anderes ist auch die Religion: ein gesteigertes Leben der Persönlichkeit, ein Sich-eins-Wissen mit den großen Zusammenhängen der Wirklichkeit. Diese edle Leidenschaft aber wächst wie jede aus der Bewunderung und Erschütterung zur Liebe heran. Die Quelle der Religion ist daher, objektiv wie subjektiv, die Harmonie und Schönheit, die Vollkommenheit des Weltalls: ihr unabweisbarer Eindruck erweckt die Begeisterung. Warmen Herzens schildert Shaftesbury die Ordnung der Dinge, die Zweckmäßigkeit ihres Zusammenspiels, die Schönheit ihrer Gestaltung, die Harmonie ihres Lebens in der aufsteigenden Reihe ihrer Formen, und er zeigt, daß es nichts an sich Böses, nichts durchaus Verfehltes gibt. Was in dem einen Systeme von Einzelwesen als

---

[73]) Es scheint, daß durch Tolands Schrift der Ausdruck P a n t h e i s m u s, wenn nicht geschaffen, so jedenfalls üblich geworden ist. Vgl. auch G. BERTHOLD, J. T. und der Monismus der Gegenwart (Heidelberg 1876).

ein Übel erscheint, erweist sich an einem andern oder in einem höheren Zusammenhange doch wieder als ein Gutes, als ein notwendiges Glied im zweckvollen Bau
des Ganzen. Alle Unvollkommenheit des einzelnen verschwindet in der Vollkommenheit des Universums, jeder Mißklang löst sich in der Harmonie der Welt.
Dieser u n i v e r s a l i s t i s c h e O p t i m i s m u s, dessen Theodicee ihrer begrifflichen Struktur nach wesentlich neuplatonischen Charakters ist, kennt deshalb
nur e i n e n Beweis für das Dasein Gottes, den p h y s i k o - t h e o l o g i s c h e n[74]).
Die Natur trägt überall die Züge des Künstlers an sich, der mit höchster Intelligenz
und Feinfühligkeit die Liebenswürdigkeit seines eigenen Wesens in dem Reiz der
Erscheinungen entfaltet hat. Schönheit ist der Grundbegriff dieser Weltanschauung.
Die Bewunderung des Universums ist wesentlich ästhetisch, und der Geschmack
des gebildeten Menschen ist für Shaftesbury die Grundlage des religiösen wie des
moralischen Gefühls. Deshalb ist auch seine Theologie die geschmackvolle der
künstlerischen Auffassung: ähnlich wie Giordano Bruno sucht er die Zweckmäßigkeit des Universums in der harmonischen Schönheit jedes seiner einzelnen
Gebilde. Alles Kleinliche, Utilistische des theologischen Denkens ist hier abgestreift,
und ein hinreißender Schwung poetischer Weltverklärung geht durch Shaftesburys
Schriften: deshalb haben sie so mächtig auf die deutschen Dichter, auf Herder[75]),
auf Schiller[76]), gewirkt[77]).

3. Auf dieser Höhe stehen nun freilich wenige der Aufklärungsphilosophen:
Voltaire und Diderot[78]) ließen sich anfangs zu so begeisterter Weltbetrachtung
mitreißen, auch Maupertuis und Robinet hatten etwas von dem universalistischen
Zuge; in Deutschland zeigt Reimarus in seinen Betrachtungen über die Kunsttriebe
der Tiere wenigstens eine Empfänglichkeit für die künstlerisch feine Detailarbeit
der Natur und für den Selbstzweck, den sie in ihren organischen Gebilden realisiert.
Die große Masse aber der philosophischen Schriftsteller des 18. Jahrhunderts ist
von dem anthropologischen Interesse und von den praktischen Zielen der Weltweisheit so beherrscht, daß sie vielmehr dem N u t z e n nachforschen, welchen die
Einrichtung des Weltganzen und die Tätigkeiten seiner Teile für die B e d ü r f -
n i s s e   d e s   M e n s c h e n abwerfen: und wenn dabei die höher Gestimmten
hauptsächlich die moralische Förderung und Vervollkommnung im Auge haben,
so verschmähen doch auch sie nicht die Gesichtspunkte des Nutzens und der
alltäglichen „Glückseligkeit".
So wird die ästhetische Teleologie durch die stoische Nützlichkeitslehre abgelöst,
und die technische Analogie, womit Männer wie Leibniz, Boyle, Newton, Clarke
die Unterordnung des Mechanismus unter die Teleologie gedacht hatten, konnte
dieser Auffassung nur günstig sein. Denn die Zweckmäßigkeit der Maschinen besteht gerade darin, daß sie einen Nutzen abwerfen, daß ihre Leistung noch etwas

---

[74]) Diese Bezeichnung weist in das 17. Jahrhundert zurück und scheint aus den neuplatonischen Kreisen in England zu stammen: Samuel P a r k e r gab 1669 Tentamina
physico-theologica de deo, William D e r h a m 1713 eine Physico-theology heraus.

[75]) HERDER, Vom Erkennen und Empfinden.

[76]) SCHILLER, Philosophische Briefe (Julius), vgl. OSC. WALZEL, Einleitung zu der
Cottaschen Ausgabe von Schillers philos. Schriften.

[77]) Vgl. unten § 36, 6.

[78]) Hauptsächlich in den Pensées philosophiques.

anderes ist als ihr eigenes Getriebe. Und dieser Analogie gingen auch die Aufklärer, welche oft die Übereinstimmung ihrer Philosophie mit der Naturwissenschaft herausstrichen, gerne nach: sie verwendeten diese Betrachtung gegen den
Wunderbegriff der Religion; auch Reimarus meinte, nur Stümper brauchten ihren
Maschinen nachzuhelfen, einer vollkommenen Intelligenz sei es unwürdig in diese
Lage zu kommen. Wenn aber nach dem Zweck der Weltmaschine gefragt wurde,
so war die Antwort der Aufklärer: die G l ü c k s e l i g k e i t   d e s   M e n s c h e n,
höchstens etwa noch diejenige der geschaffenen Wesen überhaupt. Am geschmack-
losesten ist diese Nützlichkeitskrämerei in der deutschen Aufklärung ausgeführt
worden: schon W o l f f s empirische Teleologie („Von den Endabsichten der natürlichen Dinge") reizt die Lachmuskeln durch die kleinbürgerlichen Gesichtspunkte,
welche sie der schöpferischen Intelligenz unterschiebt, und die P o p u l a r-
p h i l o s o p h e n überboten sich in der breiten und wohlgefälligen Ausmalung,
wie nett und behaglich doch dies Weltall für den *homo sapiens* ausgestattet sei
und wie wohl sichs darin leben lasse, wenn man sich brav aufführe.

Edler dachte schon damals K a n t, als er in der „Naturgeschichte des Himmels"
sich die Leibniz-Newtonsche Auffassung zu eigen machte, aber jenes Gerede vom
Nutzen der Welt für den Menschen hinter sich ließ und den Blick auf die Vollkommenheit richtete, die sich in der unendlichen Mannigfaltigkeit der Weltkörper
und in der Harmonie ihrer systematischen Verfassung darstellt: und bei ihm erscheint neben der Glückseligkeit der Geschöpfe immer deren sittliche Vervollkommnung und Erhebung. Aber auch er erachtet den p h y s i k o - t h e o l o g i-
s c h e n   B e w e i s für das Dasein Gottes als den menschlich eindrucksvollsten,
wenn er ihm auch ebensowenig strikte Beweiskraft zutraut wie dem kosmologischen und dem ontologischen. Die Popularphilosophie dagegen hatte gerade
an diesem Beweise ihr Lieblingsstück, und er bildet ein durchgängiges Material
der Naturreligion.

4. Die Voraussetzung dieses Gedankenganges war die Überzeugung, daß die Welt
wirklich so vollkommen und zweckmäßig sei, um jenen Beweis zu tragen. Diese
Überzeugung brachten gläubige Gemüter mit, und die Literatur des 18. Jahrhunderts beweist, daß sie in weiten Kreisen als gültige Prämisse des Beweises
unbeanstandet angenommen wurde: skeptische Geister verlangten auch dafür den
Nachweis und riefen so die Probleme der T h e o d i c e e wach. In den meisten
Fällen griff dabei die Aufklärungsphilosophie auf dieselben (antiken) Argumente
zurück, welche Shaftesbury ins Feld führte: auch wurde der skeptisch-orthodoxe
Hinweis auf die Beschränktheit der menschlichen Erkenntnis und die Dunkelheit
der Wege der Vorsehung nicht verschmäht.

Eine neue Wendung erhielt die Theodicee durch L e i b n i z. Dieser war durch
Bayles einschneidende Kritik auf die Notwendigkeit geführt worden, dem System
der Monadologie durch den Nachweis der Vollkommenheit des Universums die
Rechenprobe hinzuzufügen. Er versuchte es, indem er die höchsten Begriffe seiner
Metaphysik dafür in Bewegung setzte, um zu zeigen, daß die Tatsächlichkeit der
Übel in der Welt keine Instanz gegen ihren Ursprung aus allgütiger und allmäch-
tiger Schöpfertätigkeit bilde. Das physische Übel ist in der sittlichen Weltordnung,
führt er aus, eine notwendige Folge des moralischen Übels: es ist die natürliche
Strafe der Sünde. Das moralische Übel aber hat seinen Grund in der Endlichkeit

und Beschränktheit der Geschöpfe: diese ist das m e t a p h y s i s c h e Ü b e l. Als endliches Ding hat die Monade dunkle und verworrene, sinnliche Vorstellungen, und aus ihnen folgen notwendig die dunklen und verworrenen Sinnestriebe, welche die Motive der Sünde sind. So reduziert sich das Problem der Theodicee auf die Frage: weshalb hat Gott das metaphysische Übel geschaffen oder zugelassen[79])?

Die Antwort auf diese Frage ist sehr einfach. Endlichkeit gehört zum Begriff des Geschöpfes, Beschränktheit ist das Wesen aller Kreatur. Es ist eine logische Notwendigkeit, daß eine Welt nur aus endlichen, sich gegenseitig beschränkenden und durch ihren Schöpfer selbst determinierten Wesen bestehen kann. Endliche Wesen aber sind unvollkommen. Eine Welt, die aus lauter vollkommenen Wesen bestünde, ist eine *contradictio in adiecto*. Und da es eine ebenso „ewige", d. h. begriffliche Wahrheit ist, daß aus dem metaphysischen Übel das moralische und weiterhin das physische, daß aus der Endlichkeit die Sünde und aus der Sünde das Leid folgt, so ist es eine logische Notwendigkeit, daß eine Welt ohne Übel undenkbar ist. Mochte daher die Güte Gottes noch so sehr das Vermeiden des Übels verlangen, — die göttliche Weisheit, die *„région des vérités éternelles"* macht eine übellose Welt zur Unmöglichkeit. Die metaphysischen Wahrheiten sind unabhängig vom göttlichen Willen: der letztere ist bei seiner schöpferischen Tätigkeit an sie gebunden.

Anderseits aber bürgt die Güte, die zum Begriff Gottes ebenso gehört wie seine Weisheit, dafür, daß der Übel so wenig wie möglich sind. Die Welt ist zufällig, d. h. sie könnte auch anders gedacht werden. Es gibt eine unendliche Zahl von möglichen Welten, — keine davon ganz ohne Übel, aber eine mit zahlreicheren und schwereren Übeln behaftet als die andere. Wenn nun Gott unter allen diesen möglichen Welten, die seine Weisheit vor ihm ausbreitete, diese wirkliche Welt geschaffen hat, so kann ihn dabei nur die Wahl des Besten geleitet haben: er hat diejenige verwirklicht, welche die wenigsten und die geringsten Übel enthält. Die „Kontingenz" der Welt besteht darin, daß sie nicht mit metaphysischer Notwendigkeit, sondern durch eine Auswahl unter vielen Möglichkeiten existiert: und da diese Auswahl von dem allgütigen Willen Gottes herrührt, so ist es undenkbar, daß die Welt eine andere als die beste wäre. Die Theodicee kann nicht darauf gehen, das Übel in der Welt zu leugnen; denn es gehört zu ihrem Begriff: aber sie kann beweisen, daß diese Welt so wenig Übel enthält, als es nach metaphysischem Gesetz irgend möglich war. Gottes Güte hätte gern eine übellose Welt hervorgebracht, aber seine Weisheit erlaubte ihm nur die b e s t e u n t e r d e n m ö g-l i c h e n W e l t e n. Sie ist die Welt der kleinsten Übel.

Daher stammt der übliche Ausdruck O p t i m i s m u s. Ob diese Rechenprobe der physiko-theologischen Weltbetrachtung stimmt, bleibe dahingestellt. Das 18. Jahrhundert faßte die Sache so auf, als habe Leibniz wesentlich beweisen wollen, daß die Welt die denkbar vollkommenste sei: daß er dies nur unter der Voraussetzung der metaphysischen Notwendigkeit des Übels tat, ist charakteristischerweise in der Literatur jener Zeit, die eben selbst durch und durch „optimistisch" dachte, kaum beachtet worden. In historischer Beziehung aber ist an dieser Theodicee das Merkwürdigste die eigentümliche Mischung thomistischer

---

[79]) Vgl. O. WILLARETH, Die Lehre vom Übel bei Leibniz etc. (Straßburg 1898).

und scotistischer Metaphysik. Die Welt ist so wie sie ist nur deshalb, weil Gott sie so gewollt hat; er hätte kraft seiner Allmacht auch eine andere wählen können: aber in der Wahl der vorliegenden Möglichkeiten ist der göttliche Wille an den göttlichen Verstand als die „ewigen Wahrheiten" gebunden. Über aller Wirklichkeit schwebt das Fatum der Logik.

5. In den bisher entwickelten Formen glaubten die Lehrer der natürlichen Religion auf dem physiko-theologischen Wege zum Begriffe der Gottheit als der schöpferischen Intelligenz zu gelangen, und für diese Phase der Entwicklung pflegt der Name D e i s m u s angewendet zu werden. Die Auffassung Gottes als Persönlichkeit, welche dabei als letzter Rest aus der positiven Religion übrig geblieben ist, bot auch für die moralische Seite der Naturreligion den Anhalt und fand anderseits daran ihren Rückhalt. Wo aber nur das theoretische Element verfolgt wurde, da sah sich die Naturreligion in den Entwicklungsgang der naturalistischen Metaphysik verflochten und fand darin schließlich ihren Untergang. Schon Toland hatte der Naturbewunderung, die für ihn den wesentlichen Inhalt des religiösen Gefühls ausmachte, eine durchaus p a n t h e i s t i s c h e Wendung gegeben, und mit dem Hylozoismus, der sich bei den französischen Naturforschern ausbildete (vgl. § 34, 9), hörte die Transzendenz Gottes ebenso wie die Persönlichkeit auf: als dann aber die Alleinherrschaft der mechanischen Naturerklärung verkündet wurde, als auch die organische Welt im Prinzip für ein Produkt des allgemeinen Naturmechanismus erklärt war, da verlor der physiko-theologische Beweis seine Macht über die Geister. Dazu kam, daß seine Prämissen in Frage gestellt wurden. Das ganz Europa erschütternde Ereignis des Erdbebens in Lissabon (1755) brachte bei vielen die Vorstellung von der Vollkommenheit und Zweckmäßigkeit der Welteinrichtung ins Schwanken: die Gleichgültigkeit, mit der die Natur das Menschenleben und all seinen Zweck- und Wertinhalt zerstört, schien weit eher für eine blinde Notwendigkeit alles Geschehens als für eine teleologische Anlage des Weltprozesses zu sprechen. V o l t a i r e , in welchem sich dieser Umschwung der Auffassung auch vollzog, begann im Candide die „beste der möglichen Welten" zu verspotten, und das naturphilosophische Element der Naturreligion war in sich zerfallen.

Das S y s t è m e d e l a n a t u r e mit seinem Atheismus und Materialismus zog die letzte Konsequenz daraus. Alle Zweckmäßigkeit, alle Ordnung der Natur ist nur ein Phänomen im menschlichen Geiste: die Natur selbst kennt nur die Notwendigkeit der Atombewegung, und in ihr gibt es k e i n e W e r t b e s t i m m u n g e n , die von Zwecken oder Normen abhängig sind. Die Gesetzmäßigkeit der Natur ist in denjenigen Dingen, welche uns zwecklos oder unzweckmäßig, regellos oder anomal erscheinen, mit derselben Folgerichtigkeit wirksam, wie in den Dingen, die wir hinsichtlich ihrer Übereinstimmung mit unseren Absichten oder Gewohnheiten beurteilen und als zweckvoll billigen. Der Weise soll diese I n d i f f e r e n z d e r N a t u r sich zu eigen machen, er soll die Relativität aller Zweckauffassungen durchschauen: es gibt keine reale Norm oder Ordnung. Dies Prinzip wendete D i d e r o t auf die Ästhetik an. Die K o n s e q u e n z d e r N a t u r ist danach das Einzige, was die Kunst darstellen, was sie auffassen und wiedergeben soll: die Schönheit gehört zu denjenigen Wertungen, welchen keine objektive Geltung zukommt. Der Materialismus kennt nur eine i d e a l l o s e K u n s t , nur die gleichgültige Kopie irgend eines beliebigen Wirklichen, — den baren Naturalismus.

6. Während so die naturphilosophischen Grundlagen des Deismus sich von innen heraus zersetzten, geriet auch seine erkenntnistheoretische Basis ins Schwanken: denn alle Angriffe auf die Möglichkeit einer Metaphysik trafen auch diejenige einer Naturreligion, die ja doch inhaltlich nur einen Rest religiöser Metaphysik darstellte. In dieser Hinsicht war der Baconismus der gefährlichste Feind der deistischen Lehre: er ließ die Religion nur als Offenbarung gelten und bestritt die Möglichkeit, ihre Lehren mit der Vernunft zu erkennen oder auch nur in Einklang zu bringen. Niemand hat diesen Standpunkt energischer vertreten als Pierre Bayle. Er arbeitete systematisch daran, die Widervernünftigkeit aller dogmatischen Lehren aufzuzeigen, er legte mit eindringendem Scharfsinn ihre Widersprüche bloß, er suchte zu beweisen, daß sie für die natürliche Vernunft absurd wären: aber er deckte auch die Blößen des Deismus auf, er leugnete die Beweiskraft der philosophischen Argumente für das Dasein Gottes und die Unsterblichkeit der Seele, und er setzte namentlich bei den Problemen der Theodicee ein, um die Unzulänglichkeit des „natürlichen Lichts" zu erweisen: selbst im Streit mit Leibniz war er nicht der unterliegende Teil. Religion ist deshalb für ihn nur als positive Offenbarung im Widerspruch mit der philosophischen Erkenntnis möglich. Er vertritt in aller Schärfe die zweifache Wahrheit. Mochte er darum vielleicht auch selbst für seine Person das Verdienst des widervernünftigen Glaubens haben, — seine Schriften und insbesondere die Artikel des vielgelesenen „Dictionnaire" waren den theoretischen Lehren der positiven Religion nicht weniger gefährlich als denen des Deismus.

Aus erkenntnistheoretischen Gründen hat endlich auch Hume die Vereinigung aufgelöst, welche die übrigen englischen Empiristen und Nominalisten, ja selbst die Materialisten wie Hartley und Priestley, mit der natürlichen Religion aufrechtzuerhalten suchten. Wenn es überhaupt keine Metaphysik der Dinge gibt, so fällt auch die philosophische Religion dahin. Zwar erkennt Hume (als Cleanthes im Dialog) im Sinne seines praktischen Probabilismus (§ 34, 6) an, daß die Welt im ganzen den unbestreitbaren Eindruck der Zweckmäßigkeit und vernünftigen Ordnung mache, und findet deshalb, daß jener Glaube *(belief)*, auf dem alle Lebenserfahrung beruht, auch für die (physiko-theologische) Annahme einer einheitlichen Schöpfung und Leitung des Ganzen zutrifft. Aber vom wissenschaftlichen Standpunkt aus kann er (als Philo) diesen Glauben nicht für begründbar erachten. Insbesondere machte er, wie es gelegentlich auch von Diderot angedeutet wurde, nach den Prinzipien der Wahrscheinlichkeitsrechnung geltend, es erkläre sich auch unter Voraussetzung rein mechanischer Lehren recht gut, daß unter den zahlosen Kombinationen der Atome schließlich eine haltbare, zweckmäßige, wohlgeordnete zustande gekommen und befestigt sei. So bleibt es bei einer problematischen Entscheidung. Die Naturreligion ist eine vernünftige Betrachtungsweise des praktischen Menschen, aber sie darf keine wissenschaftliche Lehre sein wollen.

7. Je mehr aus diesen oder andern Gründen das metaphysische Moment des Deismus zurücktrat, um so mehr wurde das „wahre Christentum", das jener sein wollte, auf eine moralische Überzeugung beschränkt. Das hatte schon Herbert von Cherbury, welcher der Naturphilosophie ferner stand, nahegelegt, und ganz bestimmt war es von Spinoza ausgesprochen worden. Danach sollte das

Wesen der Religion im sittlichen Wollen und Handeln bestehen, das religiöse Leben zu seinem wahren Inhalte die Besinnung auf die Pflicht und den Ernst einer danach bestimmten Lebensführung haben. Diese Auffassung übernahmen die späteren Deisten. Aber das ergab für sich allein nur sehr verschwommene und blasse Linien der Weltanschauung. Es blieb eine unbestimmte Vorstellung von einem allgütigen Gotte übrig, der den Menschen zur Glückseligkeit geschaffen habe, den wir durch tugendhaftes Leben verehren sollen, und der in einem ewigen Leben die ausgleichende Gerechtigkeit üben wird, daß solcher Tugend der Lohn zuteil werde, der ihr hier mangelt. Niemand wird den reinen, edlen Sinn verkennen, der in diesem m o r a l i s i e r e n d e n D e i s m u s lebte, oder den hohen Wert, welcher ihm historisch zukommt, weil er der Einseitigkeit und dem Streit des konfessionellen Eifers gegenüber die Ideale der Duldung und der Menschenliebe, die Achtung des rein Menschlichen, die Wertschätzung der sittlichen Gesinnung und die Bescheidung des persönlichen Meinens in der Literatur und im Leben der Gesellschaft zu Ehren gebracht hat. Aber anderseits ist es auch wahr, daß es nie eine magerere Form des religiösen Lebens gegeben hat als diese: es fehlt ihr der Erdgeschmack der Religion, und mit den Mysterien, welche die Aufklärung nicht duldete, ist ihr das Verständnis für die Tiefen der Religiosität verlorengegangen. Nichts ist mehr darin von dem Bangen um das Heil der Seele, von dem Ringen nach Erlösung, von dem inbrünstigen Gefühl der Errettung. Darum fehlte dem Deismus die religiöse Lebenskraft, er war ein Kunstprodukt der gebildeten Gesellschaft, und wenn die deutschen Aufklärer Bücher schrieben, um den Landkindern die deistische Moral zu predigen, so beweisen sie nur, wie wenig sie von der wirklichen Religion verstanden.

Bei der großen Menge der p o p u l a r p h i l o s o p h i s c h e n Vertreter dieses Standpunktes bleibt mit allen möglichen Abstufungen eine Ungewißheit darüber, wieweit jene ethischen Reste der religiösen Weltanschauung noch einer theoretischen Begründung fähig sein und wieweit sie nur als Inhaltsbestimmungen des moralischen Bewußtseins gelten sollen. Volle Klarheit herrscht darüber in V o l - t a i r e s späterem Denken. Hier ist er von Bayles Skepsis soweit ergriffen, daß er die metaphysische Berechtigung nicht mehr anerkennt: jetzt gelten ihm Gottheit und Unsterblichkeit nur noch als P o s t u l a t e d e s s i t t l i c h e n G e f ü h l s, der Glaube daran als die Bedingung für das sittliche Handeln. Mit diesem Glauben, meint er, würden die Motive für einen rechtschaffenen Lebenswandel und damit die Grundlagen der gesellschaftlichen Ordnung zusammenstürzen: *si Dieu n'existait pas, il faudrait l'inventer.*

8. So verschieden diese einzelnen Ausbildungsformen der Naturreligion sind, in e i n e m Punkte sind sie alle einig: in der abschätzigen Kritik der positiven Religionen. Als wahr gilt an diesen nur das, worin sie alle untereinander und mit der Naturreligion übereinstimmen: alles aber, was darüber hinaus in der positiven Religion mit Berufung auf eine besondere Offenbarung gelehrt wird, weisen die Deisten *a limine* ab, und gerade in dieser Hinsicht nannten sie sich selbst F r e i - d e n k e r. Die Ansprüche der Offenbarungslehre fanden daher besonders lebhaften Widerspruch. Collins widerlegte den Weissagungsbeweis, Woolston den Wunderbeweis, beide indem sie für die entsprechenden Berichte der religiösen Urkunden eine möglichst natürliche Erklärung zu geben suchten. Dieser Versuch, die Glaub-

würdigkeit der biblischen Erzählungen nicht in Zweifel zu ziehen, sie aber in oft sehr wunderlicher Weise durch rein natürliche Ursachen mit Ausschluß alles Geheimnisvollen und Übernatürlichen zu erklären, ist in Deutschland hauptsächlich als die r a t i o n a l i s t i s c h e Deutung bezeichnet und geübt worden. Hier war es auch, wo R e i m a r u s in seiner „Schutzschrift" am schärfsten gegen die Möglichkeit der Offenbarung vorging, die er für überflüssig, für undenkbar und für unwahr erklärte. Andere richteten ihre Kritik gegen die einzelnen Lehren der Dogmatik: Diderot bekämpfte die moralischen Merkmale des christlichen Gottesbegriffs, und Voltaire übte seinen Witz in der schonungslosen Verspottung der Dogmen und der Zeremonien aller Religionen und Konfessionen.

Auch bei ihm aber lag der ernste Gedanke zugrunde, daß alle diese Zutaten der positiven Religionen ebenso viele Verdunklungen und Verderbnisse der wahren Religion seien, für die er sich wie die andern Deisten zu streiten berufen fühlte. Sie waren von der Überzeugung erfüllt, daß die Naturreligion ein Erbteil aller Menschen, eine im Wesen des Menschen selbst angelegte Überzeugung und daß sie daher der ursprüngliche Zustand des religiösen Lebens gewesen sei. Von hier aus erschienen alle positiven Religionen als Depravationen, die im Lauf der Geschichte eingetreten seien, und ein Fortschritt der Religionsgeschichte besteht nach dieser Auffassung immer nur in der Rückkehr zu der anfänglichen, reinen und unverfälschten Religion. Daher ist nach T i n d a l das wahre Christentum, das mit dem Deismus zusammenfallen soll, so alt wie die Schöpfung. Jesus hat keine neue Offenbarung gebracht, er hat nur gegenüber der Verrottung der antiken Religionen die wahre Gottesverehrung wiederhergestellt: aber die christlichen Kirchen haben sein Werk wieder in Verderbnis gebracht, und das Freidenkertum will zu ihm zurückkehren. So unterschied auch L e s s i n g zwischen der Religion Christi und dem Christentum.

Fragte man aber nun nach den Ursachen, welche diese Entstellung der wahren Religion herbeigeführt hätten, so bewiesen die Aufklärer gerade in der Behandlung dieser Frage ihren Mangel an historischem Verständnis: das, was sie für falsch hielten, schien ihnen nur durch willkürliche Erfindung möglich. Sie waren vor der Evidenz und der alleinigen Richtigkeit ihres Deismus so sehr überzeugt, daß ihnen andere Lehren nur durch Lug und Trug erklärbar, daß ihnen die Verkünder davon nur im eigenen Sinne gehandelt zu haben schienen. So ist denn die allgemeine Lehre der Deisten die, daß der historische Grund der positiven Religionen Erfindung und Betrug sei. Selbst Shaftesbury wußte keine andere Erklärung dafür, daß der Enthusiasmus, der die reine Religion ausmacht, bis zum Fanatismus des Aberglaubens habe entstellt werden können. Am schärfsten spricht auch in dieser Hinsicht der Priesterhaß der Aufklärer in der „Schutzschrift" von Reimarus.

9. Solche Unfähigkeit, dem historischen Wesen der positiven Religionen gerecht zu werden, hing mit dem allgemeinen Mangel an geschichtlichem Sinn und Verständnis zusammen, welcher der gesamten Aufklärungsphilosophie eigen war und seinen Grund darin hatte, daß das moderne Denken an der Hand der Naturwissenschaft in der Aufsuchung des sei es zeitlos sei es immer Geltenden groß geworden war. Nur an wenigen Stellen wurde dieser Bann durchbrochen.

Zuerst und mit klarstem Bewußtsein geschah es durch David H u m e, der in seltenem Maße den historischen[80]) mit dem philosophischen Sinn vereinte. Führte ihn seine Erkenntnislehre zu der Überzeugung, daß die Religion nicht auf demonstrative Vernunfterkenntnis begründet werden kann, so zeigte er, daß von dieser Untersuchung die Frage nach der Entstehung der Religion im menschlichen Geiste völlig gesondert werden müsse. Diese behandelte er lediglich nach psychologischen Prinzipien als „N a t u r g e s c h i c h t e d e r R e l i g i o n". Er zeigt, wie in der primitiven Auffassung der Natur und in den Gefühlen der Furcht und Hoffnung, der Erschütterung und Beglückung, die sich daran knüpfen, in der Vergleichung des Naturlaufs mit den Wechselfällen des Menschenlebens die Anlässe zur Bildung von Vorstellungen höherer Wesen und zu ihrer beschwichtigenden oder schmeichelnden Verehrung lagen. Die natürliche Urform der Religion ist also der Polytheismus, der jene höheren Mächte durchaus anthropomorphistisch denkt und behandelt. Allein die mannigfachen Gestalten des Mythos verschmelzen nach den Gesetzen der Ideenassoziation, die Mythen gehen ineinander über, und schließlich verdichtet sich vermöge d⋅ser Theokrasie die ganze religiöse Vorstellungsmasse zu dem Glauben an ein einheitliches göttliches Wesen, dem die zweckvolle Ordnung des Universums zu danken sei, — ein Glaube freilich, der sich nicht rein zu erhalten vermag, sondern sich in mancherlei Formen mit seinen ursprünglichen Voraussetzungen verknüpft. Die Geschichte der Religion ist die allmähliche Umwandlung des Polytheismus in Monotheismus, und ihr Resultat trifft mit jener teleologischen Weltbetrachtung zusammen, welche Hume als die zwar nicht wissenschaftlich beweisbare, aber mit dem natürlichen Überzeugungsgefühl verbundene Ansicht des verständigen Menschen in seinen „Dialogen" darstellte.

Dieser psychologisch-kulturhistorischen Auffassungsweise trat die philologisch-literargeschichtliche an die Seite, welche in der durch Salomon S e m l e r begründeten h i s t o r i s c h e n B i b e l k r i t i k ihren Ausdruck fand. Sie begann den von Spinoza[81]) formulierten Gedanken auszuführen, daß die biblischen Bücher ihrem theoretischen Inhalte, ihrer Entstehung und Geschichte nach ebenso wie andere Schriften behandelt, aus ihrer Zeit und der Eigenart ihrer Verfasser verstanden werden müßten: insbesondere machte Semler auf den Gesichtspunkt aufmerksam, daß in den Büchern des Neuen Testaments die verschiedenen Parteien der ersten Christengemeinden zu Worte kommen. Mögen auch die Hypothesen, zu denen er in dieser Hinsicht gelangte, vor der späteren Wissenschaft überholt worden sein, so wurde doch darin ein wissenschaftlicher Ausweg aus dem Radikalismus gezeigt, in den sich die deistische Richtung verrannt hatte, und Semler erhob deshalb seine Stimme gegen die Wortführer der Aufklärung.

Von noch anderer Seite hat L e s s i n g in diese Fragen eingegriffen. Er war gewiß nicht der Mann, seine Überzeugung unter eine Satzung zu beugen; er durch-

---

[80]) Vgl. J. GOLDSTEIN, Die empirische Geschichtsauffassung D. Humes (Leipzig 1903).

[81]) Vgl. oben § 32, 2. In welchem Maße Spinozas Schriften den religiösen Aufklärern in Deutschland bekannt waren, erhellt unter anderem aus der interessanten Tatsache, daß Lorenz Schmidt, der Leiter der Wertheimer Bibelübersetzung, der anonyme Herausgeber eines Buches ist, worin unter der Maske einer „Widerlegung der Lehre Spinozas durch den berühmten Philosophen Christian Wolff" eine vorzügliche Übersetzung von Spinozas Ethik geboten und schließlich nur ein paar Paragraphen aus Wolffs deutschen Schriften angehängt werden. (Gedruckt Frankfurt u. Leipzig 1744.)

schaute und verwarf, wie nur irgend ein anderer, die Beschränktheit, die in dem historisch Überkommenen das einzige Wahre sehen will: aber er hütete sich wohl, selbst den Richter zu spielen, der erst nach tausend, tausend Jahren über die Echtheit der Ringe entscheiden soll. Allein es ist nicht nur dies, was ihn von der großen Masse der Aufklärer trennt: er ist selbst eine tief religiöse Natur, und so sieht er in der Religion ein lebendiges Verhältnis des Menschen zu Gott und Gottes zum Menschen. Daher ist R e l i g i o n   n i c h t   o h n e   O f f e n b a r u n g möglich, und die Geschichte der Religion ist die Reihenfolge der Offenbarungen Gottes, ist die E r z i e h u n g   d e s   M e n s c h e n g e s c h l e c h t s durch Gott. Für die planvolle Aufeinanderfolge dieser Offenbarungen nimmt Lessing das Verhältnis an, daß der tiefere Sinn einer jeden in der folgenden klarer und deutlicher enthüllt wird. So läßt auch das Neue Testament, dies zweite Elementarbuch, an dem der fortgeschrittenere Schüler jetzt „stampft und glüht", den Ausblick auf ein e w i g e s E v a n g e l i u m ahnen. In der Ausführung[82]) dieses origenistischen Gedankens deutet Lessing nur tastend unbestimmte Linien an, welche in der Richtung einer mystisch-spekulativen Umdeutung der Dogmen liegen.

10. Am energischsten endlich ist jener Verständnislosigkeit des landläufigen Rationalismus H e r d e r entgegengetreten. Der Kampf, den er, ähnlich wie Rousseau (vgl. unten § 37, 4) und nicht ohne dessen Einfluß, gegen die Flachheit und Plattheit der Aufklärung führte, beruhte wesentlich auf ästhetischen Motiven, die gegen die nüchterne Verstandeskultur die Ursprünglichkeit des Gefühls und das Recht der Genialität ausspielten. So gewann er die Einsicht in die religiöse Ohnmacht der Aufklärung und vertrat ihr gegenüber die ursprüngliche Wärme des religiösen Gefühls und zugleich das historische Recht des Christentums. Von diesem Standpunkte gelangte er gegenüber den Vorurteilen seiner Zeit zu einer gerechteren Würdigung des Mittelalters, die sogar schon die Überschwänglichkeiten der romantischen Auffassung vorbereitete, und anderseits pries er die Bibel als den Inbegriff aller religiösen Wahrheit. Ja, in den Schriften, die aus der Zeit seiner Vereinsamung in Bückeburg stammen[83]), ließ er sich sogar zu einem leidenschaftlichen Orthodoxismus und Supranaturalismus fortreißen, der selbst gegen die fridericianische Toleranz als verwerflichen Indifferentismus eiferte.

Aber auch diese Einseitigkeit hat Herder überwunden, als er von Goethe in die freiere Atmosphäre von Weimar gerettet worden war: und die Heilung kam wiederum aus dem ästhetischen Bewußtsein, indem er die Einsichten, die er über das Wesen des Volksliedes gewonnen hatte, auf das Verständnis der religiösen Urkunden anzuwenden lernte. In seinem „Geist der hebräischen Poesie" (1782) betrachtete er die Bibel als ein Erzeugnis der dichterischen Phantasie, und zwar als V o l k s d i c h t u n g. Und mit dieser ästhetischen war zugleich eine historische Auffassung der Religion gewonnen, welche sich den allgemeinen geschichtsphilosophischen Gedanken Herders (vgl. § 37, 5) in der glücklichsten Weise einfügte.

---

[82]) Erziehung des Menschengeschlechts, § 72 ff.

[83]) Auch eine Philosophie der Geschichte zur Bildung der Menschheit (1773; **gegen** Iselin, vgl. unten § 37, 5); Erläuterungen zum Neuen Testament (1774); Älteste Urkunde des Menschengeschlechts (1774 u. 1776); Provinzialblätter an Prediger (1776) usw.

2. Kapitel.   Die praktischen Fragen.

Wenn die Naturreligion des 18. Jahrhunderts den Halt, den ihr die naturwissenschaftliche Metaphysik nicht dauernd gewähren konnte, bei der Moral suchte, so
war dies dadurch ermöglicht, daß inzwischen auch dieser Zweig der philosophischen
Untersuchungen seine völlige Unabhängigkeit von der positiven Religion gewonnen
hatte. Und in der Tat war diese Ablösung, die schon im Gefolge der religiös indifferenten Metaphysik des 17. Jahrhunderts begonnen hatte, verhältnismäßig schnell
und einfach vollzogen worden: dabei aber machte sich die Eigentümlichkeit des
neuen Zeitalters auch darin geltend, daß der Schwerpunkt dieser Untersuchungen
sehr bald auf das p s y c h o l o g i s c h e Gebiet verlegt wurde, und hierin kam der
Philosophie die literarische Neigung des Zeitalters entgegen, die auf eine vertiefte
Beschäftigung des Menschen mit sich selbst, auf ein Durchwühlen seiner Gefühle,
ein Zergliedern seiner Motive, auf die „sentimentale" Pflege persönlicher Beziehungen
gerichtet war. Das in seinem Innenleben schwelgende Individuum, d i e s i c h
s e l b s t g e n i e ß e n d e M o n a d e ist die charakteristische Erscheinung der Aufklärungszeit. Der Individualismus der Renaissance, welcher im 17. Jahrhundert
durch die äußeren Mächte zurückgedrängt war, brach nun aus der steifen Grandezza
zeremoniösen Formelwesens mit verinnerlichter Gewalt wieder hervor: die Schranken sollten durchbrochen, die Äußerlichkeiten abgeworfen, das reine, natürliche
Leben des Menschen herausgekehrt werden.

Je wichtiger aber so der einzelne sich selbst wurde und je vielseitiger er die
Fragen nach dem Inhalt seiner wahren Glückseligkeit erwog, um so mehr wurden
ihm Moralität, Gesellschaft und Staat zum Problem. Wie kommt — so lautet die
praktische Grundfrage der Aufklärungsphilosophie — das I n d i v i d u u m zu
einem Lebenszusammenhange, der über es selbst hinausgreift? Durch alle die lebhaften Diskussionen dieser Probleme geht als stillschweigende Voraussetzung die
Ansicht hindurch, daß das Einzelwesen in seiner (wie immer aufgefaßten) natürlichen Bestimmtheit das Ursprüngliche, Gegebene, das einfach Selbstverständliche
sei und daß aus ihm erst alle jene übergreifenden Beziehungen zu erklären seien.
Insofern bildet, hier mehr nach Analogie des Atomismus, dort mehr nach derjenigen
der Monadologie gedacht, die naturalistische Metaphysik des 17. Jahrhunderts den
Hintergrund für die Moral des achtzehnten.

Die stetig fortschreitende Verdeutlichung dieser Voraussetzungen hat es mit sich
gebracht, daß die P r i n z i p i e n d e r E t h i k in den Verhandlungen dieser Zeit
eine wertvolle Klärung fanden. Denn indem das sittliche Leben als etwas zu dem
natürlichen Wesen des Individuums Hinzutretendes, erst zu Erklärendes angesehen
wurde, mußte einerseits durch eine genaue Scheidung festgestellt werden, was denn
eigentlich dies zu Erklärende sei, und wie es erkannt werde, und anderseits die
Untersuchung sich darauf richten, worauf sein Wert und seine Geltung beruhe:
und je mehr dabei die Sittlichkeit als etwas dem natürlichen Wesen des Individuums
Fremdes erschien, um so mehr machte sich neben der Frage nach dem Grunde der
Geltung der sittlichen Gebote diejenige nach den Beweggründen geltend, welche den
Menschen zu ihrer Befolgung veranlassen. So treten, anfangs noch viel verschlungen
und dann sich von neuem verschlingend, vier Hauptfragen heraus: was ist der Inhalt
der Sittlichkeit? wie erkennen wir ihn? worauf beruht die Geltung der sittlichen

Gebote? was bringt den Menschen zum sittlichen Handeln? Die P r i n z i p i e n
d e r M o r a l legen sich auseinander nach den vier Gesichtspunkten des K r i -
t e r i u m s, der E r k e n n t n i s q u e l l e, der S a n k t i o n und des M o t i v s.
Diese Auseinanderlegung aber bestand darin, daß sich zeigte, die verschiedenen
Antworten auf diese gesonderten Fragen seien in der mannigfachsten Weise miteinander kombinierbar: so ergibt sich jene Klärung und Sonderung gerade aus der
bunten Mannigfaltigkeit und dem schillernden Ineinanderspielen der moralphilosophischen Lehren des 18. Jahrhunderts. Als der allseitig anregende, vielfach beherrschende Geist steht hier S h a f t e s b u r y im Mittelpunkte der Bewegung:
einen Abschluß dagegen findet diese gerade wegen des Auseinandergehens der
Fragestellungen in diesem Zeitraum nicht (vgl. § 39).

Typisch für den individualistischen Grundzug dieser Ethik war die immer neu
gewendete Abwägung des V e r h ä l t n i s s e s v o n T u g e n d u n d G l ü c k -
s e l i g k e i t; ihr mehr oder minder scharf ausgesprochenes Endergebnis war, daß
die Triebbefriedigung des Individuums zum Wertmaß der ethischen Funktionen
erhoben wurde. Das auf diesem Prinzip aufgebaute System der praktischen Philosophie ist der U t i l i t a r i s m u s, dessen vielspältige Ausbildung den Drehpunkt
in den verschlungenen Kreisläufen dieser Überlegungen ausmacht.

Daraus aber ergab sich die in bezug auf die politische und soziale Wirklichkeit
viel brennendere Frage nach dem G l ü c k s e l i g k e i t s w e r t e d e s g e s e l l -
s c h a f t l i c h e n Z u s a m m e n h a n g e s, der öffentlichen Einrichtungen und
ihrer geschichtlichen Entwicklung. Das Bestehende und historisch Gewordene verlor
wiederum seine unmittelbare Geltung und seine unbefangene Würdigung: es sollte
sich vor dem kritischen Bewußtsein rechtfertigen und sein Existenzrecht durch die
Vorteile bewähren, die es für die Glückseligkeit der Individuen abwirft. Von diesem
Gesichtspunkte her entwickelte sich die Staats- und Gesellschaftsphilosophie des
18. Jahrhunderts, von hier aus nahm sie ihre kritische Stellung zu der historischen
Wirklichkeit, und nach diesem Maßstabe prüfte sie schließlich auch den Ertrag des
geschichtlichen Fortschritts der menschlichen Zivilisation. Der Wert der K u l t u r
selbst und das V e r h ä l t n i s v o n N a t u r u n d G e s c h i c h t e wurden so zu
einem Problem, das am eindrucksvollsten von R o u s s e a u formuliert, in dem
Gegensatze der von diesem angeregten Richtungen und im Verein mit den erschütternden Ereignissen der Revolution die Anfänge der G e s c h i c h t s -
p h i l o s o p h i e bestimmte.

§ 36. Die Prinzipien der Moral.

FR. SCHLEIERMACHER, Grundlinien einer Kritik der bisherigen Sittenlehre (1803),
W. W., III., Bd. 1.

H. SIDGWICK, The methods of ethics (3. Aufl., London 1884). Deutsch v. C. BAUER
(1909).

Die fruchtbarsten Anregungen zur Diskussion der ethischen Probleme sind in
positiver wie in negativer Richtung von H o b b e s ausgegangen. Das von ihm
aufgestellte *selfish system* erstreckt seine Wirksamkeit durch das ganze 18. Jahrhundert: es wird in alle seine Konsequenzen durchgeführt, und es ist ein stets
mächtiger Stachel zum Hervortreiben der gegensätzlichen Ansichten, die eben dadurch auch von ihm abhängig werden. In gewissem Sinne gilt dies schon von

Cumberland, der zwar dem psychologischen Relativismus gegenüber die Geltung der sittlichen Gebote als ewiger Wahrheiten verfocht, dabei aber doch als ihren wesentlichen und bestimmenden Zweckinhalt die a l l g e m e i n e   W o h l f a h r t betrachtet wissen wollte.

1. Die Stellung L o c k e s ist in diesen Fragen noch weniger ausgeprägt als in den theoretischen. Allerdings nimmt bei seiner Bestreitung der „eingeborenen Ideen", wie es sich aus deren Frontbietung gegen den Neuplatonismus der Cambridger Schule erklärt, die Behandlung der praktischen Prinzipien fast den breiteren Raum ein: aber die positiven Andeutungen, die sich über ethische Gegenstände in seinen Schriften verstreut finden (und mehr als Andeutungen sind es freilich nicht), gehen über den bloßen Psychologismus beträchtlich hinaus. Locke sieht das moralische Urteil als eine demonstrative Erkenntnis an, weil es zu seinem Gegenstande ein Verhältnis hat, nämlich die Übereinstimmung oder Nichtübereinstimmung einer menschlichen Handlungsweise mit einem G e s e t z e[84]). Danach erscheint für die Ethik der i m p e r a t i v e Charakter als wesentlich. Das Bestehen solcher Normen setzt aber nicht nur einen Gesetzgeber voraus, sondern auch dessen Macht, ihre Befolgung mit Lohn, ihre Mißachtung mit Strafe zu behaften: denn nur durch die Erwartung dieser Folgen kann nach Lockes Meinung ein Gesetz auf den Willen wirken.

War der Philosoph sicher, mit solchen Sätzen von dem *common-sense* des Durchschnittsmenschen nicht abzuweichen, so gilt das ebenso von den drei Instanzen, die er für die gesetzgeberische Autorität aufführt: öffentliche Meinung, Staat und Gott. Bei der höchsten dieser Instanzen aber fand er wieder einen Anknüpfungspunkt an die Reste der cartesianischen Metaphysik, die sein Empirismus bewahrt hatte. Der Wille Gottes nämlich wird (nach Lockes Religionsphilosophie, vgl. oben § 35, 1) völlig identisch durch die Offenbarung und durch das „natürliche Licht" erkannt. Das Gesetz Gottes ist das Gesetz der Natur. Sein Inhalt aber ist der, daß durch die von Gott bestimmte Naturordnung an gewisse Handlungen schädliche, an andere nützliche Folgen geknüpft, und daß d e s h a l b jene verboten, diese geboten sind. So gewinnt das Moralgesetz eine metaphysische Wurzel, ohne seinen utilistischen Inhalt einzubüßen.

2. Das Bedürfnis nach einem m e t a p h y s i s c h e n   G r u n d e   d e r   M o r a l machte sich auch in andern Formen und zum Teil noch stärker geltend: war es doch der gesamten cartesianischen Schule in der Weise geläufig, daß der rechte Wille als die notwendige und unausbleibliche Folge der rechten Einsicht betrachtet wurde. Hierin sekundierte dem Cartesianismus die ganze Schar der ihm in der Naturphilosophie so feindlichen Neuplatoniker, — schon Henry More[85]) und Cudworth[86]), später besonders Richard Price[87]). Sie alle gingen von dem Gedanken aus, daß das Sittengesetz mit der innersten Natur der aus Gott geflossenen Wirklichkeit gegeben und deshalb mit ewigen und unveränderlichen Lettern in jedem vernünftigen Wesen geschrieben sei. Mit viel Begeisterung, aber mit wenig neuen

---

[84]) Vgl. Essay conc. h. u., II, 28, 4 ff.

[85]) Encheiridion ethicum (1667).

[86]) Dessen Treatise concerning eternal and immutable morality wurde erst 1731 von Chandler herausgegeben.

[87]) Questions and difficulties in morals (London 1758).

Argumenten verfochten sie die stoisch-platonische Lehre in ihrer christlich-theistischen Umbildung.

Dabei nahm dieser I n t e l l e k t u a l i s m u s im Zusammenhange mit der rationalistischen Metaphysik eine Richtung, die sich von dem scotistischen, durch Descartes und noch mehr durch Locke erneuerten Rekurs auf den göttlichen Willen weit entfernte und statt dessen darauf ausging, den Inhalt des Sittengesetzes lediglich durch metaphysische Verhältnisse und demgemäß in letzter Instanz nach logischen Kriterien zu bestimmen: und darin gerade trat der Gegensatz gegen alle psychologisch beeinflußten Theorien hervor, die in irgend einer Form immer auf Lust- und Unlustgefühl als den innersten Nerv der ethischen Bestimmungen zurückkamen. Am deutlichsten ist dies bei C l a r k e , welcher das objektive Prinzip der Moral in der Angemessenheit einer Handlung zu den sie bestimmenden Verhältnissen finden wollte, für die Erkenntnis dieser Angemessenheit eine der mathematischen analoge Evidenz in Anspruch nahm und in cartesianischem Sinne davon überzeugt war, daß aus solcher Einsicht sich unausweichlich das Verpflichtungsgefühl entwickle, durch welches der Wille zu der sachgemäßen Handlung bestimmt werde. Ethische Minderwertigkeit erschien danach wiederum ganz in antiker Weise (vgl. § 7, 6) als Ausfluß der Unkenntnis oder der sachwidrigen Meinung. Demselben Gedanken gab, von Clarke angeregt, W o l l a s t o n die Wendung, daß, da jede Handlung ein (theoretisches) Urteil über die zugrunde liegenden Verhältnisse involviere, es an der Richtigkeit oder Unrichtigkeit dieses Urteils sich entscheide, ob die Handlung auch im ethischen Sinne recht oder unrecht sei.

3. Eine eigentümliche Stellung nimmt in diesen Fragen Pierre B a y l e ein: er vertritt einen e t h i s c h e n R a t i o n a l i s m u s o h n e j e d e n m e t a p h y s i s c h e n H i n t e r g r u n d. Bei ihm war das Interesse, die Moral gegen alle Abhängigkeit von dogmatischen Lehren sicherzustellen, am stärksten und radikalsten wirksam. Wenn er, metaphysische Erkenntnis überhaupt für unmöglich erklärend, die rationale Begründung der Naturreligion ebenso bestritt wie diejenige des positiven Dogmas, so gab er der „Vernunft", was er ihr auf theoretischem Gebiete genommen, dafür auf dem praktischen mit vollen Händen zurück. Unfähig, das Wesen der Dinge zu erkennen, ist die menschliche Vernunft nach ihm vollauf mit dem Bewußtsein ihrer Pflicht ausgerüstet: ohnmächtig nach außen, ist sie durchaus Herrin über sich selbst. Was ihr am Wissen fehlt, hat sie am Gewissen: eine Erkenntnis ewiger und unwandelbarer Wahrheit.

Die sittliche Vernunft, meint daher Bayle, bleibt überall dieselbe, so verschieden die Menschen, die Völker, die Zeiten in ihren theoretischen Einsichten sein mögen. Er lehrt zum erstenmal mit deutlichem Bewußtsein die völlige U n a b h ä n g i g k e i t d e r p r a k t i s c h e n V e r n u n f t v o n d e r t h e o r e t i s c h e n : aber er spitzt auch dies gern auf das theologische Gebiet zu. Offenbarung und Glaube gelten ihm in katholischer Weise wesentlich als theoretische Erleuchtung: eben darum erscheinen sie ihm für die Sittlichkeit als gleichgültig. Er bewunderte die ethische Tüchtigkeit des antiken Heidentums, und er glaubte an die Möglichkeit einer moralisch wohl geordneten Lebensgemeinschaft von Atheisten. Wenn deshalb seine theoretische Skepsis der Kirche günstig scheinen mochte, so mußte diese in seiner Moralphilosophie den gefährlichsten Gegner bekämpfen.

Wurden dabei die sittlichen Grundsätze auch von Bayle als „ewige Wahrheiten"
proklamiert, so geschah dies in dem ursprünglich cartesianischen Sinne, wonach
es sich nicht sowohl um die psychologische Frage des Eingeborenseins, als vielmehr
um den erkenntnistheoretischen Gesichtspunkt der unmittelbaren, logisch unver-
mittelten Evidenz handelte. In diesem Sinne galt selbstverständlich das virtuelle
Eingeborensein der sittlichen Wahrheiten auch bei L e i b n i z, und es geschah in
beider Geiste, wenn V o l t a i r e, der, je skeptischer er sich zur Metaphysik stellte
(vgl. § 35, 5), um so mehr sich Bayles Standpunkt näherte, von den sittlichen
Grundsätzen sagte, sie seien dem Menschen angeboren wie seine Gliedmaßen: beide
müsse er erst durch die Erfahrung gebrauchen lernen.

4. Bayle mochte wohl die allgemeine Ansicht hinter sich haben, wenn er den
sittlichen Überzeugungen einen über allen Wechsel und alle Verschiedenheit theoretischer Meinungen erhabenen Wert zuschrieb: aber er hatte damit vielleicht gerade
deshalb Erfolg, weil er jene Überzeugungen als etwas Allbekanntes behandelte und
sich nicht darauf einließ, ihren Inhalt in ein System oder auf einen einheitlichen
Ausdruck zu bringen. Wer aber dies versuchte, der schien schwer eines Prinzips
entraten zu können, das nicht entweder der Metaphysik oder der Psychologie entnommen werden mußte.

Eine derartige prinzipielle Begriffsbestimmung der Sittlichkeit wurde nun in erster
Linie durch die Metaphysik von L e i b n i z ermöglicht, von diesem jedoch nur
gelegentlich und andeutungsweise angebahnt und erst von Wolff in systematischen,
aber auch gröberen Formen ausgeführt. Die Monadologie betrachtet das Universum
als ein System von Lebewesen, deren rastlose Tätigkeit in der Entfaltung und Verwirklichung ihres ursprünglichen Inhalts besteht. Bei dieser aristotelischen Auffassung verwandelt sich der spinozistische Grundbegriff des *suum esse conservare*
(vgl. § 32, 6) in eine zweckvolle Lebensbestimmung, welche Leibniz und seine
deutschen Schüler als V o l l k o m m e n h e i t bezeichneten[88]). Das „Gesetz der
Natur", das somit auch dieser Ontologie zufolge mit dem Sittengesetz zusammenfällt, ist das Streben aller Wesen nach Vollkommenheit. Da nun jede Vervollkommnung als solche mit Lust, jeder Rückschritt aber in der Lebensentfaltung
mit Unlust verbunden ist, so ergibt sich daraus die (antike) Identität des sittlich
Guten mit der Eudämonie.

Das Naturgesetz verlangt also vom **Menschen,** alles dasjenige zu tun, was seiner
Vervollkommnung dient, und verbietet alles, was ihm Verlust an seiner Vollkommenheit zu bringen droht. Aus diesem Gedanken entwickelt Wolff das ganze System
der Pflichten, wobei er namentlich das Prinzip der gegenseitigen Förderung heran-
zieht: der Mensch bedarf zu seiner Vervollkommnung der andern Menschen und
arbeitet an seiner eigenen Vollkommenheit, indem er diesen zur Erfüllung ihrer
Bestimmung hilft. Insbesondere aber ergab sich aus solchen Prämissen, daß der
Mensch wissen muß, was ihm wahrhaft zur Vervollkommnung gereicht: denn nicht
alles, was momentan als Lebensförderung gefühlt wird, erweist sich wahrhaft und
dauernd als ein Schritt zur Vollkommenheit. Daher bedarf die Sittlichkeit durchaus
der sittlichen Erkenntnis, der· richtigen Einsicht in das Wesen der Dinge und des

---

[88]) LEIBNIZ, Monad., 41 ff. und zum Folgenden ebenda, 48 ff.

Menschen. Unter diesem Gesichtspunkte erscheint die A u f k l ä r u n g   d e s   V e r - s t a n d e s   a l s   v o r n e h m s t e   s i t t l i c h e   A u f g a b e. Bei L e i b n i z folgt dies unmittelbar aus dem Begriff der Monade: sie ist um so vollkommener — und Voll- kommenheit definiert Leibniz echt scholastisch als *grandeur de la réalité positive* —, je mehr sie ihre Aktivität in klaren und deutlichen Vorstellungen betätigt; das na- türliche Gesetz ihrer Entwicklung ist die Aufklärung ihres ursprünglich dunklen Vorstellungsinhalts (vgl. § 31, 11). Wolffs umständliche Deduktion läuft vielmehr auf den empirischen Nachweis der nützlichen Folgen des Wissens hinaus. Sie bleibt damit ganz im Rahmen der hausbackenen Absicht, welche der deutsche Katheder- philosoph seiner wissenschaftlichen Arbeit vorsetzte: die Philosophie durch Klarheit der Begriffe und Deutlichkeit der Beweise brauchbar und praktisch wirksam zu machen.

5. Diese Tendenz hatte Wolff von seinem Lehrer T h o m a s i u s, dem Führer ler Aufklärer, übernommen, einem Manne, dem freilich die Vornehmheit des Leibniz- schen Geistes abging, desto mehr aber das Verständnis für die Bedürfnisse seiner Zeit, die agitatorische Beweglichkeit und der Mut gemeinnützigen Strebens gegeben waren. Geistige Regungen der Renaissance, die im 17. Jahrhundert zurückgedämmt worden waren, lebten an dessen Schlusse wieder auf. Thomasius wollte die Philo- sophie aus dem Hörsaal in das Leben verpflanzen, sie in den Dienst der allgemeinen Wohlfahrt stellen: und da er von der Naturwissenschaft wenig verstand, so wandte sich sein Interesse der Kritik der öffentlichen Einrichtungen zu. Im Leben der Gesamtheit wie in dem des Individuums soll nur die Vernunft herrschen: so focht er ehrlich und siegreich gegen Aberglauben und Beschränktheit, gegen Tortur und Hexenprozesse. Die Aufklärung im Sinne des Thomasius ist daher weit entfernt von der metaphysischen Würde, die ihr Leibniz gab, sie gewinnt vielmehr ihren Wert für den Einzelnen wie für die Gesamtheit erst durch den Nutzen, den sie abwirft und der nur von ihr erwartet werden darf.

V o l l k o m m e n h e i t   u n d   U t i l i t ä t sind somit die beiden Merkmale, welche bei Wolff die A u f k l ä r u n g zum ethischen Prinzip machen: jenes tritt bei der allgemeinen metaphysischen Grundlage, dies in dem besonderen Ausbau des Systems stärker hervor. Und in derselben Weise zieht sich diese Dualität der Kriterien durch Wolffs Schule und die gesamte Popularphilosophie hin, — nur daß, je flacher die Lehren werden, um so breiteren Raum die Utilität einnimmt. Selbst M e n d e l s - s o h n begründet die Abwendung von aller tieferen und feineren Grübelei damit, daß die Philosophie nur gerade so viel zu behandeln habe, als zur Glückseligkeit des Menschen nötig ist. Weil aber dieser aufklärerische Eudämonismus von vorn- herein keinen höheren Gesichtspunkt hatte als die Ausbildung und das Wohlergehen des Durchschnittsmenschen, so verfiel er einer andern Beschränktheit: dem nüch- ternsten Philistertum und der spießbürgerlichen Verständigkeit. Das mochte in einer gewissen zwar nicht hohen, aber breiten Schicht der populären Literatur am Platze und von segensreicher Wirkung sein: wenn aber solcher Erfolg den Aufklärern zu Kopfe stieg, wenn sie dieselben Maßstäbe an die großen Erscheinungen der Gesell- schaft und der Geschichte legten, wenn dieser Übermut des empirischen Verstandes nichts gelten lassen wollte, als was er „klar und deutlich" erkannt hatte, dann ver- zerrten sich die edlen Züge der Aufklärung zu jener wohlgemeinten Verständnis-

losigkeit, als deren Typus Friedrich N i c o l a i mit all seiner rastlosen Gemein-
nützigkeit eine komische Figur geworden ist[89]).

6. Die große Masse der deutschen Aufklärer ahnte nicht, wie weit sie mit dieser
trockenen Utilität abstrakter Verstandesregeln von dem lebendigen Geiste des großen
Leibniz abirrte: schon Wolff hatte ja auch metaphysisch die prästabilierte Harmonie
fallen lassen und damit bewiesen, daß ihm der feinste Sinn der Monadologie verborgen geblieben war. Er und seine Nachfolger besaßen daher auch kein Verständnis
dafür, daß Leibniz' Prinzip der Vollkommenheit in dem Maße, wie seine Metaphysik
die Eigenheit jedes Einzelwesens allen andern gegenüber zur Geltung brachte, auch
für das sittliche Leben die E n t f a l t u n g d e s i n d i v i d u e l l e n L e b e n s -
i n h a l t e s und die Ausgestaltung seiner dunkel gefühlten Ursprünglichkeit zur
Aufgabe machte. Diese Seite der Sache kam in Deutschland erst zur Geltung, als in
der Literatur die Periode der Genialität anbrach und das leidenschaftliche Gefühl
eigenartiger Geister seine Theorie suchte. Die Form aber, welche sie dann in Herders
Abhandlungen und ebenso in Schillers „philosophischen Briefen" fand, war weit
stärker als durch Leibniz von einer andern Lehre bestimmt, die trotz der Verschiedenheit der begrifflichen Ausführung in der ethischen Gesinnung die größte
Verwandtschaft mit der des deutschen Metaphysikers besaß (vgl. oben § 35, 2).

S h a f t e s b u r y hatte der Idee der Vollkommenheit eine weniger systematische,
aber desto anschaulichere und eindrucksvollere Gestalt gegeben. Bei ihm lag mit
unmittelbar lebendiger Kongenialität die antike Lebensauffassung zugrunde, wonach
Sittlichkeit mit der ungestörten Entfaltung des wahren und natürlichen Wesens des
Menschen, deshalb aber auch mit seinem echten Glücke zusammenfällt. Das Sittliche
erscheint daher bei Shaftesbury als das wahrhaft Menschliche, als die Lebensblüte
des Menschen, als die vollkommene Entwicklung seiner natürlichen Anlagen. Hierin
bestimmt sich zunächst Shaftesburys Stellung zu Cumberland und Hobbes: er kann
nicht wie dieser den Egoismus als den einzigen Grundzug des natürlichen Menschen
betrachten, er erkennt vielmehr wie jener die altruistischen Neigungen für eine
ursprüngliche, angeborene Mitgift an; aber er kann auch nicht nur in den letzteren
die Wurzel der Sittlichkeit erblicken, sondern da ihm Moralität die Vollendung des
ganzen Menschen ist, so sucht er ihr Prinzip in der gleichmäßigen Ausbildung und
in dem harmonischen Ineinandergreifen beider Triebsysteme. Diese Moral verlangt
nicht die Unterdrückung des Eigenwohls zugunsten des fremden Glücks, eine solche
erscheint ihr nur auf den niederen Stufen der Entwicklung nötig; der voll aus-
gebildete Mensch lebt ebenso sich selbst wie dem Ganzen[90]), und gerade durch die
Entfaltung seiner Eigenart stellt er sich als vollkommenes Glied in den Zusammenhang des Universums. Darin am meisten spricht sich Shaftesburys Optimismus und
zugleich die aristokratische Exklusivität seines Wesens und Denkens aus, daß er
glaubte, in dem reifen Menschen müsse der Konflikt zwischen den egoistischen und
den altruistischen Motiven, der in den niederen Schichten der Menschheit eine so
große Rolle spielt, vollkommen ausgeglichen sein.

---

[89]) Vgl. FICHTE, Fr. Nicolais Leben und sonderbare Meinungen (1801), W. W., VIII, 1 ff.
[90]) POPE verglich dies Verhältnis (Essay on man, III, 314 ff.) mit der Doppelbewegung
der Planeten um die Sonne und um die eigene Achse. Durch denselben Dichter hat
übrigens Shaftesburys Lebensansicht auf Voltaire gewirkt, während Diderot (in seiner
Bearbeitung des Inquiry concerning virtue and merit) direkt an Shaftesbury anknüpfte.

Deshalb aber ist bei diesem Denker das sittliche Lebensideal ein durchaus p e r - s ö n l i c h e s. Moralität besteht ihm nicht in der Herrschaft allgemeiner Maximen, nicht in der Unterordnung des Eigenwillens unter Normen, sondern in dem reichen und v o l l e n A u s l e b e n e i n e r g a n z e n I n d i v i d u a l i t ä t. Es ist die souveräne Persönlichkeit, die ihr ethisches Recht geltend macht, und die höchste Erscheinung im Bereich des Sittlichen ist die V i r t u o s i t ä t, welche keine der Kräfte und keine der Triebrichtungen in der Anlage des Individuums verkümmern läßt, sondern in vollkommener Lebensführung alle diese mannigfachen Beziehungen in Einklang bringt und damit ebenso das Glück des Einzelnen wie seine kräftigste Wirkung für die Wohlfahrt des Ganzen herbeiführt. So prägt sich in der monado-logischen Weltanschauung von neuem das griechische Ideal der K a l o k a g a t h i e aus (vgl. § 7, 5).

7. Ist hiernach schon inhaltlich das Moralprinzip bei Shaftesbury ästhetisch gefärbt, so tritt das folgerichtig noch mehr bei der Frage nach der E r k e n n t n i s - q u e l l e für die sittlichen Aufgaben hervor. Diese bestand für die Metaphysiker ebenso wie für die Sensualisten in der vernünftigen Erkenntnis sei es der Natur der Dinge, sei es des empirisch Nützlichen; in beiden Fällen ergaben sich demonstrier-bare, allgemeingültige Grundsätze. Die Moral der Virtuosität dagegen mußte das individuelle Lebensideal den Tiefen des Einzelwesens entnehmen: ihr gründete sich die Sittlichkeit auf das G e f ü h l. Die sittlichen Urteile, wodurch der Mensch in sich selbst die Triebe billigt, welche ihm die Natur zur Förderung des eigenen wie des fremden Wohls eingepflanzt hat, dagegen die „unnatürlichen" Triebe mißbilligt, die jenen Zwecken entgegen wirken, — diese Urteile beruhen auf dem Vermögen des Menschen, seine eigenen Funktionen sich zum Gegenstande zu machen, d. h. auf der „Reflexion" (Locke); aber sie sind nicht bloß ein Wissen der eigenen Zustände, sondern A f f e k t e d e r R e f l e x i o n, und als solche bilden sie innerhalb des „inneren Sinnes" den *m o r a l   s e n s e*.

Damit war die psychologische Wurzel des Ethischen aus dem Bereiche ver-standesmäßiger Erkenntnis auf die Gefühlseite der Seele und in die unmittelbare Nähe des ästhetischen Verhaltens verpflanzt. Das Gute erschien als das Schöne in der Welt des Wollens und Handelns: es besteht wie das Schöne in einer harmonischen Einheit des Mannigfaltigen, in einer vollkommenen Ausbildung des natürlich An-gelegten; es befriedigt und beseligt wie das Schöne, es ist wie das Schöne der Gegen-stand einer ursprünglichen, im tiefsten Wesen des Menschen angelegten B i l l i - g u n g. Diese Parallele hat von Shaftesbury an die Literatur des 18. Jahrhunderts beherrscht: der Geschmack ist das ethische wie das ästhetische Grundvermögen. Am deutlichsten ist das wohl von H u t c h e s o n ausgesprochen worden, aber mit einer Wendung, die von Shaftesburys Individualismus schon wieder einigermaßen abführte. Denn er verstand unter dem „moralischen Sinn" — in der rein psycho-logischen Bedeutung des Eingeborenseins — ein allen Menschen wesentlich gleiches, ursprüngliches Beurteilungsvermögen für das sittlich zu Billigende. Das meta-physische Beiwerk der Neuplatoniker und der Cartesianer wurde gern über Bord geworfen, dafür aber um so eifriger — namentlich im Gegensatz gegen das *selfish system* — daran festgehalten, daß der Mensch ein n a t ü r l i c h e s G e f ü h l f ü r d a s G u t e w i e f ü r d a s S c h ö n e besitze, und die Analyse diese Gefühls wurde für die Aufgabe der Moral erklärt.

Die Übertragung dieses Prinzips auf das theoretische Gebiet führte in der
s c h o t t i s c h e n S c h u l e (vgl. § 33, 8) dazu, auch das Wahre in Parallele zu
dem Guten und Schönen als den Gegenstand ursprünglicher Billigung zu setzen
und so in dem *common sense* eine Art von „logischem Sinn" anzunehmen. In weit
ausgesprochenerer Weise aber wurde das Gefühl a l s E r k e n n t n i s q u e l l e
v o n R o u s s e a u proklamiert, der im Gegensatz zu der verstandeskühlen Zer-
faserung, womit die rein theoretische Aufklärung das religiöse Leben behandelte,
seinen Deismus auf das unverdorbene, natürliche Gefühl des Menschen gründete[91]).
In sehr unbestimmt eklektischer Weise wurde diese G e f ü h l s p h i l o s o p h i e
von dem holländischen Philosophen F r a n z H e m s t e r h u y s (aus **Groningen**,
1720—1790), mit barocker Wunderlichkeit von dem geistreichen Schwärmer
H a m a n n, dem „Magus im Norden"[92]), ausgeführt. Bei beiden ringt aus der
philiströsen Alltäglichkeit aufklärerischen Wesens eine tiefe seelische Wirklichkeit
empor — bei Hemsterhuys[93]) in sinnig kontemplativer, hellenisch gefärbter Harmonisierung, bei Hamann mit leidenschaftlich erregter, christlich begehrender
Selbstentzweiung.

8. Am meisten aber machte sich jene von Shaftesbury und Hutcheson angebahnte
Theorie der Gefühle in der V e r s c h m e l z u n g e t h i s c h e r u n d ä s t h e t i -
s c h e r U n t e r s u c h u n g e n geltend. Der eudämonistischen Moral war es, je
gemeinfaßlicher sie behandelt wurde, um so genehmer, ihre Gebote als den Gegenstand eines natürlichen Wohlgefallens in das Gewand der Anmut hüllen zu können
und das Gute als etwas dem Schönen Verwandtes dem Geschmack empfehlen
zu dürfen. Auch die s c h o t t i s c h e S c h u l e stand dieser Auffassung nicht
fern, und F e r g u s o n entwickelte in dieser Weise die Shaftesburyschen Ideen
mit ausdrücklicher Beziehung auf den Leibnizschen Grundbegriff der Vollkommenheit. Für die Ä s t h e t i k aber hatte diese Gedankenverschlingung die Wirkung,
daß in ihr die Ansätze zu einer metaphysischen Behandlung, welche Shaftesbury
aus dem Ganzen seiner plotinischen Weltauffassung an die Probleme des Schönen
herangebracht hatte, und auf die auch die gelegentlichen Äußerungen von Leibniz
schließlich hindeuteten, völlig durch die psychologische Methode überwuchert
wurden. Nicht was schön ist, fragte man, sondern wie das Gefühl der Schönheit
zustande kommt; und bei Lösung dieser Frage brachte man die Erklärung des
ästhetischen Verhaltens in mehr oder minder engen Zusammenhang mit ethischen
Beziehungen. Dies zeigt sich auch bei solchen Ästhetikern, welche der sensualistischen Psychologie näherstanden als etwa die Schotten. So faßt Henry H o m e den
Genuß des Schönen als einen Übergang von der rein sinnlichen Begierdestillung
zu den moralischen und intellektuellen Freuden auf, und er meint, zu der für die

---

[91]) Vgl. das Glaubensbekenntnis des savoyischen Vikars im Émile, IV, 201 ff.

[92]) Johann Georg H a m a n n (aus Königsberg, 1730—1788; Ges. Schriften von GILDE-
MEISTER hrsg., Gotha 1857—1873) verknüpft in seiner tiefsinnigen, aber sprunghaft un-
klaren Ausdrucksweise diese Richtung mit einem der Orthodoxie nicht fernstehenden
Pietismus. Vgl. G. POEL, J. G. H., Der Magus im Norden (2 Bde., Hamb. 1874—76);
H. WEBER, Hamann und Kant (1904); R. UNGER, Hamann und die Aufklärung, Studie
zur Vorgeschichte des romantischen Geistes im 18. Jahrh. (Jena 1911).

[93]) Über Hemsterhuys vgl. ERW. KIRCHER, Philosophie der Romantik, Jena 1906,
p. 7—34; neuerdings F. BULLE, H. und der deutsche Irrationalismus des 18. Jahrh.
(Leipzig 1911). L. BRUMMEL, Fr. H. (Haarlem 1925).

höhere Bestimmung des Menschen erforderlichen Verfeinerung seiner sinnlichen Anlage seien die Künste „erfunden" worden; er sucht deshalb das Gebiet des Schönen in den höheren Sinnen, Gehör und namentlich Gesicht, und findet dabei als Grundlage einen allen Menschen gemeinsamen Geschmack für Ordnung, Regelmäßigkeit, Verknüpfung des Mannigfaltigen zur Einheit. Wenn er dann weiter zwischen der „eigenen" Schönheit des unmittelbar Sinnenfälligen und der Schönheit der „Relation" unterscheidet, so spitzen sich diese „Verhältnisse" wesentlich auf das ethisch Gemeinnützige zu, in dessen Dienst damit die Schönheit gestellt wird[94]). Selbst Edmund B u r k e ist in seinem Bestreben, das ästhetische Verhalten nach a s s o z i a t i o n s p s y c h o l o g i s c h e r   M e t h o d e aus elementaren Empfindungszuständen herzuleiten, von der Problembildung der gleichzeitigen Moralphilosophie sehr stark abhängig. Sein Versuch, das V e r h ä l t n i s   d e s   S c h ö n e n   z u m   E r h a b e n e n zu bestimmen — eine Aufgabe, an der auch Home, obwohl mit sehr geringem Erfolge, gearbeitet hatte[95]) —, geht von dem Gegensatz der selbstischen und der geselligen Triebe aus. Erhaben soll danach das sein, was in wohltuendem Schauer uns mit Schrecken erfüllt, während wir selbst so fern davon sind, daß wir der Gefahr unmittelbaren Leides uns entrückt fühlen: schön dagegen alles, was die Gefühle, sei es der geschlechtlichen, sei es der allgemein menschlichen Liebe in wohlgefälliger Weise hervorzurufen geeignet ist.

Aber die Interessen der literarischen und künstlerischen Kritik führten auch über die Untersuchung des ästhetischen Auffassens, Beurteilens und Genießens hinaus zu der Frage nach dem Wesen der ästhetischen Produktion, und hierin hat hauptsächlich Alex. G e r a r d[96]) den Begriff des G e n i e s zu bestimmen gesucht, indem er dessen gefühlsmäßige Ursprünglichkeit und die exemplarische Leistung, die schöpferische Kraft der wahren Künstlernatur gegenüber der landläufigen Nachahmungstheorie glücklich hervorhob. Hier beginnt die zunächst noch wesentlich psychologische Theorie mit philosophischem Geiste der großen gleichzeitigen Entwicklung der schönen Literatur gerecht zu werden.

Ähnlich wie Home hat auch S u l z e r die Empfindung des Schönen mitten zwischen diejenige des sinnlich Angenehmen und die des Guten als eine Überleitung von der einen zur andern gesetzt. Die Möglichkeit dieser Überleitung fand er in dem intellektuellen Faktor, der bei der Auffassung des Schönen mitwirke: sie erschien ihm — nach Leibniz, vgl. oben § 34, 11 — als das Gefühl harmonischer Einheit der sinnlich empfundenen Mannigfaltigkeit. Allein eben vermöge dieser Voraussetzungen galt ihm das Schöne nur dann als wertvoll und als vollkommen, venn es den moralischen Sinn zu fördern vermag: auch die Kunst wird so in den Dienst der Aufklärungsmoral gezogen, und der in Deutschland so lange gefeierte Ästhetiker erweist sich in der Auffassung von der Kunst und ihrer Aufgabe manchmal als ein Banause des philiströsen Moralisierens. Wie unendlich viel

---

[94]) Näheres in dem Art. über Home (Kames) von W. WINDELBAND in Erschs und Grubers Encyklopädie, II, 32, 213 f.

[95]) Nach Home ist das Schöne erhaben, wenn es groß ist. Seinen unklaren und schwankenden Bestimmungen scheint etwa der Gegensatz des Qualitativ- und des Quantitativ-Gefälligen zu Grunde zu liegen.

[96]) A. GERARD, Essay on taste (1758, deutsch 1766) und besonders E s s a y   o n   G e n i u s (1774, deutsch 1776). Vgl. O. SCHLAPP, Kants Lehre vom Genie (Göttingen 1901).

geistreicher und freier sind da die „Beobachtungen", welche K a n t „über das
Gefühl des Schönen und Erhabenen" zu der Zeit anstellte, als auch er vom psychologischen Standpunkte aus den feinen Verzweigungen des ethischen und des ästhetischen Lebens in den Individuen, den Geschlechtern, den Völkern mit liebenswürdiger Weltkundigkeit nachging!

Zu einer folgenreichen Änderung der psychologischen Systematik gaben endlich
diese Gedankenzusammenhänge in Deutschland Anlaß. War man von jeher ge-
wohnt gewesen, die Seelentätigkeiten nach aristotelischem Muster in theoretische
und praktische einzuteilen, so ließen sich die so in ihrer mannigfachen Bedeutsamkeit erkannten G e f ü h l e weder in der Gruppe des Erkennens noch in der des
Wollens ohne Unzuträglichkeiten unterbringen: es schien vielmehr, daß beiden
Funktionsarten der Seele die Gefühle als eine eigenartige Äußerungsweise teils
zu Grunde lägen, teils folgten. Auch hier ging die Anregung von der Leibnizschen
Monadologie aus. Zuerst scheint S u l z e r in seinen Berliner Vorträgen[97]) darauf
hingewiesen zu haben, daß die dunklen Urzustände der Monade von den entwickelten Lebensformen des vollbewußten Erkennens und Wollens zu sondern
seien, und schon er fand deren Eigentümlichkeit in den damit gegebenen Lust-
und Unlustzuständen. Ähnlich geschah es von Leibnizschen Voraussetzungen her
bei Jakob Friedrich W e i ß[98]). Diese Zustände benannte Mendelssohn zuerst (1755)
E m p f i n d u n g e n[99]), und später bezeichnete derselbe die ihnen gemeinsam zu
Grunde liegende Seelenkraft als das B i l l i g u n g s v e r m ö g e n[100]). Den entscheidenden Einfluß aber auf die Terminologie haben T e t e n s und K a n t ausgeübt. Ersterer schob für Empfindungen den Ausdruck F ü h l u n g e n oder G e -
f ü h l e ein[101]), und Kant brauchte fast ausschließlich den letzteren. Er war es
auch, der später die D r e i t e i l u n g d e r s e e l i s c h e n F u n k t i o n e n i n
V o r s t e l l e n , F ü h l e n u n d W o l l e n zur systematischen Grundlage seiner
Philosophie machte[102]), und seitdem ist sie, namentlich für die Psychologie, maßgebend geblieben.

9. Allen diesen Entwicklungen gegenüber erhielt sich die von H o b b e s ausgehende Gegenströmung, welche den Nutzen oder Schaden des Individuums für
den einzig möglichen Inhalt des menschlichen Wollens erklärte. Das Kriterium der
sittlichen Handlung wurde hiernach lediglich psychologisch in ihren F o l g e n
f ü r d e n N u t z e n d e r N e b e n m e n s c h e n gesucht. Moralität gibt es nur
innerhalb des sozialen Zusammenhanges. Der Einzelne für sich allein kennt nur
sein eigen Wohl und Wehe: in der Gesellschaft aber werden seine Handlungen
nach dem Gesichtspunkte gewertet, ob sie den anderen nützen oder schaden, und
dies allein gilt als der Standpunkt der sittlichen Beurteilung. Diese Auffassung

---

[97]) 1751 f., gedruckt in den „Vermischten Schriften" (Berlin 1773).

[98]) J. F. WEISS, De natura animi et potissimum cordis humani (Stuttgart 1761).

[99]) Dabei bezieht sich auch Mendelssohn mit seinen „Briefen über die Empfindungen"
direkt auf Shaftesbury.

[100]) Vgl. MENDELSSOHN, Morgenstunden (1785), Kap. VII (W., I, 352).

[101]) Vgl. TETENS Versuche, X, S. 625 ff.

[102]) In der zwischen 1787 und 1790 geschriebenen, anfänglich zur Einleitung in die
„Kritik der Urteilskraft" bestimmten Abhandlung, die auszugsweise unter dem Titel
„Über Philosophie überhaupt" in seine Schriften übergegangen ist. Vgl. T. VI, Kap. 1.

des ethischen Kriteriums entsprach nicht nur der gemeinen Ansicht, sondern auch dem Bedürfnis einer rein empirisch-psychologischen, metaphysiklosen Begründung der Ethik: ihr waren auch Cumberland und Locke in letzter Instanz beigetreten; ihr schlossen sich nicht nur die theologischen Moralisten wie Butler und Paley an, sondern auch die Assoziationspsychologen Hartley und Priestley. Dabei bildete sich allmählich[103]) die klassische Formel dieser Richtung heraus. Eine Handlung ist sittlich um so wohlgefälliger, je mehr Glückseligkeit sie **hervorbringt** und je größer die Anzahl von Menschen ist, denen sie diese Glückseligkeit zuteil werden läßt: das ethische Ideal ist *t h e   g r e a t e s t   h a p p i n e s s   o f   t h e   g r e a t e s t   n u m - b e r.* Dies ist das Stichwort des U t i l i s m u s oder U t i l i t a r i s m u s (auch wohl Utilitarianismus) geworden.

Diese Formel aber legte den Gedanken nahe, die sittlichen Werte für die einzelnen Fälle und Verhältnisse q u a n t i t a t i v zu bestimmen. Der Gedanke von Hobbes und Locke, auf das utilistische Prinzip eine streng demonstrativ-ethische Erkenntnis zu gründen, schien damit eine bestimmte, der naturwissenschaftlichen Denkart willkommene Gestalt gefunden zu haben. Dieser Verlockung ging B e n t - h a m nach, und darin besteht das Eigentümliche seiner mit warmem Gemeinnützigkeitssinn vorgetragenen und später viel genannten Ausführung des utilistischen Gedankens. Sie läuft darauf hinaus, genau bestimmte Maße zu finden, nach denen der Wert jeder Handlungsweise für das Wohl des Handelnden selbst und der Gesamtheit, welcher er angehört, teils an sich, teils im Verhältnis zu andern Verfahrensarten ermittelt werden könne, und Bentham entwirft in seiner Tabelle der Werte und Unwerte mit weitschichtiger Betrachtung der individuellen wie der sozialen Verhältnisse und Bedürfnisse ein Schema der Lust- und Unlustbilanz für die Berechnung der nützlichen und schädlichen Folgen menschlicher Tätigkeiten und Einrichtungen. Ähnlich wie bei Hume (vgl. unten Nr. 12) fällt auch hier die Ausrechnung des sittlich Wertvollen dem abmessenden Verstande zu: aber die Faktoren, mit denen er dabei operiert, sind lediglich Lust- und Unlustgefühle.

10. Die enge Verbindung, worin sich historisch seit Hobbes dieser Utilismus mit dem *selfish system,* d. h. mit der Annahme einer wesentlich egoistischen Bestimmtheit der menschlichen Natur fand, führte notwendig dazu, die Frage nach dem Kriterium der Sittlichkeit und der Art seiner Erkenntnis von derjenigen nach der Sanktion der moralischen Gebote und den Motiven ihrer Befolgung zu sondern. Für die metaphysischen Theorien lag die Sanktion der ethischen Gebote in den ewigen Wahrheiten des Naturgesetzes: und auch psychologisch schien es für das Streben nach Vervollkommnung, für das Ausleben der Persönlichkeit, für die Befolgung angeborener sittlicher Neigungen keines weiteren und besonderen Motivs zu bedürfen: das Moralische verstand sich unter solchen Voraussetzungen von selbst. Wer aber pessimistischer vom Menschen dachte, wer ihn für ein ursprünglich und seiner Natur nach nur durch die Rücksicht auf eigenes Wohl und Wehe bestimmtes Wesen hielt, der mußte fragen, mit welchem Recht von einem solchen Wesen eine altruistische Handlungsweise verlangt werde, und wodurch er sich zu Befolgung dieser Anforderung bestimmen lasse. War die Sittlichkeit nicht in der

---

[103]) Vgl. A. G. SINCLAIR, Der Utilitarismus bei Sidgwick und Spencer (Heidelberg 1907), S. 2 ff.

Natur des Menschen von selbst gelegen, so mußte angegeben werden, wie sie von außen in ihn hineinkommt.

Hier leistete nun das schon von Hobbes und Locke herbeigezogene Prinzip der Autorität seinen Dienst. Seine handgreifliche Auffassung war die theologische: in feinerem Begriffsgefüge wurde sie von Butler, mit grober Gemeinfaßlichkeit von Paley ausgeführt. Die Utilität ist für beide das Kriterium der sittlichen Handlung, und das göttliche Gebot gilt beiden als Rechtsgrund der ethischen Anforderungen. Während aber Butler noch die Erkenntnis dieses göttlichen Willens in dem natürlichen Gewissen sucht, wozu er (auch mit dem Namen „Reflexion") die Shaftesburyschen Reflexionsaffekte umdeutet, ist für Paley weit mehr die positive Offenbarung des göttlichen Willens maßgebend: und die Befolgung dieses Gebotes erscheint ihm deshalb nur dadurch erklärlich, daß die autoritative Macht ihren Befehl mit Lohnverheißung und Strafandrohung verbunden hat. Dies ist die schärfste, dem *common-sense* der christlichen Welt vielleicht am meisten entsprechende Sonderung der ethischen Prinzipien: das Kriterium des Moralischen ist das Wohl des Nächsten, der Erkenntnisgrund dafür das geoffenbarte Gesetz Gottes, der sanktionierende Realgrund der Wille des Höchsten, und das sittliche Motiv im Menschen ist die Hoffnung auf den Lohn und die Furcht vor der Strafe, welche Gott für Gehorsam und Ungehorsam bestimmt hat.

11. Wurde somit bei Paley die Tatsächlichkeit des sittlichen Handelns dadurch erklärt, daß der an sich egoistische Mensch auf dem Umwege einer theologischen Motivation schließlich durch ebenso egoistische Triebfedern der Hoffnung und Furcht zu der von Gott befohlenen altruistischen Handlungsweise bestimmt wird, so setzte die sensualistische Psychologie an die Stelle der theologischen Vermittlung die Autorität des Staats und die Nötigungen des gesellichen Zusammenlebens. Ist der Wille des Menschen in letzter Instanz immer nur durch das eigene Wohl und Wehe bestimmbar, so ist ein altruistisches Handeln nur dadurch begreiflich, daß er darin das unter den gegebenen Verhältnissen verständigste, sicherste und einfachste Mittel zur Herbeiführung der eigenen Glückseligkeit sieht. Während deshalb die theologischen Utilitarier den natürlichen Egoismus mit den Belohnungen des Himmels und den Strafen der Hölle bändigen zu wollen meinten, schien dem Empiristen für diesen Zweck die durch den Staat und den gesellschaftlichen Zusammenhang gefügte Lebensordnung zu genügen. Der Mensch findet sich in solchen Verhältnissen, daß er bei rechter Überlegung einsieht, er werde seinen Vorteil am besten durch Unterordnung unter die bestehenden Sitten und Gesetze erreichen. Die Sanktion der ethischen Anforderungen liegt hiernach in der durch das Prinzip der Utilität diktierten Gesetzgebung des Staats und der öffentlichen Sitte, und das Motiv des Gehorsams besteht darin, daß der einzelne dabei seine Rechnung findet. So haben Mandeville, Lamettrie und Helvétius das *selfish system* ausgebaut, wobei namentlich Lamettrie mit geschmacklos kokettem Cynismus „Hunger und Liebe" in ihrer gemeinsten sinnlichen Bedeutung als die Grundtriebfedern alles Menschenlebens darzutun suchte — eine elende, weil gekünstelte Imitation des antiken Hedonismus.

Sittlichkeit erscheint danach nur als eudämonistische Klugheit, als „wohl verstandener" und gesellschaftlich verfeinerter Egoismus, als das Raffinement des

Lebenskundigen, der eingesehen hat, daß er, um glücklich zu werden, keinen besseren Weg einschlagen kann, als sittlich, wenn nicht zu sein, so doch zu tun. Diese Ansicht kommt als Lebensprinzip der „großen Welt" jener Tage mehrfach in der Aufklärungsphilosophie zu Wort: sei es als naiv-cynisches Bekenntnis eigener Gesinnung wie in Lord C h e s t e r f i e l d s bekannten Briefen an seinen Sohn, — sei es in der Form moralisierender Betrachtungen wie bereits in L a r o c h e - f o u c a u l d s „Maximes et réflexions" (1665 und erweitert 1678) und in L a - b r u y è r e s „Caractères" (1687), wo schonungslos die Maske von dem gesitteten Betragen der Menschen gerissen und als das überall allein treibende Moment der nackte Egoismus enthüllt wird, — sei es endlich als bittere Satire wie bei S w i f t, wo zum Schluß die wahre Natur der Menschenbestie von Gulliver bei den Yahoos entdeckt wird.

Hand in Hand mit dieser trüben Auffassung von der natürlichen Gemeinheit des Menschen geht durch das Aufklärungszeitalter die Ansicht, daß die Erziehung zu ethischem Handeln durch die Macht und die Autorität mit Furcht und Hoffnung an eben dies niedrige Triebsystem zu appellieren habe. Das zeigt sich charakteristischerweise selbst bei solchen, welche für den reifen und voll entwickelten Menschen eine reine, über allen Egoismus erhabene Moralität in Anspruch nahmen. So findet z. B. Shaftesbury für die Erziehung der großen Masse die positive Religion mit ihrer Moralpredigt des Lohndienstes und der Strafenfurcht gerade gut genug. So meinte auch Preußens philosophischer König, F r i e d r i c h der Große[104]), der für sich selbst ein so strenges, reines, aller selbstischen Nebenrücksichten bares Pflichtbewußtsein besaß und für das höchste sittliche Gut erklärte, doch hinsichtlich der staatlichen Erziehung der Menschen, sie habe überall an deren nächste, wenn auch noch so niedrige Interessen anzuknüpfen: denn er gab dem Encyklopädisten zu, daß der Mensch *in genere* nie durch etwas anderes, als durch seine persönlichen Interessen zu bestimmen sei. In dieser Hinsicht haben namentlich die französischen Aufklärer die Motive zu analysieren gesucht, durch deren Erweckung der Staat die Bürger für seine Gesamtinteressen zu gewinnen vermag. M o n t e s q u i e u zeigte mit feiner Psychologie, wie verschieden sich dies Verhältnis bei den verschiedenen Verfassungsformen gestaltet. L a m e t t r i e wies, wie schon Mandeville, auf das Ehrgefühl als auf den kräftigsten Faktor der gesellschaftlichen Gesinnung bei zivilisierten Völkern hin, und Helvétius führte diesen Gedanken des breiteren aus.

Wenn aber so die sensualistische Psychologie vom Staate allein die sittliche Erziehung des Menschen erwartete, so mußte der Grad, womit ihm diese gelang, als Maßstab für die Wertbeurteilung der öffentlichen Einrichtungen gelten. Diese Konsequenz hat H o l b a c h im Système de la nature gezogen, und der gewinnendste Zug dieses trockenen Buches ist vielleicht die Ehrlichkeit und die Energie, womit es zu zeigen bemüht ist, wie wenig die verrotteten Zustände des damaligen öffentlichen Lebens geeignet waren, den Bürger über die Niedrigkeit selbstsüchtiger Bestrebungen hinauszuheben.

12. Als der allseitigste Niederschlag dieser Bewegung und als die feinfühligste Abwägung der in ihr streitenden Denkmotive darf H u m e s Moralphilosophie

---

[104]) Vgl. besonders das bei E. ZELLER, F. d. G. als Philosoph, S. 67 ff., 105 ff., Angeführte, dazu aber namentlich Friedrichs „Antimacchiavelli".

gelten. Auch sie steht durchaus auf dem Boden der psychologistischen Methode: durch eine genetische Untersuchung der Affekte, Gefühle und Willensentscheidungen soll das sittliche Leben des Menschen begriffen werden. Dabei ist nun das Bedeutsamste in Humes Lehre die Trennung des Utilismus vom *selfish system.* Das Kriterium der sittlichen Billigung und Mißbilligung findet auch für ihn die Wirkung, welche die zu beurteilende Eigenschaft oder Handlung an Lust- und Unlustgefühlen herbeizuführen geeignet ist, und er faßt dies wie die Alten und Shaftesbury im weitesten Sinne, indem er als Gegenstände des sittlichen Wohlgefallens nicht nur die „sozialen Tugenden", wie Gerechtigkeit, Wohlwollen u. a., sondern auch die „natürlichen Tüchtigkeiten[105]) wie Klugheit, Mut, Energie betrachtet. Aber wir empfinden diese Billigung dafür auch dann, wenn sie für unser eigenes Wohl völlig gleichgültig oder gar wenn sie ihm schädlich sind; und dies kann unmöglich durch bloße assoziationspsychologische Vermittlungen auf den Egoismus zurückgeführt werden. Ebenso verbietet aber die Beziehung, welche diese Beurteilungen zu den verwickelten Verhältnissen der Erfahrung besitzen, die Annahme ihres Eingeborenseins. Sie müssen vielmehr auf eine einfache Grundform zurückgeführt werden, und dies ist die S y m p a t h i e[106]), d. h. zunächst die Fähigkeit des Menschen, fremdes Wohl und Wehe wenigstens in abgeschwächter Form wie eigenes m i t z u f ü h l e n. Solche sympathischen Gefühle sind aber nicht nur die impulsiven Gründe der moralischen Urteile, sondern auch die ursprünglichen Motive des moralischen Handelns; denn die Gefühle sind die Ursachen der Willensentscheidungen. Diese ursprünglichen Impulse reichen jedoch allein für die Erklärung des ethischen Urteilens und Handelns noch nicht aus. Für die verwickelteren Verhältnisse des Lebens bedarf es der Klärung, Ordnung und vergleichenden Wertung der Gefühlsmomente, und dies ist die Sache der V e r n u n f t. Aus ihrer Überlegung entspringen daher neben den natürlichen und ursprünglichen auch abgeleitete, „künstliche" Wertungen, als deren Typus Hume — hierin offenbar von Hobbes abhängig — die Gerechtigkeit und das ganze System rechtlicher Normen behandelt. In letzter Instanz aber verdanken auch diese Bestimmungen ihre Fähigkeit, die Beurteilung und die Willensentscheidung zu beeinflussen, nicht der vernünftigen Überlegung als solcher, sondern den Gefühlen der Sympathie, an welche sie appelliert.

So zerfasert sich die grobe Auffassung des *moral sense* durch Humes Untersuchung zu einem feinverzweigten System moralpsychologischer Begriffsdifferenzen, als dessen Mittelpunkt das Prinzip der Sympathie erscheint. Ein weiterer Schritt in der Ausführung desselben Grundgedankens geschah in dem ethischen Werke von Adam S m i t h. Schon Hume hatte gegenüber der Äußerlichkeit, womit der gewöhnliche Utilismus das Kriterium des sittlichen Urteils in die Lust- und Unlustfolgen der Handlung verlegte, energisch darauf hingewiesen, daß die ethische Billigung oder Mißbilligung vielmehr die in der Handlung sich betätigende G e s i n n u n g, sofern sie auf jene Folgen gerichtet sei, betreffe. Smith fand daher das Wesen der Sympathie nicht nur in der Fähigkeit, diese Folgen im Sinne der Betroffenen mitzufühlen, sondern auch in dem Vermögen, sich in die Gesinnung

---

[105]) Auch hier spielt die alte Doppelbedeutung von *virtus (virtue)* = Tugend und = Tüchtigkeit mit.

[106]) Vgl. Treat., II, 1, 11 und II, 2, 5.

des Handelnden zu versetzen und seine Motive als eigene mitzuerleben. Und mit immer weiterer Ausspinnung des Gedankens der sympathischen Übertragung wird dann die im G e w i s s e n sich darstellende Selbstbeurteilung des Einzelnen als ein durch Sympathiegefühle vermittelter Reflex der Beurteilung begriffen, die er von andern erfährt und an andern ausübt, — ein Gedanke, der schon in Butlers Lehre von den Affekten der Reflexion vorbereitet war.

In dem g e s e l l i g e n Z u s a m m e n l e b e n, dessen psychologische Grundlage die Sympathie ist, wurzeln somit nach Hume und Smith alle Erscheinungen des ethischen Lebens, und der Begründer der Nationalökonomie sieht mit seinem großen philosophischen Freunde in dem Mechanismus der sympathischen Gefühlsübertragungen eine ähnliche Ausgleichung individueller Lebensinteressen, wie er sie auf dem Gebiete des Austausches der äußeren Güter mit Rücksicht auf die Knappheit der Lebensbedingungen in dem Mechanismus von Angebot und Nachfrage bei dem Wettbetriebe der Arbeit gefunden zu haben glaubte[107]). Aber mit diesen Einsichten in die durchgängige Abhängigkeit des Individuums von einem gesellschaftlichen Lebenszusammenhange, den es nicht erzeugt, sondern als die Voraussetzung seiner Existenz vorfindet, weist die Aufklärungsphilosophie bereits über sich selbst hinaus.

§ 37. Das Kulturproblem.

ALF. ESPINAS, La philosophie sociale du 18. siècle et la révolution, Paris 1898.
W. GRAHAM, English political philosophy from Hobbes to Maine, London 1899.

Für die großen Gebilde der menschlichen Lebensgemeinschaft und ihrer geschichtlichen Bewegung war der Aufklärungsphilosophie teils durch ihre Abhängigkeit von der naturwissenschaftlichen Metaphysik, teils durch ihre eigene psychologische Richtung der Grundgedanke vorgezeichnet, darin Gesamtprodukte individueller Betätigungen zu sehen, und daraus ergab sich die Neigung, diejenigen Interessen, deren Befriedigung der einzelne von derartigen allgemeineren Zusammenhängen, wie sie einmal bestehen, erwarten kann, in genetischer Erklärung als die Motive und die zureichenden Ursachen für die Entstehung, zugleich aber in kritischer Betrachtung als die Maßstäbe der Wertbeurteilung dieser Gebilde zu behandeln. Was als absichtsvoll von Menschen erzeugt galt, sollte auch zeigen, ob es denn nun diese Absichten erfülle.

1. Diese Auffassung war zunächst durch H o b b e s in die politische und juristische Bahn gelenkt worden. Als das Kunstwerk der von ihrer Notdurft bedrängten, im Kampf miteinander um Leben und Gut bangenden Individuen erschien der Staat: er sollte mit seinem ganzen Rechtssystem auf dem V e r t r a g e beruhen, den aus solchen Motiven die Bürger miteinander eingegangen sind. Dieselbe epikureische Vertragstheorie, die schon im Mittelalter wieder auflebte, ging mit dem Nominalismus in die neuere Philosophie über und erstreckte ihre Wirkung über das gesamte 18. Jahrhundert: nicht nur um den Herrschafts- und Unterwerfungsvertrag handelt es sich seit Hobbes dabei, sondern um den konstitutiven Prozeß der Gesellschaftsordnung selber. Aber die künstliche Konstruktion des Absolutismus, welche Hobbes darauf errichtet hatte, wich im Gefolge der politischen Ereignisse

---

[107]) Inquiry into the nature and the causes of the wealth of nations (London 1776).

immer mehr der Lehre von der V o l k s s o u v e r ä n i t ä t. Sie hatte ihre Wurzeln in den von dem religiösen Bewußtsein der englischen, französischen und holländischen Reformierten bestimmten Überzeugungen; sie lag mit mächtiger praktischer Entfaltung wie der englischen Verfassung von 1688, so der theoretischen Gestaltung zu Grunde, die ihr L o c k e in der Lehre von der Trennung und dem Gleichgewicht der drei Staatsgewalten, der legislativen, exekutiven und föderativen, gab: sie beherrschte als ideale Forderung auch M o n t e s q u i e u s Schriften, der im Hinblick auf die verrottete Rechtsprechung seiner Zeit der richterlichen Gewalt volle Selbständigkeit gegeben wissen wollte, während er die exekutive und föderative (als Verwaltung nach innen und außen) in der Einen monarchischen Spitze vereinigt dachte: sie wurde endlich zum vollen Demokratismus in R o u s s e a u s Contrat social durchgeführt, wonach das Prinzip der Übertragung und der Repräsentation so viel wie möglich eingeschränkt und auch die Ausübung der Souveränität direkt der gesamten Volksmasse zuerkannt werden sollte[108]). Bei allen diesen Umbildungen der Hobbesschen Doktrin liegt (wie schon in der von Spinoza[109]) nach aristokratisch-republikanischer Richtung vorgeschlagenen) der Einfluß der historisch-politischen Realitäten auf der Hand: aber der Gegensatz zwischen Hobbes und Rousseau läßt sich dabei doch auch auf einen rein theoretischen Hintergrund bringen. Gilt der Mensch als von Natur wesentlich egoistisch, so muß er durch die übergreifende Staatsmacht zur Einhaltung des geselligen Vertrages gezwungen werden: gilt er für ursprünglich gut und sozial fühlend, wie bei Rousseau, so ist von ihm zu erwarten, daß er sich an der Ausführung des Vertragslebens von selbst immer im Interesse des Ganzen beteiligt.

Interessant ist es nun, daß die Vertragstheorie im 18. Jahrhundert sich auch denjenigen rechtsphilosophischen Lehren mitteilte, welche nicht bloß psychologische Grundlagen hatten. Auch das „N a t u r r e c h t" dieser Zeit geht vom Rechte des Individuums aus und sucht erst daraus das Rechtsverhältnis der Individuen abzuleiten. Doch zeigen sich bei der Ausführung dieses Prinzips in der deutschen Philosophie zwei verschiedene Richtungen, die zu höchst charakteristisch verschiedenen Resultaten führten. Wenn L e i b n i z in antiker Weise die Rechtsbegriffe aus den allgemeinsten Bestimmungen der praktischen Philosophie abgeleitet hatte[110]), so folgte ihm W o l f f auch darin, machte aber deshalb zum Zwecke des Staatsvertrages die gegenseitige Förderung der Individuen behufs ihrer Vervollkommnung, ihrer Aufklärung und ihrer Glückseligkeit: nach ihm hat darum der Staat nicht bloß für die äußere Sicherheit, sondern auch für die allgemeine Wohlfahrt in breitester Ausdehnung zu sorgen. Die Konsequenz davon ist die, daß Wolff dem Staat das Recht und die Pflicht zuspricht, die große Masse der unaufgeklärten, von Irrtum und Leidenschaft beherrschten Menschen gründlich zu bevormunden und bis tief in ihre Privatverhältnisse erzieherisch sich einzumischen: so hat Wolff die Theorie für jenen „väterlichen" Despotismus des wohl-

[108]) Vgl. auch G. DEL VECCHIO, Su la teoria del contratto sociale, Bologna 1906.

[109]) Im Tractatus politicus, der im übrigen sich theoretisch ganz auf den Prinzipien von Hobbes aufbaute; vgl. oben § 32, 5.

[110]) Vgl. seine Einleitung zum Codex iuris gentium diplomaticus (1693), Werke (Erdm.) 118 ff.

wollenden Polizeistaates geliefert, den die Deutschen seinerzeit mit sehr gemischten Gefühlen besaßen.

Das genau entgegengesetzte Resultat knüpfte sich theoretisch an die Ablösung der Rechtsphilosophie von der Moral, wie sie schon T h o m a s i u s mit seiner scharfen Scheidung des *justum* und des *honestum* angebahnt hatte. In dieser Richtung behauptete dessen Schüler G u n d l i n g (1671—1729), das R e c h t sei lediglich a l s O r d n u n g d e r ä u ß e r e n B e z i e h u n g e n der Individuen zu behandeln, es habe die Erhaltung des äußeren Friedens zum Zweck, seine Bestimmungen seien deshalb nur äußerlich erzwingbar. Diese Beschränkung der Tätigkeit des Staats auf den äußeren Rechtsschutz entsprach dem individualistischen Sinne der Aufklärung offenbar am meisten. Wenn das Individuum sich zum Staatsvertrage nur aus Not und Bedürfnis bequemt hat, so wird es dem Staate so wenig wie möglich Konzessionen zu machen geneigt sein und ihm von seinen ursprünglichen „Rechten" nur so viel opfern wollen, wie für den Zweck, den er erfüllen soll, unbedingt erforderlich ist. So dachte nicht nur der Spießbürger, der zwar, wenns irgendwo fehlt, gleich bereit ist nach der Polizei zu rufen, in der Stille aber die Rechtsordnung doch als einen Feind ansieht, den man sich möglichst vom Halse halten muß; sondern so fühlte auch der geistig hoch entwickelte Aufklärer, der für sein reiches Innenleben nur das Interesse hatte, unbehelligt sich den Genüssen der Kunst und der Wissenschaft widmen zu können. In der Tat mußte die ideallose Wirklichkeit der deutschen Kleinstaaterei die Gleichgültigkeit gegen das öffentliche Leben erzeugen, welche so auch theoretisch ihren Ausdruck fand. Der tiefste Stand, den in dieser Hinsicht die Wertschätzung des Staates gerade bei den Gebildeten erreicht hat, wird durch W i l h e l m v o n H u m b o l d t s „Ideen zu einem Versuch, die Grenzen der Wirksamkeit des Staates zu bestimmen"[111]) wohl am besten gekennzeichnet: hier wird jedes höhere Interesse des Menschen sorgfältig aus dem staatlichen Machtbereich ausgeschlossen und die Aufgabe der öffentlichen Gewalt nur auf den niederen Dienst beschränkt, Leib und Eigentum des Bürgers zu schützen.

2. Blieb in dieser Hinsicht die deutsche Philosophie der politischen Wirklichkeit gegenüber immerhin recht zahm, so kam anderseits doch auch in ihr die allgemeine Tendenz der Aufklärung zutage, das Leben der Gesellschaft wie des einzelnen nach den Grundsätzen der Weltweisheit nicht nur zu beurteilen, sondern auch einzurichten. Wenn es dieser Zeit zum Ruhme gereicht, daß sie mit manchem historischen Gerümpel, das sich im Haushalt der europäischen Völker angehäuft hatte, glücklich aufgeräumt hat, so gebührt daran den Thomasius und Wolff, den Mendelssohn und Nicolai gewiß auch ihr Anteil (vgl. § 36, 5). Allein ungleich kräftiger und wirksamer ist diese Seite der Sache bei den f r a n z ö s i s c h e n Aufklärern hervorgetreten. Es genügt hier schon an V o l t a i r e zu erinnern, der als eine literarische Macht ersten Ranges unermüdlich und siegreich für Vernunft und Gerechtigkeit eingetreten ist. Aber den Kampf, den er gewissermaßen vor den Schranken der öffentlichen Meinung von ganz Europa führte, nahmen seine Landsgenossen im einzelnen durch die Kritik der Einrichtungen und die Vorschläge zu ihrer Verbesserung auf: in breiter, vielfach leidenschaftlicher Diskussion geht die philosophische Überlegung daran, den Staat zu reformieren. Und hier kommt sogleich

---

[111]) 1792 geschrieben, 1851 von E. CAUER herausgegeben.

neben der Stärke der Aufklärung ihre Schwäche zutage. Aus der allgemeinen, ewigen
Natur des Menschen oder der Dinge entnimmt sie, wie auch immer, die Maßstäbe
ihrer Kritik des Bestehenden und ihrer Anforderung an dessen Veränderung: damit
verliert sie die Berechtigung und die Lebenskraft des historisch Wirklichen aus den
Augen, und sie glaubt, man brauche nur mit dem Bestehenden, wo es sich als ver-
nunftwidrig erweist, *tabula rasa* zu machen, um die Gesellschaft *ex integro* nach den
Prinzipien der Philosophie aufbauen zu können. In diesem Sinne hat die Aufklärungsliteratur, zumal in Frankreich, den wirklichen B r u c h m i t d e r G e s c h i c h t e,
— d i e R e v o l u t i o n vorbereitet. Typisch war darin der Vorgang des Deismus,
der, weil vor seiner „rationalen" Kritik keine der positiven Religionen bestand, sie
alle aufheben und an ihre Stelle die Naturreligion setzen wollte.

So versuchte denn auch die französische Revolution den abstrakten Naturstaat
der „Freiheit, Gleichheit und Brüderlichkeit", die Verwirklichung der „Menschen
rechte" nach dem praktischen Vorgange der amerikanischen Freistaaten und dem
Wesen der Sache nach im Geiste von Rousseaus Contrat social[112]) zu dekretieren
und zahlreiche Federn recht mittelmäßiger Qualität beeilten sich, dieses Geschäft
zu rechtfertigen und zu glorifizieren[113]). Es ist meist ein flacher Epikureismus, der
auf der Grundlage des Condillacschen Positivismus das große Wort führt. So sucht
V o l n e y mit dem Système de la nature die Quelle aller gesellschaftlichen Übel
in der Unwissenheit und der Begehrlichkeit des Menschen, dessen Vervollkommnungsfähigkeit bisher durch die Religionen aufgehalten sei. Wenn mit diesen erst
alle „Illusionen" verscheucht sein werden, dann wird die neu organisierte Gesellschaft zur obersten Richtschnur haben, daß „gut" nur ist, was „den" Menschen
fördert, und der Katechismus für den Bürger faßt sich in die Regel zusammen
„*Conserve-toi — instruis-toi — modère-toi — vis pour tes semblables afin qu'ils
vivent pour toi!*"[114]). Noch materialistischer erscheint die Theorie der Revolution
bei St. L a m b e r t, von dem die in der späteren Literatur viel besprochene Definition stammt: „*L'homme est une masse organisée et sensible; il reçoit l'intelligence
de ce qui l'environne et de ses besoins*"[115]). Mit oberflächlichster Geschichtsbetrachtung feiert er die Revolution als den endlichen Sieg der Vernunft in der Geschichte:
und dabei deduzierte dieser Epikureer, daß die demokratischen Anfänge dieses
großen Ereignisses sich im Cäsarentum vollenden werden! Das Äußerste an selbstgefälliger Überhebung hat in dieser Hinsicht der parlamentarische Dilettantismus
bei G a r a t geleistet[116]).

Außerordentlich günstig sticht gegen diese phrasenhaften Allgemeinheiten und
die Deklamationen über Volkswohl und Vernunftherrschaft die ernste Sachlichkeit

---

[112]) Vgl. G. JELLINEK, Die Erklärung der Menschen- und Bürgerrechte (3. Aufl., 1919).

[113]) Charakteristisch ist in dieser Literatur die Vorliebe für die der kirchlichen Erziehung
abgesehene Form des Katechismus.

[114]) VOLNEY, am Schluß des Catéchisme, Oeuvr., 1, 310.

[115]) ST. LAMBERT, Catéch. Introd. Oeuvr., I, 52. Es bleibe zur Charakteristik dieser
Literatur nicht unerwähnt, daß in St. Lamberts Katechismus auf die Analyse de l'homme
als zweites Buch folgt eine Analyse de la — femme.

[116]) Vgl. Compte rendu des Séances des écoles normales. Bd. I. Das achtungswerteste
Organ dieser Richtung, welche in der Revolution den Triumph der Philosophie des
18. Jahrhunderts sah und verteidigte, ist die „Décade philosophique". Vgl. PICAVET,
Idéologues, 86 ff.

ab, mit welcher B e n t h a m das utilistische Prinzip für die Gesetzgebung brauchbar zu machen suchte, indem er die quantitative Bestimmung der Lust- und
Unlustwerte (vgl. § 36, 9) auf die Zweckerwägungen der einzelnen gesetzlichen
Maßregeln unter sorgfältiger Berücksichtigung der jedesmal vorliegenden Verhältnisse anzuwenden lehrte[117]). Gerade darin betätigte er die Einsicht, daß es sich
in der staatlichen Bewegung nicht nur um politische Rechte, sondern vor allem
um s o z i a l e I n t e r e s s e n handelt: und nach eben dieser Richtung erstand
nicht ohne Einfluß Benthams der Revolution ein begeisterter und erfolgreicher
Kämpe in dem extremen Individualisten G o d w i n[118]). Aber auch sonst kündigt
sich in der Revolutionsliteratur wie mit dumpfem, noch fern verhallendem Donner
der soziale Sturm an. Immer umfangreicher und immer selbständiger auf empirische
Prinzipien gegründet wurden die Untersuchungen über n a t i o n a l ö k o n o m i -
s c h e Probleme, welche in Frankreich hauptsächlich durch die p h y s i o k r a -
t i s c h e S c h u l e gefördert wurden: während aber die Theorie überall vom Staate
vor allem die Sicherung des Besitzes verlangte, erhob sich aus der Tiefe der Gesellschaft die F r a g e n a c h d e m R e c h t e d e s p e r s ö n l i c h e n E i g e n -
t u m s, und während von den Philosophen immer zwiespältiger das Problem erwogen wurde, wie mit den Interessen des Individuums diejenigen der Gesamtheit
vereinbar seien (vgl. unten), kam der Gedanke zum Durchbruch, daß in dem
Streben nach individuellem Besitz der Grund aller Übel des Menschengeschlechts
liege und daß erst mit dem Verzicht auf diese Ursünde eine gesellschaftliche Moral
und eine moralische Gesellschaft beginne. Solche k o m m u n i s t i s c h e n I d e e n
warfen M a b l y und M o r e l l y in die Welt, und ein Baboeuf machte unter dem
Direktorium zu ihrer Realisierung den ersten verfehlten Verschwörungsversuch.

3. Die s o z i a l e F r a g e hatte aber von ihrem tiefsten Grunde her schon früher
ihre Wellen geworfen. Der Klassengegensatz von üppigem Reichtum und elendester
Armut, welchem unter den Ursachen der Revolution eine so große Bedeutung
zukam, mochte zwar zunächst fühlbarer und wirksamer sein: aber seine ganze
Schärfe erhält er erst vermöge des damit durch die ganze Entwicklung des europäischen Lebens verketteten G e g e n s a t z e s v o n B i l d u n g u n d U n b i l -
d u n g, und gerade dieser war in dem Aufklärungszeitalter am tiefsten und schrof-
sten aufgeklafft. Je mehr es sich seiner Kultur rühmte, um so deutlicher wurde,
daß diese in der Hauptsache ein Privilegium der besitzenden Klasse ist. Auch hierin
ist mit typischer Offenheit der englische Deismus vorangegangen. Die Vernunftreligion sollte für den gebildeten Mann ebenso reserviert sein wie die freie schöne
Sittlichkeit: für den gemeinen Mann dagegen, meinte S h a f t e s b u r y, müssen
die Verheißungen und Drohungen der positiven Religion bestehen bleiben wie Rad
und Galgen. Auch T o l a n d hatte seinen kosmopolitischen Naturkultus als „e s o-

---

117) Um so bedauerlicher ist es, daß B e n t h a m später in seiner Deontology eine Art
von Volkskatechismus der utilitarischen Moral zu geben versucht hat, der an radikaler
Einseitigkeit, an Gehässigkeit und Verständnislosigkeit gegen andere Moralsysteme den
schlimmsten Erzeugnissen der Revolutionszeit gleichkommt.
118) William G o d w i n (1756—1836) veröffentlichte 1793 seinen Inquiry concerning
political justice and its influence on general virtue and happiness. Vol. C. KEGAN PAUL,
W. G., his friends and contemporaries (London 1876) und LESL. STEPHEN, Engl. thought,
II, 264 ff., neuerdings H. SAITZEFF, W. G. und die Anfänge des Anarchismus im 19. Jahrh.
(Heidelberg 1907).

t e r i s c h e" Lehre vorgetragen, und als die späteren Deisten in populären Schriften diese Vorstellungen in das Volk zu tragen begannen, erklärte sie Lord B o l i n g - b r o k e, selbst ein Freidenker ausgesprochenster Art, für eine Pest der Gesellschaft, gegen welche die schärfsten Mittel die besten wären. Auch unter den deutschen Deisten wollten Männer wie S e m l e r sehr sorgfältig zwischen der Religion als Privatsache und der Religion als öffentlicher Einrichtung geschieden wissen.

Die f r a n z ö s i s c h e Aufklärung war, wie das Verhältnis V o l t a i r e s zu Bolingbroke zeigt, von Anfang an entschieden d e m o k r a t i s c h e r : ja, sie hatte die agitatorische Tendenz, die Aufklärung der Massen gegen die exklusive Selbstsucht der oberen Zehntausend auszuspielen. Damit aber vollzog sich ein Umschwung, vermöge dessen die Aufklärung sich notwendig gegen sich selber kehrte. Denn wenn die „Kultur" in denjenigen Schichten, welche sie zunächst ergriff, derartige Folgen gehabt hatte, wie sie in dem Lebensgenuß der „höheren" Klassen zutage traten, wenn sie so wenig vermocht hatte, auch für die Bedürfnisse der Masse brauchbare Früchte abzuwerfen, so mußte ihr Wert um so zweifelhafter erscheinen, je mehr die Philosophie „das größte Glück der größten Anzahl" als Maßstab für die Beurteilung der Dinge und der Handlungen oder Gesinnungen betrachtete.

In diesem Zusammenhange hat sich das K u l t u r p r o b l e m der modernen Philosophie herausgebildet: die Frage, ob und wieweit die Z i v i l i s a t i o n, d. h. die intellektuelle Vervollkommnung (welche eine historische Tatsache ist) und die damit zusammenhängende Veränderung des menschlichen Triebsystems und der menschlichen Lebensverhältnisse, — ob und inwieweit diese Kultur zur Förderung der Sittlichkeit und der wahren Glückseligkeit des Menschen gedient habe. Je stolzer und selbstgefälliger der Durchschnittsaufklärer die Fortschritte des Menschengeistes pries, die bei ihm selber ihren Höhepunkt klaren und deutlichen Vernunftlebens in Theorie und Praxis erreicht haben sollten, um so brennender und um so — unbequemer wurde diese Frage.

Sie regt sich zuerst, obwohl in schiefer Stellung, bei M a n d e v i l l e. In der Psychologie ein extremer Anhänger des *selfish system*, suchte dieser gegen Shaftesbury zu zeigen, daß die ganze reizvolle Lebendigkeit des gesellschaftlichen Systems nur auf dem Interessenkampf der selbstsüchtigen Individuen beruht, — ein Prinzip, das auch auf Adam Smith bei seiner Lehre von Angebot und Nachfrage gewirkt hat[119]). Dächte man sich (das ist der Sinn der Bienenfabel) den Menschen aller egoistischen Triebe ledig und nur noch mit den „moralischen" Eigenschaften des Altruismus ausgestattet, so stünde vor lauter Selbstlosigkeit der soziale Mechanismus still. Die treibende Kraft in der Zivilisation ist nur der Egoismus, und darum darf man sich auch nicht wundern, wenn die Kultur sich nicht durch Erhöhung der sittlichen Qualitäten, sondern eben nur durch eine Verfeinerung und Verhüllung des Egoismus betätigt. Ebensowenig aber wie die Moralität wird die Glückseligkeit des Individuums durch die Zivilisation gesteigert. Geschähe es, so würde damit der Egoismus geschwächt, auf dem ja ihr Fortschritt beruht. In Wahrheit zeigt sich vielmehr, daß jede durch die intellektuelle Steigerung herbeigeführte Verbesserung des materiellen Zustandes in dem Individuum neue und stärkere Bedürf-

---

[119]) Vgl. A. LANGE, Gesch. d. Mater., I, 285.

nisse hervorruft, infolge deren es immer unbefriedigter wird, und so erweist sich, daß die scheinbar so glänzende Entwicklung des Ganzen sich nur vollzieht auf Kosten der Moralität und der Glückseligkeit des Einzelnen.

4. Bei Mandeville erscheinen diese Gedanken einerseits erst in leiser Andeutung, anderseits in einer Form, welche als Empfehlung des Egoismus aufgefaßt werden konnte, dessen „private vices public benefits" seien: zu einer Bedeutung für die Weltliteratur sind sie durch die glänzende Wendung gelangt, die ihnen Rousseau gab. Bei ihm betraf die Frage nicht mehr und nicht weniger als den Wert der gesamten menschlichen Geschichte, — ihren Wert für die Sittlichkeit und das Glück der Individuen. Und er schleuderte der Aufklärung die Schmach ins Gesicht, daß all das Wachsen des Wissens und all die Verfeinerung des Lebens den Menschen seiner wahren Bestimmung und seinem wahren Wesen nur immer mehr untreu gemacht habe. Gerade in der rein verstandesmäßigen Aufklärung, welche die Stimme des natürlichen Gefühls überhört und erstickt hat und deshalb zu ihrem Atheismus und ihrer egoistischen Moral gekommen ist, sieht Rousseau den schlimmsten Schaden der Zeit und die traurigste Verirrung der Menschheit. Die Geschichte mit ihrem künstlichen Aufbau der zivilisierten Gesellschaft hat den Menschen verschlechtert[120]): gut und rein ist er aus der Hand der Natur hervorgegangen, aber seine Entwicklung hat ihn von Schritt zu Schritt der Natur entfremdet. Den Anfang zu dieser „Degeneration" fand Rousseau — nach dem zweiten Discours — in der Schaffung des Eigentums, welche die Teilung der Arbeit und damit die Sonderung der Stände, schließlich die Erweckung aller bösen Leidenschaften zur Folge hatte: dies war es, was die Arbeit des Intellekts dauernd in den Dienst der Selbstsucht stellte.

Dieser Unnatur der zivilisierten Barbarei gegenüber erscheint zunächst der Naturzustand als das verlorene Paradies, und in diesem Sinne fand die sentimentale Sehnsucht einer intellektuell und moralisch blasierten Zeit ihre Nahrung in Rousseaus Schriften, vor allem in der „Neuen Héloise". Die Damen der Salons schwärmten für das Geßnersche Schäferidyll: aber sie überhörten deshalb den Mahnruf des großen Genfers.

Denn nicht zu jenem gesellschaftslosen Naturzustande wollte er zurückführen. Er war überzeugt, daß der Mensch von seinem Schöpfer mit einer Vervollkommnungsfähigkeit (perfectibilité) ausgerüstet sei, die ihm die Ausbildung der natürlichen Anlage wie zur Pflicht so zur natürlichen Notwendigkeit mache. Wenn diese Entwicklung durch den bisherigen historischen Prozeß in falsche Wege geleitet worden ist und deshalb zur Entsittlichung und zum Elend geführt hat, so muß die Geschichte eben von neuem begonnen werden, so muß der Mensch von der Unnatur des intellektuellen Hochmuts zu dem einfachen natürlichen Gefühle, aus der Verschränktheit und Verlogenheit der gesellschaftlichen Verhältnisse zu einem reinen, unverkümmerten Selbst zurückkehren, um den rechten Weg seiner Entwicklung zu finden. Dazu bedarf nach Rousseau die Menschheit im ganzen einer Staatsverfassung, die nach dem Prinzip der rechtlichen Gleichheit dem Einzelnen die volle Freiheit seiner persönlichen Betäti-

---

[120]) Die Auffassung der englischen Deisten von der Religionsgeschichte (vgl. § 35, 8) wird von Rousseau auf die gesamte Geschichte ausgedehnt.

gung am Gesamtleben gewährleistet, und im einzelnen einer E r z i e h u n g[121]), welche die natürlichen Anlagen des Individuums sich zwanglos aus eigener Lebendigkeit entfalten läßt. Der Optimismus, den Rousseau in der Auffassung von dem natürlichen gottentstammten Wesen des Menschen geltend macht, läßt ihn hoffen, daß es um unser Leben um so besser bestellt sein wird, je freier und natürlicher wir uns entwickeln können.

5. Finden wir so Rousseau im lebhaften Gegensatz gegen die historische Entwicklung und im eifrigen Bestreben, an deren Stelle eine neue, „naturgemäße" zu setzen, so ist die letzte, versöhnende Synthese der Aufklärungsideen das Bestreben, den bisherigen Verlauf der menschlichen Geschichte selbst als die natürliche Entwicklung des menschlichen Wesens zu begreifen: in diesem Gedanken streift die Philosophie des 18. Jahrhunderts alle ihre Einseitigkeiten von sich ab und gewinnt ihre höchste Vollendung. Die erste Regung davon beginnt sogar mit einer prinzipiellen und tiefgehenden Opposition gegen die naturwissenschaftliche Verstandesaufklärung: sie spricht sich in unklarer und phantastischer Weise bei einer einsamen Größe der italienischen Literatur aus, bei V i c o[122]). Er wendet sich von Anfang an gegen den Mathematizismus von Descartes und bevorzugt ihm gegenüber das empirische Denken von Campanella und Bacon. Aber er hat überhaupt kein Vertrauen in die Naturwissenschaft. Nach dem Prinzip, daß man nur erkennen kann, was man selber schafft, ist die Erkenntnis der Natur nur für Gott möglich, und an seiner Weisheit (sapienza) hat der Mensch nur ein schwaches Mitwissen (coscienza). Die mathematischen Formen, die der Mensch allerdings selbst erzeugt, sind nur Abstraktionen und Fiktionen, die das wahre Wesen, die lebendige Realität der Natur nicht erfassen. Was der Mensch wirklich macht, ist seine G e s c h i c h t e, und diese kann er daher auch verstehen. Den letzten Grund dieses Verständnisses bildet das Wissen des Menschen von seinem geistigen Wesen, und dessen Gesetzmäßigkeit ist es, die in dem Prozeß der Geschichte sich in einer überall gleichmäßigen Weise darstellen muß. Diese Voraussetzung soll die empirische Geschichts-

---

[121]) Im einzelnen benutzt dabei Rousseaus Émile vielfach die „Gedanken", welche L o c k e mit viel beschränkterer Absicht für die Erziehung eines jungen Mannes aus der höheren Gesellschaft aufgestellt hatte: auch da war die volle Ausbildung der Individualität die Hauptsache, aus der sich die Abwendung von gelehrter Einseitigkeit, der Hinweis auf das Reale und Praktische, die Anschaulichkeit und Individualisierung von Unterricht und Erziehung von selbst verstanden. Rousseau übernimmt diese für den vornehmen Engländer gedachten Bestimmungen als Momente einer Erziehung, die im Menschen nicht den Angehörigen eines bestimmten Standes oder zukünftigen Berufes, sondern nur den „Menschen" ausbilden sollte. In diesem Sinne sind seine pädagog'schen Lehren auf die Schule des deutschen P h i l a n t r o p i s m u s übergegangen, welche unter Führung von B a s e d o w (1723—1790) das Prinzip der natürlichen Ausbildung mit demjenigen der Utilität verknüpften und danach die zweckmäßigen Formen einer gemeinschaftlichen Erziehung ausdachten, wodurch der einzelne auf natürlichem Wege zu einem nützlichen Mitgliede der menschlichen Gesellschaft herangebildet werden würde.

[122]) Giov. Battista V i c o (1668—1744) ist hauptsächlich wirksam geworden durch seine Principj d'una scienza nuova d'intorno alla commune natura delle nazioni (1725 und 1730). Übersetzt von E. AUERBACH (1924). Vgl. K. WERNER, Giambattista V. als Philosoph und gelehrter Forscher (Wien 1879). R. FLINT, V. (Edinb. a. Lond. 1884); und ebenso zum folgenden FLINT, The philosophy of history in Europe, I. Bd. (1874, neue Auflage 1893). Über Vico auch O. KLEMM, V. als Geschichtsphilosoph und Völkerpsycholog (Leipzig 1906), besonders aber BEN. CROCE, La filosofia di G. V. (Bari 1911, deutsch Tübingen 1927) und dazu A. ZOTTOLI in „La Cultura" (Rom 1911); O. Frhr. v. GEMMINGEN, Vico, Hamann und Herder (Münchner Diss. 1918).

forschung bestätigen, indem sie induktiv eine bei allen Nationen sich wiederholende Reihenfolge ihrer öffentlichen Zustände nachweist. Besonders kommt es Vico dabei auf die Entwicklung an, mit der sich die Kultur aus primitiven Zuständen herausarbeitet und schließlich durch ihre Übertreibung in schlimmere Barbarei zurückfällt. Als typischer Vorgang gilt dabei überall die römische Geschichte. Mit der fast schon romantischen Vorliebe für die poetischen Anfänge des geschichtlichen Lebens verbindet Vico eine große Feinheit ihrer Analyse. Aber mit der Auffassung eines sich wiederholenden Entwicklungsgangs der verschiedenen Völker verschloß der einsame Grübler sich den Blick auf die Einheit des historischen Prozesses der Menschheit: er verbarg sich diese noch mehr durch die prinzipielle Scheidung zwischen der „profanen" Geschichte und der „heiligen", für die der fromme Mann ein durchaus antirationalistisches Interesse bewährte.

Auch auf dem religiösen Gebiete aber war deshalb Vico der Gedanke an ein planvolles Ineinandergreifen der Völkergeschichte fremd geblieben. Dieser Gedanke dagegen hatte vorher in B o s s u e t[123]) eine um so kräftigere Vertretung gefunden. Der französische Prälat führte die patristische Geschichtsphilosophie, welche die Erlösung in den Mittelpunkt des Weltgeschehens gerückt hatte (vgl. oben § 21), in der Weise fort, daß er die Christianisierung der modernen Völker durch das Weltreich Karls des Großen als die abschließende und entscheidende Epoche der Universalgeschichte betrachtet wissen wollte, deren ganzer Verlauf das Werk göttlicher Vorsehung und deren Ziel die Herrschaft der Einen, katholischen Kirche sei. Solche theologische Welt- und Geschichtsauffassung hatte nun freilich die neuere Philosophie energisch abgewiesen: aber wie mager der Ertrag ihrer individualpsychologischen Behandlung des menschlichen Gemeinlebens für die Betrachtung der Geschichte ausfiel, sieht man trotz der Anlehnung an Rousseau bei den trivialen Darstellungen von I s e l i n[124]).

Erst in einem Geiste von H e r d e r s universeller Empfänglichkeit und Feinfühligkeit fielen Rousseaus Ideen auch nach dieser Hinsicht auf fruchtbaren Boden. Aber sein an Leibniz und Shaftesbury großgezogener Optimismus ließ ihn nicht an die Möglichkeit jener Abirrung glauben, als welche der Genfer die bisherige Geschichte auffassen wollte. Er war vielmehr in der Zeit seiner philosophischen Reife überzeugt, daß die naturgemäße Entwicklung des Menschen eben die sei, welche sich in der Geschichte vollzogen hat. Wenn Rousseaus Begriff der Perfektibilität des Menschen von dessen französischen Anhängern wie St. Lambert und namentlich C o n d o r c e t als Gewähr einer besseren Zukunft und als eine unendliche Perspektive auf die Vervollkommnung der Gattung behandelt wurde, so benutzte ihn Herder — gegen Rousseau — auch als Erklärungsprinzip für die Vergangenheit des menschlichen Geschlechts. Die G e s c h i c h t e ist nichts als die ununterbrochene Fortsetzung der n a t ü r l i c h e n E n t w i c k l u n g. Freilich

---

[123]) Jacques Bénigne B o s s u e t (1627—1704), der gefeierte geistliche Rhetor, schrieb ursprünglich für den Unterricht des Dauphin den Discours sur l'histoire universelle (Paris 1681).

[124]) Der Basler Isaak I s e l i n (1728—1782) veröffentlichte 1764 seine „Philosophischen Mutmaßungen über die Geschichte der Menschheit" (2 Bde.). Ihre Trivialitäten lösten in gereiztem Widerspruche den extremen Gegensatz von Herders Anschauungen und Schriften während der Bückeburger Zeit aus: vgl. oben § 35, 10. Vgl. P. M. A. REGLI, I. Iselins, „Geschichte der Menschheit". Münchner Diss. 1919.

wurden damit die Prinzipien naturwissenschaftlicher und historischer Forschung und namentlich die Gegensätze mechanischer und teleologischer Betrachtung in einer Weise verwischt, welche den Widerspruch eines so scharf methodischen Denkers, wie Kant es war, notwendig hervorrufen mußte[125]): aber es war doch anderseits für die Weltanschauung ganz im Sinne der Leibnizschen Monadologie ein harmonisierender Schlußgedanke gewonnen, der als ein packendes Postulat, als eine regulative Idee für die weitere Entwicklung der Philosophie unverloren geblieben ist.

Das neue Prinzip traf vor allem den A n f a n g der Geschichte. Nicht als willkürlicher Akt sei es menschlicher Überlegung oder göttlicher Bestimmung, sondern als ein allmählich gestaltetes Ergebnis des natürlichen Zusammenhangs ist der Beginn des gesellschaftlichen Lebens zu verstehen. Er ist weder erfunden noch geboten, sondern geworden. In charakteristischer Weise kamen diese geschichtsphilosophischen Gegensätze am frühesten bei der Auffassung der S p r a c h e zur Geltung: der assoziationspsychologische Individualismus sah in ihr, wie es besonders bei Condillac[126]) zutage tritt, eine E r f i n d u n g des Menschen, — der Supranaturalismus, in Deutschland durch S ü ß m i l c h[127]) vertreten, eine göttliche Eingebung: hier hatte schon Rousseau das erlösende Wort gesprochen, wenn er in der Sprache eine natürliche, unwillkürliche Entfaltung des menschlichen Wesens gesehen hatte[128]).

Herder machte sich nicht nur diese Auffassung schon früh zu eigen (vgl. oben § 33, 11), sondern er dehnte sie später auch konsequenterweise auf alle Kulturtätigkeiten des Menschen aus. Er geht daher in seiner Philosophie der Geschichte von der Stellung des Menschen in der Natur, von den Lebensbedingungen, die ihm der Planet gewährt, und seiner eigentümlichen Anlage aus, um die Anfänge und die Richtung seiner geschichtlichen Entwicklung daraus zu begreifen: und er läßt ebenso im Fortgang der universalhistorischen Darstellung die Eigenart eines jeden Volkes und seiner geschichtlichen Bedeutung aus seinen natürlichen Anlagen und Verhältnissen hervorgehen. Allein dabei fallen ihm die Entwicklungen der verschiedenen Nationen nicht auseinander, wie das noch bei Vico geschah: sondern sie alle reihen sich als eine große Kette aufsteigender Vervollkommnung organisch aneinander. Und sie alle bilden in diesem Zusammenhange die immer reifere Verwirklichung der allgemeinen Anlage des menschlichen Wesens. Wie der Mensch selbst die Krone der Schöpfung, so ist seine Geschichte die Entfaltung der Menschlichkeit. Die I d e e d e r H u m a n i t ä t erklärt die verwickelte Bewegung der Völkergeschicke.

In dieser Betrachtung war die unhistorische Denkart der Aufklärung überwunden: jede Gestalt dieses großen Entwicklungsganges wurde als das natürliche Produkt ihrer Bedingungen gewürdigt, und die Leistungen und Entwicklungen der

---

[125]) Vgl. KANTS Rezension von HERDERS Ideen zur Philosophie der Geschichte der Menschheit (Jen. Allg. Litt.-Ztg. 1785).

[126]) Logique und Langue des calculs.

[127]) Beweis, daß der Ursprung der menschlichen Sprache göttlich sei (Berlin 1766).

[128]) Mit seinen Argumenten bekämpfte, wenn auch zum Teil anderer Ansicht, St. Martin, der Mystiker, die plumpe Darstellung der Condillacschen Lehre von Garat: vgl. Séances des écoles normales, III, 61 ff.

einzelnen Völker vereinigten sich zur Harmonie der Weltgeschichte, deren Thema die Humanität ist. Und daraus entsprang — wie es Herder in den „Briefen zur Beförderung der Humanität" nach verschiedenen Richtungen glücklich vorzeichnete — auch die Aufgabe der Zukunft: immer reicher und voller alle Regungen der menschlichen Natur zur Entfaltung zu bringen, die reifen Erträge der geschichtlichen Entwicklung zu lebendiger Einheit zu verwirklichen. Im Bewußtsein dieser Aufgabe der „Weltliteratur" durfte, fern von allem Hochmut des niederen Aufklärens, voll von der Ahnung einer neuen Epoche, S c h i l l e r dem „philosophischen Jahrhundert" das frohe Wort nachrufen:

> „Wie schön, o Mensch, mit deinem Palmenzweige
> Stehst du an des Jahrhunderts Neige
> In edler, stolzer Männlichkeit!"

VI. Teil.
Die deutsche Philosophie.

Zu der Literatur auf S. 298 und 375 kommen hier hinzu:

H. M. CHALYBAEUS, Historische Entwicklung der spekulativen Philosophie von Kant bis Hegel. Dresden 1837.

F. K. BIEDERMANN, Die deutsche Philosophie v. Kant bis auf unsere Tage. Leipzig 1842 f.

K. L. MICHELET, Entwicklungsgeschichte der neuesten deutschen Philosophie. Berlin 1843.

C. FORTLAGE, Genetische Geschichte der Philosophie seit Kant. Leipzig 1852.

O. LIEBMANN, Kant und die Epigonen. Stuttgart 1865. Neudruck 1912.

FR. HARMS, Die Philosophie seit Kant. Berlin 1876.

A. S. WILLM, Histoire de la philosophie allemande depuis Kant jusqu'à Hegel. Paris 1846 ff.

H. LOTZE, Geschichte der Ästhetik in Deutschland. München 1868. Neudruck 1913.

E. v. HARTMANN, Die deutsche Ästhetik seit Kant. Berlin 1886.

JULIAN SCHMIDT, Geschichte der deutschen Literatur von Leibniz bis auf unsere Zeit. Neue Ausgabe 1896.

WILHELM WINDELBAND, Geschichte der neueren Philosophie, Bd. II, Die Blütezeit der deutschen Philosophie (3. Aufl., 1904).

R. KRONER, Von Kant bis Hegel, I (1921), II (1924).

N. HARTMANN, Die Philosophie des deutschen Idealismus, I (1923).

W. DILTHEY, Leben Schleiermachers, I (1870), 2. Aufl., 1922. — Das Erlebnis und die Dichtung (1906). — Die Jugendgeschichte Hegels und andere Abhandlungen zur Geschichte des deutschen Idealismus (Ges. Schr., IV, 1921).

R. HAYM, Die romantische Schule. Ein Beitrag zur Geschichte des deutschen Geistes (1870, 3. Aufl., 1914).

E. TROELTSCH. Art. Deutscher Idealismus in der Realenz. der prot. Theol. (Ges. Schr., IV).

H. NOHL, Die deutsche Bewegung und die idealistischen Systeme (Logos, II, 1912).

E. CASSIRER, Freiheit und Form (1916). — Idee und Gestalt (1921).

W. METZGER, Gesellschaft, Recht und Staat i. d. Ethik des deutschen Idealismus (1917).

H. A. KORFF, Geist der Goethezeit, I (1923).

Eine glückliche Vereinigung mehrfacher geistiger Bewegungen hat zu Ende des 18. und zu Anfang des 19. Jahrhunderts in Deutschland eine Blüte der Philosophie hervorgebracht, welche in der Geschichte des europäischen Denkens nur mit der großen Entfaltung der griechischen Philosophie von Sokrates bis Aristoteles zu vergleichen ist. In einer intensiv und extensiv gleich mächtigen Entwicklung hat der deutsche Geist während der kurzen Spanne von vier Jahrzehnten (1780 bis 1820) eine Fülle großartig entworfener und allseitig ausgebildeter Systeme der philosophischen Weltanschauung erzeugt, wie sie auf so engem Raume nirgends wieder zusammengedrängt sind: und in allen diesen schürzen sich die gesamten Gedanken der vorhergehenden Philosophie zu eigenartigen und eindrucksvollen Gebilden zusammen. Sie erscheinen in ihrer Gesamtheit als die reife Frucht eines langen Wachstums, aus der, noch bis heute kaum erkennbar, die Keimungen einer neuen Entwicklung sprießen sollen.

Diese glänzende Erscheinung hatte ihre allgemeine Ursache in der unvergleichlichen Lebendigkeit des Geistes, womit die deutsche Nation damals die Kulturbewegung der Renaissance, die in ihr durch äußere Gewalt unterbrochen war, mit neuer Kraft wieder aufnahm und zur Vollendung führte. Sie erlebte — ein Vorgang ohnegleichen in der Geschichte — den Höhepunkt ihrer innerlichen Entwicklung zu derselben Zeit, wo ihre äußere Geschichte den niedersten Stand erreichte. Als sie politisch machtlos darniederlag, schuf sie ihre weltbezwingenden Denker und Dichter. Die siegreiche Kraft aber lag gerade in dem B u n d e   z w i s c h e n P h i l o s o p h i e   u n d   D i c h t u n g. Die Gleichzeitigkeit von Kant und Goethe, und die Verknüpfung ihrer Ideen durch Schiller — das sind die entscheidenden Züge jener Zeit. Durch diese Gemeinschaft der höchsten Kulturarbeit, in der sich Dichtung und Philosophie gegenseitig zu glänzenden Schöpfungen förderten, ist das deutsche Volk von neuem zu einer Nation geworden: hierin hat es die Substanz seines Geistes wiedergefunden; aus ihr sind die intellektuellen und die moralischen Kräfte geflossen, durch die es im Laufe des folgenden Jahrhunderts in den Stand gesetzt wurde, diese seine neu gewonnene Nationalität auch in der Außenwelt zur Geltung zu bringen.

Die Geschichte der Philosophie ist deshalb an dieser Stelle auf das engste mit derjenigen der allgemeinen Literatur verflochten, und die Beziehungen und Anregungen laufen zwischen beiden fortwährend hin und her. Dies tritt charakteristisch in der gesteigerten und schließlich entscheidenden Bedeutung hervor, welche in diesem Zusammenhange den ä s t h e t i s c h e n   P r o b l e m e n   u n d   B e - g r i f f e n zufiel. Für die Philosophie eröffnete sich damit eine neue Welt, die sie bisher nur mit gelegentlichen Ausblicken gestreift hatte, und von der sie nun wie von dem gelobten Lande Besitz nahm: sachlich wie formell gelangten in ihr die ästhetischen Prinzipien zur Herrschaft, und die Motive des wissenschaftlichen Denkens verschlangen sich mit denen der künstlerischen Anschauung zur Erzeugung großartiger begrifflicher Weltdichtungen.

Der bestrickende Zauber, den damit die Literatur auf die Philosophie ausübte, beruhte hauptsächlich auf der h i s t o r i s c h e n   U n i v e r s a l i t ä t. Mit Herder und Goethe beginnt, was wir nach ihnen die Weltliteratur nennen: das bewußte Herausarbeiten der eigenen Bildung aus der Aneignung aller großen Gedankenschöpfungen der gesamten menschlichen Geschichte. Als Träger dieser Aufgabe erscheint in Deutschland die r o m a n t i s c h e   S c h u l e. Und in Analogie dazu entwickelte sich auch die Philosophie aus der Fülle der historischen Anregungen heraus: sie griff mit bewußter Vertiefung auf die Ideen des Altertums und der Renaissance zurück, sie versenkte sich verständnisvoll auch in solche Gedankengänge, welche die Aufklärung von sich gewiesen hatte, und sie endete in H e g e l damit, sich selbst als die systematisch durchdringende und gestaltende Zusammenfassung alles desjenigen zu begreifen, was der Menschengeist bisher gedacht hat.

Für diese gewaltige Arbeit aber bedurfte es einer neuen begrifflichen Grundlage, ohne die alle jene Anregungen der allgemeinen Literatur ihre lebendige Einheit nicht hätten finden können und deshalb wirkungslos geblieben wären. Diese philosophische Kraft, den Ideenstoff der Geschichte zu bemeistern, wohnte der L e h r e K a n t s inne, und das ist ihre unvergleichlich hohe historische Bedeutung. Kant hat durch die Neuheit und durch die Größe seiner Gesichtspunkte der folgenden Philosophie nicht nur die Probleme, sondern auch die Wege zu ihrer Lösung vorgeschrieben: er ist der allseitig bestimmende und beherrschende Geist. Die Arbeit seiner nächsten Nachfolger, worin sich sein neues Prinzip nach allen Seiten auseinanderlegte und mit Assimilation der früheren Systeme historisch auslebte, wird nach ihrem bedeutsamsten Merkmale am besten unter dem Namen des I d e a l i s- m u s zusammengefaßt.

Daher behandeln wir die Geschichte der deutschen Philosophie in zwei Kapiteln, von denen das erste Kant und das zweite die Entwicklung des Idealismus umfaßt. In der Gedankensymphonie jener vierzig Jahre bildet die kantische Lehre das Thema und der Idealismus dessen Ausführung.

1. Kapitel. Kants Kritik der Vernunft.

C. L. REINHOLD, Briefe über die Kantische Philosophie (Deutsch. Merkur, 1786 f.). Leipzig 1790 ff.
V. COUSIN, Leçons sur la philosophie de Kant. Paris 1842.
M. DESDOUITS, La philosophie de Kant, d'après les trois critiques. Paris 1876.
E. CAIRD, The philosophy of Kant. 2 Bde., London 1889.
C. CANTONI, Em. Kant (3 Vol.). Milano 1879—1884.
W. WALLACE, Kant. Oxford, Edinburgh and London 1882.
J. B. MEYER, Kants Psychologie. Berlin 1870.
FR. PAULSEN, I. Kant, sein Leben und seine Lehre. 1908, 6. Aufl., 1920 (nur für die theoretische und die praktische Lehre).
TH. RUYSSEN, Kant. Paris 1900.
G. SIMMEL, Kant, 16 Vorlesungen (Le'pzig 1904), die weitaus bedeutendste Leistung unter den zahllosen Reden, Aufsätzen usw., welche die Centenarfeier des Todestages gezeitigt hat (vgl. Kantstudien, IX, 1904, p. 518 ff., und X, 1905, p. 105 ff.).
BR. BAUCH, I. Kant, 2. Aufl., 1923.
E. CASSIRER, Kants Leben und Lehre, 1918.
E. BOUTROUX, La philosophie de Kant (Paris 1924).
M. WUNDT, Kant als Metaphysiker (1924).
E. KÜHNEMANN, Kant (München 1923 u. 24).
H. RICKERT, Kant als Philosoph der modernen Kultur (Tübingen 1924).
Aus den Festreden seien hervorgehoben: A. v. HARNACK (Berlin 1924), JOH. VOLKELT (Erfurt 1924), HEINR. MAIER (Berlin 1924).

Die hervorragende Stellung des Königsberger Philosophen beruht darauf, daß er die verschiedenen Denkmotive der Aufklärungsliteratur allseitig in sich aufgenom- men und durch ihre gegenseitige Ergänzung zu einer völlig neuen Auffassung von der Aufgabe und dem Verfahren der Philosophie ausgereift hat. Er ist durch die Schule der Wolffschen Metaphysik und durch die Bekanntschaft mit den deutschen Popularphilosophen ebenso hindurchgegangen, wie durch die Versenkung in die tiefgreifenden Problemstellungen Humes und durch die Begeisterung für Rousseaus Naturpredigt: die mathematische Strenge Newtonscher Naturphilosophie, die Fein- heit der psychologischen Analyse vom Ursprung menschlicher Vorstellungen und Willensrichtungen in der englischen Literatur, der Deismus in seiner Ausdehnung von Toland und Shaftesbury bis Voltaire, der ehrliche Freiheitssinn, mit dem die französische Aufklärung auf die Besserung der politischen und sozialen Zustände drang — all dies hatte in dem jungen Kant einen treuen, überzeugungsvollen Mit- arbeiter gefunden, der mit reicher Weltkenntnis und liebenswürdiger Klugheit, wo es am Ort war auch mit Geschmack und Witz, dabei fern von aller Selbstgefälligkeit und Überhebung die besten Züge des Aufklärertums typisch in sich vereinigte.

Allein zu seiner eigensten Bedeutung hat er sich von allen diesen Grundlagen aus erst an den Schwierigkeiten des E r k e n n t n i s p r o b l e m s herausgearbeitet. Je mehr er ursprünglich die Metaphysik gerade deshalb geschätzt hatte, weil sie den moralischen und religiösen Überzeugungen wissenschaftliche Sicherheit geben sollte, um so nachhaltiger war die Wirkung auf ihn selbst, als er durch eigene, in stetigem Wahrheitsbedürfnis fortschreitende Kritik sich davon überzeugen mußte, wie wenig das rationalistische Schulsystem jenen Anspruch befriedigte, — um so mehr war aber auch sein Blick für die Erkenntnisgrenzen derjenigen Philosophie geschärft, welche ihren Empirismus an der Hand der psychologischen Methode entwickelte. An dem Studium David Humes kam ihm dies in solchem Maße zum Bewußtsein, daß er begierig nach dem Hilfsmittel griff, welches die „Nouveaux essais" von Leibniz für die Ermöglichung einer metaphysischen Wissenschaft darzubieten schienen. Aber das erkenntnistheoretische System, das er über dem auf die Mathematik ausgedehnten Prinzip des virtuellen Eingeborenseins errichtete (vgl. oben § 33, 12, und 34, 12), erwies sich ihm selbst sehr bald als unhaltbar, und dies führte zu den langwierigen Untersuchungen, die ihn in der Zeit von 1770 bis 1780 beschäftigt und ihren Abschluß in der K r i t i k d e r r e i n e n V e r n u n f t gefunden haben.

Das wesentlich Neue und Entscheidende dabei war, daß Kant die U n z u l ä n g - l i c h k e i t d e r p s y c h o l o g i s c h e n M e t h o d e für die Behandlung der philosophischen Probleme erkannte[1]) und die Fragen, welche den U r s p r u n g (quaestio facti) und die tatsächliche Entwicklung der menschlichen Vernunft- tätigkeiten betreffen, vollständig von denjenigen sonderte, welche sich auf ihren W e r t (quaestio juris) beziehen. Er teilte dauernd mit der Aufklärung die Tendenz, den Ausgangspunkt aller Untersuchungen nicht in der durch die mannigfachsten Voraussetzungen beeinflußten Auffassung der Dinge, sondern in der Betrachtung der Vernunft selbst zu nehmen: aber er fand in dieser allgemeine und über alle Erfahrung hinausreichende Urteile, deren Geltung weder von dem Ausweis ihres tatsächlichen Bewußtwerdens abhängig gemacht noch durch irgend eine Form des Eingeborenseins begründet werden kann. Solche Urteile gilt es im ganzen Umkreise der menschlichen Vernunfttätigkeit festzustellen, um aus ihrem Inhalte selbst und ihren Beziehungen zu dem durch sie bestimmten System des Vernunftlebens ihre Berechtigung oder die Grenzen ihres Anspruchs zu verstehen. Damit wird im ganzen der Versuch durchgeführt, die R a t i o n a l i t ä t von Welt und Leben bis in die letzten Tiefen des Bewußtseins zu verfolgen und eben dadurch nach allen Richtungen die Grenzen zu bestimmen, an denen der irrationale Inhalt aller Wirk- lichkeit beginnt. In diesem Sinne steht Kants Kritik zwischen dem Zeitalter der Aufklärung und dem der Romantik als der Kulminationspunkt einer Entwicklungs- linie, die zu ihr aufsteigt und von ihr aus absteigt.

Jene Aufgabe bezeichnete Kant als K r i t i k d e r V e r n u n f t und jene Methode als die k r i t i s c h e oder t r a n s z e n d e n t a l e M e t h o d e: die Schulformel, die er dafür einführte, bezeichnete den Gegenstand der kritischen Philosophie als die Untersuchung über die M ö g l i c h k e i t s y n t h e t i s c h e r U r t e i l e

---

[1]) Vgl. den Anfang der transz. Deduktion der reinen Verstandesbegriffe in der Kritik der reinen Vernunft, W., IV, 68 ff.

a p r i o r i ²). Das beruht auf der fundamentalen Einsicht, daß die Geltung der
Vernunftprinzipien von der Art und Weise, wie sie im empirischen Bewußtsein
(sei es des Einzelnen oder der Gattung) zustande kommen, völlig unabhängig ist.
Alle Philosophie ist d o g m a t i s c h, welche die Prinzipien entweder durch Auf-
zeigung ihrer Genesis aus Empfindungselementen oder durch das Eingeborensein
nach irgend welchen metaphysischen Voraussetzungen b e g r ü n d e n oder auch
nur beurteilen will: die kritische Methode oder die Transzendentalphilosophie untersucht die Gestalt, worin diese Prinzipien tatsächlich auftreten, und prüft ihren
Geltungswert an der Fähigkeit, welche sie in sich selbst besitzen, um a l l g e m e i n
u n d n o t w e n d i g in der Erfahrung angewendet zu werden.

Hieraus ergab sich für Kant die Aufgabe einer systematischen Durchforschung
der Vernunftfunktionen, um ihre Prinzipien festzustellen und über deren Geltung
zu entscheiden: denn die kritische Methode, die zuerst in der Erkenntnistheorie
gewonnen wurde, erstreckte von selbst ihre Bedeutung auch auf die andern Sphären
der Vernunftbetätigung. Hier aber erwies sich für Kant das neu gewonnene Schema
der psychologischen Einteilung (vgl. oben § 36, 8) als maßgebend für die G l i e -
d e r u n g d e r p h i l o s o p h i s c h e n P r o b l e m e. Wurden im Seelenleben
D e n k e n, W o l l e n u n d F ü h l e n als die Grundformen der Äußerungsweise
unterschieden, so mußte die Kritik der Vernunft sich an die so gegebene Einteilung
halten; sie betraf gesondert die P r i n z i p i e n d e r E r k e n n t n i s, d e r S i t t -
l i c h k e i t und der von beiden unabhängigen G e f ü h l s w i r k u n g der Dinge
auf die Vernunft.

Danach gliedert sich Kants Lehre in den t h e o r e t i s c h e n, den p r a k t i -
s c h e n und den ä s t h e t i s c h e n Teil, und seine Hauptwerke sind die d r e i
K r i t i k e n: der reinen Vernunft, der praktischen Vernunft und der Urteilskraft.

I m m a n u e l K a n t, 22. April 1724 in Königsberg i. Pr. als Sohn eines Sattlers geboren, wurde auf dem pietistischen Collegium Fridericianum gebildet und bezog 1740 die
Universität seiner Vaterstadt, an der ihn allmählich neben den philosophischen und theo-
logischen Studien mehr die naturwissenschaftlichen Gegenstände anzogen. Nach Abschluß
der Studien war er 1746—1755 Hauslehrer bei verschiedenen Familien in der Nähe von
Königsberg, habilitierte sich dann im Herbst 1755 als Privatdozent in der philosophischen
Fakultät der heimischen Universität und wurde an dieser erst 1770 zum ordentlichen
Professor ernannt. Seine Lehrtätigkeit erstreckte sich nicht nur auf die philosophischen
Fächer, sondern auch auf Anthropologie und physische Geographie, und gerade darin
wirkte er durch seine anregende, feinsinnige und geistreiche Darstellung weit über den

---

²) Dieser Ausdruck hat sich bei der Entstehung der Kr. d. r. Vern. allmählich durch
die Bedeutung gebildet, welche darin der Begriff der S y n t h e s i s (vgl. unten § 38, 1)
gewann. Kant entwickelt jene allgemeine Formel in der Einleitung zur Kr. d. r. Vern.
folgendermaßen: Urteile sind analytisch, wenn die darin behauptete Zugehörigkeit des
Prädikats zum Subjekt im Begriffe des Subjekts selbst begründet ist („Erläuterungs-
urteile"), synthetisch, wenn dies nicht der Fall ist, so daß die Hinzufügung des Prädikats zum Subjekt noch einen von beiden Seiten logisch verschiedenen Grund haben
muß („Erweiterungsurteile"). Dieser Grund ist bei synthetischen Urteilen a posteriori
(„Wahrnehmungsurteile", vgl. Prolegomena, § 18, W., IV, 298) der Akt der Wahrnehmung
selbst, bei den synthetischen Urteilen a priori dagegen, d. h. den allgemeinen Prinzipien
zur Deutung der Erfahrung, etwas anderes, — was eben gesucht werden soll. A p r i o -
r i t ä t ist bei Kant kein psychologisches, sondern ein rein erkenntnistheoretisches Merkmal: es bedeutet nicht ein zeitliches Vorhergehen vor der Erfahrung, sondern e i n e
s a c h l i c h ü b e r a l l e E r f a h r u n g h i n a u s g e h e n d e u n d d u r c h k e i n e
E r f a h r u n g b e g r ü n d b a r e A l l g e m e i n h e i t u n d N o t w e n d i g k e i t d e r
G e l t u n g von Vernunftprinzipien. Wer dies nicht sich klar macht, hat keine Hoffnung,
Kant zu verstehen. Vgl. Osc. EWALD, Kants Methodologie, Berlin 1906.

Rahmen der Universität hinaus. Auch in der Gesellschaft spielte er eine angesehene Rolle, und seine Mitbürger suchten und fanden bei ihm liebenswürdige Belehrung über alles, was das allgemeine Interesse erregte. Diese heitere, geistreiche Beweglichkeit Kants wich mit der Zeit einer ernsten, rigoristischen Lebensauffassung und der Herrschaft eines strengen Pflichtbewußtseins, das in der unablässigen Arbeit an seiner großen philosophischen Aufgabe, in der meisterhaften Erfüllung des akademischen Berufs und in der starren Rechtlichkeit seiner Lebensführung sich, nicht ohne einen Stich ins Pedantische, betätigte. Den gleichmäßigen Ablauf seines einsamen und bescheidenen Gelehrtenlebens störte nicht der wachsende Glanz des Ruhmes, der auf seinen Lebensabend fiel, und auch nur vorübergehend der dunkle Schatten, welchen der Haß der unter Friedrich Wilhelm II. zur Herrschaft gelangten Orthodoxie durch das Verbot seiner Philosophie auf seinen Weg zu werfen drohte. Er starb an Altersschwäche am 12. Februar 1804.

Kants Leben und Persönlichkeit ist nach den früheren Arbeiten klassisch von K u n o F i s c h e r gezeichnet worden (1860, und Gesch. der neueren Philos., III und IV, 1897, 5. Aufl., Heidelberg 1909); über seine Jugend und die erste Zeit seiner Lehrtätigkeit hat E. ARNOLDT (Königsberg 1882) gehandelt. Die maßgebende Biographie brachte das Kantjubiläum in K. VORLÄNDERS Kant, der Mann und das Werk (2 Bde., 1924). Von den B r i e f e n, die in der Akademie-Ausgabe, Bd. X—XII, vollständig gesammelt sind, sowie in der Bibliothek der Philosophen (München 1919), hat F. OHMANN (Leipzig 1911) eine Auswahl herausgegeben.

Die Umwandlung, welche mit dem Philosophen gegen Ende des siebenten Jahrzehnts des 18. Jahrhunderts vorging, tritt namentlich in seiner schriftstellerischen Tätigkeit hervor. Die früheren, „vorkritischen" Werke (von denen die philosophisch bedeutsamen bereits S. 382 zitiert sind) zeichnen sich durch leichte, flüssige, anmutige Darstellung aus und stellen sich als liebenswürdige Gelegenheitsschriften eines feinsinnigen, weltgewandten Mannes dar: die späteren Arbeiten lassen die Schwierigkeit der Gedankenarbeit und das Gedränge einander widerstreitender Denkmotive an der umständlichen Schwerfälligkeit und an dem architektonisch gekünstelten Aufbau der Untersuchung ebenso erkennen wie an der schwierig geschachtelten, vielfach durch Restriktionen unterbrochenen Satzbildung. Minerva hat die Grazien verscheucht: dafür aber schwebt über den späteren Schriften der andächtige Ton eines tiefen Denkens und einer ernsten Überzeugung, der sich hie und da zu gewaltigem Pathos und zu gewichtigem Ausdruck steigert.

Für Kants theoretische Entwicklung war anfänglich der Gegensatz zwischen der Leibniz-Wolffschen Metaphysik und der Newtonschen Naturphilosophie maßgebend. Jene war ihm an der Universität durch Knutzen (vgl. oben S. 382), diese durch Teske nahegetreten, und bei seiner Entfremdung gegen das philosophische Schulsystem wirkte das Interesse für die N a t u r w i s s e n s c h a f t, der er sich eine Zeitlang ganz widmen zu wollen schien, sehr stark mit. Seine erste Schrift (1747) betraf „Gedanken von der wahren Schätzung lebendiger Kräfte", — eine Streitfrage zwischen cartesianischen und leibnizianischen Physikern; sein großes Werk über die „Allgemeine Naturgeschichte und Theorie des Himmels" war eine naturwissenschaftliche Leistung ersten Ranges, und neben kleineren Aufsätzen gehört hierher seine Promotionsschrift De igne (1755), welche eine Hypothese über Imponderabilien aufstellte. Auch seine Lehrtätigkeit bezog sich bis in die spätere Zeit hinein mit Vorliebe auf naturwissenschaftliche Gegenstände. Vgl. auch PAUL MENZER, K.s Lehre von der Entwicklung in Natur und Geschichte (1911), und ERICH ADICKES, K.s Opus postumum (1920); DERS., Kant als Naturforscher (1924 u. 25); J. KRIES, I. Kant und seine Bedeutung für die Naturforschung der Gegenwart (1924).

In der theoretischen Philosophie hatte Kant „mancherlei Umkippungen" seines Standpunktes durchgemacht (vgl. §§ 33, 12, und 34, 12). Er hatte anfangs (in der „Physischen Monadologie") sich den Gegensatz, der zwischen Leibniz und Newton in der Raumlehre bestand, durch die übliche Unterscheidung der (metaphysisch zu erkennenden) Dingean-sich und der (physikalisch zu untersuchenden) Erscheinungen zurechtzulegen gesucht; er war dann (in den Schriften nach 1760) zu der Einsicht gelangt, daß eine Metaphysik im Sinne des Rationalismus unmöglich ist, daß Philosophie und Mathematik diametral entgegengesetzte Methoden haben müssen, daß die Philosophie als empirische Erkenntnis des Gegebenen den Kreis der Erfahrung nicht zu überschreiten vermag. Aber während er sich von Voltaire und Rousseau für diesen Ausfall der metaphysischen Einsicht durch das „natürliche Gefühl" des Rechten und Heiligen trösten ließ, arbeitete er doch fortwährend an einer Verbesserung der Methode der Metaphysik, und als er diese an der Hand von Leibniz' Nouveaux essais gefunden zu haben hoffte, konstruierte er in kühnen Linien das mystisch-dogmatische System seiner Inauguraldissertation.

Der Fortgang von da bis zum S y s t e m d e s K r i t i z i s m u s ist dunkel und kontrovers. Vgl. über diese Entwicklung, bei der namentlich die Zeit und die Richtung der Ein-

wirkung von David Hume in Frage ist: FR. MICHELIS, Kant vor und nach 1770 (Brauns-
berg 1871). — FR. PAULSEN, Versuch einer Entwicklungsgeschichte der kantischen Erkenntnistheorie (Leipzig 1875). — A. RIEHL, Geschichte und Methode des philosophischen
Kritizismus (Leipzig 1876, 3. Aufl., 1924 f.). — B. ERDMANN, Kants Kritizismus (Leipzig
1878). — W. WINDELBAND, Die verschiedenen Phasen der Kantischen Lehre vom Ding-
an-s.ch (Vierteljahrsschr. f. wissensch. Philos., 1876). — H. MAIER, Die Bedeutung der
Erkenntnistheorie Kants (K.-Stud., II. f.). — A. J. DIETRICH, Kants Begriff des Ganzen in
seiner Raum-Zeitlehre und das Verhältnis zu Leibniz (1916). — Über Kants Verhältnis zu
Newton und Rousseau vgl. ferner K. DIETERICH, „Die kantische Philosophie in ihrer
inneren Entwicklungsgeschichte", 1885.

Aus der Ausgleichung der verschiedenen Richtungen des kantischen Denkens ging das
Grundbuch der deutschen Philosophie hervor, die K r i t i k d e r r e i n e n V e r n u n f t
(Riga 1781). Sie erfuhr bei der zweiten Auflage (1787) eine Reihe von Veränderungen,
welche, seitdem Schelling (W., V, 196) und Jacobi (W., II, 291) darauf hingewiesen, Gegen-
stand sehr lebhafter Kontroversen gewesen sind. Vgl. darüber die oben zitierten Schriften;
eine fleißige Zusammenstellung der Literatur bietet H. VAIHINGER, Kommentar zu Kants
Krit. d. r. Vern. (I. Bd. Stuttgart 1887, II. 1892, 2. Auflage 1922). Vgl. N. K. SMITH,
A commentary to Kants critic of p. r. (New York 1918), Kürzer A. MESSER, Kommentar
(1922). A. MENZEL (1923), H. CORNELIUS (1926). Separatausgaben von K. KEHRBACH,
B. ERDMANN, K. VORLÄNDER, HEINR. SCHMIDT, RAYMUND SCHMIDT und anderen.

Die weiteren Hauptschriften Kants aus der Zeit des Kritizismus sind: Prolegomena
zu einer jeden künftigen Metaphysik, 1783. — Grundlegung zur Metaphysik der Sitten,
1785. — Metaphysische Anfangsgründe der Naturwissenschaft, 1785. — Kritik der praktischen Vernunft, 1788. — Kritik der Urteilskraft, 1790. — Die Religion innerhalb der
Grenzen der bloßen Vernunft, 1793. — Zum ewigen Frieden, 1795. — Metaphysische
Anfangsgründe der Rechts- und Tugendlehre, 1797. — Der Streit der Fakultäten, 1798.

Unter den Veröffentlichungen von Kants Vorlesungen sind die wichtigsten: Anthropologie (1798 und von Starke 1831), Logik (1800), Physische Geographie (1802/03), Päd-
agog.k (1803), Metaphysik (von Pölitz 1821). Vgl. jetzt die Akademieausgabe und Eine
Vorlesung Kants über Ethik von P. MENZER (Berlin 1924).

Gesamtausgaben der Werke wurden besorgt durch K. ROSENKRANZ und FR. W. SCHU-
BERT (12 Bde., Leipzig 1838 ff.), G. HARTENSTEIN (10 Bde., Leipzig 1838;f., und erneut
in 8 Bdn., Leipzig 1867 ff.), J. v. KIRCHMANN (in der Philos. Bibliothek erneut von
K. VORLÄNDER und anderen) und E. CASSIRER (2. Aufl., 1921—23). Von der kritischen
Gesamtausgabe der Berliner Akademie der Wissenschaften liegen in Bd. I—IX die Werke,
X—XIII die Briefe und XIV—XVII der handschriftliche Nachlaß vor[3]). Eine Übersicht
über alles von Kant Geschriebene (darunter auch das für die Auffassung des Kritizismus
belanglose Manuskript des „Übergangs von der Metaphysik zur Physik") findet man bei
ÜBERWEG-HEINZE, III; daselbst ist auch die massenhafte Literatur mit großer Vollzähligkeit aufgeführt. Aus dieser kann hier nur eine Auswahl des Besten und Lehrreichsten
gegeben werden: eine sachlich geordnete Übersicht der wertvolleren Literatur bot seinerzeit der Art. Kant von W. WINDELBAND in Erschs und Grubers Encyklopädie. Seitdem hat
E. ADICKES eine genaue Bibliographie aller Schriften von Kant (1893) und über Kant
(seit 1895) zusammenzustellen begonnen. Über die neueste Literatur gibt die vollständigste Auskunft die seit 1896 erscheinende Zeitschrift „Kantstudien", herausgegeben von
H. VAIHINGER, jetzt A. LIEBERT. Das Jubiläumsjahr 1924 hat neben den Festschriften
der Albertus-Universität in Königsberg, der Kantstudien des Archivs für Rechts- u. Wirt-
schaftsphilosophie und von Reichls Philosophischem Almanach nach der Vollständigkeit
anstrebenden Bibliographie der literarischen Berichte (Heft 3, 5 u. 6, 1924 ff.) über
600 Schriften hervorgebracht. Über die bedeutendsten derselben berichtet H. GLOCKNER
(Deutsche Vierteljahrsschrift, III, 2, 1925).

§ 38. Der Gegenstand der Erkenntnis.

ERH. SCHMID, Kritik der reinen Vernunft im Grundrisse. Jena 1786.

MELLINs Marginalien und Register zu Kants Kritik der Erkenntnisvermögen, 1794 f.
(neu herausgegeben von L. GOLDSCHMIDT, 1900 ff.).

H. COHEN, Kants Theorie der Erfahrung. Berlin 1871 (3. Aufl., 1918).

A. HÖLDER, Darstellung der Kantischen Erkenntnistheorie. Tübingen 1873.

---

[3]) Die Zitate im folgenden beziehen sich, wo sie Band- und Seitenzahl angeben, auf die
neue Berliner Akademie-Ausgabe; doch ist mit Rücksicht auf die Mannigfaltigkeit der
im Gebrauch befindlichen Ausgaben, soweit es anging, die Stelle durch Abschnitte und

A. STADLER, Die Grundsätze der reinen Erkenntnistheorie in der kantischen Philo-
sophie. Leipzig 1876.
JOH. VOLKELT, Kants Erkenntnistheorie nach ihren Grundprinzipien analysiert. Leip-
zig 1879.
E. PFLEIDERER, Kantischer Kritizismus und englische Philosophie. Tübingen 1881.
HUTCHINSON STIRLING, Text-book to Kant. Edinburgh and London 1881.
SEB. TURBIGLIO, Analisi, storia, critica della Critica della ragione pura. Rom 1881.
S. MORRIS, Kants critique of pure reason. Chicago 1882.
FR. STAUDINGER, Noumena. Darmstadt 1884.
E. ADICKES, Kants Systematik als systembildender Factor (Berlin 1887) und Kant-
studien (1894).
E. ARNOLDT, Kritische Exkurse im Gebiet der Kantforschung. Königsberg 1894.
O. EWALD, Kants kritischer Idealismus als Grundlage von Erkenntnistheorie und
Ethik. 1908.
J. GUTTMANN, Kants Begriff der objektiven Erkenntnis. 1911.
A. BRUNSWIG, Das Grundproblem Kants. 1914.
B. ERDMANN, Kritik der Problemlage in Kants transzendentaler Deduktion der Kate-
gorien; DERS., Die Idee der Kants Kritik der reinen Vernunft (Abh. d. Berl. Akad., 1915 ff.).
W. EHRLICH, Kant und Husserl (Halle 1923).
E. ADICKES, Kant und das Ding an sich (Berlin 1924).

Die Erkenntnistheorie Kants hat sich mit zäher Folgerichtigkeit aus den Problem-
stellungen des modernen Terminismus ergeben (vgl. oben § 34, insbesondere
S. 399 und 413). Aufgewachsen war der Philosoph in dem naiven Realismus der
Wolffschen Schule, welche Denknotwendigkeit und Realität unbesehen für identisch
hielt: und seine Selbstbefreiung vom Bann dieser Schule bestand darin, daß er die
Unmöglichkeit einsah, aus „reiner Vernunft", d. h. durch bloß logisch-begriffliche
Operationen irgend etwas über die Existenz[4]) oder das Kausalverhältnis[5]) wirklicher Dinge „auszumachen". Die Metaphysiker sind „Luftbaumeister mancherlei
Gedankenwelten"[6]); aber ihre Entwürfe haben keine Beziehung auf die Wirklichkeit. Suchte nun Kant die Beziehung zunächst in den durch die Erfahrung gegebenen Begriffen, deren genetischer Zusammenhang mit der von der Wissenschaft
zu erkennenden Wirklichkeit unmittelbar einzuleuchten schien, so wurde er aus
diesem „dogmatischen Schlummer" durch Hume aufgerüttelt[7]), der den Nachweis
führte, daß gerade die konstitutiven Formen einer begrifflichen Erkenntnis der
Wirklichkeit, insbesondere die der Kausalität[8]) nicht anschaulich gegeben, sondern
Produkte des Assoziationsmechanismus ohne demonstrierbare Beziehung auf das
Wirkliche seien. Auch aus den „gegebenen" Begriffen war die Realität nicht zu

---

Paragraphen des Werks bezeichnet. Bei den Hauptwerken erlauben die bequemen Kehrbach-
schen Reclam-Ausgaben eine Umschreibung der Zitate aus einer der früheren Ausgaben
in die andere.

[4]) Vgl. Kants „Einzig möglicher Beweisgrund für das Dasein Gottes".

[5]) Vgl. den Versuch über die negativen Größen, namentlich den Schluß, W., II, 201 ff.

[6]) Träume eines Geistersehers, I, 3. W., II, 342.

[7]) Bei diesem vielerwähnten Selbstbekenntnis Kants wird meist nicht bedacht, daß er für
„dogmatisch" nicht nur den Rationalismus, sondern ebenso auch den Empirismus der
früheren Erkenntnistheorie erklärte, und daß die klassische Stelle, an der er diesen
Ausspruch tut (in der Vorrede der Prolegomena, W., IV, 260), Hume keineswegs zu
Wolff, sondern durchaus zu Locke, Reid und Beattie in Gegensatz bringt. Der Dogmatismus, von dem also Kant durch Hume befreit worden zu sein erklärt, war der empiristische: den rationalistischen hatte er aus der Stimmung der zeitgenössischen
Literatur schon vorher selbst überwunden.

[8]) Es scheint, da Kant Humes Kritik der Identität und Substantialität (vgl. oben § 34, 4)
niemals erwähnt, als habe er nur dessen Inquiry, nicht den Treatise gekannt. Vgl. jedoch
F. H. JACOBI, W., II, 292.

erkennen. Und dann hatte Kant an der Hand von Leibniz noch einmal erwogen, ob nicht der geläuterte Begriff des virtuellen Eingeborenseins mit Hilfe der in Gott begründeten „präformierten" Harmonie zwischen der erkennenden und den zu erkennenden Monaden das Rätsel des Verhältnisses von Denken und Sein löse, und er hatte in der Inauguraldissertation diese Lösung der Frage durchzuführen gesucht. Bald aber kam die kühle Überlegung nach, daß diese präformierte Harmonie eine unbegründbare metaphysische Annahme sei, unfähig, ein wissenschaftliches System der Philosophie zu tragen. So zeigte sich, daß weder die empiristische noch die rationalistische Lehre die Kardinalfrage gelöst hatte: worin besteht und worauf beruht d i e B e z i e h u n g d e r E r k e n n t n i s a u f i h r e n G e g e n - s t a n d⁹)?

1. Kants eigene, lang erwogene Antwort auf diese Frage ist die Kritik der reinen Vernunft. Sie geht in ihrer systematischen Schlußredaktion, die eine regressive Erläuterung in den Prolegomena fand, von der T a t s ä c h l i c h k e i t s y n - t h e t i s c h e r U r t e i l e a p r i o r i in drei theoretischen Wissenschaften aus, in der M a t h e m a t i k, d e r r e i n e n N a t u r w i s s e n s c h a f t und der M e t a p h y s i k: und es gilt, deren Ansprüche auf allgemeine und notwendige Geltung zu prüfen.

In dieser Formulierung kam die Einsicht zur Geltung, welche Kant im Laufe seiner kritischen Entwicklung von dem Wesen der Vernunfttätigkeit gewonnen hatte: sie ist S y n t h e s i s, d. h. Vereinheitlichung einer Mannigfaltigkeit¹⁰). Dieser Begriff der S y n t h e s i s¹¹) ist das Neue, das die Kritik von der Inauguraldissertation trennt: in ihm fand Kant das Gemeinsame zwischen den Formen der Sinnlichkeit und denjenigen des Verstandes, welche in der Darstellung von 1770 nach den Merkmalen der Rezeptivität und der Spontaneität sich gänzlich voneinander sondern sollten¹²). Es zeigte sich nun, daß die S y n t h e s i s d e r t h e o - r e t i s c h e n V e r n u n f t in drei Stufen sich vollzieht: die Verknüpfung der Empfindungen zu Anschauungen geschieht in den Formen von Raum und Zeit, die Verknüpfung der Anschauungen zur Erfahrung der natürlichen Wirklichkeit

---

⁹) Vgl. Kants Brief an Marcus Herz vom 21. Febr. 1772.

¹⁰) Diese mehrfach wiederholte Definition läßt den Grundbegriff der kritischen Er-kenntnislehre in nächster Nähe bei dem metaphysischen Grundbegriff der Monadologie erscheinen: vgl. oben § 31, 11.

¹¹) Er wird eingeführt in der transzendent. Analytik bei der Lehre von den Kategorien: § 10 und 15 der zweiten Aufl. der Krit. d. r. Vern., W., III, 91 und 107 f., vgl. in der ersten Aufl., IV, 64 und 77.

¹²) Daher kommt auch der Begriff der Synthesis in der vorliegenden Gestalt der Vernunftkritik mit den psychologischen Voraussetzungen in Kollision, die in ihr anfangs vorgetragen werden. Die letzteren stammen aus der deutschen Bearbeitung der Inaugural-dissertation, die ursprünglich unter dem Titel „Grenzen der Sinnlichkeit und der Ver-nunft" gleich nach 1770 erscheinen sollte, dann aber in die transzendentale Ästhetik und in den Anfang der transzendentalen Logik, vielleicht auch noch in spätere Stücke, wie die „Amphibolie der Reflexionsbegriffe" übernommen wurde. So sind sie in die Krit. d. r. Vern. übergegangen, aber schon in den Prolegomena verwischt. Früher waren Sinnlichkeit und Verstand als Rezeptivität und Spontaneität gegenübergestellt worden: aber Raum und Zeit, die reinen Formen der Sinnlichkeit, erwiesen sich ja als die Prinzipien einer synthetischen Ordnung der Empfindungen, gehörten somit unter den allgemeinen Begriff der Synthesis, d. h. der spontanen Einheit des Mannigfaltigen. So sprengte der Begriff der Synthesis das psychologische Schema der Inauguraldissertation.

geschieht durch Verstandesbegriffe, die Verknüpfung der Erfahrungsurteile zu metaphysischen Erkenntnissen geschieht durch allgemeine Prinzipien, welche Kant Ideen nennt. Diese drei Stufen der Erkenntnistätigkeit entwickeln sich also als verschiedene Formen der Synthesis, von denen jede höhere die niedere zu ihrem Inhalte hat. Die Vernunftkritik aber hat zu untersuchen, welches auf jeder Stufe die besonderen Formen dieser Synthesis sind und worin ihre allgemeine und notwendige Geltung besteht.

2. Hinsichtlich der **M a t h e m a t i k** fügt sich die Auffassung der Inauguraldissertation auch der Vernunftkritik in der Hauptsache glücklich ein. Die mathematischen Sätze sind synthetisch: sie beruhen in letzter Instanz auf anschaulicher Konstruktion, nicht auf Begriffsentwicklung. Ihre durch keine Erfahrung begründbare Notwendigkeit und Allgemeingültigkeit ist also nur dann zu erklären, wenn ihnen ein **a n s c h a u l i c h e s   P r i n z i p   a   p r i o r i** zu Grunde liegt. Deshalb zeigt Kant, daß die allgemeinen Vorstellungen von **R a u m   u n d   Z e i t**, auf welche sich alle Einsichten der Geometrie und der Arithmetik beziehen, die „reinen Formen der Anschauung" oder „Anschauungen a priori" sind. Die Vorstellungen des Einen unendlichen Raums und der Einen unendlichen Zeit beruhen nicht auf der Kombination von Wahrnehmungen endlicher Räume und Zeiten, sondern es steckt mit den Merkmalen der Grenze im Nebeneinander und Nacheinander schon immer der ganze Raum und die ganze Zeit in der Wahrnehmung einzelner Raum- und Zeitgrößen, die demnach nur als Teile des Raums überhaupt und der Zeit überhaupt vorstellbar sind. Raum und Zeit können nicht diskursive „Begriffe" sein, da sie sich ja nur auf einen einzigen, und zwar einen nicht fertig gedachten, sondern in unendlicher Synthesis begriffenen Gegenstand beziehen, und sie verhalten sich zu den Vorstellungen endlicher Größen nicht wie Gattungsbegriffe zu ihren Exemplaren, sondern wie das Ganze zum Teil. Sind sie danach reine, d. h. nicht auf Wahrnehmungen begründete, sondern selbst allen Wahrnehmungen zu Grunde liegende Anschauungen[13]), so sind sie als solche notwendig: denn es läßt sich zwar alles aus ihnen, aber nicht sie selbst fortdenken. Sie sind die unentrinnbar gegebenen Formen der Anschauung, die **G e s e t z e   d e r   B e z i e h u n g e n**, in denen wir allein die Mannigfaltigkeit der Empfindungen mit synthetischer Einheit vorzustellen vermögen. Und zwar ist der Raum die Form des äußeren, die Zeit diejenige des inneren Sinnes: d. h. alle Gegenstände der einzelnen Sinne werden als räumlich, alle Gegenstände der Selbstwahrnehmung werden als zeitlich angeschaut.

Sind demnach Raum und Zeit die „beständige Form unserer sinnlichen Rezeptivität", so kommt den mathematischen Erkenntnissen, die nur durch das allgemeine immanente Wesen beider Anschauungsarten ohne jede Rücksicht auf den einzelnen empfindungsmäßigen Inhalt bestimmt sind, allgemeine und notwendige

---

[13]) Es muß hier nochmals daran erinnert werden, daß es eine schiefe und völlig irreführende Auffassung der kantischen Lehre ist, wenn man dies „Zugrundeliegen" oder „V o r h e r g e h e n" zeitlich auffaßt. Der **N a t i v i s m u s**, welcher Raum und Zeit für eingeborene Vorstellungen hält, ist durchaus unkantisch und steht im Widerspruch mit ausdrücklichen Erklärungen des Philosophen (vgl. z. B. oben § 33, 12, oder Proleg. § 21, a, W., IV, 304): „daß hier nicht von dem Entstehen der Erfahrung die Rede sei, sondern von dem, was in ihr liegt."

Geltung für den ganzen Umkreis dessen, was wir anschauen und erfahren können, zu: im Gebiete der Sinnlichkeit — so lehrt die „transzendentale Ästhetik" — ist ein Gegenstand a p r i o r i s c h e r Erkenntnis nur die F o r m   d e r   S y n t h e s i s des durch die Empfindung gegebenen Mannigfaltigen, — das Gesetz räumlicher und zeitlicher Anordnung. Aber die Allgemeinheit und Notwendigkeit dieser Erkenntnis ist auch nur dann begreiflich, wenn R a u m   u n d   Z e i t   e b e n n i c h t s   w e i t e r   s i n d   a l s   d i e   n o t w e n d i g e n   F o r m e n   d e r   s i n n-l i c h e n   A n s c h a u u n g. Käme ihnen eine Realität unabhängig von den Funktionen der Anschauung zu, so wäre die Apriorität der mathematischen Erkenntnis unmöglich. Wären Raum und Zeit selbst Dinge oder reale Eigenschaften und Verhältnisse von Dingen, so könnten wir von ihnen nur durch Erfahrung, also niemals in allgemeiner und notwendiger Weise wissen: dies ist nur möglich, wenn sie eben nichts weiter als die Form sind, unter der alle Dinge in unserer Anschau-ung e r s c h e i n e n müssen[14]). Nach diesem Prinzip werden für Kant A p r i o r i-t ä t   u n d   P h ä n o m e n a l i t ä t Wechselbegriffe. A l l g e m e i n   u n d   n o t-w e n d i g   i s t   i n   d e r   m e n s c h l i c h e n   E r k e n n t n i s   n u r   d i e   F o r m, u n t e r   d e r   i n   i h r   d i e   D i n g e   e r s c h e i n e n. Der Rationalismus beschränkt sich auf die Form und gilt auch für diese nur um den Preis ihrer „Subjektivität".

3. Wenn Kant so die räumlichen und zeitlichen Verhältnisse der Wahrnehmungs-gegenstände lediglich als Vorstellungsweise angesehen haben wollte, die mit der Realität der Dinge selbst nicht zusammenfalle, so unterschied er[15]) diesen Begriff ihrer I d e a l i t ä t sehr genau von jener „Subjektivität der Sinnesqualitäten", welche von ihm wie von der ganzen Philosophie seit Descartes und Locke für selbstverständlich gehalten wurde. Und zwar handelt es sich dabei wiederum ledig-lich um den G r u n d der Phänomenalität. Hinsichtlich der Farbe, des Geschmacks etc. war sie seit Protagoras und Demokrit durch die Verschiedenheit und Relativität der Eindrücke begründet worden: für die Raum- und Zeitformen leitet Kant sie gerade aus der absoluten Beständigkeit ab. Für ihn gewähren daher die sinnlichen Qualitäten nur eine individuelle und zufällige Vorstellungsweise, die räumlichen und zeitlichen Formen dagegen eine a l l g e m e i n e   u n d   n o t w e n d i g e   E r-s c h e i n u n g s w e i s e der Dinge. Alles, was die Wahrnehmung enthält, ist nicht das wahre Wesen der Dinge, sondern Erscheinung: aber die Empfindungsinhalte sind in ganz anderem Sinne „Phänomene" als die räumlichen und zeitlichen Formen: jene gelten nur als Zustände des einzelnen Subjekts, diese als „objektive" Anschauungsformen für alle. Daher sieht schon aus diesem Grunde auch Kant die Aufgabe der Naturwissenschaft in der demokritisch-galileischen Reduktion des Qualitativen auf Quantitatives, worin allein auf mathematischer Grundlage Not-wendigkeit und Allgemeingültigkeit gefunden werden kann: aber er unterscheidet sich von den Vorgängern darin, daß er in p h i l o s o p h i s c h e m   B e t r a c h t auch die mathematische Vorstellungsweise der Natur nur für Erscheinung, wenn auch im tieferen Sinn des Worts, gelten lassen kann. Die Empfindung gibt eine individuelle Vorstellung, die mathematische Theorie gibt eine notwendige, allgemein-gültige Anschauung der Wirklichkeit: aber beide sind nur verschiedene Stufen der

---

[14]) Besonders deutlich ist dieser Gedanke in den Prolegomena, § 9, entwickelt.
[15]) Vgl. Kr. d. r. Vern. B 3 b. W. III. 56.

E r s c h e i n u n g, hinter der das wahre Ding-an-sich unbekannt bleibt. Raum und Zeit gelten ausnahmslos für alle Gegenstände der Wahrnehmung, aber nicht darüber hinaus: sie haben „e m p i r i s c h e R e a l i t ä t" und „t r a n s z e n d e n t a l e I d e a l i t ä t".

4. Der Hauptfortschritt der Vernunftkritik über die Inauguraldissertation hinaus besteht nun darin, daß dieselben Prinzipien in einer völlig parallelen Unter-suchung[16]) auf die Frage nach dem erkenntnistheoretischen Werte ausgedehnt wurden, welcher den s y n t h e t i s c h e n F o r m ^ n d e r V e r s t a n d e s-t ä t i g k e i t zukommt.

Die N a t u r w i s s e n s c h a f t bedarf neben ihrer mathematischen Grundlage einer Anzahl allgemeiner Sätze über den Zusammenhang der Dinge, welche, wie der Satz, daß alles Geschehen seine Ursache haben müsse, synthetischer Natur sind, dabei aber nicht durch Erfahrung begründet werden können, wenn sie auch dadurch zum Bewußtsein kommen, darauf angewendet werden und darin ihre Bestätigung finden. Von solchen Sätzen sind freilich bisher erst einige gelegentlich aufgestellt und behandelt worden, und es bleibt der Kritik selbst vorbehalten, das „System der Grundsätze" ausfindig zu machen: aber es ist klar, daß ohne diese Grundlage die Naturerkenntnis der notwendigen und allgemeinen Geltung entraten würde. Denn die „Natur" ist nicht bloß ein Aggregat von räumlichen und zeitlichen Formen, von Körpergestaltungen und Bewegungen, sondern ein Z u s a m m e n-h a n g, den wir zwar auch sinnlich anschauen, aber zugleich d u r c h B e g r i f f e d e n k e n. V e r s t a n d nennt Kant das Vermögen, das Mannigfaltige der An-schauung in synthetischer Einheit zu denken, und die r e i n e n V e r s t a n d e s-b e g r i f f e oder K a t e g o r i e n sind die F o r m e n d e r S y n t h e s i s d e s V e r s t a n d e s, wie Raum und Zeit die Formen der Synthesis der Anschauung sind.

Wäre nun die „N a t u r" als Gegenstand unserer Erkenntnis ein realer Zu-sammenhang der Dinge, unabhängig von unseren Vernunftfunktionen, so könnten wir wiederum von ihr nur durch die Erfahrung und niemals a priori wissen: eine allgemeine und notwendige Erkenntnis der Natur ist nur möglich, wenn unsere begrifflichen Formen der Synthesis die Natur selbst bestimmen. Schriebe unserem Verstande die Natur die Gesetze vor, so hätten wir davon nur eine empirische, unzulängliche Kenntnis: eine a p r i o r i s c h e E r k e n n t n i s d e r N a t u r i s t a l s o n u r m ö g l i c h, w e n n e s u m g e k e h r t d e r V e r s t a n d i s t, w e l c h e r d e r N a t u r d i e G e s e t z e v o r s c h r e i b t. Allein unser Verstand kann die Natur nicht bestimmen, insofern sie als Ding-an-sich oder als System von Dingen-an-sich besteht, sondern n u r i n s o f e r n, als sie in unserem Denken erscheint. Apriorische Naturerkenntnis ist also nur dann möglich, wenn a u c h d e r Z u s a m m e n h a n g, d e n w i r z w i s c h e n d e n A n s c h a u u n g e n d e n k e n, n i c h t s w e i t e r i s t a l s u n s e r e V o r s t e l l u n g s w e i s e: auch die begrifflichen Beziehungen, in denen die Natur Gegenstand unserer Erkenntnis ist, dürfen nur „Erscheinung" sein.

---

[16]) Dieser Parallelismus wird am deutlichsten durch eine Vergleichung der §§ 9 und 14 der Prolegomena.

5. Um zu diesem Resultate zu gelangen, geht die Vernunftkritik zunächst darauf aus, sich dieser synthetischen Formen des Verstandes in systematischer Vollzähligkeit zu versichern. Klar ist dabei von vornherein, daß es sich nicht um jene analytischen Beziehungen handeln kann, die in der f o r m a l e n L o g i k behandelt und aus dem Satze des Widerspruchs begründet werden. Denn diese enthalten nur die Regeln, um die Beziehungen zwischen Begriffen nach Maßgabe des darin schon gegebenen Inhalts zu ermitteln[17]). Solche Verknüpfungsweisen aber, wie sie in der Statuierung des Verhältnisses von Ursache und Wirkung oder von Substanz und Akzidenz vorliegen, sind in jenen analytischen Formen — das hat gerade Hume gezeigt — nicht enthalten. Kant entdeckt hier die völlig neue Aufgabe der t r a n - s z e n d e n t a l e n L o g i k[18]). Neben den (analytischen) Verstandesformen, nach welchen die Verhältnisse inhaltlich gegebener Begriffe festgestellt werden, zeigen sich die s y n t h e t i s c h e n V e r s t a n d e s f o r m e n, durch welche Anschauungen zu Gegenständen der begrifflichen Erkenntnis gemacht werden. Räumlich koordinierte und zeitlich wechselnde Empfindungsbilder werden z. B. erst dadurch „objektiv" oder „gegenständlich", daß sie als Dinge mit bleibenden Eigenschaften und wechselnden Zuständen g e d a c h t werden: aber diese durch die K a t e g o r i e ausgedrückte Beziehung steckt analytisch weder in den Empfindungen noch in deren anschaulichen Verhältnissen als solchen. In den analytischen Beziehungen der formalen Logik ist das Denken von den Gegenständen abhängig und erscheint schließlich mit Recht nur als ein Rechnen mit gegebenen Größen. Die synthetischen Formen der transzendentalen Logik dagegen lassen den Verstand in der schöpferischen Funktion erkennen, vermöge deren er aus den Anschauungen die G e g e n - s t ä n d e d e s D e n k e n s s e l b s t e r z e u g t.

An dieser Stelle tritt zuerst in dem Unterschiede der formalen und der transzendentalen Logik der fundamentale Gegensatz zwischen Kant und den bis auf ihn herrschenden Auffassungen der griechischen Erkenntnislehre zutage. Die letztere nahm die „Gegenstände" als unabhängig vom Denken „gegeben" an, betrachtete die intellektuellen Vorgänge als durchweg davon abhängig und höchstens berufen, sie abbildlich zu reproduzieren oder sich von ihnen leiten zu lassen. Kant entdeckte, daß die Gegenstände des Denkens keine andern sind als die Erzeugnisse des Denkens selbst. Diese „S p o n t a n e i t ä t" der Vernunft bildet den tiefsten Kern seines t r a n s z e n d e n t a l e n I d e a l i s m u s.

Wenn er aber so mit völlig klarem Bewußtsein neben die analytische Logik des Aristoteles, welche die Subsumtionsverhältnisse fertiger Begriffe zu ihrem wesentlichen Inhalt hatte (vgl. oben § 12), eine neue erkenntnistheoretische L o g i k d e r S y n t h e s i s setzte, so erkannte er doch mit vollem Recht, daß beide eine Strecke gemeinsam haben: die L e h r e v o m U r t e i l. Im Urteil wird die zwischen Subjekt und Prädikat gedachte Beziehung als gegenständlich geltend behauptet: alles gegenständliche Denken ist Urteilen. Wenn daher die K a t e g o r i e n oder S t a m m b e g r i f f e d e s V e r s t a n d e s als die Beziehungsformen der Synthesis

---

[17]) Dies hatte Kant in der Inauguraldissertation (vgl. dort Sect., II, § 5) als den *usus logicus rationis* bezeichnet und. damals für die empirische Theorie als ausreichend angesehen (vgl. oben § 34, 12).

[18]) Vgl. M. STECKELMACHER, Die formale Logik Kants in ihren Beziehungen zur transzendentalen. Breslau 1878.

zu betrachten sind, wodurch Gegenstände zustande kommen, so muß es so viel Kategorien geben, als sich Arten der Urteile finden, und jede Kategorie ist die in einer eigenen Urteilsart wirksame Verknüpfungsweise von Subjekt und Prädikat.

Hiernach meinte nun Kant, die T a f e l d e r K a t e g o r i e n aus derjenigen der Urteile ableiten zu können, die er als eine „fertige" und sichere Lehre der bisherigen Logik ansah. Er unterschied nach den vier Gesichtspunkten der Quantität, Qualität, Relation und Modalität je drei Urteilsarten: allgemeine, besondere, einzelne, — bejahende, verneinende, unendliche, — kategorische, hypothetische, disjunktive, — problematische, assertorische, apodiktische: und diesen sollten die zwölf Kategorien entsprechen: Einheit, Vielheit, Allheit, — Realität, Negation, Limitation, — Inhärenz und Subsistenz, Kausalität und Dependenz, Gemeinschaft oder Wechselwirkung — Möglichkeit und Unmöglichkeit, Dasein oder Nichtsein, Notwendigkeit und Zufälligkeit. — Die Künstlichkeit dieser Konstruktion, die Lockerheit der Beziehungen zwischen Urteilsform und Kategorie, die Ungleichwertigkeit der Kategorien, — das alles liegt auf der Hand: aber Kant faßte unglücklicherweise zu diesem System so viel Zutrauen, daß er es als architektonischen Grundriß für eine große Anzahl seiner späteren Untersuchungen behandelte.

6. Der schwierigste Teil der Aufgabe jedoch war, in der „transzendentalen Deduktion der reinen Verstandesbegriffe" den Nachweis zu führen, wie die Kategorien „die Gegenstände der Erfahrung machen". Die Dunkelheit, in welche hier die tiefsinnige Forschung des Philosophen notwendig gerät, wird am besten durch einen glücklichen Einfall der Prolegomena erhellt. Kant unterscheidet hier W a h r - n e h m u n g s u r t e i l e, d. h. solche, worin nur das räumlich-zeitliche Verhältnis von Empfindungen für das individuelle Bewußtsein ausgesprochen wird, und E r f a h r u n g s u r t e i l e, d. h. solche, worin ein derartiges Verhältnis als objektiv und für jedes erkennende Bewußtsein gültig, d. h. als im Gegenstande gegeben behauptet wird: und er findet den erkenntnistheoretischen Wertunterschied zwischen beiden darin, daß im Erfahrungsurteil die räumliche oder zeitliche Beziehung durch eine Kategorie, einen begrifflichen Zusammenhang, geregelt und begründet wird, während dies im bloßen Wahrnehmungsurteil fehlt. So wird z. B. die Aufeinanderfolge zweier Empfindungen gegenständlich, objektiv und allgemeingültig, wenn sie als dadurch begründet gedacht wird, daß die eine Erscheinung die Ursache der andern ist. Alle einzelnen Gebilde der räumlichen und zeitlichen Synthesis von Empfindungen werden nur dadurch zu „Gegenständen", daß sie nach einer R e g e l d e s V e r s t a n d e s verknüpft werden. Dem individuellen Vorstellungs- mechanismus gegenüber, worin sich die einzelnen Empfindungen beliebig ordnen, trennen und verbinden, ist das gegenständliche, für alle gleichmäßig geltende Denken an bestimmte, begrifflich geregelte Zusammenhänge gebunden.

Insbesondere gilt dies hinsichtlich der zeitlichen Verhältnisse. Denn da auch die Erscheinungen des äußeren Sinnes als „Bestimmungen unseres Gemüts" dem inneren Sinn angehören, so stehen alle Erscheinungen ausnahmslos unter der Form des inneren Sinnes, der Zeit. Deshalb suchte Kant zu zeigen, daß zwischen den Kategorien und den einzelnen Formen der Zeitanschauung ein „Schematismus" obwalte, der es überhaupt erst möglich mache, die Formen des Verstandes auf die Gebilde der Anschauung anzuwenden, und der darin bestehe, daß jede einzelne Kategorie mit einer besonderen Form des Zeitverhältnisses eine schematische Ähnlichkeit besitze. In der empirischen Erkenntnis benutzen wir diesen Schematismus, um das wahrgenommene Zeitverhältnis durch die entsprechende Kategorie zu deuten, z. B. die regelmäßige Sukzession als Kausalität aufzufassen: die Transzendental-philosophie hat umgekehrt die Berechtigung dieses Verfahrens darin zu suchen, daß die Kategorie als Verstandesregel das entsprechende Zeitverhältnis als Gegen-stand der Erfahrung objektiv begründet.

In der Tat findet nun das individuelle Bewußtsein in sich den Gegensatz einer Vorstellungsbewegung (etwa der Phantasie), für welche es keine über seinen eigenen Bereich hinausgehende Geltung beansprucht, und anderseits einer T ä t i g k e i t d e s E r f a h r e n s, bei der es sich in einer für alle andern ebenso geltenden Weise gebunden weiß. Nur in dieser Abhängigkeit besteht die Beziehung des Denkens auf einen Gegenstand. Wurde nun aber erkannt, daß die gegenständliche Geltung des Zeit- (und Raum-)verhältnisses allein in seiner Bestimmung durch eine Verstandes-regel begründet sein kann, so ist dagegen eine Tatsache, daß von dieser Mitwirkung der Kategorien in der Erfahrung das Bewußtsein des Individuums nichts weiß, daß es vielmehr nur das Ergebnis dieser Funktion als die gegenständliche Notwendigkeit seiner Auffassung der räumlichen und zeitlichen Synthesis der Empfindungen über-nimmt. Die Erzeugung des Gegenstandes geht also nicht etwa in dem individuellen Bewußtsein vonstatten, sondern liegt diesem bereits zugrunde: alle Gegenständlich-keit, die der Einzelne erfährt, wurzelt in einem übergreifenden Zusammenhange, der, durch die reinen Formen des Anschauens und des Denkens bestimmt, jedes Erlebnis in eine Fülle inhaltlicher Beziehungen einstellt. Diese überindividuelle Sachlichkeit des Vorstellungslebens bezeichnete Kant in den Prolegomena als „d a s B e w u ß t s e i n ü b e r h a u p t", in der Kritik als t r a n s z e n d e n t a l e A p p e r-z e p t i o n oder als Ich. Doch ist es unbedingt erforderlich, diese überindividuelle Instanz des „Bewußtseins überhaupt", in dem ursprünglichen Sinne Kants weder psychologisch noch metaphysisch zu deuten: diese logische Gegenständlichkeit darf weder nach Analogie eines empirischen „Subjekts" noch als eine ding-an-sich-hafte Intelligenz gedacht werden. Denn es handelt sich für Kants Kritik immer nur um „das was in der Erfahrung liegt".

Die E r f a h r u n g ist danach das System der Erscheinungen, worin die räum-liche und zeitliche Synthesis der Empfindungen durch die Regeln des Verstandes bestimmt ist. So ist die „Natur als Erscheinung" der Gegenstand einer apriorischen Erkenntnis; denn die Kategorien gelten für alle Erfahrung, weil diese nur durch sie begründet ist.

7. Die allgemeine und notwendige Geltung der Kategorien drückt sich nun in den „G r u n d s ä t z e n d e s r e i n e n V e r s t a n d e s" aus, worin sich die Be-griffsformen vermittels des Schematismus entwickeln. Hierbei aber zeigt sich so-gleich, daß der Schwerpunkt der kantischen Kategorienlehre auf die dritte Gruppe und damit auf diejenigen Probleme fällt, in denen er „Humes Zweifel zu lösen" hoffte. Aus den Kategorien der Quantität und der Qualität ergeben sich das „Axiom der Anschauung", daß alle Erscheinungen extensive Größen sind, und die „Anti-zipationen der Wahrnehmung", wonach der Gegenstand der Empfindung eine inten-sive Größe ist; bei der Modalität erfolgen gar nur Definitionen des Möglichen, Wirklichen und Notwendigen unter dem Namen der „Postulate des empirischen

Denkens". Dagegen beweisen die „A n a l o g i e n   d e r   E r f a h r u n g", daß das Beharrende in der Natur die Substanzen sind, deren Quantum nicht vermehrt noch vermindert werden kann, daß alle Veränderungen nach dem Gesetz von Ursache und Wirkung vonstatten gehen, und daß die sämtlichen Substanzen in durchgängiger Wechselwirkung untereinander stehen.

Dies sind also die ohne alle empirische Begründung allgemein und notwendig geltenden Grundsätze und die obersten Prämissen aller Naturforschung; sie enthalten das, was Kant die M e t a p h y s i k   d e r   N a t u r nennt[19]). Zu ihrer Anwendung jedoch auf die sinnlich gegebene Natur müssen sie durch eine mathematische Formulierung hindurchgehen, weil die Natur das nach den Kategorien geordnete System der in den Formen von Raum und Zeit angeschauten Empfindungen ist. Diese Umsetzung wird durch den empirischen Begriff der B e - w e g u n g bewirkt, auf die alles Geschehen in der Natur theoretisch zurückzuführen ist. Wenigstens reicht die eigentliche Wissenschaft der Natur nur so weit, wie die Mathematik sich darin anwenden läßt: daher Kant Psychologie und Chemie als bloß deskriptive Disziplinen davon ausschloß. Die „metaphysischen Anfangsgründe der Naturwissenschaft" enthalten somit alles, was auf Grund der Kategorien und der Mathematik allgemein und notwendig über die Gesetze der Bewegung gefolgert werden kann. Das wichtigste in der so aufgebauten Naturphilosophie Kants ist seine d y n a m i s c h e   T h e o r i e   d e r   M a t e r i e, worin er jetzt aus den allgemeinsten Grundsätzen der Kritik die schon in der „Naturgeschichte des Himmels" angelegte Lehre ableitete, daß die Substanz des im Raume Beweglichen das Produkt zweier einander in verschiedenem Maße das Gegengewicht haltenden Kräfte, der Attraktion und der Repulsion, sei.

8. Allein jene Metaphysik der Natur kann nach Kants Voraussetzungen nur eine M e t a p h y s i k   d e r   E r s c h e i n u n g e n sein: und eine andere ist nicht möglich, denn die Kategorien sind Beziehungsformen und als solche an sich l e e r ; sie können sich auf einen Gegenstand nur durch Vermittlung von Anschauungen beziehen, die eine miteinander zu verknüpfende Mannigfaltigkeit von Inhalten darbieten. Diese Anschauung jedoch ist bei uns Menschen nur die sinnliche in den Formen von Zeit und Raum, und für deren synthetische Funktion haben wir wiederum den einzigen Inhalt in den Empfindungen. Danach ist der e i n z i g e G e g e n s t a n d   d e r   m e n s c h l i c h e n   E r k e n n t n i s   d i e   E r f a h r u n g, d. h. die Erscheinung: und die seit Platon übliche Einteilung der Gegenstände der Erkenntnis in Phaenomena und Noumena kann daher gar nicht zugelassen werden[20]). Eine über die Erfahrung hinausgreifende Erkenntnis der Dinge-an-sich durch „bloße Vernunft" ist ein Unding.

Hat denn aber dann der Begriff des Dinges-an-sich überhaupt noch einen vernünftigen Sinn? und wird nicht mit ihm auch die Bezeichnung aller Gegenstände unserer Erkenntnis als „Erscheinungen" bedeutungslos? Diese Frage ist der Um-

---

[19]) Damit hat Kant persönlich das positive Ziel seiner theoretischen Denkbarkeit erreicht, das ihm von früh an vorgeschwebt hatte: die philosophische Begründung der Newtonschen Theorie.

[20]) Kr. d. r. V., 1. Aufl., Von dem Grunde der Unterscheidung aller Gegenstände etc W., IV, 166, 24.

kehrpunkt der Kantischen Überlegungen gewesen. Bis hierher ist alles, was der
naiven Weltauffassung als „Gegenstand" dünkt, teils in Empfindungen, teils in
synthetische Formen der Anschauung und des Verstandes aufgelöst worden: es
scheint neben dem individuellen Bewußtsein nichts wahrhaft bestehen zu bleiben als
das „Bewußtsein überhaupt", die transzendentale Apperzeption. Wo bleiben dann
aber die „Dinge", von denen Kant erklärte, daß es ihm nie in den Sinn gekommen
sei, ihre Realität zu leugnen?

Der Begriff des Dinges-an-sich kann freilich in der Vernunftkritik
nicht mehr einen positiven Inhalt haben, wie bei Leibniz oder in Kants Inauguraldissertation: er kann nicht der Gegenstand rein rationaler Erkenntnis, er kann überhaupt kein „Gegenstand" mehr sein. Aber es ist wenigstens kein Widerspruch, ihn
bloß zu denken. Zunächst rein hypothetisch und als etwas, dessen Realität weder
zu bejahen noch zu verneinen ist, — ein bloßes „Problem". Die menschliche Erkenntnis ist auf Gegenstände der Erfahrung beschränkt, weil die zum Gebrauch der
Kategorien erforderliche Anschauung bei uns nur die rezeptiv-sinnliche in Raum
und Zeit ist. Gesetzt, es gäbe eine andere Art der Anschauung, so würde es für diese
ebenfalls mit Hilfe der Kategorien auch andere Gegenstände geben. Solche Gegenstände einer nicht menschlichen Anschauung blieben aber doch immer nur Erscheinungen, wenn diese Anschauung auch wieder als eine solche angenommen
würde, die gegebene Empfindungsinhalte in irgend einer Weise anordnete.
Dächte man sich jedoch eine Anschauung von nicht rezeptiver Art,
eine Anschauung, welche nicht nur die Formen, sondern auch den Inhalt synthetisch
erzeugte, eine wahrhaft „produktive Einbildungskraft", so müßten deren Gegenstände nicht mehr Erscheinungen, sondern Dinge-an-sich sein. Ein solches Vermögen verdiente den Namen einer intellektuellen Anschauung oder eines
intuitiven Verstandes: es wäre die Einheit der beiden Erkenntniskräfte
der Sinnlichkeit und des Verstandes, welche im Menschen getrennt auftreten, obwohl sie durch ihr stetiges Aufeinandergewiesensein auf eine verborgene gemeinsame Wurzel hindeuten. Die Möglichkeit eines solchen Vermögens ist so wenig zu
verneinen, wie seine Realität zu bejahen: doch deutet Kant schon hier an, daß man
sich ein höchstes geistiges Wesen so würde vorzustellen haben. Denkbar sind
also Noumena oder Dinge-an-sich im negativen Sinne als Gegenstände einer nichtsinnlichen Anschauung, von der freilich unsere
Erkenntnis absolut nichts aussagen kann, — als Grenzbegriffe der Erfahrung.

Und sie bleiben schließlich nicht einmal so völlig problematisch, wie es danach
zuerst aussieht. Denn wollte man die Realität der Dinge-an-sich leugnen, so würde
damit „alles in Erscheinungen aufgelöst", und man wagte damit die Behauptung,
daß nichts wirklich wäre, als was dem Menschen oder andern sinnlich-rezeptiven
Wesen erscheint. Diese Behauptung aber wäre eine völlig unbegründete Vermessen-
heit. Der transzendentale Idealismus darf daher die Realität der Noumena nicht
leugnen, er muß sich nur bewußt bleiben, daß sie auf keine Weise Gegenstände der
menschlichen Erkenntnis werden können. Dinge-an-sich müssen gedacht werden,
sind aber nicht erkennbar. Auf diese Weise gewann Kant das Recht, die Gegenstände
des menschlichen Wissens „nur als Erscheinungen" zu bezeichnen, zurück.

9. Damit war dem dritten Teile der Vernunftkritik, der transzendentalen Dialektik[21]), der Weg vorgeschrieben. Eine Metaphysik des Unerfahrbaren, oder wie Kant sich später zu sagen gewöhnt hat, des „Übersinnlichen" ist unmöglich. Das mußte durch eine Kritik der historisch vorliegenden Versuche dazu gezeigt werden, und Kant wählte als aktuelles Beispiel dafür die Leibniz-Wolffsche Schulmetaphysik mit ihrer Behandlung der rationalen Psychologie, Kosmologie und Theologie. Zugleich aber sollte nachgewiesen werden, daß das Unerfahrbare, welches nicht erkannt werden kann, doch notwendig gedacht werden muß, und es sollte damit der t r a n s z e n d e n t a l e S c h e i n aufgedeckt werden, durch den auch die großen Denker von jeher verführt worden sind, dies notwendig zu Denkende als einen Gegenstand möglicher Erkenntnis anzusehen.

Zu letzterem Zwecke geht Kant von dem Gegensatz zwischen der Verstandestätigkeit und der sinnlichen Anschauung aus, mit deren Hilfe jene allein gegenständliche Erkenntnis liefert. Das durch die Kategorien bestimmte Denken setzt die Data der Sinnlichkeit in der Weise miteinander in Beziehung, daß jede Erscheinung durch andere Erscheinungen b e d i n g t ist: dabei verlangt aber der Verstand, um die einzelne Frscheinung vollständig zu denken, d̓ie T o t a l i t ä t d e r B e d i n - g u n g e n z u e r f a s s e n, durch welche sie im Zusammenhange der ganzen Erfahrung bestimmt ist. Allein diese Anforderung ist angesichts der räumlichen und zeitlichen Unendlichkeit der Erscheinungswelt unerfüllbar. Denn die Kategorien sind Prinzipien der Beziehung zwischen Erscheinungen; sie erkennen die Bedingtheit jeder Erscheinung immer nur w i e d e r d u r c h a n d e r e E r s c h e i - n u n g e n und verlangen für diese abermals die Einsicht in ihre Bedingtheit durch andere usf. in infinitum[22]). Aus diesem Verhältnis von Verstand und Sinnlichkeit ergeben sich für die menschliche Erkenntnis n o t w e n d i g e u n d d o c h u n - l ö s b a r e A u f g a b e n; diese nennt Kant I d e e n, und daß zu dieser höchsten Synthesis der Verstandeseinsichten erforderliche Vermögen bezeichnet er im engeren Sinne als V e r n u n f t.

Will nun die Vernunft eine so gestellte Aufgabe als gelöst vorstellen, so muß die gesuchte Totalität der Bedingungen als etwas U n b e d i n g t e s gedacht werden, welches zwar die Bedingungen für die unendliche Reihe der Erscheinungen in sich enthalte, selbst aber nicht mehr bedingt sei. Dieser Abschluß einer unendlichen Reihe bedeutet zwar für das an die Sinnlichkeit gebundene Erkennen einen Widerspruch in sich selbst: aber er muß gleichwohl gedacht werden, wenn die auf Totalität gerichtete Aufgabe des Verstandes an dem unendlichen Material der sinnlichen Daten als gelöst betrachtet werden soll. Die Ideen sind daher Vorstellungen des Unbedingten, die notwendig gedacht werden müssen, ohne je Gegenstand der Erkenntnis werden zu können, und der transzendentale Schein, dem die Metaphysik verfällt, besteht darin, sie für gegeben zu erachten, während sie nur a u f g e g e b e n sind. In Wahrheit sind sie nicht konstitutive Prinzipien, durch welche wie durch die Kategorien Gegenstände der Erkenntnis erzeugt werden, sondern nur r e g u l a t i v e

---

[21]) Sachlich bilden transzendentale Ästhetik, Analytik und Dialektik, wie auch die Einleitung zeigt, die drei koordinierten Hauptteile der Kr. d. r. V.: der formelle Schematismus der Einteilung, den Kant seinerzeit der üblichen Einrichtung logischer Lehrbücher nachbildete, ist dagegen durchaus irrelevant. Die „Methodenlehre" ist tatsächlich nur ein an feinen Bemerkungen überaus reicher Nachtrag.

[22]) Vgl. die ähnlichen, aber metaphysisch gewendeten Gedanken bei Nic. Cusanus und Spinoza: oben § 27, 6, und 31, 9.

P r i n z i p i e n, durch welche der Verstand genötigt wird, immer weitere Zusammenhänge im Bereiche des Bedingten der Erfahrung aufzusuchen.

Solcher Ideen findet Kant drei: das Unbedingte für die Totalität aller Erscheinungen des inneren Sinnes, aller Data des äußeren Sinnes, alles Bedingten überhaupt wird gedacht als S e e l e, W e l t u n d G o t t.

10. Die Kritik der rationalen Psychologie in den „Paralogismen der reinen Ver-
nunft" läuft darauf hinaus, in den üblichen Beweisen für die Substantialität der
S e e l e die *quaternio terminorum* einer Verwechslung des logischen Subjekts mit
dem realen Substrat nachzuweisen: sie zeigt, daß der wissenschaftliche Begriff der
Substanz an die Anschauung des im Raume Beharrlichen gebunden und deshalb
nur auf dem Gebiete des äußeren Sinnes anwendbar sei, und sie führt aus, daß die
Idee der Seele als einer unbedingten realen Einheit aller Erscheinungen des inneren
Sinnes zwar ebensowenig beweisbar wie widerlegbar, dabei aber das heuristische
Prinzip für die Erforschung der Zusammenhänge des Seelenlebens sei.

In ähnlicher Weise behandelt der Abschnitt vom „Ideal der Vernunft" die Idee
G o t t e s. Mit präziserer Ausführung seiner früher über denselben Gegenstand geschriebenen Abhandlung zerstört Kant die Beweiskraft der für das Dasein Gottes vor-
gebrachten Argumente. Er bestreitet dem o n t o l o g i s c h e n Beweise das Recht,
aus dem Begriffe allein auf die Existenz zu schließen; er zeigt, daß der k o s m o -
l o g i s c h e Beweis eine *petitio principii* involiert, wenn er die „erste Ursache"
alles „Zufälligen" in einem „absolut notwendigen" Wesen sucht; er beweist, daß
das teleologische oder p h y s i k o t h e o l o g i s c h e Argument im besten Falle
— die Schönheit, Harmonie und Zweckmäßigkeit der Welt zugegeben — auf den
antiken Begriff eines weisen und guten „Weltbaumeisters" führt. Aber er betont,
daß die Leugnung Gottes eine ebenso unerweislich das Gebiet der Erfahrungs-
erkenntnis überschreitende Behauptung ist wie das Gegenteil, und daß vielmehr in
dem Glauben an eine lebendige, reale Einheit aller Wirklichkeit der einzig kräftige
Antrieb zur empirischen Erforschung der einzelnen Zusammenhänge der Erscheinungen besteht.

Bei weitem am charakteristischsten jedoch ist Kants Behandlung der Idee der
Welt in den „A n t i n o m i e n   d e r   r e i n e n   V e r n u n f t". Sie prägen den
Grundgedanken der transzendentalen Dialektik am schärfsten aus, indem sie zeigen,
daß, wenn man das Universum als Gegenstand der Erkenntnis behandelt, man
darüber mit gleichem Rechte kontradiktorisch einander gegenüberstehende Sätze
behaupten kann, sofern man einerseits dem Bedürfnis des Verstandes nach Abschluß
der Erscheinungsreihen, anderseits dem der sinnlichen Anschauung nach unendlicher
Fortsetzung dieser Reihen Folge gibt. Kant beweist daher in den „Thesen", daß die
Welt in Raum und Zeit Anfang und Ende haben, daß sie hinsichtlich ihrer Substanz
eine Grenze der Teilbarkeit aufweisen, daß das Geschehen in ihr freie, d. h. kausal
nicht mehr bedingte Anfänge haben und daß zu ihr ein absolut notwendiges Wesen,
Gott, gehören müsse: und er beweist in den Antithesen für alle vier Fälle das
kontradiktorische Gegenteil. Dabei steigert sich die Verwirrung dadurch, daß die
Beweise (mit einer Ausnahme) indirekt sind, so daß die These durch Widerlegung
der Antithese, die Antithese durch Widerlegung der These begründet, jede Behauptung also ebenso bewiesen wie widerlegt wird. Die Auflösung dieser Antinomien
geht aber nur für die beiden ersten, die „mathematischen", darauf aus, daß der Satz

des ausgeschlossenen Dritten seine Geltung verliert, wo etwas zum Gegenstand der Erkenntnis gemacht werden soll, was dies niemals werden kann, wie das Universum, und Kant sieht mit Recht darin einen indirekten Beweis für den „transzendentalen Idealismus" seiner Raum- und Zeitlehre. Bei der dritten und vierten Antinomie, den „dynamischen", welche die Freiheit und Gott betreffen, sucht Kant zu zeigen (was rein theoretisch freilich unmöglich ist), daß es wohl denkbar wäre, die Antithesen gälten für die Erscheinungen, die Thesen dagegen für die unerkennbare Welt der Dinge-an-sich. Für diese sei es wenigstens kein Widerspruch, Freiheit und Gott zu denken, während beide in der Erkenntnis der Erscheinungen allerdings nicht anzutreffen seien.

§ 39. Der kategorische Imperativ.

H. COHEN, Kants Begründung der Ethik. Berlin 1877 (2. Aufl., 1910).
A. HEGLER, Die Psychologie in Kants Ethik. Freiburg i. Br. 1891.
W. FÖRSTER, Der Entwicklungsgang der kantischen Ethik. Berlin 1894.
E. ARNOLDT, Kants Idee vom höchsten Gut. Königsberg 1874.
A. MESSER, Kants Ethik. Leipzig 1904.
B. PÜNJER, Die Religionsphilosophie Kants. Jena 1874.
A. SCHWEITZER, Kants Religionsphilosophie. Freiburg i. Br. 1899.
E. TROELTSCH, Das Historische in Kants Religionsphilosophie (Kantstudien, IX, 12—154).
FR. MEDICUS, Kants Philosophie der Geschichte (Kantstudien, VII. 1902).
R. KRONER, Kants Weltanschauung, 1914.
B. KELLERMANN, Das Ideal im System der kritischen Philosophie, 1920.
A. GOEDECKEMEYER, Kants Lebensanschauung in ihren Grundzügen, 1921.
V. DELBOS, La philosophie pratique de Kant, 2. ed. (Paris 1926).

Die synthetische Funktion in der theoretischen Vernunft ist die Verknüpfung von Vorstellungen untereinander zu Anschauungen, Urteilen und Ideen: die p r a k t i s c h e   S y n t h e s i s ist die Beziehung des Wollens auf einen vorgestellten Inhalt, womit dieser zum Z w e c k wird. Diese Beziehungsform hat Kant sorgfältig aus den Stammbegriffen des erkennenden Verstandes ausgeschlossen: sie ist dafür die G r u n d k a t e g o r i e   d e s   p r a k t i s c h e n   V e r n u n f t g e b r a u c h s. Sie gibt keine Gegenstände der Erkenntnis, aber Gegenstände des Wollens.

1. Für die Vernunftkritik erhebt sich daraus das Problem, ob es eine p r a k t i s c h e   S y n t h e s i s   a   p r i o r i gibt, d. h. ob es n o t w e n d i g   u n d   a l l g e m e i n g ü l t i g e   G e g e n s t ä n d e   d e s   W o l l e n s gibt: oder ob etwas anzutreffen ist, was die Vernunft o h n e   a l l e   R ü c k s i c h t   a u f   e m p i r i s c h e   B e w e g g r ü n d e a priori verlangt. Diesen allgemeinen und notwendigen Gegenstand der praktischen Vernunft nennen wir das S i t t e n g e s e t z.

Denn es ist von vornherein für Kant klar, daß die zwecksetzende Tätigkeit der reinen Vernunft, wenn es eine solche gibt, den empirischen Triebfedern des Wollens und Handelns gegenüber als ein G e b o t, in der Form des I m p e r a t i v s auftreten muß. Der auf die einzelnen Gegenstände und Verhältnisse der Erfahrung gerichtete Wille ist durch diese bestimmt und von ihnen abhängig: der reine Vernunftwille dagegen kann nur durch sich selbst bestimmt sein. Er ist daher n o t w e n d i g   a u f   e t w a s   a n d e r e s   g e r i c h t e t als die natürlichen Triebe, und dies andere, was das Sittengesetz den Neigungen gegenüber verlangt, heißt P f l i c h t.

Daher betreffen die Prädikate der sittlichen Beurteilung nur diese Art der Bestimmtheit des Willens: sie beziehen sich auf die G e s i n n u n g, nicht auf die

Handlung oder gar deren äußere Folgen. Nichts in der Welt, sagt Kant[23]), kann ohne Einschränkung gut genannt werden, als allein der gute Wille: und dieser bleibt gut, auch wenn seine Ausführung durch äußere Ursachen völlig gehemmt worden ist. Sittlichkeit als Eigenschaft des Menschen ist p f l i c h t m ä ß i g e G e s i n n u n g.

2. Um so nötiger aber wird die Untersuchung, ob es ein solches apriorisches Pflichtgebot gibt und worin es besteht, ein Gesetz, dessen Befolgung die Vernunft ganz unabhängig von allen empirischen Zwecken verlangt. Zur Lösung dieser Frage geht Kant von den teleologischen Verkettungen des wirklichen Willenlebens aus. Die Erfahrung der natürlichen Kausalzusammenhänge bringt es mit sich, daß wir nach dem s y n t h e t i s c h e n V e r h ä l t n i s v o n Z w e c k u n d M i t t e l das eine um des anderen willen zu wollen genötigt sind. Aus der praktischen Überlegung derartiger Beziehungen erwachsen (technische) Regeln der Geschicklichkeit und („praktische") Ratschläge der Klugheit. Sie alle besagen: „wenn du das und das willst, so mußt du so und so verfahren". Sie sind eben deshalb h y p o t h e t i s c h e I m p e r a t i v e. Sie setzen ein Wollen als bereits tatsächlich vorhanden voraus und verlangen auf Grund dessen dasjenige weitere Wollen, welches zur Befriedigung des ersten erforderlich ist.

Das Sittengesetz aber kann von keinem schon empirisch bestehenden Wollen abhängig sein, und das sittliche Handeln darf nicht als Mittel in den Dienst anderer Zwecke treten. Die Anforderung des moralischen Gebots muß l e d i g l i c h u m s e i n e r s e l b s t w i l l e n aufgestellt sein und erfüllt werden. Es appelliert nicht an das, was der Mensch sonst schon wünscht, sondern es verlangt ein Wollen, das seinen Wert nur in sich selber hat, und ein wahrhaft sittliches Handeln ist nur dasjenige, worin ein solches Gebot ohne Rücksicht auf alle sonstigen Folgen erfüllt wird. Das Sittengesetz ist ein G e b o t s c h l e c h t h i n, ein k a t e g o r i s c h e r I m p e r a t i v. Es gilt bedingungslos und absolut, während die hypothetischen Imperative nur relativ sind.

Fragt man nun nach dem Inhalt des kategorischen Imperativs, so ist klar, daß er keine empirische Bestimmung enthalten kann: die Forderung des Sittengesetzes bezieht sich nicht auf die „Materie des Wollens". Darum eignet sich auch die Glückseligkeit nicht zum Prinzip der Moral: denn das Streben nach Glückseligkeit ist empirisch schon vorhanden, es ist nicht erst eine Forderung der Vernunft. Die eudämonistische Moral führt daher zu lauter hypothetischen Imperativen: für sie sind die sittlichen Gesetze nur „Ratschläge der Klugheit", wie man es am besten anfange, das natürliche Wollen zu befriedigen. Aber das Sittengesetz verlangt eben ein anderes Wollen als das natürliche: es ist zu Höherem da, als uns glücklich zu machen. Hätte die Natur unsere Bestimmung in die Glückseligkeit legen wollen, so würde sie besser getan haben, uns mit dem unfehlbaren Instinkte auszurüsten, als mit der praktischen Vernunft des Gewissens, das mit unseren Trieben fortwährend im Konflikte ist[24]). Die Glückseligkeitsmoral ist für Kant sogar der Typus der falschen Moral: denn in ihr gilt gerade überall, daß ich etwas tun soll deshalb, weil ich ein anderes will. Jede solche Moral ist h e t e r o n o m i s c h : sie macht die praktische Vernunft von etwas außer ihr Gegebenem abhängig, und dieser Vorwurf trifft auch alle Versuche, das Prinzip der Sittlichkeit in metaphysischen Begriffen,

---

[23]) Grundlegung zur Metaphysik der Sitten, I; W., IV, 393.
[24]) Ibid., IV, 395.

wie dem der Vollkommenheit, zu suchen. Die theologische Moral vollends weist Kant mit der größten Energie von sich; denn sie verquickt alle Arten der Heteronomie, wenn sie die Sanktion im göttlichen Willen, das Kriterium in der Utilität und das Motiv in der Erwartung von Lohn und Strafe sieht.

3. Der kategorische Imperativ muß der Ausdruck der A u t o n o m i e d e r p r a k t i s c h e n V e r n u n f t, d. h. der reinen Selbstbestimmung des vernünftigen Willens sein. Er betrifft deshalb lediglich die F o r m des Wollens und verlangt, daß diese ein a l l g e m e i n g ü l t i g e s G e s e t z sei. Der Wille ist heteronom, wenn er einem empirisch gegebenen Triebe folgt; er ist autonom nur, wo er ein selbstgegebenes Gesetz ausführt. Der kategorische Imperativ verlangt also, statt nach Triebimpulsen vielmehr nach M a x i m e n zu handeln, und zwar nach solchen, welche sich zu einer allgemeinen Gesetzgebung für alle vernünftig wollenden Wesen eignen. „Handle so, a l s o b d i e M a x i m e d e i n e s H a n d e l n s d u r c h d e i n e n W i l l e n z u m a l l g e m e i n e n N a t u r g e s e t z werden sollte.“

Diese rein formale Bestimmung der Gesetzmäßigkeit gewinnt nun eine sachliche Bedeutung durch die Reflexion auf die verschiedenen Arten der Werte. Im Reich der Zwecke hat dasjenige einen Preis, was zu irgend welchen Zwecken dienlich und deshalb durch anderes ersetzbar ist; aber nur das hat W ü r d e, was absolut in sich selbst wertvoll und die Bedingung ist, um deren willen anderes wertvoll werden kann. Diese Würde gebührt in erster Linie dem Sittengesetz selbst, und deshalb darf das Motiv, welches den Menschen zu dessen Befolgung veranlaßt, nur die A c h t u n g v o r d e m G e s e t z e s e l b s t sein: es wäre entwürdigt, wenn es um irgend welcher Vorteile willen äußerlich erfüllt würde. Die Würde des Sittengesetzes geht nun aber auf den Menschen über, der im ganzen Umkreise der Erfahrung allein bestimmt und befähigt ist, sich nach diesem Gesetze selbst zu bestimmen, sein Träger zu sein und sich mit ihm zu identifizieren. Daher ist A c h t u n g v o r d e r W ü r d e d e s M e n s c h e n für Kant das inhaltliche Prinzip der Sittenlehre. Der Mensch soll seine Pflicht tun nicht um seines Vorteils willen, sondern a u s A c h t u n g v o r s i c h s e l b s t, und er soll in dem Verkehr mit dem Nebenmenschen es sich zur Richtschnur machen, diesen niemals als ein bloßes Mittel für die Erreichung sonstiger Zwecke zu behandeln, sondern in ihm stets die W ü r d e d e r P e r s ö n l i c h k e i t zu ehren.

Hieraus hat Kant[25] eine stolze und strenge Moral abgeleitet, welche in der Darstellung seines Alters die Züge des Rigorismus und einer gewissen pedantischen Schroffheit nicht verkennen läßt. Aber der Grundzug des G e g e n s a t z e s z w i s c h e n P f l i c h t u n d N e i g u n g liegt tief in seinem System begründet. Das Prinzip der Autonomie erkennt nur das pflichtmäßige Wollen aus Maximen als sittlich an: es sieht in jeder Motivierung des sittlichen Handelns durch natürliche Antriebe eine Fälschung der reinen Moralität. Nur was lediglich als Pflicht geschieht, ist sittlich. Die empirischen Triebfedern der menschlichen Natur sind deshalb an sich ethisch indifferent; aber sie werden böse, sobald sie sich gegen die Forderung des Sittengesetzes auflehnen, und das moralische Leben des Menschen besteht darin, das Gebot der Pflicht im Kampfe gegen die Neigungen zu verwirklichen.

---

[25] Metaphysische Anfangsgründe der Tugendlehre.

4. Die Selbstbestimmung des vernünftigen Willens ist also die oberste Forderung und Bedingung aller Sittlichkeit. Allein sie ist im Bereiche der durch Kategorien gedachten und erkannten Erfahrung unmöglich: denn diese kennt nur die Bestimmung jeder einzelnen Erscheinung durch andere; die Selbstbestimmung, als Vermögen eine Reihe des Bedingten a n z u f a n g e n, ist nach den Prinzipien der theoretischen Erkenntnis unmöglich. Nach den letzteren ist jedes einzelne empirische Wollen durch ein anderes, d. h. durch ein inhaltliches Motiv bestimmt: das Sittengesetz aber verlangt ein f r e i e s Wollen, welches nur durch die Form des Gesetzes bestimmt sein soll. Sittlichkeit ist also nur durch F r e i h e i t möglich, d. h. durch das Vermögen einer Handlung, welche nicht nach dem Schema der Kausalität durch andere bedingt, sondern nur durch sich selbst bestimmt, ihrerseits die Ursache einer endlosen Reihe von natürlichen Vorgängen ist[26]). Hätte daher die theoretische Vernunft, deren Erkenntnis auf Erfahrung beschränkt ist, über die Realität der Freiheit zu entscheiden, so müßte sie diese leugnen, damit aber auch die Möglichkeit des sittlichen Lebens verwerfen. Nun hat aber die Kritik der reinen Vernunft gezeigt, daß die theoretische Vernunft über die Dinge-an-sich gar nichts aussagen kann, und daß es demgemäß kein Widerspruch ist, die Möglichkeit der Freiheit für das Übersinnliche zu denken. Zeigt sich aber, daß Freiheit notwendig real sein muß, wenn Sittlichkeit möglich sein soll, so ist eben damit die R e a l i t ä t   d e r   D i n g e - a n - s i c h   u n d   d e s   Ü b e r s i n n - l i c h e n gewährleistet, welche für die theoretische Vernunft immer nur problematisch bleiben konnte.

Diese Gewährleistung ist freilich nicht diejenige eines Beweises, sondern diejenige des P o s t u l a t s. Sie beruht auf dem Bewußtsein: d u   k a n n s t ,   d e n n   d u   s o l l s t. So wahr du das Sittengesetz in dir fühlst, so wahr du an die Möglichkeit ihm zu folgen glaubst, so wahr mußt du auch an die Bedingungen dafür, an Autonomie und Freiheit glauben. Die Freiheit ist kein Gegenstand des Wissens, sondern ein Gegenstand des Glaubens, — aber eines Glaubens, der auf dem Gebiete des Übersinnlichen ebenso allgemein und notwendig gilt wie im Bereiche der Erfahrung die Grundsätze des Verstandes, — eines a p r i o r i s c h e n   G l a u b e n s.

So wird die praktische Vernunft vollkommen unabhängig von der theoretischen. In der früheren Philosophie herrschte „der Primat" der theoretischen Vernunft über die praktische: es sollte durch das Wissen ausgemacht werden, ob und wie es Freiheit gibt, und danach über die Realität der Sittlichkeit entschieden werden. Nach Kant ist die Realität der Sittlichkeit die T a t s a c h e der praktischen Vernunft, und darum muß an die Freiheit als die Bedingung ihrer Möglichkeit geglaubt werden. Aus diesem Verhältnis ergibt sich aber nun für Kant der P r i m a t   d e r   p r a k t i s c h e n   V e r n u n f t   ü b e r   d i e   t h e o r e t i s c h e: denn die erste ist nicht nur fähig, zu gewährleisten, worauf die letztere verzichten muß, sondern es zeigt sich auch, daß die theoretische Vernunft in jenen Ideen des Unbedingten, womit sie über sich selbst hinausweist (§ 38, 9), durch die Bedürfnisse der praktischen bestimmt ist.

---

[26]) Dieser Begriff der Freiheit ist nicht derjenige einer ursachlosen Indifferenz, sondern der einer Bestimmung des Willens lediglich durch das Vernunftgesetz und nicht durch ein ihr zeitlich vorhergehendes, empirisches und materiell gegebenes Wollen: vgl. Kr. d. pr. Vern., § 5 f. W., V. 28 f.

Damit erscheint bei Kant in neuer, völlig origineller Form die p l a t o n i s c h e L e h r e v o n d e n z w e i W e l t e n des Sinnlichen und des Übersinnlichen, der Erscheinungen und der Dinge-an-sich. Auf jene führt das Wissen, auf diese das Glauben; jene ist das Reich der Notwendigkeit, diese das Reich der Freiheit. Das gegensätzliche und doch aufeinander bezogene Verhältnis beider Welten zeigt sich zumeist am Wesen des Menschen, der allein gleichmäßig beiden angehört. Sofern der Mensch ein Glied der Naturordnung ist, e r s c h e i n t e r a l s e m p i - r i s c h e r C h a r a k t e r, d. h. seinen bleibenden Eigenschaften ebenso wie seinen einzelnen Willensentscheidungen nach als ein notwendiges Produkt in dem kausalen Zusammenhange der Erscheinungen; allein als Glied der übersinnlichen Welt ist er i n t e l l i g i b l e r C h a r a k t e r, d. h. ein durch freie Selbstbestimmung in sich entschiedenes Wesen. Der empirische Charakter ist nur die für das theoretische Bewußtsein an die Regel der Kausalität gebundene Erscheinung des intelligiblen Charakters, dessen Freiheit allein die Verantwortlichkeit, wie sie im G e w i s s e n hervortritt, zu erklären vermag.

5. Freiheit ist aber nicht das einzige P o s t u l a t des apriorischen Glaubens. Die Beziehungen zwischen der sinnlichen und der sittlichen Welt erfordern noch einen allgemeineren Zusammenhang, den Kant im Begriffe des h ö c h s t e n G u t e s findet[27]). Das Ziel des sinnlichen Willens ist die Glückseligkeit, das Ziel des sittlichen Willens ist die Tugend: diese beiden dürfen nicht zueinander in das Verhältnis des Mittels zum Zweck treten. Das Streben nach Glückseligkeit macht nicht tugendhaft, und die Tugend darf weder glückselig machen wollen, noch tut sie es. Zwischen beiden besteht empirisch kein kausaler und darf ethisch kein teleologischer Zusammenhang eintreten. Allein da der Mensch ebenso der sinnlichen wie der sittlichen Welt angehört, so muß das „höchste Gut" für ihn in der V e r e i n i - g u n g v o n T u g e n d u n d G l ü c k s e l i g k e i t bestehen. Diese letzte Synthesis der praktischen Begriffe kann aber moralisch nur so gedacht werden, daß T u g e n d a l l e i n d e r G l ü c k s e l i g k e i t w ü r d i g sei.

Der damit ausgesprochenen Forderung des moralischen Bewußtseins wird jedoch durch die kausale Notwendigkeit der Erfahrung nicht Genüge getan. Das Naturgesetz ist ethisch indifferent und leistet keine Gewähr dafür, daß Tugend notwendig zur Glückseligkeit führe; umgekehrt lehrt vielmehr die Erfahrung, daß Tugend den Verzicht auf empirisches Glück verlangt und daß Untugend mit zeitlicher Glückseligkeit vereinbar ist. Fordert deshalb das ethische Bewußtsein die R e a l i - t ä t d e s h ö c h s t e n G u t e s, so muß der Glaube über das empirische Menschenleben und über die Naturordnung in das Übersinnliche hinübergreifen. Er postuliert eine über die zeitliche Existenz hinausreichende Realität der Persönlichkeit — das u n s t e r b l i c h e L e b e n — und eine s i t t l i c h e W e l t o r d n u n g, die in einer höchsten Vernunft begründet ist, in G o t t.

Kants „m o r a l i s c h e r B e w e i s" für Freiheit, Unsterblichkeit und Gottheit ist also kein Beweis des Wissens, sondern der des Glaubens: die Postulate sind die Bedingungen des sittlichen Lebens, und ihre Realität muß ebenso geglaubt werden wie dieses. Aber sie bleiben damit theoretisch so wenig erkennbar wie zuvor.

---

[27]) Kr. d. pr. Vern., Dialektik.

6. Der D u a l i s m u s   v o n   N a t u r   u n d   S i t t l i c h k e i t kommt bei Kant
am schroffsten in der R e l i g i o n s p h i l o s o p h i e zutage, deren Prinzipien er
seiner Erkenntnistheorie gemäß nur in der praktischen Vernunft suchen konnte:
Allgemeinheit und Notwendigkeit im Verhältnis zum Übersinnlichen gewährt nur
das sittliche Bewußtsein. *A priori* kann in der Religion nur gelten, was auf Moral
gegründet ist. Kants Vernunftreligion ist also keine Naturreligion, sondern „Moraltheologie". Die Religion beruht auf der V o r s t e l l u n g   d e r   s i t t l i c h e n
G e s e t z e   a l s   g ö t t l i c h e r   G e b o t e.

Diese religiöse Lebensform der Moralität entwickelt Kant wiederum aus der
Doppelnatur des Menschen. Es bestehen in ihm zwei Triebsysteme, das sinnliche
und das sittliche: beide können wegen der Einheit der wollenden Persönlichkeit
nicht ohne Beziehung zueinander sein. Ihr Verhältnis sollte nun nach sittlicher
Anforderung die Unterordnung der sinnlichen Triebfedern unter die sittlichen sein:
tatsächlich aber findet sich nach Kant beim Menschen von Natur das umgekehrte
Verhältnis[28]), und da die sinnlichen Triebe böse sind, sobald sie sich gegen die
sittlichen auch nur auflehnen, so ist im Menschen ein n a t ü r l i c h e r   H a n g
zum Bösen. Dies „Radikal-Böse" ist nicht notwendig; denn sonst gäbe es dafür
keine Verantwortung. Es ist unerklärlich, aber es ist Tatsache, es ist eine Tat
der intelligiblen Freiheit. Die Aufgabe, die daraus für den Menschen folgt, ist die
U m k e h r u n g   d e r   T r i e b f e d e r n, welche durch den Kampf des guten und
des bösen Prinzips in ihm herbeigeführt werden soll. Allein in jenem verkehrten
Zustande wirkt die eherne Majestät des Sittengesetzes auf den Menschen nur mit
niederschmetterndem Schrecken, und er bedarf daher zur Unterstützung seiner
moralischen Triebfedern des G l a u b e n s   a n   e i n e   g ö t t l i c h e   M a c h t, die
ihm das Sittengesetz als ihr Gebot auferlegt, aber auch zu dessen Befolgung die
Hilfe der e r l ö s e n d e n   L i e b e gewährt.

Von diesem Standpunkt aus deutet Kant die wesentlichen Stücke der christlichen
Glaubenslehre zu einer „reinen Moralreligion" um: das Ideal der moralischen
Vollkommenheit des Menschen im Logos, die Erlösung durch stellvertretende
Liebe, das Geheimnis der Wiedergeburt. In dem Bestreben, aus den Lehren der
positiven Religion das herauszuarbeiten, was vom Standpunkte der kritischen
Philosophie her begründbar ist[29]), geht er mit der Verwendung überlieferter dogmatischer Vorstellungen weit über dasjenige hinaus, was als rein logische Konsequenz
aus seiner theoretischen und praktischen Philosophie hätte abgeleitet werden
können[30]). Offenbar tut er dies aus persönlichem religiösen Erlebnis heraus, und
er setzt damit, obwohl frei von dem historischen Glauben der Orthodoxie, die
wahrhaft religiösen Motive, die im E r l ö s u n g s b e d ü r f n i s wurzeln, wieder in
die Rechte ein, welche ihnen durch den Rationalismus der Aufklärung verkümmert
worden waren. Aber freilich ist auch ihm die wahre Kirche nur die unsichtbare,

---

[28]) Die pessimistische Auffassung vom natürlichen Wesen des Menschen hat ihre Anlässe
bei Kant zweifellos in seiner religiösen Erziehung: doch verwahrt er sich ausdrücklich
gegen die Identifikation seiner Lehre vom Radikal-Bösen mit dem theologischen Begriff
der Erbsünde; vgl. Rel. innerh. d. Grenz. d. bl. Vern., I, 4.

[29]) Vgl. E. TROELTSCH, Das Historische in Kants Religionsphilosophie, Kantstudien, IX,
1904, p. 21—154.

[30]) Vgl. TH. HOEKSTRA, Immanente Kritik zur kantischen Religionsphilosophie, Kampen
1906.

das moralische Gottesreich, die sittliche Gemeinschaft der Erlösten. Die historischen Erscheinungen der moralischen Gemeinschaft der Menschen sind die Kirchen: sie bedürfen des Mittels der Offenbarung und des „statutarischen" Glaubens. Aber sie haben die Aufgabe, diese Mittel in den Dienst des sittlichen Lebens zu stellen, und wenn sie statt dessen das Hauptgewicht auf das Statutarische legen, so verfallen sie der Lohndienerei und Heuchelei.

Die „Gemeinschaft der Heiligen" dagegen, der sittlich-religiöse Zusammenhang des menschlichen Geschlechts erscheint als das wahrhaft h ö c h s t e G u t der praktischen Vernunft. Es greift weit über die subjektiv-individuelle Bedeutung einer Verknüpfung von Tugend und Glückseligkeit hinaus und hat zu seinem Inhalt die Verwirklichung des Sittengesetzes in der Entwicklung des Menschengeschlechts, das Reich Gottes auf Erden[31]).

7. Mit der Beschränkung der ethischen Beurteilung auf die Gesinnung hängt es zusammen, daß Kant in der R e c h t s p h i l o s o p h i e diejenige Richtung verfolgte, welche diese möglichst unabhängig von der Moral behandelte. Kant unterschied (schon hinsichtlich der ethischen) Würdigung zwischen der M o r a l i t ä t d e r G e s i n n u n g und der L e g a l i t ä t d e r H a n d l u n g, dem freiwilligen Gehorsam gegen das Sittengesetz und der äußerlichen Konformität der Handlung mit dem vom Gesetz Verlangten. Handlungen sind erzwingbar, Gesinnungen nie. Während die Moral von den Pflichten der Gesinnung redet, beschäftigt sich das Recht mit den erzwingbaren äußeren Pflichten der Handlungen und fragt nicht nach den Gesinnungen, aus denen sie erfüllt oder verletzt werden.

Und doch macht Kant den Zentralbegriff seiner gesamten praktischen Philosophie, die F r e i h e i t, auch zur Grundlage der Rechtslehre. Denn auch das Recht ist eine Forderung der praktischen Vernunft und hat in dieser sein *a priori* geltendes Prinzip: es kann daher nicht als ein Produkt empirischer Interessen abgeleitet werden, sondern muß aus der allgemeinen vernünftigen Bestimmung des Menschen begriffen werden. Diese ist die Bestimmung zur Freiheit. Die Gemeinschaft der Menschen besteht aus solchen Wesen, welche zur sittlichen Freiheit bestimmt, aber noch in dem natürlichen Zustande der Willkür begriffen sind, wobei sie sich gegenseitig in den Sphären ihrer Wirksamkeit stören und hemmen: das Recht hat die Aufgabe, die Bedingungen festzustellen, unter denen die Willkür des einen mit der Willkür der andern nach einem allgemeinen Gesetze der Freiheit vereinigt werden kann, und durch Erzwingung dieser Bedingungen die Freiheit der Persönlichkeit sicherzustellen.

Aus diesem Prinzip folgt analytisch nach Kants Konstruktion das gesamte Privatrecht, Staatsrecht und Völkerrecht. Dabei ist es jedoch interessant zu beobachten, wie überall die Prinzipien der Sittenlehre in dieser Konstruktion maßgebend werden. So ist es im Privatrecht ein weittragender Grundsatz, daß — entsprechend dem kategorischen Imperativ — der Mensch niemals als Sache gebraucht werden darf. So wird die Strafgewalt des Staats nicht durch die Aufgabe der Aufrechterhaltung des Rechtszustandes, sondern durch die sittliche Notwendigkeit der Vergeltung begründet.

---

[31]) Vgl. Kritik der Urteilskraft, §§ 85 ff., Religion innerhalb der Grenzen der bloßen Vernunft, drittes Stück, I, 2 ff.

Die Geltung des Rechts ist im Naturzustande nur provisorisch, sie ist vollständig oder, wie Kant sagt, peremtorisch erst, wo sie sicher erzwingbar ist, im S t a a t. Die Richtschnur für die Gerechtigkeit im Staatswesen findet Kant darin, daß nichts beschlossen und ausgeführt wird, was nicht hätte beschlossen werden können, wenn der Staat durch einen V e r t r a g zustande gekommen wäre. Die Vertrags-theorie ist hier nicht eine Erklärung für das empirische Zustandekommen, sondern eine Norm für die Aufgabe des Staats. Diese Norm ist bei jeder Art von Verfassung erfüllbar, wenn nur wirklich nicht die Willkür, sondern das Gesetz herrscht: am sichersten ist ihre Verwirklichung, wenn die drei öffentlichen Gewalten der Gesetz-gebung, Ausführung und Rechtsprechung unabhängig voneinander sind, und wenn die gesetzgebende Gewalt in der „republikanischen" Form des repräsentativen Systems organisiert ist, was eine monarchische Exekutive nicht ausschließt. Erst damit, meint Kant, wird die Freiheit des einzelnen so weit gesichert sein, wie sie ohne Beeinträchtigung der Freiheit der übrigen bestehen kann, und erst wenn alle Staaten diese Verfassung angenommen haben, kann der Naturzustand, worin sie sich jetzt noch miteinander befinden, einem Rechtszustande Platz machen. Dann wird auch das V ö l k e r r e c h t, das jetzt nur provisorisch ist, „peremto-risch" werden[32]).

8. Auf religionsphilosophischen und rechtsphilosophischen Grundlagen baut sich endlich Kants Ansicht von der G e s c h i c h t e auf[33]); sie hat sich an Rousseau und Herder in derjenigen Abhängigkeit entwickelt, welche aus dem Gegensatz entspringt. Kant vermag in der Geschichte weder den Abweg von einem ursprüng-lich guten Zustande des Menschengeschlechts zu sehen noch die naturnotwendig selbstverständliche Entwicklung seiner ursprünglichen Anlage. Hat es je einen paradiesischen Urzustand der Menschen gegeben, so war es der S t a n d d e r U n s c h u l d, in welchem sie sich, ganz ihren natürlichen Trieben lebend, der sittlichen Aufgabe überhaupt noch nicht bewußt war. Der B e g i n n d e r K u l t u r-a r b e i t aber war nur durch einen Bruch mit dem Naturzustande möglich, indem das Sittengesetz an seiner Übertretung zum Bewußtsein kam. Dieser (theoretisch unbegreifliche) S ü n d e n f a l l ist der Anfang der Geschichte. Der früher ethisch indifferente Naturtrieb ist nun böse geworden und soll bekämpft werden.

Seitdem besteht der F o r t s c h r i t t d e r G e s c h i c h t e n i c h t i n e i n e m W a c h s e n d e r m e n s c h l i c h e n G l ü c k s e l i g k e i t, sondern in der An-näherung an die sittliche Vollkommenheit und in der Ausbreitung der H e r r-s c h a f t s i t t l i c h e r F r e i h e i t. Mit tiefem Ernst nimmt Kant den Gedanken auf, daß die Entwicklung der Zivilisation nur auf Kosten der individuellen Glück-seligkeit erfolgt. Wer diese zum Maßstab nimmt, darf nur von einem Rückschritt in der Geschichte reden. Je verwickelter die Verhältnisse werden, je mehr die Lebensenergie der Kultur wächst, um so mehr steigen die individuellen Bedürfnisse, und um so geringer wird die Aussicht, sie zu befriedigen. Aber gerade dies wider-legt die Meinung der Aufklärer, als sei Glückseligkeit die Bestimmung des Menschen. Im umgekehrten Verhältnis mit der empirischen Befriedigung des einzelnen wächst

[32]) W. Haensel, Kants Lehre vom Widerstandsrecht (Berlin 1926).

[33]) Vgl. außer dem S. 459 f. Angeführten die Abhandlung: „Idee zu einer allgemeinen Geschichte in weltbürgerlicher Absicht" (1784); Rezension von Herders Ideen (1785); Mut-maßlicher Anfang der Weltgeschichte (1786).

die sittliche Gestaltung des Ganzen, die Herrschaft der praktischen Vernunft. Und da die Geschichte das äußere Zusammenleben der Menschheit darstellt, so ist ihr Ziel die Vollendung des Rechts, die Herstellung der besten Staatsverfassung bei allen Völkern, der ewige Friede, — ein Ziel, dessen Erreichung wie bei allen Ideen und Idealen im Unendlichen liegt.

§ 40. Die natürliche Zweckmäßigkeit.

A. STADLER, Kants Teleologie. Berlin 1874.
H. COHEN, Kants Begründung der Ästhetik. Berlin 1889.
V. BASCH, Essai critique sur l'esthétique de Kant. Paris 1896.
O. SCHLAPP, Kants Lehre vom Genie und die Entstehung der Kritik der Urteilskraft Göttingen 1901.
E. UNGERER, Die Teleologie Kants und ihre Bedeutung für die Logik der Biologie. 1921.
A. BAEUMLER, Kants Kritik der Urteilskraft, ihre Geschichte und Systematik (Halle 1923).

Durch die scharfe Ausprägung der Gegensätze von Natur und Freiheit, Notwendigkeit und Zweckmäßigkeit treten bei Kant die theoretische und die praktische Vernunft so weit auseinander, daß die Einheit der Vernunft gefährdet erscheint. Die kritische Philosophie bedarf daher in einer für die methodische Entwicklung ihres Systems vorbildlichen Weise[34]) eines abschließend vermittelnden d r i t t e n P r i n z i p s, worin die S y n t h e s i s j e n e r G e g e n s ä t z e vollzogen wird.

1. Der p s y c h o l o g i s c h e n Bestimmung gemäß kann die Sphäre, in der diese Aufgabe zu lösen ist, nach der von Kant (vgl. § 36, 8) adoptierten Dreiteilung nur das G e f ü h l s - oder „B i l l i g u n g s v e r m ö g e n" sein. Dies nimmt in der Tat eine Zwischenstellung zwischen Vorstellen und Begehren ein. Auch das Gefühl oder die Billigung setzt eine im theoretischen Sinne fertige Vorstellung des Gegenstandes voraus und verhält sich dazu synthetisch: und diese S y n t h e s i s drückt als Gefühl der Lust oder Unlust, bzw. als Billigung oder Mißbilligung immer irgendwie aus, daß jener Gegenstand von dem Subjekt als z w e c k m ä ß i g oder zweckwidrig gewertet wird. Dabei kann der Maßstab dieser Wertung als bewußte Absicht, also in der Form des Wollens vorher bestanden haben, und in solchen Fällen werden die Gegenstände als n ü t z l i c h oder schädlich bezeichnet: es gibt aber auch Gefühle, die, ohne auf irgend welche Absichten bezogen zu sein, ihre Objekte unmittelbar als a n g e n e h m oder unangenehm charakterisieren, und auch in diesen muß dann doch irgendwie eine, obwohl nicht bewußte Zweckbestimmung maßgebend sein.

Die Vernunftkritik hat somit zu fragen: gibt es G e f ü h l e a p r i o r i oder B i l l i g u n g v o n a l l g e m e i n e r u n d n o t w e n d i g e r G e l t u n g? Und es ist klar, daß die Entscheidung dabei von der Geltung der Zwecke abhängig sein wird, welche die betreffenden Gefühle und Billigungen bestimmen. Hinsichtlich der Absichten des Willens ist nun diese Frage bereits durch die Kritik der praktischen Vernunft entschieden: der einzige Zweck des bewußten Willens, welcher *a priori* gelten darf, ist die Erfüllung des kategorischen Imperativs, und nach dieser Seite hin dürfen also nur die Gefühle des Beifalls oder Mißfallens, mit denen wir die ethischen Prädikate „gut" und „böse" anwenden, für notwendig und allgemein-

---

[34]) Vgl. die Anmerkung am Schluß der Einleitung in die Kr. d. Urt. W., V, 197.

gültig erachtet werden. Deshalb beschränkt sich das neue Problem auf die
Apriorität solcher Gefühle, denen keine Zweckabsicht begründend vorhergeht. Dies
aber sind, wie sich von vornherein übersehen läßt, die Gefühle des S c h ö n e n
und des E r h a b e n e n.

2. Nach einer andern Seite aber erweitert sich das Problem, wenn man die
l o g i s c h e n Funktionen in Betracht zieht, um welche es sich bei allen Gefühlen
und Billigungen handelt. Die Urteile, in denen diese ausgesprochen werden, sind
offenbar alle synthetisch. Prädikate wie angenehm, nützlich, schön und gut sind
nicht analytisch im Subjekt enthalten, sondern drücken den Wert des Gegenstandes
hinsichtlich eines Zwecks aus: sie sind Beurteilungen der Zweckmäßigkeit und
enthalten in allen Fällen die U n t e r o r d n u n g d e s G e g e n s t a n d e s u n t e r
d e n Z w e c k. Nun bezeichnet Kant in dem psychologischen Schema, das seiner
gesamten Kritik der Vernunft zugrunde liegt, das Vermögen der Subsumtion des
Besonderen unter das Allgemeine mit dem Namen der U r t e i l s k r a f t, und diese
sollte auch unter den theoretischen Funktionen die vermittelnde Rolle zwischen
Vernunft und Verstand derart spielen, daß jene die Prinzipien, letzterer die Gegenstände liefert, die Urteilskraft aber die Anwendung der Prinzipien auf die Gegenstände vollzieht.

Im theoretischen Gebrauch ist jedoch die Urteilskraft analytisch, indem sie nach
formal logischen Regeln die Gegenstände durch allgemeine Begriffe bestimmt: es
kommt nur darauf an, daß zum Obersatz der passende Untersatz oder zum Untersatz der passende Obersatz gefunden wird, damit die richtige Konklusion erfolgt.
Dieser „bestimmenden" Urteilskraft, die somit keiner „Kritik" bedarf, setzt nun
Kant die r e f l e k t i e r e n d e gegenüber, bei der die Synthesis eben in der Unterordnung unter einen Zweck besteht. Und danach formuliert sich das Problem der
Kritik der Urteilskraft dahin: i s t e s a p r i o r i m ö g l i c h, d i e N a t u r a l s
z w e c k m ä ß i g z u b e u r t e i l e n ? Offenbar ist dies die höchste Synthesis der
kritischen Philosophie: d i e A n w e n d u n g d e r K a t e g o r i e d e r p r a k t i -
s c h e n V e r n u n f t a u f d e n G e g e n s t a n d d e r t h e o r e t i s c h e n. Es ist
von vornherein klar, daß diese Anwendung selbst weder theoretisch noch praktisch,
weder ein E r k e n n e n n o c h e i n W o l l e n sein kann: sie ist nur eine B e -
t r a c h t u n g d e r N a t u r u n t e r d e m G e s i c h t s p u n k t e d e r Z w e c k -
m ä ß i g k e i t.

Wenn die reflektierende Urteilskraft dieser Betrachtung die Richtung gibt, die
Natur hinsichtlich ihrer Zweckmäßigkeit für das betreffende Subjekt als solches
zu beurteilen, so verfährt sie ä s t h e t i s c h, d. h. rücksichtlich unserer Empfindung[35]); wenn sie dagegen die Natur so betrachtet, als ob diese in sich selber
zweckmäßig sei, so verfährt sie im engeren Sinne t e l e o l o g i s c h. So teilt sich
die Kritik der Urteilskraft in die Untersuchung der ästhetischen und der teleologischen Probleme.

3. In dem ersten Teil ist Kant zunächst bemüht, das ä s t h e t i s c h e U r t e i l
genau von den nach beiden Seiten angrenzenden Arten der Gefühls- oder Billi-
gungsurteile zu scheiden, und geht dazu vom Gefühl des S c h ö n e n aus. Mit

---

[35]) So rechtfertigt Kant in der Einleitung, VII (W., V, 188 ff.), seine Änderung der
Terminologie, vgl. W., IV, 30, und III, 50, sowie oben § 34, 11, S. 414, Anm. 70.

dem Guten teilt das Schöne die Apriorität; aber das Gute ist das, was mit der im Sittengesetz vorgestellten Zwecknorm übereinstimmt, das Schöne dagegen gefällt o h n e B e g r i f f. Deshalb ist es auch unmöglich, ein allgemeines inhaltliches Kriterium aufzustellen, nach welchem die Schönheit mit logischer Evidenz beurteilt werden sollte; eine ästhetische Doktrin ist unmöglich, es gibt nur eine „K r i t i k d e s G e s c h m a c k s", d. h. eine Untersuchung über die Möglichkeit der apriorischen Geltung ästhetischer Urteile.

Auf der andern Seite teilt das Schöne mit dem Angenehmen die Begriffslosigkeit, die Abwesenheit eines bewußten Maßstabes der Beurteilung, also die Unmittelbarkeit des Eindrucks. Aber der Unterschied liegt hier darin, daß das Angenehme etwas individuell und zufällig Wohlgefälliges ist, während das Schöne den Gegenstand eines allgemeinen und notwendigen Gefallens bildet[36]). Der Satz, daß sich über den Geschmack nicht disputieren lasse, gilt nur in dem Sinne, daß in Sachen des Geschmacks durch begriffliche Beweise in der Tat nichts auszurichten ist: was aber nicht ausschließt, daß darin ein Appell an allgemeingültige Gefühle möglich wäre. Die logische Schwierigkeit des ästhetischen Urteils hatte für Kant gerade darin bestanden, daß es stets ein singulares Urteil des‐Erlebnisses bedeutet und doch allgemeine und notwendige Geltung mit Erfolg beansprucht. Diese Art der Apriorität konnte nicht begrifflich sein, wie die der theoretischen und der praktischen Urteile: sie mußte also irgendwie durch ein Gefühl begründet werden.

Von beiden endlich, vom Guten und vom Angenehmen, unterscheidet sich das Schöne dadurch, daß es der Gegenstand eines völlig u n i n t e r e s s i e r t e n W o h l g e f a l l e n s ist. Dies tritt darin zutage, daß für das ästhetische Urteil die e m p i r i s c h e R e a l i t ä t seines Gegenstandes völlig gleichgültig ist. Die hedonischen Gefühle setzen sämtlich die materielle Gegenwart der sie erregenden Erscheinungen voraus; die ethische Billigung oder Mißbilligung betrifft gerade die Verwirklichung des moralischen Zwecks im Wollen und Handeln: die ästhetischen Gefühle dagegen bedingen ein r e i n e s W o h l g e f a l l e n a n d e m b l o ß e n V o r s t e l l u n g s b i l d e des Gegenstandes, gleichviel ob dieser für die Erkenntnis objektiv vorhanden ist oder nicht. Dem ästhetischen Leben fehlt ebenso die Gefühlsgewalt des persönlichen Wohl und Wehe wie der Ernst allgemeinwertiger Arbeit für sittliche Zwecke, es ist das bloße S p i e l der Vorstellungen in der Einbildungskraft.

Ein derartiges Wohlgefallen, welches sich nicht auf den Gegenstand, sondern nur auf das B i l d d e s G e g e n s t a n d e s bezieht, kann nicht die objektive Materie darin — denn diese steht immer in Beziehungen zum Interesse des Subjekts, — sondern nur die V o r s t e l l u n g s f o r m des Gegenstandes betreffen: und in dieser wird daher, wenn irgendwo, der Grund der apriorischen Synthesis zu suchen sein, die irgendwie den ästhetischen Urteilen innewohnt. Die Zweckmäßigkeit ästhetischer Gegenstände kann nicht in ihrer Angemessenheit zu irgend welchen Interessen, sondern nur in ihrer Angemessenheit zu den Erkenntnisformen bestehen, mit denen wir sie vorstellen. Die Kräfte aber, welche bei der Vorstellung eines jeden Gegenstandes miteinander tätig sind, bilden Sinnlichkeit und Verstand.

---

[36]) Vgl. F. BLENCKE, Kants Unterscheidung des Schönen vom Angenehmen (Straßburg 1889), wo die Analogie zu Wahrnehmungs- und Erfahrungsurteil (vgl. oben § 38, 6) betont ist.

Das Gefühl der Schönheit entsteht also bei solchen Gegenständen, für deren Auffassung in der Einbildungskraft Sinnlichkeit und Verstand in harmonischer Weise zusammenwirken. Solche Gegenstände sind in Ansehung der Wirkung auf unsere Vorstellungstätigkeit zweckmäßig: und darauf bezieht sich das interesselose Wohlgefallen, das in dem Gefühl ihrer Schönheit zutage tritt.

Diese Beziehung aber auf die formalen Prinzipien des gegenständlichen Vorstellens hat ihren Grund nicht bloß in individuellen Tätigkeiten, sondern in dem „Bewußtsein überhaupt“, in dem „übersinnlichen Substrat der Menschheit“. Darum ist das Gefühl einer darauf bezüglichen Zweckmäßigkeit der Gegenstände a l l g e - m e i n   m i t t e i l b a r, wenn auch nicht begrifflich beweisbar, und daraus erklärt sich die Apriorität der ästhetischen Urteile.

4. Wird so die „absichtslose Zweckmäßigkeit“ des Schönen mit der Wirkung des Gegenstandes auf die Erkenntnisfunktion in Beziehung gesetzt, so begreift Kant das Wesen des E r h a b e n e n aus einer Angemessenheit der Wirkung der Gegenstände zu dem Verhältnis des sinnlichen und des übersinnlichen Teils der menschlichen Natur.

Während das Schöne eine wohlgefällige Ruhe im Spiel der Erkenntniskräfte bedeutet, geht der Eindruck des Erhabenen durch ein Unlustgefühl der Unzulänglichkeit hindurch. Der unermeßlichen Größe oder der überwältigenden Kraft der Gegenstände gegenüber fühlen wir die Unfähigkeit unserer sinnlichen Anschauung, ihrer Herr zu werden, als ein Bedrücken und Niederwerfen: allein über diese unsere sinnliche Unzulänglichkeit erhebt sich das übersinnliche Vermögen unserer Vernunft. Hat es die Einbildungskraft dabei nur mit extensiven Größenverhältnissen zu tun — das mathematisch Erhabene —, so siegt die fest gestaltende Tätigkeit der theoretischen Vernunft: handelt es sich dagegen um die Verhältnisse der Kraft — das dynamisch Erhabene —, so kommt das Übergewicht unserer moralischen Würde über alle Naturgewalt zum Bewußtsein. In beiden Fällen wird das Mißbehagen über unser sinnliches Unterliegen reichlich aufgewogen und überwunden durch den Triumph unserer höheren, vernünftigen Bestimmung. Und da dies das angemessene Verhältnis der beiden Seiten unseres Wesens ist, so wirken diese Gegenstände e r h e b e n d und erzeugen das Gefühl eines Wohlgefallens der Vernunft, welches wiederum, weil es sich nur auf das Verhältnis der Vorstellungsformen gründet, allgemein mitteilbar und von apriorischer Geltung ist.

5. Kants ästhetische Theorie geht somit trotz ihres „subjektiven“ Ausgangspunktes wesentlich auf eine Erklärung des Schönen und des Erhabenen i n   d e r   N a t u r aus; und sie bestimmt beides durch das Verhältnis der V o r s t e l l u n g s f o r m e n. Daher findet der Philosoph die r e i n e Schönheit auch nur da, wo das ästhetische Urteil sich auf die bedeutungslosen Formen bezieht. Wo dem Wohlgefallen eine Rücksicht auf die Bedeutung der Formen für irgend eine, wenn auch unbestimmt vorschwebende Norm beigemischt ist, da haben wir schon die a n h ä n g e n d e Schönheit. Diese tritt überall da ein, wo das ästhetische Urteil sich auf Gegenstände richtet, denen unsere Vorstellung eine gegenständliche Zweckbeziehung unterlegt. Solche Normen der anhängenden Schönheit treten notwendig auf, sobald wir in der individuellen Erscheinung das Verhältnis zu der Gattung betrachten, welche sie darstellt. Es gibt keine Schönheitsnorm für Landschaften, Arabesken, Blumen, wohl aber für die höheren Typen der organischen Welt. Solche Normen sind die ästhetischen I d e a l e, und das wahre Ideal des ästhetischen Urteils ist der M e n s c h.

Die Darstellung des Ideals ist die K u n s t, das Vermögen der ästhetischen Produktion. Wenn aber diese eine zwecktätige Funktion des Menschen ist, so wird ihr Erzeugnis den Eindruck des Schönen nur da machen können, wo es so absichtslos, so interesselos und so begriffslos erscheint wie das Naturschöne. Die t e c h nische K u n s t bringt nach Regeln und Absichten zweckentsprechende Gebilde hervor, die geeignet sind, bestimmte Interessen zu befriedigen. Die s c h ö n e K u n s t muß auf das Gefühl wirken wie ein absichtsloses Erzeugnis der Natur: sie muß „als Natur angesehen werden können"

Das also ist das Geheimnis und das Charakteristische am künstlerischen Schaffen, daß der zweckvoll bildende Geist doch in derselben Weise arbeitet wie die absichtslos und interesselos bildende Natur. Der große Künstler schafft nicht nach allgemeinen Regeln, er erzeugt sie selbst in der unwillkürlichen Arbeit: er ist originell und exemplarisch. Das G e n i e ist eine I n t e l l i g e n z, welche w i r k t w i e d i e N a t u r.

Im Bereiche menschlicher Vernunfttätigkeit wird also die gesuchte Synthesis von Freiheit und Natur, von Zweckmäßigkeit und Notwendigkeit, von praktischer und theoretischer Funktion durch das Genie repäsentiert, das in absichtsloser Zweckmäßigkeit das Werk der schönen Kunst erzeugt[37]).

6. In der Kritik der t e l e o l o g i s c h e n Urteilskraft ist es die vornehmste Aufgabe, die Beziehungen festzustellen, die nach den Gesichtspunkten des transzendentalen Idealismus zwischen der wissenschaftlichen Erklärung der Natur und der Betrachtung der ihr innewohnenden Zweckmäßigkeit bestehen. Die n a t u r w i s s e n s c h a f t l i c h e T h e o r i e kann in alle Wege nur m e c h a n i s c h sein, der Zweck ist keine Kategorie und kein konstitutives Prinzip gegenständlicher Erkenntnis: alle Naturerklärung besteht in dem Aufweis der kausalen Notwendigkeit, womit eine Erscheinung die andere hervorbringt; ein Naturding kann nie dadurch begreiflich gemacht werden, daß seine Zweckmäßigkeit hervorgehoben wird. Solche „faule" Teleologie ist der Tod aller Naturphilosophie. Die Auffassung der Zweckmäßigkeit darf also nie ein Erkennen sein wollen.

Anderseits aber würde man auf dem Standpunkte der mechanischen Naturerklärung nur dann ein Recht haben, die teleologische Betrachtung der Natur völlig zu verwerfen, wenn man mit Hilfe der wissenschaftlichen Begriffe das gesamte System der Erfahrung wenigstens prinzipiell bis auf den letzten Rest begreiflich zu machen imstande wäre. Sollten sich aber Punkte finden, wo die wissenschaftliche Theorie nicht etwa wegen der extensiven Beschränktheit des Materials der bisherigen menschlichen Erfahrung, sondern wegen der beständigen Form ihrer prinzipiellen Bestimmtheit zur Erklärung des Gegebenen nicht ausreicht, so würde an diesen Punkten die Möglichkeit einer Ergänzung des Wissens durch eine teleologische Betrachtung zugestanden werden müssen, wenn sich zugleich zeigte, daß

---

[37]) Über die historischen Zusammenhänge dieser von Kant im Rahmen seines Systems entwickelten Lehren vgl. das oben angeführte Buch von O. SCHLAPP.

das mechanisch Unerklärliche den unabweisbaren Eindruck des Zweckmäßigen macht. Kritische Teleologie kann also nur die G r e n z b e g r i f f e d e r m e c h a - n i s c h e n N a t u r e r k l ä r u n g betreffen.

Der erste darunter ist das L e b e n. Eine mechanische Erklärung des Organismus ist nicht nur bisher nicht gelungen, sondern sie ist auch nach Kant prinzipiell unmöglich. Jedes Leben ist immer nur wieder durch anderes Leben zu erklären. Man soll die einzelnen Funktionen der Organismen durch den mechanischen Zusammenhang ihrer Teile untereinander und mit der Umgebung begreifen: aber man wird immer die Eigenart der organisierten Materie und ihre Reaktionsfähigkeit als ein nicht weiter reduzierbares Moment in Rechnung ziehen müssen. Ein „Archäologe der Natur" möge die Genealogie des Lebendigen, die Entstehung der einen Arten aus den andern nach mechanischen Prinzipien so weit als möglich zurückverfolgen[38]): er wird immer bei einer u r s p r ü n g l i c h e n O r g a n i s a - t i o n stehen bleiben müssen, die er durch den bloßen Mechanismus der un- organischen Materie nicht erklären kann; denn sonst vermöchten wir sie nach- zumachen.

Diese Erklärung aber ist deshalb unmöglich, weil das Wesen des Organismus darin besteht, daß das Ganze ebenso durch die Teile, wie der Teil durch das Ganze bestimmt, daß jedes Glied ebenso Ursache wie Wirkung des Ganzen ist. Diese w e c h s e l s e i t i g e K a u s a l i t ä t ist mechanisch unbegreiflich: der Organismus ist das Wunder in der Erfahrungswelt[39]). Eben dieses auf sich selbst bezogene Spiel der Formen und Kräfte ist es aber auch, welches im Organismus den E i n - d r u c k d e s Z w e c k m ä ß i g e n macht. Darum ist die teleologische Betrachtung der Organismen n o t w e n d i g u n d a l l g e m e i n g ü l t i g. Aber sie darf auch nie etwas anderes sein wollen, als eine Betrachtungsweise. Das Denken darf sich im einzelnen nie dabei beruhigen: sondern der Einblick in diese zweckvolle Lebendigkeit muß vielmehr als h e u r i s t i s c h e s Prinzip für die Aufsuchung der mechanischen Zusammenhänge dienen, mittels deren sie sich in jedem einzelnen Falle realisiert.

7. Eine zweite Grenze der Naturerkenntnis bezeichnet Kant mit dem Namen der S p e z i f i k a t i o n d e r N a t u r. Aus reiner Vernunft ergeben sich die allgemeinen Formen der Naturgesetzmäßigkeit, allein auch nur diese. Die b e s o n d e r e n N a t u r g e s e t z e ordnen sich zwar jenen allgemeinen unter, aber sie folgen nicht daraus allein. Ihr besonderer Inhalt ist nur empirisch, d. h. in Rücksicht der reinen Vernunft zufällig, von nur tatsächlicher Geltung[40]). Es ist niemals zu begreifen, weshalb es gerade dieser und nicht ein anderer Inhalt ist[41]). Zugleich aber erweist sich dieses Besondere der Natur als durchaus zweckmäßig; einerseits in Rücksicht auf unsere Erkenntnis, indem sich die Fülle des Tatsächlichen der Wahrnehmung

---

[38]) Die Stellen, in denen Kant der späteren Deszendenztheorie vorgegriffen hat, sind gesammelt bei FR. SCHULTZE, Kant und Darwin (Jena 1874).

[39]) Vgl. oben § 34, 9.

[40]) Hier knüpft Kant in höchst interessanter Weise an die letzten Spekulationen der Leibnizschen Monadologie an: vgl. oben § 31, 11.

[41]) Dies Unmögliche versuchte Kant in seinem Alterswerke doch zu leisten, und darum ist ihm darin trotz aller wiederholten Anläufe der „Übergang von der Metaphysik zur Physik" nicht gelungen.

geeignet zeigt, unter die apriorischen Formen des Intellekts untergeordnet zu werden, — anderseits auch zweckmäßig in sich selbst, insofern sich die ganze bunte Mannigfaltigkeit des Gegebenen zu einer objektiv einheitlichen Wirklichkeit zusammenfügt.

Hierin liegen die Gründe a priori d i e N a t u r a l s G a n z e s u n t e r d e m G e s i c h t s p u n k t e d e r Z w e c k m ä ß i g k e i t z u b e t r a c h t e n und in dem ungeheuren Mechanismus ihrer Kausalzusammenhänge die Realisierung eines h ö c h s t e n V e r n u n f t z w e c k e s zu sehen. Dieser Zweck aber kann wiederum nach dem Primat der praktischen Vernunft kein anderer sein als das S i t t e n g e s e t z und seine Verwirklichung durch die geschichtliche Gesamtentwicklung des menschlichen Geschlechts: damit mündet die teleologische Betrachtung in den moralischen Glauben an die göttliche Weltordnung. So zeigt sich, daß das „System der Erfahrung", die Gesamtheit der Sinnenwelt in ihrer räumlichen Ausdehnung und ihrer zeitlichen Entwicklung letzthin als die Verwirklichung des die intelligible Welt bestimmenden Zweckes angesehen werden muß. Der Dualismus von theoretischer und praktischer Vernunft ist in der ästhetischen nicht nur formell, sondern auch sachlich überwunden: hier erst findet Kants philosophische Weltanschauung ihren Abschluß, und von hier aus versteht man den letzten Sinn aller der einzelnen Lehren, die er an der Hand der besonderen Probleme entwickelt hat.

Betrachten wir endlich so die Natur als in dem Sinne zweckmäßig, daß in ihr die allgemeinen Formen und die besonderen Inhaltsbestimmungen völlig miteinander übereinstimmen und sich damit zugleich dem sittlichen Zwecke unterordnen, so erscheint der g ö t t l i c h e G e i s t als die Vernunft, welche mit ihren Formen zugleich den Inhalt erzeugt und in diesem Inhalte ihre eigene Lebensordnung verwirklicht, — als i n t e l l e k t u e l l e A n s c h a u u n g oder i n t u i t i v e r V e r s t a n d [42]). In diesem Begriffe laufen die Ideen der drei Kritiken zusammen.

2. Kapitel. Die Entwicklung des Idealismus.

Die Ausbildung der von Kant gewonnenen Prinzipien zu den umfassenden Systemen der deutschen Philosophie vollzog sich unter der Zusammenwirkung sehr verschiedenartiger Umstände. In äußerer Hinsicht wurde es zunächst von Bedeutung, daß der Kritizismus, nachdem er anfänglich das Geschick der Nichtbeachtung und des Mißverständnisses erlebt hatte, zuerst von den führenden Geistern der Universität J e n a auf den Schild erhoben und zum Mittelpunkt einer glänzenden akademischen Lehrtätigkeit gemacht wurde: darin aber lag der Anlaß dazu, die Fundamente, welche Kant durch seine sorgsame Scheidung und feine Anordnung der philosophischen Probleme gelegt hatte, zu einem einheitlichen und eindrucksvollen L e h r s y s t e m auszubauen. Der Systemtrieb hat das philosophische Denken zu keiner Zeit so energisch beherrscht wie zu dieser, und ein gut Teil der Schuld daran hatte das Begehren einer in hoher und vielseitiger Erregung begriffenen Zuhörerschaft, die von dem Lehrer eine geschlossene wissenschaftliche Weltanschauung verlangte.

In Jena aber befand sich die Philosophie dicht neben W e i m a r, der Residenz Goethes und der literarischen Hauptstadt von Deutschland. In stetiger persönlicher

---

[42]) Krit. d. Urt., § 77. Vgl. G. THIELE, Kants intellektuelle Anschauung. Halle 1876.

Berührung regten sich hier D i c h t u n g　u n d　P h i l o s o p h i e gegenseitig an, und seitdem S c h i l l e r die gedankliche Verbindung zwischen beiden hergestellt hatte, griffen sie mit ihrer rapiden Vorwärtsbewegung immer inniger und tiefer ineinander.

Ein drittes Moment ist rein philosophischer Natur. Ein folgenreiches Zusammentreffen wollte es, daß gerade zu der Zeit, wo die Vernunftkritik des „alles zermalmenden" Königsbergers sich Bahn zu brechen anfing, in Deutschland das festest gefügte und wirkungsvollste aller metaphysischen Systeme, der Typus des „Dogmatismus", bekannt wurde: der S p i n o z i s m u s. Durch den Streit zwischen Jacobi und Mendelssohn, der sich auf Lessings Stellung zu Spinoza bezog, war des letzteren Lehre eben in das lebhafteste Interesse gerückt, und so wurden bei dem tiefen Gegensatz, der zwischen beiden waltet, Kant und Spinoza die beiden Pole, um welche sich das Denken der folgenden Generation bewegte.

Das Vorwiegen des kantischen Einflusses läßt sich nun aber hauptsächlich darin erkennen, daß der gemeinsame Charakter aller dieser Systeme der I d e a l i s m u s ist[43]): sie entwickeln sich sämtlich aus den antagonistischen Gedankenmächten, die in Kants Behandlung des D i n g - a n - s i c h - B e g r i f f e s miteinander verschlungen waren. Nach kurzer Zeit kritischen Zögerns übernahmen F i c h t e, S c h e l l i n g und H e g e l die Führung, um die Welt restlos als ein S y s t e m d e r　V e r n u n f t zu begreifen. Der kühnen Energie ihrer metaphysischen Spekulation, die von zahlreichen Schülern zu bunter Mannigfaltigkeit ausgebreitet wurde, tritt in Männern wie S c h l e i e r m a c h e r und H e r b a r t die kantische Erinnerung an die Grenzen der menschlichen Erkenntnis gegenüber: während anderseits dasselbe Motiv sich teils in mystischer Dichtung wie bei J a c o b i und später bei F i c h t e, teils in den Bildungen einer M e t a p h y s i k　d e s　I r r a t i o n a l e n durch S c h e l l i n g s spätere Lehre und bei S c h o p e n h a u e r entfaltete.

Gemeinsam aber ist allen diesen Systemen die Allseitigkeit des philosophischen Interesses, der Reichtum an schöpferischen Gedanken, die Feinfühligkeit für die Bedürfnisse der modernen Bildung und die siegreiche Kraft einer prinzipiellen Durcharbeitung des historischen Ideenstoffes.

Die Kritik der reinen Vernunft fand anfangs wenig Beachtung, später heftige Gegnerschaft. Den bedeutendsten Anstoß dazu gab Friedrich Heinrich J a c o b i (1743 bis 1819, der Jugendfreund Goethes, eine typische Persönlichkeit für die Entwicklung des deutschen Gefühlslebens aus der Zeit von Sturm und Drang bis in die der Romantik, der Hauptvertreter des Prinzips der religiösen Sentimentalität, zuletzt Präsident der Münchener Akademie). Seine Hauptschrift führt den Titel: „David Hume über den Glauben, oder Idealismus und Realismus" (1787); dazu die Abhandlung „Über das Unternehmen des Kritizismus, die Vernunft zu Verstande zu bringen" (1802). Die Schrift „Von den göttlichen

---

43) Es sei hier von vornherein bemerkt, daß nicht nur die Hauptreihe der Entwicklung von Reinhold zu Fichte, Schelling, Krause, Schleiermacher und Hegel idealistisch ist, sondern auch die ihr gewöhnlich gegenübergestellten Herbart und Schopenhauer, — sofern man nämlich unter „Idealismus" die Auflösung der Erfahrungswelt in Bewußtseinsprozesse versteht. Herbart und Schopenhauer sind in demselben Maße „Idealisten" wie Kant; sie statuieren Dinge-an-sich, aber die sinnliche Welt ist auch ihnen ein „Bewußtseinsphänomen". Bei Schopenhauer pflegt dies auch beachtet zu werden. Bei Herbart dagegen hat der Umstand, daß er die Dinge-an-sich R e a l e nannte, in Verbindung mit der Tatsache, daß er aus ganz andern Gründen der Fichte-Hegelschen Richtung Opposition machte, zu der durchaus schiefen und irreführenden, durch alle bisherigen Darstellungen der Geschichte der Philosophie laufenden Ausdrucksweise geführt, seine Lehre als „Realismus" und ihn im Gegensatz zu den „Idealisten" als „Realisten" zu bezeichnen.

Dingen und ihrer Offenbarung" (1811) ist gegen Schelling gerichtet. Vgl. auch seine Ein-
leitung in die philosophischen Schriften im zweiten Bande der Gesamtausgabe (6 Bde.,
Leipzg 1812—1825). Über seine Lehre FR. HARMS (Berlin 1876), FR. ALFR. SCHMID
(Heidelberg 1908). Sein Hauptschüler war F r. K ö p p e n (1775—1858); Darstellung des
Wesens der Philosophie, Nürnberg 1810; vgl. über ihn den Art. K. von W. WINDELBAND
in Erschs und Grubers Encyklopädie).

Ferner sind als Gegner Kants zu nennen Gottlob Ernst S c h u l z e (1761—1823), der
Verfasser der anonymen Schrift „Aenesidemus oder über die Fundamente der Elementarphilosophie" (1792, Neudruck 1911) und e:ner „Kritik der theoretischen Philosophie"
(Hamburg 1801); J. G. H a m a n n (vgl. oben § 36, 7), dessen „Rezension" der Kritik erst
1801 in Reinholds Beiträgen gedruckt wurde, und G. H e r d e r in seiner Schrift „Verstand
und Vernunft, eine Metakritik zur Kritik der reinen Vernunft" (1799), sowie in der
„Kalligone" (1800).

Positiver wirkten in der Entwicklung der kantischen Lehre Jac. Sig. B e c k (1761 bis
1840; Einzig mögl:cher Standpunkt, aus welchem die kritische Philosophie beurteilt werden
muß, Riga 1796; vgl. W. DILTHEY im Arch. f. Gesch. d. Philos., II. 592 ff.) und Salomon
M a i m o n (gest. 1800; Versuch einer Transzendentalphilosophie, 1790; Versuch einer
neuen Logik, 1794; Die Kategorien des Aristoteles, 1794; vgl. J. WITTE, S. M., Berlin 1876,
A. MÖTZNER, Greifswald 1890 und FRIEDRICH KUNTZE, Die Philosophie S. M.s, 1912).

In Jena wurde die kantische Philosophie durch den Professor Erh. S c h m i d eingeführt; ihr Hauptorgan war die seit 1785 unter der Redaktion von Schütz und Hufeland
dort erscheinende „Allgemeine Literaturzeitung". Den meisten Erfolg für d:e Verbreitung
des Kritizismus hatten K. L. R e i n h o l d s zuerst in Wielands „Deutschem Merkur"
(1786) erschienene „Briefe über die kantische Philosophie" (Neudruck 1923 bei Reclam).

Derselbe beginnt auch die Reihe der Umbildungen. Karl Leonh. R e i n h o l d (1758
bis 1823), aus dem Barnabitenkloster in Wien entflohen. 1787 Professor in Jena, von 1794
an in K:el, schrieb „Versuch einer neuen Theorie des menschlichen Vorstellungsvermögens"
(Jena 1789), „Beiträge zur Berichtigung bisheriger Mißverständnisse in der Philosophie"
(1790) und „Das Fundament des philosophischen Wissens" (1791). Er war ein tem-
peramentvoller, aber weng selbständiger Mann; seine Fähigkeit des Anempfindens und
ein gewisses Geschick des Formulierens haben ihn der kantischen Sache große, aber
nicht unbedingte Dienste leisten lassen. Darin besteht die Bedeutung seiner Jenenser
Zeit; später geriet er nach mannigfachem Wechsel seines Standpunkts in Wunderlichkeit
und Vergessenheit. Die in der Jenenser Zeit vorgetragene Lehre gab in großen Zügen eine
oberflächliche systematische Darstellung, die alsbald zum Schulsystem der „Kantianer"
wurde. Die Namen dieser zahlreichen Männer ihrer Vergessenheit zu entreißen, ist nicht
dieses Orts.

Sehr viel feiner, geistreicher und selbständiger hat Kants Ideen Fr. S c h i l l e r verarbeitet. Von seinen philosophischen Abhandlungen sind hauptsächl:ch zu nennen: An-
mut und Würde, 1793; Vom Erhabenen, 1793; Briefe über die ästhetische Erziehung des
Menschen, 1795; Über naive und sentimentalische Dichtung, 1796, dazu die philosophischen
Gedichte wie „Die Künstler", „Ideal und Leben" und der Briefwechsel mit Körner, Goethe
und W. v. Humboldt. Vgl. K. TOMASCHEK, Sch. in seinem Verhältnis zur Wissenschaft,
W:en 1862; K. TWESTEN, Sch. in seinem Verhältnis zur Wissenschaft, Berlin 1863; KUNO
FISCHER, Sch. als Philosoph, 2. Aufl., 1891; FR. UEBERWEG, Sch. als Historiker und
Philosoph, hrsg. von BRASCH, Leipzig 1884; G. GEIL, Sch.s Verhältnis zur kantischen Ethik,
Straßburg 1888; K. GNEISSE, Sch.s Lehre von der ästhetischen Wahrnehmung, Berlin
1893; K. BERGER, Die Entwicklung von Sch.s Ästhetik, Weimar 1893; E. KÜHNEMANN,
Kants und Sch.s Begründung der Ästhet:k, München 1895; DERS., Schiller (München 1905);
K. BERGER, Sch. (München 1904); B. C. ENGEL (Berlin 1908). Außerdem die Abhandlungen
zur Centenarfeier, Kantstudien, X, 2 (1905); W. BÖHM, Schillers Briefe über die ästhetische
Erziehung des Menschen (Halle 1927). Über G o e t h e s philosophische Beziehungen vgl.
K. VORLÄNDER, Kant, Schiller, Goethe (2. Aufl., 1923); H. SIEBECK, G. als Denker (4. Aufl.,
1922); E. A. BOUCKE, G.s Weltanschauung auf historischer Grundlage (1907); Chr.
SCHREMPF, G.s Lebensanschauung (2 Bde., 1905 f.); H. ST. CHAMBERLAIN, G. (1912);
G. SIMMEL, G. (5. Aufl., 1923); F. GUNDOLF, G. (12. Aufl., 1926); H. A. KORFF, Geist
der Goethezeit (I, 1923). Aus der überreichen Faustliteratur FR. TH. VISCHER, G.s Faust
(3. Aufl. mit Anhang von H. FALKENHEIM, Stuttgart 1921; K. BURDACH, Faust und die
Sorge (Deutsche Vierteljahrsschrift, I. 1923), und H. RICKERTS Faustaufsätze (Logos, X,
1921; ds., XIV, 1925; Die Akademie, IV, 1925; Deutsche Vierteljahresfestschrift, III, 1925).

Johann Gottlieb F i c h t e, 1762 zu Rammenau in der Laus:tz geboren, in Schulpforta
und an der Universität Jena gebildet, erhielt, nachdem er manche Schicksale als Hauslehrer durchgemacht hatte und durch seine, zufällig anonym erschienene und allgemein

Kant zugeschriebene Erstlingsarbeit „Kritik aller Offenbarung" (1792) berühmt geworden war, 1794 in Zürich den Ruf als Reinholds Nachfolger auf dem Jenenser Katheder. Nach glänzender Wirksamkeit wurde er 1799 wegen des „Atheismusstreites" (vgl. seine „Appellation an das Publikum" und die „Gerichtliche Verantwortungsschrift"; dazu H. RICKERT, F.s Atheismusstreit, Kantstudien, Bd. IV, S. 137 ff.) entlassen und ging nach Berlin, wo er mit den Romantikern in Verkehr trat. 1805 war er zeitweilig der Universität Erlangen zugewiesen, 1806 ging er nach Königsberg und kehrte dann nach Berlin zurück, wo er im Winter 1807/08 die „Reden an die deutsche Nation" hielt. An der neu errichteten Berliner Universität fungierte er als Professor und als erster gewählter Rektor. Er starb 1814 am Lazarettfieber. Vgl. J. G. F.s Leben und literarischer Briefwechsel, hrsg. von seinem Sohne, Sulzbach 1830 (1862). Wie er sich mit großer Energie aus schwierigen Verhältnissen herausgearbeitet hat, so ist sein ganzes Leben von Tatendurst und Weltverbesserungsbedürfnis erfüllt. Mit den Prinzipien der kantischen Lehre will er das Leben, zunächst das Universitätswesen und das Studententum, reformieren. Als Redner und Prediger findet er den Kern seiner Wirksamkeit. Hochfliegende Pläne, ohne Rücksicht auf das Wirkliche und oft wohl auch ohne genügende Kenntnisse des Gegebenen, bilden den Inhalt seines rastlosen Strebens, in welchem sich die „Philosophie des Willens" verkörpert. Vor allem hat er die Unerschrockenheit und Selbstlosigkeit seines Idealismus in seinen „Reden an die deutsche Nation" bewährt, in denen er mit glühendem Patriotismus sein Volk zur geistigen Einkehr in sich selbst, zur sittlichen Reform und dadurch zur politischen Befreiung aufrief[44]). Die Hauptschriften sind: Grundlage der gesamten Wissenschaftslehre, 1794; Grundriß des Eigentümlichen in der Wissenschaftslehre, 1795; Naturrecht, 1796; Die beiden Einleitungen in die Wissenschaftslehre, 1797; System der Sittenlehre, 1798; Die Bestimmung des Menschen, 1800; Der geschlossene Handelsstaat, 1801; Über das Wesen des Gelehrten, 1805; Grundzüge des gegenwärtigen Zeitalters, 1806; Anweisung zum seligen Leben, 1806; Staatslehre, Vorlesungen, 1813. Werke, 8 Bde., Berlin 1845 f.; Nachgel. Werke, 3 Bde., Bonn 1834; Neudruck 1925. Die sechsbändige Ausgabe der Hauptwerke von F. MEDICUS (1911 ff.) ist neuerdings wertvoll durch z. T. ungedrucktes Material ergänzt. Weitere Materialien bei DANNENBERG (Kantst., 1911); FR. BÜCHSEL (1914); S. BERGER (Marb. Diss., 1908); M. RUNZE (1909) u. a. Kritische Gesamtausgabe des Briefwechsels von H. SCHULZ (1925). Biographisch wertvoll H. SCHULZ, Fichte in vertraulichen Briefen seiner Zeitgenossen (1923). Vgl. J. H. LÖWE, Die Philos. Fichtes, Stuttgart 1862. R. ADAMSON, Fichte, London 1881. G. SCHWABE, F.s und Schopenhauers Lehre vom Willen, Jena 1887. M. CARRIÈRE, F.s Geistesentwicklung, München 1894. E. LASK, Fichtes Idealismus und die Geschichte, Tübingen und Leipzig 1902. W. KABITZ, Studien zu F.s Wissenschaftslehre, Berlin 1902. G. TEMPEL, F.s Stellung zur Kunst, Straßb. 1902. ALFR. SCHMID, F.s Philos. und das Problem ihrer inneren Einheit, Freiburg 1904. X. LÉON, La philosophie de F., Paris 1902. DERS., Fichte contre Schelling, 2. Kongreß für Philos., Genf 1904, p. 294 ff. DERS., F. et son temps, jetzt 3 Bde. (1922 f.). FR. MEDICUS, J. G. F. (Berlin 1905). DERS., F.s Leben, 2. Aufl., 1922. H. HEIMSOETH, F., 1923. E. BERGMANN (1914), E. HIRSCH, F.s Religionsphilosophie (1914); GURWITSCH, F.s System der konkreten Ethik (1924); N. WALLNER, F. als politischer Denker (1926).

Friedrich Wilhelm Joseph S c h e l l i n g, 1775 zu Leonberg (Württemberg) geboren, kam nach seiner Ausbildung in Tübingen 1796 nach Leipzig, wurde 1798 Professor in Jena und 1803 in Würzburg, 1806 in die Münchener Akademie berufen; zeitweilig (1820 bis 1826) an der Erlanger Universität tätig, trat er 1827 in die neu begründete Münchener Universität ein. Von hier folgte er 1841 dem Rufe nach Berlin, wo er seine Lehrtätigkeit bald aufgab. Er starb 1854 in Ragaz. Vgl. Aus Sch.s Leben in Briefen, hrsg. von G. WAITS, Leipzig 1871. In seiner Persönlichkeit überwiegt die kombinative Fähigkeit einer allseitig angeregten Phantasie: Religion und Kunst, Naturwissenschaft und Geschichtsforschung bieten ihm einen reichen Inhalt dar, durch den er die kantisch-fichtesche Systematik sachlich zu beleben und mit vielen andern Interessen in anregenden und fruchtbaren Zusammenhang zu setzen weiß. Aber dadurch erklärt es sich auch, daß er in fortwährender Umbildung seiner Lehre begriffen erscheint, während er selbst in der Grundauffassung von Anfang bis Ende sich gleich zu bleiben meinte. Seine philosophische und schriftstellerische Entwicklung zerfällt in fünf Perioden: 1. Die Naturphilosophie: Ideen zu einer Philos. der Natur, 1797; Von der Weltseele, 1798; Erster Entwurf eines Systems der Naturphilosophie, 1799. — 2. Der ästhetische Idealismus: Der transzendentale Idealismus, 1800; Vorlesungen über die Philosophie der Kunst. — 3. Der absolute Idealismus: Darstellung meines Systems der Philosophie, 1801; Bruno oder über das natürliche und gött-

---

[44]) Hier nicht mehr der Schüler Kants, sondern des geistesverwandten J. H. Pestalozzi (1746—1827). Über ihn vgl. A. STEIN, P. u. d. Kantsche Philosophie (1927) und F. DELEKAT, P. (1927).

liche Prinzip der Dinge, 1802; Vorlesungen über die Methode des akademischen Studiums, 1803. — 4. Die Freiheitslehre: Philosophie und Religion, 1804; Untersuchungen über das Wesen der menschlichen Freiheit, 1809; Denkmal der Schrift Jacobis von den göttlichen Dingen, 1812. — 5. Philosophie der Mythologie und Offenbarung, Vorlesungen im zweiten Teil der Schriften. — Ges. Werke, 14 Bde., Stuttg. und Augsb. 1856—1861. Manuldruck in neuer Anordnung, München 1927 ff. Schriften zur Gesellschaftsphilosophie, ausgewählt von M. SCHRÖTER (Die Herdflamme, XII, 1926). Vgl. über ihn Vorlesungen von K. ROSEN-KRANZ, Danzig 1843; ferner L. NOACK, Sch. und die Philos. der Romantik, Berlin 1859; E. v. HARTMANN, Sch.s positive Philosophie, Berlin 1869; DERS., Sch.s philosophisches System, Leipzig 1897; R. ZIMMERMANN, Sch.s Philosophie der Kunst, Wien 1876; K. FRANTZ, Sch.s positive Philosophie, Cöthen 1879 f.; FR. SCHAPER, Sch.s Philos. der Mythologie und der Offenbarung, Nauen 1893 f.; G. MEHLIS, Sch.s Geschichtsphilosophie, Heidelberg 1907; O. BRAUN, Sch. als Persönlichkeit, Leipzig 1908; G. STEFANSKY, Das hellenisch-deutsche Weltbild (1925); FR. ROSENZWEIG, Das älteste Systemprogramm des deutschen Idealismus. Ein handschriftlicher Fund, Heidelberg 1917; dazu E CASSIRER, Logos, VII und VIII (1918 f.) und W. BÖHM (D. Vierteljahrsschrift, IV, 1926). In der 4. Aufl. von KUNO FISCHERS Sch. ein wertvoller Anhang von H. FALKENHEIM (1923).

Unter den Schelling nahestehenden Denkern mögen hervorgehoben sein: von den R o m a n t i k e r n (vgl. RUD. HAYM, Die romantische Schule, Berlin 1870, 4. Aufl., 1920; RIC. HUCH, Die Blütezeit der Rom., 8. Aufl., 1921; Ausbreitung und Verfall der Rom., 6. Aufl., 1921; OSC. EWALD, Die Probleme der Romantik, Berlin 1904; ERWIN KIRCHER, Die Philosophie der Romantik, Jena 1906; OSC. WALZEL, Deutsche Romantik, 4. Aufl., 1920; S. ELKUSS, Zur Beurteilung der Romantik und zur Kritik ihrer Erforschung, 1918; J. PETERSEN, Die Wesensbestimmung der deutschen Romantik 1926) F r. S c h l e g e l (1772—1829; Charakteristiken und Kritiken im „Athenäum" 1799 f.; Lucinde 1799; Philosophische Vorlesungen aus den Jahren 1804—1806, hrsg. von WINDISCHMANN, 1836 f., Sämtliche Schriften, 15 Bde., Wien 1846) und N o v a l i s (Fr. v. Hardenberg, 1772—1881; über ihn E. HEILBORN, Berlin 1901; W. DILTHEY [in „Erlebnis und Dichtung"]; H. SIMON, Der magische Idealismus, Heidelberg 1906; R. SAMUEL, Die poet. Staats- und Geschichtsauffassung Fr. v. H.s, 1925); auch K. W. S o l g e r (1780—1819, Erwin, 1815; Philosophische Gespräche, 1817; Vorlesungen über Ästhetik, hrsg. von HEYSE, 1829); ferner Lor. O k e n (1779—1851, Lehrbuch der Naturphilosophie, Jena 1809/11; vgl. A. ECKER, L. O., Stuttgart 1880), H. S t e f f e n s (1773—1845, ein Norweger, Grundzüge der philosophischen Naturwissenschaft, 1806), G. H. S c h u b e r t (1780—1860; Ahndungen einer allg. Geschichte des Lebens, 1806 f.); J. J. W a g n e r (1775—1841, System der Idealphilosophie, 1804, Organon der menschlichen Erkenntnis, 1830); Franz B a a d e r (1765 bis 1841; Fermenta cognitionis, 1822 ff.; Spekulative Dogmatik, 1827 ff.; Ges. Schriften mit Biographie, von FR. HOFFMANN hrsg., Leipzig 1851 ff.). E. LIEB, B.s Jugendgeschichte (1926); D. BAUMGARDT, E. v. B. und die philosophische Romantik (1926); K. Chr. Fr. K r a u s e (1781—1832; Entwurf des Systems der Philosophie, 1804; Urbild der Menschheit, 1811; Abr'ß des Systems der Philosophie, 1825; Vorlesungen über das System der Philosophie, 1828; In den letzten Jahrzehnten sind aus dem Nachlaß unerschöpfliche Massen erschienen, hrsg. von P. HOHLFELD und A. WÜNSCHE. Vgl. R. EUCKEN, Zur Erinnerung an K., Leipzig 1881) und J. G ö r r e s (1776—1848), Ges. Schriften (Köln 1926 ff.). Über das Nachleben der romant. Naturphilos. vgl. auch A. BAEUMLERS Einleitung zu J. J. BACHOFEN, Der Mythus von Orient und Okzident (München 1926).

Georg Wilhelm Friedrich H e g e l, Schellings älterer Freund, war 1770 in Stuttgart geboren, studierte in Tübingen, war Hauslehrer in Bern und Frankfurt und begann 1801 seine Lehrtätigkeit in Jena, wo er 1805 außerordentlicher Professor wurde. Nach 1806 wurde er Zeitungsredakteur im Bamberg und 1808 Gymnasialdirektor in Nürnberg. 1816 ging er als Professor nach Heidelberg, 1818 von da nach Berlin, wo er bis zu seinem Tode 1831 als Haupt einer immer glänzender sich ausbreitenden Schule wirkte. Er veröffentlichte außer den Abhandlungen in dem mit Schelling herausgegebenen „kritischen Journal der Philosophie": Phänomenologie des Geistes, 1807; Wissenschaft der Logik, 1812 ff.; Encyklopädie der philosophischen Wissenschaften, 1817; Grundlinien der Philosophie des Rechts, 1821. Seit 1827 waren die „Jahrbücher für wissenschaftliche Kritik" das Organ seiner Schule. Die Werke mit Einschluß der von seinen Schülern redigierten Vorlesungen wurden in 18 Bdn., Berlin 1832 ff., herausgegeben. Mit wesentlichen Verbesserungen neugedruckt von H. GLOCKNER (1927 ff.). Eine Neuausgabe auf Grund der Manuskripte von G. LASSON erscheint in der Philos. Bibl., Hegels Schriften zur Gesellschaftsphilosophie, herausg. von A. BAEUMLER (Die Herdflamme, XI, 1927). H. war eine durchaus lehrhafte und schematisierende Natur. Ein überaus reiches und gründliches Wissen, das auf den historischen Gebieten noch tiefer und umfassender war als auf den naturwissenschaftlichen, ordnet sich bei ihm zu einem großen systematischen Gefüge; Phantasie und praktische Absicht treten in seinem Leben weit hinter dem rein intellektualen Bedürfnis zurück, die Gesamtheit der menschlichen Erkenntnisse als eine historische Notwendigkeit und einen einheitlichen Zusammenhang zu begreifen. Diese didaktische Uniformität tritt auch in seiner Ausbildung der Terminologie im guten wie im schlechten Sinne hervor. Aus der sehr ausgebreiteten Literatur seien genannt: C. ROSENKRANZ, H.s Leben (Berlin 1844) und H. als deutscher Nationalphilosoph (Berlin 1870); H. ULRICI, Über Prinzip und Methode der H.schen Philos. (Leipzig 1841); R. HAYM, H. und seine Zeit (Berlin 1857); J. HUTCHINSON STIRLING, The secret of Hegel (London 1867); K. KÖSTLIN, H. (Tübingen 1870); J. KLAIBER, Hölderlin, Schelling und Hegel in ihren schwäbischen Jugendjahren (Stuttgart 1877); E. CAIRD, H (London 1883); G. MORRIS, H.s philosophy of the state and of h.story (London 1888); P. BARTH, Die Geschichtsphilos. H.s (Leipzig 1890); W. WALLACE, Prolegomena to the study of H.s philosophy (Oxford 1894); J. GRIER HIBBEN, H.s Logic (New York 1902); B. CROCE, Ciò che e vivo e ciò che e morte in H. (deutsch, Heidelberg 1909); H. FALKEN-HEIM, H. (Große Denker, II, 1911); A. BRUNSWIG, H. (1922); H. GLOCKNER, Der Begriff in H.s Philosophie (1924); W. H. STACE, The philos. of H. (London 1924); B. HEIMANN, System und Methode in H.s Philosophie (1927). Vor allem ist KUNO FISCHERs Werk über Hegel, achter Band seiner „Geschichte der neueren Philosophie", hervorzuheben (Neue Auflage mit wertvollen Ergänzungen von H. FALKENHEIM und G. LASSON, Heidelberg 1909). Einen äußerst wertvollen Einblick in H.s Jugendentwicklung gewährt auf Grund der auf der Berline Bibliothek erhaltenen (z. T. von MOLLAT 1893 und NOHL, H.s theologische Jugendschriften 1907 herausgegebenen) Manuskripte; W. DILTHEY (Abhandl. der Berl. Akad., 1906, und Gesammelte Schriften, IV., 1921). Weitere Neuveröffentlichungen im Hegelarchiv 1912 ff. von EHRENBERG und LINK, 1915, und von G. LASSON in der Philosophischen Bibliothek.

Friedrich Ernst Daniel S c h l e i e r m m a c h e r, 1768 in Breslau geboren, auf den Herrnhutischen Erziehungsanstalten zu Niesky und Barby und auf der Universität Halle gebildet, nahm nach Privatstellungen ein Vikariat in Landsberg a. d. W. und 1796 die Funktion als Prediger an der Berliner Charité an. 1802 ging er als Hofprediger nach Stolpe, 1804 als Extraordinarius nach Halle, 1806 wieder nach Berlin, wo er 1809 Prediger an der Dreifaltigkeitskirche und 1810 Professor an der Universität wurde. Beide Ämter verwaltete er, erfolgreich zugleich in der kirchenpolitischen Bewegung (Union) stehend, bis zu seinem Tode 1834. Seine philosophischen Schriften bilden die dritte Abteilung der nach seinem Tode gesammelten Werke (Berlin 1835 ff.). Sie enthält die Vorlesungen über Dialektik, Ästhetik usw.; unter den Schriften sind zu erwähnen: Reden über die Religion an die Ge bildeten unter ihren Verächtern (1799); Monologen (1800); Grundlinien einer Kritik der bisherigen Sittenlehre (1803), Das wichtigste Werk, die Ethik, liegt in der Sammlung in der Redaktion von AL. SCHWEIZER, außerdem in einer Ausgabe von A. TWESTEN (Berlin 1841) vor. Schl.s liebenswürdiges, feinsinnig ausgleichendes Wesen entwickelt sich besonders in den Versuchen, die ästhetische und philosophische Bildung seiner Zeit mit dem religiösen Bewußtsein in Einklang zu setzen. Mit zarter Hand weiß er zwischen beiden gedankliche Fäden herüber und hinüber zu spinnen und den Gegensatz der Anschauungen und Begriffe im Gefühl versöhnend aufzuheben. Vgl. aus Schl.s Leben, in Briefen, hrsg. von L. JONAS und W. DILTHEY, 4 Bde., Berlin 1858—1863; Schleiermacher als Mensch Nach seinen Briefen herausg. von H. MEISNER (1923 f.). — D. SCHENKEL, Schl., Elberfeld 1868; W. DILTHEY, Leben Schl.s, Bd. I, Berlin 1870 und 1922; A. RITSCHL, Schl.s Reden über d. Rel., Bonn 1875; CHR. SIGWART, Zum Gedächtnis Schl.s (Kleine Schriften, I, 221 ff.); F. BACHMANN, Die Entwicklung der Ethik Schl.s, Leipzig 1892; TH. CAMERER, Spinoza und Schleiermacher (Stuttg. 1903); J. WENDLAND, Die religiöse Entwicklung Schl.s, 1915; H. MULERT, Schl., 1918 und GEORG WEHRUNG, Die Dialektik Schl.s, 1920.

Johann Friedrich H e r b a r t, 1776 zu Oldenburg geboren, dort und an der Jenenser Universität gebildet, eine Zeitlang in Bern als Hauslehrer tätig und mit Pestalozzi bekannt, wurde 1802 Privatdozent in Göttingen, war 1809—1833 Professor in Königsberg und kehrte dann als solcher nach Göttingen zurück, wo er 1841 starb. Seine Hauptschriften sind: Hauptpunkte der Metaphysik, 1806; Allgemeine praktische Philosophie, 1808; Einleitung in die Philosophie, 1813; Lehrbuch zur Psychologie, 1816; Psychologie als Wissenschaft, 1824 f. Gesamtausgabe von G. Hartenstein, 12 Bde., Leipzig 1850 ff.; in 15 Bänden von K. Kehrbach, 1882—1909. Die pädagogischen Schriften von O. Willman in 2 Bdn., Leipzig 1873—1875, herausgegeben. H.s philosophische Tätigkeit ist durch begrifflichen Scharfsinn und polemische Energie ausgezeichnet. Für das, was ihm an anschaulicher Fülle und an ästhetischer Beweglichkeit abgeht, entschädigt er durch ernste Gesinnung und eine hohe, ruhig klare Lebensauffassung. Seine streng wissenschaftliche Art hat ihn für geraume Zeit zu einem erfolgreichen Gegner der dialektischen Richtung der Philosophie gemacht.

Vgl. G. HARTENSTEIN, Die Probleme und Grundlehren der allgemeinen Metaphysik (Leipzig 1836); J. KAFTAN, Sollen und Sein (Leipzig 1872); J. CAPESIUS, Die Metaphysik Herbarts (Leipzig 1878); G. A. HENNIG, Joh. Fr. H. (Pädagog. Sammelmappe 62, Leipzig 1884); A. RIMSKY-KORSAKOW, H.s Ontologie (Petersburg 1903); W. KINKEL, J. Fr. H., sein Leben und seine Philos. (Gießen 1903); FR. FRANKE, J. F. H., Grundzüge seiner Lehre (Le pzig 1909).

Arthur S c h o p e n h a u e r, 1788 in Danzig geboren, ging erst spät zum wissenschaftlichen Leben über, studierte in Göttingen und Berlin, promovierte 1813 in Jena mit der Schrift über die vierfache Wurzel des Satzes vom zureichenden Grunde, lebte zeitweilig in Weimar und Dresden, habilitierte sich 1820 in Berlin, zog sich aber, nachdem er in einer mehrfach durch Reisen unterbrochenen Lehrtätigkeit keinen Erfolg gehabt, 1831 in das Privatleben nach Frankfurt a. M. zurück, wo er 1860 starb. Das Hauptwerk ist „Die Welt als Wille und Vorstellung", 1819. Daran schließen sich „Über den Willen in der Natur", 1836; „Die beiden Grundprobleme der Ethik", 1841; endlich „Parerga und Paralipomena", 1851. Gesamtausgabe in 6 Bdn., Leipzig 1873 f., seitdem mehrfach herausgegeben und durch Nachlaß, Briefe usw. vervollständigt, am sorgfältigsten von E. GRISEBACH. Eine neue Ausgabe, von P. DEUSSEN redig ert, seit 1911 im Erscheinen. Neue Ausgabe von O. WEISS, 1919 f. Sch.s eigenartige, widerspruchsvolle Persönlichkeit ist wie seine Lehre am tiefsten von KUNO FISCHER (9. Bd. der Gesch. d. neueren Philos., 3. Aufl., 1908) erfaßt worden. Der eigensinnigen Le denschaftlichkeit seines Charakters paart sich eine geniale Freiheit des Intellekts, die einen großen Reichtum gelehrten Wissens mit glücklicher Kombinationsgabe zu überschauen und zusammenzuschauen vermag, zugleich aber die so gefundene Welt- und Lebensanschauung mit künstlerischer Vollendung zur Darstellung zu bringen weiß. Einer der größten philosophischen Schriftsteller, hat Sch. durch seine Kunst zu formulieren und seine von aller gelehrten Pedanterie freie, an das gebildete Bewußtsein geistreich anknüpfende Sprache die größten Wirkungen ausgeübt. Wenn er sich dabei über seine historische Stellung in der nachkantischen Philosophie täuschte und dadurch in eine fast pathologische Einsamkeit brachte, so hat er doch anderseits vielen Grundgedanken dieser ganzen Entwicklung die glücklichste und wirksamste Form gegeben. Vgl. W. GWINNER, Sch.s Leben, 2. Aufl. (Leipzig 1878, Neudruck 1922); J. FRAUENSTÄDT, Briefe über die Sch.sche Philosophie (Leipzig 1854); R. SEYDEL, Sch.s System (Leipzig 1857); R. HAYM, A. Sch. (Berlin 1864); G. JELLINEK, D e Weltanschauungen Leibniz' und Schopenhauers (Leipzig 1872); W. WALLACE, Sch. (London 1891); R. LEHMANN, Sch., ein Beitrag zur Psychologie der Metaphysik (Berlin 1894); E. GRISEBACH, Sch. (Leipzig 1897); J. VOLKELT, Arth. Sch. (5. Aufl. 1923); G. SIMMEL, Sch. und Nietzsche (3. Aufl., 1923). H. HASSE, Sch., 1926.

Neben der metaphysischen Hauptentwicklung läuft eine p s y c h o l o g i s c h e N e b e n l i n i e, eine Reihe solcher Schulen, welche den Lehren der großen Systeme sich auf dem Wege psychologischer Methode oft eklektisch nähern. So verhält sich zu Kant und Jacobi J. Fr. F r i e s (1773—1843; „Reinhold, Fichte und Schelling", 1803; Wissen, Glaube und Ahndung, 1805; Neue Kritik der Vernunft 1807; Psychische Anthropologie, 1820 f. Vgl. KUNO FISCHER, Die beiden kantischen Schulen in Jena, Akad. Reden, Stuttgart 1862; TH. ELSENHANS, Fries und Kant, Gießen 1906 ff.) — zu Kant und Fichte Wilh. Traug. K r u g (1770—1842; Organon der Philosophie, 1802; Handwörterbuch der philos. Wissenschaften, 1827 ff.) — zu Fichte und Schell ng Friedr. B o u t e r w e k (1766—1866; Apodiktik, 1799; Ästhetik, 1806) — zu Schelling J. P. V. T r o x l e r (1780—1866; Naturlehre des menschlichen Erkennens, 1828) und der bedeutende Physiognomiker K. G. C a r u s (1789—1869). Neudruck Psyche, 1926. Über ihn H. KERN, Die Philos. des K. G. C., 1926) — zu Herbart endlich Fr. B e n e k e (1798—1854; Psychologische Skizzen, 1825 und 1827; Lehrbuch der Psycholog e als Naturwissenschaft, 1832; Metaphysik und Religionsphilosophie, 1840; Die neue Psychologie, 1845; vgl. über ihn FR. B. BRAND, New York 1895, O. GRAMZOW, Bern 1899).

§ 41. Das Ding-an-sich.

Die packende Gewalt, die Kants Philosophie über die Gemüter gewann, verdankte sie[45]) hauptsächlich dem Ernst und der Größe ihrer sittlichen Weltauffassung, der Fortschritt des Denkens jedoch knüpfte sich zunächst an die neue Gestaltung, welche die Prinzipien der Erkenntnistheorie in der Kritik der reinen Vernunft erfahren

[45]) Dies ist namentlich aus REINHOLDs Briefen über die kant. Philos. zu erkennen

hatten. Kant übernahm den Gegensatz von Phaenomena und Noumena aus der früheren Philosophie: aber er erweiterte durch die transzendentale Analytik das Reich der Erscheinungen zu dem ganzen Umfange wissenschaftlicher Erkenntnis, und das Ding-an-sich blieb nur als ein problematischer Begriff bestehen, wie ein rudimentäres Organ, das zwar für die historische Genesis dieser Erkenntnistheorie charakteristisch sein mochte, aber keine lebendige Funktion darin ausübte.

1. Dies hat zuerst J a c o b i gesehen, wenn er bekannte, daß man ohne Voraussetzung des Realismus nicht in das kantische System hineinkommen und mit derselben nicht darin bleiben könne[46]): denn der anfänglich eingeführte Begriff der Sinnlichkeit involviere das Kausalverhältnis des Affiziertwerdens durch Dinge-an-sich, welches nach der Lehre der Analytik, daß Kategorien nicht auf Dinge-an-sich angewendet werden dürfen, zu denken verboten sei. In diesem Widerspruch, Dinge-an-sich denken zu wollen und doch nicht denken zu dürfen, bewegt sich die ganze Vernunftkritik: und dabei hilft diese widerspruchsvolle Annahme nicht einmal dazu, der Erkenntnis der Erscheinungen auch nur die geringste Beziehung auf Wahrheit zu gewähren. Denn nach Kant stellte die Seele vor „nicht sich selbst noch andere Dinge, sondern solches einzig und allein, was weder sie selbst ist noch was andere Dinge sind"[47]). Das Erkenntnisvermögen schwebt zwischen einem problematischen X des Subjekts und einem gleich problematischen X des Objekts. Die Sinnlichkeit hat nichts hinter sich und der Verstand nichts vor sich: „in einem zwiefachen Hexenrauche, Raum und Zeit genannt, spuken Erscheinungen, in denen nichts erscheint"[48]). Nimmt man Dinge an, so lehrt Kant, daß die Erkenntnis damit nicht das geringste zu tun habe. Die kritische Vernunft ist eine um lauter Nichts, d. h. nur um sich selbst geschäftige Vernunft. Will deshalb der Kritizismus nicht dem Nihilismus oder absoluten Skeptizismus verfallen, so muß der transzendentale Idealist den Mut haben, den „stärksten" Idealismus zu behaupten[49]): er muß erklären, daß nur die Erscheinungen sind.

In der Behauptung, was Kant den Gegenstand der Erkenntnis nennt, sei in Wahrheit „nichts", steckt nun eben als Voraussetzung derselbe naive Realismus, dessen Zerstörung die große Leistung der transzendentalen Analytik war: und ebenderselbe Realismus bestimmt denn auch die Erkenntnistheorie des G l a u b e n s, welche Jacobi „der transzendentalen Unwissenheit", nicht ohne durchweg von ihr abhängig zu sein, entgegenstellt. Alle Wahrheit ist Erkenntnis des Wirklichen; das Wirkliche aber macht sich im menschlichen Bewußtsein nicht durch das Denken, sondern durch das Gefühl geltend: gerade Kants Beispiel beweise, daß das Denken allein sich in einem Kreise bewege, aus dem es keinen Zugang zur Wirklichkeit gibt, in einer endlosen Reihe des Bedingten, worin kein Unbedingtes zu finden ist. Das Grundgesetz der Kausalität läßt sich ja geradezu formulieren: es gibt nichts Unbedingtes. Das W i s s e n also oder das demonstrierbare Denken ist seinem Wesen nach, wie Jacobi sagt, Spinozismus, Lehre von der mechanischen Notwendigkeit alles Endlichen: und es ist das Interesse der Wissenschaft, daß kein Gott sei, — ja,

---

[46]) JACOBI, W., II, 304.
[47]) Allwill, XV; W., I., 121
[48]) W., III, 111 f.
[49]) W., II, 310.

ein Gott, der gewußt werden könnte, wäre gar kein Gott[50]). Auch wer im Herzen ein Christ ist, muß im Kopf ein Heide sein: sowie er das Licht, das im Herzen ist, in den Verstand bringen will, erlischt es[51]). Aber dies Wissen ist eben auch nur ein m i t t e l b a r e s Erkennen; das wahre u n m i t t e l b a r e E r k e n n e n ist das G e f ü h l : in diesem sind wir mit dem Gegenstande wahrhaft eins[52]) und besitzen ihn wie uns selbst in der Gewißheit beweislosen G l a u b e n s[53]). Dies Gefühl ist aber seinen Gegenständen nach doppelter Art: die Wirklichkeit des Sinnlichen offenbart sich uns in der W a h r n e h m u n g , die des Übersinnlichen in der „V e r - n u n f t". Für Jacobis s u p r a n a t u r a l e n S e n s u a l i s m u s bedeutet also „Vernunft" das unmittelbare Gefühl von der Wirklichkeit des Übersinnlichen, von Gott, Freiheit, Sittlichkeit und Unsterblichkeit. In dieser Verschränkung kehren Kants Dualismus von theoretischer und praktischer Vernunft und der Primat der letzteren bei Jacobi[54]) wieder, um in den Dienst einer mystischen Überschwänglichkeit des Gefühls gestellt zu werden, die sich auch in der Eigenart seiner warmen, geistreichen, aber rhapsodischen und mehr behauptenden als begründenden Schreibweise zu erkennen gibt.

Noch etwas näher an Kant gerückt erscheint dieselbe Grundauffassung bei Fries. Dieser forderte, daß die von der kritischen Philosophie angestrebte Erkenntnis der apriorischen Formen selbst *a posteriori,* und zwar durch i n n e r e E r f a h r u n g von statten gehen solle. Deshalb müßten Kants Resultate durch eine „anthropologische" Kritik begründet oder richtiggestellt werden. Dies beruhte auf der Überzeugung, daß die unmittelbaren, eigenen Erkenntnisse der Vernunft ursprünglich dunkel durch das Gefühl gegeben seien[55]) und erst durch die R e f l e x i o n in Verstandeswissen verwandelt werden. Dieser Leibnizsche Rumpf der Friesschen Lehre endigt jedoch in den kritizistischen Schwanz, indem die Anschauungs- und Begriffsformen jene Reflexion nur als ein Ausdruck der Erscheinungsweise des ursprünglichen Wahrheitsinhaltes, nicht als eine adäquate Erkenntnis davon gelten sollen: anderseits erhielt jener Rumpf einen Kant-Jacobischen Kopf, wenn der Beschränkung des W i s s e n s auf diese Erscheinungsformen die unmittelbare Beziehung des moralischen G l a u b e n s auf Dinge-an-sich gegenübergestellt wurde. Zugleich aber schrieb Fries — mit entschiedenem Anschluß an die Kritik der Urteilskraft — dem ästhetischen und religiösen Gefühl die Bedeutung einer A h n u n g („Ahndung") dafür zu, daß das den Erscheinungen zugrunde liegende Sein eben dasjenige sei, worauf sich die praktische Vernunft mit ihren Postulaten bezieht.

2. Die von Jacobi scharf erkannte Unhaltbarkeit des kantischen Ding-an-sich-Begriffs trat gewissermaßen handgreiflich hervor, als R e i n h o l d in seiner E l e m e n t a r p h i l o s o p h i e den Versuch einer einheitlich systematischen Darstellung der kritischen Lehre machte. Er vermißt an dem bewunderten Kant, dessen Lösungen der einzelnen Probleme er sich durchaus zu eigen machte, nur die For-

[50]) W., III, 384.
[51]) An HAMANN; I, 367.
[52]) W., II, 175.
[53]) HUMES Begriff des *belief* und seine Unterscheidung von Impressionen und Ideen (hier Vorstellungen genannt) erfahren dabei eine merkwürdige Umbildung.
[54]) W., III, 351 ff.
[55]) FRIES, Neue Kritik, I, 206.

mulierung eines einfachen Grundprinzips, aus dem alle besonderen Einsichten abzuleiten wären. Durch die Erfüllung dieser (cartesianischen) Forderung[56]) würde
endlich an Stelle der widerstreitenden Privatmeinungen d i e Philosophie, die Philosophie ohne Beinamen treten. Er selbst glaubte dies Prinzip in dem vermeintlich
ganz voraussetzungslosen Grundsatz gefunden zu haben, daß im Bewußtsein jede
Vorstellung durch das Bewußtsein von dem Subjekt und dem Objekt unterschieden
und auf beide bezogen wird (S a t z   d e s   B e w u ß t s e i n s)[57]). Daher steckt in
jeder Vorstellung etwas, was zum Subjekt, und etwas, was zum Objekt gehört. Aus
dem Objekt stammt die Mannigfaltigkeit des S t o f f s, aus dem Subjekt die synthetische Einheit der F o r m. Hieraus folgt, daß weder das Objekt an sich, noch das
Subjekt an sich, sondern nur die zwischen beiden schwebende Bewußtseinswelt
erkennbar ist; hieraus ergibt sich weiter in praktischer Hinsicht der Gegensatz des
(sinnlichen) S t o f f t r i e b e s und des (sittlichen) F o r m t r i e b e s: im ersteren
ist die Heteronomie der Abhängigkeit des Willens vom Dinge, im zweiten die
Autonomie des auf die formale Gesetzmäßigkeit gerichteten Willens zu erkennen.
     In dieser plumpen Gestalt hat die k a n t i s c h e   S c h u l e die Lehre des Meisters
fortgepflanzt: die ganze Feinheit und der Tiefsinn der Analytik des „Gegenstandes"
war verlorengegangen, und einen Ersatz dafür bot nur Reinholds Bestreben, im
„Vorstellungsvermögen" oder „Bewußtsein" die tiefere Einheit aller der verschiedenen Erkenntniskräfte zu finden, die Kant als Sinnlichkeit, Verstand, Urteilskraft,
Vernunft voneinander gesondert hatte. Insofern kam die „Fundamentalphilosophie"
mit einer positiven Hypothese den Einwürfen entgegen, auf welche bei vielen Zeitgenossen in der kantischen Lehre gerade die scharfe T r e n n u n g   d e r   S i n n -
l i c h k e i t   u n d   d e s   V e r s t a n d e s stieß. Diese trat in der durch die Nachwirkung der Inauguraldissertation bestimmten Darstellung (vgl. S. 462, Anm. 10)
stärker hervor, als es der Geist der Vernunftkritik verlangte, und wurde zugleich
durch den praktischen Dualismus noch fühlbarer. So wurde die Tendenz wach-
gerufen, die Sinnlichkeit Kant gegenüber wieder in ihre Rechte einzusetzen, und die
Leibnizsche Lehre von dem allmählichen Übergange aus den sinnlichen Funktionen
in die vernünftigen erwies sich als die Quelle einer kräftigen Gegenströmung gegen
Kants mehr scheinbare als ernstliche „Zerstückelung" der Seele. Gegen die Kritik
der reinen Vernunft machte dies H a m a n n in seiner Rezension und im Anschluß
an ihn H e r d e r in der „Metakritik" geltend. Beide nehmen dabei hauptsächlich
auf die Sprache als das einheitliche sinnlich-geistige Grundgebilde der Vernunft
Rücksicht und suchen zu zeigen, wie aus der ersten „Spaltung" von Sinnlichkeit und
Verstand alle die andern Spaltungen und Dualismen der kritischen Philosophie
folgen mußten[58]).

     3. Die Blößen des Reinholdschen Systems konnten den Skeptikern nicht entgehen,
aber deren Angriffe trafen zugleich Kant selbst. Am wirkungsvollsten sind sie in
Schulzes A e n e s i d e m u s vereinigt. Er zeigt die Selbstverstrickung der kritischen

---

[56]) REINHOLD, Beiträge, I, 91 ff.
[57]) Neue Theorie des Vorst., S. 201 ff.
[58]) HERDER, Metakritik, 14, III. Werke in 40 Bdn., XXXVII, 333 ff. Übrigens war auch
dieser Gedanke, als ihn Herder in der Metakritik, einem törichten Machwerk persönlicher
Gereiztheit, vortrug, längst ein positiv treibendes Moment der Entwicklung, vgl. unten
§ 42, 2.

Methode darin, daß sie sich eine Aufgabe stellt, deren Lösung ihren eigenen Resultaten nach unmöglich ist. Denn wenn die Kritik die Bedingungen sucht, welche
der Erfahrung zugrunde liegen, so sind diese Bedingungen doch nicht selbst Gegenstände der Erfahrung (eine Auffassung, die sicher Kants Sinne mehr entsprach, als
Fries' Versuch einer psychologischen Aufsuchung des Apriori): die kritische Methode
verlangt also, die philosophische Erkenntnis, die doch jedenfalls ein Denken in
Kategorien sein muß, solle über die Erfahrung hinausgehen; und eben dies erklärt
die Analytik für unerlaubt. In der Tat ist die „Vernunft" und ist jede einzelne der
Erkenntniskräfte, wie Sinnlichkeit, Verstand usw., ein Ding-an-sich, ein unwahr-
nehmbarer Grund der empirischen Tätigkeiten in der betreffenden Erkenntnisart:
und von allen diesen Dingen-an-sich und ihren Verhältnissen zueinander und zur
Erfahrung bietet die kritische Philosophie — die Metaphysik des Wissens — eine
sehr ausführliche Kenntnis. Freilich ist diese Kenntnis, genau besehen, sehr gering:
denn solch ein „Vermögen" ist doch schließlich nur als unbekannte Gesamtursache
empirischer Funktionen gedacht und nur durch eben diese Wirkungen zu charakterisieren.

Der „Aenesidemus" entwickelt diese Kritik an Reinholds Begriff des „Vorstellungsvermögens"[59]): er zeigt, daß man gar nichts erklärt, wenn man den Inhalt des zu
Erklärenden mit der problematischen Marke „Kraft" oder „Vermögen" versehen
noch einmal setzt. Schulze wendete sich damit gegen die von den empirischen
Psychologen der Aufklärung ziemlich gedankenlos angewendete „Vermögenstheorie".
Nur in deskriptiver Absicht kann es einen Sinn haben, gleichartige Erscheinungen
des Seelenlebens unter einem Gattungsbegriffe zusammenzufassen: diesen Begriff
aber zu einem metaphysischen Kraftwesen zu hypostasieren, das ist eine „mythologische" Behandlung der Psychologie. Unter diesem Stichwort hat Herbart[60]) die
Kritik Schulzes auf die gesamte frühere psychologische Theorie ausgedehnt, und
auch Beneke[61]) sah in der Aufhebung desselben Begriffs den wesentlichen Fortschritt
zur Naturwissenschaft von der Seele, d. h. der Assoziationspsychologie.

Für Schulze ist dies nur eins der Momente, um zu beweisen, daß die kritische
Philosophie, während sie Hume gegenüber die Berechtigung des Kausalbegriff darzutun beabsichtigt, diese aber auf die Erfahrung beschränken will, doch überall
die Voraussetzung eines Kausalverhältnisses zwischen der Erfahrung und dem, was
ihr „zu Grunde liege", macht. Dahin gehört natürlich auch der schon von Jacobi
dargelegte Widerspruch im Begriffe des Dinges-an-sich, sofern dadurch die „Sinnlichkeit" affiziert werden soll. So ist denn jeder Versuch der Kritik der reinen
Vernunft, über den Umkreis der Erfahrung auch nur problematisch hinauszugehen,
durch sie selbst von vornherein gerichtet[62]).

4. Der erste Versuch zur Umbildung des in seiner kantischen Fassung unhaltbaren

---

[59]) Aenesid., S. 98.
[60]) HERBART, Lehrb. z. Psych., § 3. W. V, 8 und sonst.
[61]) BENEKE, Neue Psych., S. 34 ff.
[62]) Mit bündigster Zusammenfassung hat der Autor des Aenesidemus in seiner „Kritik
der theoretischen Philosophie" (II, 549 ff.) die Gedanken seiner Polemik wiederholt —
einem Werke übrigens, das nicht nur eine der bis auf den heutigen Tag besten Analysen
der Kr. d. r. Vern. (I, 172—582), sondern auch eine von tiefem historischen Verständnis
(vgl. über das Verhältnis zu Leibniz, II, 127 ff.) getragene Kritik derselben (II, 126—722)
enthält.

Ding-an-sich-Begriffes ging von Salomon M a i m o n aus. Er sah ein, daß die Annahme einer außerhalb des Bewußtseins zu setzenden Realität einen Widerspruch
involviert. Was gedacht wird, ist im Bewußtsein: etwas außerhalb des Bewußtseins
zu denken, ist so imaginär wie mathematisch das Verlangen, $\sqrt{-a}$ als eine reale
Größe zu betrachten. Das D i n g - a n - s i c h ist e i n u n m ö g l i c h e r B e g r i f f.
Aber was war die Veranlassung, ihn zu bilden? Sie lag in dem Bedürfnis, das
G e g e b e n e im Bewußtsein zu erklären[63]). Es begegnet uns nämlich in unseren
Vorstellungen der Gegensatz der Form, die wir selbst erzeugen und zu erzeugen
uns bewußt sind, und des Stoffs, den wir nur in uns vorfinden, ohne zu wissen,
wie wir dazu kommen. Von den Formen haben wir also ein v o l l s t ä n d i g e s,
von dem Stoffe dagegen nur ein u n v o l l s t ä n d i g e s B e w u ß t s e i n : er ist
etwas, was im Bewußtsein ist, ohne mit Bewußtsein hervorgebracht zu sein. Da
aber nichts außerhalb des Bewußtseins denkbar ist, so kann das Gegebene nur durch
den niedrigsten Grad der Vollständigkeit des Bewußtseins definiert werden. Das
Bewußtsein kann durch unendlich viele Zwischenstufen bis zum Nichts abnehmend
gedacht werden, und die Vorstellung der Grenze dieser unendlichen Reihe (vergleich-
bar der $\sqrt{2}$) ist diejenige des Nur-Gegebenen, des Dinges-an-sich. Dinge-an-sich sind
deshalb, wie Maimon mit direkter Erinnerung an Leibniz — *petites perceptions*,
vgl. § 31, 11 — sagt, D i f f e r e n t i a l e d e s B e w u ß t s e i n s[64]). Das Ding-an-sich
ist der Grenzbegriff für die unendliche Reihe der Abnahme des vollständigen Bewußtseins: eine i r r a t i o n a l e Größe. Die Konsequenz dieser Grundannahme ist
bei Maimon die, daß es vom Gegebenen, wie nur ein unvollständiges Bewußtsein,
so auch immer nur eine unvollständige Erkenntnis geben kann[65]), und daß die
vollständige Erkenntnis auf das Wissen von den autonomen Formen des theoretischen Bewußtseins beschränkt ist, auf Mathematik und Logik. In der Achtung vor
diesen beiden demonstrativen Wissenschaften kommt Maimons kritischer Skeptizismus mit Hume überein: hinsichtlich der Erkenntnis des empirisch Gegebenen gehen
sie diametral auseinander.

Damit aber war klar geworden, daß die Untersuchungen der Kritik der reinen
Vernunft eine neue Fassung des V e r h ä l t n i s s e s v o n B e w u ß t s e i n u n d
S e i n verlangten. S e i n i s t n u r i m B e w u ß t s e i n, n u r a l s e i n e A r t d e s
B e w u ß t s e i n s zu denken. So beginnt sich die Prophezeiung Jacobis zu erfüllen:
Kants Lehre drängt zum „stärksten Idealismus" hin.

Man sieht das an einem Schüler, der in den nächsten Beziehungen zu Kant selbst
stand, an Sigismund B e c k. Er fand[66]) den „einzig möglichen Standpunkt", aus
welchem die kritische Philosophie zu beurteilen ist, darin, daß das für das individuelle
Bewußtsein als „Gegenstand" Gegebene zum Inhalt eines „u r s p r ü n g l i c h e n"
überindividuellen[67]) und deshalb für die Wahrheit des empirischen Erkennens maßgebenden Bewußtseins erhoben werde. An Stelle der Dinge-an-sich setzte er Kants
„Bewußtsein überhaupt". Aber er erklärte sich auf diese Weise die Apriorität der

---

[63]) MAIMON, Transzendentalphilos., S. 419 f.

[64]) Ibid., 27 ff.

[65]) Man vergleiche die Zufälligkeit der Welt bei Leibniz und die Spezifikation der
Natur bei Kant, § 31, 11, und 40, 7.

[66]) 3. Bd. seines „Erläuternden Auszugs" aus Kants Schriften. Riga 1796.

[67]) Ibid., S. 120 ff.

Anschauungen und der Kategorien: das Gegebene der sinnlichen Mannigfaltigkeit dagegen blieb auch für ihn der ungelöste Rest des kantischen Problems.

5. Die volle idealistische Zersetzung des Ding-an-sich-Begriffes ist das Werk F i c h t e s. Man versteht es nach dieser Seite am besten, wenn man dem Gedankengange seiner Einleitungen in die Wissenschaftslehre[68]) folgt, der sich in freier Wiedergabe direkt an den schwierigsten Teil der kantischen Lehre, die transzendentale Deduktion, anlehnt und in vollendeter Klarheit den Höhepunkt der hier betrachteten Gedankenbewegung beleuchtet.

Das Fundamentalproblem der Philosophie — oder, wie Fichte sie eben deshalb deutsch benennt, der W i s s e n s c h a f t s l e h r e — ist durch die Tatsache gegeben, daß der willkürlichen und zufälligen Beweglichkeit der Vorstellungen des individuellen Bewußtseins gegenüber ein anderer Teil darin sich behauptet, welcher mit einem ganz sicher unterscheidbaren G e f ü h l d e r N o t w e n d i g k e i t behaftet ist. Diese Notwendigkeit begreiflich zu machen, ist die vornehmste Aufgabe der Wissenschaftslehre. Wir nennen das System jener mit dem Gefühl der Notwendigkeit auftretenden Vorstellungen die Erfahrung; das Problem lautet also: was ist der Grund der Erfahrung? Zu seiner Lösung gibt es nur zwei Wege. Die Erfahrung ist eine auf Gegenstände gerichtete Tätigkeit des Bewußtseins: sie kann daher nur entweder von den Dingen oder vom Bewußtsein abgeleitet werden. In dem einen Falle ist die Erklärung dogmatisch, in dem andern idealistisch. Der D o g m a t i s m u s betrachtet das Bewußtsein als ein Produkt der Dinge, er führt auch die Tätigkeiten der Intelligenz auf die mechanische Notwendigkeit der Kausalverhältnisse zurück, er kann deshalb, konsequent gedacht, nicht anders als fatalistisch und materialistisch endigen. Der I d e a l i s m u s umgekehrt sieht in den Dingen ein Erzeugnis des Bewußtseins, der freien, nur durch sich selbst bestimmten Funktion, er ist das System der Freiheit und der Tat. Diese beiden Erklärungsweisen, von denen jede in sich folgerichtig ist, sind so sehr im durchgängigen Widerspruch zueinander und so unvereinbar, daß Fichte den Reinholdschen Versuch des S y n k r e t i s m u s, die Erfahrung durch eine Abhängigkeit sowohl von den Dingen-an-sich als auch von der Vernunft begreiflich zu machen, von vornherein für verfehlt hält. Zwischen ihnen muß, wenn man nicht der skeptischen Verzweiflung anheimfallen will, gewählt werden.

Diese Wahl wird nun, da beide sich logisch als gleich folgerichtige Systeme darstellen, zunächst davon abhängen, „was man für ein Mensch ist"[69]); aber wenn in dieser Rücksicht schon das sittliche Interesse für den Idealismus spricht, so kommt ihm noch eine theoretische Überlegung zu Hilfe. Die Tatsache der Erfahrung besteht in dem stetigen Aufeinanderbezogensein des „S e i n s" und des „B e w u ß t s e i n s", darin, daß die „r e e l l e R e i h e" der Gegenstände in der „i d e a l e n" R e i h e der Vorstellungen angeschaut wird[70]). Diese Doppelheit kann der Dogmatismus nicht erklären: denn die Kausalität der Dinge ist nur eine einfache Reihe (des „bloßen

---

[68]) FICHTEs W., I, 419 ff.

[69]) Ibd., I, 434.

[70]) Wenn der Gegensatz von Dogmatismus und Idealismus auf den kantischen von Natur und Freiheit zurückweist, wobei übrigens auch schon das System der Notwendigkeit der Dinge stark spinozistisch gezeichnet erscheint, so macht sich in diesem Verhältnis der beiden Reihen zuerst die systematische Einwirkung von Spinozas Lehre über die beiden Attribute geltend.

Gesetztseins"). Die Wiederholung des Seins im Bewußtsein ist unbegreiflich, wenn das Sein als Erklärungsgrund für das Bewußtsein gelten soll. Dagegen gehört es gerade zum W e s e n d e r I n t e l l i g e n z, „s i c h s e l b s t z u z u s e h e n". In- dem das Bewußtsein handelt, weiß es auch, daß und was es tut: es erzeugt mit der reellen (primären) Reihe seiner Funktionen immer zugleich die ideale (sekundäre) Reihe des Wissens von diesen Funktionen. Wenn aber deshalb das Bewußtsein den einzigen Erklärungsgrund für die Erfahrung abgibt, so leistet es dies nur insofern, als es die sich selbst anschauende, in sich selbst reflektierte Tätigkeit ist, d. h. als S e l b s t b e w u ß t s e i n. Die Wissenschaftslehre sucht deshalb zu zeigen, daß alles Bewußtsein, auch wenn es, wie in der Erfahrung, auf ein Sein, auf Gegenstände, auf Dinge als auf seinen Inhalt gerichtet ist, in der ursprünglichen Beziehung des Bewußtseins auf sich selbst wurzelt.

Das Prinzip des Idealismus ist das Selbstbewußtsein: in subjektiver, methodischer Hinsicht insofern, als die Wissenschaftslehre alle ihre Einsichten nur aus der i n- t e l l e k t u e l l e n A n s c h a u u n g entwickeln will, womit das Bewußtsein seine eigenen Tätigkeiten begleitet, aus der R e f l e x i o n auf das, was das Bewußtsein von seinem eigenen Tun weiß, — in objektiver, systematischer Hinsicht insofern, als auf solchem Wege diejenigen Funktionen der Intelligenz aufgewiesen werden sollen, wodurch das erzeugt wird, was im gemeinen Leben Ding und Gegenstand und in der dogmatischen Philosophie Ding-an-sich genannt wird. Der letztere, in sich durchaus widerspruchsvolle Begriff ist damit bis auf den letzten Rest aufgelöst; alles Sein ist nur begreiflich als Produkt der Vernunft, und der Gegenstand der philosophischen Erkenntnis ist das S y s t e m d e r V e r n u n f t (vgl. § 42).

Für Fichte und seine Nachfolger wurde so der Begriff des Dinges-an-sich gleich- gültig, und der alte Gegensatz zwischen Sein und Bewußtsein sank zu der sekundären Bedeutung einer immanenten Beziehung innerhalb der Vernunfttätigkeiten herab. Ein Objekt gibt es nur für ein Subjekt: und der gemeinsame Grund für beide ist die Vernunft, das sich selbst und sein Tun anschauende I c h[71]).

6. Während die Hauptentwicklung der deutschen Metaphysik diesem Fichteschen Zuge folgte, blieb doch auch jener „Synkretismus" nicht ohne Vertreter, den die Wissenschaftslehre *a limine* von sich gewiesen hatte. Seinen metaphysischen Typus hatte ja Reinhold ausgeprägt; ebenso nahe aber lag er allen, die psychologistisch von dem individuellen Bewußtsein ausgingen und dieses in doppelseitiger Ab- hängigkeit von dem Realen wie von dem allgemeinen Wesen des Intellekts zu finden glaubten. Als ein Beispiel dieser Auffassung kann der „t r a n s z e n d e n t a l e S y n t h e t i s m u s" aufgefaßt werden, den K r u g lehrte. Ihm ist die Philosophie eine Selbstverständigung vermöge der Reflexion des Ich auf die „Tatsachen des Bewußtseins". Dabei aber zeigt sich als Urtatsache die transzendentale Synthesis, daß Reales und Ideales als gleich ursprünglich im Bewußtsein gesetzt und auf- einander bezogen sind[72]). Wir kennen das Sein nur, insofern es im Bewußtsein erscheint, und das Bewußtsein nur, insofern es auf das Sein sich bezieht: aber beide sind Gegenstände eines unmittelbaren Wissens ebenso wie die zwischen ihnen in unserer Vorstellungswelt bestehende Gemeinschaft.

---

[71]) Vgl. auch SCHELLINGs Jugendschrift „Vom Ich als Prinzip der Philosophie", W., 1, 151 ff.

[72]) KRUG, Fundamentalphilosophie, S. 106 ff.

Eine feinere Wendung haben diese Gedanken in S c h l e i e r m a c h e r s Dialektik gefunden. Alles Wissen ist darauf gerichtet, die I d e n t i t ä t v o n S e i n u n d D e n k e n herzustellen: denn beide treten im menschlichen Bewußtsein getrennt auf, als dessen r e a l e r u n d i d e a l e r F a k t o r, Anschauung und Begriff, organische und intellektuelle Funktion. Nur ihre völlige Ausgleichung gäbe Erkenntnis, aber sie bleiben immer in Differenz. Infolgedessen ist die Wissenschaft ihren Gegenständen nach in Physik und Ethik, ihren Methoden nach in empirische und theoretische Disziplinen geteilt: Naturgeschichte und Naturwissenschaft, Weltgeschichte und Sittenlehre. In allen diesen besonderen Disziplinen ü b e r w i e g t[73]), materiell oder formell, der eine oder der andere von beiden Faktoren, obwohl darin die Gegensätze aufeinander zustreben: die empirischen Wissenszweige auf rationelle Gliederung, die theoretischen auf Verständnis der Tatsachen, die Physik auf die Genesis des Organismus und des Bewußtseins aus der Körperwelt, die Ethik auf die Beherrschung und Durchdringung des Sinnlichen durch den zweckvoll tätigen Willen. Aber nirgends im wirklichen Erkennen ist die Ausgleichung des Realen und des Idealen vollkommen erreicht; sie bildet vielmehr den absoluten, unbedingten, im Unendlichen liegenden Zielpunkt des Denkens, welches Wissen werden will, aber niemals völlig wird[74]). Daher ist die Philosophie Lehre vom ewig werdenden Wissen — D i a l e k t i k.

Aber sie setzt eben deshalb die Realität dieses im menschlichen Wissen niemals zu erreichenden Zieles voraus: die I d e n t i t ä t v o n D e n k e n u n d S e i n. Diese nennt Schleiermacher mit Spinoza (und Schelling) G o t t. Sie kann kein Gegenstand der theoretischen und ebensowenig einer der praktischen Vernunft sein. Wir wissen Gott nicht, und wir können darum auch nicht mit Rücksicht auf ihn unser sittliches Leben einrichten. Religion ist mehr als Wissen und Rechthandeln, ist die Lebensgemeinschaft mit der höchsten Wirklichkeit, in der Sein und Bewußtsein identisch sind. Diese Gemeinschaft aber tritt deshalb nur im G e f ü h l auf, in dem „frommen" Gefühl einer absoluten „schlechthinigen" Abhängigkeit von jenem unendlichen, unausdenkbaren Weltgrunde (vgl. § 42, 9). Spinozas Gott und Kants Ding-an-sich fallen im Unendlichen zusammen, werden aber damit über alles menschliche Wissen und Wollen hinausgehoben und zu Gegenständen eines m y s t i s c h e n Gefühls gemacht, dessen feine Schwingungen bei Schleiermacher (wie in etwas anderer Form auch bei Fries) an die H e r r n h u t i s c h e Verinnerlichung des religiösen Lebens anklingen[75]).

Durch den Pietismus hindurch, dessen nach Spener und Franke immer stärker hervortretende orthodoxe Vergröberung den Gegensatz der Brüdergemeinde hervorrief, ziehen sich so die Traditionen der Mystik bis auf die Höhen der idealistischen Entwicklung, und in dem Geiste, der alles Äußerliche in Innerliches umsetzen will, berühren sich in der Tat die Lehre Eckharts und die Transzendentalphilosophie: sie haben beide einen echt germanischen Erdgeruch; sie suchen die Welt im „Gemüte".

7. Mit der Ablehnung einer wissenschaftlichen Erkennbarkeit des Weltgrundes

---

[73]) Dies Verhältnis erscheint in der Schleiermacherschen Dialektik der metaphysischen Form von Schellings Identitätssystem nachgebildet: vgl. § 42, 8.

[74]) Dialektik, W., III, 4 b, 68 f.

[75]) Vgl. E. HUBER, Die Entwicklung des Religionsbegriffs bei Schleiermacher, Leipzig 1901.

blieb Schleiermacher näher bei Kant; aber die religiöse Gefühlsanschauung, die er
an deren Stelle setzte, war dafür desto mehr von Spinoza und von den Einwirkungen
abhängig, welche dieser seit Fichtes Wissenschaftslehre auf die idealistische Metaphysik ausgeübt hatte. Diesen Monismus der Vernunft (vgl. die Entwicklung im
§ 42) bekämpfte H e r b a r t durch eine ganz andersartige Umbildung des kantischen
Ding-an-sich-Begriffes. Er wollte der Auflösung dieses Begriffs entgegentreten und
sah sich dadurch zu der Paradoxie einer Metaphysik der Dinge-an-sich gedrängt,
welche doch deren Unerkennbarkeit festhalten sollte. Die Widersprüche der transzendentalen Analytik erscheinen hier in grotesker Vergröberung.

Das ist um so merkwürdiger, als die rückläufige Tendenz, die man der Herbartschen Lehre wohl im Gegensatze zu den dialektischen Neuerungen nachgesagt hat,
sich eben in der Bekämpfung von Kants transzendentaler Logik (vgl. § 38, 5) entwickelt hat. Herbart sah mit Recht in dieser die Wurzeln des Idealismus: sie lehrte
ja die Formen, mit denen der „Verstand" die Welt der Gegenstände erzeugt, und in
Fichtes „Ich" war nur ausgewachsen, was in Kants „Bewußtsein überhaupt" oder
„transzendentaler Apperzeption" keimte. Herbarts Neigung zur früheren Philosophie
besteht nun gerade darin, daß er die schöpferische Spontaneität des Bewußtseins
leugnet und das Denken in dem Sinne wie die Assoziationspsychologen nach Form
und Inhalt von außen bestimmt und abhängig findet. Er bestreitet auch das virtuelle
Eingeborensein der Ideen, das sich ja von Leibniz her durch die Inauguraldissertation
in die Kritik der reinen Vernunft fortgepflanzt hatte: wie Raum und Zeit, so gelten
ihm auch die in den Kategorien ausgedrückten Beziehungsformen als Produkte des
Vorstellungsmechanismus. In Betreff der psychogenetischen Fragen steht er durchweg auf dem Boden der Aufklärungsphilosophie. Deshalb kennt er auch keine andere
Logik als die formale, deren Prinzip der Satz des Widerspruchs ist, — nämlich das
Verbot, ihn zu begehen. Der oberste Grundsatz alles Denkens ist: was sich widerspricht, kann nicht wahrhaft wirklich sein[76]).

Nun zeigt sich aber, daß die Begriffe, in denen wir die Erfahrung denken, in sich
widerspruchsvoll sind: wir nehmen D i n g e an, welche, mit sich selbst identisch,
doch einer Mannigfaltigkeit von Merkmalen gleichgesetzt werden sollen; wir reden
von V e r ä n d e r u n g e n, in denen das mit sich Gleiche sukzessive Verschiedenes
sei; wir führen alle innere Erfahrung auf ein I c h zurück, welches als das „sich
selbst Vorstellende" in der Richtung des Subjekts wie in der des Objekts eine unendliche Reihe involviert, — alle äußere Erfahrung auf eine M a t e r i e, in deren
Vorstellung die Merkmale des Diskreten und des Kontinuierlichen sich streiten.
Diese begrifflich in sich widerspruchsvolle „Erfahrung" kann nur Erscheinung sein:
aber der Erscheinung muß etwas widerspruchslos Wirkliches zugrunde liegen, den
scheinbaren Dingen absolute „R e a l e", dem scheinbaren Geschehen ein wirkliches
Geschehen. So viel Schein, so viel Hindeutung auf das Sein. Dies auszumitteln ist

---

[76]) Vgl. Einleitung in die Philos. W. (Hart.), I, 72—82. Den historischen Anlaß zu dieser
scharfen Hervorkehrung des Satzes vom Widerspruch bot für Herbart allerdings die Herab-
setzung, die jener in der dialektischen Methode (vgl. § 42, 1) fand; sachlich aber ist
Herbarts Lehre (mit Ausnahme der Behandlung des Ich-Begriffs) davon durchaus unabhängig. Mit dem Postulat des w i d e r s p r u c h s l o s e n S e i n s ist das e l e a t i s c h e
Moment der Herbartschen Philosophie (vgl. W., I, 225) gegeben, und diesem Umstande
verdankte der sonst wenig historisch veranlagte Philosoph seine Feinfühligkeit für das
metaphysische Motiv der platonischen Ideenlehre; vgl. W., I, 237 ff., und XII, 61 ff.

die Aufgabe der Philosophie: sie ist eine B e a r b e i t u n g   d e r   E r f a h r u n g s -
b e g r i f f e, die gegeben und nach den Regeln der formalen Logik so lange umzubilden sind, bis die in sich widerspruchslose Realität erkannt ist.

Das allgemeine Mittel dazu ist die M e t h o d e   d e r   B e z i e h u n g e n. Die
Grundform des Widerspruchs ist überall die, daß etwas Einfaches als verschieden
gedacht werden soll (die synthetische Einheit des Mannigfaltigen bei Kant). Diese
Schwierigkeit ist nur zu heben, wenn man eine Mehrheit von einfachen Wesen
annimmt, durch deren Beziehung aufeinander an jedem einzelnen der „Schein"
des Mannigfaltigen, bzw. Veränderlichen hervorgebracht wird. So ist der Begriff
der Substanz nur aufrecht zu erhalten, wenn man annimmt, daß die mehrfachen
Eigenschaften und die wechselnden Zustände, welche sie vereinigen soll, nicht sie
selbst, sondern nur die Beziehung treffen, worin sie zu andern Substanzen abwechselnd steht. Die Dinge-an-sich müssen viele sein: aus einem einzigen wäre
die Mannigfaltigkeit der Eigenschaften und Zustände nie begreiflich. Jedes einzelne
aber dieser metaphysischen Dinge muß als durchaus e i n f a c h   u n d   u n v e r -
ä n d e r l i c h gedacht werden: sie heißen bei Herbart R e a l e. Alle Eigenschaften
nun, welche in der Erfahrung die Merkmale der Dinge bilden, sind relativ und
lassen das einzelne Ding immer nur im Verhältnis zu andern Dingen erscheinen:
die a b s o l u t e n   Q u a l i t ä t e n also jener Realen sind u n e r k e n n b a r.

8. Allein sie müssen als der bestimmende Seinsgrund der erscheinenden Qualitäten gedacht werden, und ebenso muß als Grund der scheinbaren Veränderungen,
welche der Wechsel der Qualitäten an den empirischen Dingen zeigt, ein w i r k -
l i c h e s   G e s c h e h e n, ein Beziehungswechsel zwischen den Realen angenommen
werden. Hier gerät nun aber diese ganze künstliche Konstruktion des Unerfahrbaren ins Schwanken. Denn die eleatische Starrheit dieser Realen erlaubt auf keine
Weise, eine Vorstellung von der Art der „wirklichen Beziehungen" zu bilden, die
doch zwischen ihnen stattfinden sollen. Räumlich zunächst können diese nicht
sein[77]). Raum und Zeit sind Produkte der Reihenbildung von Vorstellungen, des
seelischen Mechanismus, und daher für Herbart in fast noch stärkerem Grade
phänomenal als für Kant. Nur in übertragenem Sinne können die wechselnden
Beziehungen der Substanzen als ein „Kommen und Gehen im intelligiblen Raume"
bezeichnet werden: was sie aber selbst sind, dafür fehlt der Herbartschen Lehre
jeder Ausdruck. Jedes Reale ist in sich einfach und wandellos bestimmt: die Beziehung also, die zwischen zwei Realen besteht oder zustande kommt, ist keinem
von beiden wesentlich und in keinem von beiden begründet. Ein drittes aber, das
diese Beziehung setzte, ist in dieser Metaphysik nicht aufzufinden[78]). Daher werden

---

[77]) Nicht nur hierdurch unterscheiden sich auf dem gemeinsamen Grunde einer p l u r a -
l i s t i s c h e n   U m b i l d u n g   d e s   e l e a t i s c h e n   S e i n s b e g r i f f s Herbarts Reale
von Demokrits Atomen, sondern auch durch die Verschiedenheit der (unerkennbaren)
Qualität, an deren Stelle der Atomismus nur quantitative Differenzen der raumerfüllenden
Körperlichkeit zuläßt. Ebensowenig sind die Realen mit Leibniz' Monaden zu verwechseln,
mit denen sie allerdings die „Fensterlosigkeit", aber nicht die Einheit der Mannigfaltigen
teilen. Mit den platonischen Ideen haben sie die Merkmale des eleatischen Seins, aber nicht
den Charakter der Gattungsbegriffe gemein.

[78]) In diese Lücke der Metaphysik hat H e r b a r t seine R e l i g i o n s p h i l o s o p h i e
eingeschoben: denn da es keine Erkenntnis des realen Grundes der Beziehungen zwischen
den Realen gibt, aus denen die Erscheinungswelt hervorgeht, so erlaubt der Eindruck
der Zweckmäßigkeit, welchen die letztere macht, in theoretisch unanfechtbarer Weise

die Beziehungen, in denen die Realen sich befinden und aus denen die Erscheinungen der Dinge und ihrer Verhältnisse folgen sollen, „z u f ä l l i g e A n s i c h t e n" der Realen genannt: und Herbarts Meinung ist an manchen Stellen kaum anders zu verstehen, als daß das B e w u ß t s e i n der intelligible Raum ist, in welchem jene Beziehungen stattfinden, — daß somit auch das wirkliche Geschehen etwas sei, was selbst als „objektiver Schein" nur „dem Zuschauer passiert"[79]). Nimmt man hinzu, daß auch das „Sein" der Realen oder absoluten Qualitäten von Herbart als „a b s o l u t e P o s i t i o n", d. h. als eine „Setzung" definiert wird[80]), bei der es sein Bewenden haben und die nicht zurückgenommen werden soll, so eröffnet sich die Perspektive auf einen „absoluten" Idealismus.

Diesen hat nun freilich Herbart noch weniger ausgeführt als Kant; es hätte auch hier zum absoluten Widerspruch geführt. Denn die Theorie der Realen müht sich ja gerade ab, auch das Bewußtsein als eine in der Erscheinung auftretende Folge des „Zusammenseins der Realen" zu deduzieren. Die letzteren nämlich sollen sich dabei gegenseitig „stören" und als Reaktionen gegen diese S t ö r u n g e n die eine in der andern innerliche Zustände hervorrufen, welche die Bedeutung von „S e l b s t e r h a l t u n g e n" haben[81]). Solche Selbsterhaltungen sind uns unmittelbar bekannt als diejenigen, mit welchen das unbekannte Reale unserer S e e l e gegen die Störung durch andere Reale sich aufrecht erhält: es sind die V o r s t e l l u n g e n. Die Seele als einfache Substanz ist natürlich unerkennbar: Psychologie ist nur die Lehre von ihren Selbsterhaltungen. Diese, die Vorstellungen, verhalten sich nun innerhalb der Seele, die lediglich den indifferenten Boden für ihr Zusammensein abgibt, wiederum zueinander wie Reale: sie stören und h e m m e n einander, und aus dieser gegenseitigen S p a n n u n g d e r V o r s t e l l u n g e n ist der ganze Ablauf des seelischen Lebens zu erklären. Durch die Spannung verlieren die Vorstellungen an Intensität: und am Grade der Intensität hängt ihr Bewußtsein. Der niederste Grad von Stärke, bei dem die Vorstellungen noch als wirklich gelten können, ist die B e w u ß t s e i n s s c h w e l l e. Werden die Vorstellungen durch andere unter diese Schwelle hinabgedrückt, so verwandeln sie sich in T r i e b e. In den Hemmungsverhältnissen der Vorstellungen ist daher das Wesen derjenigen seelischen Zustände zu suchen, welche Gefühl und Wille heißen. Alle diese Verhältnisse aber müssen als „Statik und Mechanik der Vorstellungen" entwickelt werden[82]), und da es sich dabei wesentlich um die Bestimmung von Kraftdifferen-

an eine höchste Intelligenz als den Grund dieser Beziehungen zu glauben, — eine sehr blasse Erneuerung der alten physikotheologischen Betrachtungsweise. Vgl. A. SCHOEL, H.s philos. Lehre von der Religion, Dresden 1884.

[79]) Vgl. W., IV, 93 ff., 127—132, 233, 240 f., 248 ff., dazu auch E. ZELLER, Gesch. d. deutschen Philosophie, S. 844.

[80]) Vgl. W., IV, 71 ff.

[81]) Das *Suum esse conservare*, bei Hobbes und Spinoza der Grundtrieb der Einzelwesen, erscheint bei Herbart als die metaphysische Betätigung der Realen, vermöge deren sie die Welt des Scheins, die Erfahrung, hervorbringen.

[82]) Auf dieser metaphysischen Basis errichtete Herbart das Gebäude einer immanenten A s s o z i a t i o n s p s y c h o l o g i e. Die Voraussetzung einer mechanischen Notwendigkeit des Vorstellungsprozesses und die Ansicht, daß daraus auch die Willenstätigkeiten als ebenso notwendige Verhältnisse folgen, erwies sich als glückliche Grundlage für eine wissenschaftliche Theorie der P ä d a g o g i k, welche Disziplin Herbart außerdem von der Ethik abhängig machte, indem diese das Ziel der Erziehung (sittliche Charakterbildung) und die Psychologie den Mechanismus von dessen Verwirklichung lehre. Diese wissen-

zen handelt, so muß diese metaphysische Psychologie sich zu einer m a t h e m a - t i s c h e n T h e o r i e d e s V o r s t e l l u n g s m e c h a n i s m u s gestalten[83]). Ins- besondere legte Herbart dabei das Gewicht auf die Untersuchung des Vorganges, durch den neu eintretende Vorstellungen von den schon vorhandenen „assimiliert", eingeordnet, geformt und zum Teil verändert werden: er verwendete dafür den (zuerst von Leibniz, vgl. oben § 33, 10, geprägten) Ausdruck A p p e r z e p t i o n, und seine Theorie darüber lief auf eine assoziationspsychologische Erklärung des „Ich" hinaus, welches als der wandernde Punkt gedacht wurde, an dem jeweils die apperzipierenden und apperzipierten Vorstellungen zusammenlaufen.

Während so die Selbsterhaltung des Seelenrealen gegen die Störung durch die übrigen die Erscheinung des Vorstellungslebens hervorbringt, so ergibt nach Herbarts Naturphilosophie die gegenseitige Selbsterhaltung und „partielle Durch- dringung" mehrerer Realen für das zuschauende Bewußtsein den „objektiven" Schein der M a t e r i e. Mit einer unsäglich mühseligen Konstruktion wird hier[84]) die Mannigfaltigkeit physikalischer und chemischer Phänomene aus den meta- physischen Voraussetzungen herausgequält, — ein heute vergessener Versuch, der in der Naturforschung ebenso wirkungslos gewesen ist wie in der Philosophie.

9. Ein anderer Göttinger Professor, B o u t e r w e k, ging dem Ding-an-sich mit andern Waffen zu Leibe. Er zeigte in seiner „Apodiktik", daß, wenn mit den Lehren der Kritik der reinen Vernunft Ernst gemacht werden sollte, als das „Objekt, worauf sich das Subjekt notwendig bezieht", lediglich ein völlig unvorstellbares X übrig bleibt. Man kann nicht vom Ding-an-sich oder von Dingen-an-sich reden; denn darin stecken die Kategorien der Inhärenz, der Einheit und Vielheit[85]), der Realität, welche ja nur für Erscheinungen gelten. Die Transzendentalphilosophie muß „negativer Spinozismus" werden[86]). Sie kann nur lehren, daß dem „Bewußt- sein überhaupt" ein „Etwas überhaupt" entspricht, worüber im absoluten Wissen gar nichts auszusagen ist (vgl. in Betreff Spinozas oben § 31, 5). Dagegen macht sich dies absolut Reale in allem r e l a t i v e n W i s s e n durch das B e w u ß t -

schaftliche Begründung und Ausbildung der Pädagogik durch Herbart ist im freundlichen oder feindlichen Sinne der Ausgangspunkt für die gesamte pädagogische Bewegung in Deutschland während des 19. Jahrhunderts geworden und hat eine riesig ausgedehnte Literatur hervorgerufen, worüber in den Geschichten der Pädagogik das Nähere nach- gesehen werden mag. In ähnlicher Weise hat B e n e k e, welcher den Standpunkt der Assoziationspsychologie ohne Herbarts Metaphysik einnahm, den Weg zu einer systema- tischen Pädagogik gefunden.

[83]) Bei der Ausführung dieses Gedankens setzte Herbart voraus, daß die Vorstellungen bei ihrer gegenseitigen Hemmung so viel an Intensität verlieren, als die schwächste von ihnen daran besitzt, und daß H e m m u n g s s u m m e sich auf die einzelnen Vor- stellungen in umgekehrtem Verhältnis ihrer ursprünglichen Stärke verteilt, so daß, wenn im einfachsten Falle a $>$ b ist, durch die Hemmung a auf $\dfrac{a^2 + a\,b - b^2}{a + b}$ und b auf $\dfrac{b^2}{a + b}$ reduziert wird. Vgl. über diese willkürlich axiomatische Annahme und die Verfehltheit des ganzen „psychologischen Kalküls" A. LANGE, Die Grundlegung der mathematischen Psychologie, Duisburg 1865.

[84]) Allgem. Metaphysik, § 240 ff., 331 ff. W., IV, 147 ff., 327 ff. In der Metaphysik Herbarts wird die Auszweigung der allgemeinen Ontologie in die Anfänge der Psychologie und der Naturphilosophie mit den Namen E i d o l o g i e und S y n e c h o l o g i e bezeichnet.

[85]) Vgl. bes. Apodiktik, I, 261, 392 ff.

[86]) Ibid., 385 ff.

s e i n d e s W o l l e n s geltend[87]). Dies zeigt nämlich überall die l e b e n d i g e
K r a f t d e r I n d i v i d u a l i t ä t. Wir wissen vom Subjekt, weil es etwas will,
und vom Objekt, weil es dem Willen Widerstand leistet. Der Gegensatz von K r a f t
u n d W i d e r s t a n d begründet gemeinsam das Wissen von der Realität unser
selbst und anderer Dinge, — des Ich und des Nicht-Ich[88]). Diese Lehre will Bouterwek a b s o l u t e n V i r t u a l i s m u s genannt wissen. Wir erkennen unsere
eigene Realität daran, daß wir wollen, und die Realität anderer Dinge daran, daß
unser Wille an ihnen eine entgegenstrebende Kraft findet. Das Gefühl des Widerstandes widerlegt den reinen Subjektivismus oder Solipsismus, aber dies relative
Wissen von den besonderen Kräften des Wirklichen ergänzt sich mit dem Bewußtsein unseres eigenen Wollens nur zur empirischen Wissenschaft[89]).

10. Diesen Gedanken des Göttinger Professors hat S c h o p e n h a u e r unter der
Einwirkung Fichtes zu einer Metaphysik ausgebildet. Mit einem kühnen Sprunge
schwingt er sich von jenem „Virtualismus" zur Erkenntnis des Wesens aller Dinge
auf. Als die wahre Realität erkennen wir in uns den Willen, und der Widerstand,
aus dem wir die Realität anderer Dinge erkennen, muß deshalb ebenfalls Wille
sein. So verlangt es das „m e t a p h y s i s c h c B e d ü r f n i s" nach einer einheitlichen Erklärung der gesamten Erfahrung. Die „Welt als Vorstellung" kann nur
Erscheinung sein: ein Objekt ist nur im Subjekt möglich und durch dessen Formen
bestimmt. Daher erscheint die Welt in der menschlichen Vorstellung (als „Gehirn-
phänomen", wie Schopenhauer mit bedenklich widerspruchsvoller Nachlässig-
keit des Ausdrucks auch manchmal gesagt hat) als eine in R a u m u n d
Z e i t angeordnete Mannigfaltigkeit, deren Verbindung lediglich nach dem
Satze der Kausalität gedacht werden kann, — der einzigen unter den kantischen
Kategorien, welcher Schopenhauer eine den reinen Anschauungen ebenbürtige
Ursprünglichkeit zuerkennen will[90]). An diese Formen gebunden, kann die begriffliche Erkenntnis immer nur die Notwendigkeit, die zwischen den einzelnen Er-
scheinungen obwaltet, zu ihrem Gegenstande haben; denn Kausalität ist ein Ver-
hältnis von Erscheinungen untereinander: die Wissenschaft kennt nichts Absolutes,
Unbedingtes; der Leitfaden der Kausalität, der von einem Bedingten zum andern
führt, reißt nie ab und darf nicht willkürlich abgerissen werden[91]). Über diese
unendliche Reihe der Erscheinungen kann sich also die begriffliche Arbeit der
Wissenschaft in keiner Weise erheben: nur eine i n t u i t i v e D e u t u n g des
Ganzen der Vorstellungswelt, ein genialer Blick über die Erfahrung, ein unmittel-
bares Erfassen kann zu dem wahren Wesen dringen, das in den Vorstellungen
als räumlich, zeitlich und kausal bestimmte Welt erscheint. Diese Intuition aber
ist diejenige, durch welche das erkennende Subjekt sich selbst u n m i t t e l b a r
a l s W i l l e gegeben ist. Dies Wort löst also auch das Rätsel der Außenwelt. Denn

---

[87]) Nach kantisch-fichteschem Vorgange endet bei Bouterwek die theoretische Apodiktik
in Skeptizismus oder in das völlig abstraktformale absolute Wissen; erst die „praktische"
Apodiktik gewinnt eine inhaltliche Bezeichnung zur Realität.

[88]) Apodiktik, II, 62 ff.

[89]) Ibid., II, 67 f.

[90]) Vgl. se'ne Promotionsschrift „Über die vierfache Wurzel des Satzes vom zureichenden Grunde" und seine „Kritik der kantischen Philosophie" im 1. Bande der „Welt als
Wille und Vorstellung".

[91]) Hierin ist Schopenhauer völlig mit Jacobi (vgl. oben Nr. 4) einverstanden.

nach dieser Analogie des einzig unmittelbar Gegebenen müssen wir auch die Bedeutung alles mittelbar, in Raum und Zeit als Vorstellung Gegebenen auffassen[92]). D a s   D i n g - a n - s i c h   i s t   d e r   W i l l e.

Freilich muß dabei das Wort in einer erweiterten Bedeutung genommen werden. In uns Menschen und in den animalischen Wesen erscheint der Wille als die durch Vorstellungen bestimmte M o t i v a t i o n, in dem instinktiven und vegetativen Leben des Organismus als R e i z e m p f ä n g l i c h k e i t, in den übrigen Gebilden der Erfahrungswelt als m e c h a n i s c h e s   G e s c h e h e n. Diejenige Gesamtbedeutung, welche diesen verschiedenen, innerlichen oder äußerlichen Arten der Kausalität gemeinsam ist, soll *a priori* als Wille bezeichnet werden nach derjenigen Form, in der allein sie uns unmittelbar bekannt ist. Demnach betont der Philosoph ausdrücklich, daß von dem Willen als Ding-an-sich die besonderen Eigentümlichkeiten, mit denen er in der menschlichen Selbstanschauung gegeben ist, die Motivation durch Vorstellungen und Begriffe, durchaus fernzuhalten seien — ein Verlangen, dem nachzukommen ihm selbst freilich schwer genug geworden ist.

Dabei darf jedoch das Verhältnis zwischen Ding-an-sich und Erscheinung nicht nach der Regel des Verstandes, d. h. nicht kausal gedacht werden. D a s   D i n g - a n - s i c h   i s t   n i c h t   d i e   U r s a c h e   d e r   E r s c h e i n u n g e n. Schon beim Menschen ist der Wille nicht die Ursache des Leibes oder der Leibestätigkeiten: sondern dasselbe Wirkliche, welches uns mittelbar durch Vorstellung in der räumlichen und zeitlichen Anschauung als Leib gegeben ist und in der Erkenntnis als etwas kausal Notwendiges und von andern Erscheinungen Abhängiges begriffen wird, dasselbe ist uns unmittelbar in der Selbstanschauung als Wille bekannt. Weil nun das Ding-an-sich dem Satz vom Grunde nicht unterworfen ist, so kommt das Paradoxon heraus, daß der Mensch sich als Wille unmittelbar frei fühlt und sich doch in der Vorstellung notwendig als determiniert weiß. So übernimmt Schopenhauer Kants Lehre vom intelligiblen und empirischen Charakter (vgl. oben § 39, 4). In derselben Weise aber muß überall die Erscheinungswelt als O b j e k t i v a t i o n, d. h. als die anschauliche und begriffliche Vorstellungsweise des Willens oder des unmittelbar Wirklichen, und darf nicht als dessen Erzeugnis betrachtet werden. Das Verhältnis von Wesen und Erscheinung ist nicht dasjenige von Ursache und Wirkung.

Ferner kann der Wille als Ding-an-sich nur der e i n e,   a l l g e m e i n e   W e l t w i l l e sein. Alle Vielheit und Mannigfaltigkeit gehört der Anschauung in Raum und Zeit an; diese sind das *principium individuationis*. Daher sind die Dinge nur als Erscheinungen, in der Vorstellung und Erkenntnis, voneinander verschieden und getrennt: ihrem wahren Wesen nach sind sie alle dasselbe. Der Wille ist das ἓν καὶ πᾶν. Hier liegt für Schopenhauer die metaphysische Wurzel der Moral. Es ist die Täuschung der Erscheinung, welche das Individuum eigenes Wohl und Wehe von demjenigen anderer Individuen unterscheiden und beide in Gegensatz zueinander bringen läßt: im moralischen Grundgefühl, welches das fremde Leiden als eigenes empfindet, im M i t l e i d kommt die transzendentale Willenseinheit aller Wirklichkeit zum Vorschein.

Der Wille kann endlich auf keinen besonderen, empirisch vorstellbaren Inhalt

---

[92]) Vgl. Welt als W. u. Vorst., II, §§ 18—23.

als auf seinen Gegenstand gerichtet sein; denn jeder solche Inhalt gehört bereits
zu seiner „Objektivität". Der Weltwille hat nur sich selbst zum Gegenstande;
er will nur wollen. Er will nur wirklich sein; denn alle Wirklichkeit ist selbst
wieder nur Wollen. In diesem Sinne nennt ihn Schopenhauer den W i l l e n z u m
L e b e n. Er ist das zeitlos ewig sich selbst gebärende Ding-an-sich, und erst die
Vorstellung macht daraus den rastlosen Wechsel der Erscheinungen.

§ 42. Das System der Vernunft.

Der Hauptlinie der idealistischen Entwicklung war ihre Richtung durch das
Prinzip vorgezeichnet, woraus F i c h t e den Mut schöpfte, den Begriff des Dinges-
an-sich über Bord zu werfen. Die Beziehung von Sein und Bewußtsein läßt sich
nur aus dem Bewußtsein erklären, und zwar dadurch, daß dieses „seinem eigenen
Tun zusieht" und damit zugleich die reelle und die ideelle Reihe der Erfahrung,
die Gegenstände und das Wissen von ihnen erzeugt. Die Aufgabe der Wissenschaftslehre ist also, die Welt als einen notwendigen Zusammenhang von Vernunfttätigkeiten zu begreifen, und die Lösung kann nur so vonstatten gehen, daß die
Reflexion der philosophierenden Vernunft sich auf ihr eigenes Tun und das, was
dazu e r f o r d e r l i c h ist, besinnt. Die Notwendigkeit also, welche in diesem
S y s t e m d e r V e r n u n f t waltet, ist n i c h t k a u s a l, s o n d e r n t e l e o-
l o g i s c h. Das dogmatische System versteht die Intelligenz als ein Produkt der
Dinge, das idealistische entwickelt die Intelligenz als einen in sich zweckvollen
Zusammenhang von Handlungen, unter denen einige dazu dienen, Gegenstände
hervorzubringen. Der Fortschritt des philosophischen Denkens soll nicht in der
Erkenntnis bestehen, daß, weil etwas ist, darum auch ein anderes sei, sondern
sich in der Einsicht und nach dem Leitfaden entfalten, daß, d a m i t e t w a s
g e s c h e h e, a u c h e i n a n d e r e s g e s c h e h e n m ü s s e. Jede Handlung der
Vernunft hat eine Aufgabe; diese zu lösen, bedarf sie anderer Handlungen und
damit anderer Aufgaben: der einheitliche Zweckzusammenhang aller Tätigkeiten
für die Erfüllung der Aufgaben ist das System der Vernunft, die „Geschichte des
Bewußtseins". Der Grund alles Seins liegt im Sollen, d. h. in der Zwecktätigkeit
des Selbstbewußtseins.

1. Das Schema für die Ausführung dieses Gedankens ist die d i a l e k t i s c h e
M e t h o d e. Soll die Welt als Vernunft begriffen werden, so muß deren System
aus einer ursprünglichen Aufgabe heraus entwickelt werden: alle einzelnen Handlungen der Intelligenz müssen als Mittel zu ihrer Lösung deduziert werden. Diese
„Tathandlung" ist nach Fichte das S e l b s t b e w u ß t s e i n. Ein voraussetzungsloser Anfang, wie ihn die Philosophie braucht, ist nicht durch eine Behauptung
oder einen Satz zu finden, sondern durch eine F o r d e r u n g, die jedermann zu
erfüllen imstande sein muß: „D e n k e d i c h s e l b s t !" Und das ganze Geschäft
der Philosophie besteht nur darin, sich klar zu machen, was dabei geschieht und
was dazu erforderlich ist. Dies Prinzip kann aber nur so lange weiterführen, als
sich zeigt, daß zwischen dem, was geschehen soll, und dem, was dazu geschieht,
noch ein Widerspruch besteht, woraus sich die neue Aufgabe ergibt usf. Die
dialektische Methode ist ein System, worin jede Aufgabe eine neue erzeugt. Dem,
was die Vernunft leisten will, steht in ihr selbst ein Widerstand gegenüber, und

um diesen zu überwinden, entfaltet sie eine neue Funktion. Diese d r e i M o-
m e n t e werden als T h e s i s, A n t i t h e s i s und S y n t h e s i s bezeichnet.

Wenn Kant zur Erklärung und Kritik der Metaphysik die Notwendigkeit unlösbarer Vernunftaufgaben behauptet hatte, so macht nun die idealistische Meta·
physik diesen Gedanken zu einem positiven Prinzip. Dadurch wird ihr die Vernunftwelt zu einer Unendlichkeit des Selbsterzeugens, und dadurch wird der
W i d e r s p r u c h zwischen der Aufgabe und dem Tun für das reale Wesen der
Vernunft selbst erklärt. Dieser Widerspruch ist notwendig und unaufhebbar. Er
gehört zum Wesen der Vernunft, und da nur die Vernunft real ist, so ist damit
der Widerspruch für real erklärt. So geriet die dialektische Methode, diese metaphysische Umbildung von Kants transzendentaler Logik, in einen immer stärkeren
Gegensatz zu der formalen Logik. Die Regeln des Verstandes, die in dem Satz des
Widerspruchs ihr allgemeines Prinzip haben, reichen für die gewöhnliche Verarbeitung der Wahrnehmungen zu Begriffen, Urteilen und Schlüssen wohl aus:
für die intellektuelle Anschauung der philosophierenden Vernunft genügen sie
nicht, vor den Aufgaben der „spekulativen Konstruktion" sinken sie zu relativer
Bedeutung herab.

Dies macht sich schon in der ersten Darstellung geltend, welche Fichte der
Wissenschaftslehre gab[93]); es wurde dann von Schülern und Genossen wie Friedrich
Schlegel immer kecker ausgesprochen, und schließlich tat die spekulative Vernunft
gar vornehm gegen die im Satze des Widerspruchs befangene „Reflexionsphilo-
sophie des Verstandes". Schelling[94]) berief sich auf die *coincidentia oppositorum*
von Nicolaus Cusanus und Giordano Bruno, und Hegel[95]) sah in dem Triumph
des „borniertem Verstandes" über die Vernunft den Erbfehler aller früheren Philosophie[96]). Die Metaphysik, von der Kant gezeigt hat, daß sie für den Verstand
nicht möglich ist, sucht ein eigenes Organ in der i n t e l l e k t u e l l e n A n s c h a u-
u n g und eine eigene Form in der dialektischen Methode. Die p r o d u k t i v e
Synthesis des Mannigfaltigen muß ihre Einheit über den Gegensätzen bewahren,
in die sie sich selbst auseinanderlegt. Es ist das Wesen des Geistes, sich in sich
selbst zu entzweien und aus dieser Zerrissenheit zu seiner ursprünglichen Einheit
zurückzukehren.

Diese T r i p l i z i t ä t beruht ganz auf jener (Fichteschen) Grundbestimmung
des Geistes als des sich selbst Zusehenden. Die Vernunft ist nicht nur „an sich" als
einfache ideelle Wirklichkeit, sondern auch „für sich": sie erscheint sich selbst als
etwas Anderes, Fremdes; sie wird sich zu einem vom Subjekt verschiedenen Objekt,
und dies Anderssein (das platonische θάτερον, vgl. oben § 11, 10) ist das Prinzip der
N e g a t i o n. Die Aufhebung dieser Verschiedenheit, die Negation der Negation, ist
die Synthesis jener beiden Momente: diese sind in ihr „aufgehoben" in der drei-
fachen Hinsicht, daß ihre einseitige Geltung überwunden, ihre relative Bedeutung

---

[93]) Grundlage der ges. W.-L., § 1. W., I, 92 ff.
[94]) 6. Vorl. über Meth. d. ak. St. W., V, 267 ff.
[95]) Vgl. bes. seine Abhandlung über „Glauben und Wissen", W., I, 21 ff.
[96]) Man versteht hieraus am besten Herbarts Polemik gegen den absoluten Idealismus.
Auch jener findet Widersprüche in den Grundbegriffen der Erfahrung: aber eben deshalb
sollen diese so lange bearbeitet werden, bis die widerspruchslose Realität erkannt ist;
vgl. oben § 41, 7.

bewahrt und ihr ursprünglicher Sinn in eine höhere Wahrheit verwandelt wird
(negare, conservare, elevare). Nach diesem Schema des „An-sich", „Für-sich" und
„An-und-für-sich" hat H e g e l die dialektische Methode[97]) mit großer Virtuosität
ausgebildet, indem er jeden Begriff „in sein Gegenteil umschlagen" und aus dem
Widerspruch beider den höheren Begriff hervorgehen ließ, welcher dann dasselbe
Schicksal erlebte, eine Antithesis zu finden, die eine noch höhere Synthesis verlangte
usf. Der Meister selbst hat in die Anwendung dieser Methode, besonders in der
Phänomenologie und in der Logik, eine staunenswerte Fülle des Wissens, eine ganz
einzige Feinfühligkeit für begriffliche Zusammenhänge und eine siegreiche Kraft des
kombinativen Denkens hineingearbeitet, wobei auch schon der Tiefsinn gelegentlich
in Dunkelheit und schematische Wortbildung überging: bei den Jüngern hat sich
daraus ein philosophischer Jargon gebildet, der alles Denken in jene Triplizität
preßte und durch die gedankenlose Äußerlichkeit seines eine Zeitlang sehr ausgedehnten Gebrauchs die Philosophie als leeren Wortschwall zu diskreditieren nur
allzu geeignet war[98]).

2. In völligem Einklang mit der dialektischen Methode steht nun auch inhaltlich
das System der Vernunft bei F i c h t e während des ersten Zeitraumes seiner philosophischen Wirksamkeit (etwa bis 1800). Die ursprüngliche, durch nichts als sich
selbst bestimmte „Tathandlung" des Selbstbewußtseins bedeutet, daß das „I c h"
sich selbst nur „setzen" kann, indem es sich von einem „N i c h t - I c h" unterscheidet. Da jedoch dabei auch das Nicht-Ich nur im Ich — d. h. historisch ausgedrückt, auch der Gegenstand nur im Bewußtsein — gesetzt ist, so müssen innerhalb des Ich sich das Ich und das Nicht-Ich (d. h. Subjekt und Objekt) gegenseitig
bestimmen. Daraus ergibt sich die theoretische und die praktische Reihe des Selbstbewußtseins, je nachdem ob das Nicht-Ich oder das Ich der bestimmende Teil ist.

Die Funktionen der t h e o r e t i s c h e n Vernunft werden von Fichte in der
Weise entwickelt, daß ihre einzelnen Stufen aus der Reflexion des Bewußtseins auf
sein eigenes vorher bestimmtes Tun sich ergeben. Über jede Schranke, die das Ich
sich im Nicht-Ich als Gegenstand gesetzt hat, dringt es vermöge seiner durch nichts
Äußeres begrenzten Tätigkeit hinaus, um auch jene Schranke zu seinem Gegenstande
zu machen. Als die Formen dieser Selbstbestimmung werden die reinen Anschauungen
Raum und Zeit, die kategorialen Formen des Verstandes und die Prinzipien der
Vernunft behandelt. An Stelle der Gegensätze, die Kant zwischen diesen einzelnen
Schichten aufgerichtet hatte, setzt Fichte das Prinzip, daß auf jeder höheren Stufe
die Vernunft reiner erfaßt, was sie auf der vorigen ausgeführt hat: das Erkennen
ist ein von der sinnlichen Anschauung her aufsteigender Prozeß der Selbsterkenntnis
der Vernunft[99]). Aber diese ganze Reihe der theoretischen Vernunft setzt eine ursprüngliche „Selbstbeschränkung" des Ich voraus: ist diese gegeben, so ist die ganze

---

[97]) Vgl. E. v. HARTMANN, Über die dialektische Methode, Berlin 1868.
[98]) Vgl. die humorvolle Schilderung bei G. RÜMELIN, Reden und Aufsätze, S. 47—50,
Freiburg 1888.
[99]) Ohne direkt sichtbare Einflüsse von Leibniz kommt dabei dessen Auffassung von
dem Verhältnis der verschiedenen Erkenntniskräfte gegenüber der kantischen Scheidung
derselben wieder zur Geltung. Nur ist zu beachten, daß diese „Entwicklungsgeschichte der
Vernunft" bei Leibniz kausal, bei Fichte teleologisch bestimmt ist. Was Hamann und
Herder (vgl. oben § 41, 2) als formale Einheit der Intelligenz im Leibnizschen Sinne verlangten, das hatten inzwischen Fichte und Schelling in ganz anderem Sinne geleistet.

Reihe nach dem Prinzip der Selbstanschauung begreiflich. Denn jede Tätigkeit hat an der vorhergehenden ihren Gegenstand und darin ihren Grund; jene erste Selbstbeschränkung dagegen hat an keiner vorhergehenden, also theoretisch überhaupt keinen Grund: sie ist eine g r u n d l o s f r e i e T ä t i g k e i t, als solche aber der Grund aller andern Tätigkeiten. Die grundlose freie Handlung ist die E m p f i n d u n g. Sie fällt deshalb nur ihrem Inhalte nach, der zum Gegenstand der Anschauung wird, in das Bewußtsein, als Handlung dagegen ist sie, wie alles, was keinen Grund hat, b e w u ß t l o s[100]). Hierin besteht ihr „Gegebensein", vermöge dessen sie als fremd und „von außen" kommend erscheint. An Stelle des Dinges-an sich tritt also die b e w u ß t l o s e S e l b s t b e s c h r ä n k u n g d e s I c h. Fichte nennt diese Tätigkeit die p r o d u k t i v e E i n b i l d u n g s k r a f t: es ist die welterzeugende Tätigkeit der Vernunft. Doch ist Fichte sich durchaus darüber klar gewesen, daß seine Zertrümmerung des Ding-an-sich-Begriffs und seine Ableitung der Empfindung aus dem Ich weit davon entfernt waren, das einzelne der sinnlich gegebenen Materie des Bewußtseins zu erklären oder aus dessen allgemeinen Formen abzuleiten. Insofern ist er niemals bis zum absoluten Idealismus Schellings oder zum logischen Rationalismus vorgedrungen: er hat vielmehr ausdrücklich hervorgehoben[101]), daß die Wissenschaftslehre zwar deduzieren könne, d a ß u n d z u w e l c h e m Z w e c k e das Ich in der Empfindung sich selbst beschränkend aus sich herausgeht, aber niemals deduzieren könne, w i e u n d m i t w e l c h e m b e s o n d e r e n I n h a l t e es dies in der Mannigfaltigkeit der Empfindungen tatsächlich tut. Hier liegt die der kantischen Erkenntnistheorie durchaus konforme Grenze für die rationale Deduktion der Wissenschaftslehre und die wesentlichste Differenz zwischen Fichte und seinen großen Nachfolgern[102]).

Für die Empfindung gibt es also keinen G r u n d, der sie bestimmte: sie ist da mit absoluter Freiheit und bestimmt ihrerseits alle Erkenntnis dem Inhalte nach. Darum kann sie nur durch ihren Z w e c k begriffen werden, — in der p r a k t i s c h e n Wissenschaftslehre, die zu untersuchen hat, wozu das Ich sich selbst beschränkt. Dies ist nur zu verstehen, wenn man das Ich nicht als ruhendes Sein, sondern seinem Wesen nach als u n e n d l i c h e T ä t i g k e i t oder als T r i e b betrachtet. Denn da alles Tun auf einen Gegenstand gerichtet ist, an dem es sich

---

[100]) Die Paradoxie der „bewußtlosen Tätigkeiten des Bewußtseins" liegt im Ausdruck, nicht in der Sache. Die deutschen Philosophen sind mit ihrer Terminologie häufig sehr unglücklich gewesen, am unglücklichsten gerade da, wo sie deutschen Wörtern eine neue Bedeutung geben wollten. Fichte braucht nicht nur Bewußtsein und Selbstbewußtsein *promiscue*, sondern er versteht auch unter Bewußtsein einerseits die wirkliche Vorstellung des Individuums oder des empirischen Ich (daher in dieser Hinsicht „bewußtlos"), anderseits die Funktionen des „Bewußtseins überhaupt", der transzendentalen Apperzeption oder des „allgemeinen Ich" (in diesem Sinne „Geschichte des Bewußtseins"). In diesen Wortverhältnissen beruht schon ein gut Teil der Schwierigkeit von Fichtes Darstellung und der Mißverständnisse, die sie hervorgerufen hat.

[101]) E. LASK (Fichtes Idealismus und die Geschichte) hat gezeigt, daß dies namentlich in Fichtes Darstellungen seit 1797 (von der zweiten Einleitung in die Wissenschaftslehre an), am stärksten in dem „Sonnenklaren Bericht über das Wesen der neuesten Philosophie" (1801) und zum Teil in Wendungen geschah, die extrem empiristisch und fast positivistisch klingen.

[102]) In diesem Sinne entwickelten sich Fichtes spätere Lehren mit steter Opposition gegen den schrankenlosen Idealismus oder absoluten Rationalismus, worin Schelling (und nach ihm Hegel) die Deduktion des Einzelnen aus dem Allgemeinen nach dialektischer Methode für möglich hielten.

entfaltet, so muß das „Ich", welches seinen Gegenstand nicht wie der empirische Wille als gegeben vorfindet, seinerseits, um Trieb und Tun zu bleiben, sich G e g e n - s t ä n d e s e t z e n. Dies geschieht in der Empfindung, die keinen Grund, wohl aber den Zweck hat, für den Trieb des Ich eine Grenze zu schaffen, über die es hinaus- geht, um sich selbst Gegenstand zu werden. Die empirische Wirklichkeit mit allen ihren Dingen und mit der „Realität", welche sie für das theoretische Bewußtsein hat, ist nur das M a t e r i a l f ü r d i e T ä t i g k e i t d e r p r a k t i s c h e n V e r - n u n f t.

Das innerste Wesen des Ich also ist das nur auf sich selbst gerichtete, nur durch sich selbst bestimmte Tun, d i e A u t o n o m i e d e r s i t t l i c h e n V e r n u n f t. Das System der Vernunft gipfelt im kategorischen Imperativ. Das Ich ist der sittliche Wille, und die W e l t i s t d a s v e r s i n n l i c h t e M a t e r i a l d e r P f l i c h t. Sie ist dazu da, daß wir in ihr tätig sein können. Nicht das Sein ist die Ursache des Tuns, sondern um des Tuns willen ist das Sein hervorgebracht. Alles, was i s t, ist nur zu begreifen aus dem, was es s o l l.

Die für das gemeine Bewußtsein paradoxe Zumutung der Wissenschaftslehre[103]) läuft somit darauf hinaus, d e r K a t e g o r i e d e r S u b s t a n t i a l i t ä t die fundamentale Bedeutung zu rauben, welche sie in der naiven, sinnlichen Welt- anschauung hat. In dieser denkt man überall ein „Seiendes" als Träger und Ursache der Tätigkeiten: bei Fichte dagegen soll als das Ursprüngliche das „Tun" begriffen werden und das Sein nur als das zweckgesetzte Mittel dafür gelten[104]). Dieser Gegensatz kam ganz scharf in dem für Fichte persönlich so folgenreichen Atheismus- streit zu Tage. Die Wissenschaftslehre konnte G o t t nicht als „Substanz" gelten lassen; er hätte ihr ja dann etwas Abgeleitetes sein müssen: sie konnte den meta- physischen Gottesbegriff nur in dem „allgemeinen Ich", in dem absolut freien, welterzeugenden Tun suchen, und in deutlichem Gegensatz zu der *Natura naturans* des Dogmatismus nannte sie Gott die s i t t l i c h e W e l t o r d n u n g[105]), den *Ordo ordinans*.

Danach ist die vornehmste philosophische Disziplin die S i t t e n l e h r e. Un- abhängig von Kants Metaphysik der Sitten entworfen, nimmt Fichtes System dieser Wissenschaft den kategorischen Imperativ in der Formel „Handle nach deinem Gewissen" zum Ausgangspunkt einer streng durchgeführten Pflichtenlehre, welche aus dem in jedem empirischen Ich auftretenden Gegensatz des Naturtriebes und des sittlichen Triebes die allgemeinen und die besonderen Aufgaben des Menschen entwickelt. Dabei mildert sich der kantische Rigorismus hier dadurch, daß auch die Sinnlichkeit des Menschen als Vernunftprodukt ihre Rechte geltend machen darf. Der Dualismus bleibt noch bestehen, aber er geht schon seiner Überwindung ent- gegen; und in dem Gedanken, daß der zweckvolle Zusammenhang des Vernunft- ganzen jedem einzelnen seiner Glieder eine durch seine natürliche Erscheinung

---

[103]) In diesem Sinne protestierte Fr. H. Jacobi gegen dies „Stricken nicht etwa des Strumpfs, sondern des Strickens" (W., III, 24 ff.). Vgl. dagegen C. FORTLAGE, Beiträge zur Psychologie (Leipzig 1875), S. 40 f.

[104]) Diese logische Auffassung steckt schon in Kants dynamischer Theorie der Materie (vgl. oben § 38, 7): schon hier handelt es sich um Kräfte, „dazu uns das Subjekt fehlt" (vgl. Kant, Proleg., § 46).

[105]) FICHTE, W., V, 182 ff., 210 ff. Vgl. dazu E. HIRSCH, F.'s Religionsphilosophie (1914), DERS., Zt. f. Th. u. pt. Kr., 1917, und H. SCHOLZ (Kst., 1918).

vorgezeichnete Bestimmung zuweise, wird die ethische Theorie zu einer viel eingehenderen und das Gegebene tiefer wertenden Durcharbeitung des „Materials der
Pflichterfüllung" geführt. Das zeigt sich an Fichtes Darstellung der Berufspflichten,
an seiner edleren Auffassung von Ehe und Familienleben, an dem feineren Eingehen
seiner ethischen Untersuchungen in die Mannigfaltigkeit menschlicher Lebensverhältnisse.

Ähnliches gilt auch von Fichtes Behandlung der Probleme des öffentlichen Lebens.
Eine jugendliche Energie bemächtigt sich in ihnen der kantischen Grundgedanken
und prägt sie viel eindrucksvoller aus, als es von Kant selbst, der die systematische
Ausführung erst im späten Alter unternahm, geschehen konnte. Die gegenseitige
Einschränkung der Freiheitssphären in dem äußeren Zusammenleben der Individuen
ist auch für Fichte das Prinzip des Naturrechts. Als „Urrechte" gelten ihm die
Ansprüche des Individuums auf Freiheit seines Leibes als des Organs der Pflichtbetätigung, seines Eigentums als der äußeren Wirkungssphäre dazu, seiner Selbsterhaltung endlich als Persönlichkeit. Wirksam aber werden diese Urrechte erst als
Zwangsrechte durch die Herrschaft der Gesetze im Staat. Die Idee des den Staat
begründenden Vertrages zerlegt Fichte in den Staatsbürger-, den Eigentums- und
den Schutzvertrag. Interessant dabei ist, wie er diese Gedanken in seiner Politik
auf das Prinzip zuspitzt, der Staat habe dafür zu sorgen, daß jeder von seiner
Tätigkeit leben könne, auf das R e c h t d e r A r b e i t[106]). Arbeit ist Pflicht der
sittlichen, ist Existenzbedingung der physischen Persönlichkeit: sie muß unbedingt
vom Staate gewährleistet werden. Daher darf die Regelung der Arbeitsverhältnisse
nicht dem natürlichen Getriebe von Angebot und Nachfrage (nach Adam Smith)
und der Ertrag der Arbeit nicht dem Mechanismus des gesellschaftlichen Interessenkampfes überlassen werden, sondern es muß hier das Vernunftgesetz des Staates
eintreten. Von diesen Gedanken aus entwarf Fichte mit sorgfältiger Abwägung
der empirisch gegebenen Zustände[107]) sein I d e a l d e s s o z i a l i s t i s c h e n
S t a a t e s[108]) als des „geschlossenen Handelsstaates", der alle Produktion und
Fabrikation und allen Handel mit dem Auslande selbst in die Hand nimmt, um dem
einzelnen Bürger seine Arbeit, aber auch den vollen Ertrag seiner Arbeit zuzuweisen.
Der gewalttätige Idealismus des Philosophen schreckte nicht vor einem tief einschneidenden Zwangssystem zurück, wenn er hoffen konnte, damit jedem einzelnen
einen Umkreis freier Pflichterfüllung zu sichern[109]).

3. Die Aufgabe, das Universum als System der Vernunft zu begreifen, war in der
Wissenschaftslehre der Hauptsache nach so gelöst, daß die sinnliche Außenwelt als
ein im empirischen Ich erscheinenden Produkt des „Bewußtseins überhaupt"
deduziert wurde: in diesem Sinne wurde Fichtes Lehre später wie die Kants als
„subjektiver Idealismus" charakterisiert. Dabei war jedoch Fichtes Meinung durchaus die, daß der „Natur", die er als ein organisches Ganzes gesetzt wissen wollte[110]),
den Vorstellungen der Individuen gegenüber die volle Bedeutung eines objektiven

---

[106]) Naturrecht, § 18. W., III, Geschl. Handelsst., I, W., III, 400 ff.

[107]) Vgl. G. SCHMOLLER, Studie über J. G. Fichte in Hildebrands Jahrb. für Nat. u. Staat,
1865; auch W. WINDELBAND, Fichtes Idee des deutschen Staates (Freiburg 1890).

[108]) Vgl. MAR. WEBER, Fichtes Sozialismus und sein Verhältnis zur Marxschen Doktrin
(Tübingen 1900).

[109]) Vgl. jedoch unten Nr. 6.

[110]) FICHTE, W., IV, 115.

Vernunftproduktes zukommen sollte: dies darzustellen, fehlte es ihm an der ein-
dringenden Sachkenntnis, die er für die Lebensverhältnisse der menschlichen Vernunft besaß. So war es eine zunächst auch Fichte willkommene Ergänzung, als
S c h e l l i n g jenen andern Teil der Aufgabe zu lösen übernahm und mit dem
Gedanken Ernst machte, d i e N a t u r a l s d a s o b j e k t i v e S y s t e m d e r
V e r n u n f t zu konstruieren. Das war nach der Wissenschaftslehre und Kants
Naturphilosophie nur dann möglich, wenn es gelang, die Natur als ein zusammenhängendes System von Kraftwirkungen zu begreifen, das seine letzte Zweckbestimmung in einer Leistung für die Realisierung des Vernunftgebotes hätte. Den
Ausgangspunkt dieser Konstruktion mußte Kants d y n a m i s c h e Theorie bilden,
die das Sein der M a t e r i e aus dem Verhältnis der Attraktions- und der Repulsions-
kraft ableitete (vgl. § 38, 7), und ihren Zielpunkt gab diejenige Naturerscheinung ab,
in welcher sich die praktische Vernunft allein betätigt: der menschliche O r g a n i s-
m u s. Zwischen beiden mußte die ganze Fülle der Gestalten und Funktionen der
Natur als ein e i n h e i t l i c h e s L e b e n ausgebreitet werden, dessen vernünftiger
Sinn in dem organischen Herauswachsen des Endziels aus den materiellen Anfängen
zu suchen war. D i e N a t u r i s t d a s w e r d e n d e I c h — das ist das Thema
der Schellingschen N a t u r p h i l o s o p h i e. Diese in den philosophischen Prämissen begründete Aufgabe erschien zugleich geradezu gefordert durch den Zustand
der N a t u r w i s s e n s c h a f t, die wieder einmal auf dem Punkte angelangt war,
wo die zerstreute Einzelarbeit nach einer lebendigen Gesamtauffassung der Natur
begehrt. Und dies Verlangen machte sich um so lebhafter geltend, als gerade der
Fortschritt des empirischen Wissens die hochgeschraubten Erwartungen, die man
seit dem 17. Jahrhundert auf das Prinzip der mechanischen Naturerklärung gesetzt
hatte, wenig befriedigte. Die Ableitung des Organischen aus dem Unorganischen
blieb, wie es Kant konstatierte, zum mindesten problematisch, eine genetische Entwicklung der Organismen auf dieser Grundlage streitig; für die in großer Bewegung
begriffene Theorie der Medizin fehlte es noch an jeder Handhabe zu ihrer Einfügung in die mechanische Weltauffassung; nun kamen die Entdeckungen elek-
trischer und magnetischer Erscheinungen hinzu, deren zunächst rätselhafte Eigenart
eine Subsumtion unter die Gesichtspunkte galileischer Mechanik damals noch nicht
ahnen ließ. Demgegenüber hatte S p i n o z a den mächtigen Eindruck auf die Geister
gerade dadurch gemacht, daß er die ganze Natur, den Menschen nicht ausgeschlossen,
als einen einheitlichen Zusammenhang dachte, in welchem sich das göttliche Wesen
mit aller seiner Fülle darstellte, und für die Entwicklung des deutschen Denkens ist
es von entscheidender Bedeutung geworden, daß G o e t h e diese Auffassung zu der
seinigen machte. Freilich deutete der Dichter, wie man es am besten in den herrlichen Aphorismen „Die Natur" ausgesprochen findet, sich diese Ansicht in seiner
Weise um: an die Stelle der „mathematischen Folge" und ihrer mechanischen Notwendigkeit setzte er die Anschauung einer L e b e n s e i n h e i t d e r N a t u r,
worin ohne begriffliche Formulierung die Weltansicht der Renaissance sich erneuerte. Dieser p o e t i s c h e S p i n o z i s m u s[111]) ist ein wesentliches Glied in der
Entwicklungskette der idealistischen Systeme geworden.

---

[111]) Er nahm auch Herder gefangen, wie dessen Gespräche über das System Spinozas
unter dem Titel „Gott" (1787) beweisen. Vgl. DILTHEY, Aus der Zeit der Spinoza-Studien
Goethes (Archiv, 1894, und Schriften, II).

Alle diese Motive spielen in Schellings Naturphilosophie hinein; sie führen dazu, daß ihr Zentralbegriff das L e b e n ist und daß sie den Versuch macht, die Natur unter dem Gesichtspunkte des O r g a n i s m u s zu betrachten und den Zusammenhang ihrer Kraftwirkungen aus dem Gesamtzweck der Erzeugung des organischen Lebens zu begreifen. Es soll die Natur nicht beschrieben, gemessen und kausal erklärt werden, sondern es soll der Sinn und die B e d e u t u n g verstanden werden, die ihren einzelnen Erscheinungen in dem zweckvollen System des Ganzen zukommt. Die „Kategorien der Natur" sind die Gestalten, in denen die Vernunft sich selbst als objektiv setzt, sie bilden ein Entwicklungssystem, worin jede besondere Erscheinung ihren begrifflich bestimmten Platz findet. In der Ausführung dieser Idee war Schelling natürlich von dem Stande der naturwissenschaftlichen Kenntnisse seiner Zeit abhängig. Von dem Zusammenhange der Kräfte, von ihrer Umsetzung in-einander, worauf es ja für dies Interesse hauptsächlich ankam, hatte man damals nur sehr unvollkommene Vorstellungen, und der Philosoph zögerte nicht, die Lücken des Wissens durch Hypothesen auszufüllen, welche er der apriorischen Konstruktion des teleologischen Systems entnahm. In manchen Fällen haben sich diese Ansichten als wertvolle heuristische Prinzipien (vgl. oben § 40, 6), in andern als Irrwege erwiesen, auf denen die Forschung zu brauchbaren Resultaten nicht gelangte.

Das historisch Bedeutsame an der N a t u r p h i l o s o p h i e ist ihr Gegensatz gegen die Herrschaft des demokritisch-galileischen Prinzips rein mechanischer Naturerklärung. Die quantitative Bestimmung gilt hier wieder nur als äußere Form und Erscheinung, der kausal-mechanische Zusammenhang nur als die verstandesmäßige Vorstellungsweise. Der Sinn der Naturgebilde ist die Bedeutung, welche sie im Entwicklungssystem des Ganzen haben. Wenn deshalb Schelling seinen Blick auf die Formenverwandtschaft der organischen Welt richtete, wenn er die Anfänge der vergleichenden Morphologie, in denen G o e t h e eine so bedeutende Rolle spielte, dazu benutzte, um die E i n h e i t d e s P l a n s aufzuzeigen, welchen die Natur in der Reihenfolge der Lebewesen verfolgt, so galt ihm und teilweise auch seinen Schülern dieser Zusammenhang nicht eigentlich im Sinne zeitlich-kausaler Genesis, sondern als der Ausdruck einer stufenweise gelingenden Erfüllung des Zwecks. In den verschiedenen Ordnungen der animalen Wesen kommt (nach Oken) gesondert zutage, was die Natur mit dem Organismus will, und was ihr vollständig erst im Menschen gelingt. Diese teleologische Deutung schließt ein zeitliches Kausalverhältnis nicht aus, aber bei Schelling wenigstens nicht ein. Es liegt ihm nicht daran zu fragen, ob die eine Art aus der andern entstanden ist: er will nur zeigen, daß die eine sachlich die Vorstufe für die Leistung der andern sei[112]).

Es ist danach begreiflich, daß die mechanische Naturerklärung, die im 19. Jahrhundert wieder zum Siege gelangt ist, in der Zeit der Naturphilosophie nur einen glücklich überwundenen Rausch teleologischer Überhebung zu sehen pflegte, welcher die ruhige Arbeit der Forschung aufgehalten habe. Allein die Akten über den Streit, der seit Demokrit und Platon die Geschichte der Naturauffassung erfüllt, sind auch

---

[112]) Die „Deutung" der Erscheinungen war freilich ein in wissenschaftlicher Hinsicht gefährliches Prinzip: sie öffnete der poetischen Phantasie und den geistreichelnden Einfällen die Tore der Naturphilosophie. Diese Gäste drängen sich schon bei Schelling, noch mehr aber bei seinen Schülern, wie N o v a l i s , S t e f f e n s , S c h u b e r t , herein. Eine traumhafte Natursymbolik treibt besonders in dem „magischen Idealismus" von Novalis ihr poetisch liebenswürdiges, aber philosophisch bedenkliches Spiel.

heute noch nicht geschlossen. Der Reduktion des Qualitativen auf das Quantitative, die unter der Fahne der Mathematik siegreich vordringt, ist immer wieder jenes Bedürfnis entgegengetreten, das hinter den Bewegungen im Raume eine sinnvoll vernünftige Wirklichkeit sucht. Diesem Bedürfnis nach lebendigem Inhalt der Natur ging Schellings Lehre nach, und darum fühlte sich auch zu ihr der große Dichter hingezogen, der sich bemühte, in dem reizenden Spiel der Farben als das wahrhaft Wirkliche nicht eine Atomschwingung, sondern ein ursprünglich qualitativ Bestimmtes nachzuweisen. Das ist der philosophische Sinn von Goethes „Farbenlehre"[113]).

Bei Schelling ist das S y s t e m d e r N a t u r von dem Gedanken beherrscht, daß sich in ihr die „objektive" Vernunft von der materiellen Erscheinungsweise durch die Fülle der Gestaltungen und Kräfteverwandlungen hindurch zu dem Organismus aufringt, worin sie zum B e w u ß t s e i n kommt[114]). Das e m p f i n d e n d e Wesen ist der Schlußpunkt des Naturlebens: mit der Empfindung beginnt das System der Wissenschaftslehre. Der viel verschlungene Weg, den die Natur bis zu diesem Ziele einhält, ist bei den zahlreichen Umarbeitungen der Naturphilosophie im einzelnen mehrfach abgeändert, in den Grundzügen aber dersebe geblieben. Insbesondere war es die aus der Wissenschaftslehre stammende Auffassung von dem Widerstreit der Kräfte, die in höherer Einheit sich aufheben, die Lehre von der D u a l i t ä t, welche das Grundschema der „Konstruktion der Natur" ausmachte, und von hier wurde für Schelling besonders die P o l a r i t ä t bedeutsam, die in den elektrischen und magnetischen Erscheinungen als neu gefundenes Rätsel die Zeitgenossen beschäftigte[115]).

4. Als Schelling neben die Naturphilosophie eine eigene Bearbeitung der Wissenschaftslehre unter dem Namen des „transzendentalen Idealismus" stellen wollte, hatte sich in dem gemeinsamen Denken der Jenenser Idealisten eine bedeutsame Änderung vollzogen, der er nun den ersten systematischen Ausdruck gab. Der Anstoß dazu stammte von S c h i l l e r und der Ausbildung, welche dieser den Gedanken der Kritik der Urteilskraft gegeben hatte. Schritt für Schritt war dabei deutlicher geworden, daß für den Idealismus sich das System der Vernunft in der ästhetischen Funktion vollenden müsse, und an Stelle des ethischen Idealismus, den die Wissenschaftslehre, und des physischen, den die Naturphilosophie lehrte, trat nun der ä s t h e t i s c h e I d e a l i s m u s.

Die folgenreiche Umbildung, welche Kants Gedanken durch Schiller erfuhren, betraf keineswegs nur die dem Dichter zunächst liegenden ästhetischen, sondern ebenso die ethischen und die geschichtsphilosophischen Fragen und damit das ganze System der Vernunft. Denn Schillers Gedanken waren, wie u. a. das Gedicht „Die Künstler" zeigt, schon vor der Bekanntschaft mit Kant auf das Problem gerichtet gewesen, welche Bedeutung das Schöne und die Kunst in dem ganzen Zusammenhange des menschlichen Vernunftlebens und in dessen geschichtlicher Entwicklung hat, und indem er nun die Lösung dieses Problems unter die kantischen Begriffe stellte, gab er dem Idealismus nach der Wissenschaftslehre die entscheidende Wendung.

---

[113]) Vgl. Jac. Stilling in den „Straßburger Goethevorträgen" (1889), S. 149 ff., und H. GLOCKNER, Das philos. Problem in G.s Farbenlehre (1924).

[114]) Vgl. die schönen Verse in „Schellings Leben in Briefen", I, 282 ff.

[115]) Über die Bedeutung des Polaritätsgedankens für Goethes Denken vgl. E. A. BOUCKE, G.s Weltanschauung (1907).

Sie begann mit den neuen Formen, die Schiller für Kants Begriff der Schönheit fand. Die Synthesis der theoretischen und der praktischen Vernunft in der ästhetischen (vgl. § 40, 2) konnte vielleicht keinen glücklicheren Ausdruck finden, als in Schillers Definition der S c h ö n h e i t   a l s   F r e i h e i t   i n   d e r   E r s c h e i - n u n g[116]). Sie besagt, daß die ästhetische Anschauung ihr Objekt auffaßt, ohne es den Regeln des erkennenden Verstandes zu unterwerfen: es wird nicht unter Begriffe subsumiert, und wir fragen nicht nach den Bedingungen, die es in andern Erscheinungen hat. Es wird angeschaut, a l s   o b es frei wäre. S c h o p e n h a u e r hat das nachher so ausgedrückt, der Genuß des Schönen sei die Betrachtung des Gegenstands unabhängig vom Satz des Grundes. Noch mehr Gewicht aber hat Schiller später darauf gelegt, daß das ästhetische Verhalten der praktischen Vernunft gegenüber ebenso unabhängig ist wie der theoretischen. Das Schöne ist (vom Angenehmen und Guten geschieden) so wenig Gegenstand des sinnlichen wie des sittlichen Triebes; ihm fehlt ebenso die Bedürftigkeit des empirischen Trieblebens wie der Ernst der praktischen Vernunft[117]). Im ästhetischen Leben entfaltet sich der S p i e l t r i e b[118]); in der interesselosen Betrachtung schweigt jede Regung des Willens. Auch hierin ist Schopenhauer gefolgt, wenn er das Glück des ästhetischen Zustandes in der Überwindung des unseligen Willens zum Leben, in der Tätigkeit des reinen, willenlosen Subjekts der Erkenntnis fand[119]).

Hieraus folgerte Schiller zunächst, daß überall da, wo es sich darum handelt, den seiner Sinnlichkeit unterworfenen Menschen zum sittlichen Wollen zu erziehen, das ästhetische Leben das wirksamste Mittel dazu darbietet. Kant hatte die „Umkehrung der Triebfedern" als die ethische Aufgabe des Menschen bezeichnet (vgl. oben § 39, 6): für den Übergang aus der sinnlichen in die sittliche Bestimmtheit des Willens bot er dem Menschen als Unterstützung die Religion, — Schiller die Kunst[120]). Glaube und Geschmack lassen den Menschen wenigstens legal handeln, wo er zur Moralität noch nicht reif ist. Im Umgang mit dem Schönen verfeinert sich das Gefühl, so daß die natürliche Roheit schwindet und der Mensch für seine höhere Bestimmung erwacht. Die Kunst ist der Nährboden für Wissenschaft und Sittlichkeit. So lehrte Schiller schon in den „Künstlern"; in den „Briefen über die ästhetische Erziehung" gräbt er sehr viel tiefer. Der ästhetische Zustand („Staat") vernichtet, weil er der völlig interesselose ist, auch das sinnliche Wollen und schafft damit Raum für die Möglichkeit des sittlichen Wollens: er ist der notwendige

---

[116]) Vgl. hauptsächlich die (sog. Kallias-)Briefe an Körner vom Februar 1793, dazu die bei dem Briefe vom 20. Juni dess. J. gedruckte Skizze über das „Schöne in der Kunst", — alles Fragmente des nicht ausgeführten Dialogs „Kallias".

[117]) Die transzendental-psychologische Begründung, welche Schiller hierfür in den „Briefen über die ästhetische Erziehung" (11 f.) versucht, erinnert stark an die Reinhold-Fichtesche Zeit, wo es „in Jena von Form und Stoff schwirrte".

[118]) Diese Durchführung der Lehre vom Spieltriebe ging in der Tat prinzipiell über Kant hinaus, bei dem gerade in der Spekulation über jenes „übersinnliche Substrat der Menschheit", worin die Allgemeingültigkeit des ästhetischen Urteils begründet erschien, das Schöne doch schließlich wieder zum „Symbol des Guten" wurde: vgl. Kr. d. U., § 59. Bei Kant sind eben in letzter Instanz a l l e Werte ethischen Charakters: bei Schiller kommt der E i g e n w e r t   d e s   S c h ö n e n zum Durchbruch, obwohl er die ethisierende Auffassung Kants nicht vollständig abgestreift hat.

[119]) Welt als W. u. V., I, §§ 36—38. Dabei nimmt Schopenhauer allerdings denselben Wert für die naturwissenschaftliche Erkenntnis in Anspruch. Vgl. unten § 43, 4.

[120]) Vgl. den Schluß der Abhandlung „Über den moralischen Nutzen ästhetischer Sitten".

Durchgangspunkt aus dem physischen Notstaat in den moralischen Staat. Im physischen Zustand erleidet der Mensch die Macht der Natur, er entledigt sich ihrer im ästhetischen, und er beherrscht sie im moralischen.

Aber schon in den „Künstlern" war dem Schönen die zweite, höhere Aufgabe zugewiesen worden, der moralischen und intellektuellen Kultur schließlich auch die höchste Vollendung zu geben, und indem der Dichter diesen Gedanken dem kritischen Begriffssystem einbildet, geht er von der Ergänzung zur Umgestaltung der kantischen Lehre über. Die beiden Seiten der menschlichen Natur sind nicht versöhnt, wenn der sittliche Trieb den Sinnentrieb noch überwinden muß. Im physischen und im moralischen Zustand ist je eine Seite der menschlichen Natur zu Gunsten der andern unterdrückt. Ein vollendetes Menschentum ist nur da, wo keiner der beiden Triebe über den andern herrscht. Der Mensch ist nur da wahrhaft Mensch, wo er spielt, wo der Kampf in ihm schweigt, wo die sinnliche Natur in ihm zu so e d l e r E m p f i n d u n g erhoben ist, daß er nicht mehr nötig hat, erhaben zu wollen. Der kantische Rigorismus gilt überall da, wo der Pflicht die sinnliche Neigung gegenübersteht: aber es gibt das höhere Ideal der s c h ö n e n S e e l e, welche diesen Kampf nicht mehr kennt, weil ihre Natur so veredelt ist, daß sie das Sittengesetz aus Neigung erfüllt. Und eben diese Veredlung gewinnt der Mensch nur durch die ästhetische Erziehung. Durch sie allein wird der sinnlich übersinnliche Zwiespalt in der menschlichen Natur aufgehoben, in ihr allein kommt das eigenste Menschentum zur vollen Verwirklichung.

5. In dem Ideal der „schönen Seele" überwindet die Shaftesburysche „Virtuosität" (vgl. oben § 36, 6) den kantischen Dualismus. Die Vollendung des Menschen ist die ästhetische Versöhnung der beiden in ihm wohnenden Naturen; die B i l d u n g soll das Leben des Individuums zum K u n s t w e r k machen, indem sie das sinnlich Gegebene zum vollen Einklang mit der ethischen Bestimmung adelt. In dieser Richtung hat Schiller im Gegensatz zum Rigorismus Kants der idealen Lebensauffassung seiner Zeit den tonangebenden Ausdruck verliehen, und der ä s t h e t i s c h e H u m a n i s m u s, welchen er so der Begriffsarbeit abrang, fand neben ihm eine Fülle von andern, eigenartigen Ausprägungen. In ihnen allen aber erschien G o e t h e als die gewaltige Persönlichkeit, welche in der ästhetischen Vollkommenheit ihrer Lebensführung ebenso wie in den großen Werken ihrer dichterischen Tätigkeit diese ideale Höhe der Humanität lebendig darstellte.

In dieser Auffassung des Genius begegnete sich mit Schiller zunächst W i l h e l m v o n H u m b o l d t[121]): er suchte von hier aus das Wesen der großen Dichtungen zu verstehen, er fand in der Harmonie der sinnlichen und der sittlichen Natur das Lebensideal des Menschen, und er wendete dies Prinzip in seiner für die S p r a c h w i s s e n s c h a f t grundlegenden Abhandlung[122]) in der Weise an, daß er aus der organischen Wechselwirkung beider Elemente das Wesen der Sprache zu verstehen lehrte.

Zu schärferem Gegensatz gegen den kantischen Rigorismus ging in dem Shaftes-

---

[121]) Geb. 1767, gest. 1835. Ges. Werke, 7 Bde., Berlin 1841 ff.; neue Ausgabe der Berliner Akademie 1898 ff. Vgl. außer dem Briefwechsel, namentlich mit Schiller, hauptsächlich die „Ästhetischen Versuche" (Braunschweig 1799). Dazu RUD. HAYM, W. v. H. (Berlin 1856) und ED. SPRANGER, W. v. H. und die Humanitätsidee (Berlin 1909).

[122]) Über die Kawi-Sprache, Berlin 1836.

buryschen Geiste schon J a c o b i mit seinem auf Goethes Persönlichkeit zugeschnittenen Roman „Allwills Briefsammlung" vor. Auch das moralische Genie ist „exemplarisch": es fügt sich nicht unter hergebrachte Regeln und Maximen, es lebt sich selbst aus und gibt sich damit auch die Gesetze seiner Moralität. Diese „sittliche Natur" ist das Höchste, was es im Umkreise der Menschheit gibt. Das abstrakte System der Maximenhaftigkeit, das Kants Ethik charakterisierte, beginnt einer Auffassung der individuellen Lebenswerte zu weichen.

Zu vollem Übermut ist diese ethische Genialität in Theorie und Praxis bei den R o m a n t i k e r n ausgewuchert. Hier entwickelte sie sich als eine ä s t h e t i s c h e A r i s t o k r a t i e d e r B i l d u n g gegen die demokratische Utilität der Aufklärungsmoral. Das bekannte Schillersche Wort von dem „Adel in der sittlichen Welt" wurde dahin gedeutet, daß der Philister mit seiner nach allgemeinen Grundsätzen geregelten Arbeit seine zweckbestimmte Tätigkeit zu leisten habe, während der geniale Mensch, frei von aller äußeren Bestimmung durch Absichten und Regeln, in dem interesselosen Spiel seiner bewegten Innerlichkeit, in der Ausgestaltung seiner ewig bildsamen Phantasie nur seine bedeutende Individualität als etwas in sich Wertvolles auslebt. In dieser genialen Moral soll deshalb auch die Sinnlichkeit (in der engsten Bedeutung des Worts) zu ihrem vollen unverkümmerten Rechte kommen und durch ästhetische Steigerung den feinsten Regungen der Innerlichkeit ebenbürtig werden, — ein sublimer Gedanke, der nicht hinderte, daß seine Ausführung in Fr. Schlegels „Lucinde" auf geistreich raffinierte Gemeinheit hinaus-lief[123]).

Zu der Reinheit Schillerscher Gesinnung wurde die romantische Moral durch S c h l e i e r m a c h e r s[124]) Ethik zurückgeführt. Sie ist der vollendete Ausdruck des Lebensideals jener großen Zeit. Auf die Einheit von Vernunft und Natur scheint ihr alles ethische Handeln gerichtet: darnach bestimmt sich im allgemeinen das Sittengesetz, welches kein anderes sein kann als das natürliche Lebensgesetz der Vernunft, — danach auch im einzelnen die Aufgabe jedes Individuums, das in besonderer, nur ihm eigener Weise jene Einheit zum Ausdruck bringen soll. In der systematischen Ausführung dieses Gedankens unterscheidet Schleiermacher (nach dem organischen und dem intellektuellen Faktor der Intelligenz, vgl. § 41, 6) die organisierende und die symbolisierende Tätigkeit, je nachdem, ob die Einheit von Natur und Vernunft erstrebt oder vorausgesetzt wird, und so ergeben sich im ganzen vier sittliche Grundverhältnisse, denen als Güter Staat, Geselligkeit, Schule und Kirche entsprechen[125]). Aus diesen heraus hat sich das Individuum zu harmonischem Eigenleben selbsttätig zu entwickeln.

Auf die ästhetische Vernunft hat endlich in völlig selbständiger Weise auch H e r b a r t die ethische Theorie zurückgeführt: ihm gilt methodologisch die Moral als ein Zweig der allgemeinen „Ästhetik". Neben der theoretischen Vernunft, welche die Prinzipien für die Erkenntnis des Seins enthält, erkennt er als ursprünglich nur die B e u r t e i l u n g d e s S e i e n d e n n a c h ä s t h e t i s c h e n I d e e n an. Diese Beurteilung als solche hat mit dem Willen und den Bedürfnissen des empirischen Ich ebensowenig zu tun wie das Erkennen. Die „Geschmacksurteile" gelten

[123]) Anders P. KLUCKHOHN, Auffassung der Liebe in der Literatur des 18. Jhd. und in der deutschen Romantik (1922).
[124]) Vgl. auch SCHLEIERMACHERS „Vertraute Briefe über die Lucinde" (1800).
[125]) HOLSTEIN, Die Staatsphilosophie Sch.s, 1922.

mit unableitbarer Evidenz notwendig und allgemein, und sie beziehen sich stets auf die V e r h ä l t n i s s e   d e s   S e i e n d e n, diesen wohnt ein ursprüngliches Wohlgefallen oder Mißfallen bei. Die Anwendung dieser Prinzipien auf das engere Gebiet des Ästhetischen ist von Herbart nur angedeutet, erst von seinen Schülern, namentlich Rob. Zimmermann[126]), zu der ausgesprochen „formalistischen" Ästhetik ausgebildet worden: die Ethik dagegen gilt für Herbart als die Lehre von den Geschmacksurteilen über Verhältnisse des menschlichen Willens. Sie hat nichts zu erklären — das ist Sache der Psychologie —, sie hat nur die Normen festzustellen, nach denen sich jene Beurteilung richtet. Als solche findet Herbart die fünf s i t t - l i c h e n   I d e e n : Freiheit, Vollkommenheit, Wohlwollen, Recht und Billigkeit, und nach ihnen sucht er auch die Systeme des sittlichen Lebens zu ordnen. Für die genetische Untersuchung dagegen macht er immer die Prinzipien der Assoziationspsychologie geltend, und so versucht er in der Statik und Mechanik des Staats den Mechanismus der Willensbewegungen darzustellen, durch welchen das gemeinsame Leben der Menschen sich erhält.

6. Aus S c h i l l e r s ästhetischer Moral ergab sich aber auch eine G e s c h i c h t s - p h i l o s o p h i e , welche die Gesichtspunkte von Rousseau und Kant in neuer Verbindung erscheinen ließ. Der Dichter entwickelte sie in ganz eigenartiger Weise, indem er in den Aufsätzen über „Naive und sentimentalistische Dichtung" die ästhetischen Grundbegriffe aus der Aufstellung historischer Gegensätze und aus einer allgemeinen Konstruktion ihrer Bewegung gewann. Die Zeitalter und die Dichtungsarten charakterisieren sich ihm durch das verschiedene Verhältnis des Geistes zum Reiche der Natur und zum Reiche der Freiheit. Als der „arkadische" Zustand erscheint hier der, wo der Mensch instinktiv, ohne Gebot das Sittliche tut, weil der Gegensatz seiner beiden Naturen noch nicht im Bewußtsein entfaltet ist: als das „elysische" Ziel erscheint jene Vollendung, in welcher die Natur so veredelt ist, daß sie wiederum das Sittengesetz in ihren Willen aufgenommen hat. Zwischen beiden liegt der Kampf der beiden Naturen, — die wirkliche Geschichte.

Die Dichtung aber, deren eigenste Aufgabe es ist, den Menschen darzustellen, ist überall durch die Grundverhältnisse bestimmt. Läßt sie die sinnliche Natürlichkeit des Menschen noch in der harmonischen Einheit mit seinem geistigen Wesen erscheinen, so ist sie n a i v; bringt sie dagegen den Widerspruch zwischen beiden zur Darstellung, läßt sie in irgendeiner Weise die Unangemessenheit zwischen der Wirklichkeit und dem Ideal des Menschen hervortreten, so ist sie s e n t i m e n t a l i s c h, und zwar entweder satirisch oder elegisch, sei es auch im Idyll. Der Dichter, der selbst Natur ist, stellt die Natur naiv dar; der, welcher sie nicht besitzt, hat an ihr das sentimentalische Interesse, die Natur, die aus dem Leben schwand, als Idee in der Dichtung zurückzurufen. Die Harmonie von Natur und Vernunft ist bei jenem gegeben, bei diesem aufgegeben, — dort als Wirklichkeit, hier als Ideal. Dieser Unterschied der dichterischen Empfindungsweise charakterisiert nach Schiller auch den Gegensatz des Antiken und des Modernen. Der Grieche empfindet natürlich, der moderne Mensch empfindet die Natur als ein verlorenes Paradies, wie der Kranke die Genesung. Daher gibt der antike und naive Dichter die Natur wie sie ist, ohne seine Empfindung, der moderne und sentimentale nur in Beziehung auf seine Re-

---

[126]) ROB. ZIMMERMANN, Allgemeine Ästhetik als Formwissenschaft. Wien 1865.

flexion: jener verschwindet hinter seinem Gegenstande wie der Schöpfer hinter seinen Werken, dieser zeigt in der Gestaltung des Stoffs die Macht seiner dem Ideal zustrebenden Persönlichkeit. Dort waltet Realismus, hier Idealismus, und die letzte Höhe der Kunst wäre die Vereinigung, worin der naive Dichter das Sentimentalische darstellte: so umriß Schiller die Gestalt seines großen Freundes, des modernen Griechen.

Mit Begier wurden diese Bestimmungen von den R o m a n t i k e r n aufgegriffen. Virtuosen des Rezensententums, wie die S c h l e g e l s waren, freuten sich dieses philosophischen Schemas für Kritik und Charakteristik und führten es in ihre umfassende Bearbeitung der Literaturgeschichte ein. Dabei gab indes F r i e d r i c h Schlegel den Schillerschen Gedanken die spezifisch „romantische" Zuspitzung, für die er mit schlagfertiger Oberflächlichkeit Fichtesche Motive zu verwerten wußte. Wenn er den von Schiller aufgestellten Gegensatz mit den neuen Namen k l a s - s i s c h und r o m a n t i s c h bezeichnete, so bildete er ihn auch sachlich durch seine Lehre von der I r o n i e um. Der klassische Dichter geht in seinem Stoff auf, der romantische schwebt als souveräne Persönlichkeit über ihm, er vernichtet den Stoff durch die Form. Indem er über jeden Stoff, den er setzt, mit freier Phantasie hinweggeht, entfaltet er an ihm nur das Spiel seiner Genialität, das er in keiner seiner Bildungen beschränkt. Daher hat der romantische Dichter einen Zug zum Unendlichen, zum Niemalsfertigen: er selbst ist immer noch mehr als jeder seiner Gegenstände, und darin eben betätigt sich die Ironie. Dem unendlichen Tun des sittlichen Willens, das Fichte gelehrt hatte, schiebt der Romantiker das endlose Spiel der zwecklos bildenden und wieder zerstörenden Phantasie unter[127]).

Die g e s c h i c h t s p h i l o s o p h i s c h e n Momente in Schillers Lehre haben bei F i c h t e, dem sie manches entlehnte[128]), ihre volle Entwicklung gefunden, dabei aber auf diesen den Einfluß gehabt, daß auch er in der ästhetischen Vernunft die Gegensätze der Wissenschaftslehre sich ausgleichen ließ. Schon in den Jenenser Vorlesungen über das Wesen des Gelehrten und in der Behandlung, welche die Berufspflichten des Lehrers und des Künstlers im „System der Sittenlehre" fanden, klingen solche Motive an: zum beherrschenden Thema sind sie in Fichtes Erlanger Vorlesungen geworden. Wenn er daran ging, die „Grundzüge des gegenwärtigen Zeitalters" zu zeichnen, so tat er es in den markigen Linien einer universalhistorischen Konstruktion. Als der erste („arkadische") Zustand der Menschheit erscheint hier der des „V e r n u n f t i n s t i n k t s", als dessen Träger ein Normalvolk angenommen wird. In diesem Zeitalter waltet über und unter den Individuen mit un-mittelbarer, unangefochtener Sicherheit der Naturnotwendigkeit das allgemeine Bewußtsein: aber die Bestimmung des freien Einzel-Ich ist es, sich von dieser Gewalt der Sitte und des Herkommens loszureißen und dem eigenen Triebe und Urteile zu folgen. Damit jedoch beginnt das Zeitalter der Sündhaftigkeit. Diese vollendet sich in dem intellektuellen und moralischen Zerfall des Gesamtlebens, in der

---

[127]) Vgl. HEGEL, Vorles. über Ästh. (Werke, X, 1), Einleitung, S. 82 ff., und F. STRICH, Deutsche Klassik und Romantik. 2. Aufl. (1924).

[128]) Wie früh und energisch Fichte in diese ästhetische Entwicklung eingriff, beweist am besten die von ihm ursprünglich für Schillers Horen (1794) geschriebene Abhandlung „Über Geist und Buchstab in der Philosophie". Vgl. G. TEMPEL, Fichtes Stellung zur Kunst (Metz 1901). Zu Fichtes Geschichtsphilosophie vgl. außer Lask E. HIRSCH, Christentum und Geschichte in F.s Philosophie (1920).

Anarchie der Meinungen, in dem Atomismus der Privatinteressen. Mit deutlichen Strichen wird diese „v o l l e n d e t e   S ü n d h a f t i g k e i t" als Theorie und Praxis der Aufklärung gekennzeichnet. Die Lebensgemeinschaft der Menschheit ist hier zu dem „Notstaat" herabgesunken, der auf die Ermöglichung eines äußerlichen Zusammenseins beschränkt ist und darauf beschränkt sein soll, da er mit allen höheren Interessen des Menschen, Moralität, Wissenschaft, Kunst und Religion nichts zu tun hat und sie der Freiheitssphäre des Individuums, überlassen muß. Dafür hat denn aber auch das Individuum an diesem „wirklichen" Staat kein lebendiges Interesse: seine Heimat ist die Welt und vielleicht noch in jedem Augenblicke der Staat, der gerade auf der Höhe der Kultur steht[129]). Diese Kultur aber besteht in der Unterordnung der Individuen unter das erkannte Vernunftgesetz. Aus der sündhaften Willkür der Individuen muß die Autonomie der Vernunft, der Selbsterkenntnis und Selbstgesetzgebung des nun bewußt im Einzelgeiste waltenden· Allgemeingültigen sich erheben. Damit wird das Zeitalter der V e r n u n f t h e r r s c h a f t beginnen, aber es wird sich nicht vollenden, ehe nicht in dem „wahren Staat" alle Kräfte des vernünftig vollgereiften Individuums in den Dienst des Ganzen gestellt werden und so wieder das Gebot des Gesamtbewußtseins widerstandslos erfüllt wird. Dieser („elysische") Endzustand ist der der „V e r n u n f t k u n s t". Es ist das Ideal der „schönen Seele", auf Politik und Geschichte übertragen. Dies Zeitalter herbeizuführen und in ihm die „Gemeine", das „Reich", durch Vernunft zu leiten, ist die Aufgabe des „Lehrers", des Gelehrten und des Künstlers[130]).

Den „Beginn der Vernunftherrschaft" sah Fichtes tatkräftiger Idealismus gerade da, wo die Sündhaftigkeit und die Not am höchsten gestiegen waren. In den „Reden an die deutsche Nation" feierte er sein Volk als dasjenige, welches allein noch Ursprünglichkeit bewahrt habe und dazu bestimmt sei, den wahren Kulturstaat zu schaffen. Er rief es auf, sich auf diese seine Bestimmung zu besinnen, an der das Schicksal Europas hänge, von innen heraus durch eine völlig neue Erziehung sich selbst zum Vernunftreiche zu erheben und der Welt die Freiheit zurückzugeben.

Das „Vernunftreich" aber denkt Fichte nicht etwa als eine abstrakte Herrschaft allgemeiner Maximen, worin die individuelle Lebendigkeit ausgelöscht wäre, sondern als eine reiche Mannigfaltigkeit p e r s ö n l i c h e r   E i g e n w e r t e, die zu einem organischen Ganzen zusammengeordnet sind. In seiner Auffassung von dem Lebensrechte und der Bestimmung des Individuums berührt er sich in seiner späteren Zeit mit den besten Formen der romantisch-ästhetischen Ethik, mit Jacobi und Schleiermacher, und seine Geschichtsphilosophie stellt damit die theoretisch unableitbare Individualität unter den Gesichtspunkt der ethischen Wertung: sie bildet deshalb den äußersten Gegensatz gegen diejenigen Auffassungen, die in irgendeiner Weise den Sinn der Geschichte in einer allgemeinen Gesetzmäßigkeit suchen, und dem· entsprechend behandelt sie ganz ausdrücklich die historische Entwicklung als einen

---

[129]) Die für den Kosmopolitismus der Bildung im 18. Jahrhundert klassische Stelle ist bei FICHTE, W., VII, 212.

[130]) In der religiösen Schlußwendung des Fichteschen Denkens nimmt dies Bild des idealen Kulturstaates der Zukunft mehr und mehr theokratische Züge an: der Gelehrte und Künstler ist jetzt der Priester und Seher geworden. Vgl. W., IV, 453 ff., und Nachgel. Werke, III, 417 ff.

e i n m a l i g e n Prozeß, in welchem sich individuell wertvolle Erscheinungen zu einer zweckbestimmten Gesamtordnung vereinigen. Denn die Geschichte als die „Erscheinung" Gottes kann nur ein Reich der Freiheit und dieses nur ein Reich der Individualität sein[131]).

7. Zur vollen Herrschaft im ganzen System der idealistischen Philosophie gelangte der Gesichtspunkt der ä s t h e t i s c h e n V e r n u n f t durch S c h e l l i n g. In seiner Ausarbeitung des „transzendentalen Idealismus" entwickelte er den Fichte-schen Gegensatz der theoretischen und der praktischen Wissenschaftslehre durch das Verhältnis zwischen der bewußten und der bewußtlosen Tätigkeit des Ich (vgl. oben Nr. 2). Ist die bewußte durch die bewußtlose bestimmt, so verhält sich das Ich theoretisch, im umgekehrten Falle praktisch. Aber das theoretische Ich, welches der Produktivität der bewußtlosen Vernunft empfindend, anschauend, denkend zuschaut, kommt damit nie zu Ende, und auch das praktische Ich, welches die bewußtlose Weltwirklichkeit in der freien Arbeit der individuellen Sittlichkeit, der staatlichen Gemeinschaft und des geschichtlichen Fortschritts umgestaltet, hat das Ziel seiner Tätigkeit im Unendlichen. In beiden Reihen kommt das ganze Wesen der Vernunft nie zu voller Verwirklichung. Dies ist nur möglich durch die b e w u ß t l o s - b e w u ß t e T ä t i g k e i t d e s k ü n s t l e r i s c h e n G e n i e s, worin jene Gegensätze aufgehoben sind. In der absichtslosen Zweckmäßigkeit des Schaffens, dessen Produkt die „Freiheit in der Erscheinung" ist, muß die höchste Synthesis aller Vernunfttätigkeiten gesucht werden. Hatte Kant das Genie als die Intelligenz definiert, die wie Natur wirkt, hatte Schiller den ästhetischen Zustand des Spiels als den wahrhaft menschlichen bezeichnet, so erklärte Schelling die ästhetische Vernunft für den Schlußstein des idealistischen Systems. Das Kunst-werk ist diejenige Erscheinung, worin die Vernunft am reinsten und vollsten zur Entwicklung gelangt: die K u n s t ist das wahre Organon der Philosophie. An ihr hat das „zuschauende Denken" zu lernen, was Vernunft ist. Wissenschaft und Moralität sind einseitige und nie abgeschlossene Entwicklungsreihen der subjektiven Vernunft: nur die Kunst ist in jedem ihrer Werke fertig als ganz verwirklichte Vernunft.

Nachdem er den „transzendentalen Idealismus" geschrieben, hielt Schelling in Jena die Vorlesungen über die „Philosophie der Kunst", welche diese Grund-gedanken mit einem bewunderungswürdig feinen, insbesondere an der Behandlung der Dichtkunst bewährten Verständnis für künstlerische Eigenart und Schaffens-weise ausführten. Damals nicht gedruckt, haben diesen Vorlesungen durch ihre Wirkung auf die Jenenser Kreise die gesamte folgende Entwicklung der Ästhetik bestimmt. Die spätere Veröffentlichung[132]) legt diejenige Redaktion vor, welche Schelling einige Jahre später in Würzburg vortrug. In ihr macht sich bereits die Änderung der allgemeinen Auffassung geltend, wozu der Philosoph inzwischen fortgeschritten war.

8. Auch dabei wirkte das ästhetische Motiv wenigstens in formeller Hinsicht mit, indem nun für die Naturphilosophie und die Transzendentalphilosophie eine gemeinsame systematische Grundlage gesucht wurde. Jene handelte von der objek-

---

[131]) Vgl. FICHTEs Staatslehre 1813, W. IV, 458 ff., besonders S. 541.
[132]) In den Ges. Werken, V, 353 ff., erst 1859 gedruckt.

tiven, diesen von der subjektiven Vernunft: beide aber mußten im letzten Wesen identisch sein; weshalb sich diese Phase des Idealismus das I d e n t i t ä t s - s y s t e m nennt. Danach bedarf es für die Natur und das Ich eines gemeinsamen Prinzips. Dies wurde in der Schrift, welche Schelling „Darstellung meines Systems der Philosophie" betitelte, die „a b s o l u t e V e r n u n f t" oder die „I n d i f f e - r e n z von Natur und Geist, von Objekt und Subjekt" genannt: denn das höchste Prinzip kann weder real noch ideal bestimmt sein, in ihm müssen alle Gegensätze ausgelöscht sein. Das „Absolute" ist hier bei Schelling inhaltlich so unbestimmt[133]), wie in der alten „negativen Theologie", wie in dem Pantheismus der *coincidentia oppositorum*, wie in Spinozas „Substanz". Mit dem letzteren Begriffe aber teilt es die Eigenschaft, daß seine Erscheinung in zwei Reihen auseinandergeht, die reale und die ideale, Natur und Geist. Diese sachliche Verwandtschaft mit Spinoza ver- stärkte Schelling durch die formelle, indem seine „Darstellung" den Schematismus der „Ethica"[134]) nachahmte. Trotzdem ist dieser i d e a l i s t i s c h e S p i n o z i s - m u s von dem originalen in seiner Weltauffassung durchaus verschieden. Beide wollen die ewige Verwandlung des Absoluten in die Welt darstellen: dabei be- trachtet aber Spinoza die beiden Attribute der Materialität und des Bewußtseins als völlig getrennt und jede endliche Erscheinung als lediglich einer der beiden Sphären angehörig. Schelling dagegen verlangt, daß in jeder Erscheinung „Realität" und „Idealität" enthalten sein müssen, und konstruiert die einzelnen je nach dem Maße, in welchem beide Momente darin verknüpft sind, und das eine oder das andere von ihnen „überwiegt". Das dialektische Prinzip des a b s o l u t e n I d e a l i s m u s ist die q u a n t i t a t i v e D i f f e r e n z d e s r e a l e n u n d d e s i d e a l e n F a k t o r s : das Absolute selbst ist eben deshalb die völlige Indiffe- renz[135]). Die r e a l e R e i h e ist diejenige, worin der objektive Faktor „überwiegt": sie führt von der Materie durch Licht, Elektrizität und Chemismus zum O r g a - n i s m u s, der relativ geistigsten Erscheinung in der Natur. In der idealen Reihe überwiegt der subjektive Faktor, in ihr geht die Entwicklung von der Moralität und der Wissenschaft zum K u n s t w e r k, der relativ natürlichsten Erscheinung im Reiche des Geistes. Und die Gesamterscheinung des Absoluten, das U n i v e r - s u m, ist deshalb zugleich der vollkommenste Organismus und das vollkommenste Kunstwerk[136]).

9. In diesem System wollte Schelling den ganzen Ertrag der früher nach ver- schiedenen Richtungen auseinandergehenden Untersuchungen zusammenfassen. Er bezeichnete dabei die verschiedenen Stufen der Selbstdifferenzierung des Absoluten zuerst als „P o t e n z e n"; bald aber führte er einen andern Namen und zugleich eine andere Auffassung der Sache ein. Das hing mit der r e l i g i ö s e n W e n - d u n g zusammen, welche das Denken der Romantiker um die Wende des Jahr- hunderts nahm. Die Anregung dazu ging von S c h l e i e r m a c h e r aus. Er bewies

---

[133]) Sehr charakteristisch drückte dies Schellings Schüler Oken aus, wenn er (Natur- philosophie, I, 7 ff.) das Absolute, das er schon Gott nannte, $= \pm 0$ setzte.

[134]) Vgl. oben § 30, 6, S. 338 ff.

[135]) Schematisch erläutert Schelling dies durch das Bild des Magneten, in dessen ver- schiedenen Teilen Nordmagnetismus und Südmagnetismus mit verschiedenem Intensitäts- verhältnis gegenwärtig sind.

[136]) W. I, 4, 423.

den „Gebildeten unter den Verächtern der Religion", daß d a s S y s t e m d e r
V e r n u n f t s i c h n u r i n d e r R e l i g i o n v o l l e n d e n könne. Auch darin
lag ein Sieg der ä s t h e t i s c h e n Vernunft. Denn was Schleiermacher damals als
Religion predigte (vgl. § 41, 6), war kein theoretisches und kein praktisches Verhalten des Menschen, sondern eine ästhetische Beziehung zum Weltgrunde, das
Gefühl schlechthinniger Abhängigkeit. Darum beschränkte sich auch die Religion
für ihn auf das fromme Gefühl, auf das Durchdrungensein des Individuums von
dieser innerlichen Beziehung zum Allgemeinen, und lehnte alle theoretische Form
und alle praktische Organisation ab. Darum sollte die Religion Sache der Individualität sein, darum wurde die positive Religion auf das „religiöse Genie" ihres
Stifters zurückgeführt. Bei dieser Verwandtschaft ist die Wirkung begreiflich,
welche Schleiermachers „Reden" auf die Romantik ausgeübt haben; von hier
stammt deren Neigung, die einheitliche Lösung aller Probleme der Menschheit von
der Religion zu erwarten, in ihr die getrennten Sphären der Kulturtätigkeit wieder
innerlich vereinigen zu wollen und schließlich das Heil in jener Herrschaft der
Religion über alle Lebenskreise zu suchen, wie sie im Mittelalter bestanden haben
sollte. Wie Schiller ein idealisiertes Griechentum, so schufen die späteren Romantiker ein idealisiertes Mittelalter.

Mit großer Feinfühligkeit folgte Schelling diesem Zuge des Denkens. Wie Spinoza
nannte er nun das Absolute „G o t t" oder das „Unendliche", und ebenso wie Spinoza
zwischen der „Substanz" und den einzelnen endlichen Wirklichkeiten die Attribute
und die „unendlichen Modi" (vgl. oben § 31, 5) eingeschoben hatte, so galten nun
die „Potenzen" als die ewigen Formen der Erscheinung Gottes, deren endliche
Abbilder die empirischen Einzelerscheinungen sind. Wenn sie aber in diesem Sinne
von Schelling (im „Bruno" und in der „Methode des akademischen Studiums")
als I d e e n bezeichnet wurden, so kommt darin noch ein anderes Moment zu Tage.
Schleiermacher und Hegel, der seit 1801 seinen persönlichen Einfluß auf Schelling
geltend machte, wiesen gleichmäßig auf P l a t o n hin: aber die damalige philosophiegeschichtliche Kenntnis betrachtete dessen Lehre noch immer durch die Brille
des N e u p l a t o n i s m u s, welcher d i e I d e e n a l s S e l b s t a n s c h a u u n g
G o t t e s auffaßte[187]). Und so ging Schellings Lehre in einen n e u p l a t o n i s c h e n
I d e a l i s m u s zurück, wonach die „Ideen" das Mittelglied bildeten, durch welches
sich das Absolute in die Welt verwandeln sollte.

Dieser religiöse Idealismus der Schellingschen Ideenlehre hat eine Anzahl von
Parallel- und Folgeerscheinungen. Die persönlich interessanteste davon ist F i c h-
t e s spätere Lehre, worin er dem Sieg des Spinozismus den Tribut entrichtete, daß
er nun doch wieder den unendlichen Trieb des Ich aus einem „absoluten Sein"
hervorgehen und darauf gerichtet sein ließ. Für die endlichen Dinge hielt er daran
fest, sie als Produkte des Bewußtseins zu deduzieren: aber dessen unendliche
Tätigkeit leitete er nun aus dem Zweck ab, ein absolutes Sein, die Gottheit, „ab-
zubilden", und deshalb erschien ihm jetzt als die Bestimmung des Menschen nicht
mehr die rastlose Tätigkeit des kategorischen Imperativs, sondern das „selige
Leben" der Versenkung in die Anschauung des göttlichen Urbildes, — ein mystischer

---

[187]) Vgl. oben § 19, 4. Über Herbarts selbständige Ausnahmestellung, deren Bedeutung
gerade im Gegensatz zu Schelling und Hegel klar wird, siehe oben S. 502, Anm. 76.

Ausklang des gewaltigen Denkerlebens, welcher den Sieg der ästhetischen Vernunft in seiner vollen Größe erscheinen läßt.

Noch weiter ist das religiöse Motiv von Schellings Schüler K r a u s e verfolgt worden. Die pantheistische Weltanschauung des Idealismus, die Schelling auch damals noch (eben in spinozistischer Weise) vertrat, wollte Krause mit dem Begriff der göttlichen Persönlichkeit verbinden. Die Welt gilt auch ihm als Entwicklung des göttlichen „Wesens", das in den Ideen ausgeprägt ist: aber diese Ideen sind d i e S e l b s t a n s c h a u u n g d e r h ö c h s t e n P e r s ö n l i c h k e i t. Wesen — so sagt Krause für Gott — ist nicht indifferente Vernunft, sondern der persönliche Lebensgrund der Welt. In der weiteren Ausführung des hiernach als „Panentheismus" charakterisierten Systems hat Krause kaum eine andere Originalität als die sehr bedenkliche, daß er die gemeinsamen Gedanken der ganzen idealistischen Entwicklung in einer unverständlichen Terminologie vorträgt, die er selbst erfand, aber für urdeutsch erklärte. Besonders ausgeführt ist bei ihm die Auffassung des ganzen Vernunftlebens unter dem Gesichtspunkte des „Gliedbaus" (zu deutsch: Organismus). Er betrachtet nicht nur das Universum wie Schelling als „Wesengliedbau" (göttlichen Organismus), sondern auch die Bildungen des gesellschaftlichen Zusammenhanges als Fortsetzungen der organischen Lebensbewegung über den individuellen Menschen hinaus: jeder „Bund" ist ein solcher Gliedbau und fügt sich wieder einem höheren als Glied ein, und der Gang der Geschichte ist die Erzeugung immer vollkommenerer und umfassenderer Vereinigungen[138]).

Für die r o m a n t i s c h e Ä s t h e t i k endlich hatte Schellings neue Lehre die Folge, daß die neuplatonische Auffassung der Schönheit als Erscheinung der Idee im Sinnlichen für sie wieder maßgebend wurde. Das Verhältnis der Unzulänglichkeit zwischen der endlichen Erscheinung und der unendlichen Idee stimmte zu dem Schlegelschen Prinzip der Ironie, und dieser Zusammenhang wurde namentlich von S o l g e r zur Grundlage einer Kunsttheorie gemacht, die darin besonders für das Verständnis des Tragischen wertvolle Gesichtspunkte fand.

10. Den Abschluß dieser ganzen gestaltenreichen Entwicklung bildet H e g e l s l o g i s c h e r I d e a l i s m u s. Er bedeutet in der Hauptsache eine Rückkehr von Schelling zu Fichtes erster Stellung, ein Aufgeben des Gedankens, daß aus dem „Nichts" der absoluten Indifferenz der lebendige Reichtum der Welt abgeleitet werden könne[139]), und den Versuch, jene leere Substanz wieder zum Geist, zum in sich bestimmten S u b j e k t zu erheben. Solche Erkenntnis kann aber nicht in der Form der Anschauung bestehen, die Fichte und Schelling für das Ich oder das Absolute in Anspruch genommen hatten, sondern nur in der des B e g r i f f s. Wenn alles Wirkliche die Erscheinung des Geistes ist, so fällt die Metaphysik mit der Logik[140]) zusammen, welche die schöpferische Selbstbewegung des Geistes

---

[138]) Mit besonderer Lebhaftigkeit ist in den letzten Jahren die Frage Idealismus und Christentum diskutiert worden. Vgl. W. LÜTGERT, Die Religion des deutschen Idealismus und ihr Ende (2. Aufl., 1923 f., 3 Bde.); E. HIRSCH, Die idealistische Philosophie und das Christentum (1926); H. GROOS, Der deutsche Idealismus und das Christentum (1927).

[139]) HEGEL, Phänomen., Vorr. W., II, 14.

[140]) Diese metaphysische Logik ist natürlich nicht die formale, sondern ihrer Bestimmung nach recht eigentlich Kants transzendentale Logik. Der Unterschied ist nur der, daß die

als eine dialektische Notwendigkeit zu entwickeln hat. Die Begriffe, in welche der
Geist seinen eigenen Inhalt auseinanderlegt, sind die K a t e g o r i e n d e r W i r k -
l i c h k e i t, die Gestalten des Weltlebens, und die Philosophie hat dies Reich der
Formen nicht als gegebene Mannigfaltigkeit zu beschreiben, sondern als die Momente
einer einheitlichen Entwicklung zu begreifen. Die dialektische Methode dient also
bei Hegel dazu, das Wesen der einzelnen Erscheinungen durch die B e d e u t u n g
zu bestimmen, welche sie als Glieder in der Selbstentfaltung des Geistes haben.
Statt Geist sagt Hegel auch Idee oder Gott. Es ist die höchste Aufgabe, welche der
Philosophie je gestellt worden ist: die Welt als eine Entwicklung der Inhaltsbestimmungen des göttlichen Geistes zu verstehen.

Dabei verhält sich Hegel nicht nur zur deutschen Philosophie, sondern zu der
gesamten früheren Geistesbewegung ähnlich, wie Proklos zur griechischen[141]):
in dem „Schema der Dreieinigkeiten“ von Position, Negation und Aufhebung der
Negation werden alle Begriffe, mit denen der menschliche Geist je die Wirklichkeit
oder einzelne Gruppen davon gedacht hat, zu einem einheitlichen System zusammen-
gewoben. Jeder davon erhält so seine Stelle angewiesen, an der seine Notwendigkeit,
seine relative Berechtigung deutlich werden soll: aber jeder erweist sich damit
auch nur als ein Moment, das erst im Zusammenhange mit den übrigen und durch
die Art seiner Einfügung in das Ganze seinen wahren Wert erhält. Es soll gezeigt
werden, daß die Gegensätze und Widersprüche der Begriffe zum Wesen des Geistes
selbst und damit auch zum Wesen der aus ihm entfalteten Wirklichkeit gehören,
und daß ihre Wahrheit gerade in dem Zusammenhange besteht, worin die Kategorien auseinander sich ergeben. „Die Erscheinung ist das Entstehen und Vergehen,
das selbst nicht entsteht und vergeht, sondern an sich ist und die Wirklichkeit und
Bewegung des Lebens der Wahrheit ausmacht“[142]).

Darum ist Hegels Philosophie wesentlich h i s t o r i s c h, eine s y s t e m a t i s c h e
V e r a r b e i t u n g d e s g a n z e n G e d a n k e n s t o f f s d e r G e s c h i c h t e.
Er besaß sowohl die Polyhistorie, die dazu nötig war, als auch die kombinative
Feinfühligkeit zur Auffindung jener logischen Beziehungen, auf die es ihm ankam.
Das Interesse an seiner Philosophie trifft weniger die einzelnen Begriffe, die er
der geistigen Arbeit von zwei Jahrtausenden entnahm, als die systematische V e r -
b i n d u n g, die er zwischen ihnen herstellte: und gerade durch diese wußte er
Sinn und Bedeutung des Einzelnen meisterhaft zu zeichnen und überraschendes
Licht auf längst bestehende Gedankengebilde zu werfen. Freilich entfaltete er am
Gegebenen die W i l l k ü r d e s k o n s t r u k t i v e n D e n k e n s, die das Wirkliche nicht so darstellte, wie es empirisch sich darbietet, sondern so, wie es in der
dialektischen Bewegung sein sollte, und die Vergewaltigung des Tatsächlichen konnte
da bedenklich werden, wo er es versuchte, das empirische Material in ein philosophisches System zu bringen, so in der Naturphilosophie, in der Geschichte der
Philosophie, in der Geschichte überhaupt. Desto glänzender bewährte sich die Macht

---

„Erscheinung“ für Kant eine menschliche Vorstellungsweise, für Hegel eine objektive
Entäußerung des absoluten Geistes ist.

[141]) Vgl. oben § 20, 8.

[142]) Dieser H e r a k l i t i s m u s, der schon in Fichtes Lehre vom Tun (vgl. oben § 42. 2)
angelegt war, fand seinen lebhaften Gegner in Herbarts Eleatismus (vgl. § 41, 7 f.). Dieser
uralte Gegensatz macht das Wesentliche in dem Verhältnis der beiden Zweige des deutschen
Idealismus aus (vgl. oben S. 509, Anm. 76).

des von historischem Geiste getränkten Denkens auf solchen Gebieten, wo der philosophischen Behandlung ausdrücklich nur die Reflexion über ein zweifellos Gegebenes, kein chronologischer Bericht über empirische Wirklichkeit zukommt. So gab Hegel als Ästhetik einen historischen Aufbau der ä s t h e t i s c h e n I d e a l e d e r M e n s c h h e i t, welcher nach Schillerscher Methode und auch mit sachlicher Anlehnung an ihre Resultate alle systematischen Grundbegriffe dieser Wissenschaft in der wohlgefügten Reihenfolge des Symbolischen, des Klassischen und des Romantischen herausspringen ließ und danach ebenfalls das System der Künste in Architektur, Skulptur, Malerei, Musik und Dichtung gliederte. So entwickelte auch seine Religionsphilosophie aus dem Grundbegriff der R e l i g i o n, wonach sie das Verhältnis des endlichen Geistes zum absoluten Geiste in der Form der Vorstellung ist, d i e S t u f e n i h r e r p o s i t i v e n V e r w i r k l i c h u n g in der Naturreligion der Zauberei, des Feuerdienstes und der Tiersymbolik, in der Religion der geistigen Individualität des Erhabenen, des Schönen, des Verstandesmächtigen, endlich in der absoluten Religion, welche Gott als das vorstellt, was er ist, als den dreieinigen Geist. Überall hat Hegel hier mit tiefgreifender Sachkenntnis die Grundlinien gezogen, in denen sich später die empirische Behandlung derselben Gegenstände bewegt hat, und die philosophischen Kategorien für die Gesamt betrachtung der historischen Tatsachen aufgestellt.

Dasselbe gilt auch für seine Behandlung der Weltgeschichte. Hegel verstand unter o b j e k t i v e m G e i s t den übergreifenden Lebenszusammenhang der Individuen, der, nicht von diesen erzeugt, vielmehr den Boden bildet, aus dem sie geistig hervorgehen. Die abstrakte Form dieses Zusammenhanges heißt R e c h t[143]); es ist der objektive Geist „an sich". Die Unterordnung der subjektiven Gesinnung des einzelnen unter die Gebote des Gesamtbewußtseins nennt der Philosoph „M o r a l i t ä t", während er den Namen der „S i t t l i c h k e i t" für die Verwirklichung jenes Gesamtbewußtseins im S t a a t e aufbewahrt[144]). In der immanenten Lebenstätigkeit der menschlichen Vernunft ist der Staat das Höchste; über ihn hinaus dringen nur Kunst, Religion und Wissenschaft bis zum absoluten Geiste vor. Der Staat ist die Verwirklichung der sittlichen Idee, der sichtbar gewordene Volksgeist: er ist seiner Idee nach das lebendige Kunstwerk, worin die Innerlichkeit der menschlichen Vernunft in die äußere Erscheinung tritt. Aber diese Idee, aus der sich das System der Formen und Funktionen des Staatslebens ableitet, tritt als Wirklichkeit nur in den individuellen Bildungen der entstehenden und vergehenden Staaten auf: ihre wahre und volle Verwirklichung ist nur die W e l t g e s c h i c h t e[145]), in welche die Völker sukzessive eintreten, um ihren Geist in der Arbeit der Staatenbildungen auszuleben und dann vom Schauplatz zurückzutreten. So charakterisiert sich jede Epoche durch die geistige Vorherrschaft eines bestimmten Volkes, welches das Zeichen seiner Eigenart allen Arten der Kulturtätigkeit aufprägt. Und wenn es die Gesamtaufgabe der G e s c h i c h t e ist, diesen

---

[143]) Daher behandelt Hegel die Lehre vom objektiven Geiste unter dem Titel „Rechts· philosophie". Vgl. H. WENKE, H.s Theorie des objektiven Geistes (1927).

[144]) Vgl. FR. ROSENZWEIG, Hegel und der Staat, 2 Bde. (1920). FR. BÜLOW, Die Entwicklung der H.schen Sozialphilosophie (1920); G. GIESE, Hegels Staatsidee (1925).

[145]) Vgl. G. LASSON, Hegel als Geschichtsphilosoph. Einleitung zur vollständig neuen Ausgabe von Hegels Vorlesungen über die Philosophie der Weltgeschichte (1917 ff.). - K. LEESE. Die Geschichtsphilosophie H.s. 1922.

Zusammenhang zu verstehen, so wird auch die P o l i t i k nicht meinen dürfen, aus abstrakten Anforderungen ein Staatsleben konstruieren und dekretieren zu können, sondern sie wird in der ruhigen Entwicklung des Volksgeistes die Motive seiner politischen Bewegung zu suchen haben. So wendet sich in Hegel, dem „Philosophen der Restauration", die h i s t o r i s c h e W e l t a n s c h a u u n g gegen den revolutionären Doktrinarismus der Aufklärung.

Geringer sind Hegels Erfolge in der Behandlung naturphilosophischer und psychologischer Fragen: die Energie seines Denkens liegt auf dem Gebiete der Geschichte. Das äußere Gesamtschema seines Systems ist in großen Zügen folgendes: der „Geist an sich", d. h. seinem absoluten Inhalt nach, ist das Reich der Kategorien: dies entwickelt die L o g i k als Lehre vom Sein, vom Wesen und vom Begriff. Der „Geist für sich", d. h. in seinem Anderssein und seiner Selbstentfremdung, ist die N a t u r, deren Gestalten in der Mechanik, Physik und Organik abgehandelt werden. Der dritte Hauptteil betrachtet als P h i l o s o p h i e d e s G e i s t e s den „Geist an und für sich", d. h. in seinem bewußt zu sich selbst zurückkehrenden Leben; hier werden drei Stufen unterschieden: der subjektive (individuelle) Geist, der objektive Geist als Recht, Moralität, Staat und Geschichte, endlich der absolute Geist als Anschauung in der Kunst, als Vorstellung in der Religion, als Begriff in der Geschichte der Philosophie.

Dabei wiederholt sich in allen diesen Teilen der Philosophie nicht nur die formale Dialektik der Begriffsbildung, sondern auch die sachliche Reihenfolge der Begriffsinhalte. So entwickelt bereits die Logik in ihrem zweiten und dritten Teil die Grundkategorien der Natur- und Geistesphilosophie; so weist die Entwicklung der ästhetischen Ideale stetig auf diejenige der religiösen Vorstellungen hin; so steht der gesamte Gang der Logik in Parallelismus zur Geschichte der Philosophie. Gerade dies Verhältnis gehört zum Wesen des S y s t e m s d e r V e r n u n f t, welches hier nicht mehr wie bei Kant nur die Formen, sondern auch den Inhalt umfaßt und diesen seinen zuletzt doch überall mit sich selbst gleichen Inhalt in der Mannigfaltigkeit der „Gestalten der Wirklichkeit" vor sich entfalten soll. Die Entwicklung ist immer dieselbe, daß die „Idee" durch ihre Selbstentzweiung „z u s i c h s e l b s t k o m m t". Darum gehen die Kategorien von dem inhaltlosen Sein zu dem innerlichen Wesen und von da zu der sich selbst begreifenden Idee fort; darum steigen die Gestalten der empirischen Welt von der Materie zu den Imponderabilien, zum Organismus, zum Bewußtsein, zum Selbstbewußtsein, zur Vernunft, zum Recht, zur Moralität und zur Sittlichkeit des Staates auf, um in Kunst, Religion und Wissenschaft den absoluten Geist zu erfassen; darum hebt die Geschichte der Philosophie mit den Kategorien des materiellen Seins an und vollendet sich nach allen ihren Geschicken in der Lehre von der sich selbst begreifenden Idee; darum endlich soll man auch in dies „System der Vernunft" den Eingang am besten dadurch finden, daß man sich klar macht, wie der menschliche Geist mit dem sinnlichen Bewußtsein beginnt und durch dessen Widersprüche zu immer höherer und tieferer Erfassung seiner selbst getrieben wird, bis er in der philosophischen Erkenntnis, in der Wissenschaft des Begriffs, seine Ruhe findet. Das Ineinander aller dieser Entwicklungen hat Hegel mit dunkler Sprache und geheimnisvoll andeutendem Tiefsinn in seiner P h ä n o m e n o l o g i e dargestellt.

In diesem System der Vernunft hat jedes einzelne seine Wahrheit und Wirklickeit eben nur darin, daß es ein Moment in der Entwicklung des Ganzen ist. Nur als solches ist es *in concreto* wirklich und wird es von der Philosophie begriffen. Nimmt man es aber abstrakt, denkt man es in seiner Vereinzelung, worin es nicht *realiter*, sondern nur nach der subjektiven Auffassung des Verstandes besteht, so verliert es jenen Zusammenhang mit dem Ganzen, worin seine Wahrheit und Wirklichkeit besteht: dann erscheint es als zufällig und vernunftlos. Aber als solches existiert es eben nur in dem beschränkten Denken des einzelnen Subjekts. Für die philosophische Erkenntnis gilt, daß, was vernünftig ist, wirklich ist, und daß, was wirklich ist, vernünftig ist[146]). Das System der Vernunft ist die einzige Realität.

§ 43. Die Metaphysik des Irrationalen.

Die „Dialektik der Geschichte" hat gewollt, daß auch das System der Vernunft in sein Gegenteil umschlug, und daß die Einsicht in die Unübersteiglichkeit der Grenzen, auf welche der Versuch einer Deduktion aller Erscheinungen aus Einem Grundprinzip notwendig stößt, unmittelbar neben jenen idealistischen Lehren andere entstehen ließ, die sich eben dadurch genötigt fanden, die U n v e r n u n f t d e s W e l t g r u n d e s zu behaupten. Diesen Prozeß hat zuerst der vielseitige Träger der Hauptentwicklung, der Proteus des Idealismus, S c h e l l i n g, an sich selbst erlebt. Das Neue ist dabei nicht die Erkenntnis, daß das vernünftige Bewußtsein zuletzt doch immer irgend etwas zum Inhalt hat, was es einfach in sich vorfindet, ohne sich darüber Rechenschaft geben zu können: solche Grenzbegriffe waren das transzendentale X als Ding-an-sich bei Kant, als Bewußtseinsdifferential bei Maimon, als grundlos freie Handlung bei Fichte. Das Neue war, daß dies von der Vernunft nicht zu Begreifende, nicht zu Bewältigende, ihrer Arbeit Widerstehende nun auch als etwas U n v e r n ü n f t i g e s gedacht werden sollte.

1. Schelling ist auf die Bahn des Irrationalismus merkwürdigerweise gerade dadurch gedrängt worden, daß er das religiöse Motiv in den absoluten Idealismus aufnehmen wollte (§ 42, 9). Wenn „das Absolute" nicht mehr bloß in **spinozisti**scher Weise als das allgemeine, indifferente Wesen aller Erscheinungen, sondern als Gott gedacht, wenn das göttliche und das natürliche Prinzip der Dinge unterschieden wurden, so daß den ewigen Ideen als den Formen der göttlichen Selbstanschauung eine gesonderte Existenz neben den endlichen Dingen zugewiesen wurde, so mußte die Verwandlung Gottes in die Welt von neuem zum Problem werden. Das war ja im Grunde genommen auch Hegels Problem, und dieser hatte insofern recht, wenn er später lehrte, daß nach ihm die Philosophie dieselbe Aufgabe habe wie die Theologie. Er half sich mit der dialektischen Methode, die in der Form einer höheren Logik zeigen sollte, wie die Idee sich ihrem eigenen begrifflichen Wesen gemäß zum „Anderssein", d. h. zur Natur, zur endlichen Erscheinung „entläßt".

Dasselbe Problem hat Schelling auf dem Wege der T h e o s o p h i e zu lösen versucht, d. h. durch eine mystisch-spekulative Lehre, welche die philosophischen Begriffe in religiöse Anschauungen umsetzte. Er geriet auf diesen Weg dadurch, daß ihm das Problem in der Gestalt eines Versuchs der Einschränkung der Philo-

---

[146]) Vorrede zur Rechtsphilos., W. VIII, 17.

sophie durch die Religion entgegengebracht wurde, und daß er in lebhafter Reaktion dagegen sich im Rahmen der Philosophie anheischig machte, auch das religiöse Problem zu lösen. Das konnte dann freilich nur geschehen, wenn die Philosophie in theosophische Spekulationen überging.

Ein Schüler des Identitätssystems, Eschenmeyer[147]), zeigte, daß die philosophische Erkenntnis zwar die Vernünftigkeit des Weltinhalts, seine Übereinstimmung mit der göttlichen Urvernunft aufweisen, daß sie aber nicht zeigen könne, wie dieser Inhalt zu der selbständigen Existenz gelange, die er in den endlichen Dingen der Gottheit gegenüber hat. Hier höre die Philosophie auf und beginne die Religion. Um nun auch dies Gebiet der Philosophie zu retten und die alte Einheit von Religion und Philosophie wiederherzustellen, nimmt Schelling spezifisch religiöse Anschauungen als philosophische Begriffe in Anspruch und formt sie demgemäß so um, daß sie nach beiden Seiten brauchbar erscheinen: wobei er in ausgiebigstem Maße Kants Religionsphilosophie benutzt.

In der Tat[148]), vom Absoluten zum Wirklichen gibt es keinen stetigen Übergang; der Ursprung der Sinnenwelt aus Gott ist nur durch einen S p r u n g, ein Abbrechen von der Absolutheit denkbar. Ein Grund dafür — lehrt Schelling hier noch — ist weder im Absoluten noch in den Ideen zu finden: aber im Wesen der letzteren ist wenigstens die Möglichkeit gegeben. Denn den Ideen als dem „Gegenbild" des Absoluten, worin es sich selbst anschaut, teilt sich die Selbständigkeit des Urbildes mit, die F r e i h e i t des „In-sich-selbst-seins". In dieser liegt die Möglichkeit des A b f a l l s   d e r   I d e e n   v o n   G o t t, ihrer metaphysischen Verselbständigung, wodurch sie wirklich und empirisch, d. h. endlich werden. Aber dieser Abfall ist nicht notwendig und nicht begreiflich: er ist eine g r u n d l o s e   T a t s a c h e, aber nicht ein einmaliges Geschehnis, sondern so zeitlos, ewig, wie das Absolute und die Ideen selbst. Man sieht, die religiöse Färbung dieser Lehre stammt aus Kants Ansicht vom Radikal-Bösen als einer Tat des intelligiblen Charakters, die philosophische dagegen aus Fichtes Begriff der grundlos freien Handlungen des Ich. Auf diesem Sündenfall also beruht die Verwirklichung der Ideen in der Welt. Daher ist der I n h a l t der Wirklichkeit vernünftig und göttlich; denn es sind Gottes Ideen, die darin wirklich sind: ihr eigenes W i r k l i c h s e i n aber ist Abfall, Sünde und Unvernunft. Diese Wirklichkeit der Ideen außer Gott ist die N a t u r. Allein ihr göttliches Wesen strebt zu dem Urgrund und Urbild zurück, und dieser R ü c k g a n g   d e r   D i n g e   i n   G o t t ist die G e s c h i c h t e, das im Geiste Gottes gedichtete Epos, dessen Ilias die immer weitere Abkehr des Menschen von Gott, dessen Odyssee seine Rückkehr zu Gott ist. Ihre Endabsicht ist die V e r s ö h n u n g d e s   A b f a l l s, die Wiedervereinigung der Ideeen mit Gott, das Aufhören ihrer Selbständigkeit. Auch die Individualität erleidet dies Schicksal: ihre Ich-heit ist intelligible Freiheit, Selbstbestimmung, Losreißung vom Absoluten; ihre Erlösung ist das Untertauchen in das Absolute.

In ähnlicher Weise hat F r i e d r i c h   S c h l e g e l[149]) die „Triplizität" des

---

[147]) ESCHENMAYER (1770—1852), Die Philosophie in ihrem Übergange zur Nichtphilosophie (1803).

[148]) SCHELLING, Religion und Philosophie (1804). W., I, 6, S. 38 ff.

[149]) In den von WINDISCHMANN herausgegebenen „Philosophischen Vorlesungen" (1804 bis 1806) und ebenso später in der „Philosophie des Lebens" und der „Philosophie der Geschichte" (1828 und 1829).

Unendlichen, des Endlichen und der Rückkehr des Endlichen zum Unendlichen als Prinzip seiner späteren Lehre zu Grunde gelegt: sie wollte die Widersprüche des Wirklichen als Tatsache behaupten, aus dem Sündenfall erklären und durch die Unterwerfung unter die göttliche Offenbarung versöhnen; aber unter der gewandten Darstellung verbarg sich nur mühsam die philosophische Impotenz ihres Urhebers.

2. Den Grübelsinn S c h e l l i n g s dagegen ließ das einmal aufgedeckte Problem nicht los. Der Monismus, der sein Denken stets beherrscht hatte, drängte auf die Frage hin, ob denn nicht doch schließlich der Grund des Abfalls im Absoluten selbst zu finden sei; und diese konnte nur bejaht werden, wenn das I r r a t i o n a l e in das W e s e n d e s A b s o l u t e n s e l b s t verlegt wurde. Von diesem Gedanken aus befreundete sich Schelling mit der Mystik J a c o b B o e h m e s (vgl. oben § 29, 7). Sie wurde ihm am stärksten durch den Umgang mit B a a d e r nahegebracht. Dieser selbst hatte seine Anregung ebenso wie von Boehme auch von dessen französischen Propheten S t. M a r t i n[150]) empfangen und sie, am katholischen Glauben festhaltend, mit geistvoll dunkler Phantastik und unmethodischer Aneignung Kantischer und Fichtescher Gedanken in sich verarbeitet. Die eigene Idee, die in ihm wühlte, war die, daß der Lebenslauf des Menschen, der Gottes Ebenbild ist und der von sich nur soweit wissen kann als Gott von ihm weiß, der Selbstentwicklung Gottes parallel sein müsse. Da nun des Menschen Leben durch den Sündenfall als Anfang und die Erlösung als Ziel bestimmt ist, so muß die e w i g e S e l b s t g e b ä r u n g G o t t e s darin bestehen, daß auch Gott aus dunklem, vernunftlosem Urwesen sich durch Selbstoffenbarung und Selbsterkenntnis zur absoluten Vernunft entfaltet.

Unter solchen Einflüssen fing nun auch Schelling in seiner Schrift[151]) über die Freiheit (1809) an, von einem Urgrund, Ungrund oder Abgrund im göttlichen Wesen zu reden, welcher als das bloße Sein und der absolute „Urzufall", als ein dunkles Streben, ein unendlicher Trieb geschildert wird. Er ist der unbewußte Wille, und alle Wirklichkeit ist in letzter Instanz Wollen. Dieser nur auf sich selbst gerichtete Wille erzeugt als seine Selbstoffenbarung die Ideen, das Ebenbild, worin er ewig sich selbst anschaut, — die Vernunft: aus der Wechselwirkung jenes dunklen Dranges und seiner idealen Selbstanschauung geht die Welt hervor, die als Natur den Widerstreit zweckmäßiger Gestaltung und unvernünftigen Triebes erkennen läßt[152]) und als geschichtlicher Prozeß den Sieg des in der Vernunft offenbarten Allgemeinwillens über die natürliche Unvernunft des Partikularwissens zu ihrem Inhalte hat. Derart führt die Entwicklung des Wirklichen von der Unvernunft des Urwillens *(deus implicitus)* zur Selbsterkenntnis und Selbstbestimmung der Vernunft *(deus explicitus)*[153]).

---

[150]) ST. MARTIN (1743—1803), „le philosophe inconnu", der rührige Gegner der Aufklärung und der Revolution, war durchaus von Boehmes Lehren ergriffen, dessen „Aurora" er übersetzte. Von seinen Schriften sind L'homme de désir (1790), Le nouvel homme (1796), De l'esprit des choses (1801) die wichtigsten, die interessanteste vielleicht das wunderliche Werk Le crocodile ou guerre du bien et du mal arrivée sous le règne de Louis XV., poème épicomagique (1799). Vgl. A. FRANCK, La philosophie mystique en France (Paris 1866); auch v. OSTEN-SACKEN, Fr. Baader und St. Martin (Leipzig 1860).

[151]) Hiernach pflegt diese spätere Lehre Schellings „Freiheitslehre" genannt zu werden wie die frühere das „Identitätssystem".

[152]) SCHELLING, Unters. über die Freiheit, W. I, 7, 376

[153]) Vgl. oben § 23, 1.

3. So wurde für Schelling, wie früher die Kunst, zuletzt die Religion zum „Organon der Philosophie". Da der Prozeß der Selbstentwicklung Gottes sich in den Offenbarungen abspielt, mit denen er im menschlichen Geiste sich selbst anschaut, so müssen alle Momente des göttlichen Wesens in der Reihenfolge der Vorstellungen zutage treten, welche der Mensch in seiner geschichtlichen Entwicklung von Gott hat. Deshalb wird in der „P h i l o s o p h i e d e r M y t h o l o g i e u n d O f f e n - b a r u n g", dem Werke von Schellings Alter, die E r k e n n t n i s G o t t e s a u s d e r g e s a m t e n R e l i g i o n s g e s c h i c h t e gewonnen: in dem Fortschritt von den Naturreligionen bis zum Christentum und seinen verschiedenen Gestaltungen kommt die Selbstoffenbarung Gottes vom dunklen Urwillen bis zum Geiste der Vernunft und der Liebe zum Durchbruch. Gott entwickelt sich selbst, indem er sich dem Menschen offenbart.

Der methodischen Form nach erinnert dies Prinzip stark an Hegels Auffassung der „Geschichte der Philosophie", worin „die Idee zu sich selbst kommt", und auch die glückliche Kombination und die feinfühlige Gruppierung, womit Schelling den massenhaften Stoff der Religionsgeschichte in diesen Vorlesungen bemeistert hat, zeigt sich durchaus der Hegelschen Art verwandt und ebenbürtig. Allein die sachliche Grundauffassung ist doch völlig verschieden. Schelling bezeichnet den Standpunkt dieser seiner letzten Lehre als m e t a p h y s i s c h e n E m p i r i s m u s. Sein eigenes früheres und Hegels System nennt er jetzt die „negative" Philosophie: sie vermag wohl zu zeigen, daß, wenn Gott sich einmal offenbart er dies in den dialektisch zu konstruierenden Gestalten der natürlichen und der historischen Wirklichkeit tut. Aber daß er sich offenbart und sich damit in die Welt verwandelt, vermag die Dialektik nicht zu deduzieren[154]). Das ist überhaupt nicht zu deduzieren, sondern nur zu e r f a h r e n, und zwar aus der Art, w i e s i c h G o t t i m r e l i g i ö s e n L e b e n d e r M e n s c h h e i t o f f e n b a r t. Daraus Gott und seine Selbstentwicklung in die Welt zu begreifen, ist die Aufgabe der p o s i t i v e n P h i l o s o p h i e.

Diejenigen, welche Schellings „Philosophie der Mythologie und Offenbarung" sogleich und später als „G n o s t i z i s m u s" verspottet haben, wußten wohl kaum, wie tief begründet der Vergleich war. Sie hatten nur die phantastische Verquickung mythischer Vorstellungen und philosophischer Begriffe und die Willkür kosmogonischer und theogonischer Konstruktionen im Auge. Die wahre Ähnlichkeit aber besteht darin, daß wie einst die Gnostiker den Kampf der Religionen, in welchen sie standen, zu einer Geschichte des Universums und der darin waltenden göttlichen Mächte umdeuteten[155]), so nun Schelling die Entwicklung der menschlichen Vorstellungen von Gott als die Entwicklung Gottes selbst darstellte[156]).

4. Zur vollen Ausbildung ist durch Abstreifung des spezifisch religiösen Moments der Irrationalismus bei S c h o p e n h a u e r entwickelt worden. Jener dunkle, nur auf sich selbst gerichtete Drang erscheint bei ihm unter dem Namen des W i l l e n s z u m L e b e n als das Wesen aller Dinge, als Ding-an-sich (vgl. § 41, 10). Dem Begriffe nach hat dieser nur auf sich selbst gerichtete Wille eine formale Ähnlichkeit

---

[154]) Das ist also die vollständige Umkehrung des ersten Standpunktes der Fichteschen Wissenschaftslehre, vgl. oben § 42, 1, S. 508.

[155]) Vgl. oben § 21, 2 f.

[156]) Über die Wirkung dieser Lehre auf den interessanten Publizisten C o n s t. F r a n t z vgl. dessen Biographie von E. STAMM (I., Heidelberg 1908).

mit Fichtes „unendlichem Tun", gerade so wie das auch bei Schlegels „Ironie" der
Fall war (vgl. § 42, 5): allein in beiden Fällen ist die sachliche Verschiedenheit um
so größer. Die lediglich auf sich selbst gerichtete Tätigkeit ist bei Fichte die Autonomie sittlicher Selbstbestimmung, bei Schlegel das willkürliche Spiel der Phantasie,
bei Schopenhauer die a b s o l u t e   U n v e r n u n f t   e i n e s   g e g e n s t a n d s -
l o s e n   W i l l e n s. Da dieser Wille nur ewig sich selbst erzeugt, so ist er der
niemals befriedigte, der u n s e l i g e Wille: und da die Welt nichts ist als die Selbstdarstellung (Selbstoffenbarung — Objektivation) dieses Willens, so muß sie eine
Welt des Elends und des Leidens sein.

Diese metaphysische Begründung des P e s s i m i s m u s verstärkt nun Schopen-
hauer[157]) durch die hedonische Beurteilung des Lebens selbst. Zwischen Wollen und
Erreichen fließt jedes Menschenleben fort. Aber Wollen ist Schmerz, ist Unlust des
Noch-nicht-befriedigtseins. Darum ist U n l u s t   d a s   p r i m ä r e   u n d   p o s i t i v e
G e f ü h l, und die Lust besteht nur in der Aufhebung einer Unlust. Daher muß im
Willensleben unter allen Umständen die Unlust überwiegen, und das wirkliche Leben
bestätigt diese Folgerung. Man vergleiche mit der Lust des fressenden Tieres die
Qual des gefressenen — und man wird ungefähr richtig das Verhältnis von Lust und
Unlust in der Welt überhaupt danach abschätzen können. Deshalb endigt aber auch
das Leben der Menschen überall in der Klage, das Beste sei, nie geboren zu sein.

Ist Leben Leiden, so kann nur Mitleid das ethische Grundgefühl sein (vgl. § 41, 10).
Unmoralisch ist der Individualwille, wenn er das Leid der andern mehrt oder auch
nur dagegen gleichgültig ist; moralisch ist er, wenn er es als eigenes Leid fühlt und
zu lindern sucht. Vom Mitleid aus gab Schopenhauer seine psychologische Erklärung
des sittlichen Lebens. Allein diese Linderung des Leids ist nur ein Palliativ: sie hebt
den Willen nicht auf, und in ihm bleibt seine Unseligkeit bestehen. „Die Sonne
brennt ewigen Mittag." Das Elend des Lebens bleibt immer dasselbe: nur seine
Vorstellungform ändert sich. Die einzelnen Gestalten wechseln, aber der Inhalt ist
immer der gleiche. Die intellektuelle Vervollkommnung ändert an dem Willensleben
des Menschen nichts. Deshalb kann auch von einem Fortschritt in der Geschichte
nicht die Rede sein: sie zeigt nur das endlose Leid des Willens zum Leben, der mit
immer neuen Personen stets dieselbe Tragikomödie vor sich selber aufführt. Aus
diesem Grunde hat die Schopenhauersche Philosophie kein Interesse an der Geschichte: die letztere lehrt nur Individuelles, es gibt von ihr keine begriffliche
Wissenschaft.

Eine Erlösung vom Elend des Willens wäre nur durch die V e r n e i n u n g   d e s
W i l l e n s selbst möglich. Aber diese ist ein Mysterium. Denn der Wille, das ἕν καὶ
πᾶν, das einzig Reale, ist ja seinem Wesen nach Selbstbejahung: wie soll er sich selbst
verneinen? Allein die Idee dieser Erlösung liegt vor in der mystischen Askese, in
der Abtötung des Selbst, in der Verachtung des Lebens und aller seiner Güter, in
dem Seelenfrieden der Wunschlosigkeit. Das, meinte Schopenhauer, sei der Inhalt
der i n d i s c h e n Religion und Philosophie, die um seine Zeit in Europa bekannt
zu werden anfing; er begrüßte diese Identität seiner Lehre mit der ältesten Weisheit
des Menschengeschlechts als willkommene Bestätigung und nannte nun die Vorstellungswelt den Schleier der Maja und die Verneinung des Willens zum Leben den

---

[157]) Welt als W. und V., I, § 56 ff., II, cap. 46; Parerga, II, cap. 11 f.

Eingang in das N i r w a n a. Aber jener unvernünftige Wille zum Leben ließ doch den Philosophen nicht los. Am Schlusse seines Werkes deutet er an, was nach Vernichtung des Willens und damit auch der Welt übrig bliebe, sei für alle die, welche noch des Willens voll sind, allerdings nichts; aber die Betrachtung des Lebens der Heiligen lehre, daß, während ihnen wiederum die Welt mit allen ihren Sonnen und Milchstraßen nichts ist, sie die Seligkeit und den Frieden erreicht haben. „In deinem Nichts hoff' ich das All zu finden."

Ist somit eine absolute Erlösung unmöglich — wäre sie je möglich, so könnte es nach Schopenhauers Lehre bei der Idealität der Zeit überhaupt keine Welt der Willensbejahung geben —, so findet der Mensch doch eine relative Erlösung vom Leid in denjenigen intellektuellen Zuständen, worin das reine willenlose Subjekt des Erkennens tätig ist, in der interesselosen Anschauung und im interesselosen Denken (vgl. oben § 42, 4). Das Objekt für beide sind nicht die einzelnen Erscheinungen, sondern die ewigen Formen der Willensobjektivation, — die I d e e n. Dies platonische (auch Schellingsche) Moment fügt sich freilich (wie anderseits auch die Annahme der intelligiblen Charaktere) äußerst schwer dem metaphysischen System Schopenhauers ein, wonach alle Besonderung des Willens erst als Vorstellung in Raum und Zeit gedacht werden soll: aber es gibt dem Philosophen Gelegenheit, das Schillersche Prinzip der interesselosen Betrachtung auf die glücklichste Weise für den Abschluß seiner Lebensansicht zu verwerten. Der Wille wird sich selbst los, wenn er seine Objektivation absichtslos vorzustellen, anzuschauen oder zu denken vermag. Das Elend des unvernünftigen Weltwillens wird gemildert durch Sittlichkeit: in Kunst und Wissenschaft wird es überwunden.

VII. Teil.

Die Philosophie des neunzehnten Jahrhunderts.

M. J. MONARD, Denkrichtungen der neueren Zeit. Bonn 1879.

A. FRANCK, Philosophes modernes étrangers et français. Paris 1873.

R. EUCKEN, Geschichte und Kritik der Grundbegriffe der Gegenwart. Leipzig 1878, seit der 3. Aufl. Geistige Strömungen der Gegenwart, 1904.

E. v. HARTMANN, Kritische Wanderung durch die Philosophie der Gegenwart. Leipzig 1890.

W. DILTHEY, Archiv für Geschichte der Philosophie. Bd. XI, S. 551 ff.

H. HÖFFDING, Moderne Philosophen. 1905.

W. WINDELBAND, Kultur der Gegenwart, I, V.

J. TH. MERZ, History of Eur. thought in the 19. cent. 2 Bde. (Edinburgh 1904).

M. FRISCHEISEN-KÖHLER, Die Philosophie der Gegenwart (Lehrbuch der Philos. 1925)

PH. DAMIRON, Essai sur l'histoire de la philosophie en France au 19e siècle. Paris 1834

H. TAINE, Les philosophes classiques français au 19e siècle. Paris 1857.

CH. RENOUVIER, Année philos. Paris 1867.

F. RAVAISSON, La philosophie en France au 19e siècle. Paris 1868. Deutsch von E. König. Eisenach 1889.

L. FERRAZ, Histoire de la philosophie en France au 19e siècle. 3 Bde. Paris 1880 bis 1889.

P. JANET, Les maîtres de la pensée moderne. Paris 1883.

E. DE ROBERTY, La philosophie du siècle. Paris 1891.

CH. ADAM, La philosophie en France, pr. moitié du 19e siècle.. Paris 1894.

G. BOAS, French philosophy of the romantic period (Baltimore 1924).

E. BOUTROUX, La philosophie en France depuis 1867; Bericht über den 3. Kongreß für Philosophie (Heidelberg 1909). S. 124—158.

D. PARODI, La philosophie contemporaine en France (Paris 1926).

M. MÜLLER, Französische Philosophie der Gegenwart (Karlsruhe 1927). Vgl. H. JOUR-DAN, Französischer Brief (Probleme der Weltanschauungslehre, Reichls Philosophischer Almanach, IV, 1927).

D. MASSON, Recent English philosophy. 3. Aufl., London 1877.

L. LIARD, Les logiciens anglais contemporains. Paris 1878.

TH. RIBOT, La psychologie anglaise contemporaine. Paris 1870.

H. HÖFFDING, Einleitung in die englische Philosophie der Gegenwart. Leipzig 1890.

J. H. MUIRHEAD, Contemporary British philosophy (London 1926).

R. J WARDELL, Contemporary philosophy (London 1923).

A. K. ROGERS, English and American philosophy since 1800 (New York 1873).

HARRY SLOCHOWER, Die Philosophie in den Vereinigten Staaten (Probleme der Welt-anschauungslehre. Reichls Philos. Alm., IV, 1927).

L. FERRI, Essai sur l'histoire de la philosophie en Italie au 19e siècle. Paris 1869.

K. WERNER, Die italienische Philosophie des 19. Jahrhunderts. 5 Bde. Wien 1884 ff.

GIOV. GENTILE, La filosofia in Italia dopo il 1850 (Critica 1908).

W. WINDELBAND, Die Philosophie im deutschen Geistesleben des 19. Jahrhunderts (3. Aufl., 1927).

CH. ANDLER u. a., La philosophie allemande au XIXe siècle. Paris 1912.

M. ETTLINGER, Geschichte der Philosophie von der Romantik bis zur Gegenwart (1924).

W. MOOG, Die deutsche Philosophie des 20. Jahrhunderts (1922).

A. MESSER, Deutsche Wertphilosophie der Gegenwart (1926).

KARL JOEL, Die philosophische Krisis der Gegenwart (3. Aufl., 1922).

K. OESTERREICHS Bearbeitung von Überwegs Grundriß. 4. Teil. Die deutsche Philosophie des 19. Jahrhunderts und der Gegenwart. 12. Aufl., 1923.

Die Philosophie im Beginn des 20. Jahrh., Festschrift für Kuno Fischer, herausgeg. von W. WINDELBAND. 2. Aufl.. Heidelberg 1908.

Herausgegeben von M. FRISCHEISEN-KÖHLER, 1913 ff.
Reichls Philosophischer Almanach erscheint vom 4. Bande ab als Jahrbuch, heraus-
gegeben von E. ROTHACKER.
Die deutsche Philosophie der Gegenwart in Selbstdarstellungen. 6 Bde. 1921 ff.

Die Geschichte der philosophischen Prinzipien ist mit der
Entwicklung der deutschen Systeme an der Grenzscheide zwischen den beiden vorigen
Jahrhunderten abgeschlossen. Eine Übersicht über die darauf und daraus
folgende Entwicklung, in der wir noch heute stehen, ist weit mehr literarhistorischen, als eigentlich philosophischen Interesses. Denn wesentlich und wertvoll
Neues ist seitdem nicht zutage getreten. Das 19. Jahrhundert war weit davon entfernt, ein philosophisches zu sein: es ist in dieser Hinsicht etwa mit dem 3. und
2. Jahrhundert v. Chr. oder mit dem 14. und 15. Jahrhundert n. Chr. zu vergleichen.
Wollte man in Hegels Sprache reden, so müßte man sagen, daß der Weltgeist dieser
Zeit, in der Wirklichkeit so sehr beschäftigt und nach außen gerissen, abgehalten
ist, sich nach innen und auf sich selbst zu kehren und in seiner eigentümlichen
Heimat sich selbst zu genießen[1]). Ausgebreitet freilich genug und ebenso bunt in
allen Farben schillernd ist die philosophische Literatur des 19. Jahrhunderts: reich
gewuchert auf allen Feldern der Wissenschaft und des öffentlichen Lebens, der
Dichtung und der Kunst hat der Same der Ideen, der uns aus den Tagen der Blüte
des geistigen Lebens herüberwehte; in einer fast unübersehbaren Fülle wechselnder
Verbindungen haben sich die Gedankenkeime der Geschichte zu vielen Bildungen
von persönlich eindrucksvoller Besonderheit zusammengefunden: aber selbst Männer
wie Hamilton und Comte, wie Rosmini und Lotze haben ihre Bedeutung doch
schließlich nur in der geistvollen Energie und der feinfühligen Umsicht, womit sie
typische Gedankenformen der Geschichte zu neuer Lebendigkeit gestaltet haben, und
auch der allgemeine Gang, den das Probleminteresse und die Begriffsbildung des
letzten Jahrhunderts angenommen haben[2]), bewegt sich in den Bahnen historisch
überkommener und höchstens in ihrem empirischen Ausdruck neu geformter
Gegensätze.

Denn das entscheidende Moment in der philosophischen Bewegung des 19. Jahrhunderts war zweifellos die Frage nach dem Maß von Bedeutung, welches die naturwissenschaftliche Auffassung der Erscheinungen für die gesamte Welt- und Lebensansicht in Anspruch zu nehmen hat. Der Einfluß, den diese Spezialwissenschaft auf
die Philosophie und das allgemeine Geistesleben gewonnen hat, ist im 19. Jahrhundert anfänglich gehemmt und zurückgedrängt worden, nachher aber zu einer um
so größeren Macht angewachsen. Die Metaphysik des 17. und deshalb auch die
Aufklärung des 18. Jahrhunderts standen im großen und ganzen unter der Herrschaft des naturwissenschaftlichen Denkens: die Auffassung der
allgemeinen Gesetzmäßigkeit alles Wirklichen, die Aufsuchung einfachster Elemente
und Formen des Geschehens, die Einsicht in die beständige Notwendigkeit, die allem
Wechsel zu Grunde liegt, bestimmte die theoretische Forschung und damit auch die

---

[1]) HEGEL, Berliner Antrittsrede, W. VI, XXXV.
[2]) Dem literarhistorischen Interesse an dieser schwer zu bemeisternden Mannigfaltigkeit
hat der Verfasser eine langjährige Arbeit gewidmet, deren Ertrag er im dritten Band seiner
„Geschichte der neueren Philosophie" (6. Aufl., Leipzig 1919) vorzulegen hoffen darf. Darin
wird ausgeführt und bewiesen werden können, was hier nur noch kurz zu skizzieren ist
[1912].

beurteilende Ansicht über alles Einzelne, dessen Wert an dem „Natürlichen" gemessen wurde. Der Ausbreitung dieser mechanischen Weltbetrachtung trat die deutsche Philosophie mit dem Grundgedanken entgegen, daß alles so Erkannte nur die Erscheinungsform und das Vehikel einer sich zweckvoll entwickelnden Innenwelt sei, und daß das wahre Begreifen des Einzelnen die Bedeutung zu bestimmen habe, die ihm in einem zweckvollen Lebenszusammenhang zukommt. Die h i s t o r i s c h e W e l t a n s c h a u u n g war das Resultat der Gedankenarbeit, worin das „System der Vernunft" entworfen werden sollte.

Diese beiden Mächte ringen im geistigen Leben unserer Zeit miteinander, und in ihrem Kampfe sind alle Argumente aus den früheren Perioden der Geschichte der Philosophie in den mannigfachsten Zusammenstellungen aufgeboten, aber keine wesentlich neuen Prinzipien ins Feld geführt werden. Und wenn sich dabei zeitweilig der Sieg auf die Seite des Demokritismus neigen zu wollen schien, so waren es hauptsächlich zwei Motive, die ihm im 19. Jahrhundert günstig gewesen sind. Das erste ist wesentlich intellektueller Natur und dasselbe, welches auch in den geistiger lebenden Zeiten der früheren Jahrhunderte wirksam war: es ist die a n s c h a u- l i c h e E i n f a c h h e i t und Klarheit, die Sicherheit und Bestimmtheit naturwissenschaftlicher Einsichten, welche, mathematisch formulierbar und jederzeit in der Erfahrung aufweisbar, alle Zweifel und Meinungen und alle Mühe des deutenden Denkens auszuschließen verspricht. Weit wirksamer aber ist in unseren Tagen die handgreifliche U t i l i t ä t der Naturwissenschaft gewesen. Die mächtige Umgestaltung der äußeren Lebensverhältnisse, die sich in rapidem Fortschritt vor unseren Augen vollzieht, unterwirft den Intellekt des Durchschnittsmenschen widerstandslos der Herrschaft der Denkformen, denen er so große Dinge verdankt, und deshalb leben wir in dieser Hinsicht unter dem Zeichen des B a c o n i s m u s (vgl. oben § 30, 2).

Anderseits hat das gesteigerte Kulturbewußtsein unserer Zeit alle die Fragen wach und lebendig erhalten, die sich auf den Wert des gesellschaftlichen und des geschichtlichen Lebens für das Individuum beziehen. Je mehr die politische und die soziale Entwicklung der europäischen Menschheit in das Stadium der Massenwirkungen eingetreten ist, je ausgesprochener sich die bestimmende Gewalt der Gesamtheit über den einzelnen auch geistig geltend macht, um so mehr ringt auch in den philosophischen Überlegungen das I n d i v i d u u m gegen die Übermacht der G e s e l l- s c h a f t : der Kampf zwischen der historischen und der naturwissenschaftlichen Weltanschauung und Lebensauffassung ist am heftigsten an der Stelle entbrannt, wo es sich schließlich entscheiden soll, in welchem Maße das Einzelwesen den Wertinhalt seines Lebens sich selbst oder den übergreifenden Zusammenhängen des Ganzen verdankt. Universalismus und Individualismus sind, wie in der Renaissance, wiederum heftig aufeinander gestoßen. —

Sollen nun aus der philosophischen Literatur des 19. Jahrhunderts in kurzer Zusammenfassung diejenigen Bewegungen herausgehoben werden, in welchen jener charakteristische Gegensatz seine bedeutendste Erscheinung gefunden hat, so handelt es sich in erster Linie um die Frage, in welchem Sinne und in welchen Grenzen das S e e l e n l e b e n der naturwissenschaftlichen Erkenntnisweise unterworfen werden kann: denn an diesem Punkte zuerst muß über das Anrecht dieser Denkformen auf philosophische Alleinherrschaft entschieden werden. Deshalb ist über Aufgabe,

Methode und systematische Bedeutung der P s y c h o l o g i e nie mehr gestritten worden als im 19. Jahrhundert, und als der einzig mögliche Ausweg ist schließlich die Beschränkung dieser Wissenschaft auf eine rein empirische Behandlung erschienen: so hat sie, als die letzte unter den besonderen Disziplinen, ihre Ablösung von der Philosophie wenigstens prinzipiell vollzogen.

Dieser Vorgang aber hatte allgemeinere Voraussetzungen: im Rückschlag gegen den hoch gespannten Idealismus der deutschen Philosophie fließt durch das 19. Jahrhundert ein breiter Strom m a t e r i a l i s t i s c h e r W e l t a n s c h a u u n g, welche sich um die Mitte des Zeitraumes, zwar ohne neue Gründe oder Erkenntnisse, aber mit desto leidenschaftlicherer Emphase aussprach: seitdem freilich ist sie, gerade von der ernsteren Naturforschung verlassen, in ihren Ansprüchen auf wissenschaftliche Geltung sehr viel bescheidener geworden und hat sich damit geholfen, daß sie um so wirksamer im Gewande skeptischer und positivistischer Vorsicht umgeht.

Zu den bedeutsamsten Auszweigungen dieser Denkrichtung gehört zweifellos das Bestreben, auch das gesellschaftliche Leben des Menschen, die geschichtliche Entwicklung und die allgemeinen Verhältnisse des geistigen Daseins unter naturwissenschaftlichen Gesichtspunkten zu betrachten. Mit dem wenig glücklichen Namen der S o z i o l o g i e eingeführt, hat sich diese Richtung zu einer eigenen Art von G e s c h i c h t s p h i l o s o p h i e auszubilden gesucht, welche die in den Ausgängen der Aufklärungsphilosophie angelegten Gedanken (vgl. oben § 37, 5) auf breiteren tatsächlichen Grundlagen ausführen zu können meint.

Auf der andern Seite hat aber auch die historische Weltanschauung ihre kräftige Wirkung auf die Naturforschung nicht verfehlt. Die von der Naturphilosophie postulierte Idee einer Geschichte der organischen Welt fand in der empirischen Forschung eine höchst eindrucksvolle Verwirklichung. Die methodischen Prinzipien, die dazu geführt hatten, dehnten sich wie von selbst auch auf andere Gebiete aus, und in den e n t w i c k l u n g s g e s c h i c h t l i c h e n T h e o r i e n schienen sich historische und naturwissenschaftliche Weltansicht so weit einander nähern zu wollen, als es ohne eine neue übergreifende philosophische Idee möglich ist.

Nach der Seite des Individuums endlich haben die Anregungen, welche in dem Kulturproblem des 18. Jahrhunderts steckten, dazu geführt, zeitweilig die Frage nach dem W e r t e d e s L e b e n s in den Mittelpunkt des philosophischen Interesses zu rücken. Eine pessimistische Stimmung mußte überwunden werden, damit sich aus diesen Diskussionen die tiefere und reinere Frage nach dem Wesen und Inhalt der Werte überhaupt herauslösen und so die Philosophie, wenn auch auf sehr wunderlichen Umwegen, zu dem k a n t i s c h e n G r u n d p r o b l e m d e r a l l g e m e i n g ü l t i g e n W e r t e zurückkehren konnte.

Die E r n e u e r u n g d e s K a n t i a n i s m u s hat aber das Geschick erfahren, daß sie zunächst durch die Interessen des naturwissenschaftlichen Denkens auf die E r k e n n t n i s t h e o r i e eingeengt wurde: und deren ausgesprochen empiristische Zuspitzung führte auf der einen Seite zu positivistischen Umbildungen, auf der andern Seite zur Auflösung der philosophischen Probleme in psychologische. So breitete sich, wie in der Zeit vor Kant, einige Jahrzehnte lang namentlich auf den deutschen Universitäten eine verderbliche Vorherrschaft des P s y c h o l o g i s m u s aus. Erst die aufgeregten Zustände des Lebens, die eine neue Weltanschauung erheischten, haben ein vertieftes Verständnis der kantischen Lehre in ihrer Gesamtheit mit sich gebracht und damit die Bewegungen der gegenwärtigen Philosophie eingeleitet, die darauf hinauslaufen, auch die übrigen L e h r e n d e s d e u t s c h e n I d e a l i s m u s für die philosophische Durchdringung der K u l t u r p r o b l e m e zurückzugewinnen.

Aus der philosophischen Literatur des 19. Jahrhunderts dürften etwa folgende Hauptpunkte herauszuheben sein:

In F r a n k r e i c h teilte sich zunächst die herrschende I d e o l o g i e (vgl. oben § 33, 6 f.) in einen mehr physiologischen und einen mehr psychologischen Zweig. In der Richtung von Cabanis wirkten hauptsächlich die P a r i s e r Ä r z t e, wie Ph. P i n e l (1737—1826; Nosographie philosophique, 1798), F. J. V. B r o u s s a i s (1772—1838; Traité de physiologie, 1822 f.; Traité de l'irritation et de la folie, 1828) und der Begründer der P h r e n o l o g i e, Fr. Jos. G a l l (1758—1828; Recherches sur le système nerveux en général et sur celui du cerveau en particulier, 1809, mit S p u r z h e i m zusammen redigiert). — Den Gegensatz bildete physiologisch die Schule von M o n t p e l l i e r: B a r t h e z (1734—1806; Nouveaux éléments de la science de l'homme, 2. Aufl., 1806). Ihr traten bei M. F. X. B i c h a t (1771—1802; Recherches physiologiques sur la vie et la mort, 1800), B e r t r a n d (1795—1831; Traité du somnambulisme, 1823) und B u i s s o n (1766—1805; De la division la plus naturelle des phénomènes physiologiques, 1802). Dem entsprach die Ausbildung der Ideologie bei D a u b e (Essai d'idéologie, 1803) und besonders bei Pierre L a r o m i g u i è r e (1756—1847; Leçons de philosophie, 1815—1818) und seinen Schülern Fr. T h u r o t (1768—1832; De l'entendement et de la raison, 1830) und J. J. C a r d a i l l a c (1766—1845; Etudes élémentaires de philosophie, 1830). — Vgl. PICAVET, Les idéologues, Paris 1891.

Eine Richtung von umfangreicher historischer Bildung und tieferer Psychologie beginnt mit M. J. D e g é r a n d o (1772—1842; De la génération des connaissances humaines, Berlin 1802; Histoire comparée des systèmes de philosophie, 1804) und hat ihr Haupt in F. P. Gonthier M a i n e d e B i r a n (1766—1824; De la décomposition de la pensée, 1805; Les rapports du physique et du moral de l'homme, gedr. 1834; Essais sur les fondements de la psychologie 1812; Oeuvres philosophiques éditées par V. Cousin, 1841; Oeuvres inédites éditées par E. Naville, 1859; Nouvelles oeuvres inédites éd. par A. Bertrand, 1887, oeuvres par Tisseraud (Paris 1926 ff.). Vgl. über ihn A. LANG, Köln 1901; A. KÜHTMANN, Bremen 1901). In diese (auch von A. M. A m p è r e vertretene) Lehre münden die Einflüsse der schottischen und der deutschen Philosophie durch P. P r é v o s t (1751—1839), A n c i l l o n (1766—1837), R o y e r - C o l l a r d (1793—1845), J o u f f r o y (1796—1842) und vor allen V i c t o r C o u s i n (1792—1867; Introduction à l'histoire générale de la philosophie, 7. Aufl., 1872; Du vrai, du beau, et du bien; 1845; Oeuvr. compl. Paris 1846 ff.; vgl. E. FUCHS, Die Philos. V. C.s, Berlin 1847; J. E. ALAUX, La philosophie de Mr. Cousin, Paris 1864; P. JANET, V. C. et son oeuvre. Paris 1885; BARTHÉLEMY-ST. HILAIRE, V. C., 3 Bde., Paris 1885). Die zahlreiche und namentlich durch ihre historischen Arbeiten ausgezeichnete Schule, welche Cousin gründete, pflegt die s p i r i t u a l i s t i s c h e oder e k l e k t i s c h e genannt zu werden. Sie war die offizielle Philosophie seit der Julirevolution und ist es zum Teil noch heute. Zu ihren auf geschichtlichem Gebiete gründlich und geschmackvoll mit Erfolg tätigen Anhängern gehören Männer wie Ph. Damiron, Jul. Simon, E. Vacherot, Ch. Secrétan, H. Martin, A. Chaignet, Ad. Franck, B. Hauréau, Ch. Bartholmèss, E. Saisset, P. Janet, E. Caro usw. Zu einer gewissen theoretischen Eigenart hat sich daraus F. RAVAISSON erhoben (Morale et métaphysique, in der Revue de mét. et de mor., 1893).

Ihre Hauptgegner waren die Philosophen der k i r c h l i c h e n Partei, deren Theorie als T r a d i t i o n a l i s m u s bezeichnet zu werden pflegt. Neben Chateaubriand (Le génie du Christianisme, 1802; vgl. CH. LADY BLENNERHASSET, Ch., Mainz 1903), J o s. d e M a i s t r e (1753—1821; Essai sur le principe générateur des constitutions politiques, 1810; Soirées de St. Pétersbourg, 1821; Du Pape, 1829 deutsche Übersetzung mit Einf. von J. BERNHART, München 1923; vgl. über ihn FR. PAULHAN, Paris 1893) und J. Frayssinous (1775—1841; Défense du Christianisme, 1823) steht hier im Vordergrunde V. G. A. d e B o n a l d (1753—1841; Théorie du pouvoir politique et religieux, 1796; Essai analytique sur les lois naturelles de l'ordre social, 1800; Du divorce, 1801; De la philosophie morale et politique du 18e siècle; Oeuvres compl., 15 Bde., Paris 1816 ff.). In wunderlich phantastischer Weise ist der Traditionalismus von P. S. B a l l a n c h e vorgetragen worden (1776—1847; Essai sur les institutions sociales, 1817; La palingénésie sociale; Oeuvres complètes, 5 Bde., Paris 1883). Anfangs vertrat diese Richtung auch H. F. R. d e L a m e n n a i s (1782—1854) in seinem Essai sur l'indifférence en matière de religion (1817); später mit der Kirche zerfallen (Paroles d'un croyant, 1834), stellte er („Esquisse d'une philosophie", 4 Bde.,

(1841—1846) ein umfassendes System der Philosophie auf, welches zum Teil das Schelling-sche Identitätssystem, zum Teil den italienischen Ontologismus zum Vorbilde hatte.

Unter den philosophischen Vertretern des S o z i a l i s m u s (vgl. LORENZ STEIN, Ge-schichte der sozialen Bewegung in Frankreich, Leipzig 1849 ff.; FR. MUCKLE, Geschichte der sozialistischen Ideen im 19. Jahrh., 3. Aufl., 1919) ist der bedeutendste Cl. H. d e S t. S i m o n (1760—1825; Introduction aux travaux scientifiques du 19e siècle, 1807; Réorgani-sation de la société européenne, 1814; Système industriel, 1821 f.; Nouveau christianisme, 1825; Oeuvres choisies, 3 Bde., 1859; über ihn und seine Schule G. WEILL, Paris 1894 und 1896, FR. MUCKLE, Jena 1908). Von den Nachfolgern seien genannt: B a z a r d (Doctrine de St. Simon, 1829); über ihn W. SPÜHLER, der Saint-Simonismus (1926) B. E n f a n t i n (1796—1864; La religion St. Simonienne, 1831), Pierre L e r o u x (1798—1871; Réfutation de l'eclecticisme, 1839; De l'humanité, 1840); J. R e y n a u d (1806—1863; Ciel et terre, 1854) und Ph. B u c h e z (1796—1866; Essai d'un traité complet de philosophie au point de vue du catholicisme et du progrès, 1840).

Die interessanteste Sonderstellung nimmt Aug. C o m t e ein, 1798 zu Montpellier geboren, 1857 vereinsamt in Paris gestorben: Cours de philosophie positive (6 Bde., Paris 1840—1842); Système de politique positive (Paris 1851—1854), in dessen Anhang auch die charakteristischen Jugendschriften, namentlich Plan des travaux scientifiques nécessaires pour réorganiser la société (1824) abgedruckt sind; Catéchisme positiviste (1853); vgl. LITTRÉ, C. et la philosophie positive, Paris 1888; J. ST. MILL, C. and positivism, London 1865; J. RIG, A. C., la philosophie positive résumée, Paris 1881; E. CAIRD, The social philosophy and religion of C., Glasgow 1885; TSCHITSCHERIN, Philosophische Forschungen, aus dem Russischen (Heidelberg 1899); LEVY-BRUHL, La philosophie d'A. C. (Paris 1900, deutsch von MOLENAAR, Leipzig 1902); G. MISCH, Die Entstehung des französischen Posi-tivismus (Arch. f. Gesch. d. Philos. XIV, 1901). G. CANTECOR, Le positivisme (Pari 1904).

In der Folgezeit ist Comtes Stellung einflußreicher und zum Teil beherrschend geworden: an seinem Positivismus, den E. L i t t r é (1801—1881; La science au point de vue philo-sophique, Paris 1873) systematisch vertrat, lehnten sich in freierer Anpassung bedeutende Schriftsteller wie H. T a i n e (1828—1893; Philosophie de l'art, 1865; De l'intelligence, 1870; vgl. über ihn G. BARZELLOTTI, Rom 1895) und Ern. R e n a n (1823—1892; Que-stions contemporaines, 1868; L'avenir de la science, 1890); ebenso steht unter Comtes Einfluß die Entwicklung der e m p i r i s c h e n sog. „experimentalen" P s y c h o l o g i e, als deren Führer der Herausgeber der Revue philosophique, Th. R i b o t, zu betrachten ist (vgl. außer seinen historischen Arbeiten über englische und deutsche Psychologie die Untersuchungen über Vererbung, über die Abnormitäten des Gedächtnisses, des Willens, der Persönlichkeit usw.), und zum Teil auch d i e S o z i o l o g i e, wie sie R. W o r m s, G. T a r d e, E. D u r k h e i m u. a. auszubilden bemüht sind (vgl. Année sociologique seit 1894). Auch die e n t w i c k l u n g s g e s c h i c h t l i c h e n Theorien, die hauptsächlich J. M. G u y a u ausgeführt hat (1854—1888; Esquisse d'une morale, 1885; L'irreligion de l'avenir, 1887; L'art au point de vue sociologique, 1889, über ihn A. FOUILLÉE, Paris 1889, und E. BERGMANN, der auch eine Auswahl von G.s philosophischen Werken veröffent-lichte), gehören in diesen Zusammenhang.

Die weitaus bedeutendste Erscheinung unter den späteren Vertretern der Philosophie in 'Frankreich war Ch. R e n o u v i e r (1818—1903; Essais de critique générale, 2. Aufl., 1875—1896; Esquisse d'une classification systématique des doctrines philosophiques, 1885 f.; La philosophie analytique de l'histoire, 1896; La nouvelle monadologie, 1899; Les dilemmes de la métaphysique, 1901; Le personalisme, 1902; vgl. G. SÉAILLES, La philos. de R., Paris 1905): die von ihm gesuchte Synthesis von Kant und Comte hat in der Année philo-sophique (seit 1889) ihr literarisches Organ. Verwandt mit ihm sind unter den gegen-wärtigen Vertretern der französischen Philosophie J. L a c h e l i e r und sein Schüler E. B o u t r o u x (De la contingence des lois de la nature, Paris 1895). Die selbständigste und bedeutendste Erscheinung in der gegenwärtigen französischen Philosophie ist H e n r i B e r g s o n, Essai sur les données immédiates de la conscience, Matière et mémoire, Intro-duction à la métaphysique, L'évolution créatrice; alle deutsch, Jena 1908 ff. Vgl. A. Steen-bergen (1909), W. Meckauer (1914), R. Ingarden (Husserls Jb. V, 1922).

In England setzte sich die A s s o z i a t i o n s p s y c h o l o g i e durch Thomas Brown auf Männer wie Thomas B e l s h a m (1750—1829; Elements of the philosophy of the human mind, 1801), John F e a r n (First lines of the human mind, 1820) und viele andere fort; sie fand auch hier in physiologischen und phrenologischen Theorien, wie bei G. C o m b e (A system of phrenology, Edinburgh 1825), Sam. B a i l e y (Essays on the pursuit of truth, 1829; The theory of reasoning, 1851; Letters on the philosophy of human mind, 1855) und Harriet M a r t i n e a u (Letters on the laws of man's nature and development, 1851) Unter-stützung und erhielt ihre volle Ausbildung durch J a m e s M i l l (Analysis of the phenomena

of the human mind, 1829; vgl. über ihn A. BAIN, London 1882) und seinen Sohn J. S t u a r t
M i l l (1806—1873; System of logic ratiocinative and inductive, 1843; Utilitarianism, 1863;
Examination of Sir W. Hamilton's philosophy, 1865, posthum Nature, 1874; Ethische Fragmente, hrsg. von Ch. Douglas, 1897. Vgl. H. TAINE, Le positivisme anglais, Paris 1864;
L. COURTNEY, Life of M., London 1889; CH. DOUGLAS, J. St. M., Edinburgh und London
1895; S. SAENGER, J. St. M., Stuttgart 1901). Nahe steht dieser Richtung auch Alex. B a i n
(The senses and the intellect, 1856; Mental and moral science, 1868; The emotions and the
will, 1859). Den verwandten U t i l i t a r i s m u s vertreten G. C o g a n (Philosophical
treatise on the passions, 1802; Ethical questions, 1817); John A u s t i n (1790—1859; The
philosophy of positive law, 1832; G. C o r n w a l l L e w i s (A treatise on the methods of
observation and reasoning in politics, 1852). Vgl. LESLIE STEPHEN, The English Utilitarians
(London 1900); einen modifizierten Utilismus lehrte Henry S i d g w i c k (1833—1900;
Methods of Ethics, zuerst 1875. Practical Ethics, London 1898). Nahe stand diesen Richtungen auch der bekannte Historiker G. Grote.

Die s c h o t t i s c h e P h i l o s o p h i e (vgl. ANDR. SETH, Edinburgh 1890) hatte nach
Dugald Stewart und James M a c k i n t o s h (1764—1832; Dissertation on the progress of
ethical philosophy, 1830) zunächst unbedeutende Vertreter, wie A b e r c r o m b i e (1781
bis 1846; Inquiry conc. the intellectual powers, 1830; Philosophy of the moral feelings,
1833), C h a l m e r s (1780—1847), und wurde namentlich als akademische Lehre dem
Cousinschen Eklektizismus genähert durch den auch schon von Hamilton beeinflußten
Henry C a l d e r w o o d (Philosophy of the Infinite, 1854), J. D. M o r e l l (An historical and
critical view of the speculative philosophy of Europe in the 19th century, 1846), auch
H. W e d g w o o d (On the development of the understanding, 1848).

Eine weitere Bereicherung der Gesichtspunkte trat durch die Bekanntschaft mit der
deutschen Literatur ein, für welche Sam. Tayl. C o l e r i d g e (1772—1834), W. W o r d s-
w o r t h (1770—1850) und vor allem Thomas C a r l y l e (1795—1881; Past and present,
1843; vgl. v. SCHULZE-GÄVERNITZ, C.s Welt- und Gesellschaftsanschauung, Dresden 1893;
P. HENSEL, Th. C., Stuttgart, 2. Aufl., 1900) tätig waren. In der Philosophie machte sich
dies zunächst durch den Einfluß von K a n t geltend, dessen Erkenntnislehre auf J. H e r-
s c h e l (On the study of natural philosophy, 1831) und besonders auf W. W h e w e l l
(Philosophy of the inductive sciences, 1840) wirkte.

In verständnisvoller Reaktion gegen diese Einwirkung hat die schottische Philosophie
eine wertvolle Umbildung durch Sir W i l l i a m H a m i l t o n erfahren (1788—1856;
Discussions on philosophy and literature, 1852; On truth and error, 1856; Lectures on
metaphysics and logic, 1859; Ausgaben von Reids und Stewarts Werken; vgl. M. VEITCH,
S. W. H., the man and his philosophy, Edinburgh and London, 1883). In seiner Schule
scheidet sich der eigentliche A g n o s t i z i s m u s, den hauptsächlich M. L. M a n s e l
(1820—1871; Metaphysics or the philosophy of consciousness, 1860) vertritt, von einer
andern, der eklektischen Metaphysik zuneigenden Richtung: M. V e i t c h, R. L o w n d e s
(Introduction to the philosophy of primary beliefs, 1865), L e e c h m a n n, M'c C o s h u. a.

Einer besonderen Anregung Hamiltons entsprang eine Richtung, welche die formale
Logik als einen symbolischen Kalkül auszubilden sucht: ihr gehören an G. B o o l e (The
mathematical analysis of logic, 1847; An analysis of the laws of thought, 1854); D e M o r-
g a n (Formal logic, 1847); Th. S p e n c e r B a y n e s (An essay on the new analytic of
logical forms, 1850); W. S t a n l e y J e v o n s (Pure Logik, 1864; Principles of science,
1874); J. V e n n (Symbolic logic, 1881; Logic of chance, 1876; Principles of logic, 1889).
Vgl. darüber A. RIEHL (Vierteljahrschr. f. wiss. Philos., 1877) und L. LIARD (Die neuere
englische Logik, deutsch von Imelmann, Berlin 1880).

Unter dem Einfluß teils Kants, teils des späteren deutschen Theismus, steht der Religions-
philosoph James M a r t i n e a u, ähnlich W. N e w m a n, A. C. F r a s e r u. a. Der
deutsche Idealismus in seiner ganzen Entwicklung und in seiner metaphysischen Gestaltung, besonders in der Hegelschen Form, hat seit Hutchinson S t i r l i n g (The secret of
Hegel, 1865) eine lebhafte idealistische Bewegung hervorgerufen, deren Führer Th. Hill
G r e e n (gest. 1882; Introduction to Humes Treatise, 1875; Prolegomena to Ethics, 1883)
war; zu ihr zählen ferner F. H. B r a d l e y (Appearence and reality, 2. Aufl., 1897),
W. W a l l a c e, Th. H. H o d g s o n, E. C a i r d u. a.

Diese Umbildungen stehen unter dem Prinzip der E n t w i c k l u n g : dasselbe Prinzip
wurde für die Erforschung der organischen Natur maßgebend durch Ch. D a r w i n (Origin
of species by means of natural selection, 1859: Descent of man, 1871); allgemeiner formuliert und zur Grundlage eines umfassenden „Systems der synthetischen Philosophie"
gemacht, wurde es von Herbert S p e n c e r (1820—1903; First principles 1862; Principles
of Biology, 1864—1867; Principles of Psychology 1870—1872; Principles of Sociology,
1876—1896; Principles of morality, 1879—1893; vgl. über ihn O. GAUPP, 5. Aufl., 1923,

Stuttgart. Zu derselben Richtung gehören hauptsächlich noch Männer wie W a l l a c e, G. H. L e w e s, G. J. R o m a n e s usw.; auch Sidgwick (s. oben) kann hierher gerechnet werden. Nahe stehen außerdem die meisten der englischen Positivisten wie H. Huxley (Evolution and ethics 1893), J. Tyndall und J. C. Maxwell, H. Maine usw.

Mit dem entwicklungsgeschichtlichen Relativismus und Utilismus hängen auch die erkenntnistheoretischen Ansichten zusammen, die unter dem Namen des P r a g m a t i s - m u s mit verschiedenen Nuancen lebhafte Bewegung in der amerikanisch-englischen Literatur hervorgerufen haben: die Haupttypen sind charakterisiert durch C. S. P e i r c e (What pragmatism is, Monist 1907), W. J a m e s (Pragmatism 1905, deutsch von Jerusalem, 1908) und F. S c h i l l e r (Humanism 1903, deutsch 1911). Vgl. W. WINDELBAND, Der Wille zur Wahrheit (Heidelberg 1910). Nahe steht den pragmatistischen Theorien H. V a i h i n g e r, Die Philosophie des Als-ob (1911, 4. Aufl., 1920).

Mehr noch als die französische war lange Zeit die i t a l i e n i s c h e Philosophie des 19. Jahrhunderts durch politische Motive bestimmt und dabei in dem Inhalte der zu solchen Zwecken verarbeiteten Gedanken teils von der französischen, teils von der deutschen Philosophie abhängig. Anfänglich herrschte in Männern wie G i o i a (1766—1829) oder seinem Freunde R o m a g n o s i (1761—1835) die Weltansicht der Enzyklopädisten in praktischer und theoretischer Hinsicht, während schon bei Pasquale G a l l u p p i (1771—1864; Saggio filosofico sulla critica delle conoscenze umane, 1820 ff.; Filosofia della volontà, 1832 ff.) kantische Einflüsse, freilich unter der psychologistischen Form des Leibnizschen virtuellen Eingeborenseins sich geltend machen.

Später war die meist von Klerikern entwickelte Philosophie wesentlich von der politischen Verbindung des Papsttums mit dem demokratischen Liberalismus beeinflußt, indem der Rationalismus sich mit dem Offenbarungsglauben vereinigen wollte. Die eigenartigste und persönlich liebenswürdigste Erscheinung dieser Richtung ist Antonio R o s m i n i - S e r b a t i (1796—1855; Nuovo saggio sull' origine delle idee, 1830; Principe della scienza morale, 1831; posthum Teosofia, 1859 ff.; Saggio storico-critico sulle categorie e la dialettica. 1884; vgl. über ihn F. X. KRAUS. Deutsche Rundschau 1890). Noch ausgesprochener geht die Verknüpfung Platonischer, Cartesianischer und Schellingscher Ideen auf einen O n t o - l o g i s m u s, d. h. auf eine apriorische Seinslehre, aus bei Vincenzo G i o b e r t i (1801 bis 1852; Degli errori filosofichi di Rosmini, 1842; Introduzione alla filosofia, 1840; Protologia, 1857; vgl. SPAVENTA, La filosofia di G., 1863). Diese ganze Entwicklung hat Terenzo M a m i a n i mitgemacht (1800—1885; Confessioni di un metafisico, 1865); ihr folgten auch mit Anschluß an deutsche und französische Philosopheme Luigi F e r r i (1826—1895), L a b a n c a, B o n a t e l l i u. a.

Als Gegner fand diese Richtung einerseits den strammen O r t h o d o x i s m u s von V e n t u r a (1782—1861), T a p a r e l l i und L i b e r a t o r e (Della conoscenza intellet- tuale, 1865), anderseits den politisch-radikalen S k e p t i z i s m u s, wie ihn Giuseppe F e r r a r i (1811—1866; La filosofia della rivoluzione, 1851) und Antonio F r a n c k i (La religione del 19. secolo, 1853) vertreten. Die kantische Philosophie wurde durch Alf. T e s t a (1784—1860; Della critica della ragione pura, 1849 ff.), erfolgreicher durch C. C a n t o n i (1840—1906; vgl. oben S. 446), E. Tocco, S. Turbiglio u. a., Hegels Lehre durch A. V e r a (1813—1885), B. S p a v e n t a (1817—1883) und Fr. Fiorentino, Comtes' Positivismus durch Männer wie Cataneo, Ardigo, Labriola eingeführt. Eine eigenartig idealistische Ent- wicklung hat vom Hegelianismus aus Benedetto C r o c e genommen; seine groß angelegte und tief gedachte Filosofia dello spirito liegt jetzt in drei Bänden vor: Estetica (3. Aufl., deutsch von K. FEDERN, 1905), Logica (2. Aufl.), Filosofia della pratica (Bari 1909).

In D e u t s c h l a n d — vgl. JOH. ED. ERDMANN, Grundriß, II, Anhang, §§ 331 ff., 4. Aufl., bes. von Benno Erdmann, S. 728 ff. — breiteten sich im dritten und vierten Jahr- zehnt des 19. Jahrhunderts zunächst die Schulzusammenhänge aus. Am geschlossensten und stabilsten erwies sich H e r b a r t s Anhängerschaft; in ihr ragen hervor: M. D r o - b i s c h (Religionsphilosophie, 1840; Psychologie, 1842; Die moralische Statistik und die menschliche Willensfreiheit, 1867), R. Z i m m e r m a n n (Ästhetik, Wien 1865); L. S t r ü m p e l l (Hauptpunkte der Metaphysik, 1840; Einleitung in die Philosophie, 1886); T. Z i l l e r (Einleitung in die allgemeine Pädagogik, 1856). Eine besondere Auszweigung der Schule bildet die sog. V ö l k e r p s y c h o l o g i e, wie sie M. L a z a r u s (Leben der Seele, 1856 f.) und H. S t e i n t h a l (Abriß der Sprachwissenschaft, I, Einleitung in die Psychologie und Sprachwissenschaft, 1871) eröffnet haben: vgl. deren gemeinsames Pro- gramm im 1. Bde. der Zeitschrift für Völkerpsychologie und Sprachwissenschaft. — Ver- wandt. war dieser Richtung die Lehre von A. S p i r (1837—1890; Denken und Wirklichkeit; Leipzig 1873; Ges. Schriften, Leipzig 1883—85, neue Ausgabe 1910; vgl. über ihn H. CLAPARÈDE, Par. 1899).

Die H e g e l s c h e Schule hat den Segen der Dialektik reichlich an sich erfahren; sie ging an religiösen Gegensätzen schon in den dreißiger Jahren auseinander. Unbeirrt davon sind die bedeutenden Historiker der Philosophie ihren Weg gegangen: Z e l l e r und P r a n t l, E r d m a n n und K u n o F i s c h e r (vgl. HOFFMANN K. F. 1924). In der Mitte zwischen den Parteigegensätzen stehen mit selbständigerem Denken K. R o s e n k r a n z (1805—1879; Wissenschaft der logischen Idee, 1858 f.) und Friedrich Theodor V i s c h e r (1807—1887); Ästhetik, 1846—1858, Neudruck 1923. Auch Einer, 1879). Vgl. H. GLOCKNER, Fr. Th. V. Ästhetik in ihrem Verhältnis zu Hegels Phänomenologie des Geistes 1920. O. HESNARD, Fr. Th. V. (Paris 1921).

Der „rechten Seite" der Schule Hegels, die sich gegen die pantheistische Auffassung wehrte und die metaphysische Bedeutung der Persönlichkeit betonte, traten solche Denker nahe, welche in freierem Verhältnis zu Hegel Fichtesche und Leibnizsche Motive aufrechterhielten, so J. H. F i c h t e (Sohn des Schöpfers der Wissenschaftslehre, 1797—1879 Beiträge zur Charakteristik der neueren Philosophie, 1829; Ethik, 1850 ff.; Anthropologie, 1856); C. F o r t l a g e (1806—1881; System der Psychologie, 1855); Christ. W e i s s e (1801—1866; System der Ästhetik, 1830, bzw. 1871; Grundzüge der Metaphysik, 1835; Das philosophische Problem der Gegenwart, 1842; Philosophie des Christentums, 1855 ff.); H. U l r i c i (1806—1884; Das Grundprinzip der Philosophie, 1845 f.; Gott und die Natur, 1861; Gott und der Mensch, 1866); ferner E. T h r a n d o r f (1782—1863), Mor. C a r r i è r e (1817—1895) u. a. Ihnen verwandt war einerseits R. R o t h e (1797—1867; Theologische Ethik, 2. Aufl., 1867—1871; vgl. über sein spekulatives System H. Holtzmann, 1899), der in einer originellen Mystik vielerlei Anregungen der idealistischen Entwicklung sinnig verwob, und anderseits A. T r e n d e l e n b u r g, der als Prinzip den Begriff der „Bewegung" setzte und damit Hegels Philosophie zu bekämpfen meinte, sein Verdienst aber in der Anregung aristotelischer Studien hat (1802—1872; Logische Untersuchungen, 1840; Naturrecht, 1860; über ihn R. Eucken, 1902 und P. PETERSEN, 1913).

Zu den „Linken" unter den Hegelianern gehören Arnold R u g e (1802—1880; mit Echtermeyer Herausgeber der Halleschen Jahrbücher, 1838—1840 und der Deutschen Jahrbücher, 1841 f.; Ges. Schriften, 10 Bde., Mannheim 1846 ff.), Ludwig F e u e r b a c h (1804—1872, Gedanken über Tod und Unsterblichkeit, 1830; Philosophie und Christentum, 1839; Wesen des Christentums, 1841; Wesen der Religion, 1845; Theogonie, 1857; Ges. Werke, 10 Bde., Leipzig 1846 ff.; neue Ausgabe von Bolin und Jodl, Stuttgart 1905 ff. Vgl. K. GRÜN, L. F., Leipzig 1784; FR. JODL, L. F., Stuttg. 1904), David Friedrich S t r a u ß (1808—1874; Das Leben Jesu, 1835; Christliche Glaubenslehre, 1840 f.; Der alte und der neue Glaube, 1872; Ges. Schriften, 12 Bde., Berlin 1876 ff. Vgl. A. HAUSRATH, D. Fr. Str. und die Theologie seiner Zeit, Heidelberg 1876 und 1878; S. ECK, D. Fr. Str., Stuttg. 1899; TH. ZIEGLER, D. Fr. Str., 2 Bde., Straßburg 1908; H. MAIER, An der Grenze der Philosophie 1909).

[Die deutsche Spekulation hat auch im skandinavischen Norden Kreise gezogen. Als Vertreter eines protestantisch-idealistischen Idealismus haben R. GEIJER und H. GERLOFF in der Philos. Bibl. das philosoph'sche System des Schweden CHR. J. BOSTRÖMS (1797—1866) zugänglich gemacht (Bd. 30). In D ä n e m a r k entwickelt in innerer Auseinandersetzung mit Hegel das gewaltige Pathos S ö r e n K i e r k e g a a r d s (1813—1855) dessen objektiver Idealismus zu seinem äußersten individualistischen Gegenpol (Ges. Werke in 12 Bänden. Jena 1922 ff.). Im Werke HARALD HÖFFDINGS (geb. 1843) kreuzen sich deutsch-idealistische mit starken Einflüssen des französischen und englischen Positivismus].

Aus dem M a t e r i a l i s m u s s t r e i t sind zu erwähnen: K. M o l e s c h o t t (Kreislauf des Lebens, 1852); Rudolf W a g n e r (Über Wissen und Glauben, 1854; Der Kampf um die Seele, 1857); C. V o g t (Köhlerglaube und Wissenschaft, 1854; Vorlesungen über den Menschen, 1863); L. B ü c h n e r (Kraft und Stoff, 1855). Verwandt ist dem Materialismus der extreme S e n s u a l i s m u s, wie ihn H. C z o l b e (1819—1873; Neue Darstellung des Sensualismus, 1855; Grundzüge der extensionalen Erkenntnistheorie, 1875) ausgebildet und F. U e b e r w e g (1826—1871), ursprünglich der Benekeschen Richtung verwandt, später angenommen hat (vgl. A. LANGE, Gesch. d. Mat., II, 2, 4), — ebenso der sog. Monismus, den mit Hilfe der Selektionstheorie E. H a e c k e l (geb. 1834, Natürliche Schöpfungsgeschichte, 1868; Die Welträtsel, 1899; vgl. LOOFS, Anti-Haeckel, 1900, und FR. PAULSEN, E. H. als Philosoph, Preuß. Jahrb. 1900) zu entwerfen versucht hat, — endlich die sozialistische Geschichtsphilosophie, deren Begründer Fr. E n g e l s (Ludwig Feuerbach und der Ausgang der klassischen deutschen Philosophie, 1888; Der Ursprung der Familie, des Privateigentums und des Staates, 1884) und K. M a r x (Das Kapital, 1867 ff.) sind; vgl. über die letzteren R. STAMMLER, Wirtschaft und Recht, 1896; G. MASARYK, Die philosophischen und soziologischen Grundlagen des Marxismus, 1899; L. WOLTMANN, Der historische Materialismus, 1900; H. SCHWARZ, Der moderne Materialismus, 1904; K. VORLÄNDER, Kant und Marx, 1911; J. PLENGE, Marx und Hegel, 1911.

Die weitaus bedeutendste Erscheinung unter den Epigonen der deutschen Philosophie war Rud. Herm. L o t z e (1817—1881; Metaphysik, 1841; Logik, 1842; Medizinische

Psychologie, 1842; Mikrokosmus, 1856 ff.; System der Philosophie: I, Logik, 1874, II, Meta·physik, 1879, Neudruck in d. Philos. Bibl.; vgl. O. CASPARI, H. L. in seiner Stellung zur deutschen Philosophie, 1883; E. v. HARTMANN, L.s Philosophie, Berlin 1888; H. SCHOEN, La métaphysique de L., Paris 1902; WENTSCHER, H. L., I, 1913; G. MISCH, Einleitung zur Neuausgabe der Logik, Leipzig 1912). K. STUMPF (Kant-St. 1922); F. BAMBERGER, Unter-suchungen zur Entstehung des Wertproblems i. d. Philos. d. 19. Jahrhunderts, I, LOTZE (Halle 1924).

Interessante Nebenerscheinungen sind: G. Th. F e c h n e r (1801—1887; Nanna 1848; Physikal. und philos. Atomenlehre, 1855; Elemente der Psychophysik, 1860; Drei Motive des Glaubens, 1863; Vorschule der Ästhetik, 1876; Die Tagesansicht gegenüber der Nacht-ansicht, 1879; vgl. über ihn K. LASSWITZ, Stuttg. 1896; W. WUNDT, Leipzig 1901; W. WINDELBAND, Allg. D. Biogr. 1909) und Eug. D ü h r i n g (geb. 1833; Natürliche Dialektik, 1865; Wert des Lebens, 1865; Kursus der Philosophie, 1875 und 1894 ff.; Logik und Wissen-schaftstheorie, 1878; Der Ersatz der Religion, 1883). — Von katholischer Seite haben sich an der Entwicklung der Philosophie beteiligt: Fr. H e r m e s (1775—1831; Einleitung in die christ-katholische Theologie, 1819), Bernh. B o l z a n o (1781—1848; Wissenschafts-lehre, 1837, Neudruck 1915; vgl. M. PALAGYI, Kant und B., Halle 1902; H. BERGMANN, Das philosophische Werk B.s, Halle 1909); Anton G ü n t h e r (1785—1863; Ges. Schriften, Wien 1881; P. KNOODT, A. G., Wien 1881) und Wilhelm R o s e n k r a n t z (1821—1874; Wissenschaft des Wissens, 1866).

Um die Mitte des Jahrhunderts sehr erlahmt, hat sich das philosophische Interesse in Deutschland wieder stark gehoben durch die Verknüpfung des Kantstudiums mit natur-wissenschaftlichen Bedürfnissen. Das erstere, durch Kuno Fischers Werk angeregt (1860), rief eine Richtung hervor, die in mannigfachen Nuancen als N e u k a n t i a n i s m u s be-zeichnet wird. Ihr gehören hauptsächlich an: A. L a n g e (1828—1875; Gesch. d. Mater., 1866, 8. Aufl., 1908); O. L i e b m a n n (1840—1912; Analysis der Wirklichkeit, 4. Aufl., 1911; Gedanken und Tatsachen, 2 Bde., 1882—1901); H. C o h e n (1842—1917; System der Philosophie, 1902 ff.), vgl. P. N a t o r p, H. C.s philos. Leistung (1918); W. KINKEL, H. C., sein Leben und sein Werk (1924); P. N a t o r p (1854—1925); (Sozialpädagogik, 5. Aufl., 1922; Platos Ideenlehre, 2. Aufl., 1922; Die log. Grundlagen der exakten Wissen-schaften, 1910; Allg. Psychologie, I, 1912; Sozialidealismus, 1920, Vorlesungen über prak-tische Philosophie, 1925); Ernst C a s s i r e r, Substanzbegriff und Funktionsbegriff, 1910. Philosophie der symbolischen Formen, 3 Bde., 1923 ff.; Nik. H a r t m a n n, Grundzüge einer Metaphysik der Erkenntnis (1921), Ethik (1926), auf theologischem Gebiet vertrat sie Alb. R i t s c h l (Theologie und Metaphysik, 1881) und seine verbreitete Schule, auf juristischem, R. S t a m m l e r.

Auf neukantischem Boden entwickelt die S ü d w e s t d e u t s c h e S c h u l e eine P h i l o s o p h i e d e r W e r t e. W. W i n d e l b a n d, Präludien, 7. u. 8. Aufl., 1921; Prin-zipien der Logik, 1913; Einleitung in die Philosophie, 1914, 2. Aufl., 1920; vgl. H. R i c k e r t W. W. 1915. H. R i c k e r t, Der Gegenstand der Erkenntnis, 1892, 5. Aufl., 1921; Die Grenzen der naturwissenschaftlichen Begriffsbildung, 1896 ff., 4. Aufl., 1921; System der Philosophie, I, 1921. Die Philosophie des Lebens (2. Aufl., 1922), Kant als Philosoph der modernen Kultur (1924). Vgl. A. F a u s t, H. R. und seine Stellung innerhalb der deutschen Philos. der Gegenwart (1927). E. L a s k, Die Logik der Philosophie, 1911; Die Lehre vom Urteil, 1912, Ges. Schriften, 1923. Wie Rickert an Fichte anknüpfend H. M ü n s t e r b e r g, Grundzüge der Philosophie, 1900; Philosophie der Werte, 1908.

Die theoretische Physik ist für die Philosophie bedeutsam geworden hauptsächlich durch Rob. M a y e r (Bemerkungen über die Kräfte der unbelebten Natur, 1845; Über das mecha-nische Äquivalent der Wärme, 1850; vgl. über ihn A. RIEHL in den Sigwart-Abhandlungen, 1900); H. H e l m h o l t z (Physiologische Optik, 1886; Tatsachen in der Wahrnehmung, 1879; L. GOLDSCHMIDT, Kant und Helmholtz, Hamburg 1898, L. KÖNIGSBERGER, H. v. H., 3 Bde., Braunschweig 1902/03; FR. CONRAT, H.' psycholog. Anschauungen, Halle 1904); W. M a c h (Die Analyse der Empfindungen, 2. Aufl., Jena 1900; über ihn R. HÖNIGS-WALD, Berlin 1903); H. H e r t z (Prinzipien der Mechanik, Leipzig 1894, neue Aufl., 1910).

Aus physiologischen Anfängen heraus hat sich Wilh. W u n d t (geb. 1837) zu einem umfassenden System der Philosophie entwickelt; von seinen zahlreichen Schriften seien erwähnt: Grundzüge der physiologischen Psychologie, 1873 f.; Logik, 1880 f.; Ethik, 1886; System der Philosophie, 1889; Grundriß der Psychologie, 1897; Völkerpsychologie, 1900 ff.; vgl. P. Petersen (1924).

Der kantianisierenden Erkenntnistheorie trat der Realismus in J. v. K i r c h m a n n (Philosophie des Wissens, 1864) und der P o s i t i v i s m u s in C. G ö r i n g (System der kritischen Philosophie, 1874 f.), E. L a a s (Idealismus und Positivismus, 1879 ff.) und zum

Teil auch in A. R i e h l (Der philosophische Kritizismus, 1876 ff., neue Aufl., 1924 ff. Philosophische Studien 1925) entgegen. Eine verwandte Richtung unter dem Namen des E m p i r i o k r i t i z i s m u s verfolgte R. A v e n a r i u s (Kritik der reinen Erfahrung, 1888 bis 1890; Der menschliche Weltbegriff, 1891; vgl. OSC. EWALD, Berlin 1905). Ähnlich sind auch die Auffassungen der sog. i m m a n e n t e n P h i l o s o p h i e von W. S c h u p p e (Erkenntnistheoret. Logik, Bonn 1878) und Joh. R e h m k e (Philosophie als Grundwissenschaft 1910, Logik oder Philosophie als Wissenschaftslehre 1918).

Wie bei diesen die begrifflichen Formen der Naturforschung, so sind anderseits die Interessen der historischen Weltanschauung maßgebend für Forscher wie Rud. E u c k e n (Die Einheit des Geisteslebens, 1888; Der Kampf um einen geistigen Lebensinhalt, 1896; Der Wahrheitsgehalt der Religion, 1901; Ges. Aufsätze, 1903; Der Sinn und der Wert des Lebens, 1908; Erkennen und Leben, 1912; Mensch und Welt, 1918); H. G l o g a u (Abriß der philosophischen Grundwissenschaften, 1880); W. D i l t h e y (1833—1911; Einleitung in die Geisteswissenschaften, I, 1883; Der Aufbau der geschichtlichen Welt in den Geisteswissenschaften, I, 1910; Gesammelte Schriften, 1914 ff., vgl. G. M i s c h, Vorbericht zum V. Bd. der Ges. Schr. und A. S t e i n, Der Begriff des Verstehens bei D. 1926) und seine Schule; G. S i m m e l (Einl. in d. Moralwissenschaft, 1892, Die Probleme der Geschichtsphilosophie, 1892; Philosophie des Geldes, 1900; Kant, 1903; Soziologie, 1908, Philosophische Kultur, 1911; Goethe, 1913; Lebensanschauung, 1918) und E. T r o e l t s c h (1865—1923 Gesammelte Schriften, 1912 ff.). Einen vermittelnden Standpunkt nahm, Schleiermachersche Gedanken weiterführend, Chr. S i g w a r t (1830—1904; Logik, 4. Aufl., 1911) ein. Ihm nahe steht Heinrich M a i e r, Psychologie des emotionalen Denkens (1908). Wahrheit und Wirklichkeit, I (1926).

Den Zusammenhang mit scholastischen, zugleich eigenartig mit positivistischen Gedanken verschmolzenen Traditionen wahrten der einflußreiche F r a n z B r e n t a n o (1838 bis 1917; Psychologie vom empirischen Standpunkt, 1874; Vom Ursprung sittlicher Erkenntnis, 1889. Versuch über die Erkenntnis aus dem Nachlaß von A. K a s t i l, 1925. Neudruck der Hauptwerke in der Philos. Bibl. O. K r a u s F. B. 1919, Neudruck 1921), aus dessen Schule, C. S t u m p f, A. M e i n o n g, Ges. Abhandlungen, 1913 ff., A. M a r t y, Ges. Schriften, 1916 ff., und E. H u s s e r l (Logische Untersuchungen, 2. Aufl., 1913 ff.; Ideen zu einer reinen Phänomenologie, I, 1913), der Begründer des phänomenologischen Kreises, hervorgingen. A. P f ä n d e r, Logik (1921); M. S c h e l e r, Der Formalismus in der Ethik (3. Aufl., 1927). Vom Umsturz der Werte (1919); Vom Ewigen im Menschen, I (1921); Die Wissensformen u. d. Gesellsch. (1926). M. H e i d e g g e r, Sein u. Zeit, I (1927).

Von vereinzelten der allgemeinen Literatur näherstehenden Persönlichkeiten sind hauptsächlich zwei zu erwähnen:

E. v. H a r t m a n n (1842—1906), der durch seine „Philosophie des Unbewußten", 1869, großes Aufsehen machte und sodann durch eine große Reihe von Schriften hindurch (hauptsächlich: Das Unbewußte vom Standpunkt der Descendenztheorie, 1872; Phänomenologie des sittlichen Bewußtseins, 1879; Die Religion des Geistes, 1882; Ästhetik, 1887 f.; Kategorienlehre, 1897, Neuausgabe 1923; Geschichte der Metaphysik, 1900; Die Weltanschauung der modernen Physik, 1902; System der Philos. im Grundriß, posthum 1909; vgl. über ihn ARTH. DREWS, 1902, LEOP. ZIEGLER, 1910 f. J. v. RINTELEN, Pessimistische Religionsphilosophie der Gegenwart, 1924) zu immer mehr geschlossener Wissenschaftlichkeit sich durcharbeitete hat, während er hinter sich teils pessimistische, teils mystische Popularphilosophie entfesselte, als deren Typen einerseits M a i n l ä n d e r (Philosophie der Erlösung, 1874 f.), anderseits D u P r e l (Philosophie der Mystik, 1884 f.) gelten können.

Fr. Wilh. N i e t z s c h e (1844—1900), dessen leidenschaftlich bewegte Gedankenentwicklung in ihren wechselnden Stadien durch folgende Auswahl aus seinen zahlreichen Schriften (Gesamtausgabe Leipzig 1895 ff.) charakterisiert wird: Die Geburt der Tragödie aus dem Geiste der Musik, 1872; Unzeitgemäße Betrachtungen, 1873—1876; Menschliches — Allzumenschliches, 1876—1880; Also sprach Zarathustra, 1883 f.; Jenseits von Gut und Böse, 1886; Zur Genealogie der Moral, 1887; Götzendämmerung, 1889. Vgl. über ihn AL. RIEHL, Stuttgart, 2. Aufl., 1897; R. RICHTER, N., sein Leben und sein Werk, Leipzig 1903; OSC. EWALD, N.s Lehren in ihren Grundbegriffen, Berlin 1903; A. DREWS, N.s Philosophie, Heidelberg 1904; K. JOËL, N. und die Romantik (Jena 1904); E. SEILLIÈRE, Apollon ou Dionyse, Paris 1905; G. SIMMEL, Schopenhauer und Nietzsche, Leipzig 1907; E. BERTRAM, N., 1920; CH. ANDLER, N., sa vie et sa pensée, 6 Bde. (Paris 1921); N. v. BUBNOFF, Fr. N., Kulturphilosophie (1924); K. HILDEBRAND, Wagner u. N. (1924); L. KLAGES, Die psychologischen Errungenschaften Fr. N.s (1926); Ariadne Jahrbuch der Nietzsche-Gesellschaft (1925 ff.).

§ 44. Der Kampf um die Seele.

H. Münsterberg, Grundzüge der Psychologie, Bd. I, Die Prinzipien, Leipzig 1900.
Ed. v. Hartmann, Die moderne Psychologie, Leipzig 1901.
G. Villa, Einleitung in die Psychologie der Gegenwart, deutsch von Pflaum, Leipzig 1902.

Eine charakteristische Veränderung in den allgemeinen wissenschaftlichen Verhältnissen während des 19. Jahrhunderts ist die stetig fortschreitende und jetzt als prinzipiell vollendet anzusehende A b l ö s u n g   d e r   P s y c h o l o g i e   v o n   d e r   P h i l o s o p h i e³). Sie folgte aus dem rapiden Niedergang des metaphysischen Interesses und der metaphysischen Leistungen, welcher zumal in Deutschland als natürlicher Rückschlag auf die hohe Spannung des spekulativen Denkens eintrat. So eines allgemeineren Rückhaltes beraubt, besaß die Psychologie in dem Bestreben, sich als rein empirische Wissenschaft zu befestigen, zunächst nur geringe Widerstandskraft gegen den Einbruch der naturwissenschaftlichen Methode, wonach sie als ein Spezialfach der Physiologie oder der allgemeinen Biologie behandelt werden sollte. Um diese Frage gruppieren sich eine Reihe lebhafter Bewegungen.

1. Im Anfang des Jahrhunderts bestand ein reges Wechselverhältnis zwischen der französischen Ideologie und den Ausläufen der englischen Aufklärungsphilosophie, die in Assoziationspsychologie und Common-sense-Lehre gespalten war: dabei war jedoch jetzt Frankreich der führende Teil. Hier aber trat immer schärfer der Gegensatz heraus, der in dem französischen Sensualismus von Anfang an zwischen Condillac und Bonnet bestanden hatte (vgl. § 33, 7). Bei Destutt de Tracy und noch bei Laromiguière kommt es nicht zu einer scharfen Entscheidung. Dagegen ist C a b a n i s der Führer der m a t e r i a l i s t i s c h e n Richtung: seine Untersuchung über den Zusammenhang des physischen und des seelischen *(moral)* Wesens des Menschen kommt an der Betrachtung der verschiedenen Einflüsse des Alters, des Geschlechts, des Temperaments, des Klimas usw. zu dem Ergebnis, daß überall das Seelenleben vom Leibe und seinen physischen Beziehungen bestimmt sei. Wenn deshalb die organischen Funktionen, wenigstens im Prinzip, lediglich auf mechanische und chemische Prozesse zurückgeführt wurden, so schien die Seele, weil sie als Lebenskraft überflüssig geworden war, auch als Träger des Bewußtseins ausgedient zu haben.

In der Ausführung dieser Gedanken gaben andere Ärzte, z. B. B r o u s s a i s, dem Materialismus einen noch schärferen Ausdruck: die intellektuelle Tätigkeit ist „eines der Resultate" der Gehirnfunktionen. Begierig ergriff man daher die wunderliche Hypothese der P h r e n o l o g i e, womit Gall die einzelnen „Vermögen", über die bisher die empirische Psychologie verfügt hatte (vgl. oben § 41, 3), an bestimmten Stellen des Gehirns lokalisierte. Es war nicht nur ein lustiges Treiben, als man im Publikum vernahm, daß sogar außen am Schädel die mehr oder minder kräftige Entwicklung der einzelnen Begabungen zu erkennen sei, sondern es knüpfte sich, namentlich bei Medizinern, daran auch die Meinung, daß ja damit nun die Materialität des sogenannten Seelenlebens zweifellos aufgedeckt sei. Besonders in England hat der phrenologische Aberglaube, wie der Erfolg von C o m b e s Schriften zeigt,

---

³) Vgl. W. Windelband, Über den gegenwärtigen Stand der psychologischen Forschung (Leipzig 1876).

sehr großes Interesse hervorgerufen und auch wissenschaftlich einer rein physiologischen Psychologie im Sinne Hartleys Vorschub geleistet.

Erst Johann Stuart M i l l hat im Gefolge seines Vaters seine ideologisch und empiristisch gesinnten Landsleute zu Humes Auffassung der Assoziationspsychologie zurückgeführt. Ohne danach zu fragen, was Materie und was Geist an sich seien, soll man von der Tatsache ausgehen, daß die körperlichen und die geistigen Zustände zwei völlig unvergleichliche Gebiete der Erfahrung darstellen, und daß die P s y c h o - l o g i e   a l s   d i e   W i s s e n s c h a f t   v o n   d e n   G e s e t z e n   d e s   g e i s t i g e n L e b e n s die Tatsachen, die dieses ausmachen, in sich selbst studieren muß und sie nicht auf Gesetze einer andern Daseinssphäre zurückführen darf. Im Anschluß an Mill hat Alex. Bain die Assoziationspsychologie fortgebildet, indem er namentlich auf die Bedeutung der Muskelempfindungen hinwies, worin die der leiblichen Bewegung entsprechenden Fundamentaltatsachen des Seelenlebens zu finden seien. Diese Assoziationspsychologie will somit zwar von einer Materialität der Seelenzustände durchaus nichts wissen; aber als Prinzip des seelischen Geschehens kennt auch sie nur den Mechanismus von Vorstellungen und Trieben: ihre erkenntnistheoretische Grundlage ist fast durchweg positivistisch.

2. Viel schärfer tritt deshalb der Gegensatz zu der materialistischen Psychologie bei denjenigen Richtungen hervor, welche die e i n h e i t l i c h e A k t i v i t ä t   d e s B e w u ß t s e i n s betonen. Nach de Tracys Vorgang unterschied schon L a r o m i - g u i è r e s Ideologie zwischen den „Modifikationen", welche die bloße Folge leiblicher Erregungen sind, und den „Aktionen" der Seele, worin diese bereits beim Wahrnehmen ihre Selbständigkeit betätigt. In der Schule von Montpellier glaubte man sogar noch an die „Lebenskraft", die B a r t h e z allerdings als ein völlig Unbekanntes von Leib und Seele getrennt denken wollte: aber auch B i c h a t unterschied vom „organischen" Leben das „animale" durch das Merkmal der spontanen „Reaktion". Zur vollen Ausbildung aber ist dies Moment in der Psychologie durch M a i n e d e B i r a n gekommen, der unermüdlich und mit immer neuen Wendungen an einer prinzipiellen Abgrenzung der Psychologie von der Physiologie arbeitete. Der feine Grübelsinn dieses Philosophen hat mannigfache Anregungen aus der englischen und der deutschen Philosophie erfahren: hinsichtlich der letzteren ist die wenn auch nur oberflächliche Bekanntschaft mit Kants und Fichtes Lehren und mit dem Virtualismus des in Paris merkwürdig oft genannten Bouterwek hervorzuheben[4]). So ist die Grundtatsache, auf welche Maine de Biran seine Theorie gründete, die, daß wir im W i l l e n zugleich unsere eigene Aktivität und den W i d e r s t a n d des „Non-Moi" (zunächst des eigenen Leibes) unmittelbar erleben Die Reflexion der Persönlichkeit auf diese ihre eigene Betätigung bildet den Ausgangspunkt aller Philosophie, für deren Erkenntnis somit die innere Erfahrung die Form, die Erfahrung des Widerstrebenden den Stoff darbietet. Aus der Grundtatsache werden die Begriffe Kraft, Substanz, Ursache, Einheit, Identität, Freiheit, Notwendigkeit entwickelt. Derart baute Maine de Biran auf die Psychologie ein

---

[4]) Die Vermittlungen sind hier nicht nur literarisch (Villers, Degérando usw.), sondern in starkem Maße persönlich gewesen. Von großer Bedeutung war u. a. die Anwesenheit der Schlegels in Paris, besonders die Vorlesungen Friedrichs; in Paris selbst die Gesell-schaft von Auteuil, zu der auch der Schweizer Gesandte S t a p f e r, eine hervorragend vermittelnde Persönlichkeit, gehörte.

metaphysisches System, das vielfach an Descartes und Malebranche erinnert, aber dessen *cogito ergo sum* durch ein *volo ergo sum* ersetzt; eben deshalb aber hat er sich ganz besonders bemüht, den Begriff der i n n e r e n E r f a h r u n g *(sens intime)* als die an sich deutliche und selbstverständliche Grundlage aller Geisteswissenschaft zu erweisen, für deren Grundprinzip er das Selbstbewußtsein der wollenden Persönlichkeit ansah. Diese bedeutsamen, gegen die naturalistische Einseitigkeit des achtzehnten Jahrhunderts gerichteten Gedanken hat Maine de Biran für seine eigene Überzeugung namentlich gegen den Schluß seines Lebens noch durch eine mystische Wendung ergänzt, welche das Aufgeben und Aufgehen der Persönlichkeit in die Liebe Gottes als höchste Lebensform betrachtet. Seine wissenschaftliche Lehre dagegen hat bei seinen Freunden wie A m p è r e , J o u f f r o y und C o u s i n noch weitere Berührungen teils mit der schottischen, teils mit der deutschen Philosophie gefunden, dabei aber eben vermöge der e k l e k t i s c h e n Aneignungen manches von ihrer Eigenart eingebüßt. Dies zeigt sich schon äußerlich darin, daß seine so modifizierte Ansicht, namentlich in der Lehrform, die sie durch C o u s i n erhielt, gern als S p i r i t u a l i s m u s bezeichnet wurde: in der Tat hat sie durch die intellektualistischen Zutaten, die ihr besonders Cousin aus der deutschen Identitätsphilosophie zuführte, eine Abänderung ihres ursprünglichen Charakters erfahren, den man besser als V o l u n t a r i s m u s bezeichnet hätte; in diesem Sinne haben später R a v a i s s o n und in einer noch selbständigeren, mehr an den kantischen Kritizismus angelehnten Form R e n o u v i e r von dem Eklektizismus zu Maine de Biran und teilweise zu Leibniz zurückzurufen gesucht[5]): daneben aber hat namentlich Renouvier die kritizistischen Prinzipien nicht nur in der Erkenntnistheorie, sondern auch in metaphysischer und geschichtsphilosophischer Hinsicht durchaus dualistisch zugespitzt, indem er auf allen Gebieten das niemals ganz ausgleichbare Bestehen der Gegensätze sowie die irrationalen, zufälligen Reste in aller Wirklichkeit betont. Mit immer neuen Wendungen, die z. T. in wunderliche Konstruktionen auslaufen, hat er dieses Prinzip durchzuführen unternommen.

Einen kräftigen und originellen Aufschwung hat die spiritualistische Metaphysik neuerdings durch B e r g s o n gewonnen. Er geht von der Kritik der naturwissenschaftlichen Weltansicht aus und zeigt, daß, wie das Gehirn biologisch nur die Funktion einer Umsetzung sensibler in motorische Funktionen habe, so auch die aus der Sensibilität entwickelte begriffliche Vorstellungsweise nur den Sinn habe, als Mittel zum Handeln zu dienen: deshalb sei sie behufs der Voraussicht eine Theorie gesetzmäßiger Stabilität. Im Gegensatz dazu will Bergson aus den unmittelbaren Gegebenheiten des Selbsterlebnisses eine Metaphysik der Persönlichkeit, der Freiheit und der schöpferischen Entwicklung begründen[6]).

3. Überhaupt jedoch ist der V o l u n t a r i s m u s die vielleicht am stärksten ausgeprägte Tendenz der Psychologie des 19. Jahrhunderts. In Deutschland hat nach dieser Seite hauptsächlich Fichtes und Schopenhauers Metaphysik gewirkt. Nach

---

[5]) Eine ähnliche Stellung nimmt in Italien G a l l u p p i ein, der unter den „Tatsachen des Bewußtseins", die er zur Basis der Philosophie macht, die Autonomie des sittlichen Wollens als die bestimmende ansieht, während R o s m i n i den älteren Intellektualismus beibehalten hat.

[6]) Vgl. die deutsche Ausgabe von „Matière et mémoire" mit Einleitung von W. WINDELBAND, Jena 1908.

beiden besteht das Wesen des Menschen im Willen, und die Färbung, die eine
solche Ansicht der ganzen Weltanschauung gibt, hat durch den Verlauf der
deutschen Geschichte in unserem Jahrhundert und die damit zusammenhängende
Wandlung der Volksseele nur verstärkt werden können. Die bis zum äußersten
gesteigerte Bedeutung des Praktischen und ein nicht ungefährliches Zurückdrängen
des Theoretischen sind immer mehr als charakteristische Züge der Zeit hervorgetreten. In wissenschaftlicher Form zeigt sich das schon früh bei B e n e k e, der
seine Darstellung der Assoziationspsychologie (vgl. oben § 41, 8) dadurch eigenartig gestaltete, daß er die Elemente des Seelenlebens — er nannte sie „Urver-
mögen" — als aktive Prozesse oder als T r i e b e auffaßte, welche, durch die Reize
ursprünglich zur Tätigkeit ausgelöst, in ihrem inhaltlichen Beharren (als „Spuren")
und in ihrer gegenseitigen Ausgleichung bei fortwährender Erzeugung neuer Kräfte
die scheinbar substantielle Einheit des Seelenwesens zustande bringen sollen: die
Seele ist danach ein Bündel, nicht mehr wie bei Hume von Vorstellungen, sondern
von Trieben, Kräften und „Vermögen", während den klassifikatorischen Gattungs-
beziehungen, wozu man früher den letzteren Ausdruck verwendete, jede reale Bedeutung abgesprochen wird (vgl. oben § 41, 3). Diese Lehre durch eine methodische
Bearbeitung der Tatsachen der inneren Wahrnehmung induktiv zu begründen, gilt
für Beneke als die einzig mögliche Voraussetzung für die philosophischen Disziplinen wie Logik, Ethik, Metaphysik und Religionsphilosophie: er geht dabei auf
eine T h e o r i e d e r W e r t e aus, die den Reizen (den sog. „Dingen") wegen der
Steigerung oder Herabstimmung der Triebe zukommen.

Dem Psychologismus Benekes hat F o r t l a g e metaphysische Linien gegeben,
indem er ihn in Fichtes Wissenschaftslehre hineinarbeitete. Auch er faßt die Seele,
damit aber zugleich auch den Zusammenhang der Dinge als ein T r i e b s y s t e m
auf, und vielleicht keiner hat so scharf wie er den Begriff des substratlosen Tuns[7])
als Quelle des substantiellen Seins durchgeführt. Er hat das Wesen des seelischen
Geschehens darin erkannt, daß aus ursprünglichen Funktionen sich bleibende Inhalte
durch synthetisches Zusammenwachsen niederschlagen: damit aber zeigte er wieder
den Weg, auf dem allein die Metaphysik von dem Schema des materiellen Geschehens, als einer Bewegung unveränderlicher Substanzen wie der Atome, los-
kommen kann. Zugleich aber lagen in diesen Lehren die Ansätze zu der Auffassung,
daß auch die Prozesse der Vorstellungsbewegung, der Aufmerksamkeit und der
urteilsmäßigen Wertung als Funktionen des „Triebes", der Frage und der Zustimmung, bzw. Verwerfung, angesehen werden müssen. Es ist freilich nicht aus-
geblieben, daß in der späteren Entwicklung die psychologische Analyse der Denktätigkeit sich auch auf dem Gebiete der Logik einbürgerte und hier vielfach den
Blick von den eigentlichen Problemen abzog. Gerade in den letzten Jahrzehnten
hat der Psychologismus ganz ähnlich gewuchert wie im 18. Jahrhundert und in
seiner Ausartung auch zu denselben Erscheinungen seichtester Popularphilosophie
geführt wie damals.

4. Auch in England besteht der traditionelle Psychologismus noch immer, und
daran ist im wesentlichen auch durch die Umgestaltung nichts geändert worden,
welche H a m i l t o n unter dem Einflusse der deutschen Philosophie und besonders

---

[7]) C. FORTLAGE, Beiträge zur Psychologie (Leipz. 1875), S. 40; vgl. oben S. 512, Anm. 103.

Kants der s c h o t t i s c h e n Lehre gegeben hat. Auch er verteidigt den Standpunkt der inneren Erfahrung und betrachtet ihn als maßgebend für alle philosophischen Disziplinen: nur in den einem jeden geläufigen und unmittelbar verständlichen Tatsachen des Bewußtseins ist Notwendigkeit und Allgemeingültigkeit zu finden. Aber in diesen Tatsachen (und zu ihnen gehört auch jede einzelne Wahrnehmung von dem Vorhandensein eines äußeren Dinges) gelangt immer nur Endliches in endlichen Verhältnissen und Beziehungen zu unserer Erkenntnis, und in diesem Sinne (also ohne den kantischen Begriff der Phänomenalität) ist für Hamilton das menschliche Wissen auf Erfahrung des Endlichen beschränkt. Vom Unendlichen und Absoluten, d. h. von Gott hat der Mensch nur die moralische Glaubensgewißheit: dagegen hat von diesem „Unbedingten" die Wissenschaft keine Erkenntnis, weil sie als eine wesentlich „beziehende" und „bedingende" Tätigkeit nur solches denken kann, was sie, um es aufeinander zu beziehen, voneinander unterscheidet (Kants Begriff der Synthesis). Diesen „A g n o s t i z i s m u s" hat dann M a n s e l mit noch mehr skeptisch gewendeter Ausnützung der kantischen Erkenntnistheorie in den Dienst der Offenbarungstheologie gestellt, indem er zeigte, daß die religiösen Dogmen für die menschliche Vernunft durchweg unbegreifbar, aber eben deshalb auch unangreinbar seien. Die Unerkennbarkeit des „Absoluten" oder des „Unendlichen", wie sie Hamilton gelehrt hatte, spielt aber auch noch in andern philosophischen Richtungen Englands, z. B. in Herbert Spencers Lehre und bei den Vertretern des Positivismus und Pragmatismus, eine wichtige Rolle.

Der Psychologie gegenüber, die es nur mit der Feststellung von Tatsachen des Bewußtseins zu tun hat, behandelt Hamilton Logik, Ästhetik und Ethik (entsprechend den drei Klassen der psychischen Phänomene) als die Lehre von den Gesetzen, unter denen die Tatsachen stehen; doch kommt es dabei nicht zu voller Deutlichkeit über den normativen Charakter dieser Gesetzgebung, und so bleiben hier prinzipiell auch die philosophischen Disziplinen im Psychologismus stecken. In der Ausführung aber gestaltet sich Hamiltons logische Theorie zu einer der ausgeprägtesten Erscheinungen der f o r m a l e n   L o g i k : es handelt sich für ihn nur um eine systematische Darstellung der Verhältnisse, die zwischen Begriffen bestehen; und er richtet, das Prinzip der aristotelischen Analytik (vgl. oben § 12, 3) übertrumpfend, die ganze Untersuchung auf die Beziehungen der Q u a n t i t ä t . Jedes Urteil soll eine (rein umkehrbare) Gleichung sein, welche aussagt, wie sich die Umfänge der beiden Begriffe zueinander verhalten, so daß z. B. ein Subordinationsurteil (wie etwa „die Rose ist eine Blume") die Form annehmen muß: „alle S = einige P." Dazu gehört also, daß das Prädikat ebenso „quantifiziert" wird, wie es bisher in den logischen Lehren nur mit dem Subjekt zu geschehen pflegte. Waren so alle Urteile auf die Form von Gleichungen zwischen Begriffsumfängen gebracht, so erschienen Folgerungen und Schlüsse als Rechnungsoperationen mit gegebenen Größen, d. h. das Prinzip der terministischen Logik, wie es Occam (vgl. oben § 27, 4), Hobbes (§ 31, 2) und Condillac (§ 34, 8) formuliert hatten, schien zur völligen Durchführung gebracht. So breitet sich von Hamilton her die „neue Analytik" oder die „kalkulatorische Logik" aus — ein weiter Tummelplatz für den gymnastischen Sport unfruchtbaren Scharfsinns. Denn es ist offenbar, daß eine solche Logik sich nur an einem einzigen und noch dazu einem der unbedeutendsten unter den zahlreichen Verhältnissen fortspinnt, die zwischen Begriffen möglich und der Gegenstand von Urteilen sind, und daß somit gerade die wertvollen Beziehungen des logischen Denkens aus dieser Art von Analytik herausfallen. Aber die mathematische Exaktheit, mit der diese ihr Regelwerk zu entwickeln schien, hat für sie, nicht nur in England, eine Reihe tüchtiger Forscher eingenommen, die es übersahen, daß von dem ganzen so sauber ausgearbeiteten Formelapparat das lebendige, sachliche Denken des Menschen nichts weiß.

5. Bei den Debatten über die Seelenfrage in Frankreich und England mischt sich natürlich auch immer das religiöse oder t h e o l o g i s c h e I n t e r e s s e an dem Begriffe der S e e l e n s u b s t a n z ein: im Vordergrund stand dieses bei den sehr heftigen Streitigkeiten, die in Deutschland zur Auflösung der Hegelschen Schule führten. Sie drehten sich wesentlich um die P e r s ö n l i c h k e i t G o t t e s und die U n s t e r b l i c h k e i t d e r S e e l e. Der Hegelianismus konnte als „preußische Staatsphilosophie" nicht bestehen, wenn er nicht darin die „Identität der Philosophie mit der Religion" aufrecht erhielt. Die vieldeutige, in den dialektischen Formalismus gehüllte Ausdrucksweise des Meisters, der an solchen Fragen kein direktes Interesse gehabt hatte, begünstigte den Streit um die Rechtgläubigkeit seiner Lehre. In der Tat versuchte die sog. „rechte Seite" der Schule, zu der hervorragende Theologen wie Gabler, Göschel und Hinrichs gehörten, die Rechtgläubigkeit zu halten: aber wenn es vielleicht zweifelhaft bleiben konnte, wie weit das „Zu-sich-selbst-Kommen der Idee" als Persönlichkeit Gottes zu deuten wäre, so wurde anderseits klar, daß in dem System des ewigen Werdens und des dialektischen Übergangs aller Gestalten ineinander die endliche Persönlichkeit auf den Charakter einer „Substanz" und auf Unsterblichkeit im religiösen Sinne kaum scheinbar Anspruch zu erheben vermochte.

Dies Motiv drängte einige Philosophen aus der Hegelschen Schule heraus und zu einer „t h e i s t i s c h e n" Weltansicht, welche (ähnlich wie die von Maine de Biran) den Begriff der P e r s ö n l i c h k e i t zu ihrem Mittelpunkte hatte und hinsichtlich der endlichen Persönlichkeiten sich der Leibnizschen Monadologie zuneigte. Der jüngere F i c h t e bezeichnete diese geistigen Realitäten als „Urpositionen"; die bedeutendste Ausführung des Gedankens ist das philosophische System von Chr. W e i s s e, welches ontologisch den Begriff des Möglichen über den des Seins stellt, um dann alles Sein aus der Freiheit, als der Selbsterzeugung der Persönlichkeit (FICHTE), abzuleiten. In dem Verhältnis des Möglichen und des Wirklichen wiederholen sich hier der Leibnizsche Gegensatz von *vérités éternelles* und *vérités de fait* und die Probleme, welche Kant in dem Begriffe der „Spezifikation der Natur" zusammenfaßte (vgl. oben § 40, 7): innerhalb der nicht fortzudenkenden „Möglichkeiten" ist das Wirkliche zuletzt immer so, daß es auch anders zu denken wäre; d. h. es ist nicht abzuleiten, es muß als durch Freiheit gegeben angesehen werden. Gesetz und Tatsächlichkeit sind aufeinander nicht zu reduzieren. Mit mehr psychologischer Ausführung dieser Ansichten betrachtete U l r i c i das Selbst als Voraussetzung der „unterscheidenden" Tätigkeit, womit er alles Bewußtsein identifizierte, und woraus er ebenso die logische wie die psychologische Theorie entwickelte.

6. Von der Gegenpartei wurde gerade die in der Restaurationszeit an Macht und Anspruch wachsende Orthodoxie mit den Waffen des Hegelianismus bekämpft.

wobei in publizistischer Vertretung des religiösen wie des politischen Liberalismus R u g e den Führer abgab. Wie pantheistisch und spinozistisch von dieser Seite her das idealistische System aufgefaßt wurde, sieht man am besten aus F e u e r b a c h s „Gedanken über Tod und Unsterblichkeit", wo die göttliche Unendlichkeit als der letzte Lebensgrund des Menschen und sein Aufgehen darin als die wahre Unsterblichkeit und Seligkeit gefeiert wird. Von diesem idealen Pantheismus aus ist Feuerbach dann sehr schnell durch verschiedene, immer radikaler werdende Zwischenstufen hindurch zu den radikalsten Änderungen seiner Lehre fortgeschritten. Er fühlte, daß das panlogistische System das natürliche Einzelding nicht zu erklären vermochte: hatte doch Hegel die Natur das Reich der Zufälligkeit genannt, welches unfähig sei, den Begriff rein zu erhalten. Diese Unfähigkeit, dachte Feuerbach, steckt vielmehr in dem Begriff, den sich der Mensch von den Dingen macht: die allgemeinen Begriffe, in denen die Philosophie denkt, sind allerdings unfähig, das wirkliche Wesen des Einzeldinges zu verstehen. Darum stellt Feuerbach nun das Hegelsche System auf den Kopf, und so gibt es einen n o m i n a l i s t i s c h e n M a t e r i a l i s m u s. Das Wirkliche ist das sinnliche Einzelwesen: alles Allgemeine, alles Geistige ist nur eine Illusion des Individuums. Der Geist ist die „Natur in ihrem Anderssein". So gibt Feuerbach auch seine rein a n t h r o p o l o g i s c h e E r k l ä - r u n g d e r R e l i g i o n : der Mensch betrachtet sein eigenes Gattungswesen, so wie er selbst zu sein wünscht, als Gott. Diese „Theorie des Wunsches" soll in der Weise Epikurs (vgl. oben § 15, 7) die Menschheit von allem Aberglauben und seinen bösen Folgen befreien. Die Erkenntnislehre dieser „Philosophie der Zukunft" kann nur Sensualismus, ihre Ethik nur Eudämonismus sein: der Glückseligkeitstrieb ist das Prinzip der Moral, und das Mitwollen des fremden Glücks die M i t - f r e u d e, das ethische Grundgefühl.

Nachdem der Materialismus eine so vornehm metaphysische Abkunft erwiesen hatte, bemächtigte man sich zu seinen Gunsten auch der anthropologischen Begründungsweise, die er seit Lamettrie in der französischen Literatur erfahren hatte, und die sich durch die Fortschritte der Physiologie noch zu stärken schien. Lehrte doch auch Feuerbach: der Mensch ist, was er ißt! Und so deutete man wieder die Abhängigkeit der Seele vom Leibe in eine Materialität der Seelentätigkeit selbst um: Vorstellen und Wollen seien „Sekrete" des Gehirns, wie andere Organe andere Dinge ausscheiden. Ein weiterer Bundesgenosse erschien dieser Ansicht in der rein s e n - s u a l i s t i s c h e n E r k e n n t n i s t h e o r i e, wie sie, noch unabhängig von metaphysischen Annahmen, C z o l b e entwickelte, der dann später selbst zu einer dicht an den Materialismus streifenden Weltansicht gelangte. Da ihm nämlich Erkenntnis nur als Abbild des Wirklichen möglich erschien, so kam er schließlich dazu, den Vorstellungen selbst räumliche Ausdehnung zuzuschreiben und überhaupt den Raum an Stelle der spinozistischen Substanz als Träger aller Attribute zu betrachten.

So begann sich die materialistische Denkart auch in Deutschland unter den Ärzten und Naturforschern auszubreiten, und dies kam bei der Naturforscherversammlung von 1854 in Göttingen zu Tage. Der Widerspruch zwischen den Folgerungen der Naturwissenschaft und den „Bedürfnissen des Gemüts" wurde das Thema eines auch literarisch heftig fortgesetzten Streites, worin Carl V o g t die Alleinherrschaft der mechanischen Weltansicht verteidigte, Rudolph W a g n e r dagegen an den Grenzen der menschlichen Erkenntnis die Möglichkeit für einen

Glauben gewinnen wollte, der die Seele und ihre Unsterblichkeit rettete. Dies Bestreben, das höchst ungeschickt als „doppelte Buchführung" bezeichnet wurde[8]),
ist in der Folge (ähnlich wie bei dem Agnostizismus der Engländer) hauptsächlich
wirksam gewesen, um bei den Naturforschern, welche die Einseitigkeit des Materialismus durchschauten, aber mit der Teleologie des Idealismus sich nicht be-
freunden konnten, eine wachsende Neigung für K a n t zu erzeugen, in dessen Ding-
an-sich sich jene Bedürfnisse des Gemüts flüchten zu dürfen meinten. Als dann
1860 Kuno Fischers glänzende Darstellung der kritischen Philosophie erschien,
da begann jene „Rückkehr zu Kant", der es nachher beschieden war, z. T. in literar-
historische Mikrologie auszuarten. Der naturwissenschaftlichen Stimmung, aus der
sie entsprang, hat Albert L a n g e s „Geschichte des Materialismus" den Ausdruck
gegeben. Freilich liefen dabei manche Mißverständnisse mit unter, indem selbst
große Naturforscher wie H e l m h o l t z[9]) den transzendentalen Idealismus mit
Lockes Semeiotik und seiner Lehre von den primären und sekundären Qualitäten
verwechselten, und indem anderseits etwas später eine namhafte Theologenschule
unter der Führung R i t s c h l s die Lehre vom Ding-an-sich in einer dem englischen
Agnostizismus verwandten Weise sich zu eigen machte.

Die philosophische Erneuerung des Kantianismus, die sich, besonders auch seit
O. L i e b m a n n s eindrucksvollem Buche „Kant und die Epigonen" (1865), durch
die ganze zweite Hälfte des Jahrhunderts hindurchzieht, zeigt das Bild einer bunten
Mannigfaltigkeit, worin sich mit allen Abstufungen der Gegensatz der Deutungen
wiederholt, die Kants Lehre schon gleich nach ihrem Erscheinen erfahren hatte.
Empiristische und rationalistische Auffassung standen dabei wiederum im Streit,
und ihre historische, wie ihre systematische Ausgleichung ist schließlich der pragmatischen Notwendigkeit unterlegen, daß sich daraus allmählich eine Rückkehr
zu F i c h t e entwickelt hat. Wiederum ist heute eine idealistische Metaphysik im
Werden, als deren Hauptvertreter R. E u c k e n angesehen werden muß.

In allen Formen aber hat diese neukantische Bewegung mit ihrer ernsten erkenntnistheoretischen Arbeit den Erfolg gehabt, daß die oberflächliche Metaphysik
des Materialismus in ihrer Unzulänglichkeit und Unmöglichkeit durchschaut und
abgewiesen wurde. Selbst da, wo Kants Lehre ganz empiristisch, sogar positivistisch
gewendet wurde, selbst in der wunderlichen Konsequenzmacherei des sog. Solipsismus wurde der Gedanke, das Bewußtsein als Nebenfunktion der Materie anzusehen,
als Absurdität verworfen: viel eher breitete sich die gegenteilige Einseitigkeit aus,
der inneren Wahrnehmung im Gegensatz zur äußeren die alleinige primäre Realität
zuzusprechen[10]). Die Hauptsache ist, daß das Ende des 19. Jahrhunderts einen
verhältnismäßig rapiden Zusammenbruch der lediglich durch Begriffe und Hypothesen der Naturforschung bestimmten Weltansicht erlebt hat: schon ist der Name
der Naturphilosophie wieder zu Ehren gekommen, und in den Theorien der

---

[8]) Es ist nicht ohne Interesse, zu konstatieren, daß dies Motiv schon den französischen
Materialisten nicht fern lag: von Cabanis wie von Broussais liegen am Ende ihres Lebens
Erklärungen in diesem Sinne, sogar mystischer Tendenz, vor.

[9]) Vgl. H. HELMHOLTZ, Physiologische Optik, § 25, und besonders „Die Tatsachen in
der Wahrnehmung" (Berlin 1879).

[10]) Das geschieht hauptsächlich in der sog. i m m a n e n t e n P h i l o s o p h i e, als
deren Vertreter neben W. Schuppe besonders v. Schubert-Soldern genannt sein mag.

„Energetik" bereitet sich von dieser Seite her eine neue Form des philosophischen Verständnisses der Natur vor[11]).

Der Materialismus ist damit in der Wissenschaft überwunden: er lebt in populären Darstellungen, wie Büchners „Kraft und Stoff" oder in der feineren Form von Strauß' „Alter und neuer Glaube"[12]), er lebt aber auch als Lebensansicht gerade in solchen Kreisen fort, welche die „Ergebnisse der Wissenschaft" aus der gefälligsten Hand zu naschen lieben. Für diese Halbbildung hat er seine charakteristische Darstellung in Haeckels Werken und seinem sog. Monismus gefunden.

Für die Psychologie jedoch als Wissenschaft ergab sich auch nach der kritischen Erkenntnistheorie die Notwendigkeit, auf den Begriff der Seelensubstanz als Grundlage ebenso wie als Ziel ihrer Forschung zu verzichten, und als Lehre von den Gesetzen des seelischen Lebens sich nur auf innerer oder äußerer Erfahrung oder auf beiden zusammen aufzubauen. So bekamen wir die „Psychologie ohne Seele", die von allen metaphysischen Voraussetzungen frei ist — oder zu sein scheint.

7. Eine tiefere Versöhnung der Gegensätze hat L o t z e von den Grundgedanken des deutschen Idealismus aus gegeben. Er betrachtet den Naturmechanismus als die Form der Gesetzmäßigkeit, worin der Trieb des Lebens und Gestaltens, der das geistige Wesen alles Wirklichen ausmacht, seinen Zweck, das Gute, verwirklicht. Danach hat die Naturwissenschaft allerdings kein anderes Prinzip als das des mechanischen Kausalzusammenhangs, dessen Geltung hier prinzipiell mit Verwerfung der Lehre von der Lebenskraft auch für den Organismus in Anspruch genommen wird; aber die Anfänge der Metaphysik liegen wie diejenigen der Logik nur in der Ethik. In der Ausführung dieses t e l e o l o g i s c h e n I d e a l i s m u s klingen Motive aus allen großen Systemen der deutschen Philosophie zu einem neuen harmonischen Gebilde zusammen: jedes einzelne Wirkliche hat sein Wesen nur in den lebendigen Beziehungen, worin es zu anderem Wirklichen steht, und diese Beziehungen, welche den Zusammenhang des Universums ausmachen, sind nur möglich, wenn alles Seiende als Teilwirklichkeit in einer substantiellen Einheit begründet ist, und wenn dabei alles Geschehen zwischen den einzelnen Wesen als zweckvolle Verwirklichung eines gemeinsamen Lebensinhalts aufzufassen ist. Diesen metaphysischen Grundgedanken zur vollen Ausführung zu bringen, war Lotze durch die mächtige Universalität berufen, womit er den Tatsachenstoff und die Formen der wissenschaftlichen Bearbeitung in allen besonderen Disziplinen beherrschte, und auch in dieser Hinsicht reiht sich seine Persönlichkeit wie seine Lehre der vorhergehenden Epoche wurdig an. Seine eigene Stellung charakterisiert sich am meisten durch die Auffassung der Erkenntnis als einer jener lebendigen und zweckvollen Wechselwirkungen zwischen der „Seele" und andern „Substanzen". Wenn sich dabei mit der von den „Dingen" ausgehenden Anregung die „Reaktion" der Seele verbindet, so entfaltet einerseits diese ihre eigene Natur in den Formen der Anschauung und den allgemeinen Wahrheiten, die mit unmittelbarer Evidenz bei diesem Anlasse zum Bewußtsein kommen; anderseits macht dieser Anteil des Sub-

---

[11]) Vgl. W. OSTWALD, Vorlesungen über Naturphilosophie (Leipzig 1903).

[12]) Auch in dieser geistreichsten Form, welche der Materialismus finden kann — daneben wäre auch noch vielleicht L. Knapps „Rechtphilosophie" (1857) zu nennen — kommt die Abstammung aus der Hegelschen Dialektik darin zu Tage, daß alle höheren, geistigen Lebensformen als ein Hinausstreben der Natur über sich selbst behandelt werden.

jekts die Vorstellungswelt in der Tat zur E r s c h e i n u n g : aber diese „Erscheinung" als das zweckvolle Innenleben ist damit selbst kein bloßer Schein, sondern
vielmehr ein R e i c h d e r W e r t e, worin sich das Gute verwirklicht. Das Zustandekommen dieser Bewußtseinswelt ist das Wertvollste, was in den Wechselwirkungen
der Substanzen überhaupt geschehen kann, der letzte und eigenste Sinn des Weltprozesses. Von diesem Grundgedanken aus hat Lotze in seiner „Logik" die Reihenfolge der Denkformen als einen systematischen Zusammenhang aufzufassen gelehrt,
der sich aus den A u f g a b e n des Denkens entwickelt. In seiner „Metaphysik" hat
er die Weltanschauung des teleologischen Idealismus mit scharfsinniger Begriffsarbeit und sorgfältigster Abwägung nach allen Richtungen ausgebildet und in sich
bestimmt. Der dritte Teil des Systems, die Ethik, ist leider in dieser strengeren
Form nicht mehr ausgeführt worden: dafür liegen die Überzeugungen des Philosophen und sein reifes Verständnis des Lebens und der Geschichte in den schönen
und feinsinnigen Darstellungen seines „Mikrokosmus" vor.

8. Einen andern Ausweg aus den Schwierigkeiten der naturwissenschaftlichen
Behandlung des Seelenlebens hat F e c h n e r gewählt. Er will Leib und Seele als
die zwar völlig getrennten und verschiedenartigen, aber stetig miteinander korrespondierenden Erscheinungsweisen eines und desselben unbekannten Wirklichen
ansehen und verfolgt diesen Gedanken in der Richtung, daß den physischen Zusammenhängen auch überall geistige Zusammenhänge entsprechen, während uns
die letzteren durch Wahrnehmung nur in uns selbst bekannt sind. Wie sich bei
uns die Empfindungen, welche der Erregung einzelner Teile des Nervensystems
entsprechen, als Oberwellen in der Gesamtwelle unseres Individualbewußtseins darstellen, so läßt sich annehmen, daß die Bewußtheiten der einzelnen Persönlichkeiten
wiederum nur Oberwellen eines allgemeineren Bewußtseins, etwa des Planetengeistes
sind: und setzt man diese Betrachtung fort, so kommt man schließlich zur Annahme
eines u n i v e r s a l e n G e s a m t b e w u ß t s e i n s i n G o t t, welchem der universale Kausalzusammenhang der Atome korrespondiert. Übrigens gestattet nach
Fechner die Verknüpfung innerer und äußerer Erfahrung in unserem Bewußtsein
auch, den Gesetzen dieser Korrespondenz nachzuforschen. Die Wissenschaft davon
ist die P s y c h o p h y s i k. Deren erste Aufgabe ist, M e t h o d e n z u r M e s s u n g
p s y c h i s c h e r G r ö ß e n aufzufinden, um so mathematisch formulierbare Gesetze
zu gewinnen. Fechner stellt hauptsächlich die M e t h o d e d e r e b e n n o c h
m e r k l i c h e n U n t e r s c h i e d e auf, die als Maßeinheit den kleinsten noch
wahrnehmbaren Unterschied zweier Empfindungsintensitäten definiert und diesen
als überall und in allen Fällen gleich annimmt. Auf Grund dieser (freilich willkürlichen) Voraussetzung erschien die mathematische Formulierung des sog. Weber-
Fechnerschen Grundgesetzes möglich, wonach sich die Intensitäten der Empfindung
verhalten wie die Logarithmen der Reizintensitäten. Die so von Fechner erweckte
Hoffnung, durch die indirekte Messung psychischer Größen die psychophysische
oder vielleicht selbst die psychologische Gesetzmäßigkeit nach naturwissenschaftlicher Methode mathematisch darzustellen, hat trotz der zahlreichen und schweren
Einwände, auf die sie stieß, insofern großen Erfolg gehabt, als während der letzten
Jahrzehnte in vielen dafür gegründeten Laboratorien eifrig gearbeitet worden ist:
doch kann man nicht sagen, daß mit dieser Betriebsamkeit des Experimentierens

der Ertrag für ein neues und tieferes Verständnis des Seelenlebens gleichen Schritt gehalten hätte[13]).

Ebenso ist die Erneuerung des spinozistischen Parallelismus auf immer größere Schwierigkeiten der Durchführung gestoßen. Bei Fechner selbst war er dogmatisch gemeint, indem dieser für den Inhalt der sinnlichen Wahrnehmung volle metaphysische Realität in Anspruch nahm — er stellte diese „Tagesansicht" der „Nachtansicht" des naturwissenschaftlichen und des philosophischen Phänomenalismus gegenüber —, und diese dogmatische Auffassung wurde später am kräftigsten durch die Berufung auf das Prinzip von der Erhaltung der Energie begründet, das jede Verursachung physischer Bewegungen durch andere als physische Bewegungen ausschließt: andere dagegen faßten jenen Parallelismus kritizistisch auf, indem sie annahmen, Seele und Körper mit allen ihren je in sich verlaufenden Zuständen und Tätigkeiten seien nur die verschiedenen Erscheinungsweisen einer und derselben realen Einheit. Aber nach den lebhaften Diskussionen, welche diese Frage erfahren hat[14]), ist doch mehr und mehr die Einsicht zum Durchbruch gekommen, daß ein solcher Parallelismus in keiner Form haltbar und durchführbar ist: das bedeutendste sachliche Gegenargument bleibt die Diskontinuierlichkeit des seelischen Lebens und die völlige Unmöglichkeit, den Fortschritt von Wahrnehmung zu Wahrnehmung mit der auch profusesten Anwendung „unbewußter Vorstellungen" kausal zu begreifen.

Das zeigt sich auch bei demjenigen Forscher, welcher für die Ausbreitung der psychologischen Studien am meisten tätig gewesen ist: W. W u n d t. Er hat sich von seiner „physiologischen Psychologie" her zu einem „System der Philosophie" entwickelt, welches die Welt als einen tätigen Zusammenhang von W i l l e n s - i n d i v i d u a l i t ä t e n betrachtet: er benutzt in der Metaphysik den Fichte-Fortlageschen Begriff des substratlosen Tuns und beschränkt die Anwendung des Substanzbegriffes auf die naturwissenschaftliche Theorie. Die Wechselwirkung der Willensaktualitäten erzeugt in den organischen Wesen höhere Willenseinheiten und damit verschiedene Stufen des Zentralbewußtseins: aber die Idee eines absoluten Weltwillens und Weltbewußtseins, die sich daraus nach regulativem Prinzip entwickelt, liegt jenseits der Grenze menschlicher Erkenntnisfähigkeit.

9. Insofern der immer kräftiger heraustretende Voluntarismus, namentlich auch in der allgemeineren Auffassung und Literatur, den Intellektualismus bekämpfte, den man als typischen Grundzug in der Glanzzeit des deutschen Neuhumanismus betrachtete, entwickelte sich gewissermaßen dasselbe Problem über den P r i m a t des Willens oder des Verstandes, das den dialektischen Scharfsinn der Scholastiker so lebhaft beschäftigt hatte (vgl. oben § 26). Daß in der Tat dies Problem aus der antagonistischen Entwicklung des Idealismus heraussprang, hat am deutlichsten

---

[13]) Hinsichtlich der Kontroverse ist am einfachsten auf FECHNER selbst zu verweisen: „Revision der Hauptpunkte der Psychophysik" (Leipzig 1882). Außerdem sei ganz besonders hingewiesen auf H. MÜNSTERBERG, Über Aufgaben und Methoden der Psychologie (Leipzig 1891).

[14]) Eine kritische Zusammenstellung der Literatur über diese Frage findet man bei E. Busse in den „Philos. Abhandlungen zu Sigwarts 70. Geburtstag" (Tübingen 1900); vgl. dazu namentlich ebendort die Untersuchung von H. RICKERT.

E. v. H a r t m a n n gesehen, dessen „Philosophie des Unbewußten" aus einer Synthesis einerseits von Hegel, anderseits von Schopenhauer und dem späteren Schelling
hervorging und die Absicht hatte, den rationalen und den irrationalen Zweig des
Idealismus wieder zusammenzubiegen. Er versucht dies dadurch zu erreichen, daß
er dem einheitlichen Weltgeiste d e n W i l l e n u n d d i e I d e e (das „Alogische"
und das „Logische") als koordinierte und in Wechselwirkung stehende Attribute
zuschreibt Wenn dabei der absolute Geist „das Unbewußte" genannt wird, so mutet
Hartmann dem Begriffe des Bewußtseins eine ähnliche Mehrdeutigkeit zu wie
Schopenhauer dem des Willens: denn die Tätigkeiten des Unbewußten sind Willens-
und Vorstellungsfunktionen, die zwar in keinem empirischen Bewußtsein gegeben
sind, aber doch irgendein anderes Bewußtsein voraussetzen, wenn wir sie überhaupt denken sollen. Dies höhere Bewußtsein, welches das Unbewußte genannt
wird und den gemeinsamen Lebensgrund aller bewußten Individuen bilden soll,
sucht nun Hartmann als das tätige Wesen in allen Vorgängen des natürlichen und
des seelischen Lebens nachzuweisen: es vertritt ebenso Schopenhauers und Schellings
Willen in der Natur, wie die Lebenskraft der früheren Physiologie und die Entelechien des Entwicklungssystems. Es entfaltet sich vor allem in den teleologischen
Zusammenhängen des organischen Lebens. In dieser Hinsicht hat auch Hartmann
den Materialismus sehr wirksam bekämpft, indem seine Lehre überall auf den einheitlichen g e i s t i g e n Lebensgrund der Dinge hinweist: er benutzt dazu in der
glücklichsten Weise eine reiche Fülle naturwissenschaftlicher Kenntnisse, wenn es
auch eine Selbsttäuschung war, daß er meinte, seine „spekulativen Resultate nach
induktiv-naturwissenschaftlicher Methode" zu gewinnen. Jedenfalls hat das naturwissenschaftliche Interesse in Verbindung mit einer anmutigen und zum Teil glänzenden Darstellung viel zu dem außerordentlich großen, wenn auch schnell vorübergehenden Erfolge der „Philosophie des Unbewußten" beigetragen: ihr Haupt-
reiz allerdings lag in der Behandlung des Pessimismus (vgl. unten § 46), und in
dieser Richtung hat sie einen Schwarm popularphilosophischer Literatur von durch-
schnittlich sehr geringer Qualität nach sich gezogen.

Hartmann selbst hat seinen metaphysischen Grundgedanken unter Benutzung
ausgebreiteter historischer Studien auf dem ethischen, dem ästhetischen und dem
religionsphilosophischen Gebiete durchgeführt, ist aber dann zur Ausbildung eines
streng dialektischen Systems in seiner „Kategorienlehre" fortgeschritten, dem geschlossensten Werk begrifflicher Architektonik, das die letzten Jahrzehnte in
Deutschland gezeitigt haben, und diesem hat er dann eine Art von historisch-
kritischer Begründung in seiner „Geschichte der Metaphysik" nachgeschickt. Die
Kategorienlehre, zweifellos sein wissenschaftliches Hauptwerk, will ein gemeinsames
formales Fundament für die sachlichen Disziplinen der Philosophie gewinnen,
indem sie alle Beziehungsformen des Intellekts, die anschaulichen ebenso wie die
diskursiven, in ihrer verschiedenen Ausgestaltung durch das subjektiv-ideale (erkenntnistheoretische), das objektiv-reale (naturphilosophische) und das metaphysische Gebiet verfolgt: sie ist in der Feinheit der dialektischen Beziehungen und
der Fülle interessanter sachlicher Ausblicke ein eigenartiges Gegenstück zu der
Hegelschen Logik. So wie diese den Umschlag der Idee in die Natur, das „Entlassen"
des Begriffs zum „Anderssein" dialektisch in ihrem Gesamtgange entwickelte,
so zeigt Hartmann bei jeder einzelnen Kategorie die Umgestaltung, welche das

„Logische" durch seine Beziehung auf das dem Willen entspringende ‚Alogische"
der Wirklichkeit erfährt. Auch hier erscheint die Welt als in sich entzweit, als der
Kampf der Vernunft gegen den Willen.

§ 45. Natur und Geschichte.

Der Dualismus der kantischen Weltanschauung spiegelt sich in der Wissenschaft
des 19. Jahrhunderts durch die eigentümliche Spannung des Verhältnisses von
N a t u r w i s s e n s c h a f t u n d G e i s t e s w i s s e n s c h a f t. Keiner früheren
Zeit ist dieser Gegensatz, der auch die großen Systeme des Idealismus beherrschte,
in sachlicher und methodischer Bedeutung so geläufig gewesen wie der unsrigen,
und diesem Umstande sind eine Anzahl neuer verheißungsvoller Verschiebungen
entsprungen. Nimmt man dabei aus dem Bereiche der Geisteswissenschaft das, wie
gezeigt wurde, streitige Gebiet der Psychologie fort, so bleibt der „Natur" gegenüber,
noch mehr dem kantischen Gedanken entsprechend, das g e s e l l s c h a f t l i c h e
L e b e n u n d s e i n e h i s t o r i s c h e E n t w i c k l u n g in ihrer ganzen Ausdehnung nach allen Richtungen übrig. Das annexionskräftige Vordringen des naturwissenschaftlichen Denkens fand nun, dem Wesen der Sache nach, an den sozialen
Erscheinungen ebenso wie an den psychologischen leicht die Punkte, wo es die
Hebel seiner Betrachtungsweise ansetzen konnte, so daß auch auf diesem Gebiete
ein ähnliches Ringen wie wegen der Seele notwendig wurde; und so hat sich jener
Gegensatz auf den von N a t u r w i s s e n s c h a f t u n d G e s c h i c h t s w i s s e n -
s c h a f t z u g e s p i t z t.

1. Die erste Form, worin der Kampf zwischen naturwissenschaftlicher und historischer Weltanschauung ausgefochten worden ist, war die erfolgreiche Bestreitung
der Revolutionsphilosophie durch den f r a n z ö s i s c h e n T r a d i t i o n a l i s -
m u s. Nachdem St. Martin und de Maistre die Revolution als das Strafgericht Gottes
über die ungläubige Menschheit dargestellt hatten, ging d e B o n a l d dazu über,
den gesellschaftlichen Theorien des 18. Jahrhunderts, welche auch er für die Greuel
der *Terreur* verantwortlich machte, die Theorie der k l e r i k a l - l e g i t i m i s t i -
s c h e n R e s t a u r a t i o n entgegenzuhalten. Ungeschult im begrifflichen Denken,
dilettantisch namentlich in seiner Vorliebe für Etymologisieren, wirkte er durch die
Wärme seiner Darstellung und durch die Wucht des Prinzips, das er vertrat. Das
ist, lehrt er, der Fehler der Aufklärung, daß sie gemeint hat, die Vernunft könne
von sich aus die Wahrheit finden und die Gesellschaft einrichten, daß sie in das
Belieben der Individuen die Gestaltung ihres Zusammenlebens legen wollte. In
Wahrheit aber ist alles geistige Leben des Menschen ein Produkt der g e s c h i c h t -
l i c h e n T r a d i t i o n. Denn es wurzelt in der S p r a c h e. Die Sprache aber ist
(und gerade hier wird der Condillacismus am kräftigsten bekämpft) dem Menschen
von Gott als erste Offenbarung gegeben worden; das göttliche „Wort" ist der Quell
der Wahrheit. Das menschliche Wissen ist immer nur ein Teilhaben an dieser
Wahrheit, es erwächst aus dem G e w i s s e n, worin wir uns das allgemein Geltende
zu eigen machen. Der Träger aber der Tradition des göttlichen Worts ist die Kirche:
ihre Lehre ist die von Gott gegebene U n i v e r s a l v e r n u n f t, durch die Jahrhunderte fortgepflanzt als der große Baum, an welchem alle echten Früchte
menschlicher Erkenntnis reifen. Und nur diese Offenbarung kann deshalb auch die

Grundlage der Gesellschaft sein. Der Übermut der Individuen, die sich dagegen empörten, hat seine Sühne gefunden in der Auflösung der Gesellschaft, die es nun auf dem ewigen Boden neu zu errichten gilt: das war auch der Gedanke. welcher die dunklen und wunderlichen Phantasien von B a l l a n c h e lose zusammenhielt.

2. Das philosophische Moment dieser kirchenpolitischen Theorie bestand darin, daß als der geistige Lebensgrund der Individuen die in der historischen Entwicklung der Gesellschaft sich verwirklichende Gattungsvernunft erkannt wurde: zog man die theologischen Anschauungen von diesem Traditionalismus ab, so befand man sich dicht bei H e g e l s Begriff vom o b j e k t i v e n G e i s t e. Daher war es äußerst humorvoll, daß V i c t o r C o u s i n, als er die deutsche Philosophie gerade nach dieser Seite hin sich zu eigen machte, den Ultramontanen gewissermaßen den Rahm von der Milch fortschöpfte. Auch der Eklektizismus lehrte eine Universalvernunft, und er war nicht abgeneigt, darin etwas dem schottischen *Common-sense* Ähnliches zu sehen, dem er aber doch die metaphysische Basis nach Schelling und Hegel nicht versagte. Als daher L a m e n n a i s, der anfänglich Traditionalist gewesen war und dann durch die Schule der deutschen Philosophie ging, in der „Esquisse d'une philosophie" die Ideenlehre behandelte, konnte er jene Theorie des Gewissens der Sache nach völlig beibehalten.

Eine ganz andere Form nahm die Lehre vom objektiven Geiste da an, wo sie rein psychologisch und empirisch aufgefaßt wurde. Im geistigen Leben des Individuums spielen sich zahlreiche Vorgänge ab, die lediglich darauf beruhen, daß der einzelne überhaupt nie anders denn als Glied eines psychischen Zusammenhanges existiert. Dieses Übergreifende aber, in welches jeder hineinwächst und vermöge dessen er ist, was er ist, erweist sich nicht von der naturgesetzlichen Gleichmäßigkeit wie die allgemeinen Formen des seelischen Geschehens: es ist vielmehr stets von historischer Bestimmtheit, und der Gesamtgeist, der dem Individualleben zu Grunde liegt, prägt sich objektiv in der Sprache, in den Sitten, in den öffentlichen Einrichtungen aus. Durch deren Studium muß die Individualpsychologie zu einer S o z i a l p s y c h o l o g i e erweitert werden. Dies Prinzip haben L a z a r u s und S t e i n t h a l aufgestellt, und den eminent historischen Charakter, den die Ausführung davon haben muß, deuteten sie durch den übrigens wenig glücklichen Namen der V ö l k e r p s y c h o l o g i e an. Wo dagegen dieser historische Charakter abgestreift wurde, versuchte man auch die Sozialpsychologie, wie die gesamte Soziologie, zu einer Naturwissenschaft zu machen, welche die bleibenden Gesetzmäßigkeiten auch des seelischen Volkslebens zu ihrem Gegenstande haben soll: diese Tendenz ist namentlich in der neueren französischen Literatur durch Männer wie T a r d e u. a. stark vertreten[15]). In ganz anderer Richtung hat in Deutschland G. S i m m e l die Soziologie als eine philosophische Theorie der Formen des gesellschaftlichen Daseins mit dem Problem der Kulturwerte in fruchtbaren Zusammenhang gebracht[16]).

3. Den sozialen Grundgedanken des Traditionalismus muß man berücksichtigen, um die religiöse Färbung zu verstehen, die im Gegensatz zu den sozial-politischen Theorien des 18. Jahrhunderts für den f r a n z ö s i s c h e n S o z i a l i s m u s seit

---

[15]) Vgl. dagegen TH. KISTIAKOWSKI, Gesellschaft und Einzelwesen (Berlin 1899).
[16]) G. SIMMEL, Soziologie (Leipzig 1908).

St. Simon charakteristisch ist. Des letzteren Lehre steht aber nicht nur unter
dem Druck der zu neuer sozialer und politischer Macht erstarkenden Religiosität,
sondern auch in lebhaften Beziehungen zur deutschen Philosophie und sogar zu
ihrer Dialektik. Alles dies ist auf seinen Schüler Auguste Comte übergegangen,
dessen Gedankenentwicklung einem höchst eigentümlichen Schicksal unterlegen ist.

Seine Absicht geht auf nicht mehr und nicht weniger als auf eine totale Reform
der menschlichen Gesellschaft. Auch für ihn gilt es als ausgemacht, daß die Aufklärung mit der Revolution, deren Ursache sie war, Bankrott gemacht hat. Wie die
Traditionalisten macht er dafür die Selbständigkeit der Individuen, die freie Forschung und autonome Lebensführung verantwortlich; daraus folge die Anarchie der
Meinungen und daraus die Anarchie der öffentlichen Zustände. Das Heil der Gesellschaft ist nur in der Herrschaft des Wissens zu suchen. In festeren Linien soll jene
Unterordnung aller Lebenstätigkeiten unter ein allgemein gültiges Prinzip wiedergefunden werden, welche in dem großartigen, aber verfrühten System des katholischen Mittelalters annähernd erreicht war: nur soll an die Stelle der Theologie
die positive Wissenschaft treten, die ebensowenig Glaubensfreiheit duldet wie damals
die Theologie. Dies romantische Moment hat Comtes Lehre durchgängig bestimmt:
es zeigt sich nicht nur in seiner Geschichtsphilosophie durch die begeisterte Schil·
derung des mittelalterlichen Gesellschaftssystems, nicht nur in seinem Entwurf der
„Menschheitsreligion" und ihres Kultes, sondern vor allem auch darin, daß er für
die neue Gesellschaftsordnung ein Nebeneinanderbestehen der geistigen und der
weltlichen Macht fordert. Dabei soll die Neugestaltung von der Schöpfung des
pouvoir spirituel ausgehen, wozu Comte phantastische Versuche mit der Gründung
des „abendländischen Komitees" machte. Wie er sich selbst als dessen Vorsteher
dachte, so traute er auch sich die Begründung der neuen Lehre zu. Die positive
Philosophie aber, auf der sich die neue Gesellschaftsordnung aufbauen soll, ist
nichts anderes als das geordnete System der positiven Wissenschaft selbst.

Comtes Entwurf dieses positivistischen Systems der Wissenschaften treibt nun zunächst die Auffassung Humes und Condillacs auf die
äußerste Spitze: nicht nur die menschliche Erkenntnis ist auf die Verhältnisse der
Phänomene ·untereinander angewiesen, sondern es gibt überhaupt nicht etwas
Absolutes, das diesen etwa unerkannt zu Grunde läge. Das einzige absolute Prinzip
ist, daß alles relativ ist. Es hat keinen vernünftigen Sinn, von ersten Ursachen
oder letzten Zwecken der Dinge zu reden. Allein dieser Relativismus (oder wie man
später gesagt hat Korrelativismus) verfällt nun sogleich dem universalistischen
Ansprüche des mathematisch-naturwissenschaftlichen Denkens, wenn der Wissenschaft die Aufgabe zugesprochen wird, alle jene Relationen unter dem Gesichtspunkte aufzufassen, daß neben den einzelnen Tatsachen deren sich wiederholende
räumliche und zeitliche Ordnung als „allgemeine Tatsachen", aber eben auch nur
solche, festgestellt werden. So will der Positivismus durch die „Gesetze" — das ist
der übliche Name für die allgemeinen Tatsachen — nicht die besonderen Tatsachen
erklären, sondern nur jene Wiederholungen feststellen: allerdings soll sich daraus
doch (was freilich unter diesen Voraussetzungen unbegreiflich und ungerechtfertigt
ist) die Voraussicht des Zukünftigen als der praktische Ertrag der Wissenschaft
ergeben — *savoir pour prévoir*. Diese Auffassung Comtes hat nicht nur bei Philosophen wie C. Göring, der sie besonders für die Kausalitätstheorie sich zu eigen

machte, sondern zum Teil auch bei den Naturforschern, insbesondere bei Vertretern der Mechanik, wie K i r c h h o f f und M a c h, Zustimmung gefunden: man möchte den Begriff des Wirkens aus der wissenschaftlichen Naturauffassung ausschalten und kommt mit der bloßen „Beschreibung" oder der Aufsuchung des adäquatesten „Bildes" zur Elimination der „Kraft", wie es H. H e r t z in den „Prinzipien der Mechanik" durchgeführt hat. Ähnliche Gedanken hat mit der Verallgemeinerung einer abstrakten Dialektik R. A v e n a r i u s zu den unsäglich mühseligen Terminologien seines „Empiriokritizismus" ausgesponnen, der alle philosophischen Weltbegriffe als unnötige Variationen eines ursprünglichen, schließlich wieder zu restituierenden Weltbegriffs der „reinen Erfahrung" nachzuweisen sucht.

4. Die Phänomene aber, lehrte Comte, sowohl die einzelnen wie die allgemeinen, sind teils einfach, teils mehr oder minder verwickelt. Dem Verständnis der letzteren muß das der ersteren vorhergehen. Deshalb ordnet er die Wissenschaften (sciences) in einer „H i e r a r c h i e" an, die vom Einfachen Schritt für Schritt zum Verwickelten fortschreitet: auf die Mathematik folgt die Astronomie, dann die Physik, weiter die Chemie, die Biologie, der auch die Psychologie eingeordnet wird, und endlich die „S o z i o l o g i e". Dies Verhältnis ist jedoch grundsätzlich nicht so aufzufassen, als ob jede folgende Disziplin aus der vorhergehenden oder den vorhergehenden abgeleitet werden sollte: sie setzt vielmehr diese nur in dem Sinne voraus, daß ihre verwickelteren Tatsachen die elementaren in sich enthalten, zu diesen aber die völlig neuen Tatsachen ihrer eigenartigen Kombination hinzufügen. So setzt z. B. die Biologie physikalische und chemische Vorgänge voraus, aber die Tatsache des Lebens ist etwas völlig Neues und daraus nicht Ableitbares, das nun eben durch die biologische Beobachtung festgestellt werden soll. Ebenso steht es mit dem Verhältnis der Soziologie zu den fünf ihr vorhergehenden Disziplinen. Schon die soziale Statistik verzichtet mit charakteristischer Ausdrücklichkeit darauf, die Sozialität aus dem Individuum abzuleiten, wie es etwa in der Aufklärungsphilosophie geschah. Die Geselligkeit ist ursprüngliche Tatsache, und das erste soziale Phänomen ist die Familie. Noch selbständiger dagegen ist die soziale Dynamik, die mit Verzicht auf psychologische Erklärung sich die Aufgabe stellt, das N a t u r g e s e t z d e r G e s c h i c h t e d e r G e s e l l s c h a f t zu entdecken. Comte findet dies in dem P r i n z i p d e r d r e i S t a d i e n, welche die Gesellschaft zu durchlaufen habe (ein Apercu, das bei d'Alembert und Turgot wie bei Hegel und Cousin Vorbilder hat). Intellektuell geht der Mensch aus der theologischen Phase durch die metaphysische in die positive über. In der ersten erklärt er sich die Erscheinungen durch anthropomorphistisch gedachte übernatürliche Kräfte, in der zweiten durch allgemeine Begriffe, welche er sich als das hinter den Erscheinungen wirkende Wesen konstruiert; im positiven Stadium erfaßt er das Einzelne im Zusammenhange der tatsächlich nachweisbaren Bedingungen, denen es nach einem experimentell zu erhärtenden Gesetze folgt. Diesem allgemeinen Zuge des geistigen Lebens sollen alle einzelnen Prozesse, worin er sich spaltet, ebenso unterworfen sein wie die G e s a m t -b e w e g u n g d e r m e n s c h l i c h e n G e s c h i c h t e, und dabei soll der intellektuelle Prozeß von einem korrespondierenden Entwicklungsgang der äußeren gesellschaftlichen Organisation begleitet sein, die aus dem priesterlich-kriegerischen Zustande über die Herrschaft der Beamten (légistes) zu dem „industriellen" Stadium hinüberführt. Die sehr umständliche, an einzelnen Punkten interessante, aber im

ganzen völlig willkürliche, vielfach durch Unkenntnis und Vorurteil entstellte Geschichtsphilosophie, die Comte hier ausführt, ist lediglich als eine Konstruktion für seinen reformatorischen Zweck zu beurteilen. Der Sieg der positiven Weltanschauung und damit zugleich der industriellen Lebensordnung ist das Ziel der historischen Entwicklung der europäischen Völker, an dem sich „der große Gedanke, die positive Philosophie, mit der großen Macht, dem Proletariat, vermählen" wird.

Allein als sollte sich das Gesetz vom Kreislauf der drei Phasen zuerst an seinem Urheber bestätigen, so fiel Comte in der letzten („subjektiven") Periode seines Denkens in das theologische Stadium zurück, indem er die Menschheit als *Grand-être* zum Gegenstand einer religiösen Verehrung machte, als deren Hohepriester er den ganzen Apparat des Heiligendienstes in positivistischer Umbildung nachahmte. An diesen wunderlichen Phantasien kommt für die Geschichte der Philosophie höchstens das Motiv in Betracht, das Comte auf seine spätere Bahn geführt hat: er hat es am besten in dem „Discours sur l'ensemble du positivisme" (abgedruckt im ersten Bande der „Politique positive") zur Darstellung gebracht. Es zeigt seine Abwendung von dem ausgesprochenen Intellektualismus, mit dem er früher überzeugt gewesen war, daß die positive Wissenschaft als solche genügen würde, die Reform der Gesellschaft herbeizuführen. Jetzt hat er eingesehen, daß die positive Philosophie zwar lehren kann, wie die neue Ordnung der Dinge aussehen soll, daß aber deren Herbeiführung nur von dem „affektiven Prinzip", — dem G e f ü h l zu erwarten ist. Während er daher früher gelehrt hatte, daß das spezifisch Menschliche, wie es sich im historischen Fortgang entwickle, in der Übermacht der Intelligenz über die Affekte zu suchen sei, so erwartet er jetzt von dem Überwiegen des Herzens über den Verstand die Erfüllung seiner Hoffnungen, die er als *l'amour pour principe, l'ordre pour base, le progrès pour but* formuliert. Da nun Gall nachgewiesen habe, daß jenes Überwiegen eine Grundeigenschaft des weiblichen Gehirns sei, so gründete Comte darauf seinen Kult der Frau, den er zu einem wesentlichen Bestandteile der Menschheitsreligion machen wollte. Er, der mit der stolzen Anforderung eines positivistischen Papsttums begonnen hatte, endete mit dem Appell an das Proletariat und die Frauenemanzipation.

5. Es hängt mit den praktischen, d. h. politischen Zwecken, die Comte verfolgte, zusammen, daß ihm auch in der Geschichte die Gesetze, die allgemeinen Tatsachen wichtiger erschienen als die besonderen: nach jenen sollte ja auch hier eine das Handeln leitende *prévoyance* stattfinden. Abgesehen davon aber war Comte, trotz der mathematisch-naturwissenschaftlichen Einseitigkeit seiner sachlichen Bildung doch weitschauenden Geistes genug, um die Eigenart der verschiedenen Disziplinen zu verstehen und zu wahren, und wie er schon der Biologie eigene Methoden zu sichern suchte, so nahm er für seine Soziologie ausdrücklich die „historische Methode" in Anspruch. Auf dem biologischen Gebiete ist die Reihenfolge der Erscheinungen einer Tierrasse nur eine äußerliche Evolution, welche den bleibenden Charakter dieser Rasse nicht ändert und nicht angeht (daher Comte auch durchaus Gegner der Deszendenzlehre Lamarcks war): in der Soziologie aber handelt es sich um eine durch die Entwicklung bedingte Umwandlung des menschlichen Geschlechts, welche durch den Wechsel der Generationen und die dadurch ermög-

lichte dauernde Kumulation bestimmter Lebensvorgänge herbeigeführt werde.
Freilich soll dann die „historische Methode" auch wieder wesentlich auf die allgemeinen Tatsachen gehen und so „die Beobachtung durch die Theorie geleitet"
werden, so daß eben aus der Geschichtsforschung nur eine geschichtsphilosophische
Konstruktion wird. So war es vielleicht nicht mehr ganz in Comtes Sinn, aber doch
eine Folgerung aus seiner Lehre, daß sich hie und da das Bestreben geltend machte,
„die Geschichte zu einer Naturwissenschaft zu erheben", worauf namentlich John
Stuart M i l l in seiner Methodologie hinwies. Hatte doch auch Schopenhauer der
Historik den Charakter einer Wissenschaft abgesprochen, weil sie nur Besonderes,
nichts Allgemeines lehre. Diesem Mangel schien nun dadurch abgeholfen zu werden,
daß man über die Beschreibung einzelner Ereignisse hinaus zu „allgemeinen Tatsachen" vorzudringen suchte. So geschah es am eindrucksvollsten von Comtes
englischem Schüler Thomas B u c k l e, der in seiner History of civilization in
England (1857) der Geschichtswissenschaft die Aufgabe dahin stellen wollte, daß
sie nur N a t u r g e s e t z e d e s V ö l k e r l e b e n s zu suchen habe. Dafür aber
bieten nach Buckle jene leisen Wandlungen des gesellschaftlichen Zustandes, die
sich in den Zahlen der s t a t i s t i s c h e n Forschung aussprechen, sehr viel brauch-
bareres und exakteres Material als die Erzählung einzelner Ereignisse, auf welche
sich die alte chronikhafte Geschichtsschreibung beschränkt. Hier enthüllt sich der
eigentliche Sinn des Gegensatzes: auf der einen Seite das Massenleben mit seinen
gesetzmäßigen Veränderungen, — auf der andern der selbständige Wert der einmaligen, in sich bestimmten Gestalt. In dieser Hinsicht ist das Wesen der historischen
Weltauffassung von niemand so tief ergriffen und so eindringlich und warm dargestellt worden wie von C a r l y l e, der sich selbst aus der Aufklärungsphilosophie
an der Hand des deutschen Idealismus, besonders Fichtes, herausgearbeitet hatte
und unermüdlich für die Anerkennung der vorbildlichen und schöpferischen Persönlichkeiten der Geschichte, für das Verständnis und die Verehrung der „Heroen"
eintrat.

In diesen beiden Extremen zeigen sich von neuem die großen Gegensätze der Welt-
ansicht, die schon in der Renaissance walteten, aber noch nicht zu so klarer metho-
discher Ausprägung gelangt waren. Ein historisches und ein naturwissenschaftliches
Jahrhundert war damals in dem Sinne zu unterscheiden, daß aus dem Kampfe der
Traditionen die neue Naturforschung als das wertvollste Ergebnis hervorging (vgl.
Kap. IV). Aus dem Siege des naturwissenschaftlichen Denkens ergaben sich dann
die großen metaphysischen Systeme und als deren Konsequenz die unhistorische
Denkart der Aufklärung; und ihr stellte die deutsche Philosophie ihre historische
Weltanschauung gegenüber. Es ist zu beachten, daß diesem Gegensatze auf dem
psychologischen Gebiet fast durchgängig der des Intellektualismus und des Voluntarismus entspricht. Deshalb steht es nicht im Einklang mit der Entwicklung der
Psychologie des 19. Jahrhunderts, wenn sich in dessen letzten Jahrzehnten die
sog. naturwissenschaftliche Methode in die Geschichte hineinzudrängen gesucht hat.
Freilich sind es nicht die großen Historiker, die dieser Irrung verfallen, wohl aber
hie und da solche, die entweder selbst den Schlagworten des Tages gegenüber zu
schwach sind oder sich ihrer zur Wirkung auf die Masse bedienen. Besonders un-
erfreulich ist bei dieser sog. naturwissenschaftlichen Behandlung der geschichtlichen
Gebilde oder Vorgänge der Mißbrauch von Vergleichen und Analogien: als ob es

eine Einsicht wäre, wenn man die Gesellschaft einen Organismus nennt, oder wenn man die Wirkungen der Völker aufeinander als Endosmosen und Exosmosen bezeichnet.

Der Einbruch des naturwissenschaftlichen Denkens in die Historik hat sich jedoch nicht auf dieses methodische Postulat nach „Gesetzen" des geschichtlichen Verlaufs beschränkt, sondern hat auch sachliche Bedeutung gewonnen. Zu der Zeit, als Feuerbachs aus der Hegelschen Dialektik entarteter Materialismus (vgl. oben § 44, 6) noch in Blüte stand, schufen M a r x und E n g e l s die m a t e r i a l i-s t i s c h e G e s c h i c h t s p h i l o s o p h i e d e s S o z i a l i s m u s, in der sich Motive aus Hegel und aus Comte eigenartig kreuzen. Den Sinn der Geschichte finden auch sie in den „Prozessen des gesellschaftlichen Lebens". Dies Gesamtleben aber ist wesentlich wirtschaftlicher Natur: das Bestimmende in allen gesellschaftlichen Zuständen sind die ökonomischen Verhältnisse, sie bilden die letzten Motive für alle Tätigkeiten. Ihr Wechsel und ihre Entwicklung bedingen deshalb allein das staatliche Leben und die Politik, aber ebenso auch die Wissenschaft und die Religion. So sind alle die verschiedenen Kulturtätigkeiten nur Auszweigungen des ökonomischen Lebens, und alle Geschichte sollte deshalb Wirtschaftsgeschichte sein.

6. Wenn somit die Geschichte ihre Autonomie gegen die Verwischung der Grenzlinien der Wissenschaften zu verteidigen hat, so ist umgekehrt in der Naturforschung des 19. Jahrhunderts ein eminent historisches Moment, das e n t w i c k l u n g s-g e s c h i c h t l i c h e, zu einer herrschenden Stellung gelangt. In der Tat finden wir die heutige Naturwissenschaft in ihren allgemeinen Theorien wie in ihren besonderen Untersuchungen durch zwei große Prinzipien bestimmt, die scheinbar im Gegensatze zueinander stehen, in Wahrheit aber sich gegenseitig ergänzen: das Prinzip der E r h a l t u n g d e r E n e r g i e[17]) und das der E n t w i c k l u n g.

Das erstere ist die für die jetzige physikalische Theorie als allein brauchbar erkannte Form, die das Kausalitätsaxiom durch Rob. Mayer, Joule und Helmholtz gefunden hat. Das erkenntnistheoretische Postulat, daß es nichts Neues in der Natur gebe, sondern jede folgende Erscheinung nur eine Umformung der vorhergehenden sei, war von Descartes als das Gesetz von der Erhaltung der Bewegung (vgl. oben § 31, 6), von Leibniz als das Gesetz von der Erhaltung der Kraft (§ 31, 10), von Kant als dasjenige von der Erhaltung der Substanz (§ 38, 7) formuliert worden. Die Entdeckung des mechanischen Äquivalents der Wärme und die begriffliche Unterscheidung von kinetischer und potentieller Energie gestattete die Formulierung, daß die Summe der Kraft in der Natur quantitativ unveränderlich und nur qualitativ veränderlich ist, daß aber in jedem in sich abgeschlossenen materiellen System die jeweilige räumliche Verteilung und Richtung der kinetischen und der potentiellen Energie durch den vorhergehenden Zustand eindeutig bestimmt ist. Es ist nicht zu verkennen, daß damit der Ausschluß anderer als materieller Kräfte aus der Naturerklärung noch schärfer vollzogen ist als bei Descartes: anderseits aber mehren sich schon jetzt die Anzeichen, daß damit eine Rückkehr zu der d y n a m i s c h e n Auffassung der Materie eingeleitet ist, wie diese begrifflich bei Leibniz, Kant und Schelling gefordert wurde (vgl. oben § 38, 7).

---

[17]) Vgl. A. E. HAAS, Die Entwicklungsgeschichte des Satzes von der Erhaltung der Kraft, Wien 1909.

7. Auch das Prinzip der E v o l u t i o n war im modernen Denken vielfach vorbereitet. In philosophischer Form war es von Leibniz und Schelling begrifflich und zeitlos (wie bei Aristoteles, vgl. § 13) entworfen worden (s. oben § 31, 11, und 42, 3), und unter Schellings Schülern war es O k e n, der im Bereiche des organischen Lebens die aufsteigende Reihe der Klassen und Arten auch als zeitlichen Prozeß zu betrachten anfing. Er wagte mit den Hilfsmitteln der vergleichenden Morphologie, zu der auch Goethes Studien beigetragen hatten, jenes „Abenteuer" des „Archäologen der Natur", von dem Kant gesprochen hatte (vgl. oben § 40, 6): alle Organismen sind verschieden gestalteter „Urschleim", und die höheren sind aus den niederen durch immer mannigfaltigere Anhäufung von Urschleimbläschen hervorgegangen Zu gleicher Zeit (1809) gab L a m a r c k in seiner „Philosophie zoologique" die erste systematische Darstellung der Deszendenztheorie: er erklärte die Verwandtschaft der Organismen durch die Abstammung aus einer gemeinsamen Urform und ihre Verschiedenheit durch den Einfluß der Umgebung und die dadurch hervorgerufene Gewöhnung an den stärkeren oder geringeren Gebrauch der einzelnen Glieder. Durch das wechselnde Verhältnis von V e r e r b u n g   u n d   A n p a s s u n g sollten die stabil werdenden Veränderungen der Arten erklärt werden. Diesen Erklärungsmomenten fügte nun C h a r l e s   D a r w i n das entscheidende hinzu: die n a t ü r l i c h e   Z u c h t w a h l. In dem „Kampf ums Dasein", den die Organismen wegen des durchgängigen Mißverhältnisses zwischen ihrer Vermehrung und dem Maße der verfügbaren Nahrungsmittel zu bestehen haben, überleben diejenigen, deren Variation in bezug darauf günstig, d. h. zweckmäßig ist. Die Voraussetzung der Theorie ist also neben dem Prinzip der Vererbung dasjenige der V a r i a b i l i t ä t: dazu kam die durch die gleichzeitigen geologischen Forschungen ermöglichte Annahme sehr großer Zeiträume für die Kumulation der unendlich kleinen Abweichungen.

Diese biologische Hypothese gewann nun sogleich dadurch allgemeinere Bedeutung, daß sie eine rein mechanische Erklärung der Zweckmäßigkeiten versprach, die das Problem des organischen Lebens ausmachen, und man glaubte damit die Notwendigkeit des Fortschritts der Natur zu immer „höheren" Bildungen verstanden zu haben. Man hatte das „Zweckmäßige" im Sinne des Lebensfähigen, d. h. desjenigen, was sich selbst zu erhalten und fortzupflanzen vermag, mechanisch erklärt, und man glaubte nun die gleiche Erklärung auf alles andere anwenden zu können, was auch in andern Beziehungen, insbesondere nach normativer Hinsicht „zweckmäßig" erscheint. So wurde die Selektionstheorie, nach Darwins eigenen Anregungen, sehr bald von vielen Seiten auf Psychologie, Ethik, Soziologie und Geschichte angewendet und von eifrigen Anhängern als die allein wissenschaftliche Methode gepriesen. Wenige waren sich darüber klar, daß damit die N a t u r   u n t e r   e i n e   K a t e g o r i e   d e r   G e s c h i c h t e gestellt wurde, und daß diese Kategorie zu einer solchen Anwendung doch eine wesentliche Veränderung erfahren hatte. Denn der naturwissenschaftliche Evolutionismus mit Einschluß der Selektionstheorie kann zwar die Veränderung, aber nicht den F o r t s c h r i t t erklären: er kann nicht begründen, daß das Ergebnis der Entwicklung eine „höhere", d. h. eine w e r t - v o l l e r e Form ist.

8. In allgemeinster Ausdehnung ist das Prinzip der Entwicklung schon vor Darwin von seinem Landsmann Herbert S p e n c e r proklamiert und zum Grundbegriffe

seines Systems der synthetischen Philosophie gemacht worden, in welchem viele Fäden der englischen Philosophie zusammengezogen werden. Er geht vom Agnostizismus (vgl. oben § 44, 4) insofern aus, als er das Absolute, das Unbedingte, das einheitliche Sein, das er auch gern die Kraft nennt, für unerkennbar erklärt. Religion und Philosophie haben vergebens daran gearbeitet, dies für uns Unbestimmbare in bestimmten Vorstellungen aufzufassen. Die menschliche Erkenntnis ist auf eine Interpretation der Phänomene, d. h. der Manifestationen des Unerkennbaren beschränkt, und die Philosophie hat nur die Aufgabe, durch allgemeinste Generalisation die Ergebnisse der besonderen Wissenschaften zu einer möglichst einfachen und geschlossenen Totalität zusammenzuarbeiten.

Den Grundunterschied der Phänomene bestimmt Spencer — mit einer wenig glücklichen Anlehnung an Hume, vgl. oben § 33, 4 — als denjenigen der „starken" und der „schwachen" Kundgebungen des Unerkennbaren, d. h. der Impressionen und der Ideen: und damit leitet sich, obwohl Spencer mit Recht den Vorwurf des Materialismus ablehnt, doch eine solche Wendung seiner Weltanschauung ein, welche das überwiegende Interesse auf den Charakter der physischen Phänomene richtet. Denn wenn er als die aus allen besonderen Wissenschaften sich ergebende Grundform der Erscheinung des Absoluten eben die Entwicklung gefunden haben will, so versteht er darunter — einer Anregung des Naturforschers v. Baer folgend — die Tendenz aller natürlichen Gebilde, aus dem Homogenen ins Heterogene überzugehen. Diese lebendige Variation, in der sich die ewig tätige Kraft darstellt, besteht nun in zwei Vorgängen, die erst miteinander die Evolution ausmachen und die Spencer als Differentiation und Integration bezeichnet. Einerseits nämlich geht das Einfache vermöge der Vielheit der Wirkungen, die jeder Ursache zukommen, in eine Mannigfaltigkeit auseinander; es differenziert und individualisiert sich, es gliedert und bestimmt sich vermöge der Fülle von Beziehungen, in die es eintritt: anderseits schließen sich die so gesonderten Einzelerscheinungen wieder zu festen Verbänden und funktionellen Systemen zusammen, und durch die Integrationen entstehen dann neue Einheiten, die höher, reicher und feiner gegliedert sind als die ursprünglichen. So ist der tierische Organismus eine höhere Einheit als die Zelle. so ist die Gesellschaft ein höheres „Individuum" als der einzelne Mensch.

Dies Schema wird nun von Spencer auf die Gesamtheit des materiellen wie des geistigen Geschehens angewendet, und mit rastloser Arbeit hat er es an den Tatsachen aller einzelnen Wissenschaften zu erhärten gesucht. Physik und Chemie erweisen sich dafür freilich spröde: sie stehen unter dem Prinzip der Erhaltung der Energie. Aber schon die astrophysische Theorie zeigt die Differentiation des ursprünglichen Gasballes in den Sonnenkern und die peripherischen Gebilde der Planeten mit ihren Trabanten, sowie die entsprechende Integration in dem gegliederten und geordneten System der Gesamtbewegung aller dieser Körper. Zur vollen Entfaltung aber gelangt das System natürlich in der Biologie und Soziologie Das Leben betrachtet Spencer im allgemeinen als eine fortschreitende Anpassung der inneren an äußere Beziehungen. Daraus erklärt sich das individualisierende Wachstum des einzelnen Organismus und aus dieser notwendigen Variation nach der Methode der Selektionstheorie die Abänderung der Arten.

Auch das gesellschaftliche Leben ist in seinem ganzen historischen Verlauf nichts anderes als die fortschreitende Anpassung des Menschen an seine natürliche und lebendige Umgebung: die Vervollkommnung, welche die Gattung dabei gewinnt, beruht auf dem Aussterben der unpassenden und auf dem Überleben der passenden Funktionen. Von dieser Lehre her will Spencer auch den alten Streit des Rationalismus und des Empirismus entscheiden, und zwar ebenso auf logischem wie auf ethischem Gebiet. Der Assoziationspsychologie gegenüber erkennt er an, daß es für das Individuum unmittelbar evidente Grundsätze und in dem Sinne eingeborene Wahrheiten gibt, daß sie nicht durch die Erfahrung des Individuums begründet sein können. Aber die Stärke, mit der diese Urteile auftreten, so daß das Bewußtsein sich in der Unmöglichkeit findet sie zu negieren, beruht darauf, daß sie von der Gattung erworbene intellektuelle und emotionelle Gewohnheiten sind, die sich als zweckmäßig bewährt und erhalten haben. Das Apriori ist überall ein Entwicklungsprodukt der Vererbung. So überlebt insbesondere für die Moral an selbstverständlichen Gefühls- und Willensweisen alles, was die Selbsterhaltung und Entwicklung des Individuums, der Gesellschaft und der Gattung zu fördern geeignet ist[18]).

Jede besondere Entwicklung endlich erreicht ihr natürliches Ende, wenn eine Gleichgewichtslage gewonnen ist, in der überall die inneren Beziehungen den äußeren vollständig angepaßt sind, so daß die Fähigkeit weiterer Gliederung und Variation erschöpft ist. Ein solches System kann daher nur durch äußere Einwirkung gestört und zerstört werden, so daß seine einzelnen Teile in neue Evolutionsprozesse einzutreten vermögen. Dagegen sträubt sich Spencer gegen die Annahme der Möglichkeit, daß jemals das ganze Universum mit allen den besonderen Systemen, die es enthält, in eine vollkommene und damit dauernde Gleichgewichtslage gelangen könne: wenn er damit den Naturforschern widerspricht, die im Prinzip eine derartige Verteilung der Energien, wonach alle Veränderungen ausgeschlossen wären, für möglich erachten, so stammt dies in letzter Instanz doch daher, daß Spencer das Unerkennbare als die ewig sich manifestierende Kraft und die Entwicklung selbst als das allgemeinste Gesetz ihrer Manifestationen betrachtet.

9. Alles in allem genommen, ist Spencers Ausführung des Prinzips der Entwicklung durchweg kosmologischen Charakters, und darin zeigt sie eben die durch die

---

[18]) Trotz aller psychologischen Anerkennung des „Apriori" läuft doch dessen evolutionistische Erklärung sichtlich auf den R e l a t i v i s m u s hinaus. Am deutlichsten ist das durch die Erkenntnislehre des P r a g m a t i s m u s geworden, der sich, angelehnt an Spencers Theorien, während des letzten Jahrzehnts in der anglo-amerikanischen Literatur ausgebreitet hat. Er stellt der utilistischen Ethik des Erfolges eine Logik des Erfolges an die Seite. Die zweifellose Tatsache, daß das Streben nach Wahrheit mit Motiven ihrer — in irgendeinem Sinne — praktischen Verwendung zusammenhängt, soll in die begriffliche Bestimmung umgedeutet werden, Wahrheit sei überhaupt nichts anderes als Brauchbarkeit der Vorstellungen. Daher nennt sich der Pragmatismus auch wohl I n s t r u m e n-t a l i s m u s. Wenn er auf die wissenschaftliche Brauchbarkeit in dem Sinne das Hauptgewicht legt, daß die Begriffe „wahr" seien, wenn sie als die besten intellektuellen Vereinbarungen zur Ordnung der Vorstellungen bewähren, so nennt der Pragmatismus sich gern K o n v e n t i o n a l i s m u s. Wenn er die kulturelle Brauchbarkeit für alle menschlichen Lebenszwecke hervorhebt, nennt er sich H u m a n i s m u s, was zur Vermeidung terminologischer Unzuträglichkeiten besser H o m i n i s m u s lauten sollte. In allen diesen Nuancen stecken zweifellos beachtenswerte Momente: aber die Gesamtthese ist so kurzsichtig und offenbar töricht, daß ihre Behauptung unbegreiflich wäre, wenn sie nicht mit den voluntaristischen Momenten des modernen Lebens und Denkens (vgl. oben S. 549) im engsten Zusammenhange stünde. Vgl. J. ROYCE, The problem of truth in the light of recent discussion, Bericht über den 3. Internationalen Kongreß für Philosophie (Heidelberg 1909), S. 62 ff.

Prävalenz der Naturforschung im 19. Jahrhundert bedingte Veränderung dieses beherrschenden Prinzips selbst: man überschaut diesen Vorgang am besten, wenn man Hegel und Spencer vergleicht. Bei jenem ist die Entwicklung das Wesen des sich selbst offenbar werdenden Geistes, bei diesem das Gesetz des Wechsels für die Erscheinungen einer unerkennbaren Kraft. Um in Hegels Sprache zu reden (vgl. oben S. 526), das Subjekt ist wieder zur Substanz geworden. In der Tat ähnelt das „Unerkennbare" Spencers am meisten der „Indifferenz des Realen und des Idealen", die Schelling als das Absolute bezeichnete. Achtet man auf diese Analogie, so ist zu erwarten, daß die kosmologische Form des Entwicklungsprinzips nicht die abschließende sein wird, sondern daß das historische Denken, als die eigentliche Heimat dieses Prinzips, auch seine philosophische Durchführung auf die Dauer bestimmen wird. In England selbst (und noch mehr in Amerika) ist seit dem eindrucksvollen Buche von Hutchinson Stirling und seit Wallaces vortrefflicher Einführung der Hegelschen Logik eine entschiedene Wendung zu H e g e l zu bemerken: auch in Deutschland beginnen sich von Jahr zu Jahr sichtlich die Vorurteile zu zerstreuen, die einer gerechten Würdigung Hegels bisher im Wege standen, und mit Abstreifung der uns fremd gewordenen Terminologie wird schließlich dieses größte System der Entwicklung seine historische Wirkung von neuem entfalten[19]).

Die gleiche Tendenz, die historische Form des Entwicklungsgedankens zurückzugewinnen, finden wir in den logischen und erkenntnistheoretischen Bestrebungen, welche auf das abzielen, was D i l t h e y mit glücklichem Ausdruck als K r i t i k d e r h i s t o r i s c h e n V e r n u n f t verlangt hat. Es gilt die Einseitigkeit zu durchbrechen, welche der Logik seit ihren griechischen Ursprüngen in der Richtung anhaftet, daß als Ziel und Norm ihrer Gesetzmäßigkeit formell das Verhältnis des Allgemeinen zum Besonderen (vgl. oben § 12) und sachlich die Erkenntnis der Natur gilt. Unter diesen Voraussetzungen standen nicht nur die extremen Richtungen der mathematisierenden Logik (vgl. oben § 44, 4), sondern auch die bedeutenden Werke von J. Stuart M i l l und Stanley J e v o n s, die wesentlich als logische Theorie der Naturforschung zu charakterisieren sind. Demgegenüber zeigen die Bearbeitungen der logischen Wissenschaft von L o t z e und S i g w a r t, bei dem letzteren besonders in der zweiten Auflage, ein sehr viel universelleres Gepräge, und im Zusammenhange mit der Bewegung des historischen Idealismus, der sich sachlich an die Fichtesche Weltanschauung anlehnt (vgl. oben § 44, 6), bahnt sich ein tieferes Verständnis der logischen Formen der Historik an, wie es sich in R i c k e r t s Untersuchungen über die „Grenzen der naturwissenschaftlichen Begriffsbildung" (1896—1902, 3. Auflage 1921) ankündigt.

§ 46. Das Problem der Werte.

Wilhelm Windelband, Präludien, 7. u. 8. Aufl., 1921. Einleitung in die Philosophie, 1914, 2. Aufl., 1920.
Heinrich Rickert, System der Philosophie, I, 1921.

Findet uns so der Beginn des neuen Jahrhunderts in dem noch ungeschlichteten Streite zwischen historischem und naturwissenschaftlichem Denken, so zeigt sich

---

[19]) Vgl. W. Windelband, Die Erneuerung des Hegelianismus, Heidelberg, 1910 (Sitz.-Ber.. d. Heidelberger Akad. d. W., philos.-hist. Klasse, 1910, Nr. 10); jetzt auch in „Präludien", 7. u. 8. Aufl. (Tübingen 1921), I, 260 ff.

gerade in diesem Fortbestand des überkommenen Gegensatzes, wie wenig die Philosophie des 19. Jahrhunderts einen prinzipiellen Fortschritt zu gewinnen vermocht hat. Ihre vielgeschäftige Arbeit hat mehr an der Peripherie stattgefunden und in der Auseinandersetzung mit den besonderen Wissenschaften bestanden, während die zentrale Entwicklung einer gewissen Stagnation verfallen ist, die als eine geschichtlich wohl begreifliche Tatsache einfach hingenommen werden muß. Die Erschöpfung der metaphysischen Energie und die Hochflut der empirischen Interessen geben eine völlig genügende Erklärung dafür. Deshalb ist es wohl zu verstehen, daß die Philosophie des 19. Jahrhunderts zwar eine reiche Entfaltung auf den Grenzgebieten aufweist, an denen sie sich mit den empirischen Disziplinen berührt, wie in der Psychologie, Naturphilosophie, Anthropologie und Geschichtsphilosophie, Rechtsphilosophie und Religionsphilosophie, — daß sie dagegen in den fundamentalen Disziplinen durchgängig einen eklektischen und unselbständigen Eindruck macht. Sicherlich ist dies die unvermeidliche Folge davon, daß sie unter dem erdrückenden Reichtum der zu vollem historischen Bewußtsein gelangten Traditionen leidet, wie denn keine frühere Zeit ein so üppiges und ertragreiches Wachstum der philosophiegeschichtlichen Studien gesehen hat: aber doch wird es einer zentralen Neugestaltung bedürfen, wenn die Philosophie den Bedürfnissen, die ihr in der letzten Zeit wieder aus dem allgemeinen Bewußtsein und den besonderen Wissenschaften entgegenkommen, in einer befriedigenden Weise entsprechen soll[20]). Die Richtung, in der die Lösung dieser Aufgabe zu suchen sein wird, bestimmt sich einerseits durch die Vorherrschaft jenes Voluntarismus, der sich aus der Psychologie in die allgemeinen metaphysischen Anschauungen erstreckt (§ 44), anderseits durch den Umstand, daß die beiden Formen des Entwicklungsprinzips (§ 45), die historische und die naturwissenschaftliche, sich durch ihr verschiedenes Verhältnis zu den Bestimmungen des W e r t s voneinander unterscheiden. Es kommt hinzu, daß der mächtige Umschwung der Lebensverhältnisse, den die europäischen Völker in diesem Jahrhundert erfahren haben, zerstörend und aufbauend zugleich auf die allgemeinen Überzeugungen eingewirkt hat. Die in rapider Steigerung und Ausbreitung begriffene Kultur treibt ein tieferes Bedürfnis nach ihrer Selbstverständigung hervor, und aus dem schon in der Aufklärung hervorgetretenen Kulturproblem (vgl. oben § 37) hat sich eine Bewegung entwickelt, füı welche die „U m w e r t u n g a l l e r W e r t e" zum Schlagwort geworden ist.

1. Der charakteristische Grundzug ist dabei der, daß im Vordergrunde aller ethischen Überlegungen in viel bewußterer und ausgeprägterer Weise als je zuvor das

---

[20]) Daß die katholische Kirche diese Aufgabe durch eine Erneuerung des Thomismus zu lösen versucht, ist bekannt und braucht hier nicht weiter ausgeführt zu werden: auch brauchen deshalb die zahlreichen Thomisten (meist Jesuiten) in Italien, Frankreich, Deutschland, Belgien und Holland nicht erst aufgeführt zu werden, sie vertreten ja prinzipiell keine neuen Prinzipien, sondern suchen höchstens die alte Lehre im Detail so auszubauen, daß sie dem modernen Wissen, insbesondere dem naturwissenschaftlichen, einigermaßen angepaßt erscheint. Allein auch die freieren Richtungen der katholischen Philosophie, die man als O n t o l o g i s m u s zu bezeichnen pflegt, haben nichts Neues und Fruchtbares geschaffen. Sie lehnen sich meist an den Malebrancheschen Platonismus und weisen damit auf Augustin zurück, so daß sich der im Mittelalter und in der Renaissance zu beobachtende Antagonismus wiederholt (vgl. oben § 28, 6, und 31, 8). Die feinste Ausführung fand der Ontologismus bei den Italienern R o s m i n i und G i o - b e r t i ; der erste gab ihm eine Art von psychologistischer Grundlage, der zweite eine

Verhältnis des Individuums zur Gesellschaft steht — sei es in der positiven Form, daß die Unterordnung des ersteren unter die letztere als die Norm einer Wertung in irgendeiner Art vorgetragen und begründet wird —, sei es in der negativen Form, daß die Auflehnung des einzelnen gegen das erdrückende Übergewicht der Gattung gepriesen und gerechtfertigt wird.

Die erstere Form ist diejenige, welche man aus der Philosophie der Revolution und aus dem Utilismus, namentlich in der ihm von Bentham gegebenen Gestalt (vgl. oben § 37, 2) übernommen hatte. Dieser Utilismus zieht sich als ein breiter Strom gemeinnütziger Selbstverständlichkeit durch die populäre Literatur des Jahrhunderts hin; er charakterisiert sich am meisten dadurch, daß er die Sorge für „das größte Glück der größten Anzahl" auf die irdische Wohlfahrt des Menschen beschränkt, die geistigen Güter zwar nicht leugnet, aber doch als Maßstab aller Wertung lediglich den Grad von Lust, bzw. Unlust ansieht, die ein Gegenstand, eine Beziehung, eine Handlung, eine Gesinnung hervorzurufen vermag. Theoretisch beruht diese Lehre auf der unglücklichen Reflexion der Assoziationspsychologie, daß, weil jedes erfüllte Begehren mit Lust verbunden ist, darum auch die Erwartung der Lust das letzte Motiv alles Wollens sei und jeder besondere Gegenstand nur als Mittel für den Gewinn dieser Lust gewollt oder gewertet werde. Dieser formale Eudämonismus sah sich früher genötigt, die altruistischen Triebe entweder als gleich ursprünglich wie die egoistischen anzusehen oder sie aus den letzteren durch die Erfahrungen hervorgehen zu lassen, die das Individuum im gesellschaftlichen Leben macht. Demgegenüber besteht die bemerkenswerte Umwandlung, die der Utilismus in der neueren Zeit erfahren hat, darin, daß er mit dem Evolutionsprinzip verbunden wurde (wie dies oben — § 45, 7 — schon bei Spencers Lehre erwähnt worden ist). Die sozialethische Wertung des Altruismus erscheint danach als Ergebnis des Entwicklungsvorganges, indem nur diejenigen gesellschaftlichen Gruppen sich im Kampf ums Dasein erhalten haben sollen, deren Individuen in verhältnismäßig hohem Grade altruistisch gesonnen sind und handeln[21]). Die Geschichte der Moral ist ein Kampf der Werte oder „Ideale", woraus teils die Relativität der geschichtlichen Moralsysteme, teils ihre konvergierende Entwicklung zu einer allgemeinen humanen Ethik erklärt werden. Diese Grundgedanken der evolutionistischen Moral sind in sehr mannigfachen Einzeldarstellungen ausgeführt worden: unter ihren Vertretern mögen in Frankreich Fouillée, in Deutschland Paul Rée[22]), dessen entwicklungsgeschichtliche Theorie des Gewissens eine Zeitlang Aufsehen erregte, und G. H. Schneider[23]) erwähnt sein.

2. Die Lebensauffassung, welche dieser utilistischen Sozialethik entspringt, ist

rein metaphysische Gestalt („L'ente crea l'esistente"). In Deutschland versetzte ihn Günther mit einzelnen Momenten der idealistischen Spekulation, namentlich der Fichteschen Lehre; in Frankreich hat Gratry von ähnlichem Standpunkte aus namentlich den Eklektizismus Cousins, in diesem den Hegelianismus und in beiden den „Pantheismus" bekämpft (vgl. Etude sur la sophistique contemporaine, lettre à M. Vacherot, Paris 1851).

[21]) Aus der Mitwirkung der supranaturalistischen Vorstellungen bei diesem Vorgange hat Benj. Kidd (Social evolution, London 1895) das Wesen der Religion soziologisch zu bestimmen versucht — ein echt englisches Unternehmen.

[22]) Ursprung der moralischen Empfindungen (Chemnitz 1877); Entstehung des Gewissens (Berlin 1883).

[23]) Der menschliche Wille vom Standpunkt der neueren Entwicklungstheorien (Berlin 1882).

durchweg eine o p t i m i s t i s c h e W e l t b e j a h u n g. Das Leben als Entwicklungsprozeß ist der Inbegriff aller Güter, und der Fortschritt zum Vollkommeneren
ist die natürliche Notwendigkeit des Wirklichen: die Verstärkung und Verbreiterung
des Lebens ist ebenso das Moralgesetz wie das Naturgesetz. Diese Konsequenz ist am
feinfühligsten und wärmsten, nicht ohne eine religiöse Wendung, von G u y a u ausgeführt worden: er findet den höchsten Sinn und Genuß des individuellen Daseins
in der bewußten Lebensgemeinschaft mit der Gesellschaft und darüber hinaus mit
dem Universum.

Aber schon ohne die evolutionistische Beigabe hatten Naturalismus und Materialismus ihren lebensfreudigen Optimismus geltend gemacht und gegen jede Art welt-
flüchtiger und weltablehnender Moral, insbesondere deren religiöse Formen, gerichtet. Das zeigt sich schon bei F e u e r b a c h, der seinem philosophischen Wirken
die Aufgabe stellte, die Menschen zu „freien, selbstbewußten Bürgern der Erde" zu
machen[24]). Der Wille ist ihm identisch mit dem Glückseligkeitstriebe, und Glücksetig-
keit ist nichts anderes als „mangelloses, gesundes, normales Leben". Daher ist der
Glückseligkeitstrieb die Grundlage der Moral, ihr Ziel aber besteht in der lebendigen
und tätigen Verknüpfung des Strebens nach der eigenen Glückseligkeit mit dem
nach der fremden. In diesem positiven Wollen des fremden Wohls liegt auch die
Wurzel des Mitleids. Die Tugend steht nur mit derjenigen Glückseligkeit in Widerspruch, die auf Kosten anderer glückselig sein will. Anderseits aber hat auch die
Tugend ein gewisses Maß von Glückseligkeit zu ihrer unerläßlichen Voraussetzung;
denn die Not drängt den Glückseligkeitstrieb unwiderstehlich und einseitig auf die
egoistische Seite. Eben deshalb kann die Moralität der Menschheit nur durch Verbesserung ihrer äußeren Lage befördert werden, ein Gedanke, von dem aus Feuerbach zu sehr weitgehenden sozialen Forderungen fortschritt. Sein moralischer Sensualismus ist aber von der festen Überzeugung getragen, daß die geschichtliche Entwicklung in der Richtung seiner Postulate liegt, und mit aller pessimistischen, oft
bitterer Beurteilung der Gegenwart verbindet er einen glaubensstarken Optimismus
für die Zukunft. Der Mensch als leibliche Persönlichkeit mit seinem sinnlichen
Empfinden und Wollen ist ihm die alleinige Wahrheit, der gegenüber alle philosophischen Theorien, die ja doch nur Nachklänge der theologischen sind, in nichts zerfallen.

Ein optimistischer Materialist ist auch E. D ü h r i n g, der eine eigenartige „Wirk-
lichkeitsphilosophie" zur Basis seiner Schätzung vom „Wert des Lebens" gemacht
hat. Der antireligiöse Charakter dieser Art von Weltbejahung tritt hier noch viel
deutlicher hervor als bei Feuerbach. Dühring sieht in dem mit bitterer Rücksichtslosigkeit von ihm bekämpften Pessimismus der sechziger und siebziger Jahre des
19. Jahrhunderts die romantische Fortsetzung der weltfeindlichen Stimmungen des
Christentums und des Buddhismus: er betrachtet die „abergläubischen" Jenseitig-
keitsvorstellungen als den eigentlichen Grund der Entwertung der Wirklichkeit,
und erst wenn aller „Zauberglaube an übermaterielle Wesenheiten" verbannt ist,
wird der wahre und immanente Wert des Lebens vollauf genossen. Die wahre
Erkenntnis faßt die Wirklichkeit genau so auf wie sie ist, wie sie unmittelbar vor

---

[24]) Vgl. besonders das von K. GRÜN (L. Feuerbach in seinem Briefwechsel und Nachlaß, II, 253 ff.) veröffentlichte Fragment, worin sich Feuerbach namentlich mit Schopenhauer auseinandersetzt.

der menschlichen Erfahrung liegt; es ist Wahn, dahinter noch ein anderes zu suchen. Und wie das Wissen, so hat sich auch das Werten mit diesem Gegebenen zu bescheiden; das einzig Vernünftige ist die Wirklichkeit selbst. Schon in dem Unendlichkeitsbegriffe wittert Dühring — so unrichtig nicht! — ein Hinausgehen über das Gegebene: ihm ist deshalb die wirkliche Welt an Größe und Zahl begrenzt. Aber sie trägt in sich alle Bedingungen der selbstgenügsamen Glückseligkeit; auch den Mangel ausreichender Lebensbedingungen, auf den Darwin seine Lehre vom Kampf ums Dasein und die Selektionslehre gegründet hat, bestreitet Dühring auf das lebhafteste, während er an sich der Deszendenzlehre und dem Evolutionismus nicht feindlich ist. Auf dem Boden dieser „finitistischen" Anschauungen will Dühring den Pessimismus durch den Nachweis widerlegen, daß der Genuß des Lebens dem Menschen nur durch die schlechten Einrichtungen und Gewohnheiten vergällt wird, die den supranaturalistischen Vorstellungen ihren Ursprung verdanken: die Wirk- lichkeitsphilosophie allein soll berufen sein, aus gesundem Denken gesundes Leben zu erzeugen und die Selbstgenügsamkeit einer auf edles Menschentum gestellten Gesinnung zu schaffen, deren Anlagen die Natur selbst in den „sympathischen Affektionen" gegeben hat. So scharf und gereizt deshalb Dühring wider das gegen- wärtige Gesellschaftssystem geeifert hat, so energisch tritt er trotzdem für die Ver- nünftigkeit des Wirklichen in seiner Totalität ein: wie er theoretisch die Identität der Formen menschlichen Anschauens und Denkens mit den Gesetzen der Wirk- lichkeit behauptet hat, so ist er auch überzeugt, daß dieselbe Wirklichkeit alle Bedingungen enthält, um die Wertbestimmungen des vernünftigen Bewußtseins schließlich zu realisieren. Denn dieses unser vernünftiges Bewußtsein ist ja in letzter Instanz doch nichts weiter als die höchste Form des Naturlebens selbst.

3. Alle diese Arten des positivistischen Optimismus variieren in der lehrreichsten Weise den Hegelschen Satz von der Identität des Wirklichen und des Vernünftigen (vgl. oben § 42, 10); sie zeigen außerdem alle einen Rousseauschen Zug des Glaubens an die Güte der Natur, und sie haben es leicht, in ihrer Hoffnung auf eine bessere Zukunft des Menschengeschlechts dem Gedanken von der unbegrenzten Vervoll- kommnungsfähigkeit des Menschen, den die Philosophie der Französischen Re- volution erzeugt hatte (vgl. oben § 37, 4), ein evolutionistisches Gepräge zu geben. Um so charakteristischer ist es, daß das letztere Moment auch der entgegengesetzten Auffassung, dem P e s s i m i s m u s, eine wesentlich veränderte Gestalt gegeben hat.

An sich sind ja Optimismus und Pessimismus als Antworten auf die hedonische Frage, ob die Welt mehr Lust oder Leid enthalte, gleichmäßig pathologische Er- scheinungen, und sie sind dies namentlich in der Art, wie sie als Momente der allgemeinen Literatur auftreten. Für die Wissenschaft ist d i e s e Frage ebenso unnötig wie unbeantwortbar. Eine philosophische Bedeutung erhält die Kontroverse nur dadurch, daß sie mit der Frage nach der Rationalität oder Irrationalität des Weltgrundes in Beziehung gebracht wird, wie dies von Leibniz in der einen Rich- tung und von Schopenhauer in der andern geschehen ist. Aber in beiden Fällen ist es völlig unmöglich gewesen, den hedonistischen Ursprung des Problems durch seine metaphysische Umgestaltung vergessen zu machen.

Die pessimistische Stimmung, die während der ersten Jahrzehnte der zweiten Hälfte des 19. Jahrhunderts in Deutschland herrschte, hatte ihre allgemeinen

Gründe in politischen und sozialen Verhältnissen, und die begierige Aufnahme der Schopenhauerschen Lehre, unterstützt durch die glänzenden Eigenschaften des Schriftstellers, pflegt deshalb als leichtverständlich betrachtet zu werden: verwunderlicher und bedenklicher ist es, daß diese Stimmung das Jahr 1870 überdauert, ja daß sie sich grade während des folgenden Jahrzehnts in einer uferlosen Ausbreitung popularphilosophischer Tiraden entladen und die allgemeine Literatur zeitweilig völlig beherrscht hat. Die kulturgeschichtliche Betrachtung wird hier wohl eine Erschlaffungs- und Übersättigungserscheinung zu konstatieren haben: der philosophiegeschichtliche Anteil an dieser Bewegung bleibt wesentlich an die blendende und verblendende Erscheinung der „Philosophie des Unbewußten" geknüpft. E. v. H a r t m a n n fand auf Grund seiner Metaphysik, die den Weltgrund als eine Syzygie des „alogischen" Willens und des „logischen" Bewußtseins ansah (vgl. oben § 44, 8), zwischen Leibniz und Schopenhauer die witzige Synthesis, diese Welt sei zwar die beste unter den möglichen, aber immer doch noch so schlecht, daß es besser wäre, es gäbe überhaupt keine Welt. Das Durcheinander von teleologischer und dysteleologischer Naturansicht, das sich von Schelling auf Schopenhauer vererbt hatte (vgl. oben § 43, 2), erscheint hier bei Hartmann in grotesker und phantasievoller Ausgewachsenheit: und der Widerspruch soll dadurch gelöst werden, daß, nachdem einmal der unvernünftige Wille den Fehltritt begangen hat, sich als Leben und Wirklichkeit zu manifestieren, dieser Lebensprozeß den vernünftigen Inhalt hat, in seiner fortschreitenden Entwicklung den Akt der Weltentstehung rückgängig zu machen: das reifste Ergebnis dieser Entwicklung soll die Einsicht in die Unvernunft des Willens, seine Verneinung, seine Erlösung von sich selbst sein.

Deshalb fand Hartmann das Wesen des „vernünftigen" Bewußtseins in dem Durchschauen der „Illusionen", mit denen der unvernünftige Drang des Willens gerade das hervorbringt, was ihn unglücklich machen muß, und er entwickelte aus diesem Verhältnis die sittliche Aufgabe, daß ein jeder durch die Verneinung der Illusionen an der Selbsterlösung des Weltwillens mitzuarbeiten habe: das ergab ihm den geschichtsphilosophischen Grundgedanken, daß alle Kulturarbeit auf dieses Ziel der Erlösung gerichtet sei. Ja, seine Religionsphilosophie will das tiefste Wesen der Erlösungsreligion darin sehen, daß durch den Weltprozeß Gott selbst von dem „alogischen" Momente seines Wesens erlöst wird. Die Entwicklung des unvernünftigen Willens soll seine eigene Vernichtung zu ihrem vernünftigen Ziele haben. Deshalb bejaht Hartmann alle Kulturarbeit, weil ihr letzter Zweck die Verneinung des Lebens und die Erlösung des Willens von der Unseligkeit des Seins ist. In dieser Hinsicht berührt er sich mit Mainländer, der neben und nach ihm Schopenhauers Lehre zu einer asketischen „Philosophie der Erlösung" ausbildete; aber bei Hartmann nehmen diese Gedanken die Färbung eines evolutionistischen Optimismus an, der für den Ernst und den Reichtum der historischen Entwicklung ein sehr viel tieferes Verständnis zeigt als Schopenhauer. Und wie E. v. Hartmann dereinst selbst die beste Kritik seiner „Philosophie des Unbewußten" anonym „vom Standpunkt der Deszendenztheorie" gegeben hat, so ist in seiner eigenen Entwicklung allmählich die Eierschale des Pessimismus abgestreift und das positive Prinzip der Entwicklung als das Wesentliche herausgeschält worden: auch bei ihm hat Hegel über Schopenhauer gesiegt.

4. Alle diese Lebensansichten, deren typische Extreme hier einander gegenübergestellt wurden, variieren zwar vielfach hinsichtlich der Anerkennung und Abstufung der einzelnen Werte und Willensziele, aber sie kommen doch darin überein, daß sie im großen und ganzen den herrschenden Moralkodex und insbesondere seinen altruistischen Hauptbestand anerkennen. Ihre Differenzen betreffen mehr die allgemeine Formulierung oder die Sanktion oder die Motive der Moral, als diese selbst. Auch die radikaleren Richtungen wollen doch nur die wahrhaft humane Ethik von den Entstellungen befreien, die sie in gewissen historischen Lebenssystemen oder in deren Resten und Nachwirkungen erfahren haben soll, und durch alle jene Lehrformen geht ein stark demokratischer Zug, der das Wohl des Ganzen über alles stellt und den Eigenwert des Individuums jedenfalls viel geringer veranschlagt, als es in der großen Zeit der deutschen Philosophie geschehen war. Eine Mahnung wie die Carlyles zum Heroenkult (vgl. oben § 45, 5) steht im 19. Jahrhundert sehr vereinzelt: weit eher herrschte jene Theorie des *Milieu*, welche T a i n e für die Geistesgeschichte in Umlauf gebracht hat, und die gegenüber der Massenwirkung den Anteil des Individuums an der historischen Bewegung auf ein Minimum zu beschränken geeignet ist.

Je weniger es sich verkennen läßt, daß solche Theorien gewissen politischen, sozialen, literarischen und künstlerischen Zuständen und in die Augen fallenden Erscheinungen des modernen Lebens durchaus entsprechen, um so begreiflicher ist es, wenn hie und da eine Reaktion des Individualismus in besonders leidenschaftlicher Form zu Tage getreten ist. Zunächst freilich muß festgestellt werden, daß gegenüber dem Strebertum, das sich von allen Strömungen treiben läßt, doch das individualistische Bildungsideal jener großen Zeit, die man wohl gern etwas abschätzig als Romantik zu bezeichnen pflegte, keineswegs in dem Grade ausgestorben ist, wie es wohl angenommen wird. Es lebt in zahlreichen hochentwickelten Persönlichkeiten fort, die es nur nicht nötig finden, sich damit literarisch breit zu machen; denn es hat seine Theorie in Fichte, Schiller und Schleiermacher. Und gerade deshalb macht es nicht gemeinsame Sache mit den paradoxen Kunststücken, die der radikale Individualismus gelegentlich vorzuführen liebt.

Die robusteste Art, wie dies geschehen ist, hat schon die Hegelsche „Linke" zuwege gebracht in dem wunderlichen Buche von M. S t i r n e r (Kaspar Schmidt, 1806—1856): „Der Einzige und sein Eigentum" (1844). Er verhält sich zu Feuerbach wie dieser zu Hegel: er zieht die Konsequenz, welche die Prämisse auf den Kopf stellt. Feuerbach hatte den „Geist", die „Idee" als das „Anderssein der Natur", als das Abstrakte und Unwirkliche, als das „theologische Gespenst" angesehen, und für das einzig Wirkliche den Menschen, den lebendigen, sinnlichen Menschen von Fleisch und Blut erklärt: aber seine Ethik galt der Humanität, der tätigen Liebe zur Menschheit. Was ist, fragt Stirner, die Menschheit? Ein Gattungsbegriff, ein Abstraktum — der letzte Schatten des alten Gespenstes, das auch noch bei Feuerbach umgeht. Das wahrhaft Konkrete ist der einzelne, die selbstherrliche Persönlichkeit. Sie schafft ihre Welt in ihrer Vorstellung und ihrem Willen: deshalb reicht ihr Eigentum so weit als sie will. Sie erkennt nichts über sich an: sie kennt kein anderes Wohl als das eigene und dient keinem fremden Gesetz oder fremden Willen. Denn es gibt für sie in Wahrheit nichts als sie selbst. So gelangt Stirner durch eine Verdrehung der Fichteschen Lehre vom „allgemeinen Ich" zum „Egois-

mus" im theoretischen und im praktischen Sinne des Wortes: er spielt den Sol-
ipsisten[25]) und predigt die skrupellose Selbstsucht — „Ich hab' mein' Sach' auf
nichts gestellt". Das alles schmeckte nach einem gemachten Zynismus, und es blieb
zweifelhaft, ob das Buch ernst genommen sein wolle. Jedenfalls verlor es das Interesse, das es momentan erregte[26]), sehr schnell und verfiel einer Vergessenheit, aus
der es erst neuerdings wieder ausgegraben wurde. Aber wenn man jetzt darin einen
Notschrei des von der Masse erdrückten Individuums zu sehen geneigt ist, so sollte
man doch nicht verkennen, daß der „Einzige", der sich hier von der Gemeinschaft
emanzipieren wollte, durch nichts einen Wert erkennen ließ, der ihn dazu berechtigt hätte. Seine einzige Eigenart bestand in dem Mute der Paradoxie.

5. Eine andere verzerrte Form des Individualismus hat sich aus der Schopenhauerschen Willensmetaphysik bei J u l. B a h n s e n[27]) entwickelt. Hier wird mit
der „Unvernunft" des Willens voller Ernst gemacht, zugleich aber auch die pantheistische Spitze des „alleinen Willens" abgebrochen. Wir kennen nur die wollenden Individuen, und so sieht Bahnsen in ihnen die selbständigen Urpotenzen der
Wirklichkeit, über die hinaus ein höheres Prinzip nicht zu setzen ist. Die Aseität
der endlichen Persönlichkeiten (Bahnsen nennt sie auch Henaden) ist nie so scharf
ausgesprochen worden wie in diesem atheistischen Willensatomismus. Jeder dieser
„Willen" aber ist in sich selbst entzweit, und darin besteht seine Unvernunft und
seine Unseligkeit. Dieser Widerspruch gehört zum Wesen des Willens; der Wille
ist der „gesetzte Widerspruch", und dies ist die wahre Dialektik, die „Realdialektik". Dieser Widerspruch ist aber für das logische Denken unfaßbar; deshalb
ist alle Anstrengung, die der Wille macht, die Welt zu erkennen, vergeblich; das
logische Denken, das den Widerspruch ausschließt, ist unfähig, eine Welt zu begreifen, die aus den in sich widerspruchsvollen Willen besteht. Der Widerspruch
zwischen der Welt und dem Intellekt macht auch die partielle Erlösung, die
Schopenhauer anerkannt hat (vgl. oben § 43, 4), unmöglich, und der unzerstörbare
Individualwille wird daher das Leid der Selbstzerfleischung in immer neuen Exi-
stenzen endlos zu erdulden haben. So teuer wird die metaphysische Dignität erkauft,
welche die Persönlichkeit hier als „intelligibler Charakter" erhält. Sein Ausleben,
so zwecklos es eigentlich ist, bildet das Problem aller Werte.

Die Phantasien dieses „Miserabilismus" machen schließlich, da die Erkenntnistheorie der „Realdialektik" ja die Inkommensurabilität zwischen dem logischen
Denken und der widerspruchsvollen Realität behauptet, nicht den Anspruch auf
wissenschaftliche Geltung, sondern sind nur der Ausdruck der düsteren Stimmung
des in den Konflikten seines eigenen Wollens wühlenden Individuums: sie bilden
somit das melancholische Gegenstück zu der kecken Frivolität des „Einzigen".
Beide aber beweisen, wohin man gelangt, wenn die „Philosophie" die Stimmungen,
die das eigentliche Wesen von Optimismus und Pessimismus ausmachen, zu Lehr-
gegenständen machen will.

---

[25]) Vgl. oben § 34, 2.

[26]) STIRNERs Stellung wurde — mit absichtlicher oder unabsichtlicher Karikatur —
durch ein noch wunderlicheres anonymes Buch „Das Verstandestum und das Individuum"
(Leipzig 1846) übertrumpft: „Ich bin ich selbst allein."

[27]) Beiträge zur Charakterologie (1867); Der Widerspruch im Wissen und Wesen der
Welt (1881/1882).

6. Noch mehr erkennbar ist dies an der großen Wirkung, die in den letzten Dezennien der Dichter F. N i e t z s c h e auf die Lebensanschauung und ihren literarischen Ausdruck ausgeübt hat. Vieles vereinigt sich zu dieser Wirkung: die faszinierende Schönheit der Sprache, die auch da noch berückt und berauscht, wo der Inhalt in rätselhafte Andeutung übergeht — sodann gerade dieser ahnungsvolle Symbolismus selber, der namentlich in der Zarathustradichtung ein dämmeriges Schwelgen im Unbestimmten gestattet — weiterhin die aphoristische Form der Darstellung, die vom Leser niemals ein zusammenhängendes begriffliches Denken verlangt, vielmehr ihm selber die Dosis geistreichster Anregung zu bestimmen überläßt, worin er jedesmal die überraschenden Einfälle, die glänzenden Formulierungen, die glücklichen Vergleiche, die paradoxen Kombinationen zu genießen sich zumuten will. Aber alles dies tritt weit zurück gegen den unmittelbaren Eindruck der Persönlichkeit des Dichters: ein Individuum tritt uns entgegen von gesteigertstem Kulturinhalt und von durchweg eigenartiger Prägung, das alle Strebungen der Zeit miterlebt und an demselben ungelösten Widerspruch krankt wie diese Zeit selbst. Daher das Echo, das seine Sprache gefunden hat, — daher aber auch die Gefahr seiner Wirkung, die jene Krankheit nicht heilt, sondern verstärkt.

Die beiden Momente des inneren Antagonismus in seinem eigenen Wesen hat Nietzsche selbst als das „Dionysische" und das „Apollinische" bezeichnet: es ist der Gegensatz von Voluntarismus und Intellektualismus, der Gegensatz des Schopenhauerschen Willens und der Hegelschen Idee. Er tritt hier in einem Individuum auf von höchster intellektueller Bildung und ästhetischer Produktivität, das mit unsäglicher Feinfühligkeit Geschichte und Leben im Gedanken aufzufassen und poetisch wiederzugestalten vermag: aber dies Individuum ist durch Wissenschaft und Kunst nicht geheilt von dem dunklen Willen zum Leben; in seiner Tiefe wühlt ein leidenschaftlicher Drang nach wilder Tat, nach Machterwerb und Machtentfaltung. Es ist der nervöse Professor, der gern ein wüster Tyrann sein möchte, — und der nun hin- und hergeworfen wird zwischen dem stillen Genuß der höchsten Kulturgüter und jenem geheimen, brennenden Verlangen nach leidenschaftlichem Leben. Bald schwelgt er in der heiteren Seligkeit des Schauens und Gestaltens, — bald wirft er all dies fort und bejaht die Triebe, die Instinkte, die Leidenschaften. Niemals, das zeigt die Höhe und Reinheit seines Wesens an, ist ihm der Sinnengenuß als solcher ein Wert gewesen: der Genuß, den er sucht, liegt entweder im Erkennen an sich oder in der Macht an sich. Im Kampfe zwischen beiden ist er zusammengebrochen — das Opfer eines Zeitalters, das, von den unpersönlichen und überpersönlichen Werten der intellektuellen, ästhetischen und moralischen Kultur nicht mehr befriedigt, wieder einmal nach schrankenloser Tatentfaltung des Individuums dürstet und im Streite zwischen seiner überlieferten Vernunft und seiner zukunftsgierigen Leidenschaft sich und seine Wertsubstanz zerreibt. Der künstlerische Ausspruch dieses zerrissenen Zustandes ist der Zauber von Nietzsches Schriften.

In seiner ersten Periode, welche die folgenden im Keime enthält, ist der Widerstreit jener beiden Momente noch nicht zum Durchbruch gekommen: vielmehr erscheint hier in der Anwendung der Grundgedanken von Schopenhauers Philosophie auf die Entstehung der griechischen Tragödie und auf das Richard-Wagnersche Musikdrama, die Kunst als die Erlösung von der Qual des Willens. Aber schon damals soll aus dieser tragischen Gesinnung eine neue, eine höhere Kultur heraufgeführt werden, ein stolzeres Geschlecht von kühnem, ins Ungeheure strebendem Wollen, das die Enge des jetzigen Geisteslebens siegreich sprengt: und schon damals wirft dieser Drang nach Ursprünglichkeit und Selbstherrlichkeit den Ballast des Historischen über Bord. Keine Tradition und keine Autorität soll diese künstlerische Kultur bedrücken, die ästhetische Freiheit soll weder durch das Wissen noch durch das Leben beengt sein.

Es ist nicht schwer zu verstehen, daß der philosophische Dichter, als sich diese Gedanken zu klären begannen, zuerst eine Zeitlang auf die Bahn des Intellektualismus geriet. Der freie Geist, der sich aller Fesseln entledigt und nichts über sich anerkennt, ist die Wissenschaft; aber sie ist es nur dann, wenn sie den „wirklichen" Menschen frei auf sich selbst stellt, ihn von allem Übersinnlichen und Unsinnlichen unabhängig macht. Diese Wissenschaft, die jetzt für Nietzsche das Wesen der Kultur tragen soll, ist positive Wissenschaft, keine Metaphysik, auch nicht mehr die des Willens. Daher widmet er sein Buch „für freie Geister" dem Andenken Voltaires; und nähert sich der Feuerbachschen Lebensphilosophie. Er verträgt sich mit der utilistischen Ethik P. Rées, er glaubt an die Möglichkeit einer rein wissenschaftlichen Kultur, er geht sogar so weit, in der Erkenntnis den höchsten und besten Zweck des Lebens zu sehen; sie ist ihm die wahre Freude, und die ganze Frische weltbejahender Lebensfreudigkeit der θεωρία, ein zugleich ästhetisches und theoretisches Genießen der Wirklichkeit, ist die Grundstimmung dieser Zeit, — der glücklichsten, die ihm vergönnt war.

Dann aber kam die dionysische Leidenschaft zum Durchbruch, die unbezwingbare Sehnsucht nach machtvollem, herrschendem, mitleidslos niederwerfendem Ausleben der Persönlichkeit. Der stärkste Instinkt des Menschen ist der Wille zur Macht: ihn gilt es zu bejahen. Diese bedingungslose Bejahung sprengt aber das Regelsystem, in das sich die bisherige Kultur eingesponnen hat; das neue Ideal ist in diesem Sinne „jenseits von Gut und Böse". Der Wille zur Macht kennt keine Grenzen des „Erlaubten": ihm ist alles gut, was aus der Macht stammt und die Macht erhöht, alles schlecht, was aus der Schwäche stammt und die Macht schwächt. Und ebenso kommt es bei unseren Urteilen, in der Erkenntnis und in der Überzeugung, nicht darauf an, ob sie „wahr" sind, sondern ob sie uns helfen, ob sie unser Leben fördern und unsere Macht erhöhen. Nur dann haben sie Wert, wenn sie uns stark machen[28]). Deshalb wird in der wechselnden Lebensentfaltung auch die Überzeugung wechseln dürfen und müssen (wie es ja z. T. bei Nietzsche selbst der Fall war): der Mensch wählt die, die er braucht. Auch der Wert des Erkennens liegt jenseits von Wahr und Falsch. „Nichts ist wahr — Alles ist erlaubt." Hier beginnt daher die „Umwertung aller Werte" — hier wird der „Philosoph" zum Reformator der Moral, zum Gesetzgeber, zum Schöpfer einer neuen Kultur. Mit dem Bewußtsein dieser Aufgabe erfüllte sich Nietzsche in der dritten Periode seiner Entwicklung.

Von hier aus stellt er dem gewöhnlichen, dem alltäglichen Menschen, diesem

---

[28]) Hier hat Nietzsche mit genialem Übermut vorweggenommen, was in kümmerlicher Philistrosität oder gläubiger Heilsbegehrlichkeit den Gedankengehalt des heutigen Pragmatismus ausmacht.

Herdentier, das Ideal des „Übermenschen" gegenüber. Denn Wille zur Macht ist Wille zum Herrschen, und die vornehmste Herrschaft ist die des Menschen über den Menschen. Hegel hat einmal gesagt, von allem Großen, das die Weltgeschichte zeigt, sei das Größte die Herrschaft des einen freien Willens über die andern. An dieses Wort wird man erinnert, wenn Nietzsche sein neues Kulturideal aus dem Gegensatz der „Herrenmoral" gegen die „Sklavenmoral" entwickelt. Alle Brutalität des Niedertretens, alle Entfesselung der elementaren „Bestie" erscheint hier als Recht und Pflicht des Starken: er entfaltet, er verteidigt die Energie des Lebens gegen die Kümmerlichkeit der Entsagung und der Demut. Deshalb fällt die „Sklavenmoral" wesentlich mit dem weltflüchtigen Wesen des Supranaturalismus zusammen, den Nietzsche schon vorher bekämpft hatte, und der positive Zusammenhang der Übergangzeit mit seiner dritten Periode besteht in der „fröhlichen" Bejahung welterobernden Lebensdurstes.

Dennoch bleibt das Ideal des „Übermenschen" in poetischer Verschwommenheit und Unbestimmtheit. In der einen — wohl der ursprünglichen — Richtung ist es die große Individualität, die der Masse gegenüber ihr Urrecht geltend macht. Das Herdenvieh der „Viel-zu-Vielen" ist nur dazu da, daß sich aus ihm als seltene Glücksfälle die Übermenschen erheben, die von Jahrhundert zu Jahrhundert sich zuwinken als Träger des Sinns, der all diesem wüsten Getriebe innewohnt. Das Genie ist der Zweck der Geschichte, und darin wurzelt sein Herrenrecht gegenüber dem Philister. Anderseits aber erscheint der „Übermensch" als ein höherer Typus der Menschengattung, der herangezüchtet werden soll, — als das starke Geschlecht, das, frei von den Hemmungen und Selbststörungen der Sklavenmoral, seine Herrengewalt in mächtiger Lebensentfaltung genieße. In beiden Fällen ist Nietzsches Ideal des Übermenschen gleich aristokratisch und exklusiv, und es ist eine empfindliche Strafe für die poetische Unbestimmtheit und symbolistische Vieldeutigkeit seiner Aphorismen, daß seine Bekämpfung der „Sklavenmoral" und ihrer supranaturalistischen Grundlagen ihn gerade bei denen populär gemacht hat, welche die ersten sein würden, dem „Übermenschen" den Kopf abzuschlagen, um den er die „Viel-zu-Vielen" überragt.

Zwischen den beiden Richtungen, in denen sich das Ideal des „Übermenschen" entwickelt, ist der Dichter nicht zu einer klaren Entscheidung gekommen. Zarathustra mischt sie mit bunt schillernden Übergängen ineinander. Es ist klar, daß die eine Form ebenso nach der romantischen Genialität (vgl. oben § 42, 5) schmeckt, wie die andere nach dem soziologischen Evolutionismus. Aber der Gedanke an eine Erhöhung des menschlichen Gattungstypus durch die Philosophie erinnert, wie einerseits an die Hoffnungen der Französischen Revolution und ihre Theorie (Condorcet), so anderseits an die Postulate des deutschen Idealismus. Sehr richtig ist bemerkt worden, daß von dieser Fassung der Lehre vom Übermenschen der Schritt zu Fichte nicht weit gewesen wäre: daß ihn Nietzsche nicht machen konnte, lag daran, daß in ihm zu viel von Schlegels ironischer Genialität steckte, als daß er den Weg von dem individuellen Machtwillen zu dem „allgemeinen Ich", zu einer übergreifenden Geltung der Werte hätte zurückfinden können.

7. Die Empörung des schrankenlosen Individualismus gipfelt in der Behauptung der Relativität aller Werte. Nur der Machtwille des Übermenschen bleibt als der

absolute Wert bestehen und sanktioniert jedes Mittel, das er in seinen Dienst stellt. Es gibt für den „höheren" Menschen keine Norm mehr, weder eine logische noch eine ethische. An die Stelle der Autonomie der Vernunft ist die Willkür des Übermenschen getreten, — das war der Weg von Kant zu Nietzsche, den das 19. Jahrhundert beschrieben hat.

Eben damit bestimmt sich die Aufgabe der Zukunft. Der Relativismus ist die Abdankung der Philosophie und ihr Tod. Deshalb kann sie nur weiterleben als die L e h r e v o n d e n a l l g e m e i n g ü l t i g e n W e r t e n. Sie wird sich nicht mehr in die Arbeit der besonderen Wissenschaften drängen, zu denen nun auch die Psychologie gehört. Sie hat weder den Ehrgeiz, das was diese erkannt haben, von ihrer Seite her noch einmal erkennen zu wollen, noch die Lust der Kompilation, aus den „allgemeinen Ergebnissen" der Sonderdisziplinen allgemeinste Gebilde zusammenzuflicken. Sie hat ihr eigenes Feld und ihre eigene Aufgabe an jenen ewigen und an sich gültigen Werten, die den Grundriß aller Kulturfunktionen und das Rückgrat alles besonderen Wertlebens bilden. Aber auch diese wird sie beschreiben und erklären nur, um über ihre Geltung Rechenschaft zu geben: sie behandelt sie nicht als Tatsachen, sondern als N o r m e n. Auch sie wird deshalb ihre Aufgabe als eine „Gesetzgebung" zu entwickeln haben, aber nicht als das Gesetz der Willkür, das sie diktiert, sondern als das Gesetz der Vernunft, das sie vorfindet und begreift.

Auf dem Wege zu diesem Ziele scheint die gegenwärtige, freilich noch vielfach in sich gespaltene Bewegung die dauernden Errungenschaften aus der großen Zeit der deutschen Philosophie zurückgewinnen zu wollen. Seitdem Lotze den B e g r i f f d e s W e r t e s energisch hervorgehoben und ihn an die Spitze auch der Logik und der Metaphysik gestellt hat, regen sich vielfach die Ansätze zu einer „Theorie der Werte" als einer neuen Art von philosophischer Grundwissenschaft. Es kann nichts schaden, daß diese sich zunächst, den Denkgewohnheiten der letzten Jahrzehnte gemäß, zum Teil auf psychologischem und soziologischem Gebiete bewegen, wenn man nur nicht aus den Augen verliert, daß in solchen Feststellungen und genetischen Erklärungen nur das Material gewonnen wird, an dem die Philosophie selbst ihre kritische Aufgabe zu erfüllen hat.

Aber eine nicht minder wertvolle Grundlage für diese zentrale Arbeit der Philosophie bildet ihre G e s c h i c h t e, die, wie es zuerst Hegel erkannt hat, in diesem Sinne als ein integrierender Teil der Philosophie selbst angesehen werden muß. Denn wenn sie (vgl. oben S. 8) den Prozeß darstellt, durch den die europäische Menschheit ihre Weltauffassung und Lebensbeurteilung in wissenschaftlichen Begriffen niedergelegt hat, so zeigt sie eben damit, wie auf Veranlassung der einzelnen Erlebnisse und an der Hand der besonderen Erkenntnisprobleme Schritt für Schritt mit immer klarerem und sicherem Bewußtsein sich die Besinnung auf die Kulturwerte vollzogen hat, deren Allgemeingültigkeit der Gegenstand der Philosophie ist. Dasjenige an dem menschlichen Wesen, wodurch es in eine höhere und übergreifende Vernunftwelt emporragt, steckt nicht in den formalen Notwendigkeiten der psychischen Gesetzmäßigkeit, sondern in den werthaften Inhalten, die von den geschichtlichen Lebensgemeinschaften zu bewußter Gestaltung herausgearbeitet werden. Der Mensch als Vernunftträger ist nicht natürlich gegeben, sondern historisch aufgegeben. Alles aber, was er in den konkreten Gebilden seiner übrigen Betätigungen an Kulturwerten erwirbt, wird zu begrifflicher Klarheit und Reinheit durch die Wissenschaft und in letzter Instanz durch die Philosophie gesteigert. Dabei jedoch besitzen deren Errungenschaften ihre Geltung nicht in dieser ihrer geschichtlichen Tatsächlichkeit und Begreiflichkeit, sondern es muß immer und immer wieder versucht werden, sie mit kritischer Umgestaltung auf die zeitlosen Rechtsgründe zurückzuführen, mit denen sie in der Vernunft wurzeln. Darum ist die Geschichte der Philosophie das wahre Organon der Philosophie, aber nicht die Philosophie selbst.

VIII. TEIL

Die Philosophie im zwanzigsten Jahrhundert

Von H. Heimsoeth

In weiten Bereichen der europäischen Bildung und Wissenschaft hatte die Philosophie im Verlaufe des späteren 19. Jahrhunderts Einfluß und Interesse verloren. Es fehlte nicht an Stimmen, die ihre Rolle im geistigen Leben der Menschheit nur noch historisch sehen und verstehen wollten. Die Denker fanden sich am Ende in der Defensive und fühlten sich getrieben, die Existenzberechtigung der Philosophie, vielleicht in einer eingeschränkten Form, erst zu erweisen. Eine Stimmung der Resignation breitete sich aus, ergriff auch die Hüter der großen Traditionen. Der Rückblick auf die nun erst in ihrem ganzen Reichtum überschaubare letzte große Blütezeit philosophischer Spekulation zu Beginn des vergehenden Jahrhunderts erzeugte, zumal in Deutschland selbst und bei den geschichtlich aufgeschlossenen Denkern, ein Bewußtsein des Epigonentums, das die weitere philosophische Arbeit auf Sonderfragen einzuschränken und von den großen Anliegen und Entscheidungen des Lebens abzuschnüren neigte. (Die Eingangssätze des vorigen Kapitels sind selbst ein Ausdruck dieser Lage.) Es ist vielleicht die schwerste Krise, welche die europäische Philosophie je durchzustehen hatte.

Mit dem Eintritt in das 20. Jahrhundert hat diese Situation der Philosophie sich, in langsamem Wandel, weithin verändert. Die auf Einzeldisziplinen aufgeteilten und jeweils eng umschränkten Problembereiche, auch die eingenommenen Positionen treiben, aus der Dynamik der Sachen selbst, über sich hinaus. Der Abstand zu den Klassikern einer großen Vergangenheit wächst und gibt den Blick frei für die durchaus veränderte Lebens- und Aufgabenwelt der drängenden Gegenwart, — zugleich mit einem neuen Bewußtsein des neu zu erwerbenden Erbes. Leistung und Wirkungen des 19. Jahrhunderts, auch in seinen philosophischen Abstürzen, erscheinen heute in völlig verändertem Licht. Die Philosophie findet sich, auf einem, insbesondere auch durch die Wissenschaften, tief umgepflügten Boden der Wirklichkeitserfahrung, in immer noch und neu anwachsenden Erschütterungen und Umlagerungen der allgemeinen Lebensanschauung und angesichts neuer Intentionen und Möglichkeiten der menschlich-gesellschaftlichen Selbstgestaltung, vor einer kaum übersehbaren Fülle großer Aufgaben, die neuen Einsatz und neue Denkformen fordern. Die peinliche Abgrenzung der Kompetenzbereiche gegenüber Wissenschaft und Lebenspraxis, sowie anderen Weisen der Daseinsdeutung tritt ebenso zurück wie das Messen an den harmonischen Systembauten abgeklärterer (oder in ihren Erfahrungen begrenzter) Zeitalter. Der Mut zur Fragestellung und die Energie des forschenden Vorstoßes, nicht Sicherheit der Methodik oder einheitliche Geschlossenheit spekulativer Konstruktion bezeichnen den neuen Gang des Geistes. Die Philosophie fühlt sich, bei weiter anwachsendem Bewußtsein von der überragenden Größe und unerschöpflichen Fruchtbarkeit der klassischen Leistungen in ihrer Vergangenheit und trotz gesteigerter Ungeklärtheit und Vielspältigkeit der eigenen Gegenwart, jetzt wieder mehr am Anfang als am Ende: die Problematik des Seins und Daseins hat sich ihrem Begreifen neu vertieft.

Das Selbstverständnis dieser werdenden „Gegenwart" des 20. Jahrhunderts verschiebt sich rasch in seinem Bewußtsein von den eigenen Antrieben und Ursprüngen. Es greift zurück über die Jahrhundertwende und läßt Gestalten des späteren 19. Jahrhunderts erst in ihrer eigentlichen Größe und Zukunftsmächtigkeit hervortreten. So hat etwa das Wissen um die überragende Fernsicht und Problemkraft Fr. Nietzsches oder das um die philosophische Tragweite von S. Kierkegaards Ringen um den Existenzsinn, die Erschließung der philosophischen Frühschriften von Karl Marx oder auch das Verständnis der denkerischen Intentionen eines W. Dilthey (und eben damit die Beachtung der dort überall gestellten Gegenwartsaufgaben) erst in Jahrzehnten nach dem Tode dieser Denker eingesetzt. Daß Philosophie heute, von der veränderten Lebenssituation und den gewandelten Aufgaben aus, auch zur Vergangenheit neue Zugänge und Weisen der Auswertung findet, daß die seit dem 19. Jahrhundert noch ständig weiter anwachsende Erforschung der Philosophiegeschichte energisch abgerückt ist von der rückblickenden Reproduktion klassischer Systeme ebenso wie von der bloß-philologischen Detailerforschung der Texte und Meinungen, daß Philosophiehistorie heute durchgängig in unlösbarer Verflechtung mit dem vorstoßenden Problembewußtsein selbst steht, wie dieses wiederum ständig das früher und einst Versuchte in seiner Wahrheit oder auch Verfehlung neu sich auszulegen strebt — auch das gehört zum Bilde der Zeit.

Die Philosophie des 20. Jahrhunderts erwächst anfänglich zumeist nicht so sehr in unmittelbarer Anknüpfung an die großen Traditionen, als deren Fortbildung oder Umgestaltung, sondern sie setzt, in vielen ihrer Richtungen und Bereiche, zunächst ein als Kampf gegen eine übermächtig gewordene Zeitstimmung und Denkweise, die vom 19. Jahrhundert her Leben und Wissenschaften überflutete: gegen den Naturalismus oder die „wissenschaftliche Weltanschauung". Der Eingang ins neue Jahrhundert stand für weite Kreise der europäischen Bildung im Zeichen eines „Monismus", wie ihn etwa in Deutschland Haeckels „Welträtsel" (1899) formulierte und verkündete. In die breiten Massen suchte, gleichfalls unter der Flagge und mit dem Pathos der „Wissenschaft", jene Verquickung der ökonomischen Geschichtstheorie von Marx mit dem Naturwissenschafts-Materialismus Eingang zu finden, die als „dialektischer Materialismus" den Anspruch auf unverfälschte, von den Ideologien der nun vergangenen Philosophiegeschichte endlich befreite Wahrheit der Weltanschauung machte. In wissenschaftlich und geistig strenger durchgebildeten Bereichen aber herrschte (in allen europäischen Ländern) weithin die kritisch-agnostisch sich beschränkende und dennoch im Alleinbesitz wissenschaftlicher Wahrheit sich fühlende Denkweise des Positivismus. Das alles gewann, über philosophische Theorie, Wissenschaft und Wissenschaftsgesinnung hinaus, Einfluß auf Lebensüberzeugung, Ideenbildung, Zukunftserwartungen des Zeitalters. Es hat auch heute noch seine Wirkung, und weit über die europäischen Bereiche hinaus.

Die Unterschiede der genannten (und verwandter) Denkweisen können hier unberücksichtigt bleiben. Die gemeinsamen Grundzüge sind etwa diese: Methodik und Seinsvoraussetzungen der Naturwissenschaft des Anorganischen, speziell der Physik (des 19. Jahrhunderts), werden auf Realität überhaupt und im ganzen übertragen. Alles Seiende ist, wenn nicht dem Stoff, so jedenfalls der Struktur nach, schlechthin homogen; Wesensverschiedenheiten können im Er-

38 ·

fahrungs- und Realitätszusammenhang nicht geduldet werden. Begreifen heißt kausal Erklären; die induktiv erschließbaren Gesetze gleichförmiger Wiederkehr sind die überall maßgebenden Bestimmungsstrukturen. Der kausale Determinismus ist, natürlich auch für Menschen
und Geschichte, die selbstverständliche Wahrheit, „Freiheit" nur die Erfindung einiger Metaphysiker und Theologen. Wissenschaftliche Erkenntnis des Menschen und seiner Lebensordnungen ist, sei es nun auf Wegen der Psychologie oder Soziologie oder sonstwie, Tatsachen-
erschließung durch Aufdeckung kausaler Bedingungen und Verhältnisse. Auch die Wert, Sinn
oder Soll des Lebens, der Gesellschaft, der Kultur behandelnden Disziplinen sind zu Tat-
sachenwissenschaften von dieser Art umzubilden. Wert und Sinn selbst haben von nun an
keinen Raum mehr in einer wissenschaftlichen Weltansicht; das kausale Denken löst überall das
Ganzheits- und das Sinnverstehen ab. Wie jedes kompliziertere Sein und Geschehen in Elemente
der Zusammensetzung auflösbar und aus einfachen Teilen erklärbar ist, so muß auch das
„Höhere" im Aufbau der Wirklichkeit aus dem jeweils Niederen, als dessen Komplizierung,
sich herleiten und für das Erklären sich darauf reduzieren lassen. Die scheinbaren Wesens-
unterschiede (z. B. zwischen Mensch und Tier, Leben und anorganischer Materie) sind Grad-
stufen; wie denn überhaupt die qualitative Mannigfaltigkeit und die scheinbar irreduziblen
Seinsverschiedenheiten der konkreten Weltgehalte auf quantitative Differenzen und Relationen
zurückgehen. Das Prinzip der Evolution soll nun, befreit von früheren teleologischen Ein-
schlägen, zur Erklärung aller, auch der höchsten Lebensformen, z. B. der des Menschengeistes
führen. Geist ist Natur. Natur, Realität, Erfahrungswelt sind eins: das hat uns Heutigen „die
Wissenschaft" gezeigt. Es versteht sich im übrigen von selbst, daß über den Erfahrungszu-
sammenhang hinaus zu fragen wissenschaftlich sinnlos ist. Philosophie als „Metaphysik" hat
ausgespielt. Alle Erkenntnis ist und kann nur sein pragmatisches Sichvergewissern in Bedingungsreihen.

§ 47. Probleme des Erkennens.

Wenn die Weltanschauung des Naturalismus mit der Metaphysik zugleich Philosophie überhaupt überflüssig zu machen und in „Wissenschaft" aufzulösen drohte, so
setzte sich hiergegen ein neues Selbstbewußtsein der Philosophie durch zunächst in der
Zentrierung ihres Interesses auf die T h e o r i e   d e s   w i s s e n s c h a f t l i c h e n   E r -
k e n n e n s selber. Die Anfänge liegen bereits in der oben (§ 44, 6, auch 44, 2) erwähnten ersten Erneuerung des Kantianismus, der von da an in fast allen europäischen
Ländern stetig wachsende Bedeutung erhielt. In den Jahrzehnten um die Jahrhundertwende werden weithin Sinn und Daseinsberechtigung der Philosophie von den Aufgaben der Erkenntnistheorie her gesehen; die Kernfrage geht auf die „logischen Grundlagen der exakten Wissenschaften". Indem eine von aller Metaphysik und Weltaus-
legung, auch von den Seinsaussagen und -voraussetzungen des Naturalismus befreite
ausdrückliche Reflexion auf die den Wissenschaften selber immanenten Voraussetzungen (Denkprinzipien und Methoden) sich richtet, kann Philosophie als „voraussetzungslose" Grundwissenschaft eine unersetzliche Funktion im Ganzen wissenschaftlicher Erkenntnis erfüllen. Das Interesse für die Fragen der Logik und Erkenntnislehre und
weiter für Methodologie der Wissenschaften und Wissenschaftslehre überhaupt nimmt
in dieser Zeit außerordentlichen Umfang an und greift über auch auf führende Köpfe
in den Wissenschaften selbst — deren Grundlagen unter dem Gewicht neuer Tatsachen
und Theorien sich mehr und mehr als tief revisionsbedürftig herausstellen („Grundlagenkrisis"). Eine gewaltige Arbeit entfaltet sich und ist heute in weiterem Fortgang.

Ein Teil dieser Arbeit setzt, im Rahmen der neuen Aufgaben, die Denkgesinnung des
P o s i t i v i s m u s fort. Über die Ursprungsländer und Entfaltungen des letzteren im 19. Jahrhundert hinausgreifend, hat dieser streng erkenntniskritisch orientierte Neupositivismus zuerst besonders in Österreich („Wiener Kreis") eine feste Position bezogen, die im mathematisch-naturwissenschaftlichen Denken und seinen Kategorien allein wirkliches Erkennen
finden will und von der eigenen Forschungsreflexion auf Erkenntniselemente und Methoden
aus alle inhaltlichen Fragen der Realität und des Seins als Reservat der Wissenschaften oder

aber als bloße „Scheinprobleme" der „Metaphysik" von der Philosophie abdrängen möchte. Indem der Standpunkt der „Voraussetzungslosigkeit" von vornherein in diesem Felde genommen wird, erscheinen alle anderen Realitätserschließungen wie z. B. auch die der Geisteswissenschaften, als abgeleitet, im extremen Falle überhaupt nicht als Erkenntnis, sondern als bloß subjektive Erlebnisbereicherung (SCHLICK)! Mensch, Geist, Geschichte werden von einem angeblich aller Seinsdogmen entledigten, vorausfixierten Methoden- und Erkenntnisanspruch aus gesehen. Es ist kein Zweifel, daß diese Denkweise und ihre (vielfach undurchschauten) Voraussetzungen heute noch einen großen Teil der logisch-philosophischen Besinnung seitens der naturwissenschaftlichen Forscher leiten, wie sie denn auch mit der Ausbildung der mathematischen Logik und der Logistik (etwa bei Russell, Couturat, C. I. Lewis, Lukasciewicz) vielfach verflochten ist. Von der Logik des mathematischen und physikalischen Denkens ist das Interesse dieser Neopositivisten zu Bedeutungs-Analysen der naturwissenschaftlichen Sprache (Wittgenstein, Carnap, A. J. Ayer) weitergegangen. Die These von der wesenhaften Einheit und Einartigkeit der Wissenschaft (unified science) ist dabei zentrales Anliegen. Alle nicht sinnlich verifizierbaren Sätze und Problemgehalte werden, als wissenschaftlich sinnlos, abgewiesen.

1. Ihre bedeutsamste Ausprägung hat die erkenntniskritisch und wissenschaftstheoretisch gerichtete Philosophie gefunden in der Denkweise des „t r a n s z e n d e n - t a l e n I d e a l i s m u s", — vertreten in Deutschland vor allem durch die (mit ihren Anfängen ins späte 19. Jahrhundert zurückreichenden) Richtungen und Schulen des Neukantianismus (vor allem „Marburger Schule": H. Cohen, P. Natorp, E. Cassirer und „badische" oder „südwestdeutsche Schule": W. Windelband und H. Rickert, E. Lask; eine die Unterschiede übergreifende Weiterbildung stellt der Transzendentalismus Br. Bauchs dar), denen Gedankenbildungen wie die „Immanenzphilosophie" (Schuppe) sowie vor allem dann die Bewußtseinslehre und der Idealismus E. Husserls auf der Basis der phänomenologischen Fragestellung beizuordnen sind. In Frankreich stehen bedeutende Wissenschaftsphilosophen wie Hamelin oder Milhaud, auch Hannequin, dann insbesondere L. Brunschvicg solcher Denkweise nahe. — Das eigentlich entscheidende Gegenlager gegen den Naturalismus in allen seinen Formen hat sich zuerst in diesen ertrag- und erfolgreichen Systemkonzeptionen aufgerichtet, in deren Rahmen über die immer im Zentrum stehenden erkenntnis- und wissenschaftstheoretischen Grundlagenprobleme hinaus auch die geistigen Formen und Sinngesetze des Sittlichen, der Kunst und überhaupt der menschlichen Kultur eindringlicher Analyse unterzogen wurden.

Das entscheidende Vorbild für diese Philosophie des menschlichen Geistes, für ihren idealistischen Standpunkt und ihre (im einzelnen stark differierende) Methodik war zunächst Kant, als Schöpfer der drei Kritiken. Die realistischen Momente sowie die metaphysischen Hintergründe und Endabsichten der Kantischen Reflexion auf Vernunft und Bewußtsein werden durchweg abgestreift, bzw. weginterpretiert. „Kritik" wird hier ausschließender Gegenbegriff zu „Metaphysik". Unter dem Einfluß der positivistisch-agnostischen Resignation des 19. Jahrhunderts wird Kant und die von Kant zu übernehmende Aufgabe der Philosophie streng und allein in der Richtung der „transzendentalen Logik" gesehen, die als reine Selbstbesinnung des menschlichen Geistes an die Stelle aller Ontologie und Metaphysik vor und nach Kant zu treten habe. Grundüberzeugung ist die schlechthin unüberschreitbare Immanenz des Bewußtseins. Alle Fragen, die auf das Sein jenseits (oder auch diesseits) des Bewußtseins gehen, sind als „unkritisch" abzuweisen. Der Boden des Bewußtseins — als eines ideellen, in Denkkategorien und Sinnfunktionen alles Gegenständliche konstituierenden „Bewußtseins überhaupt" — ist die Basis für alle voraussetzungslose Begründung und damit für jede wissenschaftliche Philosophie. Der Bewußtseinsidealismus überwindet den Dogmatismus der „naturwissenschaftlichen Weltanschauung" und erweist die autonomen Gesetze des Geistes als Voraussetzung aller scheinbar „gegebenen" Realität und aller vorfindbaren Seinsdeterminationen. Das Bewußtsein selbst ist frei; seine Spontaneität liegt aller Kausalgebundenheit voraus; die Naturgesetze sind ihrerseits geistig konstituiert. Das philosophisch zu erforschende System der ideellen Formen liegt aller erfahrbaren Realität voraus; alles „Sein" ist seinerseits abhängig von den Methoden des Bewußtseins. Besonders noch richtet sich diese „Transzendentalphilosophie" des in apriorischen Funktionen synthetisch gestaltenden Bewußtseins gegen die

Ansprüche der gerade um die Jahrhundertwende sich mächtig ausbreitenden Psychologie, die nunmehr über die experimentelle Erforschung der Sinnesempfindungen und Gedächtnisleistungen hinaus mit ihren Erfahrungsweisen und Methoden das Seelisch-Geistige überhaupt gesetzlich zu begreifen und womöglich philosophische Disziplinen wie Logik, Ethik, Ästhetik u. a. als deren Grundwissenschaft mit zu umfassen suchte (Anschwellen des „Psychologismus", z. B. Th. Lipps). Die apriorisch-ideale „Geltung" wird gegen das bloß subjektiv-zeitliche „Erlebnis", die „kritische" Form gegen das „Genetische" psychischer Vorgänge gestellt: so wird die naturalistische Tendenz pariert und die weitgehend selbständig gewordene Psychologie ihrerseits kritischer Besinnung ausgesetzt. Im Extrem wird letztere überhaupt aus der Philosophie hinaus in die Reihe der empirisch-kausalen Einzelwissenschaften verwiesen (so etwa bei Windelband, s. oben § 44, Anfang, und bei H. Rickert). Besonders nachhaltig gewirkt hat die Fehde gegen den Psychologismus in E. Husserls logischen Untersuchungen (1900).

Von den neukantischen Richtungen hat die M a r b u r g e r S c h u l e mit besonderer Energie die Denkkategorien der mathematischen Naturwissenschaft in den Mittelpunkt der transzendentalen Fragestellung gerückt und von da die systematische Erforschung der formalen Bewußtseinsgesetzlichkeiten auch für die Gebiete der Ethik, Ästhetik, Religionsphilosophie, dann auch für Philosophie der Sprache und des Mythos betrieben. Das besondere Verdienst der durch W. Windelband begründeten, in H. Rickerts System dann zur vollen Ausgestaltung gelangten Denkweise der b a d i s c h e n S c h u l e ist der Überschritt zur Logik und Methodenlehre der Geschichtswissenschaft gewesen, wovon noch zu reden sein wird.

Grenze und Gefahr dieser modernen Form des „Idealismus" ist, daß zwar dem Naturalismus mit dem Aufweis der Eigengesetzlichkeit und überlegenen Bedeutsamkeit des Geistigen (als des in aller Wissenschaft und wissenschaftlichen Weltsicht vorauszusetzenden menschlichen Bewußtseins mit seinen ideell-sinnhaften Formen) Halt geboten, die Realität aber, das gegenständlich Seiende der Erfahrung und der Wissenschaften, vom Geistig-Ideellen (diesem immanenten Bereich der transzendental-philosophischen Reflexion) abgespalten wurde: so daß auf der einen Seite Bewußtsein und Denken, Idee und Wert rein im Abstrakten eines jeder Realitätsfrage entzogenen „transzendentalen Bewußtseins" verbleiben mußten, auf der anderen Seite aber alle konkrete empirische Gehaltsfülle, auch die der Psyche etwa, den Gegenstandskategorien des kausalen Denkens überliefert wurde. Zwei Welten, eine abstrakt-ideelle und eine konkret-reale stehen einander, wenn auch in einem Verhältnis der Umfassung, gegenüber. Nachträgliche Einfügung und Vermittlung eines dritten Reichs (Rickert) vermag die Schwierigkeiten nicht entscheidend zu heben. Die „transzendental" restringierte Fragestellung kann Wert und Wirklichkeit, Geltung und Erlebnis, Idee und Erfahrung, Freiheit und Lebensgeschehen nie recht zusammen denken; allenthalben muß sie konkrete Tatbestände in die Dualität verschiedener „Gesichtspunkte" oder Denkmethoden auseinanderlösen, ohne je auf die volle in Erfahrung und Erlebnis uns gegebene Realität zurückzukommen. Auch im idealistischen Rahmen behält das naturalistische Weltschema, gepaart mit positivistischem Ausweichen vor übergreifenden Seins- und Daseinsfragen, noch ein breites Feld.

2. In enger Nachbarschaft zu den geschilderten Strömungen steht die, zum guten Teil von Mathematikern und Naturwissenschaftlern selbst begründete, Arbeit der „W i s s e n s c h a f t s k r i t i k". Sie geht aus nicht so sehr von dem „Faktum" der mathematischen Naturwissenschaft (etwa in der Form der klassischen Mechanik) als von den in Mathematik und Physik eingetretenen und sich vollziehenden fundamentalen Umwälzungen. Erkenntnistheoretische Analyse führt hier, auf dem Felde der exakten Wissenschaften selbst, zur Durchbrechung des Wissenschaftsdogmatismus und damit ebenso der szientistischen und rationalistischen Transzendentalphilosophie, wie des Naturalismus der „wissenschaftlichen Weltanschauung". Die Spontaneität des synthetischen Verstandes wird auch hier, dem Empirismus und Naturalismus ent-

gegen, in allen Gestalten und Wegen der Wissenschaft als Quellgrund aufgewiesen. Aber dies nicht in der Weise eines festen Relationssystems konstitutiver Formen und Methoden, die philosophisch etwa als geschlossene Kategorientafel zur logischen „Begründung" der Wissenschaft konstruktiv entwickelt werden könnte, von da Erfahrung und Realitätsgefüge überhaupt von vornherein bestimmend, — sondern vielmehr als ein in Hypothesen und Bewährungen fortschreitendes, die Ausgangspunkte, die gedanklichen Modelle und selbst die Grundlagen immer wieder wechselndes Versuchen, einen Teil der Seinsstrukturen in Begriffe einzufangen.

Die wissenschaftlichen Denkformen sind nach diesen Untersuchungen keineswegs mit eindeutiger Notwendigkeit — sei es von der Erfahrung oder von den Gesetzen der Vernunft her — festgelegt. Das Bewußtsein hat weitgehenden Spielraum und Freiheit in der Wahl der Theorien und der hypothetischen Einsätze. Das Gegebene duldet im Großen immer eine Mehrheit der vom Subjekt ihm auferlegten Formen, eine Vielheit möglicher Deutungen. Alle Formen, die wir zur Bewältigung der Naturerscheinungen herausbilden, weisen einen Einschlag des Künstlichen und Konventionellen auf; ihre Bewährung erfolgt im Rahmen ganz bestimmter Forderungen und Absichten der Wissenschaft (etwa der möglichst einfachen Darstellung oder der Verwertbarkeit für tätiges Eingreifen in den Naturzusammenhang). Mit ausschließlicher Bevorzugung des Meßbaren bewegt sich die Wissenschaft samt allen ihren Erfolgen in einem von ihr selbst abgesteckten Kreise. Ihre Begriffe sind nicht Abbilder, sondern nur symbolische Bezeichnungen der Dinge, bzw. ihrer Verhältnisse. Das beweist vor allem der ständige Gebrauch von Begriffen widerspruchsvoller Inhaltlichkeit (Fiktionen) wie auch ihr abstrakt-statischer Charakter gegenüber der konkreten Flüssigkeit des Gegebenen. Verstand und Realität decken sich keineswegs und nie in naturwissenschaftlichen Erkenntnissen; die erreichbare Übereinstimmung ist (wie schon die Freiheit in der Wahl der Theorien und „Axiome" zeigt) immer nur eine partielle.

Nach Vorarbeiten im 19. Jahrhundert (in Deutschland etwa Helmholtz, H. Hertz, Kirchhoff, in Österreich E. Mach) hat diese Wissenschaftskritik vor allem in Frankreich eine glänzende Ausbildung gefunden (H. Poincaré, P. Duhem, Milhaud, Meyerson, Le Roy, Rougier, Hannequin). Die hier aufgeworfenen, für unsere Naturanschauung wie für die Erkenntnistheorie gleich bedeutsamen Fragen erhalten mit der weiter fortschreitenden „Grundlagenkrisis" der Wissenschaften ständig neue Nahrung und Aktualität. In England haben etwa Whitehead, Russell, Eddington wichtige Beiträge zur kritischen Reflexion auf die Grundlagen der Mathematik und Naturwissenschaft geliefert. Neue Vorstöße und Fragestellungen sind weiterhin von Hugo Dingler (ursprünglich Schüler von E. Mach) ausgegangen. Die Diskussion auf diesem Felde wissenschaftstheoretischer Reflexion ist in weiterer Ausbreitung begriffen, unter Beteiligung führender Köpfe der theoretischen Physik (z. B. v. Weizsäcker, P. Jordan, J. Jeans).

Mit dieser Wissenschaftskritik, die im Unterschied zur „kritischen" Begründung im Sinne der Transzendentalphilosophie wirkliche Prüfung der Naturwissenschaft auf ihren Wert und ihre Grenze für die Welterkenntnis bedeutet, erfährt der Naturalismus (auch in der im Bewußtseinsidealismus „aufgehobenen" Form) einen entscheidenden Stoß. Die Realität selbst in der qualitativen Fülle unmittelbarer Erfahrungsgegebenheiten und in dem vermutlichen Reichtum des von menschlichen Wissenschaftsperspektiven Unerreichten erhält wieder Eigengewicht und Übergewicht gegen den konstruktiven Anspruch des Verstandes (monistisch-positivistischer wie idealistischer Observanz). Ein neues Bewußtsein des Irrationalen (Kants Ding an sich — doch jetzt vor allem in der gegebenen Raum-Zeit-Welt selbst, nicht erst im „Übersinnlichen" gesucht) kommt auf und damit auch die Frage nach anderen Zugangsmöglichkeiten und Gegebenheitsweisen des Realen, außer der exakt-wissenschaftlichen Ratio. Der Begriff des menschlichen Erkenntnisvermögens wird durch die Wissenschaftskritik keineswegs bloß in den Ansprüchen eingeschränkt, sondern zugleich frei gemacht für neue Erweiterung und Vertiefung. Die Unterschiedenheit der Wissenschaften unter sich tritt jetzt, entgegen der im Naturalismus üblichen Rede von „der" Wissenschaft, sogar im Umkreis der Naturerforschung, als wichtiges Thema der Wissenschaftsbe-

sinnung in den Vordergrund, und zwar eben als Unterschiedenheit nicht nur der An-
wendungsbereiche, sondern in den Methoden und Grundlagen selbst. Von da erhalten
die Aufgaben der Philosophie, über erkenntnistheoretische Reflexion hinaus, in Richtung auf den Natur- und Weltzusammenhang überhaupt (dessen thematischer Anspruch nicht durch positivistische Klassifikation oder durch Wissenschafts-„Synthese"
befriedigt werden kann) neue Auszeichnung und Belebung. Die Wissenschaft allein
kann nun für die Philosophie nicht mehr genügen, weder als Gegenstand noch als
Grundlage.

3. Entscheidende Bedeutung für die neue Besinnung der Philosophie auf ihre eigenen
Aufgaben und Forderungen im Rahmen der wissenschaftlichen Situation erlangte die
von E. H u s s e r l begründete, sehr bald eine Reihe anderer Denker in ihren Bann
ziehende und schließlich über Begründungs- und Schulzusammenhänge hinaus zu einem
weithin wirkenden Losungswort der Zeit werdende Forschungsweise der „P h ä n o -
m e n o l o g i e". Ausgehend anfangs von wissenschaftstheoretischen Anliegen und sich
begründend in Überlegungen zur Erkenntnistheorie und ihrer breiteren Fundierung
(Husserls „Logische Untersuchungen", 1. Aufl. 1900, 1901) hat diese neue Methodik
und Denkgesinnung eine ständig wachsende Fülle von Bewußtseins- und Erlebnis-
bereichen und damit auch von Gegenstandsfeldern in ihren Gesichtskreis hineingezogen,
zum Teil dem philosophischen Verständnis erstmalig erschlossen. Über den Bereich
logisch und transzendentalphilosophisch orientierter Systematik hinaus sind z. B. entscheidende Vorstöße philosophischer Ethik (M. Scheler, N. Hartmann), sowie neue
Ansätze zum Weltthema, zu Ontologischem, auch zu einer philosophischen Anthro·
pologie (worüber später) dadurch ermöglicht worden.

„Phänomenologie" in dieser gegenwärtigen Bedeutung weist dem philosophischen Erforschen die Aufgabe voraussetzungsloser und von aller Tendenz auf theoretisch-konstruktive
Erklärung oder Vereinheitlichung sich freihaltender Auffassung des unmittelbar Gegebenen
in den Bereichen des Bewußtseins und seiner Gegenständlichkeit zu. Vor aller Verarbeitung in
Hypothesen und Theorien, vor aller Unterscheidung in Schein und Tatsache, Erscheinung und
Grund, Ursprüngliches und Abgeleitetes liegt das konkrete Erlebnismaterial der Gegebenheiten („Phänomene"), des Sich-uns-Zeigenden in seiner Anschauungsfülle. Deutungen und
Konstruktionen der Wissenschaften wie der spekulative Philosophie (metaphysischer oder
transzendentaler Art) wählen heraus, was ihren Absichten Nahrung gibt, die Breite des
Gegebenen und die in diesem selber liegenden Abgrenzungen oder Verwandtschaften meistens
allzurasch hinter sich lassend. Auch der Positivismus (in der alten wie in den neuen Formen)
läßt nicht, wie er beansprucht, das positiv Gegebene nach seinem in die verschiedensten
Erlebnis- und Gegenstandsfelder sich differenzierenden Sosein vorurteilslos selber zur Aussprache gelangen. Es gilt daher, unabhängig von den Wissenschaften, ja für sie selbst wie
insbesondere für jede philosophische, auch die „erkenntnistheoretische" Deutung im herkömmlichen Sinne, grundlegend und vorgängig das schlicht Gegebene in seinen Mannigfaltigkeiten,
Unterschiedenheiten und Eigenstrukturen deskriptiv-analytisch zu fixieren. (Besonders wichtig
ist das geworden gegenüber der naturalistischen Tendenz zur Verschleifung der Unterschiede
in kausal-genetischer und entwicklungstheoretischer Betrachtung!) An die Stelle der logisch-
konstruktiven Bewältigung in Theorien hat hier grundsätzlich die Anschauung und die Empfänglichkeit des Auffassens zu treten, in einer durch keine Absicht auf „Erklärung" oder
Systematisierung vorfixierten Phänomenerschließung. Als wichtigstes Mittel dient dabei die
Sinnklärung und scharf unterscheidende Bedeutungsanalyse unserer vortheoretischen (und
außertheoretischen) Aussagen und Begriffsworte. Nicht formale Widerspruchslosigkeit oder
dialektischer Zusammenhang der Begriffe, sondern Evidenz im Sichzeigen der Tatbestände
gilt als das hier entscheidende Wahrheitskriterium. In den Bewußtseinsweisen wie in den
gegenständlichen Gegebenheiten werden die für den jeweiligen Bereich wesenhaften Grund-
qualitäten, Strukturen („Wesensgesetze") und Schichtungen (Fundierungsverhältnisse) aufgedeckt. Behauptung und Aufweis von a priori Einsichtigem setzt sich hier (dem immer
empiristisch orientierten Positivismus entgegenwirkend und andererseits wieder der formalistischen Enge und dem Intellektualismus des Neukantianismus sich entziehend) tief ins

Inhaltliche und Konkrete, z. B. etwa der sinnlichen Wahrnehmungsgegebenheiten oder der emotionalen Erlebnisse, fort. Ein ungeheures Feld von neuen Aufgaben tut sich auf. Philosophie durchbricht die wissenschaftstheoretische und transzendental-philosophische Absperrung vom Leben und von der ganzen Breite unmittelbarer Lebenserfahrung; sie wendet sich, in eigener Verantwortung, wieder direkt den Sachen (Erlebnissen und ontischen Gegebenheiten) selber zu, anstatt sich auf reflexive „Begründung" der wissenschaftlichen Begriffswelt einschränken zu lassen. Die Logik wissenschaftlichen Erkennens wird Gliedbereich einer ungleichlich breiteren Problematik, die schon bei den verschiedenen Weisen des „vorprädikativen", allen „Urteilen" und eigentlichen Begriffsbildungen vorausliegenden Auffassens und Verstehens einzusetzen hat. Der Begriff des Erkennens selbst erfährt, von Anschauung und Evidenz, Intentions„erfüllung" und Wesensschau her, wichtige Umwandlungen, bestärkt durch verwandte Tendenzen in anderen Lagern (Intuitivismus bei Lossky oder bei Bergson). Dem Erkennen als bloßem Urteilen und gar als konstruierendem Erzeugen des reinen Denkens tritt mit einem neuen Pathos die anschauende Hingebenheit und Erfahrungsbereitschaft des jeweils den besonderen Bereichen sich aufschließenden und möglichst adäquierenden Bewußtseins entgegen. Erkenntnislehre und Psychologie rücken, auf der Basis jenes besonders energisch und erfolgreich geführten Kampfes gegen den „Psychologismus", doch wieder näher zueinander: Phänomenologie des Bewußtseins, seiner Erfassungs- und Erlebnisweisen, Akte und Intentionen drängt zugleich auf Ausbildung einer deskriptiven Psychologie (nach dem Vorgang Brentanos) auf anschaulicher Grundlage, aber ohne Einspannung in empiristisch-naturalistische Kausalmethodik und „Erklärung".

4. Die von der Phänomenologie ausgehenden Tendenzen zur Erweiterung der Bewußtseinsreflexion begegnen sich mit einer Fülle neuer Einsätze in anderen Lagern, die im Sinne einer Verbreiterung und von da Vertiefung der Erkenntnisproblematik wirken, — um schließlich nach allen Seiten über das Feld der Erkenntnistheorie überhaupt hinauszudrängen. Durchschlagende Bedeutung hat vor allem gewonnen das mächtig anschwellende Interesse für die Voraussetzungen und Hintergründe des g e - s c h i c h t l i c h e n und überhaupt des g e i s t e s w i s s e n s c h a f t l i c h e n E r - k e n n e n s. Schon innerhalb des neukantischen Transzendentalismus bedeutete die Fragestellung nach der Methodik der Geschichts- und Kulturwissenschaften gleich im ersten Ansatz einen Aufweis der „Grenzen der naturwissenschaftlichen Begriffsbildung" (Rickert), — und damit Durchbrechung des auch im Idealismus für die Realerkenntnis und den Realitätsbegriff meist bewahrten Methodenmonismus. Die „Theorie der Erfahrung" erweitert schon von da entscheidend ihre Perspektiven. Die apriorisch-synthetischen Formstrukturen der auf den menschlich-geistigen Erfahrungsbereich gehenden Wissenschaften verlangen und erhalten eigene Auszeichnung gegenüber den Kategorien und Methoden der Naturerkenntnis (Simmel, Troeltsch und viele andere). Umfassend und tiefer greifend stellt sich die neue Problematik dar in den nun erst im allgemeinen Zeitinteresse vordringenden großen Arbeiten W. D i l t h e y s zur „Kritik der historischen Vernunft", die den „Aufbau der geschichtlichen Welt in den Geisteswissenschaften" philosophisch durchleuchten will. Der Erklärung von Naturvorgängen tritt als fundamental verschiedene Weise menschlichen Erkennens das geschichtliche „Verstehen" gegenüber. Die Geisteswissenschaften (geschichtliche wie systematische) verlangen ihren besonderen Erfahrungsbegriff, ihre eigenen Kriterien, ihre eigene Systematik und ihr besonderes Selbstverständnis des erkennenden Subjekts. Ein gewaltiges Arbeitsfeld tut sich der philosophischen Besinnung auf und wird von zahlreichen Forschern, vor allem in Anschluß an Dilthey (Spranger, Litt, Rothacker) ertragreich in Angriff genommen.

Subjekt und Seinswelt werden von da in neuem Zusammenhang gesehen. Von der Perspektive grundsätzlicher Mehrheit kategorialer Formungsmöglichkeiten und wissenschaftlicher Erfahrungsweisen, wie anderseits von der Einsicht in die spezifische Strukturiertheit alles geistig-geschichtlichen Materials aus erhält die den Begriffsbildungen vorgegebene Erfahrungswirklichkeit wieder verstärktes Eigenrecht. Die Auffassung der Erkenntnis drängt über den bewußtseinsidealistischen Standpunkt wie über das Kantische Form-Materie-Schema („Chaos der Empfindungen") hinaus zu einem erkenntnistheoretischen R e a l i s m u s, der zugleich (nicht ohne Zusammenhang mit den realistischen Kantianern des späteren 19. und beginnenden 20. Jahrhunderts, z. B. E. v. Hartmann, Riehl) auch von der allgemeinen Arbeit der Erkenntnis- und Wissenschaftslehre aus vorrückt (Külpe und besonders wirksam N. Hartmann, auch M. Scheler; im Rahmen der französischen Wissenschaftskritik Duhem, Hannequin, Langevin u. a.; in England die von C. E. Moore ausgehende neurealistische Bewegung, z. B. C. D. Broad, S. Alexander, welcher auch B. Russell zuzurechnen ist). Bewußtseinstranszendenz, Gegenstand und Ansichsein, ontologische Bedeutung der Wissenschaften, Erkenntnis als Angleichung von Begriffsbildung und Methoden an vorfindbare und aufzudeckende Sachstrukturen werden neue Themen der Philosophie des Erkennens. Die übliche Alternative von passivistischem Empirismus und Spontaneitätsidealismus bleibt zurück. Im Umkreis der neuthomistischen Denker haben die Neuensätze des erkenntnistheoretischen Realismus traditionsgemäß besonders bereitwillige Aufnahme gefunden.

Ein weiteres Hauptthema der Zeit bilden die Fragen der W e r t e r k e n n t n i s und von da der W e r t e selbst. Erwachsend aus den im Rahmen des 19. Jahrhunderts sich zuspitzenden, im philosophischen Ringen auf grundsätzliche Entscheidung drängenden Lebenskonflikten (oben § 46), insbesondere auf den Umwertungskampf Nietzsches, wird der Wertbegriff auch sonst, etwa von der Erkenntnistheorie der Kulturwissenschaften (Windelband, Rickert), von der inhaltlichen Analyse des geistigen, insbesondere des sittlichen Lebens aus (Husserl, M. Scheler, N. Hartmann) und im Zusammenhang mit soziologischen und wirtschafts-wissenschaftlichen Fragen der Zeit (österreichische Schule, M. Weber) zu einem zentralen Anliegen, — recht im Gegensatz zu jener naturalistisch-szientifischen Tendenz, ihn allenthalben auszuschalten. Aus psychologischen und erkenntnistheoretischen Anfängen (Ehrenfels, Meinong, Münsterberg, K. Böhm u. a.) erwächst, immer energischer den hier besonders naheliegenden Tendenzen des Subjektivismus begegnend, eine breite und vielseitige Erforschung des Wertreiches nach Seinscharakter, Schichtung, Sinngefüge und Inhaltsbestand. Allgemeine Wertlehre (philosophische Axiologie) ist nun zu einer Hauptdisziplin der Philosophie geworden. Auch die konstitutive Bedeutung der Wertstrukturen für Erfahrung und Weltwirklichkeit wird jetzt, entgegen der bloßen Aufspaltung in Sollen und Sein, ideellen Wert und empirische Realität seitens der idealistischen Transzendentalphilosophie, zu einem großen neuen Thema.

Andere Weisen des Erkennens als die bis dahin allein im Vordergrund stehenden sensorischen und intellektuellen rücken von da, und auch sonst, in den Kreis der philosophischen Beachtung. Vom geisteswissenschaftlichen Verstehen fremden Lebens und Lebensausdrucks her wird das Problem der Erfahrung vom „fremden Ich", des konkreten Wissens von Personen außerhalb des eigenen „Bewußtseins" brennend, — dies Problem, das trotz der riesigen mit Descartes einsetzenden Neuzeitdiskussion über Ich und „Außenwelt" eigentlich nur einmal, von Fichte, gesehen und energisch in Angriff genommen war, und das in der modernen Wiederaufnahme von psychologischer Seite her (Einfühlungstheorie, z. B. Th. Lipps) von vornherein in sensualistisch-naturalistische Schemata gezwängt werden sollte. Entscheidenden Anstoß gab dazu, von Husserl angeregt, M. Scheler, von dessen Untersuchungen aus auch die Ansätze Diltheys neue Würdigung und Auswertung erfahren konnten. — Vom erkenntnistheoretischen Problem der „Realität der Außenwelt" her, das gegen Ende des 19. Jahrhunderts die bewußtseinsidealistischen Thesen fortdauernd begleitete, drang ferner Dilthey zur außerintellektuellen (außervorstellungsmäßigen) Erfahrungsbasis unseres R e a l i - t ä t s b e w u ß t s e i n s durch; Scheler und dann besonders N. Hartmann (Theorie der

„emotional-transzendenten Akte") haben die neue Betrachtungsweise fortgeführt. Allgemein sind Fragen der kognitiven Funktionen im emotionalen und willensmäßigen Erleben erkenntnistheoretisch und psychologisch in Angriff genommen worden (H. Maier, Psychologie des emotionalen Denkens; Phänomenologie der Werterkenntnis auf der Basis von Brentanos Theorie des sittlichen Erkennens; Auszeichnung einer spezifischen „moralischen Erfahrung" bei Frédéric Rauh usw.). — Auch die vorwaltende Einstellung aller Richtungen der Erkenntnistheorie auf die gegenständlichen Weisen des Erkennens und das „intentionale Bewußtsein" wird im Zusammenhang mit neuen Interessen der geisteswissenschaftlichen Erfahrung („Erlebnis" bei Dilthey) und mit der Tendenz auf die wirklich unmittelbare Selbstgegebenheit des Bewußtseins (z. B. Bergson) ergänzt durch Erforschung vorgegenständlicher und außergegenständlicher Wissensarten, wie sie etwa im Innewerden des Erlebnisses, im Selbstverständnis des Menschen vor aller eigentlichen Selbsterkenntnis, im Mit- und Nachvollzug fremder Erlebnisse gegeben sind. — Mit der Durchbrechung des Szientismus hat auch ein neues Interesse für die Konstitutionsformen des natürlichen Weltbildes und für die kategorialen Strukturen der schlichten Wahrnehmung und Alltagserfahrung eingesetzt (vgl. neben den Untersuchungen phänomenologisch gerichteter Denker die Ansätze im Rahmen der französischen Wissenschaftskritik; in England z. B. Kemp Smith). Auch in diesen Fragen rücken gegenwärtige Erkenntnistheorie und neue Psychologie wieder aufeinander zu und vereinen sich in der Überwindung ebenso der empiristischen wie der formal-idealistischen Voraussetzungen.

Über den Bereich der Wissenschaften und des wissenschaftlichen Weltbildes hinaus erweitert sich die gegenwärtige Problematik des Erkennens auch in aufschlußreichen Forschungen, welche sich Struktur und Eigen-„logik" der Weltanschauung in frühen Stadien der Völker zum Gegenstand gemacht haben. Durch die Untersuchungen von Lévy-Bruhl über die „Mentalität der Primitiven" und seine Theorie einer spezifisch „prälogischen" Erfahrungs- und Anschauungsstruktur, die eine lebhafte Diskussion entfesselt und viele weitere Forschungen veranlaßt haben, ist die Einheitlichkeit, Konstanz und Gleichartigkeit der menschlichen „Vernunft" (und damit eine Grundvoraussetzung ebensosehr des Positivismus wie des Idealismus) in Frage gestellt. Noch ohne die weitreichenden Perspektiven, die von hier zugleich mit dem viel allgemeineren „Historismus"-Thema sich auftun, ist auch schon im Rahmen des neukantischen Idealismus die transzendentale Reflexion hinter die Formen wissenschaftlichen Erkennens zurück zu den Konstitutionsweisen des Mythos, des sprachlichen und vortheoretischen Weltverstehens weitergeschritten (E. Cassirer, Philosophie der symbolischen Formen). Überhaupt ist die grundsätzliche Verschiedenheit vorfindbarer und möglicher Denkformen im menschlichen Erkennen von vielen Seiten her ein wichtiges Thema philosophischer Besinnung geworden, so von der Wissenschaftskritik aus (Rougier) oder von der philosophischen Weltanschauung und Metaphysik her (nach Diltheys und Jaspers' Typologie und Psychologie der „Weltanschauungen" Leisegangs „Denkformen"). Allenthalben hat wachsende Übersicht und Einsicht in die spezifische Verschiedenheit der Anschauungs- und Denkweisen über die bloß formale Reflexion auf logische Grundlagen hinausgedrängt zur Untersuchung der Verwurzelung von Erkenntnisformen und Erkenntnis überhaupt in Lebensintentionen. Vielfältige Motive wirken hier ineinander: Weisungen Nietzsches, Ergebnisse der Wissenschaftskritik, neues Vordringen zu den Voraussetzungen geschichtlichen Erkennens und vieles andere.

Die Tendenz des ursprünglich von Amerika her (W. James) vordringenden, energisch auch in England (Schiller) verfochtenen P r a g m a t i s m u s, Erkenntnis und Wahrheitsbegriff als Funktionen des tätigen Lebens aufzufassen, hat sich heute, hinausdrängend über naturalistische Enge und bloß relativistische Konsequenzen, fortgesetzt in einer weit sich ausbreitenden Forschungsrichtung auf Lebenshintergründe und Daseinswurzeln menschlicher Wahrnehmungs- und Denkweisen, Wissenschaften, philosophischer Systeme und überhaupt Kulturformen. Transzendentale Bewußtseinsreflexion sucht Vertiefung und Begründung in einer „Philosophie des L e b e n s" und des unmittelbaren Welt- und Selbstverständnisses — von Dilthey bis zu Heidegger und Jaspers. Der neuzeitliche Einsatz beim Cogito erfährt die radikalere Wendung zum Vivo; Erforschung der Verhaltungsweisen und Grundverfassungen menschlichen Daseins wird entscheidende Aufgabe philosophischer Besinnung. Die Problematik drängt insbesondere auch hinaus über die abstrakte Idealität eines „Bewußtseins überhaupt" zum konkreten und realen Subjekt des Erfahrens, Erlebens, Entwerfens. Der ganze Mensch nach seinen tätigen und leidenden Bezügen in Umwelt und Mitwelt, im naturhaften wie im geschichtlichen Leben, wächst als neuer und sehr vielfältiger Themenbereich aus der Erkenntnistheorie hervor. Das bloße Gegenüberstellen von Ideell-Geltendem und Real-Psychischem, auch das von Subjekt und Objekt (Welt) erweist sich als unzureichend: es gilt, die Grundstrukturen des Erkennens, die Kategorien der Vernunft, die Weisen des Verstehens in ihrem Hervorwachsen aus realen Daseinsverhältnissen, in ihrer Lebensbedingtheit und ihrem geschichtlichen Wandel aufzufassen. P s y c h o l o g i e und insbesondere S o z i o l o g i e d e s E r k e n n e n s sind zu neuen positiven Aufgaben — Teilaufgaben des großen Problembereichs von Leben und Erkenntnis — geworden, nachdem Psychologismus und Soziologismus des 19. Jahrhunderts als solche weithin überwunden sind. Soziologie des Wissens insbesondere, überhaupt Erforschung der sozialen Bedingungen von Kulturen und Weltanschauungen ist, vielfach veranlaßt durch den radikalen Einsatz von Marx und Engels, ein großes Thema der Zeit auch im Philosophischen geworden (M. Scheler, K. Mannheim). Kritik und Selbstverständnis der menschlichen Vernunft bewegen und entfalten sich heute auf einer neu gewonnenen Basis.

5. Die Philosophie ist schon hiermit weit über den Rahmen wieder hinausgewachsen, in den das 19. und der Beginn des 20. Jahrhunderts sie schließlich zwängen wollte. Wissenschaftslehre, Erkenntnistheorie, Bewußtseinsreflexion können nicht in isolierter Selbstgenügsamkeit für sich bestehen bleiben. Überall zeigt sich, daß Voraussetzungslosigkeit und letzte Sicherung nicht durch eine (selbst dogmatische) Einschränkung des Themas der Philosophie zu gewinnen sind. Zugleich aber melden nun auch die großen Probleme des Menschenlebens und der Weltanschauung, die nur eine intellektualistisch erstarrende und spezialistisch sich verengende Zeit eine Weile abdrängen konnte, wieder ihren Anspruch an. Die Ausschaltung der „Metaphysik" — im weitesten Sinne dieses so vieldeutigen Begriffs — aus der Philosophie, verlangt vormals im Namen einer endlich auch für letztere zu gewinnenden strengen Wissenschaftlichkeit, wird nun eher als zeitweises Versagen und Ausweichen betrachtet. Dem bloßen Sicherungsbedürfnis gegenüber werden Energie und Mut des fragenden Vorstoßens auch ins Ungewisse und Unwegsame, mit ständiger Möglichkeit des „Scheiterns" wieder als Grundpathos und -ethos des Philosophen (dem Zeitalter durch Friedrich Nietzsche in erregender Form vorgelebt) verstanden. Von da erhalten gerade Namen und Anspruch der M e t a p h y s i k mit den ersten Jahrzehnten des 20. Jahrhunderts wieder neue positive Bedeutung.

Die Transzendentalphilosophie treibt in vielen Lagern über bloße Bewußtseins-reflexion hinaus auf Metaphysik des Geistes und eine von ihr bestimmte Gesamtdeutung des Wirklichen. Von den neukantischen Richtungen aus werden die in den Ursprüngen dieser Schulen so verachteten spekulativen Nachkantianer mit ihrer Fortbildung der transzendentalen Logik und Kritik zu idealistisch-spiritualistischer Seinslehre wieder aktuell und Wege weisend, neu belebt zugleich von der Geistes- und Religionsphilo-sophie R. Euckens und G. Class', W. Diltheys und E. Troeltschs, O. Spanns und H. Schwarz' her. Insbesondere gewinnt der in weiten Bereichen des 19. Jahrhunderts schließlich nur noch mit dem Schlagwort des „Zusammenbruchs" abgestempelte Hegel eine ganz außerordentliche, immer noch anwachsende Bedeutung für die Gegenwart. Es dringen auch weithin wirkende Formen eines N e u h e g e l i a n i s m u s in Deutsch-land und Holland, in England und besonders in Italien (Croce, Gentile) vor. Der N e o -I d e a l i s m u s in England (Bradley, Green, Bosanquet, Mc. Taggart u. a.) macht mit Tendenzen aus der Metaphysik des deutschen Idealismus alte Traditionen aus den Seinslehren von Plato, Leibniz und auch Berkeley neu fruchtbar für das gegenwärtige Philosophieren. Bild und Einwirkung auch von Kant selbst verschieben sich ins Meta-physische (vgl. die bibliographische „Übersicht", Kantabschnitt). Manche Hüter und Fortbildner der alten Tradition im späten 19. Jahrhundert gewinnen neuen Einfluß, so in Deutschland E. v. Hartmann, in Frankreich Renouvier und Fouillée. Auch die in allen Ländern Europas seit dem letzten Drittel des 19. Jahrhunderts mit großer Energie vorangetriebene Arbeit des N e u t h o m i s m u s , dem Kantischen und idealistischen Denken fremd und zunächst feindlich gesinnt, hat viel zur Aufrechterhaltung und Wiederbelebung der metaphysischen Diskussion beigetragen und ist in fruchtbringende Auseinandersetzung mit jenen Formen einer Metaphysik des Geistes eingetreten. Be-sonders früh schon setzte in Frankreich eine neue und erfolgreiche Zuwendung zur Metaphysik mit Lachelier und E. Boutroux ein, weithin sichtbar geworden dann in der Philosophie H. Bergsons, die gerade zufolge ihrer metaphysischen Gehalte und mit ihrer Gegenüberstellung von Wissenschaft und Metaphysik einen außerordentlichen Einfluß auf das philosophische Denken besonders in den ersten Jahrzehnten des 20. Jahrhunderts, in Frankreich wie in angelsächsischen Ländern, gewonnen hat. In England sind besonders S. Alexander und A. N. Whitehead durch eigenen Entwurf neuer Metaphysik hervorgetreten.

Die bloße Gegensatz-Stellung von „Kritik" und „Metaphysik" ist preisgegeben worden. Die uneingestandenen Seinsvoraussetzungen in den positivistischen (auch neopositivistischen) wie idealistischen Standpunkten der Erkenntnistheorie, ebenso wie die unreflektierten Seinsvoraussetzungen der wissenschaftlichen Methoden ver-langen grundsätzliche Beachtung. „M e t a p h y s i k   d e r   E r k e n n t n i s " selbst (N. Hartmann) wird zu einer neuen Aufgabe; sie treibt von der bloßen Bewußtseins-systematik zur Ontologie. Erkenntnis wird, über die transzendentale Innenreflexion hinaus, neu gefaßt als ein Seinsverhältnis realer Lebensträger und -subjekte zu den begegnenden Beständen und Prozessen in der umgreifenden Welt. Das Sein des Be-wußtseins will seinerseits ausgezeichnet, und die Lebenswurzeln von Bewußtsein, Welt-verständnis und Erkenntnis wollen nicht nur aufgewiesen, sondern auch nach ihrer eigenen Seinsweise verstanden werden. So treibt Erkenntnistheorie und Philosophie des Geistes hinaus zu einer neuen P h i l o s o p h i e   d e s   S e i n s   u n d   d e s   l e b e n - d i g e n   D a s e i n s. „Kritik" bedarf ihrerseits der Metaphysik, wie diese der Kritik. Die Wiederzuwendung von den Begriffen zu den Sachen in ihrer anschaulichen Selbst- gegebenheit, die über das Programm der Phänomenologie und über den idealistischen Standpunkt ihres Urhebers hinaus eine Grundtendenz der Zeit geworden ist, treibt in dieselbe Richtung. Der Weg führt vom Subjekt zum Sein, von der Erkenntnistheorie oder Psychologie zur „Gegenstandstheorie" (Meinong), und von da weiter zur O n t o l o g i e. Die „Wende zum Objekt" drängt hinaus über den Rahmen des Bewußt- seins und seiner immanent-intentionalen Gegenständlichkeiten, hinaus über Gegeben- heiten und Phänomene auf Realität, reale Existenz, auf Seiendes als solches, Sein überhaupt. Von der Logik der Naturwissenschaft geht das philosophische Fragen wieder über auf Natur selbst und ihre Seinsprinzipien, von der Methodologie der Historie auf Gehalt und Werdensstruktur der geschichtlichen Wirklichkeit.

§ 48. Die Regionen der Realität.

Die neue Seinszuwendung in der fortschreitenden Philosophie des 20. Jahrhunderts tritt nicht auf als Wiedereinsetzen konstruktiver Einheitssysteme der Metaphysik. Deren Erneuerung und Umbildung, wirksam zunächst und weiterbringend, bleibt zu- rück. Das Zeitalter ist des alten Streites der Schulen, Systeme, Standpunkte (der „erkenntnistheoretischen" und „kritischen" so gut wie der metaphysisch-spekulativen) und ihrer Art des Wahrheitsanspruchs müde geworden. Es sucht eine neue Sammlung der Geister in begrenzteren Aufgaben der philosophischen F o r s c h u n g. Die Absicht geht auf eine echtere Positivität der Philosophie, als sie Positivismus und „Wissen- schaftsphilosophie" darstellen konnten: die ganze Breite der Erfahrungen (in den Weisen „natürlichen", vorreflexiven und vorwissenschaftlichen Welthabens, Welt- erlebens ebensogut wie in d̄en differenten Wissenschaftsbereichen) soll in philosophi- scher Gesamtbesinnung grundsätzlicher Realitätserschließung dienstbar gemacht werden. Ein neues Verhältnis der Zusammenarbeit zwischen Philosophie und Einzel- wissenschaften bahnt sich an — in dem weder die Philosophie den Anspruch erhebt, den Rahmen der Weltwesenheiten, aller Einzelforschung voraus, endgültig festzulegen, noch die Einzelwissenschaft für sich allein den wahren und direkten Zugang zu den Sachen, zum Seienden beansprucht. Aus den Wissenschaften selbst wachsen die philosophischen Fragen nach den jeweiligen Sachstrukturen und Existenzvoraus- setzungen hervor und fordern Ausblick auf das Gesamtgefüge der Welt unserer Er- fahrung. Von Forschern in einzelwissenschaftlichen Gebieten, die zu Philosophen werden, gehen entscheidende Anstöße aus. — Ein neuer Wirklichkeitssinn greift Platz: das „ungeheure Streben nach Realität" (Dilthey), welches seit dem 19. Jahrhundert schon das abendländische Denken erfüllt, drängt in der Philosophie auf M e t a - p h y s i k   a l s   „W i r k l i c h k e i t s l e h r e", geschöpft aus Quellen der ganzen un- verstümmelten Erfahrung des Lebens wie der Wissenschaften. An die Stelle konstruk- tiver Spekulation in den großen Gesamtsystemen der klassischen Metaphysik, mit ihrem unbedingten Einheitsanspruch und ihrem Ausgreifen auf überweltliche Ur- sprünge und Sinntendenzen, tritt deskriptiv-analytisches Vorgehen, vom Aufweisbaren, Erwiesenen oder Wahrscheinlichen konkreter Erfahrungsbereiche vordringend ins

Grundsätzliche und von da ins Übergreifende der Realitäts-, der Seins- und Daseinsfragen überhaupt, — ohne Scheu vor Vielheit und Vielfältigkeit, und des Vorläufig-
Fragmentarischen jedes Zusammendenkens immer sich bewußt.

Zufolge dieses Einsatzes treten die Einzelbereiche der Realitätsforschung selbständig auseinander für den philosophischen Blick wie nie zuvor. Das vom metaphysischen wie vom
wissenschaftstheoretischen Naturalismus geprägte und selbst von der idealistischen Transzendentalphilosophie — wie schon bei Kant — vorausgesetzte Einheitsschema des Realitäts-
begriffes (Kausalmechanismus der physisch-psychischen Welt) wird zerstört. Die differen-
zierte Vielheit der Einzelwissenschaften und Disziplinen, wie sie vor allem das 19. Jahrhundert herausgebildet hat, und die aller Schematik auch der allgemeinen Wissenschaftsgesinnung zum Trotz immer weiter anwachsende Verschiedenheit ihrer Methoden, ihrer Auf-
fassungs- und Denkkategorien verlangt Ausdeutung jetzt auch von den Gegenständen, von der
Gegebenheit und Seinsart der Sachen her, die sie erforschen und denen ihre Begriffsformen sich
anzupassen suchen. Von den überlieferten wissenschaftstheoretischen Fragen nach Ordnung
und „System" der Wissenschaften, etwa ihrer „Hierarchie" (Comte), wird die philosophische
Besinnung hinausgewiesen auf grundsätzliche Durchleuchtung der Seinsarten und Realitäts-
bereiche, auf welche die einzelnen Wissenschaften (vielfach einander überschneidend und
meistens ihrer grundsätzlichen Grenzen ungewiß) hinzielen. An zwei Bereichen des Weltgefüges insbesondere wird, aus der Wissenschaftslage selbst heraus, neue philosophische
Einsicht reif für die gegeneinander irreduzible Besonderheit und kategoriale Eigenstruktur der
erfahrenen Seinsarten bei aller übergreifenden Abhängigkeit: am Problem des O r g a n i s m u s
(Biologie) und an den Fragen der s e e l i s c h - g e i s t i g e n Realität (Psychologie und
Geisteswissenschaften).

So wird eine Kernaufgabe der neuen Wirklichkeitslehre oder Metaphysik der Erfahrungswelt O n t o l o g i e im neuen Sinne einer deskriptiv-analytischen Aufweisung
der Seinsarten, insonderheit der „Regionen" des Erfahrenen, ihrer jeweiligen Kategorien und Strukturen. Gegenüber dem verklingenden Anspruch der Erkenntnistheorie,
die philosophische Fundamentalwissenschaft schlechthin zu sein, greift die Gegenwart vielerorts wieder zurück auf die „erste Philosophie" der antiken und mittelalterlichen Tradition, welche eigentlich erst das spätere 19. Jahrhundert (zugunsten
der „transzendentalen Logik") ganz aus der Sicht verloren hatte. Kritische Ontologie,
auf der Basis der Anschauung (phänomenologischer etwa) und Erfahrung, abgelöst
von Systemvoraussetzungen der alten Metaphysik und von den Ansprüchen des einstigen
Begriffsrationalismus, wird eine Hauptforderung der Zeit, deren Erfüllung von den
verschiedensten Seiten her in Angriff genommen wird. Und überall ist leitende Tendenz
dabei — in ausgesprochenem Gegensatz zu früheren Gesamtdeutungen des Seienden
von Einem bevorzugten Tatsachengebiet her —, die tiefgreifende Verschiedenheit und
Eigenart der Seinsbereiche voll zu Begriff zu bringen.

1. D a s L e b e n s p r o b l e m. Ein erster Durchbruch durch das im 19. Jahrhundert
weithin zu selbstverständlicher Geltung gelangte Realitäts- und Wissenschaftsschema
des Kausalmechanismus geschah von den Erfahrungen der Biologie aus. Die
„Maschinentheorie" des Lebens und die Überzeugung, daß alle Erforschung des Lebendigen in der Aufdeckung von Kausalverhältnissen nach Art der physikalischen und
chemischen Gesetzlichkeiten ihre Kernaufgabe zu suchen habe, wird erfolgreichem
Angriff ausgesetzt. Von der neu sich auftuenden Problematik der theoretischen Biologie
aus wird die im Zeitalter vorher so sehr in Verruf geratene N a t u r p h i l o s o p h i e
(als Untersuchung ontischer Prinzipien verstanden, nicht bloß als Logik und Methodenlehre eines Status von Wissenschaften) zu einem vordringlichen Anliegen der Forscher
und Denker [1]).

---

[1] Zu einer andersartigen Durchbrechung des kausalmechanischen Einheitsschemas treibt

In Fortführung der von Roux' „Entwicklungsmechanik" begründeten biologischen Untersuchungen gelangte H. D r i e s c h zu neuen Ergebnissen und von ihnen aus zu grundsätzlich neuer Deutung, Zielsetzung und Zusammenfassung. Seine Philosophie des Organischen, die epochemachend wirkte, statuiert die „Ganzheit" als unableitbare Grundkategorie alles Lebendigen — entgegen aller Auffassung des Organismus als eines Aggregates von Stoffen und Kräften, als einer Summation von Vorgängen, wie sie der physikalischen und chemischen Einzelanalyse offenstehen (so noch von J. Schultz als „Maschinentheorie des Lebens" vertreten). Das Verhältnis von Inbegriff und Element ist im Lebendigen ein völlig anderes als im anorganischen Sein und Geschehen, Lebensvorgänge sind immer ein Agieren und Reagieren des Ganzen, das Funktion und Entwicklung der Teile bestimmt.

Ganzheitsbetrachtung und Ganzheitsforschung sind von da zu neuen Aufgaben der Naturphilosophie und Biologie geworden. Leben wird jetzt auch wieder nach seinem „Gestalt"-Charakter (W. Troll) verstanden. Die Formstruktur des Organismus kann als realer Faktor in den Prozessen der Entwicklung und Vererbung begriffen werden. Die Formtypen erhalten neues Eigengewicht für die Lebensdeutung (Buytendijk). So reifen alte Grundanliegen der („idealistischen") Naturphilosophie neuer Bearbeitung entgegen. Ganzheitsverstehen tritt bloßem Gesetzesbegreifen gegenüber. Es werden auch neue philosophische Tendenzen lebendig, die Formen des Organismus als Ausdruckserscheinungen vitaldynamischer Grundverhältnisse nach Art der Triebssysteme im Lebewesen, aufzufassen, die raumkörperliche Wirklichkeit also als ein Ausdrucksfeld innerer Triebkräfte zu deuten (Scheler, Dacqué, Friedmann u. a.). Das ganze Gebiet einer „Ontologie des Lebendigen" ist ebenso von philosophischer Seite (H. Pleßner, A. Wenzl, J. S. Haldane, N. Hartmann, P. Häberlin), wie von der theoretischen Biologie her in höchst ertragreicher Weise in Arbeit genommen worden (L. v. Bertalanffy, R. Woltereck, Max Hartmann).

Eigengesetzlichkeit („Autonomie") des Lebens und der spezifische Charakter der biologischen Kausalität ist auch dort leitende Überzeugung geworden, wo die weiteren Prinzipien von Drieschs Neovitalismus (oder anderer Formen des Vitalismus aus den Eingangsdezennien des Jahrhunderts, z. B. bei Reinke, France, G. Wolff oder im Psychovitalismus von E. Becher und Pauly) Kritik und Abwandlung erfahren haben. Die Einführung der „Entelechie" durch Driesch (eines nichtmateriellen und unräumlichen Realitätsprinzips, völlig verschieden übrigens vom Aristotelischen Entelechiebegriff) hat keine früchtbare Auswertung und Fortbildung, vielmehr gerade vom Ganzheitsgedanken und der Forderung immanenter Systemharmonie des Organismus aus vielfach Ablehnung erfahren; aber die Grundtendenz hier und bei anderen Kern-

---

heute die aus der physikalischen Erfahrung erwachsene Kritik des herkömmlichen Kausalbegriffs. Während manche Forscher grundsätzlich am neuzeitlichen Gesetzesbegriff festhalten, sind bei vielen anderen (insbesondere in der Grundlagen-Diskussion der theoretischen Physiker) vom Thema der statistischen Gesetze sowie auch von der Heisenbergschen Unbestimmtheitsrelation her grundsätzlich veränderte Vorstellungen von Wesen und Erkenntnis der anorganischen Natur herausgebildet worden, ohne daß es zu einer wirklichen Klärung im Seinssinne gekommen wäre. Eine Naturphilosophie des Anorganischen auf der Basis der erfolgten tiefgreifenden Wandlungen in Physik und Chemie ist ein besonders wichtiges, auch besonders schwer zu befriedigendes Desiderat der Zeit geworden, nachdem bisher die Philosophie von der Materie und Energie immer noch ganz vorwiegend in Bahnen methodologisch-erkenntnistheoretischer Überlegungen geblieben ist und meist vom positivistischer Einstellung aus, auch grade bei philosophisch reflektierenden Physikern. Entschiedene Wendung und eine neue Basis für die Arbeit und Diskussion auf diesem lange vernachlässigten (aller „Lebens"- und „Existenz"-Philosophie der Gegenwart thematisch und vom Ansatz her ganz fremd gebliebenen) Felde ist jetzt gegeben in der „Naturphilosophie" N. Hartmanns (1950). Diese Naturphilosophie, welche von der Welt des Anorganischen dann auch zu den organischen Gefügen und Determinationen weitergeht, ist streng ontologisch ausgerichtet, auf der Basis zunächst der Errungenschaften der neuzeitlichen Physik-Chemie und Astronomie überhaupt.

begriffen der neuen Sicht auf das Feld des Organischen ("Dominanten", psychoide Potenzen und anderes) hat sich durchgesetzt: die Autonomie des Lebens in eins zu denken mit der Überzeugung und Erfahrung, daß alle Stoffe und Kräfte des Lebensgeschehens materiell im uns bekannten Sinne, und ganz der physikalischen und chemischen Analyse unterworfen sind (entscheidender Gegensatz zum Vitalismus früherer Jahrhunderte). Die unbekannten und offenbar grundsätzlich äußerst schwer für unsere Erkenntnis in ihrer Positivität zu fassenden Naturfaktoren, die hier bestimmend sind, werden gedacht als ü b e r f o r m e n d e Prinzipien, welche die Energien und Gesetzlichkeiten des Anorganischen nicht durchbrechen noch zur Seite lassen, sondern als notwendige Basis und Stoffquelle gleichsam der eigenen Realisierung sich einfügen.

Zugleich mit dem Ganzheitsbegriff wird auch der — in jenem Terminus der Entelechie ja ohne weiteres zum Ausdruck kommende — Finalitätscharakter des Lebensgeschehens neu in Sicht gehoben (Ganzheit in der zeitlichen Dimension). Die aus dem Kampf gegen Teleologie und Anthropomorphismus in der wissenschaftlichen Weltansicht der Neuzeit hervorgewachsene Tendenz grundsätzlicher Verneinung aller finalen Kategorien und ontischen Wertprinzipien — mindestens für den gesamten Naturbereich — erweist sich für die Region des Biologischen als undurchführbar und widersinnig. Gerichtete Entwicklung und aussondernde Werttendenz muß schon im elementaren Lebensgeschehen anerkannt werden. Die uneingestandenen Finalcharaktere in den Voraussetzungen des angeblich den "Mechanismus" vollendenden Darwinismus, und überhaupt schon in jeder Beschreibung und Analyse des Organischen ("Leistung") werden ans Licht gestellt. Die Bedeutung des Zukünftigen in den organischen Prozessen (Entwicklung, Regeneration) wird begrifflich fixiert, "prospektive" Faktoren und Potenzen werden neu anerkannt. Entgegen der alten Teleologie aber weisen die den gerichteten Lebenstendenzen geltenden neuen Begriffe ("teleform", "teleoklin" u. a.) alle Vorstellung im voraus festgelegter Ziele und Wege, sowie der gleichsam rationalen (teleo-l o g i s c h e n) Vollkommenheitsordnung von sich ab. Dem Unzweckmäßigen und dem "Zufall" wird Raum gegeben in der teleoformen Gesamtstruktur und -entwicklung des Lebensgeschehens. Die Ausdeutung nach dem Vorbild bewußten Zweckhandelns (etwa durch Transponierung ins "Unbewußte" wie in der idealistischen Naturphilosophie oder auch noch im Vitalismus E. v. Hartmanns) wird mehr und mehr vermieden.

Besonders weittragende Bedeutung kommt unter diesen neuen Ganzheits- und Finalbetrachtungen der Konzeption J. v. Uexkülls von den "Bauplänen" der Lebewesen zu als einem Form und Funktionen der Lebewesen bestimmenden Gefüge von "Gestaltungsplänen", die durch gemeinsamen "Leistungsplan" verbunden sind. In diesen Plänen sieht v. Uexküll nicht-materielle Naturfaktoren, die aber als Gefüge wahrnehmbar und erforschbar sind, ja die eigentliche Grundaufgabe der biologischen Forschung darstellen; sie sind für ihn das eigentlich dauernde Sein in der organischen Natur, in bestimmter Zahl gegeben und überall auftretend, wo Realisierungsmöglichkeit vorhanden ist. Auch hier nähert sich die gegenwärtige Philosophie des organischen Lebens wieder Betrachtungsweisen der einstigen Naturphilosophie unter Abstreichung der spekulativ-metaphysischen Voraussetzungen (etwa des Platonischen wie des nachkantischen teleologischen "Idealismus"). Die wechselseitige Abgestimmtheit der Lebensbereiche aufeinander (Biozönosen), oder das Ineinandergreifen der Baupläne verschiedener Tiere, findet nun wieder grundsätzliche Beachtung. Das Problem einer höheren Einheit und Planmäßigkeit der organischen Welt (nahegelegt auch durch neue Betrachtung und Fassung des stammesgeschichtlichen Entwicklungsprinzips), der Gedanke übergreifender Ganzheit des Einen Lebens drängt sich, zuerst von Konzeptionen H. Bergsons, auch M. Schelers her, vielfach auf.

Mit diesen Ganzheits- und Finalitätscharakteren verbindet sich eine grundsätzliche
Wandlung in der Auffassung des Lebens und insbesondere der Evolution, die in ihren
Ursprüngen wie in den Konsequenzen über das biologisch-naturphilosophische Gebiet
hinausreicht. Dem Lebensgedanken des Darwinismus, der die entscheidende Rolle immer
dem Selbsterhaltungsprinzip zuweist und auch alle Neubildungen in der Entwicklungsgeschichte durch Notwendigkeiten neuer Reaktion und Anpassung im Daseinskampf erklären will, stellt sich eine Auffassung entgegen, die Leben als wesenhaft und von innen
heraus ständig sich wandelndes, erneuendes, erweiterndes und auch erhöhendes
Schaffen versteht. Die sozusagen utilitarischen und passivistischen Kategorien treten
zurück zugunsten grundsätzlicher Herausstellung einer schöpferischen, aus Überschuß
und nicht aus Not „erfindenden", gleichsam phantasievoll spielenden und verschwen-
derisch sich entfaltenden Aktivität des Lebens. Die Ursprünge dieser den naturalistischen „Evolutionismus" des vergangenen Jahrhunderts von innen heraus überwindenden Prinzipien liegen bei vorweisenden Lebensdenkern des späteren 19. Jahrhunderts,
bei Guyau in Frankreich, Butler in England, Nietzsche in Deutschland; die erste und
weithin wirksamste naturphilosophisch-metaphysische Ausprägung brachte die Lehre
H. B e r g s o n s von der Evolution créatrice. In Deutschland hat dann besonders
M. Scheler in dieser Richtung fortgedacht.

Allgemein tritt, insbesondere in der Kritik des Darwinismus und seiner Grundbegriffe,
die S p o n t a n e i t ä t des Lebens, im Einzelorganismus wie in der Stammesentwicklung,
wieder als leitendes Prinzip und Wesensmerkmal des Lebendigen hervor. Der bloßen „Reaktion" auf äußere Reize, der „Anpassung" an vorgegebene Milieubedingungen stellt z. B.
Uexkülls Lehre von den Umwelten der Tiere den folgenreichen Gedanken gegenüber, daß der
Organismus aus der „Umgebung" überhaupt sich s e i n e „Umwelt" (als ein gegliedertes
Ganzes) herausschneidet, aus seinen Merkzeichen seine Welt und seinen Lebensraum
aufbauend. Die tiefgreifende faktische Verschiedenheit der Umwelten wird damit aus der
bloß physikalisch-physiologischen Betrachtungsweise herausgenommen und durch die seli-
gierende Spontaneität des Lebens und seiner endogenen Richtungen erklärt. Der Kantische
Gedanke von der Subjekt- und Spontaneitätsbedingtheit der empirischen Realität, insbesondere
der Außenwelt, in der der Mensch sich vorfindet, wird so ins Biologische verbreitert. Besondere
Bedeutung haben für die grundsätzliche Fassung des Lebensbegriffes auch die neu aufgenommenen biopsychischen Forschungen gewonnen (Instinktproblem, Instinkt- und Intelligenz-
handlungen der Tiere, Leben und „Erfahrung", Leben und Gedächtnis, Bewegung, Handlung
und Spiel); hier wachsen der Einsicht in die Autonomie des Lebens und die spezifischen
Kategorien der biologischen Regionen neue Weisungen zu und hier vor allem erweisen sich
die „mechanistischen" Erklärungsweisen als völlig unzureichend. Die grundsätzliche Überzeugung dringt allenthalben wieder vor, daß Leben, jedenfalls im gesamten zoologischen
Bereich, stets auch von „innen" her gefaßt werden will und faktisch gedeutet wird, in
Grundcharakteren, die der Mensch aus seinem eigenen Dasein her versteht (Heidegger), —
wobei freilich die immer naheliegende Gefahr von Umdeutung ins Bloß-Menschliche grundsätzlich vermieden werden muß. Wichtige Anregungen in diesem Sinne gehen von der neuen
„Verhaltens"-Forschung (K. Lorenz, A. Portmann) aus, welche die mechanistische Vorstellungsart des Behaviourismus ebenso wie anthromorphe Leitbegriffe früherer Tierpsychologie hinter
sich läßt.

2. D i e p s y c h i s c h - g e i s t i g e Realität. Ein weiterer folgenreicher Durchbruch
durch herkömmliche Realitätsauffassungen vollzog sich von der P s y c h o l o g i e her
und dann vor allem im Zusammenhang der neuen Aufgabe philosophischer Grundlegung der (im 19. und 20. Jahrhundert so reich entfalteten) G e i s t e s w i s s e n -
s c h a f t e n. Ein mächtiger Antrieb zur philosophischen Erforschung der Seinsarten
und ihrer Zusammenhangsordnung geht von da aus. Die psychologische Wissenschaft,
wie sie im vergangenen Jahrhundert geplant und ausgearbeitet wurde, stand durchweg,
in allen europäischen Ländern, unter der methodischen Zielidee der exakten Natur-

wissenschaft. Die psychische Wirklichkeit wurde, als „Innenwelt", analog der Außenwelt der Physik gedacht; Psychologie hat die Kausalgesetze inneren Geschehens aufzusuchen.

Die grundlegende Tendenz ging auf eine Statik und Mechanik psychischer Elementarprozesse. Die Seinsarten des Psychischen und Physischen wurden zwar (außer bei den Materialisten) streng unterschieden; der Cartesianische Dualismus (zwei und nur zwei verschiedene Seinsarten) und seine Konsequenz in Lockes und Kants Lehre von den zwei Erfahrungsrichtungen und -bereichen der empirischen Realität beherrschte weithin den Realitätsbegriff. Aber die Gesetzesstruktur der beiden Reiche sollte streng analog zu denken sein; die Kategorien (wie schon bei Kant) dieselben hier wie dort. Assoziationslehre, Zerstückelung der Seele in psychische Elemente, „Psychophysik", die neuen experimentellen Methoden, Tendenz auf mathematisch-quantitative Fassung, Lehre von psychophysischem Parallelismus oder auch „Wechselwirkung" — das alles steht im Zeichen eines Physikalismus. Psychologie will von der Philosophie als selbständige „exakte" Wissenschaft sich ablösen. So wurde die Situation nicht nur von den Psychologen selbst und vom Positivismus gesehen — sondern auch in den Schulen der Transzendentalphilosophie! Die Philosophie behält sich hier das (überzeitliche) „Bewußtsein", seine apriorischen Funktionen, die geistig-ideellen Geltungen vor; die Erfahrungsrealität menschlichen Innenlebens aber wird (wie bei Kant) psychologischer Kausalforschung und ihrer Seinsauffassung überliefert. Die Folge ist, daß aller Sinn- und Wertgehalt des seelisch-geistigen Lebens und Erlebens aus der „exakten" Betrachtung des psychischen Geschehens ausgeschlossen und zuletzt als Inbegriff von (naturgesetzlich hervorgebrachten) Täuschungen erklärt werden müßte; für Freiheit und schöpferische Spontaneität menschlichen Sinnens und Tuns bleibt dann, wenn überhaupt, Raum nur im Ideell-Abstrakten der transzendentalphilosophischen Bewußtseinslehre. Umgekehrt wuchs von der Psychologie her der „psychologistische" Anspruch, auch die transzendentalphilosophischen Anliegen (der Logik, Ethik, Ästhetik, Religionsphilosophie usw.) auf die eigene Methodik und Empirie zu übernehmen. Und über die Erforschung des einzelmenschlichen Innenlebens hinaus soll mit entsprechenden Methoden das geistig-kulturelle Leben und Schaffen menschlicher Gesamtheiten (Inhalt der Geisteswissenschaften!) in einer „Völkerpsychologie" auf seine Grundgesetzlichkeiten hin durchleuchtet werden. Religionspsychologie, psychologische Wissenschaft von Moral- und Rechtsgefühlen, Psychologie des ästhetischen Genießens oder Schaffens, Sprachpsychologie, psychologische Interpretation der logischen Grundgesetze wollen an die Stelle der entsprechenden Bereiche früherer Philosophie des Geistes treten.

Wo nun aber wirklich, von intimer Kenntnis der „Geisteswissenschaften" (Kulturwissenschaften) aus, die Hilfe der Psychologie für die Aufgaben philosophischer Grundlegung gesucht wurde, erwies sich das vollkommene Unzureichen mindestens dieses Typus von Psychologie für diese Aufgaben. Die „Krisis der Psychologie" (K. Bühler), welche ihre Ursache zum Teil in diesen Gründen, zum andern Teil in der weitergreifenden Unfähigkeit der so betriebenen Psychologie hat, Lehre von der menschlichen Seele und vom Charakter zu sein, führte zu einem verwirrenden Gegeneinander alter und neuer Ansätze und Forschungsrichtungen (Bewußtseinspsychologie und Psychologie des Unbewußten, pragmatische Psychologie und Psychologie überpersönlicher Gehalte, Verstandes-, Gefühls-, Wollens-, Empfindungspsychologie usw.). Allenthalben zeigen sich dann, zum Teil schon im späteren 19. Jahrhundert (Janet, Ribot, J. Ward und seine Schule, Brentano u. a.) in den europäischen und außereuropäischen Ländern, Versuche zur Neubegründung der Psychologie. Die außerhalb aller fixierten Methodik entstandene tiefdringende, auch weithin sich auswirkende Psychologie des geistigen Lebens Fr. Nietzsches hat immer wieder als Stimulans zu neuer lebensmäßiger Erkundung innerseelisch-personaler und seelisch-geistiger Vorgänge und Gefüge gewirkt; im englisch-amerikanischen Bereich hat W. James mächtige Anstöße gegeben.

W. Dilthey hat zuerst (schon 1894) und am tiefsten den grundsätzlich-methodischen Gegensatz begriffen und formuliert. Die naturalistische Psychologie, welche den unmittelbar gegebenen und erlebbaren Zusammenhang des seelisch-geistigen Lebens verläßt um eines hypothetischen Erklärens aus Elementen willen, und an die Stelle übergreifender Motivationseinheiten bloße Kausalfolgen setzen möchte, kann den Geisteswissenschaften und ihren großen lebensmäßigen Realitätsgehalten nicht Genüge tun. Eine neue (geisteswissenschaftlich orientierte und grundsätzlich antinaturalistische) Ziel- und Methodenrichtung der Psychologie wird gefordert, fruchtbare Zusammenarbeit von Psychologie und Geisteswissenschaften ermöglicht und begonnen. Sie wird aber auch sonst von vielen Seiten heraufgerufen, so in Nietzsches Begriff vom „Psychologen"-Philosophen (Kultur- und Weltanschauungsproblematik), vom Problem der wirklichen empirischen Freiheit im konkret-realen Selbstvollzug des Menschen aus (H. Bergson), in den Aufgaben der Erfassung religiöser Innenerfahrung (W. James, dann Einwirkung Kierkegaards) und des Verstehens von Individualität und geistigem Schöpfertum. Die ersten Jahrzehnte des 20. Jahrhunderts stehen im Zeichen des Aufbaues einer neuen Psychologie, die in beschreibend-zergliederndem Vorgehen und „Verstehen" seelisch-geistiger Sinntendenzen und Leistungszusammenhänge, in der Herausarbeitung und Interpretation typischer Gesamthaltungen menschlicher Persönlichkeit wieder engere und fruchtbare Fühlung gewinnt zu den Bestrebungen der Pädagogik (Nohl, Spranger, Kerschensteiner, Litt), der (neu sich entwickelnden) Charakterkunde (Klages), der Individualitäts- und Persönlichkeitsforschung und der Psychiatrie (Spranger, Klages, Dewey, dann vor allem Jaspers). Die ganze überlieferte Psychologie wird von dem Wandel der Auffassungen und Aufgaben ergriffen, gewinnt auch wieder engere Fühlung zur Philosophie, etwa zu den Bewußtseinsforschungen der Phänomenologie (Aktphänomenologie, die ihrerseits den Zusammenhang mit der deskriptiven Psychologie betont: Husserl, Pfänder, Geiger; Schelers Entwurf der „Sinngesetze des emotionalen Lebens").

Für die neue von den psychisch-g e i s t i g e n Erlebnissen ausgehende und von da auch auf die Erforschung der elementaren Funktionen übergreifende Auffassung von der psychischen Realität ist — neben der Wiederaufnahme von Sinn, Wert, Bedeutung als fundamentaler Seinskategorien dieses Lebens selber — noch besonders charakteristisch die überall sich durchsetzende grundsätzliche Betonung des Ganzheitscharakters aller psychischen Gegebenheiten („Struktur", „Strukturzusammenhang" bei Dilthey und seinen Fortsetzern; der Begriff der Gestaltqualität, von Chr. v. Ehrenfels in die Psychologie eingeführt, wird in der „Gestaltpsychologie" von Köhler, Wertheimer, Kaffka u. a. zu einer neuen Forschungsrichtung ausgebaut). Das neue Vorgehen richtet sich, hier wie in der „Ganzheitspsychologie" F. Kruegers, gegen die summenhaft-additive Tendenz der mechanistischen Psychologie, vor allem gegen die ganze Tradition der Assoziationspsychologie. Von allgemein-philosophischer Bedeutung ist ferner der Übergang von bloßer Inhalts- und Zustandspsychologie (z. B. der „Empfindungen") zur Aufsuchung des eigentlich und zentral Seelischen in den Funktionen und Vollzügen, die wesenhaft Ichcharakter tragen. Hier trifft die neue Psychologie zusammen mit der von Brentano inaugurierten, in der phänomenologischen Forschung weiter geführten und auch auf den ganzen Bereich des emotionalen Lebens sich ausdehnenden Lehren von den geistigen Akten. — Allgemein wird die dynamische Gerichtetheit der Ablaufordnungen als Grundcharakter des Seelischen begriffen. Gegenüber der „Psychologie ohne Seele" wird, auf rein empirischer und deskriptiv-analytischer Basis, der Ichzusammenhang und die (wenn auch vielschichtige und in peripheren Vorgängen sich auflockernde) Einheit und Ganzheit des Selbst zum Wesensmerkmal psychischer Wirklichkeit. — Besonders vertieft und erweitert hat den Begriff der psychischen Realität (als einer keineswegs „bloß subjektiven" Wirklichkeitssphäre!) das neue und energische Aufgreifen von Problemen des U n b e w u ß t e n und U n t e r b e w u ß t e n — auch dies in beschreibend-zergliedernder und Ganzheit-verstehender, nicht spekulativ-konstruierender Sicht. Entgegen der bloßen „Erlebnispsychologie" wird grundsätzlich unterschieden zwischen dem Psychisch-Realen selbst und den Aspekten und Ausschnitten, die das Bewußtseinserleben enthält (L. Klages, M. Geiger). Beide zusammen, Bewußtes und Unbewußtes, bilden nach diesen neueren Betrachtungsweisen in steter Wechselwirkung und fließendem Übergang einen ununterbrochenen Einheitszusammenhang psychischen Lebens, von den höchsten Stufen geistigen Tuns bis in die ganz elementaren vitalseelischen Vorgänge hinab. Die hier gewonnenen Erkenntnisse haben u. a. eine „medizinische Psychologie" geschaffen, der es gelingt, Krankheiten (keineswegs nur seelische) auf psychischem Wege zu heilen (V. v. Weizsäcker). Es entstand eine die Forschungsmöglichkeiten der Psychologie wesentlich erweiternde Psychiatrie (Janet, Kraepelin, K. Jaspers). Besonders starke Allgemeinwirkung hat, in allen Ländern, die von G. Freud begründete und ausgebaute, von C. H. Jung in eigener Richtung und Forschungsart (Psychologische Typen, Frühzeiten des Menschentums) entwickelte Psychoanalyse und „Tiefenpsychologie", welche ihrerseits das Thema des Seelisch-Unbewußten besonders aktuell gemacht hat.

Wie vielfältig und philosophisch interessant durch die Wandlungen der Psychologie das Thema der psychischen Realität (und von da der verschiedenen, aufeinander schlechthin irreduziblen Arten des Seienden überhaupt) geworden ist, ergibt sich nun besonders aus der Feststellung, daß diese Wiederannäherung der Psychologie an die Geisteswissenschaften und an die geistige Sinnbedeutsamkeit des Seelischen im Menschen keineswegs Ablösung von Naturwissenschaft und Naturkategorien überhaupt mit sich gebracht hat. Vielmehr gilt umgekehrt, daß gerade die Psychologie der Gegenwart in vorher nicht gekanntem Umfange in die Naturwurzeln alles seelischen Lebens eindringt. Der Physikalismus ist überwunden; aber gleichzeitig ist die Beziehung zu den biologischen Wissenschaften außerordentlich eng geworden. Das Übergehen von der vorwiegend sensual-intellektuellen Thematik früherer Zeiten (Empfindung, Vorstellung, Gedächtnis, Denken) zu den triebhaft-emotionalen Grundprozessen hat ebenso wie das Hineinziehen der unbewußten Vorgänge und Regungen den Zusammenhang mit dem Organisch-Leiblichen ganz neu in die Mitte gerückt. Und nun zeigten die Seinscharaktere des Biologischen weitgehend Übereinstimmung mit den neu erhellten Strukturkategorien des Psychischen (Ganzheit, teleoform-sinngerichtete Tendenzen, zentrale Spontaneität), so daß hier ein Ineinandergreifen sich auftut, das alles bloße Nebeneinander von „Materie" und „Bewußtsein", wie es in den Jahrhunderten seit Descartes weithin die Weltvorstellung bestimmte (z. B. noch in allen Theorien des 19. Jahrhunderts von psychophysischer Wechselwirkung oder Parallelismus), hinter sich läßt, — ohne jedoch die grundsätzliche Seinsverschiedenheit des Inextensiv-Inneren gegenüber dem Räumlich-Körperlichen irgendwie anzutasten. Übergreifende Kategorien, Ablaufsordnungen und -rhythmen des „Leben" befassen heterogene Seinsarten unter sich. Das Psychische wird nun in seiner wesenhaften Bedingtheit durch das Organisch-Leibliche und in der engen Verflochtenheit psycho-physiologischer Korrelationen erkannt wie nie zuvor, dies besonders auch im Zusammenhang mit den sich ausbreitenden Forschungen der Tierpsychologie (vgl. z. B. die „Instinktpsychologie" McDougalls in Amerika und die Verhaltensforschung) und mit Problemen des Biopsychischen innerhalb der Biologie; — und dennoch hat die naturalistische Ausdeutung des Seelischen an Terrain verloren. Psychologie ist nach der neuen Anschauung der Zeit weder einseitig den „Geisteswissenschaften" zuzuordnen noch eine Naturwissenschaft des „Inneren"; sondern naturhaftes Lebensgeschehen und seelisch-geistiges Erleben sind tief miteinander verflochten, in einem schwer durchschaubaren Zusammenhang der Schichtung und der Einheitlichkeit im Verschiedenen und Heterogenen. Ein gewaltiges Problemfeld hat sich hier für die philosophische Forschung aufgetan.

3. Ein weiteres wichtiges Feld philosophischer Realitätsforschung ist aus neuen einzelwissenschaftlichen Erschließungen des seelisch-geistigen Lebens im überindividuellen und geschichtlichen Sinne und aus dem neuen Thema der Grundlagen der Geisteswissenschaften herausgewachsen: das Problem des g e i s t i g e n S e i n s.

Die Eigengesetzlichkeit des Geistigen ganz im allgemeinen war das Thema des schon erwähnten Kampfes gegen den Psychologismus. Die „Eigenart des Geistigen" (zunächst der
logisch-ideellen Sinn- und Wertgesetze) gegenüber allem psychischen (psychisch-geistigen)
Vollzug und Erleben ist seitdem auch von der Psychologie selbst her anerkannt und vielseitig
herausgearbeitet worden. Während jedoch das Zeitalter der Transzendentalphilosophie die
geistig-ideellen Gehalte und Gesetze in einem zeitfreien „Bewußtsein überhaupt" verwurzelt
sah oder in eine Normsphäre von „Geltungen" für das Bewußtsein verlegte, dringt in der
Gegenwart die schon im 19. Jahrhundert bei Bolzano („Satz an sich") geforderte Anerkennung
des grundsätzlich bewußtseinsunabhängigen S e i n s charakters alles Ideell-Geistigen durch
(N. Hartmann, A. v. Pauler u. a.). Das Problem des zeitlos-ideellen Seins in seiner Hetero-
genität und Selbständigkeit gegenüber allem Raumzeitlich-Realen, wie in den positiven
Beziehungen zum zeithaft-wirklichen Sein und Erleben ist ein Hauptthema gegenwärtiger
Ontologie geworden, wobei die Tendenz vorwaltet, diese Art „Sein" deskriptiv zu erfassen nach
Eigencharakter und Gegebenheitsweisen, unabhängig von spekulativen Voraussetzungen des
Platonismus wie der Kantischen Bewußtseinslehre. Das wurde Grundlage dann auch für neues
Fragen nach der Existenz des Geistigen im Weltgeschehen.

Der neue Einsatz betrifft die objektive Wirklichkeit des Geistigen in der vom
Menschen aufgebauten und ihrerseits alles menschliche Leben tragenden Gesamtsphäre
der Zivilisation und Kultur. Dieser Realitätsbereich und sein geschichtliches Wachstum
und Leben, selbständig — wenngleich durchaus nicht unabhängig — gegenüber allem
Sein der anorganischen und organischen Natur ist Gegenstand und Basis aller Geisteswissenschaften. Die Psychologie kann daher, auch in gewandelter Form, deren philosophische Grundlegung von sich aus nicht leisten, auch nicht, wenn sie über die Zergliederung des Einzelbewußtseins und seiner Erlebnisse auf gesellschaftliche Innen-
vorgänge übergreift („Völkerpsychologie" Wundts, „Massenpsychologie" Le Bons,
Psychologie der „Primitiven" (Lévy-Bruhls usw.). Entscheidend für die Geisteswissenschaften und die in ihnen sich darstellende „gesellschaftlich-geschichtliche" Lebenswelt
des Menschen sind die über alle „Erlebnisse" und Seelenvorgänge hinausliegenden
Realitäten der Werke, Institutionen, Lebensformen, wie sie — in Sprache und Kunst,
Sitte und Recht, Religion und Wissenschaft, Wirtschaft und Politik — den Individuen
jeweils vorgegeben sind. Daß sie nach Dasein und geschichtlicher Entwicklung bedingt
sind durch seelische Schöpfertätigkeit von Menschen und von in Einzelmenschen sich
vollziehenden Erlebniswandlungen, macht sie in ihrer das jeweilige Bewußtsein überdauernden, ja jede Bildung des Bewußtseins und des Seelenlebens mitbedingenden
Eigenexistenz nicht zum Teilinhalt des psychologischen Bereichs.

Die philosophische Auszeichnung dieser geistigen Realität (abgehoben ebenso von
der psychischen Wirklichkeit wie vom geistig-ideellen Sein) vollzieht sich in der Gegenwart vorwiegend in Weisen der Anknüpfung an Hegels Begriff vom „objektiven Geist";
und auch hier geht die philosophische Forschung darauf aus, durch Analyse der
empirischen Gegebenheiten auf allen Gebieten des menschlich-kulturellen Lebens und
Leistens die spezifischen Seinscharaktere, insbesondere die zeitlich-geschichtliche
Existenzweise dieser Geisteswirklichkeit aufzuweisen, — abgelöst von den allgemein-
metaphysischen (idealistischen) Voraussetzungen, unter denen einst Hegels Lehre vom
objektiven Geist stand. An vielen Stellen der gegenwärtigen Kulturphilosophie und
Soziologie, von Erneuerungen Hegels aus (vor allem jetzt Th. Litt), im Rahmen der
„Lebensphilosophie" Diltheys und seiner Fortsetzer (besonders auch G. Simmels), die
zunehmend vom psychischen „Erleben" auf die Lebensdynamik und -rhythmik der
geistigen Wirklichkeit, auf die Eigendialektik der Stile und Formen überging, oder in
Weisen einer Typenpsychologie der geistigen Persönlichkeiten (Spranger, Jaspers), die
„Lebensformen" des Menschen oder seine „Weltanschauungen" wenn auch vom er-

lebenden Bewußtsein her doch als objektiv-geschichtliche Prägungen der geistigen Welt in ihrem Formenreichtum herausarbeitete, dringt diese prinzipielle Fragestellung durch. Das Thema für sich haben besonders H. Freyer (einsetzend bei dem in Werken objektiv gewordenen Geist) und, in der ganzen Breite dann die geistige Realität und ihre ontischen Gefüge untersuchend, N. H a r t m a n n in Angriff genommen.

Der gegenwärtige Lebensbegriff übergreift in seiner allgemeinen Form organische, psychische (psychisch-geistige) und geistige Realität; und die „Lebensphilosophie" der Gegenwart — früheren Einsätzen etwa bei Fichte oder Jacobi gegenüber scharf unterschieden schon durch den grundsätzlichen Ausgang von Erfahrungs- und Wirklichkeitsproblemen bei völligem Zurücktreten des religiösen „Lebens"begriffs — wird in ihren sehr verschiedenen Richtungen bestimmt vor allem durch den jeweiligen Einsatz: vom Kulturgeschichtlichen oder Organischen oder Psychischen her, bzw. durch Perspektiven auf Zusammenfügung der Bereiche. Dieser umfassende Lebensbegriff liegt, geklärt oder ungeklärt, dem Werk der meisten Denker zugrunde, die sich um die kulturellen und geistigen Wirklichkeiten bemühten, von Dilthey und Nietzsche bis zu Simmel, Troeltsch, Spengler, Klages oder Ortega y Gasset Eine weithin wirksame weltanschaulich-metaphysische Problematik ist aus den im Lebens- und Kulturbewußtsein der Gegenwart höchst aktuell gewordenen Spannungen zwischen Leben und „Geist" entstanden. Seit Guyau und Nietzsche ist zugleich mit der neuen Einsicht in die tiefe Verwurzelung alles seelisch-geistigen Schaffens und Wertens und aller Kulturwirklichkeiten in den organisch-vitalen Lebensmächten die Frage von der steigenden oder hemmenden Bedeutung des Bewußtseins und Geistes für das Leben (insbesondere auch für die Lebensmächtigkeit der „Seele") eindringlich gestellt worden. Weithin bekannt geworden ist vor allem L. K l a g e s' kulturkritisch-pessimistische Lehre vom „Geist" als Widersacher der Seele; einen an den späteren Schelling und E. v. Hartmann anknüpfenden, den Pessimismus aber abstreifenden metaphysischen Ausblick hat M. S c h e l e r in seiner letzten Lehre von der fundamentalen Zuordnung der an sich wesensverschiedenen und seinsunabhängigen Mächte von „Drang" und „Geist" gegeben.

4. In diesen wie in den anderen Bereichen der Realitätsforschung sind aus den früheren Methoden- und Erkenntnisproblemen heute die fundamentalen Seinsfragen wieder hervorgewachsen. Die Reflexion auf die „logischen" Grundlagen von Wissenschaften und Wissenschaftsgruppen hat über sich hinausgedrängt zu philosophisch-prinzipieller Durchleuchtung der Sachgebiete selbst; von den Denk- und Anschauungsformen des Bewußtseins geht die Forschung über zu den jeweiligen S e i n s kategorien (etwa zu den Grundstrukturen des organischen Lebens, oder des Leib-Seele-Zusammenhangs, zur Existenzform des geschichtlichen Geistes, auch auf die Seinsart des Bewußtseins selber), von der „transzendentalen Logik" zur O n t o l o g i e (s. oben S. 594/5). Die neue philosophische Seinswissenschaft ist von der Ontologie im Rahmen der alten metaphysischen Systeme vor allem darin unterschieden, daß Basis und Ausgang hier nicht vom einem und absoluten Sein und in der Sphäre eines überzeitlichen Ideenzusammenhangs genommen wird, sondern im jeweils Gegebenen und Erkannten der Erfahrungswelt. Das Sein in der Zeit, in der alten Metaphysik meistens zu bloßer Phänomenalität herabgedrückt, ist nun Grundlage und vordringlicher Gegenstand. Der Anspruch geht ferner nicht auf geschlossene und endgültige Seinssystematik (deduktiven oder dialektischen Charakters), sondern auf fortschreitende Auszeichnung und Auswertung im Rahmen der natürlichen und wissenschaftlichen Empirie. Grundabsicht ist, die einzelnen Bereiche und ihre Kategorialstrukturen in ihrer Eigenart gegeneinander abzuheben, recht im Gegensatz zu der einst so mächtigen Einstellung, die von der Philosophie immer vor allem Konstruktion eines Monismus irgendwelcher Art erwartete.

Ganz besonders richtet sich diese, Vielheit und Diskontinuität im Seins- und Wirklichkeitsgefüge nicht scheuende Forschungstendenz gegen die Denkgewohnheit des Naturalismus, der das Sein grundsätzlich als homogenes Sachfeld sehen will, und immer bemüht ist, das Eine auf das Andere (vor allem das „Höhere" auf das „Niedere") zurückzuführen. Die irreduzible Wesensverschiedenheit von Seinsarten, in der Denkweise des 19. Jahrhunderts immer auf ein Minimum (etwa der Dualität von Psychischem und Physischem, oder von Bewußtsein und Materie) herabgedrückt, soll zu Worte kommen, mag auch das Denken des Zusammenhangs dadurch sich komplizieren und die „konstruktive" Lösung des Weltproblems fragwürdig werden. Die alten Disjunktionen der Metaphysik (Idealismus-Realismus z. B. oder Spiritualismus-Materialismus) in ihrer starren Unbedingtheit treten hinter der Anerkennung einer fundamentalen Vielschichtigkeit des Vorfindbaren zurück. An der alten Ontologie (von der Antike bis zu Wolff) aber wird inhaltlich bekämpft vor allem die einseitige und für andere Seinsarten (z. B. Leben, Personalität, Geschichte) verhängnisvolle Grundorientierung an den Sachgegebenheiten unserer Außenwelterfahrung, sich ausdrückend im Vorwalten des Ding- und Substanzbegriffes. Auch der statische Charakter des traditionellen „Seins"-Begriffs (von Parmenides und Plato her) verlangt Umbildung entsprechend dem Vordringen dynamisch-aktualer Wesenscharaktere in allen Bereichen der Realitätserfahrung und der wachsenden Einsicht in die Bedeutung der Zeitlichkeitsdimension.

Die Ontologie des 20. Jahrhunderts ist anfangs aus gegenstands- und sachgerichteten Tendenzen innerhalb der Bewußtseinsphilosophie herausgewachsen. Ein eigenes Moment des Übergangs hat die „Gegenstandstheorie" A. Meinongs und deren Auswirkung (z. B. in den Forschungen H. Pichlers) gebildet; in Frankreich bedeutet O. Hamelins Kategorienuntersuchung, in England Bradley neuen Einsatz. Entscheidende Vorstöße sind von der Phänomenologie ausgegangen: im Übergang von den Akten zu deren „intentionalen" Gegenständen. E. Husserl forderte und entwarf, noch im Rahmen seines transzendentalen Idealismus, eine Ontologie als reine Wesenswissenschaft, wo grundsätzlich jeder „Region" von Gegebenheiten eine eigene „regionale eidetische Wissenschaft" entsprechen soll. Über den „materialen" (sachhaltigen) Ontologien steht die „formale", in welcher die den Gesetzen der formalen Logik entsprechenden Seinsgründe aufgewiesen werden. — Andere Denker dieser Forschungsart, so vor allem Scheler, haben sich von den bewußtseinstheoretischen Voraussetzungen dieses ersten Einsatzes losgelöst und den ontologischen Bestrebungen eine realistische Wendung gegeben: die Einstellung ging nun auf die Seinsstrukturen und Weltwesenheiten selber. Auch sonst hat sich der Aufstieg der neuen Ontologie vielfach im Vordringen zu der bewußtseinstranszendenten Realität in ihren Unterschieden gegenüber der Bewußtseinsimmanenz vollzogen, so z. B. nach Drieschs „Wirklichkeitslehre" in Heinrichs Maiers „Philosophie der Wirklichkeit" und ihrer Kategorienlehre, in Burkamps Wirklichkeitslehre oder, besonders eindeutig und scharf, in G. Jacobys alle bloße Erkenntnistheorie und Immanenzphilosophie von Erlebnis und Wesensschau zurückdrängende „Ontologie der Wirklichkeit". Von der phänomenologischen Schulung her, deren besonderer Wert auch in der neuen Deskription von Seinsaussagen vor- und außerwissenschaftlicher Erfahrungs- und Erlebnisweisen liegt, hat dann M. Heidegger die Seinsfrage neu angefaßt, indem er den Ausgang für die verschiedenen Ontologien in der Analytik des menschlichen Daseins nahm; — von dieser Basis („Fundamentalontologie") aus soll sowohl der „Sinn" von Sein überhaupt geklärt, wie auch die „Genealogie" der anderen Arten von Seiendem entwickelt werden in einer Art universaler, vom durchschnittlich-naiven Seinsverständnis in die tieferen Sach- und Gegebenheitszusammenhänge überall vordringenden Hermeneutik. Die spätere Wendung des Autors von „Sein und Zeit" hat vom Grundansatz und auch von der Thematik differenzieller Ontologie weggeführt. — Entgegen jenem Einsatz bei einer besonderen Art von Seiendem (des Seienden, das „je wir selbst sind") nimmt die Ontologie von N. Hartmann grundsätzlich ihren Ausgangspunkt in der ganzen Breite der Welterfahrungen, wie sie uns insbesondere durch die seinserschließende

Arbeit aller Einzelwissenschaften vorliegen. Von sehr verschiedenen Ausgangspunkten her (Metaphysik der Erkenntnis, Problem der Willensfreiheit, Thema des geistigen Seins, Naturphilosophie des Anorganischen und des Organismus) wird die Dringlichkeit neuer ontologischer Fragestellungen entwickelt. Die Grundlegung selbst setzt ein mit den klassischen Themen des „Seienden überhaupt" und von „Sosein" und „Dasein", um dann in breitem Aufbau einer allgemeinen ontologisch verstandenen Kategorienlehre, beginnend mit den Seinsmodi der Möglichkeit, Wirklichkeit, Notwendigkeit, die strukturellen Fundamente der realen Welt im ganzen wie in ihren Hauptbereichen, von der Materie bis hinauf zum geistigen Sein in der Sphäre des Menschen, der Kultur und der Geschichte durchsichtig zu machen.

Wichtiges Grundlegungsthema ist hier auch (neben der vorher schon von M. Scheler in Fortführung von Dilthey neu aufgeworfenen Frage der Realitätsgegebenheit s. o. S. 590) das ideelle Sein, in seiner Eigenständigkeit und Gegensätzlichkeit zum realen wie auch in der Verbundenheit mit diesem. — Die Ontologie des Realen aber zielt hier zugleich mit dem Aufweis der Eigenkategorien und Kategorienabwandlungen in den verschiedenen Arten von Seiendem auf die Herausarbeitung übergreifender Strukturen („kategorialer Gesetze"), welche die Welt als S c h i c h t u n g s s y s t e m von autonomen und immer doch zugleich vom jeweils Niederen her bedingten, real abhängigen Stufen fassen. Der durch die wissenschaftliche Wirklichkeitsforschung und das gewandelte Weltbewußtsein des 19. Jahrhunderts herbeigeführte Realismus der Gegenwart (in weiteren Bereichen des europäischen Philosophierens, z. B. auch in England, in siegreichem Vordringen gegenüber den überkommenen und erneuerten idealistischen Systemen) löst sich in dieser Seins- und Kategorienforschung völlig ab von der naturalistischen Schematik; der Weg wird freigemacht für ein philosophisches Bild vom „Aufbau der realen Welt", welches den Eigenbedeutsamkeiten des Lebens und der Seele, des Geistes und der Geschichte in ihrer jederzeit erfahrbaren und den besonderen Natur- und Geisteswissenschaften sich differentiell erschließenden Realität gerecht wird, ohne ihr Verwurzelt- und Bedingtsein in elementareren und mächtigeren Seinsschichten, die nicht von „oben" her gedeutet werden dürfen, zu verkennen. — Dem in dieser Schichtenontologie waltenden grundsätzlichen Verzicht auf vereinheitlichende Erklärung und Konstruktion, insbesondere auf Herleitung höherer Seinsarten aus niederen entspricht der bei englischen Naturphilosophen und Metaphysikern (zuerst bei C. L. Morgan, dann z. B. auch bei S. Alexander) aufgekommene Begriff der Emergenz (emergent evolution). Das Aufspringen der differenzierten höheren Seinsweisen auf dem Grunde und in der Umwelt der niederen (Lebensträger aus anorganischer Materie, Bewußtsein und Intelligenz aus Organischem) ist wesenhaft unvorhersehbar und muß als Grundtatsache des Realitätsgefüges hingenommen werden. Bei diesen Denkern waltet eine Weise des Weltbegreifens, welche auch den Anspruch von Bergsons Begriff der Évolution créatrice und überhaupt einer alles umgreifenden „Lebensphilosophie" hinter sich läßt, — zu schweigen von dem naturalistischen Evolutionismus des vergangenen Jahrhunderts.

§ 49. Mensch und Geschichte.

Im Rahmen der Gegenwartsbestrebungen auf Ausarbeitung einer neuen Metaphysik der Erfahrungswirklichkeit, aber auch außerhalb derselben ist Wesen und Existenz des M e n s c h e n zu einem besonders vordringlichen Thema geworden. Ursprünge dazu liegen schon im 19. Jahrhundert: in dessen Wendung von der — bis zu Hegel fast durchweg den metaphysischen Einsatz bestimmenden — Philosophie des Absoluten und der (überzeitlichen) Vernunft zur endlichen und „sinnlichen" Realität des menschlichen Daseins, z. B. im „Anthropologismus" Feuerbachs. Damals endete die neue Absicht oft genug sogleich im Naturalismus, der in der Konsequenz gerade zur Selbstverkennung des Menschen, weil zur Nivellierung seiner einzigartigen Weltstellung, zur Auflösung insbesondere seiner Freiheit und Tatverantwortung in einem mechanistischen Gesamtsystem von Dingen und Vorgängen führte. Gerade in dieser Eingefügtheit in einen alles umgreifenden, nach seinen Grundgesetzlichkeiten der „Wissenschaft" durchsichtigen und daher einer technischen Bewältigung beliebig zugänglichen Naturzusammenhang sollte, nach der Meinung weiter Kreise damals, die Sicherheit der menschlichen Existenz, ihre soziale Ordnung und der geschichtliche „Fortschritt" begründet werden. — Solcher Haltung und Theorie entgegen (wie andererseits dann auch einer vielfach recht abstrakt und blaß gewordenen Humanitätsidee der idealistischen Schulen gegenüber) ist der Mensch des 20. Jahrhunderts, für den so viele Überzeugungen der religiösen und metaphysischen Traditionen fragwürdig, jene Schemata der „wissenschaftlichen" Weltanschauung aber vollkommen unhaltbar geworden sind, sich seiner Sonderstellung innerhalb der Gesamtheit des Erfahrbaren selber neu bewußt geworden. Den vielen Einzelwissenschaften gegenüber, die teilhaft vom Menschen handeln (Natur- und Geisteswissenschaften, eingeschlossen die der Philosophie entwachsenden Disziplinen der Psychologie und der Soziologie), ist die Forderung einer p h i l o s o p h i s c h e n A n t h r o p o l o g i e neu aufgetreten: d. h. einer grundsätzlichen Aufweisung des menschlichen Seins in seiner lebendig-erfahrenen Einheit und Ganzheit, nach seiner wesenhaften Situation im Weltgefüge und nach seinem in persönlichem wie geschichtlichem Lebensverständnis sich kundtuenden Daseinssinn. Für die metaphysischen Bestrebungen der Gegenwart ist diese neue anthropologische Fragestellung, die also grundsätzlich nicht im vorgegebenen Rahmen einer Metaphysik des Absoluten, der Vernunft, vom Ewigen und den „Ideen" her erfolgt, sondern an der Selbsterfahrung des zeitlich-endlichen Menschendaseins einsetzt, vielfach geradezu zum Ausgang und Zentrum geworden; jedenfalls hat sie die im alten Grundriß der Systeme vielfach allein das Thema des Menschen vertretende metaphysische „Psychologie" mit ihrer immer sogleich aufs Transzendente abzielenden Zuwendung zur Seelensubstanz (Unsterblichkeitsfrage) hinter sich gelassen. —

Zugleich sind, im Zusammenhang mit den sozialen Erschütterungen, Krisen und Neubildungen der Zeit und mit dem bedeutenden Anschwellen soziologischer Erkenntnisse die philosophischen Fragen nach dem gesellschaftlichen Grundcharakter menschlichen Daseins und nach dem Seins- und Sinnverhältnis von Individuum und Gesellschaft zu neuer Aktualität gelangt. Die „m e n s c h l i c h - g e s e l l s c h a f t l i c h - g e s c h i c h t l i c h e W e l t" (W. Dilthey) überhaupt ist, von der schier unübersehbar gewordenen Erfahrungsfülle aller Geisteswissenschaften her, zum vordringlichen Thema philosophischer Wirklichkeitslehre geworden. Und weiter hat die bis in alle Regungen des Alltags und der Praxis eindringende geschichtliche Bewußtheit des europäischen Menschen zusammen mit der Gegenwartserfahrung gewaltiger Umbrüche im Völkerleben zu einer neuen philosophischen Erkenntnis von der wesenhaften G e s c h i c h t l i c h k e i t d e s M e n s c h e n überhaupt geführt. Eine neue Geschichtsphilosophie entwickelt sich, deren Ziele ebensosehr in der Auszeichnung der Seinscharaktere und Geschehensformen dieser Realitätsregionen oberhalb des einzelmenschlichen Tuns und Erlebens (die doch bestimmend wiederum für jedes Einzeldasein, bis in Intimstes, sind), wie in dem „existenziellen" Selbstverständnis des seiner geschichtlichen Gegenwart verhafteten und in ihr verantwortlichen Menschen gelegen sind.

1. Die neue Philosophie vom M e n s c h e n sucht die Grundstrukturen des Menschseins in seiner konkreten Ganzheit herauszustellen, so wie es jederzeit erfahrbar und im natürlichen wie auch im reflektierenden Bewußtsein allen Teilaspekten und den methodischen Abstraktionen der Einzelwissenschaften vorgegeben ist. Von der lebendigen Selbsterfahrung aus wird die Zusammenschau der wissenschaftlichen Perspektiven (biologischer und physiologischer, medizinischer, psychologischer, ethnologischer, soziologischer, geschichtlicher und geisteswissenschaftlicher Art) und ihrer in den letzten Generationen gewonnenen überreichen Ergebnisse zur großen neuen Aufgabe. — Ein erster wichtiger Einsatz geht aus von der das ganze Selbstgefühl und Daseinsverständnis des Menschen seit dem 19. Jahrhundert erschütternden und umbildenden Einsicht, daß der Mensch im Rahmen der Realitätserfahrung primär Naturwesen ist, herausgewachsen in allmählichem Werden aus den Ordnungen der Lebewesen überhaupt, mit allen Kräften und Spannungen auch seines „seelischen" und „geistigen" Lebens tief in Natur, im biopsychischen Lebensgefüge, verwurzelt. Die Aufgabe stellt sich, auf dieser Basis das besondere und einzigartige Daseinsgefüge des Menschen, seinen Wesensunterschied vom Tier und seine spezifische Weltstellung zu fixieren, — entgegen der naturalistischen Anthropologie in der Popularphilosophie des späten 19. Jahrhunderts. Nicht der Mensch über oder außer aller Natur (als substanzielle „Seele" oder „Geist", als „res cogitans" oder „Vernunftwesen" oder als reines „Bewußtsein" und „Subjekt" — nach Feuerbachs grimmigem Wort dem Reich der „abgeschiedenen Seelen" zugehörig —) steht jetzt zur Frage, noch auch der Mensch als Naturwesen schlechthin wie im darwinistischen Evolutionismus und „Monismus" der Jahrhundertwende, sondern die für die gewohnten Einordnungen paradoxe Seinsweise des Menschen zugleich in der Natur wie ihr wissend und handelnd gegenüber stehend und ihr in Wesenszügen überlegen. Ein entscheidender Vorstoß in dieser Richtung ist von M. S c h e l e r ausgegangen.

Die hier programmatisch gestellte, dann besonders von Helmuth Pleßner weitergeführte Aufgabe geht zunächst auf Herausarbeitung von Wesensstufen des Organischen (Pflanze, Tier, Grundfaktoren des tierischen Lebens in gestufter Ordnung), die für das Gesamtgefüge des Menschseins bedingend und im Menschen alle zusammengefaßt sind, zugleich aber auch Basis und Folie seiner Sonderstellung darstellen. Von teleologisch-metaphysischer Konstruktion nach Art noch der romantisch-idealistischen Naturphilosophie — von Schelling bis Carus oder E. v. Hartmann, mit ihren Begriffen von „unbewußter Intelligenz" oder Willensleben im Untermenschlichen, Odyssee des Geistes — wird in diesem Problemrahmen Abstand genommen, auch, da, wo gleichsam Vorformen menschlich-geistiger Daseinscharaktere in Stufen des Organischen ausgezeichnet werden, etwa die von der menschlichen „Freiheit" streng zu unterscheidende „Wahl" im tierischen Verhalten, oder die „praktische Intelligenz", die von den höheren Tieren kontinuierlich in den Menschen, als homo faber, hineinreicht. Die spezifischen Charaktere des Menschen werden bei Scheler dann gesucht in der von der praktischen Intelligenz und ihrer wesenhaften Daseinsgebundenheit fundamental verschiedenen Fähigkeit des menschlichen Bewußtseins und Verhaltens, durch das „Sosein" der Sachen bestimmt zu werden, bis zur grundsätzlichen Möglichkeit vollkommenen Absehens vom Dasein („Ideeierung"); ferner in der „Weltoffenheit" des Menschen, dem Haben von „Welt" und echter Gegenständigkeit gegenüber dem Umweltverhaftetsein des Tieres, und in der Fähigkeit der „Askese", der willensmäßigen Hemmung und Enthemmung, Verdrängung oder Sublimierung der Lebenstriebe durch den „Geist" — der seinerseits für allen schöpferischen und inhaltsvollen Lebensvollzug selbst auf die Dynamik der Lebenstriebe angewiesen ist. Die Sonderstellung des Menschen im Kosmos erhält ihren schärfsten Akzent dann durch den metaphysischen Charakter des menschlichen Lebensbewußtseins: wesenhafte Bezogenheit auf eine Sphäre des Absoluten, gleichgültig mit welchen Glaubensüberzeugungen, Wahrheiten oder Surrogaten diese Tendenz erfüllt wird. —
Im Rahmen solcher Anthropologie wird eine echtere Würdigung der vitalen Urgründe in allem seelischen und geistigen Leben des Menschen möglich (sie war gefordert philosophisch insbesondere seit Nietzsches Einsatz für die Bedeutung des „Leibes" und für die „physio-

logischen" Triebkräfte in den Haltungen und Schöpfungen des Menschen), als sie das Zeitalter des darwinistischen Naturalismus einerseits und des Bewußtseinsidealismus anderseits hätte leisten können. So ist z. B. ein neuer Boden gegeben für vertiefte Auswertung des zunächst naturalistisch und utilitarisch gebundenen, in Relativierung alles Geistigen ausmündenden Pragmatismus (vgl. oben § 47, 4); M. Scheler selbst hat schon dafür den Grund gelegt („Erkenntnis und Arbeit") und besonders das Wahrnehmungsproblem in diesen Zusammenhang gestellt. Schon die naturphilosophisch fundierte Bewußtseins- und Erkenntnislehre von H. Bergson (Instinkt, Intelligenz, Intuition; Gedächtnis und Bewußtsein, Lebensaktivität und Wahrnehmung) und dann die folgenreiche Wahrnehmungslehre von M. Palágyi gaben neue Möglichkeiten, menschliches Bewußtsein, Erkennen, Welterleben und -verstehen im Hervorgange aus den allgemeinen Lebenstendenzen zu begreifen. — Weithin wirkende, neue Diskussion hervorrufende Anstöße gehen aus von A. Gehlens Anthropologie, welche grundsätzlich allein bei der Existenz und Daseinserhaltung des Menschen in der Natur einsetzt („elementare Anthropologie", „Biologie des Menschen"), dabei aber dieses Lebewesen als völlig eigenen „Naturentwurf" zu verstehen und ein strukturelles Sondergesetz herauszuarbeiten sucht, welches allen fundamentalen Eigentümlichkeiten des Menschenwesens identisch zugrunde liege. Der Mensch wird als das Wesen der Handlung (eindeutig abgehoben von allen vitalen Aktionen und Instinktregulationen in der Tierwelt) gefaßt; von daher werden insbesondere auch Bewußtsein und Sprache als Weisen der Entlastung und Führung neu angeleuchtet. — Daß diese mit extremer Konsequenz durchgeführte Sicht auf den Menschen grundsätzlicher Ergänzung und auch Korrektur durch die von geistig-geschichtlicher Innensicht herkommende Erhellungsweise (Th. Litt) und eine „Kulturanthropologie" (E. Rothacker) bedarf, wird nicht bestritten. Gehlen selber hat dem primär „biologischen" Aufriß jetzt eine mehr soziologisch ausgerichtete Untersuchung archaischer Kulturen und urmenschlicher Lebensordnungen (bes. der Institutionen) nach ihrer Bedeutung für die „Innenstabilisierung" des Menschen angereiht.

Wie in diesen naturphilosophisch-pragmatischen Einstellungen der alte Voluntarismus — von der Art Fichtes oder Schellings und dann besonders Schopenhauers, oder wiederum auch der von Maine de Biran —, dessen Wirkungen sich durch das ganze 19. Jahrhundert ziehen bis in die „Lebensphilosophie" von Nietzsche, Dilthey, Bergson oder in die neue Psychologie hinein, ganz andere Fortbildung findet, so hat auch die in der Gegenwartsphilosophie allenthalben sich durchsetzende Auffassung und Erforschung des Menschen vom Triebhaft-Emotionalen (anstatt von der Ratio und vom „Bewußtsein") hier dort ihre ersten Wurzeln. Nietzsche und dann Dilthey sind auch hierfür die großen Vorkünder und Anreger; sie haben, von höchst verschiedenen Erfahrungen und Intentionen her, die Aufgabe dem Zeitalter gestellt, menschliches Leben und Schaffen von den vitalen Daseinsschichten bis ins Geistigste zu verstehen aus dem In- und Gegeneinander fundamentaler Bedürfnisse und Triebe, aus Leidenschaft, Volitionen und Gefühlstendenzen. Für diese vitalpsychologische Betrachtungsweise, die besonders durch Klages repräsentiert wird, und in deren Zusammenhang die neu auftauenden Verflechtungen der un- oder unterbewußten Lebenstendenzen mit den Bewußtseinsvorgängen eine besonders wichtige Rolle spielen, haben Forschungen der medizinischen Psychologie (Freud, Jung, Kretzschmer, P. Schilder, K. Jaspers, Binswanger) wichtige Ausblicke geliefert. Das neue Bild des Menschen, wie es sich hier ergibt, steht in tiefem Gegensatz zu jener alten mächtigen Tradition von Plato bis zu Kant und weiterhin, die den Kern des Menschenwesens allein in der „Seele" oder im denkenden Bewußtsein, in der Vernunft oder im „Selbstbewußtsein" sehen will, wobei Leidenschaften und Affekte, „Neigungen" und Triebe als ein Anhängsel erscheinen. Der eigentliche Mutterboden alles menschlichen Lebens, Erlebens, Gestaltens wird jetzt, für die Einzelnen wie für die Völker, in den sozusagen anonymen Instinkt- und Triebmächten gesucht.

2. Ein wichtiger Zug der seit Jahrzehnten im Aufbau begriffenen philosophischen Anthropologie ist das grundsätzliche Abzielen auf den Menschen als L e i b s e e l e - E i n h e i t , — wenngleich vielleicht in keiner Zeit die Mehrspältigkeit in der Ganzheit des Menschseins so tief gedacht worden ist wie heute. Der alte Dualismus (Platonischen und besonders dann Cartesianischen Ursprungs) ist zurückgetreten. Die überlieferten Theorien von psychophysischer Wechselwirkung oder Parallelismus — im metaphysikfeindlichen Ausgang des 19. Jahrhunderts vielfach der einzige Rest fortwirkender Problematik und Diskussion von Seinszusammenhängen — haben sich als völlig unzureichend gegenüber den neuen Aufgaben gezeigt. An die Stelle der einseitigen Betonung physischer (physiologischer) Einflüsse auf das Psychisch-Geistige, mit welcher der Naturalismus gegen die alte Seelenlehre anging, hat das neue Jahrhundert außerordentlich vertiefte Einsicht in die wechselseitige Abhängigkeit und Verbundenheit der verschiedenen Seiten und Schichten des menschlichen Gesamtlebens gebracht; insbesondere ist auch von der Medizin tiefgreifende Einflußnahme des Seelischen auf Leibliches zunehmend erwiesen worden (psychogene Krankheiten). Die Tendenz geht dahin, weder das Physiologische als Ursache des Psychischen, noch umgekehrt zu fassen, sondern den Menschen in allen seinen Funktionen und Modifikationen und selbst in seinen Spaltungen und Gegensätzlichkeiten primär als psycho-physische Lebensganzheit zu verstehen. Auch hier ergeben sich veränderte metaphysische Perspektiven von neuen Ansätzen am unmittelbar Gegebenen und Erlebten her.

Drei Forschungstendenzen, die in diese Richtung weisen und neue grundsätzliche Fassung der Leibseeleeinheit inaugurieren, seien genannt. Einmal die medizinische K o n s t i t u - t i o n s -Lehre, die, nach französischem Vorgang noch im späten 19. Jahrhundert, energisch bemüht ist, Typen der psychophysischen Persönlichkeit herauszuarbeiten, deren Wesensmerkmale ebensosehr vom Seelischen wie vom Leiblichen, vom Charakter wie vom Körperbau genommen sind und auf die Einheit der Gesamtvitalität im jeweiligen Lebenstypus zurückweisen (Fr. Kraus, Kretschmer). Die Fragestellung hat sich in die Psychologie (C. H. Jung, E. Jaensch, Kroh) und in die neue medizinisch orientierte Charakterologie hinein fortgesetzt. Einsichten zur Biologie und Pathologie der Person, die hier errungen wurden, sind von unmittelbarer Bedeutung für die philosophische Auffassung vom Menschen (L. Binswanger).
Wie in diesen Forschungen u. a. die sehr große Bedeutung des Leiblichen und der Art von Vitalität für das Gesamtgefüge der Persönlichkeit und ihre Möglichkeiten sehr eindringlich erwiesen wird, so hat sich auch rein innerhalb der Philosophie (bestimmt vor allem durch Nietzsche) ein neues Interesse dem L e i b e zugewandt, den einst schon Schopenhauer, im Kampf gegen Spiritualismus und Geistidealismus, so stark nach seiner einzigartigen Stellung für menschliche Selbst- und Seinserfahrung hervorgehoben hatte. Besonders im Rahmen der phänomenologischen Forschung ist die Unterscheidung des „Leibes" und der spezifischen Leibgegebenheit („Leiblich") von aller außenweltlichen Erfahrung von „Körpern" eindringlicher herausgearbeitet worden, mit Auswirkungen bis in die „Existenzphilosophie" (Sartre). Ein Phänomenbereich wird damit aufgetan, demgegenüber die alten Dualismen, auch der bloß erkenntnistheoretische Gegensatz seit Locke und Kant zwischen äußerer und „innerer" Wahrnehmung (bezogen dort auf Physisches, hier allein auf Psychisches) als unzulänglich erscheinen müssen. Auch von der medizinischen Psychologie her (P. Schilder, „Körperschema") hat hier neue Untersuchung eingesetzt. Eine Seinsschicht im Menschen tritt in hellere Beleuchtung, in welcher Somatisches und Psychisches als untrennbar Eines sich darstellen. —
Ein weiteres Moment von weittragender Bedeutung ist gegeben durch das neue Interesse der Zeit für die Phänomene des A u s d r u c k s von Seelischem und Seelisch-Geistigem in Leibgestalt und leiblichen Äußerungen. Physiognomik und vor allem Handschriftenkunde sind aus ihrer zweifelhaften Randstellung mit in die Mitte von Menschenkunde und Lebenswissenschaft getreten; eine allgemeine Ausdruckskunde als Lehre von der gesamten sichtbaren Erscheinung und Tätigkeit des Menschen in Schrift, Gang, Gebärde, Sprache ist im Werden. Die alten Theorien der Ausdrucksbewegung (Darwin, W. Wundt) sind als ganz unzureichend erwiesen worden; neue Einsätze sind vor allem von L. K l a g e s ausgegangen, der um dies ganze Gebiet besondere Verdienste sich erworben hat. Für die Auffassung der Leibseeleeinheit ist dabei wichtig die durch keinen Ursachwirkungsbegriff zu treffende Unmittelbarkeit des Verhältnisses von Sich-Ausdrückendem und Ausdruck sowie der damit vordringende Gedanke, daß zum Wesen des Seelischen überhaupt die materielle und wahrnehmbare Äußerung und gleichsam Aussprache gehört. Es treten auch philosophische Betrachtungen auf, die Ausdruck als Urphänomen des Lebens überhaupt zu fassen suchen.

3. Die Wiederaufnahme des Themas Mensch (welche an ihrem Teil besonders eindringlich die'positivistische Überzeugung ad absurdum führte, daß die Realität heute auf die positiven Wissenschaften aufgeteilt sei, so daß der Philosophie nur noch die reflexiven Aufgaben der Logik und Wissenschaftstheorie blieben) erfolgte zugleich von alten Wesenscharakteren des Menschseins wie der F r e i h e i t und P e r s o n a l i t ä t her. Die tief bis in die Lebenspraxis, z. B. der Rechtsauffassung und Rechtsprechung,

eindringende naturalistische Denkweise des 19. Jahrhunderts ging darauf aus, den
Menschen als Kreuzungspunkt übergreifender Gesetzlichkeiten und Bedingungsreihen
auszuweisen, wozu neue Entdeckungen soziologischer, erbbiologischer, psychologischer,
historischer Art beliebig Material bereitstellten. Die schöpferische Aktivität des einzelnen
Menschen, seine Verantwortung und Freiheit, die innere Spontaneität und Geschlossenheit des personalen Wesens kam mehr und mehr aus dem Blick. Psychologie, Soziologie,
Geschichtsbetrachtung gingen vielfach prinzipiell, als für jede „wissenschaftliche"
Betrachtungsweise selbstverständlich, von deterministischen Voraussetzungen aus
(meist von naturgesetzlicher Art, oder auch, wie im Marxismus, eine „dialektische"
Zwangsläufigkeit als Erweis der „Wissenschaft" behauptend). Die gegenwärtige Philosophie setzt dem entgegen einen neuen Sinn für Freiheit und Entscheidungsfähigkeit
des Menschen, für die individuelle Aufgabe der Selbstverwirklichung in der jeweiligen
Lebenssituation (samt allen ihren Determinationsfaktoren), für die Offenheit der Zu-
kunftsmöglichkeiten und die Spontaneität des Entwerfens und Eingreifens.

So sind auch neue Wege eingeschlagen im großen metaphysischen Problem der
W i l l e n s f r e i h e i t, das um die Jahrhundertwende schon in weiten Kreisen als
„unwissenschaftlich" geradezu in Verruf geraten war, besonders auch im Neupositivismus (bis heute) — während im Gegenlager der idealistischen Transzendentalphilosophie Freiheit und geistige Spontaneität als selbstverständliche Merkmale des unter
Normen stehenden und alles Gegenständlich-Wirkliche mit seinen Gesetzlichkeiten
bedingenden „Bewußtseins" zur Ausgangsbasis gemacht wurde, wobei freilich, wie
einst bei Kant (und Schopenhauer), das Konkret-Erfahrbare dem Determinismus
preisgegeben wurde. Die neuen Fragestellungen erfolgen nun nicht in konstruktiv-
metaphysischem Gesamtrahmen, wie in der Freiheitsphilosophie des deutschen
Idealismus(und seiner Fortwirkungen bis in den Neuhegelianismus der Gegenwart)
oder in der des französischen „Spiritualismus" im 19. Jahrhundert, sondern setzen bewußt ein an der Empirie menschlich-personaler Existenz und ihrer Stellung innerhalb
des realen Weltgefüges. Die Absicht geht auf Auszeichnung der Freiheit des konkreten
einzelnen Menschen nach seinem Leben in der Zeit; — entgegen der einstigen und
wieder jüngst maßgeblichen Tendenz, Freiheit im Überempirisch-Überzeitlichen
(intelligibler Charakter, Geist, Bewußtsein überhaupt, „Idee" der Freiheit verstanden
bloß als notwendiger „Gesichtspunkt" unseres Handelns) zu suchen, die psychische und
soziale Realität aber, nicht anders als die naturhafte, völlig den Prinzipien der Kausal-
erfahrung zu überantworten. Die Lösungstendenz aber geht allenthalben darauf, den
bloßen Gegensatz von Determinismus und Indeterminismus zu überwinden, menschliche Freiheit zu erfassen im Rahmen der tiefgreifenden Bindungen und Zwangsläufig-
keiten naturhaften und geschichtlichen Daseins, sie zu begreifen in ihrem positiven,
Leben gestaltenden Bestimmungscharakter, — nicht als bloße Kontingenz und Unbestimmtheit.

Für diesen neuen Einsatz am alten Freiheitsproblem ist besonders wichtig einmal die
aus der Tradition des französischen Spiritualismus sich heraushebende Freiheitslehre von
E. B o u t r o u x und dann H. B e r g s o n, wobei Boutroux von der Betrachtung des gesamten Realitätsaufbaues in seinen differenten Stufen (Tendenz auch hier auf eine regionale
Ontologie) und der Rolle der Naturgesetzlichkeit darin ausgeht, Bergson aber im Kampf gegen
das mechanistische Denkschema der herkömmlichen Psychologie zur positiven Charakteristik
der Freiheitsakte als Konzentrationstätigkeiten der Gesamtperson von ihren Tiefenschichten
her, deren Möglichkeit gerade durch die wesenhafte Zeitlichkeit des psychischen Lebens gegeben
ist, vorstößt. — Während diese letztere Freiheitslehre von der schöpferisch erfindenden und

sich produktiv wandelnden Lebensdynamik überhaupt ausgeht, ist die neue Analyse des Freiheitsproblems bei N. H a r t m a n n aus der Ethik und dem für diese maßgebenden Zusammenhang von Freiheit und Verantwortungsbewußtsein hervorgegangen. Sie setzt ein bei der Kantischen Problemaufrollung (Antinomie, Freiheit im positiven Verstande, Freiheit unter dem Gesetz) und führt sie durch auf der neuen Basis der oben erwähnten Ontologie der Realitätsschichten und der materialen Wertethik. Im Fortgang von der Kantischen Kausalantinomie zur neu herausgearbeiteten „Sollensantinomie", die gegen die Auflösung der Freiheit im Überpersönlichen (Freiheitsbegriff des Idealismus und der teleologischen Entwicklungslehren) Front macht, werden Wesen und ontologische Möglichkeit persönlicher Freiheit herausgearbeitet unter ausdrücklicher Hervorkehrung der irrationalen und also „ungelöst" bleibenden Tiefe dieses metaphysischen Urproblems.

In engem Zusammenhang hiermit stehen die philosophischen Ansätze zur Fassung des P e r s o n begriffs. Die Aufgabe war neu gestellt seit Kants grundsätzlicher, zunächst aber nur im Rahmen der praktischen Philosophie systematisch durchgeführter Wesensfassung des Menschen als Person gegenüber allen „Sachen". Im deutschen Idealismus und seinen europäischen Fortwirkungen tritt dies Prinzip dann aber zurück hinter Vernunft und Ichheit, Geist und Idee, Bewußtsein und Menschheit; nur der Spätidealismus (Weiße, J. H. Fichte) und seine Nachfahren (z. B. Teichmüller) sowie auf eigene Weise dann, von Kant selbst her, in Frankreich Renouvier und wenige andere (im 20. Jahrhundert Hamelin) oder in England die monadologischen Gegenströmungen gegen den Geistidealismus (so etwa McTaggart, Wildon Carr) haben das Thema in gesamtphilosophischem Rahmen, gebunden meist an bestimmte Weltlehren und in deren Dienst, weitergeführt. Von der Psychologie her drängte besonders W. James auf Auszeichnung der Persönlichkeitserlebnisse und von da auf neuen Weltbegriff (Pluralismus gegen herkömmlichen Monismus, gerade auch den idealistischen). Die Transzendentalphilosophie ihrerseits hatte mit dem Einsatz bei menschlichem Bewußtsein überhaupt meist nur für die sittliche „Idee" der Person (Persönlichkeit) einen Ort gefunden. Die den Menschen selbst und für sich, in seiner inneren Gestalt betreffende empirische Psychologie aber arbeitete lange Zeit geradezu an der Auflösung des Personprinzips, im Zuge der Zerfällung der „Seele" in psychische Elemente und Einzelvorgänge. Demgegenüber sind, insbesondere von der psychologisch-phänomenologischen Aktlehre (Brentano, Husserl) her, neue Vorstöße zum Thema der Personalität erfolgt, womit nun vielfältige philosophische Interessen der Individualität, der schöpferischen Freiheit, der Persönlichkeit zusammentreffen, wie sie etwa durch Nietzsches Lehre vom Menschen und von der Kultur, auch durch Dilthey und die Thematik der Geisteswissenschaften veranlaßt sind.

Auf dem Boden der Aktphänomenologie hat M. S c h e l e r im Rahmen seiner Ethik das Sein der Person als geistiges „Aktzentrum" neu ausgezeichnet, indem er es in prinzipiellen Gegensatz zum gegenständlich erfahrbaren Psychischen, auch zum Ich der inneren Wahrnehmung stellte. Person, dies selbsttätige Sein, das immer nur ist und sich erlebt in Akten, stellt sich hier, anders als Beseelung, Ichheit, Ichbewußtsein (die auch in Stufen vorkommen, wo eigentliche Personalität noch nicht auftritt) dar als eigentlicher Wesenskern des Menschen wie als kernhafte Existenzform des Geistes in der Wirklichkeit. Als Aktvollzug muß die Person als wesenhaft „gegenstandsunfähig" gedacht werden; nur im Vollzug oder im Mit- und Nachvollzug läßt Akt und damit personales „Sein" sich fassen. Gegenständlich eingestellte Ding- und Substanzontologie muß hier versagen. Grundsätzliche Intentionen der Fichteschen Lehre von der „Tathandlung" (auf neue Art wirksam in der Geistesphilosophie Gentiles) sind hier im Thema der Person fortgeführt worden. — Individualität aber gehört zum Grundwesen der Person; nicht erst durch besondere Erlebnisinhalte (oder gar erst durch die sinnlich-leiblichen Besonderheiten, wie vielfach in der Denkweise des 18. Jahrhunderts!) wird der Mensch zum jeweils einzigartigen Individuum. Personen sind absolute Individuen nach Sein und Wert, Existenz und Lebensaufgabe. Mit der wurzelhaften Individualität ergibt sich auch eine wesenhafte Transzendenz und Transintelligibilität jeder Person in ihrer Lebenstiefe

(„intime Person") für jede andere. — Während hier noch ein beim Autor selbst später
zurücktretender Einschlag von spekulativem Spiritualismus (Hineinreichen von selbst zeit-
und leibunabhängigen Geisteskonkretionen in physisch-leibliche Wirklichkeit, vgl. den
Neuidealismus R. Euckens) mitbestimmend war, ist die von den geisteswissenschaftlichen und
pädagogischen Aufgaben herkommende Personlehre (Spranger z. B.) und anderseits die von
psychologischen und psychiatrischen Erkenntnissen ausgehende (W. Stern, K. Jaspers) unmittelbar auf die Erfahrungen vom ganzen Menschenwesen eingestellt. Wichtige Beiträge zum
Thema liefern allgemein die neuen Forschungen der „Charakterologie" (Struktur und Arten
des Personseins). Die große Gesamtaufgabe ist gestellt: die menschliche Natur in ihrer wesenhaften Einheit (insbesondere Entwicklungseinheit) und steuernden Spontaneität wie zugleich
in ihrer Vielschichtigkeit und in der Vielspältigkeit relativ selbständiger und immer auch
gegeneinander wirkender Eigensysteme grundsätzlich zu erfassen. Einen an viele neue
Forschungen anknüpfenden Entwurf zur Schichtungslehre der Person hat E r i c h R o t h -
a c k e r gegeben.

4. Ein anderer Zugang zur philosophischen Anthropologie wird primär bestimmt
durch die S i n n frage der menschlichen Existenz; — Sein und Sinn, Wirklichkeit und
Wert, Dasein und „Bestimmung" sind ja beim Menschenwesen, anders als in andern
Seinsbereichen, schlechterdings nicht voneinander abzulösen. Der Mensch des 20. Jahrhunderts ist sich fragwürdig geworden in einem Ausmaß, das vorher kaum vorstellbar
gewesen ist und das die Philosophie vor eine völlig neue Situation und unabsehbare
Aufgaben stellt. Daseins- und Weltbewußtsein sind in tiefer Umwandlung begriffen,
die Lebenssicherheit wie die gedankliche Grundlage und der Vernunftzusammenhang
der großen abendländischen Traditionen aus der antiken wie der christlichen Welt sind
weithin zersetzt. Ein Gefühl der Heimat- und Wurzellosigkeit hat auch in Bereichen
Platz gegriffen, die durchaus festgefügt schienen, sei es durch religiöse und theologische
oder philosophisch-metaphysische Fundamente, sei es durch die Errungenschaften und
Ausblicke der modernen Wissenschaft. Das Dasein des Menschen in seiner Einzelheit,
wie ebenso die sozialen und kulturellen Lebensgefüge werden mit einer bis dahin
unerhörten Radikalität vor die Frage nach Sinn und Widersinn, Wert und Unwert,
Zerfall und möglichen Bestand gestellt. Die Harmonistik und Realitätsverklärung fast
aller traditionellen Systeme der Metaphysik (zumal der „idealistischen", auch der das
19. Jahrhundert weithin, selbst noch in revolutionären Ideologien tragenden geschichtlichen Fortschrittslehren mit ihren festgesetzten Menschheitszielen) ist dem Zeitalter
fremd und — als Schönfärberei und Säkularisierung transzendenter Glaubenshoffnun-
gen — verdächtig geworden, nicht minder aber auch das Gegendogma des Pessimismus
und der philosophischen „Erlösungs"lehren. Mit den theologischen und metaphysischen
Weltdeutungen zugleich (Natur und Geschichte, Mensch und Gesellschaft umfassend)
ist die Ordnung der Werte und Lebensziele dem Zeitalter weithin fragwürdig, Gegenstand der Kritik oder auch grundsätzlichen Mißtrauens und nihilistischen Bestreitens
geworden. Die Forderung tritt auf, mit der kritischen Ablösung von erstarrten Über-
zeugungstraditionen und im prüfenden Rückblick auf die geschichtlich vorgegebenen
Auffassungen vom menschlichen Dasein in ihren großen typischen Formen zugleich
neue unmittelbare Erfahrungswege des menschlichen Selbstverständnisses gedanklich
zu erschließen. Aus vertieftem Wissen um die wesenhafte Endlichkeit und Abhängigkeit
des Lebens, um das Fragmentarische und das zuletzt doch eben unaufhebliche Bedroht-
sein aller menschlichen Daseinsformen und Schöpfungen, um die Unsicherheiten und
Abgründigkeiten des Menschenwesens (nach seiner Selbstgegebenheit in Lebens- und
Geschichtserfahrung) erwachsen der philosophischen Besinnung neue Durchblicke auf
Notwendigkeiten eigener Lebensgestaltung und -entscheidung, im Persönlichen wie im

Sozialen und Geschichtlichen, und auf die unerfüllten Möglichkeiten des in der Erde verwurzelten, für Daseins- und Weltgestaltung immer selbst verantwortlichen Menschenwesens. Ein neues Zukunftsethos — ohne Utopie und ohne Glauben an vorgegebene und tragende Fortschrittsgesetzlichkeit —, die Überzeugung von der wesenhaften Unfertigkeit und Offenheit des Menschen, ein aufstrebender Wille zur Bejahung des Daseins, so wie es sich in seinen weiten Möglichkeiten über den Abgründen zeigt, ohne Versöhnungssicherheiten, ein leidenschaftliches Begehren danach, die echte Wirklichkeit des Lebens aufzudecken und der Situation des Menschen in der Welt wie in sich selber unverhüllt zu begegnen — im „Vernünftigen" wie im Vernunftwidrigen, im Tragischen oder Absurden — solche Triebkräfte sind heute in der Philosophie vom Menschen wirksam. Im äußersten Gegensatz aber zu aller Selbstbegrenzung der positivistisch-transzendentalistischen Philosophie mit ihrer im Namen der „wissenschaftlichen" Strenge erfolgenden Abweisung aller „metaphysischen" Fragestellungen und eben damit auch der letzten Daseinsprobleme, geht dieses Philosophieren gerade aus von denjenigen Grundtatsachen des Lebens, aus denen Zwiespalt und Verstrickung, Abgründe und Ungewißheiten, Not, Schuld und Sorge wie die Gegenwirkungen im Dasein selbst hervorgehen.

Die Wegbereiter wachsen noch aus dem 19. Jahrhundert heraus: so vor allem der Däne S. Kierkegaard, dessen philosophische Einwirkung erst im zweiten und dritten Jahrzehnt unseres Säkulums begonnen hat und sich seitdem ständig vertieft, und in Deutschland Fr. Nietzsche, der ja in seinen eigentlichen Intentionen wie in dem großen Ernst seiner Prophetie auch erst lange nach der überlauten Wirkungswelle um die Jahrhundertwende allmählich tieferes Verständnis und philosophische Auswertung gefunden hat. Besonders eindringlich und fruchtbringend sind die neuen Aufgaben in Angriff genommen worden in der vor allem von M. H e i d e g g e r und, auf sehr anderem Wege, von K. J a s p e r s führend herausgebildeten Philosophie der „Existenz", deren Anstöße und Auswirkungen weithin, besonders auch in Ländern der romanischen Sprachen, das philosophisch-weltanschauliche Ringen des Zeitalters mit zu bestimmen neigen. Die „Existenzphilosophie" setzt ein, wie einst Kant, bei dem unmittelbarer Selbstbesinnung zugänglichen endlich-sinnlichen Wesen des Menschen, — nur jetzt eben nicht bei der endlichen „Vernunft", beim bloßen „Bewußtsein" oder Selbstbewußtsein, sondern breiter und tiefer im Erlebniszusammenhang menschlichen Daseins, soweit es sich in irgendwelchen Formen des Welt- und Selbstverständnisses ausspricht und zur Aussage bringen läßt. Sie ist methodisch bestimmt ebensosehr durch die Wendung zum unmittelbar Vorfindlichen der Lebensgehalte und -intentionen wie durch Diltheys Forderung einer „Hermeneutik" des Lebens, verstanden jetzt vor allem als Sinnauslegung der faktischen Daseinshaltungen des einzelnen sich in der Welt vorfindenden Menschen, der Weisen seines vorreflexiven Welt- und Selbstverstehens. Seins- und Sinnfrage sind schlechthin in eins gedacht; die Existenzphilosophie bezeichnet einen äußersten Gegensatz zu der am Ende des 19. Jahrhunderts so vielfach eingetretenen und geforderten Trennung von wissenschaftlicher Philosophie und Lebensweisheit, Systemphilosophen und „Lebensdenkern". Der Ausgang von der Faktizität des menschlichen Daseins läßt die Lehren vom absoluten „Bewußtsein" und das Bloß-Ideelle des transzendentalen Idealismus aller Richtungen hinter sich (bis zur Verkennung der darin gelegenen Probleme). Gegenüber den Menschheitsphilosophien (sei es des klassischen, oder des neukantischen und neuhegelischen Idealismus, sei es der naturalistischen und positivistischen Strömungen, des marxistischen und sonstigen Kollektivismus oder dann auch des geradezu auf Auflösung der — „nur" durch Raum und Zeit bedingten — „Individuation" bedachten Erlösungspessimismus einer abklingenden Zeit), in denen der einzelne Mensch im wesentlichen nur als Durchgangspunkt übergreifender Mächte verstanden und nach seinem personalen und zeitlichen Schicksal in ein Ganzes und Allgemeines verflüchtigt wurde, wird hier die Frage ausdrücklich nach dem Individuum in seiner radikalen Einzelheit, Endlichkeit, Selbstverantwortung gestellt. In extremen Auswirkungen („Existenzialismus") hat der neue Ansatz dann auch zu gänzlicher Ablösung des menschlichen Für-sich-Seins, in seiner radikalen Freiheit und Selbstverantwortung auf die eigene Zukunft hin, von allem übergreifenden Seins-Wesens- und Sinnzusammenhang (Wertordnungen) geführt (P. Sartre). — Die Philosophie der Existenz in allen ihren Weisen und (auch literarisch-dichterischen) Ausprägungen ist ein erregendes Ferment im Weltanschauungsringen der Gegenwart geworden.

M. Heideggers an phänomenologisches Vorgehen anknüpfende Analytik des „Daseins" bedeutet einen eigenen, inhaltlich vor allem durch Kierkegaard aber auch durch Dilthey bestimmten Vorstoß zur Durchleuchtung des Menschseins, ganz abgesehen von dem darin gelegenen Beitrag zu einer regionalen Ontologie (Strukturcharaktere des Daseins als „Existenzialien" gegenüber den „Kategorien" des gegenständlichen Seins) wie auch von dem oben erwähnten Anspruch, von da aus die Seinsfrage überhaupt aufzurollen („Fundamental-ontologie"). Dasein, das in der Selbstgegebenheit sich ursprünglich und immer als wesenhaft einzelnes (je — meiniges) ausweist, also nicht als Ichheit, als Subjekt, Bewußtsein oder Freiheit überhaupt, sondern als persönlich-individueller Lebensvollzug, wird fundamental verstanden als Seinkönnen und Sichentwerfen auf die eigenen Möglichkeiten hin. Reale Möglichkeit und entwerfende Freiheit sind hier (nach dem Vorgang von F. H. Jacobi und Fichte) Grundcharaktere des sich lebendig erfahrenden und aus sich verstehenden Daseins; sie heben es ab von allem Sein als „Vorhandenheit", darauf sich die natürliche Umwelteinstellung des Menschen orientiert, welche noch bis in die Seinsfassung und Kategorienlehre der herkömmlichen Ontologie tiefbestimmend ist. Dasein ist (und versteht sich auch unausdrücklich und vorreflexiv immer als) ein Seiendes, das über sein Sein immer noch entscheiden muß. Diese Entscheidung steht zuletzt immer vor der Alternative des Ergreifens oder Verfehlens seines eigentlichen und eigensten Lebens, des Gewinnens oder Verlierens wirklicher „Existenz", des im Aufschwung erzielbaren Beisichselbstseins oder aber der immer drohenden Verfallenheit an das „Man" und andere Mächte der Alltäglichkeit. Die im Erleben und Sichverstehen selber aufzudeckende Bestimmung des Menschen ist, er selbst zu werden. Gerade die wesenhafte Zeitlichkeit und zeitliche Endlichkeit des Daseins weist unüberhörbar darauf hin: in jedem Augenblicke bin ich vorbezogen auf das Sterben, das unvertretbar je meine ist. Mit dem Tod steht insofern das Dasein sich in seinem eigensten Seinkönnen bevor. — Mit der Wiederaufnahme des Todesthemas — das in der Philosophie des 19. Jahrhunderts schließlich fast verschwunden war, vorher aber (wenn überhaupt) immer nur im Rahmen von Unsterblichkeitsvoraussetzungen behandelt wurde, so noch bei Schopenhauer oder auch dem jungen Feuerbach, das nun aber mit der Frage nach der Seins- und Sinnstruktur des Lebens, wie es aus seinem Selbstvollzug sich selbst versteht, neu ins Licht rückt, so schon bei G. Simmel und M. Scheler (Nachlaß) — greift die Philosophie der Existenz über auf die im engeren Sinne „metaphysisch" zu nennenden Fragen. Ihre Auffassung vom Menschen geht entscheidend aus von dem so lange vergessenen oder verdrängten Wesenscharakter als animal metaphysicum: d. h. als Leben, das nicht nur hier und da, in Philosophen oder Weltanschauungen, das zweifelhafte und unabsehbare Geschäft der Metaphysik zu treiben geneigt ist, sondern das in seinen Grundverhaltungen, vor aller Reflexion des Wissens, sich immer schon vor die Rätsel des Daseins, zuletzt vor die Fragen des Absoluten und des Nichts und vom Warum des Seins im Ganzen und überhaupt gestellt sieht. — Heidegger nun setzt hier nicht erst bei der metaphysischen „Naturanlage" der „Vernunft" ein, wie Kant, oder beim metaphysischen „Bedürfnis" wie Schopenhauer, sondern er schlägt neue Wege ein: z. B. Analyse der an Endfragen des Daseins rührenden, allem menschlichen Leben eigenen Gestimmtheiten oder Grundstimmungen. Kierkegaards Einfluß läßt dabei besonders das Phänomen der „Angst" als einer ausgezeichneten Grundbefindlichkeit des Daseins, die es vor das Nichts, die Möglichkeit des Nichtseins stellt, in den Vordergrund treten. — Heideggers weitere Entwicklung hat ihn von der deskriptiv-hermeneutischen Analyse des „Daseins" immer weiter auf die Seinsfrage in einem universalmetaphysischen Sinne (bei polemischer „Destruktion" alles dessen, was in der Tradition des Abendlandes als „Metaphysik" intendiert war) hingeführt; die Existenzfrage lebt im Aussagen über den Sinnvorgang des Menschendaseins im Hinblick auf „Geschichte" und „Geschick" des Seins im Gegen- und Miteinander von Seinserschlossenheit und Seinsverborgenheit fort.

Während bei Heidegger das einst für Kierkegaards gedankliche Dynamik mitbestimmende und wiederum Nietzsches Philosophieren in ständiger Spannung erhaltende e t h i s c h e Problem als solches mehr im Hintergrunde bleibt, sind andere Gegenwartszugänge zur menschlichen Existenz vorwiegend von daher bestimmt. Mit der Herausarbeitung des ideellen Wertprinzips und der apriorischen Wertordnungen haben M. Scheler und dann N. Hartmann dem formalen Sittengesetz des Kantianismus eine „materiale Wertethik" entgegengestellt und damit eine neue Basis für die Untersuchung von Sittlichkeit, Moral und Ethos des Menschen, auch nach ihrer geschichtlichen, völkischen und individuellen Differenzierung oder auch Relativität geschaffen. Von eigener Bedeutsamkeit ist dabei u. a. die Fragestellung nach den Werttäuschungen und Wertverfälschungen geworden sowie die nach den sittlichen Konflikten und etwa auch Antinomien. — Bedeutende Anstöße zur Moralphilosophie sind auch, in England, von G. E. Moore ausgegangen.

K. Jaspers' Philosophie löst sich im Kern als „Existenzerhellung" grundsätzlich von ontologischer Thematik los, weil diese der Gefahr einer Verfestigung und Vergegenständlichung des Ursprunghaft-Freien verfallen muß. Das philosophische Erhellen ist ein Appellieren an Leben (jedes Einzelnen) und Entscheidung, der Mensch ein immerfort und immer anders sich im Sichverstehen und -entwerfen tathaft gestaltendes Dasein. Alle „theoretische", Strukturen festlegende Philosophie steht hier (also nicht erst wie für Kant bei Ideen des „Übersinnlichen"!) an ihrer Grenze. Der alte Gegensatz von Leben und Spekulation, der von Jacobi her Fichte so stark beschäftigte, erhält neue Nahrung. — Die Existenzerhellung, deren Vorgehen („dialektisch") an den Widersprüchen des Daseins und in Negationen einsetzt, vorzüglich bei den „Grenzsituationen" des Menschenlebens (Tod, Leiden, Schuld, auch Kampf) — umfaßt neben dem Ich selbst und seinem Umkreis von Willen und Freiheit die Dimensionen der Lebens- und Geistteilhabe des Ich in Kommunikation mit Anderen und in der Geschichtlichkeit (hier hat besonders auch M. Webers Gesellschafts- und Geschichtslehre befruchtend eingewirkt). Wird schon damit der Rahmen des Existenzbegriffs nachdrücklich erweitert, so führt der dritte Teil dieser in „Weltorientierung, Existenzerhellung, Metaphysik" gegliederten Philosophie über die Immanenz des Daseins und seiner „Grenzsituationen" in ihm selbst hinaus zu positiven Ausblicken auf „Transzendenz". Selbstwahl der Existenz und Sichverhalten zum über Welt und Dasein unerreichbar Hinausliegenden werden in eins gebunden. In zeitlichen Entscheidungen der Freiheit (und nur in ihnen) wird das Ewige berührt; in Fortsetzung alter religiös-philosophischer Ansätze von der Freiheitsethik her wird der Übergang zum Metaphysischen vom Mangel des rechten Zieles für das rechte Handeln im bloßen Dasein genommen. Doch versagt hier diese in der Perspektive appellierender Existenzerhellung stehende Metaphysik jede rationale Fixierung des für sie nur in Symbolen („Chiffren") Anzurührenden. Zum Existenzbewußtsein gehören wesenhaft die angeschlossenen Horizonte von differenten, gegenständlich nicht zu intendierenden Weisen des „Umgreifenden"; eine davon ist das Umgreifende der Transzendenz. Gegen alle positive Theologie und Vernunftmetaphysik vom Absoluten (etwa im Anspruch des deutschen Idealismus insbesondere Hegels, aber auch noch des letzten Schelling und des Spätidealismus) stellt sie ihren Begriff des Glaubens im handelnden Selbstwerden selber, in Aufschwung oder, nicht weniger, im Scheitern, — wozu Philosophie unmittelbar nur Sicherungen gegen Zweifel, Verneinung, Verfälschung liefern kann. —

Metaphysik des Absoluten von der Art der klassischen Systeme (etwa des deutschen Idealismus) lebt in mannigfachen Richtungen und Erneuerungen fort. Die breitesten Strömungen sind die des Geistidealismus einerseits (in den angelsächsischen Ländern ebenso von Berkeley wie von Hegel, in Italien vom letzteren her bestimmt), des weit ausgebreiteten Neuthomismus andererseits. In Deutschland haben, noch vom 19. Jahrhundert her, R. Eucken und später dann, auf Fichte und die deutsche Mystik zurückgreifend, H. Schwarz („Philosophie des Ungegebenen") neue Formen religiöser Geistmetaphysik entwickelt; in immerhin verwandte Bahnen führt die idealistische Metaphysik Max Wundts, auch die von O. Spann. In Frankreich wurden, nicht ohne Zusammenhänge mit der großen Tradition des „Spiritualismus", eigene Wege zu christlich-religiöser Metaphysik eingeschlagen (Lagneau, Bréhier, M. Blondel, L. Lavelle). — Die seit E. v. Hartmanns Erlösungsevolutionismus aus verschiedenartigen Ursprüngen herausgewachsene, auch gern auf Schelling sich berufende Tendenz, das Absolute (in Abkehr von den theologisch-metaphysischen Traditionen, ihrerseits aber bestimmt von gewandelter Realitätserfahrung und von allen Theodizeepostulaten entfremdeten Weltvorstellungen) grundsätzlich als W e r d e n zu fassen, Ursein und Notwendigkeit der Gegensätze und Konflikte, auch der Abbrüche und Sinnlosigkeiten in Natur und

Menschheit ebendort zu suchen, das Göttlich-Vollkommene aber und die absolute Harmonie nicht mehr in den Ursprung, sondern an das Ende des Weltprozesses zu verlegen — der damit zum Selbstwerden der Gottheit wird, woran der Mensch entscheidenden Anteil gewinnt —, hat vielfache Fortsetzung gefunden(Bergsonismus in Frankreich, in Deutschland vor allem M. Scheler, in England S. S. Laurie, A. N. Whitehead).

5. Die Frage nach Seinsart und Wesenssinn des Menschen ist in der Gegenwart, wie in den klassischen Zeiten der Metaphysik und Daseinslehre, tief verflochten mit den Problemen des g e s e l l s c h a f t l i c h e n Seins. Die in der Philosophie des nach-idealistischen 19. Jahrhunderts, auch von der Psychologie her, sich ausbreitende und tief ins allgemeine Lebensbewußtsein eingedrungene Tendenz, den Menschen (wo er denn nun in seiner konkreten zeitlichen Wirklichkeit und Wirksamkeit zum Thema gemacht wird) zuerst und zuletzt als Einzelwesen zu fassen, wird langsam überwunden. Die Urfrage nach „Individuum und Gemeinschaft" stellte sich wieder neu: jetzt nicht so sehr im Ausgang vom Ethisch-Religiösen, von Idee und Forderung, sondern im Forschen nach der ganzen Existenz des Menschen. Aus neu erfaßten Lebenstatsachen dringt die Einsicht wieder vor, die zuletzt, im Rahmen der Metaphysik, am tiefsten die Gesellschafts-, Staats- und Geschichtsphilosophie des deutschen Idealismus sich erarbeitet hatte: daß der einzelne Mensch für sich (mit seinen Möglichkeiten und Aufgaben, bis in die letzte Innerlichkeit hinein, wie auch in seinen interindividuellen Daseinsbezügen) nur ist im Walten übergreifender sozialer Willens- und Lebensein-heiten, die ihn tragen, von deren Gehaltfülle er lebt und in die sein Wirken mündet. Schon innerhalb der Psychologie ist der Übergang dazu gegeben in den Forschungen der „Völkerpsychologie" (nach W. Wundt, Hellpach u. a.); ein eigenes Aufgaben-bereich erschließt die Auszeichnung der Dimension „M i t w e l t" (neben der sonst im Weltbezug des Menschen allein berücksichtigten „Außenwelt") in Deskriptionen der Phänomenologie, die ja auch in der Existenzphilosophie ihre Fortwirkung gefunden haben. Unter den allgemein-philosophischen und metaphysischen Strömungen der Gegenwart sind es vor allem die neu von Hegel her bestimmten, welche dem atomistisch-individualistischen Gesellschaftsbegriff und einer bloßen Fragestellung nach der Wechselwirkung der Individuen, nach der Verflechtung ihrer Antriebe und Interessen, die Sicht auf überpersönliche Ganzheiten des Gemeinlebens entgegenstellen.

Für die neuen philosophischen Zugänge zu diesen Fragen wurde entscheidend die Fortentwicklung der zuerst im 19. Jahrhundert begründeten, in ihrer Existenz schon den Vorstoß eines universalistischen Prinzips bedeutenden S o z i o l o g i e : als empiri-scher Erforschung der realen gesellschaftlichen Mächte und Bewegungen, entgegen allen primär von der Idee, von Ziel- und Normsetzungen aus geleiteten Gesellschafts-(insbesondere Staats-)lehren seit der Antike bis hin zu Idealismus und Romantik. So sehr die neue Wissenschaft sich weithin selbständig machte gegenüber der Philosophie, so bleiben doch die wechselseitigen Zusammenhänge eng. Ein gut Teil der führenden Soziologen von der neuen Art geht in der Ablösung von der allmählich verflachten Soziologie des späteren 19. Jahrhunderts aus von philosophischen Problemstellungen oder greift, veranlaßt etwa durch Methoden- und Gebietsfragen, zurück auf philo-sophische Prinzipien. Der Neueinsatz der Soziologie (soweit sie für die philosophische Lehre vom Menschen grundsätzliche Bedeutung hat) ist allenthalben mit wissenschafts-theoretischen Auseinandersetzungen verbunden, welche für die junge, in ständigen Wandlungen begriffene Wissenschaft von aktueller Bedeutsamkeit bleiben; zwangs-läufig gehen die methodischen Anliegen, von Tönnies und Durkheim im Ausgang des

19. Jahrhunderts bis zur jüngsten Gegenwart, dann auch in sachbestimmte Weisen von Heraushebung der spezifischen Realität des Sozialen über. In Deutschland sind E. Troeltsch, M a x W e b e r, Alfred Weber, H. Freyer Marksteine dieser Entwicklung.

Auch für diesen Seinsbereich hat das neue Jahrhundert vor allem die Abkehr vom Naturalismus gebracht, mit dem Geburt und erste Blüte der Soziologie weithin verflochten waren. Insbesondere ist das Ziel der „sozialen Physik", des soziologischen Naturgesetzes, welches, vom positivistischen Ursprung her, zunächst mit dem neuen Titel „Soziologie" unlösbar verbunden schien — so noch in den ersten erkenntnistheoretischen Diskussionen über den Wesensunterschied von Natur- und Geschichtswissenschaften (Rickert) — hinfällig geworden durch wachsende Einsicht in die spezifischen Strukturen und Verflechtungen dieses Realitätsfeldes. Zum neuen Thema wird die nicht in Wiederholungsgesetze (aber auch nicht in biologische Kausalitätsformen) einzufangende Entwicklungsdynamik der sozialen Mächte, — die in der deutschen Soziologie von Anfang an bemerkt (von Hegel sowie auch von Marx und Engels her), aber nur allzusehr zum dialektischen Schema einer Gegensatz- und Kampfentwicklung mit zwangsläufigem Fortschreiten auf eine bleibende Endgestalt hin verengt und schließlich doch auch wieder mit den Zeitvorstellungen von Naturmechanismus verfilzt wurde (Marxismus bis zu Lenin und weiter). Und hierbei setzt sich die Einsicht vom wesenhaft historischen Charakter aller sozialen Gefüge (und daher auch der soziologischen Methodik) allenthalben durch. Mit dem Geschichtscharakter der „konkreten" Soziologie als „Wirklichkeitswissenschaft", die sich ablöst von allen ideell- oder naturalistisch-abstrakten Vorstellungen vom zeitunberührten „Wesen" der Gesellschaft, wird jetzt auch neu die (ebenfalls in der Begründung der deutschen Soziologie, ja der Soziologie überhaupt faktisch durchaus maßgebende) G e g e n w a r t s bezogenheit aller Soziologie betont, — die aber jetzt nicht mehr als eine der naturwissenschaftlich begründeten Technik vergleichbare Tendenz und Fähigkeit zur Praxis, sondern als Selbstverständnis der Gegenwart und ihrer geschichtlichen Aufgaben für die Gesellschaftsbildung begriffen wird (Soziologie als „Ethoswissenschaft", H. Freyer).

Diese Einsicht vom geschichtlichen Charakter des sozialen Lebens hat sich auch durchgesetzt gegenüber den zunächst im 20. Jahrhundert aufkommenden Tendenzen der „formalen Soziologie" (G. Simmel), die — ihrerseits schon eine Ablösung vom Gesetzesnaturalismus, aber um den Preis des Abrückens vom Historisch-Individuellen, das auch hier nur als Beispiel und Ausgangsmaterial genommen wird — anknüpft an der Grundaufgabe der Wesensunterscheidung sozialer Gebilde, wie sie seit Tönnies' Gegenüberstellung von Gemeinschaft und Gesellschaft neu gestellt war und nun die Fortentwicklung zur rein systematischen Theorie zeitloser Strukturen intendierte („Geometrie" der sozialen Formen). M. Webers „Idealtypen" lassen als Umriß von allgemeinen Bildungs- und Bewegungstendenzen und typischen Möglichkeiten des sozialen Lebens und als Verständigungsgrundlage für die Erforschung der konkret-geschichtlichen Gesellschaftswirklichkeiten bereits mit dem naturalistischen Gesetzesbegriff auch den ungeschichtlichen Charakter dieses Formgedankens, inhaltlich wie der methodischen Besinnung nach, hinter sich. Diese Typenforschung, die an ihrem Teil grundsätzliche Einsicht in die überindividuelle Seinsweise und in die Strukturgesetzlichkeit der sozialen Gebilde mächtig fördert, stellt ein wichtiges Stück inhaltlich und geschichtlich erfüllter Kategorienuntersuchung dieser Dimension des menschlichen Daseins dar.

Mit der Abkehr vom methodologischen (und also auch ontologischen) Naturalismus des 19. Jahrhunderts geht Hand in Hand die philosophische Loslösung vom i n h a l t - l i c h e n Naturalismus des „Gesellschafts"begriffs, der ja, in gewissem Maße und teilhaft schon im Rahmen von Hegels Staatsphilosophie, dann aber, überallhin ausgreifend, in der ersten Ausarbeitung der Soziologie, ganz vorwiegend nur vom Wirtschaftlichen her die Sicht genommen hatte; speziell die ökonomistische Gesellschafts- und Geschichtstheorie von Marx und Engels trug eine naturalistische Auslegung des Daseins in sich. Die Soziologie des 20. Jahrhunderts verbreitert den Forschungsbereich vom Wirtschaftlichen auf alle gemeinmenschlichen Tätigkeiten und Leistungen, auf alle Felder der Kultur und Menschheitsbildung; die durch die Geisteswissenschaften, durch Ethnologie und Vorgeschichtsforschung, europäische und außereuropäische Historie dem Wissen neu erschlossenen menschlichen Lebenswelten verlangen und finden nun Durchleuchtung aus soziologischer Perspektive. Kultursoziologie (A. Weber),

Soziologie des Wissens (s. o.), Religionssoziologie (E. Troeltsch; M. Webers Forschungen zur Wirtschaftsethik der Weltreligionen) treten nicht nur als neue fruchtbar sich differenzierende Teilgebiete auf, sondern erweisen die positive, eigene und oft entscheidende Einflußnahme der „Idealfaktoren" des sozialen und geschichtlichen Lebens auf die das gesellschaftliche Dasein von „unten" her bedingenden ökonomischen (und sonstigen) „Realfaktoren". Die Frage nach Unterbau und Überbau, nach der spezifischen Dynamik und dem Wechselverhältnis von Real- und Idealfaktoren löst sich ab von den alten spekulativen Gesamtentscheidungen (Hegels Idealismus, Marx' ökonomistischer „Materialismus") und wird, zugleich für die Ontologie der Geschichte, neu angegriffen im Sinne einer die sozialen und geschichtlichen Bereiche inhaltlich differenzierenden und kategorial zergliedernden, insbesondere die spezifischen Werdensformen und Entwicklungsgesetzlichkeiten aufsuchenden philosophischen Forschung.

6. Die neuen Tendenzen auf philosophisches Selbstverständnis des Menschen treiben schließlich alle zur P h i l o s o p h i e d e r G e s c h i c h t e. Dieses erstmals um die Wende des 18. zum 19. Jahrhundert in großem Stile als eigenes Feld der Seins- und Daseinslehre begriffene Thema ist heute ganz neu wieder aufgenommen und in die Mitte des philosophischen Interesses gerückt worden. Anteil daran hat ebensosehr die gewaltige Horizonterweiterung des Menschen in Richtung auf die geschichtliche „Welt", welche der unermeßlich sich entfaltenden Arbeit der Geschichtswissenschaften insonderheit der Geistes- und Kulturhistorie verdankt wird, — wie das zugleich sich ausbildende historische Bewußtsein des gegenwärtigen Menschen, der in Tat und Genuß, Wertgefühl und Kritik, Forderung und Kampf sich immer, und tiefer als je frühere Geschlechter, in einer aus Vergangenheit gewachsenen, Vergangenes überwindenden und selbst vergänglichen, auf Zukunft ausgerichteten Gegenwart stehend weiß. Hinzu kommt das allen Lebenden nun bereits seit Jahrzehnten und immer noch anwachsend sich auftuende Bewußtsein geschichtlicher Wandlungen von unabsehbarem Ausmaß und die damit gegebene politische, soziale, kulturelle, religiöse Besinnung auf Verantwortung und mögliche Entscheidungen für diese Generationen. Die Praxis der Geschichte drängt zur Theorie. Geschichte ist für das Wirklichkeits- und Weltbewußtsein vielfach geradezu vor Kosmos und Natur getreten.

Die Philosophie vom Menschen nimmt — seit Diltheys berühmt gewordenem Wort: daß wir nicht durch Introspektion die menschliche Natur erfassen, sondern was der Mensch sei, sage uns nur die Geschichte — die geschichtliche Dimension in ihre Daseinsanalyse auf. Geschichtlichkeit wird als fundamentaler Seinsmodus des Menschenwesens, das ganze Dasein schicksalhaft durchwaltend, neu begriffen (von Dilthey und York v. Wartenburg bis zu Heidegger und Jaspers); — entgegen früheren Betrachtungen von der „Natur" des Menschen und seinem zuletzt überzeitlichen Wesen. Was der Mensch ist, das bedeutet: was er vermag; Vermögen und innere Mächtigkeiten seines Lebens aber, vom Elementaren bis zum Geistig-Ideellen, bringt immer nur geschichtlicher Prozeß hervor. Gestalten und Werke der sozialen Ordnungen wie des kulturellen Geistes, der Weltanschauung und Philosophie werden als Daseinsenthüllungen des Menschen verstanden und philosophisch ausgewertet. Geschichtsphilosophie erhält damit ebensosehr die Direktion auf das (zugleich von der Soziologie her neu zu erschließende) ontologisch-kategoriale Seinsverständnis der „gesellschaftlich-geschichtlichen W e l t" und der darin waltenden Mächte, wie auf die existenzielle Selbstauslegung des M e n s c h e n , auf grundsätzliche Selbstprüfung in seiner allgemein menschlichen wie in der gegenwärtig-konkreten Lebenssituation.

Erste Anfänge für die geschichtsphilosophischen Bemühungen der Gegenwart liegen in den schon um die Jahrhundertwende einsetzenden Fragestellungen nach Erkenntnisweise, Begriffsbildung und Denkkategorien der Geschichtswissenschaften („formale" Geschichtsphilosophie; vgl. oben § 47, 4).

Dilthey vor allem, dann — im Rahmen noch des Neukantianismus — Windelband und Rickert schufen erste Grundlagen dieser „Geschichtslogik", auf denen viele andere Denker wie Simmel, Xénopol, M. Weber, vor allem dann E. Troeltsch und auf anderen Wegen, von Hegel herkommend, B. Croce (beide das überlieferte Gut der universalgeschichtlichen, metaphysischen oder positivistischen Geschichtstheorien aus der klassischen Zeit wie des 19. Jahrhunderts, auch anderer Zugänge der philosophischen Systeme zum Thema der Geschichte in ihre neue Fragestellung einbeziehend) weiterbauten. Durch die logisch-methodologischen Untersuchungen zur Abgrenzung gegen Vorgehen und Begriffsformen der lange Zeit allein als „Wissenschaft" verstandenen Naturwissenschaften wurden die Fragen der historischen Objektivität und der „Voraussetzungslosigkeit" der Geschichts- und Geisteswissenschaften aktuell; sie drängten über den erkenntnistheoretischen Bereich hinaus ins Weltanschauliche. Das Thema des „Historismus" — im weiteren Sinne des Wortes, wie im engeren: als relativistisch auflösende und tatlähmende Tendenz des alles übergreifenden historischen Bewußtseins verstanden, aufklingend schon in Nietzsches zweiter Unzeitgemäßer Betrachtung — wurde in großem Stile angegriffen (Troeltsch). Die wesenhafte Gegenwartsbedingtheit aller historischen Anschauung und Forschung, nicht nur im Sinne der Bindung, sondern positiver Sinngebung und Bedeutungserschließung wurde ans Licht gestellt (Croce); auch nach dieser Richtung hin wird der zunächst allein im Sinne des Kantischen Spontaneitäts- und Forschungsgedankens bekämpfte „naive Realismus" der Vergangenheitsabbildung durchbrochen. Die Kontinuität geschichtlichen Lebens und Handelns wird schließlich nicht nur als Gegenstand, sondern ebensosehr als Wurzel der historischen Wissenschaften in ihren leitenden Anschauungen, ihren Wandlungen, Fragestellungen, Entdeckungen erfaßt. Der Wandel in den Perspektiven und Horizonten des geschichtlichen Menschen, seiner in seine Zukunft drängenden Gegenwart und seiner jeweiligen geschichtlichen „Welt" wird als bedingende und befruchtende Lebensgrundlage aller historischen Wissenschaften aufgedeckt. Historie erweist sich auch als reine Wissenschaft und theoretische Betrachtung zutiefst als eine Weise existenziellen Ringens um Selbstverständnis des Lebenssinnes aus den Vergangenheiten her.

Von diesen Einsätzen aus treibt aber allenthalben nun die Philosophie, zunächst oft unbemerkt, auf die Frage nach der geschichtlichen Realität selbst hin, nach Werdensformen und Strukturgesetzen, Rhythmik und Substanzen des geschichtlichen Seins (Geschichtsontologie, „materiale" Geschichtsphilosophie nach der Formulierung Troeltschs). Schon Diltheys Theorie der Geisteswissenschaften und ihres „Aufbaues" der Geschichtswelt ging über in eine Philosophie des (geschichtlichen) „Lebens" selber und der ihm eigenen „Kategorien", seiner Inhalts- und Bedeutungsstrukturen (z. B. der spezifisch geschichtlichen „Wirkungszusammenhänge"). Troeltschs nachdrückliches Suchen nach den historischen Kategorien („Entwicklung", „individuelle Totalität") greift gleichfalls von der Logik des Erkennens in die Sach- und Seinslogik über, — wie denn faktisch auch in aller Arbeit der wissenschaftstheoretisch gemeinten „Geschichtslogik" mittelbar Seinsart und Seinskategorien der geschichtlichen Welt, in ihrer Unterschiedenheit von der naturhaften Wirklichkeit mit ihren Strukturen (Einmaligkeit, Individualität, Originalität gegen Wiederholungsgesetze; Bedeutung und sinnhafte Entwicklungszusammenhänge gegen wertindifferente Kausalität), sichtbar gemacht wurden.

Für die Situation der neuen Geschichtsphilosophie, die aus zahllosen Einzeluntersuchungen von Historikern wie Philosophen hervorwächst, ist entscheidend das entschiedene Abrücken von der alten, im Neuhegelianismus noch nachklingenden Universalhistorie und ihrem Fortschrittsschema, — sei sie nun religiös-metaphysischer und humanistischer Herkunft (wie alle Geschichtsmetaphysik auf dem Boden des deutschen Idealismus) oder vom westeuropäischen Zivilisations- und Humanitätsgedanken bestimmt, oder zum ökonómischen Naturalismus und seiner „Dialektik" umgestaltet. Einen besonders wirksamen und — gerade auch durch seine Übersteigérungen und Widersprüche — zu neuen Problemfassungen aufregenden Vorstoß in dieser Richtung hat die Geschichtsmetaphysik von O. Spengler getan, durch welchen auch noch der universalgeschichtliche Entwurf des Historikers Toynbee mitbestimmt ist.

Als Subjekt der Geschichte wird hier nicht mehr die Eine Menschheit und ihr gleichsam auf Einer Linie erfolgender Entwicklungsgang gedacht. Der überlieferte Begriff der „Menschheit" wird nach seiner Bedingtheit durch christlich-religiöse Überzeugungen oder durch Kulturtradition und Zivilisationsbegriff der europäischen Völker in Frage gestellt. Die Empirie der völkerkundlichen, historischen, geisteswissenschaftlichen, dann auch der psychologischen und philosophischen Forschung mit ihrer ständig weiter fortschreitenden Erschließung der außereuropäischen Kulturen, sowie der Anschauungs- und Werkwelten vorgeschichtlicher Völker („Primitiven") in allen Weltteilen hat die tiefe Verschiedenheit der Lebensformen und Entwicklungswege von gesondert auftretenden, weithin unabhängig voneinander lebenden Menschengruppen in den Vordergrund gerückt. — Das überlieferte Fortschrittsprinzip wiederum hat sich in unserer Zeit nach Wirklichkeit und Wertsinn unter dem Druck geschichtlicher und gegenwärtiger Erfahrungen weitgehend zersetzt. Insbesondere ist schließlich auch das positivistische Fortschrittsschema und „-gesetz" mit seinem einseitigen Orientiert- und Verhaftetsein im Nutzhaft-Zivilisatorischen oder im Ökonomisch-Gesellschaftlichen hinfällig geworden, sowohl von neuer grundsätzlicher Vertiefung in die Entwicklungsformen des sozialen und kulturellen Lebens, wie vom Politischen her. Auch hier hat die im 19. Jahrhundert eingetretene naturalistische Verkürzung der, für das Geschichtsproblem nicht anders als für die anderen Seinsgebiete sehr wesentlich gewordenen, Zeittendenz auf Philosophie des Realen streng auf dem Boden der Gegebenheiten sich überlebt. Die Verschiedenheit des Kulturprozesses vom Zivilisations-, wie wieder vom Gesellschaftsprozeß, wird zunehmend erfahren und auch grundsätzlich betont (Alfred Weber). Neben den Fortschrittsbegriff tritt, mit besonderer Wucht von Zeiterfahrungen und Gegenwartssorgen her sich aufdrängend, der lange in den Hintergrund gedrängte V e r f a l l s gedanke; — seit Nietzsches Nihilismussorge und Krisenprognose, auch seiner Einführung des décadence-Begriffs in die Geschichtsbetrachtung, ist der philosophische Boden dafür neu bereitet. Bewegungsgesetze und Entwicklungsformen der geschichtlichen Mächte werden von den Erfahrungen des Auf und Ab, des Aufblühens und Absterbens, von der Einsicht in die wesenhafte Endlichkeit jeder geschichtlichen Erscheinung und in die immanente „Tragik" (Simmel) aller Formbildung und Kultur her gesucht. Das Ineinander von Verfall und Fortschritt in der geschichtlichen K r i s e wird, über bloße Fortschrittsideologien wie pessimistische Entwicklungslehren hinausstrebend, zum Problem (nach J. Burckhardt u. a. Spranger, Litt, Jaspers). Gegen alle Säkularisierung religiöser Überzeugung und Erwartung zum Geschichtsfortschritt ist mit besonderer Energie die „dialektische Theologie" (Gogarten, K. Barth) aufgetreten, in leidenschaftlichem Kampf besonders gegen die idealistische Geschichtsphilosophie. Allgemein tritt der teleologische Geschichtsdeterminismus zurück (die immanent gewordene Vorsehungsordnung so gut wie das positivistische und ökonomisch-dialektische „Gesetz"). Die grundsätzliche Unvorhersehbarkeit des geschichtlichen Lebens im Ganzen, Freiheit und verantwortliche Entscheidung der einzelnen Generationen, der führenden Schichten, Persönlichkeiten sind neu zum Thema gestellt, wie andererseits auch die vom Geschichtspessimismus (von Schopenhauer bis in die jüngste Gegenwart) gegen Geschichtstheodizee, Fortschrittsglauben und einheitliche Sinngebung der Gesamtgeschichte extrem betonte, aus der Empirie immer wieder sich aufdrängende Bedeutung des Zufalls, des Sinnlosen der Gleichläufigkeiten trotz aller Verschiedenheit der Entwicklungsstufen. — Endlich ist die geschichtsphilosophische Arbeit des 20. Jahrhunderts auch hinausgeschritten über die inhaltliche Festlegung der Geschichtsprozesse auf bestimmte Grundfaktoren (Kritik und Überwindung vor allem der „materialistischen" Geschichtsauffassung des Marxismus erfüllen ein gut Teil der Forschungen seit den ersten Jahrzehnten des Jahrhunderts, seitdem vor allem Masaryk, Sorel, Woltmann, Plenge, Spann mit der direkten Auseinandersetzung den Anfang gemacht hatten), wie sie denn auch über die entgegengesetzte, insbesondere von Hegel her noch so stark nachwirkende spekulative Konstruktion hinausdrängt. Geschichtliches Leben (wie das des Einzelmenschen) wird als geschichtetes und wechselseitig maßgebendes Ineinander von elementaren und geistigen Lebensmächten neu begriffen (vgl. oben § 49, 5; Thema der gesellschaftlich-geschichtlichen Real- und Idealfaktoren, nach der Formulierung Schelers).

Große Aufgaben sind gestellt und teilhaft in Angriff genommen. Die Frage nach den eigentlichen Trägern und Subjekten der Geschichte, nach den lebendigen Totalitäten, deren Entwicklung und Handeln an die Stelle des Lebens der „Menschheit" (oder z. B. des „Weltgeistes" bei Hegel) zu treten haben, ist in Fluß gekommen. Der für alle ontologisch und inhaltlich gerichtete Geschichtsphilosophie so wichtige Problembereich des „objektiven Geistes" — nach Eigencharakter und Entwicklungsformen besonders eindringlich von N. Hartmann in Richtung auf Kultur- und Geistesgeschichte heraus-gearbeitet — ist ein weiteres vordringliches Thema geworden (vgl. oben § 48, 2). Im Zusammenhang der Fragen nach Rhythmus und Bewegungstypen geschichtlichen Werdens ist neben dem Problem der Altersstufen von Völkern oder Kulturen noch die bereits von Dilthey (und danach Spranger) sichtbar gemachte Eigendynamik der „Generationen" neu bedacht worden (Pinder, Ortega y Gasset).

Dem Menschheits- und Fortschrittsprinzip ist vielfach, aus anderer Tradition, die Theorie der „Kulturzyklen" entgegengetreten. Ihre Ursprünge liegen bei G. B. Vico, der, kaum bekannt geworden durch Jahrhunderte, heute neue Würdigung gefunden hat. Entgegen der Stufung und Addition von Werkleistungen und Organisationsformen des Menschen in vielen Fortschrittslehren wird nun, vorwiegend von Gegebenheiten der K u l t u r geschichte aus, die Selbstentwicklung schöpferischen Lebens in geschlos-senen Bereichen, jeweils einzigartig und mit eigener Vollkommenheit der Bildungen und des Lebensstils (E. Rothacker, Kulturen als Lebensstile) als Grundform der Ge-schichte herausgestellt und die geschichtliche „Welt" als ein Neben- und Nach-, ein Mit- und Gegeneinander solcher Kulturentelechien verstanden. Von da ergeben sich Möglichkeiten der Vergleichung nach Rhythmik und Verlauf, die — zunächst immer von der Analogie der antiken (griechisch-römischen) Welt zur modernen der „germa-nisch-romanischen Völker" ausgehend, dann ins Universale geführt — typische Formen und Stadien der Entwicklung für alles Leben der Kulturen festzustellen suchen (kultur-morphologische Betrachtungsweise). Versuche und grundsätzliche Fragestellungen dieser Richtung treten heute bei vielen Historikern, Soziologen und Geschichtsdenkern aller Art auf; eine extremste Ausgestaltung zu einer Monadologie vollkommen in sich abgeschlossener, nur ihrem Eigen„schicksal" aus eigenstem Keim entgegenreifender, gesetzmäßig und unentrinnbar ihrem schließlichen Erstarren und Untergang entgegen-gehender Kulturen hat, von zeitkritischen Überlegungen getrieben, Spengler in die Diskussion der Zeit geworfen. Entgegen solcher Übersteigerung eines wichtigen Grund-themas der Geschichtsphilosophie haben heute die großen Fragen der geschichtlichen Begegnung und übergreifenden Kontinuität, des befruchtenden Rückgriffs und des übergeschichtlich (in Geschichte und Zeit) Lebendigen neue Beachtung erfahren, ferner vor allem die Geschichtscharaktere der gestaltenden Tat und Freiheit, der schöpferi-schen Gegenwirkung in der naturhaft vorgegebenen oder geschichtlich eintretenden Situation.

Mit der geschichts- und sozialphilosophischen Arbeit der Gegenwart geht ganz eng zusammen ein außerordentlich intensives und vielseitiges Bemühen um philosophische Durchleuchtung dieses Zeitalters. Das Thema der Z e i t k r i t i k ist seit Rousseaus Durchbrechung der Selbstgewißheit des neuzeitlichen Menschen und Fichtes Kritik des Aufklärungszeitalters zu einer ganz eigenen und wichtigen Aufgabe der Philosophie geworden. Die radikale Kulturkritik Nietzsches vor allem und sein Vorausblick auf heranrückende Erschütterungen und Entscheidungen, auch andere Formen der Zeit-

kritik im Rahmen noch des 19. Jahrhunderts (J. Burckhardt) sind neuer Ausgang und
Ansporn geworden. Besonders seit der Erschütterung des europäischen Lebensgefühles
durch zwei Weltkriege und ihre die politisch-sozialen wie die geistigen Ordnungen des
Erdkreises in Frage stellenden Folgen ist vertiefte Prüfung der Grundlagen unseres
geschichtlichen Daseinsaufbaues und der gesamten Situation der Gegenwart, der
sozialen wie der politischen, der kulturellen wie der religiösen, von da dann unserer
Welthaltung und Zielrichtung, der Lebenssinn-Ausdeutung überhaupt, sehr vielen
Denkern dringende Forderung geworden. Nach Klages, Spengler, M. Weber und
Scheler, denen bedeutende Soziologen, Historiker und Kulturkritiker (z. B. Sorel,
Pareto, Huizinga, A. Weber, Rüstow) beizuordnen wären, haben als Philosophen besonders Jaspers, Ortega y Gasset, H. Freyer an der großen Aufgabe gearbeitet, die
Grundzüge unseres Zeitalters zu durchleuchten. Philosophische Besinnung auf die
menschlich-gesellschaftlich-geschichtliche Welt sieht sich in diesem schon den Sach-
gegebenheiten nach ständig weiterrückenden Thema in den Fluß der geschichtlichen
Selbstgestaltung des Menschen und in das geistige Vorlaufen in mögliche Zukunft verantwortlich hineinbezogen.

Namenregister.

Es sind diejenigen Stellen registriert, an welchen einerseits Leben, Schriften und Lehren der Philosophen, anderseits ihre Wirkungen auf andere behandelt werden. Die kursiv gedruckten Ziffern beziehen sich auf den biographisch-bibliographischen Text. Die im VIII. Teil (S. 582 ff.) behandelten philosophischen Autoren sind nur insoweit berücksichtigt, als sie im Text angeführt werden. Von einer Aufnahme des zu Teil VIII in der Übersicht über den Stand der philosophiegeschichtlichen Forschung (S. XL—XLVI) gegebenen Schrifttums wurde abgesehen.

Abaelard 232 *235* 255 ff. 257 263 274 XXII.
Abbt *383*.
Abercrombie *542*.
Abubacer *267* 274.
Achillini *303*.
Adélard von Bath *235* 253 255 259 XXII.
Adler *600*.
Aenesidemus s. Ainesidemus.
Ägidius Romanus *271*.
Agricola *303* f. 308.
Agrippa 136 *139* 171 f.
--- von Nettesheim *306* 319 XXVIII.
Ainesidemos (Aenesidemus) 136 139 171 175 s. Schulze.
Aischines 61 70.
Akademie, ältere 5 85 *87* 126 130 140 161 206 208 214.
—, mittlere *87* 135 f. 176 XVII. s. auch Karneades.
—, jüngere *87* 136 f.
Alanus de Insulis *236* XXIII.
Albert 268 *270* 275 280 283 285 291 293 417 XXIV.
Alcuin *234*.
d'Alembert 11 *380* 409 562.
Alexander d. Gr. 87 132.
Alexander Aphrod. 14 *137* 200 289 *290* 308.
Alexander v. Hales 269 294 XXIII.
Alexander Nekkam 294.
Alexander, S. 590 593 605.
Alexandrinische Philosophie 181 ff.
— Katechetenschule 182 *185*.
Alexandristen 303 308.
Alexinos *61* 75.
Alfarabi *266* XXIII.
Alfred de Sareshel 295.
Algazel *266*.

Alhacen 294 XXIII.
Alkendi *266* 297 XXIII.
Alkidamas 64.
Alkmaion 28 41 55 f. 128
Althus *328* 365 372 f.
Amalrich, Amalricaner *270* 290.
Ambrosius 233.
Amelius *186*.
Ammonius Saccas *185*.
Ampère *540* 549.
Anaxagoras 26 27 ff. 36 ff. 44 ff. 51 ff. 65 77 110 157 ff.
Anaxarchos 139.
Anaximander 24 ff. 30 f. *38* 42 f. 45 51 203.
Anaximenes 24 ff. *29* f. 41 53.
Ancillon *540*.
Andronikos 88 f. 135.
Annikeris *59* 74.
Anselm 232 *235* 250 ff. 258 284 337 XXII.
Antigone 64.
Antiochus 87 *137* f.
Antiphon XIV.
Antisthenes *59* 61 70 ff. 80 f. s. auch Kyniker.
Apelles 221.
Apollinaris *184*.
Apollodoros *138*.
Apollonios 181 *183* 197.
Apologeten 182 184 f. 191.
Apulejus 181 *184* f. 195 202.
Araber 230 258 f. 264 ff. 274 289 XXIII.
Archelaos 27 65.
Archimedes 133.
Archytas 27 87.
Ardigo *543*.
Areios Didymos *137* 183.
Aristarchos 133 138.
Aristides *184*.
Aristippos *59* *61* f. 72 f. 80 98 141 ff.

— d. Jüngere 59 *61*.
— s. auch Kyrenaiker.
Aristobulus *184* 188.
Ariston 138.
Aristophanes 69.
Aristoteles 1 9 12 f. 24 84 f. 87 *f.* 113 ff. 132 f. 148 150 152 156 161 163 ff. 168 ff. 175 179 f. 201 f. 218 466 566 XVI.
Aristotelismus s. Peripatetiker.
— im Mittelalter 230, 246 f. 257 265 ff. 276 ff. 281 f. 289 ff.
Aristotelismus in der Renaissance 302 f. 307 f. 312.
Aristoxenos 135 *137*.
Arkesilaos 87 *136 ff*. 176.
Arnauld *326*.
Arnobius 182 *185* 191 391.
Arnold 383.
Arrianus 183.
Ärzte, arabische *265*, spätere des Altertums 136 175.
Athenagoras *184* 191.
Athenaios 14.
Augustinus 226 ff. 231 ff. *233 f.* 237 f. 259 279 ff. 288 ff. 302 335 338 XX f.
Augustinismus 259 ff. 268 f. 271 280 ff. 290 ff. 302 312 357.
Austin *542*.
Avempace *267*.
Avenarius *546* 562.
Averroës *268* 274 284 289 ff.
Averroismus 270 273 f. 277. 282 288 ff. 303 307 367 XXIII. 282 288 ff. 303 307 367 XX.
Avicebron *268* 284 289 XXIII.
Avicenna 256 *267* 291 294 XXIII.
Ayer, A. J. 585.

Baader *491* 532 XXXVI.
Bacon, Fr. *324 ff.* 328 ff. 343 f.
344 ff. 354 369 f. 450.
Baconismus 394 f. 408 f. 423
538.
Bacon, Rog. 271 274 285 292
294 XXVI.
v. Baer 567.
Bahnsen 576 f. XL.
Bailey 541.
Bain *542* 548.
Ballanche *540.*
Barbaro *303.*
Bardesanes *185* 205.
Barthez *540* 548.
Bartholmèss *540.*
Basedow *383* 450.
Basileides 182 *185* 208 220
222.
Basso *304* 318 349.
Batteux 392.
Bauch, Br. 585.
Baudoin 600.
Baumgarten *382* 414 f. XXXII.
Bayle 377 *379 f.* 408 420 423
431 f. XXXII.
Baynes *542.*
Bazard *541.*
Beattie *379* 461.
Becher 596 f. 597.
Beck *489* 498.
Becker 341.
Beda *234.*
Bekker 344.
Bellarmin *328* 366.
Belsham *541.*
Beneke *493* 497 505 544 550.
Bentham 379 439 447 571.
Berengar *236* 254 f.
Bergson *541* 549 589 593 597
598 599 608 f. 610 XXXIX.
Bérigard *304.*
Berkeley 376 ff. *378* 388 394
402 f. 406 408 593 613.
Bernhard v. Chartres 232 *235*
252 259.
— v. Clairvaux 233 *236* 261
XXII.
— Silvestris *235.*
Bertrand *540.*
Berulle 326.
Bessarion *303* 307 f. XXVII.
Bias 22.
Bichat *540* 548.
Bilfinger *382.*
Bion *139.*
Blondel 615.
Boccaccio 306.
Bodin *328* 367 370.
Boerhave 390.
Boëthius 231 *234* 247 254
XXII.
Böhm, K. 590.

Boehme 303 *306* 315 ff. 320
339 532.
Bolingbroke *379* 448.
Bolzano 545 602 XXXIX.
Bonald *540* 559.
Bonatelli *543.*
Bonaventura 269 285 f. 292
XXIV.
Bonnet *380* 393 547.
Boole *542.*
Bosanquet 593.
Bossuet 416 451.
Boström 544.
Bouillée *305* 315 319 XXVIII.
Bouterwek *493* 505 548.
Boutroux *541* 593 610.
Boyle *324* 347 361 419.
Bradley *542* 593 604.
Bréhier 615.
Brentano, Fr. 11 *546* 591 599
611 XL.
Briefwechsel vom Wesen der
Seele 390.
Broad, C. D. 590.
Broussais *540* 547 554.
Brown, P. 378 390.
Brown, Th. *378* 390 407 541.
Brucker 9 *382.*
Bruno 3 303 *305* 314 ff. 334
341 351 362 419 f. 509
XXVIII.
Brunschvigh 585.
Bryson 139.
Buchanan 371.
Buchez *541.*
Büchner *544* 555.
Buckle 564.
Budde *382.*
Buffon 380 411.
Buhle 9.
Bühler 599 601.
Buisson *540.*
Buridan 272 284.
Burke *378* 437 XXXI.
Butler *378* 439 ff.

C s. auch K.
Cabanis *380* 393 540 547 554.
Caesalpinus *303* 308.
Caird *542.*
Calderwood *542.*
Calvin *304* 312.
Cambridger Schule *328* 373
430 f. XXX.
Campanella *305* 317 f. 322
335 346 354 366 369 f. 450
XXVIII.
Cantoni *543.*
Cantor 595 A.
Cardaillac *540.*
Cardano *305* 319 370.
Carlyle *542* 564 575.
Carnap, R. 585.
Caro *540.*

Carr 611.
Carrière *544.*
Cartesius s. Descartes.
Carus 607 XXXI.
Cassiodor 231 *234.*
Cassirer *545* 585 591.
Cataneo 543.
Chaignet *540.*
Chalcidius 231.
Chalmers *542.*
Chamberlain, H. St. 596.
Charcot 600.
Charron *304* 311 322 335.
Chasseboeuf s. Volney.
Chateaubriand *540.*
Chesterfield 441.
Chrysippos 136 *138* 143 f. 154
159 164 ff. 172.
Chubb *379.*
Cicero 6 14 57 136 137 *139*
150 173 190 218 233 308 f.
312.
Clarke *378* 419 431.
Clauberg *326* 356.
Clemens, Alex. 182 *185* 216
249 XIX.
— Rom. 221.
Cogan *542.*
Cohen *545* 585.
Coleridge 542.
Collier 404.
Collins *379* 424.
Combe *541* 547.
Comte 11 537 *541* 561 ff. 595
XXXIX.
Condillac *380* 393 f. 409 f. 452
547 551 559 561.
Condorcet *381* 451 579
Constantinus Afric. 259.
Contarini *303.*
Cordemoy *326* 356.
Cornutus *183.*
Cornwall Lewis *542.*
Cosmos v. Medici *303.*
Cousin 11 *540* 549 571 560.
Couturat, L. 585.
Cremonini *303.*
Creuz *383.*
Croce *543* 593 620.
Crousaz *382* 409.
Crusius *382* 415 f. XXXII.
Cudworth *328* 345 373 386 430.
Cumberland 324 *328* 373 430
434 439.
Cusanus s. Nicolaus.
Czolbe *544* 553.

Dacqué 596.
Dalgarn 341.
Damaskios 182 186.
Damiron *540.*
Dante 268 *270* 280 286 *306.*

42 *

Sachregister.

Die Zahlen beziehen sich auf Paragraphen und Abschnitte. Seitenzahlen sind nur angegeben, wo keine Einteilung in Paragraphen vorliegt.

Menschengeschlechts 21, 6, von Vernunft und Natur als ethisches Prinzip 42, 5, des Lebens 42, 3.

Einmaligkeit des Weltprozesses bei Anaxagoras 5, 5, Platon 11, 10, im christlichen Dogma 20, 9, in der christlichen Geschichtsphilosophie 21, 3.

Eins, das Eine 4, 5. 20, 6. 20, 2.

Einsicht (φρόνησις) in der hellenistischen Ethik 14, 1f., als Grundlage der Sittlichkeit 7, 5. 8, 9.

Einzelne, das E. = das Wirkliche 13, 3, bei den Nominalisten 23, 4f.

Einzige, der bei Stirner 46, 4.

Einzigkeit des Erkenntnisprinzips bei Descartes 30, 4, Reinhold 41, 2, der Substanz bei Spinoza 31, 5.

Eklektizismus, antiker S. 137, § 15, 8, französ. im 19. Jh. S. 540. 44, 2. 45, 2.

Ekstase 18, 6. 20, 2 Anm. 20, 7.

Eleatismus, ursprünglicher S. 25, § 4, 5, 9. 4, 4. 6, 1. immaterialistischer bei Platon 11, 1, metaphysischer bei Spinoza 31, 5, dialektischer bei Herbart 41, 8 Anm.

Elementarphilosophie Reinholds 41, 2.

Elemente, die vier bei Empedokles 4, 7, als Homöomerien bei Anaxagoras 4, 8, als fünftes der Äther bei Pythagoreern 4, 11. 5, 8, und Aristoteles 13, 7, stereometrische Konstruktion bei Platon 11, 10.

Elite und Masse 49, 5.

Emanation 20, 6, bei Plotin 20, 7, als ewige Notwendigkeit 20, 8, als logisches Schema ibid., bei Eriugena 23, 1.

Emergenz 48, 4.

Empfindung bei Aristoteles 13, 9. 38, 2, 3, als Zeichen eines Äußeren 34, 10, ästhetisch 34, 11. 36, 8, edle E. bei Schiller 42, 4, als grundlos freie Tätigkeit bei Fichte 42, 2.

Empiriokritizismus S. 546 § 45, 3.

Empirismus der späteren Scholastik 27, 5, in der

Renaissance 29, 8 S. 323, Bacons 30, 1, mathematisiert 30, 3, Lockes 33, 2, in der deutschen Aufklärung 33, 9, der ehrliche bei Hume 34, 6, metaphysischer bei Schelling 43, 3.

Endlichkeit des menschlichen Daseins 49, 4, vgl. Unendlichkeit.

ἐνέργεια 13, 1.

Energetik 44, 6.

Energie, spezif. der Sinnesorgane 10, 3, Prinzip der Erhaltung der E. 45, 6.

Engellehre bei Philon 20, 5, Thomas 25, 4.

ἓν καὶ πᾶν 4, 3. 41, 10, vgl. Pantheismus.

Ens realissimum et perfectissimum 23, 2. 30, 5. 31, 5.

Entdeckungen und Erfindungen 30, 2. 32, 3.

Entelechie 13, 1, Seele als E. 13, 9, bei Leibniz 31, 10, in der modernen Biologie (Driesch) 48, 1.

Enthusiasmus als Wesen der Religion bei Shaftesbury 35, 2.

Entwicklung bei Herder 37, 5, schöpferische bei Bergson 44, 2, definiert nach v. Baer 45, 8.

Entwicklungsgesch. der Vernunft bei Leibniz und Fichte 42, 3, im modernen Lebensproblem 48, 1, biolog. S. 539, 542, 45, 6.

Entwicklungssystem von Aristoteles S. 84 f., § 13, Thomas 25, 4, Leibniz 31, 11, Robinet 34, 9, Schelling 42, 3, Fichte 42, 6, Hegel 42, 10, Lamarck und Darwin 45, 7, Spencer 45, 8, kosmologisches und historisches bei Hegel und Spencer 45, 9, E.prinzip mit Utilismus verbunden 46, 1 f., der positivistische E.-Gedanke S. 584.

Epagogisches Verfahren bei Sokrates 8, 7, Aristoteles 12, 4.

ἐπιστήμη 9, 1.

ἐποχή 14, 2. 17, 3. 28, 5. 30, 5.

Erbsünde 22, 5. 39, 6.

Erde nach den Pythagoreern 5, 8.

Erfahrung im Gegensatz zum Denken 6, 1, bei Demokrit und Platon 9, 1. 10, 4, innere und äußere 33, 2, innere sicherer als äußere 27, 5. 28, 5. 34, 1, innere als Heilsgeschichte 22. 24, 1, innere als alleinige Grundlage der Psychologie 44, 2, vgl. 27, 5, E. im Unterschied von Erfahrungswissenschaft bei Hume 34, 6, als System der Erscheinungen bei Kant S. 457 38, 8, ihre Bedingungen nicht selbst erfahrbar 41, 3, bei Fichte 41, 5, reine bei Bacon 30, 1, bei Avenarius 45, 3; s. auch Wahrnehmung.

Erfahrungsphilosophie, Bacon S. 323.

Erhaben bei Burke 36, 8, bei Kant 40, 1. 40, 4, mathematisch oder dynamisch ibid., s. auch unter Schön.

Erhaltung der Bewegung 31, 6, d. Kraft 31, 10, d. Substanz 38, 7, d. Energie 45, 6.

Eristik 8, 1.

Erkennen § 6, als Teilhaben am Weltbewußtsein 6, 2, als Erinnerung 11, 2. 18, 3, unmöglich 17, 3, und Offenbarung 18, 3 f., sub specie aeterni 19, als unpersönliche und überpersönliche Funktion 27, 2. 38, 8. 41, 4, als Beziehung bei Lotze 44, 7, als Beziehung auf den Gegenstand bei Kant 38, 1, beschränkt auf das Menschliche bei Sokrates 8, 4, aus Erfahrung bei Kant 38, 8, als Prozeß der Selbsterkenntnis der Vernunft 42, 2, nur des Endlichen im Agnostizismus 44, 4, als Interpretation der Phänomene 45, 8, Tatsachen- und begriffliche Erkenntnis 33, 9, empirisches E. verworren 33, 9, Selbsterkenntnis Grundlage aller Erkenntnis 30, 4, in der Anschauung begründet und als Wesensschau 47, 3, Psychologie und Soziologie der E. 47, 4, E. d. Werte 47, 4, Metaphysik d. Erkenntnis 47, 5, E. im Leben verwurzelt 47, 5.

Erkenntnisquelle der Moral 36, 7.

43, 4, F.-Gedanke in der Geschichtsphilosophie des 20. Jh. durchbrochen 49, 6.

Freidenkertum S. 385. 35, 8.

Freiheit, metaphysisch als Ursachlosigkeit bei Epikur 15, 3. 16, 4, als Freiwilligkeit 16, 2, Wahlfreiheit 16, 2, bei Sokrates und Aristoteles 16, 2, in der Stoa 16, 3, bei Augustin 22, 5, bei Kant 38, 10, als Autonomie 39, 4, und Recht 39, 7 und Geschichte 39, 8, als grundlose Handlung bei Fichte 42, 2, als grundlose Zufälligkeit bei Schelling 43, 2, als Grund des Wirklichen bei Weisse 44, 5, F. in der Erscheinung als Schönheit bei Schiller 42, 4, sittliche F. bei Buridan 26, 1, Descartes 30, 5, als Geheimnis bei Malebranche 31, 4, Spinoza 31, 6, Leibniz 31, 11, als Prinzip des Rechts bei Kant 39, 7 und Ziel der Geschichte 39, 8, F. und Personalität 49, 3, bei N. Hartmann 49, 3, Irrationalität der F. 49, 3, F. des konkreten menschlichen Daseins 49, 3, F. als Grundcharakter des Daseins 49, 4, s. auch Willensfreiheit.

Freiheitslehre Schellings 43, 2.

Freundschaft 10, 5. 13, 12. 14, 6, 7.

Führung und Gefolgschaft 49, 5, Führer und Vorbild 49, 5.

Funke = Wesen der Seele bei Eckhart 26, 5.

Furcht und Mitleid in der Tragödie 13, 14.

γαληνισμός 14, 1.

Ganzheit als Grundkategorie alles Lebendigen 48, 1, als Kategorie des Seelischen (Strukturzusammenhang b. Dilthey) 48, 2.

Gattungsbegriff als Idee, intuitiv und synoptisch erkannt, bei Platon 9, 5. 11, 1, analytisch durch Abstraktion bei Aristoteles 12, 4 Anm., Gattung als Wesen 13, 3, ihre reale Bedeutung als Problem s. Idee und Universalien.

Gattungsvernunft 27, 2. 45, 1.

Gefühl bei Kyrenaikern 7, 9, bei Victorinern 24, 2, Ideologen 33, 6, Rousseau 33, 7, Herder 33, 11 und Jacobi 41, 1, bei Comte 45, 4, als Seelenvermögen 36, 8, als sittliche Erkenntnis 7, 1. 36, 7, frommes n. Schleiermacher 41, 6. 42, 9, ästhetisches 31, 11. 36, 7, apriorisches bei Kant 40, 1 f. 43, 4.

Gegebene, das im Bewußtsein 41, 4, bei Fichte 42, 1, 2, in sich genügend 46, 2, das schlicht G. als Gegenstand d. Phänomenologie 47, 3.

Gegenerde (Pythagoreer) 5, 8 Anm.

Gegensätze im Urstoff 5, 2, vgl. coincidentia.

Gegensatzpaare der Pythagoreer 4, 11.

Gegenstand der Erkenntnis § 38, als Regel des Verstandes bei Kant 38, 8.

Gehirn als Nervenzentrum erkannt 6, 3 Anm., als Grund des Seelischen 33, 5.

Geist Anaxagoras 4, 8. 5, 5, als religiöses Prinzip 18, 6. § 19. 19, 5, als schöpferisches Prinzip 19, 5, göttlicher G. bei Kant 40, 7, als Selbstentzweiung u. Einheit 42, 1, absoluter und objektiver bei Hegel 42, 10. 45, 2, Analyse des G. als Aufgabe der Philosophie 33, 6, Bewußtseinsunabhängigkeit des geistigideellen Seins 48, 3, Ontologie d. geistigen Seins 48, 3, Leben (Seele, Drang) und Geist 48, 3, objektiver G. als geisteswissenschaftlicher Begriff 48, 3.
— s. auch νοῦς, Pneuma und § 19.

Geisteswissenschaft und Naturwissenschaft § 45, Überwindung des naturwissenschaftlichen Methodenmonismus in der Theorie der G. 47, 4, G. und Psychologie 48, 2, ihr Gegenstand der „objektive Geist" 48, 3.

Gelten, Geltung 11, 1, Kant S. 457 f. 458 Anm., im Neukantianismus 47, 1.

Gemeinde, Beziehung zur - religiös. Philosophie S. 182 f.

Gemeinsamkeit als Merkmal des Wissens bei Heraklit 6, 2, Sokrates 8, 6.

Gemeinschaft bei Kant 39, 6 und Recht 39, 7, bei Krause 42, 9 und Individuum 49, 5.

Gemeinsinn (κοινὸν αἰσθητήριον) bei Aristoteles 13, 9, vgl. 6, 2.

Gemüt 41, 6, Bedürfnisse des 44, 6.

Generation 49, 6.

γένεσις bei Platon 11, 3.

Genialität, moralische 42, 5. 46, 6.

Genie 36, 8, def. bei Kant 40, 5, Schiller, Humboldt, Romantiker 42, 5, Schelling 42, 7, religiöses 42, 9, als Zweck der Geschichte 46, 6.

Genuß (ἡδονή) 7, 9. 36, 9. 42, 4.

Gerade und ungerade = unvollkommen und vollkommen bei Pythagoreern 4, 11.

Gerechtigkeit als Prinzip der Sittlichkeit bei Protagoras 7, 1, des Staats bei Platon 11, 8, Aristoteles 13, 12, Stoa 14, 7. 15, 7.

Gesamtbewußtsein 44, 8. 45, 2.

Geschehen, selbstverständlich 4, 1, Problem § 5, als Mischung und Entmischung 4, 7, als Verwirklichung des Wesens in der Erscheinung bei Aristoteles § 13, als Erkenntnis bei Eckhart 27, 5, scheinbares und wirkliches bei Herbart 41, 8.

Geschichte als Naturprozeß bei den Griechen 21, 1, als Reich freier Handlungen der Persönlichkeiten 21, 3. 45, 5, als Kampf des Guten und des Bösen 21, 4. 22, 6, als Verwirklichung der Gnade in der Natur 25, 7, Bruch mit der G. 37, 2, G. als Abfall 37, 4, als wahre Erkenntnis im Unterschied zur Naturerkenntnis (Vico) 37, 5, als heilige und profane 37, 5, christlicher G.begriff bei Bossuet 37, 5, geschichtliche Gesetze 45, 3. 45, 4, 5. ihre natürliche Entwicklung 37, 5, teleologisch bestimmt 39, 8. 42, 6, Hegel 42, 10, als Rückkehr zu Gott 43, 1,

stoteles dagegen 13, 8, Goethes 42, 3. 43, 3. 44, 8.
Quantifikation des Prädikates 44, 4.
Quellen der Geschichte der Philosophie 2, 6a.

Raison universelle bei Malebranche 31, 4, im Traditionalismus 45, 1.
Rasse 49, 5, 6, Seinsbedeutung der R. für alles Geschichtliche 49, 6.
Rationalismus 6, 1. 9, 1, mathematischer bei Pythagoreern 6, 1, theoretischer bei Demokrit 9, 4, ethischer bei Platon 9, 4, stoischer 17, 4, im Mittelalter bei Abaelard 23, 7, universeller bei Descartes S. 323 f, § 30, 4 und Sensualismus in der englischen Philosophie 33, 1, theologischer bei Sozinianern 35, 1, praktischer bei Bayle 36, 3, dogmatischer bei Wolff 34, 10.
Rationalität des Guten 26, 3. 31, 8 Anm.
Raum bei Parmenides 4, 5, Atomisten 4, 9, Platon 11, 9, leerer R. 9, 4, Plotin 20, 7, als Kraftprodukt und Phänomen bei Leibniz 31, 10, als Anschauung a priori bei Kant 33, 12. 38, 2, als Produkt d. Vorstellungsmechanismus bei Herbart 41, 7, als Substanz 44, 6, intelligibler 41, 8, leerer geleugnet 4, 5, als Nichtsein 4, 9. 5, 5. 5, 7. 31, 4, als principium individuationis 20, 7. 41, 10, als Ausdehnung 31, 3, als phantasma 31, 2.
Realdialektik 46, 5.
Reale = Dinge-an-sich bei Herbart 41, 7. 41, 8, S. 488, 2.
Realismus, naiver S. 384, empirischer bei Kant 38, 3, R. und Nominalismus im scholastischen Sinne S. 232, 20, 8, § 23, 1, 3. 31, 3, R. im 20. Jh. 47, 4. 48, 4.
Realität, abgestuft 9, 2, nach Graden der Allgemeinheit 20, 8. 23, 1, als Erscheinung und Sein 11, 1, 3, als Wille 41, 10
Realitätsproblem bei Locke, Berkeley, Hume 34, 1 ff., Kant 38, R. und Idealität bei Schelling 42, 8,

9, der vortheoretische Charakter der R. als neues Problem der Philosophie im 20. Jh. 47, 4, vgl. Wirklichkeit.
Recht, göttliches und menschliches 7, 1, bei Cicero 14, 8, bei den Römern 15, 8, bei Grotius 32, 2, bei Hume 36, 11, als Ordnung der äußeren Beziehungen 37, 1, auf Arbeit 42, 2, auf Genuß 7, 2, 9. 46, 2, 6, s. Naturrecht, Menschenrechte
Rechtsgleichheit 7, 1. 32, 2. 37, 4.
Rechtsphilosophie der Reformation 32, 1, 5, bei Kant 39, 7, Fichte 42, 2, bei Hegel 42, 10, s. Naturrecht.
Reden, Fichtes an die deutsche Nation 42, 6.
Reflection = innere Wahrnehmung bei Locke 33, 2. 34, 1.
Reflexion als idealistische Methode bei Fichte 41, 5, vgl. 42, 1.
Reflexionsaffekte 36, 7, 10. 37, 12.
Reformation S. 299, 302, 28, 6, ihr Verhältnis zur Mystik 28, 7.
Regressus, mystische Heimkehr zu Gott 23, 1.
Relativismus ethisch S. 58 ff., 8, 3, erkenntnistheoretisch 17, 3. 45, 3. 45, 8 Anm. 46, 7.
Religion, zersetzt in griechischer Aufklärung 7, 3, ersetzt durch Moral S. 134, in der Stoa 15, 2, 7, 8, antireligiöse Haltung der Epikureer 15, 3, vgl. 15, 7 und Philosophie in Mystik und Scholastik 25, 1, 2, 3, natürliche s. Naturreligion, ihre Naturgeschichte bei Hume 35, 9, als moralische Gesinnung 32, 2, als Privatsache 32, 5, als sittliches Postulat 35, 7, philosophisch begründet 35, 1, als Erziehung des Menschengeschlechts 35, 9, als Privatsache und öffentliche Einrichtung 37, 3, als Moraltheologie bei Kant 39, 6, als Gefühl bei Scheiermacher 41, 6. 42, 9, als teleologische Betrachtung bei Herbart 41, 8 Anm., als Organon der Philosophie

bei Schelling 43, 1, 3, als Verhältnis des endlichen zum absoluten Geist bei Hegel 42, 10, anthropologisch erklärt bei Feuerbach 44, 6, positive 35, 8, als Menschheits-R. bei Comte 45, 4, ihr Kampf S. 179, als Weltgeschichte 21, 2 f.
Religiöse Bewegung in Griechenland S. 22, in der alexandrinischen Zeit S. 179.
— Metaphysik S. 135, Wendung der deutschen Romantik 42, 9.
Renaissance S. 298 ff., Vorblüte § 24, ihr Neuerungstrieb S. 299 ff., 30, 2. 32, 3.
Représentation 31, 11 Anm.
Revolution, ihre Theorie 32, 5. 37, 2, als Strafgericht 45, 1.
Rezeptivität 34, 2.
Romantik, deutsche S. 455, § 42, 5, 9, religiös gewendet 42, 9, französische im Sozialismus 45, 3.
Romantisch und klassisch 42, 6. 42, 10.

Sachgemäßheit als Moralprinzip 36, 2.
Sachliches Wissen verlangt im Mittelalter S. 233, § 7, 4, in der Renaissance 27, 5. 28, 4, S. 322, § 30, 1.
Sanktion der Moral S. 429, 36, 9 f.
Satan 20, 4. 22, 6.
Satz des Bewußtseins 41, 2.
— vom Grunde 15, 2. 16, 4. 30, 7. 41, 10. 42, 4, kritisiert 17, 3.
— des Widerspruchs 6, 1. 8, 1. 12, 5. 30, 7, nur formales Prinzip 38, 5. 41, 7 Anm., nicht gültig für das spekulative Denken und die intellektuelle Anschauung 42, 1.
— des ausgeschlossenen Dritten 38, 10.
— an sich bei Bolzano 48, 3.
Satzung 7, 1. 10, 2, 5.
Schein und Sein 41, 7.
—, transzendentaler 38, 9.
Schematismus der Kategorien 38, 6, 7.
Schicksal als Naturgesetz bei Heraklit 4, 4.
Schlußlehre s. Syllogistik.

schen Methode 30, 7, in der Renaissance als unzulänglich erkannt 28, 4, 30.
S y m b o l i k der Zahlen 4, 11. 11, 5. 23, 3. 29, 5. 30, 3.
S y m p a t h i e aller Dinge bei Paracelsus 29, 6, psychologisch bei Hume 36, 12.
συναίσθησις 19, 4.
S y n e c h o l o g i e = Naturphilosophie bei Herbart 41, 8. Anm.
S y n e r g i s m u s 26, 4.
S y n k r e t i s m u s S. 137, § 15, 3, von Fichte verworfen 41, 5.
S y n t e r e s i s 26, 3.
S y n t h e s i s als Wesen des Geistes 19, 4, der Monade 31, 11 Anm., der Vernunft nach Kant S. 457 Anm., 38, 1, praktische a priori 39, 1, dialektische 42, 1.
S y n t h e t i s c h e U r t e i l e a priori S. 457 f., § 38, 1. 39, 1. 40, 1.
S y n t h e t i s m u s, transzendentaler bei Krug 41, 6.
S y s t e m a t i s c h e F o r m der Philosophie S. 84, § 30, 4. 41, 2.
S y s t e m der Natur 33, 7, der Vernunft § 42, dialektisch gegliedert von Hegel 42, 10.
S y z y g i e n der gnostischen Theogonie 20, 6.

T a s t s i n n als ursprünglicher nach Demokrit 10, 3.
T a t h a n d l u n g bei Fichte 42, 1, Lehre von der T. im 20. Jh. fortgeführt 49, 3.
T ä t i g k e i t bei Fichte 42, 2, organisierende und symbolisierende nach Schleiermacher 42, 5.
T e i l b a r k e i t des Stoffs 4, 5. 5, 5.
T e i l e der Philosophie § 3.
T e l e o l o g i e bei Anaxagoras 4, 8. 5, 5, 8, Sokrates 8, 8, Platon 11, 5, 9, Aristoteles 13, 2, der Peripatetiker 15, 1, Stoiker 15, 2, bestritten von Epikur 15, 5, vgl. 16, 5, 6, utilistisch-anthropologische 15, 2. 35, 3, historische der christlichen Philosophie 21, 6. 25, 7, Problem nach mechanischer Weltansicht 31, 1. 34, 9, erwachendes Interesse für T. S. 385,

kritisch behandelt von Kant 40, 1 ff., als Grenzbegriff der mechanischen Naturerklärung 40, 6, als Prinzip des Vernunftsystems bei Fichte § 42, der Natur bei Schelling 42, 3, des religiösen Glaubens bei Herbart 41, 8 Anm. — mit Mechanismus vereinigt bei Leibniz 31, 11, Lotze 44, 7, vgl. 48, 1.
T e r m i n i s m u s S. 269, 25, 6. 27, 4. 29, 8. S. 385. 33, 3, § 34. 34, 8. 34, 10. 38. 44, 4.
T e r m i n o l o g i e, lateinische des MA. S. 227.
T h e i s m u s 13, 5. 44, 5.
T h e o d i c e e der Stoiker 16, 6, des Neuplatonismus 20, 7, im Christentum 20, 9. 28,'3, bei Bruno 29, 1, Shaftesbury 35, 2, Leibniz 35, 4.
T h e o g o n i e der Gnostiker 20, 6, Boehmes 29, 7, Schellings 43, 2.
T h e o k r a s i e 35, 9.
T h e o l o g i e, dionysische 11, 6, des Polytheismus 15, 8. 20, 7 und Philosophie 18, 2 f., physico-theologische Betrachtung 16, 5, negative 20, 2. 22, 2. 23, 1. 26, 5. 29, 2. 31, 5. 42, 8, als spekulative bei Thomas 26, 3, als praktische bei Mystikern u. Duns 25, 3. 26, 3, Moraltheologie bei Kant 39, 6, dialektische 49, 6.
θεωρία 13, 5. 15. 18, 6. 20, 7. 26, 4. 31, 7, vgl. die interesselose Betrachtung 42, 4.
—, T h e o r e t i s c h e G e i s t e s r i c h t u n g als Verwandtschaft d. Renaissance mit d. Griechentum S. 300.
T h e o s o p h i e der Renaissance § 29, Schellings 43, 1.
T h e u r g i e 20, 7.
T h o m i s m u s S. 269 ff. 570 Anm. Vgl. Namenregister.
T i e r p s y c h o l o g i e 33, 5.
T o d, Problem des T. im 20. Jh. erneuert 49, 4.
T o l e r a n z 32, 2. 35.
T o p i k des Aristoteles 12, 4, 5.
T o t a l i t ä t der Bedingungen 38, 9.
Τὸ τί ἦν εἶναι 13, 5.
T r a d i t i o n, antike im MA. S. 226 ff. 231. 264 ff., über

den Orient S. 264 ff., über Byzanz S. 292 f. Anm., in der Renaissance § 28.
— als Autorität 18, 5.
T r a d i t i o n a l i s m u s 45, 1.
T r a g ö d i e, Def. bei Aristoteles 13, 14, bei Solger 42, 9, bei Nietzsche 46, 6.
T r a n s z e n d e n t a l p h i l o s o p h i e S. 457 ff., 47, 1.
—, tr. Schein 38, 9.
T r a n s z e n d e n z Gottes 13, 5. 20, 1, vgl. Immanenz.
T r i e b bei Herbart 41, 8, Naturtrieb und sittlicher T. bei Fichte 42, 2, Triebsystem bei Beneke 44, 3, positive Bedeutung des T. für den Aufbau des menschlichen Seins 49, 1, 2.
T r i e b f e d e r n, sinnliche und sittliche 39, 6. 42, 4.
T r i n i t ä t s l e h r e in der Dialektik des MA. 23, 3.
T r i p l i z i t ä t des dialektischen Prozesses 20, 2. 42, 1.
T r o p e n der Skeptiker 17, 3.
T ü c h t i g k e i t und Tugend = ἀρετή 6, 1. 7, 7, 5.
T u g e n d als Wissen und Glückseligkeit bei Sokrates 7, 4, als Ziel des Wissens 9, 4, als genußfähige Einsicht bei Aristipp 7, 9, als Vollkommenheit der Seelenteile bei Platon 11, 7, als Bedürfnislosigkeit bei Kynikern 7, 8, Stoikern und Epikureern 14, 1, skeptische T. 14, 2, als Vernunftbetätigung, ethische und dianoëtische bei Aristoteles 13, 11 f. 26, 4, als Wissen und Macht bei Spinoza 32, 6, ihre Selbstgenügsamkeit 7, 8. 14, 1, ihre Lehrbarkeit 7, 6, T. als einziges Gut 14, 3 und Erkenntnis 36, 2, virtus als und Tüchtigkeit 36, 11.
T u g e n d und Glückseligkeit 7, 1 ff. S. 429 ff. 36, 1 ff. 36, 9. 39, 5. 46, 2.
T u n als höchste Kategorie bei Fichte 42, 2, unendliches 43, 4, substratlos 44, 3, 8.
T y p e n als Gegenstand der Geisteswissenschaften und Psychologie (Typologie), vgl. 47, 4. 48, 2. 49, 5, Idealtypus bei M. Weber 49, 5.
T y p u s, höherer des Menschen 46, 6.